머리말

저자가 대학을 다니던 시절의 경제학원론 교재는 150여 쪽에 불과한 소책자였다. 그리고 한자투성이의 내용인데다 세로로 쓰여 있어 읽고 이해하기가 수월하지 않았다. 또한 당시에는 미시경제학이나 거시경제학이란 용어가 미처 정착되지 않아 '가격론'과 '국민소득론' 등으로 불리었다.

이러한 전통에 획기적인 변화를 가져온 것이 조순의 『경제학원론』(현재는 조순 · 정운찬 · 전성인 공저체제로 개편됨)이란 교재의 출현이었다. 경제학의 새로운 조류의 소개는 물론 경제이론 제 분야의 기초이론을 망라하여 작성한 이 책은 한국 경제학계 교재출판에 새로운 이정표를 마련해 준 것으로 평가되며, 이후 한동안 한국의 경제학도들에게 가장 영향력 있는 교재로 자리잡게 되었다. 그러나 이 책은 경제학 입문자로서는 이해하기 어려운 내용들이 적지 않았다는 문제가 있었다. 따라서 이후 많은 경제원론 교재가 출간되는 과정에서 독자의 이해력을 감안하는 노력이 집중적으로 기울여져 왔고, 이들 중 김대식 · 노영기 · 안국신이 공저한 『경제학원론』 등이 각광을 받기도 하였다.

그러던 중 이러한 추세에 혁신을 몰고 온 사건이 발생하였다. 맨큐(N. Gregory Mankiw)가 저술한 *Principles of Economics*란 교재의 출현이 바로 그것이다. 이 책은 내용의 구성 및 순서가 기존 교재의 틀을 완전히 깰 정도의 새로운 편제로 구성되었으며, 많은 현실문제들을 기초경제이론의 응용사례로 도입 · 활용하였을 뿐 아니라, 특히 읽고 이해하기 매우 쉽게 작성되었다는 장점을 갖고 있었다. 더구나 teacher's manual과 강의용 PPT 자료의 제공, 그리고 방대한 문제은행 서비스를 제공하고 있어 교습자의 편의까지 최대한 배려하고 있다.

한편, 『맨큐의 경제학』이라는 제목으로 번역된 이 책의 번역본이 국내 경제학원론 시장을 거의 석권하다시피 성공적인 판매실적을 올리자, 이번에는 해외 주요 학자들의 경제원론 교재 번역서가 줄을 이어 출간되는 현상이 발생하였다. 분명코 이들 도서가 국내독자들에게 기여하는 바 클 것이나, 한국 경제학자의 한 사람으로 이러한 현상을 그저 마냥 즐거워할 만한 것은 아니었다.

저자는 이미 방대한 양의 교재를 집필하기는 쉽지 않은 연배의 경제학자이다. 그럼에도 불구하고 저자가 정년을 불과 몇 년 남기지 않은 시점에서 경제원론 교재를 저술하기로 결정하게 된 것은 적어도 저자 소견으로는 그 동안의 한국 내 경제원론 교재의 변천상 큰 흐름 속에 나름대로 저자가 기여할 여지가 있다고 생각하였기 때문이다. 이에 본서 집필은 다음과 같은 점에 주안점을 두어 수행되었다.

우선 외국교재 번역서에서 소개된 예제들이 주로 미국의 사례에 그치고 있다는 문제점을 감안하여 본서에서는 한국 경제 중심의 현실적 사례분석 내용을 소개하였다. 한국의 경제학도들이 궁극적으로 추구하는 것은 한국 경제에 관한 이해와 분석능력을 갖추어 나가는 것이라는 점과 일반독자들 또한 기초수준의 경제이론 학습만으로도 한국 경제의 현실문제에 대한 납득할 만한 수준의 이해가 가능하다는 성취감을 불어 넣어 줄 수 있는 교재를 출간함으로써 경제학 학습에 대한 관심을 한층 더 고취시키기 위해서이다.

또한 형식적으로는 주요 이론별로 쉽게 적용이 가능한 현실분석 사례를 소개하는 방식을 취하였지만, 본서에 소개된 사례분석이나 예제를 모두 읽고 나면 어느 정도는 한국 경제의 주요 과제에 대한 전반적인 이해가 가능하도록 경제 각 분야에 걸쳐 광범위한 사례를 모아 제공하였다. 그리고 이와 같은 단편적 사례분석의 소개만으로는 채워지기 어려운 학습효과를 보완하기 위하여 남한과 북한 경제의 변천과정 및 당면과제, 그리고 새로운 경제발전 패러다임의 모색과정에 대한 논의를 제4부에 체계적으로 요약 · 제시하였다.

본서가 주안점을 둔 두 번째 사항은 여전히 대다수 경제원론 교재가 경제 각 분야 이론의 기초내용을 백화점 식으로 나열하여 제공하는 관행에 다소나마 변화를 시도하고자 한 점이다. 즉, 책 전체가 처음부터 끝까지 모든 내용이 하나의 이야기처럼 연결될 수 있도록 편제하고자 한 것이다. 이를 위해 우선 재정학이나 화폐금융론, 그리고 국제경제학의 기초이론들이 주로 거시경제편에서 소개되는 체제를 탈피하였다. 실제로 이들 분야 관련이론의 상당 부분이 미시경제학적 분석내용에 해당되기 때문이다. 따라서 본서에서는 이들 내용을 경제의 3(또는 4)주체라 할 수 있는 가계와 기업 및 정부(그리고 외국)의 경제행위를 미시경제이론의 핵심으로 파악하고, 자본주의 경제의 기본 메커니즘인 수요와 공급 측면의 행위 및 이러한 행위가 시장에서 균형을 이루어 나가는 과정에 관한 논리에 기초하여 정리하는 방식으로 작성하였다.

그런데 이러한 개편작업으로 인해 거시경제편(제17~24장)에 비해 미시경제편(제1~16장)의 내용이 상대적으로 많아졌다. 물론 거시경제편 강의시에도 제1장부터 제4장까지의 내용이 반복 소개될 수 있으므로 이러한 불균형은 다소 완화될 수도 있다. 그럼에도 불구하고 시간배분상 어려움이 발생할 수도 있을 것으로 예상된다. 이러한 경우 제4부의 제11편과 제12편 내용을 거시경제편 강의 후반에 활용할 수 있기를 희망한다.

한편, 화폐금융론, 재정학, 국제무역이론 등이 빠져 나간 거시경제편은 경제정책의 궁극적 목표를 경제발전(또는 경제여건의 개선)이라 설정한 다음 이를 실천하기 위한 기본 논리를 전개하는 방식으로 모든 거시경제 관련 이론체계를 개편하였다. 즉, 본서에서는 경제발전의 핵심내용을 경제성장, 경제안정, 각종 불균형(경기변동, 분배, 양극화 문제 등)의 시정, 그리고 복지의 개선으로 분류한 다음 기존의 주요 거시경제이론체계를 재편하여 정리하였다. 단, 이러한 방식으로 체제를 정립하는 데 중점을 두다 보니 (신)고전학파와 (신)케인즈학파로 구분하여 거시경제이론을 대비시켜 정리하는 전통을 철저히 준수하기는 어려운 문제가 발생하였다. 물론 이로 인한 이해부족사태가 발생하지 않도록 최대한 노력하였다.

세 번째로 본서가 의도한 것은 기존의 대다수 교재들이 주요 용어에 대한 해설을 본문 옆 공간에 요약 · 제시하고 있는 방식 대신 마셜(Alfred Marshall)이 *Principles of Economics* 집필시 시도한 방식에 따라 각 문단이나 항목의 내용을 요약하여 본문 옆 공간에 제공하였다. 본문 내용을 숙독하기 앞서 전체 내용의 윤곽을 파악하기 위해서, 또는 이미 본문 내용을 숙독한 적이 있으나 일정 기간 경과 후 빠른 속도로 주요 내용을 되새겨 보고자 하는 독자들에게 편의를 제공하기 위해서였다.

한편, 강의시 편의를 제공하기 위하여 PPT 형식으로 작성한 강의자료를 제작하여 본서를 강의하는 선생님들께 제공하기로 하였다. 단, 일부 교재들이 제공하고 있는 5지선다형 문제은행 서비스는 제공하지 않았다. 경제학 교육을 정답을 고르는 형식으로 수행한다는 사실에 저자는 강한 거부감을 가져왔기 때문이다.

본서를 집필하기로 작정하여 손을 댄 이후 거의 5년 만에 출간하게 되었다. 도중에 중단하고 싶은 충동이 들 때마다 위로와 격려로 힘을 북돋우어 준 내자 박상옥 교수에게 본서의 출간소식을 제일 먼저 전하고 싶다. 또한 본서 원고정리 및 자료분석시 큰 관심과 애정을 가지고 도와 준 한국직업능력개발원의 이상돈 박사, 한국과학기술정책연구원의 손수정 박사, 순천향대학교의 안경애 교수와 이혜진 양(현재 University of Alabama 경제학과 박사과정), 그리고 성균관대학교 경제학과 대학원생 황미나 양에게 고마움을 전하고 싶다. 마지막으로 초고 교정 및 재교시 내용 및 자료의 활용 등에 관해 귀중한 의견을 제시해 준 University of North Texas의 김영세 교수께 본 지면을 빌어 깊은 감사를 드린다.

2009년 7월
명륜동 연구실에서
저자

차 례

제1부 자본주의 경제의 본질

제1편 서론

차 례

제2부 미시경제학적 접근

제2편 경제순환모형과 시장의 작동원리

제4편 생산요소시장

제5편 정부의 경제행위

제7편 기타 미시경제 주요 과제

제3부 거시경제적 접근

제8편 기본 목표와 경제지표

제9편 안정적 성장과 균형 그리고 복지

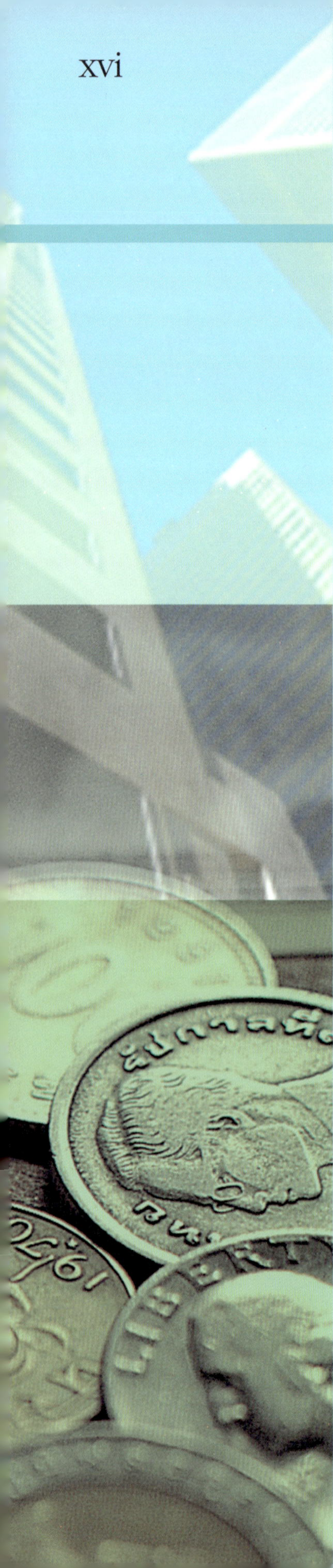

이종원 **경제학**

제1부 자본주의 경제의 본질

제1편 서 론

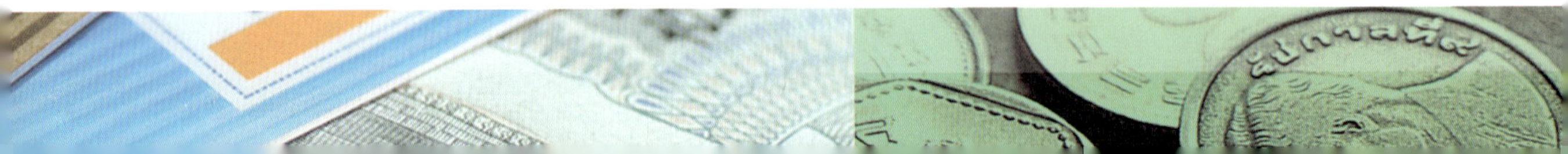

본서는 경제학의 핵심 내용을 미시경제적으로 접근할 수 있는 부분과 거시경제적 접근을 필요로 하는 부분으로 나누어 각각 제2부와 제3부에 싣고 있다.

그런데 이와 같은 경제이론체계는 자본주의라는 경제체제와 관련하여 정립된 것이라 할 수 있다. 따라서 본격적인 경제이론에 관한 소개에 앞서 이것이 근거하고 있는 자본주의 체제의 본질에 대한 이해가 필요하다. 제1부는 바로 이와 관련한 내용을 4개 장에 걸쳐 소개하게 될 것이다.

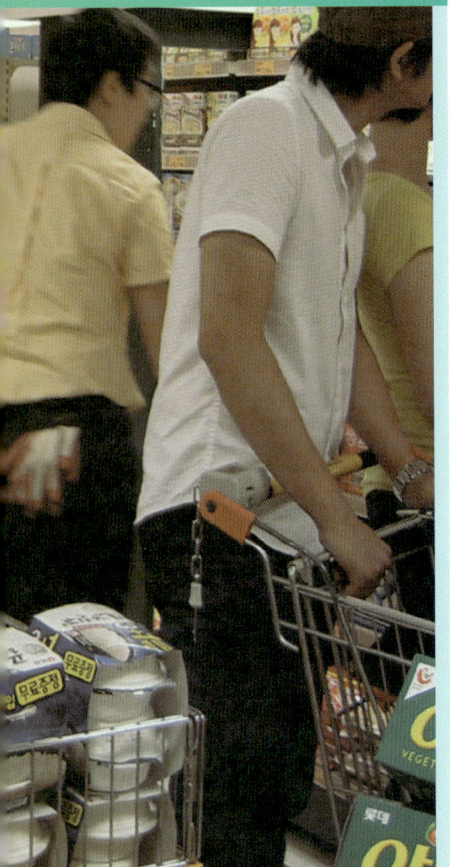

제 1 편 서　론

본편에서는 본격적인 경제이론의 소개에 앞서 경제학은 과연 무엇을 하는 학문이며 어떻게 연구하는지에 대한 논의와, 현재 세계경제체제의 주류를 이루고 있고 또 한국 경제가 근거하고 있는 자본주의 경제체제의 본질과 특징 및 기본적인 작동원리에 대하여 살펴볼 것이다.

제1장 경제학이란

본장은 경제학은 무엇을 하는 학문인가에 관한 본질적 의문을 해소시켜 주기 위해 서술된 것이다. 이를 위해 본장에서는 우선 왜 경제문제가 발생하고, 어떻게 경제행위가 영위되는지를 '희소성으로 인한 합리적 선택행위'라는 개념을 중심으로 검토해 볼 것이다. 아울러 이러한 문제의 해결을 위한 자본주의적 접근방식이 갖는 한계점은 무엇이며, 또 동서양 간 경제학에 대한 인식에는 어떠한 차이가 있는지에 대하여 살펴볼 것이다.

우리는 매일매일의 생활 속에서 수많은 경제현황에 대한 정보를 접하게 된다. 그리고 수집된 정보를 바탕으로 개인과 기업, 그리고 정부조직은 나름대로 최선을 다해 대응한다. 예컨대, 미국의 비우량 주택담보대출의 부실화로 인해 금년도 세계경기는 위축될 것이라든가, 한국 경제가 유가인상으로 물가는 오르고 수출경쟁력은 떨어질 것으로 전망된다는 등의 정보에 접하곤 한다. 국내기업들이 미래경기에 대한 확신감의 결여로 인해 신규 투자를 망설이고 있어 금년에도 대졸자 신규 채용시장은 개선되기 어렵다거나, 또는 환율의 급등과 유동성의 과도한 확장으로 인플레이션 압력이 커지고 있어 중앙은행은 단기기준금리를 인상하게 되었다는 등의 뉴스를 청취하는 일은 우리의 일상사가 되고 있다.

우리는 일상생활 속에서 수많은 경제현상에 대한 정보에 접하며 지속적으로 의사결정을 해 나간다. 경제학의 기본 과제는 바로 이러한 일상적 현상인식 및 선택행위에 대한 분석을 수행하는 것이라 할 수 있다. 그렇다면 과연 경제학은 어떻게 정의할 수 있을까?

이러한 상황인식에 따라 개인과 기업, 그리고 정부조직은 끊임없이 합리적 의사결정을 해 나갈 것이며, 이상과 같은 일상적 경제현상 및 활동에 관한 보다 합리적인 분석을 수행하는 것이 경제학의 기본 과제가 될 것임에 틀림이 없다. 그렇다면 이러한 경제학을 과연 어떻게 정의하고, 인식하는 것이 합당한지에 대하여 생각해 보기로 한다.

01 경제문제의 발생과 경제행위: 희소성과 합리적 선택

경제학을 한 마디로 표현한다면 인간의 경제행위를 연구하는 학우선 경제학을 정의하기에 앞서 경제행위란 무엇인지 생각해 볼 필요가 있다. 경제행위란 필요한 자원을 획득함에 있어 보다 효용이 높아질 수 있도록 합리적 의사결정을 하는 행위라 할 수 있다. 이러한 경제행위란 인간에게 유일한 것이며, 이처럼 합리적 활동을 영위할 수 있었던 인간을 경제인(Homo economicus)이라 부른다.

문이라 정의할 수 있다. 인간은 본능적으로 의식주문제와 같이 기본적으로 생존을 유지하기 위해 다양한 자원을 필요로 하게 된다. 그러나 단지 생존유지에 필요한 자원을 조달하는 활동을 경제활동 또는 **경제행위**라고 하지는 않는다. 이러한 활동은 인간뿐만 아니라 동물들도 영위하는 본능적 행위에 불과하다. 인간이 필요한 자원을 단순히 확보하여 소비하는 행위가 본능적인 동물적 활동에 그쳤다면 아마도 인간의 역사 또한 여타 동물의 경우와 크게 다르지 않았을 것이다. 그런데 인간이 필요로 하는 자원이 무한대로 존재하는 것이 아니기 때문에, 보다 효용가치가 높거나 만족도가 높은 자원을 취득하기 위해서 인간은 보다 현명하게 행동하기 시작하였던 것이다. 이처럼 합리적인 활동을 영위할 수 있었던 인간을 우리는 '**경제인**'(homo economicus)이라 부른다.

인간이 합리적인 활동을 통해 여타 동물과는 비교할 수 없는 발전을 이룩하였다는 측면에서 보면 결국 경제행위라는 합리적 활동은 인간에게 유일한 행위라 볼 수도 있다.

그런데 인간이 이러한 합리적 행위, 즉 경제행위를 하게 된 근본적인 원인은 무엇일까? 그것은 인간들이 필요로 하는 자원이 한정되어 있기 때문이다. 이러한 현상을 '희소성'이라 하는데, 공급이 제한되어 있어 일정한 대가를 치러야 획득할 수 있는 재화를 경제재라 하며 무한대로 존재하여 무상으로 획득가능한 재화를 자유재라 한다.

그런데 과연 인간이 이러한 합리적 행위를 영위하게 된 근본적인 원인은 무엇일까? 그것은 인간이 필요로 하는 자원이 한정되어 있기 때문이라 볼 수 있다. 이처럼 인간이 필요로 하는 자원이 제한되어 있다는 사실을 (자원의)**희소성**(scarcity)이라 한다. 그리고 바로 이러한 희소성이 경제문제를 발생시키고, 또 (합리적)경제행위를 요구하게 된 것이다. 아무리 좋은 물자라도 그것이 무한대로 존재한다면(이러한 자원을 **자유재**(free goods)라 함) 경제문제는 발생하지 않으며, 합리적 경제행위도 필요 없게 된다.

그러나 현실적으로 인간이 필요로 하는 대부분의 자원은 그 공급이 제한되어 있는 **경제재**(economic goods)의 성격을 갖고 있다. 결국 인간들은 물질적 욕구를 충족시키기 위해 제한된 자원을 어떻게 활용해야 하는가에 대한 문제에 근본적인 해결방안을 추구하게 되는데, 바로 이러한 과정에 대한 연구가 **경제학**(economics)이라 할 수 있다.

결국 경제학이란 인간의 욕망은 무한한데, 이를 충족시켜 줄 수 있는 자원은 제한되어 있어 합리적 선택을 통해 물적 욕구를 최대한 충족시키려는 경제행위에 대한 분석체계라 할 수 있다.

이상의 논의에서 우리는 결국 경제학이란 한 사회가 희소한 자원을 어떻게 관리하는가를 연구하는 학문이라 규정하였다. 즉, 인간의 욕망은 무한하지만, 이를 충족시켜 줄 수 있는 수단이 제한되어 있으므로 합리적 선택을 통하여서만 물적 욕구를 최대한 충족시킬 수 있게 되며, 경제학은 바로 이러한 선택의 문제를 주요 연구대상으로 삼는다는 것이다. 결국 경제학은 개인은 물론, 사회적 차원에서 이루어지는 모든 합리적 경제행위, 즉 경제적 선택행위를 연구대상으로 삼게 되며, 따라서 대다수 경제학 교재들은 "경제학이란 개인이나 사회가 희소한 자원을 선택적으로 사용하여 다양한 재화와 서비스를 생산 · 유통 · 교환 · 분배 · 소비하는 일련의 과정에 대한 연구를 수행하는 학문"이라 정의하고 있다.❶

02 자본주의적 경제문제 접근과 문제점

현재 대다수 국가들이 근거하고 있는 자본주의 경제체제는 당초에 봉건적 예속에서 탈피하여 자유로이 개인적 이익을 추구할 수 있는 체제의 성립과 더불어 탄생하였다. 자유로운 영리추구는 경쟁을 유발시켜 기술진보와 경제발전을 촉진시켰으나 태생적인 한계성, 즉 효율성 위주의 경제운영방식으로 인해 형평성이 악화되는 문제점을 안고 있다.

한 사회가 희소한 자원을 어떻게 관리하는가 하는 문제와 관련하여 현재로서는 대다수 국가들이 자본주의 경제체제에 근거하여 접근하는 방법을 선택하고 있다. 자본주의적 방법론에 관한 보다 상세한 소개는 제3장에서 이루어질 것이므로, 이 곳에서는 자본주의적 접근 방법론의 핵심적 특징과 문제점, 그리고 이를 시정 내지 완화하기 위해 제기되었던 사회주의적 비판내용의 일부를 살펴보기로 한다.

자본주의는 봉건적 예속에서 탈피하여 개인과 기업이 자유롭게 스스로의 이익을 추구할 수 있는 체제의 정립과 더불어 탄생하였다. 자유로운 경제활동의 보장은 개인과 기업에 자발적인 영리추구행위를 독려하는 계기를 마련해 주었고, 또한 이러한 행위는 결과적으로 무한경쟁을 통한 기술진보와 경제발전을 이루는 촉매제가 되었다.

그리고 이러한 자본주의 성립은 인류역사상 인류의 복지를 가장 크게 향상시키는 계기를 마련해 주었다. 그런데 자본주의는 기본적으로 자유로운 경제행위와 경쟁을 통해 효율성을 추구하는 작동원리에 근거하고 있음에 주목할 필요가 있다. 따라서 '적자생존', 즉 효율적인 경쟁자만이 살아남을 수 있고 경쟁에서 뒤처진 자들은 시장에서 퇴출됨으로써 빈부격차가 확대될 수밖에 없는 원초적 문제점을 안고 있는 것이다.

이러한 자본주의의 문제점이 증폭되는 시기에 대안적 경제이념으로서 사회주의가 등장하였다.

이러한 문제가 심각한 사회문제로 부각될 즈음에 바로 사회주의가 등장하게 되었는데, 사회주의 경제체제는 효율성보다는 형평성에

❶ 여기서 자원이라 함은 단지 물자 또는 물적 자원에 한정된 것이 아니라, 예컨대 시간과 같은 무형의 자원까지를 포함하는 개념이다. 따라서 제한된 시간을 합리적으로 배분하여 사용하는 행위도 경제행위라 할 수 있다.

우선순위를 두는 이념에 근거하게 되었다.

물론 이와 같이 형평성 위주의 비효율적 경제행위를 강조한 사회주의적 실험은 역사적으로 실패하고 말았다. 그러나 사회주의는 형평성의 중요성을 일깨워 주었을 뿐 아니라 자본주의와의 이념대결 과정을 통해 자본주의 체제가 형평성 문제를 동시에 고려하는 혼합자본주의로 전환되는 원인을 제공해 주기도 하였다.

이와는 별도로 사회주의 방법론은 자본주의 경제학이 근거하는 기본적 접근방법이 갖는 한계성을 예리한 통찰력으로 비판한 바 있는데, 그 중 특기할 만한 내용은 다음과 같다.

사회주의 주창자인 마르크스는 자본주의 이론을 인간 상호간의 관계(사회성)와 역사성을 도외시한 채 고립적 인간의 합리적 경제행위만을 분석한 개인적·심리적 논리체계에 불과하다고 비판하였다.

마르크스(Karl Marx, 1818~1883)는 ① 근대 자본주의 경제학은 인간과 자연 간의 관계만을 분석대상으로 고려하였을 뿐 사회적 동물인 인간들의 상호관계에 관한 분석은 무시하였다는 점, ② 따라서 거기서 다루어지는 인간은 사회적 인간이 아닌 **로빈슨 크루소**와 같은 고립적 인간이라는 점, ③ 결과적으로 근대 자본주의 경제학의 기본적 방법론은 고립적 인간이 자기만족의 증대를 위해 행하는 합리적 경제행위를 기초로 일정한 법칙성을 도출하려는 이른바 **'방법론적 개인론'**에 머물렀다는 점, 그리고 ④ 그 경제법칙은 **'한계효용 체감의 법칙'**(이에 관해서는 제3편 제7장에서 상세히 다룰 것임)처럼 개인적·심리적 법칙일 뿐 사회과학적 특색이 희박하다는 점, ⑤ 결국 이와 같이 인간이 어떠한 사회관계를 맺으며 생산하는지를 도외시하는 사조는 본질적으로 인류의 역사성까지를 배제함으로써 비사회적 내지 초역사적 성격을 띠는 한계성을 가지고 있다고 비판한 바 있다.

이상과 같은 비판은 제2편 이후에서 소개될 대부분의 (자본주의) 경제이론들이 특정한 여건하에서(예컨대, 로빈슨 크루소와 같이 무인도에 표류된 후 구조될 때까지 생명을 유지해야 하는 비현실적이고 비사회적인 상황) 한 개인이 어떻게 처신하는 것이 가장 합리적인 행위가 되는지에 관한 논리를 제공하는 데 그치고 있다는 사실에 근거하고 있다. 자본주의 경제이론은 개인적 합리성에 근거하는 심리적 법칙에 불과하며, 사회 속에서 타인과의 사회적 관계를 무시함으로써, 예컨대 빈부격차나 상대적 빈곤감문제 등을 적절히 고려하지 못하고 있을 뿐만 아니라, 인간의 물적 생활여건 개선을 위해 경제 각 주체가 어떻게 서로 협력하여 역사적 발전을 이룰 수 있는지 등에 관한 논리제공에 실패하고 있다고 본 것이다.

로빈슨 크루소와 경제문제

경제문제 발생 및 해결과정과 관련하여 자주 인용되는 로빈슨 크루소 이야기는 원래 1719년에 영국 소설가 디포가 간행한 장편소설 『로빈슨 크루소의 생애와 신비롭고 놀라운 모험』(*The Life and Strange Surprising Adventures of Robinson Crusoe*)에 근거한 것이다. 이 소설은 요크 출신의 크루소가 부모의 충고를 무시한 채 항해모험을 나섰다가 태풍으로 인해 난파된 후 무인도에 표류하게 되었는데, 남겨진 몇몇 도구만으로 합리적 의사결정과 노력을 통해 고난을 극복해 나가는 과정을 그린 것으로, 당시 영국 국민의 생활태도를 묘사한 작품이라 할 수 있다.

그런데 경제학에서는 바로 이 이야기를 **로빈슨 크루소**가 망망대해 무인도에 표류하여 고립됨으로써 모든 물자공급이 제한된 상황에서 자신이 구조될 때까지 생존하기 위해 필요한 자원을 가장 효율적으로 획득하는 의사결정 과정으로 인식하여 **경제문제**를 합리적으로 해결하는 주요 예제로 활용하고 있다.

이와 관련하여 마르크스는 고립된 상황을 가정하고 이러한 상황에서 효용을 극대화할 수 있는 합리적 경제행위에 관한 법칙성을 찾는 자본주의적 방법론은 인간과 인간의 관계나 역사성을 도외시한 비현실적 논리에 불과하다고 비판을 한 것이다.

물론 사회주의적 경제 이데올로기가 이상과 같은 자본주의 체제가 갖는 문제점을 명쾌하게 지적하는 데는 성공하였으나 자본주의를 대체할 수 있는 논리 및 정책을 제시하는 데 실패하였고, 급기야는 1990년을 전후로 하여 지구상의 대부분 지역에서 자취를 감추게 되었다. 반면 자본주의는 사회주의와의 이념대결 과정을 거치며 자신의 본질적인 문제점인 형평성 문제를 동시에 고려하는 이른바 혼합자본주의로 전환되기에 이르렀다.

그러나 사회주의는 효율성을 도외시한 채 형평성만을 추구하다가 소멸되고 말았다. 하지만 사회주의의 등장은 이념대결 과정을 촉발시킴으로써 자본주의가 형평문제를 동시에 고려하는 혼잡자본주의로 이행되는 계기를 제공하였다.

03 경제학에 대한 동양의 전통적 인식

한편, 서구의 근대경제학적 전통과는 달리 동양에서는 경제를 **'경세제민'**(經世濟民)의 줄임말로 인식하여 왔는데, 이는 다분히 정치경제학적 성격이 강한 개념으로 이해할 수 있다. '경세제민'이란 "세상을 다스리고(또는 국가를 경영하고) 백성을 구한다"는 의미를 가지고 있어, 이를 근대경제학적 시각에서 이해한다면 **효율성**(efficiency) 또는 효율적 운용과 **형평성**(equity)의 제고를 포괄하는 개념으로 인식할 수도 있다. 그리고 실제 경제운용에서도 정치와 경제가 분명히 구분되지 않거나 상당히 많은 경우의 논의에서 경제제도의 개선 내지 변혁까지를 주장하는 이른바 **규범경제학**(normative economics)적 접근방법이 자연스럽게 받아들여지고 있는 것도 사실이다. 물론 서구

한편, 동양에서는 경제학을 經世濟民(국가를 경영하고 백성을 구한다는 뜻)의 학문으로 인식하고 있어 효율성과 형평성을 동시에 고려하되 정치학과의 구분이 철저하지 않은 규범경제학적 성격이 강한 논리체계로 자리잡아 왔다.

실증경제학과 규범경제학

현대의 주류경제학은 실증경제학이라 할 수 있다. 경제학이란 일단 경제제도 및 여건을 주어진 것으로 받아들이면서 제반 경제문제를 해결하기 위한 논리적 대응방안을 강구하는 한도 내에 머물러야 한다는 시각에 근거하고 있기 때문이다. 따라서 경제제도의 개선은 물론 경제이념 및 사상에 이르는 모든 영역에서의 관심사항을 포괄하여 분석하는 이른바 규범경제학은 원칙적으로 볼 때 현대경제학의 연구영역을 벗어나는 것으로 이해할 수 있다.

즉, 경제학은 가치판단의 유무에 따라 **실증경제학**(positive economics)과 **규범경제학**(normative economics)으로 분류할 수 있다. 실증경제학은 경제현상을 사실 그대로(what is) 기술하고 분석하며 경제현상들 간에 존재하는 상호의존관계를 발견하고 체계화하는 일련의 지식체계로, 우리가 보통 경제학이라고 말할 때는 바로 이 실증경제학을 지칭하는 것이다. 실증경제학은 경제현상들 간의 상호연관관계를 이용해서 여러 가지 경제현상의 특성을 규명하거나 그 변화를 예측하는 데 사용된다. 그러므로 실증경제학의 가치는 일반적으로 그 이론의 현실설명능력 내지 예측능력에 의해서 평가된다.

반면에 규범경제학은 가치판단에 따라 어떤 경제상태는 바람직하고, 또 어떤 경제상태는 바람직하지 못하다는 것을 설명하는 지식체계이다. 따라서 규범경제학은 경제현실을 과학적으로 설명하거나 예측을 수행하는 일보다는 그 당시의 사회적 양식에 비추어 어떤 것이 가장 바람직한 경제상태인지(what ought to be)를 규정하는 데 주안점을 두게 된다. 규범경제학의 방향을 결정하는 가치판단의 기준은 시대와 장소에 따라 변화할 수 있겠지만, 대체로 효율성 · 공평성 · 안정성 등이 활용되어 왔다.

이러한 규범경제학이 사회과학인 경제학의 범주에 들기 위해서는 실증경제학의 도움을 받아야 한다. 규범경제학은 엄밀히 말하면 과학적 범주에 들지 못하지만 그 전개과정이 객관적 논리에 근거한 실증경제학에 기초하고 있는 경우에는 '과학적'이 될 수 있다. 따라서 규범경제학과 실증경제학도 상호배타적이 아니라 보완적인 관계에 있는 것으로 인식할 필요가 있다.

예컨대, "1997년 외환위기 발발 이후 실업자수가 크게 증가하였다"라는 표현은 실증경제학적 표현의 한 예가 될 것이지만, "실업자를 위해 고용보험제도를 확충하거나 재훈련제도를 확대해야 한다"라는 대안이 제시되면 규범경제학적 표현의 한 예가 될 것이다. 제시된 대안이 실제로 실업자의 생계보전이나 재취업에 도움이 된다는 사실이 입증될 수 있다면, 이것이 바로 실증경제학과 규범경제학이 보완적으로 작용할 수 있는 좋은 예가 될 수 있을 것이다.

에서도 근대 자본주의 경제학이 정립된 18세기 말 이후 상당 기간 정치경제학적 전통이 유지된 바 있다.

따라서 서양의 전통적인 경제학이 현재의 현상을 있는 그대로 기술하고 분석하는 이른바 실증경제학에 해당된다면, 동양의 인식은 가치판단에 따라 무엇이 바람직한지를 규정하는 규범경제학적 성격이 많이 가미된 유형이라고 볼 수 있다. 물론 실제 정책운용시에는 두 범주의 경제학이 보완적으로 활용될 수도 있다.

여하튼 이와 같은 경제학에 대한 동양의 전통적 인식으로 인해, 한국 경제의 발전문제를 접근하는 과정에서는 이른바 **실증경제학**(positive economics)적 접근범위를 넘는 경우가 적지 않다는 점을 상기할 필요가 있다. 이러한 인식은 동양권뿐 아니라 제반 경제여건과 제도가 서구 자본주의 체제와는 상당한 거리가 있어 단지 희소한 자원을 관리하는 경제주체들의 합리적 선택행위에 관한 논리만으로는 경제발전을 실현하기 어려운 수많은 개발도상국들에게 오히려 설득력 있는 시각으로 자리잡아 왔다고 할 수 있다.

또 한 가지 이 시점에서 강조해 두고자 하는 점은 어떤 시각에서 경제학을 규정하든 결국 경제학은 기본적으로 모든 경제행위의 최상위 목표를 국가 및 사회의 발전, 그리고 복지증대에 맞추고 있다는 점이다. 따라서 경제학은 개별 가계나 기업의 합리적 행위를 분석할 수 있는 논리를 제공하기는 하지만 일반적으로 국민경제의 이해에 반하여 개인이나 기업의 이익을 추구하는 행위를 바람직하거나 합리적 인 선택으로 간주하지는 않는다.

제2장 경제학은 어떻게 연구하나

본장에서는 경제학 연구는 어떤 자세와 인식하에 이루어져야 하는지, 그리고 경제이론은 어떻게 개발되고 검증되어 활용되는지에 대하여 살펴볼 것이다. 또한 경제이론의 두 가지 큰 접근방식, 즉 미시경제학과 거시경제학의 연원과 차이점 그리고 연관성에 대하여 논의할 것이다. 아울러 경제이론에 근거한 경제정책 대안들이 어떻게 상충될 수 있는지에 대한 원인을 규명해 볼 것이다.

01 근대경제학 연구의 기본 시각과 접근방법

근대경제학이 정립된 이후 본격적인 경제학 교재의 효시라 할 수 있으며, 19세기 말과 20세기 초에 걸쳐 가장 큰 영향을 미친 저서의 하나로 **마셜**(Alfred Marshall)의 *Principles of Economics*를 꼽는데 주저할 필요가 없을 것이다. 이 책은 20세기 중엽 **사무엘슨**(Paul A. Samuelson)의 *Economics: An Introductory Analysis*가 출현할 때까지 대표적 교재로 각광을 받은 바 있다. 마셜은 이 책에서 다음과 같은 세 가지 의미 있는 메시지를 전달해 준 바 있다.

경제학 연구의 기본 자세와 관련하여 가장 공감할 수 있는 메시지를 남긴 학자로 마셜을 들 수 있다. 그는 모름지기 경제학자란 인간에 대한 애정을 가지되 냉철한 이성에 근거하여 분석에 임할 것(warm heart and cool head)을 주문한 바 있다.

① 역사상 인류에게 가장 큰 영향을 미친 것은 물질적 측면에서의 경제문제와 정신적 측면에서의 종교문제이다.

② 경제학은 인간의 일상적 경제활동 또는 생활을 대상으로 연구하는 학문이다.

③ 경제학을 연구함에 있어 우리는 인간에 대한 뜨거운 애정을 가지되, 냉철한 이성(warm heart and cool head)을 가지고 접근해야 한다.

특히, 마지막 메시지는 경제학자라면 누구나 한 번은 깊이 마음에 새겨 두었을 만한 금과옥조와 같은 명언으로 자주 인용되어 왔다. 우리는 그의 책에서 결국 경제학은 궁극적으로 인간의 물적 생활여

알프레드 마셜(Alfred Marshall, 1842~1924)

알프레드 **마셜**은 극성스런 아버지의 교육열과 자신의 타고난 재능에 힘입어 케임브리지대학에서도 줄곧 우등생이 될 만큼 우수한 학생이었다. 그는 특히 수학에 남다른 재능을 가지고 있었지만 오히려 누구보다도 경제학 연구에 있어서 수학의 남용을 오히려 강력히 경계한 학자로도 유명하다.

마셜은 한계효용이론의 창시자는 아니었지만 이를 가장 명확하고 광범위하게 적용시킨 학자로서 오늘날 미시경제학의 핵심적 방법론을 정립시킨 학자이다. 또한 그는 82세까지 장수하면서 모교인 케임브리지대학에서 케인즈(J. M. Keynes), 피구(A. C. Pigou), 로빈슨(J. V. Robinson) 등과 같은 대학자들을 배출하여 이른바 케임브리지학파를 형성하기도 하였다.

방법론적 측면에서 마셜은 "자연은 비약하는 법이 없다"라는 대전제를 설정하였다. 따라서 세상은 단지 점진적으로만 개선될 수 있다고 믿었는데, 이를 두고 그의 이론을 '진화론적 경제이론'이라 부르기도 한다.

한편, 그는 경제학적 시간을 장기와 단기로 구분한 다음 모든 것이 변할 수 있는 장기와는 달리 제한적인 변화를 집중 조명할 수 있는 기간을 단기로 보았다. 복잡한 문제는 쪼개어서 한 번에 한 가지씩 생각하고, 이렇게 얻은 부분적 해답들을 종합하는 노력을 기울일 것을 제안하면서 이른바 **부분균형분석**(**partial equilibrium analysis**)이라고 하는 분석방법을 창안해 내었다. 즉, 그는 한 가지 요인을 검토하는 동안 여타 요인들은 일정하다고 가정하는 방법론을 제기한 것이다. 흔히 '*ceteris paribus*'라고도 하고 'other things being equal'이라고도 부르는 논리적 가정은 주로 미시경제적 분석에 기초가 되고 있다(이는 모든 것을 동시에 고려하는 **왈라스**(Leon Walras)의 **일반균형분석**과 정면으로 대비되는 개념임).

뿐만 아니라 그는 시장에서 수요와 공급이 일치하여 균형이 이루어지는 과정, 그리고 탄력성(elasticity) 개념의 창출 등 많은 미시경제학적 기초를 정립한 학자이다. 그러나 정작 오늘날의 경제학자들이 마셜의 업적과 관련하여 자주 인용하는 내용은 그가 주저서인 『경제학원리』(*Principles of Economics*)에서 빈곤퇴치 및 경제적 복지향상에 대한 노력을 강조하였다는 점에서 찾고 있다. 따뜻한 가슴(warm heart)을 경제학자의 기본 덕목으로 제시한 것은 바로 이러한 인식에 연유한다고 볼 수 있다. 아울러 인간에 대한 애정을 가지되 분석은 냉철하게(cool head) 수행할 것을 주문한 그의 가르침은 현재까지도 모든 경제학도들의 마음 속에 깊이 각인되고 있다.

건 개선을 통한 복지향상을 목표로 하며, 애정을 가지고 접근하되 이러한 목표의 달성은 감성에 동요되지 않는 냉철한 이성적 판단과 지극히 객관적인 시각을 견지함으로써 실천가능하다는 가르침을 얻었다. 이러한 마셜의 메시지는 근대경제학 연구의 기본 시각을 제공해 준 것으로 평가된다.

한편, 경제학 연구와 관련하여 가장 설득력 있는 접근방법을 제시한 학자로 사무엘슨을 들 수 있다. 그는 희소성하의 합리적 의사결정행위는 결국 '무엇을', '어떻게', 그리고 '누구를 위하여' 생산할 것인가를 결정하는 과정으로 대신할 수 있다고 보았다.

한편, 1948년도에 처음 출판된 이후 2005년 현재 18판을 발간함으로써 현대경제학 교재의 대명사가 되어온 책으로 사무엘슨(1915~, 1970년 노벨경제학상 수상)의 *Economics: An Introductory Analysis*를 들 수 있다.

이 책에서 사무엘슨 교수는 경제문제의 해결방안을 다음과 같이 제시한 바 있다. 즉, 경제학 연구에 있어 희소한 자원을 합리적 선택을 통하여 관리하는 문제는 결국 ① 무엇을(What), ② 어떻게(How to), ③ 누구를 위해(For Whom) 생산하는가를 결정하는 과정으로 대신할 수 있다고 언급한 바 있다.

사무엘슨 교수는 우선 자본주의 시장경제체제하에서는 인위적인 통제나 간섭 없이 개별 경제주체들이 시장에서 자유롭게 각각의 이익을 추구할 수 있도록 여건이 조성됨으로써 제한된 자원의 효율적인 배분이 가격기구를 통해 자동적으로 이루어질 수 있다고 보고 있다.

따라서 무엇을 얼마나 생산할 것인가 하는 문제는 자본주의 시장경제하에서는 소비자의 선호도에 의해 해결된다. 반면, 사회주의 계획경제하에서는 계획당국이 그 사회가 무엇을 얼마나 생산할 것인가를 결정하므로 소비자의 선호에 따른 생산품의 종류와 생산량의 자율적인 조정은 불가능해지며, 따라서 소비자주권이 침해될 수밖에 없다.

한편, 어떻게 생산할 것인가 하는 문제의 경우 시장경제체제하에서는 이윤극대화를 추구하는 기업들이 무한경쟁을 통해 보다 좋은 제품을 저렴하게 공급할 수 있도록 최선을 다하는 과정을 통해 해결된다. 반면, 계획경제체제하에서는 경쟁을 통한 효율적 생산방식의 추구과정이 완전히 도외시된 채, 계획당국에 의해 모든 생산방식이 일률적으로 결정된다. 이러한 생산방법의 선정방식은 결국 사회주의의 가장 치명적인 비효율성을 낳게 되었다.

마지막으로 누구를 위해 생산할 것인가 하는 문제는 결국 생산과정에 참여한 각 생산요소(예컨대, 노동 · 자본 · 토지 등)에 어떻게 그 대가를 지불하는가 하는 분배의 문제로 귀속된다. 물론 자본주의 시장경제하에서는 기업이 자유시장기구를 통하여 임금 · 이자 · 지대 등의 생산요소가격을 지불하고, 나머지는 기업이윤으로 차지하는 방식으로 분배문제를 해결한다.

그런데 이러한 배분과정은 공평한 분배를 보장할 수 없어 사회적 불평등문제를 낳기도 한다. 바로 이 점이 자본주의 시장경제체제의 원천적 문제점 중 하나라 볼 수 있다. 따라서 자유시장기능을 일부 제한해 나가며 분배문제를 개선하려는 혼합경제체제가 등장하게 된 것이다.

한편, 사회주의 계획경제는 바로 이러한 자본주의의 불평등한 배분문제를 비판함으로써 정립된 체제이므로 원칙적으로 무한대적 평등분배를 강조하게 되었다. 그러나 개인의 능력과 노력, 그리고 창의성이나 적성을 무시한 공평분배방식은 결국 빈곤하의 평등을 초래할 수밖에 없었다.

이상에서 우리는 세 가지 기본 문제에 대한 합리적 선택의 문제는 자본주의적 시장경제체제를 통해 해결할 경우 경제주체들의 자율적인 이익추구 과정과 가격의 자동조절기능을 통해 효율적인 자원배분이 이루어질 수 있는 반면, 자유시장기구는 소득분배면에서 필연적으로 불평등문제를 야기하게 된다는 점을 사무엘슨식 분석방법에 따라 확인할 수 있었다.

02 합리적 경제행위의 경제이론화와 활용

그러나 본격적인 경제학 연구는 경제주체들이 주어진 여건하에서 어떻게 합리적 경제행위를 수행하는가에 대한 객관적 논리의 정립, 즉 경제이론의 개발 및 활용을 필요로 한다.

앞서 마셜과 사무엘슨의 경제학 연구의 기본 시각과 접근방법에 대하여 살펴보았다. 그러나 보다 본격적인, 그리고 구체적인 경제학 연구는 가계 · 기업 · 정부와 같은 경제주체들이 주어진 여건하에서 어떻게 합리적 선택을 통해 경제행위를 수행하는가에 대한 다양한 논리의 개발을 필요로 하게 된다. 즉, 합리적 경제행위의 경제이론화가 요구되는 것이다.

즉, 경제학자들은 합리적 경제행위의 행태적 특징을 관찰하여 객관성 있는, 그리고 현실타당성 있는 이론을 정립한다. 그리고 일단 이론이 정립되면 이에 근거하여 각종 경제행위의 행태분석, 각종 경제정책의 입안 및 효과분석, 그리고 미래에 대한 예측 등을 수행한다.

그러면 과연 경제이론은 어떻게 개발하여 활용하는가? 간단히 결론부터 말하자면, 경제학의 경우 일단 합리적 경제행위의 행태적 특성을 관찰하여 객관성 있는 이론을 정립하게 된다. 그리고 경제이론이 정립되면 그것이 현실타당성이 있는지 여부를 통계적 검증과정을 통해 확인하게 되며, 타당성이 인정될 경우 이에 근거하여 각종 경제행위의 행태적 특징을 밝혀 내거나 각종 경제정책의 효과를 분석하기도 하며, 또 미래에 대한 예측까지를 도모하는 일을 수행하게 된다.

이러한 과정은 자연과학의 경우와 크게 다르지 않다. 자연과학이론이란 어떤 규칙적인 자연현상을 발견하여 이들 중 중요한 측면만을 간추려 단순화시킨 논리라 할 수 있으며, 통상적으로 현실 속에 존재하는 주요 변수들 간의 관계를 의도적으로 단순화시켜 표현한다. 자연현상들은 매우 복잡하게 얽혀 있어, 있는 그대로를 전부 설명할 수 있는 논리를 정립하기는 어렵기 때문이다. 따라서 상대적으로 덜 중요한 측면은 고려대상에서 제외시킨 다음 상대적으로 중요한 측면만을 단순화시켜 제시함으로써 주도적인 영향을 미치는 현상만을 추출하되 인과관계적 현상으로 파악한다.

우리는 이와 같은 이론의 개발과정을 통해 현실세계 배후에서 주도적으로 작용하는 규칙성을 발견함으로써 현실에서 일어나는 일들의 발생원인과 전개과정, 그리고 이로 인해 초래되는 결과에 대한 체계적인 이해는 물론 앞으로 발생할 현상에 대한 예측도 할 수 있게 된다.

정도의 차이는 있지만 경제이론이 개발되는 과정도 자연과학의 경우와 대동소이하다. 바로 이러한 이유로 인해 경제학을 사회과학의 한 분야로 규정하고 있다. 물론 합리적 선택에 근거한 경제행위라 하더라도 그 행태적 특징을 단순화시켜 인과관계적 함수관계로 표현한 경제이론으로 정립시킨 다음, 이에 근거하여 차후의 경제행위를 예측하는 일은 자연과학의 경우보다 어려운 과제임에 틀림이 없다.

경제이론 정립의 첫 번째 단계는 '가정'의 설정이다. 경제학에서 가정이란 현실을 가장 잘 대변할 수 있는 특징 또는 대표적 현상을 추상화한 조건문이라 할 수 있다.

주지하는 바와 같이, 일반적으로 자연과학의 경우에는 온도 · 습도 등을 일정하게 하는 등 일정 여건을 유지시키는 가운데 반복적인 실험을 통하여 일관되게 관측되는 자연현상의 인과관계를 규명한다. 그러나 경제학(및 기타 사회과학)의 경우, 그 연구대상은 '인간들의 경제행위'가 되며, 이들의 행위를 일정 조건하에서 반복적 실험을 통해 관측할 수는 없다. 따라서 경제학에서는 현재 우리가 처해 있는 현실을 마치 우리가 실험을 위해 일부러 그렇게 만들어 놓은 것처럼 가정한다. 이와 같이 우리가 처한 현실세계를 가상적인 실험실로 간주하는 경우에 이 실험실의 여건을 대변하는 대표적 특성을 **'가정'**(assumption)이라 한다. 물론 복잡한 경제현상을 모두 나타낼 수는 없으므로 가장 특징적이고 대표적인 현상만을 추상화하여 표현하게 되는데, 실험의 용도나 분석의 단순화를 위해 가정을 현실과 다소 거리가 있는 조건들로 나타내기도 한다. 예컨대, 상황설정의 단순화를 위해 다소 비현실적인 가정을 설정하더라도 그러한 가정의 설정하에 정립한 주요 경제변수 간의 인과관계, 즉 경제이론의 현실설명력이 유지될 수 있는 한 크게 문제 삼을 필요가 없기 때문이다.

일단 현실여건의 특징을 대변할 수 있는 가정이 설정되면 이러한 여건하에서 성립될 수 있는 주요 경제변수 간의 인과관계를 설정하게 되는데 이를 '가설'이라 한다.

일단 가정이 설정되면 가정에 의해 설정된 조건하에서 경제변수들 간에 어떤 인과관계가 성립되는가를 규명하게 된다. 이러한 과정에서 경제변수들 간의 본질적인 함수관계를 서술적 또는 수학적으로 단순화시킨 것을 **'가설'**(hypothesis)이라 한다. 그리고 이처럼 설정된 가정과 그러한 가정하에 성립될 것으로 예상되는 경제변수 간의 논

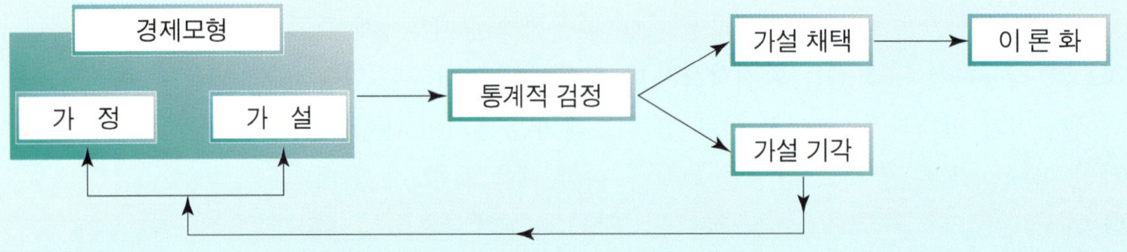

그림 2-1 경제이론 개발의 기본 과정
이 그림은 경제이론이 개발되는 기본 과정을 도시한 것이다. 경제학자들은 특정한 여건(이를 가정이라 함)하에서 경제변수 간에 성립되는 인과관계적 함수관계에 관한 직관(이를 가설이라 함)을 적절한 통계적 검증과정을 거처 현실타당성 여부를 확인함으로써 경제이론을 정립하게 된다. 현실타당성이 확인되지 못한 가설은 수정 · 보완하여 재차 검증과정을 거치게 된다.

리적 연관성을 구체적으로 표현한 가설까지를 총괄하여 **경제모형**이라 부르기도 한다. 여하튼 일단 이러한 경제분석모형에서 설정된 경제행위에 대한 직관, 즉 경제적 가설이 정립되면 과연 이 가설에 대해 현실타당성 여부와 이러한 가설에 의해 과거와 현재 그리고 미래의 경제상황을 설명 또는 예측할 수 있는지의 여부를 확인하게 된다. 이러한 검증과정(이를 **통계적 검정**(statistical testing)과정이라고 함)에서 현실타당성이 인정될 때 비로소 그 가설은 **이론**(theory)화된다. 한편, 검증결과 현실타당성이 인정되지 못하면 일단은 현실을 추상화한 기본 전제, 즉 가정이 지나치게 현실과 괴리된 것이 아닌가 살펴보고 이를 재조정하거나 설정된 가설의 논리성에 한계가 있는 것이 아닌가 재검토해 본 연후에 경제모형을 재설정한 다음 이제까지의 과정을 반복하게 된다.

다음 단계에서는 이렇게 설정된 가설이 현실타당성이 있는지 여부를 통계적 검증과정을 통해 확인하게 되며, 검증에 성공할 경우 비로소 경제이론으로 정립된다. 물론 검증에서 실패할 경우에는 일단 가정과 가설의 내용을 조정한 다음 같은 과정을 다시 거치게 된다. 물론 검증에 성공한 경제이론이라 하더라도 끊임없이 새로운 검증을 통해 객관성 및 현실타당성을 지속적으로 확인함으로써 신뢰할 수 있는 논리로 정착될 수 있다.

이상과 같은 경제이론의 기본적인 개발과정은 경우에 따라 기존의 경제이론을 수정 · 보완하거나 대체해 나가는 데 활용될 수도 있다. 즉, 특정 경제이론이 위와 같은 과정을 통하여 검증한 결과 시간적 내지 공간적 한계성이 새롭게 인식될 경우에 이 이론은 새로운 논리에 의해 대체되어 갈 수 있다. 이렇게 볼 때, 결국 경제이론은 시 · 공간을 초월하여 객관성이 유지되고 있는지의 여부를 끊임없이 검증받고 있는 것이다. 객관성 또는 현실타당성이 결여된 논리는 더 이상 현실사회의 경제문제 해결에 아무런 도움도 주지 못하기 때문이다.

03 미시경제학과 거시경제학

이상에서와 같은 과정에 따라 개발되고 활용되는 경제이론은 접근방식에 따라 **미시경제학**(microeconomics)과 **거시경제학**(macroeconomics)으로 구분되기도 한다.

한편, 경제학은 접근방법에 따라 미시경제학과 거시경제학으로 구분되기도 한다. 미시경제학은 개별 경제주체들의 합리적 의사결정 과정을 분석대상으로 삼는 반면, 거시경제학은 국민경제 전체의 총괄적 경제현상을 분석대상으로 삼는다.

미시경제학에서는 개별 가계나 기업의 합리적 의사결정 과정 또는 수요 · 공급행위를 통해 이들이 재화 및 서비스시장에서 상호대응하는 행태 등을 주로 분석대상으로 삼는다. 반면 개별 가계나 기업의 경제행위를 독립적으로 분석하는 대신 모든 경제주체들이 모든 시장에서 수행하고 있는 모든 경제행위의 종합적인 결과로 볼 수 있는 국민경제 전체의 총괄적 경제현상을 분석대상으로 삼기도 한다. 이와 같은 방식에 근거하여 접근하는 경제학을 거시경제학이라 한다.

그런데 이러한 두 부류의 경제논리들은 실제로는 밀접하게 연관되어 있다. 국민경제 전체의 특징적 현상이나 변화는 결국 모든 경제주체들의 합리적 경제행위에 따른 총체적 결과이기 때문이다. 따라서 미시경제이론과 거시경제이론 간에 논리적 상충이 발생하여서는 안 된다. 미시경제이론과 거시경제이론 간의 유기적 연계성 내지 논리적 일관성에 대해서는 많은 학자들에 의해 입증되기도 하였는데, 이를 **거시경제학의 미시경제학적 기초**(micro foundations for macroeconomics)를 제공하는 일이라 부르기도 한다.

결국 미시경제학과 거시경제학은 단지 분석하는 대상에 차이가 있는 것일 뿐이므로 상호보완적으로 활용될 수 있다. 예컨대, 한강 생태계 전체의 변천과정을 분석하는 일을 거시적 접근이라 하면, 한강에서 서식하는 어류와 철새들의 개별적 행태를 독립적으로 분석하는 일은 미시적 접근이라 할 수 있다. 그리고 한 국가의 경제성장을 분석하는 일이 거시적 접근이라 하면, 그 사회의 개별 경제주체의 개별적 행태(교육, 연구, 건강, 생산성 등)를 접근하는 일은 미시적 접근이라 할 수도 있다. 어떠한 경우든 개별 분석대상들의 행태들이 총체적으로 시현된 결과가 거시적 분석대상이 될 것이므로, 두 분석방안은 서로 논리적으로 상통하게 될 뿐 아니라 두 분석방안은 상호보완적인 특성을 갖게 될 수밖에 없게 된다.

그러나 두 이론체계는 분석대상 및 접근방법상 차이가 있을 뿐이며, 따라서 서로 논리적으로 상통하게 될 뿐 아니라 상호보완적으로 활용될 수 있는 관련을 맺고 있다.

그런데 미시경제이론이 각종 시장에서 개별 경제주체들의 합리적 선택행위를 주 분석대상으로 삼고 있다. 반면에 거시경제이론은 국민경제 전체의 변화과정을 주 분석대상으로 하는데, 경제성장률 · 실업률 · 물가상승률 · 국제수지 등 국민경제 전반에 관한 특징을 대변하는 지표들을 주요 논의대상으로 삼는다. 그리고 항상 그런 것은 아니지만 거시경제 분석은 국민경제 주요 지표들 간의 상호연관성을 함께 고려하는 이른바 일반균형적 분석방식에 주로 근거하게 된다.

04 왜 경제정책 대안이 상충될 수 있는가

한편, 간혹 전문가들에 의해 제시된 경제정책 대안들이 상충되는 경우를 우리는 자주 볼 수 있다.

미시경제학적 접근에 의해서든, 거시경제학적 접근에 의해서든 모두가 다 합리적 경제주체들의 경제행위를 분석한 것인 이상 논리적 상충성이 있을 수 없다는 것이 앞의 항에서 확인한 내용이다. 그러나 현실세계에서는 동일한 경제문제에서조차 서로 다양한 대책이 제시되는 것은 물론, 경우에 따라서는 정반대의 견해가 피력되는 경우도 있다. 더구나 상반된 견해를 제시한 사람들이 학자들이고 존경받는 사람들일 경우, 우리의 혼란은 가중될 수밖에 없다. 그렇다면 과연 어떻게 이런 일이 벌어질 수 있는 것일까?

(1) 규범적 분석시각의 영향

그 첫 번째 이유로는 제시된 대안들이 서로 다른 가치판단에 근거한 규범경제학적 접근에 기초하는 경우를 들 수 있다.

앞서 우리는 현대경제학이란 현실 그대로를 일단 받아들이면서 경제문제를 분석하는 이른바 **실증경제학**(positive economics)의 성격을 갖는다고 규정한 바 있다. 반면에 경제여건이나 제도가 선진국과 달라, 단지 전형적인 경제정책을 수동적으로 운용하는 것만으로는 경제발전을 이룩하기 어려운 대부분의 개발도상국에서는 오히려 현실적 여건이 어떻게 개선되는 것이 바람직한가에 분석의 초점을 맞추는 이른바 **규범경제학**(normative economics)적 주장이 자주 대두된다. 따라서 학자들이 소극적인 입장을 견지하며 실증적 주장을 펴는 수준에 머무르고 있는지, 아니면 적극적으로 규범적 주장을 제창하고자 하는지에 따라 현실경제문제에 대한 처방은 얼마든지 달라질 수 있다. 또한 규범적 처방이라 하더라도 구체적 대안은 여전히 상이할 수 있다.

예컨대, 한국의 경우에는 적어도 1970년대까지는 성장우선정책을 펴왔다고 볼 수 있다. 그러한 과정에서 도시와 농촌 간의 소득격차, 공산품과 농산품의 가격차이 확대, 수출산업과 내수산업 간의 격차, 그리고 대기업(대부분이 중화학공업)과 중소기업 간의 격차 등이 확대되면서 부문 간 불균형과 사회불안을 초래하였다. 그럼에도 불구하고 박정희의 유신정부는 1970년대에 들어서까지 'growth first, distribution later'라는 **성장 최우선 정책**을 고수하여 많은 학자들로부터 반발을 사기도 하였다. 어떠한 발전방식이 바람직한가에 대한 인식의 차이에 따라 어떻게 다른 대안이 선호될 수 있었는지에 대한 대표적 사례라 할 수 있을 것이다.

한편, 노무현 정부의 경제정책은 대체로 형평문제에 무게를 두어 마련되고 실행된 것으로 평가된다. 따라서 경제적 효율성 회복을 통한 국제경쟁력 강화와 경기회복에 주안점이 맞추어져야 한다는 견해들과 많은 마찰을 빚을 수밖에 없었다. 물론 이러한 두 가지 견해 외에도 성장과 형평이 동시에 개선될 수 있는 정책대안이 제시될 수도 있었다. 여하튼 이러한 상황에서도 경제학자들이 서로의 입장에 따라 각기 다른 주장을 펴 왔음을 우리는 쉽게 확인할 수 있다.

(2) 경제이론 자체의 한계성

두 번째 사유로는 기존의 경제이론이 급변하는 현실여건을 제대로 설명할 수 없거나 따라서 새로운 논리가 개발·제시될 경우 서로 다른 정책대안이 제기될 수도 있다는 사실을 들 수 있다.

객관타당성을 근거로 하는 경제이론이 속속 개발·정립되고 활용됨으로써 인류의 경제여건 개선에 크게 기여한 것은 사실이다. 그러나 모든 사회과학이론이 그러하듯이 경제이론은 기본 속성상 태생적 한계성을 갖고 있다. 따라서 현실타당성이 인정된 경제이론이라 하더라도 동서고금을 불문한 만고불변의 진리로 존속될 수는 없다. 또한 아직도 경제학의 역사는 매우 짧아 더욱더 정교하게 다듬어질 여지가 많을 뿐만 아니라, 경제여건과 경제주체들의 행태가 급속하게 변화함에 따라 경제이론 또한 지속적으로 개편되어 나가야 함에도 불구하고 경제이론의 발전은 미처 이를 따라가지 못하고 있어 현실을 제대로 설명하기에는 한계가 있는 경우가 종종 발생하기도 한다.

따라서 기존의 경제이론이 갖는 유효성에는 한계가 있을 수밖에 없다. 결과적으로 새로운 경제논리가 개발될 때마다 기존의 논리에 근거한 견해와 상반되는 정책대안이 제시될 가능성이 높아진다. 예컨대, 1970년대 석유수출국기구(OPEC)에 의해 자행된 두 차례의 오일쇼크로 인해 세계는 **인플레이션**(inflation)과 **경기침체**(stagnation)가 함께 나타나는 이른바 **스태그플레이션**(stagflation)현상이 풍미하였다. 이러한 시기에 정부재정적자 축소방안의 하나로 제시되었던 이른바 **래퍼곡선**(Laffer curve) 논쟁은 특기할 만하다.

래퍼곡선은 미국의 경제학자 **래퍼**(Arthur B. Laffer)가 주장한 조세수입과 세율 사이의 역설적 관계를 나타낸 곡선으로 그의 이름을 따 명명되었다. 일반적으로는 세율이 높아질수록 세수가 늘어날 것이라는 인식이 일반화되어 있는 상황에서 래퍼 교수는 세율이 일정 수준(최적조세율)을 넘으면 반대로 세수가 줄어든다고 주장하였다. 세율의 지나친 상승은 근로의욕 감퇴를 유발하고, 따라서 세원 자체가 줄어들 수 있기 때문이라 본 것이다. 그러므로 그는 세율을 낮추는 것이 조세수입을 오히려 증가시킬 수 있다는 역설을 제시하였던 것이며, 이는 바로 새로운 시각과 전통적 인식과의 차이로 인해 서로 다른 정책이 제시될 수 있었던 좋은 사례라 할 수 있다.

한편, 역사적으로 가장 큰 논쟁의 하나로 기록될 수 있었던 논리의 대립은 1930년을 전후해서 나타났던 세계대공황 시기에 이를 해소할 수 있는 정책대안으로 제시되었던 **케인즈**(John M. Keynes, 1883~1946)와 **슘페터**(Josheph A. Schumpeter, 1883~1950)의 매우 상반된 처방의 내용이라 할 수 있다.

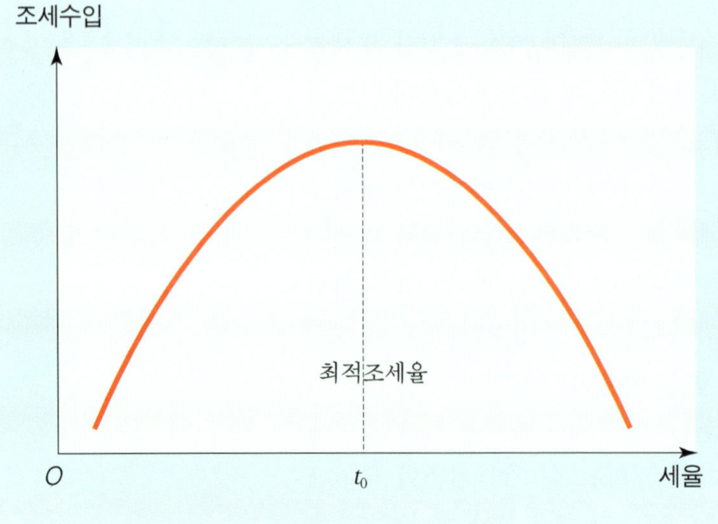

그림 2-2 래퍼곡선
래퍼(Arthur B. Laffer)는 세율이 최적조세율(t_0)을 넘어서게 되면 오히려 조세수입이 줄어들 수 있다는 논리를 제시하면서, 이러한 상황에서는 세율을 낮추는 것이 오히려 조세수입을 증가시킬 수 있다는 역설적 논리를 주창하였는데, 이러한 논리를 옹호하기 위해 고안된 그림을 래퍼곡선이라 한다.

케인즈는 정부가 대규모 공공사업을 펴서 많은 실업자들에게 일자리를 제공함으로써 이들에게 새로운 소득원을 마련해 주고, 이렇게 창출된 소득은 각종 재화 및 서비스에 대한 새로운 수요(이를 **유효수요**(effective demand)라 함)를 유발함으로써 도산상태에 빠진 기업들이 다시 활력을 찾게 되고 결국 경기침체를 벗어나는 계기가 마련될 수 있다고 본 것이다. 이를 정부지출 확대에 의한 **유수정책**(pump priming policy)이라고도 한다. 정부지출 증대를 통해 큰 폭의 경제활력을 유발시키는 과정이 마치 초기 작동이 가능할 정도로 펌프에 물을 부은 다음 일단 이를 작동시킬 수 있다면 이후 계속하여 많은 물을 퍼 올릴 수 있다는 현상과 유사하다는 사실에 비유하여 만들어진 용어이다. 그런데 이상과 같은 케인즈의 정책처방은 자세히 살펴보면 수요 측면의 정책적 특성을 강조한 것으로 볼 수 있다. 이러한 이유로 해서 케인즈 경제학을 **수요관리 경제학**(demand management economics)이라 부르기도 한다.

한편, 슘페터는 경제발전의 원동력으로 기업가정신을 강조하며, 기업가가 기술의 진보, 생산조직의 개선, 신제품의 개발, 새로운 판로개척 등을 통해 경기침체에 대한 장기적 대응을 해 나가는 방안을 제시한 바 있다. 이는 특성상 공급 측면에서의 애로현상을 타개해 나갈 수 있는 대안을 제시한 것으로 인식될 수 있으며, 따라서 일종의 **공급관리 경제학**(supply management economics)적 특징을 갖는다고 볼 수도 있다.

대공황의 처방으로서는 케인즈의 제안이 받아들여졌다. 우선 슘페터의 제안에 비해 단기적으로 가시적인 성과를 볼 수 있을 것으로 인식되었던 점을 첫 번째 이유로 들 수 있다. 또 다른 한 가지 사유로는 당시 케인즈의 정책논리는 그의 주요 저작물인 『화폐론』(1930)과 『고용 · 이자 및 화폐의 일반이론』(1936) 등에서 집대성된 새로운 경제분석방법에 근거한 것으로 독창적이면서도 구체적인 그리고 현실적인 분석능력이 뛰어난 것으로 인식되었던 데 기인하는 것이라 볼 수 있다.

사실 당시 케인즈가 제시하였던 논리는 그 이전에 존재하였던 경제이론과는 본질적인 차이가 있었다. 이러한 이유로 해서 케인즈가 제시한 주요 이론체제를 **케인즈경제학** 또는 **거시경제학**이라 부르게 되었다. 그 이전의 경제이론이 주로 미시경제적 접근에 근거한 공리 · 공준적 특성을 갖고 있었던 반면, 케인즈 이론은 새로운 거시경제적 접근에 기반을 둔 보다 현실적 분석을 강조하는 특성을 지니고 있었기 때문이다. 그 후 1960년대까지 케인즈의 거시경제학은 크게 발전하며 자본주의 시장경제체제를 구축한 국가들의 주도적 경제정책 논리로 자리매김을 하게 되었다.

그러나 전술한 바 있듯이, 케인즈경제학은 수요 측면의 분석이 주류를 이루고 있는 등의 한계성으로 인해, 특히 1970년대의 원유파동현상 이후 세계가 직면한 스태그플레이션현상에 적절한 대응방안을 제시하는 데 실패하고 말았다. 아이러니컬하게도 1930년대에 케인즈와의 경합에서 관심을 받지 못하였던 슘페터의 이론이 서서히 각광을 받기 시작하였고, 공급 측면에서의 경기대책을 구상하는 이른바 **공급중시의 경제학**(supply side economics: SSE)이 이 시기에 등장하기도 하였다. 이상과 같은 역사적 경험은 경제여건의 변화(예컨대, 대공황이나 원유파동에 따른 스태그플레이션)에 따라 경제문제 해결을 위한 정책제시 관점에서 새로운 접근법들 간에, 또는 기존의 전통적 접근법과 상이한 정책대안들이 제시될 수 있는 매우 의미 있는 사례라고 하겠다.

(3) 집단적 이해상충에 따른 인식차

세 번째 이유로는 경제학자들이 본인이 소속된 집단이나 조직의 이익을 대변하거나 대변할 수밖에 없는 여건에서 정책대안이 제시할 경우 집단 간 이해상충에 따른 인식차이로 인해 상반된 제안이 제시될 수 있다는 사실을 들 수 있다.

앞서 살펴본 경제학자들 간에 견해차이가 날 수 있는 두 가지 원인은 본질적으로 불가피한 측면이 있다. 그리고 그러한 사유로 인해 서로 다른 또는 상반된 논리가 제기되는 것은 어떤 측면에서는 건설적인 현상이라 볼 수도 있으며, 최소한 이러한 현상에 대해 우리는 우려할 필요가 없다.

그런데 정작 우려가 될 뿐만 아니라 우리를 매우 혼란스럽게 하는 경우는 아마도 경제학자들 본인이 소속된 집단이나 조직의 이익을 대변하기 위해 경제이론을 오용하는 경우라 하겠다. 예컨대, 경제학자가 본인의 학자적 소신과는 관계없이 특정 조직의 입장을 옹호하기 위해 경제논리를 오용하는 경우를 들 수 있다. 국책연구기관 연구원은 정부의 정책노선에 배치된 견해를 밝히기 어렵고, 기업단체 출연연구원에 소속된 학자들 또한 업계의 입장에 반하는 주장을 하기 어려운 현실적 상황으로 인해 다른 집단의 연구자들과는 차별화된 견해를 표출하기도 한다. 신문이나 방송에서 우리는 쉽게 정부 · 업계 그리고 노동계 등의 입장을 대변하기 위해 다양한 경제논리들이 제시되고 있으며, 대부분의 경우 이들 견해는 상반되는 것을 많이 보아 왔다. 이러한 상황에서 다시 한 번 19세기 말의 위대한 경제학 스승이었던 **마셜**이 우리에게 가르쳐 준 교훈, 즉 경제학자의 기본 덕목은 인간에 대한 **뜨거운 가슴**과 **냉철한 이성**이라는 명언을 되새겨 볼 필요가 있다.

제3장 경제발전과 자본주의 시장경제 성립의 역사적 의의

본장에서는 자본주의가 어떻게 근대의 주도적 경제체제로 정착될 수 있었는지, 그리고 이러한 자본주의는 인류역사 발전과정에서 어떠한 기여를 할 수 있었는지에 대하여 살펴볼 것이다. 또한 자본주의가 갖는 한계성은 무엇이고 또 어떻게 사회주의가 대안적 이데올로기로 등장하게 되었는지, 그리고 사회주의 제도와의 경쟁과정에서 자본주의는 어떻게 변모하여 왔는지를 아울러 검토해 볼 것이다.

01 자본주의 성립과 경제발전: 생산성 향상

인류역사상 가장 큰 경제발전을 이룩할 수 있게 하여 준 자본주의 체제는 농촌의 근대화와 십자군원정 및 신대륙 발견에 따른 무역증대 및 상업발달 과정에서 생성된 산업자본과 산업자본가의 발흥에 기초하여 정립되었다.

지금까지 인류역사상 존재하였던 경제체제 중 가장 큰 경제발전을 이룩할 수 있게 해 준 체제는 바로 **자본주의**라 할 수 있다. 즉, 고대 노예제 사회가 생산성이 매우 정체된 사회였고 **중세 봉건제**는 완만한 생산성 향상이 시현된 사회라고 하면, 자본주의 사회는 생산성이 급상승하며 이른바 **산업혁명**(industrial revolution)이 도래될 만큼 급속한 경제성장이 시현된 사회라 할 수 있다.

경제사학자들의 연구에 따르면, 자본주의가 성립될 수 있었던 요인 중 주요한 것은 다음과 같은 것으로 분석되고 있다.

첫째, 농촌의 근대화를 들 수 있다. 고전 장원시기의 봉건제시대에는 부역에 의한 직영지 경영 위주로 농업이 이루어졌다. 이러한 부역노동이 주류를 이루던 시기에는 농민들의 생산의욕이 매우 낮았던 반면 농민의 수가 증가함에 따라 효율적인 감독도 어려워졌다. 그러나 11세기 말부터 시작된 십자군원정 후 동방교역이 크게 확대되어 무역이 증대되고 새로운 물자와 상품이 유입되면서 자급자족경제를 위주로 하던 영주들의 경제적 지배력은 점차 낮아지게 되었다. 새로운 상품의 교역을 통한 이익을 챙기지도 못하고 이를 획득할 수 있는 화폐도 부족하였기 때문이다. 따라서 영주들은 일단 직영지 부역 대신 화폐로 지대를 납부하도록 허용하게 되었고, 결과적으로 중세봉건제는 지대금납제로 특징지어지는 이른바 순수장원시대로 전환되었다. 즉, 영주들은 직영지를 분할하여 농노들에게 공여하되 그 대가로 일정 수준의 지대를 화폐로 내도록 허용하게 된 것이다. 이에 따라 농민들은 열심히 일하여 높은 수확을 거둘 경우 정해진 수준의 지대를 내고 남은 자산을 저축할 수 있게 되면서 생산의욕이 크게 진작되었다. 영주들은 지배적 신분유지에 필요한 화폐소득을 올릴 수 있어 좋았고, 농민들은 스스로의 노력에 따라 원시적 자산축적을 이룩할 수 있어 양측의 이해가 일치되고 있었다. 결국 부역에서 해방되는 변화과정을 겪으며 농민들의 봉건적인 신분적 예속은 해이해졌고, 또한 이들의 자아의식이 각성되는 계기를 맞았다. 이 시기의 농민을 우리는 **독립자영농민층** 또는 **'요만'**(yeoman)이라 부른다.

한편, '요만'이라 불리는 독립자영농민층 간에는 각자의 노력 정도나 능력차이로 인해 생산력의 차이가 나타나기 시작하였다. 급기야는 이러한 경쟁에서 가장 성공적인 일부 농민들이 많은 부를 축적하고, 이를 근거로 근대적 산업자본가로 성장한 반면, 경쟁에서 패한 대다수 농민들은 임금노동자로 전락하게 되었다. 이러한 과정을 **독립자영농민층의 양극분해**라 한다.

둘째, 11세기 말 십자군원정(1096~1270년) 후 동방과의 무역이 증대하면서 도시가 크게 발흥하게 되었다. 이러한 현상은 1492년 미 대륙이 발견되면서 가속화되어 상업이 발달하고 상인세력이 크게 증대되는 결과가 초래되었는데, 결국 이처럼 성장한 상인들은 길드조직을 결성함으로써 절대왕정이나 영주들로부터 독립적으로 도시를 운영할 수 있는 도시자치권을 획득하기에 이르렀다. 이 당시의 도시를 **상인도시** 또는 **귀족도시**라 한다.

한편, **중세 길드**는 도제과정 수업(apprenticeship)을 마친 수많은 새로운 **장인**층들이 생성되면서 새로운 변화를 맞게 된다. 장인으로서의 능력은 갖추었으나 길드의 독점권 때문에 장인으로서의 권리행사를 하지 못한 채 결국 독점적 장인층 밑에서 일을 하게 되었다. 이들을 고장인층 또는 **고용된 장인층**(small masters)이라 부른다. 이러한 세력들은 점차 독립적인 도시수공업자로 성장하기 시작하였고, 길드의 특전에 대항하여 **준프트**(zunft)라는 **동직자조합**을 결성하기에 이른다. 결국 준프트는 길드의 특권마저 깨뜨리게 되었고 보다 민주화된 도시자치권이 가속화된다. 이러한 시기의 도시를 **평민도시** 또는 **수공업자도시**라 부른다.

도시자치권을 획득한 고장인층 또는 도시수공업자들을 도시의 '요만'이라 부르기도 하는데, 이들은 마침내 길드 특권지역이던 도시를 벗어나 새로운 농촌지역에서 제조업을 정착시키게 된다. 이러한 시기에 이르러 상호간의 경쟁에서 성공한 독립자영농민층(농촌의 '요만')과 길드의 독점권을 제거한 수공업자(도시의 '요만')들이 바로 자본주의의 주체가 되는 산업자본가로 성장하며 자본주의를 꽃피우게 된 것으로 분석되고 있다.

이상과 같은 자본주의 성립과정에서 우리는 다음과 같은 사실을 확인할 수 있다.

첫째, 봉건영지의 분할은 결국 수많은 농민에 의한 근대적 사유화를 확립할 수 있는 계기를 마련해 주었는데, 이와 같은 소유권의 대중화(또는 다수에 의한 사유화), 즉 다수농민에 의한 (소토지)사유화는 농민들이 스스로의 노력 여하에 따라 자기자본을 축적할 수 있는 유인을 제공하여 주었고, 이러한 제도의 변화는, ① 생산성 향상 및 효율성 제고는 물론 형평성을 동시에 개선시켜 줌과 동시에, ② 봉건적 예속을 탈피시켜 인권을 신장시켜 주는 결과를 초래함으로써 인류역사 발전에 크게 기여하게 되었다.❶

이러한 자본주의의 성립과정에서 주목할 것은, 첫째 생산요소(토지)의 대중적 사유화를 거치며 자신의 노력 정도에 따라 자기자본의 축적이 가능해지는 유인이 제공되자, 생산성이 향상됨은 물론 생산의 성과가 다수의 생산요소 소유자에게 귀속됨으로써 형평성이 개선되고 봉건적 예속에서 탈피하여 인권이 신장되는 계기를 마련해 주었다.

둘째, 이러한 변화는 시민혁명 과정을 통해 정립된 근대 시민사회 사상의 등장으로 더욱 큰 힘을 받게 되었다. 자유로운 영리추구가 국부증대의 주요 원천이라고 주장한 **스미스**(Adam Smith)의 기본 논리는 바로 이러한 시대적 사상에 근거하여 정립된 것이라 볼 수 있다. 스미스는 그의 주 저서인 **『국부론』**(*An Inquiry into the Nature and Causes of the Wealth of Nations*)에서 국부 증대의 궁극적 원천은 이기심이고 이기심의 자유로운 발현, 즉 자유방임주의가 최선이라 제창하였는데, 그는 국부를 ① (자유방임에 근거하는)노동의 생산력(향상)과 ② 분업의 정도에서 찾기도 하였다.

또한 근대 시민사회 등장과 더불어 자유로운 영리추구행위가 허용됨으로써 노동의 생산성 향상 및 기술진보가 촉진되었다. 그런데 이러한 변화의 기저에는 애덤 스미스가 『국부론』에서 제창한 자유방임주의(국부증대의 원천을 이기심의 자유로운 발현에서 찾음)가 자리잡고 있었다.

그런데 여기서 한 가지 지적해 둘 사항이 있다. 중세의 주문생산방식에서 벗어나 불특정다수의 수요를 대상으로 대량생산하는 생산방식이 자리잡게 되는 시기에 생산의 주체는 경쟁에서 성공한 산업

단, 이 과정에서 우리가 주목해야 할 사항은 물론 자본의 확충이 자본주의 정립에 결정적 요인이었지만, 기술발전과 생산성 향상을 뒷받침해 줄 수 있었던 인적 자본의 축적이 없었다면 산업혁명이 달성될 수 없었다는 사실이다. 이 시기에 이르러 서양이 동양을 앞설 수 있었던 요인 중 하나도 중세 길드사회를 거치며 오랫동안 축적된 인적 자본의 존재임을 상기할 필요가 있다.

❶ 토지의 근대적 사유화는 농민들이 스스로 노력한 만큼 자산을 증식할 수 있어 근로의욕이 크게 고취되는 계기가 마련되었고, 국가 전체적으로는 생산성 및 효율성이 제고되는 결과를 가져다 주었다. 또한 수많은 농민에 의한 대중적 사유화가 정착되며 생산활동에 따른 혜택 또한 대다수 시민들에게 귀속됨으로써 사회적 형평이 개선되는 결과가 초래되었다. 물론 이러한 시기에 이르러 경제외적 예속을 강요하던 봉건적 질서는 더 이상 유지될 수 없었던 것이다.

근대경제학의 시조: 애덤 스미스

우리가 흔히 근대 경제학의 시조로 일컫고 있는 **애덤 스미스**(Adam Smith, 1723~1790)는 실제로는 대학에서 법학과 윤리학 등을 강의하였다. 당시에는 독립된 교과목으로서 경제학이 존재하지 않았기 때문이다. 그럼에도 불구하고 그의 저서인 **『국부론』**(*An Inquiry into the Nature and Causes of the Wealth of Nations*)은 근대경제학의 모태가 되어 왔는데, 이는 그가 영국에서 산업혁명기를 거치며 산업자본주의가 정착되는 격변기에 산업자본주의 체제의 이론적 근거를 제시할 수 있었기 때문이다.

그는 스코틀랜드 커콜디에서 출생 전 아버지를 여의고 어머니 손에 자라났고, 생의 후반을 고향에서 어머니를 모시고 평생 독신으로 지냈다. 그는 14세(1737년)부터 글래스고대학에서 허치슨(F. Hutcheson)으로부터 도덕철학을 수학하였고, 17세(1740년)부터 6년간 옥스퍼드대학에서 공부한 다음 약관 28세가 되는 1751년부터 글래스고대학의 교수로 취임하여 허치슨의 뒤를 이었다. 1759년에는 그간의 연구를 집대성한 그의 첫 번째 저서, **『도덕감정론』**을 출판함으로써 큰 명성을 얻게 되었다. 그 무렵 훗날에 증기기관을 발명한 **제임스 와트**(James Watt)가 같은 대학의 실험조교로 있었는데, 그를 후원하고 격려하였다는 일화가 남아 있다.

그런데 교무처장까지 역임한 그는 41세(1764년)가 되던 해에 돌연 교수직을 떠나 부유한 귀족 자제인 버클루공(公)의 개인교사로서 약 3년간(1764~1766년) 프랑스에 체재하게 되었다. 지금으로서는 쉽게 납득하기 어려운 행적이지만 당시 가정교사직은 매우 수입이 높았고, 그는 이때 번 수입으로 영국에 돌아와 『국부론』을 집필하는 데 전념할 수 있었다. 또한 그는 개인교사로 있으면서 볼테르(F. Voltaire), 루소(J. J. Rousseau), 케네(F. Quesnay) 등과 같은 계몽사상가를 만나 교류할 수 있었다. 귀국 후에는 고향에서 그의 두 번째 저서인 『국부론』에 전념하여 미국 독립전쟁이 진행중이었던 1776년에 발간하였다.

그의 상궤를 벗어난 행동은 지속되어 『국부론』 출간 다음 해인 1777년에는 스코틀랜드 세관위원직을 맡았고 세관장까지 지내기도 하였다. 그러나 64세가 되던 1787년에는 글래스고대학 렉터(Rector)[2]로 선임되어 생의 마지막을 대학에서 마감하였다.

여기서 잠시 그의 사상적 배경을 살펴보자. 우선 그의 사상은 고대의 인문학 소양에 기초하면서 홉스(T. Hobbes), 로크(J. Locke), 흄(D. Hume), 루소 등으로부터 영향을 받은 것으로 알려졌다. 그러한 성과가 바로 『도덕감정론』이란 저서를 집대성하는 결과로 나타난 것이다. 그가 이 책에서 독자적으로 전개한 **동감이론(同感理論)**은 이후 그가 제시하는 경제적 논리의 기초가 되었다. 이 이론을 자세히 설명하기는 어렵지만 상식적인 차원에서 정리해 보면 다음과 같다.

"인간의 행위나 감정은 그것을 보고 있는 관찰자의 동감을 받음으로써 비로소 시인된다"는 것이다. 따라서 행위자는 관찰자로부터 동감을 얻기 위해 미연에 자율적으로 자기규제를 하게 되며, 이러한 관점에서 이른바 자연법학적 질서를 제시하였다. 그러나 그는 현실적으로는 이러한 행위가 역사적으로 전개되어 온 법과 통치에 영향을 받게 된다는 점을 인식하였다. 물론 그는 동감론에 기초한 경제행위 및 경제양식이 도덕과 법 그리고 통치에도 영향을 미친다는 판단하에 경제분석에 임하였다.

바로 이러한 관점을 구체화하여 정리한 것이 『국부론』이다. 그는 이 책에서 케네 등으로부터 전수받은 재생산 · 자본축적의 관점을 보강하고 또 미국 독립전쟁의 원인과 대책을 제시하기도 하였다. 따라서 『국부론』은 자연법학의 일환으로서 세련된 법과 통치 그리고 국제관계 형태를 논술한 저작물이라 할 수 있다. 또한 그는 사람들이 각각 자기이익을 추구하는 경제행위를 자유롭게 맡겨 두면 이른바 '**보이지 않는 손**'

❷ 오늘날 대학 이사회와 같은 성격의 대학지배기구의 멤버로서, 재학생들의 투표에 의해 선임되어 3년간 재직하였으며 학생들의 권익을 대변하는 역할을 맡았다.

(invisible hand)에 의해 자연히 균형이 유지된다고 봄으로써 시장기구에 대한 신뢰감을 피력하였는데, 이는 개방된 인간관계 속에서 원활하게 작용한다는 동감이론에 근거한 논리로 볼 수 있다.

상대가 동감할 수 있는 자유로운 이익추구는 사회발전의 원동력일 뿐 아니라 경제주체들의 자유의지에 의해 형성된 가격기능에 의해 자원을 가장 효율적으로 배분하게 된다고 본 것이며, 이를 후세 학자들이 **자유방임이론**이라 일컫게 되었고, 고전경제이론의 기조가 된 것이다.

또한 그는 서로 동감할 수 있는 **분업**이 가져다 줄 수 있는 생산성 증대를 그 유명한 핀(pin) 생산공정의 예를 들어 논파한 바 있다. 그리고 같은 맥락에서 전문화를 통한 국내교역이나 국제무역이 가져다 줄 수 있는 이득을 강조하면서 무역흑자를 지향하며 무역규제에 연연하는 중상주의 정책을 비판하고 교역상대국이 동감할 수 있는 자유무역을 주창하기도 하였다.

자본가(요만과 도시수공업자 중 가장 성공적으로 물적 자본을 축적한 사람들)였지만, 이와 더불어 급속한 기술발전과 산업혁명을 가능하게 하였던 또 다른 주체의 하나로서 우리는 중세의 도제제도하에서 오랜 기간 동안 훈련과정을 통해 축적되어 온 인적 자본의 역할을 기억할 필요가 있다. 즉, 자본주의의 성립과 그에 따른 경제발전은 물적 자본의 확충과 더불어 기술발전과 생산성 향상을 뒷받침해 줄 수 있었던 인적 자본의 축적에 크게 연유한다는 사실을 강조해 두고자 한다.

02 자본주의의 문제점과 사회주의의 등장: 형평성의 제고

18세기 말 **스미스**에 의해 자유방임주의가 주창되던 시기에도 끊임없는 경쟁과정에서 승자와 패자가 나타나고 사회 · 경제구조가 급격히 개편되어 가고 있었다. 그러나 초기 산업자본 성립기에는 효율성 위주의 경제적 이념에 근거한 자본주의 체제의 본질적 한계성, 즉 형평성의 악화현상은 그다지 심각한 수준이 아니었다.

여하튼 효율성 위주의 자본주의는 빈부격차가 확대되면서 분배문제가 사회문제로 대두되는 시기에 사회주의가 등장하는 계기를 제공하였다.

그러나 스미스의 뒤를 이어 등장한 고전자본주의의 대표적 학자로 칭송받는 **리카도**(David Ricardo) 시기에 이르러서는 빈부격차문제가 큰 사회문제로 대두되었다. 산업혁명 과정에서 경쟁에서 밀려난 수많은 독립소생산자 및 제조업자의 몰락을 통하여 기계제 대공업 중심 사회가 등장하면서 빈부격차가 더욱 크게 표출되었고, 급기야는 분배문제가 사회의 주요 관심사로 대두되었던 것이다.

리카도와 맬서스

리카도(David Ricardo, 1772~1823)는 네덜란드에서 영국으로 귀화한 유대인 증권거래업자의 3남으로 태어나 공채거래 등에서 성공한 영국 굴지의 증권업자였는데, 그가 경제학에 흥미를 갖게 된 것은 1799년 부인의 건강문제로 머물고 있던 휴양지 바스에서 스미스의 **『국부론』**을 입수한 것이 계기였다고 전해진다.

1809년 당시 지금(地金)의 높은 가격과 환율하락의 원인을 둘러싸고 벌어졌던 **지금논쟁**에서 그는 지금의 가격상승 원인을 은행권의 과잉발행에서 찾는, 이른바 지금파의 대표론자가 되었다.

또한 곡물의 수입제한을 기도하는 **곡물법**의 시비를 둘러싸고 일어난 논쟁에 참여하였는데, 그 과정에서 곡물법에 찬성하는 맬서스와의 논쟁을 계속하는 가운데 곡물법 반대의 논리를 한층 연마하기 위하여 경제학 연구에 몰두하였다.

그리고 제임스 밀(James Mill)의 강력한 권고도 있어 1817년 주저서인 『경제학 및 과세의 원리』를 간행하였는데, 이것은 경제학사에서 『국부론』 다음 가는 영국 고전파 경제학의 대표작이 되었다. 리카도가 살던 시대는 영국에서 세계 최초로 산업혁명이 진행되는 시대였으며, 그의 저서는 그러한 현실이 만들어 내는 문제에 골몰한 것이었다. 그는 스미스와 같이 자유무역 이득을 강조하여 주창하기도 하였다. 그러나 스미스의 **절대우위론**과는 달리 이른바 **비교우위론**(차후 상술할 것임)을 제창하여 무역의 발생이유를 설명할 수 있는 논리를 개발하였다.

맬서스(Thomas Robert Malthus, 1766~1834)는 산업혁명의 진행이 경제불황과 노동자계급의 빈곤 등의 사회문제를 낳고 있던 시기에 이러한 사회문제를 독자적으로 해명하는 과정에서 지주 주도의 기존 체제를 옹호하는 보수파 쪽에 서서 1798년 **『인구론』**을 출판하였다.

그는 인간의 생존에 불가결한 식량은 산술급수적으로밖에 증가하지 않는데, 인간의 본능인 성욕은 기하급수적인 인구증가를 가져오는 경향이 있기 때문에, 그대로 내버려 두면 과잉인구에 의한 식량부족은 피할 수 없는 것이라 단정하였다. 그런데 그는 빈곤과 악덕은 출생률을 낮추는 예방적 제한이 되므로 과잉인구의 억제력이 될 수 있다고 하였다. 특히, 아사(餓死)에 대한 공포야말로 과잉인구를 억제하는 것이라고 주장함으로써 많은 비난을 받았다. 한편, 곡물법을 시인하는 책을 낸 것을 비롯하여 『경제학원리』(1820)를 출간, 곡물법을 반대하였던 리카도와 대결하였다.

구빈법(Poor Law)이 제정되고 개정되었던 일 등은 당시의 시대적 상황을 일면 잘 나타내 주고 있다. 또한 리카도가 지적한 바 있듯이 당시의 노동자 임금수준은 생존비수준에 머물고 있었던 반면, 1825년을 전후하여 시작된 과잉생산공황이 일반화되면서 1830년경에는 노사 간의 대립이 극심하게 되었다. 결국 고전자본주의의 기본 논리는 크게 타격을 입으며 붕괴되는 시련을 맞게 된다. 이러한 시점에서 영국의 오언(R. Owen), 프랑스의 생시몽(C. H. Saint-Simon)과 푸리

마르크스

마르크스(Karl Heinrich Marx, 1818~1883)는 독일의 과학적 사회주의(마르크스주의) 창시자로서 라인란트팔츠주(州) 트리어에서 출생하였다. 본대학에 입학하였으나 베를린 대학으로 옮겼다. 여기서 법률 · 역사 · 철학을 공부하면서 헤겔철학을 접하게 되어 급진적 성향을 가진 헤겔좌파에 가담하였다. 1841년 대학과정을 마치면서 급진적 신문인 라인신문(Rheinische Zeitung) 등에서 일하면서 과격한 논지를 견지하다 외국으로 추방된다. 그리고 1844년 9월 파리에서 엥겔스를 처음으로 만나게 되는데, 이때부터 그들의 평생을 두고 이어지는 공동투쟁이 시작되었다. 1845년 프로이센 정부의 요청으로 파리에서도 추방된 마르크스는 2월 브뤼셀로 이주하였으며, 이후 프로이센 국적을 포기하였다.

마르크스와 **엥겔스**는 비밀선전단체인 '공산주의자동맹'에 가입하였으며, 1847년 11월 런던에서 개최된 이 동맹의 제2차 대회에 참가하여 대회의 위임을 받고 『공산당선언』을 작성, 1848년 2월 발표하였다. "전 세계의 프롤레타리아여 단결하라!"라는 구호가 담겨져 있는 이 문헌은 과학적 공산주의의 첫 강령적 문헌이다.

마르크스는 1948년 엥겔스와 공동집필한 **『공산당선언』**에서 역사는 자본가와 노동자 사이에서 연속되는 계급투쟁 과정이라고 주장하면서 불평등한 자본주의 사회를 없애기 위해서는 세계의 노동자들이 단합하여 혁명을 일으키고, 모든 사람이 평등하게 사는 공산주의 사회를 만들 것을 제창하였다. 이러한 그의 주장은 훗날 소련과 중국 같은 공산주의 국가를 출현시키는 근거가 되었다. 이러한 주장을 논리적으로 뒷받침하기 위해 마르크스는 노동가치설, 이윤율 저하의 법칙, 공황이론 등을 제시하였는데, 상품의 가치는 그것을 만드는데 들어간 노동의 양에 의해서 결정된다는 것이 노동가치설이라 할 수 있다. 한편, **이윤율 저하의 법칙**이란 자본주의가 발전함에 따라 경쟁이 심화되는데, 이 과정에서 소기업들은 몰락하고 대기업들이 살아 남아 독점을 하게 된다는 것이다. 반면, 노동가치를 무시한 독점기업의 착취성 임금으로 노동자의 소득이 감소하면서 독점기업의 시장이 축소되고 이윤율이 떨어지게 된다고 보았다. 자본주의의 발달에 따라 이윤율이 떨어지면 자본가들은 떨어지는 이윤을 보충하기 위해서 해외에 식민지를 건설하려 하게 되었는데, 이러한 자본주의의 발달과정에서 식민지를 건설하려는 흐름을 제국주의라고 하였다. 그러나 이러한 자본주의의 모순적 한계성은 결국 공황을 초래하며 소멸되고, 그 이후 사회주의 사회가 건설된다고 본 것이다.

1849년 6월 13일 시위 후 프랑스 정부에 의해서 마저 추방당하자 런던으로 건너가 그 곳에서 여생을 보냈다. 마르크스의 런던 생활은 매우 어려웠으며, 엥겔스의 끊임없는 경제적 도움을 받았다. 이러한 어려움 속에서 마르크스는 몇 해 동안 그의 대표적 저작 중 하나인 **『자본론』**(*Das Kapital*)을 집필하는 데 모든 노력을 기울였다. 빈궁 속에서 학구적 정열을 불태워, 건강을 해치면서도 『자본론』 체제의 완성을 위해 심혈을 기울였으나, 1867년 제1권이 출간되었을 뿐 제2권과 제3권은 사후에 친구 엥겔스에 의해 출간되었다. 마르크스는 1883년 3월 14일 런던의 자택에서 평생의 동지였던 엥겔스가 지켜보는 가운데 폐종양으로 숨을 거두었으며, 하이게이트 묘지에 안치되었다.

에(F. M. C. Fourier) 등에 의해 사회주의 이데올로기가 주창되기에 이르렀는데, 이를 후세 학자들이 **공상적 사회주의**라 불렀다. 이러한 공상적 사회주의는 31세에 영국으로 이주해 온 마르크스(K. Marx, 1818~1883)에 의해 **과학적 사회주의**를 탄생시키는 데 밑거름이 되기도 하였다.

초기 사회주의는 오언, 생시몽 등에 의해 제창되었는데, 공상적 사회주의라 불리기도 한다. 보다 체계적인 사회주의 이념은 마르크스에 의해 정립되었는데, 이를 과학적 사회주의라 일컫는다.

전술한 바 있듯이, 사회주의는 자본주의가 갖는 본질적인 문제점, 즉 형평성이 고려되지 못하여 빈부격차가 극심해질 수밖에 없다는 점을 강조하면서 자본주의에 대항하는 경제이념으로 등장하였다. 아울러 사회주의론자들은 자본주의 이론은 방법론적 개인론에 머물거나 인간 상호간의 관계나 역사성을 경시하고 있는 등의 기본 논리상의 한계성으로 인해 빈부격차와 같은 사회문제를 적절히 대응할 방안을 마련하기 어렵다고 비판하기도 하였다.

마르크스의 사회주의 이념에 의한 경제운용은 러시아를 중심으로 하는 동구권과 중국 등 지역에서 거의 1세기 가까운 시기 동안 시도되었으나 지나친 형평 위주의 경제운영으로 역사적 실험에 실패한 후 퇴장하였다.

마르크스는 **헤겔**의 **변증법**과 **포이에르바하**의 유물론을 결합한 **변증법적 유물론**을 역사와 사회에 적용함으로써 **유물사관**을 정립하였고, 1848년 발표한 『**공산당선언**』 등을 통해 20세기 초부터 러시아를 중심으로 동구권 및 중국 등 지역에서 거의 1세기 가까운 시기 동안 사회주의 경제이념에 의한 경제운용이 시도될 수 있는 계기를 마련해 주었다.

그리고 1990년을 전후로 하여 사회주의 경제체제는 효율성을 도외시함으로써 초래된 난국을 타개하지 못한 채 역사적 실험에서 실패함으로써 소멸되는 위기를 맞게 되었다. 생산수단의 국유화를 근거로 한 사회주의적 생산양식은 노동자들의 근로의욕을 저하시키는 것은 물론 개인의 인권마저 침해하는 결과를 초래하여 생산성이 급격히 저하되고 말았던 것이다.

한편, 이러한 시기에 20세기 초반 이후 자본주의 국가들은 형평의 문제에 적극적으로 대응할 수 있는 이른바 혼합자본주의 체제를 정착시킴으로써 자본주의의 태생적 한계성을 완화함과 동시에 체제적 안정기를 맞게 된다. 그러나 국가 간에는 선진국과 후진국의 경제력 격차가 점차 확대됨에도 불구하고 이를 시정할 국제적인 장치가 마련되지 못하고 있다. 따라서 특히 라틴아메리카를 중심으로 하는 후진 제국들에서 마르크스 이론의 전통을 이어받은 이른바 종속이론이 정립되어 활용되기도 하였는데, 21세기에 들어서서도 이러한 좌파적 경제이념은 이들 지역에서 여전히 주목을 받고 있다.

사회주의 등장에 계기를 제공한 빈부격차문제 등은 민간부문만의 자율적인 시장조정기능에 의해 해소될 수 없는 특성이 있어 이를 시정하기 위한 정부의 시장개입을 정당화하는 수정자본주의가 20세기 초에 정착되었다. 그러나 최근에는 정부의 역할에 대한 회의론이 제기되면서 다시 시장자율성을 중시하는 사조가 부상되고 있다.

03 경제적 자율과 개입: 정부역할의 변화

이상에서 우리는 자본주의의 등장으로 인류역사상 가장 큰 경제

혼합경제체제

혼합경제체제(mixed economy)란 자본주의 체제와 사회주의 체제의 특징을 부분적으로 통합한 경제체제란 의미를 갖는다. 그러나 실제로는 자본주의 체제를 근간으로 하되 사회주의적 요인을 일부 수용하는 경제체제라 보는 것이 적절하다.

이러한 혼합체제의 출현은 1930년을 전후하여 나타난 대공황을 겪으며 자본주의 국가들이 자유방임주의적 원칙을 버리고 국가가 제3의 경제주체로서 당면한 경제문제를 적극적으로 시정하는 역할을 담당하는 것이 오히려 바람직하다는 주장이 설득력을 얻게 되기 시작한 데 연유한다. 즉, 국가는 민간경제주체(가계와 기업)만의 경제행위가 시장기구의 가격을 통한 자율적 조정과정을 통해 기본적인 경제문제를 해결할 수 없는, 예컨대 **시장실패**(market failure)가 발생할 경우 이를 시정할 수 있는 경제주체로서의 정부의 적극적인 경제행위가 정당하다고 인식하기에 이르렀다. 이러한 인식에 근거하여 경제를 운용하는 체제를 **수정자본주의체제**라 부르기도 하였다.

그런데 정부의 경제행위가 단지 대공황과 같은 경기침체를 해소하는 단계에서 한층 더 나아가 일부 기간산업을 국유화한다든가, 자본주의의 단점인 형평의 왜곡문제를 시정하기 위한 적극적 분배개선제도를 도입한다든가, 또는 토지공개념을 도입하거나 경제발전을 적극적으로 추진하기 위하여 경제발전계획을 정부가 주도적으로 입안하고 실행하는 등의 단계에까지 이르고 있다. 이러한 단계의 경제체제를 **혼합경제체제**라 부른다. 예컨대, 한국을 비롯한 대다수 개발도상국들의 경제체제는 대부분 사유재산제도와 시장경제의 큰 골

격은 유지하면서 사회주의적 제도를 일부 활용하는 혼합경제체제의 성격이 강하다.

반면, 논리상으로는 사회주의 체제를 근간으로 하면서 시장경제체제를 (일부)도입하는 시장사회주의를 혼합경제체제의 일종으로 볼 수도 있으나(예컨대, 중국), 이는 사회주의에서 자본주의로 경제체제가 전환되는 과정에서 나타나는 과도기적 체제로 보는 것이 오히려 타당할 것이다. 경제체제 발전의 대세는 자본주의 시장경제로의 전환이라고 볼 때 현재 중국의 경제체제는 자본주의로의 전환과정에서 잠정적으로 존재할 수 있는 과도기적 성격이 강하기 때문이다.

발전이 이룩되었다는 사실, 그리고 이는 시장의 자율성에 근거하는 효율성 위주의 자본주의 운용방식에 주로 기인한다는 사실을 확인한 바 있다. 반면, 이러한 효율성 위주의 자본주의 체제는 경제적 형평성의 악화라는 태생적 한계성을 가질 뿐 아니라 민간부문(가계와 기업) 위주의 자율적 시장기능이 실패(이를 **시장실패**라 하며 제13장에서 자세히 설명할 것임)하는 등의 문제점이 있다는 사실을 지적한 바 있다.

이러한 문제점을 시정하기 위해 20세기 이후에는 정부라는 공공

의 경제주체가 시장에 적극 개입하는 정책기조가 정당화되기 시작하였고, 따라서 초창기 자본주의 운용의 기조였던 **자유방임의 원칙**은 점차 퇴색하기 시작하였다. 그러나 최근에는 적극적 **정부의 역할**에 회의적인 견해가 주목을 받게 되면서 다시 시장자율성을 중시하는 이른바 신고전파적 사조가 급부상되고 있다. 자세한 내용은 제5편 제13장에서 소개하기로 한다.

제4장 자본주의 시장경제의 특징과 기본 원리

본장에서는 자본주의 시장경제의 특징에 대하여 간략히 정리한 후 이러한 자본주의가 경제문제를 해결하기 위해 작동하게 되는 6가지 기본 원리에 대하여 보다 상세히 살펴보게 될 것이다.

01 자본주의 시장경제의 특징

제3장에서 우리는 자본주의가 생산요소의 대중적 사유화 과정을 통하여, 즉 많은 사람들이 핵심적인 생산요소(자본주의 맹아기에는 토지가 핵심적 생산수단이었음)를 소유할 수 있게 되는 사회적 변화과정을 통하여 성립되었음을 확인한 바 있다.

또한 이러한 대중적 사유화는 적극적인 생산증대 동기를 부여함으로써 생산력이 확충되고 기술발전이 촉진되는 계기를 마련하게 되었으며, 나아가서는 국민경제 전반에 걸쳐 효율성을 향상시키는 결과를 가져다 주었다. 뿐만 아니라 대부분의 농민들이 토지를 직접 소유하여 농사를 짓게 되면서 영농에서 얻는 수익 또한 이들에게 귀속됨으로써 사회적 분배 내지 형평이 크게 개선되기에 이르렀음을 확인한 바 있다.

한편, 대다수 국민이 자기소유의 자산이나 노동력만으로 경제적 자립을 이룩할 수 있게 되면서 더 이상 봉건적 신분예속에 얽매일 필요가 없어졌다. 자신의 경제력만으로 스스로를 보호할 능력이 생기고, 따라서 남의 경제력에 의존하지 않고도 독자적 생존이 가능해지면서 신분해방과 더불어 인권이 크게 신장되는 결과를 초래하였다. 바로 이러한 현상이 근대 시민사회의 근저를 이루는 사상, 즉 민주주의 이념을 정착시키고, 아울러 자유로운 영리추구를 보장하는 자본주의 경제체제를 공고히 한 것으로 이해할 수 있다.

우리는 제3장에서 자본주의가 생산요소(토지)의 대중적 사유화 과정을 통해 능동적 생산증대 동기를 부여함으로써 생산력이 확충되고 기술발전이 촉진되는 계기를 마련해 주었음을 확인한 바 있다. 또한 다수의 생산요소 소유자에 의해 생산성 과물이 귀속됨으로써 사회적 형평을 개선시켰을 뿐 아니라 봉건적 신분예속을 탈피할 수 있게 해 주었다는 사실도 확인한 바 있다. 그렇다면 과연 이처럼 인류역사 발전에 크게 기여한 자본주의 경제체제는 어떤 원리에 의거하여 작동될까?

그러면 이와 같은 역사적 의의와 특징을 갖는 자본주의 시장경제가 운용되는 기본적인 작동원리는 어떠한 것인가 하는 점을 함께 생각해 보기로 하자.

02 자본주의 시장경제의 기본 원리

우리는 제2장에서 이미 한 국가가 어떤 경제체제를 가지고 있든 경제주체가 원하는 재화와 용역의 공급이 제한되어 있는 한(즉, 희소성의 원칙이 성립되는 한) 합리적 의사결정 과정을 통한 경제행위를 수행하게 된다는 점을 확인한 바 있다. 그리고 희소성을 해결하기 위한 합리적 경제행위는 결국 무엇을, 어떻게, 그리고 누구를 위해(What, How to, and for Whom) 생산할 것인가를 결정하는 과정과 결부시켜 접근할 수 있다는 **사무엘슨**(Paul A. Samuelson)의 분석방법에 대해 살펴본 바 있다.

이하에서는 이상과 같은 접근시각에 의존하되 자본주의 시장경제체제가 경제문제를 해결하는 보다 구체적인 기본 원리를 다음과 같은 6가지 단계 및 유형으로 구분하여 제시하고자 한다.[1]

(1) 희소성은 선택을, 그리고 모든 선택은 비용을 동반한다

제1의 원리는 희소성의 법칙이다. 자원의 희소성으로 인해 합리적 선택이 필요해지며, 이러한 선택은 이른바 기회비용을 유발한다는 사실이다.

희소성으로 인해 합리적 의사결정이 필요해지며, 또 이러한 합리적 선택행위, 즉 경제행위가 희소성을 해결하는 최우선적인 시장경제의 작동원리임은 이미 여러 차례 언급한 바 있다.

그런데 희소성이 있는 모든 재화는 이를 얻기 위해 일정한 대가를 지불해야 한다. 즉, 그 공급이 무한대인, 그래서 아무런 대가 없이 획득할 수 있는 **자유재**(free goods)와는 달리 공급이 제한된 모든 **경제재**(economic goods)는 일정한 대가를 지불해야만 획득할 수 있다. 바로 이러한 원칙이 경제학의 가장 근본적인 작동원리가 된다고 할 수 있다.

한편, 모든 선택(또는 공급이 제한된 경제재의 획득)은 그것을 얻기

[1] 단, 이하에서 소개된 자본주의 시장경제체제의 기본 원리는 일단 자본주의 생산요소(노동 포함) 및 자산의 사유화를 전제조건으로 성립되는 제도라는 점에 유념할 필요 있음.

위해 실제 지불한 비용과는 별도로 그것을 얻기 위해 포기한 이른바 **기회비용**(opportunity cost)을 발생시킨다(아래의 박스내용 참조). 그리고 합리적 선택이란 가능한 한 선택으로 인해 발생한 기회비용이 선택을 통해 얻게 되는 가치에 비해 커지지 않는 방향으로 수행될 것이다. 예컨대, 여름방학 중 해외여행을 다녀온 학생은 여행에 소요된 실제비용과는 별도로 여름방학 기간 동안 용돈을 벌거나 외국어 공부를 할 수 있는 기회를 포기한 대가(기회비용)를 치르고 해외여행을

여기서 기회비용이라 함은 모든 선택과정에서 실제 지불하지는 않았지만 다른 행위를 선택함으로써 잃게 된 가상적 소득을 말한다.

기회비용과 매몰비용

합리적 선택이란 비록 그것이 최상의 결과를 가져온다고 하더라도 필연적으로 이른바 **기회비용**(opportunity cost)을 유발한다. 즉, 특정한 선택을 한다는 것은 여러 다른 행위를 수행함으로써 얻을 수 있었던 혜택을 포기해야 한다는 것을 의미한다. 실제 지출하지는 않았지만 다른 행위를 선택함으로 인해 잃게 된 가상적 소득을 기회비용이라 하는 것이다. 이는 모든 경제행위에서 비록 그것이 최선의 합리적 선택이 아니라 하더라도 경제주체가 감당해야 할 일종의 비용이며 선택행위에 대한 경제적 대가라 할 수 있다.

예컨대, 어느 실업고등학교를 졸업한 학생이 졸업 후 취업을 할 경우 약 2,000만 원의 연봉을 받을 수 있으며, 매년 약 5%의 임금인상이 예상된다고 가정하자. 그럼에도 불구하고 이 학생은 취업 대신 대학진학을 선택하여 4년간 약 5,000만 원의 수업관련 비용을 지출하였다고 하면, 이러한 선택은 대학졸업 후 보다 높은 보수를 기대할 수 있으리란 예상에서 이루어졌다고 할 수 있다. 여기서 대학진학을 선택한 이 학생은 실제로 지출해야 하는 5,000만 원 이외에 향후 4년간 벌 수 있는 8,620.15만 원($2{,}000+2{,}000\times1.05+2{,}000\times1.05^2+2{,}000\times1.05^3=8{,}620.15$)이란 소득을 포기해야 하는 상황에 처하게 되는데, 이처럼 실제 지출하지는 않았지만 특정 선택의 결과로 잃게 된 소득기회를 바로 기회비용이라 한다.

일반적으로 말해 특정 행위의 선택에 따른 기회비용은 그러한 선택으로 인해 포기해야 하는 행위의 가치로 측정될 수 있다. 따라서 기회비용이 큰 행위일수록 합리적 선택과는 거리가 멀어지게 될 것임을 쉽게 알 수 있다.

한편, 이 학생이 4년간의 대학교육을 마치고 사회에 진출하게 되는 시점이 되면 차후 어떤 선택을 하든 그간 4년간의 학업에 투자한 5,000만 원이란 비용은 이미 지출된 것이며, 다시는 회수할 수 없는 비용의 성격을 갖게 된다. 이처럼 일단 지출된 뒤에는 어떤 선택을 하든 회수할 수 없는 비용을 **매몰비용**(sunk cost)이라 한다. 중요한 것은 이러한 상황에서 차후 어떤 행위를 할 것인지 결정해야 하는 상황에서 이미 지출된 매몰비용에 연연해서는 합리적 선택을 할 수 없다라는 사실이다.

예컨대, 위험도가 높은 사행성 오락판에서 돈을 많이 잃었다고 해서(이때 잃은 돈의 가치가 매몰비용임) 이를 회복하기 위해 많은 빚을 내어 가며 오락판에 계속 머물게 된다면 이는 결코 합리적 선택이 될 수 없을 것이다. 매몰비용에 대해서는 제8장에서 보다 상세히 검토한다.

선택한 것으로 이해할 수 있다. 또 한 집안의 가장이 가지고 있는 모든 자산을 자녀들의 해외교육을 위해 써버렸다면, 이는 예컨대 본인의 노후를 대비할 자금을 준비할 수 있었던 기회를 포기하는 선택을 한 셈이 된다.

이러한 선택행위와 관련한 시장경제의 기본 원리는 한 개인은 물론 한 국가의 경우에도 마찬가지로 작동된다. 예컨대, 금년에는 정부가 연간 예산을 사회복지와 연금 및 의료보험, 그리고 환경개선에 더 많이 배정할 경우, 이는 교육이나 국방, R&D 등에 지출할 수 있었던 기회를 일부 포기함으로써 가능하게 되는 것이다. 이러한 선택은 복지후생이 개선되는 결과를 가져올 것이나 교육기회 확대나 기술진보 등에 대한 성과가 다소 낮아질 수 있는 대가를 치르게 되는 것이다.

또한 같은 재화의 공급이라 하더라도 이를 민간부문에 의해 공급할 수도 있고, 또는 공공부문에 의해 공급할 수도 있는 경우가 많다. 예컨대, 서울에서 인천공항까지 고속도로를 놓을 경우 막대한 소요자금을 정부가 감당하기 곤란하여 이를 민자로 건설한 뒤, 준공 후 일정 기간 동안 민간사업자로 하여금 통행료를 걷을 수 있도록 할 수도 있다. 이 경우 일반시민은 도로건설에 소요될 자금조달을 위해 추가로 부과될 수도 있었던 세금부담으로부터는 해방되지만 고속도로를 활용하는 사람들에게는 통행료를 별도로 지불해야 하는 비용이 발생한다.

한편, 서울과 인천공항까지 고속도로를 건설하여 연결하는 경우 이는 철도(전철 포함)를 설치하여 수송체계를 갖출 수 있는 기회를 포기하는 것으로 볼 수 있다(물론 장기적으로는 경제성이 보장되는 한 두 가지 모두 건설될 수도 있지만). 어느 편이 공사비가 적게 들고, 또 이용비가 적게 들지는 모르겠지만 적어도 수많은 개인차량이 고속도로를 주행함에 따라 발생할 수 있는 과도한 에너지의 소비와 공해발생문제를 고려한다면 철도운송체계 건설이 긍정적인 선택이 될 수도 있다.

대형차와 보다 넓은 평수의 아파트를 선호하는 한국인의 수요패턴은 과연 합리적 선택이라고 볼 수 있는지도 의문을 제기할 필요가 있다. 또한 생산량을 증가시키기 위한 농약의 과도한 살포, 장기간 신선도 유지를 위한 방부제와 유해색소 과다투입행위는 어떻게 평가할 것인지 고심해 볼 필요가 있다. 축산폐기물 처리시설 설치를 도외시할 경우 개인 축산농가의 비용(이는 일종의 민간비용)은 줄어들 것이나 상수도원의 오염이 더욱 심각해질 것이다. 따라서 이를 제거하기 위한 공공자금이 투여되는 결과가 초래될 때(이는 일종의 사회비용), 과연 이러한 행위가 합리적인 선택인지 반문해 볼 필요가 있다.

(2) 합리적 선택은 한계적 유인에 대한 반응으로 이루어진다

일반적으로 합리적인 의사결정이란 어떤 행동으로 인해 얻을 수 있는 이득과 비용을 비교하되 그 행동으로 인해 추가적으로 얻을 수 있는 한계이득이 추가되는 한계비용보다 클 때 그 행동을 실행에 옮기게 된다. 이와 같은 의사결정 과정에서 작동하는 기본 원리를 한계적 유인에 따른 의사결정이라 부르기도 한다. 이러한 원리에 따른 시장에서의 수요·공급행위와 각종 가격결정 과정은 경제이론 전개에 필수적 고려사항이 될 것이며, 이 책이 끝날 때까지 반복적으로 활용될 논리이다.

제2의 원리는 경제학에 있어서 모든 합리적 선택은 한계적 유인에 대한 반응으로 이루어진다는 사실이다. 즉, 자본주의 시장경제에서는 어떤 행동으로 인해 추가적으로 얻을 수 있는 한계이득이 추가되는 한계비용보다 클 때 그 행동을 실행에 옮기는 것을 한계적 유인에 대응하는 합리적 의사결정 과정이라 보는 것이다. 바로 이 원칙을 적용함으로써 이른바 스미스의 가치의 역설문제에 대한 해답을 구할 수 있다(박스기사 내용 참조).

한계적 변화(marginal changes)에 대응하는 합리적 행위의 대표적인 예로 이른바 스미스의 가치의 역설을 들 수 있다(아래의 박스내용 참조).

스미스의 가치의 역설

스미스는 재화의 가치를 **사용가치**(value in use)와 **교환가치**(value in exchange)로 구분한 다음, 물은 사용가치가 큰데도 불구하고 교환가치는 작은 반면, 다이아몬드는 사용가치는 작음에도 불구하고 교환가치가 큰 현상을 설명하기 어렵다고 고충을 털어놓은 바 있다. 이를 후세 학자들은 스미스의 **'가치의 역설'**(Smith's paradox of value)이라 부르게 되었다.

당시 경제이론으로 다이아몬드처럼 효용성이 낮은 재화의 가격은 높고 물처럼 유용한 재화의 가격은 낮은, 즉 가격과 가치의 괴리라는 이율배반적 현상을 설명할 수 없었다. 이러한 현상은 19세기 말경에 정립된 근대경제이론, 즉 한계효용이론에 의해 비로소 만족스럽게 설명될 수 있게 되었다.

자세한 것은 제2편 제6장에서 상세히 설명할 것이지만, 스미스가 이야기한 사용가치란 현대경제학에서는 총효용에 해당되는 것이며, 교환가치란 한계효용에 의해 결정되는 시장가격에 해당되는 것이라 할 수 있다. 즉, 어느 재화든 그것을 점차 많이 획득할 경우 마지막 단위의 취득으로 인해 발생하는 추가된 효용을 **한계효용**(marginal utility)이라 하는데, 이러한 한계효용은 재화의 추가획득에 따라 점차 감소하게 되며(이를 한계효용 체감의 법칙이라 함), 바로 이처럼 체감하는 한계효용이 바로 시장가격을 결정하게 된다는 것이다.

따라서 물과 같이 인간생활에 필수적인 재화는 모든 사람들이 획득하여 소비하게 된다. 이 과정에서 발생한 효용(총효용)은 매우 클 것이지만(다시 말해, 사용가치가 매우 높다 하더라도), 물이라는 재화를 점차 많이 획득하여 소비할 때 마지막 단위의 취득으로 인해 발생하는 추가된 효용(한계효용)은 점차 낮아질 수밖에 없으며, 이처럼 체감하는 한계효용으로 인해 시장가격, 즉 교환가치는 매우 낮아질 수밖에 없다는 것이다.

(3) 교역쌍방은 교환을 통해 상호이익을 증대시킬 수 있다

제3의 원리는 교역쌍방이 교역을 통해 모두 이익을 볼 수 있다는 사실이다. 현대생활에서 교환이란 필수불가결의 행위가 되었는데, 이는 교환을 통해 자신이 갖지 못하거나 만들어 낼 수 없는 재화와 서비스를 얻을 수 있을 뿐 아니라 자유의사에 따라 이루어지는 교환은 쌍방에게 모두 이익이 될 수 있다는 법칙 때문이다.

합리적 의사결정 과정, 즉 경제행위를 통해 경제주체는 주어진 여건하에서 가장 큰 만족을 얻으려 노력할 것이다. 그런데 이러한 경제행위는 단순히 개별 경제주체들이 독립적으로 희소한 자원을 획득하는 과정에서 끝나는 것이 아니라 이미 획득하였거나 소유하고 있던 재화를 다른 경제주체들과 교환하는 과정을 통해 보다 높은 만족을 추구할 수 있다.

현대생활에 있어 교환은 필수적 현상이고, 또 일반화된 경제행위가 되고 있다. 농사짓는 사람도 각종 생활제품을 필요로 하게 되고, 또 농업에 종사하지 않는 사람이라 하더라도 농산물의 구입은 필수적인 것이어서 교환은 필연적이 될 수밖에 없다. 이러한 교환행위의 주체는 개인은 물론 기업이나 국가가 될 수도 있다. 국가들이 무역활성화를 통해 각국의 이익을 증대하고자 하는 것이 바로 이에 해당한다.

그런데 이러한 교환행위는 교역쌍방이 자유로운 의사에 따라 이루어지는 경우에 쌍방이 모두 이득을 볼 수 있다. 교역당사자는 교환을 통해 자신들이 갖고 있지 못하거나 만들어 낼 수 없는 재화와 용역의 획득을 할 수 있기 때문이다.

물론 교환이 일방에 의해 타방에 강압적으로 이루어질 경우 강요당한 쪽이 손실을 볼 수도 있다. 식민지 시대의 비자발적으로 강요된 불평등교역이 바로 그 좋은 예이다.

물론 이러한 교환행위가 어느 한쪽의 강압에 의해 비자발적으로 이루어진다면 강요한 쪽은 상대적으로 큰 이익을 볼 것이나 강요당한 쪽은 심지어 손해를 볼 수도 있다. 예컨대, 미국 대륙 발견 이후부터 20세기 초에 걸쳐 열강들이 해외에 수없이 많은 식민지를 개척한 바 있었는데, 열강들은 식민지로부터 원료를 싼 값으로 획득하고 자신들의 제조품은 비싼 값으로 판매하는 등의 불공정교역을 강요한 적이 있었다. 이와 같은 교환행위는 열강이 군사력을 배경으로 불평등한 교역조건을 강요하는 과정을 통해 이루어졌으므로 반드시 교역쌍방이 모두 이득을 보았다고 할 수는 없다. 다행히 현대에서는 이러한 불평등한 무역관행은 거의 사라진 상태이다.

그런데 여기서 주목할 사항은 한 국가가 모든 재화와 용역을 교역대상 국가에 비해 보다 싸게 공급할 수 있는 경우라 하더라도 양국간에는 자유로운 의사에 따라 교역이 발생하고, 또 쌍방이 이익을 볼 수 있다는 사실이다. 즉, 선진국이라 해도 모든 재화를 국내에서 생산하여 후진국에 일방적으로 수출하는 것보다 상대적으로 경쟁력이 있는 재화만을 특화하여 생산한 다음 수출하고 여타 재화는 수입하는 것이 보다 이득이 되기 때문이다. 또한 모든 재화생산에 있어 열등한 위치에 있는 후진국이라 하더라도 상대적으로 열위의 정도가 낮은 재화의 생산에 특화하여 생산할 경우 국제경쟁력을 확보하고, 수출할 능력이 생길 수 있기 때문이다. 바로 이러한 이유로 해서 국가 간의 무역이 활성화될 수 있었고, 교역 쌍방 모두가 수혜자가 될 수 있다.

이와 같이 각국이 상대적으로 우위에 있는 재화만을 특화하여 생산한 다음 해외무역을 통해 여타 재화와 교환하는 것이 교역당사국에 모두 득이 된다는 논리를 정립한 사람은 바로 **리카도**(D. Ricardo)이었으며, 그의 이론을 국제무역에 관한 **비교우위론**이라 부른다. 자세한 내용은 제14장에서 다룰 것이다.

교역쌍방이 모두 이득을 볼 수 있다는 논리적 근거를 제공한 대표적 학자로 리카도를 들 수 있다. 그는 각국이 상대적 우위를 가진 재화를 특화하여 생산한 다음 수출할 경우 교역당사국 모두에게 이득이 될 수 있다는 논리를 제시하였는데, 이를 국제무역에 관한 비교우위이론이라 부른다.

(4) 시장은 경제주체들의 상호작용을 매우 효율적으로 조정할 수 있는 최상의 현실적 기구이다

희소한 재화의 획득을 위해 합리적 선택을 하든, 이러한 선택을 통해 획득하였거나 소유하고 있던 재화를 교환하는 행위는 물론 기업이 무엇을 얼마나 어떻게 생산할 것인지를 결정하는 행위, 그리고 외국과의 교역에서 무엇을 수출하고 수입할 것인지를 결정하는 행위 등은 바로 시장기구 및 제도를 통해 이루어진다.

제4의 원리는 시장이란 경제주체들 간의 상호작용을 조정할 수 있는 최상의 효율적 기구라는 점이다.

시장에는 각 경제주체들이 각자의 이익을 극대화하기 위해 부단히 노력하고 있으며, 이러한 과정은 자연히 상호간의 경쟁과 대립을 유발하게 된다. 바로 이러한 경쟁, 그리고 교역당사자 간의 상반된 이익추구행위가 함께 어우러져 각 경제주체들이 만족할 수 있는 수준으로 이익이 조정되는 곳이 바로 시장인 것이다.

즉, 시장에서는 경제주체 간의 상반된 이익추구가 함께 어우러져 대응하게 되는데 결국 경제주체들이 만족할 수 있는 수준으로 이익이 조정된다.

이와 같은 시장의 기능은 인류역사 초기부터 존재하고 발전되어 온, 그리고 자본주의 시장경제를 뒷받침하고 지속적으로 발전시키는 중심적인 역할을 담당하고 있다.

구소련과 동구권 국가를 중심으로 시도되었던 사회주의 계획경제하에서는 누가 무엇을 얼마나 생산하고, 이를 누가 소비할 것인가 등에 관한 선택의 문제를 국가 · 계획당국이 모두 결정하였다. 결국 중앙계획경제는 효율적인 조정기능을 극대화할 수 있는 시장제도를 포기함으로써 극단적으로 비효율적인 경제로 전락하고 말았다.

여하튼 우리는 시장을 통하여 일상생활에서 우리가 필요로 하는 재화를 가능한 한 싸게 구입하려고 노력할 것이고, 재화를 공급하는 기업은 가능한 한 비싸게 팔기 위해 노력할 것이다. 이러한 상반된 이해관계는 가격결정 과정을 통해 조정될 것이다. 물론 이때 소비자 및 생산자 상호간의 경쟁이 시장가격 결정에 영향을 미칠 것이다.

이러한 시장의 기능은 실로 놀라운 것이어서 우리가 내일 저녁에 먹을 생선이나 채소가 없으면 어떻게 하나, 또는 턱없이 비싼 값을 요구하면 어떻게 하나 하는 등의 고민으로 밤을 지새울 필요가 없도록 하여 준다. 시장은 단지 각 경제주체가 자신의 이익을 자유롭게 경쟁적으로 추구할 수 있도록 하는 여건을 제공함으로써 수없이 많은, 그리고 다양한 이해관계가 자동적으로 조정될 수 있도록 기능하기 때문이다. 또한 시장은 이러한 자동조절기능을 통하여 제한된 자원을 가장 효율적으로 배분할 수 있는 기구로 이해할 수 있다.

이러한 시장의 효율적 조정은 스미스가 '보이지 않는 손'이라고 규정한 가격의 자동조절에 기인하여 이루어진다. 한편, 스미스는 자유로운 경쟁을 통한 가격결정 과정이 최선이라는 논리를 제시한 바 있는데, 이를 자유방임주의라 한다.

전술한 바 있듯이, **스미스**(A. Smith)는 1776년에 저술한 **『국부론』**(*An Inquiry into the Nature and Causes of the Wealth of Nations*)에서 자본주의 시장경제가 작동되는 가장 근본적인 원리의 하나로서 가격의 기능을 강조한 바 있다. 즉, 가계와 기업들의 자유로운 이익추구행위는 시장에서 상호작용하는 과정에서 그가 **'보이지 않는 손'**(invisible hand)이라고 규정한 가격의 자동조절기능에 의해 효율적으로 조정된다고 논파한 것이다. 특히, 스미스는 이러한 시장가격의 기능을 강조하면서 어떠한 형태의 시장개입보다도 자유로운 경쟁을 통한 가격결정이 최선의 정책이라는 논리를 주창하였다. 이를 **자유방임주의**(*laissez faire*)라 부른다.

따라서 이러한 원칙에 근거할 경우, 아파트 분양가격 제한이나 임대료 규제, 또는 각종 세금부과에 의한 부동산가격 억제 등과 같이 가격의 자유로운 움직임을 제한하는 것은 바람직하지 않은 것으로 평가될 것이다. 이러한 원칙에서 볼 때, 계획경제를 추구하였던 사회주의 경제체제는 바로 이 보이지 않는 손, 즉 가격을 묶어 놓은 채 경제를 관리하였기 때문에 실패하였다고 평가할 수 있다.

이러한 원칙은 19세기까지는 존중되어 왔다. 그러나 민간경제주체들만의 자유로운 경제행위를 시장가격에 의해서만 조정되도록 할 경우 여러 가지 심각한 문제가 대두되면서 자유방임주의 원칙을 완화할 필요성이 매우 커졌다. 예컨대, 독과점기업들에 의한 소비자 권익침해는 물론, 개별 기업만의 **사적 비용**(private cost)을 절감하는 과정에서 발생하는 각종 오염 및 환경파괴현상은 엄청난 **사회적 비용**(social cost)을 유발시키는바, 이를 시장기능에만 맡겨 둘 수 없으며, 국가가 이러한 **시장실패**(market failure)를 시정하기 위해 능동적으로 시장에 개입할 필요가 있다는 논리가 설득력을 얻게 되었다. 또한 대공황이나 외환위기와 같은 경제적 난국이 발생하였을 경우, 그 해결을 시장가격의 자율적인 기능에만 의존하기는 어렵다는 사실을 예로 들 수도 있다. 바로 이러한 이유로 인해 가계와 기업으로 구성된 민간경제주체 외에 국가가 제3의 경제주체로서 시장실패의 시정을 능동적이고 적극적으로 대처하는 것이 바람직하다는 케인즈의 이론과 거시경제이론체계가 20세기 초에 자리잡게 된 것이다.

(5) 시장실패시 정부는 시장개입을 통해 시장성과를 개선할 수도 있다

시장이 경제주체들의 각종 선택행위를 가장 효율적으로 조율해 줄 수 있는 최상의 기구임에 틀림이 없다. 그러나 현실적으로는 시장가격의 자율적 조정기능에 의한 효율적 자원배분이 작동되지 못하는 경우가 종종 발생한다. 이러한 경우를 시장실패현상이라 한다는 사실은 이미 언급한 바 있다. 독과점의 발생, 환경오염 심화, 지속적 절대빈곤, 경기침체, 사회불평등 심화 등이 이에 해당한다. 바로 이러한 시장실패가 발생할 경우 정부가 시장에 개입함으로써 이를 시정할 수 있다는 경제이념이 강하게 자리잡은 것은 20세기 초이다. 대공황이 발생하자 이를 대규모 공공사업을 통한 정부의 적극적 시장개입에 의해 극복하면서 이른바 케인즈경제학이 각광을 받게 된 데 기인한다고 볼 수 있다.

제5의 원리는 시장실패가 발생할 경우 정부의 시장개입은 시장성과를 개선할 수 있다는 사실이다. 여기서 시장실패란 민간부문(가계와 기업)의 자율조정기능만으로는 시정이 불가능한 독과점, 환경오염 및 파괴현상, 또는 공황의 발생이나 빈부격차 확대 등의 현상을 말한다.

전술한 바 있듯이, 이후 정부는 소극적으로 국방이나 치안문제 정도를 수동적으로 담당하는 야경국가적 정부에서 각종 시장실패를 능동적이고 적극적으로 시정하는 제3의 경제주체로 변신하게 되었다. 특히, 적극적인 정부의 시장개입은 경제발전 및 근대화를 염원하는 대다수 개발도상국들의 경제개발노력 과정에서는 지극히 당연한 논리로서 이해되고 활용되었다. 그리고 이에 근거한 경제정책은 상

정부가 제3의 경제주체로서 능동적 시장개입이 정당화된 것은 20세기 초 케인즈의 거시경제학 이론체계의 등장과 때를 같이 하였는데, 시장실패의 시정은 물론 적극적 경제발전의 견인차로서의 역할이 강조되는 이른바 '강한 정부'론이 예전의 야경국가로 대변되던 '작은 정부'론을 대체하기도 하였다.

당히 많은 개발도상국에서 성공적인 시장성과를 나타내기도 하였다. 이러한 시기의 정부를 **'강한 정부'**(strong government) 또는 **'큰 정부'**(big government)라 부르며, **야경국가** 시기의 **'작은 정부'**(small government)와 대비시키기도 하였다.

그러나 최근에는 정부의 시장개입 효과에 의문이 제기되며, 자율적 시장기능을 강조하는 신고전파 이론이 다시 각광을 받고 있다.

한편, 1970년 이후부터는 선진국을 중심으로 정부정책에 의한 시장개입의 효과에 점차 의문이 제기되면서 정부는 자율적 시장기능이 최대한 회복될 수 있도록 제반 여건을 개선하는 데 주력하되 가능한 한 시장개입을 최소화하는 것이 바람직하다는 주장이 대두되었다. 이와 동시에 다시 '작은 정부'로 돌아가자는 이른바 **'신고전주의 원칙'**(neoclassical doctrine)이 제창되었다. 이러한 인식의 확대로 국가 간의 교역 또한 자유무역을 극대화시킬 수 있는 체제가 정착되기에 이르렀다. 즉, **우루과이협상**(Uruguay Round)의 결과 **세계무역기구**(WTO)가 설립되면서 그에 따른 무한대적 경쟁확대현상이 일반화되고 있는 추세가 정착되었다.

하지만 신고전파 이론이 후진국 경제발전에 도움이 될 것이라 보기는 어려운 반면, 오히려 국제 간의 불평등을 확대시킬 것이라는 우려는 증폭되고 있다는 점에 유념할 필요가 있다.

그러나 이러한 신고전주의 원칙 또는 **신보수주의적 원칙**(neo-conservatism)의 확대는 제반 여건이 불리하고 국제경쟁력이 취약한 후진 제국의 경제적 입지를 더욱 어렵게 함으로써 국가 간 경제력 격차가 더욱 확대되는 문제를 야기하고 있다. 자유경쟁에 의한 효율성 제고를 기본 작동원리로 삼는 자본주의 경제체제가 국내적으로는 물론 국제 간에도 형평을 악화시킬 수 있음을 간과해서는 안 된다. 그런데 국내적 불평등문제는 각국 정부가 다양한 정책을 통해 다소 완화시킬 수 있지만(그것이 바람직한 선택이든, 아니든 간에), 국가 간의 불평등을 완화시킬 제도나 기구는 거의 없어 국제 간 분쟁이 격화되고, 국제경제질서가 불안정해질 가능성이 높다. 효율성과 형평성의 적절한 조합은 자본주의 시장경제체제의 영원한 화두이다.

또 한 가지 이 시점에서 강조해 두고 싶은 것은 정부정책은 본질적으로 매우 불완전한 정치적 의사결정 과정을 통해 만들어지며, 정치적 세력이나 이해집단에 의해 영향을 받을 뿐만 아니라, 불완전한 정보에 의존하여 마련되거나 적절한 정책집행 규모와 시기의 선택 등이 매우 어려운 등의 문제가 있다. 또한 정책성과에 대한 평가와 책임추궁 자체가 현실적으로 한계가 있어 정부정책의 효율적 운용을 가로막기도 한다는 사실에 유념할 필요가 있다.

(6) 경제성장은 주로 생산요소의 추가투입이나 기술진보를 통해 이루어진다

제6의 원리는 경제성장이란 주로 생산요소의 추가투입이나 기술진보를 통해 이루어진다는 사실이다.

경제성장의 핵심 요인을 이해하기 쉽게 하기 위해 다음과 같은 그림을 활용해 보기로 한다. [그림 4-1]에서 곡선 X_0EY_0는 **생산가능곡선**(production possibility curve: *PPC*)이다. 이는 현실세계에서는 무수히 많은 재화와 용역이 생산되지만 논의의 편의상 한 국가가 오직 공공재와 민간재의 두 재화만을 생산한다고 가정한 다음 국가 내에 존재하는 토지 · 노동 · 자본 등 모든 생산요소를 생산과정에 투입하였을 때, 생산가능한 두 재화의 생산량조합을 그림형식으로 나타낸 것이다. 이러한 생산가능곡선은 밖으로 볼록한 형태를 취한다. 그 이유는 예컨대 공공재 한 단위를 더 생산하기 위해서는 민간재 생산을 일정량 포기해야 하는데, 공공재 생산을 점차 확대해 나갈 경우 포기해야 되는 민간재의 생산량이 점차 증대되기 때문이다. 이는 공공재의 생산이 증대됨에 따라 그 기회비용이 증가하는 현상으로 이해할 수 있는데, 이를 **기회비용 체증의 법칙**(law of increasing opportunity costs)이라고도 한다.

이러한 현상이 발생하는 이유는 다음과 같다. 일반적으로 생산요

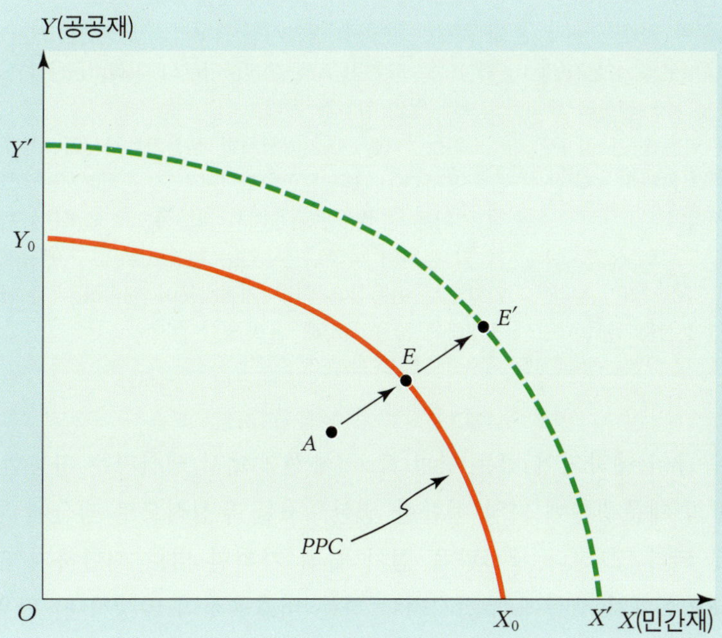

그림 4-1 경제성장 경로
한 국가의 경제성장을 생산가능곡선을 이용하여 설명할 수도 있다. 생산가능곡선은 한 나라 경제가 생산가능한 최대의 산출물조합을 나타내며, 생산가능곡선상이나 그 내부의 어느 점에서라도 생산이 가능하다는 의미를 갖는다.

따라서 경제성장이란 생산점이나 생산가능곡선이 바깥쪽으로 이동하는 현상이라 이해할 수 있다. 그리고 이러한 경제성장은 생산요소의 추가적 투입이나 기술진보 또는 경제여건 및 제도의 개선 등에 의해 생산점이 $A \rightarrow E \rightarrow E'$식으로 바뀌어 나가며 성취된다.

생산가능곡선의 볼록성과 기회비용 체증의 법칙

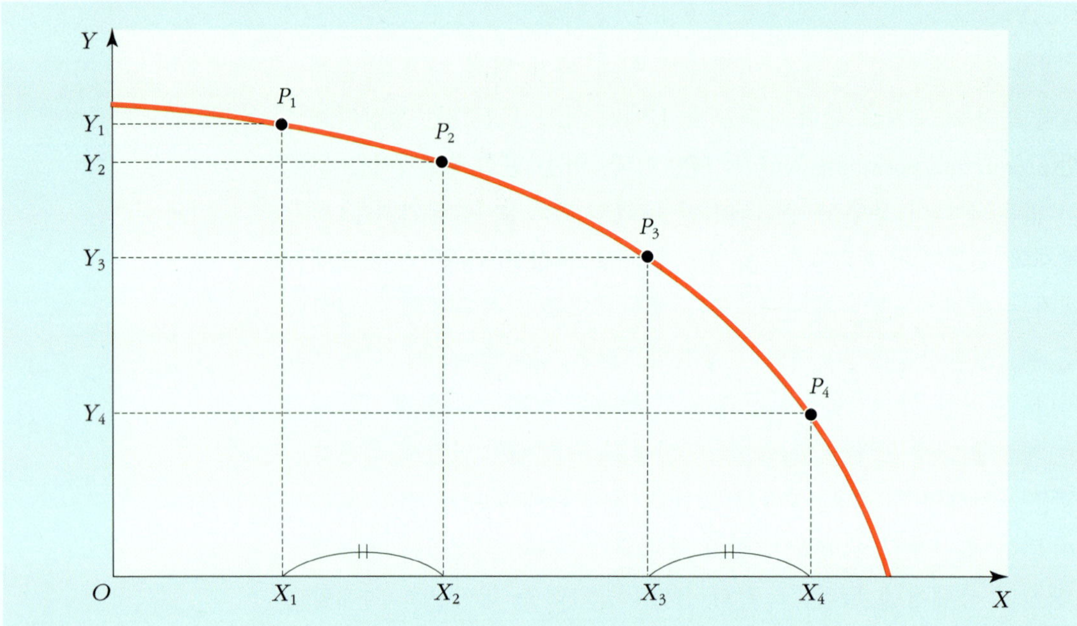

그림 4-2 생산가능곡선의 볼록성과 기회비용 체증의 법칙

생산자원은 각각 그 특성에 따라 특정 상품의 생산에 상대적으로 유용할 수 있다. 그런데 한 사회의 생산가능곡선이 [그림 4-2]와 같이 볼록한 형태가 된다면, 이는 점 P_1이나 P_2 근처에서는 대부분의 생산자원을 Y재 생산에 투입하게 된다. 따라서 X재 생산에 유용한 자원까지 Y재 생산에 동원하게 되는 반면 점 P_3나 P_4 근처에서는 Y재 생산에 유용한 자원까지 X재 생산에 동원하게 된다는 의미를 갖는 것이다.

따라서 X재 생산을 예컨대 X_1에서 X_2로 증가시킬 경우 Y재 생산은 Y_1에서 Y_2 정도로만 감소시키면 된다. 이때 Y재 생산감소량으로 표현한 X재 생산증가분의 기회비용, 즉 X재 생산증가에 따른 Y재 생산감소분은 상대적으로 작다. 반면, X재 생산을 X_3에서 X_4로($(X_1 \rightarrow X_2)$과 동일한 양만큼) 증가시킬 경우의 Y재 생산감소분($Y_3 \rightarrow Y_4$)으로 표현한 X재 생산증가분의 기회비용은 ($Y_1 \rightarrow Y_2$)보다 훨씬 커지게 된다.

이는 [그림 4-2]에서처럼 생산가능곡선이 P_1, P_2 근처에서는 비교적 완만하고 P_3나 P_4 근처에서는 비교적 가파른 경우, 즉 원점에서 바깥쪽으로 볼록한 모양을 할 경우에 나타날 수 있는 현상으로 점 P_1에서 P_4 방향으로 이동함에 따라 기회비용이 체증하는 결과를 초래하게 됨을 시사해 주고 있다.

소 공급이 제약되어 있는 상황(희소성에 연유)에서 생산자는 가능한 한 자신의 제품생산에 가장 적합한 생산요소를 우선적으로 생산에 투입하게 된다. 그러나 생산량을 점차 늘려 가려면 별로 적합하지 않은 생산요소까지 생산에 투입시켜야 하는 비효율성이 발생하며, 단위당 생산비용이 증가하게 된다. 단위당 생산비용이 증가한다는 것은 같은 양의 생산요소로는 전보다 적은 재화밖에 생산할 수 없게 되는 것을 의미한다.

여하튼 경제가 성장한다는 것은 주로 세 가지 경로를 통해 이루어진다. 즉, ① 생산요소를 추가로 생산과정에 투입하든가, ② 기술진보를 통해 전과 동일한 생산요소를 가지고 더 많은 생산을 이룩할 수 있든가, 그리고 ③ 제반 경제여건 및 제도 등을 개선하여 효율적인 시장여건이 조성될 수 있도록 하는 것이다. ①과 ②요인에 의해 경제가 성장하는 현상은 생산가능곡선이 X_0EY_0에서 $X'E'Y'$으로 이동하는 현상(또는 E에서 E'으로 생산점이 이동)으로 파악이 가능하다. 단, ③요인에 의한 경제성장은 점 A로부터 점 E로의 이동현상으로 이해할 수 있다. 현실세계에서 특히 제반 경제여건이 불비한 후진 제국에서는 모든 생산요소를 생산에 투입하여 생산한다는 것은 실현되기 매우 어려우며, 따라서 현실적인 생산점은 점 A가 된다. 그러므로 후진 제국에서는 단지 제반 여건 및 제도의 개선만으로도 생산수준의 향상이 가능하다는 사실을 알 수 있다(이때 생산점은 A에서 E로 이동).

즉, 경제성장은 생산요소를 추가로 생산과정에 투입하든지 전과 동일한 양의 생산요소로 더 많은 생산을 이루어 낼 수 있는 기술발전을 이룩함으로써 또는 제반 경제여건이나 제도의 개선 등을 통해 이루어질 수 있다는 것이다.

이상과 같은 요인 중 ①요인, 즉 생산요소의 추가투입을 통한 성장을 추구하는 방안이 대다수 국가에서 우선적으로 고려되어 왔다. 그런데 생산요소 중에서도 추가투입이 가장 용이한 것은 자본이라 할 수 있으며, 이러한 이유로 인해 대부분의 경제성장전략은 자본의 추가투입 및 활용을 통한 경제성장방식에 주력하여 왔다. 생산과정에 주로 자본을 추가적으로 투입하여 경제성장을 도모하는 과정을 **'자본심화'**(capital deepening)라 하기도 하고 **'자본 위주 성장방식'**(capital fundamentalism)이라 부르기도 하는데, 지금까지 한국을 포함한 거의 대부분의 개발도상국들(후발선진국 경우도 마찬가지)이 사용해 온 성장방식은 여기에 속한다. 지금까지 개발된 경제성장이론모형 중 대다수가 바로 이러한 성장방식을 암묵적으로 가정하여 정립되었고, 중심적인 개발도상국 경제개발방식 또한 이 논리를 지속적으로 견지해 왔던 것이다. 이러한 논리로 인해 노동력이라는 생산요소의 확충이나 질적 개선방안은 상대적으로 경시되어 왔는데, 이는 한국에서도 마찬가지였다. 노동 또는 인적 자본에 대한 투자의 중요성이 강조되고 또 인식되기 시작한 것은 비교적 최근에 이르러서이다. 이와 관련한 보다 자세한 내용은 제19장에서 다루어질 것이다.

그런데 이들 경제성장의 주요 경로 중 대다수 개도국들은 생산요소 중에서도 물적 자본의 추가 확보 및 투입을 통한 경제성장을 최우선시하는 방식에 의해 경제발전을 도모해 왔는데, 이를 '자본 위주 성장방식'이라 부르기도 한다. 물론 이러한 성장방식은 분배가 자본가 위주로 이루어짐에 따라 사회적 불균형의 확대를 초래하기도 하였다. 인적 자본에 대한 투자를 중요시하기 시작한 것은 비교적 최근의 일이다.

세 가지 핵심 성장요인 중 두 번째로 언급한 기술진보란 전과 동 또한 자본 위주 성장방식은 기술진보와 각종 제도 및 여건의 개선을 통한 경제성장방식을 경시하여 왔다는 문제점을 노정시켰다. 인적 자본과 기술발전에 의해 선도되는 인적 자본주의시대를 열어 나감과 동시에 선진화를 이룩하기 위해서는 인식의 전환과 성장전략의 전환이 반드시 이루어져야 한다.

일한 생산요소량을 가지고 보다 많은 생산을 달성하거나 동일한 생산량을 보다 낮은 생산비로 생산할 수 있는 생산방식의 개발을 의미하는 것이다. 그런데 이러한 기술진보는, 첫째 새로운 상품이나 기술의 개발과 같은 창조적 기술뿐만 아니라, 둘째 기존의 기술을 효율적으로 활용하여 생산량을 증대시키는 적응적 기술은 물론, 셋째 숙련도 향상이나 각종 제도 및 여건의 개선을 통한 생산성 향상을 모두 포괄하는 개념으로 이해할 필요가 있다. 일반적으로 경제개발 초기단계에서는 세 번째 유형의 기술진보가 주류를 이루고, 경제발전 성숙단계에 이르면 두 번째, 그리고 첫 번째 유형의 기술진보가 점차 이전의 기술진보 유형을 대체하며 등장하는 특징을 갖는다. 특히, 기술진보란 인적 자본의 개발 및 축적과 밀접한 관계가 있으며 인적 자본의 축적은 주로 교육과 훈련을 통해 이루어진다는 사실에 유념할 필요가 있다.

한편, 앞서 언급한 바 있듯이 경제이론상 가장 효율적인 생산점(예컨대, E 또는 E')은 특히 후진국에서는 달성이 불가능한 지극히 비현실적 상황에 해당된다. 후진국들은 각종 제도나 관습이 합리적이지 못하거나 시장실패요인이 대규모적으로 일반화되어 있어 실질적인 생산은, 예컨대 점 A와 같은 수준에서 이루어지기 때문이다. 따라서 점 A와 같은 상태를 벗어나 점 E와 같은 상태로 접근하는 과정을 통해 제반 여건이 개선되고 생산활동이 확충될 수 있도록 노력하는 것이 경제성장 내지 발전의 주요 구성내용이 될 수 있다는 사실을 강조해 두고 싶다. 그러나 지금까지의 개발도상국 성장방식 또는 발전전략은 상대적으로 이 점을 간과해 왔던 것이고, 한국도 이 점에서 예외가 아니었다.

제2부 미시경제학적 접근

제2편 경제순환모형과 시장의 작동원리
제3편 상품시장: 가계의 수요와 기업의 공급행위
제4편 생산요소시장
제5편 정부의 경제행위
제6편 외국과의 경제교류
제7편 기타 미시경제 주요 과제

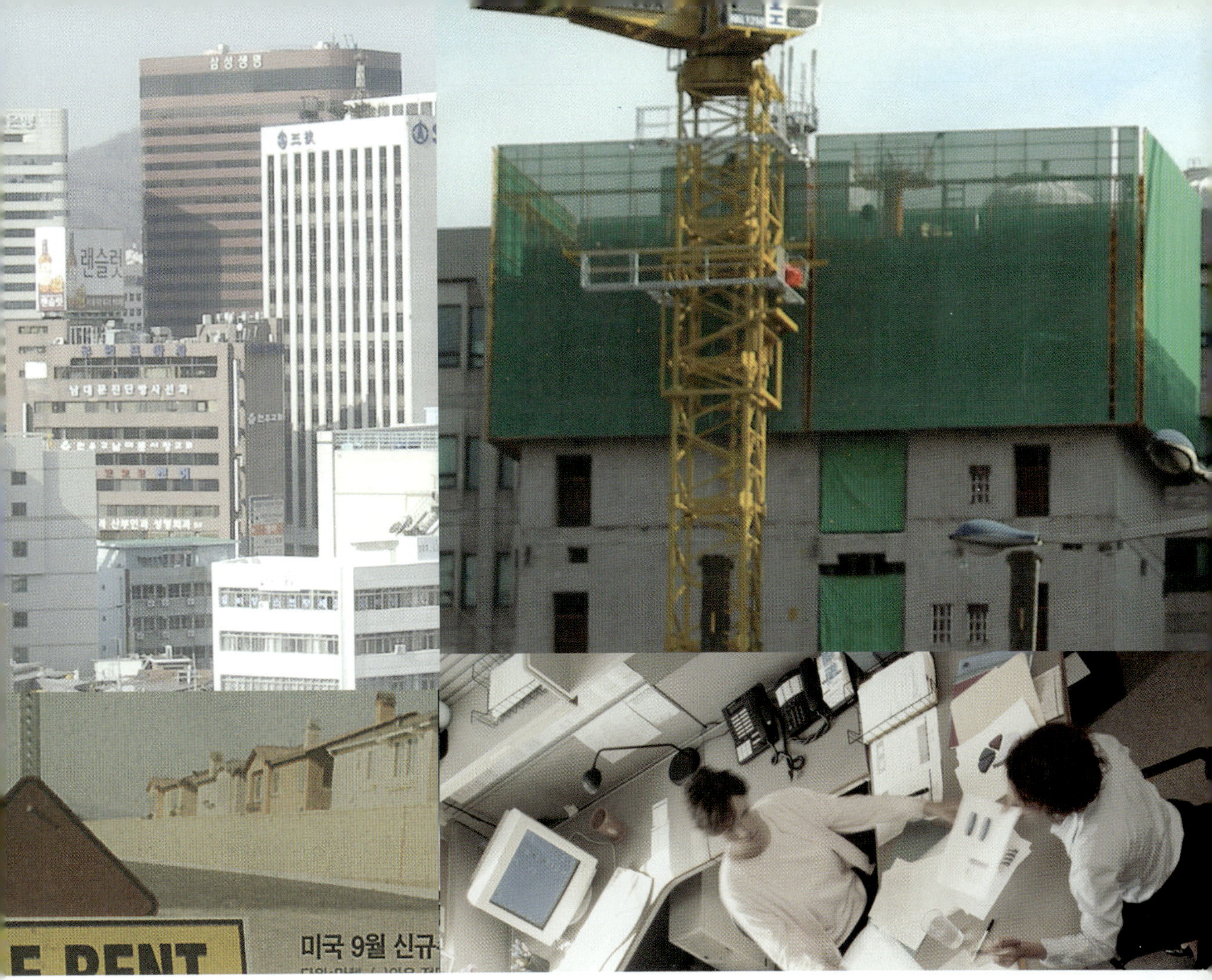

제2부에서는 경제이론 중 미시경제적 접근이 적절한 부분의 내용을 소개하게 된다. 미시경제적 접근이란 가계나 기업과 같은 개별 경제주체들이 수행하는 합리적 경제행위에 관한 논리에 근거하여 접근하는 방법을 일컫는 것이다. 이러한 이론 체계는 20세기 초까지 경제학 이론의 주류를 이루어 온 전통적 논리에 해당하며, 동시에 제3부에서 소개될 거시경제이론 체계에 논리적 근거를 제공해 주기도 한다.

제 2 편 경제순환모형과 시장의 작동원리

본편에서는 시장경제의 4대 주체인 가계, 기업, 정부 그리고 외국의 경제행위를 수요와 공급 측면으로 구분하여 접근하되, 이들 경제주체의 수요·공급행위가 상호작용하는 과정을 생산요소시장, 상품시장, 해외시장 등을 중심으로 살펴볼 것이다. 그러한 과정을 통해 경제주체들이 시장에서 서로 상반된 이해를 바탕으로 수요 및 공급행위를 할 때 시장의 균형가격이 어떻게 결정되는지, 그리고 정부가 이러한 과정에 개입할 경우 시장균형에는 어떤 영향을 미치게 되는지에 대하여 살펴볼 것이다.

제5장 경제순환모형과 경제주체별 경제행위

본장에서는 한 국가의 경제가 순환하는 과정을 생산요소시장과 재화 및 서비스시장 그리고 해외시장에서의 4대 경제주체(가계 · 기업 · 정부 · 외국)들의 수요 및 공급행위를 구체적으로 살펴볼 것이다.

01 경제순환모형

국가 내에는 **가계**(household)와 **기업**(firm) 그리고 **정부**(government)라는 세 종류의 의사결정 주체가 있다. 이들을 경제의 주체라고 부른다. 이들 중 가계와 기업만으로 구성된 부문을 **민간부문**(private sector)이라 하고, 정부는 **공공부문**(public sector)으로 구분하기도 한다. 정부가 제3의 **경제주체**로 등장한 20세기 이후 국민경제에 대한 분석은 민간부문과 공공부문을 동시에 고려하는 것이 경제학의 일반적 관행이 되었다. 그런데 민간과 공공부문을 통합한다 하더라도 이는 어디까지나 국내경제부문만의 경제순환 과정을 분석할 수 있을 뿐이며, 현실적으로 국가경제의 모든 경제활동을 제대로 분석하기 위해서는 **대외부문**까지를 고려대상에 넣어야 한다. 대외부문이 제외된 경우를 국내부문, 그리고 포함된 경우를 **개방국민경제부문**이라 부른다. 결국 **국민경제 순환과정**은 네 종류의 경제주체들이 상호작용하는 행태분석을 통하여 설명할 수 있다.

한 나라의 경제문제를 분석함에 있어 가장 유용한 틀 중의 하나로 경제순환모형을 들 수 있다. 이 모형은 한 국가의 경제가 순환하는 과정을 일목요연하게 표시한 도표에 불과하지만, 가계와 기업 그리고 정부와 외국이라는 경제주체들이 생산요소시장과 상품시장 등에서 상호작용하는 행태분석을 통하여 각종 경제이론을 체계적이고 조직적으로 설명할 수 있는 매우 유용한 분석장치이다.

이상에서와 같이 한 사회나 국가의 경제가 순환하는 과정을 그림으로 표현한 것이 [그림 5-1]이다. 이 도표를 통해 국민경제 순환과정을 투영해 보는 일은 이후 전개될 각종 경제이론을 체계적이고 조직적으로 설명할 수 있는 매우 유용한 장치라 할 수 있다. 즉, 우리는 **국민경제 순환도표**를 이용하여 경제주체들이 각각 어떤 경제적 역할을 수행하고, 경제적 거래를 하며, 경제적 선택을 하는지 일목요연하

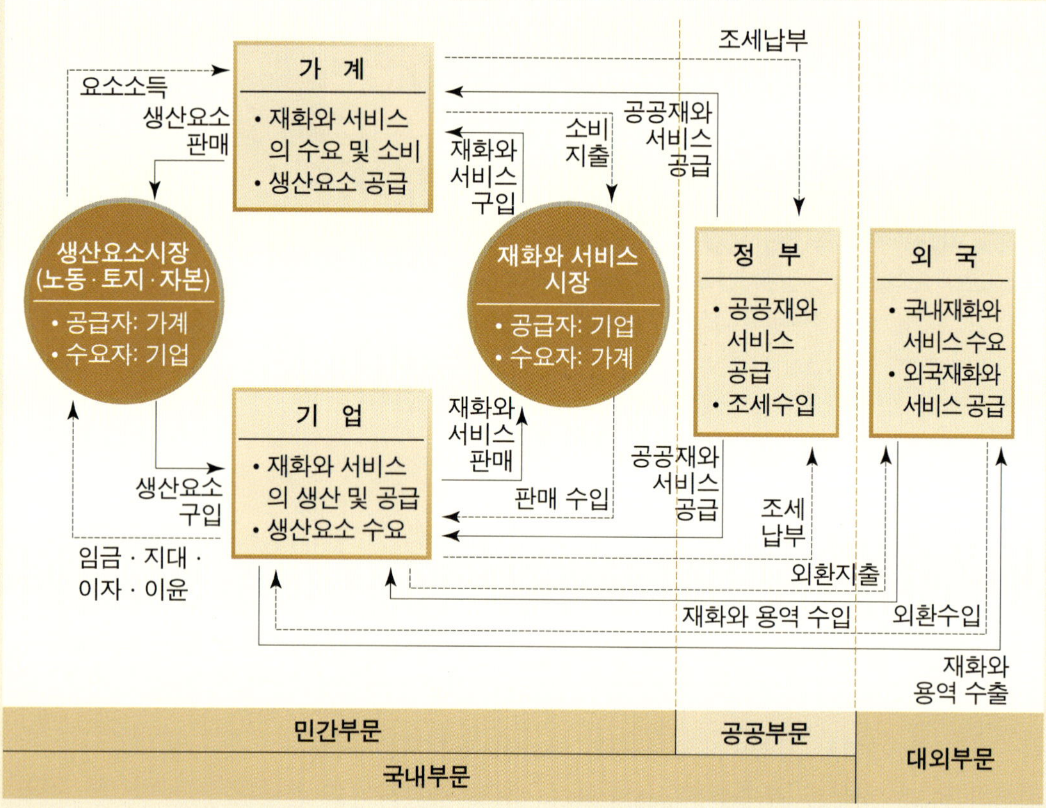

그림 5-1 국민경제의 순환

이 그림은 국민경제의 순환과정을 축약적으로 표현한 것이다. 경제의 의사결정 주체는 가계, 기업, 정부 그리고 외국부문으로 구성되며 생산요소시장과 재화 및 서비스시장을 중심으로 상호작용하게 된다. 점선으로 된 화살표는 돈의 흐름을 나타내며, 실선으로 된 화살표는 재화와 서비스의 흐름을 나타낸다.

경제순환모형은 경제주체들이 각 시장에서 상호작용하는 과정을 실물의 흐름과 화폐의 흐름으로 대비시켜 놓고 있으며, 가계와 기업만을 고려한 민간부문과 정부를 고려한 공공부문, 그리고 외국을 고려한 대외부문으로 구성되어 있다.

게 확인할 수 있다.

자본주의 시장경제는 기업이 생산요소를 고용(또는 구입)하여 소비자의 취향에 맞는 재화와 서비스를 생산하여 공급하는 흐름과, 가계가 자신들이 소유하고 있는 노동 · 토지 · 자본과 같은 생산요소를 기업에게 공급(또는 판매)하고 그 대가로 얻은 각종 소득(**임금 · 지대 · 이자 · 이윤**)으로 기업이 생산한 재화와 서비스를 구입하여 소비하는 흐름이 생산요소시장과 생산물시장을 통하여 어우러져 발생하는 체제로 이해할 수 있다.

그림에서처럼 생산요소시장에서는 가계가 판매하는 노동 · 토지 · 자본 등을 기업이 구입하게 되고, 재화 및 서비스시장에서는 기업이 판매하는 생산물을 가계가 구입하게 된다. 그림에서 실선 화살표는 실물의 흐름을, 그리고 점선 화살표는 실물흐름의 반대급부로 나타나는 돈의 흐름을 나타낸다.

이상에서 설명한 경제순환 과정은 국내민간부문을 중심으로 살펴본 것이다. 이제 제3의 경제주체인 정부의 경제행위를 포함시켜 보면, 정부는 가계와 기업으로부터 조세를 납부받아 모은 조세수입으로 이들 민간부문 경제주체들에게 각종 공공재와 서비스를 공급하는 것으로 파악할 수 있다.

한편, 외국을 네 번째 경제주체로 보고 국민경제 순환과정상의 거래내용 구성을 확대해석할 수도 있다. 즉, 한 국민경제는 외국과 재화 및 서비스를 상호교역하는 거래를 수행하게 되는데, 예컨대 국내에서 생산된 재화와 서비스는 해외로 **수출**되고 그 대가로 외환을 얻게 되며, 반면 외국에서 생산된 재화와 서비스를 국내로 **수입**하고 그 대가로 **외환**을 지급하는 것으로 이해할 수 있다.

02 경제주체별 경제행위

(1) 가 계

가계란 수적으로 가장 많고 현실적으로는 국민 개개인 모두가 이에 속하는 경제주체이다. 물론 개인적으로는 기업을 경영하는 사람도 있고 정부부문에서 일하는 사람도 있으나, 이들은 기본적으로 노동이라는 생산요소를 판매(또는 임대)하고 그 대가로 임금이라는 요소소득을 얻는 가계라는 경제주체에 해당한다(물론 기업경영자의 경우는 임금 · 지대 · 이자 등을 지불하고 남은 이윤을 소득으로 얻지만).

가장 수적으로 많고 실제로는 국민 모두로 구성되는 경제주체가 가계이다. 이들은 선천적으로 부여받은 노동이나 후천적으로 취득한 토지 및 자본 등을 생산요소시장에서 기업에게 판매(또는 임대)하고 그 대가로 임금 · 지대 · 이자 · 이윤 등을 받는 주체이며, 이러한 소득으로 기업이 생산하는 재화와 용역을 구매하는 소비의 주체이기도 하다.

모든 가계는 동시에 소비의 주체가 된다. 기업이나 정부와는 달리 재화와 서비스를 소비하는 행위를 주로 담당하는 것이다. 이러한 가계의 소비자로서의 중요성 때문에 간혹 '가계'를 '**소비자**' 개념과 혼동하여 쓰는 경우가 있다.

그러나 가계는 소비자이기에 앞서 생산요소를 공급하는 주체이므로 소비자와 동의어로 취급되어서는 곤란하다. 그리고 모든 가계는 본원적인 생산요소의 소유자로서 노동은 물론 토지와 자본을 판매하

한국의 인구수 및 가구수 추이

아래의 〈표 5-1〉에서처럼 2008년도 한국의 총 인구는 1960년도 인구(약 2,500만 명)의 거의 두 배에 달하는 수준이다. 그러나 [그림 5-2]에 나타난 바와 같이 인구증가율은 2000년을 넘어서면서 급격히 감소하는 추세를 보여 주고 있다. 따라서 1960년대 및 1970년대에 높은 인구증가율을 억제하기 위해 채택하였던 산아제한정책 대신 현재는 오히려 출산장려를 적극적으로 도모하는 정책을 펴 나가고 있다.

표 5-1 연령별 인구수와 증가율 추이

(단위: 천 명, %)

연령별(전국)	1961	1970	1980	1990	1999	2000	2001
총인구 (증가율)	25,766 (3.0)	32,241 (2.2)	38,124 (1.6)	42,869 (1.0)	46,617 (0.7)	47,470 (0.8)	47,357 (0.7)
0~14세 (증가율)	11,111 (4.5)	13,714 (0.5)	12,951 (−0.4)	11,097 (−2.6)	9,973 (−1.2)	9,911 (−0.6)	9,854 (−0.6)
15~64세 (증가율)	13,951 (1.8)	17,542 (3.4)	23,717 (2.6)	29,730 (1.9)	33,423 (0.9)	33,734 (0.8)	33,925 (0.7)
65세 이상 (증가율)	751 (3.4)	991 (4.5)	1,456 (3.6)	2,195 (6.9)	3,224 (5.0)	3,395 (5.3)	3,578 (5.4)
연령별(전국)	**2002**	**2003**	**2004**	**2005**	**2006**	**2007**	**2008**
총인구 (증가율)	47,622 (0.6)	47,859 (0.5)	48,480 (0.4)	48,138 (0.2)	48,297 (0.3)	48,456 (0.3)	48,649 (0.3)
0~14세 (증가율)	9,747 (−1.1)	9,606 (−1.5)	9,446 (−1.7)	9,241 (−2.2)	8,996 (−2.7)	8,734 (−2.9)	8,458 (−3.2)
15~64세 (증가율)	34,134 (0.5)	34,285 (0.5)	34,428 (0.4)	34,533 (0.3)	34,715 (0.5)	34,912 (0.6)	35,133 (0.6)
65세 이상 (증가율)	3,772 (5.4)	3,968 (5.2)	4,166 (5.0)	4,367 (4.8)	4,586 (5.0)	4,810 (4.9)	5,016 (4.3)

자료: 통계청, KOSIS.

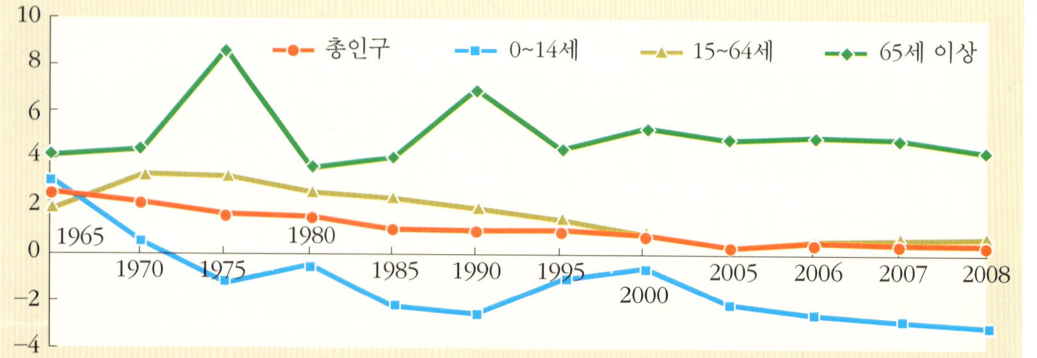

그림 5-2 연령별 인구증가율

자료: 통계청, KOSIS.

또한 [그림 5-2]에서 볼 수 있듯이 0~14세 인구증가율은 이미 1975년을 지나면서부터 감소하고 있는 반면, 65세 이상 인구증가율은 4% 안팎의 수준을 유지하고 있어 한국은 이른바 고령화 사회에 진입하고 있는 추세가 정착되었다. 이는 궁극적으로는 인적 자원의 감소, 나아가서는 잠재성장력 자체를 둔화시킬 수 있는 요인으로 작용할 것이어서 적절한 대응방안의 모색이 절실한 때이다.

한편, 〈표 5-2〉에서 볼 수 있듯이, 전국 가구수는 꾸준히 증가하고 있는 추세를 보여 주고 있다. 인구증가율이 둔화되고 있음에도 불구하고 이처럼 가구수가 지속적으로 증가하고 있는 것은 전통적인 대가족제도가 붕괴되고 핵가족제도가 정착되어 가는 데 주로 기인하는 것으로 볼 수 있다. 여하튼 2005년도 기준으로 볼 때 우리가 흔히 가계라고 하는 경제주체의 수는 한국의 경우 약 1,600만 개에 달하고 있다.

표 5-2 전국의 가구수 추이 (단위: 천 가구)

1980	1985	1990	1995	2000	2005
7,969	9,571	11,355	12,958	14,312	15,887

자료: 통계청, KOSIS.

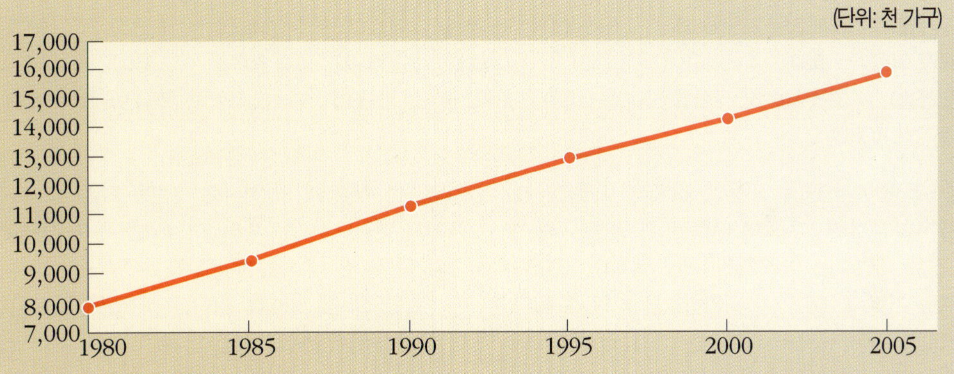

그림 5-3 전국의 가구수 추이

자료: 통계청, KOSIS.

는 주체인 것이다. 그런데 노동이란 인간 스스로 나면서부터 부여받은 원천적 생산요소인 반면, 토지나 자본은 후천적으로 가계가 취득하여 소유하고 있는 생산요소이다. 즉, 가계는 노동을 제공하고 얻은 임금 중 일부는 기업이 생산한 재화와 용역을 구매하지만, 나머지는 일단 금융자산 형태로 저축하거나 토지 등 부동산을 취득하여 보유하게 된다. 전자를 '자본' 후자를 '토지'라는 생산요소로 정의하는데, 이와 같은 과정을 통해 가계는 후천적 생산요소를 소유하게 된다. 물론 부모로부터 상속받거나 증여를 받아 소유하는 경우도 있다.

반면, 기업은 생산요소시장에서 가계로부터 생산요소를 구입하여 소비자가 원하는 재화와 서비스를 생산한 다음 상품시장에서 판매하는 주체이다. 일반적으로 노동시장에서 기업은 가계에 비해 우월적 지위를 가지고 있어 가계(노동자)들은 노동조합을 결성하여 대응하기도 한다.

(2) 기 업

민간부문의 두 축을 형성하고 있는 **기업**이란 경제주체는 가계라는 경제주체와 생산요소시장 및 생산물(재화 및 서비스)시장에서 끊임

한국의 기업수 추이

표 5-3 국내의 종사자규모별 기업수 추이 (단위: 개, %)

	1994	1996	1998	2000	2003	2004	2005	2006
계	2,618,454	2,807,802	2,785,659	3,013,417	3,187,890	3,189,890	3,204,809	3,226,569
(증가율)	(9.3)	(1.3)	(−2.4)	(2.9)	(1.8)	(0.1)	(0.5)	(0.7)
1~299명	2,515,523	2,804,732	2,783,172	3,011,221	3,185,447	3,187,336	3,202,437	3,224,112
(증가율)	(9.3)	(1.3)	(−2.4)	(2.9)	(1.8)	(0.1)	(0.5)	(0.7)
300~499명	1,454	1,426	1,181	1,185	1,355	1,339	1,247	1,249
(증가율)	(11.8)	(−4.9)	(−14.1)	(0.3)	(−0.7)	(−1.2)	(−6.9)	(0.2)
500~999명	957	1,026	825	700	755	847	775	835
(증가율)	(6.3)	(1.1)	(−11.6)	(−13.4)	(2.2)	(12.2)	(−8.5)	(7.7)
1,000명 이상	520	618	481	311	359	368	350	373
(증가율)	(−14.0)	(10.6)	(−11.9)	(−22.3)	(−3.0)	(2.5)	(−4.9)	(6.6)

자료: 통계청, KOSIS.

〈표 5-3〉에서 볼 수 있듯이, 1993년 이후 실시된 사업체 기초통계조사 자료에 따르면, 2006년 기준 한국의 전체 기업수는 약 323만 개에 달하며, 1993년 이후로는 거의 100만 개가 증가하였음을 알 수 있다. 단, 300명 이상 규모의 기업수는 점차 감소해 왔으며, 특히 1,000명 이상 규모의 대기업수는 현격히 감소하였다. 이는 부분적으로는 1997년 외환위기 이후 기업관련 개혁방안의 하나로 추진된 기업구조 개혁과정에서 대규모 사업교환(big deal)을 통해 선택과 집중이 이루어진 데 연유한다고 볼 수 있다.

한편, [그림 5-4]에 나타난 바 있듯이, 외환위기 이후 증가폭이 낮아진 것을 알 수 있으며, 특히 2003년 이후 둔화폭이 확대된 것으로 나타났는데, 이는 일면 참여정부 시기의 경기침체현상을 반영해 주고 있다.

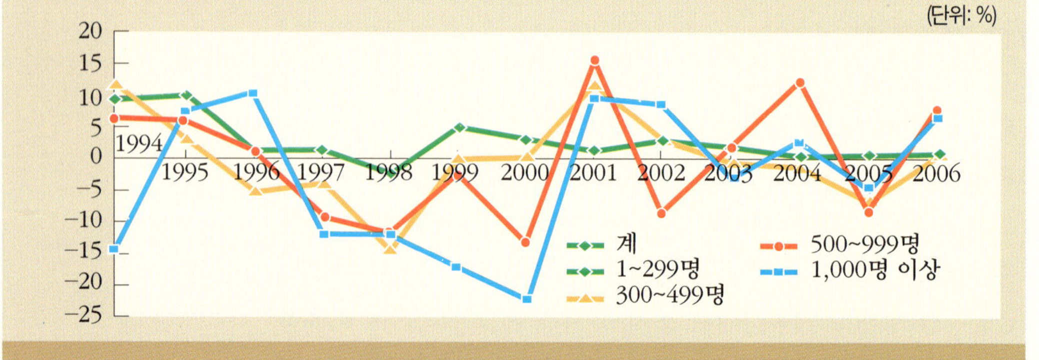

그림 5-4 종사자규모별 국내 전체 기업수 증가율

자료: 통계청, KOSIS.

없이 조우하며 생산요소 및 생산물을 쌍방 간에 사고 팔게 된다.

경제순환 도표상에는 논의의 단순화를 위해 편의상 **생산요소시장**을 하나로 표시하였다. 그러나 이 시장은 **노동시장**과 **토지시장** 그리고 **자본시장**을 총괄적으로 표현한 것이며, 따라서 보다 구체적인 논의를 위해서는 상황에 따라 생산요소시장별로 독립된 경제논리를 전개할 수도 있다.

기업은 노동시장에서 노동력을 구매하게 되는데, 가능한 한 낮은 임금으로 노동력을 확보하고자 노력할 것이다. 따라서 보다 높은 임금을 받기 원하는 노동력의 판매자인 가계와 힘겨루기를 하게 된다. 그리고 두 경제주체 간의 이해관계가 상호조정 과정을 거쳐 적정임금과 고용수준이 결정될 것이다. 그러나 일반적으로 우월적 지위에 있는 기업에 비해 상대적으로 열세에 있는 가계(노동자)는 불리한 점을 극복하기 위해 **노동조합**(labor union)을 결성하여 대응하게 된다.

한편, 토지나 **자본시장**의 경우에서도 기업은 이들 생산요소의 수요자가 된다. 그런데 자본시장의 경우 전통적으로 기업은 가계의 저축에 의해 조성된 자금을 금융중개기관인 은행으로부터 대출형식으로 조달하여 생산에 활용하고 그 대가로서 이자를 지급한다. 그러나 상황에 따라서는 기업은 주식이나 채권을 발행하여 가계에 판매함으로써 자본을 직접 조달할 수도 있다. 전자를 **간접금융** 그리고 후자를 **직접금융**시장이라 하는데, **은행기관**은 전자에 그리고 **증권회사**는 후자에 속한다.

한편, 기업은 가계저축으로 조성된 자금을 은행을 통해 대출받거나 주식이나 채권을 발행하여 가계에 판매함으로써 필요한 자본을 조달하는데 전자를 간접금융, 후자를 직접금융이라 한다.

물론 **토지시장**에서도 기업은 수요의 주체가 된다. 단, 토지시장의 경우에는 가계도 수요자가 될 수 있다. 그러나 이들 가계의 수요는 주거를 위한 일종의 소비목적성 수요이며, 따라서 토지를 사서 생산에 활용하려는 기업의 수요와는 구분되어야 할 것이다. 예를 들어, 가계 상호간에 사고 파는 토지 및 부동산 거래는 어디까지나 주거를 위한 개인 간 소유권 이전에 해당되는 것으로, 생산에 투입하여 새로운 부가가치를 창출하기 위해 토지를 구매하는 기업의 수요와는 구분할 필요가 있다.

(3) 정 부

정부는 가계와 기업으로부터 조세를 납부받아 모은 조세수입으로 민간부문 경제주체들에게 각종 공공재와 서비스를 공급하는 주체이다. 국민이 주인인 근대 시민국가에서는 그 주인인 국민 모두가 조세를 납부하되(국민개세주의) 정부가 이를 사용할 때는 그 대표기관인 국회의 동의를 거치도록 하고 있다(조세법률주의).

원래 **정부**란 국가의 행정지배단위로서 전근대시기에는 국민들이 평민이건 노예건 또는 농노의 신분이건 국민에게 지배력을 행사하는 주체였다. 당시에는 국가가 지배체제를 유지하기 위해 지배계층으로부터 기여금을 받아 운용하였는데, 이것이 바로 **조세**의 기원이다. 물론 이들 지배계층이 기탁한 조세는 주로 피지배계층으로부터의 착취에 의해 마련되었다.

그러나 근대 시민혁명 이후 국민이 주인이라는 **주권재민사상**에 근거하여 민(民)이 주(主)가 된다는 민주시민사회가 성립되면서 국가의 궁극적 지배자인 국민 모두가 기부금, 즉 조세를 납부하게 되었다(이를 **국민개세주의**라 함). 단, 이렇게 납부한 세금을 정부가 함부로 쓰는 것을 방지하기 위해 국민의 대표기관인 국회의 동의에 의해서만 사용이 가능하도록 하였는데, 이를 **조세법률주의**라고 한다.

정부의 지출규모는 정부의 역할이 강조되기 시작한 20세기 이후 지속적으로 증가하여 왔고 앞으로도, 특히 교육 및 각종 복지향상 등을 위한 지출이 증가될 것으로 전망된다.

그런데 국가의 위상이 이처럼 정착된 근대 초기에는 국가가 국방이나 치안과 같은 최소한의 공공서비스를 제공하는 데 그쳤다. 그러나 전술한 바 있듯이, 20세기 이후 정부는 보다 능동적인 경제주체로서 변신하게 되었고, 따라서 정부가 제공해야 할 공공재와 서비스는 폭발적으로 증가하게 되었다.

즉, 현대에 있어 국가는 국방이나 치안은 물론, 교육, 경제개발, 복지(보건, 위생, 환경, 연금 및 사회보험) 등에 관한 다양한 공공재와 서비스를 민간부문(가계와 기업)에게 제공하고 있다. 물론 이와 같은 정부의 역할확대는 조세수입의 증가를 필연적으로 수반하게 된다. 그러나 중요한 것은 정부가 얼마나 세금을 걷고 또 어떤 곳에 쓰는지는 항상 주인인 국민과 그 대표기관인 국회가 감시하고 있다는 사실이며, 따라서 정부는 이를 항상 염두에 두고 각별한 주의를 기울여야 한다.

그러나 정부지출이 조세수입보다 클 경우 정부는 화폐발행이나 국채발행을 통해 충당해야 하는데, 이는 물가상승이나 국민부담을 증대시키므로 가능한 한 정부예산의 적자가 발생하지 않도록 노력해야 한다.

예컨대, 정부가 부실한 경제운용으로 인해 정부 공공재와 서비스의 공급(이를 **정부지출**이라고도 함)에 소요되는 재원을 **조세수입**으로 충당하지 못하는 경우 정부는 부채를 안게 되는데, 이를 시정하기 위해서는 정부가 **국채**를 발행하여 민간부문에 판매하거나 한국은행으로부터 차입(이는 본질적으로 화폐발행에 해당함)을 해야 한다. 그런데 전자의 경우에는 민간부문의 소비위축을 초래할 수 있고, 후자의 경우에는 인플레이션을 유발하게 되므로 어느 경우든 국민경제에 큰 부담을 주게 된다.

(4) 외 국

외국을 또 하나의 별개의 경제주체로 인식할 경우 편의상 우리나라와 교역관계를 맺고 있는 모든 국가들의 국민경제 전체를 하나의 집합적 개념으로 이해할 필요가 있다. 이때 외국이란 우리나라 국민경제(민간과 공공부문을 합한 개념)와 1 대 1의 관계로 재화와 서비스를 상호교환하는 경제주체가 된다.

현대 모든 국가는 국내에서 생산된 재화와 서비스를 수출하고 그 대가로 외환을 얻게 되며, 동시에 외국에서 생산된 재화와 서비스를 수입하고 외환을 지급하고 있다. 이처럼 외국을 한 국민경제와 재화와 서비스를 서로 교환하는 제4의 경제주체로서 간주할 수 있다.

외국은 우리나라에서 생산된 재화와 용역의 국내가계 다음으로 중요한 수요의 주체이다. 또한 외국은 우리나라가 필요로 하는 재화와 용역의 국내기업 다음으로 중요한 공급주체이다. 우리나라 입장에서 전자를 수출, 그리고 후자를 수입이라 부른다. 이러한 국가 간 수요 · 공급행위, 즉 수입과 수출의 경우에는 재화와 서비스가 이동하는 반대급부로 외환이 지급됨으로써 거래가 완성된다.

그런데 외국과의 교역은 단순히 재화와 용역만이 거래되는 것은 아니다. 예컨대, 국제 간 이동이 상대적으로 쉬운 자본은 국가 간에 매우 활발히 그리고 빈번하게 이동한다. 따라서 국내기업은 외국의 금융기관이나 투자가로부터 자금(자본)을 공급받을 수 있고, 반대로 국내금융기관이나 투자가도 외국기업에 자금을 공급할 수 있다. 특히, 최근 들어 자본시장의 개방이 가속화되면서 국가 간 자본이동은 급속하게 증가하고 있다. 또한 세계화 내지 개방확대라는 새로운 국제경제질서에 따라 노동 또한 국제 간에 이동되는 규모나 빈도수가 급증하고 있다. 물론 토지 자체는 국가 간의 이동이 불가능한 생산요소이지만, 외국인의 토지매매나 임대가 매우 활발해지고 있어 국가 간 교역은 문자 그대로 재화와 용역은 물론 생산요소까지 서로 팔고 살 수 있게 되었다. 이러한 측면에서 볼 때, 외국이란 국민경제 분석에 있어 매우 중요한 또 하나의 경제주체임에 틀림이 없다.

그런데 최근에 이르러서는 국제 간의 교역은 물론 자본과 같은 생산요소의 국제 간 이동이 크게 확대되고 있으며, 인력이동과 토지거래도 활성화되는 추세가 나타나고 있다.

그런데 국가 간의 교역에서는 국가의 경쟁력 차이에 따라 수출 또는 수입이 더 크게 발생할 수 있다. 그 결과 국제무역수지가 흑자가 되거나 적자가 될 수도 있다. 결국은 이러한 불균형을 메우기 위해서라도 사후적으로 외환의 대여나 차입이 발생하게 되는데, 이러한 국가 간 자본거래의 크기에 따라 환율변동에 큰 영향을 미친다. 그런데 환율의 변화는 국민경제에 미치는 효과가 매우 커 각국은 무역수지가 균형을 이룰 수 있도록 최대한 노력을 기울이게 된다.

제6장 수요와 공급의 법칙 그리고 시장가격의 결정

본장에서는 경제주체들의 합리적인 의사결정 과정으로서의 수요 및 공급행위가 각종 시장에서 균형을 이루어 나가는 과정에 관한 논리와, 이처럼 형성된 시장균형이 어떤 자원배분 결과를 초래하며 또 각종 정부정책이 이러한 시장균형에 어떤 영향을 미치는지에 대하여 함께 살펴볼 것이다.

우리는 제4장에서 자본주의 시장경제가 작동하는 기본 원리에 대하여 살펴본 바 있다. 간단히 말해서 자본주의 시장경제란 사유권에 근거하되 경제주체들의 자유로운 이익추구행위를 근본으로 한다는 점과 이러한 과정에서의 합리적인 의사결정 또는 경제행위는 시장이란 조직을 통해 상호대응하며, 이들의 상반되는 이익추구행위는 시장가격의 자율조정기능을 통해 최적의 자원배분을 이룩하게 된다는 것이라 할 수 있다.

여름휴가철이면 휴양지 호텔이나 모텔, 그리고 펜션이나 여관, 또는 민박집의 숙박비가 평소의 두세 배까지 오르곤 한다. 바가지 상혼이라고 매스컴에서 자주 비판을 하지만 이는 어디까지나 시장의 수요 · 공급법칙에 따른 일시적이지만 당연한 현상일 뿐이다. 성수기 때마다 해외항공요금이 오르는 것도 마찬가지다(물론 아이러니컬하게도 이를 두고 매스컴이 바가지 상혼 운운하지는 않지만). 수해나 태풍 등으로 농사작황에 큰 타격이 발생할 때는 경제학을 배워 본 적조차 없는 일반서민들도 농산물값이 오를 것이라고 예상할 줄 안다. 물론 어느 한 해에 고추 · 마늘 등 양념값이 매우 비싼 대신 무 · 배추값이 매우 낮을 경우, 다음 해에는 많은 농가들은 무 · 배추재배를 대폭 축소시키는 대신 고추 · 마늘 등의 재배를 대폭 확대하여 결국 양념값이 폭락하는 경우도 가끔 볼 수 있다. 이러한 모든 현상들은 모두 수요 · 공급이 어떻게 시장가격 형성에 영향을 미치는가를 잘 보여 주는 좋은 예들이라 하겠다.

본장에서는 완전경쟁하의 상품시장을 중심으로 가계의 수요와 기업의 공급행위가 상호작용하여 시장가격이 결정되는 메커니즘에 대하여 살펴볼 것이다.

본장에서는 수요자(또는 소비자)와 공급자(생산자 또는 판매자)가 각각 어떻게 행동하며 또 어떻게 상호대응하는지, 그리고 그러한 수요 · 공급행위가 시장가격(과 거래량)에 어떠한 영향을 미치고 나아가서는 희소한 경제적 자원을 어떻게 배분하는 결과를 초래하는지에 대하여 살펴보고자 한다.

단, 본장에서는 시장이 완전경쟁적이라고 가정하고 논의를 진행한다. 즉, 거래되는 재화나 서비스는 동질적이고 수요자와 공급자의 수가 아주 많아 어느 한 개별 수요자나 공급자가 시장가격에 영향을 미칠 수 없게 되는 조건이 충족되고 있다고 가정한다. 그리고 논의의 편의상 재화시장을 중심으로 논리를 전개할 것인바, 수요자는 가계(소비자) 그리고 공급자는 주로 재화판매자인 기업이 되는 상황을 상정한다.

01 수 요

여기서 수요(demand)란 소비자가 대가를 치르고 구입하려는 의사를 말하며, 일정한 값으로 구입할 의사가 있는 재화의 양을 수요량(quantity demanded)이라 한다. 한편, 가격과 가격변화에 따른 수요량 간의 관계를 정리해 놓은 것을 수요표(demand schedule), 그리고 이를 그림으로 표현한 것을 수요곡선(demand curve)이라 한다.

수요(demand)란 소비자가 대가를 치르고 구입하려는 의사를 대변하는 것으로, 일정한 값을 치르고 구입할 의사가 있는 재화의 양을 **수요량**(quantity demanded)이라 한다. 그리고 가격과 가격변화에 따라 소비자가 구입할 의사가 있는 수요량 간의 관계를 체계적으로 요약 · 정리해 놓은 것을 **수요표**(demand schedule)라 하며, 이를 그림형식으로 표현한 것을 **수요곡선**(demand curve)이라 한다.

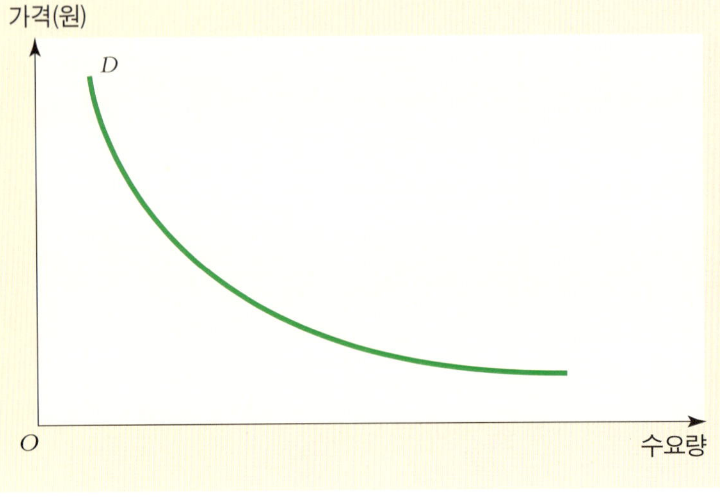

그림 6-1 수요곡선
수요곡선(D)은 가격이 변화함에 따라 재화의 수요량이 어떻게 변하는지를 보여 준다. 다른 조건이 불변일 때, 재화의 가격이 하락하면 수요량이 증가하는데, 이를 수요의 법칙이라 하며 수요곡선은 우하향하는 형태를 갖게 한다.

일반적으로 가격을 수직축으로 하고 수요량을 수평축으로 설정한 평면상에서 수요곡선은 우하향(右下向)한다. 즉, 수요곡선은 오른쪽으로 향하며 감소하는 형태를 취하게 되므로 결국 마이너스 기울기를 갖게 되는데, 이를 **수요의 법칙**(law of demand)이라 한다. 가격이 오르면 수요량이 감소하고, 가격이 내리면 수요량이 증가하는 현상을 일컫는 것이다.

그런데 가격과 수요량의 관계를 나타내는 수요곡선은 일반적으로 우하향하는 형태를 취하는데, 이와 같이 수요량이 가격과 역함수관계에 있는 현상을 수요의 법칙(law of demand)이라 한다.

(1) 수요함수

그런데 이러한 소비자의 수요행위는 구매할 재화의 가격은 물론 소비자의 소득수준, 해당 재화와 연관도가 높은 재화의 가격, 소비자의 취향 등에 의존한다. 이처럼 수요량과 수요량에 영향을 미치는 주요 요인들 간의 관계를 함수관계로 표현한 것을 **수요함수**(demand function)라 한다.

한편, 수요량과 수요량에 영향을 미치는 주요 원인변수(가격, 소득수준, 관련재화의 가격, 그리고 소비자의 취향 등) 간의 관계를 함수형식으로 표현한 것을 수요함수(demand function)라 한다.

6-1

$$Q^D = f(\overset{(-)}{P}, \overset{(+)}{Y}, \overset{(+,\,-)}{P_r}, \overset{(+,\,-)}{Taste})$$

여기서, Q^D: 수요량
P: 해당 재화의 가격
Y: 소비자의 소득수준
P_r: 관련재화의 가격
$Taste$: 소비자의 취향

일반적으로 한 재화(예컨대, 커피)에 대한 수요는 소비자의 소득이 높을수록 증가한다. 그리고 대체관계에 있는 재화(이를 **대체재**(substitutes)라 함. 예컨대, 녹차처럼 커피 대신에 마실 수 있는 기호품)의 가격이 오를수록 대체재(예컨대, 녹차)보다는 해당 재화(커피)에 대한 수요는 증가하고, 보완관계에 있는 재화(이를 **보완재**(complements)라 함. 예컨대, 설탕이나 크림처럼 커피와 섞어서 함께 마시는 상품), 즉 보완재의 가격이 오를수록 해당 재화(커피)의 수요도 감소하게 되는 성향을 갖는다.

일반적으로 소득수준과 수요량은 양(+)의 관계에 있다. 그러나 관련재화의 가격은 재화가 대체재(substitutes)인지 보완재(complements)인지에 따라 수요량과 양(+) 또는 음(-)의 관계를 갖는다.

한편, 웰빙생활에 대한 소비자의 관심도가 높아지면서 햄버거가 비만이나 고혈압 등 건강에 좋지 못한 영향을 준다는 인식이 확대될 경우 햄버거에 대한 소비자의 선호도 및 수요가 점차 감소할 수도 있다. 이상에서처럼 수요량과 수요량에 영향을 미치는 주요 요인들 간의 관계를 종합적인 함수형태로 표현한 식 (6-1)을 수요함수라고 일컫는 것이다.

이러한 상황하에서 우리는 논리전개의 편의상 해당 재화의 가격 이외에 수요에 영향을 미치는 여타 원인변수들의 값은 일단 모두 일정하다고 가정한 다음 해당 재화가격 변화가 수요량 변화에 미치는 영향을 분석한다. 예를 들어, 수요곡선이 우하향(downward sloping)하는 사유를 밝히는 일 등을 들 수 있다. 이와 같은 방식의 접근방법을 부분균형분석(partial equilibrium analysis)이라 하는데, 미시경제이론의 대부분이 바로 이러한 방법론에 의해 전개된다.

그런데 일반적으로 경제학에서는 논의의 편의상 해당 재화(예컨대, 커피나 햄버거)의 가격 이외에 수요에 영향을 미칠 수 있는 여타 원인변수들(소비자의 소득수준, 관련재화의 가격, 소비자 취향)은 모두 일정하고 오직 해당 재화의 가격만이 수요량에 영향을 미칠 수 있는 매우 짧은 기간(이를 경제이론 전개상 단기라고 정의함)이 존재한다고 가정한 다음 해당 재화의 가격변화가 해당 재화의 수요량에 미치는 영향을 분석한다.

이와 같이 핵심 원인변수를 제외한 여타 변수들 값은 일정하다고 가정하는 것을 ***ceteris paribus***(라틴어로 '다른 조건이 같다면'이라는 뜻으로 'if other things being equal'이라 표현되기도 함)라 한다. 수요곡선이 우하향한다는 **수요의 법칙**(law of demand), 즉 수요량은 가격의 역함수관계에 있다는 법칙은 바로 이러한 가정(경제적 단기)하에 성립되는 논리적 관계라 할 수 있다.

물론 현실적으로는 많은 변수들이 동시에 변화한다. 따라서 가상적 상황을 바탕으로 정립된, 예컨대 수요곡선을 이용하여 소비자의 행태나 정책을 분석할 경우에는 보다 현실적인 상황(어느 것이 고정되고 어느 것이 변화하였는지에 대한)에 대한 1차적인 판단을 먼저 내릴 필요가 있다. 여타 변수들의 영향을 고려하는 방안은 본절 후반에서 자세히 설명할 것인바, 우선은 가격 이외의 원인변수들은 일정하다는 가정하에 논의를 진행할 것이다. 이와 같은 식의 접근방법을 **부분균형분석**(partial equilibrium analysis)이라 한다. 미시경제이론의 상당 부분이 바로 이러한 방법론에 의해 전개되는데, 이러한 분석방법이 **마셜**(Alfred Marshall)에 의하여 정립되었다는 사실은 전술한 바 있다. 여하튼 여타 원인변수들은 변화하지 않을 만한 매우 짧은 기간을 상정하거나 또는 여타 변수들이 영향은 미치지만 그 정도가 미미한 정도라고 볼 수 있는 상황에서는 이러한 접근법을 활용하게 된다. 그러나 이러한 접근법을 도입하는 보다 중요한 이유는 가장 중요한 또는 주 관심의 대상이 되는 원인변수와 결과변수 간의 상호관계를 독립적으로 규명하기 위한 논리전개상의 편의 때문이라 할 수 있다.

(2) 수요표, 수요곡선, 수요의 법칙

〈표 6-1〉은 도넛에 대한 가상적인 가격과 어느 한 소비자(편의상 오양이라 칭하자)의 수요의사를 나타내는 수요량을 나타낸 것으로 **수요표**(demand schedule)라 한다.

오양은 몸매관리를 위해 통상적인 식사 대신에 양이 적은 소형 도넛으로 점심을 때운다고 하자. 도넛 한 개의 값이 2,500원이라면 두 개로 끼니를 때우겠지만, 가격이 낮아지면 여러 개를 사 먹을 의향이 생기게 된다. 예컨대, 가격이 500원까지 내려가면 8개 정도의 도넛을 사 먹을 의향이 있다고 볼 수 있다. 물론 이러한 논리는 여타 원인변수들의 영향력이 배제된 상태에서 성립될 수 있는 법칙성에 관한 것이다.

그리고 〈표 6-1〉과 [그림 6-2]는 오양 개인의 개별적 수요행태를 바탕으로 작성된 것이다. 이러한 도넛에 대한 수요내용은 개인에 따라 다소 상이할 수 있다. 그러나 어느 누구를 막론하고 한 개인의 수요곡선은 우하향한다는 것이 수요의 법칙이다.

물론 개인에 따라서 비록 소형이지만 점심 한 끼로 먹을 수 있는 도넛의 양도 다를 것이고, 주머니 사정도 다를 것이어서 수요곡선이 우하향하기는 하되 그 기울기는 서로 다를 수 있다. 이러한 다양한 개인별 수요를 모두 합하여 시장 전체의 수요표를 작성하고, 이에 근거하여 시장 전체의 수요곡선을 도출할 수도 있다. 이를 **시장수요곡선**(market demand curve)이라 불러 **개인의 개별수요곡선**(individual demand curve)과 구분하고 있다.

그런데 수요곡선은 개별 소비자별로 작성될 수도 있지만 일반적으로 시장가격 결정과정을 분석하기 위해서는 특정 재화에 대한 개별 소비자들의 수요량 모두를 합한 시장수요곡선을 고려하게 된다.

앞에 언급한 바 있듯이, 〈표 6-1〉과 같은 표를 수요표라 한다. 그리고 이러한 오양의 도넛 수요표를 그림의 형태로 표현한 것이 [그림 6-2]인데, 이러한 그림을 **수요곡선**(demand curve)이라 한다.

표 6-1 오양 개인의 수요표 (단위: 원, 개)

도넛 한 개의 가격	오양의 수요량
500	8
1,000	7
1,500	5
2,000	3
2,500	2

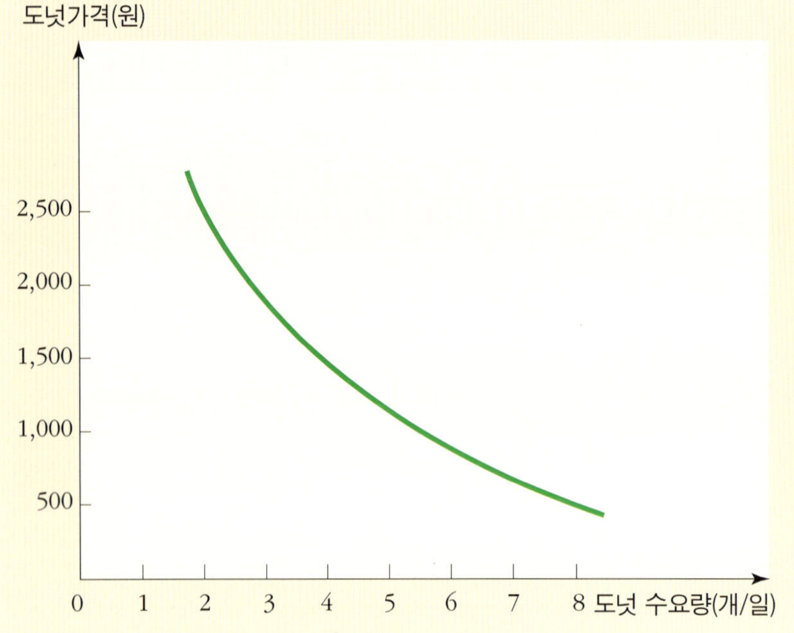

그림 6-2
오양의 개인수요곡선

이 수요곡선은 〈표 6-1〉에 제시된 오양의 수요표를 그래프로 나타낸 것이다.

도넛의 가격이 하락할수록 오양의 도넛에 대한 수요의사가 증가하는 수요의 법칙을 확인할 수 있다.

[그림 6-2]에서처럼 수요곡선은 오른쪽으로 가면서 아래로 내려가는, 즉 우하향(downward sloping)하는 모양을 갖는다. 가격이 떨어질수록 더 많은 양을 수요한다는 현상을 보여 주고 있는데, 이와 같이 수요량이 가격의 역함수관계에 있는 현상을 **수요의 법칙**이라 함은 전술한 바 있다.

[그림 6-3]에서 D_1부터 $D_{1,000}$은 오양의 수요곡선처럼 시장 내에 존재하는 1,000명의 수요자들의 개인적 수요곡선을 나타내기 위해 작성된 것이다. 이제 이러한 개별수요곡선들을 전부 횡으로 합한 것을 D_m이라 하면, 이것이 바로 시장 전체의 수요함수를 나타내는 시장수요곡선이 될 것이다.

그런데 독자들은 여기서 한 가지 의문을 제기할 수도 있다. 몸매관리를 하기 위해 식사량을 줄이려는 오양이 과연 도넛의 값이 싸다 하더라도 과연 8개 이상의 도넛(비록 소형이라 하지만)을 사 먹겠는가 하는 점이다. 그러나 오양이 도넛값이 매우 싸서 일단 여러 개를 샀다가 일부는 저녁이나 야간 간식으로 먹을 계획을 하였다면 전혀 비현실적인 상황설정이라 볼 수는 없을 것이다.

이러한 상황과 관련하여 우리가 기억해 두어야 할 점은 수요량이

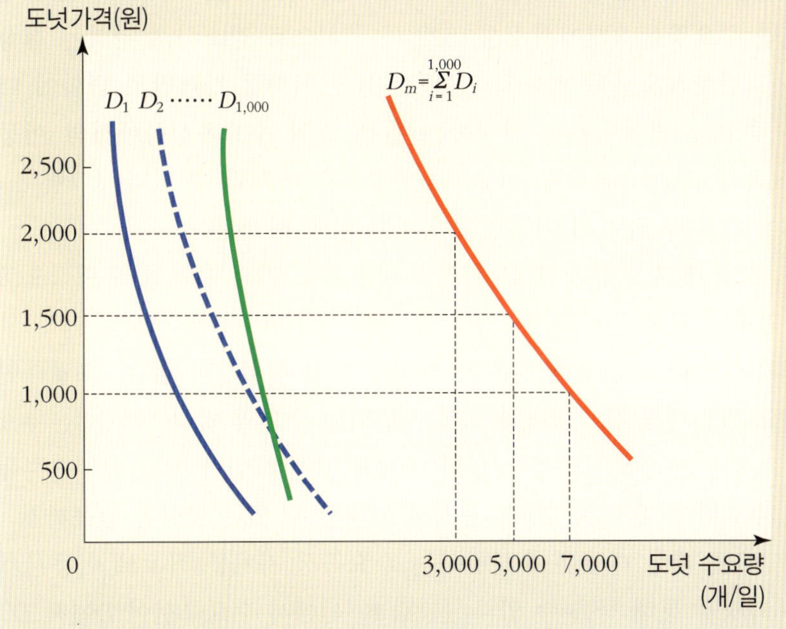

그림 6-3
개별수요와 시장수요
시장수요곡선은 개별수요곡선을 수평으로 더하여 도출된다. D_1은 수요자 1의 수요량을, D_2는 수요자 2의 수요량을, 그리고 $D_{1,000}$은 수요자 1,000의 수요량을 나타내며 시장수요량은 이들 1,000명의 수요량을 모두 합한 값, $D_m = \sum_{i=1}^{1,000} D_i$으로 정의된다.

개별수요곡선의 경우처럼 시장수요곡선에서도 수요의 법칙이 적용되고 있음을 확인할 수 있다.

란 일정 기간, 예컨대 하루(또는 한 달 등) 동안의 구입할 의사가 있는 양을 의미한다는 사실이다. 이처럼 경제학에서는 변수값을 정의함에 있어 일정 기간(period of time) 동안 발생하는 현상을 계측하여 집계하곤 하는데, 이러한 방식으로 정의된 변수를 **유량변수**(flow variable)라 한다. 본 예제에서처럼 일정 시간(예컨대, 하루)을 두고 발생한 수요량을 계측하는 경우가 이에 해당한다.

한편, 이와 관련하여 유의할 사항 중 하나는 수요량이란 일종의 유량변수(flow variable)라는 점이다. 여기서 유량변수란 일정 기간 동안 발생하는 현상을 계측하여 집계해야 하는 특성을 갖는 변수를 말한다. 반면 총자본량이나 총인구수처럼 어느 특정 시점에서 그 값의 크기를 계측하도록 정의된 변수를 저량변수(stock variable)라 한다.

반면, 2009년 1월 1일 현재 우리나라의 총자본량(capital stock)이나 총인구와 같이 특정 시점(point of time)에서 어느 한 변수값을 계측함으로써 정의되는 변수를 **저량변수**(stock variable)라 한다. 경제분석에 있어 분석대상 변수가 유량변수인지 아니면 저량변수인지를 파악하는 일은 매우 중요하다는 사실을 먼저 상기시켜 두고 싶다.

(3) 수요곡선상의 이동과 수요곡선 자체의 이동: 핵심 원인변수(가격)와 여타 원인변수의 영향비교

이상에서 살펴본 수요곡선은 여타 원인변수들 값은 일정하고 핵심 원인변수인 가격만이 변화할 경우 수요량에 미치는 영향을 나타낸 것이다. 따라서 여타 조건이 일정할 경우(*ceteris paribus*), 만일 소여하튼 수요함수와 관련한 분석은 두 가지로 구분될 수 있다. 그 하나는 수요곡선상의 이동현상(moving along the demand curve)에 관한 분석이고, 다른 하나는 수요곡선 자체가 이동하는 현상(shift of the demand curve)에 관한 분석이다. 수요곡선상의 이동현상에 관한 분석이란, 가격 이외에 수요량에 영향을 미치는 여타 요인변수들은 모두 일정하고 오직 해당 재화가격만이 변화할 때 수요량에 미치는 영향을 분석하는 것을 이른다. 반면, 후자의 경우는 보다 실질적인 상황에서처럼 여타 핵심 요인변수들이 변화할 경우의 효과를 일단 수요곡선 자체의 이동으로 파악하되 수요곡선의 이동방향 및 이동폭에 관해 분석하는 경우에 해당된다. 결국 전자는 가격이 수요량에 미치는 효과를, 그리고 후자는 여타 요인변수가 수요(곡선 자체의 이동)에 미치는 효과를 분석하는 것이라 할 수 있다.

형 도넛 한 개 값이 500원에서 1,000원, 1,500원, ……으로 인상된다면 수요량은 8개에서 7개, 5개, ……식으로 감소하게 된다는 현상을 그림형식으로 표현하고 있는 것이다. 이처럼 가격만의 변화에 따른 수요량 변화내용을 파악하는 일은 동일 **수요곡선상에서의 이동**(moving along the demand curve)현상으로 이해할 수 있다. [그림 6-4]에서 E_0와 E_1 간의 이동현상이 바로 이에 해당된다.

그런데 수요량과 핵심 원인변수인 가격 간의 관계를 독립적으로 파악하기 위해 논리전개의 편의상 여타 원인변수값은 변하지 않고 고정되어 있다고 설정한 당초의 가정은 사실 현실성이 없다. 그렇다면 수요량과 가격 간에 독립적으로 성립되는 수요의 법칙(우하향하는 수요곡선)이란 논리에는 하등 영향을 미치지 않게 하면서 여타 원인변수들이 수요량에 미치는 영향을 동시에 고려할 수 있는 방안은 없을까?

이에 대한 대답은 우하향하는 수요곡선 자체를 좌우로 이동시키는 과정을 통해 찾을 수 있다. [그림 6-4]에서 수요곡선이 D에서 D'으로 이동하는 과정이 바로 이에 해당된다.

이러한 현상을 **수요곡선의 이동**(shift of the demand curve)이라 정의하여 수요곡선상의 이동과 구분하고 있다. 이는 예컨대 오양이

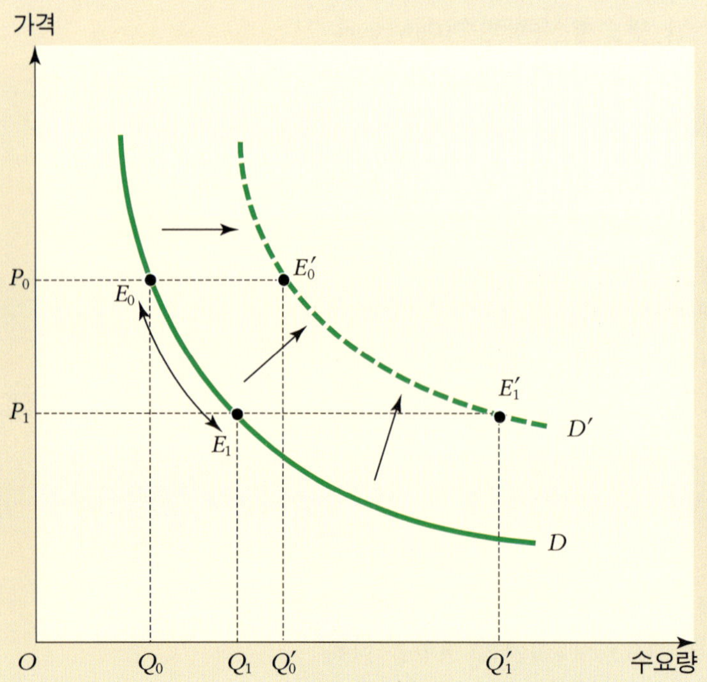

그림 6-4 수요곡선상의 이동과 수요곡선 자체의 이동

수요량에 영향을 미치는 가격 이외의 모든 요인은 일정하고 오직 가격만이 변화할 때 수요량에 미치는 영향을 수요곡선 형태로 나타낸다. 따라서 이때 가격변화의 영향은 수요곡선상의 이동으로 파악할 수 있다.

반면에 가격을 제외한 여타 요인의 변화는 수요곡선 자체의 이동을 가져오는 것으로 이해할 수 있다.

예컨대, 수요곡선 D선상에서 가격이 하락할 때 수요량은 증가하게 되는데(예컨대, E_0에서 E_1으로), 이는 가격변화에 따른 수요곡선상의 이동현상에 해당되는 반면, 가격 이외의 요인인 소득이 증가할 경우에는 주어진 가격수준(예컨대, P_0)에서 소비자들이 사고자 하는 재화의 양이 증가(예컨대, Q_0에서 Q_0'으로)할 것이므로 수요곡선 자체가 D에서 D'으로 이동하는 결과를 초래한다.

금년에는 장학금을 받게 되어 전보다 형편이 좋아질 경우 전과 같은 가격대에서 전보다 더 많은 도넛을 수요할 수 있다면, 이러한 현상은 수요곡선 자체의 이동으로 설명될 수 있는 것이다. [그림 6-4]에서 장학금 수입발생 전에는 가격 P_0와 P_1에서 Q_0와 Q_1을 수요하였지만, 이제는 같은 가격에서 Q_0'과 Q_1'만큼 구매할 여유와 의사가 있게 된 것이다. 물론 소득이 늘었다고 도넛에 대한 수요량이 무작정 늘 수는 없다. 그러나 전보다는 여유 있을 만큼 사 먹거나 또는 사서 남에게 선사할 여유는 생길 것이다.

한편, 웰빙바람으로 도넛처럼 기름에 튀긴 음식에 대한 소비자 선호도가 떨어질 수도 있다. 또 도넛을 먹을 때 함께 마실 음료수(커피나 각종 스포츠음료)의 값이 많이 오를 경우, 도넛을 점심 한 끼로 때우는 방식의 식사비가 증가하게 되어 결국 도넛 자체의 소비욕구가 떨어질 수도 있다. 이와 같은 경우에는 수요곡선이 오히려 왼쪽으로 이동하는 현상이 발생하게 된다.

그런데 수요곡선상의 이동시 가격변화에 따라 단지 수요량이 변화하는 경우와는 달리 수요곡선 자체의 이동시에는 총체적 수요의사, 즉 수요 자체가 변화하게 된다. 이런 측면에서 볼 때, 수요곡선상의 이동 현상은 수요량의 변화라는 개념으로, 그리고 수요곡선 자체의 이동현상은 수요 자체의 변화라는 개념으로 구분하여 정의하기도 한다.

여하튼 이상에서와 같이 가격 이외에 수요량에 영향을 줄 수 있는 변수들의 영향은 수요곡선 자체의 이동현상으로 분석이 가능함을 확인할 수 있었다. 바로 이러한 분석이 사후적으로 가능하기 때문에 여타 원인변수가 일정하다는 다소 비현실적인 가정하에 핵심 원인변수와의 관계에 관한 수요의 법칙을 독립적으로 먼저 도출하였던 것이고, 그러한 논리적 결론을 도출하고 활용하는 일은 아무런 하자가 없는 것이라 볼 수 있다.

한편, 소득이 증가할 경우 일반적으로는 대부분의 재화에 대한 수요는 증가할 것이다. 이러한 재화를 **정상재**(normal goods)라 한다. 그러나 소득이 증가할 때 오히려 수요가 감소될 수도 있는데 이러한 재화를 **열등재**(inferior goods)라 부른다.

후자에 속하는 사항 중 소득의 증대가 수요에 미치는 효과에 관한 분석 내용을 보면 일반적으로 소득증가는 수요증가를 초래하는 것으로 알려져 있다. 그러나 이와는 반대로 소득증가가 오히려 수요감소로 이어지는 경우도 있다. 전자의 경우에 해당되는 재화를 정상재(normal goods), 그리고 후자의 경우에 해당되는 재화를 열등재(inferior goods)라 한다.

예컨대, 재정적으로 매우 어려울 때에는 1회용 컵라면으로 끼니를 때우는 경우가 허다할 것이지만, 점차 형편이 나아질수록 컵라면 대신 정상적인 음식으로 식사를 하게 된다면 이는 소득증대가 수요

감소로 나타나는 열등재의 좋은 예가 될 것이다.

02 공 급

공급(supply)이란 판매자가 대가를 받고 판매할 의사를 말하며, 일정한 값으로 팔 의사가 있는 재화의 양을 공급량(quantity supplied)이라 한다. 한편, 가격과 가격변화에 대응하는 공급량과의 관계를 정리·요약한 것을 공급표(supply schedule), 그리고 이를 그림으로 표현한 것을 공급곡선(supply curve)이라 한다. 일반적으로 공급곡선은 우상향(upward sloping)하는데, 이처럼 가격과 공급량이 양(+)의 관계를 갖는 것을 공급의 법칙(law of supply)이라 한다.

이번에는 시장의 또 다른 측면에서 의사결정이 이루어지는 과정, 즉 시장에서의 판매자 행태에 대하여 살펴보기로 한다. **공급**(supply)이란 판매자가 대가를 받고 판매할 의사를 말하며, 일정한 값을 받고 팔 의사가 있는 재화의 양을 **공급량**(quantity supplied)이라 한다. 그리고 가격과 가격변화에 따라 판매자가 판매할 의사가 있는 공급량 간의 관계를 나타낸 것을 **공급표**(supply schedule)라 하며, 이를 그림 형식으로 표현한 것을 **공급곡선**(supply curve)이라 한다. 일반적으로 가격을 수직축으로 하고 공급량을 수평축으로 설정한 평면상에서 공급곡선은 [그림 6-5]에서처럼 우상향(右上向)하게 된다. 즉, 가격이 상승함에 따라 오른쪽으로 향하면서 증가하는 형태를 취하게 되며, 공급곡선이 플러스 기울기를 갖게 되는데, 이를 **공급의 법칙**(law of supply)이라 한다. 가격이 오르면 공급량을 증가시키고 가격이 내리면 공급량을 감소시키는 현상을 일컫는 것이다.

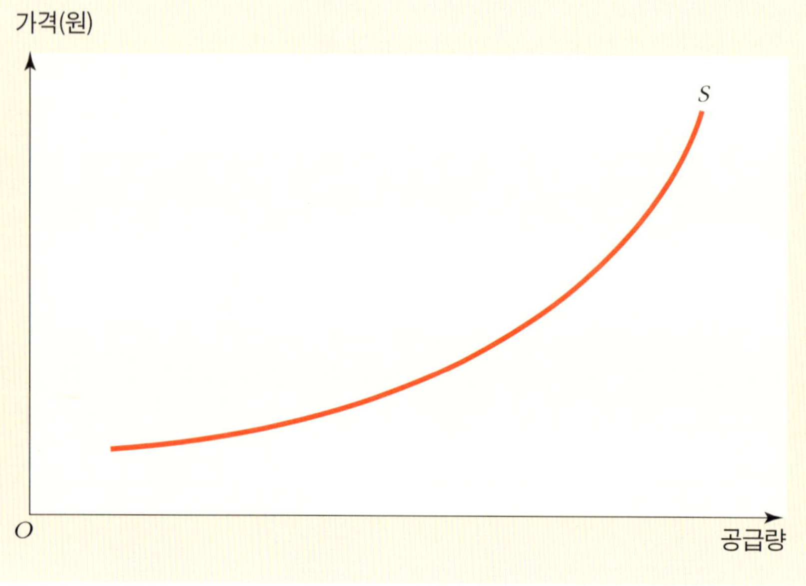

그림 6-5 공급곡선
공급곡선(S)은 가격이 변화함에 따라 재화의 공급량이 어떻게 변하는지를 보여 준다.

다른 조건이 불변일 때, 재화의 가격이 상승하면 공급량이 증가하기 때문에 공급곡선은 우상향하는 형태를 가지게 되는데, 이를 공급의 법칙이라 한다.

(1) 공급함수

그런데 이상과 같은 판매자의 공급행위는 판매할 재화의 가격 이외에도 생산비용, 즉 상품생산에 투입된 생산요소의 가격(예컨대, 임금 · 지대 · 이자 등)과 생산기술의 수준 등에도 의존한다. 이처럼 공급량과 공급량에 영향을 미치는 요인들 간의 관계를 함수형태로 표현한 것을 **공급함수**(supply function)라 한다.

반면에 공급량과 공급량에 영향을 미치는 핵심 요인변수(예컨대, 가격 · 임금 · 지대 · 이자 · 기술수준 · 조세 · 정부보조금 등) 간의 관계를 함수형태로 표현한 것을 공급함수(supply function)라 한다. 일반적으로 가격과 기술진보 그리고 정부보조금변수와는 양(+)의 관계를 가지나 나머지 변수(임금 · 지대 · 이자 · 조세)와는 음(−)의 관계를 갖는다.

6-2

$$Q^S = f(\overset{(+)}{P}, \overset{(-)}{W}, \overset{(-)}{Rent}, \overset{(-)}{R}, \overset{(+)}{Tech}, \overset{(-)}{Tax}, \overset{(+)}{Subsidy})$$

여기서, Q^S: 공급량
P: 해당 재화의 가격
W: 임금
$Rent$: 지대
R: 이자
$Tech$: 기술수준
Tax: 조세
$Subsidy$: 정부보조금

일반적으로 한 재화에 대한 공급은 생산에 투입된 생산요소 사용에 대한 대가인 임금 · 지대 · 이자 등이 비싸지거나 세금이 오를 경우에 감소하는 반면, 생산비가 절감될 수 있는 기술발전이 이루어지거나 정부보조금이 증가될 경우에는 공급이 증가한다. 그리고 이처럼 공급량과 공급량에 영향을 미치는 주요 변수들 간의 관계를 함수형태로 표현한 식 (6-2)를 공급함수라 일컫는 것이다.

공급함수의 경우에도 논의의 편의상 해당 재화가격 이외에 공급에 영향을 미칠 수 있는 변수들(임금 · 지대 · 이자 · 기술수준 등)은 모두 그 값이 일정하게 고정되어 있고, 오직 해당 재화의 가격변화만이 공급량에 영향을 미치게 된다고 가정한 다음, 해당 재화의 가격변화가 해당 재화의 공급량에 미치는 영향을 분석한다. 이러한 가정하에서는 공급곡선이 우상향하게 되므로 공급량은 가격의 정함수관계에 있다는 논리적 관계가 도출될 수 있는 것이다.

물론 가격 이외의 모든 요인변수는 일정하고 가격만이 변화할 때 공급량에 미치는 영향을 우상향하는 공급곡선 형태로 표현하는 것이며, 이를 공급의 법칙이라 일컫는 것은 전술한 바와 같다.

(2) 공급표, 공급곡선, 공급의 법칙

〈표 6-2〉는 도넛에 대한 가상적인 가격과 어느 한 판매자(편의상 웰빙도넛이라 칭하자)의 판매의사를 나타낸 것이다.

웰빙도넛사는 도넛의 개당 가격이 500원에서 1,000원, 1,500원, ……식으로 올라갈 경우, 하루에 200개, 300개, 500개, ……식으로 공급할 의사가 있다고 본 것이다. 물론 이와 같은 **공급표**는 가격 이외의 여타 원인변수들은 영향력이 배제된 상황하에서 성립될 수 있는 법칙성에 근거하여 작성된 것이다.

이제 이러한 웰빙도넛사의 공급표를 그림형태로 표현하면 [그림 6-6]과 같아지는데, 바로 이것이 도넛에 대한 **공급곡선**이 된다.

[그림 6-6]에서처럼 공급곡선은 오른쪽으로 가면서 위로 올라가는, 즉 **우상향**(upward sloping)하는 모양을 갖는다. 이것은 가격이 올라갈수록 더 많은 양을 공급한다는 현상을 보여 주고 있는데, 이와 같이 공급량이 가격의 정함수관계에 있는 현상을 **공급의 법칙**이라 한다. 물론 이상과 같은 논리는 여타 원인변수들의 영향력이 배제된 상태에서 성립될 수 있는 법칙성에 관한 것이다.

공급의 경우도 개별 기업들의 공급을 모두 합한 시장공급곡선을 도출함으로써 시장가격 결정에 관한 분석에 활용하게 된다.

그리고 〈표 6-2〉와 [그림 6-6]은 웰빙도넛이라는 단일기업의 개별적 공급행태를 바탕으로 가상적으로 작성된 것이다. 물론 공급의 경우도 판매자에 따라 다소 공급내용이 상이할 수 있다. 그러나 어느 판매자든 개별 판매자의 공급곡선은 우상향한다는 것이 공급의 법칙이다. 각 판매자마다 도넛을 생산하는 데 드는 비용도 상이하고 생산하는 기술도 차이가 있을 것이어서 이들 개별공급곡선의 기울기는 서로 다를 수 있으나 우상향한다는 특징을 공유하게 된다.

이러한 다양한 개별 판매자들의 공급량을 모두 합하여 시장 전체의 공급표를 작성하고, 이에 근거하여 시장 전체의 공급곡선을 도출

표 6-2 웰빙도넛의 공급표 (단위: 원, 100개/일)

도넛 한 개의 가격	웰빙도넛사의 공급량
500	2
1,000	3
1,500	5
2,000	7
2,500	8

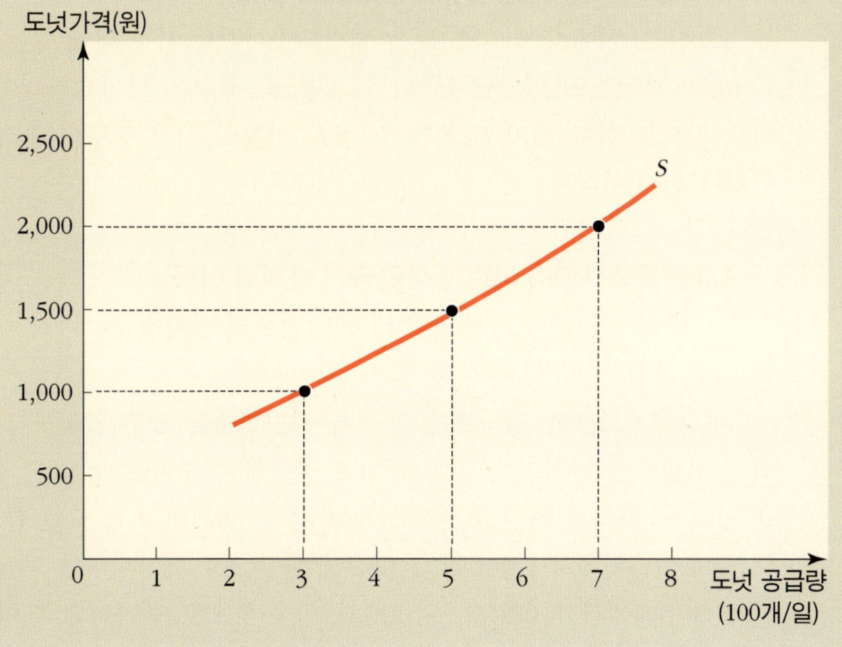

그림 6-6
웰빙도넛의 개별 공급곡선

이 공급곡선은 〈표 6-2〉의 공급표를 그래프로 나타낸 것으로, 도넛의 가격이 변화함에 따라 도넛의 공급량이 어떻게 변하는지 보여 준다.

가격이 상승함에 따라 공급량이 증가하여 공급곡선이 우상향하는 공급의 법칙을 잘 보여 주고 있다.

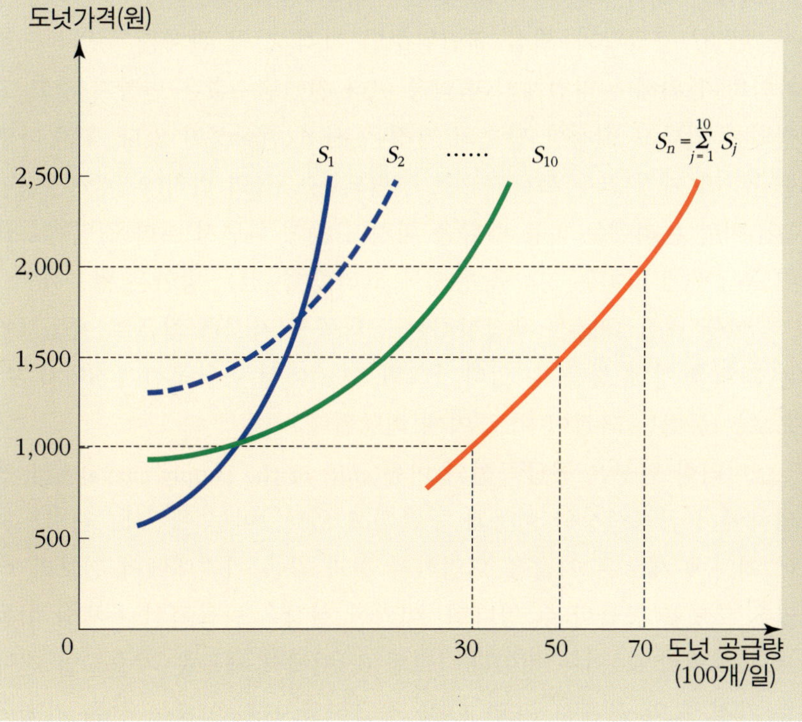

그림 6-7
개별공급과 시장공급

시장공급곡선은 개별공급곡선을 수평으로 더하여 도출된다. S_1은 공급자 1의 공급량을, S_2는 공급자 2의 공급량을, 그리고 S_{10}은 공급자 10의 공급량을 나타내며, 이들 10명의 도넛공급자 공급량의 합은 $S_n = \sum_{j=1}^{10} S_j$ 으로 정의되는 시장공급곡선을 구성하게 된다.

개별공급곡선의 경우에서처럼 시장공급곡선에서도 공급의 법칙이 적용되고 있음을 확인할 수 있다.

할 수도 있다. 이를 **시장공급곡선**(market supply curve)이라 부른다.

[그림 6-7]에서 S_1부터 S_{10}은 웰빙도넛사처럼 시장 내에 있는 모든(10개라 가정) 도넛 공급자들의 개별공급곡선들을 나타낸다. 이를 전부 횡으로 합한 것이 S_m이라면, 바로 이것이 시장 전체의 공급곡선이 되는 것이다.

(3) 공급곡선상의 이동과 공급곡선 자체의 이동: 핵심 원인변수(가격)와 여타 원인변수의 영향비교

공급행위에 관한 분석 또한 공급곡선상의 이동(moving along the supply curve)현상에 관한 분석과 공급곡선 자체의 이동(shift of the supply curve)현상에 관한 분석으로 구분될 수 있다. 전자는 해당 재화의 가격만이 변화하였을 때 공급량에 미치는 효과를 분석하는 것인 반면, 후자는 가격 이외 요인변수들의 변화가 공급곡선의 이동방향이나 이동폭에 미치는 효과를 분석하는 것이라 할 수 있다.

이상에서 살펴본 공급곡선은 여타 원인변수들 값은 일정하고 핵심 원인변수인 가격만이 변화할 경우 공급량에 미치는 영향을 나타낸 것이다. 따라서 여타 조건이 일정할 경우, 예컨대 소형 도넛 한 개의 값이 500원에서 1,000원, 1,500원, ……으로 인상된다면 공급량은 2,000개에서 3,000개, 5,000개, ……식으로 증가하게 된다는 현상을 그림형식으로 표현하고 있는 것이다. 이처럼 가격만의 변화에 따른 공급량 변화내용을 파악하는 일은 동일 **공급곡선상에서의 이동**(moving along the supply curve)현상으로 이해할 수 있다. [그림 6-8]에서 E_0와 E_1 간의 이동현상이 바로 이에 해당된다.

한편, 공급량과 핵심 원인변수인 가격 간의 관계를 독립적으로 파악하기 위해 논리전개의 편의상 여타 원인변수값은 변하지 않고 고정되어 있다고 설정한 당초의 가정은 사실 현실성이 없다. 그렇다면 공급량과 가격 간에 독립적으로 성립되는 공급의 법칙(우상향하는 공급곡선)이란 논리에는 하등 영향을 미치지 않게 하면서 여타 원인변수들이 공급량에 미치는 영향을 동시에 고려할 수 있는 방안은 없을까?

이에 대한 대답은 우상향하는 공급곡선 자체를 좌우로 이동시키는 과정을 통해 찾을 수 있다. [그림 6-8]에서 공급곡선이 S에서 S'으로 이동하는 과정이 바로 이에 해당된다.

이러한 현상은 **공급곡선의 이동**(shift of the supply curve)이라 정의하여 공급곡선상의 이동과 구분하고 있다. 이는 예컨대, 웰빙도넛이 최근에 새로운 기술을 도입하여 전과 같은 가격대에서 전보다 더 많은 도넛을 공급할 수 있다면, 이러한 현상은 공급곡선 자체의 이동으로 설명될 수 있는 것이다. [그림 6-8]에서 새로운 기술도입 전에는 가격 P_0와 P_1에서 Q_0와 Q_1을 공급하였지만, 이제는 같은 가격에

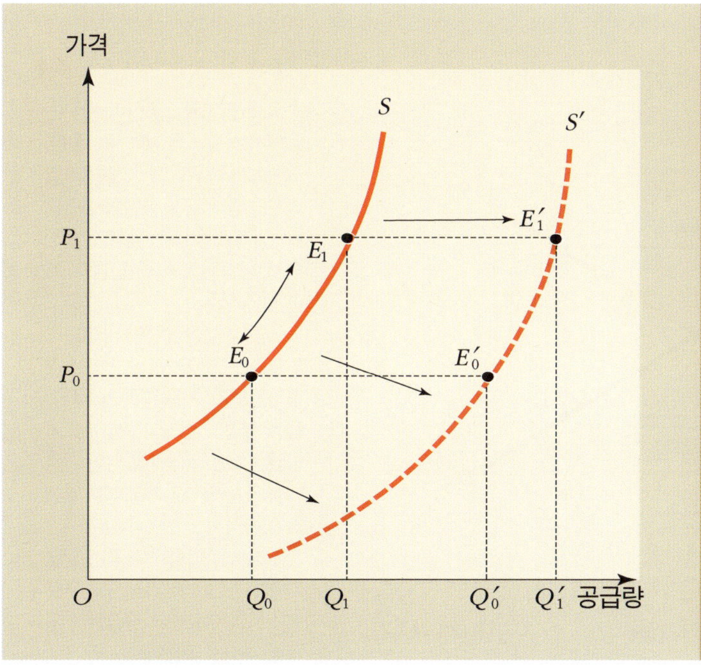

그림 6-8 공급곡선상의 이동과 공급곡선 자체의 이동

시장공급량에 영향을 미치는 제반 요인 중 여타 요인은 일정하고 오직 가격만이 변화할 때 공급량에 미치는 영향을 공급곡선의 형태로 나타낸다. 따라서 이때 가격의 변화는 공급곡선상의 이동현상으로 파악할 수 있다.

반면, 가격을 제외한 여타 요인의 변화는 공급곡선 자체의 이동을 가져오는 것으로 이해할 수 있다.

따라서 공급곡선 S선상에서 가격이 상승할 때 공급량은 증가하게 되는데(예컨대, E_0에서 E_1으로), 이는 가격변화에 따른 공급곡선상의 이동현상에 해당된다.

반면, 주어진 가격에서 다른 요인들의 변화는 공급곡선 자체를 이동시킨다. 예컨대, 새로운 기술도입으로 주어진 가격에서 공급자들이 공급하고자 하는 재화의 양을 증가시키고자 하는 경우 공급곡선 자체가 S에서 S'으로 이동하게 된다.

서 Q_0'과 Q_1'만큼 판매할 여유와 의사가 있게 된 것이다.

한편, 노조파업으로 인해 노동투입량의 결손이 발생하거나 점포 임대료 또는 대출이자가 오를 경우 도넛의 공급여력이나 공급의사는 떨어질 수 있다. 이와 같은 경우에는 공급곡선이 오히려 왼쪽으로 이동하게 되는 현상으로 나타날 것이다.

그런데 공급곡선상의 이동시 가격변화에 따라 단지 공급량이 변화하는 경우와는 달리 공급곡선 자체의 이동시에는 총체적 공급의사, 즉 공급 자체가 변화하게 된다. 이런 측면에서 볼 때 공급곡선상의 이동은 **공급량의 변화**라는 개념으로, 그리고 공급곡선 자체의 이동현상은 **공급 자체의 변화**라는 개념으로 구분하여 정의하기도 한다.

03 균형과 시장가격

(1) 시장의 균형: 균형가격과 거래량

개별수요곡선과 개별공급곡선을 횡으로 합하여 도출한 시장수요곡선(D_m)과 시장공급곡선(S_m)을 함께 그린 것이 [그림 6-9]이다.

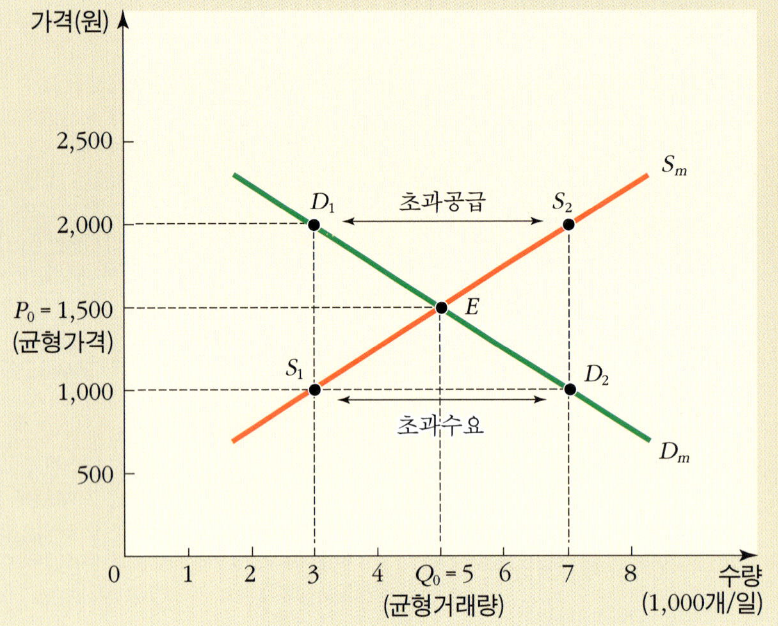

그림 6-9 시장균형가격과 거래량

수요곡선과 공급곡선이 만나는 점에서 시장의 균형이 형성된다. 그림에서 수요량과 공급량이 같아지는 점 E에서 균형이 성립되며, 이에 대응하는 균형가격(P_0)에서 균형거래량(Q_0)만큼이 거래된다.

만약 시장가격이 균형가격보다 낮은 1,000원 수준이나 균형가격보다 높은 수준인 2,000원에 설정되면 초과수요나 초과공급현상이 발생하게 되어 가격인상 또는 가격인하 압력이 발생하게 된다.

이러한 압력은 가격이 균형가격수준인 1,500원 수준으로 회귀하여 수요량과 공급량이 일치할 때까지 작용하게 된다.

일단 시장수요곡선과 시장공급곡선이 작성되면 두 곡선이 교차하는 점에서 시장의 균형(equilibrium)이 이루어지며 균형점에 대응하는 가격과 거래량이 결정되는데, 이를 균형가격(equilibrium price)과 균형거래량(equilibrium quantity)이라 한다.

[그림 6-9]에서 시장수요와 시장공급은 점 E에서 만나고 있다. 이처럼 시장의 수요량과 공급량이 일치된 상태를 **시장**(의)**균형**(market equilibrium)이라 한다. 그리고 두 곡선이 만나는 점(E)에서의 가격을 **균형가격**(equilibrium price), 그리고 거래량을 **균형거래량**(equilibrium quantity)이라 한다. P_0와 Q_0가 이에 해당한다. 앞서 예제에서 도출한 바 있는 도넛시장의 시장수요표와 시장공급표에 나타난 자료를 중심으로 살펴보면, 균형가격은 개당 1,500원이 되고, 균형거래량은 5,000개/일이 될 것이다.

시장에서 수요자와 공급자의 이해는 상반되게 나타나며, 쌍방의 힘이 일치하여 평형을 이루는 상태가 균형이라 할 수 있다.

모든 시장에는 수요자와 공급자가 존재한다. 그리고 이들의 합리적 선택행위는 서로 상반된 이해의 표출로 나타난다. 즉, 소비자는 가능한 한 싸게 구매하고자 노력하는 반면, 공급자는 가능한 한 높은 가격에 판매하고자 노력하게 된다. 이와 같이 상반된 힘이 마치 줄다리기를 하듯 작용하는 과정에서 두 힘의 크기가 일치하며 평형을 이루는 상태가 바로 균형인 것이다. 그리고 이와 같은 균형상태에서 바로 수요자가 구매하고자 하는 가격과 공급자가 판매하고자 하는 가격뿐만 아니라, 균형가격에서 구매 또는 판매를 희망하는 양도 같아지게 된다. 그리고 여타 교란요인이 발생하지 않는 한 이러한 균형상태는 유지될 것이다.

(2) 균형의 이탈과 회귀본능

그렇다면 [그림 6-9]에서처럼 가격이 균형가격(1,500원)보다 높은 2,000원이 되거나 균형가격보다 낮은 1,000원 수준에서 거래가 시작된다면 어떤 일이 벌어질까? 우선 가격이 개당 2,000원일 경우에는 시장 전체에서 총 7,000개가 공급될 것이지만, 수요량은 총 3,000개에 머무르게 되어 D_1S_2만큼, 즉 약 4,000개 정도가 팔리지 않고 재고로 남게 된다. 이를 **초과공급**(excess supply)이라 한다. 도넛이란 신선도가 떨어지면 상품가치가 떨어지므로 공급자는 가격을 낮추어 가면서 재고를 처리하고자 할 것이다. 이러한 노력은 가격이 1,500원대가 되어 수요와 공급을 희망하는 양이 일치할 때 비로소 안정을 찾게 된다.

그런데 어떤 이유로 해서 시장가격이 균형가격수준보다 높거나 낮게 형성되면 이는 초과공급(supply surplus)이나 초과수요(demand surplus)를 유발하며 동시에 가격하락이나 상승을 초래하게 되는데, 이러한 가격하락이나 상승의 압력은 수요량과 공급량이 같아지는 시장균형이 이루어질 때까지 지속될 것이다. 이를 수요 · 공급의 법칙(law of demand and supply)이라 한다.

반면, 가격이 개당 1,000원에서 거래가 시작될 경우에는 시장에는 총 7,000개의 수요량이 발생할 것이지만, 공급량은 3,000개에 머물 것이다. 수요량이 공급량보다 S_1D_2만큼, 즉 4,000개만큼 크게 된다. 이를 **초과수요**(excess demand)라 한다. 이럴 경우 도넛을 구입하지 못한 수요자들은 웃돈을 지불하고라도 도넛을 구매하려 노력할 것이고, 이러한 움직임은 결국 시장거래가격을 올리게 되는데, 가격이 1,500원선이 될 때까지 지속되다가 안정을 찾게 될 것이다.

이상에서 살펴본 바와 같이, 어떤 이유에서든 이 균형점을 이탈하게 되면 초과공급 또는 초과수요가 발생하여 가격을 하락 또는 상승시키게 되는데, 이러한 변화압력은 결국 점 E 방향으로 진행되다가 균형점 E에서 더 이상 초과공급이나 초과수요가 발생하지 않게 되면서 평형을 찾고, 시장은 안정된다. 이처럼 어느 재화의 가격이 그 재화에 대한 수요량과 공급량이 같아지도록 조정되는 현상을 **수요 · 공급의 법칙**(law of demand and supply)이라 한다.

(3) 수요 및 공급의 변화와 새로운 균형

앞서 살펴본 시장의 균형에 관한 논의는 수요 · 공급을 막론하고 가격 이외의 원인변수들 값이 일정하다(*ceteris paribus*)는 가정하에 이번에는 가격 이외에 수요와 공급에 영향을 미치는 요인변수들이 변화할 경우 시장균형가격에는 어떤 결과가 초래되는지 살펴보기로 한다. 요인변수의 영향은 수요곡선의 이동만을 유발하거나 공급곡선의 이동만을 유발하는 경우, 또는 두 곡선 모두의 이동을 초래하는 경우가 있을 수 있다. 어느 곡선이 어느 방향으로 얼마만큼 이동하는가에 따라 초과수요나 초과공급이 발생하게 되며 그 결과 가격상승이나 하락이 초래되는데, 이러한 가격변화 압력은 결국 수요량과 공급량이 일치하는 새로운 균형점에 이르러 소멸된다. 새 균형점에서의 균형가격과 거래량은 상황에 따라 다양하되 그 결과는 어느 곡선이 어느 방향으로 얼마나 큰 폭으로 이동하는가에 주로 따르게 된다([그림 6-10] 참조).

전개된 것이다. 그러나 수요나 공급에 영향을 미칠 수 있는 변수들 또한 모두 변화할 수 있다고 보는 것이 현실적일 것이다. 따라서 수요 · 공급의 법칙이 설득력 있는 논리로서 자리잡기 위해서는 모든 변수들이 함께 변할 수 있는 상황에서 이 법칙이 어떻게 활용될 수 있는지를 밝힐 필요가 있다.

새로운 균형이 형성되는 경로는 세 가지이다. 첫째는 수요곡선 자체를 이동시키는 변화가 발생하는 경우, 둘째는 공급곡선 자체를 이동시키는 변화가 유발된 경우, 그리고 셋째는 수요와 공급곡선을 동시에 이동시키는 변화요인이 발생한 경우이다.

[그림 6-10]의 (A)는 수요에 영향을 미치는 여타 원인변수, 예컨대 소비자의 소득수준, 관련재화의 가격, 또는 소비자의 취향 등이 변화하여 수요곡선을 오른쪽으로 이동시킨 경우이다. 도넛 제조업자들이 맛은 그대로 유지하되 전과 같은 비용으로 기름기가 훨씬 적도록 만든 도넛을 공급함으로써 건강식을 선호하는 수요자들의 수요를 증가시키게 되는 경우, 또는 일상에 바쁜 샐러리맨들이 출근에 앞서 어학공부나 아침운동에 더욱 많은 시간을 할애하면서 아침은 도넛과 같은 간편한 패스트푸드로 대체하는 경향이 강해진 경우 등이 이에 해당하는 좋은 예라 하겠다.

이러한 상황변화의 경우에는 수요곡선이 D에서 D'으로 이동하고, 시장은 점 E'에서 새로운 균형을 이루게 된다. 그리고 새로운 균형하에서는 균형가격이 상승(예컨대, 1,500원에서 2,000원으로)하고, 거래량도 증가(예컨대, 5,000개에서 7,000개로)하게 될 것이다.

반면, [그림 6-10]의 (B)는 공급에 영향을 미치는 여타 원인변수, 예컨대 각종 생산요소비용(임금 · 지대 · 이자 등)이나 기술수준, 그리고 조세나 정부보조금 등이 변화하여 공급곡선을 오른쪽으로 이동시킨 경우를 나타낸다.

만일 도넛 공급자들이 새로운 제조공정을 채택함으로써 전보다 생산원가를 낮출 수 있었다면, 이때 공급곡선은 S에서 S'으로 이동하는 결과를 초래할 것이다. 그리고 새로운 균형은 점 E'에서 이루어지며, 이때 균형가격은 하락(예컨대, 1,500원에서 1,000원으로)하고 균형거래량은 증가(예컨대, 5,000개에서 7,000개로)하게 될 것이다.

한편, 위에서 살펴본 요인들이 발생하여 수요와 공급을 변화시키고, 수요곡선과 공급곡선 자체를 동시에 이동시키는 경우를 생각할

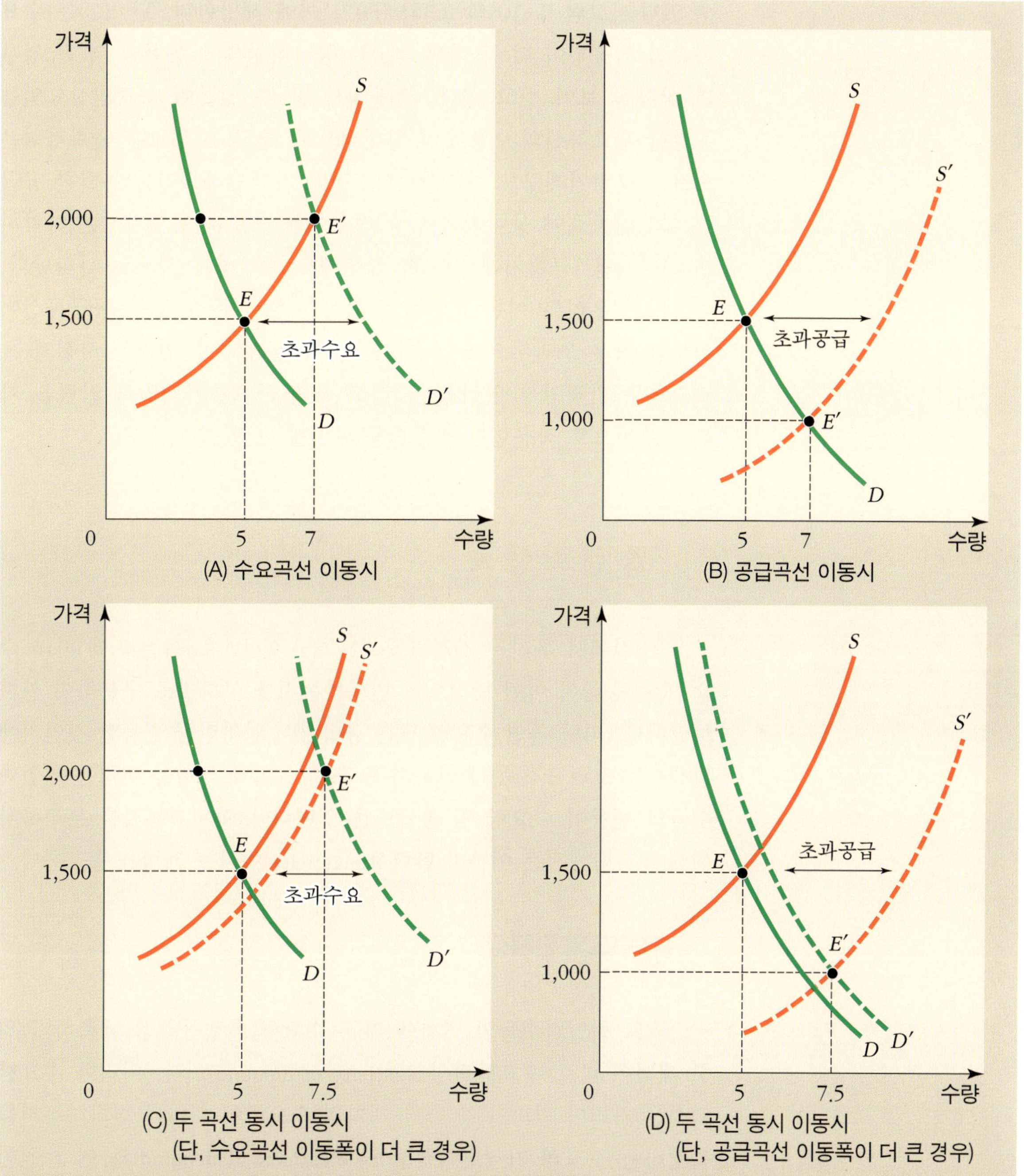

그림 6-10 수요와 공급의 변화와 새로운 균형

그림 (A)에서처럼 주어진 가격하에서 수요를 증가시키는 요인이 발생하면, 수요곡선은 오른쪽으로 이동하게 된다. 이에 따라 균형가격이 상승하고 균형거래량도 증가한다. 반면, 그림 (B)에서처럼 주어진 가격하에서 공급을 증가시키는 요인이 발생하면, 공급곡선은 오른쪽으로 이동하게 된다. 이에 따라 균형가격이 하락하나, 균형거래량은 증가하게 된다.

그림 (C), (D)에서처럼 주어진 가격하에서 재화의 수요 및 공급 모두에 영향을 미치는 요인이 발생하면, 수요곡선과 공급곡선 모두가 이동하게 된다. 이때 균형가격 및 거래량의 증감 여부는 수요곡선과 공급곡선의 이동폭에 따라 달라진다.

수 있다. [그림 6-10]의 (C)와 (D)가 이에 해당한다. 단, (C)는 수요곡선의 이동폭이 더 큰 반면, (D)는 공급곡선의 이동폭이 더 큰 경우의 상황을 보여 주고 있다. 결과에서 알 수 있듯이 가격인상요인을 유발한 수요곡선의 이동폭이 상대적으로 클 경우 새로운 균형가격은 오르고 균형거래량도 증가한다. 그러나 가격인하요인을 유발한 공급곡선의 이동폭이 상대적으로 클 경우에는 새로운 균형가격은 하락하게 된다. 단, 균형거래량은 이 경우에도 증가하는 것으로 나타난다. 이상에서 우리는 어떤 요인에 의해서든 일단 수요 또는 공급곡선이 이동할 경우 초과수요 또는 초과공급이 발생할 수 있다는 사실과 초과수요는 가격인상 압력을, 그리고 초과공급은 가격인하 압력을 가하는 요인으로 작용한다는 사실을 확인할 수 있었다.

04 탄력성

한편, 가격(또는 여타 원인변수들)의 변동이 수요량이나 공급량에 미친 영향의 강도를 계측하기 위해 경제학에서는 이른바 탄력성(elasticity)이란 개념을 활용하고 있다.

제3절에서 우리는 가격변동(또는 여타 원인변수들의 변동)에 따라 수요 또는 공급이 어떤 방식으로 변화하는지를 상황별로 구분하여 살펴보았다. 그러나 과연 수요량 또는 공급량이 얼마만큼 변동할 것인지에 관해서는 고려하지 못하였다. 수요 또는 공급에 영향을 미치는 원인변수들의 변동이 수요량 및 공급량을 얼마나 변화시키는지를 분석하기 위해 경제학에서는 이른바 **탄력성**(elasticity)이라는 개념을 활용한다.

(1) 수요의 탄력성

수요탄력성에는 해당 재화가격에 대한 수요량 변화의 민감도를 계측하는 수요의 가격탄력성(price elasticity of demand)과 소득수준이나 관련재화가격이 수요량에 미치는 영향의 정도를 계측하는 수요의 소득탄력성(income elasticity of demand) 및 수요의 교차(가격)탄력성(cross-price elasticity of demand) 개념이 있다. 전자는 수요곡선상의 이동, 후자는 수요곡선 자체의 이동과 관련한 탄력성 개념이라 할 수 있다.

주요 원인변수들의 변화에 따른 수요량의 변동폭을 계측하기 위한 개념이 바로 **수요탄력성**(elasticity of demand)이다. 이러한 수요탄력성은 가격이 변화할 때 해당 재화의 수요량이 얼마나 변화하는지를 측정하는 **수요의 가격탄력성**(price elasticity of demand)과 여타 원인변수, 즉 소득수준이나 관련재화가격의 변화가 수요량에 미치는 변화정도를 측정하는 **수요의 소득탄력성**(income elasticity of demand) 및 **수요의 교차**(가격)**탄력성**(cross-price elasticity of demand)으로 구분되기도 한다. 이 세 가지 수요탄력성 개념 중 수요의 가격탄력성은 동일 **수요곡선상의 이동**(moving along the demand curve)으로 나타나는 수요량의 변화폭을 계측하기 위한 개념인 반면, 다른 두 탄력성은 **수요곡선 자체의 이동**(shift of the demand curve)현상으로 나타나는 수요량의 변화폭을 계측하기 위한 개념으로 이해할 수 있다.

1) 수요의 가격탄력성

수요의 가격탄력성은 수요량의 변화율을 가격변화율로 나눈 값이다.

수요의 가격탄력성은 수요량의 변화율을 가격변화율로 나눈 값이다.

6-3

$$\varepsilon_P = \text{수요의 가격탄력성} = \frac{\text{수요량의 변화율}}{\text{가격의 변화율}} = \frac{\Delta Q^D/Q^D}{\Delta P/P} = \frac{\Delta Q^D}{\Delta P}\cdot\frac{P}{Q^D}$$

여기서, P: 기준시점의 가격
Q^D: 기준시점의 수요량
ΔP: 가격변화폭
ΔQ^D: 수요변동폭

이제 [그림 6-11]에서 수요의 가격탄력성을 정의하면

$$\varepsilon_P = \frac{\Delta Q^D/Q^D}{\Delta P/P} = \frac{(Q_2^D - Q_1^D)/Q^D}{(P_2 - P_1)/P} = \frac{(Q_2^D - Q_1^D)/((Q_1^D + Q_2^D)/2)}{(P_2 - P_1)/((P_1 + P_2)/2)}$$

와 같아진다. 일반적으로 비교기준이 되는 P와 Q^D값은 P_1과 P_2 중, 그리고 Q_1^D과 Q_2^D 중 어느 것으로 하는가에 따라 탄력성의 값이 달라질 것이므로 형평을 맞추기 위해 중간점을 택하여 그 값을 대입한 식이다.

그러나 평균치로 기준을 삼는 것만으로는 문제의 소지가 완전히 사라지는 것은 아니다. [그림 6-11]에서처럼 가격이 P_1, P_2, P_3에서 P'_1, P'_2, P'_3으로 변동함에 따라 수요량도 Q_1^D, Q_2^D, Q_3^D에서 $Q_1^{D'}$, $Q_2^{D'}$, $Q_3^{D'}$으로 변동하였다 하자. 이때 수요곡선은 분석의 편의상 45°를 이루며 우하향하는 직선에 가깝도록 작성하여 가격의 변화폭과 수요량의 변화폭은 모두 같도록 하였다(즉, $\Delta P_1 = \Delta P_2 = \Delta P_3$, $\Delta Q_1^D = \Delta Q_2^D = \Delta Q_3^D$). 그럼에도 불구하고 수요곡선은 중심위치(점 E)보다 높은 지역(A와 A')에서는 가격(P_1과 P'_1)이 수요량(Q_1^D과 $Q_1^{D'}$)보다 상대적으로 큰 값을 가지므로 탄력성의 값이 1보다 커지게 된다. 반면 마찬가지 논리에 따르면 중심점 E보다 낮은 위치(C와 C')에서의 탄력성은 1보다 작게 되고, 점 E 근처(B와 B')에서의 탄력성은 1에 가까워질 것이다.

그런데 수요곡선이 직선에 가까울 경우 수요의 가격탄력성은 상대적으로 높은 가격대에서는 커지고, 상대적으로 낮은 가격대에서는 낮아지는 경향이 있다. 물론 이러한 왜곡현상은 수요곡선이 곡선형태를 취할 때 다소 완화될 수도 있다.

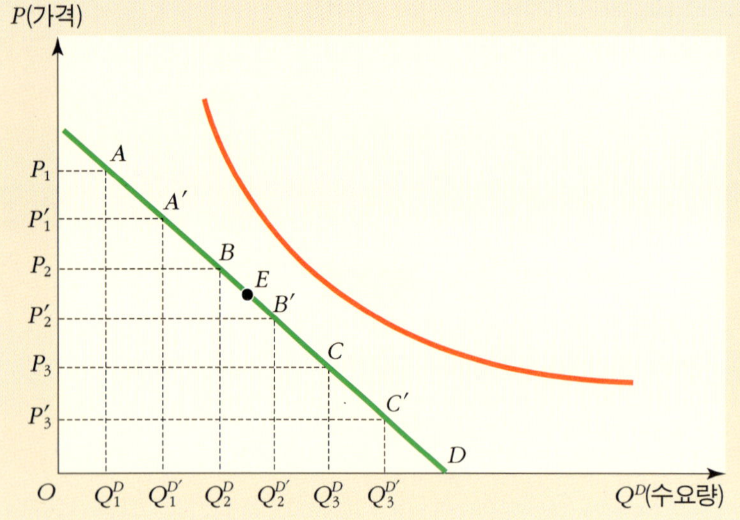

그림 6-11
수요곡선의 형태와 측정위치에 따른 탄력성 크기 변화
수요곡선이 *D*와 같이 직선형태로 나타나는 경우, 수요곡선상의 각 점에서 기울기는 일정하지만 탄력성 값은 다르게 나타난다.

두 변수의 변화율 간의 비율로 계측되는 탄력성은 가격이 상대적으로 낮고 수요가 큰 시점(*C* 또는 *C′*)에서는 비탄력적으로, 가격이 상대적으로 높고 수요량이 작은 시점(*A* 또는 *A′*)에서는 탄력적으로 나타난다.

한편, 수요곡선이 *D′*과 같이 비선형으로 나타나는 경우에는 측정위치에 따라 달라지는 탄력성 값의 왜곡현상이 완화된다.

이 시점에서 가격탄력성 측정문제와 관련하여 추가로 언급해야 할 사항이 하나 있다. 앞서 정의한 바 있는 탄력성 개념식 (6-3)은 엄밀하게 말해서 **호탄력성**(arc elasticity)에 해당되는 것이다. 가격변동과 수요량변동이 발생한 두 다른 관측점 값을 이용하여 정의되며 일반적으로 두 관측점 사이 구간이 일종의 '호'(arc) 모양을 하고 있기 때문이다. 단지 비교기준값을 어느 것으로 하는가에 따라 탄력성 값이 달라진다는 문제가 있어 비교대상 관측점 값들의 평균을 기준치로 삼았던 것이다.

그런데 [그림 6-11]에 나타난 직선형의 수요곡선(*D*)은 실제로는 매우 비현실적인 형태임에 틀림없다. 오히려 *D′*과 같은 비선형 수요곡선이 보다 현실적이라고 볼 수 있다. 따라서 위에서 전개한 측정위치에 따른 탄력성 값의 차이에 관한 논리는 다소 과장된 것이다. 수요곡선이 비선형이 되면 기울기가 상대적으로 가파른 상단부에서는 탄력성을 작게 하려는 힘이 작용하고, 기울기가 상대적으로 완만한 하단부에서는 탄력성을 크게 하려는 힘이 작용한다. 그리고 이러한 힘은 비교시점이 상단부일수록 탄력성이 커지고 하단부일수록 탄력성이 작아지는 경향을 완화 내지는 상쇄시키는 영향을 미친다. 따라서 수요곡선이 비선형일 때는 적어도 상대적으로는 측정위치에 따른 탄력성 측정치의 왜곡현상이 완화될 수 있다. 물론 두 방향으로의 영향력이 완전히 상쇄된다면 수요곡선(D')상의 모든 점에서 탄력성은 같아질 것이다. 그러나 이러한 경우란 특수한 경우이며, 수요곡선이 곡선이라도 여전히 탄력성은 측정위치에 따라 다소 달라질 수 있다. 그리고 이러한 문제점을 시정하기 위해 비교기준치를 P와 Q의 평균값으로 활용하는 방안은 여전히 유용한 방법이라 볼 수 있고, 따라서 가장 일반적으로 쓰이고 있다.

여하튼 [그림 6-12] (A)의 경우는 눈짐작으로 보아도 가격의 변동폭보다 수요량의 변동폭이 더 커서 탄력성 값이 1보다 큰 반면, 그림 (C)의 경우는 반대로 가격의 변동폭보다 수요량의 변동폭이 더 작아서 탄력성 값이 1보다 작은 상황을 나타내 주고 있다. 탄력성이 1보다 큰 (A) 경우를 **탄력적**, 그리고 1보다 작은 (C) 경우를 **비탄력적**이라 한다. 그리고 (B) 경우처럼 가격과 수요량의 변동폭이 정확히 일치하는(즉, $\varepsilon_P=1$) 경우를 **단위탄력적**이라 한다. 식 (6-3)과 같이 정의된 수요의 가격탄력성은 수요곡선이 우하향하고 있어 가격변화 방향과 수요량변화 방향이 반대로 나타날 것인바, 항상 마이너스 값을 갖게 된다. 그러나 탄력성이란 원인변수의 가격변화에 대하여 결과변수(수요)가 얼마나 민감하게 반응하는지를 측정하기 위한 개념이므로 일반적으로 부호는 무시한다. 따라서 식 (6-3) 값에 마이너스 부호(-)를 붙이거나 절대치 부호를 취하여 결과적으로 양의 값이 나오도록 정의하여 활용하기도 한다.

결국 수요곡선의 기울기가 완만해질수록 탄력성은 점점 커지고 기울기가 가파를수록 작아지는 특징이 있음을 알 수 있다. 따라서 기울기가 극단적으로 완만해져서 수평선에 가까워지면 탄력성은 ∞가 될 것이다. 수요곡선이 수평일 경우 가격이 조금만 변해도 수요량은 무한대로 변하기 때문이다(그림 (D) 참조). 반면, 기울기가 극단적으로 가파르게 되어 거의 수직선에 가까워지면 탄력성은 0이 될 것이다. 가격이 아무리 변해도 수요량은 거의 변하지 않기 때문이다(그림 (E) 참조).

여하튼 일반적으로 수요곡선이 완만해질수록 탄력성은 커지고 가파를수록 작아지는 특성이 있다.

이상과 같은 사실로 미루어 볼 때 결국 재화공급자가 가격인상을 고려할 경우, 해당 재화수요의 가격탄력성을 먼저 확인하는 일이 매우 중요함을 알 수 있다. 탄력성이 1보다 상당히 큰 경우임에도 불구하고 판매가격을 인상하면 수요량은 더 큰 폭으로 줄어들어 결국 판매수입도 감소할 것이기 때문이다(〈표 6-3〉 참조).

또한 탄력성이 1보다 클 경우 가격인상은 총수입의 감소를 초래할 것이고, 1보다 작을 경우에는 총수입의 증가를 가져올 것이라는 결론을 얻을 수 있다.

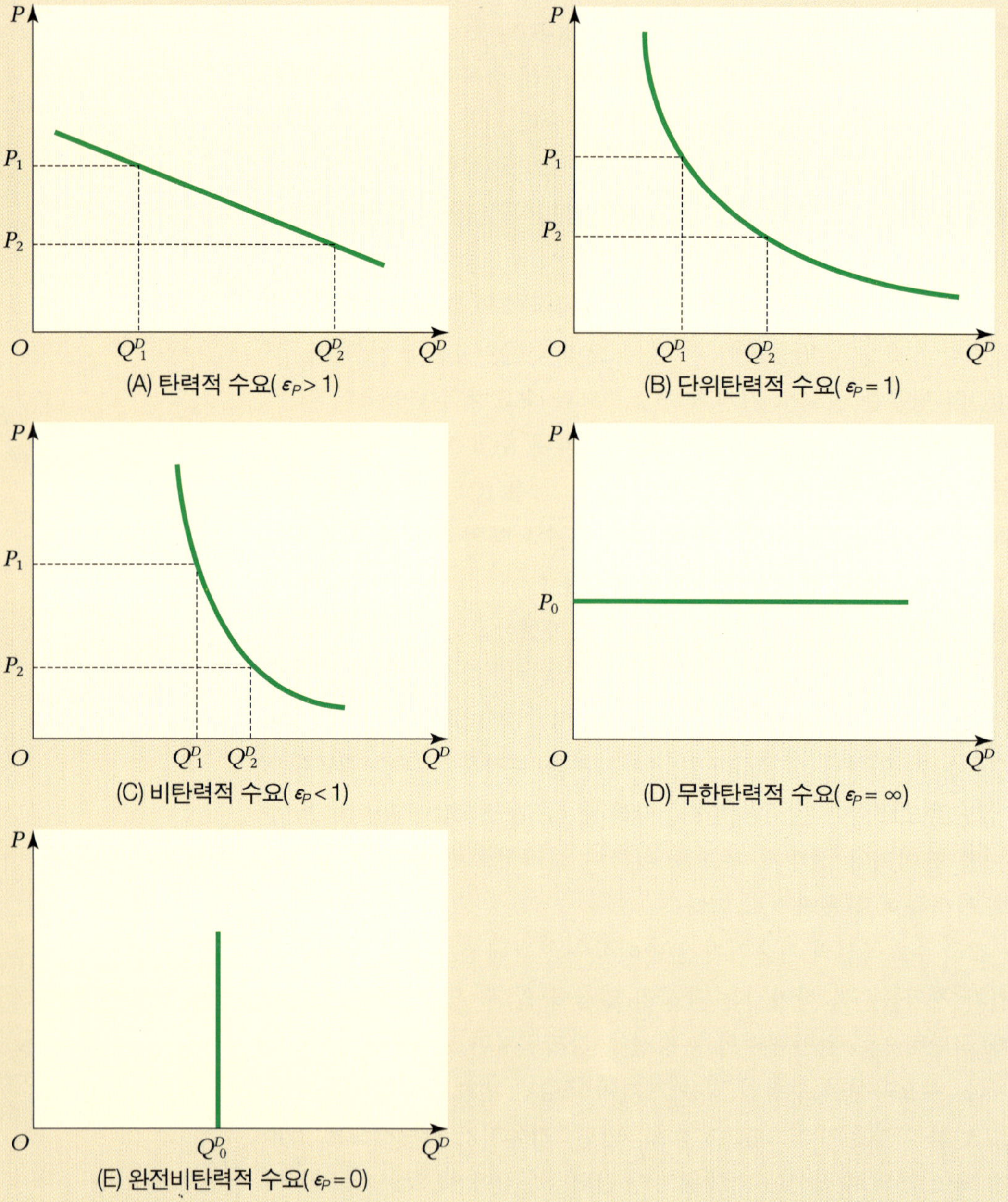

(A) 탄력적 수요($\varepsilon_P > 1$)

(B) 단위탄력적 수요($\varepsilon_P = 1$)

(C) 비탄력적 수요($\varepsilon_P < 1$)

(D) 무한탄력적 수요($\varepsilon_P = \infty$)

(E) 완전비탄력적 수요($\varepsilon_P = 0$)

그림 6-12 수요의 가격탄력성

그림에 나타난 다섯 가지 유형의 수요곡선은 서로 다른 기울기를 가지고 있는데, 이는 수요의 가격탄력성과 같은 관련을 갖는다. 그림 (E)와 같이 탄력성이 0이고 수요가 완전비탄력적인 경우에는 수직선으로 나타난다. 이 경우에는 가격의 변화와 관계없이 수요량이 일정하게 된다. 그러나 일반적으로 수요곡선은 일정 기울기를 가지는데, 기울기가 점점 더 완만해지면 탄력성이 커지며 가격변화에 따른 수요량의 변화폭도 커지게 된다. 한편, 수요곡선이 수평선 형태를 띠게 되는 경우(그림 (D)) 탄력성 값은 무한대가 되며, 따라서 가격이 조금만 변해도 수요량은 무한대에 가깝게 큰 값으로 변하게 된다.

표 6-3 수요의 가격탄력성과 판매자의 총수입

수요의 가격탄력성(ε_P)	판매자의 총수입 변화
탄력적인 경우($\varepsilon_P>1$)	가격과 총수입은 반대 방향으로 변함
단위탄력적인 경우($\varepsilon_P=1$)	가격이 변해도 총수입은 불변
비탄력적인 경우($\varepsilon_P<1$)	가격과 총수입은 같은 방향으로 변화

그러면 어떤 경우에 수요곡선의 기울기가 완만해져서 가격탄력적이 되고, 또 어떤 경우에 수요곡선 기울기가 가파르게 되어 비탄력적이 될까? 여러 가지 요인들 중 중요한 것으로 다음과 같은 것을 들 수 있다.

한편, 필수품의 수요탄력성은 비탄력적인 반면, 사치품은 상대적으로 탄력적인 특성을 갖는다.

첫째, 일반적으로 **필수품**에 대한 수요는 비탄력적인 반면, **사치품**에 대한 수요는 가격탄력적인 특성을 갖는다. 의식주에 필수적인 재화(예컨대, 식료품) 또는 생명과 관련된 서비스(예컨대, 병원 진료비)의 경우, 비록 가격이 오르더라도 수요량을 쉽사리 줄일 수 없다. 반면, 해외골프여행과 같은 서비스나 외제승용차 및 모피코트 등 사치재의 경우는 가격상승시 수요량이 현저하게 감소하기 때문이다.

그리고 일반적으로 재화가격이 가계소득에서 차지하는 비중이 높을수록, 관련재화의 대체성이 강력할수록, 그리고 측정기간이 길어질수록 탄력성이 커지는 경향이 있다.

둘째, 재화가격이 가계소득에서 차지하는 비중이 높을수록 탄력성이 커지는 경향이 있다. 예컨대, 주택구입과 같이 가계소득에 비해 엄청나게 높은 비용이 들어갈 경우, 낮은 비율의 가격상승이라 하더라도 가계에 큰 부담을 주므로 가격변화에 매우 민감해질 수밖에 없다.

셋째, **대체재화**가 있을 경우 가격을 인상하면 소비자들의 수요가 대체재로 대거 이동하면서 해당 재화의 수요량은 급감할 가능성이 높아진다. 예컨대, 지하철 요금이 인상된 반면 시내버스 요금은 그대로 있다면 많은 사람들은 대체서비스에 해당되는 시내버스 서비스를 이용하게 되고, 결과적으로 지하철 운송서비스에 대한 수요량은 급감할 수 있다. 따라서 강력한 대체재가 존재할 경우 가격탄력성은 커지는 성향을 갖는다.

넷째, 측정대상 기간을 길게 잡을수록 탄력성은 높아지는 경향이 있다. 대체재가 없는 필수품의 경우 단기간에는 탄력성이 매우 낮을 수 있으나, 시간이 경과되면서 새로운 대체재가 출현하면 해당 재화에 대한 수요량이 점차 감소할 것인바 탄력성은 높아지게 된다. 예컨대, 원유가격이 갑자기 올라도 필수성이 매우 높아 쉽사리 수요량을 줄이기 어렵다. 바로 이러한 논리에 의거하여 1973년과 1978년 두 차례에 걸쳐 OPEC(세계석유수출국기구) 회원국들이 원유가격을 크게 올렸던 것이다. 예컨대, 1973년 1월부터 1974년 1월까지 1년 동안 OPEC은 원유가를 530%만큼이나 상향시켰다. 그러나 원유가 상승은 다양한 대체에너지 사용을 촉발하였고, 따라서 1980년대 이후에는 OPEC에 의한 원유가의 급상승전략이 이루어지지 못하였다. 가격탄력성이 시간경과에 따라 커질 수 있다는 사실을 터득하였기 때문이다.

2) 수요의 소득탄력성

이번에는 주 원인변수인 가격은 일정하고 소득이라는 원인변수만이 변화할 때 수요량에 미치는 영향의 민감도를 계측하기 위한 수요의 소득탄력성 개념을 살펴보자. 전술한 바 있듯이, 소득상승은 수요증가를 초래하는 경우가 일반적 현상이라 할 수 있지만 경우에 따라 수요가 오히려 감소하기도 한다. 전자에 해당되는 경우의 재화를 정상재(normal goods), 그리고 후자의 경우를 열등재(inferior goods)라 한다.

이번에는 수요에 대한 주 원인변수인 가격은 일정한데 여타 원인변수 중 소득이 변화할 때 수요량에 미치는 영향의 민감도 정도를 가늠하기 위한 **수요의 소득탄력성**(income elasticity of demand)을 다음과 같이 정의한다.

즉, 수요의 소득탄력성이란 소비자의 소득이 변할 때 재화에 대한 수요량이 얼마나 민감하게 변하는지를 나타내는 지표로서 수요량의 변화율을 소득변화율로 나눈 값으로 정의된다.

6-4

$$\varepsilon_i = \text{수요의 소득탄력성} = \frac{\text{수요량의 변화율}}{\text{소득의 변화율}} = \frac{\Delta Q^D / Q^D}{\Delta I / I}$$

그런데 전항에서 살펴본 가격탄력성이 일반적으로 음의 값을 갖는 반면 소득탄력성은 주로 양의 값을 가진다. 물론 재화에 따라 마이너스 값도 나올 수 있다. 소득탄력성이 양의 값을 갖는 재화를 **정상재**(normal goods)라 하는데, 역시 필수재일 때는 탄력성이 1보다 작지만(따라서 $0<\varepsilon_i<1$) 사치재일 때는 1보다 크게 되는 성향이 있다. 반면에 소득탄력성이 음의 값을 갖는 재화를 **열등재**(inferior goods)라 한다. 소득이 늘어 경제적 여력이 생기면서 대중교통 대신 자가용을 타고 다니는 사람이 많아졌다면 이때 대중교통 서비스는 열등재가 될 것이다.

표 6-4 재화유형별 수요의 소득탄력성

재화의 종류		수요의 탄력성(ε_i)	
열등재		$\varepsilon_i<0$	음의 값
정상재	필수재	$0<\varepsilon_i<1$	양의 값
	사치재	$\varepsilon_i>1$	

3) 수요의 교차가격탄력성

수요에 대한 주 원인변수인 가격 이외의 또 하나의 원인변수인 관련재화의 가격변화가 수요량에 미치는 영향을 가늠하기 위해 **수요의 교차가격탄력성**(cross-price elasticity of demand) 개념을 활용한다.

한편, 가격이나 소득은 일정한데 관련재화 가격만이 변화할 때 수요량에 미치는 영향을 계측할 수 있는 수요의 교차가격탄력성 개념이 있다. 전술한 바 있듯이, 관련재화가 대체재(substitutes)인지 보완재(complements)인지에 따라 탄력성 값은 양(+) 또는 음(-)의 값을 가지며 연관도가 강할수록 탄력성의 절대치는 커지게 된다.

6-5

$$\varepsilon_C = \text{수요의 교차가격탄력성} = \frac{\text{관심대상 재화의 수요량 변화율}}{\text{관련재화 가격변화율}}$$

$$= \frac{\Delta Q^D/Q}{\Delta P_C/P_C}$$

즉, 수요의 교차가격탄력성이란 한 재화가격이 변할 때 다른 재화의 수요량이 얼마나 변하는지를 나타내는 지표로서 한 재화의 수요량 변화율을 다른 재화의 가격변화율로 나눈 값으로 정의한다.

이와 같이 정의된 수요의 교차가격탄력성은 비교대상 재화 간의 연관관계의 특성에 따라 다른 부호를 갖는다. 즉, 두 재화가 서로 대체재인 경우 수요의 교차가격탄력성은 양(+)이 된다. 예컨대, 커피값만 오른다면 커피 대신 녹차 등 대체음료를 더 많이 마시게 될 것인데, 두 재화는 이와 같은 경우 **대체재**(substitutes)관계에 있다고 할 수 있으며, 이때 교차가격탄력성은 양의 부호를 갖게 된다. 반면에 커피값이 올라 커피에 대한 수요량이 줄면 커피와 함께 마시는 프림에 대한 수요량도 줄게 될 것이다. 이 경우에 수요의 교차가격탄력성은 음의 값을 갖게 되며, 두 재화는 **보완재**(complements)관계에 있다고 할 수 있다.

그런데 비교대상 재화가 대체관계에 있든 아니면 보완관계에 있든 대체성이나 보완성이 강할수록 수요의 교차가격탄력성 값의 절대치는 커질 것이다.

표 6-5 재화유형별 수요의 교차탄력성

재화의 종류	수요의 교차가격탄력성(ε_c)	
대체재	$\varepsilon_c > 0$	단, 연관도가 강할수록 탄력성의 절대치가 커짐
보완재	$\varepsilon_c < 0$	

(2) 공급탄력성

공급의 경우에도 가격변화가 공급량에 미치는 민감도를 측정하기 위해 공급의 가격탄력성(price elasticity of supply) 개념을 활용하고 있으며, 공급량의 변화율을 가격변화율로 나눈 값으로 정의한다.

공급은 가격에 주로 의존하지만 생산요소가격이나 조세율 등에도 의존하므로 수요의 경우에서처럼 다양한 공급탄력성 개념을 창출할 수도 있다. 그러나 공급의 경우는 주로 가격변화에 대한 반응의 민감도에만 관심을 갖는다. 따라서 **공급탄력성**이란 **공급의 가격탄력성**(price elasticity of supply)을 대신 일컫는 용어로 보아도 무방하다.

$$\varepsilon_p = \text{공급의 가격탄력성} = \frac{\text{공급량의 변화율}}{\text{가격의 변화율}} = \frac{\Delta Q^S/Q^S}{\Delta P/P} = \frac{\Delta Q^S}{\Delta P} \cdot \frac{P}{Q^S} \quad (6\text{-}6)$$

식 (6-6)에서처럼 공급탄력성은 어느 재화의 가격이 변할 때 그 재화의 공급량이 얼마나 민감하게 변하는지를 나타내는 지표로서 공급량의 변화율을 가격변화율로 나눈 값으로 정의된다.

일반적으로 공산품에 비해 농산물은 탄력성이 낮다. 농산물은 단기적으로 공급량 조절이 어렵기 때문이다. 물론 공산품의 경우도 단기에 비해 생산설비 확충이 가능해지는 장기에 있어서 탄력성이 커지는 경향이 있다.

이처럼 정의되는 공급탄력성은 무엇보다도 공급자가 가격변화에 대응하여 얼마나 신속히 그리고 신축적으로 공급량을 조절할 수 있는가에 주로 의존한다. 주택이나 택지와 같은 공급의 제약성이 큰 재화는 탄력성이 작을 것이지만 대다수의 공업제품은 공급량의 조절이 용이하므로 탄력성이 상대적으로 큰 특성을 갖는다. 농산물의 경우도 단기적으로는 공급량 조절이 어려워 비탄력적일 수밖에 없다. 그러나 장기적으로는 공급량 확대가 가능해지므로 공급탄력성 또한 시간경과에 따라 증가하게 된다.

논의의 편의상 공급곡선이 거의 직선에 가까운 경우를 [그림 6-13]의 (A), (B), (C) 세 유형으로 구분해 보았다. 그림 (A) 경우는 가격이 변해도 공급량이 전혀 변할 수 없어 공급탄력성 값이 '0'이 되는 완전히 비탄력적인 상황을 나타내고 있다. 반면 그림 (B) 경우에는 가격이 조금만 변해도 공급량은 무한대로 증가 또는 감소하여 공급탄력성 값이 '∞'가 되는 상황을 나타내고 있다. 물론 보다 현실적인 경우는 그림 (C) 경우로서 탄력성이 양의 값을 갖되 절대치가 1보다 작거나, 같거나 또는 큰 경우로 구분될 수 있다. 그에 따라 공급은 **비탄력적**이거나, **단위탄력적** 또는 **탄력적**이라고 평가할 수 있다.

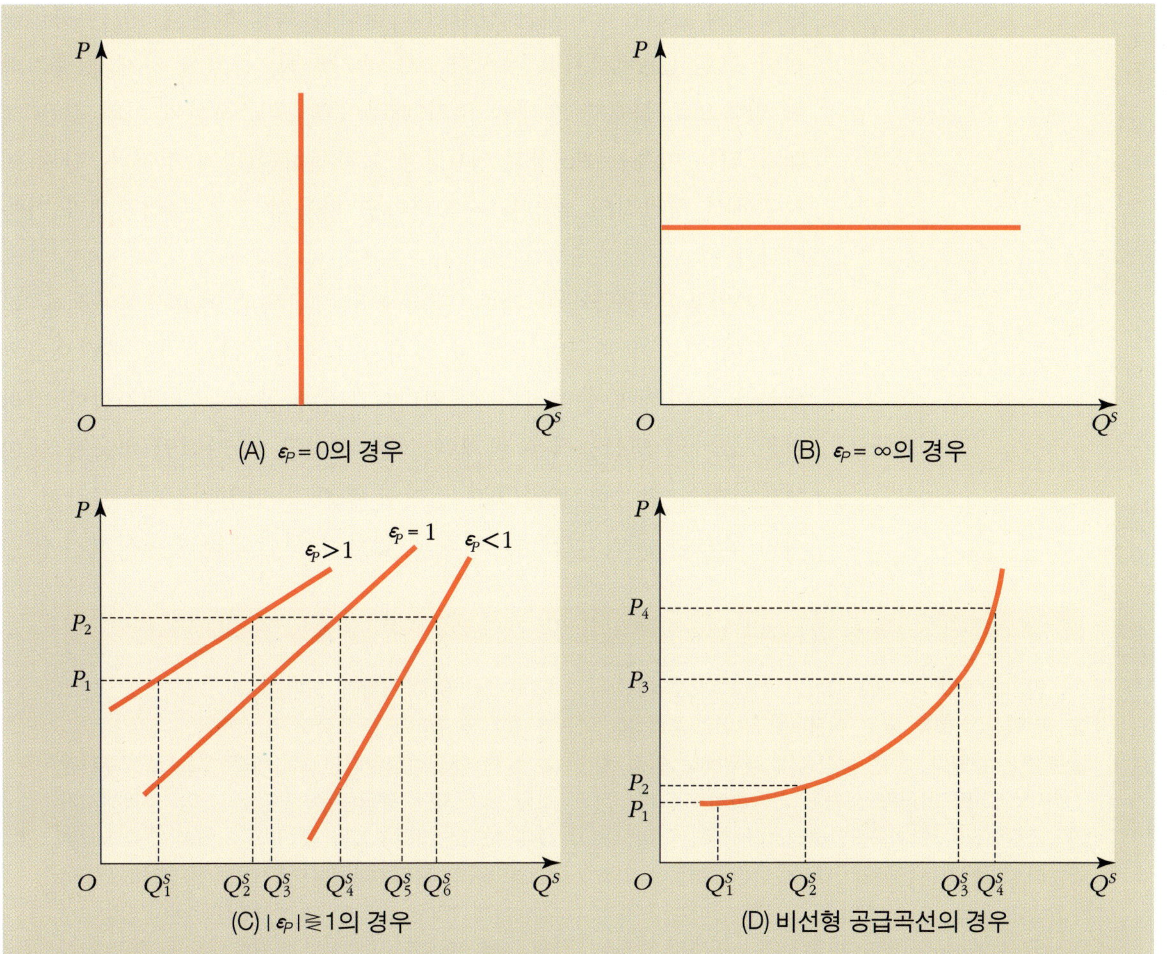

그림 6-13 공급의 가격탄력성
그림 (A), (B), (C)에 나타난 다섯 가지 유형의 공급곡선은 서로 다른 기울기를 가지고 있는데, 이는 공급의 가격탄력성과 관련되어 있다. 그림 (A)와 같이 탄력성이 0이고 공급이 완전비탄력적인 경우에는 공급곡선이 수직선이 된다. 이 경우에는 가격에 관계없이 공급량이 일정하다.

반면, 그림 (C)에서 볼 수 있는 바와 같이 공급곡선은 점점 더 완만해지면 탄력성은 커지게 되며 따라서 가격변화에 따른 공급량의 변화폭도 커진다. 공급곡선이 수평선 형태를 띠게 되는 경우(그림 (B)) 탄력성 값은 무한대가 되며 가격이 조금만 변해도 공급량은 무한대에 가깝게 큰 값으로 변하게 된다.

한편, 그림 (D)에서처럼 공급곡선이 비선형으로 나타나는 경우에는 공급량이 상대적으로 적을 때에 비해 공급량이 많을 때 오히려 탄력성이 낮아지게 된다.

한편, (D) 경우에서처럼 공급곡선은 비선형의 형태를 갖는 것이 보다 현실적이라고 볼 수 있는데, 이러한 경우에는 측정위치에 따라 탄력성 값이 변화한다. 즉, 공급량이 작은 영역(공급곡선의 하단부)에서는 탄력성이 1보다 크지만, 공급량이 큰 영역(공급곡선의 상단부)에서는 탄력성이 1보다 작아지는 경향이 나타나는 특징이 있다. 이는 공급곡선이 그림 (D)에서처럼 우상향으로 증가하되, 증가율 자체가 증가하여 밑쪽으로 볼록한 형태를 띠기 때문이다. 공급곡선이 이와 같은 형태가 되는 이유는 제8장과 제9장에서 자세히 설명될 것이다. 단지 이 시점에서 직관적인 설명을 시도한다면 다음과 같은 논리전개가 가능하다.

기업들은 공급량이 적은 단계에서는 대체로 유휴생산시설을 갖고 있어 가격이 조금만 오르면 즉시 유휴생산시설을 가동시킴으로써 생산을 용이하게 증대시킬 수 있다. 그러나 공급량이 증가함에 따라 기존 설비의 생산능력은 한계에 이를 것이고, 추가적인 비용을 들여 생산시설을 확장하지 않고는 생산량 확대가 어려워진다. 따라서 가격이 오르는 유인이 발생하더라도 쉽사리 생산량을 증대시키기 어려

거미집이론

단기에 있어 공급량 증가가 현실적으로 어려워 공급탄력성이 매우 낮은 상품 중 하나로 흔히 농산물을 들 수 있다. 물론 농산물의 경우에도 일정 시간이 경과하면 공급량 증가가 가능하며, 따라서 장기공급탄력성이 단기공급탄력성보다 커지는 특성을 갖는다. 그런데 농산물의 경우에는 가격변동에 따라 수요량과 공급량이 시차를 두고 나타난다는 특수한 현상이 발생하는데, 이러한 특성을 고려하여 설정한 수급균형의 경제모형을 **거미집이론(cobweb theory)**이라 한다.

일반적으로 수요는 가격변화에 대하여 즉시 반응하며 조정되는 특성을 갖는데, 이는 농산물의 경우도 마찬가지이다. 그러나 농산물의 경우 공급은 가격변화에 대하여 상당한 시간이 경과한 후에야 비로소 조정이 가능해지는 특성이 있다.

예컨대, [그림 6-14] (A)에서처럼 어떤 외부적 요인으로 인해 가격이 수요량과 공급량이 일치하는 수준(P_0)보다 높은 P_1에서 설정된다면, 수요량은 Q_1으로 즉시 감소할 것이지만 공급량은 일정 기간이 경과해서야 Q_2수준으로 상향조정될 것이다. 이때에 이르러서는 Q_1Q_2만큼의 공급초과현상으로 인해 가격인하요인이 발생하게 되며, 이러한 가격인하현상은 공급량(Q_2)이 모두 판매될 수 있을 때까지, 즉 수요량(Q_2)과 일치할 수 있는 가격수준(P_2)에 이를 때까지 진행된다. 한편, 새로운 가격수준(P_2)에 대응하여 다음 기에는 공급이 Q_3로 하향조정될 것이며, 결과적으로는 가격을 인상(P_3수준으로)시키는 요인을 유발시키게 된다.

이상의 예에서와 같이, 농산물시장에서 수요량은 가격변동에 즉시 대응하지만 공급량은 시차를 두고서야 조정되는, 즉 수요량은 같은 시기의 가격에 의존하지만 공급량은 전기의 가격에 의존하는 현상이 발생하는데, 이때 수요량과 공급량의 조정과정은 마치 거미집모양과 같은 형태를 그리며 진행되는 특성이 있다. 이러한 이유로 거미집이론이라는 이름이 붙게 되었다.

그런데 그림 (A)에서처럼 수요곡선이 공급곡선보다 기울기가 완만할(따라서 가격탄력성이 클) 경우

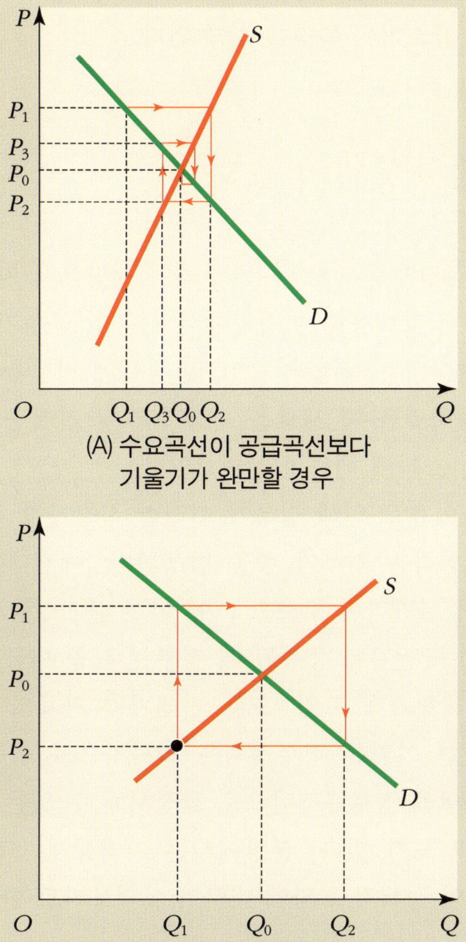

(A) 수요곡선이 공급곡선보다 기울기가 완만할 경우

(B) 공급곡선이 수요곡선보다 기울기가 완만할 경우

(C) 수요곡선과 공급곡선의 기울기가 같을 경우

그림 6-14 거미집이론

수급균형은 P_0수준으로 수렴하는 안정적인 형태를 갖게 된다. 그러나 그림 (B)에서처럼 오히려 수요곡선이 공급곡선보다 기울기가 가파를(따라서 가격탄력성이 작을) 경우 수급균형경로는 P_0수준에서 점차 멀어지며 확장되는 형태를 갖는 불안정한 모습을 갖게 된다. 한편, 그림 (C)의 경우는 두 곡선의 기울기가 동일하여 수렴도 확산도 하지 않는, 따라서 일정 경로를 순환하는 중립적 유형을 보여 주고 있다.

그런데 이상과 같은 거미집이론은 농산물시장의 특성을 강조하기 위한 논리로서 개발된 것이지만 요즈음에는 국제농산물교역에 대한 각종 제한이 지속적으로 철폐되고 교역이 자유화되면서 농산물의 공급이 수입을 통해 시차 없이 가격변화에 대응하여 조정되고 있어 거미집이론의 현실성이 점차 퇴색되고 있다. 또한 예전에는 가뭄이나 홍수 등에 따라 농산물의 가격이 급등하곤 하였으나 요즘에는 중국 등 인접국가로부터의 즉각적인 수입 등으로 인해 이러한 현상이 많이 완화되고 있음은 익히 잘 알려진 사실이다.

워질 것이라고 예상할 수 있다. 따라서 생산량 증대에 따라 공급의 가격탄력성은 점차 감소하는 특징을 갖게 된다.

05 가격제한정책의 효과

이상에서처럼 시장에서 자유로운 경제행위에 의해 균형이 이루어지는 경우와는 달리 다양한 이유로 해서 허용가능한 가격의 최고한도나 최저한도를 책정하는 경우가 발생한다. 이러한 가격제한정책이 초래하는 효과를 살펴보자.

이제까지는 민간경제주체(가계와 기업)들이 시장에서 자유로운 이익추구행위를 통해 상호대응하는 과정에서 시장의 균형가격과 거래량이 자율적으로 결정되는 과정과, 수요 및 공급에 영향을 미치는 원인변수들 값이 변동하였을 때 새로운 시장가격 및 거래량 그리고 판매수입 등에 미치는 효과에 대하여 살펴보았다.

그런데 다양한 이유로 인해 정부가 이러한 시장가격 결정과정에 직·간접적으로 개입하는 경우가 종종 발생한다. 예컨대, 부동산투기 과열로 인해 부동산가격이 오르고 그에 따른 물가상승은 물론 특히 무주택 서민들의 박탈감이 증폭될 때 정부는 각종 세금의 부과 및 인상, 투기지역 거래허가제 도입, 또는 거래가격 자체의 통제 등을 시도하여 왔다. 과연 이러한 정부정책은 역사적으로 성공적이었는지, 또는 부동산 과열을 정부규제만으로 진정시킬 수 있는 것인지 진지하게 검토해 볼 필요가 있다. 본항에서는 가격통제, 그리고 다음항에서는 조세부과의 정책적 효과에 대하여 살펴보기로 한다.

(1) 가격상한제

우선 물가상승 압력을 완화하기 위해서라든가 하는 등의 이유로 특정재화 판매가격의 최고한도를 법으로 고시하는 가격상한제(price ceiling)를 고려해 본다.

한국은 경제개발 과정에서 초래되는 물가상승 압력에 직면하여 각종 가격제한정책을 시행한 바 있다. 정부가 영향력을 미칠 수 있는 기업의 주요 제품가격의 인상폭을 제한하거나 심지어는 가격 자체를 내리도록 강요한 적도 있었다. 이러한 규제가 가능하였던 것은 주요기업에 대하여 정부가 각종 조세 및 금융상의 특혜를 주고 있었기 때문이었다. 이러한 정부의 가격규제는 시장의 자율성을 가장 존중하는 미국의 경우에도 시행된 바 있다. 1960년대 말 미국의 닉슨(R. M. Nixon) 대통령은 이른바 guide-line post policy라는 일종의 임금과 가격의 인상폭을 제한하는 정책을 시행한 바 있었다.

만일 정부가 균형시장가격보다 낮은 수준에 최고허용가격을 설정할 경우 이는 초과수요를 유발하여 가격인상 압력이 발생하게 된다.

이러한 정책의 일환으로, 예컨대 정부가 자동차 판매가격의 최고

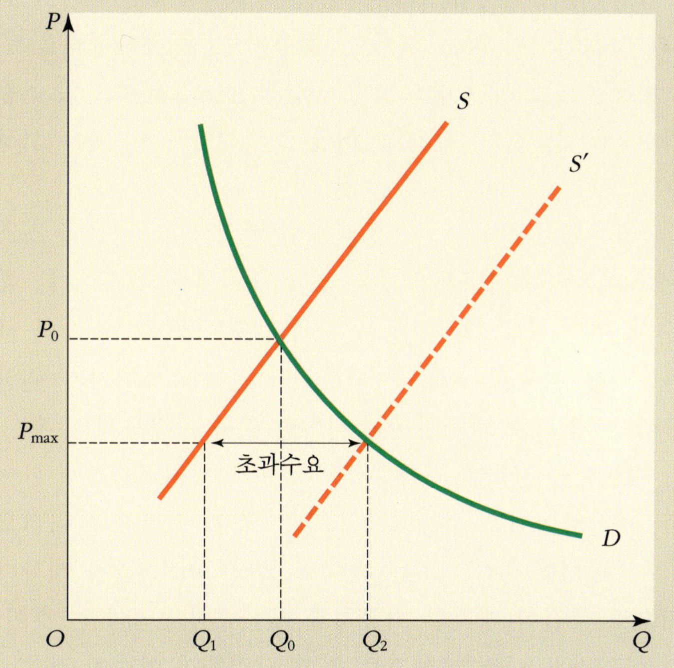

그림 6-15 자동차의 가격상한제
정부가 균형시장가격 P_0보다 낮은 수준(P_{max})에 최고허용가격을 설정하는 경우 공급희망량은 균형거래량 Q_0보다 낮은 Q_1수준에 머물 것이지만 수요희망량은 균형거래량 Q_0보다 높은 Q_2수준으로 증대될 것이다.

따라서 시장에서는 Q_2-Q_1만큼 초과수요가 발생하고, 이는 시장에 가격인상 압력을 유발하게 된다. 그런데 이러한 상황에서 공급곡선을 S로 이동시키는 유인이 발생한다면, 균형가격은 법정최고가격과 일치하게 되고, 초과수요는 소멸될 수도 있다.

가격을 법으로 고시하는 **가격상한제**(price ceiling)를 채택할 경우를 고려해 보자. [그림 6-15]에서 정부개입이 없었다면 시장은 P_0가격에서 Q_0만큼이 거래되는 균형을 이루었을 것이다. 그런데 정부가 P_0 가격수준이 너무 높다고 인식하고 거래허용 최고가격을 P_{max}로 고시하였다고 가정하자. 이 가격에서 공급자는 Q_1만큼 공급할 의사가 있는 반면, 수요자는 Q_2만큼 구입할 의사가 있게 되어 결국 Q_1Q_2만큼의 초과수요가 발생한다. 그리고 이러한 초과수요는 시장에 가격인상 압력을 가할 것이다.

P_{max}수준보다 높은 자동차가격 인상이 공식적으로 불법화될 경우, 자동차는 은밀하게 암시장에서 P_{max}보다 높은 가격에 거래될 가능성이 높다. 모든 수요자가 이러한 불법거래에 참여한다면 암시장가격은 P_0수준까지 높아질 것이다. 물론 모든 수요자가 불법적인 암거래에 참여할 가능성은 그다지 높지 않다.[1]

이러한 상황에서 정부가 시도할 수 있는 정책시안 중 하나는 공

[1] 물론 공급부족현상을 선착순방식이나 추첨에 의해 임시적으로 해소할 수는 있다. 그러나 이러한 과정을 거쳐 자동차를 구매한 사람은 결국 차익을 노려 암거래를 할 가능성이 높아진다. 배급제도에 의해 공급부족을 해결해 왔던 구 공산권 국가에서 암시장이 일반화되었던 사실은 이러한 현상을 잘 보여 주고 있다.

급자의 공급곡선을 S에서 S'으로 이동시켜 실질적 균형가격이 법정최고가격과 일치되도록 하는 일이다. 정부가 각종 세제혜택을 주어 공급자의 비용을 감소시켜 줌으로써 공급곡선을 오른쪽으로 이동시킬 경우가 이에 해당한다. 물론 이러한 조세혜택은 또 다른 시장의 왜곡을 가져오므로 바람직하다고는 볼 수 없다.

보다 현실적으로 나타날 수 있는 상황 중 하나는 생산자 스스로 생산비용을 낮추어 공급곡선을 S'으로 이동시키는 경우이다. 예컨대, 가격규제 이전 시기보다 자동차 도색횟수를 줄이거나 보다 값싼 부품을 사용하여 비용을 낮출 수 있다. 또 전에는 소비자가 원하는 최대한의 선택사양으로 자동차를 출시하던 것을 가격통제 후에는 아주 기본적 기능만을 장착한 형태로 생산하여 법정최고가격에 판매할 수도 있다. 즉, 타이어도 성능이 떨어지는 것을 장착하고 라디오도 AM만 나오고 FM이나 CD 또는 카세트 플레이어도 없이 제작하는 등 실질적으로 품질이 저하된 자동차를 생산하여 공급하는 것이다. 미국의 경우도 바로 이러한 동기로 인해 가격통제 이전에 자동적으로 장착하던 각종 부품을 추가비용을 내야만 부착시켜 주는 이른바 **옵션**(option)제가 출현하였던 사실이 있는데, 가격통제가 초래하는 실질적 결과를 잘 나타내는 사례라 볼 수 있다.❷

결국 가격상한제는 암거래 등으로 인해 지속적으로 유지하기는 어려우며 품질저하 등의 문제를 유발할 수도 있다.

결국 가격상한제는 **암거래** 등으로 인해 지속적으로 유지되기는 어려운 것이며, 비록 형식적으로는 통제가격이 유지된다고 하더라도 **품질저하** 등 오히려 바람직하지 못한 현상을 초래한다고 볼 수 있다.

한국에서는 세입자 보호를 위해 전세기간을 주거용의 경우는 최저 2년, 상업용의 경우는 1년으로 보장하고 계약연장시 인상폭은 5%로 제한하는 일종의 **임대료인상 상한제**를 실시해 오고 있다. 그러나 이러한 법정최고인상률이 실제로는 지켜지지 못하고, 위법사례도 많았지만 이를 제재할 수 없어 결국 유명무실한 제도가 되어버리고 말았다.

[그림 6-16]에서처럼 법정최고임대료 인상률을 감안한 임대료가

❷ 한편, 당시 미국의 임금상승폭 제한제도 또한 별 실효를 거두지 못하였다. 기업들이 규제된 최고한도 임금을 회피하기 위해 보너스 인상, 점심값 보조, 체력단련비 지급, 교통비 보조, 자녀교육비 보조, 휴가일수 확대 등을 통해 실질적인 급여를 올려 가며 유능한 근로자를 확보하려고 하였기 때문이다. 그런데 문제는 당시 근로자들이 이러한 부대적 급여인상을 통해 실질적인 혜택을 더 받을 수 있었지만, 이는 비정규급여 증가에 의해 이루어진 것이어서 정규급여를 기준으로 지급되는 퇴직금이나 연금 등의 인상과는 연계되지 못하는 불이익을 받게 되었다는 사실이다.

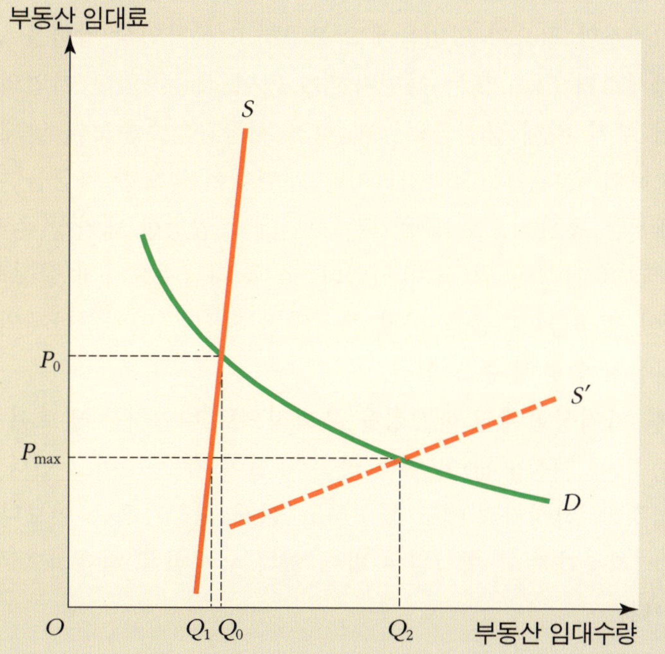

그림 6-16 부동산 임대료상한제
단기부동산시장에 아무런 규제가 없다면 부동산은 P_0의 임대료하에서 Q_0만큼이 임대되어 부동산임대량의 부족현상이 발생하지 않는다.

그러나 임대료상한제가 도입되면 임대료가 P_{max} 이상으로 오를 수 없게 되므로 단기적으로 Q_2–Q_1만큼의 초과임대수요가 발생하게 된다. 이러한 초과수요는 임대료 인상 압력을 낳게 된다.

일반적으로 임대용 부동산의 장기공급곡선은 단기공급곡선보다 완만한 S 같은 형태로 나타난다. 그러나 장기적으로 부동산의 공급량이 증대될 경우 부동산 임대시장의 초과수요문제는 해소될 수도 있다.

P_{max}라 가정하자. 정부규제가 없었다면 P_0수준에서 Q_0만큼의 부동산 임대차계약이 맺어졌을 것이다. 그러나 P_{max}수준의 임대료가 강제될 경우, Q_2–Q_1만큼 초과수요 또는 공급부족이 발생하여 임대료 인상압력이 발생할 것이다. 결국 많은 사람들은 실제로는 P_{max}보다 높은 임대료로 임대차계약을 맺되 계약서를 이중으로 작성할 가능성이 높다. 즉, 본 계약서는 작성하되 임차인이 임대인 것까지를 다 보관하고, 임차인에게는 법정임대료에 근거한 허위 임대차계약서만을 작성하여 건네 주는 것이다.

이러한 현상은 부동산 공급량이 특히 단기에 있어 매우 부족할 때(매우 비탄력적 공급함수는 거의 수직선에 가까움) 나타나기 쉽다. P_{max}수준의 임대료가 실질적으로 실현되려면 시간이 소요되더라도 임대용 부동산을 많이 공급하는 수밖에 없다. [그림 6-16]에서처럼 공급함수가 S에서 S′으로 이동할 수 있는 경우를 들 수 있으며, 이는 공급곡선이 보다 탄력적으로 전환될 수 있는, 따라서 단기보다 공급곡선의 기울기가 완만해지는 장기에 나타날 수 있는 현상이다.

개발연대(1960년대 초~1990년대 중반)의 한국 금융시장에서는 정부가 거의 모든 여수신 이자율을 통제한 적이 있다. 전통적으로 자본이 부족하여 높은 이자유인을 제공해서라도 외자도입을 활성화시켜 경제개발을 추진할 필요가 있었음에도 불구하고 물가인상 압력을 인위적으로 억제하기 위해 또는 타인자본에 많이 의존하였던 기업의 부담을 덜어 주기 위해 공식금리는 실질적 시장균형수준보다 낮게 법적으로 정하여 왔다. 따라서 기업이나 개인들이 필요한 자금을 대출받기 위해서는 통상적으로 금융기관 직원에게 일정한 대가성 촌지를 전달하는 것이 관행이 된 적이 있었다. 결국 자금수요자의 실질적인 금리비용이 법정금리수준을 항상 웃돌았던 사실은 가격상한제의 한계성을 여실히 입증해 주고 있다.

이러한 가격상한제의 한계성을 비판하는 말로서 "천정(ceiling: 가격상한선) 위에 지붕(roof: 실제 시장거래가격)이 있다"라는 은유적인 표현이 있다.

이러한 **가격상한제**의 한계성을 우회적으로 비판하는 말로서 "**천정**(ceiling) 위에 **지붕**(roof)이 있다"라는 표현이 자주 쓰이고 있다. 법적으로 설정한 '천정가격'에도 불구하고 실제 시장가격은 이보다 높은 일종의 '지붕가격'이 형성될 수밖에 없다는 사실을 비유적으로 표현한 것이다.

(2) 가격하한제

가격상한제와는 반대로 정부가 시장가격의 하한선을 법으로 강제하는 가격하한제가 있다. 최저임금제도(minimum wage system)가 그 좋은 예이다.

가격상한제와는 반대로 시장균형가격의 하한선을 정부가 법으로 정하여 강제하는 이른바 **가격하한제**(price floor)를 시행하기도 한다.

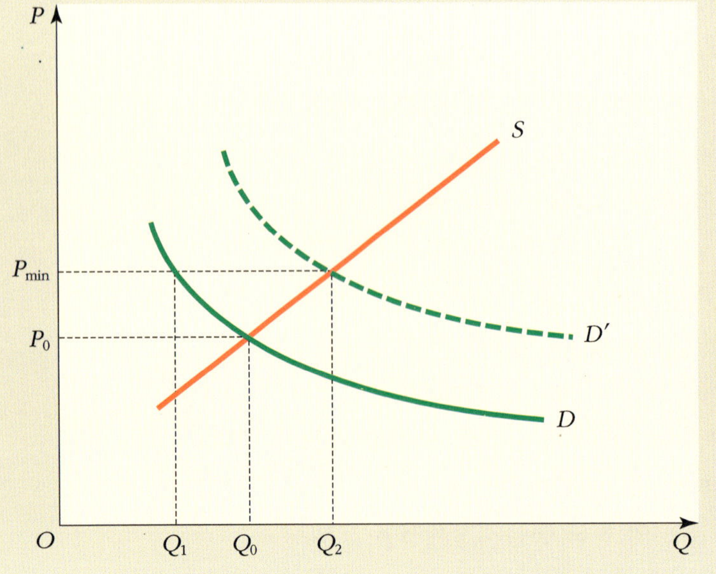

그림 6-17
농산물의 최저가격제
정부가 균형시장가격 P_0보다 높은 수준(P_{min})에 최저허용가격을 설정할 경우 수요희망량은 균형거래량(Q_0)보다 낮은 Q_1수준에 머물 것이지만 공급량은 균형거래량보다 높은 Q_2 수준으로 증대될 것이다.

따라서 시장에는 Q_2-Q_1만큼의 초과공급이 발생하고, 이는 시장에 가격하락유인을 발생시키게 된다.

이러한 상황에서 만일 정부가 농산물 수매정책을 채택함으로써 수요곡선이 D'으로 이동하게 되면, 균형가격은 법정최저가격과 일치하게 되고 초과공급의 문제는 해소될 수도 있다.

한국이 농가소득 지원을 위해 도입한 바 있었던 농산물 가격지지제도, 그리고 노동자의 근로소득 지원을 위해 실시중인 최저임금제도가 이에 속한다. 일반적으로 이들 제도는 그대로 시장에 맡겨 둘 경우 형성될 시장균형가격보다 높은 수준에 **최저가격**(minimum price)을 설정한다.

예컨대, [그림 6-17]에서처럼 최저허용가격 P_{min}을 시장균형가격 P_0보다 높게 설정하면, 수요는 Q_1수준에 머물지만 공급은 Q_2수준으로 증가하여 결국 Q_2-Q_1만큼의 초과공급이 발생한다. 그리고 이러한 초과공급은 가격하락 압력을 시장에 가할 것이다.

만약 P_{min}이 **최저임금제**에 근거하여 설정된 최저허용임금수준이라 하면 우선은 Q_2-Q_1만큼의 실업이 발생할 것이다. P_{min}만큼의 생산성이 없는 노동자를 P_{min}만큼의 임금을 주고 지속적으로 고용할 수는 없을 것이기 때문이다. 예컨대, 청소년근로자나 신체부자유자, 고령자, 저교육층 등 사회적 소외계층이 1차적으로 피해자가 될 가능성이 높다. 따라서 저소득층이 인간으로서 최소한의 생존보장을 위해 도입한다는 취지와는 달리 오히려 이들의 취업기회를 원천적으로 봉쇄해 버릴 가능성이 높다. 실제 미국의 경우에서도 기업이나 청소년근로자들은 최저임금제가 적용되는 1주 40시간 이상 근로계약 대신 일종의 파트타임(part time) 근로를 조건으로 최저임금보다 낮은 임금을 지급하는 관행이 일반화되고 말았다.

그러나 이 제도는 노동의 초과공급을 유발시킴으로써 비자발적 실업을 초래하게 된다. 특히, 최저임금 수준만큼의 생산성이 없는 노동자들이 1차적인 피해자가 될 것이다.

한국은 한때 농가소득 유지를 위해 미곡(쌀)가격의 최저허용치를 설정하여 운용한 바 있다. 미곡거래의 경우는 노동시장과는 달리 **암거래**에 의한 가격하락 담합행위를 근절하기 어렵다. 초과공급으로 농가에 재고가 쌓이면 결국 농가들이 이를 몰래 친인척이나 일가친지를 통해 최저가격보다 낮은 가격으로 판매할 것이기 때문이다.

한국의 경우에는 농가소득 보전을 위해 오랫동안 미곡가격의 최저허용치를 설정하여 운용한 적이 있다. 이는 공급과잉현상과 그에 따른 암거래를 통한 저가판매를 유발할 수밖에 없었다. 결국 이러한 과잉공급분을 정부가 최저설정가격으로 사들이는 방법으로 문제를 해결하려 하였다.

이러한 문제점을 해결하기 위한 방안의 하나로 정부는 초과공급된 미곡을 정부가 전량 수매하여 가격을 유지하는 정책을 펴기도 하였다. 이때 시장수요곡선은 D에서 D'으로 이동하는 효과를 갖는다. 그러나 이때 고가로 미곡을 매입하여 저장하는 데 소요되는 비용이 모두 국민에게 돌아간다는 사실에 유념할 필요가 있다. 실제 한국의 경우는 이처럼 고가로 매입한 미곡을 일반국민들에게는 시장균형가격보다도 낮은 수준에 판매하기도 하였다. 이를 **이중곡가제도**라 불렀다. 물론 이 제도는 단순한 농산물 가격지지제도보다도 정부재정

그런데 이러한 정책은 도시서민에게 부담을 전가시키는 결과를 낳을 수 있어 결국 정부는 균형시장가격보다 높은 가격으로 농민들로부터 구매한 미곡을 균형시장가격보다 낮은 가격으로 일반에 판매하는 이중곡가제도를 운용하였다. 물론 이로 인해 발생하는 부담은 조세수입으로 감당하였는데, 이는 정부예산 적자발생의 가장 큰 요인의 하나가 되기도 하였다.

지출을 더욱 크게 만들며, 1980년을 전후한 시기에 이러한 양곡관리로 인한 비용은 정부예산 적자의 대종을 차지하기도 하였다. 시장가격보다 높게 사들여 시장가격보다 낮게 도시서민에게 판매하여 1차적으로는 농민과 도시서민층 모두에게 혜택을 줌으로써 정치적 입지를 넓혀 가고는 하였다. 이러한 관행이 실제로는 국민세금의 증가는 물론 정부예산 적자로 이어져 국민에게 보다 큰 부담으로 이어진다는 엄연한 사실에도 불구하고 개별 농가나 서민가계들은 우선은 눈앞에 보이는 이익에 안주하며 이러한 제도를 오랫동안 수용하는 우를 범하였다. 여기서 또 한 가지 강조해 둘 사항은 이러한 최저가격제를 미곡시장에 오랫동안 적용함으로써 만성적으로 미곡이 초과생산되었다는 사실이다. 실제 시장가치 이상으로 보상받을 수 있는 제도로 인해 이미 오래 전에 보다 수익성 있는 다른 농작물 생산으로 전환하는 구조조정을 단행할 기회를 놓치고 말았다. 결과적으로 최근 WTO시대를 맞아 농산물시장 개방압력이 거세지고 주요 교역대상국(예컨대, 미국)과 FTA를 체결하는 과정에서 국제시장가격과 너무나 차이가 발생한 국내미곡시장의 개방문제는 국민경제에 큰 부담으로 작용하고 있는 것이다.

이상에서 우리는 농가소득 보전이나 저임금근로자 보호는 최저가격제에 의해 효과적으로 추구될 수 없음을 알 수 있었다. 최저가격제는 농가나 저임금자에 대한 정부의 보조금 지급보다도 효과면에서 열등한 것으로 알려져 있다. 물론 그렇다고 해서 정부보조금 지급이 바람직하다는 것은 아니다. 장기적으로 일정 수준의 가격이 지지될 수 있도록 수요나 공급을 이동시킬 수 있는 여건의 조성이 궁극적인 해답이 될 것이다.

06 조세귀착

한편, 정부는 공공재와 서비스 공급에 소요되는 자원을 확보하기 위해 조세를 부과한다. 조세는 생산요소소득에 부과되는 소득세와 같은 직접세와 재화판매시 부과되는 소비세와 같은 간접세로 구분될 수 있다.

정부는 제3의 경제주체로서 활동하기 위해 필요한 자원을 민간부문에 대한 과세로서 충당한다. 조세는 크게 볼 때 **직접세**와 **간접세**로 구분될 수 있다. 임금 등 생산요소소득에 대한 **소득세**가 대표적인 직접세이며, 재화판매시 부과되는 **소비세**가 대표적인 간접세이다.

소득세 및 소비세의 경우, 조세는 노동판매자인 임금노동자와 재화판매자인 기업에게 부과된다. 즉, 소득세는 노동임금, 그리고 소비세는 판매량(이나 판매가격)을 근거로 조세가 부과된다. 물론 편의상 소득세는 고용주가, 소비세는 판매자가 정부에 납세하는 형식을 취한다.

여기서 우리의 의문은 근로자가 납부한 근로소득세는 과연 전부가 근로자의 부담인가, 그리고 재화구입시 지불한 소비세도 모두 소비자의 부담이라고 볼 수 있는가 하는 점이다. 얼핏 쉽게 생각하면 조세를 직접 부담한 사람이 모든 부담을 떠안은 듯 보이는데, 과연 그러한지 살펴볼 필요가 있다. 이와 같이 세금이 매겨질 때 결국은 누가 얼마만큼 세금을 부담하게 되는지를 확인하는 일을 **조세귀착**(tax incidences)문제라 한다.

그렇다면 이렇게 부과되는 조세는 결국 누구에게 얼마만큼의 부담이 될까? 이를 확인하는 일을 조세귀착(tax incidences)이라 한다.

일반적으로 소비세는 판매량을 기준으로 하는 **종량세**(specific tax)와 판매가격을 기준으로 하는 **종가세**(ad valorem tax)로 구분된다. 예컨대, 소주나 맥주에 대한 세금은 출고가격의 72%(2008년 기준)만큼 부과되는 종가세이다. 그러나 이하에서는 분석의 편의상 종량세를 중심으로 논의를 전개하고자 한다.

앞서 활용한 도넛시장의 예를 이용하여 세금이 부과될 경우 새로 형성될 균형점과 거래가격 및 거래량 등을 1차적으로 분석해 보자. 조

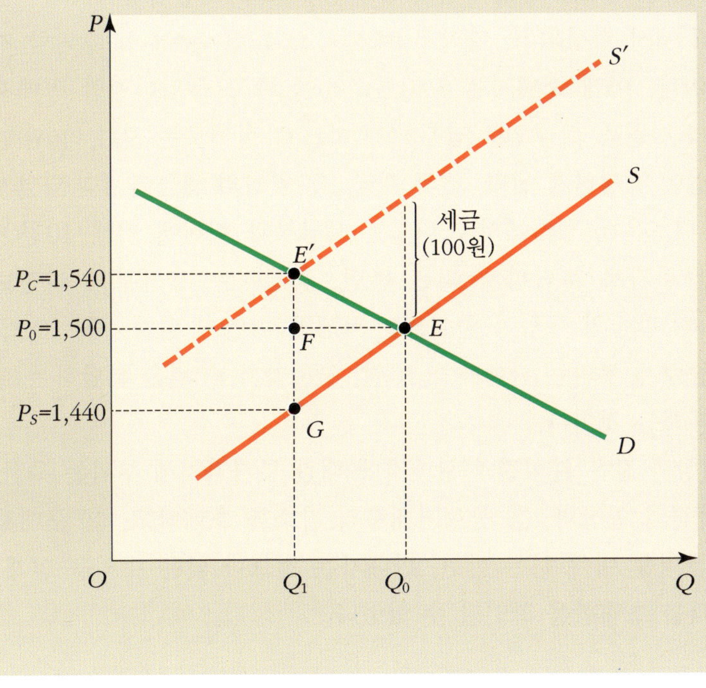

그림 6-18
판매자에 대한 종량세 부과의 효과

도넛의 공급자에게 개당 100원씩의 판매세가 부과되면 공급곡선이 S에서 S'으로 (100원만큼) 이동한다. 이에 따라 균형거래량은 Q_0에서 Q_1으로 감소한다.

그러나 소비자가 내는 구입가격은 개당 1,500원에서 1,540원으로 상승하고, 따라서 40원만큼의 추가부담이 발생한다. 한편, 공급자는 1,540원 받아 100원만큼의 세금을 내고 나면 실질적으로 세금부과 이전의 수입 1,500원보다 낮은 1,440원을 받게 되는 셈이다. 세금은 공급자에게 부과되었지만 실질적으로는 소비자와 공급자가 공동으로 세금을 부담하게 되는 결과가 초래된다.

세부과 이전 시장균형가격(P_0)은 전과 같이 1,500원으로 보고 판매되는 도넛 한 개당 100원씩의 세금(종량세)이 부과되는 것으로 가정한다.

이와 같이 소비세가 부과되면 수요 또는 공급곡선 중 어느 것이 어느 방향으로 이동하는 것으로 보아야 할까? 이는 1차적으로 세금이 구매자에게 부과되었는지 또는 판매자에게 부과되었는지에 따라 달라질 것이다. 전자의 경우는 수요곡선이, 그리고 후자의 경우는 공급곡선이 이동하는 결과를 가져올 것이다.

(1) 세금이 판매자에게 부과되는 경우

우선 세금이 판매자에게 부과되는 경우, 이는 1차적으로 가격의 인상과 거래량의 감소를 초래할 것이다. 그리고 구매자는 전보다 비싼 가격으로 구입하게 되나 판매자의 수입은 전보다 낮아지게 된다. 따라서 구입자와 판매자 모두에게 부담이 전가된다고 볼 수 있다.

이하에서는 먼저 판매자에게 세금이 부과되는 부가가치세의 경우를 중심으로 논의해 보기로 한다. 세금이 도넛 판매자에게 개당 100원만큼 부과되면 공급곡선이 위쪽으로 100원 거리만큼 이동하게 되는 것으로 이해할 수 있다. 세금부과 이전 공급자(판매자)는 P_0의 가격으로 Q_0만큼 판매하였으나, 세금이 부과되면 판매가격을 (P_0+100)원만큼 높여야 비로소 전처럼 개당 P_0만큼의 수입을 얻고 Q_0만큼 판매할 수 있으므로, 100원의 종량세 부과는 공급곡선이 100원만큼 상방으로 이동하는 효과를 초래할 것이기 때문이다.

그러나 이처럼 공급곡선이 S에서 S'으로 이동하면 새로운 균형점은 E'에서 형성되고, 따라서 (예컨대, 1,540원 수준에서) Q_1만큼 거래될 것이다. 이때 소비자는 P_C(1,540원)를 주고 구입하지만 판매자는 그 중 100원을 세금으로 납부해야 하므로 실제로는 P_S(1,440원)만큼의 수입이 발생하게 된다. 결국 개당 100원씩의 세금이 부과되었지만($\overline{E'G}$) 새로운 균형하에서 소비자는 세금부과 이전에 비해 40원($\overline{E'F}$)만큼만 추가로 부담하게 되는 반면, 공급자는 세금부과 이전보다 60원($\overline{FG}$)만큼의 수입이 줄어드는 부담을 떠안게 된다. 즉, 100원만큼의 종량세 부과는 판매자가 60원, 구매자가 40원을 분담하는 결과를 초래하는 것이다.

이상과 같은 분석결과 판매자에 대한 부가가치세 부과는 우선 ① 균형가격의 인상과, ② 균형거래량의 감소를 초래하고, ③ 구매자는 높은 금액을 내야 하는 반면, 판매자는 전보다 낮은 수익을 얻게 되는 결과를 초래함을 확인할 수 있었다.

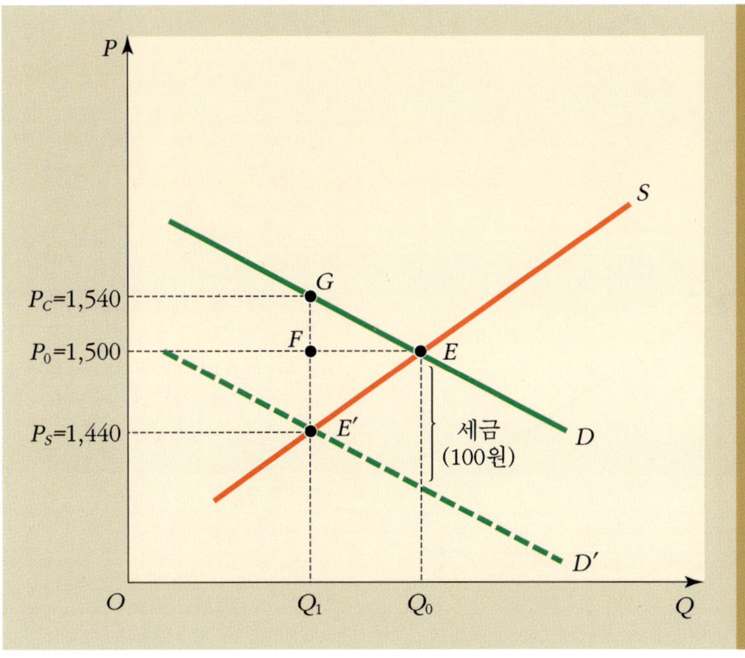

그림 6-19
소비자에 대한 종량세 부과의 효과
도넛 소비자에게 개당 100원씩의 소비세가 부과되면 수요곡선은 D에서 D'으로(100만큼) 이동한다. 이에 따라 균형거래량은 Q_0에서 Q_1으로 감소한다. 그리고 도넛 공급자가 받는 가격은 개당 1,500원에서 1,440원으로 하락하고 소비자들이 내는 가격은 1,540원으로 상승한다.
세금은 소비자에게 부과되지만 실질적으로는 공급자와 소비자가 공동으로 세금을 부담하게 되는 결과가 초래된다.

(2) 세금이 소비자에게 부과되는 경우

이번에는 세금이 소비자에게 부과되는 상황을 고려해 보자. 같은 도넛시장 예제를 활용할 경우 100원만큼의 소비세 부과는 수요곡선을 아래쪽으로 100원만큼 이동시킬 것이며, 따라서 새로운 균형은 점 E'에서 형성될 것이다. 그리고 새로운 균형하에서 소비자는 이전 균형점에서보다는 40원(1,540원−1,500원) 높은 값을 지불하게 되는 반면 판매자는 60원(1,500원−1,440원) 낮은 수입을 얻게 된다. 그리고 이번 경우에도 ① 거래가격의 상승과, ② 거래량의 감소가 초래되고, ③ 부과된 100원의 세금은 소비자에게 40원, 판매자에게 60원 크기의 부담을 전가하는 결과를 초래하게 된다.

세금이 소비자에게 부과되는 경우도 실질적인 효과는 판매자에게 부과되는 경우와 같다.

(3) 근로소득세를 부과하는 경우

[그림 6-20]은 근로소득세 부과 이전, 노동시장에서 노동공급(N^S)과 노동수요(N^D)가 점 E에서 균형을 이루어 w_0임금수준에서 N_0만큼이 고용되는 상황을 나타내고 있다. 그러나 임금소득에 대하여 소득세가 부과되면 근로자의 실질소득, 즉 세후소득은 w_1이 되고,

한편, 근로소득세와 같은 직접세가 부과될 경우에는 세후소득은 낮아지나 고용주의 지급액은 높아지게 되어 실업이 유발되는 결과가 초래될 수 있다.

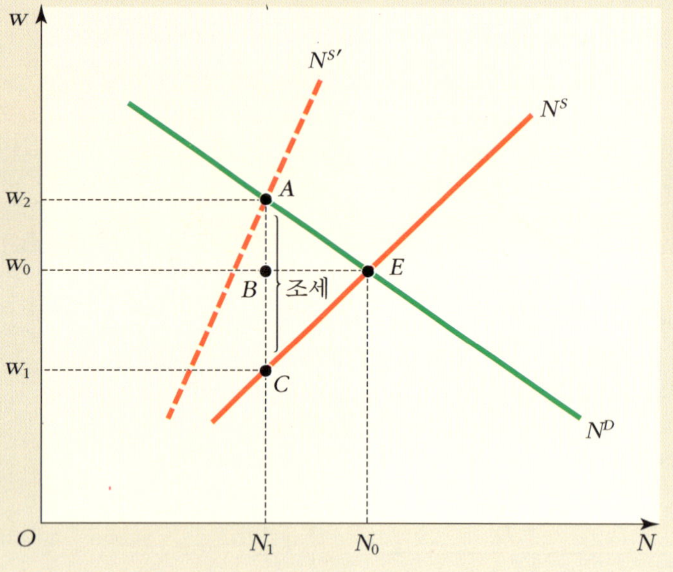

그림 6-20
누진적 근로소득세 부과의 효과

근로자의 임금소득에 대하여 세금이 부과되면, 근로자의 소득(W_1)과 기업이 지급하는 임금 사이(W_2)에는 근로소득세(W_2-W_1)만큼의 차이가 발생한다.

이때 W_2-W_0만큼의 세금은 고용주가, 그리고 W_0-W_1만큼은 근로자가 부담하게 된다. 실제로는 기업과 근로자들 중 누구에게 세금을 과세하든지 결국은 양자가 공동으로 세금을 부담하는 결과를 초래하게 된다.

고용은 N_1이 된다. 결국 소득세가 없는 경우에 비해 N_0N_1만큼 실업이 발생한다. 물론 고용주는 N_1명만을 고용할 경우 w_2만큼의 임금을 지불할 것이므로, 결국 AC만큼의 근로소득세 부과는 고용주에게 AB만큼, 그리고 근로자에게 BC만큼의 부담을 전가하는 결과를 초래한다.

단, 이 경우도 근로소득세가 노동력 판매자에 대한 조세이므로 공급곡선이 상방으로 이동하는 변화를 초래하는 것으로 이해할 수 있다. 그러나 근로소득세는 일반적으로 누진적 특성을 갖고 있어 종량세보다는 종가세에 가까운 특성을 가지고 있다. 따라서 새로운 노동공급곡선 $N^{S'}$은 원래의 공급곡선 N^S와 같은 간격을 유지하며 나란히 상방으로 이동하는 대신, 기울기가 더 가파른 형태로 이동할 것으로 이해할 수 있으므로 [그림 6-20]과 같이 표현하였다.

(4) 조세전가비율

결국 조세는 소비자와 공급자 모두에게 부담을 주게 되는데, 전가되는 부담의 비율은 상대적으로 가격(또는 임금)변화에 대한 탄력성이 큰(기울기가 완만한) 편의 상대적 부담이 낮아진다.

앞서 도넛시장에서 조세부과효과를 분석함에 있어 편의상 100원만큼의 세금부담이 40원 : 60원의 비율로 소비자와 판매자에게 전가되는 경우를 가정하였다. 그런데 실제로는 조세부과가 소비자와 공

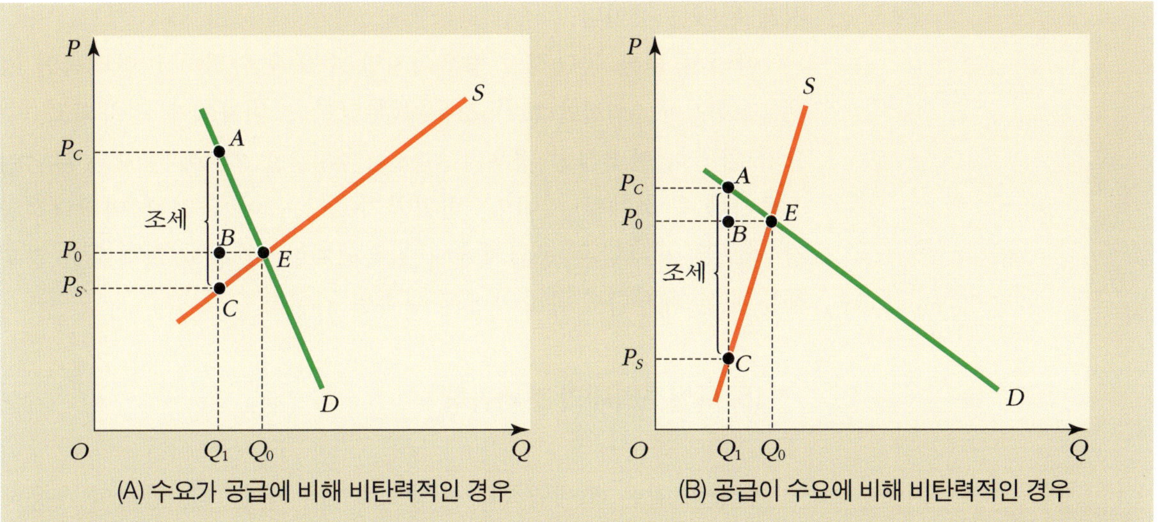

그림 6-21 조세부과와 부담의 비율
그림 (A)는 공급이 수요에 비해 탄력적인 상황을 나타낸다. 이때 세금이 부과되면 가격변화에 상대적으로 민감하게 대응하는 공급자의 세금부담 비중은 수요자에 비해 낮아진다. 반면, 그림 (B)는 수요가 공급에 비해 탄력적인 상황을 나타낸다. 이때 세금이 부과되면 가격변화에 상대적으로 민감하게 대응하는 수요자의 세금부담 비중은 공급자에 비해 낮아진다.

급자 중 누구에게 더 많은 부담을 주게 될까?

[그림 6-21]은 수요와 공급곡선의 탄력성이 서로 다른 두 경우에 소비세(판매자에게 부과되든 소비자에게 부과되든 결과는 마찬가지임) 부과가 미치는 영향을 보여 주고 있다. 그림 (A) 경우는 공급이 가격에 대하여 상당히 탄력적이지만 수요는 상대적으로 비탄력적인 경우이다. 그리고 그림 (B) 경우는 가격에 대하여 수요가 공급보다 탄력적인 상황을 나타내고 있다.

두 경우 모두 P_CP_S 크기의 소비세나 부가가치세가 부과될 경우, 실제로 소비자는 P_C가격을 지불하되 판매자는 P_S만큼의 수익을 얻게 되며, 따라서 소비자와 공급자 간의 부담은 $AB:BC$의 비율로 나타날 것이다. 따라서 그림 (A) 경우에는 소비자의 부담이, 그리고 그림 (B) 경우에는 생산자의 부담이 상대적으로 커지게 된다.

결국 상대적으로 탄력성이 큰 쪽이 상대적으로 비탄력적인 상대보다 부담이 적게 된다는 결과가 도출된다. 세금부과에 따른 거래가격 인상에 대해 보다 민감하게 수요 또는 공급량을 조절하는 쪽이 세부담을 덜 지게 되고, 가격인상에 상대적으로 둔감한 쪽이 부담을 더

지게 된다는 것이다.

따라서 물론 극단적인 경우이지만 수요가 완전히 비탄력적인 경우(수요곡선이 수직선인 경우) 모든 세부담은 소비자에게 전가되고, 수요가 완전히 탄력적인 경우(수요곡선이 수평선일 경우)에는 모든 부담이 공급자에게 전가될 것이다. 마찬가지로 공급이 완전히 비탄력적일 경우 모든 세부담은 공급자에게 귀속되지만, 완전히 탄력적인 경우에는 모든 세부담이 수요자에게 귀속될 것이다.

(5) 특별소비세의 조세귀착

그렇다면 한국에서 오랫동안 자주 활용해 오고 있는 특별소비세의 부과효과는 어떠할까? 수요의 가격탄력성이 큰 것으로 평가되는 고가 사치품에 특별소비세가 부과되면 부담은 공급자에게 더 많이 귀속될 뿐만 아니라 소비억제효과가 발생할 수 있다는 것이 당초 특소세 도입취지라 할 수 있다. 그러나 졸부들이 즐비한 한국의 경우 고가품에 대한 수요의 가격탄력성이 매우 낮을 수도 있어, 특소세로 인한 부담이 오히려 소비자에게 더 많이 귀속될 뿐만 아니라 국내생산은 위축되고 해외로부터의 수입은 증대되는 결과를 촉발시킬 수도 있다는 견해가 제시되고 있다.

이상과 같은 조세귀착의 특성으로 미루어 볼 때, 한국이 운용해 오고 있는 **특별소비세**가 어떤 결과를 초래할지 쉽게 짐작할 수 있다. 특별소비세란 대형냉장고와 TV, 승용차 등의 사치품에 부과되는 세금으로 부담능력이 높은 소비자로부터 세금을 걷어들이되 가능한 한 사치스러운 소비를 억제하는 효과를 얻기 위해 도입된 세제이다. 일반적으로 사치품 수요의 가격탄력성은 높기 때문에 공급이 수요보다 더 탄력적이지만 않다면 특별소비세의 부담은 공급자 쪽에 더 많이 귀속될 가능성이 높다고 예상할 수 있다.

그러나 수입고급모피나 보석 같은 사치품의 가격에는 아랑곳하지 않는 졸부들의 수요의지는 굳건하여 매우 가격비탄력적인 반면, 수입자유화 진전에 따라 수입품의 공급이 매우 원활하다면(즉, 매우 탄력적인 공급곡선이 유지된다면) 특별소비세는 소비자에게 상대적으로 더 큰 부담을 안겨 줄 것이다.

그런데 이 시점에서 한 가지 검토해 보아야 할 사항이 있다. 후자의 경우는 당초의 특별소비세 도입의 취지 중 하나인 소비자부담 증대효과가(소비가 많이 줄지는 못하였더라도) 십분 발휘될 것으로 예상할 수 있다. 그러나 전자의 경우, 특별소비세 부과가 오히려 생산자 쪽에 더 많이 귀속된다면, 이는 생산비 상승효과를 초래하여 공급축소 및 고용감소로 연결될 가능성이 높아 국민경제에 해가 될 수도 있다는 사실이다. 특별소비세 부과대상을 선정함에 있어 대상품목의 조세귀착효과에 대하여 사전에 면밀히 검토할 필요가 있을 것이다.

07 소비자잉여와 생산자잉여

본항에서는 자유로운 수요 · 공급행위에 의해 시장균형가격이 결정되고 거래되는 경우에 자원이 최적적으로 배분된다는 논리를 설명하는 데에는 순사회편익 개념이 매우 유용하므로 이를 도출 · 활용해 보고자 한다.[3] 이 개념은 예컨대 조세부과가 소비자와 생산자에 전가된 만큼 정부의 수입이 증가하므로 사회 전체적으로는 손실이 없다는 식의 주장을 평가할 수 있는 논거를 제시해 줄 수도 있다.

이상에서 우리는 자유로운 시장행위에 비해 각종 가격제한이나 조세부과는 다양한 문제를 유발시키게 됨을 확인할 수 있었다. 이러한 문제점의 내용과 정도를 평가하기 위한 개념으로는 소비자잉여(consumer's surplus)와 생산자잉여(producer's surplus) 그리고 순사회편익(net social benefit) 개념 등이 있다.

(1) 소비자잉여

수요곡선은 일정한 가격을 지불하고 구매할 의사가 있는 재화의 양을 나타낸다. 그리고 이러한 수요곡선은 우하향한다는 수요의 법칙을 정립한 바 있다. 따라서 가격이 매우 높은 경우 수요량은 단 한 개에 그칠 수도 있다. 이때의 수요란 그만큼 높은 값을 치르고도 구입할 의사를 반영하는 것이다. 이 경우 소비자는 자신이 지불할 의사가 있는 금액만큼의 만족을 얻을 수 있다는 의미가 된다.

그런데 점차 가격이 낮아지면 구입희망자가 증가할 것이다. 일단 시장에서는 실제로 P_0가격으로 Q_0개가 거래되었다고 가정하자. 이 경우에 처음 구입자(김씨)는 P_1수준의 가격을 지불할 의사가 있었고, 두 번째 구입자(이씨)는 P_2수준, 그리고 세 번째 구입자(박씨)는 P_3수준의 가격을 지불할 의사(willingness to pay)가 있었으며, 아울러 대응되는 수준의 만족(또는 효용)을 느낄 수 있는 것으로 해석할 수 있다. 따라서 김 · 이 · 박 · 최 · 오씨 다섯 사람이 각각 한 개씩 총 다섯 개가 시장에서 구입되었을 때 소비자들 전부가 갖는 총만족도 또는 총효용은 [그림 6-22]의 (A)에서 5개 기둥의 높이를 합한 값과 같다.

그런데 실제로는 시장에 다섯 명의 구매자가 동시에 등장함으로써 개당 시장가격이 P_0에서 결정될 수 있었던 것이며, 따라서 이들 소비자가 얻은 총효용은 이들이 실제 지불한 금액(분홍색 사각형 부분)보다 (B)에서 파란색 삼각형 부분만큼 많아진다고 볼 수 있다. 이를 **소**

③ 자원의 배분이 사람들의 경제적 후생에 미치는 영향을 분석하는 경제학의 한 분야로 후생경제학(welfare economics)이 있다. 예컨대, 시장참여자(수요자와 공급자)가 시장에 참여함으로써 얻는 이익의 총량을 순사회편익 또는 후생이라 부르는데, 이는 자유로운 시장의 균형점에서 극대화되는 것으로 분석되고 있다.

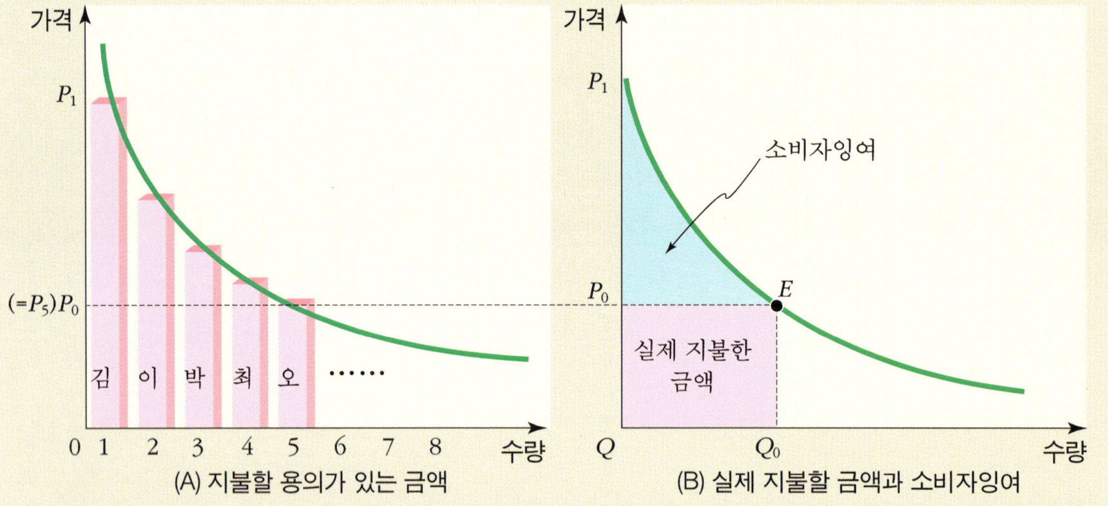

그림 6-22 소비자잉여

개인별 가격기둥의 높이는 개별 소비자가 지불할 용의가 있는 가격의 높이를 나타낸다. 그림 (A)는 김 · 이 · 박 · 최 · 오 다섯 사람이 지불할 용의가 있는 가격수준이 분홍색 사각형으로 표시되어 있다. 실제로는 한 재화에 대해 수없이 많은 수요자가 존재할 것이며, 이때 개별 소비자가 지불할 용의가 있는 가격수준을 나타내는 기둥들을 모두 고려할 경우 시장가격 변화에 따른 지불의사가 있는 수요량의 집합은 녹색 곡선과 같이 표현될 수 있는데, 이것이 수요곡선을 구성하는 것이다.

그런데 그림 (B)에서와 같이, 시장가격이 P_0로 주어질 경우, 소비자들이 지불할 의사가 있는 가치의 합 또는 소비자들이 얻을 수 있는 효용의 합은 OP_1EQ_0와 같아지는 반면, 실제 지불하는 금액은 그 일부분인 OP_0EQ_0로 나타난다. 따라서 그림 (B)에서 파란색으로 표시된 P_1EP_0크기의 소비자잉여가 발생한다.

소비자가 어떤 재화를 구입할 때 지불할 용의가 있는 금액의 합에서 실제로 지불한 금액을 뺀 나머지를 소비자잉여라 한다([그림 6-22] (B) 참조).

비자잉여(consumer's surplus)라 한다.

즉, [그림 6-22]의 (B)에서 소비자들은 P_0가격으로 Q_0만큼을 구입할 경우, 총OP_1EQ_0만큼의 효용을 얻을 수 있는 반면, OP_0EQ_0만큼만을 실제로 지불하는 셈이 된다. 따라서 실제 지불한 대가에 비해 P_1EP_0만큼의 초과효용을 얻게 된다. 바로 이처럼 소비자가 어떤 재화를 구입할 때 지불할 용의가 있는 금액의 합에서 실제로 지불한 금액을 뺀 나머지를 소비자잉여라 한다. 물론 개별적으로는 김씨의 소비자잉여가 가장 크고, 이씨 · 박씨 · 최씨 순으로 점차 감소하여 마지막 구입자인 오씨의 소비자잉여는 0이 된다고 볼 수 있다. 이는 지불용의가 큰 수요자일수록 상대적으로 큰 소비자잉여를 갖게 된다는 의미로 이해할 수 있다. 또는 자유로운 시장은 지불용의가 큰 수요자에게 우선적으로 공급할 재화를 배분한다는 의미를 부여할 수도 있다.

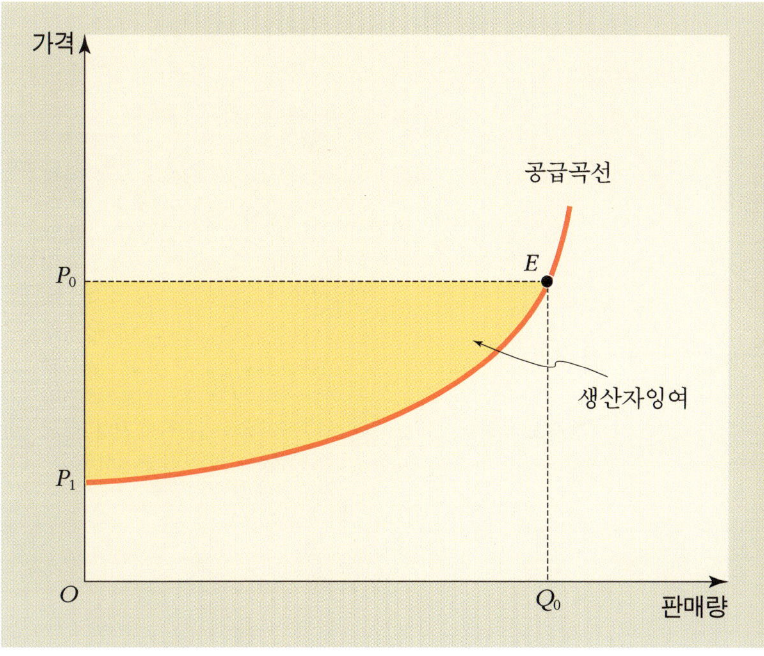

그림 6-23 생산자잉여
빨간색으로 표시된 공급곡선의 높이는 개별 공급자들이 재화를 공급하고자 할 때 받기를 희망하는 최소한의 금액들을 반영한다.

생산자잉여는 개별 공급자가 공급의 대가로 실제로 받은 금액에서 받기를 희망하였던 금액들의 합을 뺀 부분의 총합으로 계산되므로, 시장가격 P_0하에서는 노란색으로 표시된 P_0EP_1만큼의 생산자잉여가 발생된다.

(2) 생산자잉여

한편, 공급곡선이란 생산자가 일정한 대가를 받고 판매할 의사가 있는 재화의 양을 나타낸다. 그리고 이러한 공급곡선은 우상향한다는 공급의 법칙을 정립한 바 있다. 따라서 가격이 매우 낮은 경우, 공급자는 단 한 회사로 그칠 수도 있다. 이때의 공급이란 생산자가 최소한 그만한 대가를 받고 판매할 의사를 반영하는 것이다. 이 경우의 대가란 생산자가 느낄 수 있는 기회비용의 크기가 될 수도 있고, 생산자가 정상이윤을 내며 생산할 수 있는 최소한의 비용을 반영할 수도 있다. 따라서 보다 낮은 가격에서 공급할 수 있는 공급자일수록 효율적인 생산자라 할 수 있다.

한편, 가격이 점차 높아지면 생산자가 공급할 의사가 있는 양은 증가할 것이다. 만약 P_0가격에서 Q_0개 생산자의 재화가 판매되었다고 가정하자. 이 경우에 전체 생산자집합은 실제로 [그림 6-23]에서 사각형(OP_0EQ_0)의 판매수입을 얻게 된다. 이것은 재화의 공급자가 하나씩 증가되어 나가는 과정에서 각 공급자가 최소한 받기를 희망하였던 대가의 총액보다 노란색으로 표시된 부분(P_0EP_1)만큼 많은 셈이다. 바로 이때 생산자들이 어떤 재화를 판매할 때 실제로 받은 대가

한편, 전체 생산자들이 어떤 재화를 판매할 때 실제로 받은 금액에서 개별 생산자들이 최소한 받기를 희망하였던 대가들의 합을 뺀 나머지를 생산자잉여라 한다([그림 6-23] 참조).

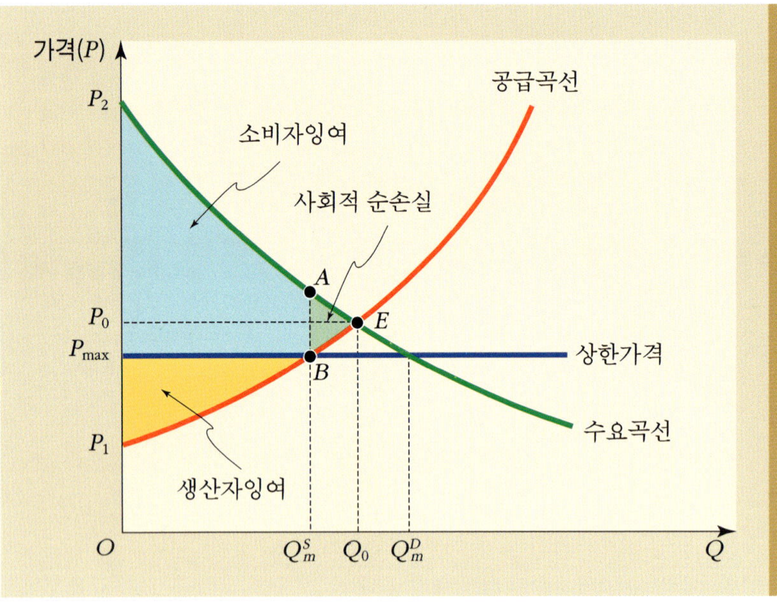

그림 6-24
가격제한정책과 순사회편익
순사회편익은 소비자잉여와 생산자잉여의 합으로써 그림상의 P_1P_2E에 해당된다. 이때 시장에 최고가격제가 도입되어 시장가격이 P_{max}가 된다면 생산량은 Q^S_m수준으로 위축되고 새로운 균형은 점 B에서 형성된다.
이때 최고가격 P_{max}하의 소비자잉여는 $P_{max}P_2AB$가 되고, 공급자잉여는 $P_1P_{max}B$가 되므로 순사회편익은 P_1P_2AB와 같아지게 된다. 결국 가격제한 이전에 비해 총사회후생은 ABE만큼 감소하게 된다.

에서 각 생산자들이 최소한 받기를 희망하였던 대가들의 합을 뺀 나머지를 **생산자잉여**(producer's surplus)라 한다.

물론 이 경우에도 첫 번째 공급자의 생산자잉여가 가장 크고, 참여순으로 점차 생산자잉여는 감소하다가 마지막 참여자의 생산자잉여는 0이 되는 현상이 나타날 것이다. 이는 보다 효율적인 생산자일수록 시장균형가격상의 거래에서 보다 큰 이익을 쟁취할 수 있다는 의미를 갖는다.

(3) 순사회편익

소비자잉여와 생산자잉여의 합으로 정의되는 순사회편익은 자유로운 경쟁행위를 통해 이루어지는 균형 상태에서 극대가 된다.

이번에는 소비자의 수요와 생산자의 공급행위가 시장에서 서로 대응하여 균형을 이루는 상황을 살펴보자.

[그림 6-24]에서처럼 시장에서는 점 E에서 균형이 발생하여 P_0 가격으로 Q_0만큼이 거래될 것이다. 이러한 교환의 결과 소비자는 P_0P_2E만큼의 소비자잉여를 얻게 되었고, 생산자는 P_1P_0E만큼의 생산자잉여를 얻게 되었다. 따라서 사회 전체적으로는 소비자와 생산자, 모두를 합쳐 총 P_1P_2E만큼의 잉여가 발생한 셈이다. 이를 **순사회편익**(net social benefit)이라 한다.

1) 가격제한의 경우

반면 최저가격제가 도입되거나

이러한 사회편익은 시장이 자유로운 수요 · 공급행위에 의해, 점 E와 같은 점에서 거래가 이루어질 때 극대화된다고 알려져 있다. 그리고 순사회편익이 극대화될 경우 자원배분이 가장 효율적으로 이루어지는 것으로 이해할 수 있다. 그런데 최고가격제가 시장에 도입되어 시장가격이 $P_{\max}$ 이상으로는 올라갈 수 없게 된다고 가정해 보자. 이 가격에서 소비자는 Q_m^D만큼 구매할 의사가 있을 것이지만, 생산자는 Q_m^S만큼만 판매할 의사가 있게 된다. 이때 생산자의 합리적 행위는 $Q_m^D Q_m^S$만큼의 초과수요가 발생함에도 불구하고 Q_m^S만큼을 생산하여 판매하는 것이 될 것이다. 이와 같은 경우 순사회편익은 P_1P_2AB와 같은 사다리꼴 면적만큼 발생할 것이다. 자유로운 교환에서 발생할 수 있었던 순사회편익(P_1P_2E)에 비해 ABE만큼 줄어든 셈이다. 따라서 자유시장경쟁이 왜 바람직한지를 시사해 주는 좋은 예라 하겠다.

이번에는 생산요소시장 중 노동시장에 최저임금제가 도입되는 경우를 고려해 보자. 최저임금제란 경제가 발전되어 선진화되어 가는 과정에서 많은 국가들이 노동자들의 생존에 필요한 수준의 소득, 또는 최소한 인간답게 살기 위해 필요한 소득수준을 감안하여 어떤 유형의 노동이든지 이들을 고용할 때 지불해야 할 최소한의 임금수준을 법적으로 규정하고 있다. 한국의 경우 2009년 이후 현재까지 최저임금제 수준은 시급 4,000원으로 설정되어 있는데, 이러한 최저임금선은 시간경과에 따라 물가수준과 경제성장률 등을 감안하여 개편해 간다. 한국은 이 제도를 2002년도에 처음 도입한 이후 현재까지 네 차례 하한선을 개편하여 왔다.

이러한 최저임금제의 도입은 사회정의나 사회윤리적 통념상 긍정적인 것으로 인식되어 왔다. 그러나 이러한 정부의 시장개입은 바람직하지도 않고, 오히려 노동자집단은 물론 기업에게도 손실을 초래한다는 의견이 자주 제기되기도 하였다.

[그림 6-25]에서처럼 최저임금이 $W_{\min}$수준에 설정될 경우, 순사회편익이 감소되는 것은 물론이고, E_1E_2만큼의 비자발적 실업이 발생하기 때문이다. 최저임금인 $W_{\min}$만큼을 주고 고용한 사람이 $W_{\min}$ 이상의 부가가치를 창출할 능력이 없다면 기업이 이들을 고용할 것이라 기대할 수는 없을 것이다.

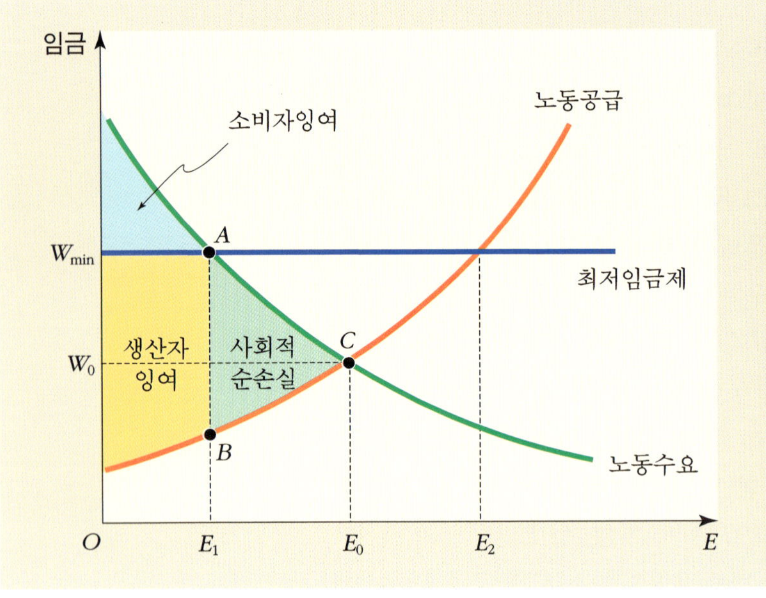

그림 6-25
최저임금제와 순사회편익
최저임금제가 도입되는 경우 순사회편익은 *ABC*만큼 감소하게 된다. 그리고 최저임금제 도입 이전에 비해 E_2-E_1만큼의 실업자가 발생하게 된다.

최고가격제가 도입될 때

한편, 가격상한제가 순사회편익에 미치는 영향을 별도로 고려할 수도 있다. 그러나 이는 가격의 최고한도를 법적으로 제한한다는 점에서는 가격하한제와 다르지만, 이로 인해 발생하는 순사회편익의 손실은 가격하한제의 경우와 동일하므로 이에 관해서는 별도의 설명을 생략한다. 독자 스스로 상황을 설정하여 추론해 보기를 바란다.

여하튼 이상의 논의에서 우리는 자유로운 시장은 지불용의가 가장 큰 수요자 순으로, 그리고 가장 저렴하게 생산 또는 공급할 용의가 있는 공급자 순으로 자원이 배분되도록 하며, 자유로운 시장의 수요 · 공급을 통한 거래는 소비자잉여와 생산자잉여의 합, 즉 순사회편익을 극대화한다는 사실을 확인할 수 있었다.

2) 조세부과의 경우

또는 조세가 부과되면 순사회편익, 즉 경제적 총잉여는 감소하고 결과적으로 시장은 자원의 효율적 배분에 실패하게 된다.

이번에는 조세가 부과되는 경우에 순사회편익에 어떤 영향을 미치는지 검토해 보기로 한다.

본장 제6절에서 분석한 바 있듯이, 만일 *EF*만큼의 세금이 부과되면 공급곡선은 같은 크기만큼 상향이동하게 될 것이다. 그런데 세금부과 이전에는 시장균형이 점 *E*에서 형성되어 P_0의 가격으로 Q_0만큼이 거래될 수 있었으나, 세금부과 이후에는 새로운 균형이 점 *C*에서 형성되므로 P_d의 가격으로 Q_1만큼만 거래된다. 물론 이때 소비

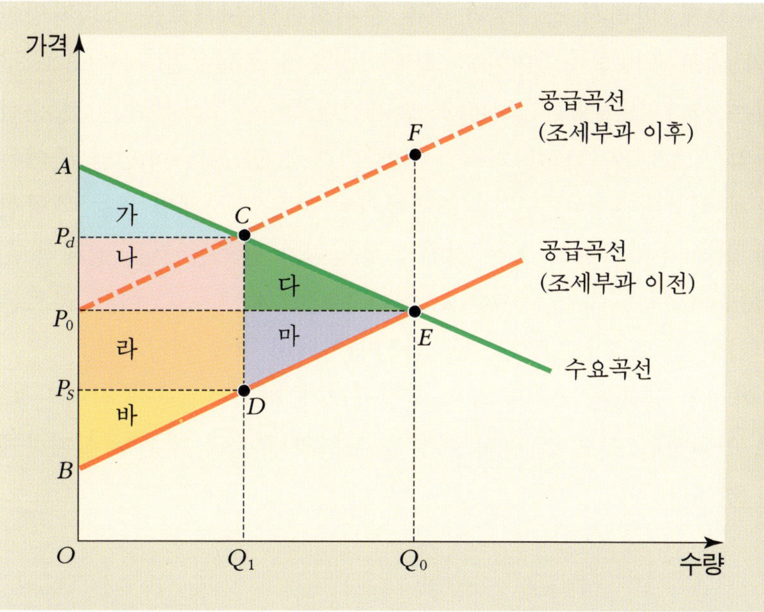

그림 6-26
조세부과와 순사회편익의 손실
세금이 부과되어 공급곡선이 상방으로 이동하고 새로운 균형이 점 C에서 형성되면 소비자잉여는 (나+다)만큼 감소하고, 생산자잉여 또한 (라+마)만큼 감소한다.

그런데 소비자잉여 및 생산자잉여의 감소분(나+다+라+마)이 조세수입의 증가분(나+라)보다 (다+마)만큼 크므로 결국 조세부과는 (다+마)만큼의 경제적 순손실을 초래하게 된다.

표 6-6 조세부과의 효과

	조세부과 이전	조세부과 이후	변화
소비자잉여	가+나+다	가	(나+다)만큼 감소
생산자잉여	라+마+바	바	(라+마)만큼 감소
조세수입		나+라	(나+라)만큼 증가
순사회편익 (경제적 총잉여)	가+나+다+라+마+바	가+나+라+바	(다+마)만큼 감소

자는 P_d의 가격을 지불하게 되지만, 공급자는 CD만큼의 세금을 뺀 P_S만큼의 판매수입을 얻게 된다. 이러한 상황과 관련하여 발생한 순사회편익 변동내용을 정리해 보면 다음과 같다.

첫째, 세금부과 이전의 순사회편익은 $\triangle ABE$(가+나+다+라+마+바)가 되며, 이 중 $\triangle AP_0E$(가+나+다)는 소비자잉여, 그리고 $\triangle P_0BE$(라+마+바)는 생산자잉여에 해당된다.

둘째, 세금부과 이후 소비자잉여는 $\triangle AP_dC$(가)로서 세금부과 이전에 비해 $\square P_dP_0EC$(나+다)만큼 감소한다.

셋째, 세금부과 이후 생산자잉여는 $\triangle P_SBD$(바)로서 세금부과 이전에 비해 $\square P_0P_SDE$(라+마)만큼 감소한다.

넷째, 반면 정부는 한 단위당 CD만큼의 세금을 Q_1만큼의 거래량에 부과함으로써 $\square P_dP_SDC$(나+라)만큼의 조세수입을 얻는다.

다섯째, 따라서 조세부과 이후 순사회편익은 새로운 소비자잉여(가)와 새로운 생산자잉여(바), 그리고 정부의 조세수입(나+라)으로 구성되는 사다리꼴(가+나+라+바)과 같아진다. 이는 조세부과 이전 순사회편익 $\triangle ABE$(가+나+다+라+마+바)에 비해 $\triangle CDE$(다+마)만큼 줄어든 수준에 해당된다. 이와 같이 조세부과와 같은 시장개입 또는 왜곡현상에 의해 순사회편익 또는 경제적 총잉여가 감소한 것을 경제적 순손실(deadweight loss, 자중손실 또는 사중손실이라고도 함)이라 부르는데, [그림 6-26]의 $\triangle CDE$, 즉 (다+마)영역이 이에 해당된다.

이러한 결과는 조세부과로 시장규모가 최적수준보다 작아진 데 주로 연유하는 것으로, 결국 시장은 자원의 효율적 배분에 실패하게 되는 것이다.

제 3 편 상품시장: 가계의 수요와 기업의 공급행위

본편에서는 우선 상품시장에서 수요의 주체가 되는 가계의 소비행위와 공급의 주체가 되는 기업의 생산행위를 각각 소비자이론과 생산자이론이란 표제하에 논의할 것이다. 그런 연후에 이러한 수요 · 공급행위가 발생하는 상품시장의 구체적 형태에 관하여 살펴볼 것이다. 즉, 개별 수요자와 공급자가 시장가격에 영향을 미치지 못할 만큼 그 수가 매우 많은 완전경쟁시장과 공급자가 단지 하나, 둘 또는 소수밖에 없을 때 나타나는 독과점시장이나 독점적 경쟁시장의 경우 과연 시장가격과 거래량은 어떻게 결정되며, 또 어떠한 경제적 효과가 초래되는지에 대하여 살펴보게 될 것이다.

제7장 가계의 상품수요행위: 소비자이론

본장에서는 상품시장에서 수요의 주체인 가계의 수요행위에 관한 논리를 소비자이론이라는 제목하에 소개할 것이다. 소비자이론의 핵심은 소비자가 제한된 소득으로, 어떻게 상품을 구매하는 것이 가장 합리적인 의사결정행위라 할 수 있는지를 밝히는 데 있다. 이러한 논리의 정립과정에서 이른바 수요의 법칙이 도출될 것이다.

우리는 제1편에서 자원의 희소성으로 인한 인간의 합리적 선택행위에 대하여 살펴보았고, 이러한 경제행위가 자유롭게 추구될 수 있는 자본주의 시장경제에서 이해가 상반되는 수요자 및 공급자의 행위가 어떻게 시장가격과 거래량을 결정해 나가는지에 대한 기본원리를 살펴보았다.

가계, 기업, 정부 그리고 외국이라는 네 가지 경제주체 중 민간부문의 주체라 할 수 있는 가계와 기업의 수요 · 공급행위만을 독립적으로 고려할 경우, 이들의 행위는 크게 보아 상품시장과 생산요소시장에서의 활동으로 구분될 수 있다. 그 중 본장에서는 상품시장에서의 가계의 수요행위를 다루게 될 것이다.

상품시장에서 가계의 수요행위는 **'소비자이론'**(consumer theory)이라 부르기도 한다. 여기서는 가계가 생산요소를 판매한 대가로 얻은 소득이라는 제한된 재원을 어떻게 합리적인 의사결정을 통하여 효용 또는 만족을 극대화할 수 있는지에 대한 논의를 전개하게 된다. 그리고 이러한 논의는 재화에 대한 수요는 가격에 반비례한다는 수요의 법칙이 성립되는 보다 근본적인 원인에 대한 설명을 제공해 줄 수 있다는 데에서 그 의의를 찾을 수 있다.

본장에서는 상품시장에서의 가계의 수요행위, 즉 소비자이론(consumer theory)에 대해 논의할 것이다. 그리고 가계가 생산요소를 판매하여 얻은 제한된 재원을 가지고 어떻게 극대만족을 얻을 수 있는지에 관한 논리를 전개함으로써 수요의 법칙(law of demand)이 성립함을 증명하게 된다.

이와 같은 소비자의 합리적 소비행위는 이른바 한계효용이론과 무차별곡선이론이라고 불리는 논리체계를 통하여 분석될 것이다.

01 소비자의 합리적 선택과 효용

소비자의 재화 및 서비스에 대한 욕구는 무한할 것이다. 그러나 이를 취득하는 데 필요한 소득은 제한되어 있다. 따라서 소비자는 주어진 소득 내에서 어떻게 소비하는 것이 가장 만족스러울 것인지에 대하여 고민하고, 가장 합리적인 방법으로 소비계획에 대한 의사를 결정해 나갈 것이다.

예컨대, 부모로부터 월별로 약 30만 원 정도의 용돈을 받아쓰고 있는 학생의 경우, 이를 단순히 하루 만 원 정도씩을 할애하여 주로 점심값과 교통비로 쓸 수도 있고, 도시락을 싸가지고 다니며 아낀 돈으로 어학공부 비용으로 지출할 수도 있다. 그리고 월 300만 원 정도 수입밖에 없는 가장이 그저 생활비로 이를 다 써버릴 수도 있고, 이 중 일부를 절약하여 보다 나은 직장을 구하는 데 필요한 기술을 배우거나, 또는 자녀교육에 더 많은 돈을 쓸 수도 있다. 개인마다 취향이 다르므로 최종적인 선택의 내용은 상이할 것이다. 그러나 각자 나름대로 가장 만족스러운 선택을 하려고 노력할 것이다.

여하튼 이러한 소비자의 선택이 각각 어느 정도의 만족을 주었는지, 그리고 그것이 과연 최적의 선택이었는지를 확인하기 위해 우리는 적절한 논리를 개발할 필요가 있다.

(1) 효　용

그렇다면 과연 소비자의 어떤 선택이 최적이었는지를 어떻게 확인할 수 있을까? 이를 위해 우선 우리는 만족의 정도를 나타내는 효용(utility)이라는 개념을 창출하되 이를 '유틸'이라는 단위로 계측할 수 있다고 가정한다. 따라서 최적선택이란 여러 선택가능한 소비계획 중 계측된 '유틸'의 합이 최대인 것을 선택하는 것이라 할 수 있다.

소비자의 만족을 객관적 지표로 계측하는 것은 불가능하다. 따라서 논의의 편의상 만족의 정도를 나타내는 **효용**(utility)을, 예컨대 유틸(util)이란 단위로 측정이 가능한 것으로 가정한다. 그런 다음 소비자가 소비하려고 선택한 재화들로부터 얻을 수 있는 만족도를 바로 이 '유틸'이란 단위로 계측한다. 여러 가지 선택가능한 소비계획 중 이렇게 계측한 '유틸'의 합이 최대인 것을 소비자가 선택할 경우 소비자는 최적의 선택을 한 것으로 간주하는 것이다.

모든 선택이란 일종의 기회비용을 유발시킨다. 따라서 소비자의 선택은 다른 선택으로부터 얻을 수 있는 효용을 포기한 대가로 얻어진다고 볼 수 있다. 이런 측면에서 볼 때, 소비자의 최적선택으로 인한 기회비용은 선택가능한 모든 여타 경우의 기회비용보다 낮아지게 된다고 볼 수도 있다.

(2) 한계효용 체감의 법칙

운동 후 시원한 맥주 한 잔은 매우 상쾌한 만족을 줄 것이다. 개인의 주량에 따라 다르겠지만, 맥주를 두 잔, 세 잔, ……추가하여 마신다면 아마도 추가로 마신 맥주(잔)로부터 얻는 만족감은 점차 낮아질 것이다. 그리고 계속해서 맥주를 더 마실 생각이 있는 한 마지막 한 잔의 맥주에서도 전보다 낮아지기는 하였지만 여전히 만족을 느낄 수 있다는 의미가 된다. 여하튼 이때 최종적으로 일곱 잔의 맥주를 마셨다고 하면 이때까지 얻은 만족감의 총합을 우리는 **총효용**(total utility)이라 부르고, 매 잔을 추가할 때마다 마지막으로 추가된 잔으로부터 얻는 만족감을 **한계효용**(marginal utility)이라 부를 수 있다. 그리고 이와 같이 한계효용이 점차 감소하는 현상을 **한계효용 체감의 법칙**(law of diminishing marginal utility)이라 한다.

한편, 어떤 소비선택에서 얻은 만족감의 총합을 총효용(total utility)이라 하고, 마지막 단위를 소비함으로써 증가된 만족감을 한계효용(marginal utility)이라 부르는데, 이러한 한계효용은 체감한다는 법칙(law of diminishing marginal utility)이 성립되는 것으로 알려져 있다. 따라서 한계효용은 심지어 '0' 또는 '−'가 될 수도 있으며, 한계효용이 '0'일 때 총효용이 극대가 된다([그림 7-1] 참조).

〈표 7-1〉은 맥주소비량 증가에 따라 총효용은 증가하나 한계효용은 체감하는 가상적인 내용을 나타내 주고 있다. 물론 자신의 주량을 무시하고 과음을 하면, 그것도 동석한 친구들의 반강요로 이루어졌다면 아마도 한계효용은 '0' 또는 마이너스(−)가 될 수도 있다. 물론 이 한계점을 넘는 행위란 합리적 선택이라 볼 수 없으며, 따라서 [그림 7-1]에서 총효용이 감소하거나 한계효용이 마이너스가 되는 비합리적 선택영역(점선부분)은 분석대상에서 제외된다.

표 7-1 총효용과 한계효용

맥주소비량(잔)	총효용(유틸)	한계효용(유틸)
0	0	
1	20	20
2	35	15
3	45	10
4	52	7
5	57	5
6	61	4
7	64	3

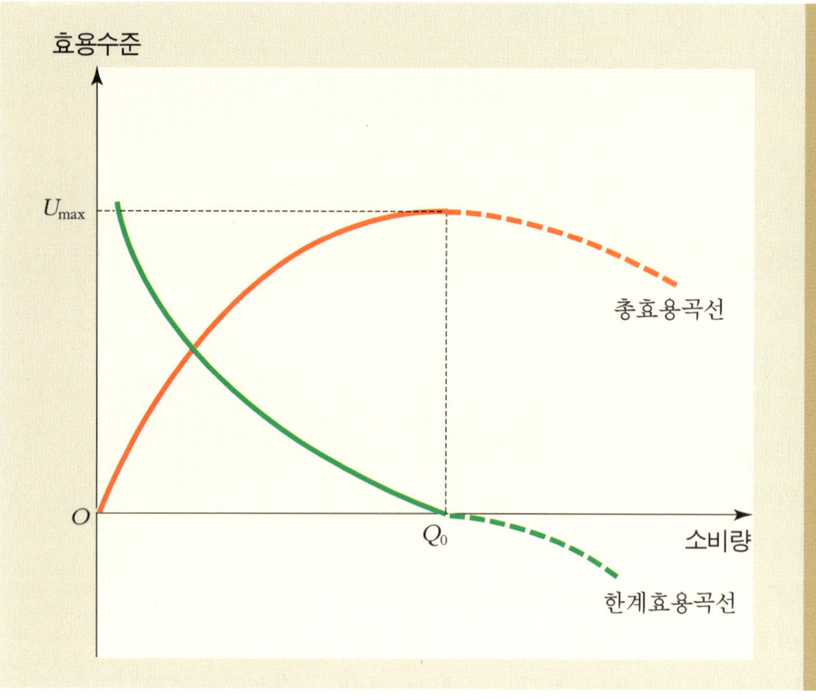

그림 7-1
총효용곡선과 한계효용곡선
이 그림은 한 소비자의 총효용곡선과 한계효용곡선 간의 관계를 나타낸 것이다. 소비량이 증대함에 따라 총효용은 증가하지만 그 증가폭은 점차 줄어든다. 한 단위 소비량이 증가됨에 따라 추가적으로 증가하는 효용의 크기, 즉 한계효용이 감소하기 때문이다.

그러나 한계효용이 '+' 값을 갖는 한 총효용은 증가할 것이지만 '-' 값을 갖기 시작하므로 총효용도 감소하게 된다. 따라서 총효용은 한계효용이 '0'이 될 때 최대값을 갖는다.

02 무차별곡선을 이용한 소비행태 분석

지금까지는 소비자의 합리적 선택과정에서 얻어지는 소비자의 효용을 일단 유틸이라는 가상적 개념으로 측정이 가능하다고 가정한 후 같은 재화를 한 단위씩 더 추가하여 소비할 때 증가되는 효용의 증가분, 즉 한계효용이 감소하는 경향이 있다는 법칙에 대하여 살펴보았다.

그러나 소비자의 만족도를 객관적 수치로 계측할 수는 없는 일이어서, 결국 계측불가능한 개념에 의존하지 않고 소비자의 합리적 선택행위를 분석할 수 있는 방안은 별도로 고안되었다.

그러나 현실적으로는 소비자가 느끼는 주관적인 만족도를 객관적 수치로 계측할 수는 없다. 단지 논리전개상 만족도의 크기가 변화하는 내용을 구체적 수치로 제시하여 현실감 있는 설명을 제공하기 위해 편의상 가측성을 가정한 것뿐이다.

따라서 지금부터는 이러한 비현실적 가정에 의존하지 않고도 소비자의 합리적 선택행위를 분석할 수 있는 방안을 별도로 활용해 보고자 한다.

(1) 무차별곡선

소비자가 소비하는 재화를 편의상 두 가지로 한정하여 구분할 수 있다고 가정한다. 예컨대, 소형 도넛과 귤만으로 점심식사를 하는 소비자가 있다고 하자. 도넛은 간편하고 신속하게 먹을 수 있다는 측면에서 강점이 있고, 귤은 건강에 좋다는 측면에서 강점이 있다. 따라서 소비자는 두 가지를 적절히 배합하여 점심식사를 대신한다고 보자.

이때 도넛의 수와 귤의 수의 조합 중 소비자는 도넛 5개와 귤 1개, 도넛 3개와 귤 2개, 도넛 2개와 귤 4개, 도넛 1개와 귤 7개 중 어느 것을 선택하든 똑같은 만족을 느낀다고 가정해 보자. 이와 같이 서로 다른 두 재화의 조합 중 똑같은 수준의 만족을 주는 조합을 하나의 그래프로 표현한 것을 **무차별곡선**(indifference curve)이라 한다.

예컨대, 서로 다른 두 재화의 조합 중 똑같은 수준의 만족을 주는 재화의 조합을 연결한 무차별곡선(indifference curve) 개념을 활용하는 방안이다.

[그림 7-2]는 앞서의 예에서 소비자에게 똑같은 수준의 만족을

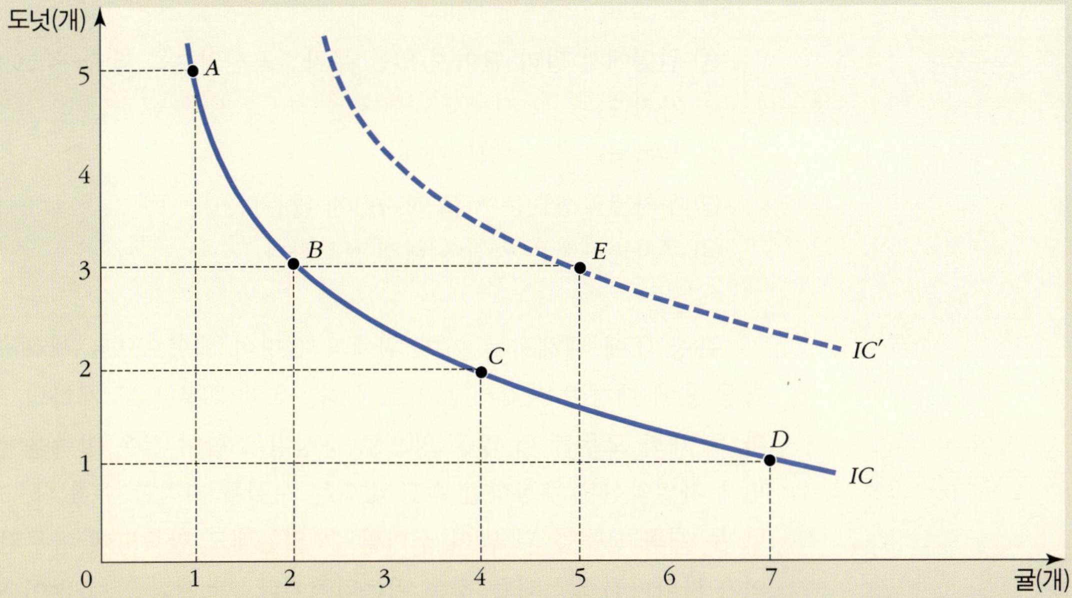

그림 7-2 무차별곡선
동일한 만족을 줄 수 있는 두 재화 소비량의 다양한 조합을 그림으로 표현한 것을 무차별곡선이라 한다. 따라서 원점에서 먼 무차별곡선일수록 보다 높은 수준의 만족을 주게 된다.

예컨대, 점 *E*는 점 *B*에 비해 도넛소비량(3개)은 동일하지만 귤소비량이 3개(5−2=3) 더 많기 때문에 점 *E*를 지나는 무차별곡선이 점 *B*를 지나는 곡선보다 큰 만족을 주게 된다.

주는 재화의 조합을 연결한 무차별곡선을 나타낸 것이다. 따라서 같은 무차별곡선상의 점 A, B, C와 D는 동일한 만족을 주므로 소비자의 선택은 이 네 점에서 무차별하다고 볼 수 있다. 따라서 무차별곡선을 **등효용곡선**(equal-utility curve)이라고도 부른다.

(2) 무차별곡선의 4가지 기본 특성

무차별곡선은 등효용곡선(equal-utility curve)이라고도 부르며 다음과 같은 특성을 갖는다. 즉, 원점에 대해 볼록한 모양을 하며 우하향하되 서로 교차하지 않으며 원점에서 멀어질수록 높은 효용을 갖는다는 특성이 있다.

원래의 무차별곡선 IC보다 원점에서 멀리 떨어져 있는 무차별곡선 IC'은 더 큰 만족을 줄 수 있는 선택점들의 조합이라 볼 수 있다. 예컨대, 도넛 3개와 귤 2개로부터 얻을 수 있었던 IC선상의 점 B에서의 만족도보다 같은 수의 도넛 3개 외에 귤을 5개나 얻을 수 있는 IC'선상의 점 E에서의 만족도가 더 클 것이기 때문이다. 마찬가지 논리에 따르면, 원래의 IC보다 원점에 가까운 위치에 존재하는 무차별곡선은 원래의 IC보다는 낮은 수준의 만족을 주는 것으로 이해할 수 있다. 그리고 이러한 무차별곡선은 다음과 같은 특성을 갖는다.

① 원점에서 멀리 떨어져 있는 무차별곡선일수록 더 높은 효용을 가진다.
② 무차별곡선은 우하향한다.
③ 무차별곡선들은 서로 교차하지 않는다.
④ 무차별곡선은 원점에 대해 볼록하다.

특성 ①에 대해서는 이미 위에서 설명이 되었으므로 생략하고, 특성 ②에 대하여 생각해 보기로 한다. 우선 특정한 두 재화의 조합과 두 재화 모두를 더 많은 양으로 구성된 조합이 같은 만족을 준다면 무차별곡선은 우상향할 수도 있다는 사실을 지적할 수 있다. 그러나 두 재화 모두를 더 많이 소비할 수 있는데도 만족도에 아무런 차이가 나타나지 않는다는 것은 비논리적이다. 한 재화를 더 많이 확보하는 대신 다른 재화를 전보다 덜 갖게 되는 선택이라야 전과 같은 효용을 갖게 된다고 보는 것이 합당할 것이며, 따라서 무차별곡선은 우하향한다고 보아야 할 것이다(특성 ②).

한편, [그림 7-3]에서처럼 두 개의 무차별곡선이 교차하였다면, 이는 점 A와 B, 그리고 C가 모두 동일한 효용을 갖는다는 의미가 된

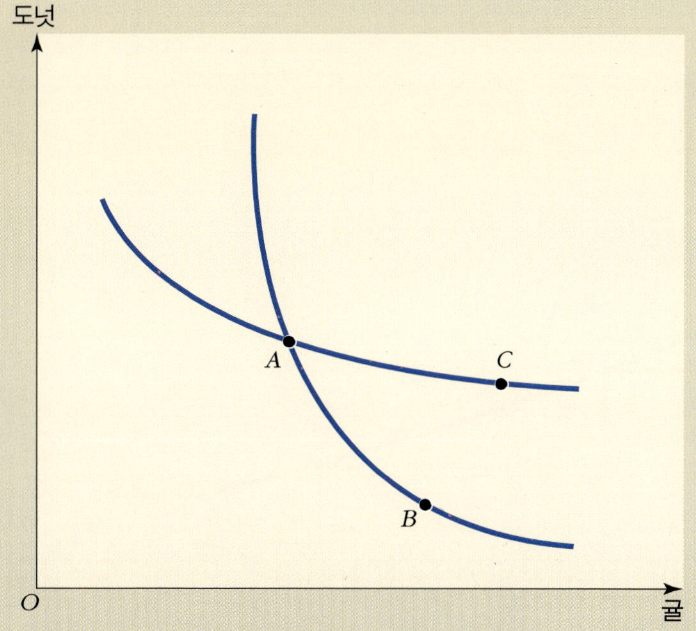

그림 7-3
무차별곡선의 교차 여부
그림에서와 같이 서로 교차하는 무차별곡선이 있다면 점 *A*, *B*, *C*는 모두 동일한 만족을 줄 것이다.

그러나 점 *C*에서는 점 *B*에서보다 두 재화 모두를 더 소비할 수 있게 되어 보다 높은 만족을 줄 것이다. 이것은 모순이다. 따라서 무차별곡선은 서로 교차할 수 없다.

다. 그런데 점 *C*는 점 *B*에 비해 두 재화 소비량이 모두 더 많은 재화의 조합에 해당된다. 따라서 점 *B*와 같은 효용을 갖는다고 볼 수 없다. 결국 두 무차별곡선은 교차할 수 없다는 제3의 특성을 갖게 되는 것으로 판정할 수 있다.

한편, 특성 ④를 설명하기 위해서는 **한계대체율**(marginal rate of substitution)이라는 별도의 개념을 도입할 필요가 있다. 이는 무차별곡선의 기울기를 나타내는 개념으로, 동일한 만족도를 유지할 수 있도록 두 재화의 조합을 바꾸어 나갈 때 한 재화를 추가하여 소비한 양과 다른 재화의 소비를 감소시킨 양과의 비율을 나타낸다. 즉, 두 재화의 조합으로부터 얻을 수 있는 총효용을 변화시키지 않으면서 두 재화를 대체선택할 수 있는 비율을 한계대체율이라 하는데, 이 비율은 무차별곡선상의 각 점에 접하는 접선의 기울기값(단, 절대값으로 정의)으로 그 크기를 정의할 수 있다.

이러한 무차별곡선의 특성을 증명하는 일과 관련하여 한계대체율(marginal rate of substitution) 개념이 활용된다. 한계대체율이란 무차별곡선의 각 점에 접하는 접선의 기울기로 정의되는데, 이는 동일한 만족도를 유지하며 두 재화의 조합을 바꾸어 나갈 때 한 재화를 추가소비한 양과 다른 재화의 소비를 감소시킨 양의 비율이란 의미를 갖는다.

그런데 [그림 7-4]에서처럼 같은 만족을 주는 두 소비점 간의 이동과정을 살펴보면, 점 *B*에서는 점 *A*의 경우에서보다 도넛소비량을 두 개 줄인 대신 귤소비량은 한 개만 늘릴 수 있었음을 나타내고 있다. 마찬가지로 점 *B*에서 점 *C*로 이동할 경우에는 도넛 한 개의 소비

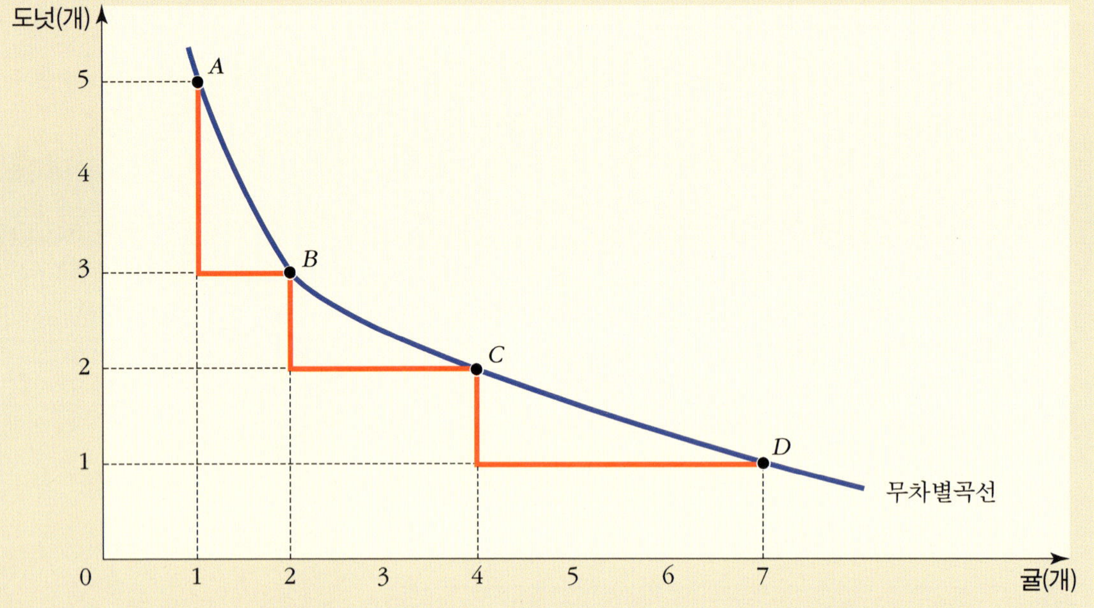

그림 7-4 원점에 대해 볼록한 무차별곡선
무차별곡선의 기울기를 한계대체율이라 하는데, 이는 동일한 만족도를 유지하며 두 재화의 조합을 바꾸어 나갈 때 한 재화를 추가소비한 양과 다른 재화의 소비를 감소시킨 양의 비율을 나타낸다. 이러한 한계대체율(점 A, B, C와 D에서의 기울기)은 무차별곡선이 원점에 대하여 볼록한 이상 점차 감소하는 특성을 갖는다.

를 포기한 대신 귤의 소비는 두 개를 증가시킬 수 있었고, 점 C에서 점 D로 이동할 경우에는 한 개의 도넛 소비를 포기한 대가로 귤 세 개를 추가소비할 수 있음을 나타내 주고 있다.

이러한 한계대체율은 체감하는 특성을 갖고 있어 소비선택점이 무차별곡선상에서 하방으로 이동함에 따라 기울기의 절대치가 감소하는 현상으로 나타나며 따라서 무차별곡선은 원점에 대하여 볼록한 모양을 갖게 된다.

즉, 점 A로부터 점 D로 이동해 가면서 식 (7-1)과 같이 정의되는 한계대체율(MRS)을 계산해 보면, $\frac{2}{1}$에서 $\frac{1}{2}$, $\frac{1}{3}$순으로 감소하고 있으며, 따라서 기울기($\Delta Y/\Delta X$)의 크기도 감소함을 알 수 있다.[1]

[1] 단, 식 (7-1)은 다음과 같은 논리에 근거하여 성립된 관계식이다. 점 A, B, C 그리고 D는 동일 효용을 갖는다. 만일 X재(귤)를 ΔX만큼 추가소비하고, 이로부터 한계효용 MU_X를 얻었다면 총효용 증가분은 $\Delta X \cdot MU_X$가 된다. 한편, Y재(도넛)를 ΔY만큼 덜 소비하여 한계효용 MU_Y를 잃었다면 총효용 감소분은 $\Delta Y \cdot MU_Y$가 될 것이다. 따라서 두 소비행태가 동일한 효용을 갖기 위하여 다음과 같은 관계가 도출된다.

$$MU_X \cdot \Delta X = MU_Y \cdot \Delta Y$$
$$\therefore \frac{\Delta Y}{\Delta X} = \frac{MU_X}{MU_Y} = MRS$$

즉, 한계대체율은 대체선택한 두 재화의 한계효용(또는 총효용의 증가 및 감소분) 간의 비율과 같아지는 특성을 갖는다.

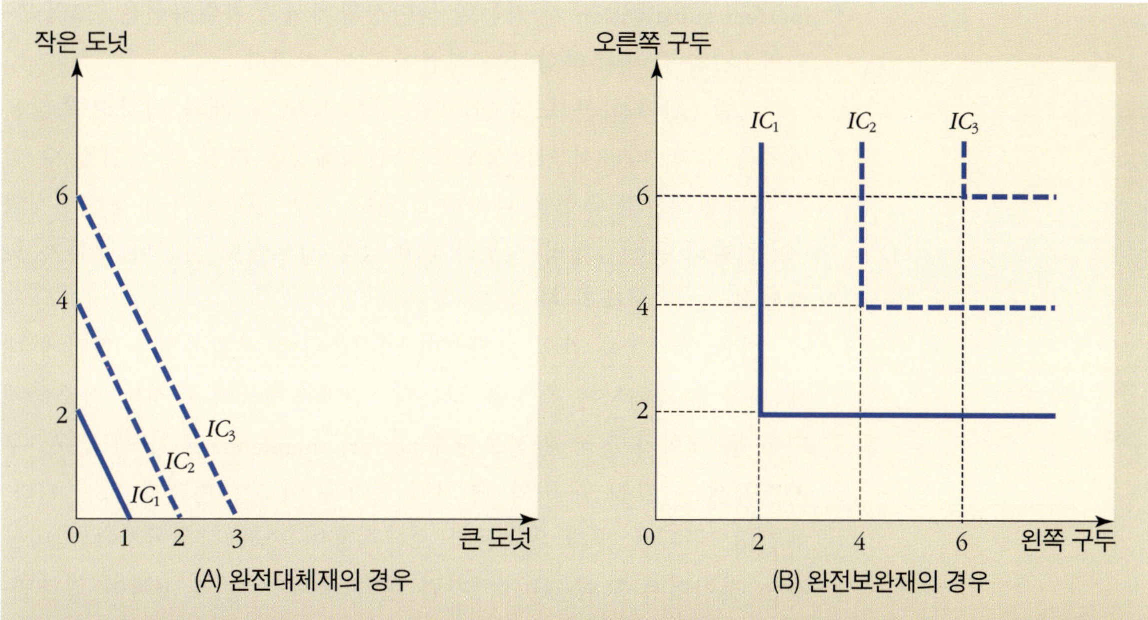

그림 7-5 극단적인 무차별곡선의 예
큰 도넛과 작은 도넛처럼 두 재화가 거의 완전한 대체관계에 있을 때 무차별곡선은 그림 (A)에서처럼 직선이 된다. 한편, 왼쪽 구두와 오른쪽 구두처럼 두 재화가 완전보완재 관계에 있다면 무차별곡선은 그림 (B)에서처럼 직각형태가 된다.

$$\text{한계대체율}(MRS) = \frac{\text{도넛 소비 감소분}}{\text{귤 소비 증가분}} = \frac{\text{귤의 한계효용}}{\text{도넛의 한계효용}} \tag{7-1}$$

이는 점 A에서 도넛을 5개씩이나 가지고 있었으므로 두 개 정도를 포기하고라도 귤 한 개를 확보하고 싶으나 점 C에서는 도넛이 두 개밖에 없었고, 귤은 4개씩이나 있었으므로 도넛을 또 한 개 포기하려면 적어도 귤 3개 정도를 주어야 불만이 없을 것으로 이해할 수 있다. 더 많이 가지고 있는 재화일수록 더 많이 포기할 의향이 있는 한 무차별곡선은 원점에 대하여 볼록한 모양을 할 것이다.❷

일반적으로 무차별곡선은 두 재화 간의 대체성이 높을수록 원점에 대한 볼록성이 점차 완화되고, 따라서 한계대체율은 체감하는 특성을 점차 잃으며 특정 상수값에 접근하게 된다. 두 재화의 **완전대체**

그런데 두 재화 간 대체성이 높아질수록 무차별곡선의 원점에 대한 볼록성은 완화되며, 따라서 완전대체재 간에는 우하향하는 직선으로 변모하게 된다.

❷ 이러한 특성은 한계효용 체감의 법칙 때문에 성립한다고 생각할 수도 있다. 더 많이 소비할 수 있는 재화의 한계효용이 상대적으로 낮아 더 낮게 평가되는 것으로 이해할 수도 있기 때문이다. 그러나 한계효용이 체감해도 한계대체율은 체감하지 않을 수 있어 두 법칙이 논리적으로 직접 연계되어 있는 것은 아님을 유의하기 바란다. 자세한 내용은 중급 미시경제이론 교재 등을 참고하기 바란다.

(perfect substitution)가 가능한 극단상황에서 무차별곡선은 [그림 7-5]의 (A)와 같이 우하향하는 직선이 되어 버린다.

그림 (A)에서 큰 도넛 한 개는 작은 도넛 두 개와 정확히 똑같은 만족을 주며, 따라서 쌍방향으로 완전대체성을 가질 때 성립될 수 있는 무차별곡선의 유형을 나타내고 있다. 이는 100원짜리 동전 5개와 500원짜리 동전 1개의 경우와 대비시킬 경우에도 동일한 결과가 도출될 수 있는 형태라 할 수 있다.

반면, 두 재화 간 보완성이 강해질수록 무차별곡선의 원점에 대한 볼록성은 강화되며, 완전보완재 간에는 직각을 이루는 형태로 변모하게 된다.

한편, 두 재화 간의 보완성이 커질수록 무차별곡선은 원점에 대해 더욱 볼록해지는 특성을 갖는다. 한계대체율이 급격히 감소하게 되어 두 재화가 결국 **완전보완재**(perfect complements)가 될 경우, 무차별곡선은 [그림 7-5]의 (B)처럼 직각을 이루는 형태를 갖게 된다. 예컨대, 구두란 본래 왼쪽용과 오른쪽용이 함께 갖추어져야 의미를 갖는 것이어서 그림 (B)에서처럼 왼쪽 구두가 2, 4, 6짝이 있다면, 오른쪽 구두도 2, 4, 6짝만이 필요할 뿐 더 이상 많은 오른쪽 구두는 아무런 효용가치가 없다고 볼 수 있다. 따라서 이처럼 두 재화가 완전보완재가 될 경우 무차별곡선은 횡축과 종축에 평행하되, 직각을 이루는 형태로 나타날 것이다.

03 소비자선택의 기본 제약: 예산선

한편, 이러한 소비자의 선택은 소비자의 재정능력에 제약을 받게 되는데, 이를 소비자의 예산제약(budget constraint)이라 한다.

사람은 누구나 보다 좋은 재화를 보다 많이 구입하여 소비하기를 원할 것이다. 그러나 이러한 희망사항은 소비자의 재정능력에 절대적인 제약을 받는다. 이를 **소비자의 예산제약**(budget constraint)이라 한다. 즉, 소비자는 각자의 예산 또는 소득한도 내에서만이 소비가 가능하다는 의미이다.

(1) 예산선

앞의 예에서 한 달 용돈이 30만 원인 여학생, 오양의 경우를 다시 한 번 활용하여 보자. 오양의 용돈을 하루 단위로 보면 오양의 하루 평균 최고가능 소비액은 1만 원이 될 것이다. 교통비 등 기타 비용은 별도로 부모로부터 받고, 단지 용돈은 식대로만 사용한다고 가

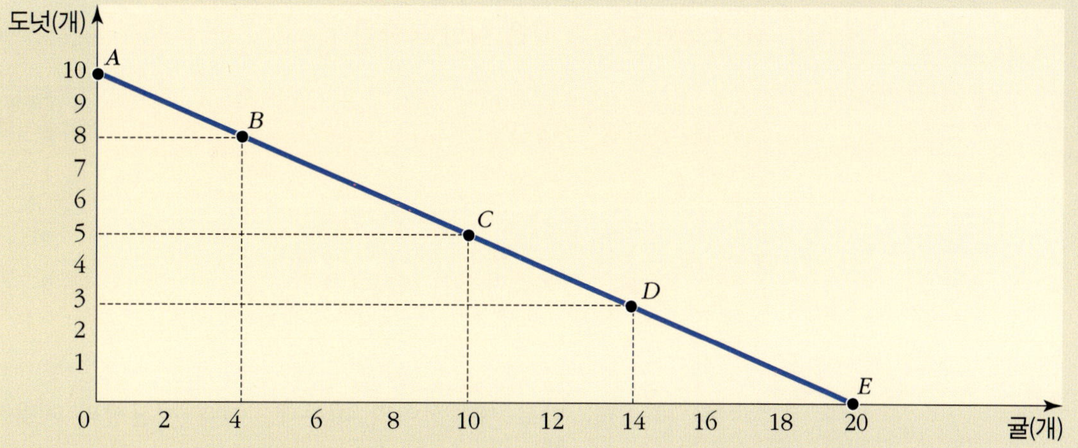

그림 7-6 예산선
예산선은 주어진 예산과 가격하에서 소비자가 구입할 수 있는 재화의 조합을 나타낸다. 그림은 1만 원의 예산으로 구입가능한 도넛과 귤의 양의 여러 조합을 나타내고 있다.

정하자. 그러면 오양은 도넛가격이 개당 1,000원이고 귤가격이 개당 500원일 경우 하루 세 끼 식사를 도넛만으로 해결한다면 총 10개를 소비할 수 있고, 귤만으로 식사를 한다면 총 20개를 소비할 수 있게 된다. 물론 일부는 도넛, 그리고 일부는 귤을 사 먹을 가능성이 높으며, 이때 주어진 하루 식사비(1만 원)로 구입가능한 두 재화의 소비량 조합은 [그림 7-6]과 같이 표현될 수 있다.

그림에서처럼 하루 1만 원을 가지고 살 수 있는 도넛과 귤의 양의 다양한 조합을 선으로 연결한 것을 **예산선**(budget line)이라 한다. 1만 원으로 도넛 8개를 사면 귤은 4개(점 *B*), 도넛 5개를 사면 귤은 10개(점 *C*), 도넛 3개를 사면 귤은 14개(점 *D*) 등을 살 수 있으며, 도넛이나 귤만을 구입할 경우에는 각각 10개(점 *A*)와 20개(점 *E*)의 도넛과 귤을 구입할 수 있음을 알 수 있다.

통상적으로 주어진 예산과 가격하에서 소비자가 구입할 수 있는 재화의 조합을 나타내는 선을 예산선(budget line)이라 하는데, 바로 이 선이 소비자가 예산제약하에 구매가능한 두 재화조합의 최대치를 나타낸다. 또한 예산선이 양축과 만나는 절편값들은 주어진 소득 전부로 두 재화 중 한 재화만을 구매할 때 구입가능한 최대량을 나타낸다.

물론 이 예산선은 주어진 예산 전부를 두 재화를 소비하는 데 썼을 경우 구입가능한 두 재화의 양을 나타내므로, 실제 소비가능 영역은 원점과 예산선으로 구성되는 $\triangle OAE$영역이 될 것이다. 그러나 논의의 편의상 우리는 가용예산 전부를 소비에 쓴다고 가정하고 소비자 행태를 분석해 보고자 한다.

식 (7-2)는 총소득 M원으로는 P_X와 P_Y값의 두 재화를 X와 Y만큼을 소비할 수 있다는 예산제약 정의식이다. 이를 재화 Y에 대하여 풀어 쓰면 다음과 같은 식이 도출된다.

7-2

$$M=P_X \cdot X+P_Y \cdot Y$$

여기서, M: 소득 총액
P_X: X재 가격(여기서는 귤의 가격)
X: X재 소비량(여기서는 귤의 소비량)
P_Y: Y재 가격(여기서는 도넛의 가격)
Y: Y재 소비량(여기서는 도넛의 소비량)

그리고 이때 예산선의 기울기는 두 재화 간의 가격비에 마이너스(-)를 붙인 값이 된다.

식 (7-3)을 바로 예산선이라 하는데, 이때 예산선의 기울기는 $-P_X/P_Y$로서 두 재화 간의 가격비에 마이너스(-)를 붙인 값이 된다.

7-3

$$Y=\frac{M}{P_Y}-\frac{P_X}{P_Y}X$$

따라서 예산선은 우하향하되 기울기의 크기는 두 재화의 가격의 상대적 크기에 의존하게 된다. 상기 예제의 경우에는 −(500/1,000), 즉 −0.5가 예산선의 기울기가 된다. 물론 양 축의 절편은 두 재화 중 한 가지만 소비할 때 구입가능한 총량을 나타낸다.

(2) 예산선의 변화

따라서 예산선은 두 재화가격이나 총소득이 변화하면 그 형태가 변모되거나 이동하게 된다.

위와 같이 정의되는 예산선은 결국 두 재화의 가격이나 총소득의

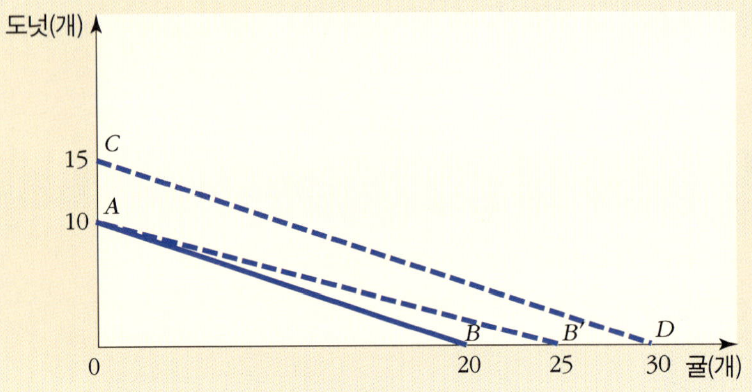

그림 7-7 예산선의 변화
소득이 증가하면 주어진 가격하에서 구매가능한 재화의 양이 증가하므로 예산제약선이 바깥쪽으로 이동($AB \rightarrow CD$)한다. 한편, 도넛가격은 변하지 않고 귤의 가격만이 하락하면 예산제약선은 A를 축으로 바깥쪽으로 이동하되 기울기가 완만하게 된다($AB \rightarrow AB'$). 귤의 구매가능한 양만이 증가하기 때문이다.

크기변화에 따라 변화하게 된다. 예컨대, 1일 식사용 용돈규모가 1만원에서 1만 5,000원으로 인상 지급된다면 도넛 소비 최대가능량은 10개에서 15개로, 그리고 귤 소비 최대가능량은 20개에서 30개로 늘어날 것이며, 따라서 새 예산선은 $\overline{AB}$와 나란히 바깥쪽으로 이동한 $\overline{CD}$가 될 것이다. 반면, 용돈은 그대로인데 귤값이 개당 500원에서 400원으로 떨어졌다면 귤 소비 최대가능량은 20개에서 25개로 증가할 것이며, 새 예산선 $\overline{AB'}$는 원래의 예산선 $\overline{AB}$보다 기울기가 완만한 형태로 변할 것이다. 이때의 기울기는 -(400/1,000)으로 -0.4가 될 것이기 때문이다.

04 소비자의 최적선택

지금까지 우리는, 첫째 소비자가 한 재화의 소비를 증가시켜 감에 따라 마지막으로 추가소비한 단위로부터 얻는 이른바 한계효용이 체감한다는 법칙성과, 둘째 동일수준의 만족을 주는 두 재화 소비량의 조합점들을 연결한 등효용곡선, 즉 무차별곡선은 서로 교차하지 않으며, 원점에 대하여 볼록한 모양으로 우하향한다는 점, 그리고 셋째로는 소비자가 주어진 소득으로 최대한 구입가능한 두 재화량의 조합을 나타내는 이른바 예산선은 두 축 간에 우하향하는 직선형태로 도출된다는 점 등을 확인한 바 있다.

이제는 이상과 같은 개념과 법칙성을 이용하여 본장의 궁극적 목표인 최적의 소비자행위가 이루어지는 과정을 살펴볼 차례이다.

(1) 소비자의 효용극대화와 최적선택

소비자는 예산이 허용되는 한도 내에서 가능한 한 가장 큰 만족을 얻을 수 있도록 소비하려고 노력할 것이다.

[그림 7-8]에서 M/P_Y와 M/P_X를 연결한 선이 예산제약선이다. 따라서 A, B, C 그리고 E 모두가 주어진 소득으로 소비가능한 점들이다(단, 점 B는 예산 전부를 쓰지 않는 경우임). 한편, 무차별곡선 IC는 IC'보다는 높은 만족을 보장하지만 IC''보다는 낮은 만족을 주는 데 그친다.

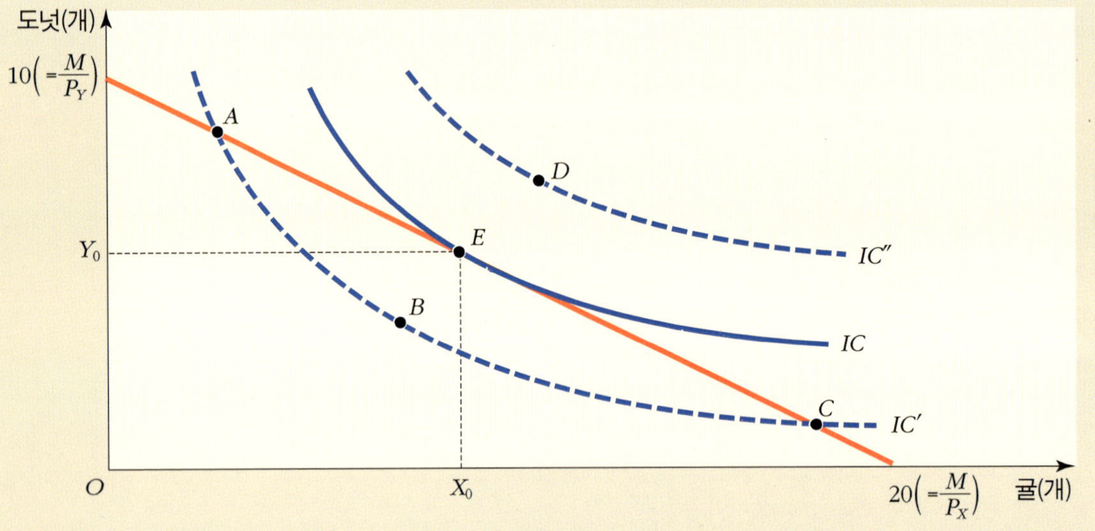

그림 7-8 소비자의 최적선택

소비자는 무차별곡선과 예산제약선이 접하는 점에서 소비할 때 주어진 예산으로 최대한의 만족을 얻게 되는데, 이 점을 최적소비점(점 *E*)이라 한다. 이 그림에서 합리적인 소비자는 가장 높은 무차별곡선 *IC″*상에 위치한 소비점 *D*를 선택하고자 할 것이나, 점 *D*는 주어진 예산하에서는 도달불가능한 점이다.

한편, 점 *A*와 *B*는 주어진 예산으로 선택가능하나 점 *E*에서 보다 낮은 무차별곡선상에 있으므로 합리적인 소비자는 이 점들을 선택하지 않게 된다. 결국 소비자의 최적소비선택은 무차별곡선과 예산선이 접하는 점 *E*에서 이루어질 것이다.

이제 이상에서 소개한 무차별곡선과 예산선을 함께 고려할 경우 비로소 주어진 예산으로 최대만족을 얻을 수 있는 최적소비점을 찾을 수 있게 된다. 즉, 최적소비점은 예산선과 무차별곡선이 접하는 점에서 형성된다.

이러한 상황에서 주어진 예산으로 최대 만족을 얻을 수 있는 점은 바로 점 *E*가 될 것이다. 예산제약선상의 어떤 점도(예컨대, *A*와 *C*) 점 *E*보다 높은 효용을 줄 수 없기 때문이다. 물론 점 *D*는 보다 큰 효용을 줄 수 있으나, 이는 주어진 예산으로는 성취불가능한 경우에 해당된다. 따라서 소비자가 주어진 소득으로 최대한의 만족을 얻을 수 있는 **최적소비점**은 예산선과 무차별곡선이 접하는 접점(point of tangency) *E*가 될 것이며, 이때 소비자는 P_X가격으로 X_0만큼의 귤과 P_Y가격으로 Y_0만큼의 도넛을 소비하게 된다.

물론 이때 무차별곡선의 기울기(즉, 대체소비할 두 재화의 한계효용 간의 비율)가 예산선의 기울기(즉, 두 재화 간의 가격비)와 같아지게 되는데, 이로부터 이른바 가중한계효용 균등의 법칙이라는 최적소비의 필요조건이 도출될 수 있다(식 (7-4) 참조).

그런데 무차별곡선이 예산선에 접하는 점 *E*에서는 무차별곡선의 접선이 갖는 기울기가 예산선의 기울기와 같아진다. 즉,

$$\text{무차별곡선의 기울기} = \text{예산선의 기울기} \Leftrightarrow \frac{MU_X}{MU_Y} = \frac{P_X}{P_Y} \qquad (7\text{-}4)$$

와 같아진다. 그리고 식 (7-4)로부터 다음 관계식이 도출될 수 있다.

7-5

$$\frac{MU_X}{P_X}=\frac{MU_Y}{P_Y}$$

바로 식 (7-5)가 효용극대화를 만족시키는 최적소비의 필요조건식이 되는 것이다. 이것이 갖는 의미는 화폐단위 1원당 한계효용이 같아지도록 두 재화의 소비량을 선택할 때 효용이 극대화된다는 것이다. 이 조건식을 **가중한계효용 균등의 법칙**이라고도 한다. $\frac{1}{P_X}$과 $\frac{1}{P_Y}$이란 가중치를 부여한 한계효용이 같아지는 것으로 볼 수 있기 때문에 붙여진 명칭이다.

(2) 소득의 변화가 소비자선택에 미치는 영향

이제 만약 소비자의 소득(예컨대, 오양의 점심식사용 하루 용돈)이 1만 원에서 1만 5,000원으로 증가하였다면 과연 오양은 어떤 선택을 할까?

우선 예산한도가 늘어난 만큼 예산제약선이 $\overline{AB}$에서 $\overline{A'B'}$로 이동할 것이다. 도넛과 귤의 가격에 변화가 없다면 최대소비가능 재화량이 각각 15개와 30개로 늘어날 것이기 때문이다.

그러면 새로운 예산선($\overline{A'B'}$)과 새로운 무차별곡선(IC')이 접하는 새로운 균형점 E'에서 새로운 소비자의 최적선택이 이루어질 것이다. 그런데 [그림 7-9] (A)의 경우에서처럼 두 재화가 모두 **정상재**라면 이때 소비자의 새로운 선택(즉, X_1만큼의 귤과 Y_1만큼의 도넛 소비)은 소득증가 이전의 최적선택(즉, X_0만큼의 귤과 Y_0만큼의 도넛 소비)보다 소비가 모두 증가하게 된다. 그리고 그에 따라 IC에서보다 높은 IC'만큼의 효용을 얻게 된다.

그런데 만일 도넛이 귤에 비해 상대적으로 **열등재**가 되는 특성이 있다면 어떻게 될까? 도넛이 맛있고 간편하기는 하나 기름에 튀기는 과정에서 인체에 해로운 불포화지방산과 중성지방이 생성되므로 가능한 한 주머니 사정만 허용된다면 그 소비를 줄이려는 생각이 있었다고 보자. 이러한 상황에서 오양의 하루 용돈이, 예컨대 1만 원에서 1만 5,000원으로 인상되면 오양은 오히려 도넛의 소비를 줄일 수도 있다. 즉, [그림 7-9]의 (B)에서처럼 새로운 균형점 E'에서의 최적소

그런데 소비자의 소득이 증가한다면, 그리고 두 재화가 모두 정상재라면 두 재화의 소비는 증대될 것이다. 이는 예산제약선이 바깥쪽으로 이동하며 소비가능 영역 또한 확대되는 현상에 해당한다. 단, 두 재화 중 하나가 (상대적으로)열등재일 때 소득증가가 오히려 그 재화의 소비를 감소시키는 결과를 가져올 수도 있다. 여하튼 이처럼 소득변화가 두 재화소비에 미치는 영향을 소득효과(income effect)라 일컫는다.

소득변화에 따라 새로 형성되는 균형점들을 연결한 선을 소득소비곡선(income consumption curve: *ICC*)이라 하는데, 이 곡선은 열등재의 소비증가폭이 상대적으로 작아지는 형태로 도출될 것이다. 예컨대, 소득수준이 증가할수록 음식비 비중이 점차 감소한다는 엥겔의 법칙은 음식료품이 여타 제품에 비해 상대적 열등재임을 의미한다.

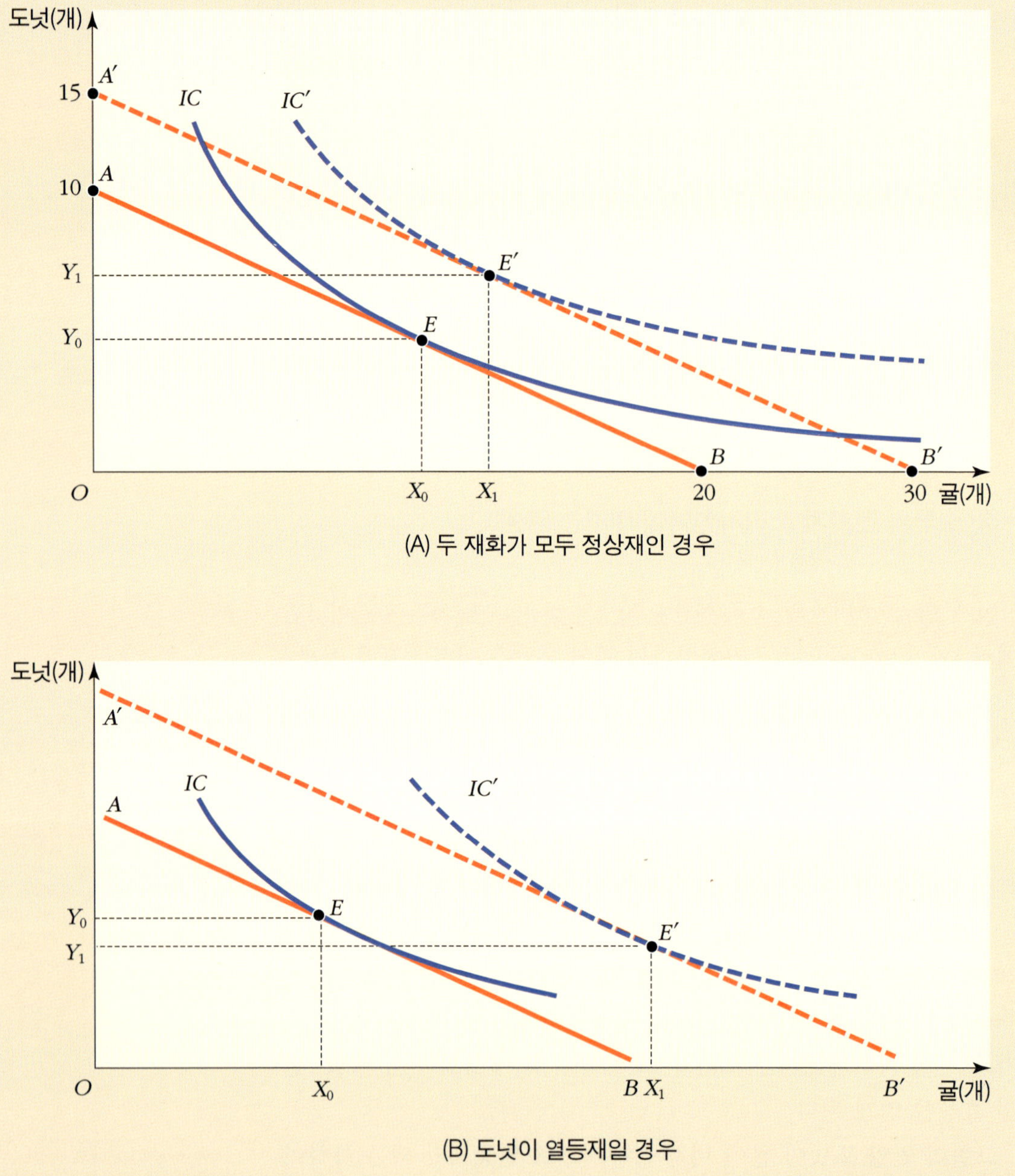

그림 7-9 소득변화와 최적선택

소득이 증가하면 예산제약선은 바깥쪽으로 이동한다. 두 재화가 모두 정상재라면 소비자는 예산의 증가에 따라 두 재화의 소비를 모두 늘리고자 할 것이다. 그림 (A)에서 소비자는 귤과 도넛의 소비 모두를 증가시켰음을 알 수 있다.

한편, 소비자의 소득이 증가할 때 소비량이 감소되는 재화를 열등재라 하고 하는데, 그림 (B)에서처럼 도넛이 열등재라면 소득이 증가할 때 귤의 소비량은 증가하는 반면, 도넛의 소비는 오히려 줄어들게 됨을 알 수 있다.

비행위는 소득증가 이전에 비해 귤의 소비는 증가(X_0에서 X_1으로)하였으나 도넛의 소비는 감소(Y_0에서 Y_1로)하는 결과가 초래되는 경우를 보여 주고 있다.

엥겔의 법칙

18세기 후반에 독일의 통계학자 엥겔(C. L. E. Engel)이 벨기에 노동자의 가계소득을 분석한 결과, 소비항목별 비중이 일정 소득계층 내에서는 대체로 일정하나 소득계층이 달라지면 소비항목별 비중이 변화한다고 주장하였다. 4가지 항목별 비중의 변화에 관련한 그의 주장 중 가장 주목을 받은 것은 "소득수준이 높을수록 음식비 비중이 점차 감소한다"는 내용이었다. 이를 통상적으로 **'엥겔의 법칙'**이라 부른다.

어느 한 가계가 주어진 소득으로 음·식료품과 비음·식료품, 두 가지 재화를 소비한다고 하자.

$$M = P_f \cdot D_f + P_{nf} \cdot D_{nf} \tag{7-6}$$

위의 식 (7-6)은 소비자가 M크기의 소득으로 음·식료품을 P_f 가격으로 D_f만큼, 그리고 비음·식료품을 P_{nf}가격으로 D_{nf}만큼 사서 소비할 수 있음을 나타내는 예산제약식이다.

[그림 7-10]의 (A)에서처럼 당초 소비자균형은 점 E에서 형성되며, D_f만큼의 음·식료품 수요가 발생할 것이다. 그러나 소득수준이 M에서 M'으로 증대되면 예산제약선이 상방으로 이동하게 되어 새로운 균형은 점 E'에서 형성될 것이다. 이처럼 소득변화에 따라 형성되는 균형점들을 연결하면 이른바 **소득소비곡선**(**income consumption curve:** ***ICC***)이 도출된다.

이때 각 균형점에서의 음·식료품에 대한 수요량에다 음·식료품 가격을 곱한 음식비 지출액($P_f \cdot D_f$)을 소비자의 소득이 증가하는 상황과 대응하여 그림으로 표현한 것이 [그림 7-10]의 (B)이다. 엥겔곡선이 그림에서처럼 기울기가 1인 45°선보다 낮은 쪽에서 점차 감소하는 모양을 하고 있는데, 이것이 바로 엥겔법칙이 성립된다는 것을 입증하고 있는 것이다. 이는 비교대상 재화 중 상대적으로 열등한 재화의 소비액 비중이 소득증가에 따라 점차 감소한다는 의미가 된다.

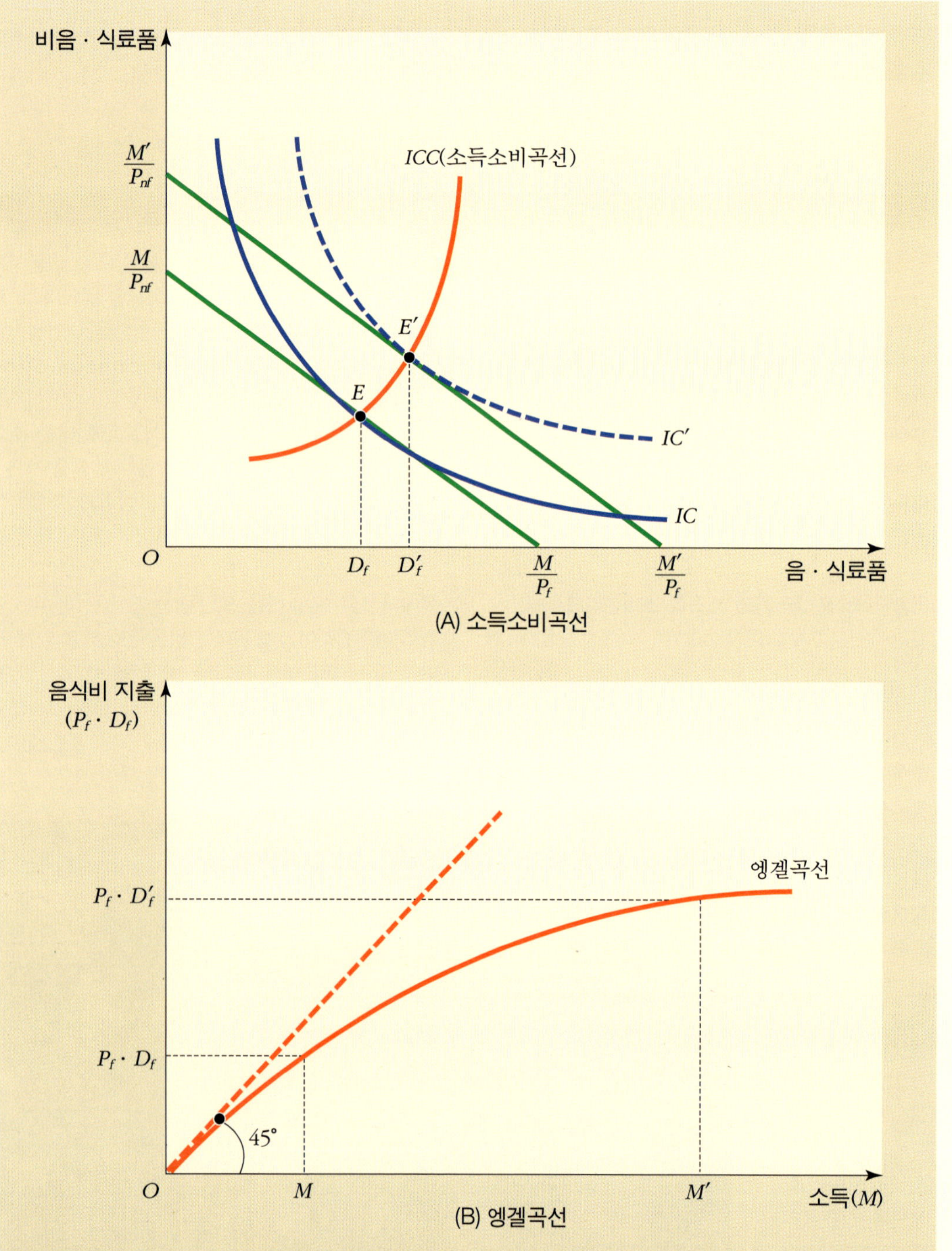

그림 7-10 소득소비곡선과 엥겔곡선

(3) 가격의 변화가 소비자선택에 미치는 영향

이번에는 소비자의 소득수준은 일정하지만 재화의 가격이 변화할 때 소비자선택에 미치는 영향을 살펴보기로 한다. 편의상 한 재화, 예컨대 귤의 가격만 변화하는 상황을 고려해 본다.

[그림 7-11]은 원래의 균형점이 E에서 형성되었으나 귤의 가격이 하락함에 따라 예산제약선이 $\overline{AB}$에서 $\overline{AB'}$형태로 변화함에 따라 새로운 균형점 E'이 형성된 내용을 보여 주고 있다. 이처럼 재화의 가격변화가 소비의 변화에 미치는 영향을 **가격효과**(price effect)라 부른다. 새로운 균형점 E'에서 귤의 소비는 가격변화 전에 비해 증가하였으나 도넛의 소비는 약간 감소한 것으로 나타났다.

이러한 새로운 균형점은 원래의 예산선 $\overline{AB}$ 대신 귤만의 가격이 하락할 때 형성되는 새로운 예산선 $\overline{AB'}$선상에서 이루어지며, 이때의 만족도는 원래의 균형점 E에서보다 증가한다. 새로운 무차별곡선 IC'이 원래의 무차별곡선 IC보다 위쪽에 위치하고 있기 때문이다.

그런데 이상과 같은 가격효과는 실제로는 두 가지 상이한 효과가 복합되어 나타난 것으로 이해할 수 있다. 우선 귤의 가격이 도넛의 가격에 비해 더 싸짐에 따라 상대적으로 더 저렴해진 귤에 대한 소비가 늘어나는 효과를 생각할 수 있는데, 이를 **대체효과**(substitution effect)라 한다. [그림 7-11]의 점 E에서 E''으로의 이동현상이 이에 해당한다. 점 E''은 가격하락에 따라 새로 형성된 예산선 $\overline{AB'}$와 같은 기울기를 갖되, 점 E와는 동일한 효용을 갖는 점으로서 새 예산선 $\overline{AB'}$과 나란한 $\overline{A''B''}$선이 원래의 무차별곡선 IC와 만나는 점에 접하게 된다. 즉, 점 E''은 새로운 상대가격을 고려하되 이로 인해 나타나는 두 재화의 상대적 소비비율의 변화내용을 나타내는 가상의 균형점으로 원래의 균형점 E와 같은 효용을 유지할 수 있도록 설정된 점이다.

한편, 재화의 가격이 하락함에 따라 전과 동일한 소득을 가지고도 전보다는 더 많은 재화를 소비할 수 있게 되었다. 이는 실질적인 소득이 증가한 것과 동일한 효과를 갖는다. 따라서 [그림 7-11]의 점 E''에서 점 E'으로 이동하는 효과가 나타난다. 이를 **소득효과**(income effect)라 부른다.

실제로 귤값의 변화는 단순히 예산선을 $\overline{AB}$에서 $\overline{AB'}$로 이동시켰

한편, 이번에는 소득 대신 가격이 변화하는 경우를 살펴보자. 가격변화가 소비에 미치는 효과를 가격효과(price effect)라 하는데, 이는 두 재화 중 한 재화의 가격만이 하락하여 해당 재화가격이 상대적으로 저렴해질 경우 해당 재화의 소비가 증가하는 대체효과(substitution effect)와 가격인하로 인한 실질소득의 증대에 따라 발생하는 소득효과(income effect)가 결합된 효과라 할 수 있다.

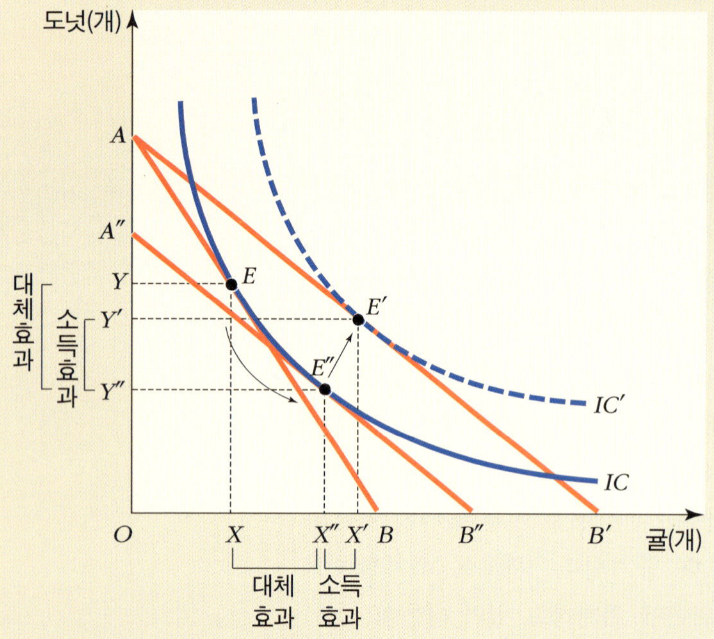

그림 7-11
가격효과: 대체효과와 소득효과
가격변화의 효과는 소득효과와 대체효과로 나눌 수 있다. 귤의 가격하락은 도넛과 귤의 상대가격을 변화시켜 상대적으로 저렴해진 귤의 소비를 증가시키는데 이를 대체효과라고 한다. 대체효과는 소비자가 최초의 무차별곡선 IC를 따라 최적소비점을 E에서 E''으로 변경시키는 결과를 초래한다.

한편, 귤가격의 하락은 전과 동일한 소득하에서 더 많은 재화의 소비조합을 가능하게 하는데, 이러한 변화는 소득이 증대되는 효과와 같다. 그림에서 소득효과는 예산제약선을 $\overline{A''B''}$에서 $\overline{AB'}$으로 이동시키는 결과를 초래하게 되는데, 이때 최적소비점은 E''에서 E'으로 이동하는 결과를 초래한다.

고, 그에 따라 최적소비균형점은 점 E에서 점 E'으로 이동함에 따라 귤의 소비는 X에서 X'으로 증가하였으나 도넛의 소비는 Y에서 Y'으로 감소하는 결과를 초래한 것에 불과하며, 이를 가격효과라 하는 것이다.

이러한 가격변화가 소비에 미친 영향은 가상적인 두 가지 영향이 복합된 것으로 파악할 수도 있다는 사실을 대체효과와 소득효과의 개념을 이용하여 보여 준 것이다. 즉, 귤의 소비와 관련한 총체적 가격효과만을 보면, 귤의 소비량은 X에서 X'으로 증가하는 결과로 나타났지만, 이는 X에서 X''까지의 대체효과와 X''에서 X'까지의 소득효과가 합성된 효과로 볼 수 있다는 것이다. 도넛의 경우는 Y에서 Y'으로 약간 감소하고 있는데, 이는 실제로는 Y에서 Y''으로 큰 폭으로 감소하는 대체효과가 Y''에서 Y'으로 증가하는 소득효과에 의해 상당 부분 상쇄됨으로써 귀착된 결과임을 알 수 있다.

이처럼 가격효과를 대체효과와 소득효과로 구분하여 분석하는 것은 두 재화 중 하나가 열등재인지(또는 극단적 열등재인 기펜재인지)를 평가하는 데 유용한 접근방식이다.

이처럼 가격효과를 대체효과와 소득효과로 구분하여 파악하는 것은 재화의 특성을 이해하는 데 매우 유용하다. 예컨대, 상기 예제에서처럼 가격이 떨어진 귤에 대한 대체효과와 소득효과 모두 수요의 증가로 나타나는 재화는 정상재에 해당한다.

그런데 만약 [그림 7-11]에서 새로운 균형점 E'이 원래의 균형점 E보다는 오른쪽에 위치하지만 E''보다는 왼쪽에 형성된다면, 따라서 X'이 X''보다 왼쪽에 위치한다면 대체효과는 수요의 증가로 나타나지만, 소득효과는 수요의 감소로 나타나는 경우가 될 것이다. 이러한 특성을 갖는 재화를 열등재라 한다.

한편, 새로운 균형점 E'이 E''보다는 물론 심지어 E보다도 왼쪽에 형성되는 경우를 생각할 수 있는데, 이때 X'은 X보다도 왼쪽에 위치하게 된다. 이는 수요의 증가를 유발하는 대체효과의 크기를 압도할 정도로 수요를 감소시키는 마이너스의 소득효과가 발생하는 경우라 할 수 있다. 이처럼 가격인하가 궁극적으로 수요량 감소결과를 초래하는 극단적인 열등재를 **기펜재**(Giffen goods)라 한다.

이는 영국의 경제학자 기펜(R. Giffen)이 아일랜드 사람들의 소비패턴을 조사하는 과정에서 감자의 가격이 떨어졌는데도 불구하고 오히려 그 수요량이 감소함으로써 수요의 법칙이 성립되지 못하는 사실(이를 **기펜의 역설**(Giffen's paradox)이라고도 함)을 발견한 역사적 경험에 근거하여 붙여진 용어이다. 이와 같은 현상이 나타나게 된 것은 당시 감자가 빵에 비해 열등재였다는 사실에 기인한 것으로 알려져 있다.

(4) 수요곡선의 도출과 수요의 법칙 재확인

지금까지 제한된 수입을 가지고 두 재화를 소비할 때 최대효용을 얻을 수 있는 소비의 최적화 과정을 살펴보았다. 그리고 이와 같은 최적소비행위는 소비자의 소득이나 재화의 가격이 변화할 때 어떤 영향을 받게 되는지를 대체효과와 소득효과의 개념을 이용하여 분석해 보았다.

그런데 우리는 제6장에서 논의하면서 체계적인 증명 없이 수요곡선은 우하향하며, 따라서 재화의 가격이 떨어질수록 더 많은 양을 수요하게 된다는 이른바 **수요의 법칙**을 소개한 바 있다. 그런데 본 장에 이르러 효용극대화를 달성할 수 있는 소비의 최적화 행위에 관한 논리를 정립함으로써 이제 비로소 수요의 법칙을 체계적으로 증

여하튼 가격이 변화함에 따라 새로 형성되는 균형점들을 연결한 것을 가격소비곡선(price consumption curve: *PCC*)이라 하는데, 이로부터 가격의 변화로 인한 재화의 수요변화 내용을 도표화함으로써 우하향하는 수요곡선을 도출할 수 있으며, 동시에 수요의 법칙이 성립함을 입증할 수 있게 된다. 한편, 소득이나 가격의 변화와는 상관없이 일부 사람들의 소비가 다른 사람들의 소비행태에 미칠 수 있는 영향을 네트워크효과(network effect)라 하는데, 악대차효과 등이 있다.

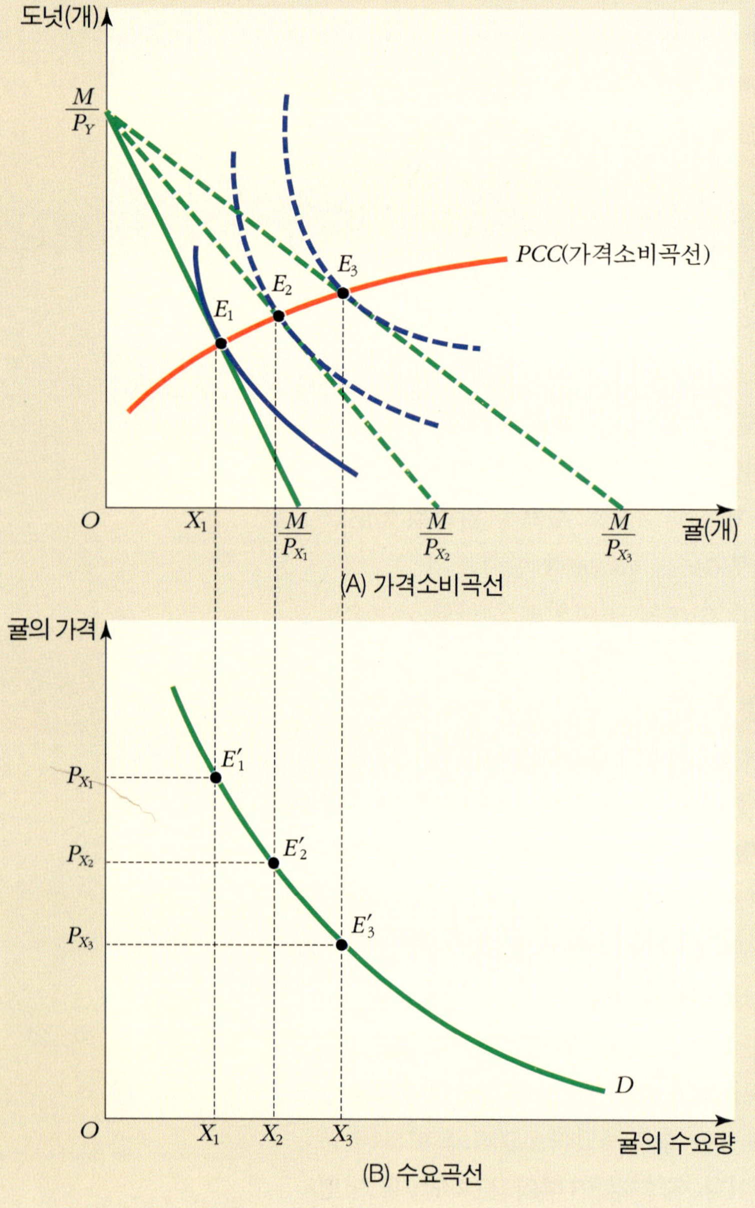

그림 7-12
가격소비곡선과 수요곡선
도넛의 가격은 일정하고, 귤의 가격만이 P_{X1}, P_{X2}, P_{X3}와 같이 변화하면 예산제약선의 기울기는 점차 완만하게 변화한다. 변화된 개별 예산제약선상에서 도출한 소비자의 최적소비점들(E_1, E_2, E_3)을 연결하면 그림 (A)와 같은 이른바 가격소비곡선을 도출할 수 있다.

한편, 종축에 귤의 가격, 횡축에 귤의 소비량을 표시하고, 최적소비점 E'_1, E'_2, E'_3에 대응하는 귤의 가격과 소비량 간의 관계를 도시하면 그림 (B)에서의 D와 같은 귤의 소비곡선을 도출할 수 있다.

명할 수 있는 근거가 마련되었다.

[그림 7-12]의 (A)에서 귤의 수요곡선을 도출하기 위하여 도넛의 가격과 소득수준은 일정하다고 가정한 다음(그 밖에 귤의 수요에 영향을 미칠 수 있는 여타 원인변수도 일정하다고 가정) 귤의 가격만 P_{X1}에서 P_{X2}, P_{X3} 등으로 하락시켜 가면서 최적소비점을 찾아 나간다. 귤의

소비의 네트워크효과

지금까지 우리는 개별 소비자의 수요 및 소비는 서로 독립적으로 이루어진다고 보고 개별 소비자수요를 전부 합한 것이 시장수요가 된다고 보았다. 그러나 현실적으로는 일부 사람들의 수요 및 소비행위가 다른 사람들에게 영향을 미치는 경우가 자주 있다. 이러한 상황과 관련하여 한 사람이나 그룹의 소비가 다른 사람이나 그룹의 소비에 영향을 미칠 때 이를 **네트워크효과**(network effect)가 존재한다고 말한다. 이러한 네트워크효과 중 자주 인용되는 것으로 다음과 같은 것들이 있다.

1. 밴드웨건효과

본래 밴드웨건이란 서커스행렬의 맨 앞에서 대열을 선도하고 분위기를 띄우는 밴드를 실은 차량을 가리킨다. 이와 관련하여 사람들의 수요나 소비가 마치 북치고 나팔을 불며 분위기를 고조시키는 밴드웨건을 쫓아 가는 것과 같이 타인의 수요나 소비에 편승하여 이루어지는 현상을 **밴드웨건효과**(bandwagon effect) 또는 **악대차효과**라고 한다. 이는 유행 또는 대다수가 택한 결정을 그대로 따라하게 되는 인간심리에서 비롯되는 현상이라 할 수 있다. 2002년 서울 월드컵 당시에 붉은악마로 통칭되는 한국 축구팀 서포터즈들이 착용하였던 붉은 티셔츠의 수요가 폭발적으로 증가하였던 사실은 밴드웨건효과의 좋은 예가 될 수 있다. 많은 사람들이 구매한 상품을 자신도 따라 구매하게 되는 구매행동은 밴드웨건효과의 전형적 행태라 할 수 있다.

한편, 밴드웨건효과는 정치 · 사회적 의사결정 과정이나 행동과 관련하여서도 자주 쓰이곤 한다. 예컨대, 강자나 다수파의 의사결정에 동조하게 되는 심리적 현상의 좋은 예로서 자신의 표가 사표(死票)가 될 것을 우려하여 당선이 유력한 후보에게 표를 몰아 주는 행위를 들 수 있다.

한국의 현행 선거법에서는 이런 현상을 우려해 선거실시 전 일정 기간 동안에는 여론조사 결과의 공표를 일절 금지하고 있다. 그러나 일부 전문가들은 여론조사에서 후보 간 우열이 뚜렷할 경우에도 승산이 높은 쪽으로 표가 몰리는 밴드웨건효과와 열세후보에게 동정표가 쏠리는 **언더독효과**(under-dog effect)가 상쇄되기 때문에 크게 문제될 게 없다는 주장을 펼치기도 하고 있다.

2. 스놉효과

스놉효과(snob effect)란 1950년 레이번슈타인(H. Leibenstein)에 의해 처음 사용된 용어로 스놉(재산과 지위로 거만을 떠는 속물)이 선호하는 브랜드 물품이 일반구매층에게까지 경제적 영향을 미친다는 현상을 지칭하기 위해 창안된 용어로, 유명브랜드를 지향하는 행위 등을 통해 독점욕이나 우월감을 만족시키고 싶은 집단들의 심리가 파생시키는 경제적 효과라 정의할 수 있으며 속물효과라고도 한다. 따라서 특정 기업의 제품시장에 스놉효과가 발생하고 있다면 기업은 기존 고객유지에만 철저히 신경 쓰고 쓸데없는 가격경쟁은 하지 않는 것이 유리한 것으로 알려져 있다. 가격을 인하할 경우에는 일종의 밴드웨건효과에 의해 일반대중도 덩달아 제품을 구매하게 되면서 기존의 고객들은 시장을 외면할 수도 있기 때문이다.

3. 베블런효과

베블런효과(Veblen effect)란 특정 계급을 상징하기 위해 눈에 띄게 소비하는 일종의 **과시적 소비**(conspicuous consumption)를 일컫는다. 예를 들면, 매우 값비싼 상품을 사회적 위신을 얻기 위해 소비하는 현상이 이에 해당되며, **속물효과**와는 다소 차이가 있다.

베블런(T. Veblen)이 『유한계급의 이론』(1899)에서 이러한 종류의 소비를 논한 것과 연관지어 이 명칭이 붙었다. 베블런에 의하면, 상층계급은 생계유지를 위한 노동으로부터는 자유로울 수 있는 계층으로, 정치 · 군사 · 종교 · 스포츠 · 학문 등의 활동을 하되, 이러한 활동은 대부분 금전이나 재물 또는 의식에 있어 현격한 차별성을 유지하고 있다고 보고 있다. 그런데 이처럼 차별적 부의 소유나 낭비에 의해 사회적 명성을 유지하거나 확대할 수 있다는 인식에 연유하는 소비행위는 하층계급도 차츰 그러한 활동을 모방하게 되는 경향이 있다고 하였다.

가격하락으로 귤의 최대 소비가능량이 증가하며, 예산제약선은 M/P_Y를 꼭지점으로 하여 그 기울기가 점차 완만해지는 형태를 취하게 된다. 이때 형성되는 소비자균형점은 점 E_1에서 점 E_2, E_3로 이동하게 되며, 귤의 수요량은 X_1에서 X_2, X_3로 증가할 것이다. 이처럼 발생한 균형점들을 연결한 선을 **가격소비곡선**(price consumption curve: *PCC*)이라 한다.

이제 [그림 7-12]의 (B)에서처럼 종축이 귤의 가격, 그리고 횡축이 귤의 소비량을 나타내도록 한 다음, 최적소비점 E_1', E_2' 그리고 E_3'에 대응하는 귤의 가격과 소비량을 옮겨 놓으면 우하향하는 귤의 소비곡선이 쉽게 도출될 수 있음을 알 수 있다. 또한 이는 최적소비행위 결과에 근거하여 도출되었다는 점에서 볼 때 비로소 **수요의 법칙**에 대한 합당한 논리적 증거를 제공한 것으로 평가할 수 있다. 결국 재화가 기펜재가 아닌 이상 우하향하는 모양을 취할 것이고, 또한 수요의 법칙도 성립할 것이라 결론지을 수 있다.

제8장 기업의 상품공급행위: 생산자이론

본장에서는 상품시장에서의 공급주체인 기업의 공급행위에 관한 논리를 생산자이론이라는 제목하에 소개할 것이다. 생산자이론의 핵심은 생산자가 제한된 생산요소를 어떻게 활용하여 생산하는 것이 가장 합리적 의사결정행위라 할 수 있는지를 밝히는 데 있다. 이러한 논리의 정립과정에서 이른바 공급의 법칙이 도출될 것이다.

자본주의 시장경제가 작동하는 근본원리란 수요 · 공급의 법칙에 따라 수요자와 공급자가 시장에서 자유롭게 각자의 이익을 추구하는 과정을 통해 자원을 배분하는 것이라 할 수 있다. 이러한 과정에서 수요의 법칙이란 가격의 변화에 대하여 수요량이 반대 방향으로 변화하는, 따라서 수요곡선이 우하향하게 되는 논리를 일컫는다. 이와 관련하여 우리는 제7장에서 소비자가 효용극대화를 달성할 수 있는 합리적인 소비행태로부터 우하향하는 수요곡선을 도출함으로써 수요의 법칙이 성립되는 논리적 근거를 제시한 바 있다.

반면에 본장과 제9장에서는 생산자가 이윤극대화를 도모하는 합리적인 생산행태로부터 가격이 변화할 경우 공급량이 같은 방향으로 변화함으로써 공급곡선이 우상향하게 된다는 공급의 법칙이 성립될 수 있는 논리를 도출하고자 한다. 단, 그에 앞서 본장에서는 상품시장에서 재화와 서비스를 공급하는 기업이 무엇을 어떻게 얼마만큼 생산하는 것이 바람직한가에 대한 의사결정행위에 한정하여 논의할 것이다. 따라서 상품공급행위의 주체로서 기업의 역할을 강조하여 본장의 부제도 생산자이론이라 하였다.[1]

본장에서는 상품시장에서의 기업의 공급행위, 즉 생산자이론(producer theory)에 대해 논의할 것이다. 논리의 핵심은 생산자가 과연 어떻게 생산요소를 활용하여 생산하는 것이 가장 합리적 의사결정이라 할 수 있는지를 밝혀 내는 일이다. 또한 이러한 과정을 통해 공급의 법칙이 성립되는 논리를 제공하게 될 것이다.

물론 재화 및 서비스의 공급은 기업이 아니라 개인 가계나 정부에 의해서도 일부 가능하다. 그러나 여기서는 자본주의 성립과 발전의 핵심적 역할을 담당한 기업의 재화공급행위만을 분석대상으로 할 것이다. 기업이란 생산요소를 적절히 결합하여 생산한 재화 및 서비스를 시장에 판매하여 이윤을 추구하는 조직이다. 물론 개인도 이러

❶ 기업이 생산을 위해 필요한 생산요소에 대한 수요행위는 제4편 생산요소시장으로 미룬다.

한 활동을 할 수는 있지만 기업이란 조직이 생산의 주체가 되는 것이 더 효율적이며, 또 그렇기 때문에 기업이 중심적 생산자로서 기능해 온 것이다. 즉, 기업이 생산 및 상품공급의 주체가 되는 것은 결국 기업이 갖는 효율성 때문이다. 예컨대, 개인 생산자 및 공급자에 비해 기업이란 조직은 거래비용을 절감할 수 있는 인프라를 가질 수 있고, 분업 및 전문화를 통해 생산성을 높일 수도 있으며, 대량생산을 통해 비용을 절감(이를 규모의 경제라고 함)할 수도 있을 뿐만 아니라, 생산에 필요한 재원조달이 용이해지는 등 상대적으로 유리한 특성을 갖기 때문이다. 이러한 측면에서 볼 때, 기업은 이윤극대화를 달성할 수 있는 합리적 선택을 통해 비용최소화 등을 달성시킬 수 있는 가장 효율적 생산자 및 공급자가 된다고 볼 수 있다. 그리고 이와 같은 효율적 생산의 핵심은 바로 기업의 생산기술에 주로 의존하며, 따라서 효율적 생산자가 되기 위한 기업 간 경쟁이 생산성 향상과 경제적 후생 증대를 가져오는 중심적 기능을 하고 있다고 볼 수 있다. 자본주의가 현대에 이르기까지 가장 성공적인 경제 이데올로기로 정착될 수 있었던 것은 바로 이러한 기업의 순기능에 주로 기인하는 것이고, 또 그로 인해 자본주의는 인류역사상 가장 빠르고 크게 인류의 경제적 여건 및 복지를 개선할 수 있었던 것이다.

그런데 상품공급자로서 기업의 합리적 의사결정행위란 상품수요자로서 가계의 합리적 소비행위에 비해 매우 복잡한 측면이 있다.

이익극대화를 추구하는 기업은 결국 무엇을 얼마만큼 어떤 방법으로 생산하여, 또 얼마에 팔 것인가를 결정하게 된다. 따라서 생산자이론에서는 우선 어떤 생산요소를 어떻게 활용하여 생산할 것인가 하는 문제를 구체적으로 고려할 수 있는 생산함수이론부터 검토해 볼 필요가 있다. 그리고 이러한 생산행위로 인해 발생하는 생산비문제를 동시에 고려하게 된다. 한편, 기업은 상품을 얼마만큼 생산하여 얼마에 팔 것인가 하는 문제에 대하여서는 시장유형별로(예컨대, 완전경쟁시장 또는 독과점시장) 어떻게 대처하는 것이 가장 바람직한가에 대한 합리적 판단을 내려야 하는데, 이에 관해서는 제9장 시장형태론에서 상세히 검토할 것이다. 따라서 이윤극대화 조건은 어떻게 충족되며, 또 이윤극대화를 추구하는 기업의 공급곡선은 어떻게 도출될 수 있는지, 그리고 기업의 공급곡선은 우상향한다는 공급의 법칙이 어떻게 성립될 수 있는지에 대한 최종적인 설명은 제9장에 가서야 완결될 수 있을 것이다.

01 생산함수

생산자이론은 어떤 생산요소를 어떻게 활용하여 생산할 것인가 하는 문제를 구체적으로 고려할 수 있는 생산함수(production function)를 정의하는 일부터 논의하게 된다. 생산함수란 일정 기간 동안 투입한 생산요소량과 이를 가지고 생산할 수 있는 최대 산출가능량의 관계를 나타내는 것이다. 물론 이때 생산량의 크기는 생산요소 투입량뿐만 아니라 생산기술수준에도 의존한다.

자본주의 시장경제에서 기업은 중세 봉건시대의 주문생산과는 달리 불특정 다수의 시장수요를 감안하여 무엇을 어떻게 얼마만큼 생산하여 공급할 것인가를 결정하게 된다. 예컨대, 한 건설업체가 새로 조성될 행정수도 지역에 주택을 공급할 계획을 갖고 있다고 하자. 우선 이 회사는 아파트 · 빌라 · 주상복합 · 상가주택 · 단독주택 중에서 어떤 유형의 주택을 얼마나 지을 것인지, 그리고 평형 크기는 어떻게 배분할 것인지 등에 관한 의사결정을 내려야 한다. 뿐만 아니라 철근 콘크리트 · 벽돌 그리고 목조 중 어떤 건물을 지을 것인지도 아울러 고려해야 한다.

여하튼 어떤 형태로든 이 기업이 주택을 지어 공급하기 위해서는 각종 건설장비와 원자재 그리고 노동력 등이 필요할 것이다. 이처럼 생산에 투입되는 자원을 **생산요소**(factors of production)라 한다.

그런데 이처럼 다양한 생산요소들을 결합시켜 상품을 생산할 때 그 산출량은 결국 투입된 생산요소의 양에 우선 의존하게 된다. 논의의 편의상 주택공급자의 투입요소를 노동과 자본, 두 가지로 축약시킬 수 있다고 보면, 생산량의 크기(Q)는 노동(L)과 자본(K)의 투입량에 의존한다고 볼 수 있다.

$$Q=f(L, K) \tag{8-1}$$

식 (8-1)과 같이 표현된 함수식을 **생산함수**(production function)라 부른다. 이는 일정 기간 동안 투입한 생산요소의 양과 이를 활용하여 생산할 수 있는 최대산출가능량과의 관계를 나타내는 것이다. 이윤극대화를 추구하는 합리적 의사결정자인 기업은 노동과 자본을 어떻게 결합시켜 활용해야 최대한의 상품을 생산할 수 있는지를 고려할 것이란 사실에 근거한 정의식이라 볼 수 있다.

물론 생산량이란 생산요소 투입량은 물론 생산자의 생산기술수준에도 의존한다. 그러나 제2부 미시경제학적 접근편에서는 우선 생산기술이 일정 수준에 머물러 있다는 가정하에 생산량은 주로 생산요소투입량에 의존한다고 보고 논의를 진행한다. 단, 논의의 편의상 투입되는 생산요소 중 한 가지만 투입량을 조정할 수 있는 상황부터 고려한 다음 두 가지 투입량을 모두 다 조정할 수 있는 상황을 이어서 고려해 보기로 한다.

(1) 한 가지 생산요소만을 추가투입하여 생산할 경우: 단기생산함수

우선 논의의 편의상 한 가지 생산요소의 투입량만이 변할 수 있는 단기의 생산함수를 고려해 본다. 즉, 생산요소는 노동과 자본뿐인데, 이 중 노동투입량만을 변화시키는 상황을 상정한다. 이때 단기생산함수는 생산량을 노동투입량의 함수로 표현하게 된다. 노동투입량을 한 단위씩 증가시킬 때 추가로 증가된 생산량을 (노동의)한계생산량이라 한다.

사실 한 가지 생산요소만이 생산에 추가투입된다는 가정은 비현실적이다. 이는 단지 여타 생산요소 투입량은 고정시킨 채 한 가지 생산요소만을 추가투입할 때 추가투입된 생산요소량과 생산량 간의 관계에 관한 특징적 현상을 설명하기 위해서 설정한 편의상의 가정으로 이해할 필요가 있다.

그러면 주택공급업자가 노동과 자본을 투입하여 주택을 생산·공급하는 상황을 다시 고려해 보기로 한다. 현재 어려운 상황에도 불구하고 일정한 자본을 확보하여 주택건설에 나선 이 회사는 단기적으로는 노동력의 추가투입만으로 주택건설량을 조정할 수 있다고 보자.

$$Q = f(L, \bar{K}) \qquad (8\text{-}2)$$

여기서, $\bar{K}$: 고정된 자본투입량(K)

이러한 상황에서 1일투입량 기준으로 노동력만을 1조(각 조는 10명으로 구성되었다고 가정)씩 추가투입할 때 생산량의 변화가 〈표 8-1〉과 같이 나타난 것으로 하자. 표의 첫 번째 열은 노동투입량이고, 두 번째 열은 **총생산량**이다. 이로부터 도출된 한계생산량과 평균생산량은 세 번째와 네 번째 열에 정리하였다. 여기서 한계생산량이란 노동투입량을 1조씩 추가투입할 때 추가생산된 생산량의 증가분을 의미하고, 평균생산량이란 총생산량을 유일한 가변생산요소인 노동투입량으로 나눈 값을 의미한다.

이제 총생산을 노동투입량에 대비시켜 그림으로 표현하면, [그림 8-1]의 (A)와 같아진다. 한편, 같은 요령으로 **한계생산량**과 **평균생산량**을 노동투입량에 대비시켜 그림으로 표현한 것이 [그림 8-1]

표 8-1 노동투입량과 생산량

노동투입량(조: 10명)	총생산(채)	한계생산(채)	평균생산(채)
0	0	0	0
1	1	1	1
2	7	6	3.5
3	15	8	5
4	22	7	5.5
5	28	6	5.6
6	32	4	5.3
7	34	2	4.9
8	35	1	4.4
9	35	0	3.9
10	34	−1	3.4

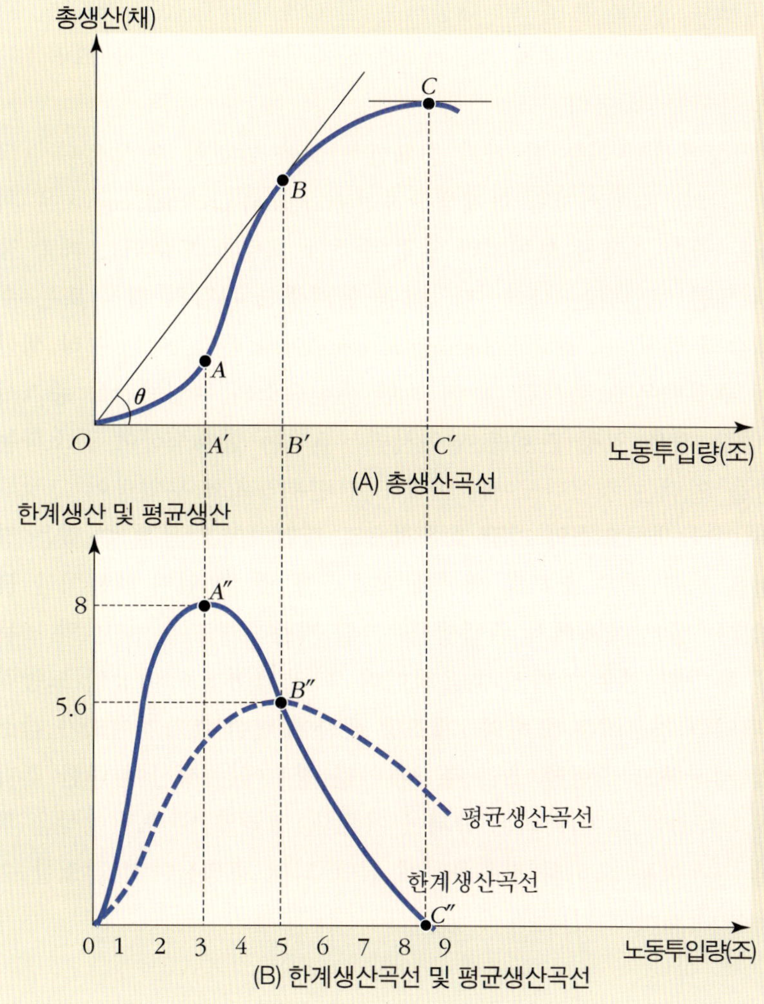

그림 8-1
총생산곡선, 한계생산곡선 및 평균생산곡선

그림 (A)는 총생산이 점 C에 이르기까지 계속 증가하되 점 A까지는 증가율 자체가 증가하지만 점 A 이후 점 C까지는 증가율이 둔화됨을 보여 주고 있다. 그런데 총생산곡선상의 접선의 기울기가 바로 한계생산이 되므로, 결국 점 A까지 한계생산은 증가하다가 이후에는 감소하며 점 C에 이르면 '0'이 됨을 알 수 있는 이러한 현상은 한계생산곡선의 변화 추이에서 더욱 확실하게 확인할 수 있다(그림 (B) 참조).

한편, 총생산곡선상의 각 점과 원점을 연결한 선(예컨대, $\overline{OB}$)의 기울기(OB/OB')는 평균생산량(총생산량/노동투입량)의 의미를 가지며, 그 값은 점 B에서 최대값을 갖는다. 단, 점 B에서의 평균생산(OB/OB')은 점 B에서의 접선의 기울기, 즉 한계생산과 같아지므로 평균생산곡선과 한계생산곡선은 점 B''에서 교차하는 특성을 갖게 된다(그림 (B) 참조).

의 (B)이다.

그런데 한계생산곡선은 A''에서 가장 큰 값을 갖는데, 이는 총생산곡선의 변곡점(증가율의 변화가 생기는 점, 즉 점 A까지 총생산량이 증가하되 증가율 자체가 증가하였으나 점 A를 경과한 후에는 계속 증가 추세는 유지하나 증가율 자체는 감소하고 있음)에 대응하는 점이다. 한편, **총생산곡선**의 한 점과 원점을 연결한 선의 각(θ)은 점 B에서 가장 커지는데, 이 점의 기울기는 tan(θ)로 표현될 수 있으며, 이는 총생산을 노동투입량으로 나눈 평균생산 개념(BB'/OB')에 해당된다. 따라서 점 B에 대응한 점 B''에서 평균생산이 최대가 됨을 그림 (B)에서 확인할 수 있다. 반면에 한계생산(총생산곡선상에서 접선의 기울기의 크기로 정의될 수도 있음)은 C''에서 0이 된 후, 이후에는 마이너스(−) 값을 갖게 되므로 총생산은 C''에 대응하는 점 C에서 극대값을 가지며, 따라서 점 C에서의 접선의 기울기, 즉 한계생산은 0이 됨을 그림 (A)에서 확인할 수 있다.

한계생산은 생산의 초기 단계에서는 증가 추세를 보이지만 일정 시점이 지난 후부터는 감소하게 된다. 이를 한계생산 체감의 법칙 또는 수확체감의 법칙(law of diminishing returns)이라 한다. 한계생산과 평균생산 그리고 총생산의 관계는 그림 [8-1]을 참조하기 바란다.

이상에서 우리는 한 가지 중요한 사실을 발견할 수 있었다. [그림 8-1]의 (B)에서처럼 **한계생산곡선**(marginal product curve)은 처음에는 증가 추세를 보이지만 일정 수준에 도달한 후부터는 계속 감소 추세를 보인다는 사실이다. 이를 **한계생산 체감의 법칙** 또는 **수확체감의 법칙**(law of diminishing returns)이라 한다. 이는 여타 생산요소 투입량은 고정시킨 채 어느 한 생산요소의 투입량만을 증가시켜 나갈 경우 일정 단계를 넘어서면서부터는 한계생산이 감소하는 현상을 일컫는 것이다. 이는 아마도 가변투입요소 투입량이 고정투입된 여타 생산요소와 가장 효율적으로 결합하여 사용될 수 있는 경계점을 넘을 경우 오히려 생산에 역효과를 낼 수 있기 때문이라 볼 수 있다. 상기 예제에서 주택생산은 1일 기준 3개조(즉, 30명)의 노동력을 투입할 경우가 가장 효율적이며, 따라서 3개조 이상의 노동력을 투입할 경우에는 오히려 1개조당 생산에 대한 추가기여도가 감소하기 시작하고, 9번째 조가 추가투입될 경우에는 생산에 대한 추가기여도가 0이 되어 버리는 단계에 이른다. 그리고 10개조 이상을 투입할 경우에는 오히려 건축공사에 짐만 되어 총생산마저 감소할 수 있음을 시사하고 있다.

(2) 두 가지 생산요소를 모두 추가투입하여 생산할 경우: 장기생산함수

생산요소 중 한 가지만 추가투입할 수 있는 경우 수확체감의 법칙이 성립될 수 있다는 귀중한 논리를 정립할 수 있었다. 그러나 이것만으로 생산자의 최적선택조건을 도출할 수는 없다. 보다 현실적인 생산자이론을 정립하기 위해서는 모든 생산요소(여기서는 모든 생산요소를 편의상 두 가지로 구분할 수 있다고 가정)를 추가투입하여 생산량을 조정하는 경우를 고려해야 할 것이다. 즉, 노동력뿐만 아니라 자본도 얼마든지 추가로 생산에 투입할 수 있는 상황을 고려해 보기로 한다.

이번에는 보다 현실적인 상황하의 생산자이론을 전개하기 위해 모든 생산요소의 투입량이 변할 수 있는 경우 성립되는 이른바 장기생산함수를 고려해 본다.

1) 등량곡선

우선 생산자의 최적선택문제를 고려하기 위해서는 **등량곡선**(isoquant) 개념부터 정립할 필요가 있다. 이는 두 생산요소 투입량을 자유롭게 변화시킬 수 있는 상황에서 일정한 생산량을 달성시킬 수 있는 자본과 노동투입량의 조합들을 [그림 8-2]와 같은 그림의 형태로 나타낸 것이다.

이를 위해 우선 동일한 생산량을 달성할 수 있는 두 생산요소의 다양한 투입량조합을 나타내는 이른바 등량곡선(isoquant) 개념을 정립할 필요가 있다.

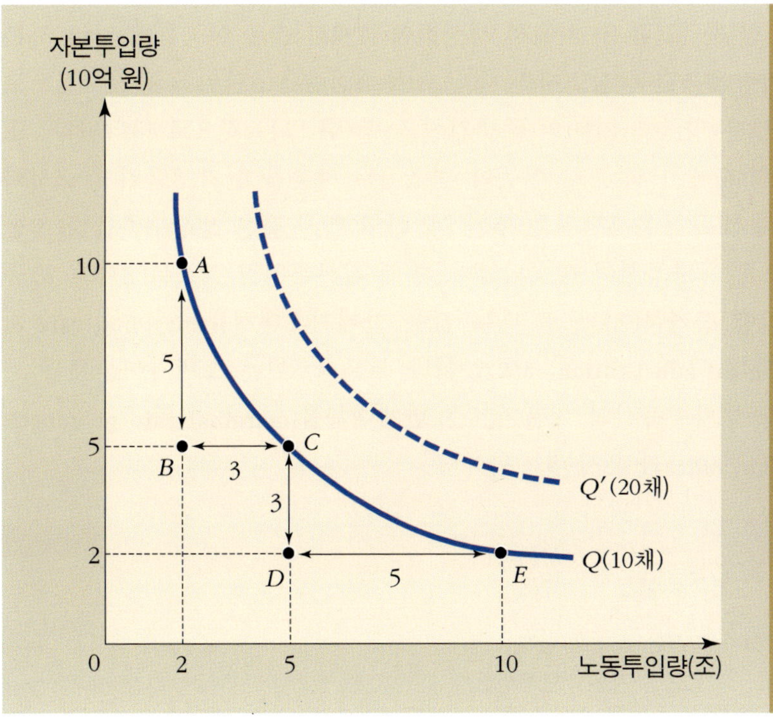

그림 8-2 등량곡선
그림에서 Q와 Q'은 동일한 생산량을 달성시킬 수 있는 두 생산요소의 다양한 투입량조합을 나타내고 있는데 이들을 등량곡선이라 한다. 등량곡선은 일반적으로 원점에 대하여 볼록한 모양을 갖는다.

[그림 8-2]는 예컨대 자본 10단위(단, 1단위는 10억 원)와 노동 2단위(단, 단위는 1조, 또는 10명)를 투입하거나 자본과 노동 모두 5단위씩 투입하거나, 또는 자본 2단위와 노동 10단위를 투입하여 주택 10채를 건설할 수 있는 상황을 나타내고 있다.

등량곡선 또한 무차별곡선과 거의 흡사한 특성을 갖는다. 즉, 원점에 대해 볼록한 모양으로 우하향하되 서로 교차하지 않으며 원점에서 먼 등량곡선일수록 보다 많은 생산량을 나타낸다.

등량곡선은 두 생산요소가 모두 추가투입이 가능한 경우 성립될 수 있는 생산요소 투입량과 생산량 간의 관계를 나타내는 곡선인데, 이는 소비자이론에서 소개한 바 있는 무차별곡선과 유사한 특성을 갖고 있는, 말하자면 생산무차별곡선으로 이해할 수도 있다. 따라서 등량곡선도 무차별곡선과 정확히 똑같은 4가지 특성을 갖는다.

① 등량곡선은 우하향한다.
② 등량곡선은 원점에 대해 볼록한 모양을 갖는다.
③ 두 등량곡선은 서로 교차하지 않는다.
④ 원점에서 멀리 떨어져 있는 등량곡선일수록 보다 많은 생산량을 나타낸다.

[그림 8-2]에서 Q가 주택 10채를 나타내는 등량곡선이라면, 이보다 바깥쪽에 위치한 Q'은 Q보다는 많은(예컨대, 20채) 생산량을 나타내는 것으로 볼 수 있다.

등량곡선상의 각 점에 접하는 접선의 기울기를 한계기술대체율(marginal rate of technical substitution: *MRTS*)이라 부르는데, 소비자이론의 한계대체율과 유사한 개념으로 점차 감소하는 특성을 갖는다. 이를 한계기술대체율 체감의 법칙이라 한다.

한편, [그림 8-2]에서 생산점이 A에서 C로 이동함에 따라 자본투입량을 5단위 감소시킨 대신 노동투입량은 3단위를 증가시킴으로써 같은 양(주택 10채)의 주택건설을 할 수 있는 것으로 나타났다. 또한 점 C에서 점 E로 이동할 경우에는 자본을 단지 3단위 감소시키는 대신 노동은 5단위를 추가투입하여 역시 같은 생산수준을 유지한 것으로 등량곡선이 작성되었다. 이때 자본투입량 감소분(ΔK)을 노동투입량 증가분(ΔL)으로 나눈 값을 **한계기술대체율**(marginal rate of technical substitution: *MRTS*)이라 부른다. 이는 소비자이론에서 소개한 무차별곡선의 기울기, 즉 **한계대체율**(marginal rate of substitution: *MRS*)과 유사한 개념이다.

8-3

$$MRTS = \frac{\Delta K}{\Delta L} = -\frac{MP_L}{MP_K}$$

여기서, MP_L: 노동의 한계생산
MP_K: 자본의 한계생산

특수한 형태의 등량곡선

본문에서 활용한 일반적인 등량곡선은 두 생산요소 간의 결합비율이 항상 변화할 수 있다는 가정 하에 도출된 것이다. 그리고 한계기술대체율 체감의 법칙으로 인해 원점에 대하여 볼록한 곡선형태를 갖는 것으로 분석되었다. 그러나 등량곡선은 극단적인 경우 곡선이 아닌 직각을 이루는 *L*자형이나 우하향하는 직선형태로 나타날 수도 있다.

[그림 8-3]의 (A)는 두 생산요소 간 결합비율이 고정된 경우의 등량(곡)선을 나타낸다. 예컨대, 택시운수회사가 운송서비스를 생산 · 제공할 경우 단위 근로시간당 기사 1명에게 택시 1대씩 배정될 것이다. 기사가 1명인데 택시를 2대, 3대 식으로 추가배정해 보았자 더 이상의 추가적인 운송서비스 제공이 불가능하다. 반면, 택시 1대에 운전기사를 2명, 3명, ……식으로 추가배정해 보아도 결과는 마찬가지이다. 결국 택시 1대에 기사 1명씩으로 배정하는 방법 이외에 다른 방도가 없다.

이처럼 택시(또는 자본)와 기사(또는 노동)의 결합비율이 고정될 경우(fixed input ratio) 등량(곡)선은 *L*자형의 모습을 갖게 될 것이다. 이러한 현상이 나타날 수 있는 경우의 생산함수를 **레온티에프 생산함수**(Leontief production function)라고도 하는데, 이는 **연관분석**(input-output analysis)**기법**을 창안한 **레온티에프**(W. W. Leontief)의 분석체계가 생산요소 간 결합비율이 고정되어 있다는 가정하에 전개된 사실에 기인하는 것이다.

한편, 상황에 따라서는 대체성이 매우 강하여 대체비율(*MRTS*)이 일정하게 유지될 수 있는 생산요소 간에는 등량곡선이 직선이 될 수 있다. 완전대체성을 가진 요소의 예로서 화물운송서비스를 제공하는 회사의 경우를 생각해 볼 수 있다. 만일 대형트럭 1대로 수송할 수 있는 화물을 2대의 소형트럭으로 대신할 수 있다면(단, 논의의 편의상 운전기사 수는 무시한다), [그림 8-3]의 (B)에서처럼 대형트럭 5대분의 화물은 대형 4대와 소형 2대, 또는 대형 3대와 소형 4대, 또는 대형 2대와 소형 6대, 또는 대형 1대와 소형 8대 또는 소형 10대를 투입하여 운송할 수 있게 된다. 이처럼 완전대체가 가능한 생산요소 간의 등량(곡)선은 직선이 되며, 따라서 *MRTS*는 일정한 상수값을 갖게 된다.

한편, 위에서 소개한 특수한 형태의 등량(곡)선의 경우에도 생산요소 투입량이 증가할 경우 우상향하는 방향으로 등량(곡)선 자체가 이동하게 될 것이다. [그림 8-3]의 (A)와 (B)에서 *Q′*은 생산요소 추가투입으로 인해 *Q*로부터 이동한 모습을 각각 보여주고 있다.

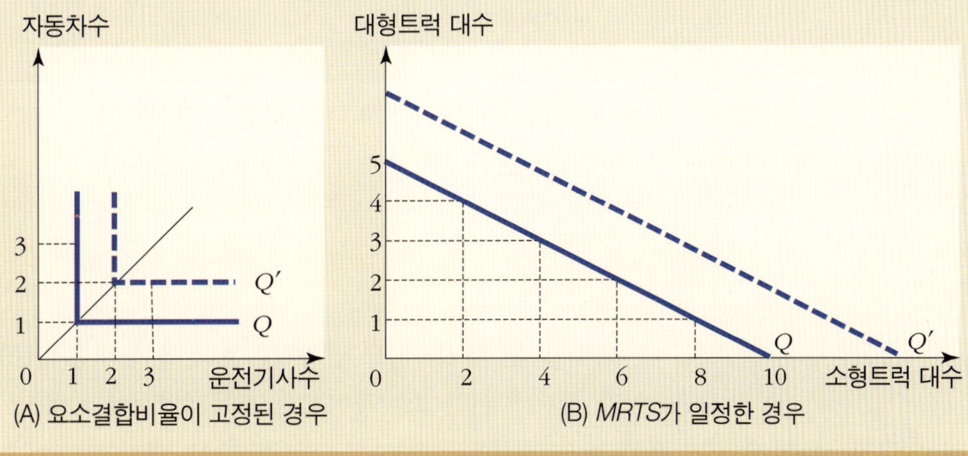

그림 8-3 특수한 형태의 등량(곡)선

그런데 식 (8-3)과 같이 정의되는 한계기술대체율은 [그림 8-2]에서처럼 점 A에서 점 C, 그리고 점 E로 이동함에 따라 점차 감소함을 알 수 있다. 즉,

$$\text{점 } A\text{와 } C \text{ 간의 한계대체율} = \frac{5}{3} > \frac{3}{5} = \text{점 } C\text{와 } E \text{ 간의 한계대체율}$$

과 같아진다. 이러한 현상은 등량곡선이 원점에 대해 볼록한 특성을 갖는 한 항상 성립되는데, 이를 **한계기술대체율 체감의 법칙**(law of decreasing *MRTS*)이라 부른다. 이는 동일 생산량을 유지하면서 두 생산요소 투입량을 조정해 나갈 때 한 생산요소 감소(ΔK)를 다른 요소 증가로 대체하는 일은 점점 어려워져서 더 많은 양의 추가투입(ΔL)이 필요해지는 현상을 지칭하는 것이다. 이는 소비자이론의 한계대체율 체감의 법칙에 비유할 수 있는 개념이다.

2) 등비용곡선

한편, 소비자이론의 소득제약선에 비견할 수 있는 개념으로 생산자가 감당할 수 있는 총생산비의 한도를 나타내는 등비용곡선(iso-cost curve)을 정의할 수 있다. 즉, 등비용(곡)선을 일정 비용한도 내에서 고용가능한 두 생산요소의 투입량 조합을 나타낸다.

한편, 노동과 자본을 투입하여 생산하는 기업은 이들 생산요소 사용에 대한 대가로 임금과 이자를 지불하게 된다. 만일 이 기업이 생산을 위해 동원할 수 있는 자금한도, 또는 감당가능한 총비용한도가 C라 하고, 임금은 w, 이자는 r이라 하면 다음 관계식이 성립될 것이다.

$$C = w \cdot L + r \cdot K \tag{8-4}$$

여기서, L: 노동투입량
K: 자본투입량

이를 K에 대하여 다시 정리하면 다음과 같아진다.

$$K = \frac{C}{r} - \frac{w}{r} \cdot L \tag{8-5}$$

식 (8-4) 또는 식 (8-5)를 만족시키는 선을 **등비용곡선**(iso-cost curve)이라 한다.[2] 이는 소비자이론의 소득제약선에 비유할 수 있는

[2] 여기서는 자본과 노동에 대한 대가가 r과 w로서 일정하다고 가정하였기 때문에 등비용곡선이 직선으로 표현되었다. 그러나 자본과 노동의 사용량 변화는 임금과 이자에 영향을 미칠 수 있다는 점까지 고려할 경우에는 곡선이 될 수도 있다는 상황을 염두에 두고, 등비용선 대신 등비용곡선이란 표현으로 명명한 것이다.

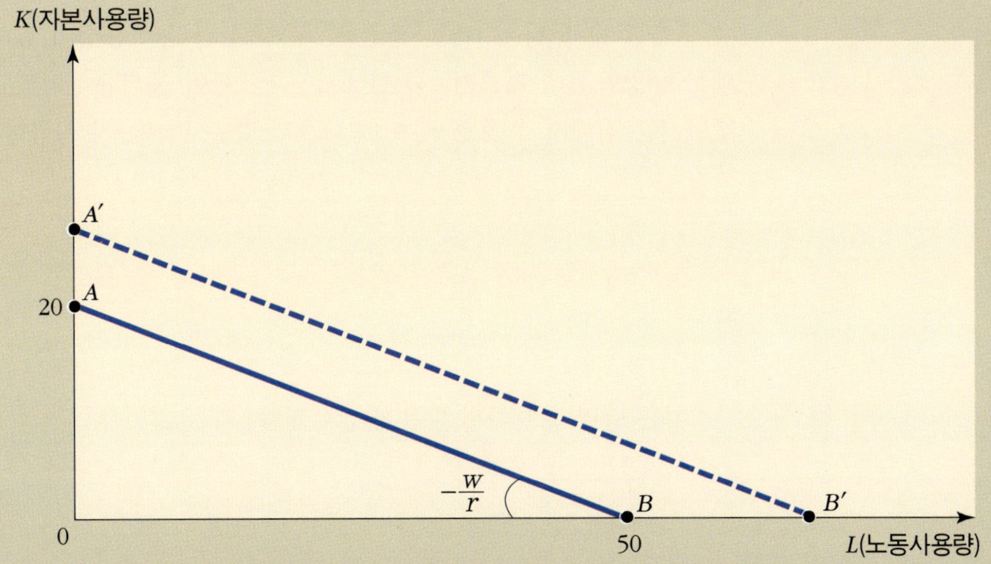

그림 8-4 등비용곡선
그림은 일정 비용 한도 내에서 고용가능한 두 생산요소의 투입량조합을 나타내는 등비용(곡)선을 나타내는데, 이는 소비자이론의 소득제약선에 비유될 수 있는 개념에 해당된다. 한편, 등비용(곡)선의 기울기는 두 생산요소의 가격비와 같아진다.

개념이다. [그림 8-4]의 OA/OB가 바로 등비용곡선의 기울기를 나타내며, 그 값은 $-w/r$과 같아짐을 보여 주고 있다.

예컨대, 노동 1단위(10명)당 임금은 2,000만 원, 자본 1단위(10억 원)당 이자는 5,000만 원, 그리고 생산자의 총가용자금 한도는 10억 원이라 하자. 그러면 이 자금을 전부 자본투입에 사용할 경우 자본은 총 20단위 활용이 가능해지고, 반대로 전부 노동투입에 사용한다면 노동은 총 50단위 고용이 가능해질 것이다. 그리고 등비용선의 기울기는 -2/5가 될 것이다. 이는 결과적으로는 두 생산요소단위 가격 간의 비율($-w/r$)과 같아지는 특성을 갖는다.

따라서 자본과 노동에 대한 대가의 비율이 일정하다면 동원가능한 자금 또는 총가용지출비용이 변화할 때 원래의 등비용선 AB와 나란하게 아래 또는 위로 이동하는 것으로 이해할 수 있다.

이제 그렇다면 과연 생산자의 생산비는 어떻게 극소화가 될 수 있을까? 이는 등량곡선과 등비용선이 접하는 점에서 성립된다. 이때 물론 한계기술대체율과 등비용선의 기울기가 같아지며, 이러한 조건식으로부터 이른바 가중한계생산 균등의 법칙이 도출될 수 있다. 소비자이론에서 무차별곡선과 예산제약선이 접하는 점에서 소비의 최적화가 이루어진다는 논리와 이때 성립되는 가중한계효용 균등의 법칙 도출과정과 유사하다.

3) 생산비 극소화

이제 위에서 소개한 등량곡선과 등비용곡선을 동시에 고려하면 비로소 우리는 생산자의 생산비 극소화를 만족시킬 수 있는 조건식을 도출할 수 있다. 이러한 조건은 등량곡선과 등비용선이 접하는 점에서 등량곡선의 기울기, 즉 한계기술대체율이 등비용선의 기울기와 같아지는 점에서 충족된다. 이때 다음과 같은 관계식이 성립한다.

8-6

$$|\text{등량곡선의 기울기}| = |\text{등비용선의 기울기}| \Leftrightarrow \frac{MP_L}{MP_K} = \frac{w}{r}$$

이를 달리 표현하면 다음과 같아진다.

8-7

$$\frac{MP_L}{w} = \frac{MP_K}{r}$$

이는 노동의 임금 1원당 한계생산과 자본의 이자 1원당 한계생산이 같아지도록 노동과 자본을 고용하는 것이 생산비를 극소화시킨다는 의미이다. 따라서 이를 **가중한계생산 균등의 법칙**이라고도 하는데, 이는 소비자이론의 가중한계효용 균등의 법칙과 유사한 측면이 있다.

물론 비용극소화 조건이 생산자의 이윤극대화를 자동으로 만족시키는 것은 아니다. 단지 그 필요조건이 충족된 것으로 이해하는 것이 타당하다. 이윤극대화는 최종적으로 해당 상품을 얼마만큼 생산할 것인가 하는 문제가 동시에 고려될 때 가능해지기 때문이다. 논리 전개의 편의상 이에 관한 자세한 내용은 제9장으로 미룬다.

여하튼 [그림 8-5]는 앞서 전개한 등량곡선과 등비용선을 이용하여 생산비가 극소화될 수 있는 노동과 자본의 투입량을 결정하는 과정을 보여 주고 있다. 그림에서 두 선은 점 E에서 접하고 있는데, 이는 자본 10단위와 노동 25단위를 투입하는 경우로서 이때의 생산량은 주택 50채가 되는 상황을 보여 주고 있다.

이상과 같은 분석결과는 소비자이론에서 무차별곡선과 예산제약선에 접하는 점에서 소비의 최적화가 이루어진다는 논리와 유사하다. 그러나 전술한 바 있듯이, [그림 8-5]의 점 E는 기업의 궁극적인 목표인 이윤극대화 조건이 충족되는 점은 아니라는 점에 일단 유념

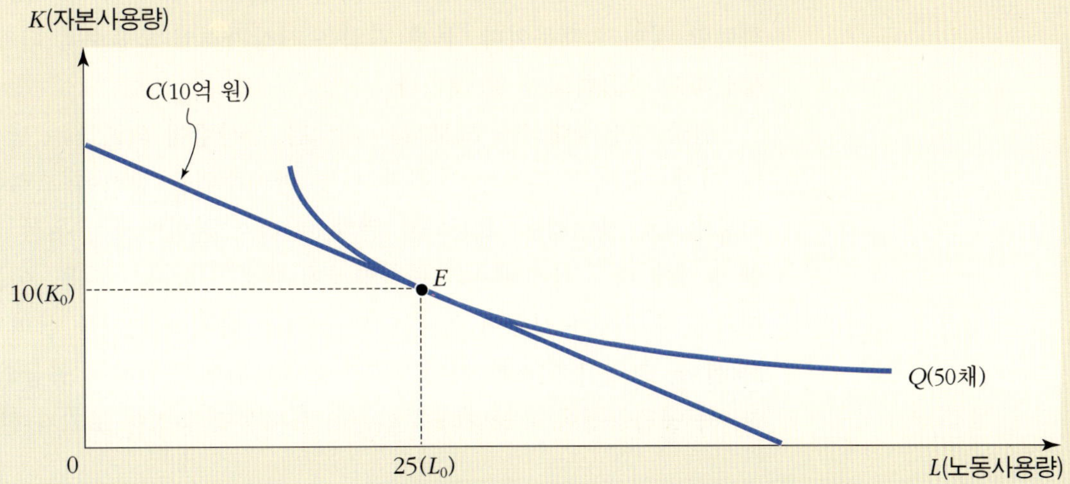

그림 8-5 생산비 극소화
일정량(예컨대, $Q=50$)을 생산할 수 있는 경우 중 최소비용으로 이를 달성할 수 있는 경우는 점 E에서처럼 등생산량곡선이 등비용(곡)선과 접하는 경우라 할 수 있으며, 이때 최소비용은 등비용선의 비용인 C(예컨대, 10억 원)가 된다.

할 필요가 있음을 재삼 상기시켜 두고자 한다.

02 생산비와 이윤극대화

생산자이론의 보다 구체적 분석을 위해 이번에는 생산량 변화에 따른 생산비 변화내용을 살펴보자. 생산비 또한 초기 생산단계에서는 빠르게 증대되지만 일정 시점 이후부터는 증가폭이 감소하는 추세를 갖는다.

앞서 우리는 한 개의 생산요소만을 추가투입하는 경우 이른바 한계생산 체감의 법칙 또는 수확체감의 법칙이 발생한다는 사실과, 모든(실제로는 두 가지 유형으로 구분함) 생산요소를 투입할 경우에는 등량곡선과 등비용(곡)선이 접하는 점에 대응하는 생산요소 투입량 조합으로 생산하는 것이 생산비용을 최소화할 수 있는 필요조건이 된다는 사실을 배웠다.

그런데 기업의 실제 생산량이 달라짐에 따라 생산하는 방법이 달라지고 생산비용도 변화하게 된다. 일반적으로 생산량의 증가는 초기에는 빠른 속도로 생산비를 증대시키지만, 일정 시점을 지나면 생산비 증가폭이 줄어드는 것으로 알려져 있다.

한편, 생산한 재화의 판매가격은 시장수요에 의해 결정적으로 영향을 받게 되며, 그에 따라 공급자의 수입도 달라진다. 예컨대, 수요가 커질수록 시장가격이 상승할 것이지만 수요가 위축되면 가격은 하락할 것이기 때문이다. 물론 기업은 시장가격이 오를수록 더 많이 생산하여 공급하고자 할 것이다.

결국 이윤극대화를 도모하는 기업은 생산량에 의존하는 생산비와 시장수요에 의존하는 판매가격 및 판매수입을 동시에 고려하여 최종적으로 생산량을 결정하게 된다. 따라서 본항에서는 우선 생산량 증가에 따른 생산비용의 변화양상에 대하여 살펴본 다음, 이윤극대화를 추구하는 기업이 결국 어떤 선택을 하게 되는지를 살펴보고자 한다. 그리고 이러한 기업의 최적선택행위에 근거하여 공급의 법칙, 즉 공급곡선이 우상향하게 되는지를 아울러 증명해 보고자 한다.

(1) 경제학적 비용이란

그런데 우리가 여기서 이야기하는 비용이란 실제로 현금지출이 수반되는 생산요소의 사용대가를 나타내는 명시적 비용(또는 회계비용이라고도 함)뿐만 아니라 기업의 소유 및 경영자가 기업경영으로 인해 발생하는 암묵적 비용, 즉 기회비용까지를 포함하는 개념으로 이를 경제학적 비용(economic cost) 또는 총기회비용이라 부르기도 한다. 이러한 맥락 속에서 경제학적 이윤은 총수입에서 경제적 비용을 차감한 것으로 정의되기도 한다.

우선 여기서 정의하는 경제학적 비용이란 개념은 우리가 일상생활에서 통상적으로 생각하는 비용과는 다르다는 점을 지적해 둔다. 단, 하나의 주택을 건설하기 위해 노동력을 고용하고 자금을 빌리거나 건물이나 건설장비 등을 임대하게 되며, 그에 대한 대가로 임금 · 이자 · 지대 또는 임대료를 지급하게 된다. 이처럼 실제로 현금지출이 동반되는 생산요소 사용대가를 **회계비용**(accounting cost) 또는 **명시적 비용**(explicit cost)이라 한다.

그러나 이러한 비용 개념은 회사를 소유 또는 운영하는 사람이 자신이 가지고 있는 자산(회사)이나 능력을 가지고 다른 생산활동을 하여 얻을 수 있는 이익을 포기한 대가, 즉 소유 및 경영자의 **기회비용**(opportunity cost)은 도외시하고 있다.[3] 경제학에서는 이처럼 현금지출이 실제로 발생하지는 않아 눈으로 확인할 수 없는 일종의 **암묵적 비용**(implicit cost)까지를 포함하여 진정한 의미의 비용에 가까운 개념을 설정하고 있는데, 이를 **경제학적 비용**(economic cost) 또는 **총기회비용**이라 정의한다.

따라서 기업은 **총수입**(total revenue)을 기업이 생산 · 판매하여 벌어들인 총금액이라 하고, 여기서 **총비용**(total cost)을 차감한 나머지를 **이윤**(profit)이라 정의할 때 회계상의 이윤과 경제학적 이윤 또한 달리

❸ 물론 총기회비용은 암묵적 비용과 명시적 비용을 합친 것과 같아진다. 노동자나 자본 등도 다른 생산과정에서 활용될 수 있는 기회를 포기한 대신 주택건설사업에 참여한 것이기 때문이다.

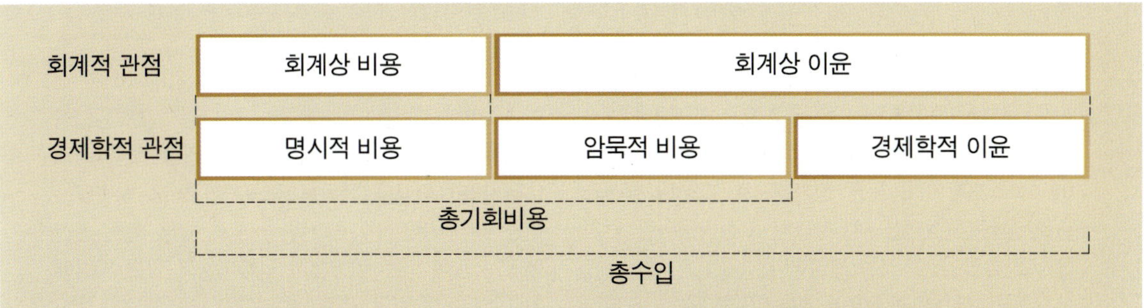

그림 8-6 회계상 비용과 이윤 그리고 경제학적 비용과 이윤
이윤이란 회계적 관점에서 보는가, 아니면 경제학적 관점에서 보는가에 따라 다소 상이한 의미를 갖는다.

정의할 수밖에 없다. **회계학적 이윤**(accounting profit)은 단순히 총수입에서 명시적 비용을 차감한 금액으로 정의될 수 있다. 그러나 **경제학적 이윤**(economic profit)이란 총수입에서 명시적 비용은 물론 암묵적 비용까지를 차감한 금액으로 정의되어야 할 것이기 때문이다.

(2) 여러 가지 비용 개념

기업이 합리적으로 선택하고 일정한 양의 재화를 생산하는 데 들어가는 비용 전체를 **총비용**(total cost: *TC*)이라 한다. 그런데 단기에는 생산량과 상관없는 일정한 크기를 갖는 비용이 존재하는데, 이는 고정투입요소와 관련하여 발생하는 비용으로 **고정비용**(fixed cost: *FC*)이라 부른다. 한편, 생산량 증대에 따라 투입량을 늘려 나가야 하는 가변생산요소와 관련하여 발생하는 비용을 **가변비용**(variable cost: *VC*)이라 일컫는다.

이처럼 정의된 경제학적 비용은 통상적으로 고정비용과 가변비용의 합으로 구성된다. 따라서 이와 관련하여 평균총비용·평균고정비용 그리고 평균가변비용 등이 정의될 수 있으며, 마지막 단위 추가생산에 따라 발생한 총비용 증가분을 한계비용(marginal cost: *MC*)이라 부른다.

$$TC = FC + VC \quad (8\text{-}8)$$

한편, 총비용과 고정비용 그리고 가변비용을 총생산량으로 나눈 것을 각각 **평균총비용**(*ATC*)과 **평균고정비용**(*AFC*), 그리고 **평균가변비용**(*AVC*)이라 부른다.

$$ATC = \frac{TC}{Q},\ AFC = \frac{FC}{Q},\ AVC = \frac{VC}{Q} \quad (8\text{-}9)$$

고정비용과 매몰비용

고정비용(fixed cost)이란 생산량과 관계없이 항상 일정한 크기를 유지하는 비용으로 통상적으로 생산시설 설치에 들어간 비용이나 경영진의 보수 등이 이에 포함된다. 물론 장기적으로 고정된 생산요소란 상상할 수 없으며, 따라서 고정비용이란 단기에서만 성립될 수 있는 개념이다.

한편, **매몰비용**(sunk cost)이란 일단 지출하고 나면 다시는 회수할 수 없는 비용이라 정의된다. 초보 경제학도들은 이 개념을 고정비용과 구분하지 못하는 경우가 가끔 있다. 물론 매몰비용 중 일부는 고정비용에 포함될 수는 있다. 예컨대, 한 회사 제품에 대한 광고비는 매몰비용이자 고정비용이 될 수 있다. 여타 기업이나 제품에는 아무런 쓸모가 없어 어떤 형식으로든 이미 지출된 광고비를 회수할 수 없을 뿐만 아니라 생산량의 크기와 별로 상관없는 비용이기 때문이다. 광고비 외에도 해당 제품 생산에만 사용이 되는 생산설비 구입비용도 같은 맥락에서 이해될 수 있다.

그러나 토지나 건물 등은 통상 고정비용으로 고려될 수 있지만 매몰비용으로 보기는 어렵다. 필요하면 언제든 다른 용도로 전환하거나 타인에게 매도하여 비용을 회수할 수 있기 때문이다.

반면 생산량을 한 단위씩 증가시켜 감에 따라 마지막 단위 생산으로 인해 발생한 총비용 증가분을 **한계비용**(marginal cost: MC)이라 일컫는다.

$$MC = \frac{\Delta TC}{\Delta Q}$$

(3) 단기에서의 비용곡선

이때 이들 비용 개념들을 같은 면에 도표로 나타낼 경우 단기에 있어서의 한계비용곡선은 초기 생산단계에서는 체감하나 일정 시점부터는 체증하는 특성을 보이게 된다. 그리고 평균총비용곡선이나 평균가변비용곡선도 유사한 특성을 갖는다. 단, 한계비용곡선은 평균총비용곡선과 평균가변비용곡선의 최저점을 밑에서부터 위로 지나가게 된다([그림 8-7] 참조).

다음은 앞 절에서 도출한 바 있는 생산함수와 관련하여 발생하는 각종 비용곡선들을 작성해 본 것이다.

[그림 8-7]의 (B)는 생산량과 총비용만의 관계를 나타내는 총비용곡선(TC)이다. 생산량이 증가함에 따라 총비용도 증가하나 점 A'까지는 증가율이 둔화되다가 그 이후부터는 증가율 자체도 증가하는 모형을 보여 주고 있다. 이는 점 A' 이후부터 한계생산 체감현상, 또는 수확체감의 법칙이 발생하는 데 연유하는 것이다([그림 8-7]의 (A) 참조). 즉, 노동자가 추가투입됨에 따라 작업장이 혼잡해지고 노동자 추가투입에 따른 총생산량 증가분이 감소함에 따라 생산량을 한 단위씩 추가생산할 때 들어가는 비용이 점점 증가하는 현상이 나타날 것이기 때문이다(단, 그림 (B)에서 OO'은 생산량 크기와 상관없이 발생하는 총고정비용의 크기를 나타낸다).

한편, [그림 8-7]의 (C)는 각종 평균비용들과 한계비용을 생산량

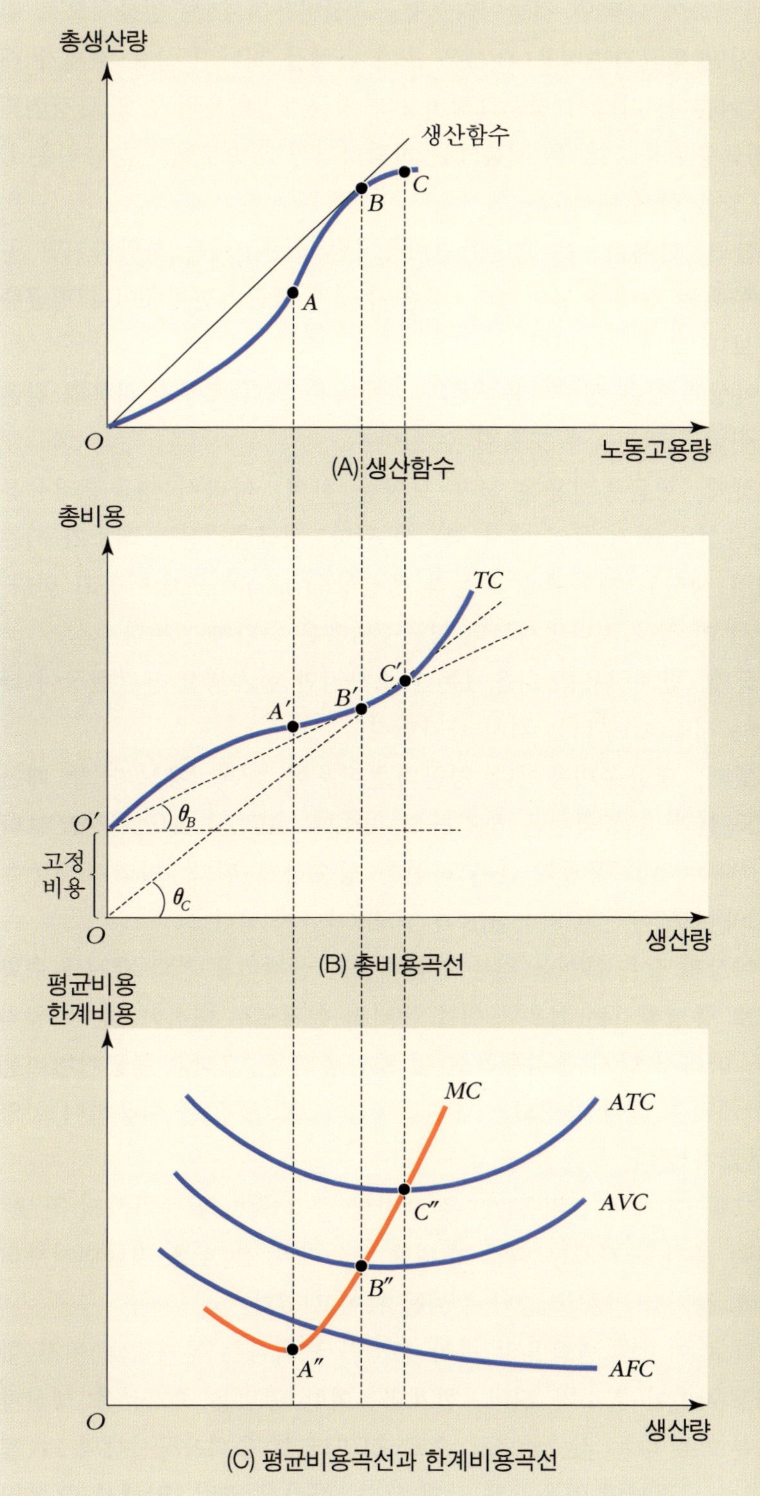

그림 8-7 생산함수와 비용곡선

총생산량곡선과 총비용곡선은 동전의 양면과 같은 연관성을 갖고 있다. 그리고 총비용곡선의 경우 각 점에서 접선의 기울기로 정의되는 한계비용은 점 *A′*에서 최소가 되고, 원점과 이루는 기울기로 정의되는 평균비용은 점 *C′*에서 최소가 되며, 이때 한계비용과도 같아지게 된다(*AC*가 최소가 되는 점 *C′*에서 *AC*의 크기는 이에 접하는 접선의 기울기를 나타내는 *MC*와 같아짐).

한편, 총비용 중 고정비용(*OO′*)을 차감한 총가변비용 개념에 의거할 경우 또한 평균가변비용이 최소가 되는 점 *B′*에서 한계비용과 같아지게 된다. 따라서 한계비용곡선은 총평균비용곡선과 평균가변비용곡선의 최저점을 각각 통과하게 된다.

과 관련하여 나타낸 것들이다. 평균고정비용(AFC)은 일률적으로 감소하지만 평균가변비용(AVC)은 초기 단계를 지나면 상승 추세가 대세를 이룬다. 따라서 평균고정비용과 평균가변비용의 합으로 정의되는 평균총비용(ATC)은 처음에는 하락하다가 후반부에는 상승하는 U자 모양을 하게 된다.

한편, 한계비용은 평균가변비용처럼 초반부에는 하락하지만 곧 우상향하는 형태를 보이는데, 상승 추세가 평균가변비용이나 평균총비용보다 크게 나타난다.

이상과 같은 평균비용곡선과 한계비용곡선들로부터 다음과 같은 특성이나 연관관계를 도출할 수 있다.

첫째, 평균총비용은 U자 모양을 하며, 따라서 평균총비용은 ATC곡선의 최저점(C'')에서 최소가 된다. 평균총비용이 최소가 되는 점에서 생산된 재화량을 **효율적 생산량**(efficient scale)이라고 한다. 따라서 이 점을 지나면서부터 평균총비용은 증가하게 된다.

둘째, 한계비용은 처음에는 감소하지만 한계생산 체감현상이 나타나는 시점(A'')부터는 점차 증가한다.

셋째, 평균총비용이나 평균가변비용이 한계비용보다 클 때는 ATC곡선과 AVC곡선은 하강하고, 반대로 ATC나 AVC가 MC보다 작을 때는 ATC곡선과 AVC곡선은 상승하게 된다. 따라서 MC는 ATC와 AVC곡선의 최하점(B''과 C'')을 지나게 된다.

이상과 같은 특성을 갖는 평균비용과 한계비용 간의 관계를 수학적으로 증명하기는 쉬우나 이를 논리적 설명으로 대신하기는 수월치 않다. 따라서 단지 총비용곡선 및 평균총비용, 그리고 평균가변비용과 한계비용 간에 양립되는 연관관계를 [그림 8-7]을 이용하여 설명해 보고자 한다.

그림 (B)에서 총비용(TC)은 생산량 증가에 따라 증가하되 점 A'까지는 증가율 자체는 감소 추세를 보이다가 점 A'을 지나면서부터 비로소 증가율 자체도 증가 추세를 보이고 있다.

바로 이처럼 변화율의 변화 추세가 변화하는 분기점(A')에서 한계비용(MC)이 최소가 된다. 한계비용이란 총비용 증가분을 생산량 증가분으로 나눈 값($\Delta TC/\Delta Q$)으로 정의되며, 총비용곡선상의 각 점에 접하는 접선의 기울기와 같게 된다. 따라서 그림 (B)에서 O'부터 A'까지는 접선의 기울기가 점차 줄어들다가 점 A'을 지나서부터는 증가하는 것처럼 한계비용도 점 A'까지는 감소하다가 이후부터는 증가하게 되면 결과적으로 점 A'에 대응하는 생산점에서 한계비용이 최소가 되는 것이다.

한편, 그림 (B)의 점 O에서 총비용곡선(TC)에 접하는 선을 그은 다음 횡축과 형성되는 각도(θ_C라 하자)는 점 C'에서 최소가 된다. 그리고 점 O'에서 총비용곡선과 이루는 각도가 최소가 되는 점은 B'이 된다. 따라서 C'과 B'에 대응하는 생산점에서 각각 평균총비용과 평균가변비용이 최저가 된다. 왜냐하면, $ATC=\tan(\theta_C)=TC/Q$, 그리고 $AVC=\tan(\theta_B)=VC/Q$와 같은 관계가 성립되기 때문이다. 물론 점 C' 또는 B'에 대응하는 생산점까지는 ATC 또는 AVC는 감소하다가 이후부터 상승 추세를 보이게 된다. 그리고 이처럼 하강과 상승 추세의 분기점이 되는 C''과 B''에 대응하는 생산점에서 ATC 또는 AVC는 한계비용(MC)과 같아진다는 것이다.[4]

(4) 장기에서의 비용곡선

지금까지 우리는 생산요소 중 일부는 그 투입량이 고정되어 있으며, 이러한 투입요소에 대한 비용은 생산량 변화에 영향을 받지 않으므로 이를 고정비용이라 불렀다. 단기에 있어서 일부 투입요소는 그 규모를 변화시킬 수 없는 상황을 감안하여 설정한 개념이다. 통상적으로 노동력 투입량에 비해 생산시설 규모는 단기적으로 변경하기 어려운 측면이 있는 것이 사실이다. 그러나 장기적으로는 생산시설의 규모도 얼마든지 변경할 수 있으며, 따라서 장기에는 더 이상 고정비용이 존재하지 않게 된다.

그런데 여기서 장기라 함은 상대적으로 긴 시간을 지칭하는 것일 뿐, 물리적으로 경과된 실제기간의 크기를 기준으로 규정한 개념은 아니다. 생산활동의 내용에 따라 물리적으로 많은 시간이 경과하지 않아도 생산규모를 변경할 수 있기 때문이다. 뻥튀기장사가 옥수수 튀기는 기계 한 대를 가지고 장사를 하다가 장사가 잘 되어 기계 한 대를 더 사서 옥수수를 튀기는 경우라면, 많은 시간이 경과되지 않고도 생산시설이 증대될 수 있는 좋은 예가 될 것이다. 요즘 옥수수 튀

④ 한계비용곡선이 평균총비용곡선과 가변평균비용곡선의 최저점을 지나게(밑에서부터 위로) 된다는 사실에 대한 증명은 중급 미시경제학 교재를 참고하여 확인하기 바란다.

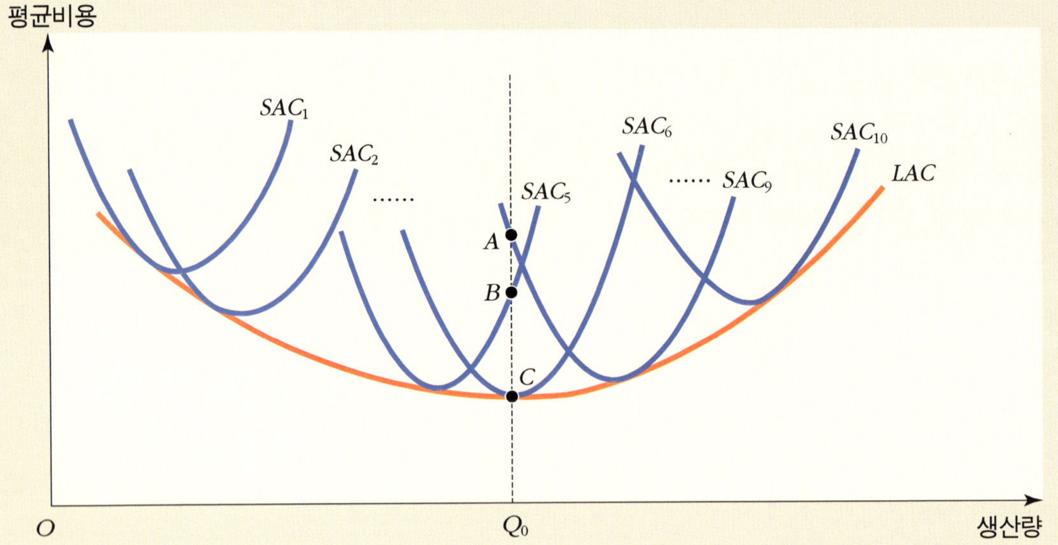

그림 8-8 장 · 단기 평균비용곡선
그림에서 *LAC*는 장기적 평균비용곡선을 나타내며, 이는 단기적 평균비용곡선들을 밑에서부터 감싸 주는 포락선의 모양을 하게 된다.

기는 기계는 옥수수를 일정량씩 튀김판 속에 투입한 후 윗덮개를 닫으면 열이 가해지고, 일정 시간 경과 후 자동적으로 덮개가 열림과 동시에 튀겨진 옥수수를 뱉어 낸다. 이러한 자동화 과정 때문에 수요만 있다면 한 사람이 많게는 10개가량의 기계를 설치하여 옥수수튀김을 생산할 수 있다고 하자. 그러면 옥수수튀김 기계라는 생산시설 규모가 1대, 2대, ……, 10대일 때 각각 성립하는 평균비용곡선을 도출할 수 있으며, 예컨대 [그림 8-8]과 같아질 수 있다. 단, 기계의 수가 하나이든 10개이든 기계의 수가 고정된 기간 동안의 평균비용곡선은 모두 단기적 평균비용곡선이 된다.

한편, 모든 생산요소 투입량이 변화할 수 있는 장기에 있어서 성립되는 평균비용곡선은 단기적 평균비용곡선들을 밑에서부터 받쳐 주는 모양의 포락선이 된다([그림 8-8] 참조).

따라서 본 예제에서는 [그림 8-8]에서처럼 10개의 단기평균비용곡선이 존재할 수 있다. 생산자는 일단 시장수요의 크기가 알려져 있다면 생산규모에 따라 성립되는 수많은 단기평균비용곡선들을 동시에 비교 · 평가하여 평균비용을 극소화시킬 수 있는 생산규모를 선택하여 생산하게 될 것이다. 예컨대, 시장수요가 Q_0라면, 이를 9대의 기계로 생산할 때는 $\overline{Q_0A}$만큼의 평균비용이 발생하고, 5대 기계를 설치하여 생산할 때는 $\overline{Q_0B}$만큼의 평균비용이 발생할 것이다. 이처럼 다양한 크기의 생산규모에 대응하는 평균생산비용 중 최소값을 갖는 경우는 $\overline{Q_0C}$가 될 것이다(예컨대, 기계 6대로 생산할 경우의 SAC_6). 바로 이와 같은 최소평균비용점들을 전부 연결한 것이 **장기적 평균비용곡선**인 LAC가 된다. 이는 그림에서처럼 모든 **단기평균비용곡선**들을 밑에서부터 감싸는 모양을 하게 되는데, 따라서 이를 **포락선**(envelop curve)이라고도 부른다.

(5) 규모의 경제

생산과정의 특성상 어떤 경우에는 생산규모가 커질수록 단가가 떨어지고 장기평균총비용이 낮아질 수 있는데, 이러한 현상을 **규모의 경제**(economies of scale)라 한다. 반면에 산출량 증가에 따라 장기평균총비용이 상승하는 현상을 **규모의 비경제**(diseconomies of scale)라 일컫는다. 한편, 산출량의 변화와 상관없이 장기평균총비용이 일정할 경우는 **규모에 대한 보수불변**(constant returns to scale)**현상**이라 부른다.

그런데 이처럼 정의되는 장기평균비용곡선에서 볼 수 있듯이 장기평균비용 또한 생산규모 증가에 따라 초창기에는 감소하다가 불변상태에 이르게 되고 나중에는 증가하는 특성을 갖게 된다. 이러한 현상을 규모의 경제(economies of scale), 보수불변(constant returns to scale), 그리고 규모의 비경제(diseconomies of scale)가 발생한다고 표현한다. 이와는 별도로 결합생산물, 즉 여러 연관된 제품을 동시에 생산할 경우 비용이 절감되는 현상을 범위의 경제(economics of scope)라 부르기도 한다.

[그림 8-9]에서 LAC는 가상적인 장기평균비용곡선이다. 이 경

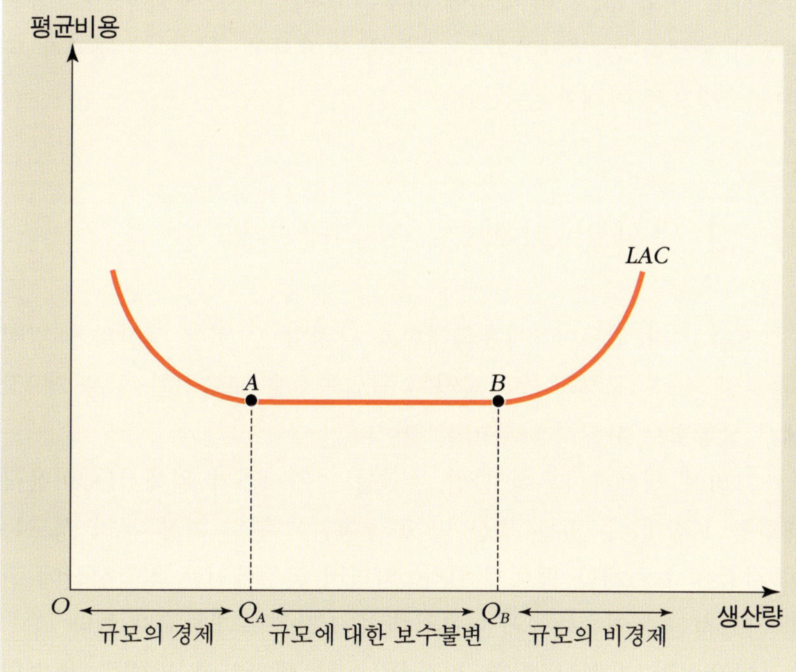

그림 8-9
생산규모와 장기평균비용
생산규모 증가에 따라 장기적 평균총비용이 감소 · 불변 또는 증가하는 현상이 발생할 수 있는데, 이를 '규모의 경제', '규모에 대한 보수불변', 또는 '규모의 비경제'가 발생한다고 표현한다.

범위의 경제

초보자들이 규모의 경제와 간혹 혼란을 겪는 개념으로 **범위의 경제**(economies of scope)란 용어가 있다. 기업들은 한 재화만 생산할 수도 있지만, 대부분의 경우 연관성이 높은 여러 재화를 함께 생산한다. 한 재화씩만 각각 별도로 생산하는 경우에 비해 비용을 절감할 수 있기 때문이다. 이를 범위의 경제라 한다.

예컨대, 갈비구이를 판매하는 음식점의 경우 부산물로 생기는 갈비뼈나 갈빗살을 끓여 갈비탕을 제조할 수도 있고, 끓인 국물에 면을 넣어 냉면을 만들어 팔 수도 있을 것이다. 이처럼 동일 생산요소(예컨대, 갈비)로 여러 재화를 만들어 낼 수 있는 경우가 이에 해당된다. 가죽을 이용해 구두를 제조하는 회사는 지갑이나 핸드백 그리고 벨트를 동시에 생산 · 공급하는 경우도 이에 해당한다. 가죽을 다듬는 과정에 대한 별도의 추가비용 없이 관련재화를 만들 수 있어 경비를 절감할 수 있기 때문이다.

한편, 한국의 대표적인 철강 제조기업인 포항제철이 철판 · 철근 등 상당 부분 공동의 생산과정을 거치며 생산할 수 있는 제품을 동시에 생산하는 것, 한국의 대표적인 자동차회사인 현대자동차가 소형차 · 중형차 · 대형차는 물론 SUV나 트럭을 동시에 생산하는 사실도 같은 맥락에서 이해할 수 있다. 이때 생산되는 연관제품을 **결합생산물**(joint product)이라고도 한다.

한편, 이상과 같은 범위의 경제와는 구분되어야 할 또 한 가지의 생산유형이 있다. 예컨대, 인천제철을 소유하고 있는 현대그룹이 한보철강까지 인수하여 철강이나 철근을 생산한 다음 그룹 계열사였던 현대자동차나 현대건설에 제공함으로써 생산의 전후단계를 같은 연관그룹 내 회사들 간에 연결시키는 행위(이를 **수직적 기업결합**(vertical integration)이라고 함)도 비용절감효과를 가져오기는 할 것이나 범위의 경제현상과는 구분될 필요가 있다.

우 생산량이 Q_A와 같거나 적은 수준에 머무는 동안은 규모의 경제가 발생하고 Q_A와 Q_B 사이 수준에 머무는 동안은 규모에 대한 보수불변 현상이 발생하며, 생산량이 Q_B수준을 넘어서면 규모의 비경제가 나타나는 것으로 이해할 수 있다.

03 생산의 최적화: 이윤극대화

여하튼 이윤극대화를 추구하는 기업은 결국 총수입에서 총비용을 차감한 이윤이 극대화되는 생산량을 선택하게 되는데, 이는 [그림 8-10]에서처럼 한계수입과 한계비용이 같아지는 생산점에서 이루어진다.

전술한 바 있듯이, 이윤극대화를 달성할 수 있는 생산량을 결정하는 일, 또 그로부터 우상향하는 공급곡선을 도출하는 일은 제9장에서 상황별로 자세히 다루어질 것이다.

그러나 생산자이론에 관한 논의를 완결시키기 위해서는 **이윤극대화**를 보장할 수 있는 생산 및 공급행위에 관한 기본 논리 정도는 이 시점에서 소개할 필요가 있다. 따라서 본절에서는 최적생산에 관한 기초적인 논의수준에서 이윤극대화 조건을 소개하고자 한다.

이윤이란 기업이 재화 및 서비스를 생산하여 판매한 **총수입**

(total revenue: *TR*)에서 생산과정에서 발생한 **총비용**(total cost: *TC*)을 차감한 값이다. 따라서 이윤을 π로 표시한다면 다음과 같이 정의될 것이다.

$$\pi = TR - TC \qquad (8\text{-}10)$$

[그림 8-10]의 (A)는 가상적인 총비용곡선과 총수입곡선을, 그리고 (B)는 이 두 곡선으로부터 식 (8-10)을 이용하여 도출된 이윤곡선을 대비시켜 표현한 그림이다.

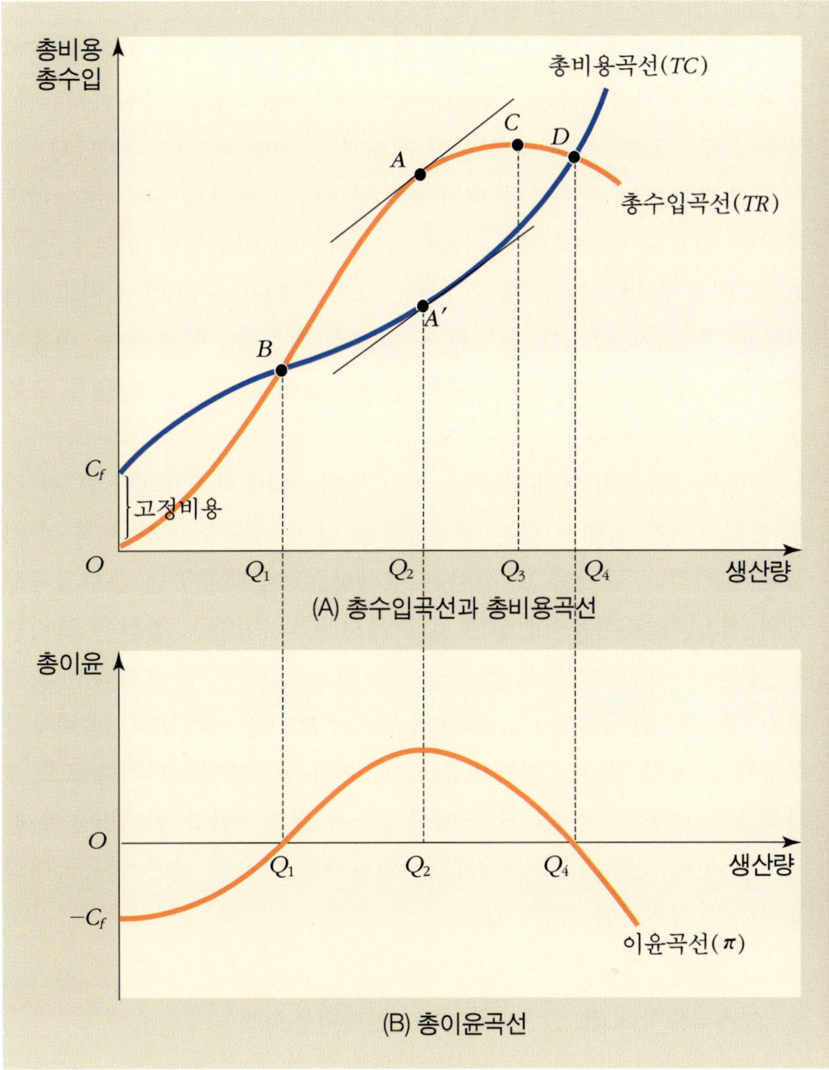

그림 8-10
이윤극대화의 조건
총이윤이란 총수입에서 총비용을 차감한 개념이다. 따라서 총수입곡선과 총비용곡선이 교차하는 점 *B*와 *D*에서 이윤은 0이 된다. 한편, 이윤이 극대화가 되는 생산점은 Q_2로서 이때 총수입곡선과 총비용곡선 간의 거리가 최대가 되며, 또 Q_2에 대응하는 두 곡선상의 점(*A*와 *A′*)에서의 접선은 같은 기울기를 갖는다. 즉, 한계수입과 한계비용이 같아질 때 이윤이 극대화되는 것이다.

[그림 8-10]의 (A)에서 TR은 전형적인 총수입곡선으로 생산량 증가에 따라 증가하되 초기에는 증가속도 자체가 증가할 수 있으나 곧 한계수익 체감의 법칙이 작용함에 따라 생산량 증가폭이 점차 감소하는 특징을 갖고 있다. 그리고 점 C(이 시점에서 한계수입은 '0'이 됨)에서 Q_3만큼 생산하여 판매할 때 총수입은 최대가 되고, 그 이후에는 오히려 총수입이 감소될 수 있는 상황을 보여 주고 있다.

한편, TC는 총비용곡선으로 역시 생산량 증가에 따라 증가하는데, 초기에는 증가속도가 감소 추세를 보이지만 한계비용이 체증하기 시작하는 시점부터는 증가속도 자체가 증가하는 모양을 보여 주고 있다. 단, TC가 원점이 아니라 C_f에서부터 출발하는 것은 **고정비용**(fixed cost)의 존재 때문임에 유의할 필요가 있다.

반면, 그림 (B)의 π는 이윤곡선으로 생산량 증가에 따라 발생하는 총비용을 차감한 값의 변화내용을 보여 주고 있다. 그림에서는 생산량이 Q_2수준에 이를 때 이윤이 최대값을 갖는 것으로 나타났다. 그리고 초반부에는 총수입이 총비용을 밑돌다가 생산량 Q_1수준에 이르러서는 서로 같아지고(이때 이윤이 '0'이 됨), Q_1 이후부터 비로소 플러스(+) 이윤이 발생함을 알 수 있다. 그러나 이윤은 Q_2에서 최고값을 기록한 후 점차 감소하다가 Q_4에 이르러 '0'이 되어 버린다. 이윤이 0이 되는 Q_1과 Q_4에서는 총비용과 총수입이 같아지고 있음을 그림 (A)에서 알 수 있다.

그런데 이윤이 극대화되는 Q_2는 그림 (A)에서 TR선과 TC선 간의 수직거리가 최대가 되는 생산량임을 알 수 있다. 또 한 가지 이 시점에서 기억해 두어야 할 사항은 생산량 Q_2에 대응하는 총수입곡선상의 점 A와 총비용곡선상의 점 B에서 각각 접하는 접선을 그리면 두 접선이 나란하게 되는 특징을 갖는다는 점이다. 총수입곡선의 기울기 크기는 **한계수입**(marginal revenue: MR)을 나타내고, 총비용곡선상의 기울기 크기는 **한계비용**(marginal cost: MC)을 나타내므로 결과적으로 이윤이 극대화되는 생산량에서 한계수입과 한계비용이 같아지게 된다. 이상과 같은 논의를 정리하면 다음과 같은 이윤극대화 조건이 성립된다고 할 수 있다.

8-11

이윤극대화 조건: 한계수입(MR)=한계비용(MC)

이윤극대화, 주식가격 극대화, 그리고 매출액 극대화

우리는 통상 기업이란 경제주체는 이윤극대화를 목표로 생산행위를 영위한다고 가정한다. 그런데 과연 기업이 현실적으로 이윤극대화만을 목표로 할 수 있을까?

오늘날의 기업은 소유와 경영이 분리된 주식회사 형태가 주종을 이루고 있다. 따라서 일반적으로 주주에 의해 임명된 전문경영인들은 주주가 원하는 바에 귀를 기울일 수밖에 없다. 이처럼 주주의 입장이 주도적 역할을 담당하는 형식의 자본주의를 **주주 주도형 자본주의**(**shareholder's capitalism**)라고도 한다. 이러한 제도하에서는 일반적으로 주주들은 과연 어떻게 하면 회사가 효율적으로 운영되어 보다 높은 이윤을 창출할 수 있는가 하는 데에 주로 관심을 갖게 된다. 기업의 수익성이 제고될수록 주식가격이 상승하여 자신들의 이익이 신장될 수 있기 때문이다.

이러한 주주들의 욕구는 결국 전문경영인들로 하여금 가능한 한 주식가격을 최대한 높이도록 압력을 가하게 된다. 심지어는 전문경영인들에게 자신들의 회사 주식을 일정 가격으로 살 수 있는 권리를 부여(이를 **주식옵션**이라 함)하는 인센티브를 제공하기도 한다. 주식가격이 오를 때 자신(전문경영인)들의 이익이 동시에 신장될 수 있는 제도적 장치를 설정함으로써 전문경영인들이 주식가격을 높이는 데 최선을 다하도록 유도하는 것이다. 따라서 이러한 현실적 상황에서는 기업이 이윤극대화보다는 오히려 주식가격 극대화에 전념하게 된다는 주장이 제기되기도 하였다.

그러나 전문경영인들이 주식가격을 올리는 데 혈안이 되다 보면 CEO들은 효율적 경영을 통한 수익성 제고보다는 오히려 자신들의 이익과 직결된 주가상승에만 전념하게 된다. 그리고 심지어는 인위적인 장부가치 조작을 통해 이윤을 부풀리는 회계적 부정까지 자행할 수도 있다.

그렇지만 일방적으로 긍정적인 정보만을 제공하거나 근거 없는 허위정보를 유포시키며, 경우에 따라서는 회계조작을 통해서까지 투자자들을 현혹하여 주식가격을 올리는 데 급급하다 보면 언젠가 진실이 밝혀지고 회사는 파국을 맞게 되는 회계부정 스캔들이 발생할 수밖에 없다. 2002년 미국에서 엔론(Enron)과 월드컴(WorldCom)이 대규모 회계부정사건으로 인해 파산하였던 사실이나, 2003년 한국에서 발발한 SK Global의 회계부정사건들은 바로 이러한 기업행태의 대표적 예가 되고 있다.

그런데 최근 들어 기업들은 전통적인 차입을 통한 자금조달(이를 통상 **debt financing** 또는 borrowing from financial institutions이라 함) 대신에 증권시장에서의 주식발행을 통한 자금조달(이를 **equity financing** 또는 market-oriented financing이라 함)방식에 대한 의존도를 높여 가고 있다.

결과적으로 금융기관들이 전문적인 신용 및 경영평가 과정을 통해 작성한 기업의 건전성 자료에 근거하여 대출을 결정하던 전통적 자금공급경로보다는 일반투자자들이 다양한 경로로 수집한 정보에 의해 평가한 기업의 건전성이나 수익성 그리고 장래성에 근거하여 해당 기업 주식을 매입하는 과정을 통해 자금이 공여되는 행태가 주도적인 자금조달 과정이 되고 있는 추세이다.

따라서 엔론사태와 같은 회계부정사건이 일각에서 발생할 가능성은 상존하나 궁극적으로는 시장에서의 기업에 대한 평가는 결국 수익성과 위험성 그리고 장래 성장가능성 등을 종합적으로 검토함으로써 이루어지게 될 것이다. 이러한 측면에서 볼 때, **주식가격 극대화**가 이윤극대화보다 기업의 합리적 의사결정이나 목표의 기준이 되는 관행이 일반화될 것이라고 보기는 어렵다.

한편, 주주주도형 자본주의 사회에서 전문경영인들이 취할 수 있는 또 하나의 경영목표로서 (**이윤극대화** 대신에)매출액 또는 수입극대화가 거론되기도 한다.

전문경영인들이 주어진 여건하에서 자신들의 이익추구에 더 많은 관심을 가지게 되는 한 가능하다면 규모가 더 큰 기업의 경영인이 되기 위해 노력할 수도 있기 때문이다. 즉, 규모가 작지만 이윤이 많이 나는 중소기업보다는 사회적 인식이나 영향력이 큰 대기업을 지향할 가능성이 높다고 보는 것이다. 이러한 관점에서 볼 때 전문경영인은 기업의 규모, 즉 매출액이나 판매수입을 극대화하려고 노력할 것이고, 따라서 이윤극대화를 보장하는 생산량보다는 훨씬 큰 생산량을 달성시키고자 한다는 것이다.

이러한 매출액 증가노력은 논리상 한계수입이 '0'이 될 때까지 지속될 것이다. 물론 현실적으로는 이윤이 극대화되는 생산점, 즉 $MR=MC$가 되는 생산점과 $MR=0$이 되는 생산점 사이에서 주주들이 용인할 수 있는 수준에서 실질적 생산량이 결정될 가능성이 높다. 그러나 이러한 행태적 가정에 근거하는 기업의 합리적 의사결정을 체계적으로 정립하기가 어려울 뿐만 아니라 이윤극대화 가정을 대체할 만한 논리적 우위성 또한 찾아보기 어렵다. 이윤극대화 모형이 다소 현실성이 결여되는 경우가 있다손 치더라도 이를 능가할 수 있는 논리적 체계는 아직 없다고 볼 수 있다.

제9장 상품시장의 제 유형: 시장형태론

본장에서는 상품시장에서 수요의 주체인 가계의 수요행위와 공급의 주체인 기업의 공급행위가 서로 상반된 이해를 바탕으로 균형을 이루어 나가는 과정을 다양한 시장형태를 배경으로 살펴볼 것이다.

우리는 제8장 생산자이론에서 이윤극대화를 추구하는 기업의 비용극소화 방안에 대하여 살펴보았다. 그리고 이윤극대화는 결국 한계비용이 한계수입과 같아지는 조건이 충족될 때 달성될 수 있음을 확인한 바 있다.

본장에서는 상품시장에서 가계의 수요행위와 기업의 공급행위가 어우러져 균형을 이루게 되는 과정을 여러 형태의 시장을 배경으로 살펴보게 될 것이다.

그런데 생산비란 기업의 생산방식과 기술수준에 따라 독자적으로 고려될 수 있는 사항이지만, 이윤극대화의 또 다른 고려사항인 판매수입 측면은 결국 시장여건에 따라 달라질 수 있는 것이어서 이를 별도로 고려함으로써 비로소 구체적인 이윤극대화 방안이 정립될 수 있다.

본장에서는 이러한 관점에서 생산물시장의 다양한 형태가 이윤극대화를 추구하는 기업에 어떤 영향을 주며, 궁극적으로 기업의 최적생산수준은 어떻게 결정될 수 있는지 살펴볼 것이다. 시장형태는 완전경쟁시장과 독점시장, 그리고 과점시장 및 독점적 경쟁시장으로 구분된다. 따라서 이하에서는 이처럼 서로 다른 시장에서 최적생산조건을 만족시키는 가격과 생산량이 어떻게 결정되는지 살펴볼 것이다.

01 완전경쟁시장

우선 판매자나 수요자가 매우 많아서 어느 누구도 시장가격에 영향을 미칠 수 없는, 따라서 가격수용자(price taker)가 될 수밖에 없는 완전경쟁(perfect competition)시장의 경우부터 고려해 본다. 이 시장에서는 모든 상품이 동질적이며 누구든 원하면 생산에 새로 참여하거나 생산을 중단할 수도 있다. 따라서 이 시장에서는 한 상품에 단 하나의 가격만이 성립된다는 일물일가의 법칙(law of one price)이 성립된다.

(1) 완전경쟁시장이란

시장의 형태를 분류하는 주요 판단기준으로는 ① 판매자의 수, ② 상품의 동질성 여부, ③ 시장 진입장벽의 존재 여부, 그리고 ④ 비가격경쟁의 존재 여부 등이 있다. 그리고 **완전경쟁**(perfect competition)**시장** 또는 **경쟁시장**(competitive market)이란 다음과 같은 요건이 충족되는 시장을 말한다.[1]

첫 번째 조건은 수요자와 공급자가 너무 많아 어느 개별 수요자나 공급자가 시장가격에 영향을 미칠 수 없어야 한다는 것이다. 따라서 수요자 및 공급자 모두가 시장가격을 수동적으로 받아들이는 **가격수용자**(price taker)가 되어야 한다는 의미가 된다.

두 번째 조건은 상품들이 기술적 특성뿐만 아니라, 판매조건 및 판매 후 서비스 내용까지도 거의 같아야 한다는 의미로 이해하여야 하며, 결과적으로 한 상품에는 단지 한 가격만이 존재하게 된다. 즉, **일물일가의 법칙**(law of one price)이 성립된다. 따라서 공급자와 수요자는 단지 생산 또는 구매량만을 독자적으로 결정할 수 있을 뿐이다.

세 번째 조건은 어느 기업이든 수지타산을 맞출 수 있다고 생각하여 해당 상품시장에 진입하고자 할 때 어떤 형태로든 이를 막는 장치가 없어야 한다는 의미이다. 물론 경쟁력이 악화된 기업이 언제든지 해당 시장으로부터 자유롭게 퇴거할 수 있어야 한다는 의미를 아울러 가지고 있다.

(2) 이윤극대화와 경쟁기업의 단기공급곡선

이러한 완전경쟁시장에서 개별 공급자는 주어진 시장가격하에 무제한 공급할 수 있게 된다. 즉, 개별 기업이 직면하게 되는 수요곡선은 수평선이 되어 버린다. 따라서 이때 개별 기업의 평균수입과 한계수입은 모두 시장가격과 같아진다.

경쟁시장에서 균형가격이 성립되면 개별 공급자는 이 가격에 아무런 영향을 미치지 못한다. 시장가격이란 수많은 수요자와 공급자의 상반된 이익추구 노력이 균형을 이루는 시점에서 형성된 가격이며, 시장 전체 공급에 비해 개별 공급자의 공급량은 무시할 만큼 작은 것이어서 이처럼 결정된 시장가격에 어떤 영향도 미치지 못하는 것이다. 따라서 개별 공급자는 가격수용자가 된다. 반면에 완전경쟁시장에서는 개별 공급자가 주어진 시장가격으로 얼마든지 공급할 수 있게 된다. 따라서 경쟁시장에서 시장 전체의 수요곡선은 우하향하더라도 개별 기업이 직면하는 수요곡선은 수평선이 되어 버린다. 그리고 한 개를 팔든 두 개를 팔든 항상 같은 금액을 받게 되므로 수평적 수요곡선을 갖는 기업의 평균수입과 한계수입은 모두 시장균형가격과 같아진다.

[1] 다섯 번째 조건으로 시장참여자 모두가 완전한 정보를 가지고 있다는 조건을 포함시키기도 한다.

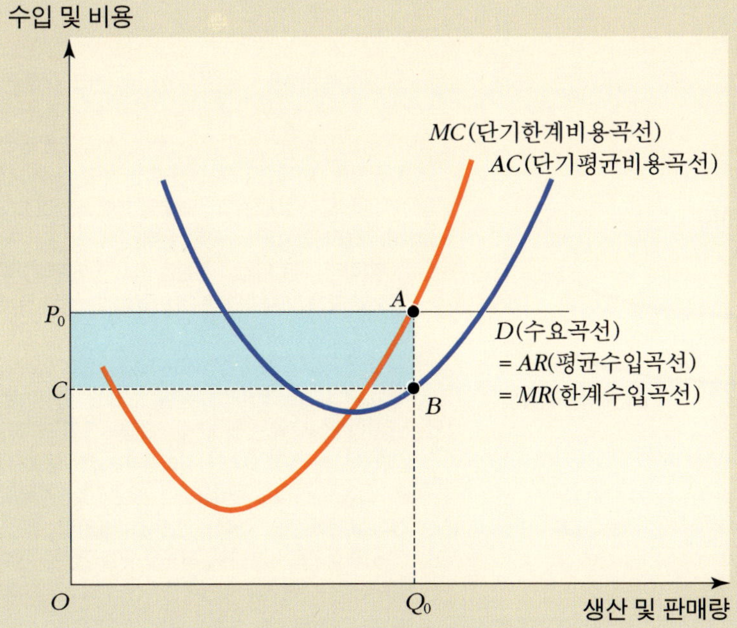

그림 9-1
단기경쟁시장에서 개별 기업의 이윤극대화
완전경쟁시장에서 개별 기업이 직면하는 수요곡선은 수평선이 되고 따라서 평균수입과 한계수입이 시장가격과 일치하게 된다.
이때 개별 기업의 단기이윤은 한계비용과 한계수입이 같아지는 생산점 Q_0에서 극대화되며, 이윤의 크기는 P_0ABC와 같아진다.

[그림 9-1]에서처럼 개별 기업의 수요곡선은 수평선의 모양을 하게 되어 수요곡선 자체가 평균수입곡선 및 한계수입곡선의 의미를 공유하게 된다. 반면에 평균비용 및 한계비용은 제8장에서 도출된 바와 같이 전형적인 U자 형태를 보이되, 한계비용이 평균비용의 최저점을 밑에서부터 위쪽으로 관통하는 모습을 하고 있다.

한편, 제8장 말미에서 소개한 바 있는 '한계수입=한계비용'이라는 이윤극대화 조건은 한계수입곡선과 한계비용곡선이 교차하는 점 A에서 충족되고 있다. 이는 [그림 9-1]과 같은 비용곡선을 갖는 개별 경쟁기업은 Q_0만큼 생산하여 판매할 때 이윤이 최대가 될 수 있다는 의미가 된다. 이때 이윤은 총수입(OP_0AQ_0)에서 총비용($OCBQ_0$)을 차감한 $\square P_0ABC$가 된다.

그리고 단기경쟁시장에서 개별 기업의 이윤은 단기한계비용곡선이 수평선 형태의 한계수입(곡)선과 교차하는 점에 대응하는 생산점에서 극대화된다([그림 9-1] 참조).

그런데 이 시점에서 우리는 매우 중요한 사실을 하나 발견할 수 있다. 경쟁시장에서 개별 기업에 대한 수요곡선이 수평을 이루는 한 이윤극대화를 추구하는 기업의 생산은 $MR=MC$가 되는 생산량, 즉 수평선을 이루는 수요곡선(그리고 한계수입곡선)과 한계비용이 교차하는 점에 대응하는 생산량을 공급할 것이며, 이러한 교차점은 형성되는 한계비용곡선상에서 형성될 것이므로 한계비용곡선 자체가 개별

여기서 중요한 사실은 개별 기업의 수요곡선이 수평선이 될 경우 이윤극대화를 추구하는 기업은 한계비용과 수요곡선(=한계수입곡선)이 교차하는 생산점을 선택하게 되는데, 결국 이러한 교차점은 모두 한계비용곡선상에 형성되므로 한계비용곡선 자체가 개별 기업의 공급곡선이 된다는 점이다.

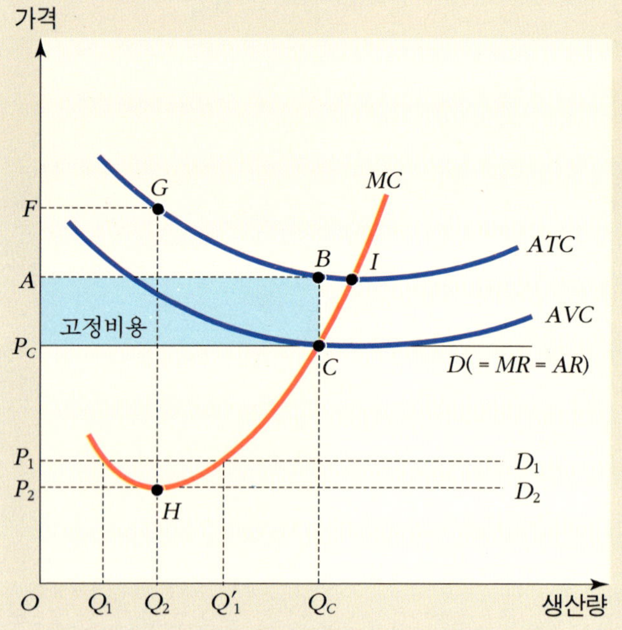

그림 9-2
개별 경쟁기업의 공급곡선

완전경쟁시장에서 이윤극대화를 도모하는 개별 기업은 한계수입(= 평균수입 = 시장가격)곡선과 한계비용곡선이 교차하는 점에 대응하는 생산량을 공급하게 되며, 이러한 교차점은 항상 한계비용곡선(*MC*)상에서 형성될 것이므로 결국 한계비용곡선 자체가 개별 기업의 공급곡선이 된다.

따라서 개별 기업의 생산은 최소한 이윤이 0과 같아지는 점 *I*(이때 이윤은 0이 됨)를 상회하는 한계비용곡선상에서 이루어질 것이다.

반면, 점 *I* 아래 부분에서는 개별 기업의 이윤이 '–'가 된다. 그런데 이러한 손실의 크기는 평균가변비용이 최소가 되는 점 *C*에서 고정비용의 크기와 같아진다. 결국 점 *C*와 *I* 사이에서는 생산을 하지 않아도 $ABCP_C$의 고용비용만큼 손실이 발생하므로 오히려 생산을 하는 것이 손실을 줄이는 편이 된다.

결과적으로 개별 기업의 단기공급곡선은 한계비용곡선(*MC*)이 평균가변비용곡선의 최소점(*C*)을 상회하는 부분이 될 것이고, 이는 우상향하는 모습을 하게 되므로 공급의 법칙이 성립됨을 자동적으로 확인할 수 있게 된다.

기업의 공급곡선이 된다는 사실이다.

그러나 U자 모양의 한계비용곡선 중 기업이윤이 최소한 0을 상회하는 경우에 기업이 생산 및 공급을 하게 될 것이므로 결국 평균총비용을 상회하는 부분에 해당하는 *MC*곡선이 단기 개별 기업의 공급곡선이 될 수 있다고 볼 수 있다.

그러면 U자 모양의 *MC*곡선의 구간 전체가 개별 경쟁기업의 공급곡선이 되는 것일까? 물론 그럴 수는 없다. 예컨대, [그림 9-2]에서처럼 수요곡선이 D_1일 경우, $MR=MC$를 만족시키는 생산량이 Q_1과 Q'_1이라는 두 개가 된다는 문제가 발생하므로 이러한 가격 또는 한계수입수준에 대응하는 공급곡선은 정의될 수 없다. 그렇다면 수요곡선이 D_2가 되어 $MR=MC$를 만족시키는 생산량이 Q_2 하나가 될 경우 과연 기업은 P_2가격으로 Q_2만큼을 생산하여 판매할까? Q_2를 생산하여 판매할 경우 총수입은 [그림 9-2]의 □OP_2HQ_2만큼 생길 것이다. 그러나 총비용은 □$OFGQ_2$만큼 발생하여, 총 P_2FGH 크기만큼 손실이 발생할 것이다. 이윤창출을 목표로 하는 기업이 이러한 손실을 감수하면서까지 생산 · 공급할 이유가 없다.

그런데 현실적으로 기업을 평균가변비용보다 큰 수입이 보장하면, 즉 평균가변비용을 상회하는 한계비용선상에서 공급에 나서게 된다. 생산을 안할 경우 고정비용만큼의 매몰비용이 손실되지만 생산을 수행할 경우 이러한 손실의 일부가 줄어들 수 있기 때문이다.

이번에는 수요곡선이 평균가변비용(*AVC*)의 최저점(*C*)에 접하며 수평선을 이루는 경우를 검토해 보자. 이때는 점 *C*에서 이윤극대화 조건($MR=MC$)이 성립될 것이므로 Q_C만큼이 생산되어 공급될 수 있다. 그리고 □OP_CCQ_C만큼의 수입과 □$OABQ_C$만큼의 비용이 발생

매몰비용과 단기조업중단(점)

[그림 9-2]와 본문내용 전개과정에서 우리는 개별 기업의 단기공급곡선은 한계비용(MC)곡선 중 평균가변비용(AVC)곡선을 상회하는 부분으로 정의할 수 있다는 사실과, 따라서 단기 개별 기업의 조업중단점은 평균가변비용의 최저점(이 점은 동시에 MC와 AVC가 교차하는 점임)이 된다는 사실을 확인한 바 있다.

따라서 시장가격($=MR=AR$)이 평균총비용(ATC)보다 낮은 수준이지만 평균가변비용(AVC)보다 높다면 조업을 중단하는 것보다는 지속하는 편이 유리하다는 사실도 배웠다. 시장가격 및 평균수입이 평균가변비용보다 큰 이상 조업은 손실을 다소 보전해 줄 수 있기 때문이다.

이러한 경제적 논리가 현실사회에서도 그대로 활용되고 있는 몇몇 사례에 대하여 살펴보자.

첫째, 우리는 유동인구가 많은 지역에서 24시간 영업을 하는 편의점이나 식당 또는 목욕탕 등을 쉽게 찾아볼 수 있다. 손님들에게는 편리하지만, 얼핏 보면 별로 고객도 없어 보여 과연 가게주인은 수지를 맞출 수 있을지 손님들이 오히려 걱정이 되거나 의아해 하는 경우가 종종 있다.

그런데 사실 이들 업종의 주요 비용은 고정비용이다. 예컨대, 식당이나 목욕탕시설, 점포임대료 등은 영업을 안 해도 지출되는 비용이다. 또한 영업을 안하는 동안이라 해도 이를 팔아버리거나 다른 용도로 활용할 수도 없어 단기적으로는 그 설치비용이나 지불한 임대료를 회수할 수도 없는 것이어서 이른바 **매몰비용**(**sunk cost**)적 성격을 갖는다. 따라서 식당이나 편의점 및 목욕탕 주인은 심야영업을 할 경우 추가되는 식재료비, 난방용 보일러 가동비, 종업원에 대한 추가임금 등과 같은 가변비용보다 높은 수익만 보장된다면 심야영업을 하는 것이 유리할 것이다.

다소 상황이 다른 경우이지만, 한때 동대문시장 근처에 굿모닝 시티라는 상가건물 분양이 정관계 인사와의 결탁에 따른 특혜공여문제 등이 사회문제가 되면서 분양사업 자체가 부도가 나고, 따라서 분양계약금 내지 중도금 일부를 잃게 된 많은 입주예정자들이 낭패를 본 적이 있다. 그러나 다행히 이들은 법정소송을 통해 상가건설 및 분양에 관한 권한을 사업주로부터 쟁취한 다음 입주자대책위원회가 주도하여 상가신축 및 분양사업을 대행할 수 있었다. 만일 입주예정자들이 이러한 행동을 취하지 않았을 경우 계약금 및 중도금 일부는 다시 회수하기 어려웠을 것이다. 입주예정자들은 이들을 일종의 매몰비용으로 간주하고 당초 분양가보다 다소 비용은 더 들어가더라도 예정대로 상가를 신축·분양하였던 것이다. 당초 분양가보다 다소 비싸게 상가를 구입한 셈이지만 분양 후 형성된 프리미엄이나 인근 유사상가 매매가격보다는 여전히 싼 가격이라면 이들 입주자대책위원회와 입주예정자들의 의사결정은 경제이론에 합치하는 합리적 행위로 볼 수 있을 것이다.

하면서 $\square P_CABC$만한 손실이 발생하게 된다. 이 시점에서 고려해야 할 중요한 사실은 점 C에서 평균가변비용(AVC)이 최소가 된다는 점이다. 그리고 판매가격이 최소한 평균가변비용은 감당할 수 있는 분기점으로 이해할 수 있다. 그런데 한계수입과 평균수입이 평균가변비용과 같아져도 P_CABC만큼의 손실이 발생하는 것은 고정비용 때문이다. 이는 생산을 지속하든 중단하든 회수할 수 없는 일종의 **매몰비용**(sunk cost)의 성격을 갖고 있다. 따라서 MC곡선이 점 C와 점 I 구간 사이에서 수요곡선과 교차하는 상황에서는 비록 손실이 발생할 것이지만 손실폭이 매몰비용의 크기보다는 작아지게 된다. 따라서 손실극소화라는 차원에서 볼 때 가격이 P_C와 A 사이에서 결정되더라도 개별 기업은 생산 및 공급을 지속하는 것이 합리적 선택이라고 간주할 수 있다. 그러나 가격이 P_C 이하로 내려갈 경우에는 손실폭이 매몰비용보다도 더 커지므로 생산을 지속하는 것은 비합리적이다. 따라서 MC선상의 점 C 이하 부분을 수요곡선이 지나갈 경우 이 기업은 조업을 중단하는 것이 최선이 된다. 그러므로 점 C와 생산량 Q_C를 **조업중단점**(shutdown point), 그리고 그에 대응하는 시장가격 P_C를 **조업중단가격**(shutdown price)이라 부른다.

이러한 이유로 실질적인 단기 개별 기업의 공급곡선은 한계비용(MC)이 평균가변비용(AVC)을 상회하며 우상향하는 부분이 된다. 따라서 공급량과 가격이 정함수관계에 있다는 공급의 법칙이 입증될 수 있다. 여하튼 이때 MC가 AVC와 같아지는 공급곡선의 시발점을 조업중단점이라 한다.

여하튼 이상과 같은 논의의 결과 우리는 경쟁시장에서 평균가변비용곡선(AVC)을 상회하는 한계비용곡선(MC) 부분이 바로 개별 기업의 단기공급곡선이 된다는 결론을 도출할 수 있다. 또한 MC가 AVC를 밑에서부터 위로 통과하는 특성이 있는 한 공급곡선이 되는 MC의 부분은 우상향하는 특성을 갖게 된다. 그리고 이처럼 이윤극대화를 만족시키는 최적생산 및 공급량은 가격과 같은 방향으로 변화하고, 따라서 공급곡선이 우상향한다는 **공급의 법칙**(law of supply)이 성립됨을 입증할 수 있게 되었다.

(3) 경쟁시장의 단기시장공급과 균형

한편, AVC를 상회하는 MC부분으로 정의되는 개별 기업의 공급곡선을 모두 더하면 시장의 공급곡선이 도출될 것인데, 이것이 시장수요곡선과 교차하는 점에서 경쟁시장의 단기시장균형이 형성되며 그에 대응하는 균형시장가격하에 거래가 이루어질 것이다.

경쟁시장에서 개별 기업의 단기공급곡선은 해당 기업의 한계비용곡선이 된다고 하였다(단, MC가 AVC를 상회하는 부분). 이러한 우상향하는 개별 기업의 단기공급곡선을 수평으로 전부 합하면 우리는 경쟁시장의 단기시장공급곡선(S_m)을 도출할 수 있을 것이다. 그리고 같은 요령으로 개별 가계의 우하향하는 수요곡선을 횡으로 전부 합하면 경쟁시장의 **단기시장수요곡선**(D_m)을 도출할 수 있게 된다.

[그림 9-3]의 (B)에서 시장 전체의 공급곡선 S_m은 개별 기업들의 공급곡선들(S_1, S_2, S_3,……)을 횡으로 합한 것이고, 시장 전체의 수요곡선 D_m도 같은 방식으로 도출된 것이라면 경쟁시장에서의 균형은 P_0가격수준에서 Q_0의 양이 거래되는 것으로 정착될 것이다.

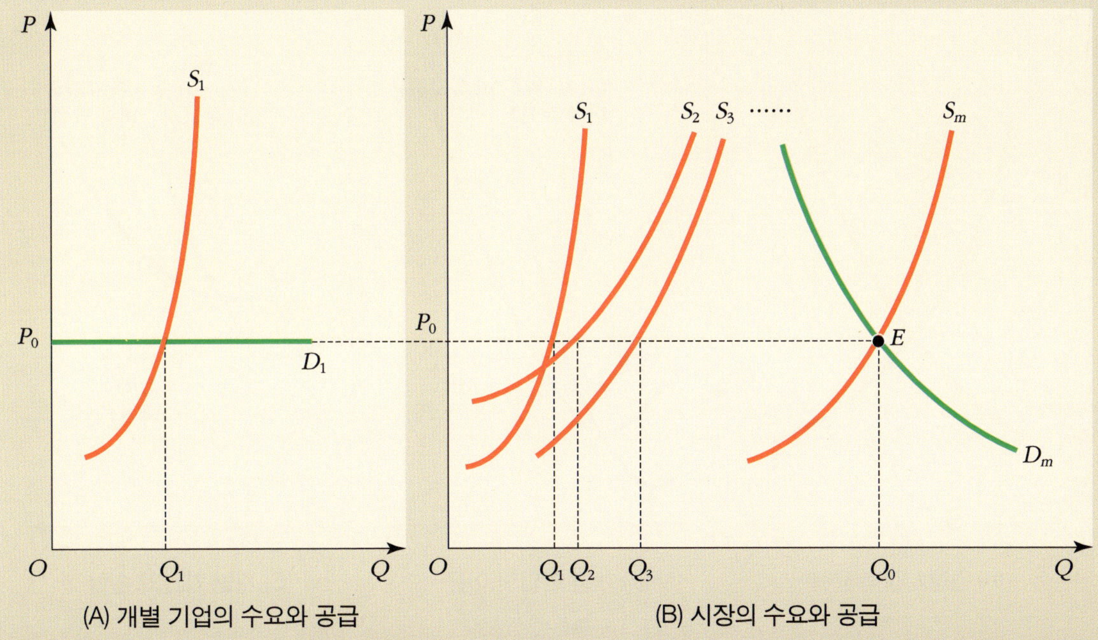

그림 9-3 경쟁시장의 수요 · 공급곡선 및 균형
완전경쟁시장하에서는 개별 기업의 단기공급곡선(S)들을 횡으로 합한 시장공급곡선(S_m)과 개별 가계의 우하향하는 수요곡선을 횡으로 합한 시장수요곡선(D_m)이 교차하는 점 E에서 시장은 균형을 이루게 되며, P_0가격에서 Q_0만큼이 거래된다.

그런데 이처럼 결정된 시장 전체의 수요량 Q_0는 개별 기업의 공급량들(Q_1, Q_2, Q_3,……)에 비해 매우 큰 것이어서 개별 기업들이 독자적인 공급량 변경으로는 시장수요량이나 가격에 아무런 영향도 미치지 못하는 것이 바로 경쟁시장의 특징인 것이다. 따라서 개별 기업에게는 수요곡선이 마치 수평선과 같아지는 효과가 나타나며, 따라서 주어진 시장균형가격하에서 수지타산만 맞는다면 얼마든지 공급할 수 있는 상황이 되는 것이다.

[그림 9-4]의 (A)는 경쟁시장의 균형가격과 거래량을 나타내 주고 있다. 따라서 개별 기업들에게는 P_0수준에서 횡축과 나란한 수평선 형태를 하는 수요곡선이 형성되어 시장가격과 평균수입 및 한계수입이 같아진다. 이러한 상황에서 그림 (B)와 같은 비용곡선을 갖는 기업은 $MR=MC$가 충족되는 Q_1을 생산할 것이고, 그림 (C)와 같은 비용곡선을 갖는 기업은 Q_2를 생산하게 될 것이다. 그런데 그림 (B)의 기업은 균형생산량 Q_1에서 평균비용(BQ_1)이 평균수입(CQ_1)보다 낮

따라서 주어진 균형시장가격보다 낮은 평균총비용으로 공급할 수 있는 기업은 이윤을 얻게 되지만, 조업중단점 이하에서 공급할 수밖에 없는 기업은 손실을 감수해야 한다.

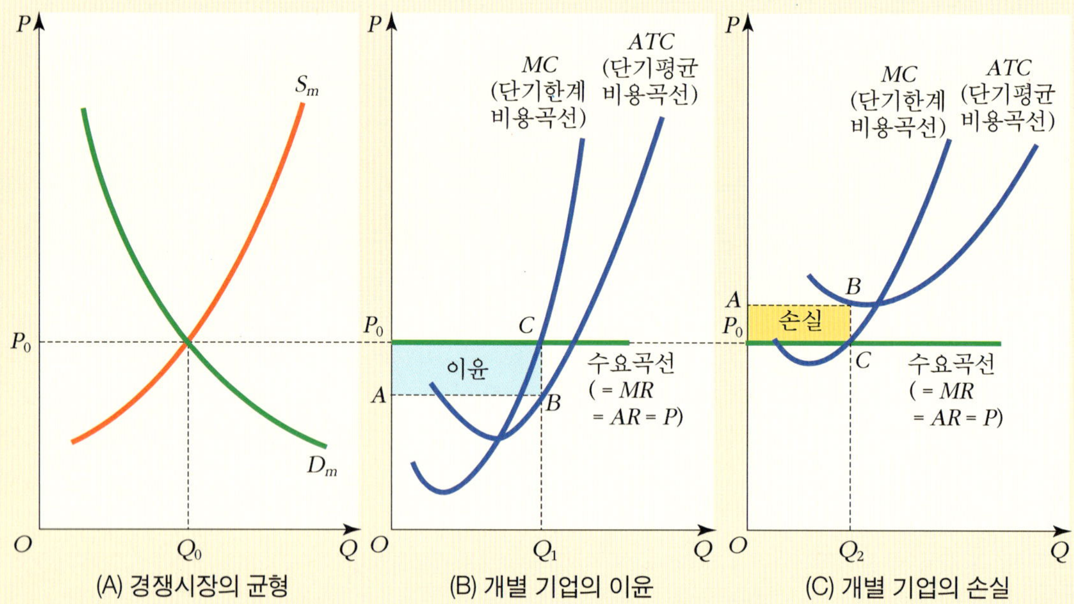

그림 9-4 경쟁시장균형하에서의 기업의 이윤과 손실

완전경쟁시장에서 시장균형가격이 P_0수준에서 결정되면 개별 기업의 한계비용이 P_0(= AR = MR)와 같아지는 생산점이 단기평균비용곡선이 증가하는 국면에 있을 경우(이때 $MC > ATC$)에는 이윤이 발생(그림 (B))하지만, 단기평균비용곡선이 감소하는 국면에 있을 경우(이때 $MC < ATC$)에는 손실이 발생(그림 (C))한다.

은 수준에 형성되어 있어 결국 □P_0ABC만큼의 이윤을 얻을 수 있게 된다. 그러나 그림 (C)의 기업은 오히려 균형생산량 Q_2에서 평균비용(BQ_2)이 평균수입(CQ_2)보다 커서 □P_0ABC만큼의 손실을 보게 된다. 물론 이처럼 손실을 보는 기업은 앞으로 여건이 개선되지 못할 경우 궁극적으로 시장에서 퇴출될 것이다.

(4) 장기경쟁시장 균형과 공급곡선

결국 손실을 입는 기업은 퇴출될 것이지만, 많은 기업들이 이윤을 남길 수 있는 여건이 지속되면 새로운 기업들이 이 시장에 진입하게 되며, 따라서 균형가격이 하락하는 결과를 초래하게 된다. 새로운 기업의 시장진입은 새로운 시장균형가격이 개별 기업들의 초과이윤을 '0'으로 만드는 수준까지 하락한 후 정지하게 된다.

한편, 경쟁시장에서 손실을 입는 기업이 물론 자동적으로 퇴출될 것이지만, 이윤을 남기는 기업은 계속 수지를 맞출 수 있을까 하는 문제를 생각해 볼 필요가 있다. [그림 9-4]의 (B)에서처럼 개별 기업들이 이윤을 남길 수 있다면 이러한 이윤을 보고 장기적으로는 많은 새로운 기업들이 이 시장으로 진입해 올 것이기 때문이다.

[그림 9-5]의 (A)에서처럼 새로운 기업의 시장진입은 시장공급

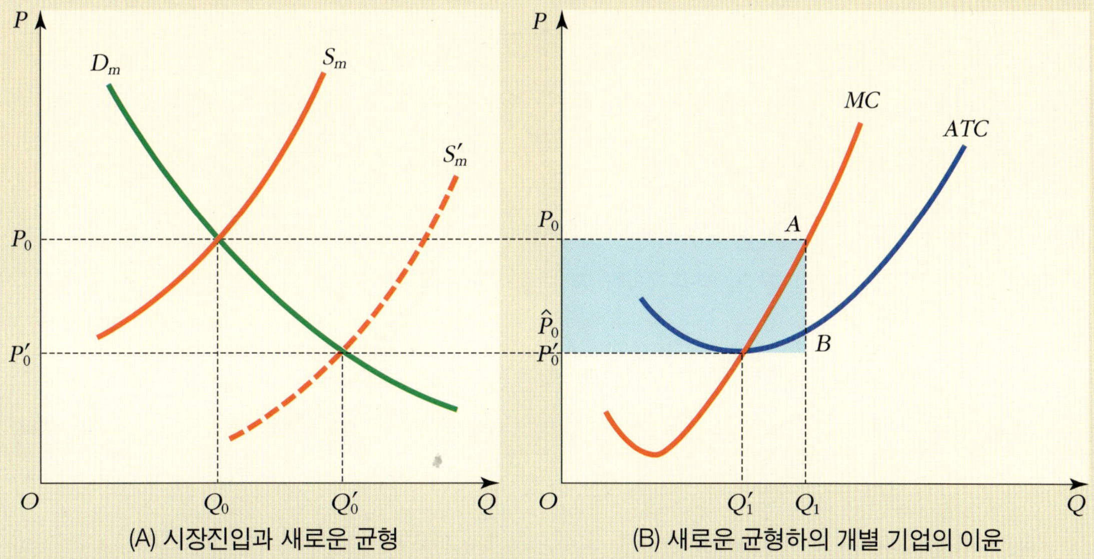

그림 9-5 시장진입과 장기균형
완전경쟁시장에서 균형시장가격이 P_0수준에 설정되면 개별 기업들은 그림 (B)에서처럼 $P_0AB\hat{P}_0$만큼씩의 이윤을 얻게 된다. 이처럼 시장에서 초과이윤이 발생하면 새로운 기업들이 진입하게 되어 시장공급곡선이, 예컨대 S_m에서 S'_m으로 이동할 수 있다.
결국 새로운 기업들의 시장진입은 새로운 시장공급곡선과 시장수요곡선이 교차함으로써 형성되는 새로운 시장균형가격(P'_0)이 개별 기업들의 초과이윤을 '0'으로 만드는 수준에서 중단될 것이다.

곡선을 이동(S_m에서 S'_m)시켜 새로운 균형가격(P'_0)과 거래량(Q'_0)을 유발시킨다. 최초의 시장가격(P_0)에서 [그림 9-4]의 (B)에서 파란색 부분만큼 이윤을 볼 수 있었던 개별 기업은 새로운 시장가격(P'_0)하에서는 생산량이 Q'_1으로 줄고 이윤은 '0'이 되어 버리고 만다.

즉, 새로운 기업의 시장진입은 시장균형가격을 하락시키는데, 이러한 장기조정 과정은 개별 기업들의 (초과)이윤이 '0'이 될 때까지 진행된다. 물론 이러한 과정의 이면에는 손실에 직면하는(이때 $TR<TC$, 또는 $P<ATC$가 됨) 개별 기업들이 시장으로부터 퇴거할 것이고, 이는 시장공급의 축소와 시장균형가격 상승압력을 미치게 된다.

이와 같은 두 방향으로의 장기적 조정과정이 진행되어 모든 개별 기업들이 [그림 9-5]의 (B)에서처럼 장기적 이윤이 '0'이 될 때 비로소 장기적 시장균형이 형성될 것이다. 즉, 가격이 평균총비용과 일치하여 기업이윤이 '0'이 되는 점이 장기적 균형점이 된다. 양의 이윤이 존재하는 한 새로운 기업의 진입이 발생하고 손실을 갖게 되는 기업은 퇴거하여 이윤이 '0'이 되는 기업들만이 시장에 남게 될 것이기 때문이다.

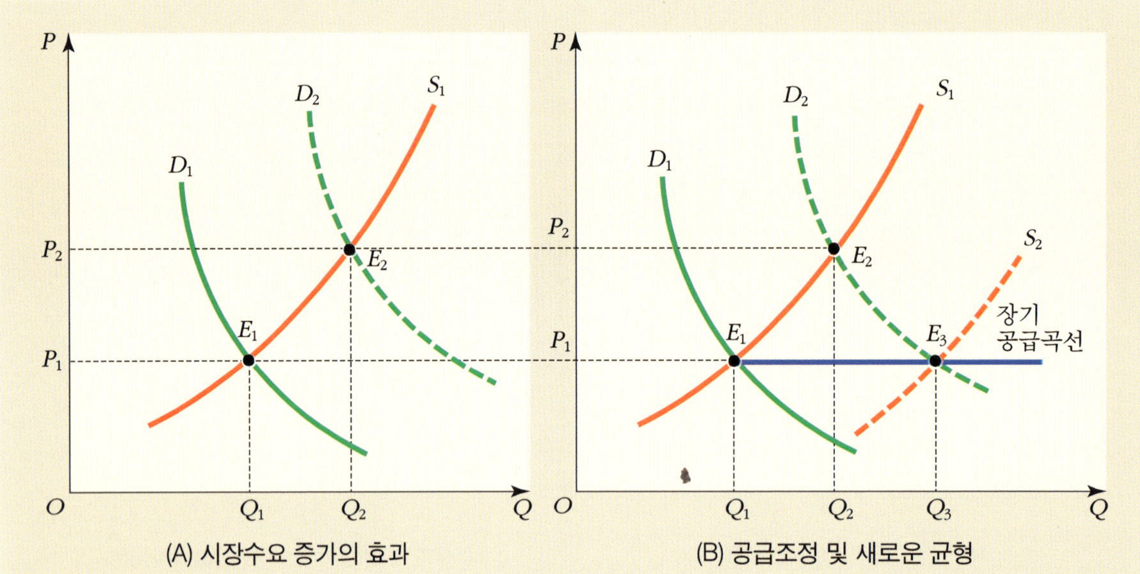

그림 9-6 시장의 장기공급곡선

어떤 이유로 인해 시장수요가 D_1에서 D_2로 증가하면 시장가격은 P_1에서 P_2로 상승하고 거래량은 Q_1에서 Q_2로 증가하게 된다(그림 (A)). 이러한 현상은 장기적으로는 생산시설 확장 등을 통한 시장공급의 증대를 초래할 것이다.

예컨대, 그림 (B)에서처럼 공급곡선이 S_1에서 S_2로 이동하면 시장가격은 다시 P_1수준으로 낮아질 수 있지만 공급은 Q_2에서 Q_3로 한 번 더 증가할 수 있다. 결국 장기적 공급곡선은 E_1과 E_3를 잇는 수평선의 모양을 갖게 된다.

그런데 이윤이 '0'이 되는 기업들이 수시로 진입 및 퇴거할 수 있는 균형점들의 궤적은 수평선 모양을 갖게 되는데, 이것이 경쟁시장의 장기공급곡선이 된다.

그런데 이처럼 평균총비용과 가격이 일치하는 점은 한계비용과도 일치하는 점이 결국 평균총비용도 최소가 되는 점이 된다. 즉, 기업의 진입과 퇴출이 자유로운 경쟁시장의 장기균형상태에서 개별 기업들은 평균총비용이 최소가 되는 가장 효율적인 생산량을 생산 · 공급하게 된다. 그리고 이윤이 '0'이 되는 기업들이 수시로 진입 또는 퇴거할 수 있으므로 **시장의 장기적 공급곡선**은 수평선이 된다.

[그림 9-6]에서 (A)는 어떤 이유로 시장수요가 증가(D_1에서 D_2)되면 당초의 균형점(E_1)에서의 가격(P_1)보다 높은 가격(P_2)수준에서 전보다 많은 거래($Q_2 > Q_1$)가 이루어지는 상황을 보여 주고 있다. 이처럼 가격이 오르면 개별 기업들은 초과이윤을 얻게 되고, 결국 새로운 기업들의 시장진입을 촉발할 것이다. 따라서 시장공급이 S_1에서 S_2로 증대되고, 가격을 하락시키다가 개별 기업들의 이윤이 '0'이 되는 P_1 수준에서 Q_3만큼이 거래되는 새로운 균형이 형성된다. 따라서 일반적으로 장기공급곡선은 E_1E_3와 같은 수평선 모양을 하게 된다.

그러나 현실적으로는 시장진입이 가속화될수록 이러한 생산에 투입되는 생산요소값이 점차 증가하게 될 가능성이 높으므로 장기시장공급곡선은 완만하지만 우상향할 수도 있다. 물론 상향조정된 가격이 어느 수준에서 결정되든 간에 항상 새로운 진입과 퇴출이 자유롭게 이루어지며, 이윤이 '0'이 되는 기업들만으로 시장공급이 이루어질 것이다.

그런데 이상에서 소개한 완전경쟁시장이란 실제로는 다소 비현실적인 시장형태라 할 수 있다. 그러나 경제적 후생관점에서 볼 때 가장 이상적인 시장형태로 평가될 수 있는, 따라서 우리가 지향해야 할 모범적 형태로서 벤치마킹(benchmarking)할 수 있는 기준이 되어준다는 점에서 그 역할이 강조될 필요가 있다.

마지막으로 독자들이 지금까지 논의과정에서 계속 의문을 가졌을 만한 사항에 관하여 생각해 보기로 한다. 지금까지 우리는 계속해서 완전경쟁시장의 장기균형상태에서는 개별 기업들의 이윤은 '0'이 된다고 하였다. 그렇다면 과연 기업들은 이윤이 전혀 생기지 않는 일을 무엇 때문에 하며, 또 계속할 수 있는 것일까? 그런데 여기서 우리가 이윤이라 일컫는 것은 총수입에서 총기회비용을 뺀 **경제적 이윤**(economic profit) 개념이다. 그리고 투입된 자본 및 경영에 대한 정상적인 수익은 **정상이윤**(normal profit)이라 하며, 이는 기회비용의 일부로 포함되어 있다. 따라서 이윤이 '0'이라는 말은 정상이윤 외에 추가적인 초과이윤을 얻지 못한다는 뜻으로 이해되어야 할 것이다. 정상이윤도 얻지 못하는 기업이 계속적으로 생산에 참여할 이유도 없고, 정상이윤을 얻을 수 있는데도 생산을 중단할 이유는 없을 것이다.

단, 이상의 논의에서 이윤이 '0'이 된다는 것은 경제적 이윤을 기준으로 평가한 것으로 이는 정상이윤까지를 기회비용으로 계상한 개념이다. 따라서 경제적 이윤이 0인 상태에서의 생산이란 정상이윤이 보장되는 활동이라 할 수 있다.

02 독점시장

완전경쟁시장과는 달리 시장에 오직 하나의 공급자만이 존재하는 경우를 **독점시장**이라 한다. 이러한 경우에는 독점기업의 공급곡선이 시장 전체의 공급곡선이 되고, 독점기업 제품에 대한 수요곡선도 시장수요곡선과 같아진다. 따라서 (독점)기업은 개별 기업이지만 완전경쟁기업과는 달리 우하향하는 수요곡선을 갖게 된다. 그렇다면 독점기업의 공급 및 수요곡선 자체가 시장공급 및 시장수요곡선이

시장에 공급자가 단 하나일 경우가 있는데, 이를 독점(monopoly)이라 한다. 이때 독점기업의 공급곡선이 시장 전체의 공급곡선이 된다. 만일 완전경쟁시장에서라면 이러한 독점기업의 공급곡선과 우하향하는 시장수요곡선이 교차하는 점에서 균형이 이루어질 것이다.

그러나 이윤극대화를 추구하는 독점기업은 $MR=MC$가 되는 생산점을 선택하게 된다. 이때 형성되는 가격은 완전경쟁가격보다 높아지나 거래량은 줄어들게 된다. 그리고 정상이윤만을 얻게 되는 완전경쟁하의 기업과는 달리 독점기업은 초과이윤(excess profit)을 얻게 된다. 이러한 독점시장은 비효율적 자원배분을 초래하게 된다.

되므로 공급과 수요곡선이 교차하는 점에서 독점시장균형이 이루어질까?

만일 독점시장에서도 수요 · 공급이 일치하는 균형점에서 거래가 이루어진다면 독점시장을 별도로 연구할 필요가 없을 것이다. 그러나 이윤극대화를 추구하는 기업은 $MR=MC$를 만족시키는 생산량을 공급할 것이고, 이때 거래량은 완전경쟁시장균형에 비해 줄어들고, 거래가격은 상승하게 된다. 그리고 독점기업은 정상이윤 외에 **초과이윤**을 얻게 된다. 그런데 이러한 독점시장균형은 비효율적 자원배분을 초래한다는 문제를 안고 있다. 그렇다면 독점은 왜 생기는가 하는 문제부터 살펴보자.

(1) 독점은 왜 생기는가

그러면 어떻게 이러한 독점시장이 형성될까? 거기에는 다른 기업들이 진입할 수 없게 하는 여러 가지 제약이 있기 때문이다.

시장에 특정 재화를 공급하는 기업이 하나만 존재한다는 것은 그 시장에 다른 기업들이 진입할 수 없게 하는 여러 가지 제약이 존재하기 때문이다. 이를 **진입장벽**(barriers to entry)이라 한다. 진입장벽은 다음과 같은 사유로 발생한다.

1) 핵심적 생산요소를 하나의 기업이 소유하고 있는 경우

첫 번째 사유로는 핵심적 생산요소를 한 기업만이 소유하고 있는 경우를 들 수 있다.

특정 재화를 생산하는 데 가장 중요한 투입요소를 한 기업이 모두 소유하고 있다면 어떤 기업도 이 재화의 생산에 끼어들 수 없을 것이다.

예컨대, 어느 외딴 섬마을에 오직 한 개의 우물만 존재한다면 이 우물을 소유한 사람은 이 섬에서 독점적인 식수의 공급자가 된다. 식수란 필수재적 특성이 있으므로 우물 주인의 시장지배력은 매우 클 수밖에 없고, 따라서 한계비용보다 훨씬 높은 가격으로 식수를 공급하려 할 것이다. 가격이 높다 하더라도 섬마을 주민들은 대안이 없기 때문이다. 물론 독점공급자라도 가격을 무턱대고 올릴 수는 없다. 주민들이 식수사용을 절제하며 수요를 줄일 수 있기 때문이다. 또는 독점자의 횡포에 대항하여 육지로부터 생수나 일반음료수를 구입 또는 반입할 수도 있기 때문이다.

인근에 하나도 없던 온천이 새로 발견되었는데 그 공급량이 제한되어 있어, 이를 발견한 사람이 혼자서만 온천물을 공급할 수 있는 경우도 자원독점에 따른 시장독점으로 볼 수 있다. 물론 이 경우에도 공급가격이 지나치게 오르면 온천욕을 자제하거나 비용이 들더라도 타지역 온천으로 수요가 이동할 수 있다.

그러나 생산요소가 독점적으로 소유될 수 있는 사례는 그다지 많지 않다. 한 사람이나 한 기업이 핵심 생산요소를 모두 소유하기도 어렵고, 또 상당히 많은 생산요소들은 국제 간의 교역을 통해 쉽게 확보될 수 있기 때문이다. 따라서 독점이 발생하는 보다 현실적인 이유는 다른 곳에서 찾아볼 필요가 있다. 아래의 두 가지 사례가 이에 해당된다.

2) 한 기업이 생산하는 것이 여러 기업이 생산하는 경우보다 생산비용이 낮은 경우

상수도나 철도, 전기나 우편서비스처럼 해당 서비스 공급을 위해 많은 설비를 구축해야 되는 경우를 고려해 보자. 이러한 사업은 생산규모, 즉 서비스 공여규모가 커질수록 규모의 경제가 발생하여 평균총비용이 감소하는 경향이 있다. 따라서 작은 생산규모를 갖는 여러 개 기업이 각각 생산하는 것보다 한 개의 기업이 큰 규모로 생산하는 것이 평균총비용이 낮게 된다. 이처럼 시장 전체 수요를 여러 기업 대신 한 기업이 보다 낮은 비용으로 생산 · 공급할 수 있는 시장여건을 **자연독점**(natural monopoly)이라 부른다.

두 번째 사유로는 (기존의) 어느 한 기업이 생산하는 것이 여러 기업이 생산하는 경우보다 효율적인 경우를 들 수 있다. 한 기업의 초기 시설투자비용이 막대하여 생산량이 증가할수록 평균총비용이 감소하고 있는 단계에서는 현실적으로 다른 기업이 진입할 유인이 전혀 없게 된다. 이러한 사유로 인해 발생하는 독점을 자연독점(natural monopoly)이라 한다.

평균비용곡선의 최저점에 대응하는 생산수준, 즉 평균총비용이 최소가 되는 생산수준을 **최소효율규모**(minimal efficient scale)라 한다. 그런데 초기 시설투자비용(대부분이 고정비용이 됨)이 많이 들어 생산량이 증가함에 따라 평균총비용이 지속적으로 감소하고 있는 단계에서는, 즉 한 기업의 생산수준이 아직도 최소효율 규모에 이르지 못한 수준에서 시장수요를 충족시킬 수 있는 경우라면 다른 기업이 이 시장에 진입할 가능성은 전혀 없게 되는 자연독점이 형성될 것이다. 기존기업의 평균총비용이 감소하고 있는 단계에 있는 한 높은 초기 시설투자비용을 감당해 가며 새로이 진입을 시도하는 어느 기업도 기존의 자연독점기업보다 낮은 평균총비용으로 생산할 수 없기 때문이다.

물론 이러한 독점기업이 지속적 생산증대로 인해 평균총비용이 최소가 되는 생산수준, 즉 최소효율규모(minimal efficient scale)를 넘어서게 되거나 판매가격을 지나치게 높게 유지할 경우 새로운 기업의 진입이 유발될 수 있다.

물론 자연독점기업도 판매가격을 너무 높게 설정할 경우에는 수요감소 또는 새로운 기업의 진입을 촉발할 것인바, 공급가격을 무작정 올릴 수만은 없다.

한편, 시장수요가 증대되어 자연독점기업의 최소효율 생산규모로서 감당하기 어려워지면, 자연독점기업의 평균총생산비가 증가하는 국면에서 생산을 하게 되는 비효율성이 나타나며, 결국은 새로운 기업에 시장진입 기회를 열어 주게 될 것이다.

최근 우체국 서비스의 일부이긴 하지만 DHL이나 퀵서비스 그리고 택배사 등이 유통시장에 참여하게 된 것도 새로운 시장수요가 확대된 측면도 있지만, 이들 새로운 진입자들이 자연독점기업인 우체국보다 낮은 요금(즉, 생산비)으로 양질의 서비스를 제공할 수 있었기 때문이라 하겠다.

한편, 역사적 관점에서 볼 때 자본주의 성립 초기에 수많은 제조업자들 중 일부 기업가들은 대량생산을 통한 규모의 경제를 시현하며, 경쟁자들을 지속적으로 퇴출시켜 나감으로써 궁극적으로는 해당 제품의 유일한 공급자가 되는 독점기업으로 자리잡았던 사실을 경제적 독점이라 부르기도 하는데, 이 또한 결과적으로는 자연독점과 비슷한 의미를 갖는다. 그러나 당시의 독점기업들은 규모의 경제뿐만 아니라 새로운 생산방법 내지 기술도입을 통해 생산비를 줄임으로써 경쟁자를 퇴출시켜 나갈 수 있었다. 이러한 현상은 특히 산업혁명기를 거치며 집중적으로 그리고 가속적으로 시현되었다. 따라서 이러한 시기의 독점화 현상은 보다 효율적인 생산에 근거하여 국민경제를 급속히 발전시킴으로써 인류역사 발전에 크게 기여한 측면도 있다.

3) 정부가 한 기업에게 독점적 생산권을 부여한 경우

세 번째 사유로는 정부가 한 기업에게 독점적 생산권을 부여한 경우를 들 수 있다. 이를 법적 독점이라 한다. 담배인삼공사와 같이 전매권을 부여하는 경우, 그리고 독점적 초과이윤을 허용함으로써 새로운 기술개발을 독려하기 위해 일정 기간 독점권을 부여하는 특허권제도나 저작권제도가 이에 속한다.

현대의 시장경제체제하에서 공영철도 · 지하철 · 전기 · 수도 및 우편서비스 등 공공산업적 성격을 갖는 경우를 제외한다면 자연독점이 성립되거나 오래 지속되는 경우는 많지 않다. 이보다 더 자주 독점시장이 형성될 수 있는 사유는 오히려 정부에 의해 독점적 생산권이 법적으로 부여된다는 사실에서 찾을 수 있다. KT&G(한국담배인삼공사)처럼 담배를 독점적으로 생산할 권리가 부여된 것이 좋은 예라 할 수 있다. 이와 같이 정부가 부여한 **전매권**은 **법적 독점**(legal monopoly)을 성립시킨다. 전매권은 국가재정수지 개선이나 공익보호 등을 위해 부여되기도 하지만, 최근 들어서는 그 정당성을 논리적으로 방어하기 어려워졌다. 이러한 이유 등으로 해서 KT&G와 많은 독점공기업들의 민영화 내지 분할이 시도되고 있다.

반면, 정부가 부여하는 독점권 중 점차 그 중요성이 커지고 있는 부문은 **특허권**과 **저작권**제도라 할 수 있다. 이는 새로운 기술이나 발명을 장려하기 위해 특허권을 부여함으로써 일정 기간 동안 독점적 지위를 누릴 수 있게 하는 제도이다. 이러한 제도에 의해 독점권을 갖게 된 법적 독점기업은 일정 기간 동안 높은 독점이윤을 추구할 수 있다. 이와 같은 초과이윤을 허용함으로써 새로운 기술개발이나 발명을 독려하고자 하는 것이다. 그러나 법적 독점의 이러한 순기능의 이면에는 높은 독점가격의 형성으로 인해 소비자들이 피해를 볼 수 있다는 사실도 염두에 두고 제도운영에 참조해야 할 것이다.

(2) 독점시장의 균형

앞서 열거한 세 가지 중 어떤 이유로 인해서든 일단 독점이 성립될 경우 과연 독점기업은 얼마만큼 생산하여 얼마에 팔 것인가 하는 의사결정을 내리게 된다.

완전경쟁시장에서 기업들이 가격수용자(price taker)가 될 수밖에 없는 반면, 독점시장에서 독점기업은 가격조정자(price maker)가 된다.

완전경쟁시장에서는 수없이 많은 수요자와 공급자가 존재하여 개별 수요자나 기업이 시장가격에 전혀 영향을 미치지 못하는 일종의 **가격수용자**(price taker)가 될 수밖에 없다. 그러나 독점시장에서의 독점기업은 그 자신이 시장의 유일한 공급자이므로 생산량을 조절함으로써 시장가격에 결정적인 영향을 미칠 수 있는 **가격조정자**(price maker)로 군림하게 된다.

또한 경쟁시장에서는 개별 기업의 수요곡선이 수평선이 되어 시장가격과 평균수입 및 한계수입이 같아졌던 것과는 달리 독점하에서는 우하향하는 시장수요곡선 자체가 독점기업의 수요곡선이 되며 따라서 우하향하는 모양을 갖는다.

또한 경쟁시장에서 개별 기업의 수요곡선이 수평선이 되었던 것과는 달리 독점기업의 수요곡선은 시장수요곡선 자체가 되며, 따라서 우하향하게 된다. 그러므로 시장가격은 평균수입과는 같아지지만, 더 이상 한계수입과는 같아질 수 없다. 독점기업이 $MR=MC$라는 이윤극대화 조건을 만족시키는 생산규모를 선택할 것이기 때문이다. 독점시장의 균형에 대한 이해를 돕기 위해 〈표 9-1〉과 같은 가상적 자료를 활용해 보기로 한다.

〈표 9-1〉은 독점기업인 온천탕이 입욕료를 2,000원에서 9,000원 사이에 설정할 때 예상되는 입욕희망자수, 즉 수요량을 대비시켜 놓은 표이다. 이를 근거로 총수입 및 한계수입, 그리고 평균수입을 산출하여 세 번째부터 다섯 번째 열에 정리하였다. 표에 나타난 바와 같이, 평균수입은 총수입을 입장자의 수로 나눈 값이므로 1인당 입욕료(즉, 가격)와 같아진다. 그러나 한계수입은 네 번째 열에 산출된 바와

표 9-1 독점기업(온천탕)의 총수입과 평균수입, 그리고 한계수입 (단위: 명, 원)

예상 입장희망자수 (Q)	입욕료 (P)	총수입 ($TR=P\times Q$)	한계수입 ($MR=\Delta TR/\Delta Q$)	평균수입 ($AR=TR/Q$)
0	9,000	0		0
			8,000	
10	8,000	80,000		8,000
			6,000	
20	7,000	140,000		7,000
			4,000	
30	6,000	180,000		6,000
			2,000	
40	5,000	200,000		5,000
			0	
50	4,000	200,000		4,000
			−2,000	
60	3,000	180,000		3,000
			−4,000	
70	2,000	140,000		2,000

같이 점차 감소하여 '0'이 되었다가 마이너스(−) 값으로 전환됨을 알 수 있다. 한계수입이 체감하는 것이다. 그리고 독점기업의 수요곡선이 우하향하는 한 한계수입은 가격보다 낮은 수준에 머물게 될 것이다.

이제 〈표 9-1〉에 나타난 독점기업의 가격과 수요량, 총수입과 한계수입 그리고 평균수입을 그림으로 표현하면 [그림 9-7]과 같다. 그림에서 독점기업의 수요곡선은 우하향하고 있고, 따라서 이에 대응하는 한계수입곡선 또한 우하향하되 수요곡선보다 낮은 위치에 자리잡게 된다. 물론 **평균수입곡선**은 수요곡선과 자동적으로 일치하게 된다. 여하튼 주어진 자료에 근거할 경우 한계수입은 입욕료가 5,000원에서 4,000원으로 하락하여 입욕수요자가 40명에서 50명으로 늘

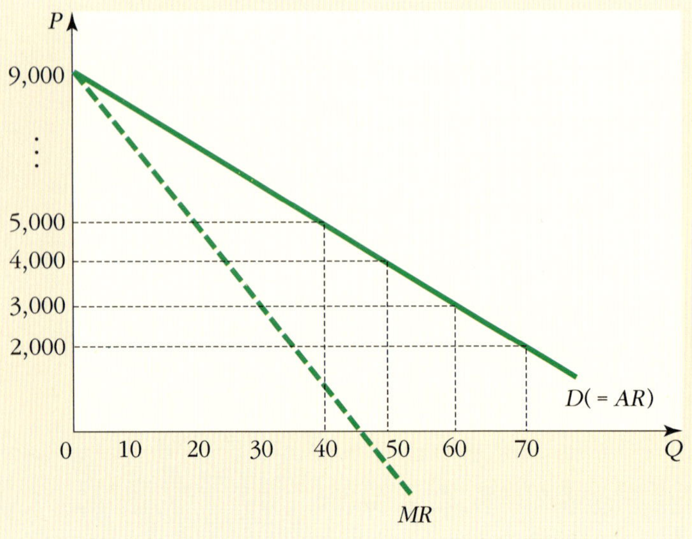

그림 9-7 독점시장의 수요곡선과 한계수입곡선
독점시장이란 시장에 공급자가 단 한 기업뿐일 경우이므로 결국 시장수요곡선 자체가 독점기업 상품에 대한 수요곡선이 된다.

이때 수요곡선은 평균수입(AR)을 대변하며 점차 감소하게 되므로 한계수입은 가격(또는 평균수입)보다 낮은 수준에 머물게 된다.

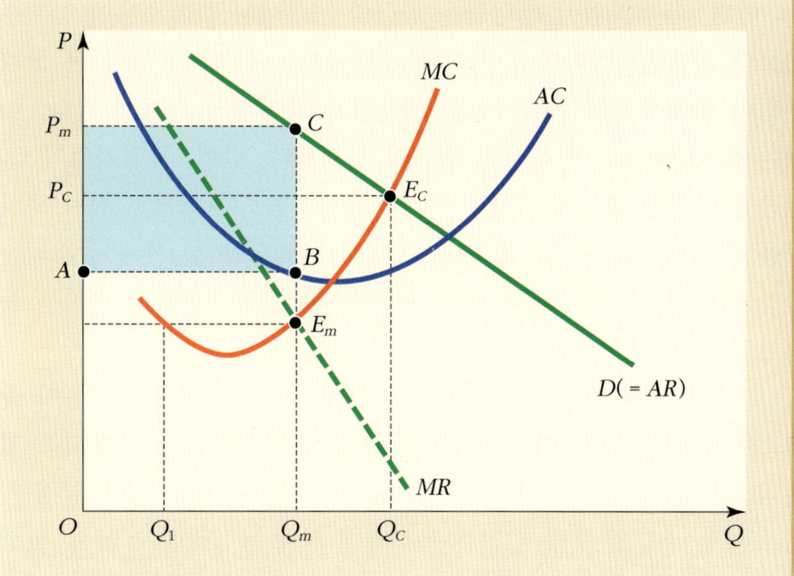

그림 9-8 독점시장의 균형
독점시장에서 독점기업의 수요곡선은 우하향하고 공급곡선(*MC*)은 우상향하게 된다.
수요곡선과 공급곡선이 교차하는 점에서 균형이 이루어지는 완전경쟁시장에서와는 달리 이윤극대화를 추구하는 독점기업은 $MR = MC$가 되는 생산량(Q_m)을 P_m가격으로 공급함으로써 P_mCBA만큼의 초과이윤을 얻게 된다.

어나는 시점에서 '0'이 되고, 입욕료가 4,000원에서 3,000원 이하로 하락할 때 마이너스(-) 값을 갖게 되는 것을 알 수 있다.

따라서 이때 한계수입(*MR*)곡선은 수요곡선(또는 평균수입곡선)보다 아래쪽에 형성된다.

일단 이와 같이 독점기업의 한계수입곡선이 도출되면 우리는 비로소 이윤극대화를 만족시키는 독점기업의 생산규모와 공급가격을 결정할 수 있게 된다.

[그림 9-8]에서 *MC*는 독점기업의 공급곡선이고 *D*는 수요곡선이다. 그리고 *MR*은 $D(=AR)$로부터 도출된 한계수입곡선이다. 따라서 독점시장의 수요와 공급은 우하향하는 수요곡선(*D*)과 우상향하는 공급곡선(*MC*)에 의해 대변될 것이다. 만약 이 시장이 경쟁시장이라면 시장은 수요와 공급이 같아지는 점 E_C에서 형성될 것이다. 그리고 P_C가격하에 Q_C만큼이 거래될 것이다.

그러나 이윤극대화를 추구하는 독점기업은 $MR=MC$를 만족(점 E_m)시키는 생산량 Q_m을 생산 · 공급할 것이다. 그리고 Q_m만큼을 공급할 경우 독점기업은 같은 규모만큼의 수요와 일치시킬 수 있는 독점가격(P_m)으로 판매하고자 할 것이다. 따라서 총수입($\square OP_mCQ_m$)에서 총비용($\square OABQ_m$)을 차감한 이윤은 $\square P_mABC$와 같아질 것이다. 즉, 독점시장은 경쟁시장가격(P_C)보다 높은 가격(P_m)에서 경쟁시장 거래량(Q_C)보다 작은 공급량(Q_m)을 판매하는 새로운 균형을 이루게 된다. 이것이 바로 독점시장의 균형상태라 할 수 있다.

그리고 이윤극대화를 추구하는 독점기업이 이렇게 형성된 *MR*곡선과 *MC*곡선이 만나는 생산규모를 선택할 경우 이른바 초과이윤이라는 독점이윤을 얻게 되며, 이때 가격은 완전경쟁시장의 균형가격보다 높아지고 생산량은 완전경쟁시장의 균형거래량보다 작아진다. 또한 독점이윤은 장기균형에서도 사라지지 않는 특성이 있다.

한편, 독점기업이 Q_1만큼을 공급할 경우에는 한계비용이 한계수입보다 작아진다. 따라서 이러한 상황에서는 한계비용보다 큰 한계수입이 발생하므로 독점기업은 생산량을 증가시켜 나가게 된다. 이러한 움직임은 Q_m이 생산될 때까지 진행된다. 한편, 독점기업이 Q_C만큼을 공급할 경우에는 한계비용이 한계수입보다 크므로 점차 생산량을 줄여 나가고자 할 것이며, 이러한 움직임은 Q_m까지 감소되는 동안 지속될 것이다. 결국 Q_m생산량만이 이윤극대화를 추구하는 독점기업의 균형을 보장할 수 있다.

그런데 이와 같은 독점시장의 균형에서는 독점기업의 이윤이 플러스(+)로 나타나며, 이는 독점시장이 진입장벽에 의해 보호되고 있는 한 장기균형에서도 사라지지 않는다는 특징이 있다. 물론 일정 기간 후에는 소멸될 수밖에 없는 특허권에 의해 독점권을 가질 수 있었던 법적 독점기업은 특허권의 유효기간이 종료되면서 더 이상 독점이윤을 향유할 수 없게 된다. 새로운 기업에 의한 시장진입과 경쟁이 발생할 것이기 때문이다.

(3) 독점의 경제적 효과

독점은 독점기업에게는 초과이윤을 가져다 주나 소비자에게는 보다 비싼 가격으로 구입해야 하는 손실을 발생시킨다. 만일 독점기업의 이득이 소비자의 손실보다 크다면 사회 전체 후생이 증대할 수도 있을 것이다. 그러나 독점시장은 완전경쟁시장에 비해 순사회편익이 감소하는 결과를 초래한다.

독점시장의 균형이 독점기업에게는 보다 큰 이윤을 가져다 주지만 소비자에게는 보다 비싼 가격으로 구입해야 한다는 부담이 생긴다. 만일 독점기업에게 돌아가는 이익이 소비자에게 돌아가는 손실보다 크다면 사회 전체적으로는 후생이 증대될 수도 있다. 과연 그럴 것인가? 이에 대한 답을 얻기 위해 우리는 제6장에서 소개한 순사회편익 개념을 활용할 수 있다.

[그림 9-9]에서 MC는 독점기업의 공급곡선인 동시에 시장의 공급곡선이고, D는 시장수요곡선이다. 만일 이 시장이 경쟁시장이라면 P_C가격에서 Q_C만큼이 거래되는 시장균형이 이루어지고 $\triangle FP_CD$만큼의 소비자잉여와 $\triangle P_CDG$만큼의 생산자잉여가 발생하여 $\triangle DFG$만큼의 순사회편익이 발생할 것이다.

그러나 독점기업이 $MR=MC$가 되는 Q_m을 생산하여 P_m가격으로 공급하는 독점시장의 균형하에서는 소비자잉여는 $\triangle P_mFA$로서 경쟁시장의 경우에 비해서는 $\square P_mADP_C$만큼이 감소한다. 한편, 생산자잉여는 $\square P_mACG$만큼 발생하게 되어 경쟁시장의 경우에 비해

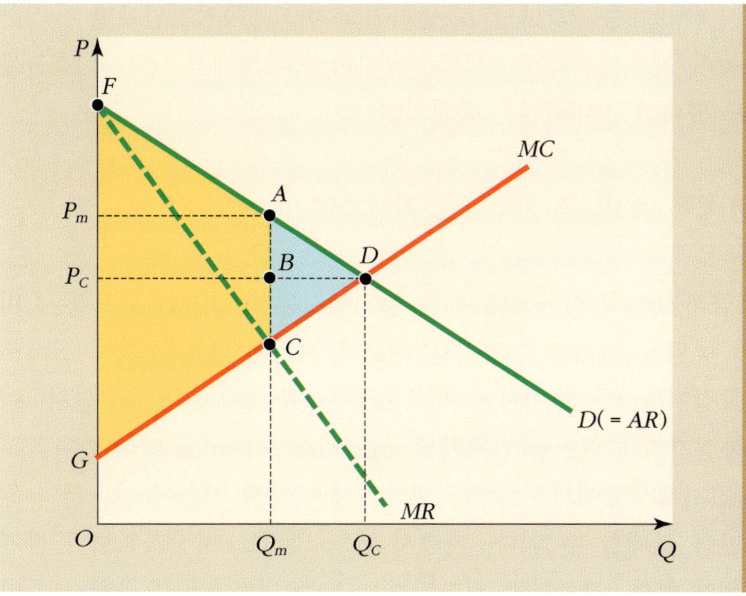

그림 9-9 독점의 경제적 순손실
독점시장에서는 Q_m만큼이 P_m가격으로 거래될 것이므로, 이때의 순사회편익은 $FACG$와 같아지며 완전경쟁시장에서의 순사회편익 FDG보다 ADC만큼 감소한다.

서는 $\triangle BCD$만큼 감소하나 $\square P_mABP_C$만큼 증가한다. 결국 독점시장의 균형하에서는 소비자잉여와 생산자잉여의 총합인 사회순편익은 $\square FACG$로서 경쟁시장의 경우에 비해 $\triangle ACD$만큼 감소한다.

독점으로 인해 발생하는 사회후생의 손실을 나타내는 이 삼각형을 **후생삼각형**(welfare triangle)이라 부른다. 그리고 여기서와 같이 독점에 의해서, 또는 다른 이유(예컨대, 조세부과)로 인해 사회후생의 손실이 발생하는 경우 이를 **자중손실**(自重損失: deadweight loss)이라고도 부른다. 실제로도 독점으로 발생한 사회후생의 손실이 조세부과에 따른 손실과 유사하다. 단, 조세부과시 수입은 정부에 귀속되나 독점시장에서의 수입은 독점기업에 귀속된다는 차이가 있다.

여하튼 결국 이상에서 우리는 독점으로 인해 발생한 소비자잉여 손실분($\square P_mADP_C$)을 독점기업에게 귀속되는 생산자잉여 증가분으로 다 채울 수 없어 $\triangle ACD$만큼의 순사회편익 또는 경제적 후생의 손실이 초래된 것으로 평가할 수 있으며, 이러한 측면에서 독점은 자원의 비효율적 배분을 초래한다고 결론지을 수 있다.

물론 독점이란 시장에서 모든 경쟁자들을 퇴출시킬 수 있는 능력을 가진 독점기업에 의해 형성되며, 그 결과 초과이윤을 향유할 수 있게 되므로 독점체제는 일면 기술혁신을 촉진시키는 매개체가 될 수도 있다. 그러나 독점기업은 독점적 지위의 유지를 위해 많은 광고비를 지출하는 등 역기능을 유발하기도 하고, 독점기업에만 유리하게 소득이 재분배되기도 하므로 막연히 독점체제가 긍정적 효과를 줄 수도 있다고 기대해서는 곤란하다.

(4) 독점기업의 행태적 특징: 가격차별

독점기업은 소비자가 소득 · 성별 · 연령 · 주거지에 따라 구분될 수 있을 경우 구분된 집단별로 다른 가격을 적용하는 가격차별화를 시도함으로써 이윤을 증대시킬 수도 있다.

지금까지의 독점시장에 관한 논의에서는 독점기업이 모든 소비자에게 동일한 가격을 부과하는 것으로 가정하였다. 그러나 실제로 많은 독점기업들은 소비자에 따라 다른 가격을 부과하기도 한다. 이러한 독점기업의 행위를 **가격차별**(price discrimination)이라 한다.

완전경쟁시장에서는 시장균형가격에서 개별 기업이 얼마든지 원하는 만큼 판매할 수 있다. 따라서 어느 기업도 시장가격보다 싸게 팔 이유가 없다. 그렇다고 시장가격보다 높은 가격을 요구한다면 한 개도 팔 수 없게 된다. 결국 완전경쟁하에서 개별 기업은 가격차별을 할 수 없다. 독점시장에서 독점기업이 수요자에 따라 서로 다른 가격을 부과할 수 있는 것은 그 기업이 갖는 시장지배력 때문이라 할 수 있다. 그리고 독점기업이 가격차별을 시도하는 것은 그렇게 함으로써 이윤을 더욱 증대시킬 수 있기 때문이다.

요즘 대학에서 외국어로 쓰여진 원서를 교재로 사용하는 경우가 많다. 그런데 대부분의 원서가격은 우리나라 대학생들이 구매하기에는 부담을 느낄 만큼 비싸다. 그런데 다행스럽게도 많이 팔리는, 그리고 잘 알려진 교재의 경우에는 미국 내에서의 가격보다 훨씬 싼 가격으로 한국 등 해외수요자에게 공급(이를 미국 외 지역에서 판매하기 위해 별도로 출판한 국제판이라 부르며, 양장판인 미국 내 공급용과는 달리 보통은 페이퍼백(paperback) 형태로 공급됨)하고 있어 웬만하면 생각하였던 대로 원서교재를 구매하곤 한다.

독점기업은 이와 같은 가격차별화를 통해 높은 가격에도 불구하고 도서를 구매할 수요자가 많은 미국(이 경우 미국 내 수요자의 가격탄력성은 상대적으로 낮은 것으로 볼 수 있음)에서는 상대적으로 비싸게 공급하는 반면, 높은 가격에서는 구매할 엄두가 나지 않았던 해외시장 수요자들(해외수요자의 가격탄력성은 상대적으로 높은 것으로 볼 수 있음)에게는 상대적으로 낮은 가격으로 공급함으로써 추가적인 매상을 올릴 수 있다. 중요한 것은 이러한 독점기업의 가격차별화는 독점적 기업의 입장에서 보면 자신의 이윤을 증대시킬 수 있는 합리적 선택이라는 점이다.

물론 독점기업이 언제, 어디서나 가격차별화를 할 수 있는 것은 아니다. 우선 소비자가 소득 · 성별 · 연령 · 주거지 등에 따라 구분될 수 있을 만한 특성상의 차이가 있어야 한다. 두 번째로는 소비자가 낮은 가격으로 구입한 상품을 높은 가격으로 거래되는 시장으로 가서 되파는 행위가 불가능해야 한다.

이러한 조건을 만족시키는 가격차별화의 몇 가지 예를 들어 보면 다음과 같다.

- 독점적 전기공급자(한전)가 용도(가정용, 상업용)에 따라 차별화된 전기료를 부과하는 일
- 극장의 조조할인
- 택시의 심야할증요금제
- 공공시설 이용시 경로우대가격 적용
- 특정 기간을 이용한 백화점의 세일행위
- 골프장의 주중 그린피(green fee) 할인

이 밖에도 독점적 서비스나 상품의 가격을 차별화하는 사례는 무수히 찾아볼 수 있다.

그런데 특기할 만한 사항으로 가격차별은 독점으로 인해 발생한 순사회편익 또는 경제적 후생의 감소분을 부분적으로 상쇄할 수 있다는 사실에 주목할 필요가 있다. 예컨대, 독점자가 모든 수요자의 최대지불의사를 정확히 파악하여 수요자별로 지불할 용의가 있는 금액과 같은 가격을 부과하는 이른바 **완전가격차별**(perfect price discrimination)을 실시하면 독점자의 이윤이 극대화될 수 있을 뿐만 아니라, 사회후생이 증대될 수도 있다. 단, 이때 소비자잉여는 전부 독점적 생산자에게로 귀속이 된다. 물론 이러한 완전가격차별화는 현실적으로 존재할 수 없다. 그러나 가격차별화가 비록 독점이윤의 증가에 의한 것이지만 후생증가에 기여할 수 있다는 논리는 흥미로운 사실이라 하겠다.

가격차별화는 독점에 따른 순사회편익의 감소현상을 일부 완화할 수도 있다. 그러나 이는 소비자잉여 감소폭보다 독점기업의 생산자잉여 증가폭이 더 커져서 결과적으로 단순독점의 경우에 비해 순사회편익이 증가된 현상에 불과하다.

[그림 9-10]의 (A)에서처럼 독점기업은 일반적으로 $MR=MC$가 되는 Q_m을 생산하여 P_m으로 공급할 것이다. 이때 독점기업은 초과이윤을 얻지만 사회적으로는 $\triangle BCE$만큼의 경제적 후생손실이 발생

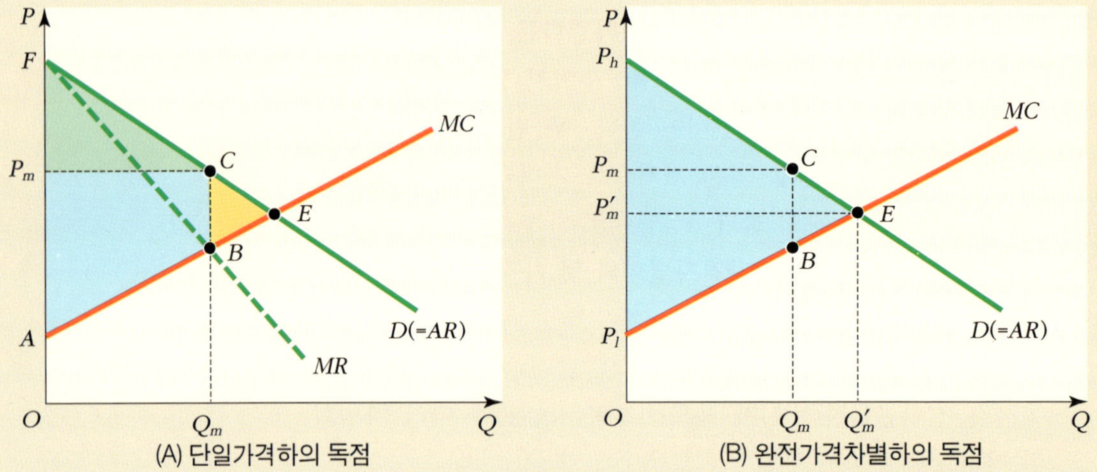

그림 9-10 가격차별의 경제적 효과

독점으로 인한 순사회편익의 감소(*CEB*)는 독점자가 모든 수요자의 최대지불의사를 정확히 파악하여 수요자별로 지불용의가 있는 금액과 같은 가격을 적용하는 이른바 완전경쟁차별화를 실시할 경우 그림 (B)에서처럼 사라질 수도 있다.

이때 독점기업의 생산자잉여는 P_hEP_l가 되며 독점이윤과 극대화될 수 있으나, 소비자잉여는 전부 독점적 생산자에 귀속하는 문제가 발생한다.

한다. 그런데 독점기업이 P_m이라는 하나의 가격을 고집하지 않고, 모든 수요자의 지불용의에 따라 개별적으로 서로 다른 가격을 부과할 경우 가격은 P_h와 P'_m 사이(그림 (B) 참조)에서 변화하게 되는데, 이때 그림 (A)에서 발생한 소비자잉여 FP_mC는(그림 (B)에서는 P_hP_mC) 소멸되어 모두 생산자에 귀속되고 그만큼 독점이윤은 증가하게 된다. 그리고 그림 (B)에서처럼 극단적 가격차별화는 결국 독점기업의 생산자잉여를 P_hP_lE로 확대시키는 결과를 가져온다. 따라서 단일가격을 적용할 경우의 독점이 초래하였던 경제적 손실(BCE)을 완전히 해소시키는 긍정적 효과가 나타날 수 있다. 그러나 가격차별화를 수행하는 독점기업은 그 생산자잉여(P_hP_lE)가 완전경쟁시장 경우의 생산자잉여분(P'_mP_lE)보다는 커지지만 이는 완전경쟁시장 경우의 소비자잉여분($P_hP'_mE$)을 흡수함으로써 발생한 것이므로, 결국은 사회적 총잉여를 독식하는 결과를 초래한 것으로 볼 수 있다.

여하튼 가격차별화를 통한 이윤증대를 도모하는 독점기업은 수요가 상대적으로 가격비탄력적인 시장에서는 가격탄력적 시장에서보다 높은 가격을 설정하게 되는데, 이때 시장별 한계수입을 독점기업의 한계비용과 일치시킴으로써 이윤을 극대화할 수 있게 된다.

그러면 이번에는 독점자가 서로 다른 두 지역(수요자)을 대상으로 가격차별화를 하는 경우 과연 두 지역에서의 가격을 어떻게 설정하는 것이 이윤을 극대화시킬 수 있는가에 대한 문제를 검토해 보기로

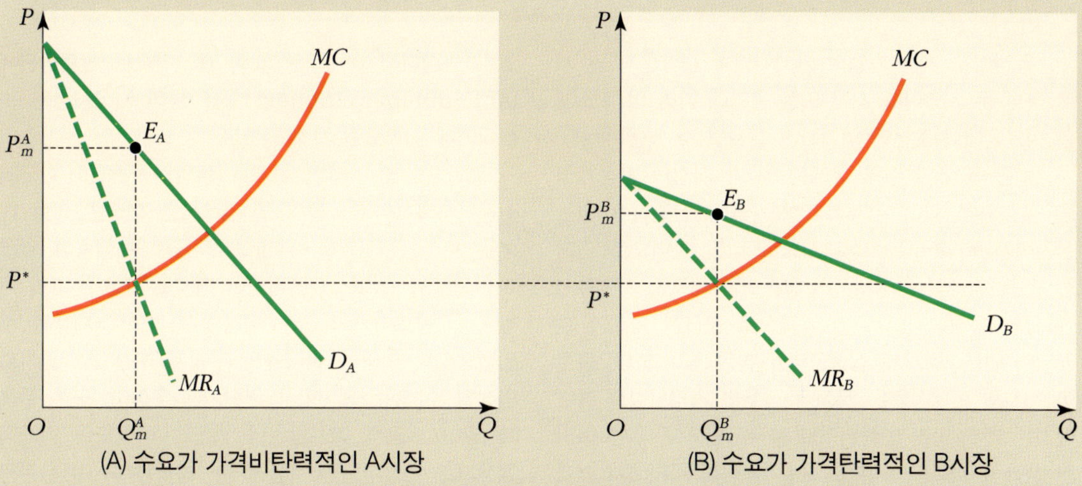

그림 9-11 가격차별에 의한 이윤극대화
독점기업의 가격탄력성이 다른 격리된 두 시장에서 서로 다른 가격을 부과하여 이윤을 극대화할 수 있다. 즉, $MR=MC$를 만족시키는 이윤극대화를 추구하되 결과적으로 수요가 비탄력적인 시장에서는 탄력적 시장에서보다 높은 가격을 책정하는 전략을 추구하게 된다.

한다. [그림 9-11]에서 (A)는 수요가 가격에 비탄력적인 시장, 그리고 (B)는 수요가 가격에 탄력적인 시장에 형성된 수요곡선(D_A와 D_B)과 한계수입곡선(MR_A와 MR_B)을 각각 나타낸다. 단, 두 시장은 동일한 한계비용곡선(MC)을 갖고 있다. 이때 만일 독점기업이 두 시장에서 각각 P_m^A와 P_m^B라는 가격을 설정할 경우 다음과 같은 조건이 충족될 때 이윤이 극대화될 것이다.

$$MR_A = MR_B = MC$$

즉, 두 시장 모두에서 한계수입이 공동의 한계비용과 같아지는 가격 P_m^A와 P_m^B를 선정하는 것이 최선의 선택이 된다는 것이다. 만일 같은 한계비용을 들여 추가로 생산된 상품을 판매하는 과정에서, 예컨대 A시장에서의 한계수입(MR_A)이 B시장의 한계수입(MR_B)과 다르다면 이윤극대화를 추구하는 독점기업은 한계수입이 높은 시장으로 공급을 증가시켜 나갈 것이고, 이러한 노력은 두 시장에서의 한계수입이 같아질 때까지 진행될 것이기 때문이다.

가격차별화 전략의 한계

독점력을 가진 기업의 가격차별화 전략은 과연 서로 다른 두 지역이나 시간 또는 용도에 따라 앞서 소개한 이윤극대화 조건에 의거하여 실시될 수 있을까?

최근 국내 유수의 유제품회사가 자사의 제품가격을 설정함에 있어 잠재적 경쟁제품의 진출이 어려운 산간벽지 지역에서는 상대적으로 비싼 가격으로 판매한 반면, 잠재적 경쟁제품이 상존하는 대도시 지역에서는 오히려 상대적으로 싼 가격으로 공급한 사례가 발견되어 언론으로부터 집중공격을 받은 적이 있다. 물론 이 회사의 판매전략은 독점적 상품의 가격차별화 측면에서는 매우 합리적 행위라고 볼 수 있으나, 과연 이러한 행태가 사회윤리적으로 또는 공평성 측면에서 쉽게 수용될 수 있는지는 의문이 간다.

반면 특정 지역, 예컨대 해외시장에서의 가격을 국내시장 공급가격에 비해 상대적으로 낮게 설정하는 경우가 자주 있다. 물론 이러한 가격차별화가 두 지역에서의 가격탄력성 차이에 기인한다면, 그리고 해외시장에서의 수요가 가격변화에 대하여 상대적으로 탄력적이라면 이러한 독점적 지위를 가진 기업의 행위는 지극히 합리적 의사결정이라 할 수 있다.

그러나 경우에 따라 외국시장에서의 가격을 정당한 수준보다도 매우 낮은 수준으로 유지함으로써 해당국으로부터 반발을 사는 경우가 있다. 예컨대, 일본이 독점적 경쟁력을 가진 제품들을 매우 낮은 가격으로 미국에 수출함으로써 미국 내의 (잠재적)경쟁사들에게 치명적인 손실을 입히거나 심지어는 도산시킴에 따라, 미국이 이를 **덤핑**(dumping)으로 규정하고 이에 대한 제재에 나섰던 사례를 들 수 있다. 일단 이러한 일본의 전략으로 미국 내 경쟁기업들이 도산하여 실업이 발생하는 것을 미국이 방관하기 어려웠기 때문이다.

더구나 미국 내 경쟁기업들이 대부분 도산하여 잠재경쟁사가 없어질 즈음 미국 시장을 독점한 일본 기업이 자사의 제품가격을 이번에는 부당할 만큼 높은 수준으로 올려 막대한 독점이윤을 추가할 가능성마저 예견되는 것이어서 미국은 **반덤핑관세**(anti-dumping duties) 등을 통해 자국시장을 보호하기에 이르렀던 사례가 있다.

그런데 아이러니컬하게도 동일한 전략을 한국과 같은 (상대적)후진국들이 쓸 경우에는 미국은 이를 대부분 수수방관하였다. 개발도상국들의 독점력이 결코 파괴적일 수 없어 크게 위협이 되지도 않을 뿐더러 개발도상국들로부터의 정상 이하의 가격으로 제품을 수입함으로써 미국 소비자들의 복지가 개선되고 물가도 안정될 수 있는 계기가 마련되기 때문이다. 물론 한국과 같이 성공적 경제발전을 거듭하며 미국의 잠재적 경쟁자로 거듭나는 국가들에게는 미국은 더 이상 관용적 태도를 보이지 않게 되었다.

한편, 그렇다면 개도국들 입장에서 볼 때 외국으로의 덤핑은 어떻게 보아야 할까? 해외시장에서의 덤핑은 개도국이 필요로 하는 외화획득에는 도움이 될 것이다. 그러나 원가에도 못 미치는 가격인하로 수출이 증가할수록 손실도 늘어나게 되며, 결국 이로 인한 손실을 어디선가 메워야 하는데, 개발도상국들은 대개 국내판매가격의 부당한 인상을 통해 이 문제를 해소시키곤 하였다. 한국 또한 경제개발 초기 단계에서는 바로 이러한 전략을 정부와 기업이 협조하여 추진한 경우가 많다. 물론 그 과정에서 국내소비자들만이 부당하게 희생자가 되었다는 사실을 기억할 필요가 있다.

(5) 독점에 대한 정부의 정책

이상에서 우선 우리는 독점이 사회적 후생의 손실을 초래한다는 사실에 주목할 필요가 있다. 이러한 경제적 손실은 국민경제 측면에서 볼 때 바람직한 것이라 볼 수는 없다. 이처럼 시장이 가격의 자율적 조정기능을 통하여 자원을 효율적으로 배분할 수 없는 독점체제란 결국 자율적 시장기능이 실패하는 주요한 예의 하나로 이해할 수 있다. 이와 같은 시장실패는 민간부분이 자율적으로 시정할 수 없는 성격의 것이어서 결국 정부가 이를 시정하는 제3의 경제주체로서 적극적으로 개입을 하게 된다.

결국 독점이란 순사회편익을 감소시키는 손실을 초래하는데, 이러한 독점은 시장의 자율기능만으로서는 시정될 수 없는 특성을 갖는다. 따라서 독점을 시장실패의 대표적 사례의 하나로 인식하고 이를 시정하기 위한 정부의 시장개입이 정당화되고 있다.

정부가 독점의 폐해와 관련하여 대처할 수 있는 첫 번째 방안은 독점기업에 대한 직·간접적인 규제를 가하는 것이다. 그리고 두 번째는 경쟁을 촉진시켜 독점을 완화시키는 방안이라 하겠다.

1) 가격규제

독점에 대한 정부의 대처방안 중 하나로 가격규제를 들 수 있다. 그러나 이러한 정책이 소기의 성과를 얻을 수 있을 것으로 기대하기는 어렵다.

독점으로 인한 사회적 후생의 손실은 이윤극대화를 추구하는 독점기업이 공급량을 축소시켜 가격을 인상시키는 데에서 연유하는 것이다. 즉, 이윤극대화 조건($MR=MC$)을 만족시키는 생산량만을 공급할 경우 시장가격은 상승할 수밖에 없기 때문이다. 따라서 이로 인한 사회적 후생손실을 억제하려면 독점기업이 부과하는 가격을 하향조정할 필요가 있다. 독점가격을 하향조정하는 데 적용할 수 있는 첫 번째

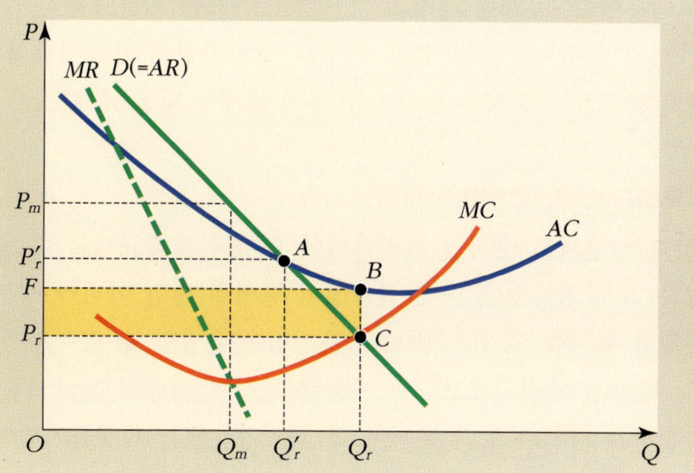

그림 9-12 가격규제와 독점기업의 손실

독점으로 인한 폐해를 제거하기 위해 이윤극대화 조건 $MR=MC$를 만족시키는 Q_m을 생산하여 P_m으로 공급하는 독점기업에게 $AR=MC$가 되는 생산량 Q_r을 P_r가격으로 공급하도록 규제할 경우 독점기업은 $FBCP_r$만큼의 손실을 입게 된다.

한편, $AR=AC$가 되도록 생산량 Q'_r을 P'_r가격으로 공급하도록 규제할 경우 독점기업의 이윤은 '0'이 된다. 그러나 이러한 규제가 현실적으로 실현되기는 어렵다.

기준으로 한계비용을 제시할 수 있다. 즉, $MR=MC$를 만족시키는 생산량 대신 $AR=MC$, 즉 수요곡선과 MC곡선이 교차하는 생산량을 공급하여 가격을 낮춤으로써 한계비용과 같아지도록 유도하는 것이다.

[그림 9-12]는 시장 전체 수요를 충족시킬 수 있는 생산량을 공급하는 단계에서도 여전히 평균비용(AC)이 감소하고 있는 자연독점의 전형적인 특징을 나타내고 있다. 정부의 가격규제가 없었다면 독점기업은 Q_m만큼을 P_m가격으로 공급하였을 것이다. 그러나 정부가 시장가격을 MC와 같아지도록 유도할 경우(점 C) 독점기업은 Q_r을 생산하여 P_r 가격으로 공급할 것이다. 그러나 이러한 경우 독점기업의 총비용은 $\square OFBQ_r$과 같고, 총수입은 $\square OP_rCQ_r$과 같아지므로 노란색 부분만큼의 손실을 보게 된다. 그러나 정부가 손실을 감수하면서까지 효율적 자원배분을 위해 독점기업에 가격을 인하하도록 강요할 수는 없다.

이러한 문제점을 해소하기 위해 정부는 공급가격을 한계비용(MC) 대신 평균비용수준을 보전할 정도로 낮추도록 권고할 수 있다. 그림에서처럼 시장가격을 P'_r으로 설정함으로써 점 A에서 수요곡선($D=AR$)과 평균비용곡선(AC)이 교차하도록 하면 총비용과 총수입이 같아져 손실이 발생하지 않게 된다. 즉, 시장가격을 평균비용수준과 같아지는 수준까지 하락시킬 경우 독점이윤은 사라지되 독점가격(P_m)보다는 낮은 가격(P'_r)으로 독점생산량(Q_m)보다 많은 물량을 공급함으로써 사회적 후생손실을 감소시킬 수 있다는 논리이다.

그러나 과연 이러한 규제가 현실적으로 소기의 성과를 얻을 수 있으리라 기대하기는 어렵다. 규제는 또 다른 차원의 문제를 유발할 수 있기 때문이다. 규제란 시장의 자율기능 자체를 제한하는 것일 뿐 아니라, 예컨대 규제완화를 위한 대정부 로비과정에서 정경유착 내지 부패가 발생할 가능성이 높아지는 등의 문제를 낳을 수도 있다.

2) 독점금지 및 경쟁촉진정책

따라서 정부는 직접적 가격규제보다는 애당초 독점이 성립되지 않도록 경쟁을 촉진시키거나 일단 독점이 형성된 경우에도 경쟁적 시장으로 개편을 유도해 나가는 정책을 활용하고 있으며, 이러한 업무를 전담하는 공정거래위원회라는 정부부서를 설립·운용하고 있다.

이상에서 살펴본 것처럼 독점기업에 대하여 가격규제를 하는 정책은 그 논리적 정당성에 비해 실효성이 떨어질 뿐만 아니라 정부의 규제 자체가 초래할 수 있는 별도의 문제점을 유발할 수 있다는 위험이 있다. 따라서 가격규제보다는 애초에 독점이 성립되지 않도록 경쟁을 촉진하는 정책과 일단 독점이 형성된 경우에는 **독점금지법안**을 통해 경쟁적 시장으로 개편을 유도해 나가는 정책이 함께 시도되고 있다. 전자를 **경쟁촉진정책**, 그리고 후자를 **독점금지정책**이라 부르기도 하지만 두 개념을 엄격히 구분하기는 어렵다.

우선 정부는 기업들이 **결합 및 합병**(M&A)을 통해 독점이 성립되는 것을 법적으로 규제함으로써 독점을 미연에 방지할 수 있다. 또는 기존 독점기업들의 경우에는 기업의 특성을 감안하여 몇 개의 영업분야로 분할하여 독립된 기업으로 정립시킴으로써 제한적으로나마 경쟁을 유도할 수도 있다.

예컨대, 전력산업의 경우 발전부문을 수력 · 화력 그리고 원자력 등으로 분리 운영함으로써 경쟁을 촉진시킬 수 있다. 통신산업의 경우에는 이미 한국통신에 의해 독점되었던 전화서비스는 시내와 장거리 전화부문으로 분리시키되 장거리 전화서비스에 한정하여 경쟁을 유도한 바 있다. 그리고 유선과 무선서비스로 구분하고 무선서비스의 공급을 경쟁체제로 전환하기도 하였다. 최근에는 화상전화까지 자생적으로 등장하면서 전화서비스시장은 보다 경쟁적 시장으로 변모해 가고 있다.

그러나 이와 같은 기업분할 등을 통한 경쟁촉진이 독점으로 인한 폐해를 일부 완화시켜 줄 수는 있으나, 이러한 효과를 지나치게 과신하여 무리한 기업분할을 유도하는 것은 경계해야 할 것이다.

그러나 이러한 경쟁촉진정책도 지나칠 경우 역효과가 나타날 수 있는데, 이를 정부의 실패라고 한다.

기업의 합병을 막는 일이나 합병된 기업을 분할하는 일이 가져올 수 있는 이득과 이로 인해 발생할 수 있는 손실을 현명하게 비교 · 검토할 필요가 있다. 정부의 시장개입이 잘못되어 이른바 **정부실패**(government failure) 또는 **정치실패**(political failure)가 발생할 가능성이 상존하며, **시장실패**(market failure)보다 더 심각한 결과가 초래될 수 있음을 유념할 필요가 있다.

03 과점시장

이상에서 우리는 완전경쟁시장과 독점시장에서의 기업행태와 균형에 대하여 살펴보았다. 그러나 완전한 경쟁시장이나 완전한 독점시장은 매우 드문 시장의 형태이며, 오히려 과점시장이나 독점적 경쟁시장이 현실적으로는 자주 발견되는 시장형태라 할 수 있다. 본절에서는 과점시장, 그리고 제4절에서는 독점적 경쟁시장에 대해 핵심사항을 연구해 보기로 한다.

(1) 과점이란

단지 몇몇 소수 기업만이 상품을 공급하는 시장형태가 있다. 이를 과점시장(oligopoly market)이라 한다.

단지 몇몇의 소수 기업만이 상품을 생산하여 공급하는 시장을 **과점시장**(oligopoly market)이라 한다. 컴퓨터 · 자동차 · 정유 · 가전제품은 물론 운동화나 골프공 등에 이르는 많은 공산품시장이 이러한 형태의 시장에 속한다.

완전경쟁시장에서 개별 생산자들은 그 생산규모가 시장 전체 규모에 비해 매우 작기 때문에 시장가격에 하등 영향을 미칠 수 없으며, 따라서 시장가격을 주어진 대로 수용하게 된다. 한편, 독점시장에서는 한 기업이 시장 전체의 공급을 독점하고 있어 시장가격과 시장공급량을 자의적으로 결정할 수 있다. 둘 이상의 소수 공급자가 존재하는 과점시장에서의 공급자들도 완전경쟁시장에서와 같은 가격수용자가 아니다. 그렇다고 독점자처럼 시장가격을 독자적으로 결정할 수도 없다. 항상 경쟁상대인 소수 공급자들의 태도를 살펴야 하기 때문이다.

과점시장이 완전경쟁시장이나 독점시장으로 전환되지 않고 독자적으로 존재할 수 있는 사유는, 우월적 지위에 있는 기업이 독점을 유지할 만한 시장진입장벽을 쌓지 못하여 소수의 경쟁자들의 진입을 허용할 수밖에 없지만 여타 기업의 진입을 억제할 수 있는 정도의 장벽은 쌓을 수 있기 때문이다. 예컨대, 상품차별화 전략 등을 통한 경쟁력 제고로 진입장벽을 쌓을 수 있다.

그렇다면 과연 어떻게 과점시장은 완전경쟁시장이나 독점시장으로 전환되지 않고 독자적인 특성을 갖는 별도 시장으로 정립될 수 있을까? 우선 독점시장을 형성할 만한 우월적 지위에 있는 기업이 강력한 시장진입장벽을 유지할 수 없다면 일단 소수의 경쟁자들이 시장에 진입함으로써 과점시장을 형성할 수 있다. 만일 이처럼 형성된 과점시장에 독점시장에서의 진입장벽처럼 강력하지는 않으나 어느 정도의 효과를 발휘할 수 있는 진입장벽이 존재한다면 시장은 완전경쟁시장으로 이행하지 않은 채 독자적 시장으로 존재할 수도 있다. 일반적으로 과점상태에 있는 시장에서의 과점기업들은 **상품차별화 전략** 등을 통해 경쟁력을 높이게 되며, 나아가서는 과점시장을 안정적으로 유지시키게 되는 것이다. 결국 과점시장에는 경쟁자들이 존재하지만 공급자들이 가격수용자가 되지는 않는다. 이러한 시장을 **불완전경쟁**(imperfect competition)**시장**이라고도 부른다.

그러나 과점자들은 항상 경쟁상대를 의식하며 경쟁자의 행동에 대하여 독자적인 판단을 근거로 자신의 의사결정을 해 나가게 된다.

여하튼 이상과 같은 과점시장에서 공급자들은 항상 경쟁상대의 반응을 염두에 두고 독자적인 의사결정을 해 나가게 되며, 따라서 이들의 행태를 간단한 표준적 모형으로 분석하기는 매우 어렵다. 바로 이러한 이유로 인해 다양한 과점이론들이 개발되어 왔으며, 심지어는 게임이론을 적용하여 과점시장을 분석하려는 노력까지 시도된 바 있다.

이러한 과점시장에서 기업의 특징적 행태는 크게 보아 두 가지로 분류될 수 있다.

첫째, 각 기업은 나름대로 경쟁자의 행동에 대해 독자적인 판단을 근거로 자신의 의사를 결정해 가는 전략적 대응을 시도할 것이다. 이때 자신의 행동에 경쟁자들이 어떻게 가격이나 생산량 등을 어떤 대응전략을 가지고 대처할 것인가에 대하여 일정한 가정을 하게 되는데, 그에 따라 다양한 과점분석모형이 정립된 바 있다.

둘째, 과점기업들은 자신들의 일방적인 행동이 서로에게 큰 위험을 초래할 것이란 사실을 잘 알고 있다. 따라서 가능하면 상호협조를 통해 위험을 회피함은 물론 **담합**(collusion)을 통해 하나의 독점기업처럼 행동하고 싶은 충동을 느끼게 된다. 예컨대, **카르텔**(cartel)의 결성이 대표적인 예가 될 수 있다.

또는 이처럼 불확실한 의사결정에 따른 위험을 회피하기 위해 과점자끼리 카르텔(cartel)을 결정하는 등의 행위를 통해 담합(collusion)을 시도할 수도 있다.

그러나 각 과점기업은 각자의 이윤을 극대화하기 위해 담합을 깰 가능성이 항상 존재하므로 상호간의 긴밀한 협조를 바탕으로 독점적 위치를 견지하기란 매우 어렵다.

(2) 전략적 대응모형: 독자적 행동모형

과점시장에서 기업들이 담합을 하지 않고 각각 독자적인 행동을 할 경우 과연 가격 및 생산량을 결정하는 데 있어 어떤 전략을 가지고 대응할 것인가? 아마도 이러한 상황에서의 의사결정은 자신이 특정 행동을 취할 때 경쟁기업은 과연 어떻게 반응할 것인가에 대한 판단에 1차적으로 의존할 것이다.

반면, 과점자들이 담합할 수 없다면 (실제로도 공정거래법상 담합은 위법사항임) 어떻게 행동할까?

예컨대, 각 기업이 생산량을 증가시킬 때 경쟁기업은 생산량을 함께 변화시킬지 아니면 이전 생산량을 유지할 것인지에 따라, 그리고 각 기업이 가격을 변화시킬 때 경쟁기업도 가격을 함께 변화시킬지 아니면 이전 가격을 그대로 유지할 것인지에 따라 각기 다른 전략을 수립할 것이다. 이와 같은 상황과 관련하여 가장 대표적으로 거론되어 온 전략적 대응모형들을 간략히 살펴보기로 한다.

1) 각 기업이 상대방은 현재 생산량을 그대로 유지할 것이라 보는 경우: 쿠르노모형

제일 먼저 생각할 수 있는 행동으로 경쟁상대 기업들은 현재 생산량을 그대로 유지할 것이란 가정하에 독자적 행동을 해 나가는 경우를 들 수 있다.

우선 과점시장에서 각 기업은 상대방이 현재 생산량을 그대로 유지할 것이라는 예상하에 생산량을 결정할 것이라는 논리에 근거하여 개발된 분석모형이 있다. 이를 **쿠르노모형**(Cournot model)이라 한다. 이 모형에서는 각 기업이 상대방의 현재 생산량을 주어진 것으로 보고 자신의 이윤이 극대화될 수 있는 생산량을 선택한다고 본다.

그렇다면 과연 이러한 가정(경쟁기업이 현재 생산수준을 유지할 것이란 가정)은 현실성이 있는가? 철강이나 자동차 또는 정유산업처럼 초기투자나 생산설비비용이 많이 들고 또 생산시설 규모 확장에 많은 시간이 소요되지만 가변비용의 비중은 별로 크지 않은 산업이 과점상태에 있다면 나름대로 수긍할 수 있는 가정이라 볼 수 있다. 경쟁기업은 쉽사리 생산규모를 확장하기 어려운 반면, 그렇다고 가동률을 줄여 가며 생산량을 축소하는 것이 바람직할 수도 없는(생산량 감축 시 평균고정비용이 증가할 것이기 때문) 경우 쉽사리 생산량을 변경하지 않을 것으로 예상할 수 있기 때문이다.

이러한 경우에 대한 분석모형을 쿠르노모형(Cournot model)이라 하는데, 원래는 경쟁기업이 단 둘뿐인 복점시장의 분석을 위해 고안된 분석틀이다. 결국 쌍방은 순차적으로 생산량을 바꾸어 나갈 유인이 발생하지만 어느 시점에 이르러서는 더 이상 생산량을 변경할 유인이 사라지며 균형에 이를 수 있다고 분석되고 있다.

이상과 같은 쿠르노모형은 원래 경쟁기업이 단 둘뿐인 **복점**(duopoly)시장을 분석하기 위해 정립된 분석틀이다. 그런데 쌍방이 서로 상대방의 생산량을 변경하지 않을 것이라 보고 자신의 생산량을 조정해 나가는 행위는 결국 순차적으로 쌍방이 생산량을 바꾸어 나가는 과정을 유발시킬 것이다. 쿠르노에 의하면 이러한 과정은 어느 단계에 이르면 쌍방이 모두 자신의 이윤극대화를 위해 더 이상 생산량을 변경시킬 필요가 없는 시점에 이를 수 있다는 분석결과를 제시한 바 있다. 이를 복점시장의 **쿠르노균형**(Cournot equilibrium)이라 한다. 자세한 내용은 중급 미시경제학 교재들을 참고하기 바란다.

2) 각 기업이 상대방은 현재가격을 그대로 유지할 것이라 보는 경우: 베르트랑모형

두 번째로 생각할 수 있는 행동양식으로는 상대방이 현재가격을 그대로 유지할 것으로 보고 독자적 의사결정을 해 나가는 경우를 들 수 있다. 이러한 경우에 대한 분석모형을 베르트랑모형(Bertrand model)이라 한다. 결국 이 경우에도 상대방보다 낮은 가격을 설정하려는 경쟁자들이 가격을 단계적으로 인하해 나가게 되고 초과이윤은 축소되어 갈 것으로 예상된다.

이번에는 각 기업이 상대방(들)은 현재가격을 그대로 유지할 것이라는 예상하에 가격을 결정할 것이라는 논리에 근거하여 개발된 분석모형을 살펴보자. 이른바 **베르트랑모형**(Bertrand model)이라 불리는 모형에서는 각 기업이 상대방의 현재가격을 주어진 것으로 보고 자신의 이윤을 극대화시킬 수 있는 가격을 선택한다고 본다.

이 모형은 각 기업이 생산량을 쉽사리 변경하지 않을 것이라 가정한 쿠르노모형과는 달리 생산량의 변경은 얼마든지 가능한 상황을 염두에 둔 분석모형이다. 즉, 경쟁기업들은 생산량을 쉽게 조절할 수 있으나 가격변화에는 보수적으로 행동할 것이라 가정한 것이다. 따라서 각 기업은 경쟁기업이 현재가격을 그대로 유지할 것이라는 가정하에 자신의 이윤을 극대화할 수 있는 가격을 선택할 것으로 본다. 결국 각 기업은 주어진 상대방의 가격보다 낮은 가격을 설정하여 매상을 늘리고자 노력하게 될 것이며, 이러한 행위는 이윤이 낮아져 0이 될 때까지 단계적으로 진행될 수 있다. 결국 베르트랑모형에서의 균형은 완전경쟁시장의 경우와 유사한 결과를 초래할 것이다.

3) 각 기업은 상대방이 가격을 인하하면 같이 내리지만 가격을 올릴 경우에는 동조하지 않을 경우: 굴절수요곡선모형

베르트랑모형에서처럼 과점시장에서 경쟁기업들은 가격을 경쟁도구로 삼는다고 보되, 상대방이 항상 현재가격을 그대로 유지할 것이라고 보지 않는 모형이 제시된 바 있다. **굴절수요곡선모형**(kinked demand curve model)이 바로 그것이다.

세 번째로 생각할 수 있는 행동으로는 각 기업이 상대방이 가격을 인하하면 같이 내리지만, 가격을 인상할 경우에는 동조하지 않는 경우를 들 수 있다. 이러한 행동은 결국 가격 인하시에는 가격탄력성이 커지고, 인상시에는 상대적으로 탄력성이 작아지므로 수요곡선이 특정 지점을 중심으로 꺾이는 형태가 나타난다. 이때 형성되는 수요곡선 및 분석내용을 굴절수요곡선모형(kinked demand curve model)이라 한다.

이 모형은 자신이 가격을 올릴 경우에는 상대방이 현재가격을 그대로 유지함으로써 고객을 추가로 확보하고자 노력할 것이지만, 반대로 자신이 가격을 내릴 경우에는 상대방이 고객을 뺏기지 않기 위해 함께 가격을 인하하는 전략을 선택할 것이라 보고 있다.

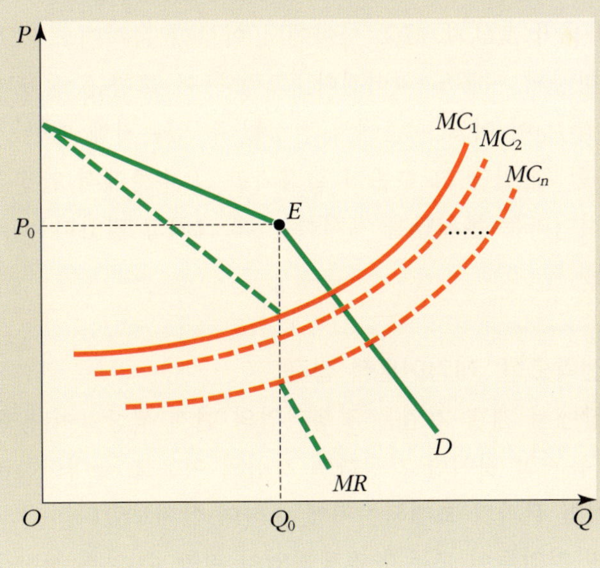

그림 9-13 굴절수요곡선

과점시장에서 각 기업의 상대방이 가격을 인하하면 같이 인하할 것이다. 그렇지만 가격을 인상하면 동조하지 않을 경우 높은 가격수준(예컨대, P_0보다 높은 수준)에서 각 기업에 대한 수요의 가격탄력성은 상대적으로 커지게 되고 따라서 매우 완만한 수요곡선이 형성될 것이다.

반면에 낮은 가격대에서는 수요의 가격탄력성이 낮아져 상대적으로 가파른 기울기의 수요곡선이 형성될 것이다. 따라서 기준시점 가격 P_0를 중심으로 기울기가 다른 두 개의 수요곡선이 이어지는 이른바 굴절된 수요곡선이 도출된다.

한편, 수요곡선이 그림에서처럼 굴절되는 경우 이에 대응하는 한계수입곡선은 불연속선 형태가 된다. 따라서 $MR=MC$가 되는 가격 및 공급량 결정시 쉽사리 당초의 가격(P_0)과 공급량(Q_0)을 변화하려 들지 않을 것이라 예상된다.

이와 같은 행태적 특징은 결국 수요함수가 특정 지점을 분기점으로 꺾이는 모습을 갖게 되는 결과를 유발시킨다. 바로 이러한 이유 때문에 굴절수요곡선모형이란 이름이 붙게 되었다.

[그림 9-13]에서 한 과점기업이 Q_0만큼 생산하여 P_0가격으로 판매하고 있다고 보자. 만일 이 기업이 가격을 P_0보다 높게 책정한다면 경쟁기업들은 현재가격(P_0)은 그대로 유지함으로써 보다 많은 판매를 도모할 것이다. 따라서 P_0보다 높은 가격대에서 가격인상을 시도한 기업의 수요는 상대적으로 큰 폭으로 감소할 것으로 예상되며, 이때의 수요곡선은 그림에서처럼 기울기가 상대적으로 완만하여 가격탄력성이 큰 특성을 갖게 될 것이다. 그러나 이 기업이 P_0가격을 P_0수준 이하로 내려 보다 많은 고객을 확보하려고 할 때는 경쟁기업들이 함께 가격을 내려 대응할 것이다. 따라서 가격인하를 시도한 기업의 수요는 기대한 만큼 증가하지 못하게 된다. 결과적으로 P_0가격 이하 영역에서는 수요곡선의 기울기가 상대적으로 가파르게 되어 가격탄력성이 낮아지는 특성을 갖는다. 따라서 수요곡선은 현재 공급점 E를 중심으로 꺾인 모양을 갖게 된다.

그런데 이와 같이 수요곡선이 굴절되는 특성을 가질 경우 이에 대응하는 한계수입곡선을 도출해 보면 [그림 9-13]에서처럼 불연속선 형태가 된다. 따라서 이윤극대화를 추구하는 기업이 $MR=MC$가 되는 가격 및 생산량을 선정하고자 할 때 웬만해서는 P_0가격과 Q_0공급량을 변화시키지 않을 것이라 예상할 수 있다. 특히, 그림에서처럼 이 기업의 한계비용이 MC_1과 MC_n 사이에서 아무리 움직여도 가격을 변경해야 할 하등의 이유도 없어진다. 그런데 이 모형은 점 E에 대응하는 안정가격(P_0)이 어느 수준에서 결정될 수 있는지에 대한 설명을 제공하지 못한 채 일단 그 수준이 결정되면 그 수준에서 안정적 특성을 갖게 될 것이라는 논리만을 제시하는 데 그치고 말았다는 비판을 받기도 한다.

4) 내쉬균형전략모형: 게임이론적 접근

한편, 과점기업의 전략과 관련하여 게임이론이 활용되기도 하고 있는데, 예컨대 개별 과점기업들이 모두 경쟁기업이 취할 수 있는 전략을 기초로 자신의 이익이 최대가 되도록 행동할 때 형성되는 균형상태를 내쉬균형이라고도 한다.

앞서 과점시장에서 개별 기업은 경쟁기업의 현재 생산량이나 현재가격을 그대로 유지할 것이란 가정하에 자신의 이윤을 극대화하려고 노력할 경우 어떤 결과가 초래되는지에 대하여 살펴보았다.

이번에는 개별 기업들이 모두가 경쟁기업이 취할 수 있는 전략을 감안하여 자신에게 가장 유리한 전략을 수립해 나간다는 가정하에 과점시장의 균형문제를 접근해 보기로 한다. 이러한 상황하에서의 균형상태를 내쉬균형(Nash equilibrium)이라 부른다.

이와 같은 방식의 접근방법은 사람들의 전략적 행동을 연구하는 **게임이론**(game theory)을 경제학에 접목시키면서 정립되었다. 게임이론이란 항상 상대방이 존재하는 상황에서 상대방이 어떻게 행동할지를 미리 생각하여 자신의 행동을 결정해 나가는 행태에 관한 논리이다. 따라서 완전경쟁시장이나 독점시장을 분석하는 데는 별로 효용성이 없다. 완전경쟁시장에서는 개별 기업들 간의 상호작용을 고려할 필요가 없고, 독점시장에는 오직 한 기업밖에 존재하지 않으므로 상호작용 자체가 존재하지도 않기 때문이다. 그러나 과점시장에는 소수의 기업만이 존재하며, 따라서 상대방이 어떤 수준의 생산량이나 공급가격을 선정하는가에 따라 경쟁기업들에게 무시할 수 없을 만한 영향을 미치게 된다. 따라서 개별 기업들은 경쟁자는 물론 자신의 생산량 및 가격까지를 동시에 고려하여 합리적 의사결정을 하게 될 것이므로 게임이론을 이용하여 분석하는 데 매우 적절한 시장형태라 할 수 있다.

① 용의자의 딜레마모형

그런데 소수의 경쟁자들이 서로 협조할 경우 모두에게 이득이 될 수 있음에도 불구하고 현실적으로 협조체제를 유지하기 어려운 상황을 설명하는 데 매우 유용한 이론으로서 이른바 **'용의자의 딜레마'**(prisoner's dilemma)모형이 있다.

게임이론적 접근방안 중 가장 잘 알려지고 또한 자주 인용되는 모형이 용의자의 딜레마모형(prisoner's dilemma model)이라 할 수 있다. 이는 소수 경쟁자들이 담합 등을 통해 모두에게 이익이 될 수 있음에도 불구하고 현실적으로 협조체제를 유지할 수 없을 경우 초래되는 결과를 설명하는 데 유용한 분석모형이다.

물론 다음 항에서 소개할 과점기업 간의 암묵적인 또는 명시적인 담합행위가 이루어질 수도 있다. 그런데 담합은 참여기업의 이익은 증대시킬 것이나 국민경제적으로는 후생의 감소를 초래하므로 각국 정부는 이를 법적으로 규제하고 있다. 따라서 과점시장에서 경쟁기업들은 이러한 협조체제를 정립하지 못한 가운데 전략적 행동으로 일관하게 될 것으로 볼 수 있다.

용의자의 딜레마모형은 게임이론에서 자주 인용되는 모형의 하나로 참여자들이 이렇게 할 수도 없고, 저렇게 할 수도 없을 만큼 난처한 상황에 처한 경우에 결국 어떻게 대응해 나갈 것인가에 관한 전략적 행동을 분석하기 위해 만들어진 모형이다.

논의를 위해 경찰이 요주의 인물로 주목해 오던 두 불량청년(편의상 박군과 최군이라 칭함)이 백화점에서 절도행위를 하였다는 확실한 물증을 확보하고 이들을 체포하였다고 가정하자. 그런데 경찰은 이들이 절도사건 당일 백화점 인근 대로상에서 발생한 뺑소니 사고사도 저질렀다는 심증이 있으나 확실한 물증은 없는 단계에서 심문을 하게 되었다고 하자.

경찰은 두 범죄용의자를 격리시켜 감금한 다음 한 사람씩 불러 심문하되 다음과 같은 제안을 한다고 하자.

"우리는 당신들이 백화점 절도행위를 저질렀다는 확실한 물증을 가지고 있으며, 그 대가로 1년씩 징역형을 받게 될 것이다. 뿐만 아니라 절도행각 후 도주과정에서 당신들이 뺑소니 사고사를 저질렀다는 강한 심증을 갖고 있으니 순순히 자백하는 것이 좋을 것이다. 만일 당신 친구가 자백했는데도 당신이 범행을 부인한다면 당신에게 법정 최고형인 징역 10년을 선고하고, 당신 친구는 수사에 협조한 점을 참작하여 방면할 것이다. 반대로 당신이 자백하고 당신 친구가 범행을 부인한다면 당신은 방면되고, 당신 친구가 10년 징역형을 살게 된다. 그리고 당신들이 모두 함께 자백한다면 법정 최저형인 3년씩을 선고할 것이다. 그러나 둘다 범죄를 은폐하고 부인하려 든다면 현재로서는 물증이 없어 처벌하기는 어려울 것이나 물증이 확실한 절도죄를 물어 1년씩은 징역을 살게 될 것이다."

경찰의 이러한 제안을 받은 두 용의자는 격리되어 있기 때문에 서로 협의하여 의사를 결정할 수 없는 상황에서 과연 자신의 친구가 어떤 결정을 할지 확신할 수 없는 매우 난처한 상황에 직면하게 된다.

박군이 먼저 심문을 받으면서 고민하는 과정에서 친구인 최군도 자기와 함께 범죄를 끝까지 부인하여 둘이 1년씩만 징역을 살 수 있다면 얼마나 좋을까 하는 기대를 해 볼 것이다. 그러나 박군의 이러한 희망과는 달리 친구 최군이 자기만 득을 보기 위해 덜컥 자백을 해 버리면 자신만 10년 징역을 살아야 된다. 물론 둘 다 자백한다면 3년씩 징역을 살아야 한다. 그렇다면 결국 박군은 어떤 결정을 내리는 것이 합당할까?

표 9-2 용의자의 딜레마게임

		박군의 선택	
		부 인	자 백
최군의 선택	부 인	1년형 1년형	방 면 10년형
	자 백	10년형 방 면	3년형 3년형

〈표 9-2〉는 두 용의자가 선택할 수 있는 전략과 그에 따라 받게 될 처벌내용에 관한 결과표이다. 결국 박군은 이상과 같은 예상결과를 염두에 두고 두 가지 경우를 동시에 고려하게 될 것이다. 우선 친구 최군이 끝까지 입을 다문다면 박군은 자백하는 것이 유리하다는 판단이 설 것이다. 자신은 방면될 수 있기 때문이다. 한편, 친구 최군이 자백을 한다면 박군도 자백하는 것이 유리하다고 판단할 것이다. 10년형 대신 3년형만 살게 될 것이기 때문이다.

결국 어떤 경우든 박군은 자백을 하는 것이 유리하다는 결론에 도달할 것이다. 이와 같은 상황에서처럼 상대방이 어떤 전략을 선택하든 자신에게 유리한 결과를 가져다 주는 전략을 **우월전략**(dominant strategy)이라 한다. 물론 최군 입장에서 볼 때도 박군의 경우와 같은 입장에서 의사결정이 이루어질 것이다. 따라서 두 용의자가 모두 자백을 하고 3년씩의 형을 받게 된다. 이처럼 우월전략으로 인해 초래된 결과를 **우월전략균형**(dominant strategy equilibrium)이라고도 한다.

용의자의 딜레마모형에서 경쟁자들은 결국 상대방이 어떠한 전략을 선택하든 자기에게 유리한 결과를 가져다 주는 이른바 우월전략(dominant strategy)을 추구하게 된다. 이때의 균형을 우월전략균형이라 하는데, 경쟁자들의 이기심으로 인해 최상의 결과를 포기하게 되는 상황이라 할 수 있다.

그러나 이러한 결과는 둘이 모두 범죄를 부인하고 1년 정도의 가벼운 징역형을 받을 수 있었던 기회를 이기적 행동으로 인해 잃게 된 것을 의미한다. 그런데 이러한 예에서처럼 박군과 최군이 비록 검거 전에 둘이 함께 입을 다물자고 굳게 언약하였다 하더라도 두 사람이 격리된 상황에서 심문을 받을 경우 협조체제를 유지하기는 어려울 것이다. 이기심 때문이다.

② 용의자의 딜레마모형을 이용한 과점기업의 전략분석

과점과 같은 불완전경쟁시장에서 경쟁기업들은 자신의 이익극대화를 위해 용의자의 딜레마모형에서와 같은 고민에 빠지게 될 것이라 예상할 수 있다.

동해에서 함께 조업을 해 온 한국과 일본이 지나친 남획으로 동

표 9-3 과점자의 딜레마게임

		일본 준수	일본 위반
한국	준수	100억 원 / 100억 원	60억 원 / 120억 원
한국	위반	120억 원 / 60억 원	80억 원 / 80억 원

해의 수자원이 고갈되어 가고 있어 양국이 어획량을 감축시키기 위한 협의를 하게 되었다고 하자. 그리하여 두 나라가 협상을 통해 어획량을 일정 한도 내로 감축시킴으로써 수자원도 보호하고 보다 높은 가격도 유지하기로 합의하였다고 하자. 〈표 9-3〉은 두 나라가 합의사항 준수 여부에 따라 초래될 가상적인 예상수입을 나타낸 것이다.

우선 한국 입장에서 볼 때 일본이 합의를 준수할지 여부를 확신할 수 없으므로 모든 경우를 감안하여 최선의 전략을 선택하려고 할 것이다. 만일 일본이 합의를 준수할 경우, 한국도 합의를 준수하면 100억 원만큼의 수익이 예상되나 한국이 위반할 경우에는 120억 원만큼의 수익을 올릴 수 있으므로 합의를 깨는 것이 유리하다. 한편, 일본이 합의를 위반할 경우, 한국이 협정을 준수한다면 60억 원의 수익이 예상되나 한국도 협정을 위반하면 80억 원의 수익을 기대할 수 있다. 역시 이 경우도 합의를 위반하는 것이 한국에게는 유리한 상황이다. 이 게임은 일본측에서 볼 때도 같은 결론에 도달하게 된다. 결국 양국이 우월적 전략을 선택해 나갈 경우 협정준수를 통해 양국 모두가 보다 큰 이익을 얻을 수 있는 기회를 찾기 어렵게 된다.

이와 비슷한 딜레마게임은 얼마든지 생각할 수 있다. 북핵사건이후 남북한이 긴장완화 및 전쟁억제를 위해 군비감축에 관한 협정을 맺는다고 가정하였을 때 쌍방이 협정을 준수할지 여부를 결정하기 위한 전략적 대응방안을 살펴본다면 앞서의 경우와 비슷한 결론에 도달할 수 있을 것이다. 즉, 쌍방이 이기심 때문에 협정을 동시에 위반할 가능성이 높을 것이다.

이상과 같은 딜레마모형을 통해 우리는 과점시장과 같은 여건하에서는 협조관계를 유지하면 쌍방에게 모두 유리한 결과가 초래될 수 있다는 사실을 알면서도 경쟁자 간에 협조체제를 유지하기가 매우 어렵다는 사실을 확인할 수 있었다.

그런데 이러한 비협조적 게임의 균형은 경제적 후생에 어떤 결과를 가져다 줄 것인가? 북핵문제의 예에서는 쌍방에게 모두 군비를 증대시켜 전쟁위협을 높이는 결과를 초래하여 경제 · 사회적 낭비와 긴장만 증폭시켰다. 한 · 일 간 어업협정 예제도 유사한 결과를 초래시켰다. 그러나 용의자의 딜레마모형 중에는 비협조적 게임으로 인해 용의자들의 이익은 감소되었지만 사회적으로는 바람직한 결과가 초래되는 경우도 있다. 예컨대, 과점기업들이 성공적인 담합으로 자신들의 이익을 증대시키지 못하고 비협조적 게임전략으로 대응할 경우 과점기업에게는 실이 될 것이나 사회적으로는 득이 될 수도 있다. 따라서 전략적 게임의 경우에는 경제적 후생효과가 반드시 개선되거나 악화된다고 단정할 수는 없다.

그런데 이상과 같은 딜레마모형에서도 전략적 게임이 반복적으로 수행될 수 있다면 종국적으로는 협조적 균형이 달성될 수도 있다. 예컨대, 과점시장에서 가격담합이 반복적으로 이루어지는 게임이 수행될 수 있다면 종국적으로는 협정을 준수하는 결과가 초래될 수도 있다. 그러나 이러한 상황에 관한 자세한 내용은 본서에서는 생략하고자 한다. 적절한 중급 미시경제학 교재를 참고하기 바란다.

(3) 암묵적 협력모형: 가격선도모형

지금까지 우리는 각 기업이 경쟁상대 기업의 행태에 대하여 나름대로의 판단에 의거하여 독자적인 행동을 할 것이라는 가정하에 자신에게 가장 유리한 가격 및 생산량을 선택해 나간다면 어떤 결과가 초래될 것인가에 대하여 상세히 살펴보았다. 그리고 상황에 따라서는 각 기업들이 예상하거나 희망하였던 내용과는 다른 결과들이 초래될 수 있음을 확인할 수 있었다.

이상과 같은 사실을 인식할 경우 경쟁기업들은 일방적인 행동을 삼가고 모두에게 해가 될 수 있는 상황을 회피하기 위해 노력하고 싶은 욕구를 갖게 된다. 본항에서는 경쟁기업들이 암묵적인 협조체제를 구축하는 경우에 대하여 살펴보고, 보다 명시적인 담합을 통하여 공동이익을 추구하는 경우는 다음 항에서 검토하기로 한다.

이상에서와 같은 상황인식하에 가능한 암묵적으로나마 협조체제를 구축하는 방안이 모색될 수 있다.

경쟁기업 간에 암묵적 협조체제가 형성되는 경우를 설명하기 위한 과점분석모형으로 **가격선도모형**(price leadership model)이 있다.

이 모형은 과점시장에서 어느 한 기업이 가격을 먼저 설정해 놓으면 경쟁기업들이 모두 이를 따르게 될 것이라 가정하고 있다. 즉, 기업 간에 문서화된 협약은 물론 회합을 통한 명시적인 의견수렴이 없었는데도 한 기업이 설정한 가격을 다른 기업들이 암묵적으로 따르게 된다는 일종의 **암묵적 담합모형**이라 할 수 있다.

예컨대, 경쟁기업 중 선도기업이 먼저 가격을 설정하면 여타 기업들이 명시적 합의 없이도 이를 수용하는 경우를 들 수 있다. 이러한 상황에 관한 분석모형을 가격선도모형(price leadership model)이라 한다.

그렇다면 과연 이러한 논리체계는 현실성이 있을까? 항상 그런 것은 아니지만 과점시장을 구성하는 기업들 간에 규모나 경쟁력에 차이가 있을 경우 가격선도모형에 의한 과점시장 행태분석은 설득력이 있다. 예컨대, 경쟁기업 중 하나가 다른 경쟁기업에 비해 생산규모가 상대적으로 커서 이 기업이 일단 가격을 설정할 경우 여타 기업들은 이를 따르게 되는 것이 현명하다고 생각할 수 있는 경우가 이에 해당한다. 이처럼 지배적인 위치를 차지하고 있는 어느 한 기업이 가격설정을 선도해 나갈 때 나머지 기업들이 그 결정을 받아들이는 상황을 실제로도 자주 볼 수 있는데, 이를 가격선도모형이라 한다.❷

그런데 이러한 암묵적 담합행위는 비록 의혹이 있더라도 이를 발견하기가 쉽지 않다. 더구나 경쟁기업들이 가격선도기업의 가격변화와 방향은 함께 하면서도 변화폭을 달리 할 경우 이를 엄밀한 의미의 가격선도라고 보기 어려운 측면이 있어 담합이 이루어졌다는 심증이 가더라도 문제 삼기는 쉽지 않다. 예컨대, 어느 대형은행이 여 · 수신 금리를 올리자 여타 경쟁은행들이 금리를 함께 올렸다 하자. 그러나 여타 경쟁은행들의 금리가 대형은행의 금리와는 차이가 있을 뿐더러 대형은행과 경쟁해야 할 여타 경쟁은행들이 경쟁력 유지 차원에서 부분적 금리조정이 불가하였다고 항변할 경우 문제 삼기는 어려울 것이다.

(4) 명시적 협력모형: 카르텔

이와는 달리 노골적으로 그리고 명시적으로 협조체제를 유지하는 경우도 있다. 가격담합이나 카르텔(cartel)의 형성이 좋은 예이다.

묵시적 협력에 의한 담합행위와는 달리 과점시장에서 경쟁기업들이 노골적으로 회합하여 공동의 이익을 극대화하려는 명시적 협력행위가 자행되기도 한다. 이를 가격담합행위 또는 **카르텔**(cartel)의 형성이라 한다.

이러한 카르텔이 결성될 경우 카르텔 기업들은 실질적으로 독점

❷ 이러한 논리를 확대하여 정립된 과점분석모형으로 leader-follower model이 있으나 본서의 수준상 생략한다.

적 위치를 차지하게 된다. 따라서 카르텔 전체의 이윤을 극대화시키고자 카르텔 전체의 한계비용과 한계수입이 같아지는 생산량과 가격을 선정하게 되는데, 이는 독점시장의 균형과 유사한 상황에 해당된다.

그런데 문제는 카르텔 전체의 이윤을 극대화시킬 수 있는 생산량을 가맹기업들 간에 어떻게 배분할 것인지를 결정해야 한다. 그렇지만 이러한 배분과정에서 종종 합의가 이루어지지 못할 수 있다는 어려움이 발생한다. 그리고 일단 협의하여 정한 가격보다 낮은 가격으로 몰래 판매하거나 할당된 공급량보다 더 많은 양을 생산 · 공급하여 협정가격의 하락압력을 발생시킬 가능성이 있다. 이와 같은 부정행위에 의해 개별 기업의 이익이 증대될 수 있기 때문이다. 그러나 이러한 유혹은 가맹기업 모두에게 발생하는 것이어서 카르텔은 언제든지 와해될 수 있는 취약성을 안고 있다. 물론 이러한 협정위반행위를 적발하기 쉽게 협약을 맺는다든지, 위반행위 적발시 강력한 제재를 가할 수 있도록 노력할 경우 카르텔의 와해가능성은 낮아질 수도 있다.

그런데 담합은 명시적 합의라 해도 비밀리에 위법행위가 자행되면 언제든 와해될 가능성이 있다.

그런데 이러한 카르텔의 결성은 대부분의 국가에서 바람직하지 못한 것으로 인식하여 독점금지법 등을 통하여 강력히 규제하고 있다. 그러나 막상 국내법의 적용범위를 벗어나는 국제적인 카르텔은 규제할 방안이 없다. 1973년과 1978년 두 차례에 걸쳐서 원유가를 대폭 인상하였던 OPEC(Oragnization of the Petroleum Exporting Countries, 석유수출국기구)에 의한 가격담합행위는 세계경제에 큰 충격을 주었으나 이를 법적으로 제재할 방안은 없었다. 그러나 다행스럽게도 OPEC에 의한 가격카르텔은 결국 시간이 경과하면서 협정가격 설정에 관한 이견노출과 협정공급량 준수의사 및 결속력이 약화되면서 최근 들어 예전과 같은 파괴력을 유지하기 어려워졌다.

그러나 보다 중요한 것은 카르텔 형성 등에 의한 명시적 담합은 바람직하지 못한 것이므로 대다수 국가에서 독점금지법 등에 의해 금지되고 있다.

(5) 과점에 대한 정부정책

과점시장 또한 독점시장에서처럼 사회적 최적상태에서보다는 적은 양이 생산되어 보다 높은 가격으로 공급되는 결과가 초래된다. 이러한 독과점문제는 빈부격차문제와 더불어 자본주의 시장경제의 전개과정에서 필연적으로 나타나는 시장실패의 대표적 유형이다. 그리

이상에서와 같은 담합행위나 독점 등으로 인한 폐해를 줄이기 위해 각국은 독점금지법이나 경쟁촉진법 등을 제정하고 적용하고 있는데, 한국에서는 관련업무를 공정거래위원회가 관장하고 있다.

공정거래위원회

정부는 1981년 5월에 「독점규제 및 공정거래에 관한 법률」에 규정된 여러 사항과 이에 위반되는 사항을 심의 · 의결하기 위하여 국무총리 소속하에 상설 심의 · 의결기관으로서 공정거래위원회를 발족시켰다.

공정거래위원회는 의사결정기구인 위원회와 실무기구인 사무처로 구성되어 있으며, 위원회는 위원장 1명 및 부위원장 1명을 포함한 9명의 위원으로 구성하되, 그 중 4명은 민간인 비상임위원으로 규정함으로써 전문성과 공정성을 제고시키고자 하였다. 또한 이 위원회는 현재 경쟁촉진, 소비자주권 확립, 중소기업 경쟁기반 확보 및 경제력집중 억제 등 크게 4가지의 업무를 수행하고 있으며, 이를 위하여 독점규제 및 공정거래에 관한 법률 등 9개 법률을 운용하고 있다.

고 이러한 문제는 민간부문에 의해 자율적으로 시정될 수 없는 특성을 가지고 있다. 따라서 시장실패에 대한 능동적인 시정자로서 정부가 대응방안을 강구하게 된다. 정부라는 공공부문이 제3의 경제주체로 시장에 개입함으로써 시장실패를 어느 정도 완화시킬 수 있으리란 논리에 근거한 것이다. 이때 정부역할의 핵심은 과점자들이 담합하기보다는 경쟁을 하도록 유도하는 데 맞추어져야 하는 것이다. 이러한 관점에서 독과점에 대한 정부정책은 독점금지 내지 경쟁촉진에 초점을 맞추어 왔다.

독점금지에 관해 아마도 가장 강력한 제재를 가하는 나라는 미국이라 할 수 있다. 미국은 1890년에 제정된 셔먼의 독점금지법 이후 계속 강화되는 추세를 보여 왔으며, 바로 이러한 정책이 경쟁을 통한 효율성 제고를 추구하는 미국 경제의 경쟁력을 유지시켜 주는 근간이 되어 왔다고 보아도 과언이 아니다.

미국의 독점금지법은 담합을 통해 과점자들 간에 맺어진 협약을 단순히 보호받지 못하도록 하는 수동적 규제 차원을 넘어 이를 범죄행위로 규정하고 있으며, 또한 법집행이 엄격하기로 정평이 나 있다. 뿐만 아니라 불법담합행위로 인해 피해를 본 사람들은 가해자에게 피해액의 3배를 보상받을 수 있도록 규정하고 있으며, 법무부는 물론 일반시민 모두가 독점금지법 위반사례에 대하여 제소할 수 있는 권리를 부여하고 있다.

한국의 경우에는 성장제일주의에 근거하여 경제개발계획을 추진하는 과정에서 독과점에 따른 병폐에 대해서는 대체적으로 둔감하였다. 그러나 1970년대 중화학공업 육성을 위한 정부의 전략적 지원이 파행을 거듭하며 이른바 재벌그룹에 의한 독과점이 일반화되면서 비로소 이로 인한 피해에 관심을 갖게 되었다. 즉, 1980년에 「독점규제 및 공정거래에 관한 법률」(간단히 **공정거래법**이라고도 부름)이 제정되어 1981년 이후 시행되고 있는데 그 주요 내용은 다음과 같다.

한국의 공정거래법은 시장지배적 지위남용을 금지하고 부당한 공동행위를 제한하며 각종 불공정거래 행위를 금지할 뿐만 아니라 경제력 집중을 억제하기 위해 제정·운영되고 있다.

① 시장지배적 지위의 남용금지
② 경제력집중 억제
③ 부당한 공동행위 제한
④ 불공정거래행위 금지

그런데 한국의 경우에는 특히 그 동안 성장의 견인차 역할을 담당해 온 재벌들의 지배구조가 1997년 외환위기를 촉발시킨 주 요인 중 하나로 인식하고, 1998년 이후 구체적이고 대대적인 재벌개혁을 수행함에 있어 공정거래법이 주요 정책수단이 되어 왔다는 특징이 있다.

따라서 한국의 공정거래법은 독점금지 내지 경쟁촉진보다는 훨씬 포괄적인 재벌개혁이란 정책목표를 설정하여 운용하고 있다고 볼 수 있다. 물론 이러한 공정거래위원회의 재벌정책에 대하여 많은 이의가 제기되어 왔으며, 차후 다소의 정책기조 변화가 예상되기도 한다. 자세한 내용을 이 곳에서 다루기에는 적절치 못하여 생략하고자 한다.

한편, 한국의 공정거래법처럼 특수성을 갖는 경우도 있으나 이와는 달리 대다수 국가들이 운용하고 있는 독점금지법들에 대해서도 경쟁제한효과가 그다지 분명하지 않은 기업활동까지 규제하고 있다는 비판이 제기되기도 하였다.

04 독점적 경쟁시장

독과점과는 달리 공급자수가 아주 많고 시장진입 또한 자유로워 얼핏 보기에는 완전경쟁시장에 가까워 보이지만 완전경쟁시장으로 독점이나 과점과는 달리 공급자수가 상당히 많고 시장진입도 자유롭지만 완전경쟁시장으로 볼 수 없는 경우가 있다. 이를 독점적 경쟁시장(monopolistic competition)이라 한다.

볼 수 없는 경우가 자주 있다. 예컨대, 두부나 우유 그리고 쌀 등은 생산자가 매우 많고 누구나 시장에 진입할 수 있으나 생산자마다 조금씩 질이 다른 상품을 생산하고 있어 완전히 동질적이라는 완전경쟁시장의 조건을 충족시키지 못하고 있다. 이처럼 완전경쟁은 아니지만 그렇다고 독·과점도 아닌 **불완전경쟁**(imperfect competition) 시장이 있다. 이를 **독점적 경쟁시장**(monopolistic competition)이라 한다.

이 시장은 기업이 자신의 상품을 타기업의 것과는 다르게 인식될 수 있도록 노력함으로써 성립될 수 있는 시장유형이라 할 수 있다. 즉, 각 기업은 제품차별화(product differentiation)를 통해 독점적 지위를 유지하게 된다.

독점적 경쟁시장에서 각 기업은 자신의 상품이 다른 것들과는 조금씩 다르게 보이도록 만들어 파는 행태를 보이는 특성이 있다. 이를 **제품차별화**(product differentiation) 현상이라 한다. 이 시장에서 각 기업은 독자적 원료를 사용하거나, 독특한 디자인을 함으로써 또는 양질의 사후수리 서비스 등을 제공함으로써 상품차별화를 시도한다. 그리고 이들은 광고를 통해 자신의 제품이 여타 제품과는 다르다는 사실을 강조함으로써 어느 정도의 독점력을 갖게 된다. 소비자들이 특정 재화나 성분 또는 디자인에 대한 선호도가 다르므로 유사상품이라 하더라도 이를 똑같은 상품이라 생각하지 않게 된다.

(1) 독점적 경쟁시장의 균형

일단 각 기업이 상품차별화를 통해 자신들의 상품에 대한 독자적

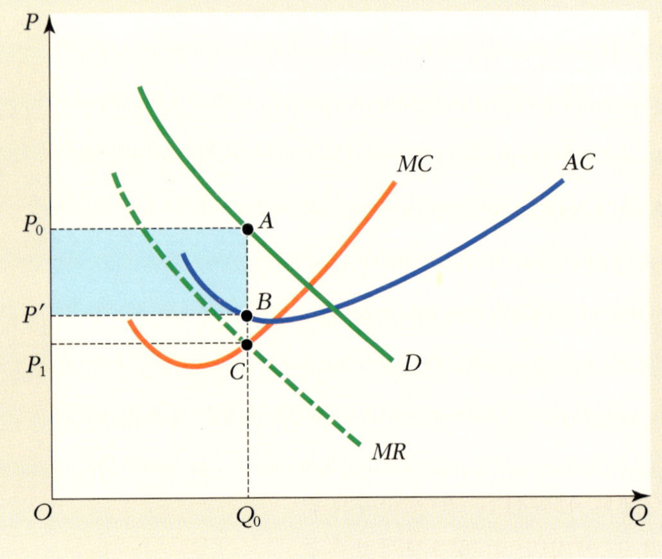

그림 9-14
독점적 경쟁시장의 단기균형
독점적 경쟁시장에서 각 기업의 수요곡선은 독점시장에서처럼 우하향하고 따라서 이윤극대화 조건 $MR=MC$가 충족되는 생산량 Q_0를 P_0가격으로 공급함으로써 P_0ABP'만큼의 독점적 이윤을 추구할 것이다.
그러나 독점적 시장의 진입장벽은 그다지 높지 않아 새로운 경쟁기업이 쉽게 진입해 올 수 있다.

인 시장을 형성하게 되면 이들 기업이 생산한 제품에 대한 수요곡선은 우하향하는 형태를 갖게 된다. 수평선 형태를 취하였던 완전경쟁시장에서의 개별 기업 제품에 대한 수요곡선과는 사뭇 다르다. 오히려 독점시장에서의 독점기업 제품에 대한 수요곡선과 유사하다 볼 수 있다.

독점적 경쟁하에서 각 기업의 수요곡선은 일단 독점시장에서처럼 우하향하는 모양을 갖게 된다. 그리고 $MR=MC$조건을 만족시키는 생산규모를 선택하며 독점이윤의 혜택을 누리게 된다.

[그림 9-14]에서처럼 독점적 경쟁시장에서의 개별 기업 상품에 대한 수요곡선은 우하향할 것이므로 $MR=MC$를 만족시키는 이윤극대화 조건은 Q_0를 생산하여 P_0에 판매할 때 충족될 수 있다. 그리고 이때 $\square P_0ABP'$만큼의 이윤이 발생한다. 그림에서 수요 및 공급곡선이 한 개의 독점기업이 아니라 독점적 경쟁시장하에 있는 수많은 개별 기업의 것이라는 점에서 차이가 있을 뿐 내용상으로는 독점적 균형과 매우 흡사하다.

그런데 $\square P_0ABP'$과 같은 이윤이 발생할 경우 많은 다른 기업들이 이 시장으로 진입해 올 것이다. 독점시장의 경우에는 진입장벽의 존재로 인해 새로운 기업의 진입이 매우 어렵고, 따라서 독점이윤은 장기에도 보전될 수 있었던 사실과는 사뭇 다른 결과이다. 원료나 함량 · 디자인 그리고 사후 서비스 내용들은 쉽게 모방할 수 있기 때문에 독점적 경쟁시장에서는 새로운 기업의 진입이 장기적으로는 매우 수월한 편이다.

그러나 독점과는 달리 이 독점적 경쟁시장은 진입장벽이 높지 않아 독점이윤이 존재하는 한 새로운 경쟁자들이 계속 시장에 진입해 오게 된다. 결국 독점적 시장에서의 장기적 균형은 초과이윤이 '0'이 되는 시점에서 형성된다.

새로운 기업의 진입은 결국 기존 기업의 수요를 위축시키고, 결

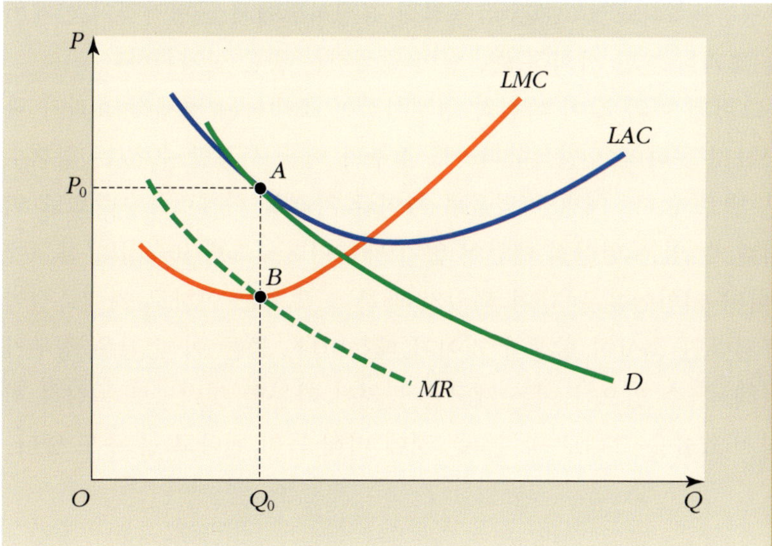

그림 9-15
독점적 경쟁시장의 장기균형

독점적 경쟁시장에서 독점적 이윤의 존재로 인해 새로운 기업들이 진입해 오면 개별 기업들의 수요는 점차 위축되고 수요곡선은 하방으로 이동하며 가격도 낮아지게 된다.

이러한 움직임은 한계수입이 장기적 한계비용과 같아지는 생산량 Q_0를 평균수입이 장기적 평균비용과 같아지는 가격수준 P_0로 공급하는 선까지 수요곡선이 이동함으로써 장기적 균형을 이루게 된다.

과적으로 수요곡선을 왼쪽(아래쪽)으로 이동(shift)시키게 된다. 동일 제품에 대한 시장 전체의 수요가 일정하다면 개별 기업이 차지할 수 있는 몫이 점차 작아질 것이기 때문이다. 이러한 과정은 당초의 기업과 새로 진입해 온 기업들의 이윤이 모두 '0'이 될 때까지 진행될 것이다. 그리고 [그림 9-15]에서처럼 개별 기업들의 이윤이 '0'이 되는 점에서 독점적 경쟁시장의 장기균형이 이루어진다. [그림 9-15]에서처럼 이윤극대화를 만족시키는, 즉 $MR=MC$가 되는 개별 기업의 생산량은 Q_0로서 P_0에 판매될 것이다. 이때 계속해서 아래쪽으로 이동해 오던 수요곡선은 점 A에 이르러 장기평균비용과 접하게 되며, 이러한 점 A에서 이윤극대화 조건인 $MR=MC$가 충족되는 상황이 발생하는데, 이 점이 바로 독점적 시장의 장기균형점이다.

(2) 독점적 경쟁의 경제적 효과

그런데 비록 장기적으로 초과이윤이 '0'이 되더라도 독점적 경쟁시장에서의 균형가격이 한계비용을 상회하게 되므로 사회적 순손실이 발생하는 것은 불가피하다.

[그림 9-15]에서 볼 수 있듯이 개별 기업의 생산수준은 장기평균비용이 최저점에 이르기 이전의 생산규모라는 특징을 갖는다. 즉, 개별 기업들은 효율적 생산규모보다는 낮은 생산량을 선정함으로써 최적생산시설 규모의 일부를 유휴상태로 놓아 두는 것과 같은 결과를 초래한다. 물론 공급가격 또한 완전경쟁시장에 비해 높게 유지될 것이고 각 기업은 제품차별화를 유지하기 위해 막대한 비용(광고비 포함)을 지불해야 하는 문제를 안게 된다. (물론 소비자들이 다양한 제품을 구입할 수 있는 긍정적 효과도 있지만)결국 독점적 경쟁시장에서 균형가격이 한계비용을 초과하는 한 사회적 순손실이 발생하는 것은 불가피하다.

그런데 이와 같이 독점적 경쟁시장이 초래하는 경제적 효과가 바람직하지 못하다고 인식하더라도 정부가 이를 시정할 수 있는 정책수단은 별로 없다. 개별 기업들로 하여금 가격을 한계비용수준으로 인하시킬 수 있는 현실적 대안이 없기 때문이다. [그림 9-15]의 점 A에서 이미 기업이윤은 '0'이 되었기 때문에 P_0수준 이하로 가격조정이 강제된다면 손실이 발생할 것이기 때문이다. 물론 이 손실은 정부가 보전해 줄 수 있으나 이는 세금을 늘려야 가능한 것이므로 독점적 시장의 비효율을 그대로 방치하는 것에 비해 득이 된다고 볼 수도 없다.

05 요 약

시장형태별 특성을 정리하여 대비시켜 놓은 결과는 〈표 9-4〉와 같다.

이상에서 우리는 상품시장에서의 수요와 공급이 상호작용하여 균형가격과 거래량이 결정되는 기본적인 메커니즘을 시장형태별로 구분하여 분석해 보았다.

일반적으로 시장형태는 (수요자 및)공급자의 수, 상품의 동질성 여부, 진입장벽의 존재 여부, 비가격경쟁의 존재 여부 등에 따라 구분되는데, 주요 유형으로는 완전경쟁시장 · 독점시장 · 과점시장 그리고 경쟁적 독점시장이 있다.

완전경쟁시장에는 무수히 많은 공급자가 존재하지만 독점시장의 경우는 오직 하나, 과점시장의 경우는 소수의 공급자만이 존재한다. 따라서 완전경쟁시장하에서는 개별 기업이 시장가격에 하등의 영향력을 미칠 수 없는 **가격수용자**(price taker)가 되지만 독점이나 과점시장에서는 독과점기업이 시장가격에 직접 영향을 미칠 수 있는 **가격조정자**(price maker)가 된다. 그러나 독점적 경쟁시장의 경우 개별기업의 가격통제력은 제한적이다.

한편, 완전경쟁시장하에서는 모든 기업이 동질적인 상품을 공급하게 되지만, 독점적 경쟁시장에서는 개별 기업들이 차별화된 상품을 공급하게 된다. 반면 과점시장에서는 동질적인 상품이 공급될 수도 있고 차별화된 상품이 공급될 수도 있다.

진입장벽의 존재 여부 측면에서 각 시장을 비교해 보면, 완전경쟁시장의 경우에는 진입장벽이 전혀 없는 데 반해 독점시장의 경우에는 진입장벽이 매우 높다. 한편, 과점시장의 경우도 진입장벽이 상당히 높은 편이지만 독점적 경쟁시장의 경우는 거의 없다.

마지막으로 균형가격 및 공급량이 결정되는 과정을 보면, 완전경

표 9-4 상품시장의 유형과 특성

특성/시장형태	완전경쟁	독점	과점	독점적 경쟁
공급자수 (생산자수)	다수	1	소수	다수
상품의 동질성 여부	동질적	—	동질적이거나 차별적	차별적
진입장벽 존재 여부	없음	매우 높음	상당히 높음	거의 없음

쟁시장에서는 가격과 한계비용이 같아지도록 가격과 생산량을 결정하는 반면 독점과 독점적 경쟁시장의 경우에는 한계수입과 한계비용이 같아지는 가격과 생산량을 선정한다. 한편, 과점시장의 경우에는 과점기업들의 행태적 특징에 따라 각기 다른 전략적 대응을 하므로 표준적인 가격 및 생산량 선정규칙을 마련하기 어렵다. 이상과 같은 내용을 정리하면 〈표 9-4〉와 같다.

제 4 편 생산요소시장

자본주의가 작동되는 기본 메커니즘은 생산요소시장에서도 마찬가지 원리에 따라 작동할 것이다. 즉, 생산요소시장에서도 각기 이해가 상반되는 수요 및 공급행위의 상호작용에 의해 균형가격 및 거래량이 결정된다.

그런데 상품시장에서는 가계가 수요의 주체로서 그리고 기업이 생산의 주체로서 역할을 담당하였던 것과는 달리 생산요소시장에서는 가계가 공급의 주체가 되고 기업이 수요의 주체가 되는 구도로 전환된다.

또한 생산요소시장은 다음과 같은 측면에서 상품시장에서의 분석과는 다른 특성을 갖는다.

첫째, 상품시장에서는 어떤 상품이든 동일한 틀에 의해 분석될 수 있었지만 생산요소시장에서는 생산요소의 유형에 따라 분석내용이 조금씩 달라진다. 예컨대, 노동을 분석대상으로 삼는 경우와 자본을 분석대상으로 삼는 경우 분석내용은 달라질 수밖에 없다.

둘째, 기업의 생산요소수요는 소비를 위한 것이 아니라 상품생산에 소요될 생산요소에 대한 파생적 수요라는 점, 따라서 생산요소에 대한 수요는 이윤극대화를 보장하는 상품생산량과 가격수준으로부터 도출된다는 점에서 상품시장의 경우와는 차이가 발생한다.

셋째, 노동은 자본이나 토지에 비해 상대적으로 이질성이 큰 생산요소이다. 따라서 자본과 토지의 사용에 대한 대가로서 지불되는 이자나 지대에 비해 노동사용에 대한 대가로서 지불되는 임금의 경우에는 일반적으로 큰 차이가 발생한다. 이와 같은 임금의 격차문제는 결국 사회구성원 간의 소득불균형문제에 큰 영향을 미치게 된다. 단, 임금격차문제는 본장에서 다루어질 것이나 총체적인 소득불균형문제는 제3부 거시경제이론편에서 별도의 관점에서 접근될 것이다.

제10장 노동시장

본장에서는 노동시장에서 공급의 주체인 가계의 공급행위와 수요의 주체인 기업의 수요행위에 대한 논리를 정립한 후 이들의 상반된 이해가 노동시장에서 어떻게 상호작용하여 균형을 이루어 나가는지에 대한 과정을 분석할 것이다. 아울러 이러한 노동시장에 정부가 개입할 경우 어떠한 결과가 도출되는지를 아울러 살펴볼 것이다.

기업이 상품시장에서 공급할 재화나 서비스를 생산하지 않는다면 이들을 생산하는 데 필요한 자본이나 노동과 같은 생산요소에 대한 수요가 발생하지 않을 것이다. 따라서 생산요소에 대한 수요는 상품생산 과정으로부터 유발되는 **파생수요**라는 특성을 갖는다는 점은 전술한 바 있다. 그런데 문제는 이윤극대화를 추구하는 기업의 이윤극대화 조건은 상품시장의 형태에 따라 다르게 된다는 점이다. 본장에서는 논의의 단순화를 위해 상품시장이나 생산요소시장 모두가 완전경쟁시장하에 있는 것으로 가정한다. 물론 상황에 따라 별도 시장형태에 대한 논의가 필요한 경우에는 따로 고려할 것이다.

본장에서는 노동시장에서의 수요와 공급행위가 균형이 성립되는 과정과 정부개입이 이에 미치는 영향을 함께 살펴볼 것이다. 그런데 노동에 대한 수요는 이윤극대화를 추구하는 기업의 생산행위에서 유발되는 파생수요라는 특징을 갖는다는 점에 유의할 필요가 있다.

01 노동의 수요

우선 노동을 얼마만큼 고용할 것인지는 이윤극대화를 만족시키는 생산량수준에 절대적으로 의존할 것이므로 이윤극대화의 전제조건이 되는 비용최소화 조건부터 다시 검토해 본다.

$$\frac{MP_L}{w} = \frac{MP_K}{r} \qquad (10\text{-}1)$$

여기서, MP_L: 노동의 한계생산
MP_K: 자본의 한계생산
w: 임금
r: 이자

따라서 노동의 수요는 이윤극대화를 만족시키는 비용최소화 조건(1원당 한계생산이 같아지는 생산량 선택)으로부터 도출되는데, 이는 결국 한계요소비용(marginal factor cost)들이 서로 같아지는 경우에 해당된다.

식 (10-1)은 상품생산시 비용극소화를 달성시키는 조건식으로 1원당 한계생산이 같아지는 생산량을 선택할 때 비용이 극소화된다는 의미를 갖는다. 이제 이 식을 역수형태로 표현하면 다음과 같아진다.

$$\frac{w}{MP_L}=\frac{r}{MP_K} \tag{10-2}$$

식 (10-2)는 생산요소를 각각 한 단위씩 추가로 투입할 때 지불한 사용비용(임금과 이자)을 추가로 고용된 생산요소투입에 의해 발생한 생산량 증가분(노동과 자본의 한계생산: MP_L, MP_K)으로 나눈 값, 즉 일종의 **한계요소비용**(marginal factor cost)들이 서로 같아지는 생산량이 선택될 때 비용극소화가 충족된다는 의미가 된다.

한편, 이 한계요소비용(W/MP_L)을 완전경쟁시장에서의 이윤극대화 조건($MR=MC$)과 연계시켜 보면 ($MC=W/MP_L=MR=P$), 결국 임금(wage)이 노동의 한계생산가치(value of marginal product: VMP)와 같아지는 조건식($W=P\cdot MP_L=VMP_L$)으로 전환된다.

한편, 이윤을 극대화시키려는 기업은 한계수입과 한계비용을 일치시키는, 즉 $MR=MC$라는 조건을 충족시키는 생산량을 선정할 것인데, 앞서 가정한 완전경쟁시장하에서는 $MR=MC=P$, 즉 한계수입이 시장가격과 같아지는 특성이 있었다. 따라서 이윤극대화 조건식은 다음과 같이 표현될 수 있다.

$$MC=\frac{w}{MP_L}=\frac{r}{MP_K}=MR=P\ (\because \text{완전경쟁시장}) \tag{10-3}$$

그리고 이로부터 다음과 같은 식이 도출될 수 있다.

$$w=MP_L\times P=VMP_L \tag{10-4}$$

$$r=MP_K\times P=VMP_K \tag{10-5}$$

식 (10-4)와 (10-5)가 의미하는 것은 노동과 자본에 대한 사용대가인 임금과 이자를 노동과 자본의 한계생산에다 상품가격을 곱한 값과 일치시킬 때 이윤극대화가 달성된다는 것이다. 여기서 노동의 한계생산에 상품가격을 곱한 값은 노동의 **한계생산가치**(value of marginal product)라는 의미를 갖는다. 따라서 노동에 대한 대가를

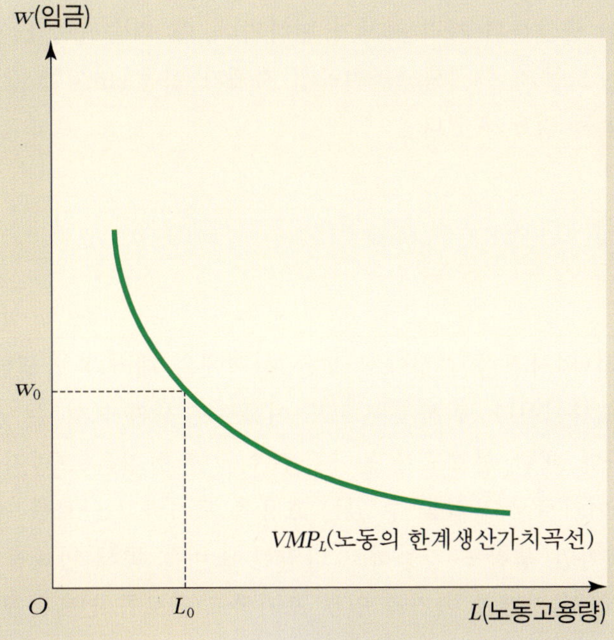

그림 10-1 노동의 수요곡선
이윤극대화를 추구하는 기업은 $MR=MC$를 만족시키는 생산량을 선정하는 것인데, 완전경쟁시장하에서는 $MR=MC=P$가 된다.

한편, 한계비용(MC)은 임금(w)을 노동의 한계생산(MP_L)으로 나눈 값과 같아진다. 따라서 $MC=W/MP_L=MR=P$의 관계가 성립되고 결과적으로 $W=MP_L \cdot P$와 같아지는데, 이때 $MP_L \cdot P$를 노동의 한계생산가치(VMP_L)라 한다.

물론 VMP_L은 노동의 수확체감법칙으로 인해 그림에서처럼 우하향하는 모습을 하게 되는데, 바로 이것이 노동의 수요곡선이 된다.

바로 노동의 한계생산가치와 일치시킬 때 극대이윤이 보장될 수 있다고 이해할 수 있다. 그런데 한계생산 체감의 법칙으로 인해(이 경우 자본은 고정투입요소이고 노동만이 가변투입요소로 가정한 것임) 노동투입량이 증가됨에 따라 노동의 한계생산가치는 하락하게 될 것이다. 이때 우하향하게 되는 노동의 한계가치곡선이 바로 노동의 수요곡선이 된다. 즉, 종축을 노동사용 대가인 임금(w), 그리고 횡축을 노동고용량(L)으로 표시할 경우 [그림 10-1]과 같은 **노동수요곡선**이 도출될 수 있다.

그런데 한계생산 체감의 법칙으로 인한 노동의 한계생산가치는 체감할 것인바, 노동에 대한 수요곡선은 우하향하게 된다. 노동고용량이 임금에 대해 역함수관계에 있다는 의미가 된다.

그리고 기업은 노동을 추가로 투입함으로써 생산량을 증대시켜 나갈 때 노동의 한계생산가치가 점차 감소하여 결국 임금수준과 같아지는 시점까지 노동량을 증가시켜 나갈 것이다. 예컨대, L_0만큼의 노동을 w_0임금을 지불하고 고용하게 될 것이다.

이상과 같은 노동수요는 ① 노동의 한계생산이 체감하는 속도가 빠를수록, ② 노동이 다른 생산요소로 대체될 여지가 클수록, ③ 총비용에서 임금이 차지하는 비중이 클수록, 그리고 ④ 생산물에 대한 수요의 가격탄력성이 클수록 임금에 대한 탄력성이 커지게 된다. 그리고 이때 노동수요곡선의 기울기는 점차 완만해지는 추세를 갖게

이러한 노동수요곡선의 기울기는 한계생산 체감속도, 여타 생산요소와의 대체성 수준, 생산물에 대한 수요의 가격탄력성 등에 의존하며, 생산물가격 자체의 변화 또는 기술진보시에는 수요곡선 자체가 이동한다.

된다.

한편, ① 생산물의 가격 자체가 변하거나, ② 기술진보가 이루어질 경우에는 노동의 한계생산가치곡선 자체가 이동(shift)할 수도 있음을 기억해 둘 필요가 있다.

02 노동의 공급

한편, 노동의 공급은 효용극대화를 도모하는 가계의 의사결정을 통해 이루어지는데, 노동제공에 대한 근로소득의 증가가 노동공급에 따른 고통증가 또는 여가의 포기에 따른 효율감소분을 충분히 보상받을 수 있을 때 제공될 것이다. 이는 임금상승을 통해 가능한 것인바 결국 노동공급은 임금상승에 따라 증가하며 우상향하는 모습을 갖게 된다.

경제학적 의사결정 과정에서 모든 선택에는 대가가 발생한다는 것은 주지의 사실이다. 일하지 않고도 여유로운 생활을 할 수 있다면 누구나 여가에 대한 선호도가 높아질 것이지만 현실은 그렇지 못하다. 가계는 여가로부터 얻을 수 있는 효용을 포기하고 근로를 택하여 소득을 얻어야만 생활도 가능하고 다양한 소비를 통해 만족을 느낄 수 있다. 따라서 가계가 여가를 일부 포기하고 근로를 선택하게 하려면 일정한 대가, 즉 임금을 지불해야 한다. 그리고 일반적으로 임금이 증가할수록 노동공급은 증가하는 경향을 가지게 되므로 **노동공급곡선**은 우상향하게 될 것이다.

이상에서 우리는 노동공급곡선이 우상향하는 사유는 노동공급의 주체인 가계가 합리적 의사결정을 통해 효용극대화를 도모한다는 사실 때문임을 알 수 있다. 그런데 가계는 노동을 제공하여 보다 많은 근로소득을 얻음으로써 만족을 느끼게 되는 반면, 지나친 근로는 육체적 고통은 물론 여가를 즐김으로써 얻을 수 있는 만족을 포기하게 만든다. 따라서 노동공급자는 근로와 여가 사이에 합리적 선택을 통해 효용을 극대화하려 할 것이다. 결국 추가적인 노동공급은 이때 수반되는 고통증가 또는 여가의 포기로 인한 효용감소분을 충분히 보상받을 수 있을 때 제공되며, 이는 임금상승을 통해 가능해지므로 결과적으로 노동공급은 임금상승에 따라 증가하는 특성을 갖게 된다.

물론 아무리 임금상승이 노동공급 증가의 기본 요인이 되지만 일정 수준 이상 임금이 상승되어 실질소득이 증가하면 오히려 노동공급을 줄이고 여가를 선호할 수도 있어 일정 수준 이상의 임금수준에서는 노동공급이 오히려 감소할 수도 있다. 이러한 특징을 갖는 노동공급곡선을 후방굴절 공급곡선이라 한다.

그러나 임금이 증가하는 대로 노동공급이 무한정 증가될 수는 없다. 하루에 24시간 이상 일할 수도 없고, 한 달에 30일 이상 일할 수도 없다. 물론 이와 같은 극단적인 상황이 아니더라도 노동자의 가용시간이 제한되어 있는 한 임금상승이 무한정 노동공급을 증대시킬 수는 없다. 임금이 증가할수록 노동자는 여가를 줄이고 근로를 증대시키려는, 즉 덜 놀고 더 일하려는 '대체효과'가 발생한다. 그러나 임

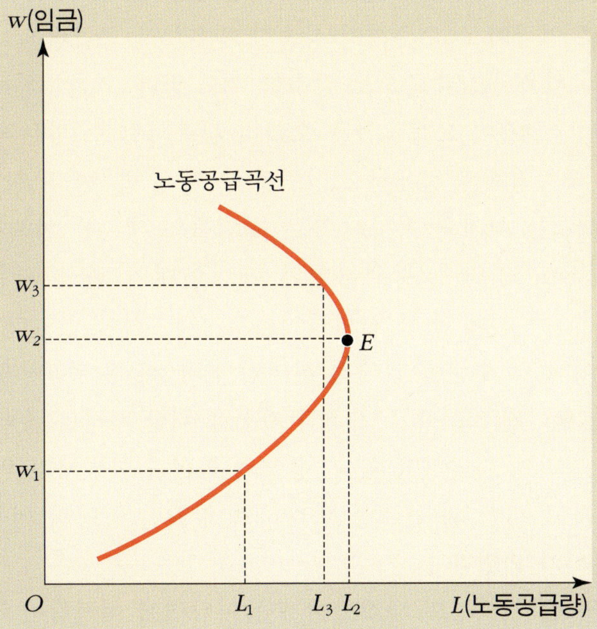

그림 10-2 노동의 공급곡선
일반적으로 추가노동은 추가적 고통을 수반하지만, 이를 극복할 만큼 임금이 상승하면 노동공급이 증가할 수 있고 따라서 노동공급곡선은 우상향하는 형태를 갖게 된다.
그러나 임금상승으로부터 오는 만족의 증가폭보다 고통의 증가폭이 커지는 시점(그림의 점 *E*)부터는 오히려 노동공급량이 감소할 수도 있다.

금상승으로 실질소득이 계속 증가해 나갈 경우 오히려 여가를 늘리려는, 즉 좀더 쉬고 싶어하는 소득효과가 발생할 수도 있다. 따라서 최종적인 임금인상효과는 보다 세밀히 분석할 필요가 있다.

일반적으로 임금수준이 상대적으로 낮은 단계에서는 임금인상이 근로확대를 초래할 가능성이 매우 높다. 그러나 임금이 일정 수준 이상 높아지는 경우에는 과도한 근로에 따른 건강문제는 물론 실질소득 증가에 따른 소득효과로 인해 이제는 여가를 선호하고 싶은 단계에 이를 수도 있다. 바로 이러한 시점 이후부터는 임금인상이 노동공급을 오히려 감소시킬 수 있고, 따라서 노동공급곡선은 더 이상 우상향하지 않고 오히려 좌상향하게 될 가능성이 높아진다. 이러한 정황을 감안하여 작성된 노동공급곡선을 **후방굴절 노동공급곡선**(backward bending labor supply curve)이라 부른다.

[그림 10-2]에서 점 E에 이를 때까지는 임금인상이 노동공급을 증가시켜 노동공급곡선이 우상향하는 형태를 취하게 되지만, 특정한 한계점(E)을 넘어서면 임금상승이 오히려 노동공급량을 감소시킬 수 있음을 보여 주고 있다. 즉, 노동공급곡선이 우상향하는 구간에서는, 예컨대 w_1 임금수준에서 L_1이 공급될 수도 있고 임금이 w_2수준으로

상승하면 노동공급도 L_1에서 L_2만큼으로 증가할 수 있다. 그러나 점 E를 기점으로 임금이 w_3수준까지 상승할 경우 노동공급량은 오히려 점 E에서보다 위축된 L_3수준으로 감소할 수도 있다.

최근 한국 근로자들이 주5일제 근무를 선호하거나 3D산업을 회피하는 현상이 이에 해당한다.

이처럼 임금상승이 노동공급을 오히려 감소시킬 수 있는 현상은 개인은 물론 국가경제 관점에서도 성립될 수 있는 법칙이라 할 수 있다. 어떻게 해서든 부모와 처자식 또는 형제들의 생존을 위해서라면 죽기를 작정하고 일만을 중시하였던 개발연대의 한국 사람들을 'workaholic', 즉 일에 취한 사람들이라고 부른 적이 있었다. 그러나 소득수준이 상당 수준을 넘어선 현대의 한국인들은 주5일제 근무를 선호하고, 주어진 소득으로 가족과 자신을 위한 시간을 좀더 가지려는 성향이 강하게 나타나고 있다. 동생의 학비를 마련하기 위해 저임에도 불구하고 시간 외 근로를 마다하지 않았던 공단의 여공들은 이제 옛 이야기가 되었다.

또한 최근 들어 여성의 사회참여가 늘어나면서 여성들이 직장을 갖는 것이 자연스러운 현상이 되었다. 반면, 1980년대 후반 이후 이른바 **3D산업**(dangerous, dirty and difficult), 즉 위험하고, 더럽고, 힘든 일들을 기피하는 현상이 정착되면서 외국인 근로자들의 유입이 일반화되기에 이르렀다. 이러한 인식의 변화나 여건의 변화는 노동공급곡선의 이동을 유발하는 요인으로 작용할 것임에 틀림이 없다.

03 노동시장의 균형

노동시장에서의 균형은 여타 시장에서처럼 노동에 대한 수요와 공급의 상호작용을 통해 이루어진다. 앞서 우리는 노동수요는 노동의 한계생산가치선의 의미를 갖고 우하향하는 반면, 노동의 공급은 임금상승에 따라 증가하는 우상향하는 모습을 보여 준다는 사실을 확인한 바 있다.

노동시장에서의 균형은 물론 노동에 대한 수요와 공급을 일치시키는 수준의 임금과 고용량으로 귀결될 것이다. 물론 독점기업에 의해 노동에 대한 수요가 독점하에 있게 되거나 강성노조의 존재로 인해 노동공급이 독점하에 있을 때 새로운 균형이 형성됨으로써 새로운 가격과 고용량을 초래할 것이다.

따라서 [그림 10-3]과 같은 노동수요 및 공급곡선이 도출될 수 있으며, 결국 노동수요와 공급이 일치하는 점 E에서 w_0수준의 임금으로 L_0수준의 노동이 고용되는 균형을 이루게 된다. 그런데 분석대상 기업이 생산요소의 독점수요자가 된다면(예컨대, KT&G는 한국 내 시장에서 담배원료 및 인삼의 수요독점자가 됨), 이 경우 시장의 균형은 노동공급

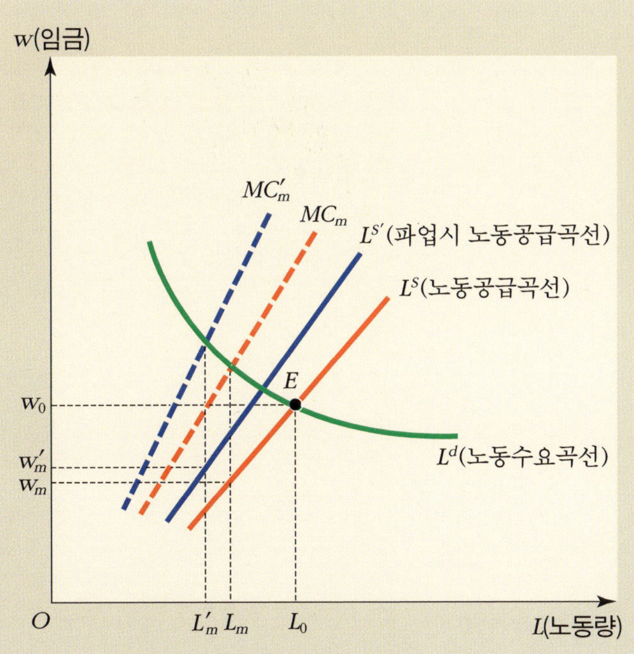

그림 10-3 노동시장의 균형

노동시장의 균형은 노동의 수요곡선과 공급곡선이 교차하는 수준에 대응하는 임금수준(w_0)에서 L_0만큼의 고용이 이루어지는 방식으로 성립된다.

그러나 노동수요가 독점될 경우 노동시장은 노동의 한계요소비용곡선(MC_m)과 노동수요가 교차하는 점에 대응하는 고용량(L_m)을 w_m수준의 임금으로 고용하는 방식으로 새로운 균형점이 형성된다.

완전경쟁하에서보다 고용과 임금수준이 모두 저하되는 결과가 초래된다. 한편, 이러한 노동수요 독점자의 행태에 반발하여 노조가 파업이나 태업을 통해 노동공급을 축소하면 노동공급곡선은 $L^{S'}$으로 이동하고 MC_m도 좌측으로 이동하게 되므로, 새로운 균형은 노동수요 독점시보다는 높은 임금($w'_m > w_m$)수준에서 이루어질 것이나 고용은 감소($L'_m < L_m$)하는 결과가 초래될 것이다.

곡선 대신 노동의 한계요소비용곡선(그림의 MC_m)과 노동수요가 만나는 점에 대응하는 고용량(L_m)과 임금수준(w_m)에서 새로운 균형을 이루게 된다. 이때 완전경쟁에 비해 임금수준과 고용량이 모두 감소하는 결과가 초래됨을 알 수 있다. 한편, 노동의 공급곡선 또한 노조의 힘이 강성해질 경우 독점적 영향을 발휘하여(예컨대, 파업이나 태업) 노동공급곡선 자체를 왼쪽으로 이동시킬 수 있다. 이때 임금수준은 올라갈 수 있으나(w_m에서 w'_m으로) 노동량은 감소할 수밖에 없다(L_m에서 L'_m으로).

반면, 노동의 수요와 공급측의 독점이 형성되지 않는다 하더라도, 예컨대 정부가 저임금근로자 보호 차원에서 **최저임금제**를 도입할 경우를 고려해 보자. 최저임금제가 도입되지 않았다면 [그림 10-4]에서처럼 의당 노동시장에서는 w_0 임금수준으로 L_0만큼이 고용될 것이다. 그러나 최저임금이 w_m수준에 책정이 되면 노동공급곡선은 w_mABL^S와 같이 꺾인 곡선형태가 될 것이며, 따라서 고용은 L_0보다 낮은 L_1수준에서 이루어지게 된다. 이는 설정된 최저임금수준을 기준으로 보면 AB, 즉 L_1L_2만큼의 실업을 유발시키는 결과를 초래하는 것으로 이해할 수 있다. 이상과 같은 사항에 대한 자세한 내용은 중급 미시경제학 교재를 참고하기 바란다.

또한 정부가 최저임금제를 도입할 경우에는 임금수준이 도입 이전보다 높게 유지될 수는 있으나 실업이 발생하는 것이 불가피해진다.

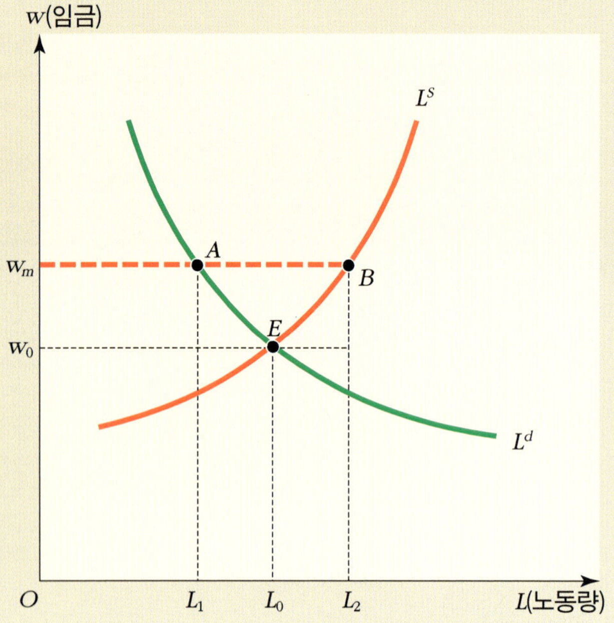

그림 10-4 최저임금제 도입효과
정부가 최저임금을 w_m수준에 책정하는 최저임금제를 도입하는 경우 임금은 정부개입 이전 수준(w_0)보다 높아질 수 있으나 고용은 이전 수준(L_0)보다 낮아지게 된다.

또한 최저임금수준(w_m)에서는 AB 또는 L_1L_2만큼의 비자발적 실업이 발생하는 것으로 볼 수 있다.

한편, 노동시장에서도 수요곡선이나 공급곡선이 이동할 수 있는 요인이 발생하면 [그림 10-5]에서처럼 새로운 균형이 이루어질 수 있다. 그림 (A)는 제품가격이 인상되면 노동의 한계생산은 변화가 없어도 노동의 한계생산가치는 증가하게 되고, 결국 노동수요곡선을 L_1^D에서 L_2^D로 이동시키는 결과가 초래됨을 보여 주고 있다. 결과적으로 예전 임금수준 w_1에서는 AB만큼의 초과수요가 발생하여 임금인상 압력이 발생하는데, 임금인상은 점 C에 이를 때까지 진행된다. 그리고 제품가격 인상으로 인해 새로 형성된 균형점 C에서는 전보다 높은 임금수준($w_2 > w_1$)에도 불구하고 전보다 많은 노동자($L_2 > L_1$)가 고용되는 결과가 초래된다.

반면에 외국인 근로자 등이 유입되어 노동공급곡선 자체가 오른쪽으로 이동할 경우에는 임금수준은 낮아지나 고용은 증가될 수도 있게 된다.

한편, 외국인 근로자의 대거 유입으로 3D산업의 노동공급곡선이 오른쪽으로 이동할 경우(L_1^S에서 L_2^S로), 당초 균형하의 임금수준(w_1)에서는 AB만큼의 초과공급이 발생하여 임금하락 압력이 발생한다. 이러한 임금하락 압력은 새로운 균형점 C에 이를 때까지 계속될 것이다. 결국 외국인 근로자 유입에 따라 새로 형성된 균형하에서는 고용은 증가($L_2 > L_1$)하겠지만, 임금수준은 하락($w_2 < w_1$)하는 결과가 초래될 것이다.

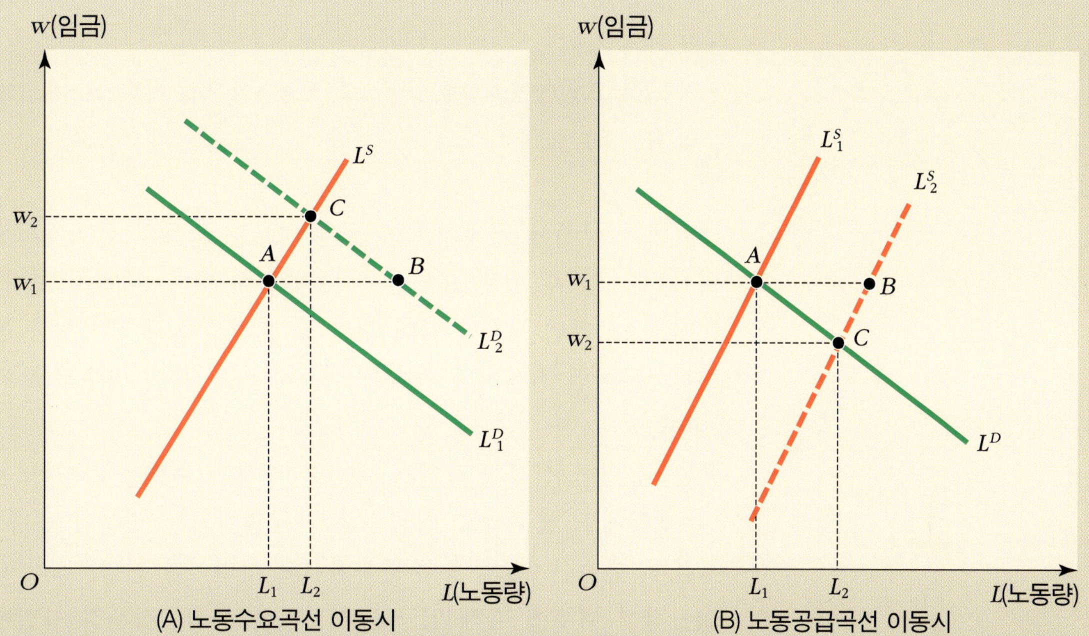

그림 10-5 노동수요 및 공급곡선의 이동과 새로운 균형
그림 (A)에서처럼 제품가격 인상에 따라 노동수요곡선이 우측으로 이동하면 전보다 높은 임금수준($w_2 > w_1$)에서 전보다 많은 고용($L_2 > L_1$)이 이루어질 수 있다. 반면, 그림 (B)에서처럼 외국인 근로자의 유입 등으로 인해 노동공급곡선이 우측으로 이동할 경우에는 고용량은 증가($L_2 > L_1$)하지만 임금수준은 하락($w_2 < w_1$)하는 결과가 초래된다.

04 임금격차와 차별

완전경쟁하의 동질적 상품시장의 경우에는 한 시장에 한 개의 가격만이 존재한다. 그러나 노동이란 엄밀히 말해서 동질적인 경우가 있을 수 없다. 따라서 유사한 배경의 노동력이라 하더라도 이들의 임금수준은 천차만별일 수밖에 없다. 임금수준에 영향을 미치는 요인들 중 주요한 것을 살펴보면 다음과 같다.

그런데 노동이란 생산요소는 일반 상품과는 달리 매우 이질적 요소가 크므로(예컨대, 학력 · 기술수준 등) 임금수준이 차별화될 수밖에 없다.

- 인적 자본의 축적 정도(교육, 훈련 등을 통한)
- 숙련도
- 기술관련 지식수준
- 종사업종별 특성

- 타고난 능력의 차이
- 노력의 차이
- 제도적 요인(연공서열형 급여제도, 노동조합 결성 여부, 최저임금제 도입 여부 등)

그런데 이상에서 열거한 사항들은 대부분 노동의 한계가치상의 차이를 발생시킬 수 있는 요인들로 이해될 수 있다. 따라서 보다 높은 임금을 받으려면 교육에 대한 투자 및 훈련을 통해 생산성을 높이고 보다 전문적인 지식이나 기술을 습득하는 일 등이 필수적 요건이 될 것이다.

반면, 동일한 또는 동질적 노동서비스에 대해서도 임금이 차별화되기도 하는데, 예컨대 비정규직 노동에 대한 임금차별 사례를 들 수 있다.

한편, 동일한 성격의 작업을 유사한 배경과 능력을 가진 노동자들이 수행함에도 불구하고 임금수준이 차별화되는 경우가 종종 있다. 예컨대, 단순근로노동을 주문하면서도 성별이나 연령, 그리고 학력 또는 장애 여부에 따라 임금을 차별하는 사회 · 경제적 차별행위 등이 바로 그것이다.

1998년 외환위기 이후 고착된 **정규직**과 **비정규직** 노동자 간의 임금격차 또한 임금차별의 좋은 예가 될 것이다. 이는 동일 노동에 종사하는 사람에게는 동일 임금이 지급되어야 한다는 동등보수의 원칙이 파괴되는 현상이라 할 수 있다.

이상과 같은 임금격차현상 요인 외에도 상속과 증여 또는 운(예컨대, 복권당첨 등)에 따라 가계에 귀속되는 소득수준은 천차만별이 될 것이다. 그리고 이로 인해 소득분배상태에 심한 불균형이 발생할 경우 사회 전체가 불안정해지는 결과가 초래될 것이다. 소득분배 개선과 복지향상에 대한 구체적인 논의는 제23장에서 소개될 것이다.

노동조합

1. 노동조합의 기원 및 특성

노동조합(labor union)이란 임금노동자가 자신들의 임금 · 노동시간을 비롯한 모든 노동, 생활의 여러 조건을 유지 · 개선하기 위해서 자주적이고 항시적으로 결성하는 대중조직을 일컫는 것으로 17세기 영국에서 처음 출현하였다.

노동조합 발생의 이유는 자본과 임금노동관계 바로 그 자체 속에 있다. 자본주의적 생산관계하에서 생산수단을 가지지 못하고, 스스로의 노동력을 자본가에게 파는 행위 이외에 생활방도가 없는 노동자는 노동력상품의 매매에서 상대적으로 약한 입장에 설 수밖에 없게 된다. 특히, 산업예비군, 즉 실업자 그리고 상대적 과잉인구의 부단한 존재는 이런 사정을 더욱 악화시킬 수 있다. 경제적 약자인 임금

노동자는 결국 단결을 통해서 노동력상품의 거래를 일괄하여 행함으로써 대항력을 키우는 수밖에 없었다. 그런 노력하에서 노동조합이 탄생하였다.

노동조합이 다루는 문제는, 처음에는 임금·노동조건의 개선 등 경제요구에 한정되었지만, 단결 그 자체에 대한 국가의 대응관계에서는 항상 단결과 단체행동 등의 권리문제가 따라다니고 있었다. 그런 의미에서 단결에는 정치적 성격이 부단히 따르고 있다고 하겠다.

2. 한국에서의 노동조합활동: 해방 이전부터 1950년대까지

한국의 경우 이미 조선 후기에 들어 자본주의적 맹아가 자생적으로 싹트고 있었다. 임금을 받고 노동력을 제공하던 임금사공(賃金私工)이 출현하는가 하면, 공장조합(工匠組合)들과 같은 초기적 노동조합의 성격을 갖는 조직이 생기기도 하였으며, 19세기 말엽에는 개항장을 중심으로 하역인부들이 파업을 감행하는 사례가 발생하기도 하였다.

그러나 한일합방 이후 노동운동 또한 억압을 피할 수 없었다. 일제하의 노동정책은 자연스러운 한국의 노동시장 발전을 저해하였고, 이에 대한 반발로 노동자들의 저항이 계속되었다. 또한 당시의 노사관계는 이민족 간의 대립으로 표출될 수밖에 없어 노동운동은 민족독립운동과 결합되어 추진되었다.

일제 후기에 노동운동이 보다 조직적으로 이루어지자, 일제의 노동자 탄압이 극심해지면서 노동운동은 지하조직화되었으며, 또 이 과정에서 좌익세력화되었다. 바로 이러한 역사적 사실로 인해 해방 초기의 노조활동은 좌익이 주도하는 결과가 초래될 수밖에 없었다. 결국 제2차 세계대전 종료와 더불어 1945년 11월 5일 결성한 조선노동조합전국평의회(줄여서 전평이라고 함)는 좌익노선을 걷게 되고, 미군정은 이에 대항할 수 있는 별도의 노조단체 설립을 후원하게 되었다.

즉, 1946년 3월 10일에 대한독립촉성노동조합총연맹이 결성되어 전평과 대립하는 노조단체로 정립되었는데, 이는 정부수립 후 대한노총으로 전환된다. 여하튼 이러한 과정에서 설립된 노조단체는 지극히 정치적 색채를 띠게 되었고, 진정한 의미에서 노동자계층을 대변할 수 있는 노조단체와는 거리가 먼 조직이 될 수밖에 없었다. 결국 해방 직후 노동정책은 지극히 정치적인 논리에 근거하여 수립되었고, 따라서 정상적인 노사관계의 정립문제는 제대로 고려되지 못하였다. 자주적인 노조활동은 초기부터 요원한 일이 되고 말았다. 결국 대한노총은 미군정과 정부의 후원을 받아 전평을 타도하였으나 정치기생화되어 노동자계층의 권익보호문제는 제대로 거들떠보지도 않았다.

3. 1960~1987. 6. 29 기간중

노조활동은 1960년 4월 19일 혁명을 거치며 일단 탈정치화가 시도되었지만 1961년 5월 16일 쿠데타로 철퇴를 맞게 되었고, 이후 1987년에 이르기까지 군사정부는 노동조합을 유명무실화 또는 어용노조화시켜 버렸다. 자율적인 노조발전이 원천적으로 저해된 것은 불문가지이다.

이러한 시기에 1970년대 노동운동은 경공업 그리고 노동집약적 산업에서 발생하였고, 주로 시골에서 이농한 미혼여성들이 주축이 되었다. 이들이 근로계층 중에도 가장 저임금에 시달릴 수밖에 없었던 원인은, 교육 및 숙련기술이 저급하고, 종사업종이 국제경쟁력을 이미 상실한 노동집약적 영세산업이었다는 사실에서 찾을 수 있다. 당시까지만 해도 남성들은 가구주라는 약점 때문에 해고위협에 위축되어 강한 노조활동을 벌이기 어려웠는데, 주로 기숙사에 단체로 기거함으로써 결속력이 강하였던 미혼 여성들은 상대적으로 노동활동에 적극적일 수 있었다. 따라서 1980년대 중·후반기에 나타난 남성주도적 노조활동에 비해 상대적으로 노조활동의 실질적 강도는 약하였다고 볼 수 있다.

4. 1987. 6. 29 민주화 선언 이후

그러던 중 1987년에 이르러 이른바 6.29선언으로 민주화의 계기는 마련되었으나 노동활동은 단순한 쟁의단계를 넘어섰고 '선파업 후협상'이라는 불법분규와 극단적 투쟁이 만연하게 되어 노사관계는 극단적 대치상황을 낳기도 하였다.

물론 이 시기에 이르러 비로소 노동운동은 대학생이나 재야단체와도 어느 정도 분리가 된 자율적 노동활동의 성격이 강해졌고, 저임 여성근로자가 아닌 남성 위주의 노동운동이, 그것도 대기업에서 보다 더 활발하게 진행되었으며, 화이트칼라들이 대거 노동운동에 참여하기에 이르렀다는 등 자율적이고 강력한 노조활동이 자리잡는 계기가 마련된 것으로 이해할 수도 있다.

한편, 이 과정에서 경인, 경남 및 마산·창원지역 중심의 노조가 주축이 된 전노협(전국노동조합협의회)은 급진·좌경화되기도 하였으나 동구 공산권체제 붕괴로 근로자들의 의식화는 좌절되었다. 대신 1995년 초에는 총 16만 명 정도의 노동자가 가입한 민주노총이 결성되어 한국노총과 더불어 노동연맹의 이원화 구조가 형성되었다.

노사분규 건수 측면에서만 보면 1990년에 이르러 평년수준으로 돌아간 듯 보이지만 실제 분규내용을 보면 대형화·장기화되는 경향이 도래하였다. 그것도 대기업 호황업종 위주로 그리고 조선·전자·자동차 등 지불능력이 큰 업종 위주로 극단적인 분규가 발생하였다. 과도기적 상황이라 볼 수도 있으나 대기업 노조의 집단이기주의의 발로라 볼 수도 있다. 또한 지하철과 같은 공적 투자기관이나 병원 근무자들의 일반시민과 환자를 볼모로 하는 파업은 노조활동 자체에 부정적 시각을 유발하는 결과를 초래하기도 하였다.

여하튼 노사분규 건수의 증가, 그리고 대기업 활황업종 위주의 장기적 분규로 임금은 크게 상승하는 계기가 마련되었다. 동시에 물가인상과 국제경쟁력 약화를 초래하여 모처럼 맞은 1980년대 후반의 국제수지 기조가 다시 붕괴되고 말았다. 또한 노조활동이 1987년 이후 활성화되면서 그 동안 억압되어 왔던 노동자들의 권익이 많이 신장되는 계기가 마련되었지만 동시에 임금의 급격한 상승 및 노동시장 유연성 저해 등의 문제가 국민경제에 적지 않은 부담이 되었다.

5. 1997년 외환위기 이후

결국 오랜 기간 동안의 노사 간 대립은 1997년 말 외환위기를 겪으면서 비로소 변화의 계기를 맞게 되었다. 정부와 노사 간의 이른바 노사정 대타협이 이루어짐으로써 흔히 고용조건으로 표현되어 온 해고문제가 합법화되면서 노동시장 유연성이 확대되기에 이르렀던 것이다.

그리고 1998년 1월 이후 구조조정이라는 구실로 대폭적인 고용조정현상이 초래되면서 1999년 1/4분기에는 실업률이 8.3%에 달하게 되었다. 문제는 과연 이러한 과정에서 해고만이 능사였는가 하는 점이다. 일본이나 독일이 해고 대신 임금조정이나 근로시간 조정을 통해 해고에 따른 부작용을 막으면서도 노동유연성을 견지해 온 사실에 주목할 필요가 있다.

한편, 2002년 이후부터 청소년 실업률이 총실업률의 2배를 상회할 정도로 치솟는가 하면, 무분별한 구조조정방식에 따라 장년층 실업이 급상승하였고, 조기퇴직 및 퇴출이 암묵적으로 강요되는 분위기가 조성되기에 이르렀다. 이러한 일련의 현상은 국제경쟁력 유지를 위한 기업의 비용절하 노력에 기인하는 측면도 있다. 그러나 그보다는 강력한 노조(특히, 대기업 선도산업의 노조)의 영향에 연유하는 바가 더욱 크다고 볼 수 있다. 특히, 비정규직 근로자들이 겪고 있는 상대적으로 열악한 노동조건은 노사 양측이 함께 책임지고 풀어나가야 할 과제로 등장하였다.

제11장 자본 및 토지시장

본장에서는 노동 이외의 주요 생산요소인 자본 및 토지시장에서 공급의 주체인 가계의 공급행위와 수요의 주체인 기업의 수요행위에 관한 논리를 정립하고 아울러 이들 시장에서 균형이 형성되는 과정에 대하여 살펴볼 것이다. 한편, 본장의 후반부에서는 비록 수요나 공급주체 간의 행위에 관한 논리전개에 의해 접근할 수는 없는 성격의 것이지만 경영 또한 별개의 생산요소로 인식하여 이윤이 결정되는 과정에 관한 논리를 정립해 볼 것이다.

자본에 대한 수요 또한 이윤극대화를 추구하는 기업의 재화 및 서비스 생산과정으로부터 유발되는 파생수요의 성격을 갖는다는 점에서 노동에 대한 수요와 같은 특성을 갖는다. 또한 시장형태에 따라 기업의 이윤극대화 조건은 달라진다. 그러나 본장에서도 논의의 단순화를 위해 일단 상품시장과 자본시장 모두가 완전경쟁시장하에 있는 것으로 가정한다.

본장에서는 자본 및 토지시장에서의 수요·공급행위와 균형이 성립되는 과정과 경영에 대한 대가로 볼 수 있는 이윤의 결정과정에 대해 살펴볼 것이다. 자본과 토지에 대한 수요도 일단 유발수요라는 점에서는 노동수요의 경우와 유사하다.

01 자본시장

(1) 자본의 수요

자본의 수요는 기업의 이윤을 극대화시키는 생산량수준에 달려 있다. 우선 이윤극대화의 전제조건이 되는 비용극소화 조건을 다시 한 번 정리해 보면 다음과 같다.

$$\frac{MP_L}{w} = \frac{MP_K}{r} \qquad \text{(11-1)}$$

여기서, MP_L: 노동의 한계생산
MP_K: 자본의 한계생산
w: 임금
r: 이자

따라서 자본의 수요 또한 이윤극대화 조건($MR=MC$)을 만족시키는 조건식으로부터 도출되며, 결국 자본의 수요는 이자가 자본의 한계생산가치와 같아지는 조건식으로 귀결된다($r=VMP_K$). 그리고 이자율 상승에 따라 자본에 대한 수요는 감소하게 되고, 한계생산 체감의 법칙으로 인해 수요곡선은 우하향하는 모습을 갖게 된다.

식 (11-1)은 상품생산시 비용극소화 조건식으로 1원당 한계생산력이 같아지는 생산량을 선택할 때 생산비가 극소화된다는 의미를 갖는다. 이제 이 식에 역수를 취하여 그 의미를 살펴보기로 한다.

$$\frac{w}{MP_L}=\frac{r}{MP_K} \qquad (11\text{-}2)$$

식 (11-2)는 생산요소를 한 단위씩 추가로 투입할 때 지불해야 할 비용(임금과 이자)을 추가로 투입한 생산요소에 의해 실현된 생산량 증가분(노동과 자본의 한계생산: MP_L, MP_K)으로 나눈 값, 즉 일종의 **한계요소비용**(marginal factor cost)들이 서로 같아지는 생산량이 선택될 때 비용극소화가 충족된다는 의미를 갖는다.

한편, 이윤을 극대화하려는 기업은 한계수입(MR)과 한계비용(MC)을 일치시키는 생산량을 설정할 것인바, 다음과 같은 조건식이 성립될 것이다.

$$MC=\frac{w}{MP_L}=\frac{r}{MP_K}=MR=P \quad (\because \text{완전경쟁시장}) \qquad (11\text{-}3)$$

완전경쟁을 가정하였으므로 한계수입(MR)은 시장가격(P)과 같아지고, 따라서 다음과 같은 조건식이 도출된다.

$$w=MP_L \times P=VMP_L \qquad (11\text{-}4)$$

$$r=MP_K \times P=VMP_K \qquad (11\text{-}5)$$

식 (11-4)와 (11-5)가 의미하고 있는 것은 노동과 자본에 대한 사용대가인 임금과 이자를 노동과 자본의 **한계생산가치**(value of marginal product)와 일치시킬 때 이윤극대화가 달성된다는 것이다.

결국 자본에 대한 대가를 자본의 한계생산가치와 일치시킬 때 극대이윤이 보장된다는 논리가 성립된다. 그런데 자본의 경우도 한계생산 체감의 법칙이 작용할 것인바, 자본의 투입량이 증가함에 따

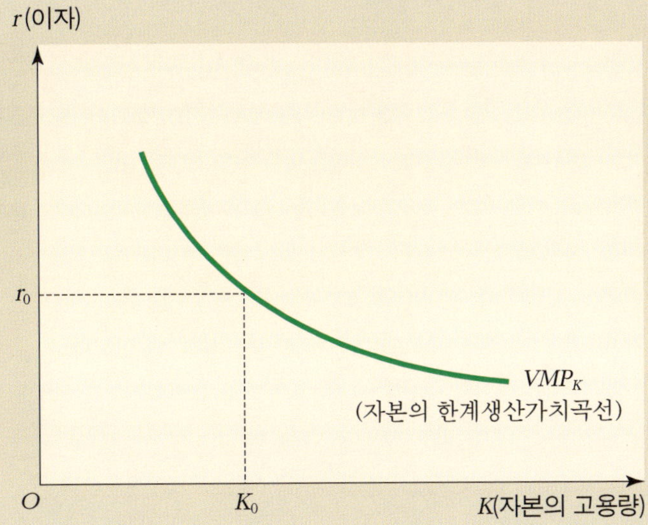

그림 11-1 자본의 수요곡선
이윤극대화를 추구하는 기업은 $MR=MC$를 만족시키는 생산량을 선정할 것인데, 완전경쟁시장하에서는 $MR=P$가 된다. 한편, 한계비용(MC)은 이자(r)를 자본의 한계생산(MP_K)으로 나눈 값과 같아진다.

따라서 $MC=r/MP_K=MR=P$의 관계가 성립되고, 결과적으로 $r=MP_K \cdot P$와 같아지는데 이때 $MP_K \cdot P$를 자본의 한계생산가치(VMP_K)라 한다. 물론 VMP_K는 자본의 수확체감법칙으로 인해 그림에서처럼 우하향하는 모습을 하게 되는데, 바로 이것이 자본의 수요곡선이 된다.

라 자본의 한계생산가치는 하락할 것이라 볼 수 있다.

이때 체감하는 자본의 한계가치곡선이 바로 자본에 대한 수요곡선이 될 것이므로 우하향하는 모양을 취하게 된다.

이상과 같은 자본수요는 ① 자본의 한계생산 체감속도가 빠를수록, ② 자본이 다른 생산요소로 대체될 여지가 클수록, ③ 총비용에서 이자가 차지하는 비중이 클수록, 그리고 ④ 생산물에 대한 수요의 가격탄력성이 클수록 이자에 대한 탄력성이 커지고, 이때 자본수요곡선의 기울기는 점차 완만해지는 특성을 갖는다. 물론 ① 생산물의 가격 자체가 변하거나, ② 기술진보가 이루어질 경우에는 자본의 한계생산가치곡선, 즉 자본의 수요곡선 자체가 이동(shift)할 수도 있다는 데 유의할 필요가 있다.

자본의 수요곡선의 기울기도 한계생산 체감속도, 여타 생산요소와의 대체성 수준, 생산물에 대한 가격탄력성 등에 의존하며 생산물가격 자체의 변화나 기술진보시에는 공급곡선 자체가 이동할 수도 있다.

(2) 자본의 공급

자본의 공급주체는 가계이다. 이들은 자신의 소득 중 일부를 소비지출하고 나머지를 미래소비를 위해 저축하게 된다. 바로 이와 같은 과정에서 조성된 자금이 투자재원을 마련하려는 경제주체, 즉 기업에게 공급되는 것이다.

한편, 자본의 공급은 가계가 소득 중 일부를 소비하고 나머지를 미래소비를 위해 저축한 자원으로 이루어진다.

이제 논의의 편의상 국가경제 내에 단 하나의 금융시장이 있다고 가정한다. 따라서 모든 저축과 대출은 이 시장에서 이루어지며,

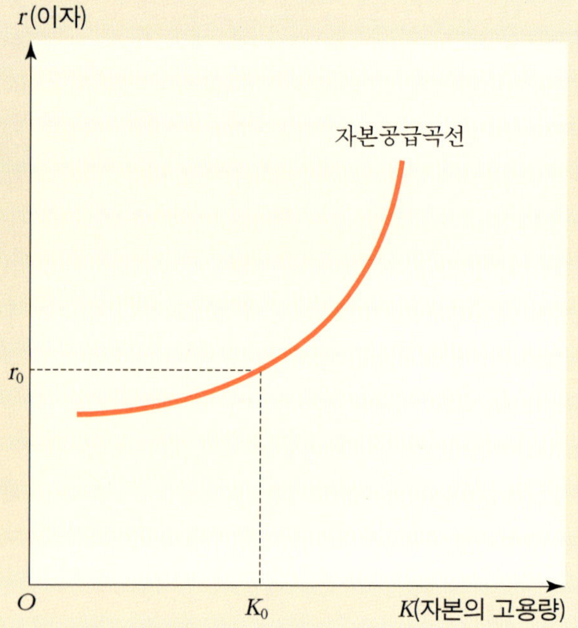

그림 11-2 대부자금(자본)의 공급곡선
자본은 기본적으로 가계의 저축으로부터 공급된다. 현재소비를 억제하고 미래소비를 위해 저축하려면 이에 대한 보상으로 이자를 지급해야 한다. 따라서 보상수준을 대변하는 이자율이 증가하면 저축, 즉 자본공급도 증가하므로 결국 자본공급곡선은 우상향하는 형태를 갖게 된다.

이 시장에서 형성되는 균형이자율은 저축의 수익률인 동시에 대출비용이 된다고 본다. 이와 같은 차원에서 자본의 수요 · 공급을 분석하는 체계를 **대부자금시장**(market for loanable funds)이론이라 한다.

물론 가계가 현재소비로부터 얻을 수 있는 효용을 포기하고 저축을 하기 위해서는 현재소비를 포기한 데 대한 보상이 제공되어야 한다. 이는 이자지급에 의해 성립될 수 있다.

그러면 대부시장에서의 **자금공급**은 어떤 원칙과 기준에 따라 이루어질까? 우선 우리는 가계가 소득을 전부 소비할 수 있음에도 불구하고 미래소비를 위해 일부를 저축한다는 합리적 의사결정 과정에 주목할 필요가 있다. 물론 소득 전부를 소비할 경우에 비해 일부를 저축으로 남겨 둘 경우 소비로부터 얻을 수 있는 효용은 줄어들 것이다. 반면에 소비하지 않고 저축하여 둔 자금은 미래에 소비를 통해 효용을 발생시킬 것이다. 그러나 미래소비로부터의 효용이 현재소비로부터의 효용보다 클 수는 없다. 따라서 현재소비 대신 미래소비, 즉 저축을 선택하게 하려면 어느 정도 보상이 필요하다. 이것이 바로 이자이다. 따라서 가계는 미래소비(저축)와 이자의 합으로부터 얻을 수 있는 효용이 현재소비로부터 얻을 수 있는 효용과 같아질 만큼 높은 이자가 보장되어야 저축, 즉 대부자금을 공급하게 된다.

그리고 이자가 높아질수록 자금의 공급은 증가하게 되므로 자본의 공급곡선은 우상향하게 된다.

물론 이자가 높아질수록 저축으로부터 얻을 수 있는 효용이 커지게 되므로, 결국 자금의 공급은 이자율이 높아질수록 증가하는 특

자본공급(저축)의 제 유형

논의의 편의상 우리는 자본공급원을 가계의 은행기관에 대한 저축에서 주로 찾는다. 그러나 저축은 금융산업의 발전과 국민소득수준 향상과 더불어 다양한 형태로 이루어지고 있다.

우선 증권시장을 통한 주식 및 채권의 취득이나 각종 수익성 금융상품의 매입은 물론 미래금융상품에 대한 선물거래에 이르는 다양한 금융상품의 매입을 들 수 있다. 또한 이와는 별도로 주택 및 토지 등 실물에 대한 매입형태로 저축이 이루어지기도 한다.

여하튼 이처럼 다양한 형태의 저축행위가 이루어질 수는 있지만 어느 경우를 막론하고 이를 통한 평균 기대수익, 위험의 정도, 세제상의 혜택 여부, 그리고 필요에 따라 즉시 유동화(현금화)가 가능한 자산의 비율 등을 고려하여 합리적 선택을 수행하게 된다.

성을 갖게 된다. 따라서 대부자금, 즉 자본의 공급곡선은 우상향하는 모양을 하게 된다.

(3) 자본시장의 균형

자본시장의 균형은 여타 시장에서처럼 자본(대부자금)에 대한 수요와 공급의 상호작용을 통해 이루어진다. 앞서 언급한 바 있듯이, 자본의 수요는 자본의 한계생산가치를 반영하므로 우하향하는 형태를 갖게 되고 자본의 공급은 이자율의 상승에 따라 증가하는 특성을

결국 자본시장도 상반된 기울기를 갖는 자본에 대한 수요 · 공급곡선을 교차시키는 수준의 이자와 대부량이 귀결될 것이다.

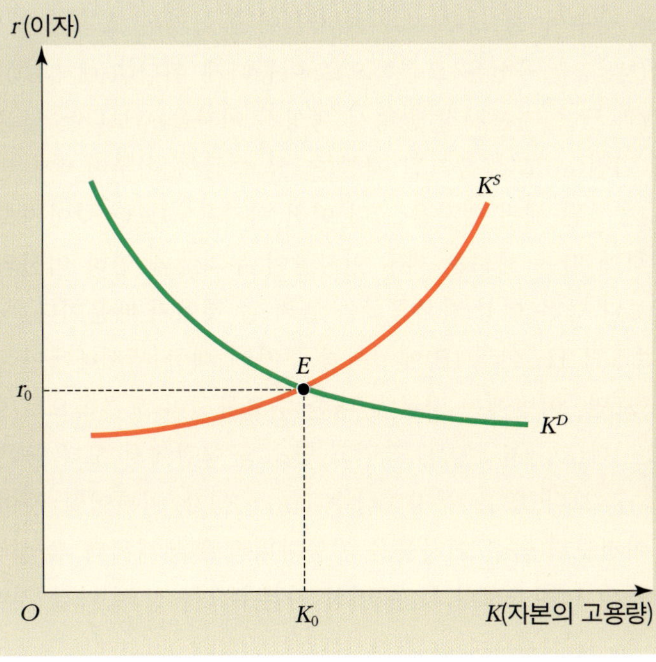

그림 11-3 자본시장의 균형
자본시장에서의 균형은 자본의 수요곡선과 공급곡선이 교차하는 점 E에서 r_0 수준의 이자율로 K_0만큼의 자본이 대부된다.

가지므로 우상향하는 모습을 갖고 있다.

따라서 [그림 11-3]과 같이 자본의 수요곡선(K^D)과 자본의 공급곡선(K^S)이 도출될 수 있을 것인바, 자본시장의 균형은 수요와 공급이 일치하는 점 E에서 r_0수준의 이자율과 K_0만큼의 자본이 수급되는 균형이 이루어진다.

한편, 분석대상 기업이 수요를 독점할 경우 초래되는 결과나 수요곡선 또는 공급곡선 자체가 이동하는 요인이 발생할 경우 유발되는 상황 등은 제10장 노동시장의 경우와 유사하므로 자세한 설명은 생략하기로 한다.

그런데 자본은 노동에 비해 동질성이 높아 일반적으로 이자율의 차별화는 발생하지 않는다. 단지 대출기간이나 수행할 사업의 위험도 등에 따라 적용이자율이 달라질 수는 있다.

단, 노동이라는 생산요소에 비해 자본은 일반적으로 동질성이 매우 높다는 특성이 있다. 따라서 일반적으로 동일한 여건하에서는 이자율의 차이가 발생하지 않는다. 그러나 자본의 수요자인 기업이 수행하는 사업의 위험도 차이나 대출희망기간, 그리고 사용처나 투자예상수익의 차이에 따라 자금중개기관인 은행이 적용하는 대출이자는 차별화된다.

한편, 저축에 대한 장려 차원의 세제혜택이나 기업투자 촉진을 위한 세제혜택이 부여되면 자본의 공급곡선이나 수요곡선을 이동시켜 당초 균형수준보다 많은 자본이 대부될 수도 있다. 단, 전자(저축장려시)의 경우는 이자율이 낮아지나 후자의 경우는 높아진다.

한편, 일반적으로 정부가 저축장려를 위해 저축에 대한 과세율을 낮추거나 투자를 장려하기 위해 세제상의 혜택을 줄 경우 이는 자본의 공급곡선이나 수요곡선을 이동시키는 결과를 초래하게 된다.

[그림 11-4]의 (A)에서처럼 저축을 촉진하기 위해 저축에 대한 부과세율을 낮추어 줄 경우 세후 이자율이 높아지는 효과가 발생하므로 저축(자본공급)곡선은 오른쪽으로 이동하게 된다(K_1^S에서 K_2^S). 그리고 그 결과 당초 자본시장 균형시 형성된 이자율(r_1)보다는 낮은 수준(r_2)에서 이전(K_1)보다 증가된 자본(K_2)의 수급이 이루어지게 된다. 비록 새로 형성된 세전 이자율(r_2)이 이전 이자율(r_1)보다 낮아져도 부과세율 인하에 따른 새로운 세후 이자율이 부과세율 인하 이전의 세후 이자율보다 높은 이상 자본공급을 늘려 갈 것이기 때문이다.

한편, [그림 11-4]의 (B)에서처럼 투자에 대한 세제혜택이 부여될 경우를 보면, 이번에는 자본에 대한 수요곡선이 오른쪽으로 이동하게 될 것이다(K_1^D에서 K_2^D로). 그리고 당초 균형점에서 보다 높은 이자율로($r_2 > r_1$) 보다 많은 투자자금수요($K_2 > K_1$)가 이루어질 것이다. 세제혜택 이전보다 높은 이자율을 지불하더라도 세제혜택 후 실질이자율이 당초의 이자율보다 낮은 이상 자본수요를 늘려 나갈 것이기 때문이다.

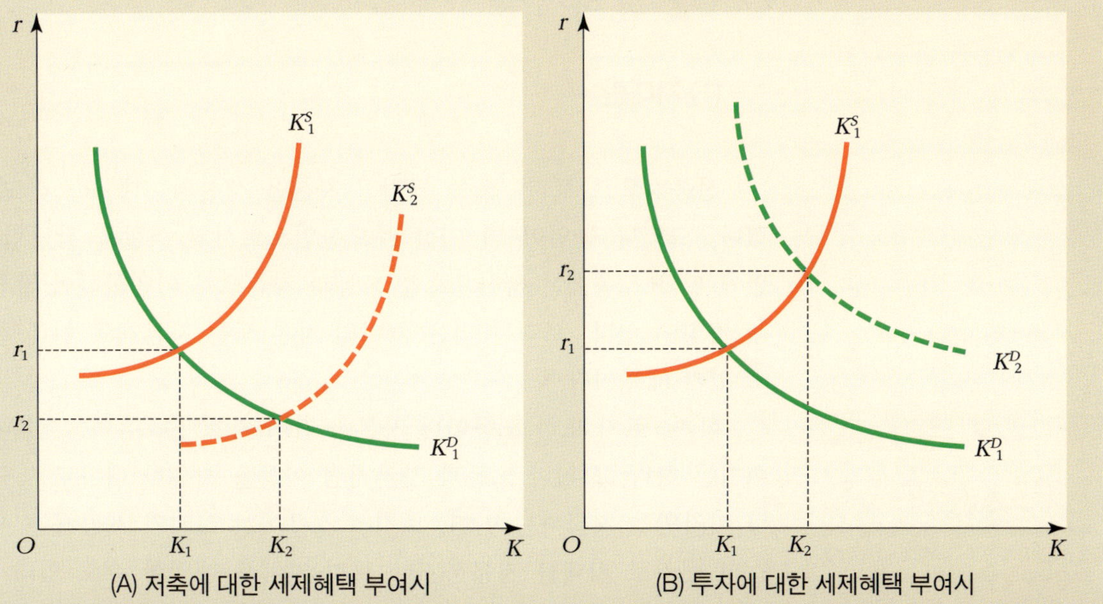

그림 11-4 저축 및 투자 유인정책의 효과

정부가 저축(자본공급)에 대한 세제혜택을 부여할 경우 자본공급곡선은 우측으로 이동하여 전보다 낮은 이자율($r_2 < r_1$)수준(세제혜택분을 고려하면 세후 이자수입은 증가할 수도 있음)에서 전보다 많은($K_2 > K_1$) 자금이 대부될 수 있다(그림 (A)).

반면, 그림 (B)에서처럼 정부가 투자에 대한 세제혜택을 부여할 경우에는 자본수요곡선이 우측으로 이동하여 전보다 높은 이자율($r_2 > r_1$)수준(세제혜택분을 고려하면 세후 이자지불액은 감소할 수도 있음)에서 전보다 많은($K_2 > K_1$) 자금이 대부될 수 있다.

우리나라의 경우 1960년대 및 1970년대 기간중 정부가 선정한 주도산업에 대한 투자자금에 대해서는 상대적으로 매우 낮은 특혜성 금리를 적용시킨 적도 있었다([그림 11-4]의 (B)에 해당). 또한 그러한 정책의 시행으로 정부가 의도하였던 부문에 보다 많은 투자를 유도할 수 있었다. 그러나 시장의 자율적 질서를 왜곡시키는 이러한 정책이 오랫동안 시행되면서 자본시장이 크게 왜곡되고, 궁극적으로 금융산업 및 국민경제 발전이 저해되는 결과를 불러오기도 하였다.

여하튼 이러한 정부의 자본시장 개입정책은 소요자금 확보를 용이하게 해 줄 수는 있지만 장기적으로는 자본시장을 왜곡시키고 금융산업의 발전을 저해할 수도 있다.

02 토지시장

(1) 지대란

전통적으로 토지 · 노동 그리고 자본을 생산의 3대 요소라고 하였다. 그러나 농업이 더 이상 주도산업으로서의 역할을 감당할 수 없게 된 요즈음에는 생산요소를 노동과 자본으로 이원화하여 분석하는 경향이 있다. 토지는 넓은 의미의 자본 또는 자본재로 이해될 수도 있기 때문이다.❶

토지는 노동과 자본에 대한 사용대가인 임금이나 이자를 주고받듯이 지대를 주고받으며 임대할 수 있는 생산요소로 볼 수 있다. 물론 토지의 경우는 매매될 수도 있으나 매매가격 자체가 지대의 크기와 밀접하게 연관되어 있어 본장에서는 임대의 경우만을 분석대상으로 한다.

한편, 토지 또한 노동이나 자본과 같이 가계가 소유하고 있는 것이기는 하다. 그러나 노동과 자본처럼 이들을 사용한 대가로 임금이나 이자만을 지급하는 반면, 토지의 경우에는 토지가 제공하는 서비스의 대가로 **지대**를 지불하거나 토지 자체를 매입할 수도 있다. 이 경우에 거래되는 가격, 즉 지대와 지가는 유기적인 연관성이 있다. 지가는 토지로부터 기대되는 순소득, 즉 지대를 자본화한 값과 같아지기 때문이다.

이상과 같은 특성으로 인해 지대에 대한 논의는 시대에 따라 매우 다양하게 진행되어 왔다. 그러나 이에 관한 논의는 매우 번거로운 측면이 있어 여기서는 생략한다. 단지 근대적인 관점에서 본 지대란 다음과 같이 정의될 수 있을 것이다.

그런데 토지에 대한 수요 · 공급을 일치시키는 지대의 크기는 전용수입(transfer earning)과 경제지대(economic rent)를 합한 값과 같아진다.

우선 토지를 소유한 가계가 이를 특정 용도로 공급할 경우에 토지를 다른 최선의 용도로 사용할 경우 얻을 수 있는 소득(일종의 기회비용)보다는 높은 대가를 요구할 것이다. 이때 토지라는 생산요소의 기회비용을 전용수입, 그리고 이를 초과하는 추가소득을 경제지대라 한다. 따라서 토지라는 요소의 소득은 전용수입과 경제지대의 합으로 정의될 수 있다.

여기서 전용수입이란 토지를 다른 용도로 사용하지 못하게 하기 위해 지불해야 할 보수라 정의되며, 실제 지불한 지대에서 전용수입을 뺀 나머지를 경제지대라 정의한다.

여기서 **전용수입**(transfer earnings)이란 토지라는 생산요소가 현재의 용도에서 다른 용도로 옮겨 가지 못하게 하기 위해 지불해야 할 보수라고 정의할 수 있으며, 따라서 경제지대란 토지라는 생산요소가 받는 총보수에서 전용수입을 뺀 나머지로 정의될 수 있다. 그러므로 **경제지대**(economic rent)란 전용수입을 초과하여 토지에 지불

❶ 상가용 건물이나 사무실 또한 넓은 의미의 자본(재)라 할 수 있다. 그러나 비업무용 주택은 생산과 직결되어 있지 않으므로 자본재와는 별도로 분석을 요한다.

되는 보수라 할 수도 있다.

(2) 토지의 수요 및 공급곡선과 지대

이제 이상과 같은 개념의 지대결정 과정을 토지의 수요 및 공급과 연계시켜 검토해 보기로 한다.

우선 토지 또한 일반적으로 수확체감의 법칙의 영향을 받을 것인바, 토지에 대한 수요곡선은 [그림 11-5]에서처럼 우하향하는 모습을 띠게 된다. 반면, 토지의 공급은 고정성이 강하여 거의 수직선에 가까운 모양을 할 수도 있다. 물론 토지 총공급량이 고정되어 있

일반적으로 토지 또한 수확체감의 법칙에 영향을 받을 것이므로 수요곡선이 우하향하지만, 토지의 공급은 지대수준과 상관없이 고정되는 특성이 강하여 공급곡선은 수직선에 가깝게 된다. 따라서 토지에 대한 총보수 전부가 경제지대에 해당된다. 물론 토지공급량도 용도에 따라서는 가변적일 수 있으므로 토지공급곡선도 우상향할 수 있다. 그러면 전용수입과 경제적 지대가 동시에 발생할 수도 있다.

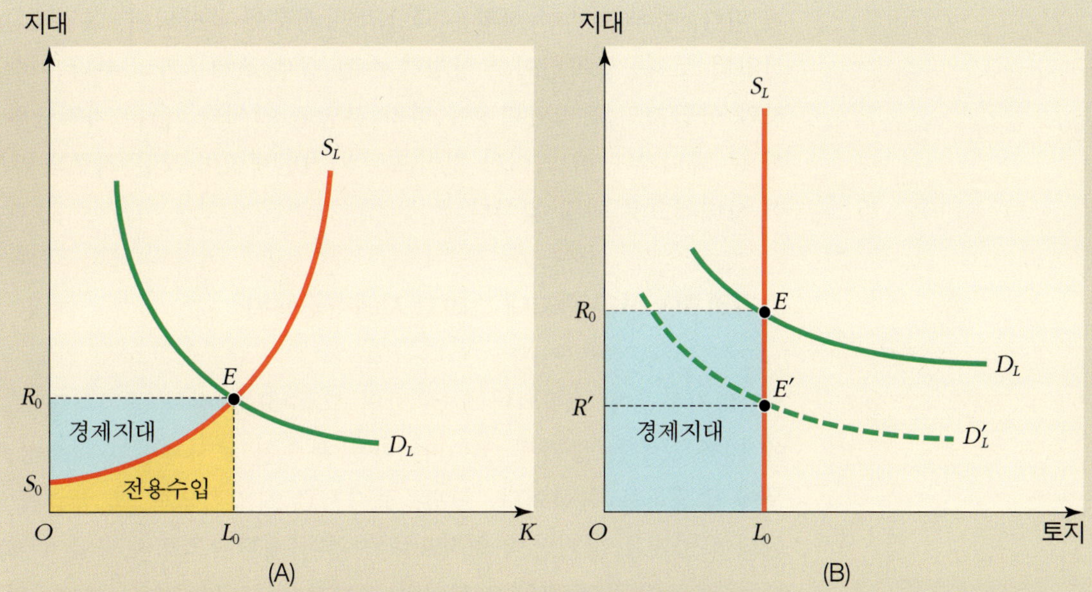

그림 11-5 토지시장의 균형과 전용수입 및 경제시대

수확체감의 법칙으로 인해 토지의 수요곡선은 우하향하게 되나 토지공급곡선은 그림 (B)에서처럼 수직선에 가까운 모습을 할 수도 있다. 토지총공급이 일정하더라도 용도별 공급이 가변적인 사실을 고려할 경우 토지공급곡선도 그림 (A)에서처럼 일정 기울기를 가지며 우상향할 수 있다. 이때 L_0만큼의 토지가 R_0만큼의 지대를 받고 임대할 것이므로 토지사용에 대한 총보수는 OR_0EL_0가 된다.

그러나 이 경우의 경제지대는 R_0ES_0에 불과하다. OS_0EL_0만큼은 전용수입으로 보아야 하기 때문이다. 전용수입이란 토지가 다른 용도로 쓰이지 않게 하기 위해 지불해야 할 최소한의 보수라 할 수 있는데, 이때 경제지대란 총보수에서 전용수입을 뺀 나머지로 정의된다.

한편, 토지총공급이 고정되어 있어 그림 (B)에서처럼 거의 수직선이 되는 경우 토지에 대한 총보수 자체가 전부 경제지대가 된다. 이러한 경우 정부가 토지에 대하여 조세를 부과하면 세후 총보수는 예컨대 $OR'E'L_0$로 축소될 수 있으며, 이때 조세부과로 인한 부담은 가격탄력성이 낮은(실제로는 '0'에 가까움) 지주가 거의 모두 지게 된다.

다고 하더라도 용도별 공급량은 가변적이기 때문에 [그림 11-5]의 (A)에서처럼 우상향하는 모습을 보일 수도 있다.

[그림 11-5]의 (A)와 같이 토지서비스에 대한 수요 · 공급이 형성되면 토지는 L_0만큼이 R_0만큼의 지대를 받고 임대될 것이다. 이때 토지사용에 대한 총보수는 OR_0EL_0인데, 이 중 OS_0EL_0는 전용수입, 그리고 S_0R_0E는 경제지대가 된다. 따라서 [그림 11-5]의 (B)에서처럼 토지공급이 고정되어 지대에 대하여 지극히 비탄력적이 된다면, 이때에는 총보수 자체가 전부 경제지대가 될 것임을 알 수 있다. 한편, 토지공급이 고정되어 있을 경우 정부가 단위토지당 EE'만큼의 조세를 부과하면 이로 인한 모든 부담은 지주가 지게 된다. 토지공급이 가격(지대)에 극단적으로 비탄력적이기 때문이다. 결국 지주는 당초의 총보수 OR_0EL_0보다 작은 $OR'E'L_0$만큼의 경제지대를 받게 된다. 물론 이러한 상황은 극단적인 경우에 해당되며, 그림 (A)에서처럼 토지공급곡선이 우상향하게 될 경우 조세부과의 부담은 수요자와 공급자의 가격탄력성에 따라 분담될 것이다. 물론 가격탄력성이 큰 쪽의 부담이 적어질 것이므로 가격탄력성이 작은 지주의 부담이 상대적으로 커질 것이다.

(3) 희소성과 준지대 그리고 지대추구행위

한편, 토지의 공급처럼 고정성이 강할 경우 희소성으로 인해 보수가 높게 책정되기도 하는데, 경우에 따라 정부에 의해 공급제한행위가 인위적으로 자행되기도 한다. 이로 인해 발생하는 이익을 준지대(quasi-rent)라 한다. 공급이 고정된 토지에 대한 지대처럼 희소성으로 인해 혜택이 발생한 데 연유하여 붙여진 이름이다.

토지공급이 고정되어 있는 반면 그 수요가 점차 증가하면 토지에 대한 보수는 증가될 것이다. 이는 부존된 토지자원의 희소성 때문에 발생하는 현상이다. 한편, 토지처럼 자연적으로 그 공급이 제한되어 있지는 않지만 인위적으로 진입이 제한됨으로써 공급이 제한되는 경우가 있다. 사법시험이란 제도를 통한 법관수의 조정, 의과대학 정원제를 통한 의사수의 조정 등을 비롯하여 다양한 제도 및 인허가 과정을 통해 특정 서비스의 공급이 제한될 수 있다. 이 경우 이들에 대한 보수는 희소성으로 인해 매우 높게 책정된다. 이처럼 공급제한조치로 인해 얻을 수 있는 이익을 **준지대**(quasi-rent)라 한다. 공급이 고정된 토지에 대한 지대처럼 희소성에 따른 혜택을 볼 수 있다는 데 연유하여 붙여진 용어이다. 결국 준지대란 요소에 대한 보수가 경제지대적 특성을 갖는 경우라고 할 수도 있다.

그런데 특히 후진국에서는 각종 자격증 부여나 인허가 업무가

토지공개념

1. 토지공개념에 관한 찬반논의

1980년대 중반에 들어 빈부 간의 격차문제가 확대되면서, 그리고 그것이 부동산투기 등을 통한 불로소득의 증대 및 세금의 탈루현상 등에 의해 더욱 사회적 위화감을 조성하면서 사회 각층으로부터 이른바 토지소유에 공적 개념을 도입할 필요가 있다는 견해가 강력히 제기되었다.

특히, 이러한 분위기는 1987년 6.29선언 이후 보다 심각한 사회문제로 대두되었다. 부동산의 소유가 일부 고소득층 및 기업에 편중되고, 결과적으로 대다수 국민들의 택지소유 및 중소기업의 공장부지 확보가 날이 갈수록 어려워지고 또 많은 비용이 들게 됨에 따라 정부는 1995년 1월 9일 **부동산실명제**를 실시하게 되었다.

이는 부동산거래상 명의신탁에 의한 투기 및 음성 불로소득과 탈법에 의해 사회정의와 경제질서가 혼탁해 온 그간의 사회·환경을 정화함과 동시에 부동산거래의 정상화와 부동산가격의 안정화를 통하여 사회·경제 정의를 실현하고 세계화의 선결과제인 물가안정기조 구축 및 대외경쟁력을 도모하기 위한 것이라고 천명되었다.

이러한 시대적 여건에서 거론된 **토지공개념**의 도입을 둘러싸고 활발한 논의가 뒤따랐다. 우선 토지공개념을 긍정하는 입장에서는 이렇게 정의하고 있다.

토지의 공개념이란 토지정책의 일대 전환을 위한 기본 전제로서 토지란 단순히 상품이 아니라 인간의 생활과 생각을 위한 불가결한 기초이기 때문에 그것이 농지이든 주택지이든 그 토지가 지니는 기능 내지 적성 또는 지역에 따라 공공복리를 위해 가장 값지게 그리고 가장 효율적으로 이용되지 않으면 안 되고, 그를 위해 적정한 제재가 가해지지 않으면 안 됨을 의미하는 것이다. 즉, 토지소유권 그 자체가 아닌 토지이용의 공익성과 사회성을 강조함으로써 비록 자기가 소유하고 있는 토지라 하더라도 그 토지의 이용은 공공복리에 적합하여야 한다는 것을 뜻한다.

이 견해는 소유를 위한 토지소유로부터 이용하기 위한 토지소유로의 토지소유권에 대한 개념의 변천을 그 이론적 기초로 하면서 토지소유권에 있어서 그 소유와 이용에 분리를 전제로 하고 있는 것이다. 그 결과 토지소유권을 사용권, 수익권, 처분권 등으로 다르게 구성할 필요를 천명하고 있다.

토지공개념을 지지하는 견해는 먼저 토지의 특수성에 비추어 토지재산권은 다른 재산권과는 달리 다루어야 하고 보다 엄격한 공적 규제를 하기 위해서는 토지공개념의 이념표방이 필요하다는 것이다. 토지공개념을 주장한다 하더라도 사유재산제를 부정하고 토지의 공유화나 국유화를 시도하는 것은 결코 아니며, 다만 토지재산권에 대해서는 좀더 공적 규제를 가하겠다는 것뿐이라고 주장하였다.

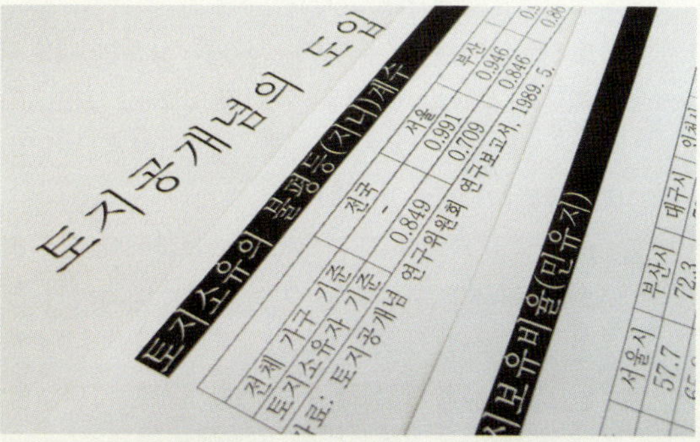

한편, 토지공개념의 개념에 비판을 가하고 있는 입장에 선 사람들은 그 개념이 애매함에도 불구하고 광범위하게 호응을 받을 수 있는 여지가 있기 때문에 그것이 만능의 마술사처럼 기능해서 국민의 재산권과 우리의 경제질서를 근본부터 위태롭게 하는 사태를 초래할 수 있다는 우려도 제기되었다.

또한 토지공개념이라는 용어는 모든 사유지를 몰수하여 국유화하는 공산주의 또는 전체주의 경제질서로의 전환을 의미한다고 해석될 수 있다는 여지를 지닌 점에서 용어상의 문제가 있다고 비판을 받고 있다.

뿐만 아니라 민주화에 역행하여 토지소유권의 취득과 행사의 자유를 제한하는 경제적 제재도 토지공개념 아래 가속화되고 있으며, 이는 사유재산제를 주축으로 하는 자유시장경제하에서는 유래를 찾아볼 수 없는 기형적인 현상이라는 비판도 아울러 받고 있다.

2. 1차 토지관련 세제개편

이러한 논리적 대립과정에도 불구하고 정부는 1995년 제정된 부동산실명제와 더불어 토지관련세를 강화하는 정책을 펴나가게 되는데, 첫째 토지투기를 근원적으로 제거하여 지가 및 물가를 억제하고 국민생활을 안정시키고, 둘째 토지소유 편중현상을 시정하여 형평을 제고시키며, 셋째 토지의 효율적 이용을 통해 국민복지 향상을 도모한다는 취지하에 이른바 토지공개념에 근거한 토지관련 세제를 다음과 같은 내용으로 강화하였다.

① 과표현실화와 단일화
② 비과세 · 감면조항의 대폭 축소
③ 종합토지세율 인상: 토지보유과세를 강화하여 토지보유를 억제하고자 함.
④ 토지소유 상한제(주거지): 서울을 비롯한 대도시 주거용 택지의 소유를 200평 이하로 하고 이를 상회하는 부분에 대해 중과세하는 방안이 마련됨.
⑤ 비업무용 토지에 대한 중과세: 업무용으로 가장하여 탈세할 가능성을 가능한 한 배제하기 위한 제도적 장치
⑥ 양도소득세를 강화하여 투기를 근절하고자 함: 그러나 이는 기본적으로 거래세를 강화하는 것으로 토지공급을 위축시키는 문제가 있었다. 종토세 인상과 같은 토지보유과세 인상을 통한 토지공급 신장노력이 위축될 공산이 컸다.
⑦ 토지초과 이득세: 이는 개발부담금과 함께 개발이익 환수장치로 구상된 것으로 유휴지에 평균 이상의 지가상승이 있을 경우 이를 투기적 토지로 보아 미실현 자본이득에 중과하는 세제이다. 그런데 이는 토지로부터 발생한 초과자본이득을 대상으로 하는 보유과세로서 아직 실현되지도 않은 이득에 대한, 따라서 지가하락시 사라져 버릴 수도 있는 가상의 미실현 자본이득에 대해 중과세를 부과하는 것은 법논리상으로 곤란하다는 비판이 제기되어 결국 헌법재판소로부터 위법판정을 받기도 하였다.

3. 2차 토지관련 세제개편

이상과 같은 토지관련 과세의 강화는 1990년대 후반 들어 토지가격 안정에 크게 기여하였고, 특히 외환위기 이후에는 토지 및 부동산가격의 거품해소현상과 더불어 크게 폭락하는 결과로 이어지기도 하였다.

그러나 2002년 이후 노무현 정부가 들어서면서 특히 서울의 강남 지역을 중심으로 부동산가격이 폭등하였고, 일정 시차를 두고 인근 및 전국 지역으로 확산되자 정부는 다시 부동산관련 정책을 대폭 개편하기에 이르렀다. 그런데 정책의 기조는 다분히 부동산 소유와 관련한 부의 불평등한 분배를 시정하는 데 두어졌고, 구체적으로는 부동산 보유에 따른 자산수익을 억제할 수 있는 정책마련에 초점을 맞추었다.

예컨대, 정부의 과표현실화, 종합부동산세의 신설 및 강화 등을 통한 보유과세의 강화를 들 수 있다. 뿐만 아니라 정부는 부동산 담보대출의 억제 등을 통해 투기수요를 억제하는 데 역점을 두었다. 더구나 양도소득세마저 강화시키는 정책을 시행함으로써 많은 부동산거래를 급격히 위축시키게 되었다. 그러나 부동산가격이 일단 진정되는 국면을 맞기도 하였다.

한편, 정부는 강북 뉴타운, 동탄 · 판교 등 신도시 개발, 임대주택의 확대 등을 통해 주택공급을 확대하였으나 서울(특히, 강남) 지역에서의 재건축 허가조건 강화 등으로 인해 실수요에 부응할 수 있는 공급은 여전히 억제되었다. 일시적으로 부동산가격은 진정된 듯 보이지만 장기적으로 안정될 것으로 기대하기는 어려웠다.

뿐만 아니라 보유세 강화에 따른 부담증가에도 불구하고 양도소득세 강화로 인해 부동산의 거래 및 공급이 크게 위축되었고, 부동산 담보대출 억제 및 대출이자 상승으로 수요마저 실종됨으로써 신규 분양시장마저 얼어붙게 됨에 따라 결국 많은 건설사들이 부도위기에 직면하게 되었다. 이러한 현상은 건설사에 대출한 금융기관의 부실화를 초래하고, 나아가서는 한국판 서브프라임현상을 낳을 가능성마저 배제할 수 없게 되었다는 비판이 제기되기도 하였다.

이를 완화하기 위해 정부는 다시 지방의 미분양주택을 구입하여 임대용으로 공급한다는 정책대안을 내놓고 있으나 이는 이른바 **도덕적 해이**(moral hazard)를 유발할 뿐 아니라 정부재정 적자 또는 통화증발을 초래할 가능성이 있다. 결국 지나친 정부의 인위적 시장개입, 그것도 부동산시장의 자율적 기능회복보다는 경제적 형평개선이라는 시장 외적 목표에 지나치게 치중한 정책의 시행으로 예기치 못한 문제는 증폭되었음에도 불구하고 소기의 성과는 제대로 이루어지지 못하는 결과가 초래되고 말았다.

정부의 특정 부서에 독점되어 있다. 따라서 이들에게 부당한 대가(**뇌물, bribery**)를 지불해서라도 배타적인 이익을 얻으려는 노력이 자행되고 있다. 이와 관련된 공직부패현상은 정부의 의사결정권이 독점적으로 자행되는 정도가 심할수록 커지는 경향이 있다.

정부가 관장하고 있는 각종 인허가 업무는 수혜받을 수 있는 자의 수를 인위적으로 제한한다. 이때 인허가를 얻은 자는 준지대에 해당하는 혜택을 얻을 수 있어 뇌물을 지불해서라도 배타적인 이익을 도모하는 경향이 있다. 이러한 부패현상은 정부의 독점적 의사결정권이 커질수록 증가할 가능성이 높다.

03 경영과 이윤

경영(entrepreneurship)을 생산의 또 다른 요소로 이해할 수도 있으며, 그에 대한 대가로 지불되는 것을 **이윤**이라 한다. 그런데 경영을 생산의 한 요소로 본다 해도 경영에 대한 수요가 일정한 체계하에 형성되고 또 공급이 경영의 대가인 이윤의 크기에 따라 달라지는 방식으로 경영에 대한 고용이 결정되지는 않는다.

노동이나 자본 또는 토지처럼 수요와 공급행위에 의해 균형가격과 거래량이 결정될 수는 없지만 기업가의 경영행위 또한 하나의 생산요소로 이해할 수 있다.

일반적으로 경영은 노동과 자본을 적정량 고용하여 효율적으로 생산 · 판매하는 주체로서 생산을 위해 고용된 생산요소들에 대한 대가를 모두 지불하고 남은 것을 취하게 될 뿐이기 때문이다. 이러한 이유 때문에 이윤은 잔여금 또는 잉여금에 해당된다는 이윤결정논리가 제시되기도 하였다.

그런데 경영에 대한 대가를 이윤이라 볼 경우 이는 실질적으로 노동과 자본 등 주요 생산요소에 대한 대가를 지불하고 난 나머지에 해당된다.

그러나 이는 어디까지나 계산상 집계된 이윤을 지칭할 뿐 그 크기가 결정되는 경제논리가 정립된 것은 아니다. 단, 이윤이란 기업가적 노력에 대한 대가라는 점에서는 이의의 여지가 없다. 기업가는 **혁신**(innovation)을 통해 보다 효율적인 생산을 도모함으로써 보다 큰 수익을 창출할 뿐만 아니라 경영이 초래하는 다양한 유형의 **위험**(risk)을 감당해야 하는 책무를 갖는다.❷

이처럼 통상적인 수요 · 공급행위에 의해 그 대가가 결정될 수 없는 특성이 있지만 이윤은 어디까지나 혁신 등을 통한 효율적 생산과 위험을 감당할 용기에 대한 정당한 보상이란 점을 강조할 필요가 있다.

바로 기업가의 이러한 임무에 대한 보수가 이윤이라 볼 수 있다. 그리고 이러한 이윤이 커질수록 기업가의 창의적이고 혁신적인 노력은 진작될 수 있을 것이며, 나아가서는 국민경제 발전에 기여하게 되는 것이다.

❷ 여기서 혁신이란 슘페터(J. Schumpeter)에 따르면 새로운 상품을 개발하고, 새로운 생산방식을 도입하며, 새로운 시장의 개척, 새로운 자원의 이용이나 발견, 그리고 새로운 경영기법 등을 활용하는 제반 행위라 정의하고 있다.

제5편 정부의 경제행위

전통적인 경제이론은 가계와 기업이 시장에서 자유롭게 자기이익을 추구할 수 있을 때 자율적인 시장기능에 따라 자원이 최적으로 배분되며, 자본주의는 이러한 효율적 시장의 자율적 배분을 통해 사회복지를 최적화시킨다고 분석하고 있다.

그러나 이러한 효율성 위주의 자본주의 체제는 불가피하게 소득분배상의 불평등을 초래한다는 본질적 문제점을 가지고 있다. 그리고 대공황이나 독과점 및 각종 외부효과 등의 현상을 자율적 시장기능만으로는 해소할 수 없다는 한계성을 가지고 있다. 20세기 이후 바로 이러한 시장실패를 시정할 수 있는 주체로서 정부의 역할이 재조명되어 왔다. 이러한 정부의 민간부문에 대한 개입은 나름대로 성과가 있었으나 최근 들어서는 긍정적 성과에 비해 부정적 파급효과(이를 정부실패라고 함)가 더 크므로, 크고 강한 정부에서 다시 옛날처럼 작은 정부로 돌아가는 것이 바람직하다는 신자유주의 사조가 호응을 얻고 있다(물론 2008년 국제금융위기 발생 이후 무차별적 신자유주의 사조에 대한 비판이 제기되었지만).

본편에서는 정부가 소기의 역할을 수행하기에 필요한 조세수입을 어떤 방식으로 확보하는지, 그리고 이렇게 확보된 수입은 어떻게 사용(이를 정부지출이라 함)해야 하는지에 관한 분석내용을 제12장에 정리해 놓았다. 그리고 정부가 개입할 필요가 있는 시장실패요인은 무엇이고, 이를 시정할 수 있는 정부의 시책은 무엇이며, 이러한 정부의 개입이 초래하는 성과는 어떤 것인지에 대한 논의를 제13장에서 다룰 것이다.

제12장 정부의 공공서비스 공급과 소요자금 조달

본장에서는 공공재 공급의 주체인 정부가 이에 필요한 비용을 조달하는 과정인 과세행위를 소요자금에 대한 일종의 수요행위로 파악하여 정부의 경제행위를 분석하게 된다. 또한 공공서비스 공급을 위한 정부지출과 이에 소요되는 공공사업비 조달방안으로서의 조세수입을 대비시켜 분석함으로써 결과적으로 나타나는 정부재정의 적(흑)자현상과 이의 보전방안 및 경제적 효과를 살펴볼 것이다.

가계와 기업이 합리적 선택을 통하여 수요 또는 공급행위를 하듯이 정부 또한 이에 준하는 경제행위를 수행한다. 즉, 정부는 민간부문에 대하여 공공서비스를 제공하고 이에 소요되는 자금을 확보하기 위해 조세를 부과한다. 그런데 여기서 조세란 공공서비스를 구매한 대가로 지불되는 돈이라기보다는 정부활동에 필요한 소요자본을 조달하기 위한 행위로 보는 것이 적절하다. 그리고 공공서비스 제공과 같은 공급행위는 정부의 재정지출을 수반하게 된다. 본장에서는 이러한 정부의 조세수입과 재정지출에 관한 기본 논리를 정리하여 제공할 것이다.

본장에서는 공공재와 공공서비스를 제공하고 이에 소요되는 재원은 조세를 부과함으로써 조달하는 정부의 경제행위를 수요 및 공급행위에 준하여 파악하고, 결과적으로 초래되는 정부재정의 적(흑)자현상을 보전하는 방안 및 그 경제적 효과에 대하여 살펴볼 것이다.

적극적인 정부의 경제행위를 필요로 하지 않던 18~19세기의 이른바 야경국가 시절에도 정부는 최소한 국방 및 치안 등 필수불가결한 공공서비스를 제공하였고, 이를 위해 소요되는 자금을 조세를 통해 조달하였다. 그러나 20세기 들어서면서 정부는 시장실패를 시정하기 위해 보다 적극적으로 시장에 개입하는 공공서비스를 제공하는 것이 바람직하다고 인식되면서 정부 경제행위의 범주가 넓어졌고, 또 그에 따라 조세도 증가되어 왔다. 제6장에서 자본주의 경제가 작동하는 메커니즘의 6대 기본 원리 중 하나로 제시된 바 있듯이, 정부가 시장성과를 개선할 수도 있다는 논리는 이러한 시대적 인식의 변화를 반영하는 원칙이라 할 수 있다. 여하튼 정부 경제행위의 궁극적 목표는 시장효율성을 회복시킴과 동시에 시장경제의 태생적 병폐인 불평등문제를 개선하여 형평을 제고하는 데 맞추어질 것이다.

정부의 경제행위는 민간부문에 대한 일종의 개입으로 볼 수도 있는데, 이처럼 정부가 능동적인 경제주체로서 기능하는 것이 정당화된 것은 이른바 시장실패현상이 시장의 자율질서만으로는 시정될 수 없다는 인식이 보편화되기 시작한 데 연유한다고 볼 수 있다. 제4장에서 살펴본 자본주의 경제가 작동하는 기본 원리 중 하나로 제시된 바 있듯이, 정부의 시장개입은 시장성과를 개선할 수도 있다는 논리가 정착되었기 때문이다.

이러한 정부활동에 소요되는 재원을 확보하기 위해 조세가 부과되지만 그 부과방식에 따라 다양한 결과가 초래되므로 소요경비 조달이라는 당초의 목표 외에 별도의 정책목표가 설정되기도 한다.

한편, 이상과 같은 정부의 경제행위를 뒷받침하기 위한 재원을 확보하기 위해 조세가 부과되는 것이지만 조세의 부과방식에 따라 다양한 결과가 초래됨에 유의할 필요가 있다. 조세가 소비세나 판매세 등의 형식으로 부과되거나 소득세 및 재산세 형식으로 부과될 때 필요경비의 조달이란 단순한 목표 이외에 별도의 목표가 설정될 수도 있고, 또 그에 따라 상이한 성과가 초래될 수도 있는 것이다(제6장 조세의 귀착문제 참조).

01 공공서비스 공급과 정부지출

정부의 공공재 및 서비스 공급은 정부지출을 수반하는데, 이윤이나 효용의 극대화와는 다른 목표하에 수행된다.

정부의 공공서비스 공급은 정부지출을 수반하며, 이윤의 극대화나 효용의 극대화와는 사뭇 다른 목표를 가지고 수행된다. 우선 국가는 국방 및 치안유지와 같은 전통적인 공공서비스를 제공하기 위하여 정부지출을 하게 된다. 그러나 보다 본질적인 경제적 의미를 갖는 정부의 지출은 각종 시장실패요인을 시정하기 위해 제공되는 공공서비스 공급을 위한 **정부지출**이라 할 수 있다.

일단 이상과 같이 공공서비스 및 공공재를 정의할 경우 사적 서비스 및 재화와는 상이한 특성을 갖게 된다. 따라서 이를 별도의 분석을 통해 이해할 필요가 있다.

(1) 공공서비스 제공을 위한 지출

1) 전통적 공공서비스: 치안과 국방

가장 전통적이고 오래된 공공서비스는 치안과 국방이다. 이는 공동체 질서유지 및 외부로부터의 침략에 대한 필수불가결의 임무이며, 이를 위한 비용조달은 전통적으로 공동체의 지배계층이 주도적 역할을 담당해 왔다.

인류역사상 지배단위는 여러 유형으로 전개되어 왔다. 그리고 그것이 씨족사회나 부족사회이건, 아니면 고대 노예국가나 도시국가 또는 중세 봉건시대이건 간에 지배계층은 공동체의 질서유지와 외부로부터의 침략에 대한 대응이라는 원초적인 임무를 수행할 의무가 주어졌다. 치안유지와 국토보존 없이 공동체가 존재할 수 없기 때문이다. 더구나 공동체의 존속이 자신들의 지배력 유지에 필수적일 수밖에 없는 지배계층에게 이와 같은 전통적인 국가의 기능 및 공공서비스는 필수불가결의 것이었다. 따라서 이에 소요되는 자금의 조달 또한 지배계층에 의해 주도되거나 조달되는 특성이 있었다.

비록 피지배계층으로부터의 착취를 통해 축적된 재산이라도 국가경비에 소요되는 자금조달은 주로 지배계층의 기여라는 형식을 통해 이루어졌다.

이러한 지배계층의 기여에 의한 자금조달이란 전통은 근대국가 이후에도 지속되고 있다. 근대 시민국가가 성립되면서 **주권재민사상**이 일반화되었고, 결국 근대국가의 주인인(즉, 지배계층인) 국민 모두가 국가경영에 필요한 자금을 조세납부라는 형식(이를 **국민개세주의**라 함)을 통해 제공하기에 이른 것이다.

그리고 모든 국민이 주인이 되는 근대 시민국가에 이르러서는 국민 모두가 조세를 부담하는 의무를 갖게 되었다.

여하튼 이상과 같은 의미의 전통적 공공서비스는 민간경제기구의 자율적 작동만으로는 공여될 수 없는 성격의 것이며, 따라서 이를 정부라는 별도의 주체로 하여금 담당하게 할 수밖에 없는 것이다.

2) 근대적 공공서비스

자본주의 초기 단계에서는 국가는 치안 및 국방 등 국가사회 질서 및 안정에 필요한 최소한의 역할만을 담당하는 것이 바람직하다는 견해(예컨대, **야경국가론**)가 제시된 시기가 있었다는 사실은 누차 강조된 바 있다. 근대경제학의 시조라 일컬어지는 스미스는 **자유방임주의**를 제창하면서 재산권 설정에 근거하여 자유로운 경제활동이 보장된다면 보이지 않는 손에 의해 사적 이익과 공적 이익이 잘 조화된다고 보았던 것이다.

그러나 자본주의의 폐단이 증폭되고 시장의 자율적 기능만으로는 해결할 수 없는 20세기 초기의 세계적 대공황을 겪으며 정부의 적극적 역할이 강조되기 시작하였다. 즉, 정부는 사익집단의 이해조정 및 시장실패요인 제거는 물론 공공욕구의 충족 및 국민복지 향상을 위해 능동적으로 기능해야 한다는 것이다. 결국 20세기의 자본주의는 시장경제의 문제점을 보완하고 공공재 공급을 확대함으로써 비효율성과 불평등을 개선해 나가는 **혼합경제체제**가 일반화된 시기라 볼 수 있다. 이상과 같은 세계적인 자본주의의 변천과정 속에, 특히 저개발을 탈피하고 고도성장을 통해 근대적 산업국가로 발돋움하기 위해 노력해 온 개발도상국에서는 경제발전 및 성장전략의 선정에 있어 매우 강력한 정부의 역할을 강조해 왔다.

국가가 제공하는 두 번째 공공서비스로는 시장경제의 실패를 시정(예컨대, 빈부격차 완화 또는 독과점의 시정 등)하거나 경제발전을 능동적으로 선도하는 일, 그리고 복지사회를 구현하는 일 등을 들 수 있다.

이상에서 우리는 근대 시민국가에서의 정부는 경제개발 및 발전과 같은 경제효율성 제고를 위한 시장개입은 물론 복지개선 등과 같

한국 정부지출의 특성

한국 정부의 재정지출 내용의 특징과 변천내용을 살펴보면 다음과 같다. 첫째, 2000년도의 총재정규모는 1962년 대비 약 1,126배에 달할 정도로 계속 팽창되어 왔다. 그러나 같은 기간중 GDP가 약 1,466배 증가한 점을 감안하면 상대적 증가율은 하향안정세를 견지한 것으로 볼 수 있다.❶

그런데 이러한 재정규모의 급격한 팽창은 아시아의 대다수 개발도상국에서도 찾아볼 수 있는 현상으로, 이는 정부가 경제발전을 주도하는 방식의 성장전략을 운용해 온 데 기인하는 것이다. 하지만 한국의 경우는 경제개발계획이 실시되기 시작한 1960년대 초에 일반 정부지출의 대GDP 비중이 최고조에 달하였고, 그 후 1990년대 중반까지 대체로 그 수준 이내에서 약간의 기복을 나타내며 안정된 수준을 기록하였다.❷ 이는 해방 초기부터 시작해서 한국전쟁을 치르고 또 전후복구 과정을 거치면서 이미 재정규모가 급팽창해 왔다는 역사적 특수성에 기인하는 특성이라 할 수 있다. 따라서 한국에서의 재정규모 확장은 경제발전 목표 이외에 전쟁수행 및 복구 그리고 해방 초기의 경제·사회적 안정유지 등에도 기인한다 볼 수 있다.

둘째, 한국의 재정지출은 남북분단이라는 특수사정 때문에 국방비의 비중이 매우 커서 1970년대에는 지출항목 중 제1위를 차지하였다.❸ 이러한 특수성을 제외할 경우 여타 아시아 주요 개발도상국과 마찬가지로 경제개발비가 가장 큰 지출항목이 되어 왔다. 뿐만 아니라 교육 및 일반행정에도 집중적인 재정지원을 투입하는 이른바 개발재정의 역할을 충실히 담당하여 사회개발부문이 상대적으로 희생되고 말았다.

셋째, 경제개발과 관련된 지출은 주로 정부의 자본축적기능 강화에 초점을 맞추어 왔는데, 재정지출의 1/4~1/3 정도를 매년 자본지출에 배분하였고 재정투융자는 사회간접자본 등에 50% 이상, 그리고 광공업에 20~30%를 배분함으로써 공업화 내지 공업화 기반 조성에 역점을 두었다.

넷째, 이상과 같은 재정지출구조, 즉 개발재정구조는 1980년대 이후에 커다란 변모를 보이게 된다. 즉, 국방비와 경제개발비의 비중이 크게 준 대신 교육과 사회개발비 비중이 크게 신장되어 1980년대 말에는 이들 4개의 지출항목 비중이 각각 20% 수준을 기록하였다.

이러한 재정지출구조의 변화는 1990년대까지의 고도경제성장 결과 민간부문의 자립적 성장의 기틀이 마련되어 개발재정 역할이 축소될 수 있는 여건이 조성된 데 기인한다. 한편, 선성장·후분배 그리고 인플

❶ 그러나 1997년 외환위기를 거치면서 이를 수습하기 위한 정부지출이 증가하였고, 통합재정지출의 2006년도 대GDP 비중은 24.3%를 기록하게 되었는데, 이는 1995년도의 비중인 18.0%를 훨씬 상회하는 수준이다. 결과적으로 재정수지 흑자폭은 줄어들고 있는 추세를 보이고 있는 반면, 국가채무는 증가하는 추세를 나타내고 있다. 국가채무의 대GDP 비율은 2000년 19.2%에서 2006년 33.4%에 이르고 있다.

❷ 그러나 이러한 자료만으로 한국의 재정운용이 반드시 보수적이었다거나 건전하였다고만 볼 수는 없다. 오랫동안 국유화 상태에 있었던 금융기관을 통해 자금을 활용하여 온 역사적 사실이나 막대한 준조세 규모를 감안할 경우 결코 한국의 공공지출 규모가 하향안정적이라고만 볼 수는 없기 때문이다.

❸ 1960년대에는 경제개발비 비중이 다소 컸으나 월남전 패망 이후 국방이 대폭 강화되기 시작한 1970년대부터는 국방비의 비중이 오히려 커졌다.

레적 성장을 우선 목표로 삼아 온 1970년대까지의 성장전략이 빈부격차 확대 등 분배의 왜곡현상을 초래하여 사회적 갈등과 마찰이 증폭되어 왔는바, 정부가 사회개발에 관심을 두지 않을 수 없었다. 그러나 이때까지도 사회보장적 지출은 매우 저조하였고 1990년대 중반에 와서야 점차 확대되기 시작하였다.

다섯째, 한편 지속적인 경제발전에 힘입어 평균수명이 늘어남에 따라 인구의 노령화 현상이 가속되고 있고, 생활수준의 향상에 걸맞는 연금 및 의료보험제도 확립과 실업대책 등 사회안전망 정착 등에 이르는 복지적 재정지출이 급증할 전망이다.[4] 따라서 차후 재정지출 내용상의 구성비 변화가 예상될 뿐만 아니라 절대적 지출규모 자체의 증대도 예견되고 있다.

이상과 같이 확인된 한국 재정지출구조의 특성을 종합평가해 보면 적극적 투융자를 통한 SOC 및 투자기반 조성, 그리고 기간산업 육성 등 개발재정적 특성이 강하며, 이는 관주도적 공업화를 통한 성장정책이라는 목표를 달성하는 데 그친 소극적 운용이라 볼 수 있다. 따라서 경기조절이나 소득분배, 사회개발 및 보장 그리고 복지행정을 위한 보다 능동적이고 적극적인 역할은 최근에 이르기까지 상대적으로 미흡할 수밖에 없었다.

❹ 실제로 우리나라 복지재정 지출규모는 2002~2007 기간중 연평균 10.1% 비율로 증가하였고, 총재정지출 중 복지재정지출의 비중은 2004년도에는 22.5%, 그리고 2007년도에는 25.9%까지 상승하였으며, 2030년경에는 40%에 이를 것으로 전망되고 있다.

은 경제적 형평성 제고를 위한 주도적 기능을 담당하는 주체가 되고 있음을 확인할 수 있었다. 따라서 이러한 정부의 근대적 공공서비스 제공을 위한 정부지출은 경제발전단계가 성숙되면서 그 비중이 점차 확대되어 가는 특징을 갖고 있다. 반면, 전통적 공공서비스 제공을 위한 정부지출의 비중은 점차 줄어들게 되었다.

이상과 같은 공공서비스 제공을 위한 정부지출 내용의 규모변화와 특징을 한국의 경우를 중심으로 살펴보면 별도 자료와 같다(박스기사 내용 참조).

(2) 공공재

1) 공공재의 특성

일반적으로 일정 조건이 충족될 때 완전경쟁시장은 효율적인 자원배분을 가져다 준다. 그러나 그 조건들이 충족되지 못하면 완전경쟁시장하에서도 비효율적인 자원배분이 초래된다. 이를 흔히 **시장실패**(market failure)라고 한다. 자세한 내용은 제13장에서 다루어질 것이지만 시장실패가 나타나는 주 요인으로는 불완전경쟁, 외부성 그리고 공공재의 존재를 들고 있다.

공공재란 사회구성원 전체의 공동소비 내지는 사용을 위해 생그런데 공공재(public goods)의 존재는 결과적으로는 시장실패에서처럼 비효율적 자원배분을 초래한다. 그 이유는 공공재가 비경합성(non-rivalry)과 비배재성(non-excludability)이란 특성을 갖기 때문이다.

산 · 공급되는 재화나 서비스라고 정의할 수 있다.

그런데 왜 이러한 **공공재**(public goods)가 시장실패, 즉 비효율적 자원배분을 초래할까? 일반적으로 공공재란 다음 두 가지 특성을 갖는다.

- **비경합성**(non-rivalry)
- **비배제성**(non-excludability)

비경합성이란 한 사람이 그것을 소비하더라도 다른 사람이 소비할 기회가 전혀 줄어들지 않는 특성을 말한다.

그리고 비배재성이란 대가를 치르지 않는 사람도 소비를 금할 수 없다는 특성을 말한다.

비경합성이란 한 사람이 그것을 소비하더라도 다른 사람이 소비할 수 있는 기회는 전혀 줄어들지 않고 남아 있게 되는 특성을 말한다. 그리고 비배제성이란 공공재의 사용에 대한 대가를 치르지 않는 사람도 소비에서 배제시킬 수 없는 특성을 일컫는다. 반면에 배제성과 경합성을 모두 갖고 있는 사적 재화(private goods)의 경우 대가를 치르지 않고서는 소비할 수 없을 뿐만 아니라 한 사람이 소비하면 다른 사람은 소비할 수 없는 특성을 가지고 있어 공공재와는 상반된 특성을 지니고 있다.

비배재성은 얼핏 들으면 보다 많은 사람에게 혜택이 돌아가는 바람직한 특성처럼 생각되지만, 이는 공공재의 가격이 '0'이 됨으로 인해 시장가격에 의한 자동조절기능을 통해 자원이 효율적으로 배분되는 원칙에 정면 배치되는 것이다.

얼핏 보기에 공공재란 결국 많은 사람에게 혜택이 돌아가는 바람직한 특성을 갖는 재화로 인식할 수 있다. 그러나 문제는 아무런 대가도 치르지 않고 자유롭게 소비할 수 있도록 허용한다는 것은 공공재의 시장가격이 '0'이 된다는 의미가 되어 문제가 있다.[5] 따라서 더 이상 시장가격의 자동조절기능을 통해 효율적 자원배분을 달성할 수 없게 되는 것이다.

이러한 현상을 무임승차라 한다. 문제는 이처럼 비배제성을 갖는 공공재를 정부가 얼마나 공급하는 것이 바람직한가에 대해 적절한 비용 · 편익분석이 선행되어야 한다는 점이다.

한편, 공공재의 가격을 책정하더라도 비배제성 때문에 책정된 가격을 지불하지 않은 사람도 소비를 못하게 할 수는 없다. 이 경우 대가를 지불하지도 않고 다른 사람들의 부담으로 생산된 공공재를 무료로 소비하는 결과가 초래될 수 있는데, 이를 **무임승차자**(free rider) 문제라고 한다. 결국 공공재 생산에 따르는 부담은 전적으로 정부가 지는 수밖에 없게 된다. 그렇다면 이러한 특성을 갖는 공공재를 과연 얼마만큼 생산 · 공급할 것인가 하는 문제가 발생될 것이다. 이는 공공재 공급에 따르는 비용과 편익을 비교하는 이른바 **비용 · 편익분석**(cost-benefit analysis)을 통해 이루어져야 하지만, 분석에 필요한 가

[5] 이때 소비의 비경합성 때문에 한 사람을 더 공공재 소비에 참여시키는 데 따르는 한계비용은 '0'이 된다. 한계수입에 해당되는 가격 또한 '0'이 될 수밖에 없다.

무임승차자

일반적으로 비경합성과 비배제성을 갖는 공공재는 이를 소비함으로써 이득을 볼 수 있음에도 불구하고 이에 대한 대가를 지불하지 않는 경우가 있다. 이를 무임승차라 부르며, 이와 같은 무임승차를 한 사람을 **무임승차자**(free rider)라 한다.

예컨대, 우리나라에서 국군의 날을 맞아 에어쇼를 한다고 하자. 이 쇼를 어느 한 사람이 관람한다고 해서 다른 사람이 보지 못하는 것은 아니다. 또한 에어쇼를 관람하는 사람에게 관람료를 징수할 수도 없다. 에어쇼란 매우 넓은 지역에서도 관람이 가능하므로 일정 지역에 관람료를 내고 들어갈 필요가 없기 때문이다. 이처럼 서비스를 소비하여 만족을 얻으면서도 그에 대한 대가는 지불하지 않아도 되는 경우를 무임승차라 일컫는 것이다.

그런데 이와 같이 무임승차가 발생하는 재화나 서비스를 제공하는 측은 많은 경비가 발생하므로 아무런 대가도 받지 않고 이러한 서비스를 공급할 민간부문은 존재할 수 없다. 결국 정부가 불특정 다수 주민들의 즐거움 내지 복지를 증진한다는 차원에서 경비를 들여 제공할 수 있는 공공재의 경우라야 무임승차를 허용할 수 있을 것이다.

공유자원

공공재는 아니지만 부분적으로 유사한 특성을 갖는 재화로 공유자원을 들 수 있다. **공유자원**(common resources)이란 경합성은 있으나 배제성이 없는 재화를 의미한다. 예컨대, 강이나 바다의 어자원, 깨끗한 공기와 물, 자연자원 등이 이에 속한다. 누구든 강이나 바다에서 아무런 대가를 치르지 않고 고기를 잡을 수 있고, 아무도 이러한 공유자원을 소비 · 사용하는 데 대한 대가를 요구할 수는 없다.

그러나 일부 사람들이 공유자원을 사용할 경우, 다른 사람들은 사용할 기회를 그만큼 잃게 된다는 점, 그럼에도 불구하고 그에 대한 보상을 받지 못한다는 문제가 발생한다. 결국 공공재는 아니지만 일종의 외부효과를 발생시키는 비효율성이 초래되므로 공공재와는 다른 차원에서 정부의 개입이 필요해진다.

이상과 같은 특성을 갖는 공유자원은 일반적으로 과다하게 소비되어 결국 고갈될 위험에 처하게 되는데, 이러한 현상을 **공유자원의 비극**(tragedy of common resources)이라고 한다. 깨끗한 물과 공기가 오염되고 지하자원과 삼림이 고갈되거나 황폐화되는 현상이 이에 속한다.

이러한 현상을 억제할 수 있는 방안의 하나로 제기된 것이 **피구의 조세**(Pigou tax)이다. 이는 공공자원의 사용자에게 조세를 부과하여 일정한 비용을 전가시킴으로써 공유자원 소비를 억제하기 위해 고안된 정책의 하나이다. 또는 세금을 부과하는 대신 사용빈도(예컨대, 하루 어획량 한도책정 등)나 시기를 억제하는 방안을 활용할 수도 있다.

이러한 정책은 일면에서 보면 공유자원에 대한 가상의 재산권을 공공부문(정부)에 부여하여 행사하도록 함으로써 사유재산권의 경우에서와 같이 시장가격기능을 일부 회복시키려는 정책적 특징을 갖는 것이다.

격정보가 전혀 존재하지 않아 추정에 의존할 수밖에 없다는 문제가 있다.

02 소요자금 조달과 조세

(1) 의미와 의의

이상에서 살펴본 국가의 경제행위에 소요되는 재원을 조달하기 위한 조세의 부과는 지배세력이나 주도세력이 담당해 오다가 국민 모두가 주인이 되는 근대 시민사회에 이르러서는 모든 국민이 조세부담을 감당하게 되었음은 전술한 바 있다.

우선 조세의 본질과 근거에 관한 제반 논점을 정리해 볼 때, 결국 조세란 지배단위집단(국가)이 공동경비의 충당 및 지배력 유지를 위해 감당해야 할 비용이고, 따라서 지배단위집단의 일부(또는 전부)가 지배체제 및 지배력 유지를 위해 해당 경비를 부담하는 일은 지극히 당연한 일이라 할 수 있다. 이러한 측면에서 볼 때 결국 조세는 지배 내지 주도세력이 감당해야 할 재정경비적 성격을 아울러 띠게 된다.

국가가 필요로 하는 경비와 내용은 시대에 따라 변하지만, 조세부담은 고대 노예제의 경우나 중세시대까지도 (일부)지배층(만)이 자발적으로 부담하여 왔으며 근대에 이르러서야 전 국민이 국가의 공동경비를 부담하게 되었다. 이는 근대 조세국가에서 전 국민이 지배자 내지 주인이 된다는 의미를 갖는다.

그런데 노예제시대나 중세시대의 경우 비록 공동경비를 지배계층이 부담하였다 하나 이는 생산도구(및 자산들)의 소유와 관련한 지배력 행사를 통해 피지배계층에 대한 일방적 착취(부역노동 및 노예노동 포함)를 기반으로 이루어진 것이다.[6] 단, 중세에 이르러서는 토지소유 내용의 변화에 따라 경영방식이 달라졌고, 체제유지를 위한 경비는 지대징수 형식으로 조달됨에 따라 효율성이 제고되는 시기를 맞았다.[7] 물론 근대에 이르러서는 모든 국민이 국가경비를 함께 부담하되 형평성과 편의성 등을 감안하여 직·간접세제도를 활용하게 되었다.

이러한 관점에서 보면 조세는 고대 노예체제하의 일방적 수탈단계에서 중세 봉건제도하의 일부 독립적 경영에 대한 허용대가로, 그리고 근대 시민국가 성립 후의 근대적 자유와 사유에 대한 허용대가로 그 성격이 변모한 것으로 이해할 수도 있다. 여하튼 여기서 중요한 것은 이러한 변모과정에서 조세부담방식과 내용은 국민경제의 효율성과 형평성 제고 그리고 인권 및 복지수준이 개선되는 방향으로

❻ 예컨대, 고대에는 지배단위집단의 물질적 기초는 정복·피정복 지배관계에서 발생한 공납에 많이 의존하였다.
❼ 제3장 참조.

조세제도

조세제도(tax system)는 각 나라의 재정 · 경제 및 문화 그리고 역사적 · 사회적 여건에 따라 변화 · 발전하여 왔다. 예컨대, 근세 이후만을 보면 중상주의시대에는 간접세 중심, 자유방임경제시대에는 수익세 중심, 그리고 제1차 세계대전 이후에는 간접세 강화를 수반하는 소득세 중심으로 개편되었다고 볼 수 있다.

현대의 조세체계는 국가에 따라 다소 상이하겠으나 기본적으로는 재산 및 소득에 부과되는 소득세계통, 지출이나 지출대상에 부과되는 지출세계통, 그리고 소득과 지출을 연결하는 유통과정에 부과되는 유통세계통으로 이루어진다.

그러나 정작 현대 조세체계에서 가장 큰 고려사항으로 부각되는 것은 직접세와 간접세의 비중 배분문제라 할 수 있다. 전통적으로는 직접세에 중점을 두는 것이 바람직하다는 견해가 주류를 이루어 왔고, 특히 누진소득세를 적용할 것을 권고해 왔다. 그러나 자본축적 및 이에 근거한 경제개발에 주력하는 개발도상국의 경우에는 간접세 의존율이 상대적으로 컸다.

진전되었다는 사실이다.[8]

한편, 근세에 성립된 자본주의 국가는 일반국민이 주가 되는 주권국가이며, 따라서 주도세력인 일반국민이 모두 조세를 납부하되(**국민개세주의**) 그 업무를 관료로 하여금 관장하게 하지만 국민의 대표기관에 의해 제정되는 법률에 의해서만 조세를 부과할 수 있는 **조세법률주의**를 채택함으로써 근대 조세국가가 성립되었다. 이 시기에 이르러 형식적으로 지배계층과 피지배계층 간의 차이가 사라지게 되며, 모든 국민이 주도세력을 구성하게 되는 이른바 민주주의가 정착되었다는 점이 강조될 필요가 있다.

그리고 이처럼 근대 시민국가에서 국민 모두가 조세를 부담하는 원칙을 국민개세주의라 하는데, 그 사용은 국민의 대표기관인 국회가 제정한 법률에 의해서만 가능하도록 제도화되었다(조세법률주의).

근대에 이르러서는 조세는 야경국가적 기능에 필요한 경비 또는 전통적인 공공재 재원조달기능 외에 자원배분, 분배균등 그리고 경제안정에 이르는 복합적 기능을 담당하기에 이르렀다. 예컨대, 조세부과방식에 따른 민간과 공공부문 간의 자원배분기능과 부의 불평등 시정을 위한 소득재분배기능은 물론 경제안정에 미치는 효과까지 근대 조세정책의 주 관심사가 된 것이다.

그런데 근대적 조세는 공공재 재원조달기능 외에 자원의 효율적 배분이나 분배균등 그리고 경제안정 및 경제발전 등에 영향을 미치는 등 실로 다양한 기능과 역할을 갖게 되었다.

그런데 한국의 경우에는 조선 후기부터 나타난 자본주의 맹아현상은 상공업 발달의 미숙으로 완만한 변화에 그쳤고, 동학혁명에 의해 시민혁명의 계기가 마련되었으나 외세의 개입으로 새로운 체제의 출현으로까지는 이어지지 못하고 말았다. 결국 근대적 조세제도는

[8] 한국의 경우에도 원시 및 고대시대에는 지배계층(만)에 의해 국가공동경비가 조달되었고(피지배계층에게는 인두세적 조세가 부과됨), 전쟁 또한 자유민 이상의 지배계층만이 참여하였던 사실이 확인될 수 있었으며, (고구려 후기 및) 통일신라시대에 이르러 비로소 대다수 인구를 차지하는 일반민들을 대상으로 이들이 국가로부터 분여받아 독립적으로 경작한 토지의 생산량 차이에 따라 조세를 부과하는 3등호제 및 9등호제 그리고 결부제가 도입되면서 동양적 중세시대가 도래하였다.

일제가 자신의 지배상의 편의를 위해 이식시키는 방식으로 정착되고 말았다. 따라서 시민혁명이 철저하게 이루어진 국가에서처럼 국민들의 의식이 강력하고 철저한 조세법률주의나 재정민주주의를 정착시키는 데 미치지 못하게 되었다. 바로 이러한 역사적 특성으로 인해, 예컨대 조세부담의 불공평성이 심화되는 간접세 중심의 조세체계가 쉽게 자리잡게 된 측면도 있다.

(2) 조세부과의 기준

비록 국가가 민간부문이 공급할 수 없는 공공서비스와 시장실패를 시정하기 위한 자금을 확보하기 위해 조세를 부과하지만, 조세란 결국 자금을 민간부문 납세자로부터 정부로 이전시키는 행위에 해당한다.

그렇다면 이러한 기능과 특성을 갖는 조세는 어떤 기준하에 부과되어야 할까? 물론 총론적인 차원에서 볼 때 조세제도는 궁극적으로 효율성과 형평성을 제고할 수 있도록 운용되어야 할 것이다.

이러한 조세제도를 도입 · 운영할 경우 일반적으로 효율성과 공평성이라는 두 가지 기준이 고려된다. 즉, 조세는 가능한 한 이로 인해 발생하는 비용요인을 극소화할 수 있는 효율적 운영체계와 공평성이 유지될 수 있는 부과방식을 고안해 내는 일이 선결과제라 할 수 있다. 그리고 효율적인 세제란 결국 경제주체들의 의사결정을 왜곡시키는 경제적 순손실과 조세제도를 운용하는 행정비용을 가능한 한 낮출 수 있는 제도라 하겠다.[9] 조세로 인해 발생하는 경제적 순손실에 대해서는 제6장에서 상세히 설명하였으므로 이 곳에서는 설명을 생략하기로 한다.

한편, 조세란 불가피하게 경제적 순손실을 초래할 뿐 아니라 민간부문의 의사결정에 다양한 영향을 미친다. 예컨대, 근로소득세를 인상하면 근로의욕이 저하되어 노동공급이 위축될 수 있다. 따라서 근로소득세 인하가 근로의욕을 고취시키는 폭이 크게 나타나면 총노동공급의 증가가 뒤따르게 되고, 결국 조세수입이 오히려 증가할 수도 있다는 래퍼곡선(Laffer curve)이론이 한때 각광을 받기도 하였다(제2장 참조).

이와 관련하여 최근 제기되고 있는 소득세의 소비세로의 전환문제,

여기서 최근 논란이 되고 있는 소득세의 소비세로의 전환문제를 잠시 고려해 보자. 일반적으로 소비세는 간접세로서 재화 및 용역의 판매과정에 부과되는 정률세, 즉 부과되는 세율이 일정한 세라는 특

⑨ 조세행정비용은 납세자가 각종 과세자료의 기록 및 보관 그리고 계산하는 노력, 또한 절세를 위해 쓰는 돈(세무사비, 변호사비)과 시간 등을 포함하는 개념이다.

성을 갖는다. 따라서 동일한 재화 및 용역을 구매하는 한(예컨대, 소주 구매) 자신의 소득수준과 상관없이 누구나 똑같은 세금을 내는 제도이다. 따라서 소득분배를 악화시킬 가능성이 높은 세제이다.

반면, 소득세는 소득수준에 따라 세율을 차등적용함으로써, 즉 능력과 여유가 있는 사람에게 더 많은 세금을 부과함으로써 형평을 개선시키는 세제라 볼 수 있다. 그러나 소득세는 근로의욕을 저하시킬 뿐 아니라, 예컨대 이자소득세가 오르게 되면 저축의욕이 저하되는 등의 문제를 유발한다. 따라서 소득발생시에는 일체 세금을 물리지 않고 소득이 소비로 이어질 때만 조세를 부과한다면 소비지출은 줄고 저축은 증대될 수도 있다. 바로 이러한 이유를 들어 소비세 위주의 세제개편을 주장하는 논리가 주목을 받게 된 것이다.

한편, 최근에는 모든 세금을 없애고 환경세 형식으로 소비세를 하나로 통합운영하면 조세의 효율성은 물론 환경보존효과가 동시에 이루어질 수 있다는 주장이 제기되기도 하였다. 소득세나 재산세가 폐기되면 소비자들이 체감하는 세후 실질소득이 증대되어 근로의욕이 고취될 수 있을 뿐만 아니라, 복잡다기한 간접세제(특별소비세나 사치세 등)가 환경세로 통합되어 판매가격에 귀속됨으로써 간접세제가 단순화될 수 있어 조세행정비용이 절약될 수 있다는 논리에 근거한 것이다. 물론 공해배출이나 환경오염이 큰 산업제품세는 무거운 환경세가 부과되고 판매가격이 상승하여 그 수요가 줄어들게 되므로, 결국 생산이 위축되고 환경은 개선되는 효과가 발생할 수 있으리라 예상할 수 있다. 이러한 논리를 가상적 실험을 통해 분석한 결과, 환경세가 오히려 기업의 투자를 활성화시켜 실업을 구제함으로써 심지어는 분배의 개선으로까지 연결될 수 있다는 결론이 도출되어 관심을 끌기도 하였다. 간접세가 형평을 개악시킨다는 일반적 논리에 정면으로 반하는 흥미 있는 연구결과라 할 수 있다.

그리고 모든 소비세의 환경세로의 전환방안 등은 세간의 주목을 받아 왔다.

조세란 이상과 같은 다양한 효과를 미치므로 조세제도를 도입함에 있어 다음과 같은 원칙을 준수하도록 권고하고 있다.

이러한 조세의 다양한 효과 측면을 고려하여 근대의 조세제도는 대체로 징세비 절약을 위한 편의의 원칙과 수혜받는 혜택의 크기를 반영하는 편익의 원칙, 그리고 능력에 따라 차등 부과하는 능력의 원칙 등이 근간을 이루고 있다.

- **편의의 원칙**(convenience principle): 징세비를 절약하는 등 조세행정비를 극소화할 수 있도록 조세제도 및 유형을 선정한다는 원칙이다. 간접세란 소득배분효과에는 역행하지만 징세비를 절약할 수 있는 효율적 세제임에는 틀림이 없다.

- **편익의 원칙**(benefits principle): 경제주체들이 정부가 제공한 공공서비스로부터 누리는 편익의 크기에 따라 세금을 부과시킨다는 원칙이다. 공원 입장세, 영화관람시 부과되는 문예진흥기금, 공공고속도로 통과세 등처럼 공공서비스 사용빈도에 따라 과세하는 경우가 이에 해당한다.
- **능력의 원칙**(ability-to-pay principle): 세금을 부담할 수 있는 능력에 따라 세금을 차등적으로 부과한다는 원칙이다. 보다 높은 소득을 가진 사람들은 치안과 국방 등 공공서비스로부터 보호받는 것의 편익도 상대적으로 크다고 보면 편익의 원칙이 암묵적으로 동시에 적용된다고 볼 수도 있다.

그런데 능력의 원칙과 관련하여서는 고소득층에 보다 높은 세율을 적용하는 누진세제도가 대종을 이루어 왔지만, 과연 이것이 궁극적으로 사회적 형평을 개선시킬 수 있는지에 대해서는 최근에 많은 의문이 제기되고 있다.

그런데 능력의 원칙은 오히려 공평성 측면에 주안점을 두고 접근할 필요가 있다. 예컨대, 능력에 따라 차별화된 세금을 부과하는 것이 바람직하다고 보는 이른바 **수직적 공평성**(vertical equity) 개념은 바로 이러한 원칙에 근거한 것으로 이해할 수 있다. 이는 세금부담능력이 비슷한 사람들에게는 세금을 비슷하게 부과해야 한다는 **수평적 공평성**(horizontal equity) 개념이 아울러 고려되기도 한다.

여하튼 그렇다면 수직적 공평성을 유지할 수 있는 구체적 방법은 무엇일까? 첫째, 소득의 크기에 비례하여 조세를 부과하는 **비례세**(proportional tax)를 들 수 있다. 그리고 둘째로는 고소득층일수록 보다 높은 세율을 적용하는 **누진세**(progressive tax)를 생각할 수 있다. 통상 근로소득세는 누진세제도를 채택하고 있지만, 과연 이것이 반드시 사회적 형평을 개선시키는 결과를 가져온다는 보장은 없다. 지나친 세율은 (특정 기업 경영자들의)근로의욕을 저하시켜, 신규 투자가 위축될 경우 실업률이 높아짐으로써 사회적 형평이 개악될 수도 있기 때문이다.[10]

특히, 소득이 일정 수준 이상이 되면 적용세율이 크게 높아질 위험성이 큰 소득수준의 근로자들은 누진세 적용에 매우 민감해질 것이 자명한 일이다. 이러한 사유로 인해 미국 등에서는 근로소득세도 간접세처럼 누진세 대신 비례세로 전환하자는 주장이 제기되고 있다.[11] 한편, 고소득층일수록 낮은 세율을 적용하자는 **역진세**

[10] 여기서 세금부담능력이란 가처분소득 중에서 의료비, 보험료, 자녀교육비 등의 일정 비율을 차감한 소득규모로 해석할 수 있다.

[11] 비례세율의 적용은 단일세율의 소득세라고도 불린다. **단일세율**(flat rate)**소득세**의 적용은 각종 공제항목(각종 기부금, 주택구입자금,

(regressive tax)가 반드시 사회적 형평을 개악시킬 것이라는 확증은 없으나, 그렇다고 소득분배를 개선시킨다는 가능성은 더욱 희박하며 사회구성원들의 정서에도 반하므로 실제로 채택된 사례는 찾아보기 어렵다.

(3) 조세의 효과: 조세귀착과 경제적 순손실

조세가 부과될 경우 소비자와 생산자 잉여를 합한 사회순이익이 감소하는 경제적 순손실이 발생한다는 사실은 제6장에서 확인한 바 있다. 그런데 세금의 부과는 수요와 공급에 영향을 미치고 균형가격 또한 변하게 되므로 과세대상자, 즉 조세법상 납부의무자 이외의 사람들에게도 영향을 미친다. 그러므로 조세의 수직적 · 수평적 공평성은 이러한 파급효과까지를 함께 고려하여 평가해야 할 것이다.

한편, 조세부과는 제6장에서 살펴본 바와 같이 궁극적으로 순사회이익을 감소시킨다. 뿐만 아니라 과세대상자에 대한 부담이 다양한 형태로 전가된다. 따라서 앞서 제시된 조세부과 3원칙도 이러한 점을 함께 고려하여 운용될 필요가 있다.

예컨대, 소득이 높은 사람들이 고가의 카펫을 주로 구입하므로 높은 세율을 적용하여 수직적 공평성을 높이려 하였다고 하자. 높은 세율 때문에 부자들이 카펫의 구입을 줄이는 대신 대리석이나 고급 목재 바닥재로 거실을 꾸미게 되었다면, 카펫의 판매량은 줄었지만 다른 사치재의 판매가 증가되는 결과가 초래될 것이다. 카펫을 만드는 사람들은 부자가 아닌데도 수요감소로 타격을 받게 되는데, 이는 수직적 공평성이 개선된 것으로 볼 수 없게 되는 결과라 할 수 있다.

한편, 법인세란 기업을 법적으로 자연인처럼 간주하여 과세대상으로 삼는 세금이라 할 수 있다. 개인들에게 부과되지 않아 자칫 자신들에게는 아무런 손실이 발생하지 않는다고 생각할 수도 있다. 그러나 법인세는 결국 법인의 주주, 종업원 그리고 소비자에게 그 부담이 귀착된다는 사실에 유념할 필요가 있다. 법인세 부과는 이윤 · 투자 · 노동수요 등의 감소 등을 유발할 것이기 때문이다.

융자이자 상환액 등)을 폐지할 수 있어 과세기반이 확대되는 효과가 나타날 수 있다. 따라서 **한계세율**(과세표준금액, 예컨대 소득액이 증가되면서 마지막 단위소득 증가로 인해 적용받게 되는 세율)이 낮아지고 경제효율성이 증대될 수도 있다는 주장이 제기되었다. 또한 단일세율소득세는 조세행정비용을 줄일 수 있고, 극단에는 개인소득세와 법인세를 모두 통폐합하여, 예컨대 기업이윤에 대한 이중과세도 철폐할 경우 논리상으로는 기업의 투자 및 생산활동이 크게 진작될 가능성이 있다. 에스토니아가 1994년에 단일개인소득세율을 적용한 이후(단, 면세점 이상 소득자에 한정함) 경제가 활성화되자 라트비아, 러시아, 슬로바키아 등이 뒤를 이어 채택함으로써 주목을 받은 적도 있다. 그러나 이러한 사실은 사회주의에서 최근 시장경제로 전환한 국가들의 경험이므로 이것을 일반화시키기는 어렵다.

(4) 한국 조세제도의 특징

한국에서 근대적 조세행정의 기반이 조성된 것은 1966년경이며, 1970년대에 이르러 종합소득세제 중심의 직접세와 부가세제 중심의 간접세제가 도입됨으로써 현대적 조세체계를 갖추게 되었다.

해방 직후는 물론 한국전쟁을 겪는 기간중에는 **세제**, **세정**, **세원** 등의 기반이 지극히 취약하여 1953년까지도 GNP 대비 조세부담률은 5% 수준에 머물렀고 정부수입 중 조세의 비중은 한국전쟁 이전인 1948년에는 28.2%, 그리고 1949년에도 15.9%에 불과하였다. 따라서 필요한 재정지출의 대부분을 원조와 한국은행으로부터의 차입, 즉 화폐발행을 통해 충당해 왔다. 그러나 1949년 7월부터 약 7차례에 걸친 세제개혁을 거치면서 세제 및 세정이 근대화되었고, 세원 또한 확대되면서 적어도 1970년대 이후부터는 건정재정원칙이 고수될 수 있을 만큼 재정자립도가 증대되어 왔고, 1990년대 들어서는 조세부담률이 20%대에 육박하게 되었다.[12]

이러한 과정에서 1960년대 이후 시행된 세제개편 중 주요한 내용을 보면 다음과 같다.

- 1961년: 직접세보다 간접세 중심의 세제로 전환시키되 특히 소비세를 크게 인상시킴.
- 1966년: 국세청 설립으로 조세행정의 근대화 기반을 조성함.
- 1967년: 개발재정 토대를 더욱 강화하기 위해 개발지원 세제혜택을 확대하여 산업보호 및 지원에 초점을 맞추는 한편 소득세의 누진율 적용 및 면세점 신설 등을 통해 공평성을 도모하기도 함.
- 1971년: 개발세제의 미비점을 대폭 시정하였는데, 특히 간접세제도의 정비에 초점을 맞춤.
- 1974년: 종합소득세 신설함.
- 1976년: 부가가치세제를 도입시켜 간접세의 중심적 세금으로 자리매김을 하였음.

그런데 경제개발계획에 의해 경제성장이 정부주도적으로 추진되던 단계에서의 한국의 조세는 경제개발 주도부문에 대한 각종 세제혜택을 부여하는 이른바 개발세제라는 특성을 갖는다.

이상과 같은 세제개편의 변화 추이에서 확인할 수 있듯이, 적어도 1980년대까지의 세제는 한 마디로 **개발세제**라 규정할 수 있다. 개발세제는 경제개발 주도부문을 중심으로 조세감면 등 각종 세제혜택을 부여하는 것을 주 내용으로 하여 왔고, 대신 필요한 조세수입은 조세저항이 적은 간접세비중을 지속적으로 증대시켜 충당하는 방안

[12] 잠정적이나마 2002년에는 조세부담률이 23%에 육박하였고, 2003년도에는 20%를 상회하는 수준에 머물렀으나 2004년 이후에는 다시 20% 이내 수준에서 안정되었다.

을 선택한 것이다. 이러한 개발세제는 전략산업의 육성 및 투자촉진과 수출증대는 물론 자본의 축적 및 형성에 기여한 것은 사실이다.

이러한 개발세제는 자본의 축적, 투자촉진, 전략산업 육성 및 수출증대에는 기여하였으나 세원의 감소와 이를 보충하기 위한 간접세제 강화, 그리고 자본가 위주의 혜택 부여 등으로 인해 소득불평등을 초래하였다는 비판이 제기되기도 하였다.

그러나 이러한 개발세제는 기업들로 하여금 원가절감 노력, 기술개발, 경영합리화 등을 통한 경쟁력 신장 노력을 게을리하게 하고, 특히 불황기 대응능력을 취약하게 만들고 말았다. 또한 비지원대상 부문과의 격차는 물론 세원기반마저 약화시켰으며, 감소된 조세수입을 간접세로 보충해 오는 과정에서 소득불평등을 심화시키게 되었다. 더구나 재산과세가 약화되고 근로소득세 또한 면세점만 인상되어 조세에 대한 본래의 의미나 기능이 퇴색되기도 하였다. 지원대상 산업은 물론 대부분 기업들의 영업세는 명목적인 수준으로 축소되어 버렸고, 재산세 및 고소득계층의 소득세마저 유명무실해지면서 세금은 그저 무지랭이 같은 일반근로소득자들이나 꼬박꼬박 내는 것으로 인식되었다. 심지어 기업들의 탈세가 일반화되어 문제가 생길 때마다 세무사찰을 통해 응징하는 관행이 정착되면서 세금은 마치 일종의 벌금이나 징벌로 인식되기도 하였다. 이상과 같은 점을 감안할 때 최근 들어 자주 제기되어 온 선진 복지국가 건설을 위해서는 조세부담을 제고할 필요가 있다는 단순논리는 보다 면밀히 검토될 필요가 있다.

한국이 지극히 짧은 기간 동안 해방 초기의 사회혼란과 한국전쟁을 수습하고 고도성장을 성취할 수 있었던 원동력의 하나는 국내저축 확대를 통한 내자동원체제와 재정자립기반을 조속히 조성할 수 있었다는 데에서 찾을 수도 있다. 특히, 전통적인 차원에서나마 재정적자 폭을 최대한 억제하면서도 필요한 개발재정지출을 감당해 나갈 수 있었던 것은 특기할 만한 정책능력이라 볼 수도 있다. 그러나 한국의 소득세는 임금근로자 위주로 징수되어 왔고, 1970년대 후반까지 전체 임금근로자의 2/3 이상이 면세점 이하 소득그룹에 속할 만큼 저소득 수준에 머물러 왔던 점을 감안할 때 과연 어떻게 지속적으로 조세부담률만 늘려 나갈 수 있을 것인가 하는 문제에 의문이 제기될 수 있다.⑬

⑬ 물론 최근에는 소득세 부과 및 소득별 적용률이 많이 개선되었는바, 예컨대 2006년도 귀속소득세율은 다음 표와 같다.

세율표(2006년 귀속)

과세표준	세율(%)	누진공제액
1,000만 원 이하	8	0
1,000만 원 초과	17	80만 원
4,000만 원 초과	26	450만 원
8,000만 원 초과	35	1,170만 원

따라서 선진 복지국가 건설을 위한 조세부담률의 인상을 추진하기에 앞서, 그간 수직적 또는 수평적 형평성 원칙에 어긋나게 운영되어 온 세제를 개편하고 동시에 세원을 확대하는 노력이 우선적으로 경주되어야 할 것이다.

고액소득그룹인 자유직 업종 종사자나 기업영업소득, 그리고 재산소득 등에 대한 세원이 감면조항 확대 및 면세혜택 등으로 오히려 담세율이 저조해 온 사실을 정확히 인식하여 이의 시정을 수행하는 것이 선결과제라 할 수 있다. 이는 세원의 포착은 물론 공평과세원칙에도 필수적인 과정이라 할 수 있다.

한편, 역진성이 강한 간접세 비중을 줄이고 누진적 소득세제를 확충하여 재산세기능을 대폭 확대해 나갈 필요가 있다. 그리고 각종 특혜제도를 철폐하여 **조세중립성**을 견지하고 세무행정을 향상시키되, 특히 법정영수증 사용의 정착을 통해 **거래실명제**를 유지하는 일은 차후 조세정책이 시현해 나가야 할 주요 과제임과 동시에 이 과정에서 복지재정에 필요한 수입은 단순한 세율조정 없이도 얼마든지 확충될 수 있다는 사실에 유념할 필요가 있다.

여하튼 해방 이후 1950년대 말까지는 부흥세제→전시세제→부흥세제 식으로 조세정책이 운용되었으나 특기할 만한 변화는 없었다. 그러나 1960년대에 들어서면서부터 근대적 세제가 확립되었고 개발재원 확보를 위한 자립재정이 동시에 추진되기에 이르렀다. 1970년대는 자본감세정책을 주축으로 적극적인 자본축적을 촉진하기 위한 세제가 도입되었다. 바로 이러한 이유 때문에 한국의 조세·재정정책의 기본적 특징은 자본편향적이라고 규정되고 있다(자본축적 촉진을 위한 배분적 효율에 우선순위가 두어졌고, 조세부담 배분의 공평성은 재원조달을 위한 세제개혁의 구실에 그침). 여러 정책수단들이 대자본 중심으로 전개되어 구조적 불균형과 취약성을 동시에 초래하였는바, 예컨대 간접세 중심 세제는 대중의 조세부담을 강요함으로써 대중의 실질소득 저하 내지 강제저축을 통한 자원동원 역할을 수행한 것으로 평가된다(소비세 중심의 불공평한 조세구조로 귀결하였고, 조세부담 배분의 성격은 대중과세 강화로 나타남).

1990년대 들어 경제안정을 위해 세제합리화와 사회복지정책이 실시되는 전기가 마련되었다. 그러나 총체적으로 보아 1960년대 이후의 빈번한 세제개편의 1차적 목표는 경제성장 촉진을 위한 수출, 투자 및 저축의 촉진에 두어졌고, 그 결과 각종 유인제도(예컨대, 자본축적기에 확대되어 온 소득과세에 있어서의 광범위한 비과세 내지 감면정책)와 조세우대제도로 인해 과세기반(tax base) 및 세원은 크게 침식되어 협소해졌다. 따라서 일정 세수를 위해서는 높은 명목세율을 유지해야 하였고, 불공평한 부담, 광범위한 탈세 등을 초래하였다.

결국 지난 40여 년간 소득개편에 있어 자본주의 조세의 기본 기능인 소득재분배기능은 중요성이 부여되지 않아 조세부담의 형평성 제고보다는 소득재분배기능 약화를 초래한 것으로 평가된다. 물론 최근 금융실명제나 토지세제 그리고 토지실명제의 도입 등으로 다소 개선되기 시작한 것도 사실이다.

한국 조세정책 추이와 평가 및 제안

본문에서와 같은 조세의 의미와 기능의 인식, 그리고 한국에서의 조세정책 추이에 대한 평가를 바탕으로 향후 지향할 발전방향으로 다음과 같은 의견이 제시되기도 하였다.

우선 조세란 지배계층이 지배단위(또는 국가)가 필요로 하는 공동경비를 부담하는 것으로 이해할 필요가 있다. 물론 국가의 성격과 위상에 따라 부담방식과 내용이 변모되어 온 것은 사실이지만 근대 조세국가 성립 이후 조세제도의 기본은 실질적 주권자로 등장한 국민들이 국가활동에 필요한 비용을 지원하되 그들의 대표기관이 제정한 법적 절차를 통해서만이 과세할 수 있도록 제한하는 것이라 할 수 있다(**조세법률주의**). 즉, 현재의 조세는 지배자에 의한 착취나 징벌이 아니라 주권자들이 공동이익을 위해 필요한 국가활동을 지원하는 '국가활동 지원금'이라는 점이다. 따라서 조세를 마치 벌칙의 부과방식으로 활용한다든가, 의회의 인준도 없이 정부나 지방자치단체의 장이 자의적으로 새로운 조세를 만들어 내는 일은 절대로 용납되어서는 안 될 것이다. 또한 각종 공과금이나 수수료의 성격을 띠는 세금도 조세의 본질상 가납될 수 없는 것인바, 가능한 한 개편되어야 할 것이다.

조세의 의미를 이상과 같이 인식할 경우 주권자인 국민 또한 조세에 대한 정당한 의무감과 능동적 참여의식을 바탕으로 조세제도 및 정책에 대하여 적극적인 의사표현을 피력해야 할 것이다. 그리하여 조세는 경제의 효율성과 형평성이 제고될 수 있도록 운용되어야 한다는 인식하에 국민 모두가 납부하되(**국민개세주의**) 주권자의 권익이 제대로 반영될 수 있도록 조세행정의 민주화를 정착시켜 나가야 할 것이다.[14]

둘째, 국가의 위상 및 정부의 역할은 계속 변모되어 왔다. 개발도상국들이 경제발전 초기 단계에서 하부구조 내지 사회간접자본 확충의 필요성을 들어 정부의 강력한 역할을 신봉해 온 것이 사실이다. 그러나 일정 수준 이상의 발전을 이룩한 나라에서는 정부의 역할이 점차 축소되는 것이 바람직한 정책기준으로 인식되고 있다(경제이론 측면에서도 재정정책이 강조되던 케인즈 경제학이 쇠퇴하고 작은 정부가 중시되는 사조가 부각되고 있음).

결국 정부는 자본주의적 모순 내지 시장실패 시정이나 복지증대를 위한 제도가 점차 완비되면서 그 역할이 축소조정되는 것이 바람직한 것으로 분석되고 있는데, 특히 이른바 '정부의 실패'로 불리는 부패, 특혜 및 불법소득 등으로 인한 불공평과 비효율성이 '큰 정

[14] 조세행정 및 절차의 민주화와 관련하여 수정신고기간의 연장, 사후구제 청구권 실질적 보장, 납세고지 전 구제제도 강화 등이 꾸준히 거론되어 왔다.

부 역할의 시대'를 배척하는 주 원인이 되고 있음을 간과해서는 안 될 것이다.

셋째, 조세의 기능은 단순히 공동비용을 부담하던 차원에서 다양한 경제정책효과를 도모할 수 있는 도구로서 활용될 수 있는 것으로 변모되었다. 따라서 경제적 효율성이나 형평성은 물론 경제안정 및 발전에 대한 효과를 감안해서 연관된 정책이나 조세수단과 동시에 연계시켜 조세개혁을 도모해야 할 것이다.

예컨대, 재정수입 확보와 공채정책 간의 관계, 재정제도, 그리고 금융정책 등을 동시에 고려하여 최적세수, 세출 및 조세체계를 규명해야 하며, 이를 위해 최적의 정부역할 규명이 필수적이라 하겠다. 특히, 현재 한국은 지방화와 국제화, 정보화와 노령화 그리고 환경 및 삶의 질 개선에 초점을 맞추며 21세기를 주도할 경제체제 구축에 심혈을 기울이고 있다. 지식 · 정보산업이 주도적 역할을 담당할 것이란 21세기에는 공공교육과 기업의 연구개발, 그리고 노사관계의 중요성이 더욱 더 부각될 것이며, 따라서 정부의 역할과 조세의 기능은 이와 더불어 개편되어야 할 것이다.

넷째, 조세가 국가가 필요로 하는 공동경비를 주권자인 국민 전부가 부담하는 것이라면 과연 어떤 원칙하에 부담하는 것이 공평하고 효율적인가 하는 점이 우선적으로 고려되어야 할 것이다. 물론 국민 모두가 세금을 부담한다는 '국민개세주의'가 원칙으로서 받아들여져야 할 것이고, 다음으로는 사람들이 갖고 있는 능력과 국가로부터 받은 혜택의 정도가 고려되어야 할 것인데, 이에 대한 가장 간편한 기준은 소득수준(임금 · 지대 · 이자 · 이윤을 총합한 소득)과 재산의 크기라 할 수 있다. 여기서 재산은 소득 중 저축된 자산의 총체로 볼 수도 있고, 이는 증여나 상속이 될 수도 있다. 따라서 조세는 소득세와 재산세를 중심으로 하되 후자는 증여 및 상속세로 보완하는 정도로 단순화시키는 것이 바람직하다. 물론 물품세나 부가가치세 또는 관세 등의 간접세가 현실적으로 불가피하게 수용되어야 할 것이나 직접세 비중이 커야만 주권자로서의 위상정립 및 경제적 형평성 제고가 보다 강력하게 실현될 수 있을 것이다. 이러한 관점에서 현재 한국의 조세개편문제와 관련하여 다음과 같은 개편의 필요성을 지적될 수 있다.

① 조세체계는 단순화되어야 한다.

② 과세기반을 강화시키되 한계세율을 하향조정하여야 한다.

이를 위해 각종 불필요하고 부당한 조세감면제도를 대폭 축소시키고 지금까지 도외시해 온 세원노출을 촉진하여 조세부담의 공평성을 제고시키고 한계세율을 현실적 수준으로 조정하여 탈세 및 절세를 지양함으로써 효율성을 제고시키는 것이 바람직하다. 이러한 과정은 조세부담의 수직적 · 수평적 공평성을 보장할 것이다.

지금까지 실시된 **금융실명제**와 **부동산실명제**가 여러 가지 면에서 긍정적인 성과를 가져다 준 것은 사실이나 실명제의 최종적 완성은 거래의 실명제가 완전한 영수증 처리의 법제화를 통해 실시됨으로써 실현되리라 믿는다.

③ 한편, 선진국화에 따른 사회복지비 증가로 국민담세율이 상향조정되어야 한다는 주장은 그대로 받아들이기 어렵다. 지출구조 개혁을 논외로 한 채, 계층 간 부담의 형평성이 회복되지 못한 채, 그리고 각종 준조세문제가 해소되지 못한 채 총조세부담률 수준만을 선진국과 수평적으로 비교하여 고(高)복지 · 고부담 논리를 도출하는 것은 지극히 무책임하고 부당한 처사라 할 수 있다. 또 한 가지 사회보장분담금을 포함한 사회보장 등 이전지출을 공제한 이른바 순조세부담률은 이미 선진국 수준을 능가한 것으로 분석되고 있음에 주목할 필요가 있으며, 정부가 제공한 공공재의 양과 질적 수준에 대한 평가도 아울러 고려되어야 할 것이다.

다섯째, 현재까지 조세이론에 있어서나 현실세계의 조세개혁에 있어서 관심은 주로 특정 조세의 초과부담을 최소화하는 데 집중되어 왔다. 그러나 현실적으로 조세의 효율성 비용 외에도 나머지 징수비용, 납세자의 순응비용 및 탈세와 도세의 사회적 비용이 심대하므로, 바람직한 조세개혁을 논의하는 데 있어 효율성 비용을 제외한 나머지 유형의 비용을 모두 포함한 사회 총후생비용을 최소화하는 것이 이론적으로나 현실적으로 최적조세개혁이 될 것이다. 따라서 조세개혁은 결국 세율구조와 세목의 선택이 주가 되는 조세제도의 개혁과 조세의 징수비용, 순응비용 및 기타 사회적 후생비용을 모두 고려한 조세행정의 개혁을 조화롭게 수행하는 것을 필요로 한다.

03 정부재정 적(흑)자와 보전방안 및 경제적 효과

(1) 정부재정과 경제

제3의 경제주체인 정부도 민간부문의 가계와 기업처럼 수요 및 공급에 해당하는 경제행위를 한다. 그러나 민간부문이 효용이나 이윤극대화를 만족시킬 수 있는 합리적 선택행위를 추구하는 것과는 달리 정부는 각종 공공서비스 제공을 위해 재정지출을 요하게 되고, 이러한 정부활동에 소요되는 자금을 조달하기 위해 조세를 부과하는 행위를 한다. 따라서 조세란 공공서비스를 구매하기 위해 지불해야 할 대가라고 보기는 어렵다.

여하튼 정부는 매년 정부활동의 계획 및 이의 수행에 소요될 정부지출 재정규모를 파악하여 예산을 편성한 다음 국회의 동의를 얻게 된다. 그리고 매년 말 편성된 예산안에 근거하여 수행된 정부지출 총액과 당해 연도에 거두어들인 조세 및 재정수입 총액이 일치할 경우 정부재정은 균형을 이루게 된다. 물론 우연이 아니고서는 정부재정이 정확히 균형을 이루기는 어렵다. 통상 일반적으로 대다수 국가에서는 정부재정이 적자로 마감되는 것이 일반적 현상이다. 물론 정부재정 적자규모가 국가경제 규모(예컨대, GDP)에 비해 그다지 크지 않을 경우 이로 인한 경제적 영향은 별무할 것이다. 그러나 미국이나 1990년대 이후 일본에서처럼 재정적자 규모가 우려를 자아낼 만큼 클 경우, 이는 이들 국가가 세계경제에서 차지하는 비중을 고려할 때 자국은 물론 세계 대다수 국가에 미치는 경제적 효과가 매우 심각한 수준에 이를 수 있다.

> 이번에는 정부재정의 적(흑)자를 초래되는 상황을 검토해 보자. 우연이 아니고서는 정부지출과 조세수입 간에는 차이가 발생하는데, 대체적으로는 적자가 발생하며 상황에 따라서는 그 규모가 매우 커서 심대한 영향을 미치기도 한다.

정부의 **재정적자**는 어떤 형식으로든 메워져야 한다. 개별 가계가 일정 기간중 벌어들인 소득보다 많은 지출을 하려면 쉽게는 일가친척이나 금융기관으로부터 대출을 받아야 하는 것과 같은 이치라 할 수 있다. 그리고 기업이 벌어들인 돈보다는 지출해야 할 경비가 클 경우에는 사내에 유보시켜 두었던 이윤이 없는 한 금융기관으로부터 차입을 할 수밖에 없는 것과 유사한 경우이다. 물론 기업의 경우에는 회사채를 발행하여 일반에게 팔거나 주식발행을 통해 필요한 자금을 확보할 수도 있다. 정부의 경우도 일단 적자가 발생하면 기본적으로

> 재정적자 발생시 정부는 한국은행으로부터 차입(이는 화폐발행을 동반함)을 하거나 국채를 발행하여 민간에 판매함으로써 적자를 메우게 된다.

는 차입을 하는 수밖에 없다는 사실에는 아무런 차이가 없다.

정부가 차입할 수 있는 대상은 크게 보아 두 가지로 나눌 수 있다. 일반국민과 중앙은행이다. 정부가 일반국민으로부터 차입을 할 수 있는 방법은 국채를 발행하여 파는 방법이 있다. 이는 기업이 회사채를 발행하여 매각하는 것과 유사한 행위이다.

한편, 국채의 발행 및 매각 외에 정부가 취할 수 있는 대안으로는 **중앙은행으로부터 차입**하는 것을 들 수 있다. 그러나 중앙은행은 예금과 같은 수신업무를 통해 자금을 확보할 수 있는 조직이 아닌 이른바 무자본 특수법인이므로, 중앙은행이 정부에게 대출하여 줄 수 있는 유일한 방안은 화폐발행뿐이라 할 수 있다.

결국 정부는 **국채발행**을 통한 일반국민들로부터의 차입이나, 화폐발행을 수반하는 중앙은행(한국은행)으로부터의 차입에 의해 재정적자를 보전하게 된다(물론 예외적으로 국채를 외국에서 발행하여 팔거나 외국기관(IMF나 World Bank 등)으로부터 차입할 수도 있음).

국채발행 및 매각은 정부부채가 증가되는 현상이며, 국채가격의 하락 또는 국채할인율 인상을 초래하여 시장이자율 상승압력을 유발하는 효과를 초래한다.

그런데 문제는 대규모 국채의 발행 및 매각은 국채가격의 하락을 초래한다는 점이다. 통상 국채는 만기도래시 지급을 약속한 표시금액에서 일정 할인율을 차감한 금액을 받고 매각된다. 이때 적용되는 할인율은 국채발행 규모가 커서 공급량이 커질수록 높아질 수밖에 없다. 즉, 국채공급량 증가는 국채(판매)가격의 하락을 초래하는데, 국채판매 또는 인수가격의 하락은 결국 국채할인율이 높아지는 것과 마찬가지 의미를 갖기 때문이다.

또한 국채할인율이란 일종의 시장금리 성격을 갖는 것이어서 결국 국채할인율 상승은 시장이자율 상승압력을 유발하게 되는데, 이는 국채판매가 시중으로부터 유동성을 환수하는 효과를 주기 때문이다.⑮

물론 이러한 국채발행은 만기도래시 정부가 원금을 지불해야 하는 부채의 성격을 갖는 것이므로 현재의 재정적자를 보전하기 위해 미래의 재정지출을 증대시키는 문제를 안고 있음에 유념할 필요가 있다.

한편, 정부가 중앙은행으로부터의 차입을 통해 재정적자를 메울 경우, 이는 통화증발을 수반하므로 물가상승 압력이 촉발된다는 문

⑮ 이러한 경제적 효과 때문에 금융시장에서의 유동성을 흡수하여 긴축기조를 마련하기 위해 정부는 특별한 형태의 국채를 발행하기도 하는데, 예컨대 통화안정채권이 바로 그것이다.

제를 안고 있다.

그런데 중앙은행으로부터의 차입은 통상적으로 만기를 설정하여 차입금을 갚아 나가야 하는 의무의 이행으로 종결되지만은 않는다. 새로운 차입으로 기존 차입금을 대체할 수도 있기 때문이다. 바로 이러한 이유로 인해 특히 많은 개발도상국들이 상대적으로 부담이 적은 통화발행방식으로 재정적자를 메우는 사례가 빈번함에 따라 이들 국가에서 상대적으로 높은 인플레이션율이 기록되기도 하였다.

반면, 화폐발행을 동반하는 한국은행으로부터의 차입은 물가상승 압력을 촉발한다는 문제가 있다.

(2) 한국의 재정운용 과연 건전하였는가

한국의 재정은 대다수 개발도상국과는 달리 1950년대까지의 혼란기를 제외하고는 대체로 적자폭이 무시할 만한 수준에 머물러 건전하게 운용되어 온 것으로 평가되어 왔다. 건전재정은 정부가 지속적으로 표방하여 온 정책원칙의 하나였고, 심지어 외환위기가 발생할 당시(1997년)를 전후한 시기에도 GDP 대비 재정적자율은 1.5% 이내 수준이어서([그림 12-1] 참조) 재정부문이 위기발생 원인과는 무관하며, 따라서 재정적자 누적이 주 요인이 되어 온 중남미 국가의 외환위기와는 구분되어야 한다는 의견이 제기되기까지 하였다. 그러나 이러한 평가는 다음과 같은 사유로 보다 면밀히 검토할 필요가

그간의 한국 정부의 재정적자 규모는 상대적으로 낮아 비교적 건전하게 재정운용을 해온 것으로 평가되기도 하였다.

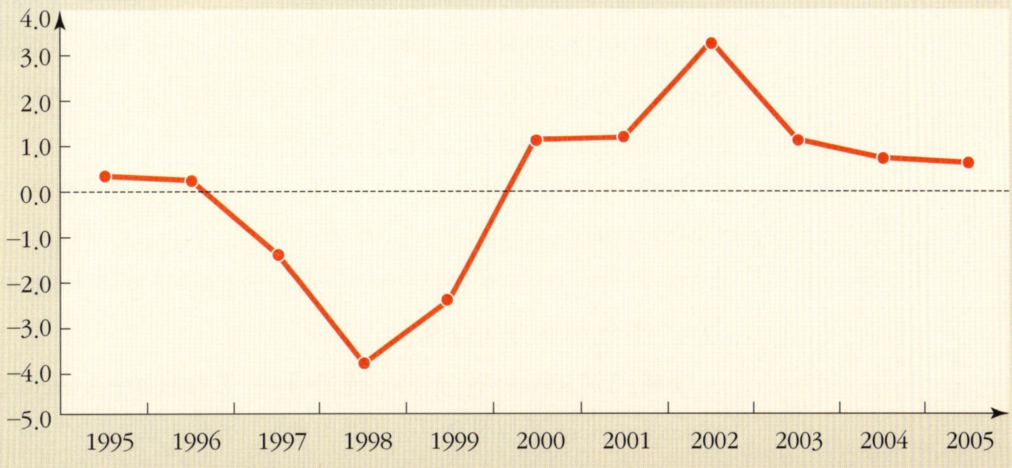

그림 12-1 GDP 대비 재정수지

한국의 GDP 대비 재정수지는 외환위기 발발시까지 대체로 안정적이었던 것으로 보고되기도 하였으나, 이는 보다 면밀히 검토할 필요가 있다는 의견이 제기되기도 하였다.

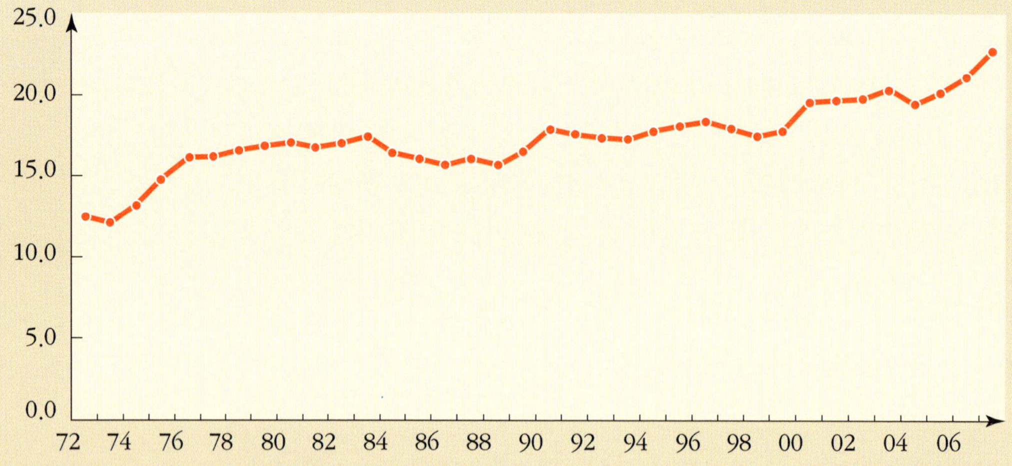

그림 12-2 총조세부담률
한국의 총조세부담률은 꾸준히 상승하여 2007년도에는 22.7% 수준에 달하고 있다.

그러나 국제적 기준인 통합재정수지 기준으로 볼 때, 또는 각종 준조세 규모를 염두에 둘 때, 그리고 재정지출 성격에 가까운 각종 특혜금융형식으로 공급된 개발자금 지급규모 등을 고려할 때 한국 정부의 재정건전성에 대한 평가는 재검토될 필요가 있다.

있다.

첫째, 급속한 재정팽창에도 불구하고 재정적자폭이 상대적으로 낮은 수준에 머무를 수 있었던 것은 고도성장 및 조세부담률의 급상승이 뒷받침되어 주었다는 사실이다. [그림 12-2]에서 일부 볼 수 있듯이, 담세율이 1953년에는 5.1%에 불과하였으나 1960년대 초반에는 9%, 1970년대 초반에는 15%, 그리고 1990년대 초반에는 평균 20%를 상회할 정도로 조세부담률이 증대되었다(물론 〈표 12-1〉에서 볼 수 있듯이 아직 OECD 평균보다는 낮은 수준이지만).

둘째, 한국의 조세자료는 지방세(local taxes)를 제외한 자료일 뿐만 아니라 이른바 준강제성을 띤 준조세(quasi-tax)의 엄청난 규모를 염두에 둔다면 실제 민간부문이 느끼는 현실적 재정부담수준은 훨씬 높은 수준에 이를 것이다.[16]

셋째, 1979년 이후 IMF가 권고해 온 **통합재정수지**(consolidated budget balance) 통계상으로는(일반회계와 특별회계 그리고 기금이 모두 포함됨) 재정적자폭이 훨씬 큰 폭으로 집계될 것이다. 더구나 한국의 재정통계는 국채발행에 따른 수입까지 포함시켜 계상함으로써 재정적

[16] 손원익, 「준조세의 실태와 정책방향」, 한국조세연구원 정책토론회 자료 98-04에 따르면, 1997년 기준으로 준조세는 조세총액의 약 16%에 해당하는 규모인 것으로 추정된 바 있음.

표 12-1 한국과 OECD의 조세부담률

(단위: %)

연 도	한 국	OECD 합계	OECD AMERICA	OECD PACIFIC	OECD EUROPE
1965		21.0	22.8	19.7	21.0
1966		21.3	23.0	19.4	21.4
1967		21.6	23.7	19.7	21.9
1968		22.0	23.8	19.3	22.2
1969		22.5	25.8	20.0	22.5
1970		22.5	25.3	20.9	22.4
1971		22.6	24.1	20.8	22.7
1972	12.4	22.3	24.7	19.2	22.8
1973	12.0	22.3	24.2	19.9	22.6
1974	13.2	22.8	25.5	21.5	22.8
1975	14.9	23.1	24.6	21.0	23.4
1976	16.2	23.6	23.9	21.7	24.0
1977	16.2	24.1	24.0	22.5	24.5
1978	16.6	23.9	23.7	22.1	24.4
1979	16.9	23.9	23.7	22.6	24.1
1980	17.1	24.2	20.7	23.1	24.9
1981	16.8	24.7	21.2	23.5	25.5
1982	17.1	25.0	21.2	24.0	25.8
1983	17.5	25.0	21.0	23.3	26.0
1984	16.5	25.1	20.9	23.4	26.1
1985	16.1	25.3	20.8	23.6	26.3
1986	15.7	25.8	20.6	24.1	27.0
1987	16.1	26.2	21.6	25.4	27.1
1988	15.7	26.2	21.1	25.1	27.2
1989	16.5	26.1	21.8	26.1	26.8
1990	17.9	26.3	22.3	26.3	26.9
1991	17.6	26.0	22.2	25.2	26.7
1992	17.4	26.0	22.0	24.7	26.8
1993	17.3	26.1	21.8	24.8	26.9
1994	17.8	26.1	21.6	25.0	26.9
1995	18.1	26.1	21.8	25.4	26.9
1996	18.4	26.6	22.1	25.1	27.5
1997	18.0	26.7	22.8	25.0	27.6
1998	17.5	26.9	22.5	24.6	27.9
1999	17.8	27.3	22.8	24.7	28.4
2000	19.6	27.5	23.1	25.5	28.5
2001	19.7	27.0	22.4	24.9	27.9
2002	19.8	26.6	21.0	25.3	27.5
2003	20.4	26.4	21.0	25.3	27.2
2004	19.5	26.5	21.0	25.7	27.4
2005	20.2	26.9	21.7		
2006	21.1				
2007	22.7				

주: 사회보장비 제외.

자료: OECD Revenue Statistics, 2007.

자가 축소되는 방향으로 산출되어 왔다는 점이 강조될 필요가 있다. GNP 대비 일반회계비중이 1953년, 1982년, 1995년에 각각 5.7%, 17.6%, 14.7%이었으나 통합회계비중은 각각 18%, 24%, 20.8%에 달하는 점을 감안하면 재정적자폭이 얼마만큼 확대될 수 있는지 가늠할 수 있다.

넷째, 그러나 재정건전성 여부에 대한 평가의 관건은 오히려 중앙집권적 관리경제를 운용하여 온 한국 정부의 특유한 재정정책의 성격을 감안하는 데 달려 있다고 본다. 현실적으로 국가가 금융산업의 철저한 지배를 통해 재정지출의 성격을 갖는 수많은 비용지출을 주도해 왔다는 사실에 주목할 필요가 있는 것이다.

다섯째, 그리고 한국 정부의 재정지출은 사회복지 및 개발 등 주요 기능 중 하나를 소홀히 해 왔을 뿐 아니라 경기대책 또한 경기역행적 방식의 운영을 일삼아 왔다는 점이 고려되어야 할 것이다.

제13장 시장실패와 정부의 역할

본장에서는 근대 자본주의 체제하에서 정부가 제3의 경제주체로서 시장에 능동적으로 참여 내지 개입하게 되는 구실을 제공해 준 이른바 시장실패의 주요 내용을 살펴보고, 이를 시정하기 위한 정부의 역할 내지 개입방안을 아울러 정리해 본다. 또한 이러한 정부개입이 경우에 따라 오히려 비효율성을 증폭시킬 수 있는 이른바 정부실패요인을 동시에 살펴봄으로써 시장실패의 시정자로서 정부역할에 종합적인 평가를 시도해 볼 것이다.

일반적으로 완전경쟁시장은 일정한 조건이 충족될 경우 자원을 가장 효율적으로 배분해 준다고 알려져 있다. 그러나 특정한 조건들이 충족되지 못할 경우 자원배분은 더 이상 효율적으로 이루어질 수 없게 되는데, 이를 **시장실패**(market failure)현상이라 한다.

본장에서는 시장실패의 주요 내용과 이를 시정하기 위한 정부의 역할 및 그 효과에 대해 살펴볼 것이다.

시장이 실패하는 가장 대표적인 요인으로는 불완전경쟁, 외부경제의 발생, 공공재의 존재 등을 들 수 있다. 그리고 시장의 실패를 광의로 정의할 경우에는 소득분배의 왜곡현상과 같이 시장의 자율적인 조정기능으로서는 시정할 수 없는 현상을 포함하기도 한다.

시장실패의 주요 유형으로는 독과점과 외부성 그리고 공공재의 존재를 들 수 있다.

독과점이나 공공재문제는 제9장과 제12장에서 자세히 다루었으므로 본장에서는 외부효과를 중심으로 시장실패문제에 대한 분석을 시도해 보고자 한다. 즉, 외부효과는 어떤 결과를 초래하며, 이에 대한 정부대책은 어떤 것이 있는지에 대하여 살펴본 후, 이와 같은 정부의 시장개입은 과연 바람직한 것인지, 만일 그렇지 못하다면 그 원인은 무엇인지 하는 문제에 관하여 논의할 것이다.

이들 중 독과점이나 공공재 문제는 이미 제9장과 제12장에서 다루었으므로 본장에서는 외부효과를 중심으로 분석하고자 한다.

01 시장실패의 유형

앞서 언급한 바 있듯이, 시장실패를 유발하는 주요 요인이며 동시에 시장실패유형이라 볼 수 있는 사항은 다음과 같이 정리할 수 있다.

- 시장실패
  - 시장기구의 기능적 결함에 기인하는 것 : 불완전경쟁(독과점시장)
  - 시장의 내재적 결함에 기인하는 것
    - 외부성
    - 공공재
  - 시장의 외재적 결함에 기인하는 것 : 소득분배 왜곡

시장의 자율적 조정기능에 의해 효율적인 자원배분이 이루어지는 것은 완전경쟁시장이 존재할 때만이 가능한 것이어서 어떤 이유로든 독·과점이나 독점적 경쟁시장이 형성될 경우 시장은 더 이상 효율적 배분기능을 발휘할 수 없게 된다. 시장의 구조적 전제조건이 깨어지면서 시장의 기능적 장애가 발생하기 때문이다. 독·과점이 초래하는 비효율성은 제9장에서 자세히 언급한 바 있어서 이 곳에서는 설명을 생략한다.

또한 공공재는 그것이 본질적으로 가지고 있는 소비의 비경합성과 비배제성으로 인해 시장가격의 조절기능이 의미를 상실하게 되고, 나아가서는 비효율적 자원배분이 초래되는 시장실패가 발생한다. 이는 시장의 내재적 특성 내지 결함으로 인해 시장이 효율적으로 작동할 수 있는 기본 조건들이 무너지게 되는 경우라 할 수 있다.

외부효과란 한 개인이나 집단의 행위가 제3자에게 의도하지 않은 혜택이나 손해를 미치나 이에 대한 대가를 지불하거나 받지 않는 상황을 일컫는다.

시장의 내재적 결함으로 인해 발생하는 시장실패요인으로 외부효과(규모의 경제 개념 포함)를 들 수 있다. **외부효과**(externalities)란 한 개인이나 집단의 행위가 제3자(bystander)에게 의도하지 않은 혜택이나 손해를 가져다 주었으나 이에 대한 대가를 지불하지도 받지도 않는 상황을 이르는 용어이다. 제3자에게 끼친 혜택이나 손해는 특성상 시장에서 사고팔 수 없는 성격의 것이라는 점에서, 즉 시장이 기능할 수 있는 영역 밖의 현상이라는 점에서 외부성(external to the market)이라는 용어가 사용되고 있다. 또한 시장의 기능영역 밖에서 발생한 현상이어서 시장가격이 형성되지도 않는다.

이러한 외부효과가 긍정적 효과를 미칠 때 이를 외부경제라 하고, 부정적 효과를 미치는 경우 외부비경제라고 부른다.

그런데 이러한 외부효과는 상황에 따라 제3자에게 의도하지 않은 혜택을 주기도 하고 손해를 입히기도 한다. 전자를 **외부경제**(external economy) 또는 **긍정적 외부효과**(positive externality), 그리

고 후자를 **외부불경제**(external diseconomy) 또는 **부정적 외부효과**(negative externality)라 부른다. 제3자에게 혜택이 돌아가더라도 그에 대한 대가를 요구하거나 받을 수 없는 경우를 외부경제, 그리고 제3자에게 의도하지 않은 피해가 발생하였는데도 그에 대한 대가를 지불하지 않는 경우를 외부불경제가 발생하였다고 한다.

대학이나 국책연구소에서 이룩한 기초과학 연구결과는 많은 사람들에게 혜택이 돌아가지만 수혜자들에게 대가를 요구할 수는 없어 외부경제가 발생하는 대표적인 사례라 할 수 있다. 반면, 차를 운전하는 사람이 배기가스를 방출하여 대기오염을 유발함으로써 많은 사람들에게 의도하지 않은 피해를 주었지만 그에 대한 대가를 치루지 않는 경우가 외부불경제가 발생하는 대표적 사례의 하나로 볼 수 있다. 대기오염에 따른 지구의 온난화나 수질오염 및 남획에 따른 생물다양성 파괴현상도 이에 해당한다.

학술기관에서 이룩한 연구결과가 수많은 산업분야에 대가 없이 파급되는 것은 외부경제의 좋은 예가 될 수 있고, 기업이 무책임하게 유발시킨 공기나 수질오염현상 등은 외부비경제의 대표적 사례라 할 수 있다.

마지막으로 시장의 외적 결함으로서 비록 시장이 정상적으로 작동하더라도 해결할 수 없는 문제가 발생하는 경우가 있다. 소득분배의 불평등현상이 이에 해당한다. 그런데 통상적으로 시장기구의 기능적 결함이나 내재적 결함으로 인해 발생하는 경우만을 대상으로 정의되는 협의의 시장실패 개념이 일반적으로 활용되고 있어 본장에서도 이러한 인식의 연장선상에서 시장실패의 문제를 접근하고자 한다. 대신 소득불평등과 같은 시장실패현상은 거시경제편에서 다루어질 것이다.

02 외부효과와 경제적 후생

외부효과란 한 사람의 행위가 제3자의 경제적 후생에 영향을 미침에도 불구하고 그에 대한 보상이 이루어지지 않는 현상이라 정의한 바 있다. 그런데 이러한 외부효과가 발생하면 자원이 비효율적으로 배분되는 경제적 후생손실이 초래된다.

그런데 외부효과가 부정적 효과를 초래하는 경우는 물론 긍정적 효과를 가져 오는 경우라 하더라도 결국 자원이 비효율적으로 배분되는 후생의 손실이 발생한다([그림 13-1] 참조).

[그림 13-1]은 재화에 대한 통상적인 수요와 공급이 상호작용하여 점 E에서 균형이 이루어지면 경제적 후생이 극대화되며, 이때 Q_0량이 거래되는 상황을 보여 주고 있다.

그런데 여기서 수요곡선은 수요자가 재화를 구매함으로써 얻을

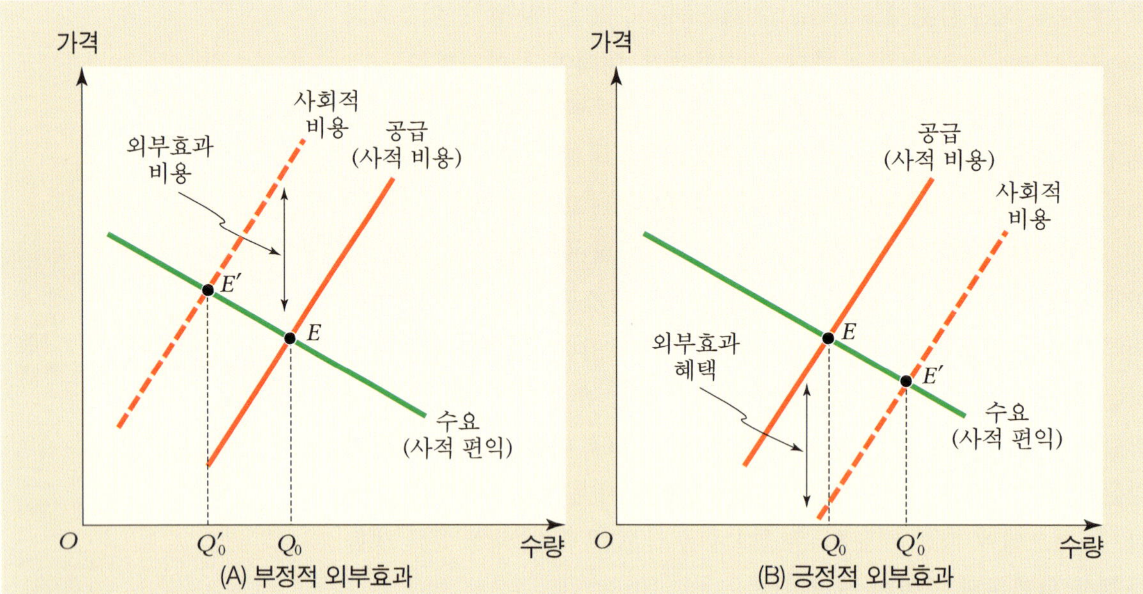

그림 13-1 외부효과

외부효과란 한 사람의 행위가 제3자에게 영향을 미치지만 그에 대한 보상이 이루어지지 않는 현상이다. 예컨대, 그림 (A)에서처럼 오염물질 발생으로 사회적 비용이 증가하는 부정적 효과가 나타날 경우 실제 시장균형은 점 E에서 이루어질 것이나 사회적으로는 오히려 점 E'이 최적선택이라 할 수 있다.

반면에 그림 (B)에서처럼 기술개발(효과의 파급)처럼 긍정적인 외부효과가 나타날 수도 있으며, 이 경우에도 점 E'이 사회적으로는 최적선택이 된다고 할 수 있다.

수 있는 효용 내지 가치 또는 편익의 크기를 나타낸다고 볼 수도 있다. 그리고 공급곡선이란 공급자의 사적 비용을 대변하는 것으로 이해할 수도 있다.

여기서 이 재화의 생산과정에서 한 단위당 일정 수준의 오염물질이 방출되는 부정적 외부효과가 발생하였다 가정하자(그림 (A) 참조). 그러나 재화생산자는 이에 대하여 아무런 비용도 지불하지 않는다. 반면에 이러한 피해를 제거하기 위해 사회적으로는 상당한 비용이 지출되어야 할 것이다. 사회적 공급함수는 사적 비용과 외부효과 비용을 함께 고려하여 작성될 필요가 있다.

물론 시장에서는 시장균형점(E)에 대응하는 Q_0가 생산될 것이다. 그러나 사회적 관점에서 볼 때에는 사회적 공급곡선과 수요곡선이 교차하는 점 E'에 대응하는 Q'_0만큼이 생산되는 것이 최적선택이라 할 수 있다.

한편, 그림 (B)에서처럼 긍정적 외부효과가 발생할 경우에는 사회적 비용은 사적 비용에서 외부효과로 인한 혜택만큼을 차감한 값과 같아진다. 예컨대, 대학이나 공공연구원에서의 기술개발에 힘입어 사적인 대가의 지불 없이 생산비용을 절감할 수 있는 긍정적 외부효과가 나타나면 사회적 공급곡선은 사적 공급곡선보다 낮은 곳에 위치하게 될 것이다. 이 경우에도 물론 시장에서는 점 E에서 균형이 이루어지고 Q_0가 거래될 것이지만, 사회적으로는 사회적 공급곡선과 수요곡선이 교차하는 점 E'에 대응하는 점 Q'_0이 생산 · 공급될 때 사회적 최적상태가 보존될 수 있을 것이다.

이상에서 우리는 외부효과 발생시 시장은 최적배분에 실패한다는 사실을 확인하였다. 그렇다면 어떻게 하여 경제적 후생이 증가하고 경제적 효율성이 제고될 수 있을까? 제일 먼저 생각할 수 있는 방안으로 외부효과비용에 해당되는 금액만큼의 세금을 부과하는 방안을 들 수 있다. 그렇게 되면 사적 비용을 반영하는 공급곡선이 세금의 크기(외부효과비용과 같은 크기)만큼 이동하여 사회적 공급곡선과 일치하게 되는 효과가 발생하므로 사회적 최적균형(E')이 달성될 수 있게 된다. 이처럼 세금을 부과함으로써 시장성과를 개선하는 것을 **외부효과의 내부화**(internalizing of externality)라 한다. 조세의 부과로 이제 생산자는 전에 부담하지 않았던 외부효과비용을 고려하여 생산량을 결정하게 될 것이다.

부정적 외부효과로 인해 발생하는 외부효과비용은 같은 크기만큼의 조세를 부과함으로써 최적균형을 달성할 수도 있다. 이처럼 세금부과를 통해 시장성과를 개선하는 것을 '외부효과의 내부화'라 한다.

그렇다면 긍정적인 외부효과에 힘입어 시장균형점(E)에서 보다 많은 생산량이 공급되는 것이 사회적 최적이라면 이를 시현시키기 위한 대안은 무엇일까? 우선 생각할 수 있는 방안으로는 정부가 긍정적 외부효과를 유발할 기술개발에 대하여 지원(보조금 지급이나 특허제도 강화 등을 통해)하는 기술정책을 들 수 있다. 그러나 파급효과보다 더 큰 비용을 들여가며 기술개발을 지원할 수도 있다는 점에 유의할 필요가 있다.

반면, 긍정적 외부효과 발생시 최적균형을 도모하기 위해서는 외부효과를 유발시킬 기술개발에 대하여 재정 및 행정지원을 제공하는 방안이 있다.

물론 민간부문에서의 외부효과가 시장의 비효율성을 초래하지만, 그렇다고 정부만이 이를 시정할 수 있다고 생각할 필요는 없다. 예컨대, 외부효과를 유발시킨 생산자(또는 소비자)가 부정적이든 긍정적이든 제3자에게 의도하지 않은 외부효과(피해 또는 혜택)를 유발시킨 경우, 피해(또는 혜택)에 대하여 보상하거나 보상받는 계약을 체결하여 이행한다면 사적 부문이 스스로 외부효과를 제거할 수도 있다. 이처럼 민간주체들이 아무런 비용을 치르지 않고 자원배분에 관한 협상을 할 수 있다면 외부효과로 인해 초래되는 시장은 비효율성을 해소하고 자원을 효율적으로

물론 외부효과로 인해 초래된 시장의 비효율성은 정부개입 대신 외부효과 유발자와 피해 또는 혜택을 입은 자 간의 보상계약을 통해 시정될 수도 있다. 이를 '코즈의 정리'라 한다.

건폐율과 일조권 분쟁

주거환경을 쾌적하게 유지하면서도 사유재산권을 최대한 보장하기 위해 정부는 주택건설 허가기준의 하나로 이른바 용적률과 건폐율을 적용하고 있다.

용적률이란 대지면적에 대한 연면적(각 층의 바닥면적의 합계)의 비율로 이를 위치에 따라 200%, 250%, 300%식으로 제한하고 있다. 한편, 건폐율이란 대지 총면적에 대한 건축면적(일반적으로 지층의 바닥면적)의 비율로 지역(녹지지역, 주거지역, 준주거지역 등)에 따라 그 한도를 차등적으로 적용하고 있는데, 예컨대 주거전용지역은 5/10, 그리고 준주거지역은 7/10 등을 초과할 수 없도록 규정하고 있다. 물론 이 밖에도 도로 및 옆 건물과 일정 거리를 유지해야 하며 주차시설도 갖추어야 한다.

어느 한 개인이 빛이 잘 드는 남향 준주거지역(용적률 300%로 가정)의 땅 100평에 다세대주택을 지으려고 위에 열거한 각종 규제를 검토해 본 결과 지층을 70평(건폐율을 70%로 가정) 이내로 하되 총 300평 건물을 지을 수 있는 것으로 나타났다 하자. 그러면 지층부터 50평 대지 위에 층별 면적이 같도록 건축할 경우 6층 건물의 건축이 가능해진다. 25평짜리 주택 12채를 지을 수 있는 것이다.

그러나 해당 부지 뒷편에 이미 기존 주택들이 오래 전부터 들어서 있고, 따라서 만일 그 앞쪽 부지에 6층짜리 건물이 들어설 경우 일조권 침해를 이유로 분쟁이 일어날 수 있는 상황이라 가정해 보자. 그리고 일조권 침해를 피하려면 5층까지밖에 건물을 지을 수 없게 되어 결과적으로 50평만큼의 주택면적을 포기해야 된다고 하자. 이 건축주가 선택할 수 있는 것은 50평만큼의 주택면적을 포기하거나 아니면 6층까지 건물을 신축하되 뒷집에 미치는 외부효과라 볼 수 있는 일조권 침해를 보상하는 방안이라 할 수 있다(물론 사진에서처럼 일조권에 피해를 끼치지 않도록 높은 층으로 갈수록 면적을 줄여 가며 지을 수도 있으나 이때 건물 활용상의 효율성은 떨어짐). 만일 일조권 침해에 대한 보상요구액이 50평만큼의 주택면적 추가확보시 예상되는 이익보다 낮다면 쌍방은 적정한 선에서 합의를 도출할 수 있을 것이다.

이처럼 민간경제주체들이 자원배분 과정에서 아무런 비용을 치르지 않고 협상을 할 수 있고, 또 외부효과로 인해 초래되는 비효율성을 그들 스스로 해결할 수 있다는 논리를 바로 **코즈의 정리**라 한다.

그러나 이해당사자들이 협상을 통해 합의를 이루어 나가는 과정은 통상 일정한 **거래비용**(**transaction cost**)을 동반한다. 쌍방 간에 밀고 당기는 이득추구 노력으로 쉽사리 합의를 도출하기란 쉽지 않을 뿐 아니라 상당 기간의 시간이 소요될 수 있기 때문이다.

배분할 수 있게 된다는 논리를 **코즈의 정리**(Coase theorem)라 부른다.

그러나 일반적으로 이해당사자들 간의 현상은 이른바 거래비용을 유발하므로 효과적으로 작동되기는 어렵다. 이런 이유로 인해 외부효과는 일반적으로 정부규제를 통해 해소시키게 된다.

그러나 민간주체들 간의 협의는 쉽게 합의되기 어려워 많은 시간과 노력 또는 중개비용이 발생하는 것이 일반적 현상이다. 결국 이해당사자들 간에 협상을 통한 합의를 도출하는 과정에서 발생하는 이른바 **거래비용**(transaction cost) 때문에 사적 대응이 효과적으로 작동하기는 어렵다. 따라서 외부효과는 정부에 의한 규제를 통해서 해소시켜야 한다는 견해가 설득력을 가질 수밖에 없다.

03 외부효과 규제방안

외부효과는 통상적으로 민간경제주체들 간의 합의로 해결되기는 어려운 특성을 가지고 있다. 따라서 정부는 이를 해결함으로써 시장의 효율성을 제고하기 위해 개입에 나서게 된다. 정부가 외부효과 시정을 위해 선택할 수 있는 개입방안은 크게 두 가지가 있다. 우선 직접규제방식에 근거한 **명령과 통제방식**(command and control policies)이 그 하나다. 이와는 달리 정부는 시장의 기능을 십분 활용하는 정책(market-based policies)에 근거하여 민간주체들로 하여금 외부효과를 스스로 시정하도록 시장유인을 제공하는 방안이 또 다른 하나이다.

정부의 외부효과 규제방안은 명령 및 통제방식과 같은 직접규제방식과 시장기능을 활용하는 간접규제방식이 있다.

(1) 직접규제

정부는 수질이나 대기오염 그리고 환경파괴 등과 같이 부정적인 외부효과 유발행위를 일정 범위 이내로 제한하거나 금지할 수도 있다. 예컨대, 서울 지역 시민의 상수도원인 남한강과 북한강 유역, 특히 양수리 근처 지역에 오폐수 발생가능성이 높은 공장이나 동물사육장, 음식점이나 호텔시설 등의 신규 건축을 규제 또는 제한하는 방안을 들 수 있다.

그런데 부정적 외부효과 유발행위를 제한 또는 금지하는 등의 직접규제방식은 관리·감독상의 어려움과 이해집단의 반대 등으로 인해 실효를 거두기 어렵다.

또한 독성이 있는 화학물질을 상수도원에 투기하는 행위를 범죄로 규정하고 이를 제재할 수도 있다. 그러나 이러한 규제를 통한 외부효과의 해소는 현실적으로 어렵다. 우선 이러한 오염배출행위를 감시하는 일이 결코 쉽지 않다. 수질정화장치의 설치 및 운영이 영세업체들에게는 큰 부담이 될 것이므로 오폐수 발생을 일정 수준 이내로 유지할 것을 강요하기가 어려울 뿐 아니라, 대기업들도 비용을 줄이기 위해 특히 큰 비가 올 때를 틈타 오폐수를 방류하기 일쑤이지만 이를 효율적으로 감시하기란 매우 어렵기 때문이다. 또한 각종 위락시설(음식점, 호텔 등)이나 공장의 증설은 한강 상류지역 지방자치단체의 재정수입과 밀접한 관계가 있어 서울시민들의 상수원 보호만을 위해 자신들이 일방적으로 희생당하는 정책에 반대하기 일쑤인 점도 **직접규제**를 통한 외부효과의 해소방안이 효율적인 성과를 가져오기 힘든 사유로 지적할 수 있다.

오염배출권의 매매

경제발전에 따라 국민들의 소득이 증가하면서 환경에 대한 관심이 날로 높아지고 있다. 따라서 정부는 오염발생을 줄이기 위해 피구세와 같은 교정적 조세를 부과하거나 심지어는 통제를 통해 직접규제에 나서기도 한다. 교정적 조세부과와 같은 간접규제가 직접규제에 비해 현실적이고 효율적인 방안이라 알려져 있다는 사실은 전술한 바와 같다. 그런데 이와는 별도로 이른바 오염배출권 거래제도를 통해 오염을 억제하는 방안이 활용되기도 하고 있다. **오염배출권제도(tradable permit system)**란 정부가 발행한 오염배출권을 업체에 배분하고 그 한도 내에서만 오염배출을 허용함으로써 일정 지역의 오염물질 배출총량을 일정 수준 이내로 제한하는 제도이다. 따라서 어느 업체가 허용된 배출량을 초과하는 생산활동을 하려면 정부나 다른 기업으로부터 배출권을 사야 한다.

이 제도는, 예컨대 오염관리를 잘 하는 우수업체들로 하여금 허용된 배출량 중 미사용분을 마치 일반상품처럼 판매할 수 있도록 함으로써 오염관리 우수업체에 대한 간접적 지원효과를 줄 뿐 아니라 나아가서는 오염발생을 경쟁적으로 줄여 나가려는 경쟁을 유발시키는 효과를 줄 수도 있다. 이는 다분히 자유시장원리에 근거한 오염억제방안으로, 교정적 조세보다도 시장원리에 더욱 충실한 대처방안이라 볼 수도 있다. 미국의 경우에는 1993년부터 시카고 선물거래소에서 오염면허라는 일종의 오염배출권이 거래되기 시작하였다. EU의 여러 나라들도 2005년부터 오염배출권을 공개시장조작을 통해 거래할 수 있는 제도를 출범시켰다. 앞으로 교토 의정서에서 시작된 국제환경협약의 보다 구체적인 성과를 얻을 경우 오염배출권의 국제 간 거래도 활성화될 수 있을 것이다.

(2) 간접규제

따라서 직접규제보다는 민간부문의 사적 이익추구 동기에 영향을 미칠 수 있는 간접규제방식이 주로 활용된다. 예컨대, 조세를 부과하거나 보조금을 지급하는 방안을 들 수 있다.

정부가 통상적으로 외부효과를 해소 또는 완화시키기 위해 그 성과가 의문시되는 직접규제보다는 민간부문의 사적 이익동기에 일정한 영향을 미칠 수 있는 **간접규제**를 주로 사용한다. 즉, 외부효과가 부정적인 경우 이를 억제하기 위해 조세를 부과하고, 반면 외부효과가 긍정적일 경우에는 이를 장려하기 위해 보조금을 지급하는 정책을 들 수 있다.❶

1) 피구세

부정적인 외부효과를 억제하기 위해 세금을 부과하는 방식은 피구(A. Pigou, 1877~1959)에 의해 최초로 제창된 바 있어 이를 통상 **피**

❶ 최근에는 (긍정적)외부효과에 관한 많은 연구들이 완전경쟁이 아닌 독점이나 독점적 경쟁하에서 다루어지고 있어 주목을 받고 있기도 하다.

구세(Pigovian tax)라 부르기도 한다. 피구세는 예컨대 부정적 외부효과에서 비롯된 사회적 비용을 외부효과 발생주체에 부과할 수 있도록 고안된 일종의 **교정적 조세**(corrective tax)의 성격을 갖는다.

부정적 외부효과 억제를 위해 부과되는 교정적 조세를 '피구세'라 부르기도 한다.

교정적 조세는 마치 일정 수준의 오염물질을 배출할 수 있는 권리를 부여하고 그에 대한 대가로 조세를 부과하는 것과 같은 의미를 갖는 것이라고 비판하는 사람도 있다. 그러나 이때 부여된 조세의 수입으로 오염을 제거할 수 있을 뿐만 아니라 직접규제에 비해 실질적으로도 외부효과를 효율적으로 제어할 수 있는 정책이라 보는 것이 정당할 것이다. 또한 일정 수준 이상의 오염물질 발생업체를 원천적으로 설립할 수 없도록 하는 직접규제와는 달리, 피구세는 상당 수준의 조세를 징수함으로써 이러한 업체들로 하여금 친환경적인 기술을 개발하도록 유도하는 효과를 가져다 주기도 한다는 점에 주목할 필요가 있다.

뿐만 아니라 일반적인 조세부과는 경제적 순손실을 초래하는 것으로 귀착되지만(제6장 참조), 피구세는 부정적 외부효과를 제거함으로써 사회적 후생을 개선하여 최적의 상태로 환원시키는 효과를 갖는다는 점을 강조해 두고 싶다.

나날이 오르는 원유가와 이에 따른 교통비 부담증가로 휘발유 등 자동차 유류값을 내려야 한다는 주장들이 신문지면을 차지하는 현상은 어제 오늘의 일이 아니다. 그러나 유류세는 일종의 교정적 조세의 성격을 띠는 것으로 (자가)운전을 억제함으로써 원유사용의 억제는 물론, 교통혼잡 완화 및 대기오염 감소를 유도할 수 있는 특성을 갖고 있다. 또한 자동차 제조업자들로 하여금 줄어드는 자동차수요를 막기 위해 연비를 높이고 환경오염을 줄일 수 있는 효과를 유발할 수도 있다.

2) 보조금

한편, 긍정적 외부효과를 창출하는 행위가 있다면 이로부터 발생되는 사회적 편익을 증대시키기 위해 정부가 인센티브(incentive)를 제공함으로써 이를 독려할 수도 있다. 예컨대, 정부가 신기술의 발명이나 보다 효율적인 생산방식의 채택, 또는 친환경적 제품의 고안 등과 같이 긍정적 외부효과를 유발하는 행위에 대하여 보조금을 지급하는 행위가 이에 해당한다. 이때 보조금의 크기는 창출된 긍정적 외부효과의 사회적 편익을 감안하여 책정될 것이다. 예컨대, 연

한편, 긍정적 외부효과의 경우는 보조금 지급 외에도 한시적 독점권을 부여하는 특허권제도와 같은 인센티브를 제공하는 방안이 있다.

구 · 개발을 촉진하기 위해 새로운 기술개발의 경우 일정 기간 동안 특허권을 부여하기도 하는데, 이는 긍정적 외부효과를 창출하는 행위에 대한 한시적 독점권을 부여하는 효과를 갖는다.

04 정부실패

그런데 이러한 정부의 시장개입이 당초 의도한 성과는 제대로 달성하지 못하거나 오히려 사태를 악화시킬 수도 있다. 이러한 현상을 '정부의 실패'라고 한다.

우리는 자주 자유경쟁에 근거하는 시장경제가 가장 효율적이지만, 이른바 시장실패가 발생할 경우 정부의 개입이 필요하다는 논리를 전개하여 왔다. 그렇다면 과연 정부개입은 시장실패를 항상 효율적으로 시정할 수 있을까? 시장실패에 대한 정부의 대응방안은 전술한 바 있듯이 통제와 명령에 근거하는 직접규제와 시장원리에 근거하여 조세를 부과하거나 보조금을 지급하는 간접규제가 있다. 그런데 정부가 이러한 정책은 당초 의도하였던 성과를 제대로 달성하지 못하는 경우가 있으며, 심지어는 정부개입이 사태를 더 악화시키는 결과를 초래하기도 한다. 이러한 현상을 **정부의 실패**(government failure)라고 하는데, 그 주된 원인은 다음과 같다.

(1) 관료제도의 문제점: 부패

정부실패 발생의 근본원인은 관료제가 갖는 비효율성이다.

정부실패가 발생하는 것은 정책입안시 제한된 정보에 근거할 수밖에 없는 현실이나 정치적 과정에서 이해집단들의 영향력 행사 등에 기인하기도 한다. 그러나 정부실패의 본질은 바로 **관료제**(bureaucracy)가 갖는 비효율성에 있다.

근대 시민국가에서 관료 또는 흔히 공무원이라 불리는 사람들은 주인인 국민의 종(따라서 공복, public servant라고도 함) 또는 대리인으로서 국민의 이익을 위해 봉사해야 하는 주체라 할 수 있다. 그러나 일반적으로 관료조직은 정치적 통제력을 장악함으로써 국민의 이익이나 자유보다는 자신들의 권익을 먼저 챙기려는 성향을 갖고 있다. 그리고 이러한 성향이 지나칠 경우 이는 공직부패로 이어질 것이고, 나아가서는 경제적 효율성과 국가경쟁력을 저하시키는 촉매제가 된다는 문제점을 안고 있다.

그리고 이것이 지나칠 경우 공적 부패로 이어진다.

부패란 인류역사와 더불어 시작된 동서고금을 막론한 현상이다.

표 13-1 부패의 유형

유형	형태	주요 수단
민간으로부터의 수뢰	• 규제법규 재량권과 결부된 수뢰 • 선별적 특혜와 관련된 뇌물 • 각종 인허가 업무 관련 수뢰 • 각종 세금담합 • 공공사업 하청과 관련된 수뢰 • 관권을 이용한 사업추진 및 원활화와 관련된 수뢰 • 관권악용 수뢰	• 음란물, 마약 등의 처벌과 사법권의 재량적 운용에 대한 사례 • 급행료 • 공문서 위조 등
공금의 사용화	• 공금유용 및 착복 • 공공재의 사용화 • 각종 국가수입의 포탈	• 특정 기금의 불법사용, 공문서 위조에 의한 포탈(허위출장비, 비용청구서 등의 작성), 가공공무원이나 이중취업 등에 의한 공금의 불법사용 • 공공물자의 불법시장매각 • 정치자금으로의 불법이용, 관세 등의 세금포탈, 전매사업이익금 등의 포탈
기타	밀수, 관직독점, 생산수단 및 경제력 독점, 족벌주의 등에 의해 발생되는 부패	

이러한 부패는 일반적으로 민주주의가 미정착된 후진국에서 더 극심하게 나타나기도 한다. 그러나 부패란 근본적으로 독점적이고 배타적인 재량권을 갖는 중앙집권적인 정부와 이에 의해 강력한 권력을 가진 관료계층의 권위주의적 행태에 기인하는 것이라 할 수 있다.

특히, 부패는 중앙집권력이 강한 국가에서 극심하게 나타난다.

이러한 시각에서 볼 때 부패는 공직자와 민간부문의 연계나 상호작용(interaction)이 있는지 여부에 따라 크게, ① 민간으로부터의 수뢰 형태를 띠는 부패와, ② 공금의 사용화 형태를 띠는 부패로 나누어 볼 수 있다. 즉, ①은 관직과 관권을 이용한 관료 및 관료집단의 민간으로부터의 **수뢰현상**(bribery)이고, ②는 공금의 유용 및 착복 등과 같은 **공금의 사용화 현상**(misappropriation)이라 할 수 있다(〈표 13-1〉 참조).

부패에는 인허가나 공권력의 집행과 관련하여 민간으로부터 수뢰를 받는 유형과 공금을 유용하거나 사용화하는 유형이 있다.

첫 번째의 경우는 관료집단이 갖는 선별적 재량권의 경제적 가치로 말미암아 특혜를 받고자 개인이나 민간기업이 담당관료에게 뇌물을 제공하는 형태이며, 정경유착의 정도가 심한 국가에서 보편적으로 공공연하게 행해지는 현상이다. 즉, 특정 사업권이나 수입품목의 확보나 취득 그리고 독점권 유지를 위해서, 또는 막대한 자금을 지원받기 위해 뇌물을 수여하는 경우에 뇌물을 받은 관료들은 특정 개인이나 기업에 특혜를 제공하거나 은행에 대출압력을 가하여 자금

첫 번째 유형의 부패는 정부의 선별적 재량권 행사에 따른 경제적 가치로 말미암아 특혜를 받고자 하는 개인이나 단체가 담당관료에게 뇌물을 제공하는 경우에 해당된다.

정부규제와 경제적 효율성

1994년 10월 21일 성수대교가 무너졌을 때, 그리고 1995년 6월 29일 삼풍백화점이 무너져 수많은 인명을 앗아 갔을 때, 대다수 언론은 도대체 정부가 어떻게 관리 · 감독을 하였기에 이러한 일이 벌어졌는가 하며 차후 유사사태 발생을 미연에 방지하기 위해 건축 관련 관리 · 감독을 더욱 철저히 할 것을 주문하였다. 그러나 엄밀하게 보면 이 두 구조물들이 부실공사로 축조된 가장 큰 원인은 극도로 복잡한 인허가 과정 및 각종 규제를 통과하기 위해 노력하는 과정에서 이미 거금의 뇌물성 자금이 공여되어 실제 건축에 투입할 자금이 부족해져 버렸고, 급기야 안전불감증까지 가세되면서 부실공사가 이루어졌다는 것이 중론이었다. 즉, 지나친 정부규제와 이에 따른 부패가 근본원인을 제공하였다는 것이다.

한편, 2007년 한국과 미국 간에 FTA 협상이 타결되면서 전경련이나 상공회의소 등 기업단체들에서는 미국에 대한 시장개방에 앞서 ① 미국에는 없으나 한국에만 존재하는 규제(출자총액제한제도 등), ② 미국보다 과도하거나 비합리적인 규제(자동차 배출가스 규제 등)를 철폐하여 한국 기업이 역차별로 인한 피해를 입지 않도록 해달라는 주장이 제기된 바 있다.

이들은 지나친 규제가 국제경쟁력을 저하시키는 주원인을 제공하고 있다고 보고 장단기 규제개혁 대상과제를 작성하여 정부에 제공하기도 하였다. 물론 이들의 요청은 기업의 입장을 최우선적으로 고려한 것이고, 국가마다 여건과 발전단계에 따라 상이한 규제가 필요할 수도 있는 것이어서 이들의 요구가 모두 정당하다고 볼 수는 없다. 그러나 적어도 이제부터는 문제가 제기된 각종 규제를 경제적 편익분석을 통하여 면밀히 검토하며 개혁해 나가는 노력이 절실해 보인다.

을 지원하는 형태로 부패가 이루어지게 된다.

두 번째 유형은 제도가 문란하고 정정이 불안할수록, 그리고 정부의 중앙집권력이 강화될수록 증가되는 특성이 있으며, 비자금 조성 및 해외도피 그리고 정치자금으로의 유용 등이 있다.

두 번째의 경우, 즉 공금의 사용화 현상은 제도가 문란하고 정치 · 사회적 불안정이 심화될수록, 그리고 무엇보다도 정부의 중앙집권력이 강화될수록 그 정도가 심해져 급기야 전체적인 관료집단이 아닌 절대권력자를 중심으로 범죄행위의 형태로 행해지게 되어 사회적 문제를 보다 심각하게 만든다. 과거 한국의 부패사례를 돌이켜보면 절대권력자나 그 하부구조인 고위관직자들의 일부가 강력한 권력을 기반으로 비자금 조성 및 해외도피, 정치자금으로의 유용의 형태로써 부패를 행한 적이 허다하였다. 특히, 이러한 형태의 부패는 정치적 타락으로 이어져 건전한 경제 · 사회윤리를 저해하여 사회적 질서와 기강을 문란하게 함으로써 경제 · 사회의 위기를 불러일으킬 수 있다.

이러한 부패의 발생은 효율성과 형평성 모두를 저하시키는 것으로 분석되고 있다.

부패가 국민경제에 미치는 영향에 대하여 다양한 견해가 제시된 바 있으나 대부분의 분석결과는 부패가 미시적 측면이나 거시적 측면에서 모두 효율성을 저하시키고, 소득분배의 불평등을 심화시켜

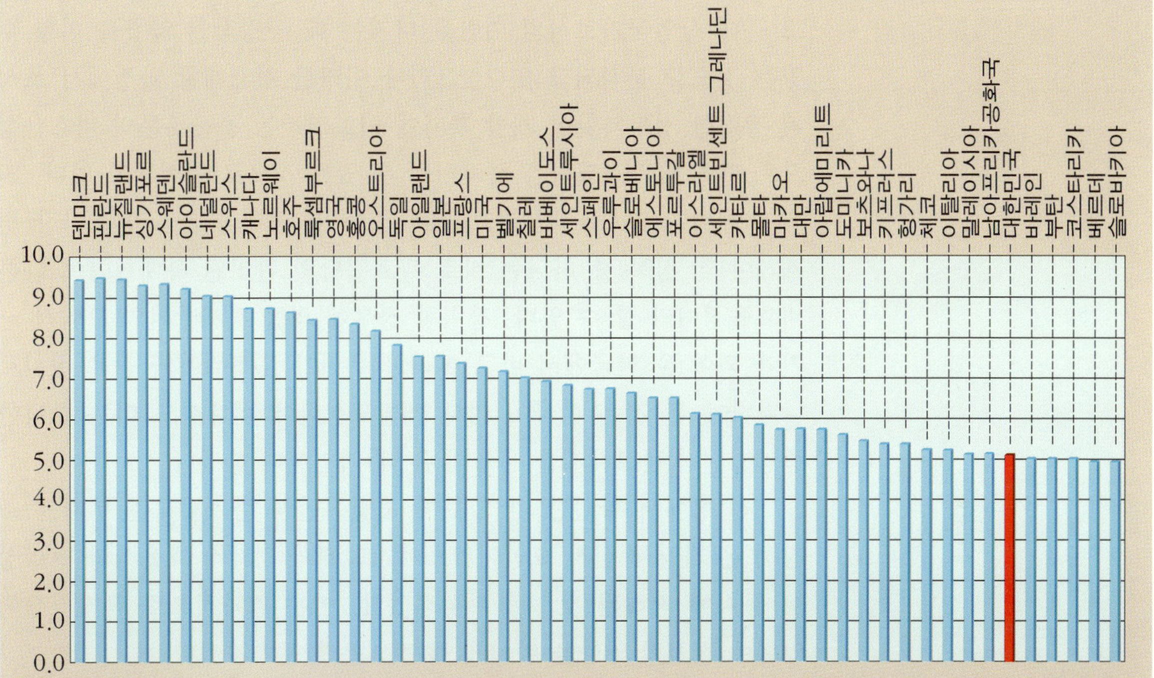

그림 13-2 2007년 부패감지지수(CPI)
이 그림은 국제투명성협회가 2007년도 기준으로 산출한 세계 179개국의 부패감지지수를 나타낸 것으로, 여기서는 1위에서 50위까지만 게재하였다. 한국은 179개국 중 45위를 차지하였다.

경제성장률과 사회후생을 현저히 감소시키는 것으로 나타났다.❷

(2) 중앙집권화와 국가경쟁력

개발도상국이 공직부패가 극심할 수 있는 가장 큰 원인 중 하나로 우리는 정부가 극빈상태 및 빈부격차와 같은 시장실패를 적극적으로 시정하기 위하여 경제개발계획을 주도하는 역할을 담당해 왔다는 사실을 들 수 있다.

❷ 이종원 · 김영세, 『부패의 경제』, 해남, 2000, 제4장 참조. 이들의 분석에 따르면 한국의 부패규모를 지하경제 및 부패의 대GNP 비율로 파악해 보면, 우선 지하경제 규모는 경상가격기준으로 최저 4.5%(1972년)에서 최고 35.5%(1991년)로 경제상황에 따라 진폭이 대단히 큰 반면(평균 22.66%), 부패규모의 경우에는 최저 2.8%(1967년)에서 최고 12.8%(1989년)로 상대적으로 안정적인 추세를 보여 준 것으로 나타났다(평균 9.25%). 이를 확대해석해 보면 지하경제 규모는 경제체제 및 제도의 변화에 민감한 반면 부패규모는 한국 경제의 고질적인 병폐로서 정치 및 재정구조 등의 개혁을 통하지 않고서는 조세제도의 변화와 같은 경제상황 변화에 쉽게 영향을 받지 않는 것으로 볼 수 있다.

일반적으로 경제개발 초기에는 정부가 빈곤의 악순환 고리를 끊고 근대 산업국가로서의 기반을 다지는 데 긍정적인 영향을 미칠 수 있는 것으로 분석되고 있다. 그러나 이러한 경제개발 과정에서 조성된 강력한 정부역할이 개발 후기에 이르러서는 공공부문의 비효율성으로 인해 국가경쟁력을 하락시킬 수 있는 것으로 인식되고 있다. 일찍이 베버(M. Weber)가 경고한 바 있듯이, 근대국가에 있어 가장 경계해야 할 항목 중 하나는 바로 관료집단의 관리권 확대현상에 따른 비효율성이라 할 수 있다. 강력한 정부에 의한 경제발전의 모범적 국가가 되어 온 한국에서 바로 이러한 우려가 IMF위기와 같은 현실로 나타나게 된 것은 한국이 여타 개발도상국에 비해서도 더욱 강력한 중앙집권적 관료체제를 운용해 온 데 기인한다 하겠다.

전 항에서 확인한 바 있듯이 중앙집권적 관료체제는 부패를 조장해 온 가장 중심적 요인이었으며, 그 결과 경제적 효율성과 형평성이 동시에 저해된 것으로 분석되었다. 이는 결과적으로 국가경쟁력 약화에 결정적 영향을 미치게 될 것임은 불문가지이다.

국제투명성협회(Transparency International)가 매년 발표하는 **부패감지지수**(Corruption Perception Index: CPI)를 기준으로 볼 때, 한국의 경우 상당히 낮은 수치를 보여 부패도와 외환위기가 높은 상관관계에 있음을 보여 주고 있다.

한편, 부패감지지수(CPI)와 대표적인 국제신용등급 보고기관인 무디스(Moody's)사의 국가별 신용등급과의 단순상관분석(simple correlation analysis)을 수행한 결과 일국의 신용등급과 부패 정도는 강한 양(+)의 관계가 있는 것으로 나타나고 있다.

따라서 부패는 일국의 국가경쟁력을 결정짓는 가장 주요한 변수가 되며, 이에 대한 적절한 통제가 이루어지지 않는 경우 우리나라를 비롯한 외환위기를 겪은 동남아시아의 일부 국가들과 같이 국가존립에 위협을 줄 수도 있다.

이와 같은 국가경쟁력을 국가별로 평가하려는 노력 중 대표적인 것은 IMD(International Institute for Management Development)의 『국가경쟁력 보고서』(*The World Competitiveness Yearbook*)를 들 수 있다. IMD는 스위스 로잔에 위치한 국제경영개발연구원으로 상설부속기관인 세계경제포럼(WEP)을 통해 지난 1980년부터 매년 세계 각국의 국가경쟁력을 종합평가하여 순위를 매기고 있다. 조사는 국제

표 13-2 아시아－태평양 주요 국가들의 IMD 세계경쟁력 순위

	1999	2000	2001	2002	2003	2004	2005	2006	2007	2008	2009
미국	1	1	1	1	1	1	1	1	1	1	1
싱가포르	2	2	3	8	4	2	3	3	2	2	3
홍콩	6	9	4	13	10	6	2	2	3	3	2
대만	15	17	16	20	17	12	11	18	18	13	23
일본	24	21	23	27	25	23	21	17	24	22	17
태국	36	31	34	31	30	29	27	32	33	27	26
말레이시아	28	26	28	24	21	16	28	23	23	19	18
중국	29	24	26	28	29	24	31	19	15	17	20
인도	42	41	42	41	50	34	39	29	27	29	30
한국	**41**	**29**	**29**	**29**	**37**	**35**	**29**	**38**	**29**	**31**	**27**

기구들이 작성한 각국의 최신 경제현황과 전 세계 1만 6,000여 명의 기업인들로부터 받은 경제관련 설문조사를 토대로 한다.

IMD의 평가방법은 국가의 경제현황을 8개 분야로 나누어 이들 분야에 대한 상대비교를 한 뒤 각 분야의 평가를 취합하여 종합순위를 내고 있다. 우리나라의 국가경쟁력은 2009년 57개 조사대상국 중에서 27위에 올라 있는데, 주요 경쟁상대국인 싱가포르(3위), 홍콩(2위), 대만(23위)과 상당한 차이를 보이고 있어 우리나라의 국가경쟁력이 심각한 수준에 있음을 보여 주고 있다. 특히, 금융, 정부, 기업경영, 사회간접자본의 경우 우리나라의 국가경쟁력을 해치는 가장 주요한 요소로 지적되고 있다. 이 중 정부부문의 순위는 최하위를 면치 못하고 있다. 이는 정부부문 평가항목이 주로 주요 조세구조 및 조세회피 정도, 정부의 효율성(정부 경제정책, 법체계, 의회활동, 투명성, 정부의 의사결정 과정, 정치제도, 공공서비스, 관료의 질, 세관행정, 부패 등), 정부의 시장개입(가격통제, 보조금, 노동규제, 경쟁법, 실업대책 등)인 점을 감안해 볼 때, 우리나라의 국가경쟁력 강화를 위해서는 다른 어느 부문보다도 공공부문의 생산성 제고가 시급한 것으로 평가된다.

05 경제발전과 정부의 역할

이렇듯 정부실패가 발생할 가능성이 있음에도 불구하고 역사적으로 볼 때 시장실패시 정부개입이 시장성과를 개선할 수 있는 긍정적 측면이 더욱 큰 것으로 인식되어 오늘날 제3의 경제주체로서의 정부의 능동적 역할이 강조되는 혼합자본주의 체제가 정착된 것이다. 특히, 후진국의 경우에는 절대빈곤 탈피와 공업화를 선도할 주체로서의 정부역할이 강조되어 왔다.

자유방임의 원칙을 떠나 보다 적극적인 시장개입의 당위성이 광범위하게 인식된 20세기 초반 이후 정부는 빈부격차, 공황 등 이른바 시장실패현상의 시정자 역할을 적극적으로 담당하는 제3의 경제 주체로서 자리매김을 하였음은 전술한 바와 같다. 그러나 막상 정부의 역할이 강조되어 온 곳은 자본주의 시장경제체제가 자생적으로 정립되지 못하고 서구 열강의 식민지화 과정을 통해 비자발적으로 이식된 후진 제국에서였다. 특히, 제2차 세계대전 이후 독립하게 된 수많은 개도국들이 하루 빨리 절대적 빈곤을 탈피하고 공업화를 통한 경제발전을 도모하면서 정부의 주도적인 역할을 필연적인 것으로 인식하게 되었다.

빈곤의 악순환 고리를 끊기 위한 공급애로요인의 타개, 사회간접자본과 기간산업의 건설, 소요자원의 확보 그리고 주도산업에 대한 각종 지원 등의 역할을 담당하는 이른바 개발국가모형(developmental state model)은 그간 후진 제국에서의 모범적 경제개발을 위한 정부주도적 경제운용방식으로 자리매김을 하여 왔다.

이른바 빈곤의 악순환의 고리를 끊기 위해서는 공급애로요인의 제거가 필수적 조건으로 등장하였는데, 도로 · 항만 · 철도 등 사회간접자본과 전기 · 비료 · 시멘트 등 기간산업의 건설 등은 정부의 개입에 의해서만이 가능하였기 때문이다. 또한 저소득과 저저축으로 인한 투자재원의 부족문제는 물론 공업화 시설의 건설을 위한 외화의 확보문제 등도 민간부문의 자생적인 노력만으로는 소기의 성과를 얻기는 난망하였던 것이다.

이러한 여건에서 한국 또한 수출주도형 공업화를 통한 경제발전을 도모하되, 필요한 자원은 외자도입에 의해 충당하고 특정 부문에 대한 투자를 집중시키는 불균형성장방식을 선택하였으며, 경제개발계획을 정부가 주도하는 이른바 중앙집권적 관리경제체제를 정착시켰던 것이다.

제반 여건이 자생적인 시장경제 정착이 난망시되는 상황에서 단시간 내 근대적 공업화를 이룩하기 위해서는 일사불란하고 체계적인 경제개발계획의 수립 및 실시가 적극적으로 요청되었고, 정부가 바로 이러한 임무를 담당하게 된 것은 자연스러운 결과라 하겠다. 이러한 상황논리는 한국뿐만 아니라 대다수 개도국에서도 동감을 얻었고, 특히 아시아의 대표적 신흥공업국의 경우에는 이러한 논리의 구체적 실현을 통해 전무후무한 고도경제성장이란 성과를 거두었던 것이다. 바로 이러한 개발성공 사례로 인하여 경제발전 과정에서 정부의 역할에 대한 관심이 고조되어 왔고, 적극적인 정부의 시장개입정책이 이들 국가의 성공적 경제발전의 주요 요인으로 강조되기도 하였다.

그러나 최근 들어 동아시아 지역에서 외환위기가 발발하면서 정부주도적 성장방식에 대한 회의적 견해가 강력히 대두되기 시작하였다. 한국 또한 외환위기를 경험한 당사국으로서 위기수습을 위해서는 정부주도적 경제운용방식이 초래한 제반 구조적 병폐를 조속히 개선해 나가야 한다는 인식하에 구조개혁을 추진해 왔다. 이제 남은 문제는 과연 그렇다면 정부의 적극적인 시장개입정책은 개도국 경제개발 과정에서 지양되어야 할 패러다임인가, 또 그렇다면 이를 대체할 새로운 패러다임은 무엇인가 하는 의문에 대해 면밀한 연구가 필요하다는 점이다.

(1) 후진국 경제개발의 중심적 주체로서의 정부역할론

암스덴(A. Amsden)과 세계은행(World Bank)은 한국의 경제개발 성공사례를 중심으로 경제개발 주체로서의 성공적 정부역할을 강조하기도 하였다.

한국(및 NICs)의 경제개발 성과와 관련하여 주목을 받아 온 논리 중 하나가 바로 개발주체로서의 정부역할의 중요성이라 할 수 있다.[3] 그리고 구체적인 내용과 옹호도 수준에서 차이가 있지만, 한국의 개발경험과 관련하여 '개발국가론'에 긍정적인 견해를 피력한 대표적 학자로는 암스덴(A. Amsden) 등을 들 수 있다. 암스덴(1989)은 그의 책 *Asia's Next Giant-Evaluating the Paradigm of Late Industrialization*에서 20세기 후반 한국이 실현한 전무후무한 지속적 고도성장 사례를 들면서 적극적 시장개입정부(strong interventionist state)가 성공적으로 기능할 수 있는 성공적 개발모형을 제시하였다. 세계은행의 *The Asian Miracle*(Oxford, 1993)도 기본적으로는 비슷한 논지를 견지하였다.

그러나 최근 이러한 개발국가모형에 대한 비판적 견해가 많이 제기되고 있다. 정부개입의 비효율성, 즉 정부실패로 인한 경제적 비용이 증폭되어 심지어는 경제위기로 이어지기까지 하였기 때문이다.

그런데 한국을 차세대의 대국(giant)으로까지 예상하였던, 그리고 기적의 성장국가형으로 제시하였던 이들의 견해는 정부의 시장개입에 대한 긍정적 성과를 지나치게 강조하였다는 비판을 피하기 어려우며, 또한 이러한 방식이 더 이상 여타 개발도상국에 훌륭한 참고사례가 될 것이란 견해가 지지를 받기는 어려워졌다는 것이 중론이다. 1990년대 말 한국 경제가 경험하게 된 외환위기는 물론 급변하는 세계경제환경(예컨대, 세계화와 WTO시대 진입에 따른 무한경쟁 등)하에서 지금까지 한국 경제정책을 특징지어 온 적극적 시장개입정책은 더 이상 제대로 기능하기 어려워졌다는 인식이 팽배하였기 때문이다. 또한 최근 한국 경제의 위기상황을 직시하면서 이른바 개발국가론에 대한 회의론이 증폭되기 시작하였다.

[3] NICs(newly industrialized countries)란 1960년대 이후 성공적 고도성장을 선도하여 온 대표적 국가들인 싱가포르, 홍콩 및 대만을 통칭하는 것으로 '신흥공업국'이라 불리기도 하였다. 이들 국가는 성공적 경제발전의 모범사례국가로 인용되거나 심지어는 아시아의 4마리 용(또는 호랑이)이라 호칭되기도 하였다.

지금까지 이루어진 주요 분석결과에 따르면 20세기 초 대공황을 거치며 시장실패에 대한 시정자로서 적극적 개입이 강조되었던 정부역할론은 1950년대 및 1960년대를 거치며 특히 개발도상국 경제개발의 핵심 논리로 자리매김을 하였고, 이러한 개발국가론이 적어도 일정 기간 동안 한국과 아시아 신흥공업국에서는 양적으로나마 괄목할 만한 성과를 창출해 주었다는 사실을 인정할 필요가 있다. 개발 초기에 제반 공급애로요인을 타파하고 가용자원을 효율적인 부문 위주로 집중배분하는 일, 그리고 이러한 개발계획의 수행을 위해 필수적인 자본의 형성 및 축적을 단시일 내에 성취시키기 위해서는 정부의 적극적인 시장개입이 효과적이라는 논리가 현실적으로 입증된 측면이 있다.

그러나 이미 1960년대 말부터 시작하여 1970년대에 들어서면서부터는 이러한 개발국가론의 문제점과 한계성이 부각되기 시작하였고, 결국 1970년대 후반부터 개발경제의 핵심 논리는 점차 신고전학파적 특성을 띠게 되었다. 수출주도형 성장방식이 큰 성과를 가져오기는 하였으나, 지나친 관주도적 경제운용은 관료부패를 조장함으로써 정부보조 및 지원 그리고 보호정책에 근거하는 자원배분이 더 이상 효율적으로 운용될 수 없었고, 결국 1960년대와 1970년대에 걸쳐 성장의 원동력이 되어 왔던 정부주도적 자본형성은 효율적 자원배분기능을 상실해 나가기 시작한 것으로 평가되었다. 따라서 정부의 역할을 축소시키는 한편, 시장의 기능을 활성화해야 한다는 논리가 득세하기 시작한 것이다.

이러한 관점에서 신고전파적 논리가 대안으로 제시되고 있다. 그런데 과연 신고전파적 경제운용이 후진국 발전에 효과적인 대안이 될 수 있을까?

이러한 개발논리의 전환은 1970년대의 두 차례에 걸쳐 세계적인 스태그플레이션을 초래한 원유가격 파동을 겪으며 적극적 정부역할론의 근거가 되었던 케인즈이론의 체계가 퇴조하는 시대적 변화와 궤를 같이 하였다. 화폐론자(monetarist)나 합리적 기대론자(rational expectationists) 그리고 공급중시 경제사조(supply-side economists) 등이 주목을 받기 시작한 것도 이 무렵이다.[4] 이러한 시대적 변화와 더불어 시장 중심의 경제운용과 수입개방 등을 통한 무역자유화가 오히려 경제개발에 도움이 된다는 논리가 자리를 잡게 된 것이다. 그러나 무조건적 개방과 자율화가 개발도상국 경제발전에 유익하다는

❹ 이러한 논리에 관한 보다 상세한 논의는 제21장을 참조할 것.

주장은 실증적으로 뒷받침되지 못하고 있으며, 한국과 같이 경제성장에 어느 정도 성공한 국가들이라 하더라도 명실상부한 선진국형 신고전학파적 경제운용이 최선이라는 논리는 받아들이기 어려워 보인다. 이들 국가가 선진국들과 완전경쟁을 통해 지속적인 경제성장을 성취하기에는 아직도 제반 여건상 역부족이기 때문이다.

따라서 정부의 시장개입은 점차 축소될 필요가 있으나, 적어도 상당 기간 동안 지속될 필요가 있다는 소극적 방어논리가 제기될 수 있다. 뿐만 아니라 지금까지의 개발국가론에 근거한 경제정책이 몰고 온 제반 문제점을 해소하고 차후 새 시대를 주도해 나갈 경제적 패러다임을 선도해 나갈 수 있는 경제체제 구축을 담당한다는 새로운 차원의 적극적 정부역할론이 제기될 필요가 있다. 이러한 관점에서 이하에서는 한국에서 1990년대 이후 중심 과제가 되어 왔던 이른바 '경제의 민주화'와 관련한 제반 논의를 정리해 보고자 한다.

이러한 의문과 관련하여 그 동안 한국이 추후 추구하여야 할 정책기조로 제시된 견해들을 종합한 것이 [그림 13-3]이다. 제시된 논리의 기조는 '경제의 민주화'인데, 이는 효율성과 형평성을 동시에 제고할 수 있는 발전전략이라 할 수 있다.

(2) 새로운 정부의 역할과 경제윤리

누차 강조한 바 있듯이, 한국의 중앙집권적 관리경제(CME)체제에 근거한 적극적 정부의 시장개입은 개발 초기의 괄목할 만한 성과에도 불구하고 결국은 지나친 관치금융으로 인해 금융기반이 와해되는 반면, 특혜금융의 주요 수혜자로 급성장한 재벌의 문어발식 확장, 그리고 관료부패의 체질화로 인한 국가경쟁력 저하 등을 초래함으로써 1990년대 이후 한국 경제는 이른바 고비용 · 저효율로 특징지어지는 허약체질로 변모하고 말았다. 정부역할의 역기능이 노정되는 시기에 이를 적극적으로 시정하지 못함으로써 결국 외환위기를 겪고 만 것이다. 물론 이러한 중앙집권적 관리경제체제의 문제점은 일찍이 1970년대 초부터 제기되어 왔고, 특히 1987년 6.29 민주화 선언을 전후하여 가장 주요한 핵심 경제정책 과제로 등장하기도 하였다. 이러한 논의과정에서 특혜금융을 지양하고 금융자율화 및 개방화 그리고 분권화 등이 추진되었으나 정책추진 시기 및 강도에 있어 미흡한 점이 많아 효과적인 체질개선이나 구조조정이 제대로 이루어지지 못하였던 것이다.

1980년대 후반 중심 과제였던 이른바 '경제의 민주화'는 지나친 정부주도형 경제운용에 따른 각종 폐해를 시정함과 동시에 차후의

그림 13-3 경제의 민주화를 위한 정부의 역할
이 그림은 경제의 민주화란 결국 효율성과 형평성을 동시에 제고시키는 과정으로 인식한 다음, 이를 경제발전 목표와 정부운용방침 그리고 경제성장방식 측면에서 구체적으로 실천할 수 있는 전략을 요약 · 제시한 것이다.

지속적 성장을 위한 새로운 경제적 패러다임으로 인식된 바 있다. 여기서 경제의 민주화란 결국 자본주의 경제의 효율성과 무차별적 평등을 표방하는 민주화 이념을 동시에 포괄하는 개념으로 자본주의적 효율성을 바탕으로 하되 형평성을 제고할 수 있는 제도 및 정책운용을 지칭하는 것으로 규정할 수 있을 것이다. 이러한 인식하에 제시된 경제의 민주화 추진방안들을 살펴보면 다음과 같다.

첫째, 우선 한국은 정부의 주도적 역할을 강조하여 온 이른바 **'개발국가모형'**(developmental state model)으로부터 탈피할 단계에 온 것이라는 주장이 제기되었다. 이제는 정부가 시장실패의 시정이나 복지사회 실현 등과 같이 민간부문이 자율적으로 해결할 수 없는 문제를 담당할 제3의 경제주체로서의 역할이 강조될 시기로 인식된 것이다. 물론 열강의 식민지화를 통해 시장경제에 편입된 후진국들이 절대빈곤 탈피를 위해 보다 강력한 정부의 경제적 주도권 행사를 당연시해 왔던 것도 사실이다. 그러나 경제발전단계가 성숙기에 들고 있는 한국이 더 이상 초기 경제발전방식에 연연하는 것은 오히려 경제적 효율성마저 포기하는 것이나 다름없기 때문이다. 정부는 해야 될 일만 하고, 해서 곤란한 일은 절대로 해서는 안 된다는 실로 간단한 논리가 재음미되어야 할 시기가 도래하였다는 인식이 팽배하였다.

둘째, 비단 정부가 당연히 해야 될 업무만을 수행할 경우에라도 이와 관련한 정부의 정책운용은 민주화라는 대명제하에 이루어져야 한다는 주장이 아울러 제기되었다. 정부정책 운용상의 민주화란 결국 분권화를 의미하는 것이고, 이는 중앙집중식에서 수평적으로 분산하는 것과 예하 기구 및 단체로 관장업무를 이양하는 수직적 분산으로 구분될 수 있다. 전자와 같은 수평적 분권화는 정책 및 업무의 공개와 감시기능을 신장시키고 독점적 재량권을 분산시키는 효과를 가져올 것이다. 그리고 수직적 분권화의 대표적 내지 핵심적 내용은 지방자치의 확립이라 할 수 있는데, 이는 전술한 효과 외에도 지역민이 자신의 문제를 직접 그리고 보다 적극적으로 참여할 수 있는 민주시민사회제도 정착의 기본이 마련된다는 효과가 있다. 이상과 같은 분권화는 결국 관료적 부패를 방지하는 기능이 제고될 뿐 아니라 효율성과 형평성이 동시에 제고되는 결과를 가져다 주는 것으로 분석된 바 있다. 물론 이러한 긍정적 효과가 항상 어느 지역에서나 자동적으로 실현되는 것은 아니다. 그러나 한국의 경우에는 1980년대 말에 이르러 분권화의 긍정적 효과를 기대할 수 있는 제반 여건이 많이 성숙되어 있는 것으로 분석되었다. 사실 분권화가 단지 좀더 바람직하다는 이유만으로 분권화를 채택한 많은 개도국들이, 특히 효율적 성장 측면에서 대체로 실패한 경험이 많다. 그러나 국민들로부터 욕구가 자생적으로 억제하지 못할 정도로 분출된 결과로 분권화가 이루어질 때에는 대체적으로 긍정적 효과가 관측되었다는 사실에 주목할 필요가 있다.

셋째, 공공성을 갖는 사업 이외의 제반 업무는 민영화를 통해 효율성을 제고시킬 필요가 있으며, 공공성이 강한 공기업이라 해도 독점성이 강한 비대화된 공기업은 관료적 비효율성과 부패를 방지하기 위한 제도적 장치를 마련할 필요가 있다는 주장이 제기되었다. 이러한 관점에서 포항제철, 한국전력 등의 국민주제도 도입은 일단 방향 설정면에서는 긍정적으로 평가될 수 있다.

넷째, 정책수립과 운용에 있어 효율성이 최대한 발휘될 수 있도록 정부가 공기업에게 자율성을 부여하도록 권고되었다. 특정 부문(역점사업)을 장려하는 일이나 필요한 자금조달을 도와 주는 일 등이 경제적 효율성과 자율적 기능을 저해하는 직접적 개입의 형태로 일관되어 온 지금까지의 정부주도적 관행에서 탈피해야 한다는 것이었다. 이러한 정부의 정책운용이 농 · 공 간에, 대기업과 중소기업 간에 불균형을 심화시켜 왔고 사회적 불평등과 온갖 부패를 초래하여 온 사실이 상기되었다.

다섯째, 정부는 경제발전계획의 목표를 자율적 시장기능의 제고와 복지사회 건설에 두고 국민경제가 균형 있고 자립성이 강한 체질을 가질 수 있는 제반 여건을 본질적인 차원에서 마련해 주어야 하며, 이를 위해 정부는 지금까지의 성장방식을 크게 수정해 나가도록 권고받았다. 우선 중앙집권적 정부주도형 방식을 탈피하고 분권화와 민간주도형 성장방식을 지향해야 한다는 점은 이미 강조한 바와 같다. 그리고 경제정책의 목표는 단순한 양적 성장기준을 벗어나 질적인 경제발전에 맞추어져야 하며 지금까지 활용해 온 자본의 추가적 투입에 의한 생산증대 도모라는 성장방식을 지양할 것이 권고되었다. 이러한 방식은 결국 성장의 혜택이 주로 자본소유주인 기업가에 귀속되는 결과를 낳고, 이는 곧 불평등을 심화시키는 주 요인이 되어 왔기 때문이다.

자본 대신 노동력을 추가로 투입하여 생산이 증대된다면 성장효과가 근로소득자에게 더 많이 귀속될 것임은 불문가지의 사실이다. 실제로 1960년대 한국 경제는 도입된 외자의 투입뿐만 아니라 무한대에 가까웠던 저임양질의 노동력을 생산에 참여시키는 성장노선을 따른 셈이었고, 따라서 이 시대에는 성장으로 인한 불평등문제는 크게 제기되지 않았다. 물론 1970년대를 거치며 무한대적 저임양질의 노동력 공급현상은 사라졌다.

그러나 노동이란 양보다는 오히려 질에 따라 생산성이 크게 달라지는 것이며, 따라서 노동의 질 개선을 위한 교육개선 및 각종 훈련제도, 그리고 노동환경과 근로조건 개선 등이 이루어질 때 생산성 증대와 경제성장은 근로계층에게 특히 의미 있는 결과를 가져다 줄 것이다. 즉, 단순히 자본량을 증대시켜 성장을 이룩하는 경우와는 달리 노동력의 질적 향상을 토대로 이루어지는 성장은 그 성장의 혜택이 근로자들에게 보다 유리하게 돌아가게 될 것인바, 효율성과 형평성이 동시에 제고되는 효과를 갖는다는 점이 강조되었다.

정부가 그 동안 공업화 위주의 경제정책을 추구해 오는 과정에서 해방 직후 약 80%에 달하였던 농촌인구가 1990년대에 들어서면서 17%를 밑도는 수준으로 감소하였다. 도시로 진입한 이농인구는 초기에는 특별한 지식이나 기술 없이 산업대열에 동참할 수 있었으나 공업의 고도화 과정에서 대다수의 이농인구는 소외되고 말았고, 결과적으로는 도시 빈민계층화되어 버리고 말았다. 만일 정부가 이들을 산업화 과정에 기여할 수 있는 충분한 교육기회나 훈련혜택을 제공하였다면 결과는 달라졌을 뿐 아니라 불평등의 문제도 그렇게 심화되지 않았을 것이다. 단지 정부는 수입대체용 경공업에서 수출위주의 보세가공형 경공업으로, 그리고 중화학공업과 기술집약산업 등으로 수출주도산업을 바꾸어 가며 경제성장만을 추구하였을 뿐 이들 주도산업이 요구하는 양질의 노동력 확충에는 미처 적절한 대응을 하지 못하였다.

뿐만 아니라 주도산업에 참여한 대규모 기업을 중심으로 하는 경제력집중이 (특히, 금융혜택 등을 통해)가속화되어 중소기업 기반이 크게 침해됨에 따라 결국 주도산업의 순수출효과는 결코 개선되지 못하였다. 정상적으로는 주도산업의 번창이 전 · 후방 관련산업에 연쇄적 파급효과를 미칠 때 국민경제 전체가 균형적으로 발전하는 국면을 맞는다. 그러나 우리의 경우는 단순히 총량적인 수출신장이 주도산업에 의해 달성은 되었으나 원료 및 부품 그리고 기술은 주로 수입에 의존함에 따라 수입이 오히려 더 빠른 속도로 증가되어 만성적인 국제수지 적자를 유발하였던 것이다. 결국 급속한 수출신장은 허울만 좋았을 뿐 내실이 없는 해외의존형 경제체질을 초래하였으며, 국내연관산업으로의 연쇄적 파급효과를 스스로 차단하여 산업 간 불균형을 조장하고 말았다. 뿐만 아니라 이러한 과정에서 결국은 일부 주도산업에 종사하는 인력 이외에는 점차적으로 새로운 산업사회에서 요구되는 능력과 자질을 갖춘 노동계층의 형성이 원천적으로 제한되는 결과를 초래하게 되었고, 이것이 곧 불평등과 대규모적 도시 전근대부문 발생, 그리고 비생산적 3차산업의 비대화 및 각종 유통 및 상행위의 근대화를 저해하는 관행의 창궐을 조장하였다. 이상과 같은 사실에서 우리는 성장방식의 차이가 얼마나 상이한 결과를 가져올 수 있는지, 즉 경제적 효율성은 물론 형평성에 미치는 결과가 어떠한지 분명히 알고 대응책 마련의 기준으로 삼아야 할 것이란 인식이 강력히 대두되었던 것이다.

마지막으로 정부의 역할론과 관련하여 강조해 둘 사항으로, 결국 정부는 지금까지의 전통적인 개발국가모형적 역할에서 벗어나 한국의 경제발전단계와 국제경제여건 변화를 적절히 감안하면서 미래를 선도해 나갈 경제체제의 정착을 주도할 새로운 임무를 떠맡아야 한다는 점이다. 즉, 물적 자본보다는 인적 자본의 개발에 중점을 두어 소득분배를 개선하되 지식 · 정보화 사회를 조속히 정착시켜 나갈 수 있는 여건조성에 최선을 다해야 할 것이란 점이다.

그리하여 경제적 민주화의 진전, 국민복지의 향상에 기여하면서 효율성과 형평성이 함께 추구될 수 있는 이른바 '**인적 자본주의**'시대를 열어 나가는 것이 바람직하다는 주장이 대두한 것이다.

제 6 편 외국과의 경제교류

제14장 **국제무역**

지금까지 우리는 경제의 3주체가 되는 가계와 기업 그리고 정부의 경제행위에 대하여 살펴보았다. 본편에서는 이제 제4의 경제주체라고 볼 수 있는 외국과의 경제교류문제를 다루고자 한다.

외국과의 경제교류에 있어 국내기업은 상품 및 서비스의 공급(이를 수출이라 함)주체가 되고, 외국의 가계는 수요의 주체가 된다. 반면, 국내가계는 외국기업의 상품 및 서비스에 대한 수요주체가 되며, 외국기업은 공급(이를 수입이라 함)의 주체가 된다. 이러한 국제경제교류 또는 교역은 해외시장을 통해 이루어지고, 수많은 국가와 기업 그리고 가계가 참여하는 경쟁과정을 거치게 된다.

한편, 국제무역은 제6장에서 소개한 자본주의 시장경제가 작동하는 기본 원리 중 하나인 "교환은 거래자 쌍방에 이익을 줄 수 있다"는 논리에서 찾아볼 수 있듯이 기본적으로는 교역당사자 간에 이익을 가져올 수 있다. 그러나 다른 경제주체들에게는 피해를 초래할 수도 있어 국제무역을 제한하는 정책이 수립 · 실현되기도 한다.

이처럼 다양한 영향을 미치는 국제무역과 관련하여 각국은 상호 협력하기도 하고 대립하기도 하면서 국제경제질서를 개편하여 왔다. 본편에서는 이에 관한 최근 동향과 한국이 처한 입장 등을 함께 살펴보고자 한다.

제14장 국제무역

본장에서는 우선 교환을 통해 거래자 쌍방이 어떻게 상호이익을 볼 수 있는지에 관한 논의로부터 국제무역이 발생하는 이유를 설명할 수 있는 논리를 도출해 볼 것이다.

또한 비교우위론으로 대표되는 국제무역이론에 근거하여 무역이 교역당사국에 미치는 경제적 영향에 대하여 살펴보되 이러한 영향과 관련하여 개발·실시되고 있는 각종 무역정책을 다각적으로 검토해 볼 것이다.❶

끝으로 중상주의시대 이후 지금까지 전개되어 온 국제무역사조의 변천과정을 살펴보되, 이것이 한국 경제에 미치는 영향과 이에 대한 대응방안에 대해서도 동시에 논의해 보고자 한다.

01 자급자족

자유로운 거래가 개인이나 기업들 간에 또는 서로 다른 국가의 기업들 간에 이루어질 경우 교환 또는 교역 쌍방에 모두 이로움을 가져다 줄 수 있다. 바로 이러한 이유로 인해 교환은 일어난다.

그런데 이러한 교환행위를 고려하기에 앞서 우선 열대지역에 사는 한 개인(또는 개별 생산자)이 무인도에 표류한 로빈슨 크루소처럼 하루에 일할 수 있는 시간을 모두 코코넛을 따는 데 보내거나 생선을 잡는 데 쓰는, 말하자면 자급자족적 상황을 고려해 보자. 그가 코코넛만을 딴다면 시간당 1개씩 하루(8시간 노동)에 8개를 딸 수 있고, 생선을 잡을 경우에는 2시간당 1마리씩 하루에 4마리를 잡을 수 있다고 가정하자. 코코넛 8개나 생선 4마리는 그가 혼자 하루에 먹기에는 너무 많은 분량이다. 이때 어느 한 종류만을 수확하여 소비를 증가시켜 나갈 경우 그 한계효용의 체감폭이 클 것이다. 또한 한 재화(코코넛이나 생선)만 소비하는 것보다는 건강상 또는 다양성 측면에서 볼 때 두 재화를 함께 소비하는 것이 보다 큰 만족을 줄 것이다. 따라서 두 재화로부터 얻을 수 있는 한계효용이 같아지는 수준에서(단, 이

본장은 자본주의가 작동하는 기본원리 중 하나인 "교환은 거래라 쌍방에 이익을 줄 수 있다"라는 원리와 관련하여 국제무역이 발생하게 되는 이유를 설명할 수 있는 논리를 제공할 것이다. 또한 이러한 국제무역이 교역 쌍방에 미치게 되는 영향과 이와 관련한 다양한 무역정책의 변화추이를 아울러 살펴볼 것이다.

교역으로 인한 이익을 설명하기 위해 우선 '로빈슨 크루소'와 같이 고립된 개인이 혼자서 자급자족하는 경우부터 살펴보기로 한다.

❶ 단, 국가 간 금융자본의 거래에 관한 내용은 성격상 거시경제학적 특성이 강하므로 제3부 제24장에서 별도로 다루어질 것이다.

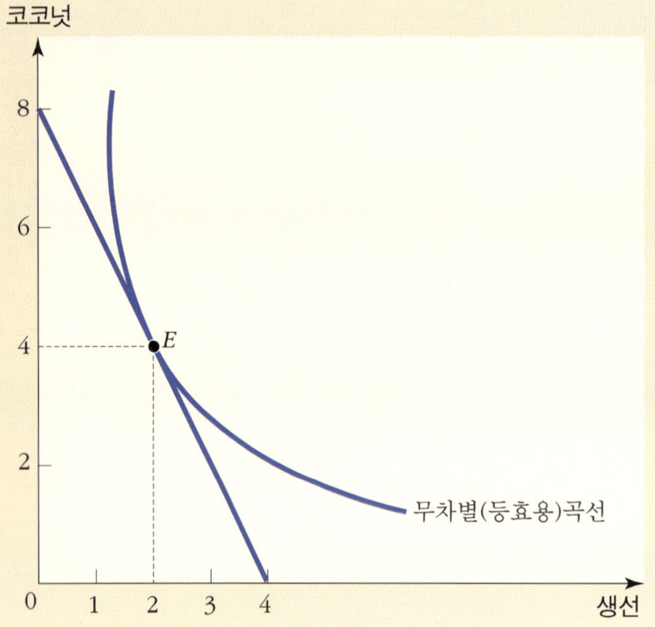

그림 14-1 로빈슨 크루소의 생산가능곡선과 최적생산
무인도에 표류한 로빈슨 크루소처럼 하루 노동으로 코코넛을 따거나 생선을 잡을 때 예상되는 생산가능곡선이 그림에서처럼 직선으로 나타낼 수 있을 때 최적생산점은 무차별곡선과 접하는 점 *E*에서 형성될 것이다.

때 근로노동에 대한 금전적 대가는 없고 따라서 생산비도 없다고 가정함) 두 재화 생산량을 결정할 것이다. 예컨대, [그림 14-1]과 같이 로빈슨 크루소의 무차별곡선이 점 *E*에서 생산가능(곡)선과 접한다면 로빈슨 크루소는 하루에 코코넛 4개와 생선 2마리를 수확하고자 할 것이다.

[그림 14-1]에서처럼 '크루소'는 임의의 두 재화를 적절한 비율로 생산할 경우 극대의 만족을 얻을 수 있을 것이다. 그런데 '크루소'가 '메리 존스'라는 여성과 함께 무인도에 표류되었다면 어떻게 될까? 이 경우에는 상황에 따라 각각 다른 재화를 생산한 다음 적절한 비율로 교환할 때 두 사람이 모두 이익을 볼 수도 있다.

이상의 예에서 우리는 고립된 인간이라 하더라도 소비의 다양성에 따른 효용증대를 위해 주어진 시간을 적절히 배분하여 두 가지 재화를 동시에 생산하고자 하는 유인이 있을 것임을 알 수 있다. 그런데 만일 무인도에 표류한 사람이 로빈슨 크루소 외에 메리 존스라는 여성이 있었다고 하자. 아마도 이 경우에는 생산의 난이도가 떨어지는 코코넛을 메리가, 그리고 생산의 난이도가 높은 생선포획을 로빈슨이 전담하여 생산한 다음 두 사람이 만족할 수 있는 교환비율로 거래하는 것이 두 사람에게 모두 이익이 될 것임을 알 수 있다(예컨대, 메리 존스가 하루 8시간을 일하여 수확할 경우 코코넛 6개 또는 생선 2마리가 가능하다고 가정할 경우 메리 존스는 로빈슨 크루소에 비해 생선포획보다는 코코넛 생산에 상대적 우위가 있음). 이것이 바로 교환에 따라 거래자 쌍방에게 모두 이익이 발생할 수 있는 좋은 예라 할 수 있다.

02 특화와 교환의 이익

앞서의 예를 보다 현실적인 상황으로 전환하여 생각해 보기로 하자. 사실 현대인은 누구나 일상적인 생활에서 수없이 다양한 재화와 용역을 소비하며 살아가고 있다. 반면, 그 중 본인 스스로가 생산·공급하는 재화나 서비스는 지극히 제한된 일부에 불과하다. 따라서 현대인은 국내 및 전 세계 많은 사람들과 상호의존적인 삶을 살고 있는 것이라 볼 수 있다. 그리고 이러한 상호의존관계가 존립하게 되는 근본원인은 바로 사람들 간에 교역을 하기 때문이라 할 수 있다. 본인은 자신이 가장 큰 능력을 발휘할 수 있는 생산과정에 노동력을 제공하고 그 대가로서 받은 소득으로 자신이 원하는 재화는 무엇이든 예산한도 내에서 구입하여 소비할 수 있게 되며, 또 그렇게 함으로써 소비의 다양성 및 효용의 극대화를 추구하게 된다. 그리고 이러한 과정은 모두 시장에서의 교환을 통해 이루어지는 것이다.

교환이 줄 수 있는 제1차적인 혜택은 다양한 재화를 획득·소비할 수 있다는 점이다.

그러면 교환은 왜 거래 쌍방에게 모두 이익이 될 수 있을까? 우선 두 사람이 한 가지씩만 재화를 생산할 수 있다면, 두 사람 간의 교환은 소비의 다양성을 줄 수 있어 모두 만족스러울 것임에 틀림이 없다. 그러나 이들이 어떤 조건으로 교환하게 되며, 또 어느 정도의 이익을 볼 수 있을지를 알아보려면 보다 조직적인 분석이 필요하다.

논의의 편의상 어느 마을에 두 사람이 살고 있는데, 한 사람은 쌀을 생산하는 반면 다른 한 사람은 채소를 생산한다고 하자. 물론 두 사람 모두 쌀이나 채소 모두를 재배할 수도 있고 두 가지를 동시에 생산할 수도 있는 농민들이다. 단, 쌀재배자 김씨는 쌀재배에 능한 반면, 밭농사를 짓는 이씨는 채소농사에 재주가 있다고 하자. 그리고 두 사람이 하루 8시간 동안 일하여 수확할 수 있는 채소 및 미곡의 생산량이 〈표 14-1〉과 같다 하자.

뿐만 아니라 사람마다 자기가 필요한 재화를 모두 혼자 생산하는 것보다 자신이 상대적으로 능한 생산기술이 있는 재화만을 생산한 다음(이를 특화라고 함) 상대방과 교환할 경우 모두에게 득이 될 수도 있다. 이것이 바로 교환이 줄 수 있는 또 다른 혜택이다.

즉, 김씨가 쌀을 재배하는 경우 하루(8시간)에 쌀 15kg을, 그리고 채소를 재배할 경우에는 채소 30kg을 생산할 수 있다고 보았다. 반면, 이씨는 하루에 쌀을 5kg 또는 채소를 20kg 생산할 수 있는 것으로 가정하였다. 물론 이들은 쌀과 채소를 함께 재배할 수도 있으며, 따라서 두 사람의 생산가능곡선은 [그림 14-2]와 같이 표현될 수 있다. 단, 두 재화 간의 교환비율이 일정하다고 보아 생산가능곡선이 직선으로 나타났다. 즉, 투여된 시간당 쌀이나 채소의 생산량이 일정

〈표 14-1〉과 [그림 14-2]는 김씨가 이씨에 비해 쌀과 채소의 생산 모두에서 우월하지만, 특히 김씨는 쌀생산에 있어 월등히 우월한 능력을 갖고 있음을 보여 주고 있다. 이씨는 두 재화 생산 모두에서 열등하지만 상대적으로 채소생산에 우위가 있는 것으로 나타났다.

표 14-1 김씨와 이씨의 1일 생산능력

	1일 생산가능량	
	쌀(kg)	채소(kg)
쌀재배자(김씨)	15	30
채소재배자(이씨)	5	20

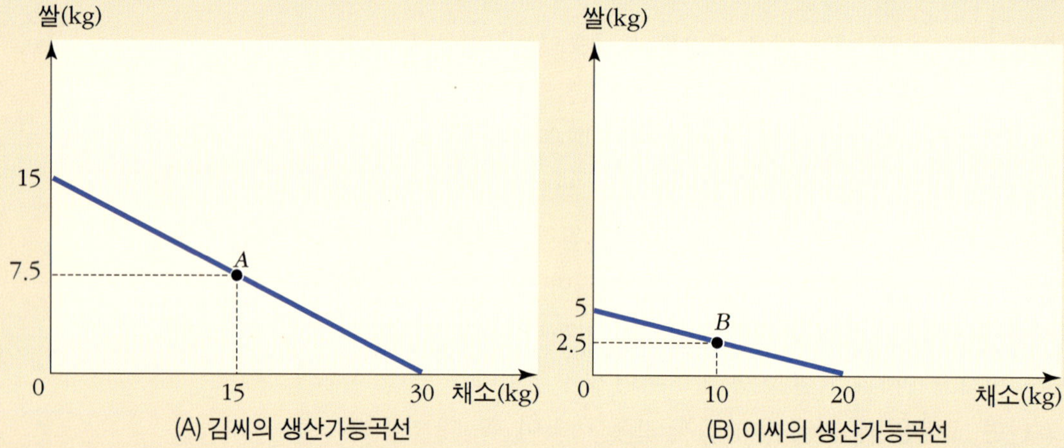

그림 14-2 김씨와 이씨의 1일 생산가능(곡)선
그림 (A)와 (B)는 쌀재배에 비교우위가 있는 김씨와 채소재배에 비교우위가 있는 이씨의 생산가능(곡)선을 대비시켜 놓은 것이다.

하고, 따라서 한계생산력이 일정하다고 보았기 때문이다.

만일 두 사람이 모두 자급자족을 원하여 하루 4시간씩을 쌀과 채소의 생산에 노동을 제공한다면(점 *A*) 김씨는 7.5kg의 쌀과 15kg의 채소를 생산하여 소비할 것이다. 그리고 이씨는 2.5kg의 쌀과 10kg의 채소를 생산 및 소비하게 된다(점 *B*). 이처럼 자급자족할 경우 생산가능곡선은 동시에 소비가능곡선의 의미를 갖는다.

이때 두 사람이 두 재화 모두를 생산하되 김씨는 쌀을, 이씨는 채소를 상대적으로 많이 생산한 다음 적정한 비율로 서로 교환할 경우 두 사람이 다 이익을 볼 수도 있게 된다(〈표 14-2〉와 [그림 14-3] 참조).

그런데 상기 예에서 김씨는 이씨에 비해 쌀과 채소생산 모두에 있어 높은 생산성을 가지고 있다. 특히, 김씨는 이씨에 비해 쌀생산 능력이 상대적으로 강하다. 만일 김씨가 쌀과 채소를 모두 재배하되 하루 노동시간의 4/5만을 쌀생산에, 그리고 1/5을 채소생산에 투여하여 각각 쌀과 채소를 재배한다면 쌀 12kg과 채소 6kg을 생산할 수 있을 것이다. 반면 이씨는 쌀과 채소재배 모두가 김씨에 비해 능력이 떨어지나 특히 쌀생산에 경쟁력이 더 떨어진다. 이러한 상황을 인식하여 이씨가 쌀은 재배하지 않고, 채소만 생산한다면 하루에 채

표 14-2 교환으로부터의 이득

		교환이 없는 경우	교환이 있는 경우			교환이 없는 경우에 비해 교환으로부터 예상되는 이득(소비의 증가)
		생산 및 소비	생산	교환	소비	
김씨	쌀	7.5	12	3주고	9	1.5
	채소	15	6	9.5받음	15.5	0.5
이씨	쌀	2.5	0	3받고	3	0.5
	채소	10	20	9.5줌	10.5	0.5

소를 20kg 수확할 수 있을 것이다. 이때 김씨와 이씨 간에 쌀 3kg과 채소 9.5kg을 맞교환하기로 합의한다면 교환 후 김씨와 이씨는 모두 자급자족시보다 쌀과 채소의 소비량을 증가시킬 수 있음을 〈표 14-2〉를 통해 확인할 수 있다.

즉, 교환의 결과 김씨는 쌀 1.5kg과 채소 0.5kg을, 이씨는 쌀과 채소 모두 각각 0.5kg씩을 더 소비할 수 있는 이득을 보게 된 것이다. 바로 이러한 이유로 인해 교환이 발생하게 됨을 알 수 있다. 한편, 거래자 쌍방은 과연 어떤 것을 얼마만큼씩 생산하여 어떤 비율로 거래하는 것이 좋은지 하는가에 대하여 협의할 필요가 있는데, 물론 거래조건은 쌍방이 모두 자급자족시보다 이득을 볼 수 있도록 제시

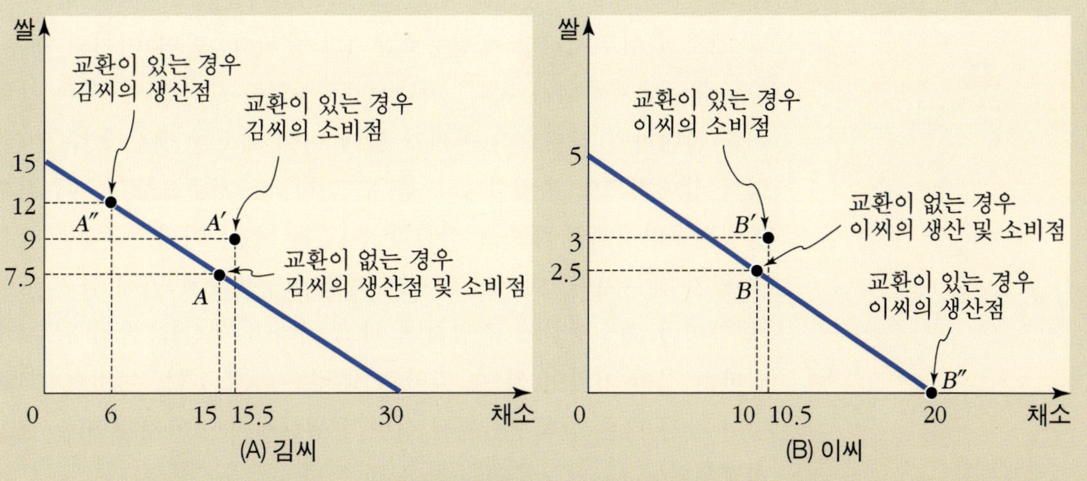

그림 14-3 교환을 통한 김씨와 이씨의 소비증대 가능성

그림 (A)와 (B)는 김씨와 이씨가 교환 없이 자급자족할 경우의 생산점 *A*와 *B* 대신 교환을 염두에 두고 점 *A″*과 *B″*에서 생산한 다음 상호교환할 경우, 교환 후 소비할 수 있는 소비점은 *A′*과 *B′*이 되며 이들은 교환 이전인 *A*와 *B*에 비해 두 사람이 모두 쌀과 채소를 더 많이 소비할 수 있음을 보여 주고 있다. 이것이 바로 교환을 통해 거래자 쌍방이 모두 이익을 볼 수 있는 예시적 사례라 할 수 있다.

되어야 거래가 이루어질 것이다.

[그림 14-3]은 교환이 있기 전의 김씨와 이씨의 생산 및 소비점(점 A와 B), 그리고 교환이 있을 때의 생산점(점 A''과 B'') 및 소비점(점 A'과 B')을 각각 나타내 주고 있다. 그림에서처럼 두 사람이 모두 교환 이전보다 교환 이후에 두 재화 모두를 더 많이 소비할 수 있음을 알 수 있다.

03 절대우위와 비교우위

앞서의 예제에서 김씨는 두 재화 생산 모두에 있어 이씨보다 우월한 것으로 설정되었는데, 이처럼 단위시간당 생산성이 높은 경우를 '절대우위'(absolute advantage)라 한다.

앞 절에서 살펴본 예제에서 얼핏 보기에 납득하기 어려운 측면이 있었다. 김씨가 이씨에 비해 쌀과 채소재배 모든 경우에 단위시간당 생산성이 높았다. 그럼에도 불구하고 김씨는 이씨와 거래를 하는 것이 이득이 되는 결과가 초래되었다. 통상적으로 거래 쌍방 중 한 사람(또는 생산자)이 단위시간당 생산성이 높을 때, 이 사람은 **절대우위**(absolute advantage)를 지닌다고 한다. 앞서의 예제에서 김씨는 쌀과 채소의 생산 모두에서 절대우위를 갖는다고 할 수 있다.

반면, 두 사람 모두는 자신들의 상대적 우월성을 가진 재화를 생산하여 교환하는 것이 자신들이 모두를 자급자족하는 경우보다 이익이 될 수 있음을 확인한 바 있는데, 이 경우에서처럼 상대적 생산성이 높은 현상을 '비교우위'(comparative advantage)라 한다.

한편, 김씨는 단위시간당 15/8kg의 쌀을 생산할 수 있는 반면, 채소는 30/8kg을 생산할 수 있으므로 kg기준으로 볼 때 김씨의 쌀과 채소의 단위시간당 생산능력은 1:2가 된다. 반면 이씨의 경우 생산능력 비율은 1:4가 된다. 따라서 두 재화를 생산할 수 있는 능력차이를 감안하면 김씨보다 이씨가 쌀에 비해 채소를 생산할 수 있는 능력이 상대적으로 우월하다고 볼 수 있다. kg기준으로 볼 때 김씨는 쌀생산량의 2배의 채소를 생산할 수 있는 반면, 이씨는 4배를 생산할 수 있기 때문이다. 이러한 이씨의 특별한 능력으로 인해 김씨는 이씨로 하여금 채소생산에 전념하게 하고 자기가 생산한 쌀의 일부와 교환하는 것이 이익이 될 수 있다는 생각을 하게 된다. 이처럼 거래 쌍방이 각각 다른 상품생산에서 상대적 생산성이 높아지게 되는 현상을 **비교우위**(comparative advantage)라 한다.

두 사람이 갖는 비교우위를 입증하기 위해 우리는 두 재화를 생산할 때 예상되는 기회비용을 〈표 14-3〉에서처럼 산출하여 비교할 수도 있다.

이제 절대우위와 비교우위 개념을 보다 쉽게 이해시키기 위해 김씨와 이씨의 쌀과 채소생산의 기회비용을 산출하여 비교해 보고자 한다. 〈표 14-3〉에서 첫 번째와 두 번째 열은 1kg 생산에 소요되는 시간을 분단위로 나타낸 것이다. 따라서 1일 8시간은 480분에 해당된다.

표 14-3 김씨와 이씨의 쌀과 채소생산의 기회비용

	1kg 생산에 소요되는 시간(분)		1kg 생산의 기회비용	
	쌀	채소	쌀	채소
김씨	$\frac{480}{15}=32$	$\frac{480}{30}=16$	채소 2kg	쌀 $\frac{1}{2}$kg
이씨	$\frac{480}{5}=96$	$\frac{480}{20}=24$	채소 4kg	쌀 $\frac{1}{4}$kg

여하튼 김씨는 채소생산에 비해 쌀생산에 두 배의 시간을 요하는 반면, 이씨의 경우는 네 배의 시간이 소요됨을 알 수 있다. 이제 이러한 상황을 기회비용 개념으로 전환해 보면 〈표 14-3〉의 3번째와 4번째 열이 도출된다. 김씨의 경우 1kg 쌀생산은 2kg의 채소를 생산할 기

비교우위와 전문화

리카도(David Ricardo)는 근대경제학의 시조로 칭송되는 스미스(Adam Smith)와 함께 자유무역으로부터 얻을 수 있는 이익을 강조하며 자유무역원칙에 근거하는 국제 간 교역을 주창하기도 하였다. 그런데 스미스는 국제 간의 무역이 발생하는 이유를 한 국가가 다른 국가에 비해 갖고 있는 절대우위에서 찾았다. 물론 이러한 논리로서는 실제로 이루어지는 국제무역 현상을 제대로 설명할 수는 없었다. 대다수 품목에서 절대우위를 가진 선진국이라 하더라도 이들을 모두 수출하고 있지는 않고 있으며, 절대열위에 있는 후진국 국가들이라 하더라도 단지 모든 품목을 수입만 하고 있는 경우는 찾아보기 어렵기 때문이다.

바로 이러한 논리적 모순점을 해소할 수 있는 논리가 리카도에 의해 제창되었는데 이를 비교우위설이라 한다. 즉, 각 국가는 절대우위와는 상관없이 상대적 우위를 가진 제품생산에 특화할 경우 비교우위가 발생하므로 이를 수출할 수 있다는 논리를 개발 · 제공한 것이다. 이 이론은 비교우위가 발생할 수 있는 이유가 무엇이든 수출의 발생 및 방향을 설명할 수 있는 논리의 기초를 마련해 주었다는 점에서 그 가치가 매우 크다고 할 수 있다.

한국이 자랑하는 서울시립교향악단의 상임지휘자 정명훈 씨는 오랫동안 외국생활을 하면서 직접 요리를 하는 습관과 재미를 붙였고, 그 수준도 전문 요리사급인 것으로 알려져 있다. 심지어는 요리책을 발간하기까지 하였다. 이런 차원에서 볼 때 요리에도 상당한 경쟁력을 가지고 있는 것으로 이해할 수 있다.

그러나 그는 단지 지휘자로서의 경력만을 추구할 뿐 전문요리사로서 나서지는 않았다. 다른 사람들에 비해 지휘자로서 갖는 비교우위가 상대적으로 크고, 따라서 지휘하는 일에 전문화를 하면서 경쟁력을 가질 수 있었기 때문이다. 바로 이러한 사례가 비교우위론이 갖는 현실적 타당성을 입증할 수 있는 좋은 예가 될 수 있을 것이다.

회를 잃는 반면, 이씨의 경우는 1kg 쌀생산으로 4kg의 채소를 생산할 기회를 잃게 된다. 기회비용을 기준으로 볼 때 쌀생산에 관해서는 이씨보다 김씨의 기회비용이 상대적으로 작다는 결론이 나온다. 마찬가지 논리에 따르면 채소생산의 경우는 이씨가 오히려 김씨보다 기회비용이 작다. 따라서 김씨와 이씨는 각각 쌀과 채소를 생산할 때 거래대상자에 비해 기회비용이 작게 되어 상대적 우위, 즉 비교우위를 갖게 되는 것이다.

이러한 예에서처럼 교역당사자 간의 기회비용을 비교하여 기회비용이 낮은 쪽이 비교우위를 지니는 것으로 평가하게 된다.

여기서 한 가지 중요한 것은 거래당사자 중 어느 일방이 비록 교역대상 재화 모두에서 절대우위를 갖고 있다 하더라도 모든 재화에서 비교우위를 가질 수는 없다는 사실이다. 바로 이 점이 거래당사자들이 각각 비교우위를 가진 재화의 생산에 특화를 하고 교역을 하도록 만드는 논리적 근거를 제공하는 것이다.

앞 절에서 도출한 바와 같이, 김씨와 이씨가 각각 자신들이 비교우위를 갖고 있는 쌀과 채소의 생산에 더 많은 시간을 투여한 다음 일정 비율로 교환할 경우 쌍방은 특화에 따른 교역 이전에 비해 이득을 볼 수 있게 된다. 즉, 쌍방이 생산한 쌀과 채소의 전체 합은 또한 자급자족 시보다 쌀은 2.0kg 그리고 채소는 1.0kg만큼 많아지게 되며, 따라서 사회 전체적으로도 이익이 증대됨을 알 수 있다.

04 기회비용과 비교우위 그리고 국제무역

앞서의 예에서 우리는 거래자 쌍방은 어느 누구도 거래대상 재화 모두에 있어 비교우위를 가질 수 없다는 사실과 거래자 쌍방이 상대적으로 경쟁력이 있는 재화의 생산에서 비교우위를 갖는다는 사실을 확인할 수 있었다.

바로 이러한 예에서처럼 결국 비교우위란 기회비용의 차이로 인해 발생하는 것이라 할 수 있다. 따라서 비교우위가 있는 재화를 생산하여 교환할 경우 쌍방이 모두 이익을 볼 수 있으며, 바로 이러한 이유로 인해 국제무역이 발생할 수 있는 것이다.

또한 거래 쌍방은 비교우위가 있는 재화를 생산하여 교환함으로써 모두 이익을 볼 수 있으며, 따라서 이것이 국제 간에 무역이 발생할 수 있는 이유가 된다는 사실도 확인하였다.

그리고 비교우위가 발생하는 사유를 기회비용의 차이에서 찾을 수도 있었다. 즉, 거래 쌍방이 비교우위를 갖는, 다시 말해 기회비용이 낮은 제품생산에 특화할 때 총생산은 증가할 수 있다. 또는 거래 쌍방이 거래를 통해 자신의 기회비용보다는 낮은 비용으로 재화를 획득 · 소비할 수 있는 이익이 발생하게 된다고 볼 수 있다. 앞의 예에서도 김씨는 쌀 1kg을 생산할 경우 2kg의 채소를 생산할 기회를 잃게 되지만, 쌀 3kg으로 채소 9.5kg을 얻을 수 있어 쌀생산에 부분특화할 경우 전보다 싼 값으로 채소를 구입할 수 있게 되었다$\left(즉,\ \frac{2}{1}<\frac{9.5}{3}\right)$. 마찬가지로 이씨는 채소 1kg 생산으로 쌀 1/4kg의 기회비용이 발생하지만, 채소 9.5kg을 쌀 3kg과 바꿀 수 있게 되니 채소생산에 특화 후 전보다 싼 값으로 쌀을 구입할 수 있게 된 것이다$\left(즉,\ \frac{1}{4}<\frac{3}{9.5}\right)$.

이처럼 거래 쌍방이 모두 이익을 볼 수 있는 것은 상대적으로 기회비용이 낮은(따라서 비교우위가 있는) 제품의 생산에 집중하였기 때문이라 볼 수 있다. 그런데 이상에서 살펴본 예제는 국내에서 거래 쌍방이 특화를 통해 생산한 제품들을 교환하여 얻을 수 있는 이득에 관한 논리개발을 위해 만들어진 것이다. 그러나 거래당사자를 국외로 확장하여 적용할 경우 동일한 논리적 결론을 도출할 수 있다. 즉, 각 나라가 다른 나라에 비해 보다 효율적으로 생산할 수 있는 재화에 특화하여 생산한 후 다른 나라와 교역(이를 국제무역이라 함)할 경우 각 나라는 모두 이익을 볼 수 있다고 분석할 수 있다. 이하에서는 국제무역이 발생하는 사유와 경제적 효과, 그리고 이로 인한 결과에 대한 정부의 대책 등을 보다 구체적으로 검토해 보고자 한다.

05 국제무역의 결정요인

국제무역이 발생하는 가장 근본적인 원인은 교역당사국 간에 비교우위가 존재한다는 사실에서 찾을 수 있다. 즉, 무역당사국은 상대적 효율성이 높은, 또는 기회비용이 상대적으로 낮은 제품생산에 특화할 경우 국제 간의 무역을 통해 이익을 취할 수 있기 때문이다. 따라서 한 국가의 국제무역은 비교생산비가 낮은, 다시 말해 비교우위가 있는 제품을 특화하여 생산할 경우 비로소 수출을 할 수 있게 되는 것이다.

그렇다면 왜 국가 간에 서로 다른 재화생산에 비교우위가 발생할까? 이와 관련하여 제시된 논리 중 가장 대표적인 것으로는 다음과 같은 이론들이 있다.

그렇다면 이와 같은 비교우위는 어떻게 발생할까?

(1) 상이한 생산요소의 부존상태: 헥셔-올린정리

제일 먼저 국가별로 생산요소의 부존상태가 다르다는 점을 들 수 있다.

보통 생산요소라 할 때 우리는 토지, 노동 그리고 자본이라는 세 가지를 든다. 그러나 토지란 광의의 자본에 포함시킬 수 있어 주요 생산요소를 노동과 자본 두 가지로 한정하여 논리를 전개하기도 한다. 그러나 토지를 보다 광의로 해석하면 광 · 식물 등과 더불어 자연자원의 하나로 인식할 수도 있다. 그런데 이러한 인식의 연장선상에서 보면, 토지나 자연자원이 상대적으로 풍부한 나라가 있는 반면 노동이나 자본이 상대적으로 풍부한 나라도 있다. 자본주의 경제의 기본 논리상 공급상의 희소성이 강한 재화는 비싸질 수밖에 없고 희소성이 매우 작은(또는 풍부하게 부존되어 있어 공급량 증가가 매우 쉬운) 재화는 싸질 수밖에 없다. 따라서 상대적으로 풍부하게 부존되어 있는 자연자원(예컨대, 중동 국가들의 원유, 라틴아메리카 지역 국가들의 커피 등)의 가격이 매우 저렴하게 되어 그 자체를 수출하거나 단순한 제조 또는 가공된 제품형태로 수출할 수 있게 되었다.

상대적으로 풍부하게 부존된 생산요소는 그 사용대가가 저렴하게 되며, 따라서 이러한 생산요소를 집중적으로 투입하여 생산할 경우 비교우위를 가질 수 있다는 것이다. 이와 같은 논리를 '헥셔–올린의 정리'(Heckscher–Ohlin theorem)라 한다.

한편, 대다수 후진국들의 경우에는 자본보다는 노동(력)이 상대적으로 풍부하게 부존되어 있어 노동력의 사용대가인 임금이 매우 낮다. 따라서 상대적으로 저렴한 노동이란 생산요소를 집중적으로 투입하여 만든 재화에서 비교우위를 갖게 되며, 이들 제품(이를 **노동집약적 상품**, labor–intensive products이라 함)을 수출할 수 있게 된다고 볼 수 있다. 물론 자본이 상대적으로 풍부한 대다수의 선진국들은 자본을 집중적으로 투입하여 생산한 **자본집약적 상품**에서 비교우위를 점할 수 있고 또 수출할 수 있게 된다. 바로 이러한 예에서처럼 각국은 풍부하게 부존되어 있어 그 값이 상대적으로 싼 생산요소를 집중적으로 활용하여 생산함으로써 국제비교우위를 갖게 되며, 수출할 수 있게 된다는 논리를 정립할 수 있다. 우리는 이러한 논리를 최초로 정립한 학자들의 이름을 따서 **헥셔–올린**(Heckscher–Ohlin)의 정리라 부르고 있다.

한편, 생산요소를 토지, 자연자원, 노동, 자본 외에 기술이나 지식 그리고 정보까지를 포함하여 헥셔–올린정리를 적용할 경우 상대적으로 지식, 정보 및 기술을 보다 많이 소유하고 있는 국가들이 이들을 주로 활용하여 생산하는 상품에서 비교우위를 가질 수 있고, 또

수출할 수도 있다는 논리가 정립될 수도 있다.

그러나 이상과 같은 논리, 즉 부존자원의 차이에 따른 비교우위를 가지고 현대 국제무역현상을 모두 만족스럽게 설명할 수는 없다. 예컨대, 헥셔-올린의 정리에 따르면 1947년 당시 세계에서 자본이 가장 풍부한 미국은 자본집약적 상품을 수출하고 노동집약적 상품을 수입해야 할 것으로 예상되었으나, 오히려 미국이 노동집약적인 상품을 수출하고 있다는 사실이 밝혀진 바 있다. 이러한 사실은 1953년 이를 최초로 발견한 레온티에프(W. W. Leontief)의 이름을 따서 '레온티에프의 역설'이라고도 한다. 또 노동력이 풍부한 한국과 같은 나라는 오히려 지속적으로 외국자본을 끌어들여 자본집약적 제조업 제품생산에 특화하여 수출함으로써 경제발전을 이룩한 대표적인 나라로 인식되고 있으며 이 또한 헥셔-올린정리와는 배치되는 현상이라 할 수 있다. 따라서 헥셔-올린정리가 비교우위를 설명할 수 있는 가장 중심적인 논리이기는 하지만 얼마든지 예외적인 국제무역현상이 존재한다는 사실을 기억해 둘 필요가 있다. 더구나 최근 들어 기업들은 M&A(기업결합 및 합병) 또는 해외직접투자 등을 통해 생산거점을 선택하고 있어 상이한 부존자원에 따른 비교우위 발생 및 교역의 성립이라는 등식으로서는 더 이상 국제 간의 무역을 적절히 설명하기 어려워지고 있다. 따라서 수출이나 수입이란 개념과 이에 따른 국가적 득실 또한 전통적 해석과는 상당한 거리가 있다는 사실을 주시할 필요가 있다. 이러저러한 이유로 앞서와는 다른 측면에서 국제무역이 발생하는 논리가 제공되기도 하는데, 대표적인 것으로 제품생애주기설과 산업 내 무역이론 등을 들 수 있다.

그런데 여러 나라의 국제무역현상을 보면 '헥셔-올린의 정리'와는 달리 오히려 상대적으로 부족한 자원을 집중적으로 투입한 재화를 수출하고 있는 경우가 많이 관찰되었다. 이러한 현상은 이를 최초로 발견한 사람의 이름을 따서 '레온티에프의 역설'(Leontief paradox)이라 부르기도 한다.

(2) 제품생애주기설

버논(R. Vernon)은 대부분의 새로운 상품은 기술적 우위가 가장 뛰어난 미국과 일부 선진국에서 개발 · 생산되고 수출된다고 보았다. 이들 국가는 상품개발에 필요한 기술력과 초기투자를 감당할 자본력, 그리고 비싼 상품에 대한 충분한 수요를 뒷받침할 소비자의 높은 소득수준 등의 조건을 갖추고 있기 때문이다.

그러나 이처럼 개발된 제품의 생산기술은 곧 여타 선진국에 확산된다. 고가상품 생산에 따른 높은 이윤발생이란 유인이 이들로 하

비교우위의 발생 내지 국제무역을 설명하는 또 하나의 논리로 제기된 것이 '제품생애주기설'(product-life-cycle theory)이다. 이는 새로운 상품은 기술적 우위나 잠재적 수요가 큰 미국과 같은 선진국에서 발명되고 생산되어 수출이 되지만 곧 후발 선진국들이 추격하여 새로운 생산 및 수출의 주역이 되며, 생산기술이 표준화되는 시기에 이르러서는 후진국이 생산 및 수출의 거점으로 정착된다는 논리에 근거하여 국제무역의 방향을 설명하는 논리이다.

여금 최초 상품개발국을 추격할 유인을 제공하기 때문이다. 따라서 곧 생산거점은 새로운 경쟁자로 등장한 여타 선진국들로 이전되고, 이들이 주요 수출국으로 등장하게 된다. 미국이 더 이상 독점적 지위를 유지할 수 없는 단계에 이르는 경우에 발생하는 현상이다. 하지만 기술의 확산속도는 매우 빨라서 어느 나라든 해당 생산기술을 습득하여 활용할 수 있는 단계(이를 기술의 표준화 단계라 함)에 이르면 생산거점은 여타 선진국이나 중진국으로부터 상대적으로 임금이 저렴한 후진국으로 이전되고 후진국들이 이들 제품을 대량생산하여 수출하는 단계에 이른다고 보았다. 이는 마치 새로운 제품이 (선진국에서) 탄생하여 활동무대를 옮겨 다니다가 (후진국에서) 소멸되는 일생을 갖는 것과 같다고 하여 **제품생애주기설**(product-life-cycle theory)이라 불리고 있다.

이 논리는 '헥셔-올린정리'를 일부 보완할 수 있는 논리로 인식할 수도 있으나 공산품을 제외할 경우 설득력이 별로 없다는 한계성이 있다.

이는 결국 한 제품의 생애주기가 어느 단계에 있는가에 따라 어떤 국가들이 이 제품을 수출하게 되는지를 설명하는 논리로서 이해될 수 있으며, 헥셔-올린정리를 보완할 수 있는 주요 국제무역 발생이론 중 하나로 자리잡게 되었다. 그러나 이러한 이론은 공산품에 관한 한 상당히 현실타당성이 인정될 수 있으나 여타 유형의 무역을 설명하기에는 한계가 있다고 볼 수 있다.

(3) 산업 내 무역이론

한편, 최근의 국제무역 추이를 보면 부존자원의 차이가 심한 선·후진국 간의 무역보다는 부존자원이 유사한 선진국 간 무역의 규모가 더욱 활발하다는 사실을 확인할 수 있다.

헥셔-올린정리에 따르면 국제무역은 부존자원의 차이가 극명한 선진국과 후진국 사이에서 발생할 가능성이 높다. 자본이 풍부한 선진국은 자본집약적 상품에서, 그리고 노동이 풍부한 후진국은 노동집약적 상품에서 비교우위를 가질 수 있기 때문이다. 그러나 현실적 상황은 오히려 국제무역이 선·후진국 간에서보다는 선진국 상호간에 더 활발히 이루어지고 있다는 사실을 쉽게 확인할 수 있다. 예컨대, 자동차나 전자제품 등은 미국과 일본, 독일 그리고 프랑스 등의 국가에서 상호간에 수출을 하는 것이 일반화되어 있다.

이는 많은 국제교역상품들이 '상품차별화' 전략 등을 통해 국제 간에 독점력을 가진 생산자들에 의해 생산되고 수출되는 추세에 따라 서로 유사한 상품을 수출·수입하고 있는 데 기인하고 있다. 이러한 현상을 산업 내 무역(inter-industry trade)이라 한다.

이러한 현상은 상당히 많은 상품들이 국제 간에 독점적 경쟁시장을 형성하고 있어 각국이 **상품차별화**(product differentiation) 전략을 통해 경쟁에 대응하고 있기 때문이라 볼 수 있다. 비슷한 차라도 가스연비, 안전도, 디자인, 실내면적, 소음, 승차감 등의 기준으로 볼 때 얼마든지 소비자들에게 차별화될 수 있기 때문이다. 이와 같이 비슷한 상품을 서로 수출하고 수입하는 현상을 **산업 내 무역**(inter-industry trade)이라 부른다. 이는 국제 간에 독점적 경쟁력을 보유함으로써 비교우위를 갖게 된 기업들이 세계무역에서 차지하고 있는 비중이 증가되고 있는 사실을 감안해 볼 때 점차 더 주목을 받을 수 있는 논리라 볼 수 있다.

그러나 독점력이란 비록 그것이 부존자원의 차이와는 상관없이 생성된 것이라 하더라도 결국은 보다 저렴하게 생산 · 공급할 수 있는 힘이 축척된 결과로서 얻어질 수 있는 산물이라 볼 수 있다. 또한 그러한 역량의 결집을 통해 비교우위를 확보할 수 있다는 사실을 인식할 때보다 세부적인 사유는 다르다 하더라도 결국 비교우위를 갖는 국가가 수출을 주도할 수 있다는 논리는 여전히 유효한 것으로 평가된다.

그러나 독점력이건, 부존자원의 차이건 결국 비교우위란 상대적으로 저렴하게 생산 · 공급할 수 있는 힘으로부터 나오는 것이며, 제품생애주기가설 또한 생산비가 상대적으로 저렴한 국가로 생산 · 공급거점이 이전해 가는 과정으로 이해할 수도 있다. 결국 구체적 원인이 어디에 있건 상대적으로 저렴한 생산비에 근거하여 비교우위가 발생할 경우 수출할 수 있게 된다는 사실은 분명하다 할 수 있다.

이는 제품생애주기가설의 경우도 마찬가지다. 결국 후발추적국가들 중 제품의 최초 발명기술효과가 점차 사라지는 기술의 보편화 단계에 이르면 누가 보다 저렴한 비용으로 생산할 수 있는가에 따라 비교우위가 발생하며, 따라서 기술이 표준화되는 시점에서는 임금이 가장 싼 후진국의 경쟁력이 가장 강해진다고 인식할 수 있기 때문이다.

06 국제무역의 경제적 효과

국제무역이 가져다 주는 이익에 대하여 보다 설득력 있는 설명을 위해 자급자족 경제와 국제무역시의 생산 및 소비를 생산가능곡선 개념을 이용하여 비교해 보기로 한다.

(1) 자급자족 경제

논리전개의 편의상 세계에 한국과 중국만이 존재하고 두 나라는 교역이 없이 자급자족하는 경제체제하에 있다고 가정하자. 그리고 한국은 부존된 모든 자원을 생산에 투입할 경우 공산품만을 생산하면 10억 개, 그리고 농수산품만을 생산하면 20억 톤을 수확할 수 있

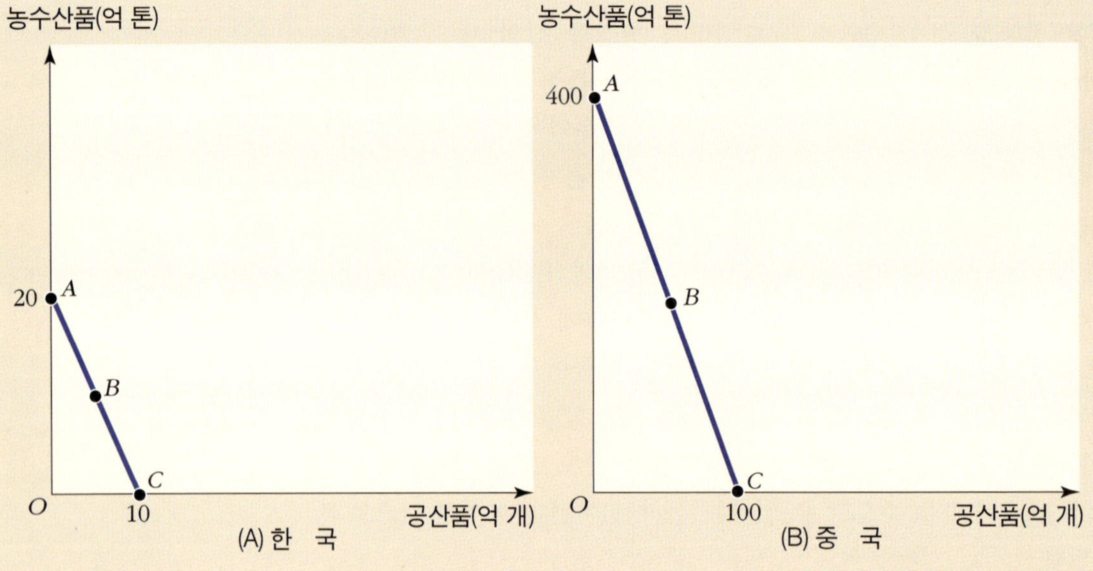

그림 14-4 자급자족체제하의 생산가능곡선
그림 (A)와 (B)는 한국과 중국이 자급자족적 생산을 할 경우 예상할 수 있는 농수산품과 공산품의 생산가능(곡)선을 나타낸다.

다. 반면, 중국은 공산품이나 농수산품만을 생산할 경우, 각각 100억 개와 400억 톤 생산이 가능하다고 보자.

[그림 14-4]는 두 나라에서 부존된 모든 자원으로 최대한 생산할 수 있는 공산품과 농수산품의 조합을 보여 주는 **생산가능곡선**(product possibility curve: *PPC*)을 나타내 주고 있다. 즉, 두 나라는 각각 *PPC*선상의 어느 점(예컨대, *B*)에서 두 재화를 생산할 수 있다는 의미가 된다. 그리고 자급자족을 가정할 경우 두 국가에서 **소비가능집합**(consumption possibilities set)의 영역은 $\triangle OAC$가 된다. 그리고 각국에서 공산품과 농수산품의 교환비율, 즉 교역조건은 한국은 1:2, 그리고 중국은 1:4가 될 것이다.

(2) 개방경제와 교역 후 생산과 소비

이러한 국제무역이 교역당사자 모두에게 이익이 된다는 논리는 우선 교역 쌍방 모두가 자급자족할 경우에 비해 모든 재화를 더 많이 소비할 수 있게 되었다라는 사실확인을 통해 입증될 수 있을 것이다.

이제 두 나라가 자유무역을 통해 거래를 시작하면, 앞서 소개한 기회비용을 기준으로 판단해 볼 때 한국은 공산품 그리고 중국은 농수산품에 특화하게 될 가능성이 높다. 그렇다면 두 나라는 과연 두 상품을 어떤 비율로 교역하게 될까? 여러 가지 요인이 고려되어야 하겠지만 최종적으로는 두 나라 모두가 자급자족시보다 유리한 위치에 있어야 할 것이다. 만일 한국에서 국제무역이 없는 자급자족 경제하의 교환이 이루어진다면 공산품 1억 개와 농수산품 2억 톤의 가격이 같아져 두 상품의 가격비율은 2가 되었을 것이다.

$$\frac{\text{한국 공산품 가격}}{\text{한국 농수산품 가격}}=\frac{P_m^k}{P_a^k}=2$$

반면 중국에서의 자급자족시 교역조건은

$$\frac{\text{중국 공산품 가격}}{\text{중국 농수산품 가격}}=\frac{P_m^c}{P_a^c}=4$$

가 될 것이다. 따라서 두 나라 간에 무역이 이루어지려면 국제무역의 **교역조건**(terms of trade), 즉 거래가격비율은 2와 4 사이에 있어야 할 것이다.

$$2<\frac{\text{국제공산품 가격}}{\text{국제농수산품 가격}}=\frac{P_m^w}{P_a^w}<4$$

한국에서 공산품 1억 개를 수출할 때 중국이 농수산품을 2억 톤보다는 많이 주어야 한국은 교역의사가 생긴다. 또한 중국은 공산품 1억 개를 받는 대신 농수산품을 4억 톤보다는 적게 주는 조건이라야 자급자족시보다 유리하게 되어 교역하고자 할 것이다.

결국 두 국가 간의 무역은 교역조건이 2와 4 사이에서 결정될 때 일어날 수 있다. 편의상 두 국가 간의 교역조건이 3이라고 보고 두 나라 간의 무역이 발생한 경우를 [그림 14-5]에 나타내고 있다.

그림 (A)의 $\triangle OAC$는 교역 이전의 생산가능영역 및 소비가능영역을 나타내고 있다. 반면에 $\triangle OA'C$는 교역 후(교역조건=3) 소비영역

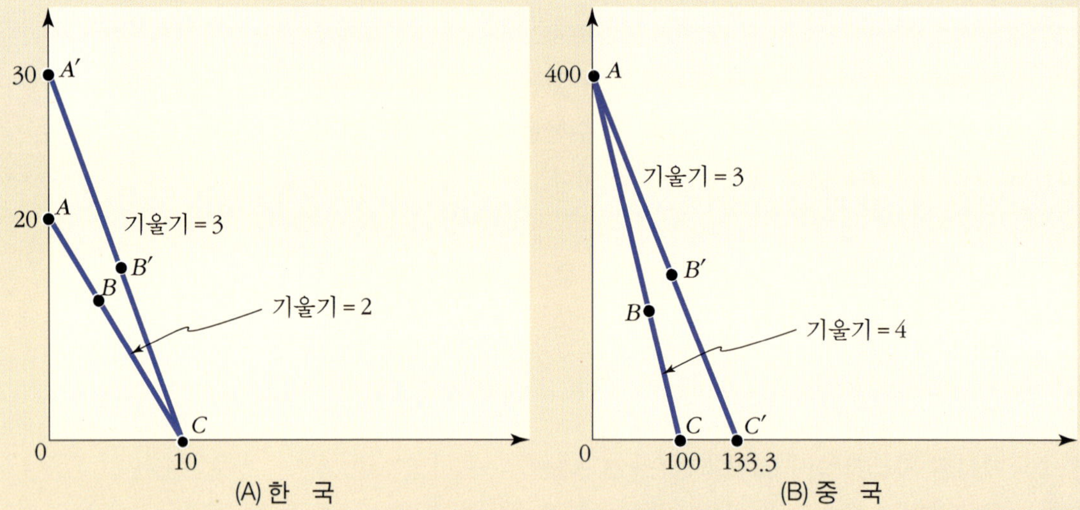

그림 14-5 교역 후 생산 및 소비

그림 (A)와 (B)는 각각 한국과 중국의 교역 이전의 생산가능(곡)선 *AC*와 교역 이후 소비가능(곡)선, *A′C* 및 *AC′*을 나타내고 있다. 이 때 두 국가 간 교역은 두 재화 간 가격비가 같아지는 조건하에 이루어질 것이며(*A′C*와 *AC′*이 나란하며 같은 기울기를 가짐) 최종적인 소비점은 각국에서 *B′*이 되는데, 이 점에서는 양국이 교역 이전의 소비점인 *B*에서보다 두 재화를 모두 더 소비할 수 있음을 알 수 있다.

을 나타낸다. 만일 교역 후 소비점이 *B′*이라면 교역 전 소비점 *B*에 비해 두 재화 모두를 더 소비할 수 있는 이익이 발생하고 있음을 확인할 수 있다.

마찬가지 논리에 따르면, 중국 또한 교역으로 인해 교역 전(*B*)보다 두 재화 모두를 더 많이 소비할 수 있게 된다(*B′*). 단, 두 국가에서 소비가능선 *A′C*와 *AC′*은 국제교역조건=3을 기준으로 도출된 것으로 기울기가 같도록 작성되었다.

단, 이상에서의 논리는 편의상 생산가능곡선이 직선으로 나타나는 경우를 대상으로 전개되어 두 국가 모두가 두 재화 중 하나에 완전특화하게 된다는 결론이 도출되었다. 이와 같이 다소 비현실적 결론이 도출된 것은 실제로 원점에 대하여 볼록한 형태를 갖는 생산가능곡선을 직선으로 표현한 데 기인(이것은 생산요소별 한계생산이 일정하다는 가정을 할 때 성립되는 경우임)하는 것이다. 따라서 보다 현실적인 상황, 즉 생산가능곡선이 원점에 볼록한 경우에는 비교우위가 없는 상품도 일부 생산하게 된다는 결과가 도출될 것이다.

자급자족

본문에서 소개한 분석결과에 근거하여 볼 때 국제간 자유무역을 극찬한 자본주의 시장경제체제가 **자급자족**(autarky)단계에 머물렀던 중세 봉건사회에 비해 괄목할 만한 생산성 향상과 경제적 후생증대를 이룩할 수 있었던 것은 놀라운 일이 아니다. 또한 종속이론에 근거하여 선진국들로부터의 무역을 통한 착취의 사슬을 끊기 위해서는 수출보다는 수입대체산업을 통해 경제자립을 이룩하는 것이 바람직하다고 주장하며, 이를 실행에 옮겼던 많은 중남미 국가들이 결국은 경제발전에 실패하였던 것은 바로 이와 같은 국제무역이 가져다 줄 수 있는 이득을 포기하였기 때문이라 할 수 있다.

한편, 국제무역에 따른 특화는 교역당사국에 규모의 경제를 발생시켜 평균비용을 한 단계 더 낮출 수 있는 이득을 가져다 줄 수 있을 뿐 아니라, 수출산업의 생산증가에 따라 **학습효과**(learning effect)가 발생하여 한층 더 생산성이 향상되는 이득이 발생할 수도 있다. 그 밖에도 국제무역은 경쟁의 촉진과 새로운 기술의 전파, 그리고 다양한 소비기회를 제공하는 이득을 제공하게 된다.

물론 이 밖에도 국제무역은 특화과정에서 시현될 수 있는 규모의 경제효과와 학습효과, 새로운 기술의 전수, 그리고 다양한 소비기회의 제공 등의 이득을 제공해 줄 수 있다.

여하튼 이제까지는 국제무역이 교역당사국에 가져다 줄 수 있는 이득에 대하여 살펴보았다. 그러면 과연 각국의 소비자와 생산자에게는 어떤 득실을 가져다 줄 것인가? 이에 대한 답변을 마련하기 위해 제6장에서 소개한 **소비자잉여** 및 **생산자잉여** 그리고 **사회순이익** 개념을 활용해 보기로 한다.

[그림 14-6]의 (A)는 국제무역이 없는 자급자족 경제체제하에서 성립될 수 있는 시장균형상황을 보여 준다. 국제무역이 없는 상황이므로 국내가격은 국내수요와 일치하는 P_0수준에서 결정되고 Q_0만큼이 거래될 것이다. 그리고 이때 $\triangle P_0AE$만큼의 소비자잉여와 $\triangle P_0EB$만큼의 생산자잉여가 발생하며, 사회순이익은 $\triangle ABE$와 같아질 것이다. 만일 수출국과 수입국 간의 국제거래가격이 P_W수준에 설정된다면 수출국은 국제가격(P_W)이 국내가격(P_0^X)보다 높으므로 P_W 가격하에 총 P_WD만큼을 생산 · 공급하되 P_WC만큼만 국내수요로 충당하고, CD만큼은 수출수요로 충당해 나갈 것이다. 한편, 수입국은 국제가격(P_W)이 오히려 국내가격(P_0^M)보다도 싸기 때문에 P_W가격하에 CD만큼을 수입하고 역시 P_W가격하에 P_WC만큼을 국내공급으로 충당하게 된다. 이때 양국의 수출규모와 수입규모는 CD만큼으로 서로 같아진다.

여하튼 무역을 통한 교역 쌍방의 수혜내용을 보다 조직적으로 확인하기 위해 소비자잉여와 생산자잉여 그리고 사회순이익 개념이 활용되기도 하는데, 그 구체적 분석내용은 [그림 14-6]에 잘 요약되어 있다.

교역 이후 수출국에서는 소비자잉여가 교역 이전(Ⅰ+Ⅱ)에 비해

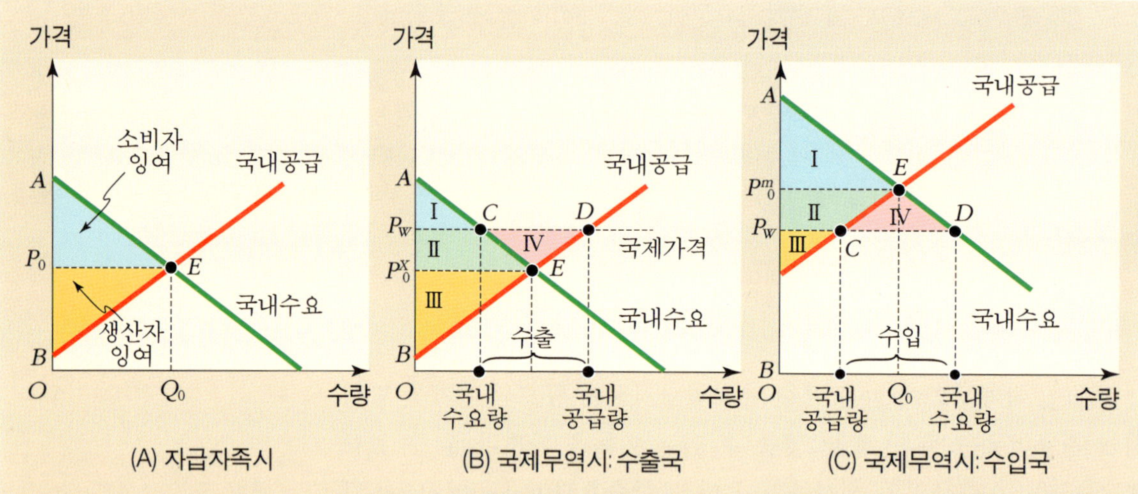

그림 14-6 국제무역에 따른 사회순이익
그림 (A)는 자급자족시 사회순이익은 *AEB*인 반면 수출국(B)과 수입국(C)의 사회순이익은 자급자족시에 비해 각각 *CDE*만큼씩 증가될 수 있음을 보여 주고 있다.

Ⅱ영역만큼 줄어든 Ⅰ이 될 것이다. 그러나 생산자잉여는 교역 이전(Ⅲ)에 비해 Ⅱ와 Ⅳ영역만큼 증가한 (Ⅱ+Ⅲ+Ⅳ)영역이 될 것이다. 따라서 수출국의 사회순이익은, 즉 소비자잉여와 생산자잉여의 합은 Ⅰ+Ⅱ+Ⅲ+Ⅳ로 교역 이전(Ⅰ+Ⅱ+Ⅲ)에 비해 Ⅳ영역만큼 증가됨을 알 수 있다. 마찬가지 논리에 따라 수입국에서는 소비자잉여는 Ⅰ에서 Ⅱ+Ⅳ만큼이 증가한 Ⅰ+Ⅱ+Ⅳ가 되는 반면, 생산자잉여는 Ⅱ+Ⅲ에서 Ⅱ만큼이 감소한 Ⅲ이 되므로 사회순이익의 합은 Ⅰ+Ⅱ+Ⅲ+Ⅳ로서 역시 Ⅳ영역만큼이 증가하게 된다.

그런데 무역이 국가 전체적으로는 이익을 보게 되지만, 이는 국내소비자와 생산자들의 손익을 함께 정산한 결과일 뿐이다. 따라서 손실을 보게 된 주체들은 국제무역에 대하여 적절한 대응책을 마련해 달라고 정부에 요청하기도 한다.

따라서 수출국과 수입국 모두가 국제무역으로 사회순이익이 증가하게 된다. 그러나 수출국 내부에서는 가격이 인상되어 국내생산자는 이득을 얻게 되지만, 국내소비자는 손실을 입게 된다. 반면, 수입국 내부에서는 가격이 인하되어 국내소비자는 이득을 보게 되나 국내생산자는 손실을 보게 된다. 따라서 교역으로 인해 손실을 보게 된 주체들로부터 국가에 대하여 국제무역과 관련하여 적절한 대응을 해 줄 것을 요청할 유인이 발생하게 된다. 이와 관련한 각종 무역제한행위에 대하여 절을 바꾸어 살펴보기로 하자.

07 무역제한행위

무역으로 인해 피해를 보는 주체가 소비자일 경우에는 개별 소비자의 손실이 매우 작아 소비자가 단결하여 이를 시정해 줄 것을 국가에 요청할 가능성은 낮다. 그러나 피해의 주체가 기업일 경우 개별 기업의 손실이 매우 크므로 국가에 대해 적절한 대응책을 마련해 주도록 압력을 가할 가능성이 높다. 국가 차원에서 보더라도 기업의 생산위축은 실업증가와 경기침체로 이어질 가능성이 높아 적절한 대처가 필요하다고 인식하게 된다. 따라서 일반적으로 국제무역에 대한 각종 제한정책은 대부분 수입국에 의해 입안되어 실시된다. 수입국이 자신에게 귀속되는 경제적 손실을 축소하기 위해 활용하는 대표적인 **무역제한행위**는 ① **관세부과**, ② **수입쿼터제** 도입, ③ 기타 비관세장벽 설정 등이 있다.

이러한 이유 등으로 인해 다양한 형태의 무역제한행위가 시도되는데, 예컨대 관세의 부과, 수입쿼터제의 도입, 기타 비관세장벽의 설정 등을 들 수 있다.

(1) 관세장벽

수입을 제한할 수 있는 가장 손쉬운 방안은 수입품에 대하여 일정한 세금을 부과(이를 **관세**(tariff)라 함)하여 수입된 상품의 국내공급가격이 높아지게 함으로써 국내의 수입수요를 축소하려는 정책이라 할 수 있다.

[그림 14-7]에서 P_0는 교역 이전 균형(E)하에 형성되는 시장균형가격이다. 그리고 P_1은 국제거래가격으로 무역제한이 가해지지 않을 때 형성될 국내가격과 같아진다. 이때 P_1P_2 크기만큼 관세가 부과되면 국내가격은 P_1에서 P_2로 상승할 것이다. 그러면 무역제한이 없을 경우에 비해 수입물량은 $q_1^Sq_1^D$수준에서 $q_2^Sq_2^D$수준으로 감소할 것이다. 의도한 대로 수입은 줄고 생산자잉여는 증가할 수 있으나 소비자잉여 감소폭이 더욱 커서 사회순이익은 감소하게 된다.

그림에서 △ABE(Ⅰ+Ⅱ+Ⅲ+Ⅳ)는 교역 이전 사회순이익이다. 그리고 □$ABCDE$((Ⅰ+Ⅱ+Ⅲ+Ⅳ)+(Ⅴ+Ⅵ+Ⅶ+Ⅷ))는 교역 후 사회순이익으로 교역 이전에 비해 △CDE(Ⅴ+Ⅵ+Ⅶ+Ⅷ)만큼 증가한 것을 알 수 있다. 그런데 여기에 P_1P_2 크기의 관세가 부과되거나 수입쿼터가 $q_2^Sq_2^D$만큼으로 제한된 경우에는 사회순이익이 □$ABC'D'E$((Ⅰ+Ⅱ+Ⅲ+Ⅳ+Ⅴ)가 된다. 자유무역이 허용될 경우에 비해 ⏢$CDD'C'$(Ⅵ+Ⅶ+Ⅷ)

가장 오래되고 또 손쉽게 실행할 수 있는 무역제한정책은 관세의 부과이다. 예컨대, 관세부과로 해외로부터의 수입이 줄어들면 국내생산자의 잉여가 증가하게 될 것이다. 그러나 국내소비자는 관세부과에 따른 국내유통가격 상승으로 인해 잉여의 손실을 보게 되는데, 이때 소비자의 잉여손실분은 생산자의 잉여증가분보다 크게 나타나므로 결국 사회순이익의 감소를 초래한다. 무역으로 인해 피해를 본 국내생산자측의 입장을 배려하여 관세를 부과하면 국내생산자측 이익은 증가할 수 있으나 국가 전체적인 이익은 감소할 수밖에 없다는 사실에 유념할 필요가 있다([그림 14-7] 참조).

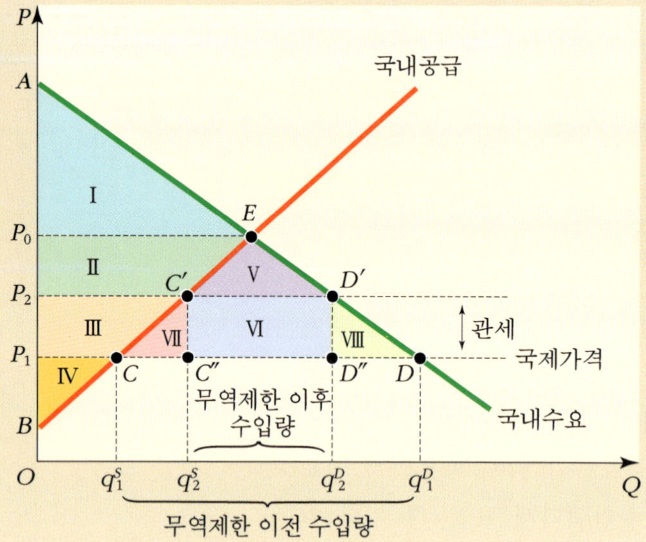

그림 14-7
무역제한행위의 경제적 효과
그림에서 P_0는 무역발생 이전 균형가격을, P_1은 무역발생시 형성될 가격을, 그리고 P_2는 무역제한(예컨대, 관세부과) 조치 후 형성될 가격을 각각 나타낸다.

국제무역의 발생은 교역 이전(△AEB)보다 △CED만큼 사회순이익을 증대시킬 것이지만, 무역제한이 가해지면 △$CC'C''$와 △$DD'D''$의 합만큼 사회순이익이 감소될 것이다.

이때 VI영역만큼의 사회순이익 감소분은 같은 크기만큼의 관세수입과 상쇄될 것이기 때문이다.

만큼 사회순이익이 줄어든다. 반면, 관세부과로 인해 정부는 VI만큼의 수입을 얻게 되어 사회 전체적으로는 VII과 VIII영역만큼의 사회순이익이 감소되는 결과가 초래된 셈이 된다. 그리고 자유무역의 경우에 비해 소비자잉여는 □$P_1P_2D'D$(III+VI+VII+VIII)만큼 감소하지만 생산자잉여는 III만큼 증가하고 정부관세수입도 VI수준에 그쳐 결국 (VII+VIII)만큼의 순사회손실이 발생할 것이다. 단, 관세부과 대신 수입쿼터 설정방식을 채택할 경우에는 P_1P_2만큼의 정부관세수입이 수입쿼터 면허 소유권 소유자의 잉여로 대체되는 차이가 있을 뿐이라고 이해할 수 있다.

여하튼 이상에서 우리는 무역제한정책으로 인해 국내가격은 상승하고 정부수입 및 생산자잉여는 증가하나 소비자잉여 손실분을 감당할 수 없어 결국 사회순손실이 발생한다는 결론을 내릴 수 있다.

(2) 비관세장벽

비관세장벽 또한 세계 자원배분을 왜곡하고 각국의 후생을 저하시키게 되는데, 가장 대표적인 것으로는 수입할당제와 수출의 자율규제, 반덤핑관세, 상계관세, 국방수정안, 도피조항, 그리고 「바이아메리칸법」 등을 들 수 있다.

정부가 국제 간에 거래되는 상품을 차별하고자 관세 이외의 직·간접의 선별적 규제를 가하는 것을 **비관세장벽**(non-tariff barriers) 또는 NTB라고 한다. 방법은 다르지만 이 또한 기본적으로 수입을 제한하려는 목표 자체는 관세장벽의 경우와 같다. 또한 NTB도 관세의 경우에서처럼 무역을 통한 세계 자원의 적정배분을 저해하고 각국의 경제적 후생을 저하시키는 결과를 초래하게 된다.

비관세장벽에는 여러 가지가 있으며 「관세 및 무역에 관한 일반협정」(GATT)에 통보된 것만도 800항을 넘는다. 이들은 정부의 행정관여, 세관 및 행정절차, 각종 기준(예컨대, 배기가스기준, 안정성 기준, 기타 환경기준, FDA 승인 여부 등), 수출입 제한, 수입과징금 등으로 구분되기도 하는데, 가장 대표적인 것으로 수입할당제와 수출자율규제를 들 수 있다.

1) 수입할당제

수입할당제(import quota system)란 수입관리제도의 하나로서 정부가 국제수지의 조절과 국내산업의 보호를 위해 일정 상품에 대하여 미리 그 수입총량과 각국별 또는 수입업자별로 할당량을 결정하여, 그 한도 내에서 수입을 승인하는 제도이다. 1931년 프랑스에서 처음 시행되었으며 그 후 여러 나라에 급속히 파급되었는데, 수입국이 독자적으로 할당내용을 결정하는 자주할당과 수입국·수출국이 서로 협의하여 결정하는 협정할당이 있다. 일반적으로 수입할당은 상대국의 보복적 할당을 받게 되기 쉬우므로 대체로 협정할당이 보다 광범위하게 활용되고 있다.

2) 수출자율규제

수출자율규제(voluntary export restriction)란 수출국이 스스로 특정 상품의 수출이 과도하게 이루어지지 않도록 조절하는 것으로, 국내적인 필요성에 의한 경우와 외국과의 협정에 의한 경우 두 가지로 구분된다.

국내적인 동기에 의한 수출규제란 국내업체끼리 과당경쟁을 벌이거나 심지어 출혈수출 등 부작용을 빚는 것을 방지하기 위해 자율규제하는 것을 말한다. 한편, 국외적인 동기에 의한 수출규제란 상품의 진출이 특정 국내수출시장에 과도하게 집중되거나 특정 상품의 수출이 일시에 이루어져 상대국의 수입규제를 유발시킬 가능성이 큰 경우에 상대국과의 협의를 거쳐 자율규제를 하는 것을 말하며, 선진국들(특히, 미국)의 수입규제 장벽으로 널리 이용되고 있다.

이 밖에도 다양한 비과세장벽들이 활용되고 있는데, 예컨대 **반덤핑관세**(anti-dumping duties), **상계관세**(countervailing duties), **국방**

수정안(national defense amendment), **도피조항**(escape clause provision), **바이아메리칸법**(Buy-American Act) 등이 있다. 이러한 비관세장벽 등을 비롯한 각종 무역제한행위에 대한 사유 및 주요 사례들을 살펴보면 다음과 같다.

(3) 무역제한 사유

그렇다면 이토록 부정적인 효과가 초래됨에도 불구하고 무역을 제한하는 이유는 무엇일까?

지금까지의 논의에 따르면 국제 간의 무역이 비교우위에 따라 이루어질 경우, 각국은 후생의 증대라는 이득을 볼 수 있고 세계경제는 자원의 적정배분을 달성할 수 있을 것으로 판단된다. 그렇다면 과연 왜 각종 무역제한행위가 발생하는 것일까? 거기에는 대체로 다음과 같은 사유가 있다.

1) 유치산업의 보호

가장 대표적인 무역제한 사유로는 자국의 산업이 경쟁력을 갖출 때까지 무역제한을 통해 보호할 필요가 있다는 이른바 유치산업보호론을 들 수 있다.

경제발전의 초기 단계에 있거나 상대적으로 후진단계에 있는 국가의 기업들은 일반적으로 선진국 기업이나 세계적 수준의 기업과 경쟁하기는 어렵다. 즉, 기술이나 경영능력은 물론 자금동원능력 등에 있어 이들과 경쟁상대가 될 수 없다. 그럼에도 불구하고 국내시장을 완전히 개방할 경우 후진 제국 내의 기업들은 도산할 가능성이 높은 것이다. 따라서 정부가 자국의 기업들이 어느 정도 경쟁력을 갖출 수 있을 때까지 보호장벽을 제공하여 줌으로써 국내산업의 정착을 도모할 필요가 있다는 논리가 제시된 바 있다. 이처럼 미숙한 단계에 있는 국내산업을 외국의 경쟁으로부터 보호할 필요가 있다는 논리를 **유치산업보호론**(infant industry argument)이라 한다. 이 논리는 자본주의를 가장 먼저 정착시키고 국제 간 자유무역을 주창하고 나선 영국의 무역정책을 그대로 받아들일 경우 자국의 산업기반이 붕괴될 가능성이 있다고 판단하여 독일에서 이에 대한 대응논리로 최초로 개발되었다. 당시 이를 주도한 학자들은 **리스트**(Franz List)를 중심으로 하는 이른바 **역사학파**(historical school) 학자들이다.

그러나 이 정책은 너무 오래 유지할 경우 국내기업의 도덕적 해이를 가져올 수 있을 뿐 아니라 교역당사국으로부터 보복을 당할 수도 있다.

유치산업보호론은 일정 기간 동안 보호받는 기업들이 규모의 경제를 시현할 만큼 성장하고 이른바 학습효과 등을 통한 생산성이 제고되어 어느 정도 국제경쟁력을 갖출 때까지 보호가 필요하다는 논리이지만 자국산업의 보호를 너무 오랫동안 유치할 경우 오히려 **도**

덕적 해이(moral hazard)를 발생시켜 기업들의 자생적인 경쟁력 제고 노력을 저해할 수도 있다. 또한 유치산업 보호논리를 자국의 수입을 억제하기 위한 수단으로 남용할 경우 이는 교역상대국으로부터 **보복**(retaliation)을 유발하거나 무역분쟁을 야기할 가능성이 높다는 사실에 유념할 필요가 있다.

2) 국내실업의 방지

비교우위에 근거하여 특정 상품의 생산에 특화함으로써 국제무역을 도모할 경우, 비교우위가 없는 국내기업은 도산할 가능성이 높고 해당 기업 종사자들은 직장을 잃게 될 수도 있다는 우려를 표명하며 이에 대한 적절한 대응방안이 필요하다는 주장이 제기되기도 한다. 특히, 이러한 요구는 해당 산업의 노동조합 단체들로부터 주로 제기되고 있는데, 예컨대 2007년 체결된 한·미 FTA 협상과 관련한 한국의 민주노총과 농민단체들의 반발이 바로 좋은 예가 될 것이다.

무역제한의 또 다른 사유로 자주 거론되는 것으로 비교우위를 상실한 국내기업이 도산함으로써 해당 기업 종사자들이 직장을 잃게 된다는 점이다.

그러나 장기적으로는 생산성이 낮거나 비교우위를 상실한 부문은 점차 축소하고, 이 부문에 투입되었던 노동(과 자본)을 재교육이나 훈련 등을 통해 상대적으로 비교우위가 있는 부문으로 재배분하는 것이 바람직할 것이다. 비교우위를 상실한 부문을 지속적인 보호를 통해 유지하기도 어렵고 또 인위적인 보호는 국가경제의 비효율성만 증폭시킬 것이기 때문이다. 또한 경쟁력 상실의 주 원인이 임금에 연유할 경우 상대적 후진단계에 있는 국가로 생산기지를 이전함으로써 경쟁력을 회복하는 방안을 고려하는 것이 적어도 기업 차원에서는 보다 현실적인 대안이 될 수도 있다.

그러나 고임금 등으로 인해 경쟁력을 상실한 기업을 지속적으로 유지시키기 위해 비효율적 생산을 고집하는 정책은 실효성이 없다. 고비용 회피를 위해 해당 기업들이 해외로 진출할 경우 역시 실업이 증가될 가능성이 매우 높기 때문이다.

최근 한국의 많은 사양산업들이 중국이나 인도 또는 동남아 등지로 생산기지를 이전한 것은 바로 이러한 논리에 합당한 사례라 할 수 있다. 물론 일부 사양산업은 해외이전 대신 값싼 외국인 근로자들을 불러들여 고용하는 방식으로 경쟁력을 유지하고 있다. 그러나 이는 장기적으로 지속되기는 어려운 전략이라 할 수 있다.

3) 국내산업의 균형적 발전

특화에 근거한 국제무역이 바람직하다고 하지만 한 국가가 비교우위를 갖고 있는 산업만을 특화할 경우(예컨대, 농업이나 수산업 또는 자무역제한의 세 번째 사유로 제기될 수 있는 논리로써 국내산업의 균형적 발전을 위해, 예컨대 사회간접자본이나 기간산업의 육성은 필수적이라는 주장을 들 수 있다.

연자원 관련산업이나 관광업) 국가가 필요로 하는 최소한의 기간산업이나 사회간접자본의 육성마저 포기해야 하는 어려움에 처할 수도 있다. 더구나 특화한 산업부문 제품의 부가가치가 낮거나 거래가격이 국제경제여건 변화에 지나치게 영향을 받을 경우 국내경제가 매우 불안정해질 수도 있다는 논리가 제시되기도 한다.

4) 전략적 산업보호

무역제한 사유로 들 수 있는 네 번째 주장으로는 국방관련 산업이나 기초식량산업은 국가안보 차원에서 보호가 필요하다는 논리를 들 수 있다.

한 국가가 비교우위에 근거한 산업에만 특화해야 한다는 논리에 충실하다 보면 한 국가의 운영에 필수적인 산업을 포기해야 하는 경우도 있다. 예컨대, 국가안보와 직결된 군수산업을 들 수 있는데, 비교열위를 이유로 모든 국방장비를 외국으로부터의 수입에 의존할 경우 유사시 적절한 장비나 물자를 제때에 공급받기 어렵기 때문이다. 따라서 일정 수준의 국방관련 산업을 유지하는 것이 바람직하다는 견해가 대두되고 있으며, 이들 산업이 특히 자율적 국제무역에 의해 위협을 받게 되었다고 판단되면 이를 국가가 개입하여 방어할 필요가 있다고 보는 것이다. 미국이 활용중인 **국방수정안**(national defense amendment)도 이와 유사한 이유로 설정된 무역제한법이라 할 수 있다.

한편, 농산물 특히 식량산업과 관련하여 이를 비교우위에 근거하여 수입에 의존하는 것은 국가적 안보 차원에서 볼 때 매우 위험하다는 견해가 제기되기도 한다. 식량수출국들이 유사시 수출을 중단할 경우 식량공급 등 수입에만 의존하던 국가들은 매우 어려운 상황에 처할 것이기 때문이다.

역사적으로도 자유무역을 주창한 영국이 프랑스 등 대륙국가들로부터 식량을 수입해 오던 중 나폴레옹전쟁을 겪으며 공급이 순조롭지 못하게 되자 곡물가격이 폭등하였던 사례가 바로 식량안보론을 주장하는 사람들의 논리적 근거로 자주 활용되고 있다. 또한 최근 들어 기후변화에 따른 농산물의 세계적인 흉작과 중국 · 인도 등 신흥개도국들의 소득증대에 따른 농산물수요 급증, 그리고 농산물의 바이오연료화(예컨대, 옥수수의 에탄올연료화) 등으로 인해 농산물의 국제가격이 폭등하는 이른바 **애그플레이션**(agflation: agricultural inflation의 줄임말)이 풍미하면서 농산물의 주요 수출국들이 수출에 제한을 가하게 되자 농산물의 전략적 가치문제가 다시금 부상되고 있다.

5) 불공정한 무역정책에 대한 대응

특정 국가가 국가적 차원에서 조세나 금융상의 보조나 지원 또는 행정상의 편의제공을 통해 국제경쟁력을 제고시켜 다른 나라에 수출을 증대시키는 행위는 이러한 혜택을 받지 못하는 자국기업에게 불이익을 초래할 것이므로 적절한 대응책을 마련해야 된다는 논리가 제기되고 활용되고 있다. 미국이 주로 활용해 온 **반덤핑관세**(anti-dumping duties)와 **상계관세**(countervailing duties)가 이에 해당된다.

그리고 마지막으로 제기할 수 있는 무역제한의 주요 사유로는 불공정한 무역정책에 대한 대응논리를 들 수 있는데, 반덤핑관세와 상계관세 등이 이에 해당된다.

수출은 선이고 수입은 악인가

개발도상국 단계에서 적극적인 경제개발 과정을 거쳐 근대 산업국가로 발돋움한 나라의 국민들은 대체로 수출에 대하여 상당한 가치와 의미를 부여한다. 특히, 한국의 경우 이른바 **수출주도적 공업화**를 통한 경제성장(export-led growth)을 달성하였기에 수출증대에 대한 국민의 염원은 실로 대단하였다. 1960년대에는 심지어 대통령이 주재하는 월례수출확대회의에 경제관련 각료는 물론 한국의 대표적 기업의 총수가 함께 참석하여 수출확대를 위한 모든 가능한 방안을 마련하고 실행한 적도 있었다. 매일매일 그 날까지 실현된 총수출액을 한국상공회의소 옥외전광게시판에 공지하였고, 시민들은 그 곳을 지날 때마다 오늘은 얼마나 수출고가 올라갔나 하는 기대와 관심을 가지고 쳐다보았었다. 1960년대 중반 1억 달러 수출이 달성되었을 때에는 대통령이 눈물을 보이는 장면이 뉴스가 되기도 하였다. 이러한 역사적 경험을 하여 온 한국 국민들에게는 어느새 수출은 무조건 좋은 것, 그리고 수입은 바람직하지 못한 것으로 인식하는 습관이 들기도 하였다. 이러한 사고방식을 일부 학자는 중상주의적 발상이라 하며 비판한 경우도 있다.

유럽에서 약 1500년부터 1800년 사이에 적극적인 수출정책을 통한 국부의 증가를 강조한 **중상주의**가 풍미한 적이 있었다. 따라서 수출입국을 통해 경제성장을 도모하는 국가들의 정책을 현대판 중상주의라고 부르기도 한 것이다. 그러나 예전의 중상주의는 국가의 군사력을 동원하여 식민지 경영까지 해 가며 국부를 증대시켰고, 국부의 증대는 국민이 아닌 지배계층에 주로 귀속되었기에 오늘날의 수출주도적 성장을 도모하는 국가의 정책과는 사뭇 다른 의미를 갖는다는 사실에 유념할 필요가 있다.

여하튼 다양한 이유로 해서 현대의 국가들은 수출증대에 많은 노력을 경주하고 있으며, 수입은 곧잘 비판되고 있다. 예컨대, 후진국들의 경우에는 수출을 통해 경제개발에 필요한 외화를 획득할 수 있고, 선진국의 경우에는 수출이 일자리를 창출하는 역할을 담당하는 반면 수입은 일자리를 감소시킬 뿐 아니라 해외의 존도를 높인다고 믿기 때문이다.

그러나 수출이란 자국이 가지고 있는 생산자원을 결합하여 생산한 제품을 일정 수준의 부가가치만 받고 외국에 인도하는 행위이다. 수출국 국민들은 자국의 많은 자원을 소비해 가며 애써 만든 제품을 자신들은 써보지도 못한 채 외국소비자들에게 넘기는 것이다. 반면, 수입은 자국에서는 생산할 수 없거나 자국에서보다는 저렴하게 생산된 외국의 제품을 소비할 수 있게 함으로써 효용의 증대를 누릴 수 있게 하여 준다. 이러한 관점에서 볼 때 수출에 대한 맹목적인 선호는 지양되어야 할 필요가 있다. 한 나라의 경제발전은 국민의 경제적 복지가 얼마나 향상될 수 있는가에 따라 평가되는 것임에 유념할 필요가 있으며, 따라서 수출과 수입은 보다 균형잡힌 시각에서 이해하고 접근되어야 할 것이다.

또한 수출주도적 공업화가 한국에서는 성공적 결과를 가져다 주었지만 이는 단순히 수출증대정책만에 의한 것이라기보다는 성공적인 자본축적과 이의 효율적인 활용을 통한 성장, 그리고 이를 가능하게 하여 준 높은 저축률과 국민들의 강렬한 성장의지가 뒷받침해 주었기 때문이라고 보아야 할 것이다.

결국 수출과 수입은 각국이 비교우위에 근거한 전문화를 통해 자유무역을 하는 것이 모든 교역당사국에게 이익이 된다는 대전제하에 접근할 필요가 있다. 자유무역은 모두에게 이익이 되지만 보호주의는 특정 기업에만 그것도 단기적으로만 혜택(장기적으로는 **도덕적 해이**와 과잉보호에 따른 경쟁력 약화 등의 폐해가 예상됨)이 돌아간다는 사실을 명심할 필요가 있다.

그리고 국부란 금 · 은과 같은 물질의 증대나 수출액의 증가에 의해 결정되는 것이 아니라 국가자원의 생산성 향상과 국민들에게 귀속되는 경제적 후생증대에 의해 결정된다는 사실에 유념할 필요가 있다.

그런데 특정 국가(예컨대, 한국)가 덤핑가격으로 미국에 수출을 한다면 실제로 미국 시민들은 보다 싼 가격으로 수입제품을 향유하는 혜택을 보게 된다. 반면, 덤핑가격으로 수출한 나라는 가격인하폭만큼의 실질손실을 보는 것이다.

그런데 실제로 덤핑은 오히려 수출국이 외환의 확보를 위해 손실을 감수하려는 고육지책인 반면, 수입국은 보다 저렴하게 수입품을 소비할 수 있는 기회를 갖게 된다. 문제는 덤핑을 통해 해외시장을 장악한 수출국 기업이 수입국 내의 경쟁기업을 도산시킨 후에는 가격을 올려 독점적 이윤을 추구할 수 있다는 점이다. 그러나 예컨대 미국에 덤핑수출한 국가들 대다수는 이러한 독점력을 행사할 수 없는 후진국들이다.

그럼에도 불구하고 미국 등 선진국들은 외국기업들이 덤핑가격으로 자국기업들을 도태시킨 다음 시장을 독점하고 가격을 올려 받을 수 있기 때문에 이를 방관할 수 없다고 주장하고 있다. 그러나 이는 외국기업이 시장가격을 마음대로 조작할 만큼 국제적인 독점력을 갖고 있을 때만 가능한 일이다. 그리고 덤핑과 같은 출혈수출을 해서라도 외화를 벌어들이려는 개발도상국들이 미국과 같은 선진국 내에서 시장지배력을 갖는다는 것은 실제로는 불가능한 것이어서, 미국이 외국의 불공정한 정책에 대한 대응방안으로 보호정책을 편다는 것은 그다지 설득력이 없다.

아이러니컬하게도 덤핑수출로 인해 가장 큰 손실을 입는 것은 수출당사국 국민들이지만 정작 이들 국가에서는 덤핑에 대한 저항감이 별로 표출되는 적이 없다. 그만큼 이들 국가에서는 경제개발에 필요한 외자를 확보하는 일에 더욱 큰 가치를 부여하기 때문이다. 그러나 덤핑의 도가 지나쳐 수출가격이 생산가격 이하로 떨어지면 수출이 증대될수록 손실도 커지게 된다. 결국 이로 인한 손실을 어디에선가는 보충해야 하는데, 대부분의 경우에는 국내시장 판매가를 올려서 해결하는 경우가 많다. 그만큼 수출국 국민들의 피해가 커지는 것이라는 사실에 일단 유념할 필요가 있다.

(4) 국제무역의 변천과 대응정책

1) 국제무역의 변천과정: 자유무역과 보호주의의 교차

① 절대왕정과 중상주의의 등장

중세 후반에 신대륙 발견과 십자군원정에 따른 국제교역의 확대는 자급자족적 봉건제도의 경제기반을 송두리째 흔들기 시작하였고, 결국 경제력 강화를 통한 지배력 유지를 도모하는 절대왕정은 이른바 **중상주의**를 탄생시켰다. 이들은 국부의 축적을 위해 수출증대와 수입감소 등의 통상정책을 추구하며 금 · 은 등의 귀금속 확보 및 국제수지 흑자의 시현에 노력하였다. 그러나 당시의 절대왕정은 절대적인 왕권을 바탕으로 하여 자유무역에 의한 상호이익 추구보다는 군사력을 동원한 식민지화 및 경제적 착취로 일삼았고, 이렇게 하여 축적된 부 또한 국민보다는 자신들의 지배력 유지 및 향락에 사용하는 단계에 머물렀다. 이 부분이 바로 현대의 국제통상정책과의 결정적인 차이를 보여 주는 점이라 하겠다.

이 시점에서 그간 전개되어 온 국제무역의 변천과정상의 특징을 간략히 살펴보기로 한다. 산업자본주의가 성립되기 이전 단계는 이른바 중상주의 시대로 분류되고 있는데, 당시 절대왕정은 군사력을 배경으로 식민지화 및 경제적 착취까지 감행하며 국부의 증대와 지배계층의 경제력 신장에 탐닉하였다.

② 산업자본주의의 성립과 자유방임 및 자유무역주의

앞서 언급한 중상주의는 곧 18세기 이후에 대두된 중산층을 대변하는 자유주의 철학자와 경제학자 등(Adam Smith, John Locke, David Hume 등)에 의해 신랄히 비판을 받게 된다. 이들은 개인의 자유와 경제적 자유에 근거하는 **자유방임주의**를 주창하였고, 이것은 곧 **산업자본주의**의 성립을 재촉하였다. 이러한 변화를 가장 처음 또 철저히 시현한 영국에서 자본주의가 정착되고 또 자유무역이 제창되기에 이르렀는데, 당시 이러한 흐름을 주도한 영국 주도하의 자유무역시대를 흔히 **팩스 브리태니카**(Pax Britanica)시대라 한다. 이러한 자유무역주의가 영국 주도하에 성립될 수 있었던 것은 **산업혁명**에 의한 영국 산업의 비교우위가 형성된 점과 국제거래를 뒷받침할 수 있는 런던 금융시장의 발달에 연유한다 하겠다.

이러한 중상주의는 자유방임주의를 바탕으로 하는 산업자본주의가 성립되며 퇴장하게 되었다. 이후 산업혁명을 달성한 영국이 주도하는 자유무역시대가 전개되는데, 이를 '팩스 브리태니카'(Pax Britanica)시대라 부른다.

③ 보호무역주의의 대두

19세기 후반에 후발주자인 독일과 미국이 야심적인 공업화 정책을 추구하며 **국내유치산업** 보호를 위한 수입관세를 부과함에 따라서

이렇게 전개된 자유무역질서하에서 불리한 입장에 섰던 독일과 미국 등 상대적 후발공업국들은 자국의 독자적 공업발전을 위해 보호주의를 제창하며 고율의 수입관세를 부과하기 시작하였다. 이러한 분위기가 세계적으로 확산되며 결국 군국주의적 성향과 제1차 세계대전을 촉발하게 되었다.

자유무역은 약화되고 **보호주의** 추세로 반전되기 시작하였다. 나머지 국가들도 이러한 움직임에 따르자 세계수출시장 쟁탈을 위한 경쟁은 치열해졌고, 자국의 시장확보를 위한 수입관세 부과는 당연한 것으로 받아들여졌다. 이러한 경제적 흐름과 함께 **군국주의**(militant nationalism)가 대두되었는데, 제1차 세계대전으로 정점에 이르렀다.

제1차 세계대전 후 자유무역으로의 환원을 위한 시도가 있었으나 패전국의 전쟁보상금문제와 영국의 경제적 지도력 쇠퇴 등으로 무산되고 경제적 국민주의가 계속되었다.

제1차 세계대전이 끝나자 종래의 자유무역주의로 환원하기 위한 여러 시도가 있었으나 많은 국가들이 1920년대에 경제적 어려움을 겪고 있어서(영국의 무역수지 적자 및 실업과 독일의 전쟁보상금 지불) 무역규제와 **경제적 국민주의**(economic nationalism)가 계속되었다. 미국의 경우는 1930년에 통과된 **스무트-홀리**(Smoot-Hawley)법에 의하여 보호주의가 극도에 이르렀는데, 평균수입관세는 53%의 고율이었다.

④ 자유무역 촉진 노력과 GATT의 탄생

결국 대공황을 거친 후에야 자유무역으로의 회귀노력이 구체화되어 추진된다. 양국 간 관세인하는 물론 이처럼 인하된 세율을 모든 교역상대국에 적용하는 최혜국대우원칙 등이 채택되었으며, 이러한 노력은 관세인하, 수량제한 철폐 그리고 무차별대우원칙을 표방하는 GATT를 탄생시켰다.

1930년에 시작된 **대공황**(Great Depression)으로 발생한 높은 실업과 경제적 혼란은 자유무역에 대한 미국의 입장에 근본적인 변화를 가져왔다. 1934년에 통과된 통상협정법은 루스벨트 대통령에게 스무트-홀리법에서 설정된 관세를 50% 이상 인하시킬 수 있는 권한을 부여하였다. 통상협정법의 기본 원칙은 **양국상호양허**(bilateral reciprocity of concession)**원칙**이다. 이 원칙에 의하면, 양국 간 무역에 있어서 무역수지 균형을 이루는 주요 교역상품의 관세인하 교섭으로 합의된 관세율은 모든 무역상대국에 무차별하게 적용된다. 이러한 원칙은 관세설정에 있어서 **최혜국대우원칙**(the most-favored-nation principle)이라 일컬어진다.

제2차 세계대전 후 국제경제체제의 자유화와 세계경제 재건에 필요한 효율적인 국제기구를 창설하기 위한 일련의 외교적 노력이 시도되었다. 이러한 시도가 국제무역부문에서 결실을 맺은 것이 제네바에 본부를 둔 GATT(General Agreement on Tariff and Trade)의 설립이었다.

GATT의 주요 규정은 **관세인하**, **수량제한의 철폐**, **무차별대우원칙**으로 이루어져 있으며, 이는 대전 전 보호기간 동안에 형성된 피해가 크고 소망스럽지 못한 두 특징-국가에 따라 차별을 두는 무역규제와 수입할당제도-을 제한하거나 종식시키는 역할을 하였으며, 대부분의 시장경제체제 국가는 이 규정에 따르기로 협약하였다. 또한 이 협정은 국가 간 무역분쟁을 중재하기 위한 제도를 제공하였고 관세장벽 인하를 위한 다자 간 협상의 광장을 만들었다.

GATT의 차별금지와 다자 간 협상은 1934년에 통과된 미국의 통상협정에 내재한 외국무역정책 원칙의 연장으로 볼 수 있다. **무차별 자유무역원칙**에 입각하여 미국이 주도한 GATT체제는 제2차 세계대전 후 미국의 경제 · 정치 · 군사적 우위에 의하여 형성되었으며, 달러를 기축통화로 한 IMF체제에 의하여 지원되었다. 따라서 제2차 세계대전 후의 자유무역시대를 **팩스 아메리카나**(Pax Americana) 기간이라 일컫기도 한다.

GATT체제가 성립된 후 경제적 주도권을 장악한 미국 중심의 자유무역시대를 '팩스 아메리카나'(Pax Americana)라 부른다.

제2차 세계대전 후 GATT는 아주 성공적이었다. 대부분의 국가가 수입쿼터를 관세로 대체하였고, 관세는 최혜국대우원칙에 의하여 부과되었으며, 소수의 무역분쟁이 GATT 중재에 의하여 해결되었다. 그 중 GATT가 수행한 커다란 업적은 1947, 1949, 1951, 1956, 1962, 1967년의 여섯 차례에 걸친 관세인하를 위한 다자 간 협상의 달성이었다. 이러한 성공적인 GATT의 관세인하협정과 인플레이션을 고려한 미국의 관세는 1934년 평균 46.7%에서 1962년 12.0%로 인하되었으며, 전후 주요 선진산업국도 비슷한 추세를 보여 주었다. 선진산업국의 무역자유화율은 1950년 말의 67%에서 1953년 말에는 77%로 상승하였고, 유럽 주요 제국은 1958년 말의 89%에서 1960년 6월에는 91%에 이르는 무역자유화를 달성하였다.

이후에도 다자 간 협상이 지속적으로 추진되면서 관세인하 및 무역자유화가 크게 진전되었다.

⑤ GATT정신의 후퇴: 새로운 무역규제 등장과 지역주의 창궐

그러나 GATT의 이러한 성공은 미국통상협정법의 **도피조항규정**(escape clause provision), **국방수정안**(national defense amendment), **'바이아메리칸'**(Buy-American)정책 등에 의하여 저해되었다. 도피조항은 관세양허의 결과 외국과의 경쟁으로 인하여 피해를 보는 미국산업은 미국관세위원회(U.S. Tariff Commission)에 구원을 청원할 수 있으며, 실제 피해가 인정되면 대통령은 관세인하협정을 폐지할 수 있도록 하였다. 국방수정안 조항은 미국 정부와 거래하는 국내생산업자와 방위산업에 종사하는 제조업자를 보호하도록 명시하고 있다. 바이아메리칸법은 미국 원조수혜국이 원조자금으로 해외구매시는 미국 제품을 우선적으로 구입하도록 하는 조치이다. 이러한 일련의 조치는 자유무역을 저해하는 요인으로 작용하여 GATT의 자유무역 추

그러나 미국의 경쟁력과 경제지도력이 상대적으로 약화되면서 미국은 도피조항규정, 국방수정안 등의 비관세장벽을 도입함으로써 새로운 보호무역시대가 도래하였다.

진에 쐐기를 박았다. 이러한 미국의 각종 무역규제는 근래에 이르러 더욱 강화되었다.

한편, 유럽의 EEC(현재의 EU)와 ETTA를 필두로 아시아와 중남미 지역에까지 비회원국에 대한 차별을 일삼는 지역주의가 팽배하면서 GATT정신은 더욱 후퇴하게 되었다.

또한 유럽 국가들은 1958년에 **유럽경제공동체**(European Economic Community: EEC)를 형성하여 공동체 내에서는 무역장벽을 완전히 제거하고 비회원 국가와의 무역에는 동률의 관세를 부과하였다. 또한 사료와 열대성 작물을 제외한 농산물에 대해 극도의 보호정책을 실시하여 공동체 내에서의 자급자족을 추구하였다. 이러한 **지역주의**(regionalism)는 무역상의 차별을 추진하는 관세동맹을 통하여 특혜관세를 인정하는 것으로 GATT의 무차별대우원칙에 위배될 뿐만 아니라 자유무역을 저해하는 요인이 되었다. EEC(현재의 EU) 외에도 CACM(Central American Common Market), EFTA(European Free Trade Association), LAFTA(Latin America Free Trade Association) 등이 창설된 바 있고, 최근에는 ASEAN, NAFTA 등이 결성되어 지역주의에 입각한 블록경제가 심화되었다. 이러한 지역주의가 GATT정신에 위배됨에도 불구하고 큰 저항 없이 존속되어 온 이유는, 가장 피해를 많이 보는 주요 교역상대국인 미국이 어느 정도의 경제적 손실을 감수하며 이들 지역이 강력하고 단합된 형태로 결속되기를 바라는 정치 · 군사적 이유 때문이었으나, 이러한 미국의 인내는 한계에 부딪쳐 결국 NAFTA를 결성하기에 이른 것이다.

⑥ 개발도상국들의 반발과 대응

이러한 지역주의는 특히 개발도상국에 실질적 차별을 초래한다는 사실에 근거하여 이를 시정하기 위한 노력이 추구되었는데, 그 결과로서 UNCTAD가 결성되었다. 이를 통해 후진국에 대한 특혜관세 또는 일방적 관세양허제도가 도입되었으며, 1971년에는 GSP라는 일반특혜제도가 도입되기도 하였다.

개발도상국들은 EEC, LAFTA와 같은 **경제통합협정**(economic integration agreement)은 전후 GATT체제 내에서 무역자유화 노력의 기초를 이루는 최혜국대우원칙의 무차별 관세부과에 위반될 뿐만 아니라 사실상 개발도상국에 대한 **실질적 차별**(de facto discrimination)이 된다고 공격하였다. 또한 GATT하에서 다자 간 무역협상은 선진공업국 간의 주요 무역협상이 선진국 간의 주요 무역상품만의 관세를 인하하고 개발도상국의 농산품이나 섬유류 같은 단순공산품의 수출에 대해서는 현저한 무역장벽이 내재해 있다고 개발도상국은 주장하였다.

자유무역을 추구하는 GATT의 접근방법에 내재되어 있는 이러한 실질적 차별과 기타의 국제경제상 문제점들로 인하여 개발도상국들이 UN 주관하에 UNCTAD(United Nations Conference on Trade and Development)의 결성을 1964년에 갖게 되었다. UNCTAD는 개발도상국들이 수출하는 단순공산품과 소비재에 대하여 선진공업국들이 특혜관세와 **일방적 관세양허**(preferential and unilateral tariff recession)를 허용하여 주도록 요구하였다. 개발도상국의 입장으로는 특혜관세가 GATT의 무역자유화 동향 속에 내재되어 있는 실질적 차별을 완화시켜 줄 수 있으므로 개발도상국 산업이 충분히 성장할 수 있는 잠정적 기간 동안의 혜택을 요구하였다.

특혜관세제도의 제안은 선진산업국이 제공하는 무상원조에 달라붙는 악명 높은 끈끈한 부담으로부터 벗어날 수 있을 뿐만 아니라, 자원이전을 초래하고 동시에 개발도상국의 발전노력에 기여할 수 있으리란 기대하에서 대다수의 개발도상국이 동조하였다. **'원조가 아니고 무역'**(Trade, Not Aid)이라는 구호가 이러한 개발도상국의 입장을 잘 나타내 주고 있다. 이러한 개발도상국의 주장은 1965년 GATT 특별총회에서 '무역 및 개발에 관한 신장'(new chapter)이 추가되어 GATT의 기본 원칙인 무차별원칙과 상호주의 원칙을 개발도상국에 대해서는 적용하지 않도록 규정하였다.

또한 UNCTAD에서 추진된 **일반특혜제도**(Generalized System of Preference: GSP)가 1971년 EEC 원가맹국 6개국과 일본에 의해 실시되고, 1974년까지 미국을 제외한 17개국, 그리고 1976년에는 미국에도 실시되어, 선진공업국이 개발도상국으로부터의 수입을 증대할 수 있도록 개발도상국에 대해 일방적으로 유리한 낮은 관세율을 적용함으로써 개발도상국의 수출증대에 따른 산업화 추진에 기여하고 있다. 당초의 GSP 실시기간을 10여 년으로 계획하였으나 개발도상국의 강력한 요청으로 10년간 연장하여 실시할 수 있도록 국제적으로 합의를 보아 실시되기도 하였다.

⑦ 신보호주의의 등장

1970년대에는 국제무역에 있어서 보호무역주의 경향이 다시 나타나기 시작하였다. 1967년 파운드화의 평가절하에 이어서 영국은 무역제한조치를 실시하였고, 미국도 국제수지 악화, 경제성장의 둔화, 실업 등으로 보호주의 경향이 나타나기 시작하여 많은 수입에 제한입법이 시도되었으며, 1974년에는 새로운 통상법이 통과되어 국내산업 보호를 위한 보호주의가 다시 등장하였다.

그러나 미국 경제의 상대적 퇴색은 미국으로 하여금 각종 비관세장벽을 쌓아올리는 신보호주의를 주도하게 만들었고 GATT 규정은 점차 유명무실하게 되었다.

보호주의의 내용은 **도피조항의 활용**, **수출자율규제**(voluntary export restraints), **관세할당제도**(tariff quota system)와 같은 비관세장벽의 심화이다. **반덤핑관세**와 **상계관세**(countervailing duties) 같은 행정조치와 환경오염, 보건위생, 안전성에 따른 수입제한조치를 원용하여 정부구매, 정부보조금 지급형태의 보호조치를 사용하고 있다. 보호정책으로 관세를 사용하여 국내산업을 보호하던 **구보호주의**(old protectionism)와는 대조적으로 비관세장벽에 의해 국내산업을 보호하는 1970년대의 보호주의를 **신보호주의**(new protectionism)라 일컫는다.

신보호주의의 대두 배경으로는 비교우위 패턴의 변화, 높은 실업의 발생, 그리고 환율의 고평가를 들 수 있다.

제2차 세계대전 후 자유무역의 기수로서 세계무역을 주도하던 미국은 기술상 우위가 일본과 유럽 주요국에 비하여 저하되었으며, 생산성을 상회하는 높은 임금상승으로 인하여 국제경쟁력이 약화 내지는 상실되기 시작하였다. 따라서 미국이 세계시장에서 차지하는 무역의 몫은 감소하였고 무역수지는 악화되어 보호무역주의를 고조시키는 요인으로 작용하였다. 또한 선진공업국 사이의 경쟁으로 인하여 기술이전이 용이해진 단순공산품은 개발도상국의 저렴하고 풍부한 노동력과 결합하여 낮은 비용으로 생산이 가능해져 신흥공업국으로부터의 단순공산품 수입은 선진공업국 해당 산업 노조의 반발에 부딪치게 되었다. 잘 조직된 이익집단인 노조의 압력에 따른 보호무역 입법은 필연적인 추세가 되었다.

선진공업국에서는 개발도상국으로부터의 단순공상품 수입에 따른 조업단축 · 실업이 발생하였다. 또한 비교우위를 상실한 사양산업으로부터 고도의 기술집약적인 비교우위산업으로 전환되는 과정에서 실업이 발생하였다. 이러한 구조적 실업은 1, 2차 석유파동으로 인한 경기침체에 따라서 발생한 경기순환적 실업에 의하여 더욱 심화되었다. 이와 같이 선진공업국들이 사양산업을 국내고용정책과 관련하여 보호하려는 경향은 비교우위가 형성될 기간의 잠정적인 보호를 요구하는 후진국형 유치산업 보호주의, 즉 구보호무역주의와는 큰 대조를 이루고 있어 1970년대 선진국의 보호무역주의를 신보호주의라 일컫는 또 다른 이유를 제공하였다.

환율이 고평가되면 국제시장에서 그 나라의 경쟁력이 하락하여 수입이 늘고 수출은 감소하여 보호주의의 요구가 증대된다. 1970년대 초 미국의 철강무역규제의 발동, 섬유제품의 규제확대 등은 달러화가 고평가된 것과 시기가 일치한다. 또한 1977~1978년의 달러 고평가와 일본 엔화의 저평가는 미 · 일 무역마찰의 직접적인 원인이 되었다. 1981~1982년에도 미 · 일 간의 환율왜곡으로 일본과 미국의 무역마찰이 재발하여 일본 자동차의 대미 수출자율규제에 의한 쿼터규제가 내려지고, 미 의회는 일본을 겨냥하여 보복조치를 요구하는 법안을 추진하였다. 이와 같이 환율의 왜곡도 보호무역주의를 초래하는 요인으로 작용하였다.

1970년대의 석유파동, 세계적 불황, 사양산업을 정리하는 과정에서 발생한 국내산업구조 개편의 실패 등으로 인하여 자유무역주의는 크게 퇴조하여 1980년대에는 보호주의가 강화되기에 이르렀다. 즉, 선진국의 경제성장이 회복될 때까지 무역활동은 침체를 면치 못하였고, 따라서 무역체제에 대한 압박이 계속 심해져 보호주의는 더욱 만연되었다. 보호무역의 고조는 일시적 이익을 가져오나 장기적으로는 국민경제의 효율향상을 저해하고 타국의 보복적인 조치로 세계경제의 혼란을 가져올 염려가 있다. 따라서 신보호무역주의의 극복이 현재 세계경제가 당면한 중요한 과제 중의 하나로 등장하였던 것이다.

2) UR와 WTO

여기서 잠시 최근의 국제무역질서 개편의 핵심이 되어온 **UR협상**과 **WTO체제**에 대하여 살펴보기로 하자.

반면, 이러한 추세를 반전시키기 위한 다자 간 협상은 계속되었고 급기야 1992년 말에 UR이 타결되기에 이르렀으며, 그 결과 WTO체제가 등장함으로써 GATT를 대신하게 되었다.

UR는 GATT의 체제하에서 세계교역의 폭과 깊이를 한층 심화시킴으로써 새로운 세계무역 질서를 창출하고자 하는 데 목적을 둔 다자 간 회담이다(1992년 12월 15일 타결). UR협상의 결과가 발효되어(1995년) GATT를 대신한 WTO가 출범하게 되고 일정 경과기간이 지나는 2000년대 초반부터는 세계의 대다수 국가들이 거의 재화와 용역분야에서 장벽 없이 대등하게 경쟁하고 교역하게 되는 결과를 초래하였다. UR 타결에 따라 국내외 간의 장벽이 완화되는 반면 경쟁은 그만큼 치열해지고 있으므로, 앞으로 기업은 세계의 인적 · 물적 자원을 최적으로 활용할 수 있는 능력과 전략을 가지고 국제화의 수준을 높여 가야만 지속적인 생존과 발전을 이룩할 수 있게 된 것이다. WTO체제가 GATT체제와 다른 점은 대체로 다음과 같다.

WTO는 상품 외에 농산물 · 서비스 · 지식재산권분야까지 교역자유화 대상으로 확대함과 동시에 각종 비관세장벽의 남용을 규제할 수 있는 제도적 장치를 마련하였으며, 강한 법적 구속력까지 갖춘 국제기구로 탄생된 것이다.

첫째, 종래의 GATT체제가 주로 상품분야의 관세 및 비관세장벽을 완화하는 데 중점을 두었던 데 비해, UR는 상품 이외에 농산물 · 서비스 · 지식재산권분야까지로 교역자유화를 크게 확대한다는 특징이 있다.

둘째, 관세 및 비관세장벽의 완화는 물론 종래 선진국이 보호주의 수단으로 활용해 온 반덤핑 · 상계관세, 긴급수입제한제도 등의 남용을 억제하고 좀더 객관적인 분쟁해결절차를 도입함으로써 자의적인 무역규제의 여지를 축소시켜 세계교역의 자유화를 위한 새로운 국제교범을 마련하였다.

셋째, GATT는 단순한 국제협정인 데 비해, UR 타결로 출범하는 WTO는 강한 법적 구속력을 갖는 국제기구이다.

WTO체제하에 UR협상 내용의 이행기간에 관하여는 UR협상의 안건별로 명시된 타결내용의 이행기간을 선진국, 개도국, 저개발국에 대해서 차등적으로 적용하고 있으며, 특히 보조금 관련협정에서 우리나라의 개도국 대우 여부에 대해서는 아직 타결이 안 된 상태이다.

한편, UR 타결에서도 합의를 도출하지 못한 부문에 관한 협상은 이후 다양한 형태로 추진되다가 도하라운드(DDA라고도 함)로 결집되었다. 그러나 여러 나라로부터의 반발이 극심하여 현재로서는 더 이상의 진전이 어려워 보인다.

그러나 체제는 이제 출범단계에 있을 뿐 차후에 미국을 중심으로 하는 선진 제국의 주도로 보다 강력한 경쟁체제가 추가로 마련될 가능성이 높다. 예컨대, 환경보호를 빌미로 한 Green Round, 노동자 보호를 명분으로 하는 Blue Round, 전략산업에 대한 정부지원을 규제하고 불공정경쟁을 지양한다는 Technology Round, 각종 경쟁제한에 따른 외국기업활동의 차별(정부부문 입찰까지 포함) 철폐를 의도한 Competition Round 등이 시도될 전망이다.❷ 이는 모두가 후진 제국에 결정적인 타격을 줄 수 있는 새로운 규범을 제정하여 상대적으로 어려워진 미국 등 선진 제국의 경제적 입지를 개선하고자 의도하는 측면이 강하다. 결국 자유경쟁을 빌미로 자신들의 경쟁력을 개선 내지 지속하기 위한 위장된 신보호주의적 성격이 내재되어 있음을 부정할 수 없다. 그러나 이는 일면 약육강식과 적자생존이라는 지극히 자

❷ 예컨대, 2001년 카타르의 도하에서 142개 국가가 참석하여 이루어진 다자 간 협상인 **도하라운드**(Doha Development Agenda: DDA)에서는 ① 농업 · 서비스의 추가 개방, ② 투자 · 경쟁정책 · 정부조달 투명성 · 무역원활화에 관한 신규 규범 제정, ③ 반덤핑 · 보조금협정의 개정 등이 합의되었고 현재까지 협상이 진행되고 있다. 또한 이때에 이르러 중국과 대만이 WTO에 가입하는 계기가 마련되기도 하였다.

표 14-4 GATT체제와 WTO체제의 비교

	GATT체제	WTO체제
회원국수	23개국으로 시작 (도쿄라운드에서 97개국으로 확대)	117개국 (중국, 러시아 등도 최근 모두 가입)
관장범위	상품의 관세 및 비관세장벽 완화	농산물 · 서비스 · 지식재산권 등으로 확대 (향후 환경투자, 경쟁정책 등을 포함할 전망)
특징	GATT는 단순한 국제협정으로 회원국의 의무를 강제할 수 있는 기구가 아님. 전원일치 합의방식	WTO는 강한 법적 구속력을 갖는 국제기구로서 공식적 분쟁해결절차와 해결능력을 가짐.

표 14-5 UR협상 내용별 이행 기간

농업분야(관세 및 관세 상당액 인하, 보조금 감축목표 도달)	서비스무역분야	지식재산권 적용 유예기간	무역관련 투자조치 철폐기간	보조금 및 상계관세
UR협정 발효 후 선진국: 7년 개도국: 10년 내 목표달성	개도국의 경우 예외 허용	UR협정 발효 후 선진국: 1년 개도국: 5년간 적용유예	UR협정 발효 후 선진국: 2년 개도국: 5년 내 관련조치 철폐	개도국의 경우 예외 허용

연스러운 본능적 경쟁원칙의 성격을 갖는 현상임을 인정해야 하며, 보다 어려운 경쟁여건이 궁극적으로 자신들의 경쟁력 제고에 도움이 될 수 있도록 신속한 체질전환을 도모하는 것이 최상의 대응이라 할 수 있다. 아무런 특혜도 없는 상황하의 무한경쟁시대 도래를 오히려 도약의 발판으로 삼는 것이 능동적이고 긍정적인 접근방안이 될 것인바, 공정경쟁과 시장개방에 따른 산업 및 무역정책을 개편하고 다가올 새로운 국제협상에 대비하여 한국이 지향할 장기적 목표의 달성을 위한 다각적인 정책조정에 심혈을 기울여야 할 것이다.

3) 시장개방과 한국 농업

일반적으로 자유무역을 기조로 하는 시장개방이 경제 · 사회적 후생을 증대시킨다는 사실은 전술한 바 있다. 그리고 이러한 논리에 의거하여 농산물시장 개방문제를 접근하는 시각이 있다.

WTO체제 출범 후 한국에서 가장 큰 어려움을 겪게 된 부문은 농업이라 할 수 있다. 농산물시장 개방이 소비자에게는 득이 되지만 사회적 소외계층인 농민이라는 생산자에게는 손실이 클 것이기 때문이다.

[그림 14-8]에서 P_0와 Q_0는 시장개방 이전 국내농산물시장의 균형가격과 거래량을 나타낸다. 이때 총사회후생의 크기는 소비자잉여(A)와 생산자잉여($B+C$)의 합($A+B+C$)으로 나타낼 수 있다.

한편, 시장이 개방되어 국제가격이 국내가격(P_0)보다 낮은 수준에서 정착된다면, 국내에서는 Q_1만 생산이 되고 Q_1Q_1'만큼은 수입하

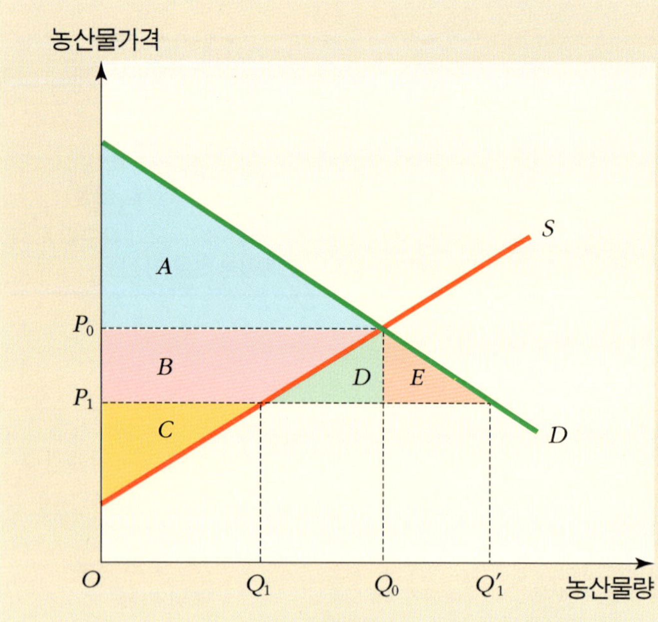

그림 14-8 농산물의 시장개방효과
그림은 농산물시장이 개방되어 개방 이전시보다 낮은 가격($P_1 < P_0$)으로 수입농산물이 유입될 경우 소비는 개방 이전보다 증가($Q'_1 > Q_0$)하게 됨을 보여 주고 있다.

물론 이때 사회순후생은 ($D+E$)만큼 증가할 것이다. 그러나 농산물시장 개방은 현실적으로는 이러한 분석결과와는 별도로 고려되어야 할 많은 문제점을 수반하고 있다.

여 결국 Q'_1만큼 소비가 될 것으로 예상된다. 이 경우 소비자잉여는 ($A+B+D+E$)와 같아지고 생산자잉여는 C와 같아진다. 결국 시장개방 이전에 비해 ($D+E$)만큼의 사회적 후생이 증대된 것이다. 그러나 생산자후생은 B만큼 감소하게 된다는 사실에 유념할 필요가 있다. 농산물 생산자인 농민들이 손실을 떠안게 되기 때문이다. 혜택을 누리게 된 소비자들은 상관없지만 피해당사자인 농민들이 입은 손실문제를 단지 국가 자체의 후생이 증대되었다는 논리만으로 무시할 수는 없다. 그렇다고 얻은 이익을 농민들에게 이전시키는 방안도 현실적으로는 쉽지 않다.

그런데 농산물문제는 단지 이상과 같은 미시경제학적 분석에 근거하여 대응방안을 마련하기는 어렵다. 따라서 이하에서는 보다 근본적인 차원에서 고려되어야 할 한국의 농업문제를 역사적 전개과정을 중심으로 고찰해 보고자 한다.

한국 농업의 열악성은 어제 오늘의 이야기가 아니다. 1960년대부터 수출주도적 공업화 위주의 성장을 추구하여 온 발전전략으로 인해 한국 농업이 쇠락하게 된 것은 필연적 결과였다.

WTO체제하에서 그리고 주요 교역대상국들과의 FTA 체결시 가장 큰 어려움이 예상되는 분야가 바로 농업 등 1차산업분야이다. 한국이 1960년대 이후 계속해서 수출주도형 공업화를 통한 경제성장을 추구해 오면서 농업분야는 근대화 과정에서 소외된 채 급격하게 위축되었다. 이러한 시점에서 자유경쟁을 근거로 한 무역자유화는 한 마디로 국내농업의 기반을 크게 위협하고 있다. 또한 인구비중이 이제는 10% 이내로 줄어들 만큼 농업의 상대적 비중이 낮아지기는 하였으나 상대적 빈곤계층에 대한 사회정의적 인식은 물론 농산물의 전략적 특수성(먹는 문제까지 수입에 의존할 경우 전쟁이나 기타 불리한 여건하에서 생존의 위협을 받을 수 있음) 등을 이유로 개방에 대한 과격한 반대시위가 계속되어 왔다. 그러나 이미 중국을 비롯한 후발 후진국들로부터 농수산물이 홍수처럼 밀려들고 이를 적절히 대응할 방책 또한 묘연한 것이 현실이다. 이제라도 한국 농업의 현실성 있는 장기적 발전목표를 적극 추진할 때이다.

한국과 칠레 간 FTA 체결시는 물론 최근 한국과 미국 간의 FTA 협상 타결시에도 대표적인 피해산업부문인 농업분야의 종사자와 관련단체의 반발이 극심하였던 것은, 우리 모두에게 한국 농업의 미래에 대한 궁극적 대안을 한시 바삐 마련해야 될 과제를 던져 준 것이라 할 수 있다. 그러나 주지하는 바와 같이 정부는 감세나 부채탕감 등의 단기적인 피해보상책을 제시하며 피해농가에 대한 반발을 무마하는데 급급하였다. 추석 같은 명절 때면 1,000만 명 이상이 고향을 찾아 대이동을 할 만큼 아직도 농촌은 한국인의 마음의 고향이며, 어설피 웃는 입술 사이로 드러나는 드문드문 남은 치아의 모습에서 영원한 부모의 모습을 봄으로써 위안을 찾기도 하지만, 노년층과 부녀자층만 남아 있는 농촌의 현실을 답습할 때 한국 농업의 장래는 없을 것이다. 농업이 전통부문으로 남아서는 더 이상 국제경쟁력을 유지할 수 없으며, 세계 각국의 농업은 막대한 기초투자와 견실한 기반시설(infrastructure)의 확충을 바탕으로 일종의 첨단산업화가 되고 있음을 주시해야 할 것이다.

> 그러나 상황에 따라 표출된 농민의 저항에 대해서는 감세나 부채탕감 등의 단기적이고 임시적인 처방으로 일관해 왔고, 장기적이고 본질적인 대응은 시도된 적이 거의 없었다.

> 농업은 막대한 기초투자와 견실한 기반시설 확충을 바탕으로 하는 첨단산업화를 통해 국제경쟁력을 가질 수 있는 미래지향적 산업이 될 수 있음을 망각한 것이다.

즉, 농업은 첨단기술과 인적 자본을 바탕으로 근대화되어야 한다. 이를 위해 관개시설, 종자개량, 신품종 개발 등을 위한 적절한 공공 및 민간투자가 촉발될 수 있는 유인을 마련해야 할 것이다. 지금까지 한국이 공업화를 위해 투여한 막대한 투자의 몇 분의 일만으로도 한국의 농업은 거듭날 수 있을 것이다. 비가 오면 홍수피해를 의연금으로 충당하면 되고, 가뭄이 심해지면 기우제나 올리면 된다는 태고적 정치논리로는 한국 농업의 장래가 보장될 수 없다.

농업이 기타 산업분야와 다른 또 한 가지 중요한 이유로 우리는 이른바 농업의 '기본적 가치'를 들 수 있다. 산업화는 근대화를 가능

> 또한 농업은 전통적 사회윤리나 도덕관념을 유지시키고 투기와 금권만능주의를 배제할 수 있는 귀중한 사회적 기본 가치를 유지시킬 수 있는 부문이다.

하게 하고 경제성장을 가져다 주지만 이 과정에서 많은 바람직한 전통적 규범과 윤리들이 여지없이 파괴되기도 하며, 특히 성장속도가 매우 빠른 한국과 같은 국가의 경우 귀중한 전통적 사회윤리나 도덕관념이 거의 사라져 가고 있는 실정이다. 성실하고 정당한 노력의 대가는 점차 사라지고 투기와 기회주의 그리고 권력과 금력이 지배하는 혼돈의 시대가 도래하였던 것이다.

농업은 끈기와 참을성 그리고 정당한 노동을 제공함으로써만이 일정한 소출을 얻을 수 있고(그것도 천재지변시 자연조화에 따라 피해를 볼 수 있다는 사실까지 일깨워 주고), 따라서 일확천금만을 노리는 사행심리를 멀리할 수 있는 귀중한 가치의식을 심어 주는 부문이다. 또한 농업은 녹지공간을 유지시켜 주고, 특히 논은 홍수나 가뭄으로 인한 피해를 막아 주는 일종의 작은 댐 역할을 해 줄 뿐만 아니라 필요한 물을 일정량 보전함으로써 수자원 확보 및 생태계 보전에도 기여하는 실로 중대한 역할을 담당하고 있다. 또한 농업은 동업자 간 협동이 없이는 영위하기 어려운 부문으로서, 상부상조의 미풍양속을 낳아주고 주민 간 결속력을 높여 주는 귀중한 사회적 가치의 창출기회를 제공해 주고 있는 점을 지적할 필요가 있다.

한국 농업과 관련하여 이미 지질 · 지형 · 지목조사가 완료되어 있다. 전 국토의 약 70%가 산지로 되어 있어 가용경지면적이 적을 뿐만 아니라 그나마도 오랜 사용으로 비옥도가 떨어지고 경작가능일수 또한 상대적으로 적은 온대지역에 속하는 등 제반 여건이 불리한 상황에 있는 것은 주지의 사실이다.

한편, 가구당 평균경작지 면적은 약 3,600평 정도로 미국과 같은 국가에 비해서는 아주 좁은 편이지만 서구 제국과 비교할 경우 그다지 좁은 편은 아니다. 그러나 가구별 경작지규모는 논과 밭, 과수원 등이 합쳐진 것이고, 그나마도 지역적으로 분산되어 있을 뿐 아니라 지형이 바르지 못하거나 경사지에 걸쳐 있는 등의 불리한 여건을 갖고 있다. 이와 함께 한국 농업의 가장 열악한 부분은 바로 낙후된 관개시설, 도로망 등 기반시설이라 하겠다.

이제라도 한국 농업은 열악한 사회간접자본과 기반시설 확충, 교육과 훈련을 통한 경쟁력 있는 농업종사자의 창출, 그리고 자주적이고 독립적인 농민들의 생산자조합을 중심으로 하는 자생능력 제고 등을 통해 거듭나야 할 때이다.

그러나 그간의 농업정책은 단지 열악한 농민 등의 경제여건을 감안한 정치성 선심제공이 고작이었고, 그나마 생산자협동조합인 농협을 정치적으로 이용하기 위해 어용조직화하는 등 진정한 농민 위주의 장기적 정책은 찾아보기 힘들었다. 차후 농협이 진정한 의미의 자주적 생산자단체로서 기능할 수 있도록 정부는 최대한 노력하여야 할 것이다. 그리하여 농협이 스스로의 생산량을 자기책임하에 결정하고 스스로 보관 · 운송 및 판매할 수 있는 제반 시설을 확보 · 운용할 기반을 조성시켜 주어야 할 것이다.

반면, 정부는 이러한 농업기반시설의 확충 등에 박차를 가하되 관주도적인 농협을 자주적이고 독립적인 생산자조합으로 전환시키는 한편, 농지가격 등의 안정에 주력해 나가야 할 것이다. 물론 부패성이 낮은 주곡에 대해서 완충재고를 유지함으로써 주곡의 가격안정을 도모하는 것은 바람직할 것이나 기타 작물의 생산과 판매, 그리고 가격 형성은 농협의 자주적 결정과 시장에 맡겨 나가는 방식으로 전환할 필요가 있다. 그러나 무엇보다 현 시점에서 중요한 것은 전면개방화가 불가피해지는 농업의 국제경쟁력 유지를 위해 장기적인 계획과 대폭적 지원책을 하루 빨리 마련하여 시행해 나가는 일이라 하겠다.

4) FTA와 경제특구

세계경제질서가 WTO체제 등극과 더불어 신자유주의적 경제사조를 근거로 한 무한경쟁시대에 돌입하면서 국제경쟁은 더욱 치열해졌고, 그 결과 세계는 부익부 빈익빈현상이 가속화되었으며, 경제강국을 중심으로 영향력이 집중되고 있다. 이러한 추세 속에 한국 경제는 외환위기에 따른 충격을 어느 정도 해소하였으나, 장기적 경제침체기를 거치며 이른바 **제조업 공동화 현상**과 실업률 급등 등의 문제로 고전을 면치 못하고 있다.

한편, WTO체제 성립과 더불어 확대된 자유무역 추세에도 불구하고 지역주의는 사라지지 않고 있다. 어떤 지역협력기구에도 소속되지 못하여 불이익을 감수해야 할 한국은 그나마도 후발 개발도상국(특히, 중국)의 추격으로 인해 많은 제조업이 사양화되어 가고 있는 실정에 처해 있어 어떤 형태로든 돌파구 마련이 시급한 것으로 보인다.

더구나 선진국 간에도 EU나 NAFTA 같은 지역협력기구 결성을 통해 배타적 공동이익을 추구하고 있고, 최근 들어 중국 경제가 급부상하면서 경쟁력을 상실한 산업부문이 확산되고 있어 한국 경제는 사면초가에 있다는 인식이 확산되고 있다.

이러한 국제경제질서 개편과정에서 위기탈출방안의 하나로 **자유무역협정**(free trade agreement: FTA)이 이해당사국 간에 다양한 형태로 추진 · 타결되고 있고, 한국도 오랜 진통(특히, 농업부문으로부터의 반발) 끝에 2003년 칠레와 자유무역협정을 조인하게 되었다. 또한 최근에는 일본 등과도 FTA협상을 벌이면서 EU나 NAFTA 같은 지역결합을 결성하지 못함으로써 초래된 경제적 불이익을 만회하려고 시도하고 있다. 그러나 한 · 일, 한 · 중 또는 한국 · 대만이나 한국 · 싱

이처럼 절실한 필요성에 부응하여 정책적으로 고려되고 있는 것이 FTA 체결과 경제특구의 설치라 할 수 있다. FTA의 경제적 효과는 기본적으로 자유무역 확대의 경우와 유사하며, 따라서 이로 인한 피해부문 종사자로부터의 반발을 무마해야 되는 과제가 발생한다. 그러나 대다수 국가들이 FTA를 적극적으로 추구하며 자국의 이익을 도모하고 있는 상황에서 한국만이 이를 도외시할 수는 없을 것이다.

가포르 등 간의 FTA, 그리고 나아가서는 ASEAN과의 FTA가 추진될 경우 상대적 이익이 축소될 공산이 큰 미국은 자국의 이익보호 차원에서 한국 등과의 FTA 결성을 우선적으로 희망해 온 것으로 이해할 수 있다. 이런 측면에서 보면 FTA는 아직도 선진국이 희망하는 수준에 이르지 못한 WTO 협력체제하의 자유무역체제를 지역협력이나 이해당사국 간의 자유무역협정 등을 통해 보완해 나가려는 추세의 일환으로 볼 수도 있다. 따라서 한국만이 FTA를 도외시할 수도 없을 뿐 아니라 FTA로부터 소외될 경우 국가적 이익이 크게 침해될 것임은 불문가지이다.

경제특구 또한 역내지역과 역외지역 간의 불균형을 심화시킬 가능성이 크므로 이에 대한 반발도 적지 않다. 그러나 특구의 설치 및 운용은 궁극적으로는 국가 전체를 특구화함으로써 글로벌 기준을 정착시킬 수 있는 계기로 삼을 필요가 있다는 견해가 제시되기도 하였다.

FTA 대상국가의 선정과 협상내용 그리고 체결일정 등을 면밀히 검토하여 대처해 나가야 할 것이다. FTA와 더불어 최근 한국이 경제적 난국을 타결하기 위해 구상하고 있는 또 하나의 정책시안이 바로 **경제특구**의 설치 및 운용이라 할 수 있다. 2002년 정부는 동북아 물류중심지화와 동북아 비즈니스 거점화를 추진하기 위해 인천 신공항(김포 매립지 포함) 및 송도 지역과 부산 신항 그리고 광양항 지역을 경제자유지역으로 지정하고 구체적 추진계획을 마련하였다. 원래 경제특구란 체제전환을 원활하게 수행하기 위한 방편의 하나로 중국이 연안 13개 성을 중심으로 경제개방을 제한적으로 실시한 다음 이를 내륙지역으로 확대시켜 나간 사례로부터 유래된 것이다. 따라서 개발도상국이나 사회주의 체제전환국들이 국내경제체제의 붕괴를 우려한 나머지 제한적 지역 위주로 시도한 방법을 선진국을 눈앞에 둔 한국과 같은 나라에서 추진하는 것이 과연 바람직한가에 많은 의문이 제기되기도 하였다.

여하튼 경제특구란 각종 규제철폐 및 세금감면, 그리고 노사관행의 국제적 기준적용에 이르는 혁신적인 제도개선을 필요로 할 뿐만 아니라 특구지역에 유입될 국제기업 종사자들의 편의를 위한 외국인 학교와 방송국 설립, 외국인전용 주거단지와 국제적 의료기관 설치, 그리고 외화의 자유로운 통용 등이 뒤따라야 하는 등 사회 각 부문에 커다란 변화를 촉발할 것이다.

이러한 변화는 국민경제의 이중구조를 확대하고 부문 간 그리고 지역 간 균형발전을 저해할 뿐만 아니라 특구 외 지역의 기업 및 노동자들에 대한 역차별을 초래하는 등 수많은 난제를 낳고 있다.

그러나 경제특구라는 형식의 부분적 경제개방정책은 선진국(핀란드, 아일랜드, 네덜란드, 싱가포르 등)까지도 이를 활용하기에 이르렀는 바, 이를 더 이상 후진적 체제전환국 특유의 정책으로 간주하는 대신 오히려 경제난국 타개나 배타적 이익극대화를 실현시키기 위한 능동적 개방정책의 일환으로 인식되기에 이르렀다.

한국이 과연 인근 및 여타 지역에 비해 어떤 인센티브를 제공하여 성공적인 특구를 정착시킬 수 있을지 아직은 불투명하다. 반면, 특구설립 및 운영은 많은 부문으로부터의 반발을 초래할 것이다. 결국 정부는 이러한 반발을 능동적으로 수용하면서 국가 전체를 경제특구화한다는, 그리고 그렇게 함으로써 조기에 경제제도 및 여건을 국제화 시대를 선도할 수 있는 체제의 정착을 도모한다는 관점에서 접근할 필요가 있다.

마지막으로 경제특구 설치는 현재 개발중인 개성특구 등 북한 지역의 경제자유지역과 언젠가는 지리적 내지 기능적 측면에서 남북경제 간의 통합을 선도할 수 있는 중요한 매개체가 될 수 있음을 명심할 필요가 있다.

제 7 편 기타 미시경제 주요 과제

이제까지 우리는 미시경제이론의 기본적인 이론체계를 4개 경제주체의 경제행위로 구분해 접근하여 보았다. 즉, 가계 · 기업 · 정부 그리고 외국이란 경제주체들의 상품시장과 생산요소시장 및 국제시장에서의 행위를 수요와 공급 측면으로 구분한 다음 상호작용을 통해 시장이 균형을 찾아 나가는 과정으로 파악하였다. 그런데 이러한 분석과정은 비록 완전경쟁시장은 아니라 하더라도 수요 및 공급자 쌍방이 시장에 대한 정보를 충분히 가지고 있고, 따라서 불확실성이 문제가 되지 않는 상황을 가정하여 이루어진 것이다. 그러나 현실적으로는 경제주체들 간 정보의 차이가 있고 또 대부분의 경우 불확실성하에서 의사결정을 하게 된다. 본편에서는 이러한 상황과 관련하여 개발된 이론 중 주요 개념의 일부를 제15장에서 소개하고자 한다.

한편, 이제까지 소개된 경제이론은 기본적으로 부분균형분석방법에 근거한 이론체계들이라 할 수 있다. 즉, 어느 한 경제현상을 분석함에 있어 편의상 "여타 다른 부문은 모두 일정하다"(*ceteris paribus*)라는 가정 위에서 논의를 진행해 왔다. 그러나 현실적으로는 정도의 차이는 존재하지만 경제 각 부문 간 존재하는 상호의존관계를 고려함으로써 비로소 현실성 있는 논리가 개발 · 활용될 수 있을 것이다. 바로 이러한 관점에서 전개된 이른바 일반균형체계의 기본적 개념과 주요 과제를 제16장에 소개하고자 한다.

제15장 정보와 경제

우리는 경제생활을 영위하면서 종종 불확실성이라는 문제에 직면하게 된다. 가계가 수익성이 보장되지 않는 기업의 주식을 취득하는 행위처럼 성공 여부가 불투명한 사업에 대해 투자를 하는 행위 등이 바로 그것이다. 경제주체들은 이러한 불확실성으로 인한 피해를 극소화하기 위해 나름대로의 합리적 의사결정 및 행위를 하게 된다. 본장에서는 이와 같은 불확실성하에서의 선택문제를 개략적으로 소개하고자 한다.

한편, 대부분의 경우 경제주체들은 완전한 정보가 없는 상황에서 의사결정을 하게 된다. 그리고 가능하다면 비용을 지불하더라도 보다 확실하거나 보다 많은 정보를 확보함으로써 합리적인 선택을 도모하려 할 것이다. 일반적으로 경제주체들 간에 정보력의 차이가 발생할 경우 정보교환에 대한 동인이 발생하게 된다. 이와 관련한 논리 중 주요한 것을 아울러 정리해 보고자 한다.

01 불확실성하에서의 선택

지금까지 우리는 경제주체들이 시장에 대한 충분한 정보를 가지고 있다는 암묵적인 가정하에 각종 논리를 전개해 온 셈이다. 그러나 현실적으로는 경제주체 간에 정보의 차이가 있을 뿐 아니라 대부분의 경우 정보가 불확실한 상황하에서 의사결정을 하게 된다. 이러한 상황과 관련한 주요 이론의 일부를 본장에서 살펴볼 것이다.

가계나 기업은 과연 불확실성하에서 어떻게 행동할까? 개인적으로는 조그만 가능성만 있어도 이를 추구하려는 사람이 있는 반면, 가능성이 희박할 때는 이를 시도조차 하지 않으려는 사람이 있을 수도 있다. 이처럼 개인 간 편차는 클 수 있다. 물론 우리가 추구하는 대표적 인간(representative man)은 합리적 의사결정자로서 불확실성하에서도 모든 정황을 객관적으로 평가하여 행동하는 주체라 할 수 있다.

여하튼 이제까지 우리는 자신이 직면한 모든 선택대안과 그 결과에 대하여 확실히 알고 있다는 가정하에 각종 이론을 전개해 왔다. 그러나 엄밀하게 말해서 어느 경우를 막론하고 전적으로 확실한 정보를 가지고 행동하는 경우는 드물다. 그리고 경우에 따라 불확실성이 오히려 매우 강한 경우가 자주 있다.

예컨대, 복권을 사는 행위는 당첨 여부에 대해 전혀 확신할 수 없는 상황에서 이루어진다. 물론 이 경우에는 당첨이 안 될 경우 복권을 산 값(여러 장이나 많이 사지 않았다면)만큼의 손실만 감수하면 된다. 정도의 차이는 있으나 기업의 투자나 가계의 증권매입, 그리고 부동산 매매 등도 불확실성하의 선택행위들로서 예상과 다른 결과가 초래될 때 일정 수준의 손실을 감수해야만 한다. 그러나 화재나 질병 그리고 교통사고와 같은 재난처럼 그 발생 여부에 대해 전혀 알 수 없는 사건들이면서 이것이 발생할 경우 개인이 결코 감당하기 어려운 부담을 주는 경우도 있다. 따라서 이러한 경우 예상되는 위험에 대비하여 보험을 드는 선택행위를 하기도 한다. 결국 이상과 같은 불확실성하에서 과연 어떻게 행동하는 것이 합리적 선택행위가 될 수 있는지에 관한 논리를 개발할 필요가 있다.❶

(1) 비확률적 의사결정

불확실성하의 의사결정은 이로 인한 영향 또는 결과들이 발생할 가능성을 잘 알 수 없어 이를 도외시한 채 의사결정을 하는 비확률적 의사결정과 비록 주관적이기는 하나 확률 개념을 도입한 확률적 의사결정으로 구분될 수 있다.

각종 **의사결정행위**(action)에서 발생할 수 있는 결과(potential economic consequences)들은 예상할 수 있지만 그 발생가능성은 알 수 없는 경우가 일반적이라 할 수 있다. 이러한 경우에는 발생가능성에 관한 확률문제를 도외시한 채 의사결정을 하게 되는데, 이를 **비확률적 의사결정**(non-probabilistic decision)이라 한다. 이러한 의사결정에 속하는 대표적인 것으로는 다음과 같은 방법이 있다.❷

1) Maximax기준: 최대이득이 가장 큰 행위의 선정

비확률적 의사결정방안 중 대표적인 것으로는 Maximax, Maxmin 그리고 Minimax-regret기준 등이 있다. Maximax란 예상최대이익이 가장 큰 값을 선정하는 것으로 손실내용을 전혀 고려하지 않고 발생가능한 최대이익만을 고려하는 지극히 낙관적 의사결정기준이라 할 수 있다.

첫 번째로 제시될 수 있는 기준은 의사결정행위별로 예상되는 경제적 귀결 중 예상이득이 가장 큰 값, 즉 **최대이득**(maximum pay-off)을 상호비교하여 그 중 예상최대이득이 가장 큰 값(maximum)을 갖는 행위를 선정하는 방법으로 머리글자를 따서 **maximax**라 부르고 있다. 이 기준은 발생가능한 최대이득만을 간주하는 방법이며, 장래에 발생할 현상에 대해 지극히 낙관적인 예상을 하는 의사결정기준이라 볼 수 있다. 따라서 이 방법은 발생가능한 손실내용을 전혀 고려하지 않는 점이 특징이며 또한 문제점으로 지적될 수 있다.

2) Maximin기준: 최소한의 이득이 가장 큰 행위의 선정

두 번째로 제시될 수 있는 의사결정기준으로는 모든 현상에 걸쳐

❶ 그런데 불확실성이 갖는 경제적 효과는 미시경제뿐만 아니라 거시경제 측면에서도 매우 중요하다. 예컨대, 소비는 물론 투자 그리고 자산결정이론 등은 불확실성하에서의 경제선택이 어떤 파급효과를 가져오는지에 관한 다양한 분석모형이 제시되고 있다. 그러나 본서의 수준상 이 곳에서의 설명은 생략한다.

❷ 자세한 내용은 이종원, 『경제경영통계학』(제3판), 박영사, 2003, 제16장을 참조하기 바란다.

발생가능한 이득수준 중 **최소이득**(minimum pay-off)이 가장 큰 (maximum) 행위를 선정하는 방법이며, 머리글자를 따서 **maximin 기준**이라고 부르는 이 방법은 최소한 보장될 수 있는 이득수준을 판정기준으로 삼는 일종의 소극적인 의사결정방법이라 볼 수 있다. 이 기준은 최악의 상태를 기준으로 설정함으로써 큰 손실이 발생하는 것을 회피하려는 다소 비관적인 선정기준이며, 큰 이득의 획득기회를 포기하고서라도 큰 손실을 막겠다는 위험회피전략인 것이다.

반면, Maximin이란 발생가능한 이득 중 최소이익이 가장 큰 행위를 선정하려는 것이고 Minimax-regret이란 최대기회손실이 가장 작은 값을 갖는 행위를 선택하는 것으로, 두 방법 모두 가능한 한 손실을 회피하려는 소극적 의사결정기준이라 할 수 있다.

3) Minimax-regret기준: 최대기회손실이 가장 작은 행위의 결정

세 번째로 제시될 수 있는 기준은 최대기회손실이 가장 작은 값을 갖는 행위를 선정한다 하여 minimax 또는 **minimax-regret기준**이라 부른다. 이 방법은 일단 regret이라고 불리는 일종의 **기회손실**(opportunity loss)을 산출한 다음 각 행위가 갖는 최대기회손실 (maximum-regret) 중 최소값을 갖는 행위를 선정한다. 여기서 기회손실이란 각 현상마다 얻을 수 있는 최대이득에서 각 현상마다 선택된 행위에 따라 실제 얻을 수 있는 이득을 차감한 값으로 정의된다. 즉, 기회손실이란 주어진 상황(event)에서 얻을 수 있는 최대이득과, 같은 상황에서 상이한 행위에 따라 발생한 실제이득의 차이이다. 이 방법도 최대기회손실을 가능한 한 극소화시켜 손실을 회피하려는 소극적인 의사결정의 일종으로 간주할 수 있다.

(2) 확률적 의사결정

앞항에서 소개한 세 가지 의사결정기준은 각각이 갖는 개별적인 문제점 외에도 각 현상이 발생할 가능성을 전혀 고려하지 않고 있다는 공통적인 문제점을 안고 있다. 이것은 앞서 지적한 바와 같이 각 현상의 발생가능성에 관한 확률이 알려지지 않았거나, 알 수 있다 하더라도 장기상대도수 개념의 의미를 갖는 객관적 확률 개념이 아니라는 이유로 그 사용이 거부된 상태에서 취할 수 있는 의사결정기준들이다. 본항에서는 비록 주관적이기는 하지만 각 현상의 발생가능성에 관한 확률 개념을 도입함으로써 보다 조직적으로 합리적인 의사결정기준을 제시하는 방법들을 고찰해 보기로 한다.

그러나 이상과 같은 의사결정기준은 발생가능성을 도외시한 것이라는 문제가 있다. 이러한 이유로 인한 비록 주관적이기는 하나 발생가능성에 관한 확률 개념을 도입한 합리적 의사결정기준이 제시된 바 있다.

표 15-1 의사결정 종합자료표

행위 \ 현상(발생확률)	E_1 (p_1)	E_2 (p_2)	……	E_n (p_n)
A_1	X_{11}	X_{12}	……	X_{1n}
A_2	X_{21}	X_{22}	……	X_{2n}
⋮	⋮	⋮		⋮
A_m	X_{m1}	X_{m2}	……	X_{mn}

1) 기대화폐가치

일단 각 현상의 발생가능성을 계측할 수 있다면 이때의 합리적 의사결정은 평균적 기대수익, 즉 기대화폐가치가 가장 큰 행위를 선택하는 것이라 할 수 있다.

논리적으로 보아 불확실성하에서의 의사결정문제에 확률 개념을 도입하는 것이 당연하다. 문제는 과연 각 현상이 발생할 확률을 어떻게 결정할 것인가 하는 점이다. 전통적으로 통계적 의사결정문제에 도입되는 확률은 주관적 확률이다.

〈표 15-1〉에서처럼 각 현상(E_j, $j=1, 2, \cdots\cdots, n$)이 나타날 가능성이 p_1, p_2, ……, p_n과 같이 주어지면 의사결정의 가장 훌륭한 기준으로서 기대치 개념이 활용될 수 있다. 행위(A_i, $i=1, 2, \cdots\cdots, m$)별 기대치란 경제적 이득(X_{ij}, $i=1, 2, \cdots\cdots, m$, $j=1, 2, \cdots\cdots, n$)을 각 현상의 발생확률로 가중시켜 산출된 값으로 정의되는데, 그 중 가장 큰 기대이득을 갖는 행위가 최선의 행위로 선정된다. 이 경우 기대이득이 일반적으로 화폐액으로 표현되기 때문에 여기서 사용되는 기준을 **기대화폐가치**(expected monetary value: *EMV*)라 부른다.

따라서 〈표 15-1〉의 자료에 의거하면 행위별(A_1, A_2, ……, A_n) 기대화폐가치는 다음과 같아진다.

$$EMV(A_i)=X_{i1}(p_1)+X_{i2}(p_2)+\cdots\cdots+X_{in}(p_n)$$
$$\therefore EMV(A_i)=\sum_{j=i}^{n}X_{ij}(p_j)$$

2) 추가정보 활용에 따른 이익과 비용의 고려

그런데 각 현상에 관한 정보를 더 많이 가질수록 기대화폐가치에 근거하는 의사결정은 보다 확실하고 용이하게 이루어질 수 있다.

일반적으로 각 현상에 관한 정보를 많이 얻을수록 표본정보를 활용하는 의사결정은 보다 확실하고 용이하게 이루어질 수 있다. 그리고 극단적인 상황으로 사전에 완전한 정보가 획득되어 불확실성이 전혀 없는 가운데 최선의 행위를 선정할 수 있는 경우를 생각할 수 있다. 일반적으로 표본정보를 활용함에 따라 발생하는 이득과 비용을 동시에 고려함으로써 표본정보의 활용가치를 평가할 수 있는데, 이를 표본정보의 순기대이득이라 부른다. 그런데 일반적으로 표본정보를 이용하는 횟수(또는 표본의 크기)를 증가시킴에 따라 각 현상이 발생할 가능성에 대해 보다 확실한 근거가 마련되지만, 동시에 표본비용도 증가하게 된다. 따라서 결국 표본의 크기가 얼마일 때 순기대이익이 최대가 되는지를 확인하는 작업이 요구되는데, 이러한 과정을 최적표본크기의 선택문제라 한다.

문제는 표본정보를 확보하는 과정은 일반적으로 비용을 수반한다는 점이다. 결국 [그림 15-1]에서처럼 표본크기를 확대함에 따라 발생할 것으로 예상되는 기대가치에서 표본비용을 차감한 순기대이익이 가장 큰 표본크기를 활용하는 것이 최적이 될 것이다.

[그림 15-1]은 표본크기를 점차 확대시킴에 따라 발생하는 가상적인 **표본정보의 기대치**(expected monetary value with sample information: *EVSI*), **표본비용**(cost of sample: *CS*) 및 **표본의 순기대이득**(expected net gain from sample information: *ENGS*)의 값들을 나타낸 것이다. 일반적으로 *EVSI*는 처음 단계에서 급격한 증가를 보이나 점차 증가 추세가 둔화되는 특성을 갖는다. 그러나 표본조사비용(*CS*)은 표본수 또는 실험조사 횟수에 비례하므로 그림에서처럼 표본크기의 1차함수로 표현될 수 있다. 일단 *EVSI*와 *CS*가 그림에서와 같은 형태와 크기를 갖는다면 *ENGS*는 *EVSI*에서 *CS*를 차감하여 쉽게 도출할 수 있다. 예컨대, 그림에서는 표본의 크기가 3일 때 *ENGS*가 최대인 것으로 나타나 있는데, 이때 *EVSI*와 *CS* 간의 차이

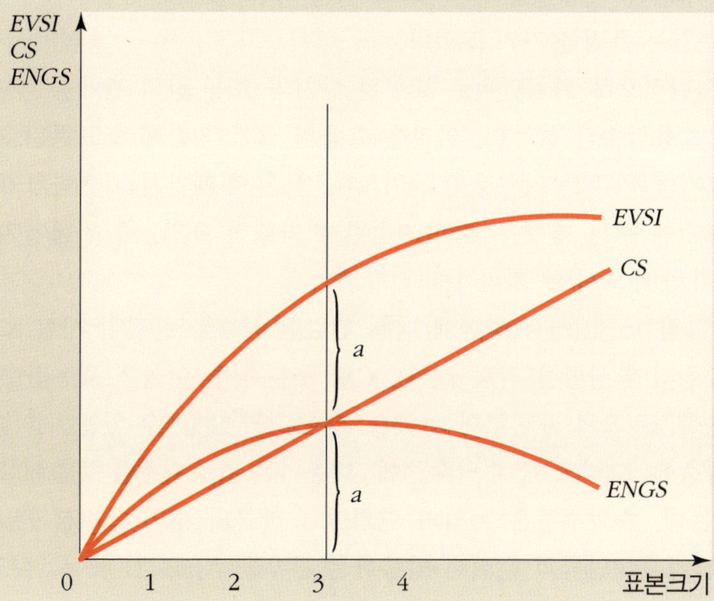

그림 15-1
표본크기의 변화에 따른 *EVSI*, *CS*와 *ENGS*

표본정보로부터 기대할 수 있는 가치(*EVSI*)에서 표본비용(*CS*)을 차감한 것을 표본으로부터 기대할 수 있는 순이익(*ENGS*)이라 할 수 있다.

그런데 일반적으로 표본비용은 표본수에 비례하므로 표본크기의 1차함수로 표현되는 반면, 표본정보 기대치는 점차 증가 추세가 감소하게 된다.

따라서 그림에서처럼 표본크기가 3일 때 표본순기대이익(*a*)은 두 변수 간의 차이(*ENGS* = *EVSI* −*CS*)가 최대가 되는 최적규모가 될 수 있다.

(그림상에는 두 선 간의 차이)가 가장 크게 된다. 그리고 이러한 결과는 표본크기를 3으로 할 때 또는 표본조사 횟수를 3회로 할 때의 의사결정이 최대의 순이득을 보장하는 행위라는 것을 나타낸다. 이는 동시에 최적표본의 크기가 3이라는 것을 의미하게 된다.

(3) 효용극대화 원칙과 의사결정

한편, 확률을 고려한 의사결정 과정이라 하더라도 기대화폐가치만을 기준으로 의사결정을 한다는 것은 결국 위험(risk)문제를 도외시하는 행위라 할 수 있다. 이러한 한계점을 보완할 수 있는 방안으로 기대효용 개념을 활용하는 접근방법을 들 수 있다. 기대효용은 평균수익은 물론 위험도를 동시에 고려할 수 있는 개념이기 때문이다.

한편, 확률이 의사결정 과정에 구체적으로 활용되는 상황에서도 기대화폐가치만으로는 적절한 의사결정이 불가능한 상황이 있다. 대표적인 예로서 각기 다른 수준의 수익률과 위험률을 가진 투자방법 중 최적행위를 결정하는 문제를 들 수 있다. 이러한 문제에서는 평균적으로 기대할 수 있는 예상수익, 즉 기대화폐가치 외에도 위험에 대한 각 개인의 반응도를 동시에 고려할 필요가 있다. 효용 개념은 바로 이러한 상황에 활용될 수 있는 훌륭한 방법론을 제공하고 있는데, **평균수익**과 **위험도**를 동시에 고려한 **기대효용**(expected utility: *EU*) 극대화 방안이 바로 그것이다. 대부분의 합리적 경제주체들은 위험**회피자**(risk averter)에 속하며, 따라서 기대효용 극대화 방안의 활용 시 위험회피자의 효용함수가 일반적으로 사용된다. 이 기준은 각 행위 중 기대효용이 가장 큰 행위를 선정하는 방법을 제시하고 있으며, 여러 행위를 다양하게 동시적으로 선택하는 방법에까지 확대 · 적용될 수 있는 특징을 가지고 있다.

일반적으로 화폐단위로 표현된 가치와 효용 간의 관계를 나타낸 것을 효용함수라 하는데, 이것은 효용의 크기가 화폐로 표현된 가치의 크기에 의존한다는 것을 의미한다. 물론 화폐가치의 변화가 효용의 크기에 주는 영향은 앞서 지적한 비화폐적 요인, 즉 위험에 대한 투자가의 태도 등에 따라 달라진다.

기대효용은 경제주체가 위험에 대해 민감한지 여부에 따라 위험기피자, 위험선호자 그리고 위험중립자로 구분되기도 한다. 일반적으로 합리적 경제주체는 위험회피자에 속한다.

[그림 15-2]에서 위험에 대해 민감한 사람과 둔감한 사람, 그리고 중립적인 사람을 각각 A, B, C로 구분하여, 이들의 효용함수 형태를 특징적으로 표현하여 보았다. 투자결과 얻을 수 있는 수익수준을 횡축에, 그리고 각 수익수준에 대응하는 효용수준을 종축에 표현하였는데, 수익수준은 논의의 편의상 w만큼의 수익이 발생하는 경우, 그리고 ℓ만큼의 손실이 발생하는 경우를 A, B, C 세 사람 모두에게 똑같이 적용하였다. A는 위험에 대해 아주 민감한 위험기피자

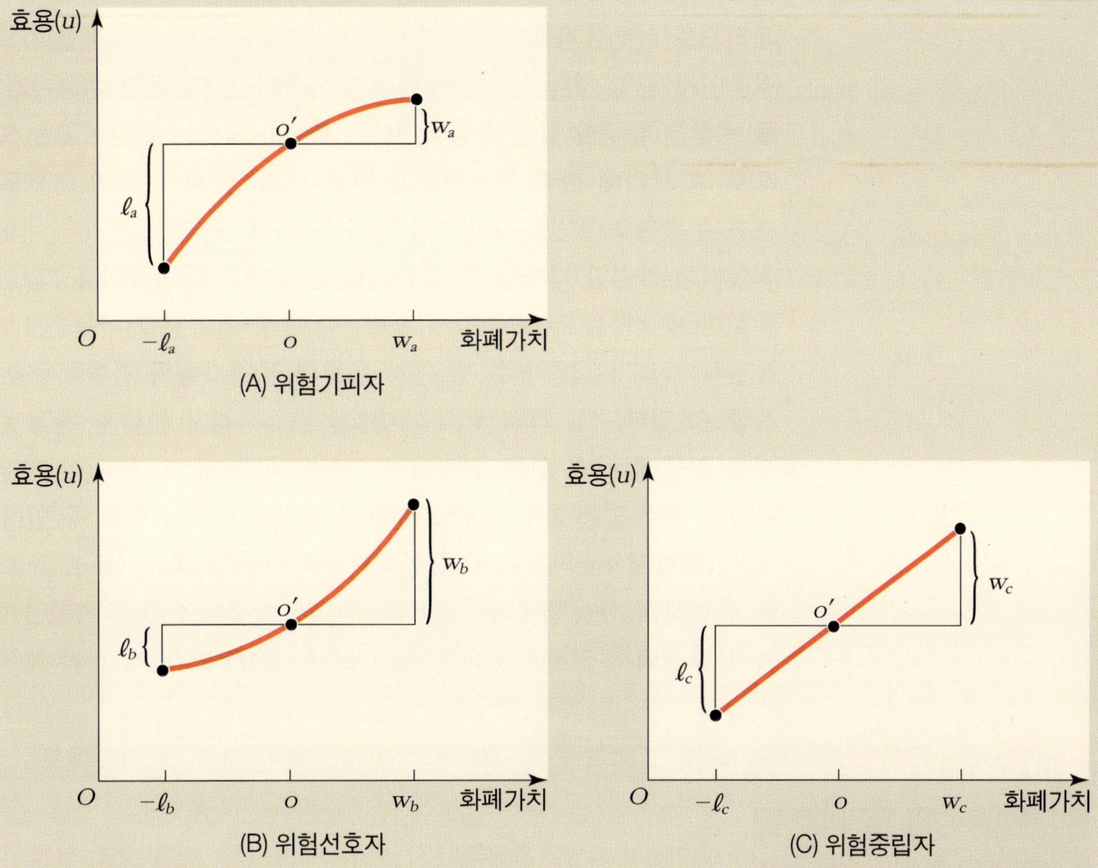

그림 15-2 효용함수의 세 가지 유형
효용함수는 의사결정자가 위험기피자(A)인지 위험선호자(B)인지 아니면 위험중립자(C)인지에 따라 증가율이 감소, 증가 또는 일정한 유형을 갖는다. 일반적으로 합리적 의사결정자는 위험기피자에 해당한다.

로 가정하였으므로 ℓ만큼의 손실에 대해 상대적으로 큰 충격을 받아 효용이 ℓ_a만큼 큰 폭으로 떨어지게 될 것이다. 반면, B는 위험에 대해 과감한 **위험선호자**(risk lover)로 가정하였으므로 ℓ이란 손실을 별로 크게 개의치 않을 것이며, 따라서 이때 발생하는 효용의 감소분도 ℓ_b수준에 머물 것이다. C는 위험에 대해 중립적인 사람의 경우를 나타내고 있다. w만큼의 수익이 발생할 경우 A, B, C 세 사람이 취할 태도를 감안한다면 같은 논리에 따라 효용이 w_a, w_b, w_c만큼 증가할 것이라고 유추해석할 수 있다.

이제 남은 문제는 과연 어떻게 하여 효용의 크기에 따라 최적행위를 결정하는 것이 가능한지를 판정하는 것이다. 우선 이 문제가 구체적으로 다루어지려면 지금까지 주어진 정보 외에 추가적인 자료가 갖추어져야 할 것이다. 즉, w만큼의 이득이건 ℓ만큼의 손실이건 이들 현상이 발생할 확률이 밝혀져야 한다. 이득 또는 손실이 0을 중심으로 그 크기에 따라 정규분포를 따른다고 가정할 수도 있고, 또 완전히 무작위로 발생한다고 가정할 수도 있다. 논의의 편의상 비현실적이기는 하지만 나타날 수 있는 현상은 w만큼의 이득이나 ℓ만큼의 손실이 발생하는 두 가지만 있으며, 각 현상이 발생할 확률은 1/2로 동일하다고 가정할 경우 세 가지 유형의 투자가들의 기대효용을 계산할 수 있다. 즉, 각 사람의 **기대효용**(expected utility)은 이득이 발생할 확률에 이때 얻는 효용의 증가분을 곱한 값과, 손실이 발생할 확률에 이때 잃는 효용의 감소분을 곱한 값을 더하여 얻을 수 있다.

그림에서 ow와 $-\ell o$를 동일하게, 즉 이득(w)과 손실($-\ell$)의 크기를 동일하게 설정할 경우, 이득과 손실이 발생할 확률이 각각 1/2이라면 앞절에서 의사결정기준으로 사용한 EMV값은 세 사람 모두에

생명보험의 명(明)과 암(暗)

예기치 못한 재난이 발생할 경우의 어려움을 다소나마 해소하기 위해 보험을 드는 것은 합리적 의사결정행위라 본다. 보험에 들면서 보험회사에 내는 돈을 **보험료**(insurance premium)라 하고, 재앙이 닥쳤을 때 보험회사로부터 받는 보상금을 **보험금**(coverage)이라 한다. 그리고 보험을 체결하고 보험료를 납부하는 사람을 **보험계약자**라 하고, 보험의 대상자를 **피보험자**라 하며, 재난이 발생하였을 때 보험금을 타게 되는 사람을 **보험수익자**라 한다.

통상적으로는 화재보험이나 교통사고보험 등의 경우 보험계약자와 보험수익자는 같다. 반면, 생명보험 같은 경우에는 보험계약자와 피보험자는 같지만 보험수익자는 제3자가 되는 것이 일반적 관행이다. 예컨대, 남편(또는 가장)이 본인이 예기치 않던 일로 사망할 경우 아무런 생활능력도 없는 부인(또는 자녀)의 경제적 어려움을 덜어주기 위해 자신을 피보험자로 하고 부인(또는 자녀)을 보험수익자로 하는 보험계약을 체결하는 경우이다.

이러한 생명보험을 가입한 남편(또는 가장)은 어느 정도 안도감을 가질 수 있을 것으로 예상된다. 그러나 가끔 신문지상에서 보험금을 타기 위해 남편(또는 가장)을 살해(직접 또는 청부)하는 범행을 저질렀다는 충격적인 소식을 접하기도 한다. 물론 이와 같은 노골적이고도 잔인한 범죄행위를 저지르지는 않더라도 적어도 남편(또는 가장)이 매우 심각한 질병에 걸렸을 때 이를 적극적으로 치료하지 않음으로써 죽음을 재촉하는 경우를 생각할 수도 있다. 과연 이러한 경우 보험은 제 기능을 다하는 것인지, 그리고 보험계약자의 의사결정은 합리적이었는지에 대하여 의문이 제기될 수도 있다.

$$EU_A=\left(\frac{1}{2}\right)\times w_a-\left(\frac{1}{2}\right)\times \ell_a=\frac{1}{2}(w_a-\ell_a)<0$$

$$EU_B=\left(\frac{1}{2}\right)\times w_b-\left(\frac{1}{2}\right)\times \ell_b=\frac{1}{2}(w_b-\ell_b)>0$$

$$EU_C=\left(\frac{1}{2}\right)\times w_c-\left(\frac{1}{2}\right)\times \ell_c=\frac{1}{2}(w_c-\ell_c)=0$$

게 0이 될 것이다. 그러나 위험에 대한 태도라는 비화폐적 요인을 동시에 고려한 기대효용기준에 의하면, 위의 계산결과와 같이 A의 기대효용은 음수, B의 기대효용은 양수, 그리고 C의 기대효용은 0으로 각각 나타난다. 대부분의 사람들은 비선형함수 형태의 효용함수, 즉 [그림 15-2]의 (A)와 같은 효용함수를 갖는 것으로 인식되고 있다.

02 정보의 경제

불확실성하의 의사결정이 주관적 확률 및 표본정보 활용에 의해 합리적으로 수행할 수 있다는 논리를 앞절에서 확인한 바 있다. 그런데 최근 들어 정보의 활용과 관련한 경제적 의미를 분석하는 다양한 연구가 집적되며 경제학 연구의 새로운 인식과 접근방법이 소개되고 있다. 본절에서는 이러한 정보가 갖는 경제적 의미와 정보활용 과정에서 발생하는 문제, 그리고 이를 회피하기 위한 대책 등에 관하여 간략히 살펴보고자 한다.

(1) 불완전한 정보와 정보의 구매 또는 탐색행위

일반적으로 정보는 불완전하다. 따라서 모든 거래당사자가 완전한 정보를 가지고 있다는 가정하에 도출된 완전경쟁모형 등은 현실 설명력에 한계가 있을 수밖에 없다.

이번에는 정보가 불완전한 상황하에서 정보를 탐색하거나 구매하는 행위에 대하여 살펴보기로 한다.

불완전한 정보로 인한 피해를 줄이기 위해 경제주체들은 다양한 노력을 경주할 것이다. 그 대표적인 행위가 **정보의 구매행위**이다. 도움만 된다면 경제주체들은 기꺼이 대가를 지불하고서라도 필요한 정보를 얻으려 할 것이기 때문이다. 금융기관이 가계에 대출을 제공할 경우 가계의 신용도에 대한 정확한 정보가 없다면, 예컨대 신용정보회사 등에 적절한 비용을 지불하고서라도 대출금의 안전한 회수가능성 여부를 검토할 것이다. 또한 이른바 개미군단이라 불리는 개인투자자들은 대부분이 직접 주식투자로 인해 손실을 보고 있다는 뉴스를 가끔 듣는다. 이러한 위험을 회피하는 방안 중 하나는 투자자문사에 일정한 비용을 지불하고 필요한 정보를 얻거나 자문을 얻는 일이다(물론 일정액의 수수료를 부담하고 펀드에 가입하는 이른바 간접투자로 전환할 수도 있지만). 국가나 대형 금융사들이 해외 직 · 간접투자를 할 경우 각종 신용평가사의 분석자료를 구입하여 참고하는 과정도 바로 필요한 정보를 구매하는 대표적인 행위 중 하나라 볼 수 있다.

탐색행위는 일반적으로 탐색시간이 경과함에 따라 얻을 수 있는 이득이 점차 줄어드는, 즉 한계편익이 체감하는 현상이 발생한다.

한편, 정보를 구매하는 대신 자신이 필요한 정보를 직접 탐색하는 경우를 생각할 수 있다. 기업이나 공공기관과는 달리 정보구매능력에 한계가 있을 수밖에 없는 대다수 가계 · 소비자들은 상품과 서비스의 구매에 앞서 어떻게 하면 가장 낮은 가격으로 살 수 있는지를 알아 내려고 노력하게 되는데, 이러한 행위를 정보의 **탐색행위**(information search activities)라 한다. 즉, 정보가 불완전한 경제주체들은 보다 나은 성과를 얻기 위해 통상적으로 탐색행위를 하게 되는 것이다.

현대는 정보화 시대라고도 할 만큼 정보가 홍수를 이루고 있다. 따라서 경제주체들이 활용할 만한 정보는 무수히 많다고 볼 수 있다. 반면, 이러한 정보의 과잉으로 인해 정작 필요한 정보를 얻는 데 많은 시간과 노력이 필요해진다.

예컨대, 막상 퍼스널 컴퓨터나 휴대폰과 같은 전자제품, 그리고 TV나 냉장고 등의 가전제품들을 구입할 경우 인터넷은 물론 백화점과 전문상가, 할인매장 등 소비자가 탐색해야 할 대상이 일반적으로 매우 많다는 사실을 우리는 익히 잘 알고 있다. 물론 전자제품과 같은 내구재는 상대적으로 값도 비싸므로 소비자는 상당 시간을 할애해 가며 최상의 구매를 도모하려고 노력할 것이다. 그러나 상대적으로 값이 싼 생활용품이나 캐주얼 의류라 하더라도 이것을 동대문이나 남대문 시장과 같은 재래시장에서 가능한 한 저렴하게 보다 좋은 제품을 구입하려면 상당한 시간과 노력을 기울여야 한다.

그렇다면 소비자는 과연 얼마나 시간과 노력을 기울인 연후에 구매를 하게 될까? 일반적으로 탐색을 통해 얻을 수 있는 이득은 시간

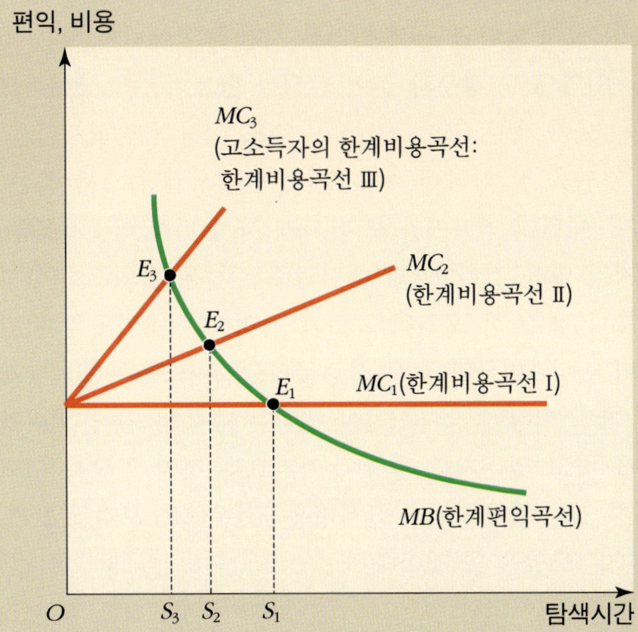

그림 15-3 최적탐색행위

탐색시간 경과에 따라 한계편익은 감소한다. 반면, 한계비용은 불변일 수도 있으나 일반적으로 증가 추세를 갖는데 개인에 따라 증가속도는 상이할 수 있다.

그림에서 MC_3는 고소득자들이 탐색에 나설 때 발생할 수 있는 한계비용으로 매우 급속하게 증가하고 있으며, 따라서 MC_2나 MC_1을 가진 사람에 비해 빠른 시간(S_3) 내에 탐색을 마칠 것이다.

S_3의 경우 S_2나 S_1보다 일찍 한계편익곡선(MB)과 교차하는 최적상태에 이를 것이기 때문이다.

이 경과함에 따라 점차 줄어들게 되는 특성이 있다. 즉, **한계편익 체감의 법칙**이 작용하는 것이다. 보다 큰, 그리고 결정적인 정보는 처음 몇 시간 내에 주로 취득가능한 것이어서 그 후에는 탐색시간당 추가할 수 있는 이익의 증가분이 감소할 것이기 때문이다.

만일 시간당 탐색비용이 일정하다면 결국 탐색은 단위시간당 한계편익이 단위시간당 (한계)비용과 같아질 때까지 이루어질 것이라 볼 수 있다. 물론 단위시간당 한계비용이 체증할 경우에는 균형탐색시간은 더 빨리 도래할 것이다.

반면, 탐색시간 경과에 따라 한계비용은 불변일 수도 있으나 일반적으로 증가하는 추세를 갖는다.

[그림 15-3]에서 MB는 체감하는 한계편익곡선을 나타낸다. 한편, MC_1은 한계비용이 일정할 경우, 그리고 MC_2는 한계비용이 체증할 경우의 비용곡선을 나타낸다. 따라서 한계비용이 일정할 경우(MC_1) 탐색은 한계편익과 같아지는 시간만큼 진행될 때(S_1) 최상의 결과를 얻을 수 있게 된다. 물론 한계비용이 체증할 경우(MC_2)에는 최적탐색시간은 S_1보다 더 빠른 시간인 S_2수준에서 결정될 수 있을 것이다.

탐색행위의 수행시간은 한계비용과 한계편익이 같아질 때 최적상태에 이르게 된다.

정보을 획득하기 위해 타인에게 일정 비용을 지불할 수도 있으나 직접 탐색에 나선 경우 탐색에 소진된 시간만큼의 기회비용을 발생

따라서 일반적으로 한계비용이 큰 경제주체일수록 최적탐색시간은 짧아지는 경향이 있다([그림 15-3] 참조).

시키게 된다. 따라서 소득수준이 높은 사람일수록 탐색을 통해 얻을 수 있는 이득이 크지 않다면 탐색에 많은 시간을 할애하지 않을 것이다. [그림 15-3]의 MC_3 경우와 같이 탐색의 한계비용이 상대적으로 크고 또 상승속도가 빠른 고소득자는 S_3 정도 이상의 탐색시간을 허용하지 않은 것임을 잘 나타내 주고 있다. 단위시간당 소득이 큰 의사나 변호사가, 예컨대 넥타이를 보다 싸게 사기 위해 이곳저곳을 탐색하러 나서지는 않을 것이다. 반면 전업주부 같은 경제주체의 경우는 두부 한 모나 배추 한 포기라도 싸게 사려고 이곳저곳을 뒤지고 다닐 가능성이 높다. 미국과 같은 선진국의 경우에도 주부들은 각종 매체를 통해 어느 매장에서 자신들이 원하는 품목의 가격이 싸거나 염가 대매출을 하고 있는지를 항상 눈여겨보는 것이 일상사가 되고 있는데, 이러한 경우 탐색행위의 한계비용곡선은 MC_3보다는 MC_2(또는 MC_1)에 가까운 모양을 할 것이다.

(2) 정보탐색 과정에서 발생하는 문제와 대응책: 개살구시장과 역선택

탐색행위는 결국 거래대상자를 선택함으로써 종결된다. 그런데 탐색행위는 겉만 그럴 듯한 저질상품의 선택으로 마감되기도 하는데, 이를 역선택(adverse selection)이라 하며, 이러한 선택이 이루어질 수 있는 시장을 개살구시장(market for lemon)이라 한다.

불완전한 정보를 해소하기 위한 탐색행위는 결국 거래대상처를 선정함으로써 마감된다. 그러나 이러한 선택이 반드시 불완전한 정보로 인한 문제를 완전히 해소시킨 가운데 이루어지는 것은 아니다. 따라서 거래상대방에 대한 정보부족과 탐색행위의 한계로 인해 바람직하지 않은 거래대상처를 선정할 가능성이 상존하고 있다.

요즈음은 보기 힘든 일이지만 예전에는 길거리에서 뱀쇼 등을 하며 정력에 좋다는 건강보조식품이나 만병통치약을 파는 약장사들을 쉽게 볼 수 있었다. 분위기에 휩쓸려 약을 구입하지만 곧잘 후회하곤 하였다. 요즈음에도 길거리나 지하상가 등에서 몽땅 떨이 세일 등의 선전문구를 보거나 지하철 내의 이동상인들이 쏟아내는 현란한 제품설명을 듣다 보면 구매충동을 느껴 제품을 구입하는 경우가 많다. 또한 이미테이션 상품일 가능성이 높은 줄 알면서도 초저가라는 매력에 넘어가 구매하는 경우 또한 우리의 일상이 되고 있다. 이러한 경우 실제로는 질이 별로 좋지 못하지만 겉만 그럴 듯하게 보이도록 만들어 낸 상품을 사게 되는 선택이 이루어진 셈이다. 이처럼 겉보기에만 그럴 듯한 상품시장을 **개살구시장**(market for lemon)이라 한다. '싼 게 비지떡' 또는 '빛 좋은 개살구'란 속담에 비유하여 만들어진 용어이다. 그리고 이러한 개살구시장에서는 정보부족으로 인해 바람직하지 않은 제품의 공급자나 거래대상자와 거래할 가능성이 높아지는 현상이 있는데 이를 **역선택**(adverse selection)이라 한다. 조금 성격은 다르지만, 생명보험시장에서도 보험회사로서는 피하고 싶은 고객이 주로 보험에 가입하게 되는 현상이 이에 속한다고 볼 수 있다.

이상과 같은 역선택은 소비자는 물론 보험서비스를 제공하는 기업에게도 불행한 일임에 틀림이 없다. 따라서 다양한 방법으로 역선택을 회피하기 위해 노력하게 된다.

이러한 역선택을 피하기 위한 수요자의 간접적 정보 취득 및 활용방안(예컨대, 각종 인증취득 여부와 무상수리 내용 및 기간 확인 등)을 선별(screening)이라 하며, 공급자가 수요자에게 적절한 정보를 전달하여 역선택을 방지하려는 행위(예컨대, 유사상표 식별방안 공지 등)를 신호발송(signaling)이라 한다.

우선 이미테이션 제품으로 피해를 볼 수밖에 없는 유명 제품사들은 자사 제품의 품질에 관한 광고는 물론 이미테이션 제품을 구별하는 방안을 소비자들에게 널리 알리려고 노력할 것이다. 이처럼 정보를 갖고 있는 경제주체가 적절한 정보를 거래상대방에게 전달하려고 노력하는 행위를 **신호발송**(signaling)이라 부른다.

한편, 거래상대방에 대한 정보가 부족한 경제주체는 직접적인 탐색이 어려울 경우 간접적인 방법을 통해서라도 상대방에 대한 정보를 얻으려고 노력할 것이다. 이러한 행위를 **선별**(screening)이라고 한다. 예컨대, 제품공급사의 품질보증 제공 여부 그리고 무상보증 수리기간의 길이, 각종 인증(KS, QS 마크 등) 취득 여부 등을 확인함으로써 역선택 가능성을 줄여 나가는 과정이 이에 속한다고 볼 수 있다. 조금 성격은 다르지만 기업이 신입사원 채용시 교육연한이나 학업성취도, 국제공인 어학시험 성적, 전공영역 등을 참고하는 행위도 일종의 선별행위에 해당된다 볼 수 있다.

(3) 정보부족 해소과정에서의 문제: 본인-대리인관계와 도덕적 해이

한편, 경제주체에 따라 정보를 가지고 있는 수준이 다른 경우(이를 정보의 비대칭적 분포라 함) 상대적으로 낮은 수준의 정보를 갖고 있는 사람이 스스로 정보부족을 해소하기 위한 노력(예컨대, 탐색이나 선별행위)을 강구하는 대신 상대적으로 높은 수준의 정보를 갖고 있는 사람에게 계약을 통해 업무를 위탁할 수도 있다. 즉, 어떤 업무를 본

정보취득 및 탐색행위상의 어려움으로 업무를 본인(principal)이 직접 수행하는 대신 이를 대신해 줄 사람, 즉 대리인(agent)에게 위탁하기도 한다. 이렇게 형성된 관계를 본인-대리인관계라 하는데, 이러한 관계에서는 일반적으로 이른바 도덕적 해이(moral hazard)가 발생할 가능성이 높다.

도덕적 해이

도덕적 해이(moral hazard)란 정보가 불투명하고 비대칭적이어서 상대방의 향후 행동을 예측할 수 없거나 본인이 최선을 다한다 해도 자신에게 돌아오는 혜택이 별로 없을 때 발생하는 현상을 일컫는 것으로, 원래는 보험시장과 중고차시장에서 나온 개념이다. 화재보험 가입자가 보험을 믿고 화재예방 노력을 소홀히 함으로써 결국은 화재발생 가능성을 높인다든가, 중고자동차에 대한 정보가 완전하지 않은데도 불구하고 중고차 중개인이 중고차에 대한 적절한 품평을 거치지 않고 매도를 주선함으로써 소비자에게 손해를 입히게 되는 것 등이 전형적인 도덕적 해이에 해당한다.

한편, 최근 들어 한국에서는 금융자유화 및 개방에 따라 금융기관 간에 경쟁이 심화되고 있다. 따라서 금융기관들은 보다 높은 이자를 지불해서라도 자금을 모으려 할 것이고, 이는 또 위험성이 높은 대출상대라도 마다하지 않고 대출하게 되는 도덕적 해이에 빠질 가능성이 높아졌다(금융기관의 도덕적 해이).

반면, 금융기관의 경영상 위험도가 높아지면서 건전한 신용시장의 질서유지를 위해 정부는 예금자보호 또는 예금보험제도를 도입하여 운용하게 되었다. 이처럼 **예금자보호제도**가 도입될 경우 예금자는 다소 경영이 위태롭게 보이더라도 보다 높은 이자를 보장하는 금융기관(예컨대, 신용조합이나 저축은행 등)에 저축하는 것을 선호하게 만드는 결과를 초래함으로써 예금자의 도덕적 해이를 유발할 수도 있다.

최근 신용카드 남발에 따른 가계부실이 대량의 신용불량자를 양산하여 금융시장 불안정이 초래되자 정부는 개인 **워크아웃제**(workout system)를 도입하여 이를 해소하고자 하였다. 이 과정에서 신용불량자 중 상당수가 구제되는 성과도 있었지만 동시에 도덕적 해이현상을 초래하기도 하였다.

이상의 예에서처럼 도덕적 해이라는 개념은 실제로 매우 광범위하게 쓰이고 있는데, 그 중에서도 본절에서처럼 **본인-대리인** 간의 문제와 관련하여 발생하는 유형에 경제학적 분석의 초점이 맞추어지고 있다.

이러한 문제를 해소 또는 완화시키기 위해, 예컨대 택시업 등 서비스업의 경우 본인이 대리인에게 성과에 따라 보수를 지급하는 성과급제를 도입할 수도 있다. 그러나 이는 대리인 동료 간의 알력을 증가시키는 반면, 성과를 적절히 평가하기가 어려운 측면도 있다. 심지어 경쟁상대가 되는 후임자를 경계하는 나머지 이들에 대한 훈련을 기피하거나 필요한 지식의 전수를 소홀히 할 수도 있다. 또한 성과급의 기준이 부적절하게 설정될 경우 웬만해서는 차별화된 성과급을 받기 어려울 것으로 예상되면 오히려 업적개선 노력 자체를 포기할 가능성도 있다.

성과급이란 일종의 **유인제도**(incentive) 대신 감독을 강화하여 도덕적 해이를 축소시킬 수도 있다. 그러나 현대적 생산공정의 특성상 개별 근로자들을 제대로 감독하거나 평가하기는 매우 어렵다. 결과적으로 작업반장(foreman)은 팀별 생산실적 내지 성과를 비교하는 방식의 감독방식을 수행하게 될 가능성이 높아지는데, 이때에는 팀원 중 **무임승차자**(free rider)가 생기거나 팀원 간 도덕적 해이가 발생할 수 있다.

이상에서처럼 도덕적 해이란 현실적으로 완전히 해소하기는 어려운 현상이라 볼 수 있다. 단지 어떤 행위가 도덕적 해이현상을 초래할 가능성이 높은지를 알아 내서 가능한 한 정보의 비대칭성을 개선해 나가는 노력을 기울이는 것이 최선이라 하겠다.

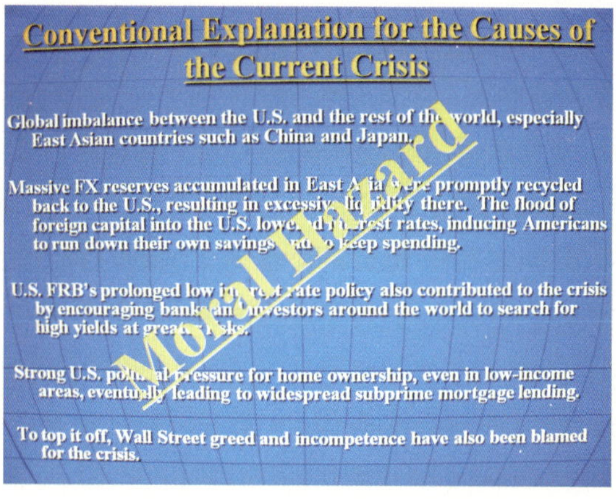

인이 직접 수행할 능력이 없거나 또는 할애할 시간이 없을 경우 이를 대신 해 줄 사람, 즉 대리인을 찾아 위탁할 수도 있는 것이다. 이때 일을 맡기는 사람은 **본인**(principal), 그리고 일을 위탁받은 사람은 **대리인**(agent)이라고 부르며, 쌍방 간에 성립되는 관계를 **본인-대리인 관계**(principal-agent relationship)라 한다. 그리고 이러한 관계에서는 일반적으로 이른바 **도덕적 해이**(moral hazard)가 발생할 가능성이 높다.

예컨대, 박찬호 선수나 박지성 선수처럼 이들이 외국 주요 야구단이나 축구단으로 진출하고자 할 때, 선수들 스스로 추진할 능력(예컨대, 외국어 구사능력 등)이나 전문적 노하우가 없으므로 전문대리인이나 매니저에게 위탁하게 된다. 또한 이승엽과 같은 선수가 아시아 홈런 신기록을 달성한 후 다음 해 연봉을 구단과 협상해야 하는 상황에서 이 일을 본인이 직접 처리하기는 정서상 여러 가지 측면에서 곤란하므로 대리인을 지정하여 대행하게 하였던 사실도 모두 본인-대리인관계에 해당된다. 이러한 관계는 연예인과 매니저, 소송의뢰인과 변호사 사이 등에서도 쉽게 찾아볼 수 있는 관계이다.

그런데 이러한 관계에서 자주 분쟁이 발생한다. 분쟁의 주 원인은 본인이 대리인의 행동을 제대로 감시할 수 없는 상황을 이용하여 대리인이 본인의 이익을 위해 최선을 다하지 않고 오히려 자신의 이익을 추구하는 행위가 나타나기 때문이다. 바로 이러한 현상을 본인-대리인의 문제(principal-agent problem)라고 한다. 그리고 이처럼 본인이 대리인의 행동을 일일이 감시하지 못하는 상황에서 대리인 자신의 이익을 추구하는 행위를 총칭하여 도덕적 해이라고 하는 것이다.

제16장 일반균형

대부분의 미시경제이론체계는 이른바 부분균형분석(partial equilibrium analysis)체계에 근거하고 있다. 따라서 어느 한 부문에 대한 논리를 정립할 경우 여타 부문의 모든 것은 일정하다(*ceteris paribus*)는 가정을 설정한 다음 관심부문의 행태적 특징을 모형화한다.

그러나 현실경제의 기본 속성은 모든 부문이 상호연관되어 있다는 것이다. 따라서 상호의존관계가 적절히 고려되어야 현실감 있는 분석결과가 도출될 수 있다. 이러한 인식하에 경제부문 간의 상호의존관계를 고려하여 모든 부문의 동시적 균형상태를 분석하는 것이 일반균형분석(general equilibrium analysis)이라 할 수 있으며, 이에 관한 핵심 논리를 본장에서 간략히 소개하고자 한다.

그런데 이러한 일반균형분석은 경제 전체의 자원배분에 관한 효율성 평가를 바탕으로 한 국가나 사회의 후생수준을 가늠할 수 있게 해 준다는 유용성이 있다. 뿐만 아니라 일반균형분석체계는 국가경제의 총체적 특징을 대변하는 주요 변수들 간의 인과관계를 주 분석대상으로 하는 거시경제이론체계의 논리적 근거를 제공할 수 있다는 유용성도 가지고 있다.

01 일반균형분석

지금까지 우리는 가계는 가계대로, 기업은 기업대로 개별 경제주체의 경제행위를 독립적으로 분석하였다. 또한 재화 및 서비스의 수요 · 공급행위를 분석함에 있어 여타 재화 및 서비스의 상호의존성을 배제한 가운데 소비자의 수요, 또는 기업의 공급행위를 분석하였다. 그리고 특정 상품에 대한 수요함수를 정의함에 있어서 수요량과 가격 간의 관계에 초점을 맞추어 이른바 '수요의 법칙', 즉 수요는 가격의 역함수라는 이론을 정립하였다. 해당 재화의 수요에 영향을 미칠 수 있는 여타 재화(그것이 보완재건 대체재건 간에)의 가격이나 수요자의 소득수준 등은 부차적인 고려사항이었다. 그리고 어느 한 재화나 서비스의 균형가격 및 거래량을 결정하는 요인분석시에도 여타 재화 또는 서비스시장과의 연관관계나 기타 요인은 논외로 하였던 것이다.

대부분의 미시경제이론은 이른바 부분균형 분석체계에 근거하고 있는데, 본장에서는 경제부문 간 상호의존관계를 고려하는 일반균형분석의 핵심 논리를 간략히 살펴볼 것이다.

그러나 개별 시장의 가격 및 거래량을 독립적으로 분석하는 대신 여타 부문과의 상호의존관계를 감안하여 모든 시장과 연관시켜 적용하는 것이 보다 현실성 있는 분석결과를 가져다 줄 수 있는 것임에 틀림이 없다. 모든 시장(상품시장, 생산요소시장은 물론 경우에 따라서는 정부부문과 해외시장까지 포함)에서 모든 경제주체들이 영위하는 수요 · 공급행위가 동시에 균형을 이루는 상태에 대한 분석방안을 **일반균형분석**이라 한다.

이러한 일반균형은 ① 모든 소비자가 주어진 예산으로 극대효용을 얻을 수 있는 소비를 하고, ② 모든 기업이 주어진 여건하에 극대이윤을 추구함으로써, ③ 그리고 가계는 원하는 만큼의 생산요소를 공급함으로써, ④ 주어진 가격체계하에서 모든 생산물시장과 생산요소시장이 동시에 균형을 이룰 때 성립된다.

'애로' 교수와 '데브류' 교수는 모든 시장이 완전경쟁하에 있을 때 일반균형이 성립된다는 사실을 입증한 바 있다.

일단 이러한 조건이 충족될 경우 어떤 경제주체도 현재상태에서 다른 상태로 변하는 것을 원치 않게 되는 특성을 갖는다. 그리고 모든 시장이 완전경쟁하에 있고 시장실패가 발생하지 않는다면 일반균형이 존재한다는 사실이 노벨경제학상 수상자인 애로(K. Arrow) 교수와 데브류(G. Debreu) 교수에 의해 입증된 바 있다. 그러나 불완전경쟁시장하에서 일반균형이 성립되려면 어떤 조건이 필요한지에 관해서는 아직 완전히 밝혀지지 못하고 있다. 한편, 일반균형분석에서는 부분균형분석에서 불가능한 **사회후생**(social welfare)문제와 효율적 자원배분문제를 분석할 수 있다는 장점이 있다.

02 일반균형과 최적자원배분: 파레토최적성

일반균형분석을 이용하여 경제적 효율성과 후생을 비교하는 데에는 일반적으로 파레토(Pareto)최적기준이 활용된다.

경제적인 효율성과 후생을 비교함에 있어서 여러 가지 판단기준이 있지만, 가장 일반적으로 사용되는 기준으로는 이른바 **파레토최적기준**(Pareto optimality criterion)이 있다.

파레토최적이란 실현가능한 배분상태 중 어느 한 사람의 후생을 감소시키지 않고서는 다른 사람의 후생을 증대시킬 수 없는 상태를 이르는 것이다. 이러한 파레토최적은 세 가지 조건이 충족되어야 달성될 수 있다.

파레토최적이란 경제 내의 부존(endowment)상태하에서 실현가능한 배분상태 중 어느 한 사람의 후생을 감소시키지 않고서는 다른 사람의 후생을 증대시킬 수 없는 상태로 정의된다. 어느 한 사람의 후생을 감소시키지 않고 다른 사람의 후생을 증대시킬 수 있다면 이러한 상황은 최적배분상태가 될 수 없을 것이라는 의미를 갖는 것이다. 이러한 파레토최적을 달성하기 위해서는 세 가지 조건이 충족되어야 한다.

(1) 교환의 최적성

소비자들 간의 재화배분에 있어 어느 한 소비자의 효용 또는 후생의 감소 없이는 다른 소비자의 효용 또는 후생을 증대시킬 수 없는 상태를 '교환의 최적', 또는 **교환의 파레토최적**이라 한다.

첫 번째 조건은 소비자들 간의 재화배분에 있어 어느 한 소비자의 효용이 감소하지 않고는 다른 소비자의 효용을 증대시킬 수 없는 이른바 교환의 최적상태가 성립되어야 한다는 것이다.

사회 내에 재화는 농수산물(X)과 비농수산물(Y) 두 가지만 있고, 소비자는 도시거주자(U)와 농촌거주자(R) 두 부류만 있다고 하자. 따라서 사회 전체에서 농수산물(X)의 총합은 도시거주자(X_U)와 농촌거주자(X_R)에게 배분된 양의 합과 같아진다. 즉, $X=X_U+X_R$. 마찬가지로 비농수산물(Y)의 경우에는 $Y=Y_U+Y_R$이 성립된다. 물론 U와 R은 X와 Y를 자신들의 효용이 극대화시킬 수 있는 조합을 선택하게 될 것이다. [그림 16-1]은 두 집단의 무차별곡선과 초기 부존상태를 각각 나타낸다고 가정하자.

그림에서 도시거주자(U)는 X_U만큼의 농수산물과 Y_U만큼의 비농수산물을 배분받아 W_U와 같은 부존상태에 있으며, 반면 농촌거주자(R)는 X_R만큼의 농수산물과 Y_R만큼의 비농수산물을 배분받아 W_R과

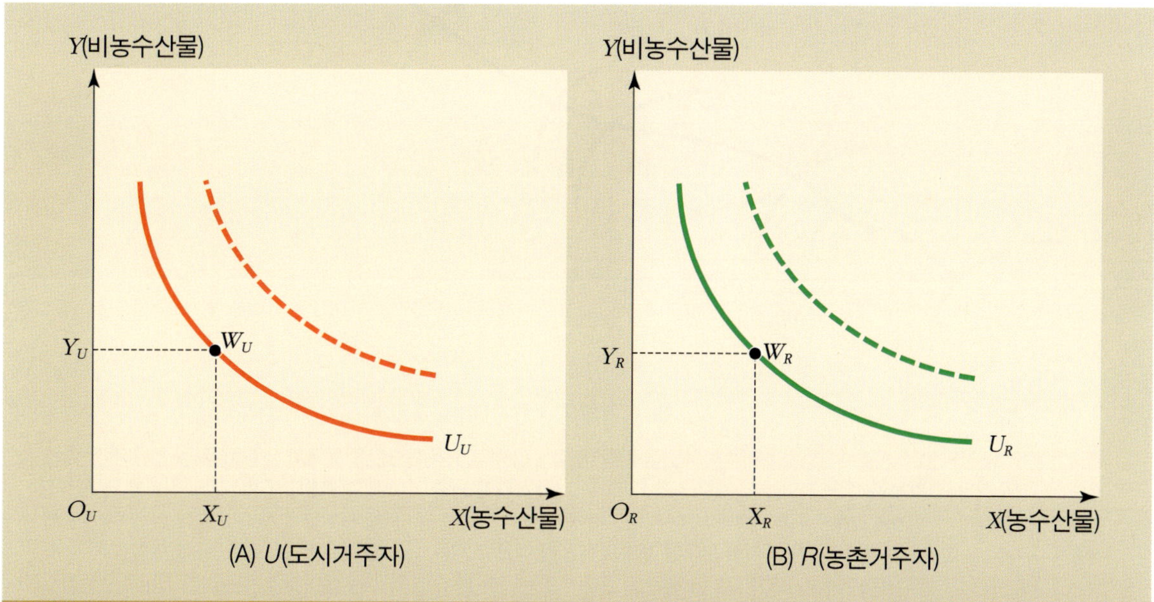

그림 16-1 도시거주자와 농촌거주자 무차별곡선과 초기 부존상태

그림 (A)와 (B)는 도시거주자와 농촌거주자의 무차별곡선이 각각 U_U와 U_R과 같고 두 재화, 농수산물과 비농수산물을 각각 X_U와 X_R 그리고 Y_U와 Y_R만큼씩 배분받은 상태인 W_U와 W_R점에 처해 있는 상황을 나타낸다.

같은 부존상태에 있음을 알 수 있다. 이제 농촌거주자(R)의 그림을 180° 회전시켜 도시거주자(U)의 그림과 합성을 시키면 아래와 같은 그림이 작성되는데, 이를 **에지워스상자**(Edgeworth box)라 부른다([그림 16-2] 참조).

또한 이러한 에지워스상자 내에서 두 집단의 무차별곡선이 접하는 점들의 궤적, 예컨대 점 A, B, C, 그리고 O_U와 O_R들의 연장선이 바로 교환의 파레토최적배분을 보장하는 선이 된다. 점 B'이나 B''을 점 B와 비교해 볼 때 두 집단 중 어느 한 집단의 효용은 낮아지는 것을 알 수 있다. 예컨대, 점 B'에서 농촌거주자의 효용은 U_R로 전과 같으나 도시거주자의 효용은 U_U'으로 전(U_U)보다 낮아지게 되므로, 점 B'에서 효용의 총합은 점 B에서보다 낮아지게 된다. 결국 점 B와 같이 두 집단의 무차별곡선이 접하는 점에서만이 둘 중 어느 한 집단

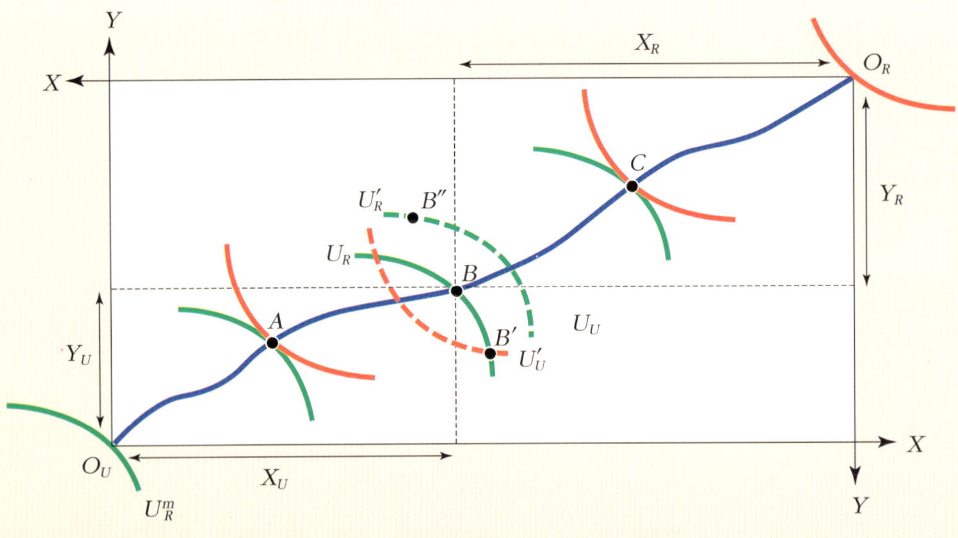

그림 16-2 교환 측면의 최적성

이 그림은 [그림 16-1]의 도시거주자와 농촌거주자의 원점을 각각 O_U와 O_R이 되도록 합성한 것으로 **에지워스상자**라 부른다. 두 거주자의 X재(농수산물)와 Y재(비농수산물)의 초기 배분(X_U와 X_R 그리고 Y_U와 Y_R)을 합한 값이 횡축(X재)과 종축(Y재)의 길이를 대변한다. 한편, U_U와 U_R은 두 거주자의 효용수준을 나타내며, 어떤 이유로 해서 도시거주자가 두 재화 모두를 갖게 되었을 때 얻을 수 있는 최대효용수준은 U_U^m, 그리고 농촌거주자가 두 재화 모두를 갖게 되었을 때 얻을 수 있는 최대효용수준은 U_R^m으로 정의되었다.

그런데 만일 두 거주자 간의 배분상태가 교환을 통해 점 B나 A 또는 C가 될 경우 어느 한 집단의 효용은 다른 집단의 효용감소 없이는 증가할 수 없는 상황이 전개된다. 이러한 점들은 파레토최적점이라 하고 이 점들을 연결한 곡선을 계약곡선이라 하는데, 계약곡선상의 모든 점에서는 두 집단거주자의 무차별곡선이 서로 접하는 특성이 있다. 접점 B는 비접점 B'이나 B''에 비해 두 집단거주자의 효용을 합한 값이 큰 최적점인데, 이러한 최적상태는 유일한 것은 아니어서, 예컨대 계약곡선상의 모든 점은 가장 크게 되는 최적상태가 되는 특성이 있다.

의 효용도 다른 집단의 효용의 감소 없이 증가할 수 없는, 따라서 두 집단 효용의 합이 극대화될 수 있을 것이다.

물론 이러한 교환의 최적조건은 점 A나 C 등에서도 성립된다. 그런데 이러한 점들의 궤적선상에서는 한 집단의 효용이 감소된 만큼 다른 집단의 효용이 증대될 수 있을 뿐임을 알 수 있다.

한편, 점 A나 B 또는 C에서와는 달리 현재의 자원배분상태가 파레토최적이 아닌 경우(예컨대, 점 B'이나 B''경우) 과연 경제가 파레토최적의 상태로 이행될 수 있는지 독자들은 의문을 가질 수 있을 것이다. 이에 대한 대답은 일단 가능하다라고 할 수 있다. 이는 정책담당자에 의한 임의적인 자원배분의 조율을 통해 달성될 수도 있고, 도시거주자와 농촌거주자 간의 자발적인 X재와 Y재의 교환을 통해서도 이루어질 수 있기 때문이다.

여하튼 두 무차별곡선이 마주 접하는 점에서 각 무차별곡선에 대한 접선의 기울기는 일치하게 된다. 따라서 접선의 기울기를 나타내는 두 상품 간의 한계대체율이 서로 같아지게 된다. 즉,

이러한 상태는 두 상품 간의 한계대체율이 일치할 때, 즉 이른바 '에지워스'상자라는 분석틀에서 두 사람의 무차별곡선이 마주 접할 때 성립될 수 있다. 이러한 조건이 만족되는 점들의 궤적을 소비 측면의 계약곡선(contract curve)이라 하는데, 단 이는 자원배분의 형평성과는 무관한 개념이다.

$$MRS^{U}_{X,\,Y} = MRS^{R}_{X,\,Y} \qquad (16\text{-}1)$$

가 성립된다. 이러한 조건을 만족시키는 점들의 궤적을 소비 측면의 **계약곡선**(contract curve)이라고도 한다. 그러나 이처럼 정의되는 계약곡선은 자원배분의 형평성과는 무관한 개념이다.

(2) 생산의 최적성

한편, 생산의 최적성이란 주어진 자원(편의상 노동(L)과 자본(K)으로 한정함)을 어떻게 두 집단의 생산자가 생산에 활용하는 것이 사회적 후생을 극대화할 수 있는가에 대한 기준으로 생산의 최적성, 또는 생산의 파레토최적이란 개념이 활용되고 있다.

두 번째 조건으로는 기업들 간에 생산요소를 재배분하여도 어느 한 재화의 생산감소 없이 다른 재화의 생산을 증가시킬 수 없는 이른바 생산의 최적성을 들 수 있다. 이러한 조건은 두 등량곡선이 마주 접하는 점들에서 성립되는데, 이때 한계기술대체율들이 서로 같아진다.

생산의 최적성이란 기업들 간에 생산요소를 재배분하여도 어느 한 생산물의 산출량을 감소시키지 않고는 다른 생산물의 산출량을 증가시킬 수 없는 상태를 의미한다.

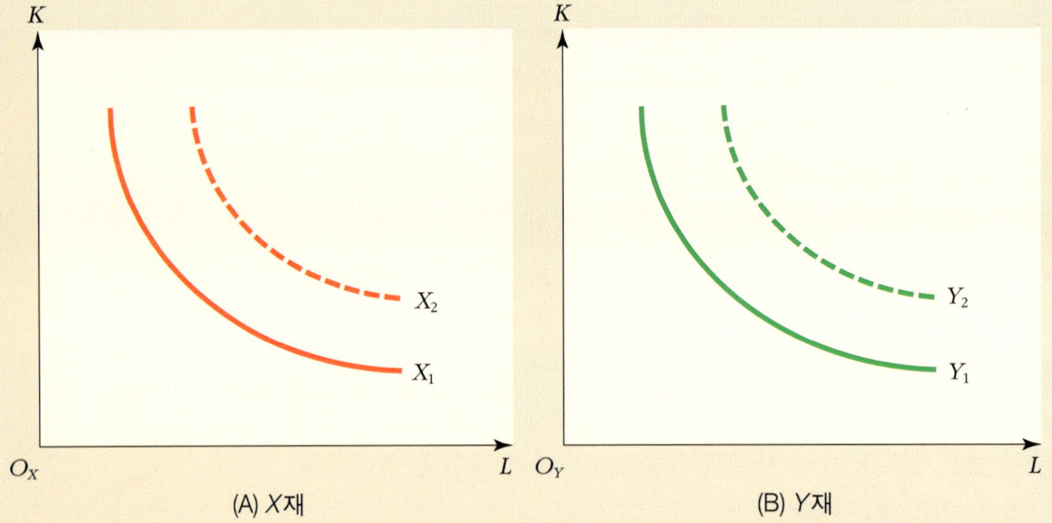

그림 16-3 두 재화의 등량곡선

위 그림은 두 생산집단의 등량곡선을 나타내며, 따라서 X_2와 Y_2는 각각 X_1과 Y_1보다 높은 생산량을 달성할 수 있는 생산요소 투입비율의 궤적을 나타낸다.

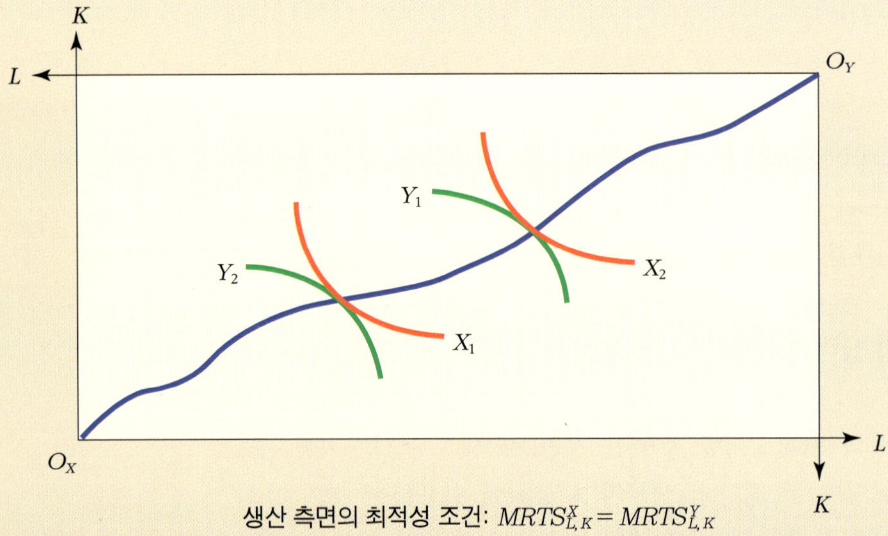

그림 16-4 생산 측면의 최적성

이 그림은 두 생산집단이 사회에 부존된 노동과 자본을 분할사용하며 달성할 수 있는 생산점들 중 파레토최적을 만족시키는 점들을 연결한 선을 나타내 주고 있다. 이 선상에서는 두 생산집단의 등량곡선들이 서로 접하는 특성을 갖는다. 따라서 생산 측면에서의 최적성은 한계기술대체율(등량곡선상의 기울기)들이, 즉 $MRTS^X_{L,K}$와 $MRTS^Y_{L,K}$가 서로 같아진다.

이러한 상태는 두 등량곡선이 마주 접하는 점에서 성립될 수 있으며, 이때 각 등량곡선에 대한 접선의 기울기는 일치하게 된다. 따라서 접선의 기울기를 나타내는 한계기술대체율이 서로 같아지게 된다. 즉,

$$MRTS_{L,K}^{X} = MRTS_{L,K}^{Y} \quad (16\text{-}2)$$

(3) 생산물구성의 최적성

반면에, 생산물구성의 최적성이란 소비와 생산 측면의 최적성을 동시에 만족시키도록 생산물구성이 이루어져야 한다는 조건이 충족되는 상태를 의미한다.

이러한 상태는 생산가능곡선과 무차별곡선이 서로 접할 때, 따라서 $MRT_{X,Y}$와 $MRS_{X,Y}$가 서로 같아질 때 성립된다. 즉, [그림 16-5]처럼 두 곡선이 접하는 점 E에서 각 접선의 기울기인 $MRT_{X,Y}$와 $MRS_{X,Y}$가 일치하게 되며, 이때 생산물구성의 최적상태가 보장된다. 접점 E에서 생산물은 가장 효율적으로 생산될 수 있고 아울러 효용

마지막 조건은 소비와 생산 측면의 최적성이 동시에 만족되는 것으로 이는 생산가능곡선과 무차별곡선이 서로 접할 때 성립되며, 이때 한계전환율(MRT)과 한계대체율(MRS)이 서로 같아진다([그림 16-5] 참조). 이를 생산물구성의 최적성이라 한다.

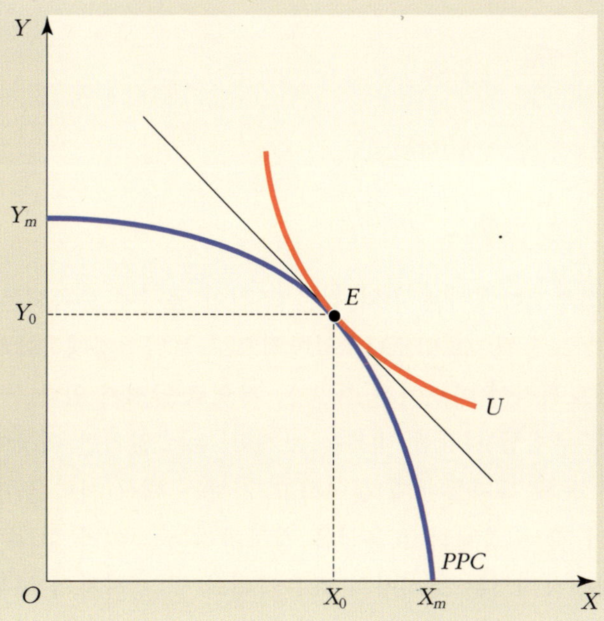

그림 16-5 생산물구성의 최적성

이 그림은 생산과 소비 측면의 최적성이 동시에 만족될 수 있는 상황을 예시한 것이다. 여기서 X_mEY_m은 사회 전체의 생산가능곡선(PPC)을 나타내고, U는 사회적 무차별곡선을 나타낸다.

이때 사회적 최적상태는 두 곡선이 서로 접하는 점 E에서 이루어지며, 따라서 각각의 접선의 기울기가 같아지게 되므로 $MRT_{X,Y}$와 $MRS_{X,Y}$가 서로 같아지는 결과가 초래된다.

이 극대화될 수 있기 때문이다. 따라서 생산물구성의 최적성은 두 생산물 간의 **한계전환율**(marginal rate of transformation: *MRT*), 즉 주어진 생산요소를 전부 생산에 투입할 때 Y재를 일부 감소(ΔY)시킴으로써 증가시킬 수 있는 X재 증가분(ΔX) 간의 비율이 두 재화 간의 소비 측면에서의 **한계대체율**, 즉 Y재를 포기할 때 같은 효용을 유지하기 위해 추가해야 할 X재 소비증가분 간의 비율(marginal rate of substitution: *MRS*)과 같아져야 한다는 의미가 된다. 이는 소비자의 주관적 선호도와 생산자의 객관적인 기술이 적절한 조화를 이룰 때 사회적으로 최적의 생산물조합이 생산되고 소비되는 상태를 의미한다. 이때 다음 관계가 성립된다.

$$MRT_{S,Y} = MRS_{X,Y} \quad (16\text{-}3)$$

03 완전경쟁과 파레토최적성

이상과 같은 세 가지 파레토조건은 완전경쟁하에서 동시에 충족될 수 있으며, 따라서 완전경쟁시장이 가장 효율적인 시장이라는 결론을 얻을 수 있다.

이상에서 소개한 세 가지 파레토최적조건을 정리해 보면 다음과 같다.

$$① \; MRS^{U}_{X,Y} = \frac{P_X}{P_Y} = MRS^{R}_{X,Y}$$

$$② \; MRTS^{X}_{L,K} = \frac{w}{r} = MRTS^{Y}_{L,K}$$

$$③ \; MRT_{X,Y} = \frac{MC_X}{MC_Y} = \frac{P_X}{P_Y} = MRS_{X,Y}$$

그런데 완전경쟁하에서는 위와 같은 조건이 동시에 충족되는 파레토최적상태가 도출될 수 있으나, 일반적으로 불완전경쟁하에서는 이와 같은 파레토최적이 이루어질 수 없는 것으로 알려져 있다.

따라서 이러한 최적배분은 불완전경쟁요인이 발생할 경우 달성될 수 없게 되는데, 그 주요 요인으로는 독과점과 공공재의 존재 그리고 외부성과 불완전정보 등을 들 수 있다.

본서의 수준문제상 자세한 내용을 소개할 수는 없지만 이상에서의 논의전개를 통해 독자들에게 전달하고자 하는 핵심 사항은 결국 완전경쟁시장이 갖는 경제적 효율성을 강조하려는 것이라 할 수 있다. 즉, 완전경쟁하에서는 소비자의 효율극대화 및 생산자의 이윤극대화 동기가 추구되는 과정에서 시장에서의 교환, 생산요소의 배분,

그리고 재화소비의 효율성이 달성될 수 있지만 불완전경쟁요소들이 나타나거나 시장실패가 발생할 경우 자원의 최적배분이 달성될 수 없다는 사실이다. 이와 관련하여 이하에서 불완전경쟁요소 중 대표적인 사항 몇 가지를 살펴본다.

(1) 시장지배력

우선 생산자나 생산요소 공급자가 **시장지배력**(market power)을 가진 경우 자원의 효율적인 분배가 이루어지지 않게 된다는 사실을 지적할 수 있다. 먼저 생산요소시장에서 X재의 생산요소 공급자가 Y재의 생산요소에 비해 상대적인 독점적 권리를 가지게 되는 경우 $MRTS^X > MRTS^Y$와 같은 결과가 초래되므로 일반균형 관점에서의 효율성은 이루어질 수 없게 된다. 마찬가지로 X재의 생산자가 Y재의 생산자보다 독점적 지위를 확보하는 경우 그와 같은 생산자는 가격이 아니라 한계수입(MR)이 한계비용(MC)과 일치하는 점에서 공급량을 결정하게 되므로 제9장에서 살펴본 바와 같이 완전경쟁시장과 비교해 볼 때 생산량은 줄고 가격은 더 높아지게 된다. 따라서 X재의 Y재에 대한 상대적인 생산량의 감소는 X재 생산의 한계비용 감소를 초래하고 MRT의 감소로 이어지는바, 이는 더 이상 소비자의 효용극대조건과 일치하지 않게 된다. 결국 일반균형의 조건 중 하나인 식 ③이 더 이상 만족되지 않게 된다. 따라서 생산이나 생산요소의 공급자가 독점력을 확보하게 되는 경우 일반균형조건은 만족되지 않게 되며 자원은 비효율적으로 분배된다.

(2) 공공재

제12장에서 논의된 바와 같이, **공공재**(public goods)는 비경합성과 비배제성으로 인해 공공재의 시장가격 또는 한계비용과 한계수입은 '0'이 되므로 시장의 자동조절기능을 통한 효율적 자원배분을 달성할 수 없게 된다. 따라서 위에서 제시된 바와 같은 일반균형조건 자체가 불가능하게 된다.

파레토최적기준과 벤담의 공리주의

원래 **후생경제학**(welfare economics)이란 여러 가지 경제상태(economic situation)를 사회의 복지(well-being) 차원에서 평가하는 경제학의 한 분야라 할 수 있다.

그런데 경제상태를 평가하기 위해서는 사회복지 또는 후생에 관한 어떤 기준이 있어야 한다. 이와 관련하여 제시될 수 있는 기준 중 가장 광범위하게 쓰이고 있는 개념으로 경제성장, 즉 GNP(또는 GDP)의 성장을 들 수 있다.

두 번째로 떠오를 수 있는 복지의 기준으로 **벤담**(J. Bentham, 1748~1832)의 이른바 '**최대 다수의 최대 행복**'(the greatest happiness for the greatest number)을 들 수 있다. 원래 이 개념은 19세기 영국 공리주의 철학의 기본 원리로 제창되었던 것으로, 그의 주 저서인 『도덕과 입법의 제 원리 서설』(1789)에 체계적으로 정리되어 있다. 그리고 이 원칙은 옳고 그름의 판단기준으로서, 또는 도덕적 선(善)의 척도로서 실제 입법과정에 영향을 미치기도 하였다.

그런데 보다 많은 사람의 최대 행복이 달성될 때에 후생이 향상된다는 이 주장은 본질상 윤리적 성격이 강한 것이어서 경제학에 적용하는 데에는 중대한 단점을 갖는다. 우선 이 논리는 사회총후생은 그 사회의 개인의 효용을 합산한 것과 같다는 가정을 암묵적으로 하고 있으며, 따라서 어느 한 사람의 효용감소분보다 다른 두 사람의 효용증가분이 큰 경우 사회의 총효용은 증가한다는 결론에 도달한다는 한계점이 있다. 뿐만 아니라 최대 다수와 최대 행복은 동시에 존재할 수 없는 상태를 비교할 수 없다는 문제가 있다. 총효용이 큰 상황(최대 행복)과 가능한 한 많은 또는 최대 다수의 효용이 평등하게 분배된 상황을 비교 · 평가할 수 없기 때문이다.

여하튼 이상에서 살펴본 이유 등으로 인해 후생경제학분야에서 가장 대표적으로 활용하고 있는 기준은 객관적으로 측정가능한 경제적 효율성 지표로 개발된 **파레토최적기준**(Pareto optimality criterion)이라 할 수 있다. 이 개념을 최초로 정립하여 제시한 이탈리아의 경제학자(Vilfredo Pareti, 1848~1923)의 이름을 따서 부르게 된 것이다.

본문에서 정의한 바와 같이 파레토최적(Pareto-optimal)기준이란 누구도 다른 사람을 나쁘게 하지 않고는 좋아질 수 없는 상태를 지칭하는 것으로 **파레토효율적**(Pareto-efficient) 상태라고도 표현된다. 그리고 앞에서 설명한 바 있듯이, 파레토효율적 상태를 달성하려면 ① 소비자 간 재화배분의 효율성(교환의 효율성, efficiency in exchange), ② 기업 간 요소배분의 효율성(생산의 효율성, efficiency in production)과 재화 간 요소배분의 효율성(생산물구성의 효율성, efficiency in the product-mix or composition of output)이라는 한계조건이 동시에 충족되어야 한다.

그러나 이 기준도 후생경제학적 기준상 우선 어느 개인들을 좋게 하고 다른 개인들을 나쁘게 하는 변화가 적절한지 여부를 평가할 수 없다는 한계성을 갖는다. 대부분의 경우 정부의 경제정책은 어느 일방에게는 혜택을 주고 다른 타방에게는 손해를 끼치는 결과를 종종 초래하지만 파레토최적기준은 이러한 상황을 적절히 평가할 수 없는 것이다.

두 번째 문제는 파레토최적의 상태란 사회후생의 극대화를 보장하지 못한다는 점이다. 예컨대, 생산가능곡선상의 모든 점이 파레토효율상태를 나타내지만 그 중 어느 점이 사회적 효용의 극대화를 가져오는지 관찰하기 위해서는 개별 소비자효용의 개인 간 비교를 필요로 하기 때문이다. 결국 파레토최적상태란 사회후생 극대화의 필요조건일 뿐 충분조건이 되지 못한다고 볼 수 있다.

이상과 같은 파레토최적기준이 갖는 한계점을 보

완하기 위해 칼도와 힉스(N. Kaldor and J. Hicks)는 이른바 **보상기준**(compensation criteria)을 제기하기도 하였다. 이들의 기준에 따르면, 혜택을 보는 사람들의 이익이 피해를 보는 사람들의 손실을 보상하고도 약간의 순혜택이 남게 되면 그러한 변화는 사회후생의 개선을 이룩한다는 것이다. 2007년 한·미 정부 간에 체결된 FTA가 발효될 경우 제조업분야에서는 이득이 예상되지만 농수산업분야에 많은 피해가 예상된다고 한다. 물론 제조업자들로부터 그들이 얻은 혜택의 일부를 농수산업 종사자들에게 직접 보상할 수는 없다. 그러나 FTA로 인한 전반적인 경제력 후생증가를 감안하여 정부가 대신 피해분야 종사자들에게 일정 수준을 보상해 줄 수 있으며, 그런 연후에도 국가적 순이득이 크다고 판단하여 FTA를 추진하였던 것이라고 이해한다면 이는 '보상기준' 적용의 좋은 예가 될 수 있으리라 믿는다.

(3) 외부성

외부성(externalities)의 존재 또한 제13장에서 소개한 바와 같이 시장가격이 제대로 형성되지 못하므로 자원의 효율적인 분배가 이루어질 수 없게 된다. 즉, 외부성으로 인해 기업의 사적 비용이 생산의 사회적 비용에 적절히 반영될 수 없게 되므로 시장가격과 사회적 한계비용 간의 괴리가 발생하게 되어 비효율적인 자원배분이 초래된다. 대표적인 예로 공해를 유발시키는 철강산업의 경우 시장에 의해 결정되는 철강가격은 공해로 인한 추가적인 사회적 비용을 반영하지 못하게 되므로 일반균형적인 관점에서의 효율적인 생산량보다 더 많은 양의 철강이 생산되어 생산의 비효율성을 초래하게 된다.

(4) 불완전정보

불완전정보(incomplete information)는 어떠한 경제주체가 시장가격을 결정함에 있어 어느 정도의 독점적 지위를 가지는 것을 가능하게 하며, 이로 인해 한계수입이 시장가격과 더 이상 같아지는 효율적인 자원분배가 불가능하게 되는 또 하나의 중요한 원인이 된다. 앞장에서 살펴본 바와 같이, 예를 들어 소비자가 어떠한 상품의 시장가격이나 품질에 대한 불완전한 정보를 가지고 있다면 생산자로 하여금 효율적인 생산량보다 적거나 또는 많이 생산되는 유인을 제공하게 된다. 또한 소비자의 경우 정보의 부재로 인해 구입해야 하는 것을 구입하지 못하거나 수입하지 말아야 할 것을 수입하게 되는 역선택을 하는 경우가 생기거나, 생산자 입장에서 보면 불완전정보로 인한 도덕적 해이로 사회적 관점에서 필요한 시장의 형성을 할 수 없는 경우도 발생하게 된다. 이와 같은 다양한 형태의 정보의 불완전성은 위와 같은 일반균형조건을 만족할 수 없는 주요 요인으로 인식되고 있다.

제3부 거시경제적 접근

제8편 기본 목표와 경제지표
제9편 안정적 성장과 균형 그리고 복지
제10편 개방거시경제

제2부 미시경제적 접근편에서는 가계나 기업과 같은 개별 경제주체들이 개별 시장에서 수행하는 합리적 경제행위를 분석대상으로 삼았다. 1930년대 이전까지 주류를 이루어 온 이러한 미시경제학의 주요 관심사는 각종 재화와 용역의 가격이 시장에서 어떻게 결정되는가에 맞추어져 왔고, 이러한 이유로 인해 한때는 가격론이라고 불리기도 하였다.

그러나 이러한 이론체계로서는 1930년을 전후로 발생한 세계대공황을 타개할 실효성 있는 대응책을 제공할 수 없었다. 결국은 케인즈(J. M. Keynes)에 의해 선도된 새로운 접근방식이 제기되기에 이르렀는데, 이를 거시경제학이라 부르게 되었다. 거시경제적 접근은 개별 경제주체 대신에 국민경제 전체의 경제현상을 주요 분석대상으로 삼고 있다. 즉, 국민소득, 물가, 실업률, 이자율 그리고 환율 등과 같은 경제 전체의 상황에 관한 변수들과 이들 사이의 인과관계에 관심의 초점을 맞추고 있다.

거시경제이론은 특히 계량경제학적 방법론의 도움을 받아 객관 타당성 내지 현실설명력이 지속적으로 검증되면서 비약적인 발전을 거듭하였다. 그리고 근대적 경제학은 이러한 실증적 경제논리를 중심으로 각종 경제문제를 능동적으로 대처해 나가는 경향을 띠게 되었다.

이상과 같은 인식에 따르면 거시적 변수 간의 인과관계에 관한 논리의 현실성과 유용성 그리고 실증성을 강조하는 거시경제학은 개별 경제주체의 합리적 행태분석에 관한 논리성을 주로 강조하는 미시경제학과는 관련성이 별로 없는 별개의 이론체계로 오인될 소지가 있다. 그러나 거시적 경제현상이란 합리적 의사결정을 수행하는 수많은 경제주체들의 활동이 총체적으로 실현된 결과들에 관한 것이므로 두 이론체계는 논리상 모순될 수 없는 관계를 갖고 있다.

따라서 한때는 이러한 두 이론체계 간의 연관성을 밝혀 내는 작업이 활발하게 진행되기도 하였는데, 이를 '거시경제이론의 미시경제적 기초제공'작업이라 불렀다. 근래에 이르러서는 두 분석체계가 혼합되어 활용되고 있어 실제 두 이론체계 간의 구분 자체가 점차 의미를 상실해 가고 있다. 한 예로 거시경제이론의 가장 큰 관심사인 국민소득수준과 물가수준의 결정과정이 미시경제적 접근에서와 같이 시장의 수요 · 공급 메커니즘을 통해 설명할 수 있다는 사실은 이를 잘 반영해 주고 있다.

그리고 이하에서 전개할 거시경제학적 논리 또한 자본주의 시장경제체제하에서 개별 경제주체들의 합리적 선택을 통하여 자기이익을 자유롭게 추구한다고 가정한다. 또한 이들 경제주체 간의 상반된 이해가 시장에서 경쟁적인 수요 · 공급행위 및 이에 따른 시장가격 형성과정을 통해 조정될 때 가장 효율적인 성과가 도출된다는 전통적인 미시경제이론의 기본 논리는 그대로 수용한 가운데 전개된다는 사실을 강조해 둔다.

제 8 편 기본 목표와 경제지표

본편에서는 거시경제학이 지향하는 궁극적 목표가 무엇이며 또 해당목표의 성취도를 계측할 수 있는 경제지표는 어떤 것들이 있는지 살펴보게 된다.

제17장 거시경제학의 기본 목표: 경제발전

본장에서는 거시경제학의 기본 목표를 각종 경제여건 및 물적 생활수준의 향상, 즉 경제발전이라고 규정한 다음 그 구체적인 내용을 살펴볼 것이다.

근대경제학의 시조로 일컬어지고 있는 **스미스**(A. Smith)의 주저인 『국부론』은 경제학의 기본 목표를 국부의 증대에 두고 저술되었다. 국부의 증대는 이보다 앞서 프랑스의 경제학자인 **케네**(F. Quesnay)에 의해서도 강조된 바 있다. 케네는 상업에 의한 부의 축적을 강조한 중상주의자들과는 달리 진정한 생산가치 창출, 즉 확대재생산의 원천을 상업이 아닌 농업에서 찾았다. 그러나 스미스에 이르러 생산증대의 주 원천은 산업자본가에 의한 제조업에서 찾게 되었다. 그는 국부의 증대는, 첫째 경제주체들의 자유로운 영리추구 허용, 둘째 분업과 같은 효율적인 생산방식의 도입 등을 통해 이룩할 수 있다고 보았다.

스미스의 이러한 논리를 흔히 자유방임주의라 하는데, 이는 토지·자본 등 생산수단의 사유화를 바탕으로 하는 시장에서 자유로운 생산 및 교환행위를 허용하는 것이 국부를 가장 효율적으로 증대시킬 수 있는 방안으로 본 데 연유한다. 이러한 논리에 근거한 자본주의 시장경제는 인류역사상 가장 괄목할 만한 생산성 향상을 이룩해 주었다. 자유로운 이익의 추구를 정당화한 사조는 근대적 사유재산제도의 정착과 더불어 경제주체들이 봉건적 속박에서 벗어나 자기가 노력한 만큼 성과를 얻고, 또 향유할 수 있는 유인을 제공해 주었기 때문이다.

물론 이러한 자본주의의 본질은 효율성 위주의 이념인바, 빈부격차의 확대와 같이 형평성이 저해되는 결과를 초래할 수밖에 없었다. 이로 인해 형평성을 강조하는 사회주의 이념이 대립적으로 등장하여, 거의 지구의 절반에 가까운 지역에서 역사적 실험을 거치기도 하였다. 그러나 20세기 말에 이르러 이러한 실험은 실패로 끝나 버리고 말았다. 한편, 20세기에 들어서 자본주의는 태생적인 문제점을 완화하기 위해, 즉 형평의 제고를 위해 정부가 시장에 적극 개입하는 것이 정당하다는 논리가 수용되면서 자유방임원칙을 지양하고 정부가 능동적으로 시장에 참여하는 추세가 거시경제학의 태동과 더불어 일반화되었던 것이다.

역사적으로 경제학은 생산성 증대나 국부의 증대, 또는 경제발전을 기본 목표로 삼아 왔다.

이상에서 살펴본 바와 같은 경제학의 변천과정 측면에서 유추해 볼 때, 결국 경제학의 근본목표는 역사적으로 주로 경제발전 또는 생산성 증대 등에 맞추어 운용되어 왔음을 알 수 있다. 그리고 중요한 것은 이러한 목표추구가 거시경제학 탄생 이전은 물론 자본주의 정립 이전부터 시도되어 왔다는 사실이다.

경제발전이란 제반 경제여건 및 물질적 생활수준의 향상 및 개선을 의미하는 것으로, 그 주요 내용으로는 경제성장과 경제안정, 각종 불균형의 시정 및 복지의 증진 등을 들 수 있다.

이러한 인식에 근거하여 우리는 거시경제학의 기본 목표를 경제의 발전이라 설정하고자 한다. 물론 여기서 경제발전이란 경제성장은 물론 형평의 개선 및 각종 불균형이 효율적으로 시정되고 복지가 향상되는 상황까지를 포괄하는 것으로 이해될 필요가 있다. 즉, 경제발전이란 인간의 각종 경제여건 및 물적 생활수준의 향상과 개선을 의미하는 것으로 정의하고자 하는 것이다.

따라서 이하에서는 경제발전을 편의상 경제성장과 고용증대, 경제안정, 각종 불균형의 시정, 그리고 복지개선이라는 네 가지 유형으로 구분하여 논의하고자 한다.

01 경제성장

통상적으로 경제발전은 GNP 증가와 더불어 발생하는 지속적인 경제여건의 개선과정으로 이해할 수 있으며, 분석대상 기간중 1인당 실질 GNP의 증가로 정의되는 경제성장이 대표적 지표로 활용되고 있다.

통상적으로 **경제발전**이란 GNP 증가와 더불어 발생하는 경제구조의 지속적 개선과정이라 정의됨으로써, 단지 분석대상 기간중 (1인당)실질GNP의 증가로 정의되는 **경제성장**이라는 개념과 구분되곤 한다. 즉, 경제성장이란 단순히 양적 변화내용을 위주로 한 제한적 정의인 데 반해, 경제발전은 지속적 기술발전과 각종 경제제도 및 여건의 개선에 근거하는 국가생산능력의 장기적 향상과 이에 부응하는 국민들의 의식구조까지를 총칭하는 질적 변화내용이 강조되는 포괄적 개념의 정의로 인식되기도 한다.

그러나 경제성장, 즉 (1인당)실질GNP의 증가란 경제발전의 총체적 성과를 대변하고 있다는 측면에서 볼 때 두 개념은 상호보완적인 함의를 지니고 있어 지나치게 구분할 필요는 없으며, 오히려 경제발전의 제1목표를 경제성장에 맞춘다는 것은 매우 실용적이고 효율적인 접근방안이 될 것이라 볼 수 있다. 지속적인 경제성장을 주 목표로 삼더라도, 이를 달성하기 위해서는 광범위한 차원에서의 경제여건 개선을 도모해야 할 것이기 때문이다.

한편, 경제성장은 국가생산활동의 확대를 통해 성취되며, 아울러 고용이 확대되는 효과를 가져온다(물론 최근 들어서는 jobless growth, 즉 고용창출효과가 거의 없는 경제성장현상이 나타나기도 하지만).

일반적으로 경제가 성장함에 따라 고용이 확대되는 경향이 있다. 그러나 경제성장이 일정 수준에 이르면 임금상승으로 인해 추가고용을 억제하는 경향이 강해지며, 이른바 고용 없는 성장현상이 나타나기도 한다.

물론 경제성장이란, 특히 개발도상국의 가장 절실한 경제정책 목표가 되어 왔다. 따라서 자유로운 시장경제의 자율적 조절기능에 의한 수동적 차원의 경제성장에 주 관심을 가져온 선진국과는 달리 후진국에서는 정부가 시장에 적극 개입함으로써 능동적으로 경제성장을 선도해 나가는 경제개발방식이 선호되어 왔다. 일반적으로 후진국이란 자율적인 시장기능에 의해 경제가 효율적으로 작동하며 성장하기는 어려운 여건에 처해 있으며, 이러한 경제발전상의 각종 저해요인이 민간부문에 의해 자율적으로 해소될 수도 없기 때문에 이를 시정하기 위한 주체로서의 정부역할이 강조되어 왔던 것이다.

한편, 경제성장은 특히 후진국의 가장 절실한 정책목표가 되어 왔는데, 제반 여건이 미비하여 시장에 의한 자생적 성장이 난망시되므로 주로 국가가 능동적으로 선도하는 유형의 성장방식이 추구되었다.

그렇다면 과연 경제성장은 어떻게 달성될 수 있을까? 크게 보면 결국 경제성장은 ① 생산요소를 생산과정에 추가로 투입하거나, ② 기술진보, 또는 ③ 경제여건 및 제도의 개선을 통해 이루어지는 것이라 볼 수 있다. 이를 보다 효율적으로 설명하기 위해 제4장에서 활용한 바 있는 생산가능곡선을 다시 한 번 활용해 보기로 한다.

이러한 경제성장은 생산요소를 추가고용하거나 기술진보에 의해, 또는 제반 여건 및 제도의 개선에 의해 달성된다. 이를 도표로 표현한 것이 [그림 17-1]이다.

[그림 17-1]에서와 같이 곡선 $Y_0E_0X_0$와 $Y'E'X'$은 **생산가능곡선**(production possibility curve: *PPC*)으로서 한 국가가 두 종류의 재화(X와 Y재)만을 생산한다고 가정한 다음, 국가 내에 존재하는 모든 생산요소를 생산과정에 투입하였을 때 생산가능한 두 재화의 생산량조합을 그림의 형식으로 나타낸 것이다. 제4장에서 밝힌 바 있듯이, 이러한 생산곡선은 밖으로 볼록한 형태를 취하게 되는데, 이는 이른바 **기회비용 체증의 법칙**(law of increasing opportunity costs)에 기인한다.

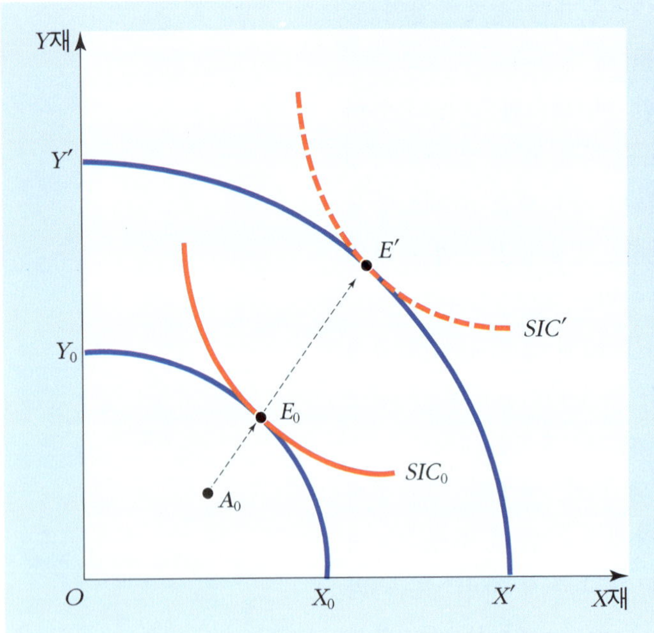

그림 17-1 경제성장

그림에서 사회적 무차별곡선(SIC_0와 SIC')과 생산가능곡선($X_0E_0Y_0$와 $X'E'Y'$)이 접하는 E_0 또는 E'점에서 사회적 최적선택이 이루어질 것이다.

이때 사회적 균형이 E_0에서 E'점으로 이동함으로써 생산이 확대되고 더 큰 사회적 효용이 충족되는 것을 경제성장 또는 발전이라 한다.

그런데 E_0나 E'점은 가장 효율적인 생산이 이루어질 경우에 실현가능한 점들이며 제반 여건이 불비한 후진 제국의 경우에는 실제생산점이 A_0에서처럼 생산가능 최대수준에 못 미치는 것이 현실적 상황이다.

따라서 제반 여건 및 제도의 개선만을 통해서도 경제성장이 이루어 질 수 있는데, 이러한 경우의 성장경로는 A_0점에서 E_0점으로의 이행과정으로 이해할 수 있다.

한편, 곡선 SIC_0와 SIC'은 **사회적 무차별곡선**(social indifference curve)으로서 한 사회나 국가가 두 가지 재화의 소비로부터 동일한 효용을 얻을 수 있는 조합을 그림의 형식으로 표현한 것이다. 제16장에서 밝힌 바 있듯이, 이러한 사회적 무차별곡선은 원점에 대하여 볼록한 형태를 취하게 되는데, 이는 이른바 **한계대체율 체감의 법칙**(law of diminishing marginal rate of substitution)에 기인하는 것이다.

제16장에서 언급한 바 있듯이, 원점에서 먼 PPC일수록 더 많은 재화의 생산가능조합을 나타내고, 또 원점에서 먼 SIC일수록 보다 높은 사회적 효용을 대변하게 된다. 그리고 사회적 최적균형은 이러한 PPC와 SIC가 만나는 접점, 예컨대 E_0나 E'에서 이루어진다.

여하튼 경제가 성장한다는 것은 결국 더 많은 재화를 생산하거나 더 높은 효용을 얻을 수 있는 현상으로 이해할 수 있다. 이와 같은 인식하에 경제가 성장할 수 있는 세 가지 주요 요인을 간략히 살펴보면 다음과 같다.

① 토지 · 노동 · 자본과 같은 생산요소를 생산과정에 추가로 투입

② 기술진보

③ 제반 경제여건 및 제도 등의 개선

첫 번째와 두 번째 요인에 의해 경제가 성장하는 현상은 그림에서 생산가능곡선이 $X_0E_0Y_0$에서 $X'E'Y'$으로 이동하거나 생산점이 E_0에서 E'으로 이동하는 현상으로 이해할 수 있다.

첫 번째와 두 번째 요인에 의한 경제성장은 그림에서 점 E_0로부터 점 E'으로의 이동현상으로 시현될 것이다. 그리고 세 번째 요인에 의한 경제성장은 점 A_0에서 점 E_0로의 이동으로 표현될 수 있는데, 이것은 특히 후진국 성장방식에 중요한 시사점을 던져 주고 있다.

그런데 특히 후진국에서는 점 E_0와 E'에서 생산이 이루어지기는 현실적으로 어렵다. 모든 생산요소가 생산과정에 투입될 수도 없고, 전근대적 여건으로 인해 효율적인 생산이 이루어지지 못하고 있는 것이 현실이기 때문이다. 따라서 후진국의 현실적 생산점은 아마도 [그림 17-1]의 A_0와 같은 점(효율적 생산점인 E_0보다는 원점에 가까운 점)이 될 것이라 이해할 수 있으며, 제반 여건이나 각종 제도를 개선하는 것만으로도 생산성이 향상되거나 생산수준이 증대(즉, 생산점이 A_0에서 E_0로 이동)될 수 있다. 경제성장을 지상의 목표로 삼고 있는 후진국들이 이러한 목표를 어떤 경로를 통해 이룩할 수 있는지를 면밀히 검토할 필요가 있다.

02 경제성장과 고용증대

경제성장은 일반적으로 고용증대를 수반한다. 이러한 이유로 경제발전의 핵심적 구성항목의 하나로 고려될 수도 있는 "고용의 증대 또는 완전고용의 추구"를 본서에서는 경제성장의 문제와 별도로 구분하여 다루지는 않았다. 또한 고용이나 실업의 문제는 제10장 노동시장부문에서 다루어진 바와 같이 미시경제적 방법에 의해 접근할 수 있는 성격이 강하기 때문에 본장에서 재론할 경우 중복서술될 내용이 많기 때문이다. 그러나 고용수준 또는 실업률문제는 거시경제정책의 가장 중심적 관심사항이 되고 있으므로 본항에서 이에 관한 관련사항을 제한적으로 논의해 보고자 한다.

그런데 경제발전단계가 성숙되어 갈수록 경제성장과 더불어 고용의 문제가 중요해진다.

(1) 실업이란

우리는 실업이라 하면 우선 직장을 갖지 못한 상태를 연상하게 된다. 그렇다면 대학에 재학중인 학생, 군에서 병역의 의무를 수행중인 군인, 가사를 돌보는 가정주부, 그리고 소유하고 있는 자산이 많아 직장을 구할 유인이 없는 사람들도 실업자라 할 수 있을까? 실제로 경제학에서는 일할 의사가 있는데도 일자리를 얻지 못한 사람만을 실업자로 정의하고 있다. 일반적으로 15세 이상을 생산가능연령인구 또는 노동력이라 하는데, 이는 일할 의사가 있는지 여부에 따라 경제활동인구와 비경제활동인구로 구분된다. 따라서 실업자란 15세를 넘고 일할 의사가 있는, 즉 경제활동인구 중 직장을 얻지 못한 자라 할 수 있고, **실업률**이란 일할 의사가 있는 인구 중 직장을 갖지 못한 자의 비율이라 할 수 있다.[1]

(2) 실업은 왜 발생하는가

실업은 기본적으로 노동의 공급이 수요를 초과하는 상황에서 발생하는 현상이라 할 수도 있고, 노동수요자인 기업이 피고용자에게 지불할 의사가 있는 임금수준만큼의 부가가치를 노동공급자가 창출해 내지 못할 경우 발생하는 것으로 이해할 수 있는데, 자세한 내용은 제10장을 참조하기 바란다. 단, 본장에서는 이상과 같이 정의될 수 있는 실업의 발생가능성이 증대될 수 있는 거시경제적 여건에 대하여 간략히 살펴보고자 한다.

일반적으로 고용이 되지 못하는 상태, 즉 실업이란 경기침체 내지 불황 등에 기인하여 발생할 수도 있는데, 이를 경기적 실업이라 한다. 경기대책으로 대응할 수 있는 유형의 실업이다.

우선 제일 먼저 실업이 발생 또는 실업률이 증가할 수 있는 상황으로는 경기침체 또는 불황을 들 수 있다. 경기회복기나 호황기에 비해 노동에 대한 수요감축으로 인해 실업이 증가할 수 있는데, 이를 **경기적 실업**(cyclical unemployment)이라 한다. 불황이나 경기침체가 장기화 또는 극심화되는 것은 국가적 차원에서도 바람직한 것이 아니므로 각종 경기정책을 동원하여 경기진작(또는 경제성장)을 도모하게 될 것이고, 이는 동시에 경기적 실업의 해소정책적 효과를 갖게 된다.

두 번째로 생각할 수 있는 상황으로는 국제화 및 개방화 진전에 따른 경쟁격화, 신기술 개발에 따른 자동화의 급속한 진전, 중국 등 신흥개도국으로부터 저가제품의 대량유입 등에 따라 산업구조 개

❶ 그런데 일할 의사가 있고 또 일자리를 찾아 노력하였음에도 불구하고 학력이나 자신의 능력에 걸맞는 직장을 찾을 수 없어(특히, 여성의 경우가 많음) 구직활동을 포기한 사람들은 일단 더 이상 일할 의사가 없는 자로 분류하여 비경제활동인구로 귀속시키므로, 이와 같은 실망실업자들(discouraged workers)은 실업자와 실업률 통계에서 제외되고 있음에 유념할 필요가 있다.

편이 불가피해지면서 실업이 발생하거나 증가하게 된다. 이러한 유형의 실업을 **구조적 실업**(structural unemployment)이라 하는데, 이는 경기적 실업에 비해 장기적 성격을 띠고 정부의 단기적인 경기정책만으로는 해소되기 어려운 특성을 갖고 있다.

이와는 달리 산업고도화 과정에서 발생하는 산업구조 개편과정에서 발생하는 구조적 실업은 장기적 특성을 갖고 있어 단기적 경기정책으로는 해소되기 어렵다.

예컨대, 산업구조 개편과정에서 경쟁력을 상실한 이른바 **사양산업**(declining industries)의 경우, 우리나라 입장에서 볼 때 산업 자체는 중국 등 저임금 국가로 생산기지를 옮겨 가며 연명할 수도 있지만 국내에서는 많은 실업자가 발생하는 수밖에 없다. 특히, 이들이 저임금을 바탕으로 한 저숙련공일 경우 단기간 내에 새로운 기술을 습득하여 고부가가치 산업부문에서 경쟁력 있는 노동자로 거듭난다는 것은 매우 어려운 실정이다. 따라서 이러한 유형의 실업문제는 적절한 대책(재교육 및 훈련 등)이 마련되더라도 상당한 시간이 소요되는 문제를 갖고 있다.

이상과 같은 요인 이외에 아주 단기적이지만 불가피하게 실업이 발생할 수 있는 상황이 있다. 예컨대, 더 좋은 직장을 찾기 위해 다니던 직장을 떠난 경우 또는 주거이전 등에 따라 예전 직장을 떠나 새로운 지역에서 직장을 잡아야 하는 경우 등을 들 수 있다. 이러한 유형의 실업을 **마찰적 실업**(frictional unemployment)이라 부른다. 이는 일시적으로 발생할 뿐만 아니라 결국 개인의 선택(이사나 전직 등)에 따른 자발적 실업의 성격을 갖고 있다. 따라서 이는 국가 차원에서 우려하거나 대책을 세워야 할 성격의 실업은 아니다. 또한 어느 정도의 마찰적 실업은 불가피한 측면도 있다. 따라서 학자에 따라서는 마찰적 실업만이 존재할 경우의 실업률을 **완전고용 실업률**(full employment unemployment rate) 또는 **자연실업률**(natural rate of unemployment)이라 부르기도 한다.

한편, 이 밖에도 주거이동이나 새로운 직장탐색 등으로 인해 단기적으로 발생할 수 있는 이른바 마찰적 실업이 있는데, 이는 일면 불가피한 측면이 있어 별도의 대응이 필요 없는 유형이라 할 수 있다.

(3) 한국에서의 실업률 변화 추이

한국에서의 실업률은 그림에서 볼 수 있듯이 남녀별, 연령별 그리고 교육정도별로 차이가 있음을 알수 있다. 우선 [그림 17-2]에서 볼 수 있듯이, 1980년대 중반까지 성별 실업률 차이는 상당히 큰 편이었으나 그 이후부터는 격차가 현격하게 줄어들고 있는 추세를 보여 주고 있다(물론 외환위기 발생시점을 전후하여 격차가 잠정적으로

한국의 경우 남녀별, 연령별 그리고 교육정도별로 실업률의 차이가 있다.

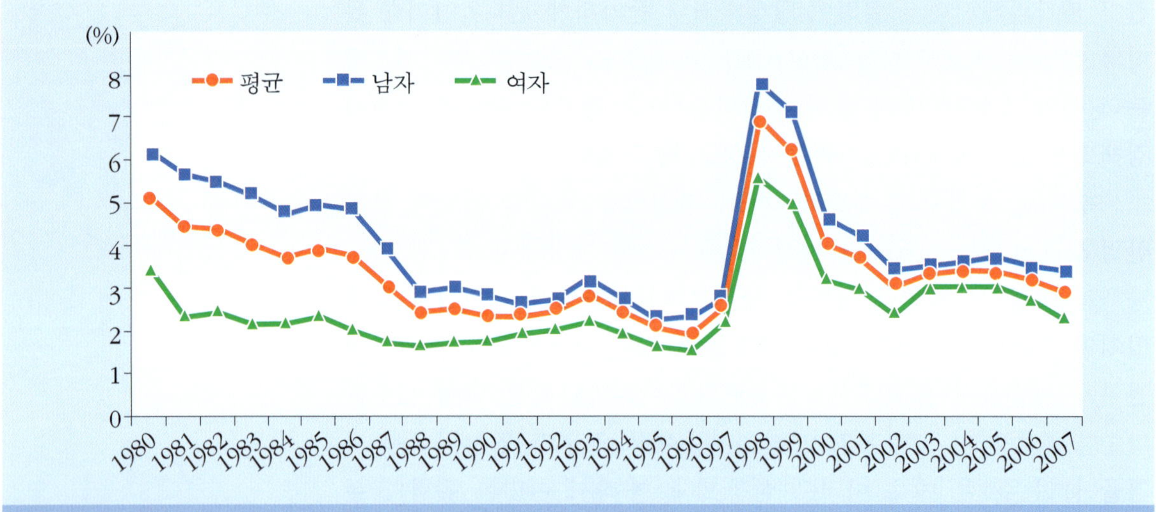

그림 17-2 성별 실업률

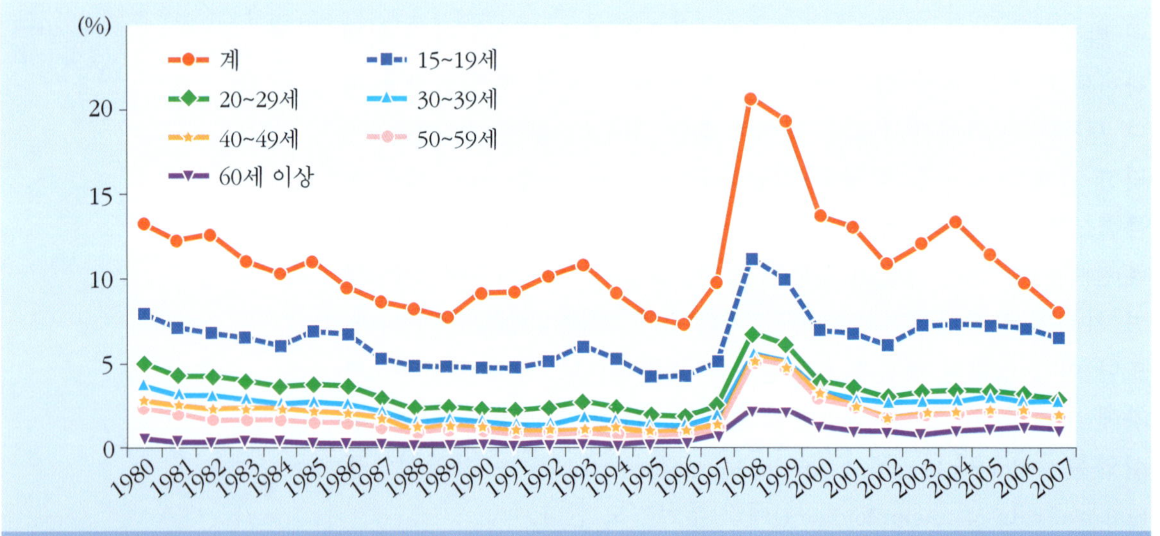

그림 17-3 연령별 실업률

전통적으로 여성의 실업률이 상대적으로 낮았는데, 이는 여성의 구직활동 자체가 낮은 데 주로 기인한다.

확대된 적도 있었지만). 그런데 전통적으로 여성의 실업률이 낮게 집계된 것은 여성의 구직활동 자체가 낮아 많은 여성인력이 비경제활동인구로 분류되고 있다는 사실에 기인하는 바 크다. 여성의 경제활동 참가율이 높은 선진국에서는 오히려 여성의 실업률이 높게 나타나는 경우가 있다.

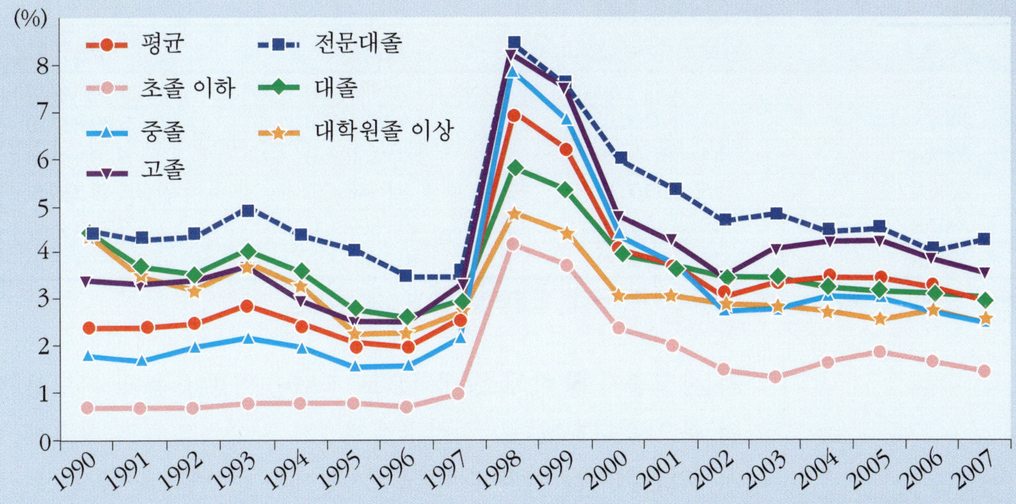

그림 17-4 교육정도별 실업률

한편, 연령별로는 50대를 제외할 경우 청소년 실업률이 가장 높았으며, 특히 고학력자 실업률이 상대적으로 높았다.

한편, 연령별 실업률을 살펴보면 50대를 제외할 경우 10대의 실업률이 가장 높고 20대가 그 다음으로 나타나 청소년 실업률이 상대적으로 높아 왔음을 [그림 17-3]에서 확인할 수 있다.❷ 그런데 이처럼 청소년 실업률이 높은 것은 직장을 찾기 어려워서라기보다는 더 나은 직장탐색을 위해 쉽게 직장을 그만두는 현상에 기인하는 측면도 있다.

반면, 학력별로 실업률을 살펴볼 경우([그림 17-4] 참조)에는 전문대졸업자의 실업률이 가장 높게 나타나 전문대학 교육의 내실화가 절실히 요청되고 있다. 그리고 외환위기 도래시까지는 대졸 내지 대졸 이상인 자의 실업률이 상대적으로 높았지만 외환위기 이후에는 산업구조조정이 진행되며 사양산업 및 중소기업 근로층이 주류를 이루고 있는 고졸자들의 실업률이 높아지는 경향을 보이게 되었다. 단, 20~29세 연령대만을 분리하여 학력별 실업률을 별도 산정하는 경우에는 대졸자의 실업률이 상대적으로 높게 나타나 사회적으로 주목을 받아 왔다. 그러나 대졸자들은 30대 이상 연령대에

❷ 50대의 실업률이 가장 높게 나타난 것은 이 연령대에 이르러 근로자들이 점차 경쟁에서 밀려나 조기퇴직이나 명예퇴직을 강요당하는 경향이 강한 데 기인한다고 볼 수 있다.

표 17-1 연도별 정규직과 비정규직 추이

(단위: 천 명, ( )는 비중)

구분	임금근로자(전체)	정규직	비정규직
2003.8	14,149(100.0)	9,542(67.4)	4,606(32.6)
2004.8	14,584(100.0)	9,190(63.0)	5,394(37.0)
2005.8	14,968(100.0)	9,486(63.4)	5,483(36.6)
2006.8	15,351(100.0)	9,894(64.5)	5,457(35.5)
2007.8	15,882(100.0)	10,180(64.1)	5,703(35.9)
2008.8	15,993(100.0)	10,356(64.8)	5,638(35.2)

자료: 이병희 · 정성미, 「2008년 3월 비정규직 규모와 구성변화」, 『노동리뷰』, 2008. 6에서 재인용.

서는 고졸자에 비해 상대적으로 직업안정성이 높아지는 경향이 있는 것으로 나타났다.

이와는 별도로 외환위기 도래 후 노동시장 유연화가 정착되는 과정에서 비정규직의 비중이 급격히 확대되어 왔다.

외환위기는 이와 같이 노동시장에도 큰 변화를 몰고 왔는데, 전체 근로자 중 비정규직(한시적 근로+시간제근로+비전형근로)의 비중이 정규직(정규상용직+정규임시직+정규일용직)에 비해 급속히 증대되어 2004년 8월 기준으로 비정규직 비율이 37%에 이르기도 하였고, 2007년 8월에도 35.9% 수준에 머무르고 있어 사회적으로도 큰 불안요인으로 자리잡고 있다(〈표 17-1〉 참조).

여하튼 총괄적인 측면에서 볼 때 외환위기를 겪었던 시기에는 8% 수준까지 실업률이 올라가 약 200만 명에 가까운 실직자가 발생한 적도 있었지만([그림 17-2] 참조), 그 이외 시기에는 대체로 3~4% 정도 낮은 수준에 머물러 왔다. 독일과 프랑스 등 서유럽 국가들의 경우 경기가 그다지 나쁘지 않은 시기에도 10% 내외의 실업률을 기록하고 있는 반면, 일본의 경우에는 이른바 '잊혀진 10년'으로 일컬어지는 1990년대의 장기불황시기에도 실업률은 3% 이내에 머물렀다.

이와 같은 국가별 실업률의 차이는 실업에 대한 정의와 계측방법의 차이에 기인하기도 하지만 그보다는 오히려 각국의 고용방식이나 사회문화 등에 기인하는 바 크다고 할 수 있다. 예컨대, 일본은 전통적으로 종신고용원칙을 중심으로 노사관계가 유지되어 왔고, 따라서 실업을 최소화할 수 있는 노사 간의 문화가 정착된 사회적 특징을 갖는다. 반면 미국 등 다수 선진국들은 노동시장의 유연성이 매우 높고 따라서 해고가 비교적 손쉽게 이루어질 수 있어(물론 해고된 사람들은 일정 기간 동안 실업보험 등을 통해 보상받는 제도가 정착되어 있지만) 실업률이 일본에 비해 상대적으로 높은 경향을 갖고 있다. 한국은 일본식 고용관행의 성격이 강하였으나 외환위기 이후 노동시장 개혁의 일환으로 노동시장의 유연화 정책이 추진되면서 미국식 고용관행이 점차 뿌리를 내리고 있다. 또한 이러한 변화과정에서 비정규직 근로자수가 급격하게 늘어나고, 정규직과 비정규직 근로자 간 임금격차도 확대되는 등 급격한 변화를 경험하고 있음은 전술한 바와 같다.

또한 앞으로 세계화 진전과 함께 경쟁력이 격화될 것이고 이에 따른 실업구조 개편은 지속적으로 구조적 실업을 양산할 것으로 보인다. 한편, 현재로서는 여성근로자 실업률이 남성보다 낮은 수준에 있지만, 여성들의 근로참여 의사가 확대될수록 여성의 비자발적 실업도 증가할 가능성이 높다. 따라서 경제의 선진화 과정을 거치며 한국도 현재보다는 발전된 사회안전망(실업보험의 강화 등)이 구축됨과 동시에 실업률 또한 상대적으로 높아지는 추세를 갖게 될 것으로 전망된다.

(4) 성장과 고용 간의 관계: 고용 없는 성장의 등장

최근 들어 한국은 물론 미국과 같은 선진국에서도 경제가 성장함에도 불구하고 고용은 별로 증가하지 않는 현상이 발생하고 있다. 이러한 현상을 **고용 없는 성장**(jobless growth)이라 부른다. 이와 같은 현상이 나타나게 된 주된 이유로는 다음의 세 가지를 들 수 있다.

그런데 최근 한국 경제에서도 고용 없는 성장이 등장하고 있는데, 이는 노동절약적 기술진보의 발생, 사양산업 생산거점의 해외이전, 그리고 강성노조 등장에 따른 신규 정규직 고용기피현상 등에 기인한다.

첫째, 기술의 발전에 따라 전보다 노동력을 덜 필요로 하는 변화가 발생하고 있다는 것이다. 로봇에 의한 생산 또는 자동화의 급속한 진전으로 노동수요가 감소하고 있는 현상이 이를 잘 대변하고 있다.

둘째, 세계화에 따른 국제 간의 경쟁격화는 산업구조조정을 불가피하게 하고 있고, 따라서 경쟁력을 상실한 기업들이 해외로 생산기지를 이전함에 따라 사양산업에 종사하던 근로자들이 대거 방출되는 현상을 들 수 있다.

셋째, 노동조합의 영향력이 강화되면서 노동시장의 경직성이 강해지고 임금상승률이 높아짐에 따라 기업들이 가능하면 노동보다는 자본이나 기술집약적 생산방식을 선호하게 되었다. 반면, 노

표 17-2 경제성장률과 고용탄력성

연도	취업자수 (천 명)	경제성장률	전년 대비 취업자 증감수 (천 명)	경제성장률 대비 취업자 증감수 (=취업자증감수/경제성장률) (천 명)	취업자 증가율	고용탄력성
1989	17,560	6.7				
1990	18,085	9.2	525	57	3.0	0.325
1991	18,649	9.4	564	60	3.1	0.332
1992	19,009	5.9	360	61	1.9	0.327
1993	19,234	6.1	225	37	1.2	0.194
1994	19,848	8.5	614	72	3.2	0.376
1995	20,414	9.2	566	62	2.9	0.310
1996	20,853	7.0	439	63	2.2	0.307
1997	21,214	4.7	361	77	1.7	0.368
1998	19,938	−6.9	−1,276	185	−6.0	0.872
1999	20,291	9.5	353	37	1.8	0.186
2000	21,156	8.5	865	102	4.3	0.502
2001	21,572	3.8	416	109	2.0	0.517
2002	22,169	7.0	597	85	2.8	0.395
2003	22,139	3.1	−30	−10	−0.1	−0.044
2004	22,557	4.7	418	89	1.9	0.402
2005	22,856	4.2	299	71	1.3	0.316
2006	23,151	5.1	295	58	1.3	0.253
2007	23,433	5.0	282	56	1.2	0.244

자료 : 노동연구원.

동조합은 조합원의 이익추구를 위해 신규 고용이나 정규직 고용의 확대를 외면하고 있는 현상도 고용 없는 성장 추세에 일조한 것으로 분석되고 있다.

여하튼 이상과 같은 유형의 실업은 단기적 경기대책으로는 해결할 수 없는 구조적 실업의 성격을 갖는 것이어서 국가가 장기적으로 인적 자본의 개발 및 확충 그리고 노사안정에 기울여야 할 사안으로 보아야 할 것이다.

이러한 현상은 경제선진화 과정에서 부분적으로는 불가피한 측면도 있으나 한국의 고용탄력성은 선진국에 비해서도 매우 낮은 수준에 머물러 있어 가능하다면 상대적으로 고용창출력이 큰, 예컨대 서비스산업 등의 육성이 절실한 시점에 와 있다.

〈표 17-2〉는 1989~2007년간 한국의 경제성장률과 고용탄력성을 보여 주고 있다. 여기서 고용탄력성이란 경제 1% 성장에 따른 고용증가율을 의미하는 것이며, [그림 17-5]는 〈표 17-2〉의 내용을 도표화한 것이다.

일견해 볼 때 1989~1997년간 고용탄력성은 이미 매우 낮은 수준으로 저하되어 있었고, 외환위기가 극복되기 시작한 2000~

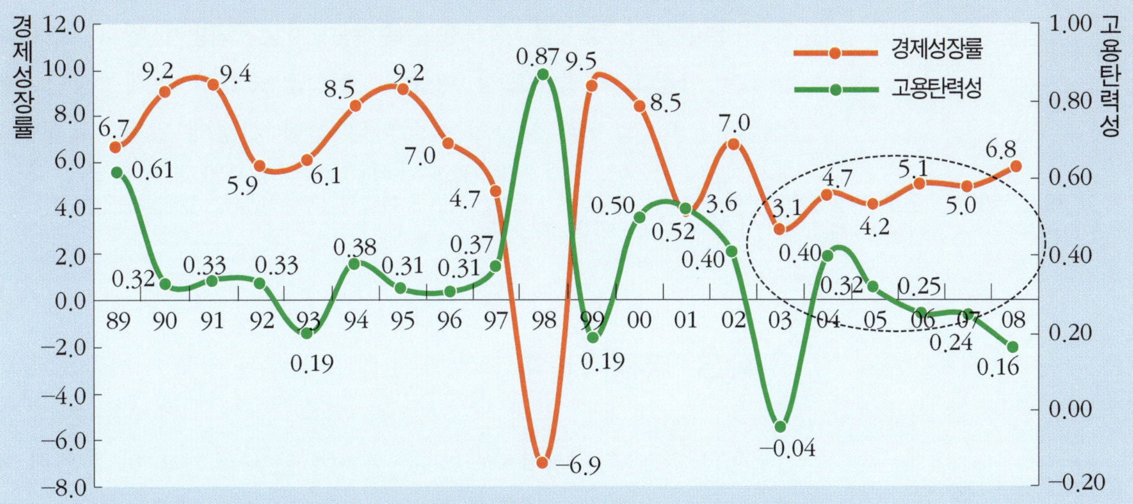

자료 : 노동연구원, 「노동시장환경 변화와 고용정책의 방향」, 2008. 7. 7, p. 7.

그림 17-5 경제성장률과 고용탄력성의 변화 추이: 1987~2008. 1/4

2001년간 다소 증가하였다가 이후 지속적으로 하락하는 추세를 보이고 있다. 그나마 2003~2007년간에는 평균고용탄력성이 0.252 수준에 머무르고 있었으나 2008년 1/4분기에는 0.159로 급격히 낮아졌으며 이러한 추세는 상당 기간 지속될 위험성이 있다.

한편, 한국의 고용탄력성을 주요 선진국과 비교해 보면 상당히 낮은 편이어서 선진국에 비해 심각한 수준이라 평가된다(〈표 17-3〉 참조).

표 17-3 고용탄력성의 국가별 비교(1986~1997, 1995~2006)

국 가	1986~1997	1995~2006
EU 15국	0.813	0.599
미 국	0.610	0.629
일 본	0.270	0.310
독 일	0.719	0.833
네덜란드	0.310	0.758
프 랑 스	0.420	0.671
영 국	0.787	0.290
스 웨 덴	1.053	0.559
한 국	0.276	0.214

통상적으로 고용탄력성은 내수산업이나 서비스산업 그리고 인적 자본투자가 성장을 주도할수록 높아지는 성향이 있다. 그런데 한국은 아직도 수출주도적 대규모 제조업 중심의 경제성장단계에 머물러 있어 일자리 창출이 용이하지 못한 실정에 있다. 고용탄력성을 높일 수 있는 구조조정이 지연되면 노동시장의 양극화가 쉽사리 시정되기 어려울 것으로 전망된다.

03 경제안정

경제발전의 두 번째 주요 항목으로 물가안정을 들 수 있다.

그런데 경제가 성장하더라도, 물가가 급등할 경우 한 국가의 경제는 불안정해질 수밖에 없다. 물가가 불안해질 경우 생산은 위축되고 국제경쟁력은 저하되는 등 바람직하지 못한 제반 문제를 초래하게 된다. 따라서 지속적인 안정을 유지할 필요가 있다. 선진국일수록 물가가 안정되어 있는 반면, 후진국일수록 물가불안이 일반화되어 있는 현상은 놀라운 일이 아니다.

여기서 물가라 함은 미시경제이론에서 말하는 개별 상품의 가격이 아니라 사회나 국가 내의 모든 상품가격을 총괄하여 대표할 수 있는 일종의 가중평균가격수준에 해당한다. 이러한 물가가 지속적으로 상승하는 추세를 보일 때 이를 인플레이션이라 한다.

제1차 세계대전 후 독일이나 제2차 세계대전 후 중국에서는 물건값을 치루기 위해 수레로 화폐를 나르고 있는 만평이 게재될 만큼 극심한 물가상승을 경험하기도 하였는데, 이를 **초인플레이션**(hyperinflation)이라 한다. 우리나라도 해방 직후나 한국전쟁 기간 중 엄청난 물가상승을 감내해야 하였다.

물가안정은 지속적 성장이나 성장 잠재력 향상에 필수적 고려사항이라 할 수 있다.

그러나 전쟁이나 천재지변이 아닌 평상시에도 국가가 경제정책을 제대로 수행하지 못할 경우 언제든지 극심한 물가불안이 초래될 수 있는 것이다. 예컨대, 1980년대 말 아르헨티나에서는 연간 물가상승률이 1,200%를 육박한 적이 있었다. 따라서 임금협상이 심지어 1주일마다 이루어지는 등 극단적 사회 기현상이 발생하기도 하였다. 이러한 상황에서 지속적 성장이나 잠재적 생산능력 향상이 성취될 가능성은 전혀 없다.

또한 물가의 상승은 통상적으로 상품별로 가격상승폭이 매우 다른

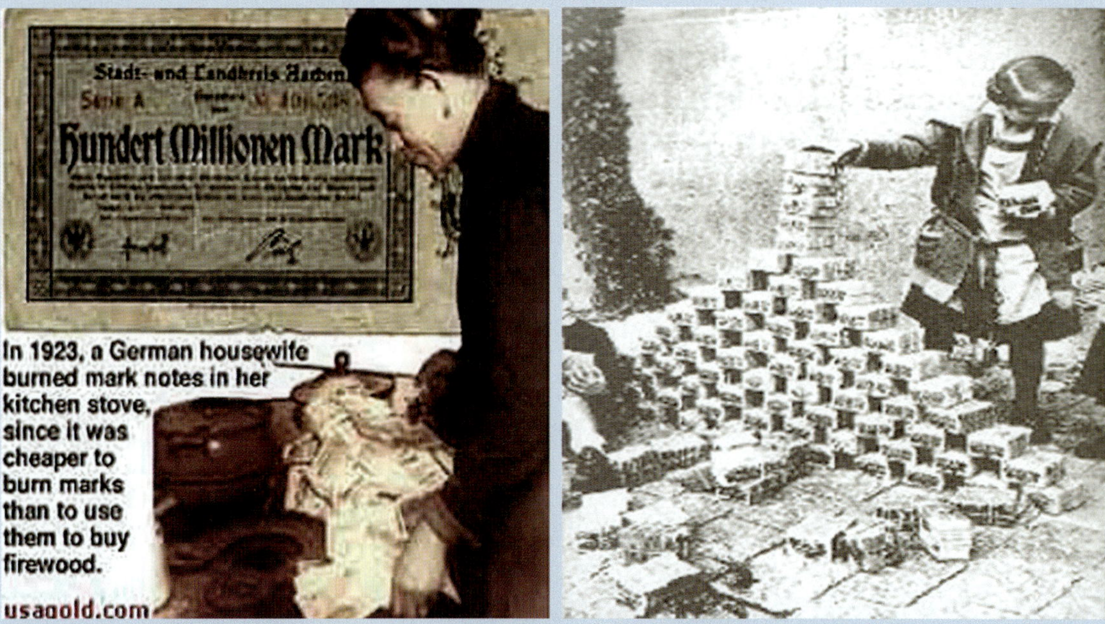

(A) (B)

그림 17-6 독일의 초인플레이션
그림 (A)는 1923년 독일의 한 주부가 마르크화를 부엌의 난로 속에 태우고 있는 모습을 보여 주고 있다. 장작을 사는 것보다 차라리 마르크화를 땔감으로 사용하는 것이 오히려 싸기 때문이다. 한편, 그림 (B)는 한 여자어린이가 아무런 가치도 없는 마르크화 다발들을 장난감 삼아 블럭쌓기 놀이를 하고 있는 모습을 보여 주고 있다.

가운데 진행된다. 따라서 물가상승으로 인한 고통은 사람마다 그리고 계층마다 달라질 수 있으며, 이는 사회적 불평등을 확대하고 사회적 불안정을 고조시키는 등의 부작용도 낳을 수 있다.

> 더구나 물가상승은 계층마다 차별적인 피해를 주어 사회적 불평등과 불안을 조성할 수도 있다.

한국이 1960년대 및 1970년대에 성장일변도 경제개발정책을 추구하면서 성장률 목표달성에 탐닉한 나머지 물가안정문제는 경시한 바 있었다. 급속한 근대화 내지 산업화를 희구하는 염원이 너무 커서 안정문제를 등한시하였던 것이다. 결국 1970년대 말 정치·경제적 격변기를 거치고서야 물가안정의 중요성을 깨우치게 되었다. 다행히 한국은 1980년대 이후 성장과 안정을 동시에 고려하는 이른바 안정적 성장기조를 견지하여 왔고, 그 결과 현재까지 이전 시기에 비해 물가상승률이 크게 둔화되는 성과를 거두었다.

> 한국도 개발 초기 단계에서 성장제일주의에 탐닉하다가 1970년대 말 커다란 사회불안을 경험한 바 있다.

그런데 불행하게도 물가안정문제와 관련하여 한국이 상당 기간 동안 우선적으로 활용하였던 방법은 가격통제정책이라 할 수 있다. 제2부 미시경제적 접근편(제6장 수요와 공급의 법칙)에서 언급한 바 있

> 당시 한국 정부는 물가인상문제에 대하여 가격통제정책을 주로 써 왔지만 부작용만 양산하고 정책효과는 별무하였다.

듯이, 자유경쟁을 통한 시장균형은 소비자잉여 및 생산자잉여를 극대화할 뿐만 아니라 자원을 최대한 효율적으로 배분하는 효과를 가져다 주는 것으로 알려져 있고, 따라서 시장균형가격이나 거래량을 통제하는 어떠한 조치도 비효율만 초래할 것이라는 사실을 확인한 바 있다. 그럼에도 불구하고 물가억제라는 현실적 목표를 손쉽게 달성하기 위해 정책당국은 다양한 형태의 가격통제정책을 활용하여 왔다. 예컨대, 미곡의 유통과 관련하여 실시한 이중곡가제도, 아파트 분양가격의 통제, 의료보험수가의 통제, 공공요금 통제는 물론 심지어는 이자율과 임금, 나아가서는 환율까지 그 결정과정에 정책당국의 입김이 깊이 관여해 온 것이다. 가격통제란 초과수요 또는 공급부족을 야기시키고 암시장을 형성시켜, 경제질서를 왜곡시킬 뿐만 아니라 가격안정이란 당초 목표 자체도 실제로는 달성할 수 없는 정책인바, 불가피한 상황에서 아주 단기적으로 수행함에 그쳐야 한다는 사실이 한국의 개발전략 수행과정에서는 너무 오래 간과되어 왔던 것이다.

물가상승은 특히 생산비를 증가시켜 국제경쟁력 저하를 초래함으로써 결국 수출과 경제성장을 저하시킨다는 사실에 유념할 필요가 있다.

한편, 물가상승의 폐단 가운데 좌시할 수 없는 사항 중 하나는 물가상승은 재화 및 용역의 가격상승과 임금상승을 유발시켜 결국 생산비를 증대시키고 국제경쟁력을 저하시켜 수출감소와 성장하락을 초래한다는 사실이다. 결국 경제안정은 경제정책의 선택사항이 아니라 지속적 경제발전의 필수요건이라 할 수 있다.

물론 물가안정 이외에도 각종 현대적 제도 및 여건의 정착은 자율적 시장기능의 개선 및 각종 경제정책의 효율적 집행에 필수적인 전제조건이 될 것이다.

04 불균형의 시정

한편, 비록 안정적 성장이 일정 기간 동안 이루어질 수 있다 해도 각종 불균형이 초래되어서는 장기적인 경제성장 내지 발전이 보장되지 못한다.

경제가 안정적으로 지속적인 성장을 견지한다면 아무런 문제가 없을까? 반드시 그렇지는 않다. 예컨대, 경제성장이 주로 자본의 추가적 투입에 의해 이루어졌다면 성장의 혜택은 노동자보다는 자본가 위주로 배분될 것이며, 자본을 수출주도형 산업에 주로 투입하였다면 내수형 산업은 상대적으로 위축될 수밖에 없을 것이다. 지속적이고 안정적인 성장이 이루어진다고 해도 발생할 수밖에 없는 각종 불균형현상 중 대표적인 경우를 중심으로 이를 시정할 수 있는 방안에 관하여 이하에서 간략히 살펴보기로 한다.

(1) 분배의 개선

누차 언급한 바 있듯이, 자본주의 시장경제의 기본 원리는 경쟁을 통한 효율성 제고에 있었으며, 형평성 문제는 태생적으로 경시되는 경향이 있었다. 따라서 역사적으로 빈부격차가 확대되는 시기마다 분배문제가 큰 문제로 대두되었다. 19세기에는 자본주의 경제체제에 대항하는 형평성 위주의 사회주의 경제논리가 등장하여 1세기 이상 구소련 및 동구권을 중심으로 실천되기도 하였다.[3] 물론 이러한 역사적 실험은 실패로 끝났지만 사회주의와 경쟁하는 과정에서 자본주의 시장경제도 나름대로 변모하게 되었다. 효율적 시장질서 위주의 경제운용에 따라 발생하는 각종 시장실패, 특히 소득불평등문제를 정부가 능동적으로 시정하려고 노력하는 이른바 혼합자본주의가 정착되었다는 사실을 누차 언급한 바 있다.

우선 형평성 문제와 관련하여 장기적으로는 경제발전과 더불어 소득분배가 개선되는 경향이 있지만 개발 초기 단계에서는 오히려 소득분배 불평등이 심화될 수도 있다는 이른바 쿠즈네츠의 U자형 경제발전모형이 주목을 받기도 하였다([그림 17-7] 참조).

소득분배가 악화되는 것은 시장경쟁 과정에서 지속적으로 도태된 계층들이 누적됨에 따라 자생적으로 발생하기도 하지만, 정부가 선택한 성장전략(예컨대, 수출주도적 공업화) 유형에 따라 특정 계층이나 부문에 성장혜택이 편중되면서 발생하기도 한다. 따라서 후진제국은 안정적 성장을 추구하되 빈부격차가 확대되는 불균형을 가능한 한 완화시키기 위한 노력을 기울일 필요가 있다. 그러나 경제개발 초기 단계에서는 성장을 최우선으로 하는 경향이 있어 대체로 이 단계에서는 분배가 왜곡되는 결과가 초래된다. 한국 또한 이러한 관점에서 볼 때 예외가 될 수 없었다.

소득분배 악화현상은 특히 정부의 성장전략, 예컨대 자본의 추가투입에 의한 성장, 그리고 특정 부문 위주의 불균형성장방식(예컨대, 수출주도적 공업화 위주의 성장)을 추구하는 데 기인하는 바 크다.

성장과 분배 간의 문제와 관련하여 주목을 받아 온 논리로 이른바 **쿠즈네츠(Simon Kuznets)의 U자가설**을 들 수 있다. 절대빈곤상

[3] 경제성장과 분배 중, 또는 효율과 형평 중 어느 쪽에 비중을 두는가 하는 문제가 경제발전전략상의 주요 선택사항으로 제기될 수 있다. 그러나 사실 자본주의 자체가 효율성 위주의 경제체제이고 경제발전의 중심적 과제가 경제성장이므로 경제발전전략, 특히 후진 제국의 경제개발 목표는 성장에 초점을 맞추어 왔다. 즉, 자본주의 시장경제체제하의 국가들은 선 · 후진국을 막론하고 일단 경제정책의 우선순위를 효율성 위주의 성장쪽에 맞추어 왔고, 또 상대적으로 성공적인 성과를 거두었다고 볼 수 있다. 반면에 경제체제 내지 이념상 자본주의 체제와 극단적인 대조를 이루어 왔던 사회주의 체제는 지나친 평등(equality)사회를 지향하다 효율성을 상실한 채 몰락해 버리고 말았다. 공헌 및 기여도에 따르는 배분원칙과 필요에 부응하는 배분원칙 중 자본주의는 전자, 사회주의는 후자에 주안점을 두어 왔으며, 사회주의는 후자의 원칙을 지나치게 강조하여, 예컨대 "사람은 능력에 따라 일하고 필요에 따라 받는다"는 공산주의적 이상에 집착함으로써 효율성은 물론 궁극적인 형평성마저 보장할 수 없는 '빈곤의 평등'만을 초래하고 말았던 것이다.

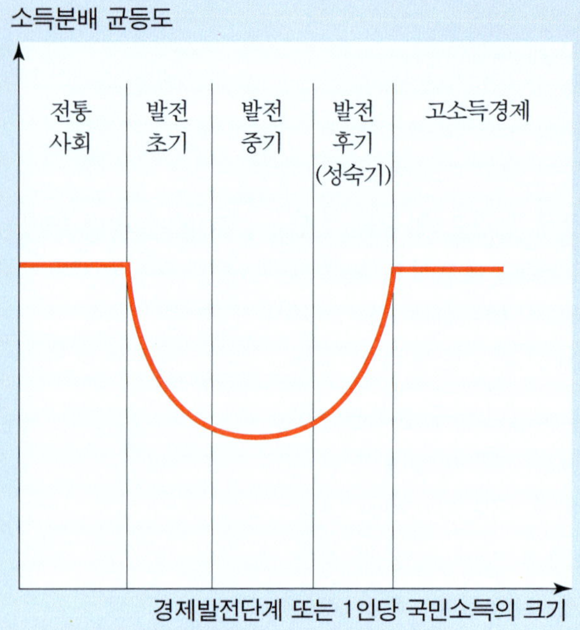

그림 17-7 쿠즈네츠의 U자형 경제발전 가설

절대빈곤상태의 전통사회에서는 상대적으로 균등도가 높지만 경제개발이 적극적으로 추진되는 초기 개발단계에서는 일반적으로 소득분배가 악화된다고 분석되고 있다. 개발방식의 대부분이 전략부분의 집중육성형태로 시현되기 때문이다.

그러나 소득이 일정 단계에 이르는 개발 중기에 이르면 분배개선을 통한 사회불안정 해소에 대한 욕구가 표출되면서 분배가 개선되는 계기가 마련된다고 보고 있다.

따라서 소득수준의 향상에 따라 소득균등도는 처음에는 악화되다가 나중에는 개선되는 특징을 갖게 되므로 그림에서처럼 소득균등도를 나타내는 곡선이 U자 모양을 하게 된다는 논리가 제시되었는데, 이를 최초 주창자의 이름을 따서 쿠즈네츠의 U자가설이라 부르기도 한다.

태의 저개발국에서는 모든 사람의 소득이 아주 낮은 상태이므로 상대적으로 균등한 상태를 보일 것이지만, 산업화를 통한 경제성장이 본격화되면 이른바 근대화 부문과 전통적 부문 또는 주도부문과 여타 부문 간의 이중성이 부각되면서, 예컨대 도시 · 농촌 간의 소득격차, 대기업과 중소기업 간의 불균형 등이 발생하며, 결과적으로 소득불평등이 심화된다는 것이다. 그러나 소득수준이 일정 수준에 이르면 중산층이 확대되면서 분배개선을 통한 사회안정화 노력이 뒤따르게 되고, 점차 분배가 개선되는 경향이 있다는 주장이다. 따라서 횡축에 소득수준을, 그리고 종축에 분배의 균등도를 나타내도록 그림을 그릴 경우, 소득수준 향상에 따라 소득분배 균등도는 초기에는 악화되다가 점차 개선되는 추세를 갖게 되므로 그 모양이 U자처럼 보인다는 데에서 이 주장을 U자가설이라 부르고 있다. 그러나 대만과 같은 나라는 경제성장과 더불어 분배가 지속적으로 개선되어 온 사실을 볼 때 이 가설의 한계는 쉽게 지적될 수도 있다.

(2) 노동시장 불균형의 시정

일반적으로 경제개발 초기에는 실업이 광범위하게 존재하기 마련이고, 경제개발에 필요한 자본조달이 어려운 것이 후진국의 특징적 현상으로 나타난다. 따라서 어떻게 해서든 자본만 충당되면 필요한 노동인력은 쉽게 확보될 수 있다. 특히, 경제개발 초기에 후진국들이 경쟁력을 가질 수 있는 산업이란 낮은 임금의 노동력을 집약적으로 사용하는 산업이라 할 수 있다. 따라서 초기 경제개발단계에서는 보다 많은 사람들에게 일자리가 창출되므로 경제성장에 따라 실업은 자동적으로 감소하는 경향을 띤다.

또한 경제성장은 성장방식에 따라 노동시장의 불균형을 심화시키기도 한다. 개발 초기 단계에서는 노동집약적 산업 위주의 공업화가 추구되면 전반적으로 고용이 증대되지만 발전단계 진전에 따라 성장주도부문이, 예컨대 중화학공업이나 R&D 중심 산업 또는 지식정보화 산업으로 바뀌게 되면 비주도적 부문과의 불균형이 심화된다.

그러나 경제개발의 진전에 따라 임금이 점차 상승하면 더 이상 노동집약적 산업만으로 국제경쟁력을 유지할 수 없게 된다. 결국 자본집약적인 중화학공업이나 기술개발 및 연구중심 산업, 또는 지식·정보화 산업으로 주도산업을 바꾸어 가며 경제성장을 도모하게 된다. 전술한 바 있듯이, 이러한 과정에서 비주도부문과의 불균형이 필연적으로 발생하게 된다.

또한 교육 및 훈련의 혜택을 수혜받지 못한 노동자들은 주도산업으로 편입되지 못한 채 저임금산업에 머물러 있거나 심지어는 직장을 잃게 된다. 물론 노조의 힘이 강해지면 임금이 단기적으로 상승할 수도 있겠지만, 기업이 경쟁력을 잃고 도산하게 되면 실업은 증가할 수밖에 없다. 뿐만 아니라 경제발전이 고도화됨에 따라 더 많은, 그리고 더 강한 국제경쟁에 노출될 수밖에 없고, 따라서 기업들은 경쟁력 유지를 위해 비정규직 근로자 확대, 조기퇴직 권장, 해외로의 생산시설 이전 등을 통해 비용을 줄여 나가려 노력하게 된다. 결국 지속적 경제성장이 유지될 수 있다고 하더라도 실업은 증가하는 이른바 고용 없는 성장(jobless growth)현상이 나타날 수도 있는데, 한국이 바로 그 좋은 예가 되고 있다. 특히, 노조의 강성화로 기업들이 신규 고용을 꺼리게 되면서 2002년 이후 청년층 실업이 총실업률의 2배를 상회하는 기현상이 발생하기까지 하였다.

특히, 이러한 과정에서 비주도부문 산업은 경쟁력 유지를 위해 비정규직 확대, 조기퇴직 권장, 해외로의 생산시설 이전 등을 추구하게 되어 불균형을 심화시키게 된다.

이처럼 성장의 혜택권으로부터 소외된 계층과 청년계층의 실업 급증은 조기퇴직 및 퇴출에 따른 장년층 실업 등과 더불어 사회불안과 사회적 비용을 급증시키고 있다. 성장 위주의 발전전략을 너무 오래 추구하여 온 후유증이 어떤 것인지를 극명하게 나타내 주

요약컨대, 성장방식 여하에 따라 불균형이 심화될 수도 있음에 유념할 필요가 있다.

균형성장방식과 불균형성장방식

본문에서 전개된 논리적 관점에서 볼 때 자연스럽게 제기될 수 있는 의문은 과연 한국은 이러한 문제를 유발한 불균형성장방식을 애당초 왜 선정하였는가 하는 점이다. 이하에서 이에 관한 원인을 잠시 검토해 보기로 한다.

한국의 경제개발계획이 결과적으로 채택한 것은 불균형성장방식이라 할 수 있다. 그러면 과연 이러한 한국의 선택은 바람직한 것이었는가? 이에 대한 논의를 위해 **균형성장론**과 **불균형성장론**을 당시의 한국적 여건과 결부시켜 검토해 보기로 한다.

전통적인 경제성장이론은 시장이 제대로 기능하지 않는 후진국에 직접 적용하기에는 부적당한 측면이 있다는 사실은 이미 지적한 바 있다. 후진국은 자생적 발전이 난망시되는 여건하에서나마 장차 이룩하기 원하는 바람직한 경제상태를 목표로 설정하고, 그러한 상태를 효율적으로 성취하기 위해 능동적으로 경제개발을 도모하게 된다. 그러나 이러한 개발노력은 제한된 투자재원 때문에 부문 간 배분문제가 발생한다. 이러한 상황에서 각 부문의 균형적 배분을 강조하는 논리와 특정 부문으로의 주도적 배분을 강조하는 논리가 제시되었는데, 전자를 균형성장론, 그리고 후자를 불균형성장론이라 한다.

균형성장론이란 **넉시**(R. Nurkse)에 의해 주창되었는데, 그는 저소득→저저축→저자본형성→저생산성→저소득으로 연결되는 빈곤의 악순환 과정을 해소하는 방안으로 모든 산업에 투자재원을 동시에 투입하는 것이 바람직하다고 주장한 바 있다. 그는 모든 산업에 대한 동시적 투자는 각 산업의 소득을 동시에 증대시키며, 결과적으로 산업 간 상호수요가 증대되면서 국내시장 크기가 전반적으로 함께 확대된다고 본 것이다. 이는 상호수요 또는 보완수요에 의한 모든 산업의 동시적 균형성장방식을 강조한 것으로, 결국 자본의 공급이 무한대로 탄력적이란 가정하에 설정된 논리이다. 즉, 경제개발에 소요되는 자본은 별 문제 없이 충족될 수 있다는 가정하에 자본수요 측면에서의 문제점만을 중점적으로 고려한 대안이라 할 수 있다.

이러한 논리는 자본공급 측면상의 애로가 심각한 것으로 볼 수 있는 후진 제국에 적용하기 곤란하다는 비판을 피할 수 없다. 또 이 논리는 "공급은 스스로 수

요를 창출한다(supply creates its own demand)"는 세이의 법칙(Say's law)을 중시한 셈이라 할 수 있으며, 결국 모든 산업부문이 동일한 비율로 성장해야 한다는 논리로 이해할 수도 있다. 그런데 단순히 모든 산업을 동일한 비율로 성장시킨다는 것은 결국 '성장'의 문제에 불과하며 결코 '발전'의 문제에 접근한 것은 못된다. 뿐만 아니라 각 산업제품마다 소득탄력성이 상이하므로, 동일한 투자배분정책이라 하더라도 모든 산업이 동일한 성장률로 성장한다기보다는 수요의 소득탄력성 크기에 따라 각기 다른 비율로 성장할 것이라 예상하는 것이 합리적이라 믿는다.

이상과 같은 문제점 내지 한계성으로 인해 이와 정면으로 대립되는 성장방식이 제시된 바 있다. 불균형성장이론의 주창자인 **허쉬만**(A. O. Hirschman)은 오히려 시장의 수급불일치가 경제성장의 촉진제이며, 따라서 일부러 이들 간의 과부족을 조성하는 것이 연관산업 발전의 기틀이 된다고 주장하면서 전·후방 연관효과에 근거하여 차별적 투자를 유발시키는 불균형성장론을 제시하였던 것이다. 이 논리는 저소득→저저축→저투자→저자본공급→저생산→저소득으로 이어지는 후진국의 특징적인 빈곤의 악순환 고리를 끊는 방안으로, 공급 측면에서의 애로타개방식을 선정하되 주도부문에 대한 집중투자방식이 바람직하다는 주장을 제시한 것이라 볼 수 있다.

주도부문의 선정은 연관효과가 큰 산업으로 하되

후진국의 경우에는 특히 후방연관효과가 중요하다고 보았다. 따라서 농업보다는 공업을 우선적으로 집중 육성하는 불균형상태를 유발시킴으로써 여타 연관산업의 성장을 이끌어 내는 것이 바람직하다고 본 것이다.

여기서 후방연관효과란 해당 산업생산에 소요되는 투입물 생산산업의 성장 및 투자를 유발하는 효과를 말하는 것이며, 전방연관효과란 해당 산업제품을 투입물로 삼는 산업의 성장 및 투자유발효과를 말하는 것이다. 예컨대, 제철산업의 후방연관효과가 나타날 수 있는 산업이 철광업이라면, 전방연관효과가 나타날 수 있는 산업으로는 자동차산업을 들 수 있다. 일반적으로 제조업 제품이 농업 등 1차산업보다 후방연관효과가 크고 중간재가 최종재보다 전방효과가 큰 것으로 볼 수 있다.

이상과 같은 대립적 논리 중 한국이 선택한 성장방식은 불균형성장방식이며, 이는 논리 자체상의 이유는 물론 후진국으로서의 일반적 특징과 한국적 특수성 등을 감안할 때 지극히 자연스러운 선택이었다고 볼 수 있다. 그러나 이러한 방식에 의한 경제개발은 역시 초창기에 한해 단기적으로 활용할 성격의 개발논리일 뿐 경제가 어느 정도 단계에 접근할 때에는 가차없이 지양해야 할 원칙이었음을 다시 한 번 강조해 두고 싶다. 바로 이러한 점이 경시됨으로 인해 중진국단계를 넘어섰다고 평가되는 한국 경제가 농·공 간 및 대기업·중소기업 간 불균형과 이로 인한 전통부문과 근대부문 간의 이중성 및 불평등 심화 등의 문제를 해소하지 못한 채 선진국으로의 진입에 어려움을 겪고 있다고 볼 수 있다.

는 좋은 예라 할 수 있다. 따라서 차후 거시경제정책은 이러한 유형의 실업발생을 최소화할 수 있는 대안마련에 최선을 다해야 할 것이다.

(3) 양극화 및 이중성의 완화

후진국이 경제발전 과정에서 불가피하게 당면하는 문제점 중 하나가 바로 **이중성**(dualism)이다. 후진국이 아무리 노력하더라도 경제성장을 통해 근대 산업국가로 도약하는 과정에서 기업이나 개인 간 적응력의 차이로 인해 근대화에 성공하는 부문이나 개인과 전통적 수준에 머무르게 되는 부문이나 개인 간에 이중성이 발생하기 때문이다.

문제는 이러한 이중성이 발생하더라도 성장우선주의에 탐닉하게 되는 개발도상국들이 적어도 경제개발 초기에서는 이러한 현상에 이렇다 할 대응을 하지 않는 경향이 있다는 점이다. 더구나 한국과 같이 고도성장을 추구하여 온 국가에서는 의도적으로 성장을 주도할 수 있는 부문을 우선적으로 집중 지원하는 이른바 **불균형성장방식**(disequilibrium growth approach)을 추구함으로써 이중성을 심화시켜 왔던 것이다.

이상에서와 같은 현상을 유발하는 주요 원인으로 특정 부문 위주의 성장방식으로 대변되는 이른바 불균형성장방식이 자주 거론되어 왔다. 그런데 이러한 성장방식의 채택은 후진국의 제반 여건상 불가피한 측면도 있고, 또 균형성장방식에 비해 효율적인 접근방안으로 평가된 데 기인하기도 한다.

즉, 한국 정부의 수출주도적 공업화 정책이나 중화학공업의 중점적 육성정책 등은 수출산업과 내수산업 간에, 그리고 중화학공업과 경공업 간의 **양극화**를 심화시켜 왔다. 또한 최근 들어 IT산업과 서비스산업에 대한 집중적 배려는 비IT산업과 제조업과의 격차를 벌어지게 하고 있다.

결국 이러한 경제정책노선은 대기업과 중소기업, 우량기업과 비우량기업, 수출기업과 내수기업 간의 양극화는 물론 개인 간 고용 및 소득의 양극화를 초래하게 된다.

또한 무한경쟁을 강요하는 세계화와 중국 경제의 급속한 부상, 그리고 기술진보의 가속화 현상은 경제발전의 성숙단계에 이른 한국 경제로 하여금 급속한 산업구조 개편을 감내하도록 강요하고 있으며, 이러한 과정에서 기업 간 그리고 개인 간 적응력의 차이로 인해 양극화 현상은 더욱더 심화되는 계기를 맞고 있다.

그러나 지속적 성장을 위해서는 이러한 초기 단계적 성장전략에 따른 각종 이중성과 양극화 현상에 대한 시정노력이 우선되어야 할 것이다.

지금이라도 수출 및 내수기업 간, 그리고 대기업과 중소기업 간 연관관계를 강화시켜 줄 수 있는 선순환구조를 정착시키고, 비선도부문의 과감한 구조조정과 지속적 교육 및 훈련을 통한 인적 자원의 육성으로 이중성을 완화시켜 양극화를 해소시키기 위한 노력이 경주되어야 할 것이다. 물론 이러한 노력이 단기간에 가시적인 성과를 거두기는 어려운 것이지만 그렇다고 방치해서는 지속적 성장(sustainable growth)은 요원해질 것이다.

(4) 재정수지 균형의 도모

이상에서처럼 경제성장 과정에서 초래된 이중성이나 양극화를 시정하는 일과 더불어 정부의 재정수지 균형을 유지하는 것 또한 중요한 정책목표가 될 수 있다.

자유방임주의 시대에도 정부는 치안 및 국방 등의 가장 기본적인 공공서비스를 제공하기 위해 일정량의 예산이 필요하였다. 그런데 근대에 이르러 시장실패의 시정 및 복지국가 실현 등을 위한 정부의 보다 적극적인 역할이 강조되면서 이러한 활동을 뒷받침할 막대한 자금의 확보를 필요로 하게 되었다. 물론 이러한 자원은 기본적으로 국민들이 납부한 조세수입으로 충당된다.

정부지출이 정부수입보다 커서 재정적자가 초래되면 정부는 이를 메우기 위해 한국은행으로부터 차입을 하거나 국채발행 및 판매형식을 빌려 민간으로부터 차입하게 된다. 전자는 통화증발 및 물가상승을, 그리고 후자는 민간소비 위축을 초래하게 된다.

정부는 민간부문에서는 공급이 불가능한 공공재 및 서비스를 공급하며, 경제발전을 위한 능동적 활동을 수행하는 주체이므로, 이러한 활동에 필요한 재원은 국가의 주인인 국민이 부담하게 된다. 그런데 이에 소요되는 비용(이를 정부의 재정지출(government expenditure)이라 함)이 과다하여 조세수입보다 커질 경우 정부재정은 적자(deficit)를 겪게 된다. 재정적자를 메꾸기 위해서는 정부가 일정 기간 후 원리금을 지불한다는 조건하에 국채를 발행하여 민간에게 팔거나(이를 민간으로부터의 차입이라고도 함), 중앙은행인 한국은행으로부터 차입할 수밖에 없다. 전자는 민간이 쓸 수 있는 자금을 감소시킴으로써 민간의 소비를 위축시키게 되는 반면, 후자의 경우는 중앙은행이 결국 통화를 발행하여 정부에 빌려 줄 수밖에 없어 물가안정을 저해하는 영향을 미치게 된다.

그렇다면 재정수입이란 국민들로부터의 귀중한 세금납부로 조성이 된 것이므로 가능한 한 정부는 지출을 억제하거나 절약하여 정부재정의 흑자를 달성하도록 노력해야 할까? 물론 그렇지는 않다. 정말 국민을 위한다면 애당초 정부재정 흑자가 나지 않도록 세금을 줄여 주는 것이 오히려 바람직할 것이기 때문이다. 결국 정부재정은 꼭 필요한 일을 할 수 있는 정도만 조세를 부과하여 지출함으로써 조세수입과 재정지출이 같아지는 균형을 유지하는 것이 가장 바람직하다고 할 수 있다.

재정흑자를 바람직하다고 볼 수만은 없다. 가능한 한 적절한 과세로 재정흑자를 사전에 예방해야 할 것이다.

그러나 일반적으로 정부는 국민에 의해 선출된 정치인에 의해 운용되며, 이들은 가능한 한 국민들로부터 긍정적 평가를 받기 위해 노력하는 과정에서 과도한 정부재정 지출을 유발시키는 경향을 갖고 있다. 한국 정부 또한 이러한 점에서 예외는 아니다. 비록 전통적으로 한국 정부의 재정적자폭이 비교대상 개발도상국들에 비해 작은 편이라는 주장이 제기되고는 있으나 이는 면밀히 검토해 보아야 할 사항이며, 특히 최근 각종 복지정책의 도입으로 재정지출이 점차 확대되고 있다는 사실에 유념할 필요가 있다.

그러나 정작 일반적 현상은 재정적자이며, 이는 일면 단기적 성과 위주의 공공정책으로 재선을 노리는 정치적 풍토에 기인하는 바 크다.

(5) 국제수지 균형의 도모

국제 간의 거래를 위해 우리는 국제 간에 통용력이 큰 외화를 필요로 하게 된다. 우리가 생산한 재화 및 용역을 수출할 경우 통용력이 큰 외화를 대가로 받게 되는 반면, 우리가 외국이 생산한 재화와 용역을 수입할 경우 그에 대한 대가로 이러한 외화를 지불하게 되기 때문이다. 이러한 국제교역의 결과 재화 및 용역의 수출입으로 인한 외화결제금액이 같아질 때 이를 경상수지(경상수지란 엄밀히 말하자면 무역수지, 무역외수지 및 이전수지의 합을 나타냄)가 균형을 이룬다고 한다.

각종 불균형의 시정이란 정책목표로 고려해야 할 마지막 항목으로 국제수지 균형을 들 수 있다. 개도국들은 일반적으로 만성적인 국제수지 적자에 시달리게 된다. 그리고 어느 정도 경제가 성숙된 국가들은 국제수지 흑자기조로 유지할 수 있게 된다. 그러나 지나친 국제수지 흑자기조 유지는 물가상승이나 무역보복을 유발할 수도 있다. 물론 만약에 대비하여 외화를 어느 정도 비축해 둘 필요는 있겠으나 기본적으로 국제수지 균형기조를 유지하는 것이 바람직할 것이다.

한편, 국제 간에는 교역 외에도 자본이 국경을 넘어 이동하기도 하는데, 단기적으로 보다 높은 수익을 얻기 위한 간접투자 형태로, 또는 경영권까지를 수반하는 장기적인 직접투자 형태로 국외에 자본이 이동하게 된다. 이러한 국제 간의 자본이동 내용을 자본수지라 한다. 그리고 경상수지와 자본수지를 합하여 종합수지 또는 국제수지(balance of payments)라고 한다. 한편, 이러한 총체적인 외화의 유출입량이 같아지는 현상을 국제수지 균형이라 한다.

특히, 경제개발에 필요한 자본이 부족한 개발도상국들의 경우에는 어떻게 해서든 수출을 증대하고 수입을 억제하여 만성적인 무역수지를 개선함으로써 외화의 부족을 메우려 노력할 뿐만 아니라, 소요자본의 확보를 위해 외자를 유치(차관 또는 직접투자 형식으로)하려고 노력하게 된다. 그럼에도 불구하고 대다수 개도국들은 만성적인 국제수지 적자에 시달리고 있는 것이 일반적인 현상이어서 이를 시정하기 위한 노력이 거시경제정책의 주요한 목표가 되고 있다.

한국도 1970년대 중반과 1980년대 후반에 잠정적으로 국제수지 흑자를 기록하였을 뿐 1997년 외환위기가 닥칠 때까지 국제수지 적자는 확장일로에 있었다. 그리고 그것이 외환위기의 한 계기를 제공하고 말았다고 볼 수도 있다. 다행히 외환위기 이후 각종 구조조정을 거치며 2007년까지 국제수지 흑자를 시현할 수 있었다. 그러나 그 폭은 점차 축소되는 추세를 보이고 있고, 2008년에 불어닥친 미국발 국제금융위기로 인해 2008년 하반기부터 다시 적자를 경험하게 되어 여전히 우려의 대상이 되고 있다.

물론 국제수지 적자는 반드시 후진국만의 특수현상이라고 볼 수는 없다. 예컨대, 세계최강국인 미국의 국제수지 적자폭이 세계 최대수준이기 때문이다. 그리고 이로 인해 미국의 경제력은 상대적으로 위축되고 있으며, 이로 인한 미국 내의 경제적 타격 또한 엄청나다고 볼 수 있다.

한편, 일본이나 독일, 대만, 그리고 최근 급부상하고 있는 중국의 경제는 지속적으로 국제수지 흑자를 보이고 있다. 그렇다면 이러한 현상은 과연 바람직한 것인가? 반드시 그렇다고 볼 수는 없다. 지속적 국제수지 흑자는 결국 통화팽창 및 국내물가의 불안요인으로 작용함과 동시에 교역대상국 통화에 대하여 평가절상 압력을 받게 될 뿐만 아니라, 각종 무역보복 및 통상압력을 받을 가능성이 높아지기 때문이다.

만약의 경우에 대비하여 외화를 어느 정도 쌓아 둘 필요가 있지만(이를 외환보유고라 함), 정도 이상으로 국제수지 흑자기조를 견지할 경우 예상하지 못한 부작용이 잉태될 것인바, 국제수지 또한 균형유지를 주요 거시경제정책 목표의 하나로 삼는 것이 바람직할 것이다.

05 복지향상

모든 국가 특히 후진국의 지상목표는 (지속적)경제성장이라 할 수 있다. 따라서 비록 폐단이 뒤따르더라도 불균형성장방식을 통해서라도 고도성장을 추구하는 경향이 있다. 그러나 경제발전단계가 어느 수준에 이르면 각종 불균형을 시정하는 일에 관심을 돌리게 된다.

한편, 지속적 경제발전에 힘입어 평균수명이 늘어남에 따라 인구의 노령화 현상이 가속화되고 생활수준이 향상됨에 따라 이에 걸맞는 연금 및 의료보험제도 확립과 실업대책 등과 같은 복지적 재정지출이 급증하게 된다. 또한 환경의 개선과 교육기회의 확대 등 장기적인 성장잠재력을 높이기 위한 기반조성 노력이 거시경제정책의 또 한 축을 구축하게 된다.

경제발전의 네 번째 주요 항목으로 국민의 복지향상을 들 수 있다. 경제성장수준에 맞는 각종 사회안전망의 구축 및 복지제도 도입 그리고 환경개선과 교육기회 확대 등 장기적 성장잠재력에 필수적인 기반조성이 주 고려사항이 될 수 있다.

그런데 이러한 복지향상을 위한 지출을 방만하게 운용할 경우 재정적자를 유발할 가능성이 높다. 더구나 복지지출은 일단 제도화되면 파기하기 매우 어렵다. 어떤 정치인도 복지혜택의 축소를 주장함으로써 유권자의 표를 잃을 수 있는 정책제안을 시도하려 들지 않을 것이기 때문이다.

한편, 복지향상과 관련한 재정지출이라 하더라도 반드시 이것이 비용만을 유발하는 소비성 지출의 성격을 띠거나 그러한 특성을 갖는 지출이 되도록 방치해서는 곤란하다는 점을 지적할 필요가 있다. 복지향상은 물론 생산성 향상을 통한 경제적 효율성 제고를 동시에 도모할 수 있도록 노력할 필요가 있다. 예컨대, 사회안전망이나 생산력 확충을 위한 교육 및 훈련제도의 운용이 정착될 수 있도록 노력하는 방안을 들 수 있다.

그러나 복지혜택이란 일단 실시되면 축소하기 어려운 특성이 있다는 점에 유념할 필요가 있고, 가능한 한 복지향상이 생산성 향상과 연계될 수 있는 이른바 생산적 복지제도 체제로 정착시킬 필요가 있다.

06 정부의 역할과 경제발전

이상에서 살펴본 경제발전 목표를 추구함에 있어 20세기 초 이후 정부의 역할이 강조되어 왔다. 특히, 절대빈곤 탈피와 공업화를 통한 시민사회 구축을 지상의 목표로 삼는 개도국에 있어 정부의 주도적 역할은 필연적인 것으로 인식되어 왔다.

현대 시민사회 국가가 경제정책의 기본 목표를 수행함에 있어 과연 정부는 어떤 역할을 담당하는 것이 바람직한가에 대하여 역사적으로 다양한 견해가 제시된 바 있다. 자유방임의 원칙을 떠나 보다 적극적 시장개입의 당위성이 광범위하게 인식된 20세기 초반 이후 정부는 빈부격차 · 공황 등 이른바 시장실패현상의 시정자 역할을 적극적으로 담당하는 제3의 경제주체로서 자리매김을 하였다는 사실은 누차 언급한 바 있다. 그러나 막상 정부의 역할이 강조되어 온 곳은 자본주의 시장경제체제가 자생적으로 정립되지 못하고 서구 열강의 식민지화 과정을 통해 비자발적으로 이식된 후진 제국에서였다. 특히, 제2차 세계대전 이후 독립하게 된 수많은 개발도상국들이 하루빨리 절대적 빈곤을 탈피하고 공업화를 통한 경제발전을 도모하게 되면서 정부의 주도적인 역할을 필연적인 것으로 인식하게 되었다.

이른바 빈곤의 악순환 고리를 끊기 위해서는 공급애로요인의 제거가 필수적 조건으로 등장하였는데, 도로 · 항만 · 철도 등 사회간접자본과 전력 · 비료 · 시멘트 등 기간산업의 건설 등은 정부의 개입에 의해서만이 가능하였기 때문이다. 또한 저소득과 저저축으로 인한 투자재원의 부족문제는 물론 공업화 시설의 건설을 위한 외화의 확보문제 등도 민간부문의 자생적인 노력만으로는 소기의 성과를 얻기는 난망하였던 것이다.

이러한 여건하에서 한국 또한 **수출주도형 공업화**를 통한 경제발전을 도모하되 필요한 자원은 외자도입에 의해 충당하고, 특정부문에 대한 투자를 집중시키는 **불균형성장방식**을 선택하였으며, **경제개발계획**을 정부가 주도하는 이른바 **중앙집권적 관리경제체제**를 정착시켰던 것이다.

제반 여건이 자생적인 시장경제 정착이 난망시되는 상황에서 단시간 내 근대적 공업화를 이룩하기 위해서는 일사불란하고 체계적인 경제개발계획의 수립 및 실시가 적극적으로 요청되었고, 정부가 바로 이러한 임무를 담당하게 된 것은 자연스러운 결과라 하겠다. 이러한 상황논리는 한국뿐만 아니라 대다수 개발도상국에서도 동감을 얻었고, 특히 아시아의 대표적 신흥공업국들 경우에는 이러한 논리의 구체적 실현을 통해 전무후무한 고도경제성장이란 성과를 거두었던 것이다. 바로 이러한 개발성공 사례로 인하여 경제발전과정에서 정부의 역할에 대한 관심이 고조되어 왔고, 적극적인 정부의 시장개입정책이 이들 국가의 성공적 경제발전의 주요 요인으로 강조되기도 하였다.

그러나 최근 들어 동아시아 지역에서 외환위기가 발발하면서 정부주도적 성장방식에 대한 회의적 견해가 강력히 대두되기 시작하였다. 한국 또한 외환위기를 경험한 당사국으로서 위기수습을 위해서는 정부주도적 경제운용방식이 초래한 제반 구조적 병폐를 조속히 개선해 나가야 한다는 인식하에 구조개혁을 추진해 왔다. 이제 남은 문제는 과연 그렇다면 정부의 적극적인 시장개입정책은 개도국 경제개발 과정에서 지양되어야 할 패러다임인가? 또 그렇다면 이를 대체할 새로운 패러다임은 무엇인가 하는 의문에 대해 깊이 통찰할 필요가 있다는 점이다.

개발국가론에 대한 찬 · 반론들을 검토해 보면, 결국 20세기 초 대공황을 거치며 시장실패에 대한 시정자로서 적극적 개입이 강조되었던 정부역할론은 1950년대 및 1960년대를 거치며 특히 개발도상국 경제개발의 핵심 논리로 자리매김을 하였던 점, 그리고 이러한 개발국가론이 적어도 일정 기간 동안 한국을 비롯한 아시아 **신흥공업국**(Newly Industrializing Countries: NICs)에서는 양적으로나마 괄목할 만한 성과를 창출해 주었다는 점 등을 일단 지적할 수 있다. 개발 초기에 제반 공급애로요인을 타파하고 가용자원을 효율적인 부문 위주로 집중배분하는 일, 그리고 이러한 개발계획의 수행을 위해 필수적인 자본의 형성 및 축적을 단시일 내에 성취시키기 위해서는 정부의 적극적인 시장개입이 효과적이라는 논리가 현실적으로 입증된 측면이 있다.

그러나 1970년대 이후 정부주도적 개발방식의 문제점과 한계성이 부각되면서 이른바 신고전학파적 논리가 주목을 받게 되었다.

그러나 1970년대에 들어서면서부터는 이러한 개발국가론의 문제점과 한계성이 부각되기 시작하였고, 결국 1970년대 후반부터 개발경제의 핵심 논리는 점차 신고전학파적 특성을 띠게 되었다. 수출주도형 성장방식이 큰 성과를 가져오기는 하였으나, 지나친 관주도적 경제운용은 정경유착에 따른 관료부패를 조장함으로써 정부보조 및 지원 그리고 보호정책에 근거하는 자원배분이 더 이상 효율적으로 운용될 수 없었고, 결국 1950년대와 1960년대에 걸쳐 성장의 원동력이 되어 왔던 정부주도적 자본형성은 자원의 효율적 배분기능을 상실해 나가기 시작한 것이다. 따라서 정부의 역할을 축소시키는 한편 시장의 기능을 활성화해야 한다는 논리가 득세하기 시작하였다. 이러한 개발논리의 전환은 1970년대 두 차례에 걸쳐 세계적인 스태그플레이션을 초래한 원유가격 파동을 겪으며 적극적 정부역할론의 근거가 되었던 케인즈 이론체계가 퇴조하는 시대적 변화와 궤를 같이하였다. **화폐론자**(monetarist)나 **합리적 기대론자**(rational expectationists) 그리고 **공급중시 경제사조**(supply-side economics) 등이 주목을 받기 시작한 것도 이 무렵이다.[4] 이러한 시대적 변화와 더불어 시장 중심의 경제운용과 수입개방 등을 통한 무역자유화가 오히려 경제개발에 도움이 된다는 논리가 자리를 잡게 된 것이다.

그렇지만 신고전학파적 자율성과 개방화가, 특히 상대적 경제후진국의 경제발전에 최선이라는 논리는 받아들여지기 곤란한 측면이 많고 실증적으로 입증된 바도 없다.

그러나 무조건적 개방과 자율화가 개발도상국 경제발전에 오히려 유익하다는 주장은 실증적으로 뒷받침되지 못하고 있으며, 한국과 같이 경제성장에 어느 정도 성장한 국가들이라 하더라도 명실상부한 선진국형 신고전학파적 경제운용이 최선이라는 논리는 받아들이기 어려워 보인다. 이들 국가가 선진국들과 완전경쟁을 통해 경제성장을 도모하기에는 아직도 제반 여건상 역부족이기 때문이다. 따라서 정부의 시장개입은 점차 축소될 필요가 있으나, 적어도 상당 기간 동안 지속될 필요가 있다는 소극적 방어논리가 제기될 수 있다. 뿐만 아니라 지금까지의 개발국가론에 근거한 경제정책이 몰고 온 제반 문제점을 해소하고 차후 새 시대를 주도해 나갈 경제적 패러다임을 선도해 나갈 수 있는 경제체제 구축을 담당한다는 새로운 차원의 적극적 정부역할론이 제기될 필요가 있다.

또한 2008년 들어 증폭된 미국의 금융위기 진행과정과 또 이를 해소하기 위한 정책수행 내용(긴급구제금융 실시 및 은행의 일부 국유화 조치 등)을 지켜 보면서 미국이 주도하여 온 '작은 정부론'에 대한 현실적 설득력에 많은 경제학자들이 회의를 갖게 되었다.

[4] 자세한 내용은 제21장을 참조하기 바란다.

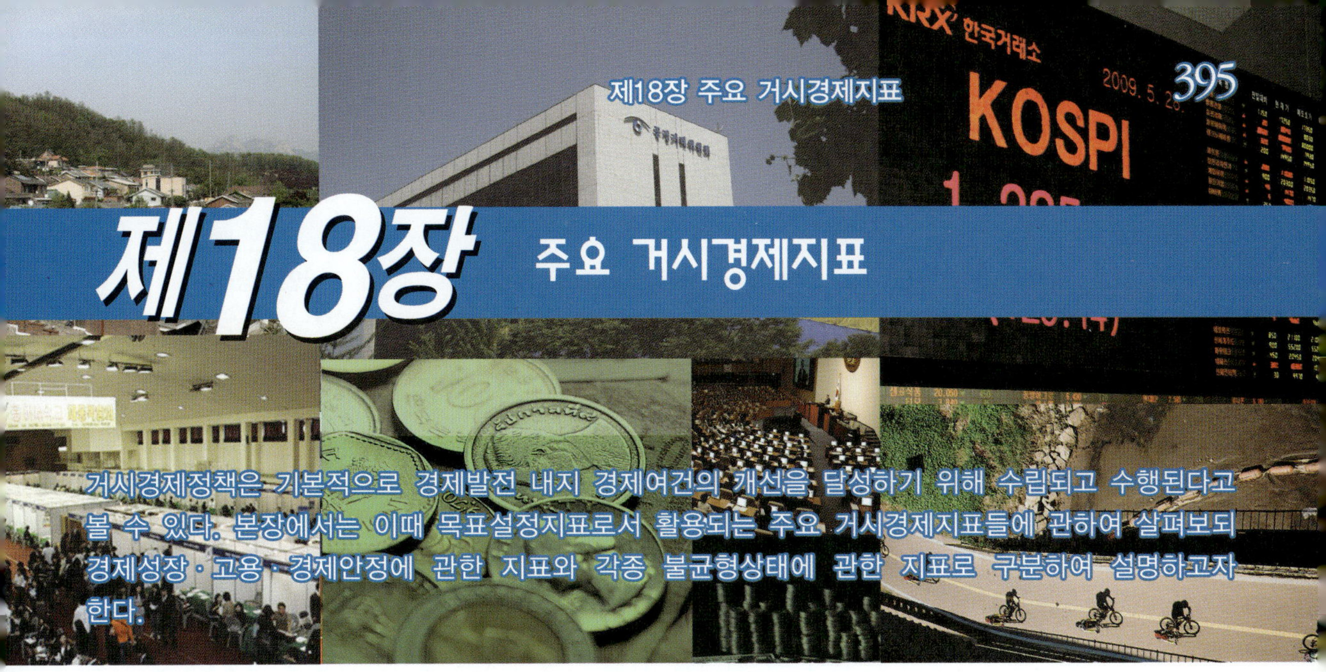

제18장 주요 거시경제지표

거시경제정책은 기본적으로 경제발전 내지 경제여건의 개선을 달성하기 위해 수립되고 수행된다고 볼 수 있다. 본장에서는 이때 목표설정지표로서 활용되는 주요 거시경제지표들에 관하여 살펴보되 경제성장·고용·경제안정에 관한 지표와 각종 불균형상태에 관한 지표로 구분하여 설명하고자 한다.

01 경제성장의 중심지표: 국민소득

(1) 국내총생산(GDP)과 국민총생산(GNP)

한 나라의 경제발전 정도를 가장 잘 대표할 수 있는 개념으로 국민소득수준을 들 수 있다. 그리고 국민소득수준이 향상되는 것을 **경제성장**(economic growth)이라 한다. 따라서 경제발전의 제1목표인 경제성장의 중심지표는 국민소득수준이라 할 수 있다. 문제는 과연 국민소득수준을 어떻게 정의하고 또 계측하느냐 하는 점이다.

> 본장에서는 경제발전 내지 경제여건의 개선을 도모함에 있어 중심이 되는 주요 거시경제지표에 대하여 살펴볼 것이다. 모든 지표 중 가장 대표적인 것으로 경제성장의 중심지표라 할 수 있는 국민소득 개념이 있다.

국민소득의 크기를 계측하는 방법은 기본적으로 세 가지가 있다. 우선 모든 경제주체들이 노동·자본·토지 및 경영과 같은 생산요소를 제공한 대가로 받은 임금·이자·지대 및 이윤을 전부 합한 값으로 산출할 수 있다. 이를 **분배국민소득**이라 한다.

한편, 경제주체들은 이처럼 벌어들인 소득을 필요한 재화 및 용역을 구매하는 데 사용하게 된다. 이때 지불한 지출금액을 전부 합한 것을 **지출국민소득**이라 한다. 지출은 어느 경제주체에 의해 행해졌는가에 따라 가계의 소비지출, 기업의 투자지출, 정부지출 및 순수출로 구분된다.❶

> 국민소득은 추계방법에 따라 분배국민소득, 지출국민소득 또는 생산국민소득 등으로 부르며 이 세 가지 국민소득의 크기는 결국 산술적으로 같아지게 된다. 이를 국민소득 3면등가의 법칙이라 한다([그림 18-1]참조).

❶ 지출국민소득에 순수출을 포함시켜야 하는 이유는 다음과 같다. 국내 또는 내국인에 의해 생산된 재화와 서비스 중 일부는 (순수출만큼) 외국이라는 경제주체에 의해 구입되어 소비되지만, 이를 포함시켜야 총지출국민소득의 규모가 국내 또는 내국인의 총생산규모와 일치하기 때문이다. 또한 순수출로부터 얻은 소득은 수출품 생산에 참여한 국내 또는 내국인에게 임금이나 지대 또는 이자 및 이윤으로 분배되므로 순수출을 지출국민소득에 포함시켜야 분배국민소득과도 같아질 것이다.

임금+이자+지대+이윤 (분배국민소득) = 소비지출+투자지출+정부지출+순수출 (지출국민소득) = 국민총생산 (생산국민소득)

그림 18-1 국민소득 3면등가의 법칙
이 그림은 국민소득수준을 추계함에 있어 분배 측면이나 지출 측면 또는 생산 측면 중 어느 측면에서 접근하든 결국 같은 값을 갖게 된다는 항등관계를 나타낸 것이다.

물론 가계가 소득을 전부 쓰지 않고 일부는 정부에 세금으로 납부하고, 또 미래를 위해 저축하기도 한다. 반면에 정부는 가계 및 기업이 납부한 세금으로 공공재와 서비스를 공급하기 위해 쓰게 되며, 이것이 바로 정부지출로 계상된다. 또 가계가 저축한 자금이 기업에게 대출되어 사업을 위해 활용되는데, 바로 이것이 투자지출을 구성한다. 사실 현실경제는 이보다 훨씬 더 복잡하게 얽혀 있다. 그러나 최종적으로 어느 경제주체에 의해 지출되든 그 총합은 결국 총소득과 같아진다.

그런데 가계가 벌어들인 총소득(분배국민소득)을 모두 처분한 총금액(지출국민소득)의 크기는 이들이 소득의 처분과정, 즉 지출과정에서 구매한 재화와 용역의 총시장가치와 같아지게 된다. 이를 **생산국민소득**이라 한다.

결국 산술적으로 세 가지 국민소득의 크기는 같아지게 되는데, 이를 **국민소득 3면등가의 법칙**이라 한다. 이러한 관계를 도표로 표현한 것이 [그림 18-1]이다.

이들 중 산출상의 편의성과 정책적 유용성으로 인해 생산국민소득 개념인 GNP가 주로 활용되어 왔다.

그러면 이러한 국민소득 개념 중 어떤 것을 주로 활용할 것인가 하는 문제가 발생한다. 자료의 집계 내지 산출상의 편의성과 정책적 유용성 등으로 인해 전통적으로 생산국민소득 개념인 **국민총생산**(gross national product: GNP)이 활용되어 왔다. 이를 보다 공식적으로 정의하자면 다음과 같다.

국민총생산(GNP)이란 일정 기간 동안 한 국가의 국민에 의해 생산되어 최종적으로 소비된 재화와 서비스 가치의 합으로 정의된다.

국민총생산(GNP)이란 일정 기간(통상 1년 또는 1분기) 동안 어느 한 국가의 국민에 의해 생산되어 최종적으로 소비 또는 사용되는 재화와 서비스의 가치를 전부 더한 값으로 정의된다.

그런데 최근 세계화가 급진전되면서 자본은 물론 노동의 국제간 이동이 빈번해졌고, 노동자의 이중국적화도 확대되어 감에 따라 국적을 기준으로 하는 국민소득 개념의 중요성이 점차 그 의미를 상실하게 되었다. 대신에 외국기업이라 하더라도 국내에서 생산을 영위하는 이상 이를 고려하는 것이 한 국가의 총생산활동수준을 나타내는 데 더욱 적절할 것이란 인식이 보다 폭넓은 지지를 받게 되었다. 국내에 진출한 외국기업의 생산활동은 내국민의 고용 및 소득증대로 이어지므로 한 국가의 경제력수준을 가늠하는 데 더욱 적절할 뿐만 아니라 고용수준과 같은 국민경제정책의 주요 목표지표와 연관도가 높은 지표로서 기능할 수 있다는 사실이 크게 부각되었기 때문이다. 이러한 인식에 근거하여 최근에는 국민총생산(GNP) 개념 대신 국내총생산(GDP) 개념이 보다 일반적으로 사용되고 있으며, 다음과 같이 정의된다.

그러나 최근 한 국가 내의 생산활동 수준이 고용 및 소득수준 등에 더 의미 있는 지표가.된다는 인식이 팽배하면서 국내총생산(GDP) 개념의 활용이 보다 일반화되고 있다.

국내총생산(GDP)이란 일정 기간(통상 1년 또는 1분기) 동안에 어느 한 나라 안에서 생산되어 최종적으로 소비 또는 사용되는 재화와 서비스의 가치를 전부 더한 값으로 정의된다.

GDP란 일정 기간 내 어느 한 국가 내에서 생산되어 최종적으로 소비된 재화와 서비스 가치의 합으로 정의된다.

이제 이상과 같이 정의된 GDP 개념을 보다 정확히 이해하기 위해 아래와 같은 중점 고려사항에 대한 설명을 추가해 본다.

첫째, GDP는 우선 **일정 기간 동안** 생산된 재화와 서비스의 가치만을 집계하는 개념으로 통상 1년을 단위로 한다(물론 분기별 GDP도 집계하지만).

둘째, GDP는 **한 나라 안에서** 생산된 재화와 서비스의 가치만을 집계하는 개념으로 생산주체의 국적과 관계없이 한 국가의 국경내에서 발생한 생산물을 모두 포함한다. 따라서 국내에 진출한 외국기업들에 의해 생산된 재화와 서비스의 가치도 포함된다. 반면, 한국 기업이라도 외국에서 생산한 재화와 서비스의 가치는 제외된다. 바로 이 점이 GNP 개념과 결정적으로 다른 부분이다. GNP의 경우에는 생산지와는 상관없이 내국인에 의해 생산된 재화와 서비스를 집계하기 때문이다.

셋째, GDP는 **최종적으로** 사용되는 재화와 서비스만의 가치를 집계하는 개념이다. 따라서 한 나라 안에서 생산되었더라도(예컨대,

밀) 다른 상품(예컨대, 식빵)을 생산하는 데 사용된 재화와 서비스의 가치는 제외한다. 중간투입물로 사용되는 재화의 가치까지 포함할 경우 이중계산이 되기 때문이다. 따라서 GDP는 **중간재**(intermediate goods and services)의 시장가치를 제외시킨 **최종재**(final goods and services)의 시장가치만을 계측하여 집계하는데, 이는 결과적으로 생산의 각 단계에서 새로 순수하게 창출된 생산가치(이를 **부가가치**, value added라 함)만을 총계한 값과 같아지게 하기 위함이다. 그렇게 함으로써 일정 기간 동안 한 국가 내에서 순수하게 창출한 시장가치 증가분의 합을 대표할 수 있기 때문이다.

지출 측면의 GDP 개념은 식 (18-1)과 같이 정의될 수 있다.

넷째, GDP 또한 GNP와 마찬가지로 3면등가의 원칙이 적용될 수 있다. 단, 경제이론과의 연계성 및 정책적 유용성 때문에 지출 측면의 GDP 개념이 주로 쓰인다. 즉,

18-1

$$\begin{aligned}\text{GDP} &= C+I+G+(X-M)\\ &= C+I+G+NX\end{aligned}$$

여기서, C: 소비지출
I: 투자지출
G: 정부수출
X: 수출
M: 수입
NX: 순수출

단, GDP가 일정 기간 동안 한 국가 내에서 생산된 최종재화와 서비스의 시장가치라 정의되지만 이를 구입 사용한 경제주체의 지출총액이란 측면에서 볼 때, 민간과 기업 그리고 정부라는 국내경제주체 외에 '외국'이라는 국외경제주체가 아울러 고려되고 있음에 유념할 필요가 있다.

즉, 지출 측면에서의 GDP 산출시에는 민간소비지출, 기업투자지출, 정부지출을 전부 합한 값에 국내에서 생산하여 해외로 수출한 재화와 서비스의 가치를 더하고 해외에서 수입한 재화와 서비스의 가치를 차감하여야 한다. 수입품을 구입하기 위한 지출은 국내에서 생산된 재화 및 서비스에 대한 지출이 아니므로 지출국민소득을 계측할 때 제외시키게 된다. 국내총생산규모와 연계되어 있지

않기 때문이다. 반면에 외국이 국내수출품을 구입하기 위해 지출한 금액이라 하더라도 국내에서 생산된 재화와 서비스에 대한 지출이므로 지출국민소득 산출에 포함시키는데, 이는 국내총생산규모와 연계되어 있기 때문이다.

(2) 국내총소득(GDI)과 국민총소득(GNI)

이상에서 우리는 경제발전 또는 성장의 주요 지표로서 국내총생산(GDP)과 국민총생산(GNP) 개념을 검토한 바 있다. 이들은 원래 생산수준을 나타내기 위해 고안된 개념이지만 한 국가의 소득수준, 나아가서는 복지수준을 나타내는 지표로도 사용되고 있다. 그런데 최근 들어 급격한 세계화와 개방의 확대로 인해 국제여건(교역조건이나 환율 등) 변화가 국내경제에 미치는 영향이 점차 커지고 있어 GDP 또는 GNP를 소득수준의 지표로 사용하기에는 부적절한 측면이 갈수록 강해지고 있다.

그런데 GDP 개념은 한 국가의 소득수준지표로 사용하기에는 부적절한 측면이 있다. 국제여건(교역조건이나 환율)의 변화에 따른 영향을 제대로 고려하지 못하기 때문이다. 이러한 한계점을 보완하기 위해 국내총소득(GDI) 개념이 활용되고 있으며 식 (18-2)와 같이 정의된다.

예컨대, 국내총생산(GDP)은 해외부문에서의 여건이 변화함에 따라 **국민총소득**(GNI)수준을 반영하기 어려워진다는 점을 들 수 있다. GDP는 기본적으로 국내에서 생산한 재화 및 서비스의 국내시장가치를 합한 것이다. 그런데 이들 중 수출하게 되는 재화와 서비스의 국제가격(즉, 수출가격)이 떨어지면 수출을 통해 벌어들인 소득은 이들을 수출하지 않고 국내에서 판매하였을 경우에 비해 낮아지게 된다. 반면에 외국에서 생산되어 국내로 수입되는 재화와 서비스의 국제가격이 오르면, 이들은 국내가격으로 구매할 경우보다 실제 구입가능한 물량이 줄어듦으로써 실질소득이 감소하는 결과를 초래한다. 따라서 수출품과 수입품 간의 상대가격비율, 즉 **교역조건**(terms of trade)의 변화에 따라 초래되는 한 나라(국민)의 실질구매력의 변화내용을 감안하여야 실제 국민총소득(GNI) 개념에 충실할 수 있을 것이라 할 수 있다. 이러한 인식하에 우선 **국내총소득**(GDI)을 다음과 같이 정의한다.

18-2

국내총소득(GDI) = 국내총생산(GDP)
+ 교역조건 변화에 따른 무역손익

국민소득과 가처분소득

국민소득과 가처분소득의 크기를 GNP나 GDP 대신 국민총소득(GNI)으로 나타내더라도 이는 가계가 실제 마음대로 쓸 수 있는 소득, 즉 이른바 **가처분소득**(disposable income: DI)과는 거리가 있다. 가계가 임의로 처분가능한 소득의 크기, 즉 가처분소득은 다음과 같이 정의된다.

> 가처분소득=국민총소득−감가상각
> −사내유보이윤−각종 세금
> +이전지출

우선 국민총소득(GNI) 중에는 시간경과에 따라 마모로 인해 점차 그 가치가 떨어지는 자본재(장비나 구조물 등)의 실질가치를 보충하거나 완전히 소모된 자본재를 대체하기 위해 생산·투입된 자본재의 가치, 즉 **감가상각**(액)이 포함되어 있다. 따라서 우선 이를 제외시켜야 실제로 새로이 창출된 국민소득의 크기를 도출할 수 있다. 이러한 관점에서 이처럼 국민총소득에서 감가상각액을 뺀 다음 이를 **국민순소득**(net national income: NNI)이라 정의하고 있다.

한편, 국민순소득은 임금·지대·이자·이윤 등의 형태로 가계소득으로 귀속된다고 볼 수도 있다. 그런데 기업은 이윤을 모두 배당금으로 지급하지 않고 그 중 일부를 장래에 대비하여 회사 내에 남겨 보관하게 된다. 이를 **사내유보이윤**이라 한다. 따라서 실제 가계에 귀속된 배당소득은 기업이윤 중 사내유보분을 뺀 값과 같아질 것이다. 그런데 이처럼 도출된 소득 또한 모두를 가계가 마음대로 쓸 수 있는 소득과는 아직 거리가 있다. 귀속된 소득 중 일부는 각종 **세금**으로 납부해야 하기 때문이다. 반면 정부나 기업이 가계에 무상으로 제공한 이른바 **이전지출**은 가계가 자의로 처분가능한 소득으로 귀속시켜야 실제의 가처분소득을 도출할 수 있을 것이다. 상기의 가처분소득 정의식은 이상과 같은 제반 특성을 함께 고려하여 정의된 것이다.

지금까지 소개한 제반 국민소득 개념 간의 관계를 보다 쉽게 이해시키기 위해 다음과 같은 시각적 설명도표를 작성해 보았다.

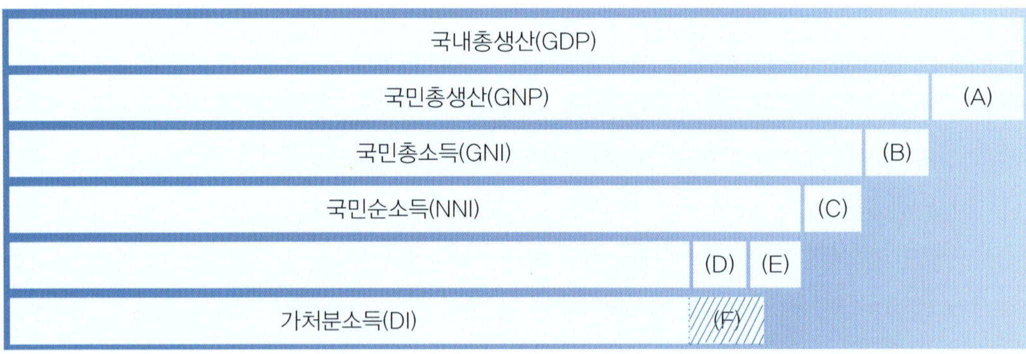

(A): 대외순수취요소소득(−로 가정)
(B): 교역조건 변화에 따른 실질무역손익(−로 가정)
(C): 감가상각
(D): 사내유보이윤
(E): 각종 세금
(F): 이전지출(+로 가정)

한국과 같이 작은 **개방경제**(small open economy)를 갖고 있는 국가의 경우 국제교역가격에 아무런 영향을 미칠 수 없는 반면, 세계화 진전에 따른 무한경쟁에서 살아남기 위해서는 자국의 수출품 가격은 하향조정해야 할 압박을 받게 된다. 한편, 원유와 같은 자연자원 및 고부가가치 제품에 속하는 선진 제국으로부터의 주요 수입품 가격은 상대적으로 상승하는 경향이 있다. 따라서 이로 인한 교역조건 변화의 영향을 고려해야 비로소 한국의 실질적 소득을 대변할 수 있게 되며, 바로 이러한 관점에서 GDP 대신 GDI를 사용하는 것이 적절하다고 볼 수 있다.

그런데 국내총소득(GDI)은 국경을 기준으로 정의한 개념이므로 명실상부한 국민총소득(GNI), 즉 국적을 기준으로 하는 별도의 개념이 필요하다. 이러한 인식하에 국민총소득은 다음과 같이 정의되어 활용되고 있다.

한편, GDI가 국경을 기준으로 정의된 개념이므로 국적을 기준으로 하는 별도의 개념이 필요해진다. 이러한 인식하에 국민총소득(GNI) 개념이 활용되고 있는데, 식 (18-3)과 같이 정의된다.

한 나라 국민의 실질적인 소득, 그리고 나아가서는 복지수준을 나타내는 데에는 국내총소득보다는 국민총소득이 더 적절한 개념이라는 차원에서 창출된 개념이다.

18-3

국민총소득(GNI) = 국내총소득(GDI) + 대외순수취요소소득

(3) 잠재GDP

실제 계측된 GDP와 대비되는 개념 중 가장 큰 주목을 받아 온 개념으로 **잠재GDP**(potential GDP)를 들 수 있다. 이는 한 국가에 부존되어 있는 자본 · 노동 등의 생산요소를 모두 생산에 투입할 때 달성가능한 최대 GDP라고 정의되며, 계측시점에서 본 한 국가의 장기적 성장가능성 평가지표로 활용되기도 한다. 그런데 보다 현실적인 차원에서의 개념으로는 실제 고용이 가능한 모든 생산요소를 투입할 경우에 달성할 수 있는 GDP수준이라 정의되고 있다. 예컨대, 어쩔 수 없이 발생할 수밖에 없는 실업률(이를 자연실업률이라 함)을 허용하는 가운데 성취가능한 최대 GDP수준으로 이해할 수 있다. 물론 그렇다면 과연 자연실업률을 어느 정도로 잡을 것인가 하

이상에서 살펴본 공식적인 경제성장 내지 소득지표 외에 잠재GDP란 개념이 별도로 활용되고 있다. 이는 실제 고용 또는 활용이 가능한 모든 생산요소를 투입할 때 달성가능한 가상적 GDP수준을 일컫는 것이다. 물론 이는 정확히 계측하기 어려운 개념이라는 한계성이 있지만 실질 GDP수준과 대비시켜 현재상황이 경기과열인지 여부를 판정하는 데 유용한 개념이라 할 수 있다.

는 문제 등 기술적으로는 객관성 있는 잠재GDP를 정확히 계측하기는 어려운 측면이 있다. 이러한 이유로 인해 우리나라의 경우 잠재GDP를 공식적으로 추계하지는 않고 있다. 다만 한국은행이나 학계에서 연구목적상 이를 추계하여 활용할 뿐이다.

그러면 이와 같이 계측상의 어려움도 있고 계측되더라도 이의가 제기될 여지가 항상 내재된 이러한 개념에 왜 관심을 가질까? 그것은 이것이 갖는 학술적 유용성 때문이다.

예컨대, 잠재GDP가 적절히 계측되었다고 가정하고 일단 실제GDP에서 잠재GDP의 값을 차감한 값을 통상 **GDP갭**(gap)이라 정의한다. 만일 이렇게 산출된 GDP갭이 '–'값을 가지면 한 나라의 경제가 최대생산가능한 수준보다 낮은 상태에서 조업하고 있다는 의미가 된다. 이러한 경우에는 인플레이션을 가속화시키지 않고도 유효수요 증대를 통해 실업률을 낮출 수 있다고 판정할 수 있다. 반면, GDP갭이 '+'값으로 산출되면 이는 실제GDP가 잠재GDP보다 크다는 의미가 되므로 경기가 과열되고 인플레이션이 가속화될 가능성이 높다고 판단하여 총수요를 억제해야 한다는 정책제안을 낼 수 있게 되는데, 바로 이러한 정책적 함의를 도출할 때 잠재GDP 개념의 유용성이 있기 때문이다.

(4) 명목GDP와 실질GDP

이와는 별도로 GDP 개념을 실제 계측함에 있어 두 가지 서로 다른 기준이 활용되고 있음에 유념할 필요가 있다. 매년 각국이 추계하는 GDP는 해당연도 가격을 이용하여 작성된다. 이를 명목GDP라 한다. 이러한 명목GDP는 매년 다른 가격기준에 의거 추계되므로 상호비교하기 곤란하다. 이러한 문제점을 해결하기 위해 특정 연도(보통 5년마다 한 번씩 기준연도를 변경) 가격을 공동의 기준으로 삼아 각 연도 GDP를 계측하여 사용하고 있는데 이를 실질GDP라 한다.

매년(또는 매분기) 각국이 추계하는 GDP는 해당 연도(또는 분기)의 재화 및 서비스가격을 이용하여 시장가치가 산출된다. 그런데 해마다 재화 및 서비스가격은 변화하게 된다. 따라서 여러 해에 걸쳐 추계된 GDP값들의 실질가치는 서로 비교할 수 없게 된다. 일단은 생산된 재화와 서비스의 질이 동일하다는 가정하에 매년 생산된 재화와 서비스의 시장가격을 같은 기준으로 통일시켜야 할 필요가 있다.

예컨대, 2000년부터 2004년까지 산출된 재화와 서비스의 총생산량을 2000년도 시장가격으로 계측해 보는 것이다. 그렇게 함으로써 각 연도의 실질적 생산수준을 비교할 수 있기 때문이다. 이러한 용도를 위해 기준연도의 재화 및 서비스 시장가격으로 추계한 GDP를 **실질GDP**(real GDP)라 한다. 이러한 실질GDP 추계치는 매 5년마다 기준시기를 바꿔 가며 산출하되 가장 최근에 설정된 기준시기에 근거하여 계측된 값을 주로 사용한다. 실질GDP라 하더라도 현재의 시장가치와 너무 거리가 먼 시기의 시장가치로 계측된 것은 현실감이 떨어질 것이기 때문이다. 현재의 기준시점은 2005년이고, 다음 기준시점은 2010년이 될 것이다.

반면, 각 연도마다 해당 연도의 시장가격으로 생산가치를 추계한 GDP를 **명목GDP**(nominal GDP)라 부른다. 그리고 실질GDP와 명목GDP 간의 상대적 비율은 **GDP 디플레이터**(GDP deflator)라 정의되는데, 일종의 물가지표 성격을 갖는다.

한편, 명목GDP와 실질GDP 간의 비율을 GDP 디플레이터라 정의하는데, 이는 일종의 일반물가지수의 의미를 갖는다(식 (18-4) 참조).

$$\text{GDP 디플레이터} = \frac{\text{명목GDP}}{\text{실질GDP}} \times 100 \qquad (18\text{-}4)$$

결국 명목GDP는 재화와 서비스 생산량의 가치를 해당 연도 가격으로 계측한 것인 반면, 실질GDP는 생산량의 가치를 기준연도 가격으로 환산한 것이라 할 수 있다. 따라서 실질GDP는 가격변화로 인한 영향을 제거함으로써 재화와 서비스의 생산량 변동내용을 독립적으로 파악할 수 있는 지표로 이해할 수 있다.

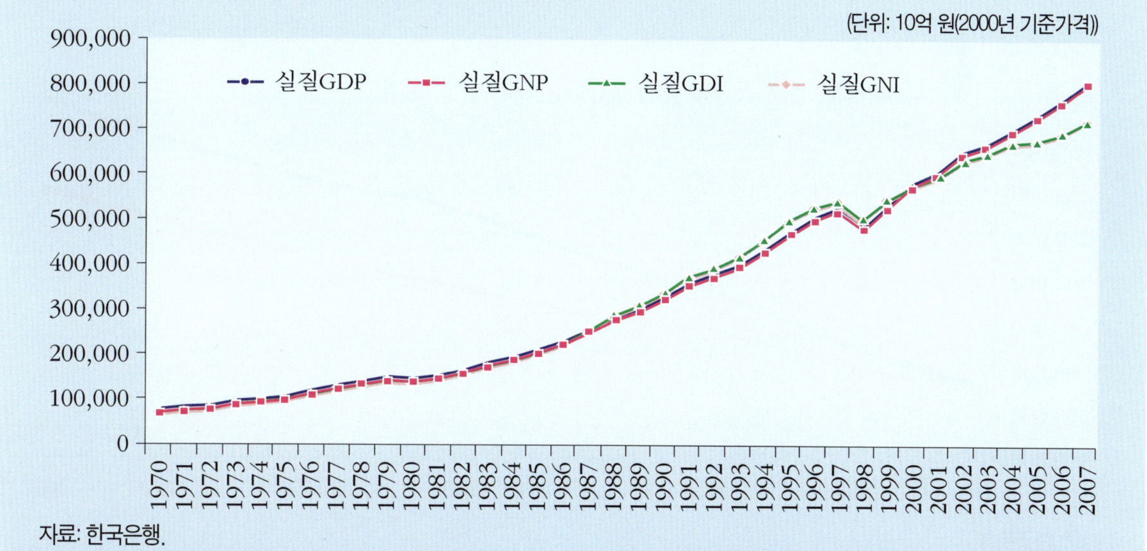

자료: 한국은행.

그림 18-2 1970년 이후 GNP와 GDP, 그리고 GNI와 GDI

한국은 상대적으로 외국기업의 국내생산비중이 낮아 실질GDP와 실질GNP가 큰 차이를 보이지 않고 있다. 한편, 실질GDI와 실질GNI는 외환위기 이전에는 실질GDP와 실질GNP보다 큰 값을 가졌으나 이후 대외경제부문의 여건이 악화되면서 오히려 작은 값을 갖게 된 것으로 나타났다.

당초 GDP를 추계하는 원천적 이유는 한 나라 경제의 생산활동 내용 및 수준을 대변할 수 있는 지표를 활용하기 위해서였다. 이러한 측면에서 볼 때, 실질GDP는 명목GDP보다 우월한 경제성장(이나 발전)의 지표라 볼 수 있다. 따라서 통상 경제성장률을 산출할 경우에는 실질GDP의 변화율을 사용하고 있다.

[그림 18-2]는 1970년 이후의 GNP와 GDP, 그리고 GNI와 GDI(2000년 기준 불변가격 표시)를 도표로 나타낸 것이다. [그림 18-2]에서 볼 수 있듯이, 전체 분석기간중 GNP는 GDP보다 그리고 GNI는 GDI보다 약간 큰 값을 기록하고 있으나 그 차이가 크지 않아 도표상에는 거의 중복된 형태로 나타나고 있다.

[그림 18-3]은 2000년 이후의 실질GDP와 명목GDP를 대비시켜 놓은 것이다. 실질GDP가 2000년 기준 불변가격으로 표시되었기 때문에, 기준연도인 2000년에는 명목GDP와 같은 값을 갖는다. 그러나 실질GDP는 명목GDP에서 물가상승분을 차감한 것이므로 2001년 이후부터는 명목GDP보다는 낮은 값을 보여 주고 있다. 예상대로 최근에 이를수록 두 변수 간 차이가 확대된 것으로 나타

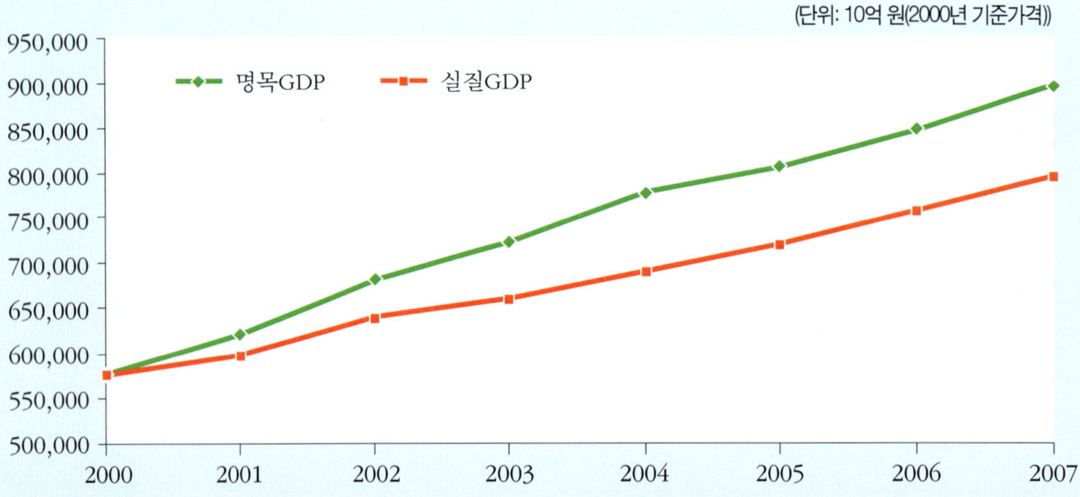

자료: 한국은행.

그림 18-3 실질GDP와 명목GDP

실질GDP와 명목GDP 간의 차이는 물가상승률을 대변한다. 두 변수 간의 격차가 점진적으로 확대는 되고 있으나 증가세가 2007년까지는 매우 완만한 추세를 보여 주고 있어 분석대상 기간중 물가가 상당히 안정적이었다고 볼 수 있다.

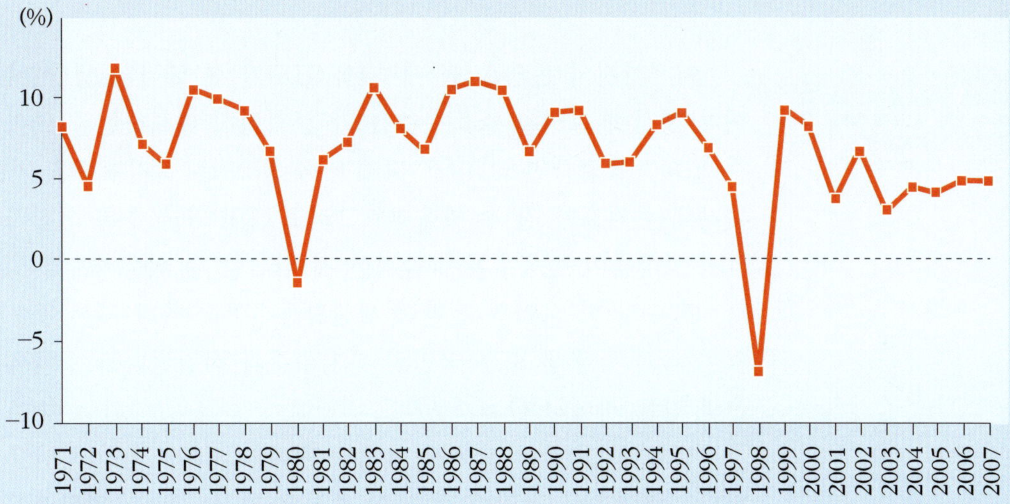

그림 18-4 실질GDP성장률

실질GDP성장률의 장기적 추세선이 미세하나마 하강구조를 가진 것으로 나타나 있다. 1980년은 제2차 원유파동 및 국내정치 불안, 그리고 1998년은 외환위기로 인해 음(−)의 성장률을 기록한 바 있다.

났지만 그 차이의 변화폭은 매우 미미하였다. 그 이유는 분석대상 기간중 물가변화율이 대체적으로 하향안정적이었기 때문이라 볼 수 있다.

한편, [그림 18-4]는 1973년 이후 경제성장률을 도표로 표시한 것이다. 그런데 우리가 통상적으로 경제성장률이라 부르고 있는 용어는 실제로는 1인당 실질GDP증가율을 의미하는 것이다. 이처럼 경제성장률을 정의하고 있는 것은 물가상승률을 차감해야 실질성장률을 대변할 수 있다는 점과 인구증가에 따른 자동적인 GDP 증가현상을 제거해야 의미가 있고 상호비교가 가능한 실질경제성장률이 정의될 수 있기 때문이다. [그림 18-4]에서처럼 1970년 이후 한국은 크게 보아 세 차례에 걸쳐 극심한 경기침체를 경험한 바 있다. 두 차례(1973~1975년, 1978~1980년)에 걸친 원유파동 시기와 외환위기(1997~1998년) 시기가 이에 해당된다. 특히, 이들 중 원유파동 시기에는 물가마저 크게 올라 물가상승과 경기침체가 복합된 이른바 **스태그플레이션**(stagflation)현상이 촉발되기도 하였다.

(5) GDP 개념의 한계성

그런데 실질GDP가 한 국가의 생산활동수준 또는 소득수준을 가장 잘 대변해 줄 수 있는 지표라 하더라도 경제적 후생이나 복지수준을 대변해 줄 수 있다고 보기는 어렵다.

이제까지의 논의로 볼 때 (실질)GDP가 한 나라의 생산활동수준이나 생산력 그리고 소득수준을 가장 적절히 대표하는 지표라고 할 수 있다. 그렇다면 GDP가 경제적 후생 또는 복지수준을 가장 잘 나타내는 지표가 될 수 있을까? 그리고 GDP가 클수록 선진국이고, GDP성장률이 높을수록 바람직한 것이라 할 수 있을까?

GDP란 한 나라의 전반적 생산활동수준을 나타내는 것일 뿐 이것이 국가의 후생 또는 국민의 복지수준과 직결된다고 보기에는 다음과 같은 점에서 한계가 있다.

왜냐하면, 실질GDP 산출시 주부의 가사노동이나 자원봉사 또는 시민단체의 활동처럼 시장에서 거래되지 않는 행위, 그리고 기타 공식적으로 집계되지 않는 행위, 예컨대 지하경제활동 규모 등이 제외되기 때문이다.

첫째, GDP란 시장에서 거래된 재화와 서비스의 가치만을 계상한다는 점을 들 수 있다. 따라서 주부의 가사노동, 자원봉사자나 시민단체의 활동 등은 국민경제에 크게 기여하고 있음에도 불구하고 시장에서 대가를 지불하고 구매하거나 거래되지 않기 때문에 GDP 산출에서 제외된다. 따라서 전업주부가 많은 후진국의 GDP는 여성들도 대부분 취업하는 것이 일반화된 선진국에 비해 과소평가될 가능성이 높다.

둘째, GDP는 불법적으로 거래된 것, 또는 거래내용이 공식적으로 집계되지 못한 것을 제외하고 산출된다. 따라서 밀수나 마약거래는 물론 탈세나 각종 뇌물수수행위, 그리고 공금유용행위 등은 불법적 특성 때문에 거래가 비밀리에 이루어지므로 GDP에 계상될 방법이 없기 때문이다. 비록 바람직한 경제행위는 아니지만 생산활동임에는 틀림이 없으므로, 공식적으로 집계된 국내총생산의 수치와 실제로 그 경제 안에서 발생한 생산활동수준의 크기와는 차이가 발생할 수밖에 없다.

물론 공식적으로 집계되지 않는 모든 경제행위가 불법적이라 할 수는 없다. 예컨대, 길거리 노점상의 상거래, 각종 유흥업종에서의 봉사료 등 현실적으로 과세당국이 거래사실을 확인할 수 없는 제반 생산활동도 GDP 계상에서 제외될 수밖에 없다.

이상에서처럼 불법적인 성격으로 인해 거래가 당사자들 간에 은밀하게 이루어지는 행위와 제반 여건이나 제도적 한계성으로 인해 거래사실을 확인할 수 없는 행위를 총괄하여 **지하경제**(underground economy)라 부른다. 일반적으로 제도와 여건이 제대로 갖추어지지 못한 후진국들의 경우 지하경제 규모가 선진국에 비해 큰 경향을 갖고 있다. 미국, 일본 등의 지하경제 규모는 GDP의 10% 수준에 머무르고 있으나 한국의 경우는 40% 내외에 달하는 것으로 분석하는 학자도 있다.

셋째, GDP는 단순히 최종생산물의 가치만을 자동적으로 집계한 것이기 때문에 생산활동과 관련하여 발생하는 제반 부작용을 고려하지 못한다. 예컨대, 경제성장 과정에서 초래된 환경파괴나 오염(공기 및 수질), 자원의 고갈, 그리고 교통의 혼잡과 범죄의 증가는 물론 노동자의 여가 감소와 과도한 경쟁으로 생기는 정신적 압박 등으로 인한 경제적 후생의 감퇴를 고려하지 못하는 것이다. 이처럼 경제적 복지에 미치는 부정적 효과를 적절히 고려하지 못하는 이상 GDP는 실제의 경제복지수준을 과다계상할 가능성이 매우 높다.

또한 실질GDP는 생산과정에서 유발되는 환경오염, 자원고갈, 교통혼잡, 여가의 감소와 같은 복지에 부정적 효과를 미치는 부작용을 고려하지 못한다는 문제가 있다.

이상과 같은 한계성을 보완하기 위하여 환경적 영향을 감안한 이른바 **녹색GDP** 또는 각종 후생적 영향까지 고려한 **경제후생지표**(measure of economic welfare: *MEW*)나 **순경제후생**(net economic welfare: *NEW*) 등이 제안되기도 하였다.[2] 그러나 이들 개념은 현실적인 계측상의 애로, 적절한 시장가치로의 환산상의 한계성 등으로 인해 실용화되지 못하고 있다. 따라서 아직도 다소의 한계성은 있으나 GDP를 대신할 경제복지지표는 찾아볼 수 없다. 따라서 GDP의 의미와 한계성을 적절히 인식한 후에 이들 지표를 제한적으로 활용할 수밖에 없다.

이러한 한계성을 보완하기 위해 경제후생지표(MEW)나 순경제후생(NEW) 개념 등이 제안되었으나 계측상의 애로 등으로 인해 실용화되지 못하고 있다.

❷ 즉, **토빈**(James Tobin)과 **노드하우스**(William Nordhaus)는 GDP에 주부의 가사노동과 여가의 가치를 더한 다음 각종 공해로 인한 사회적 비용을 차감한 *MEW*라는 지표를 제안한 바 있다.

$$MEW = \text{GDP} + \text{주부 가사노동의 가치} + \text{여가의 가치} - \text{각종 공해비용}$$

한편, **사무엘슨**(Paul A. Samuelson)은 *NEW*라는 지표를 제안하기도 하였는데, 상기 *MEW* 개념과 거의 흡사하지만 지하경제 규모까지 고려할 것을 권고한 바 있다.

세계 주요 국가의 지하경제 규모

〈표 18-1〉은 슈나이더(Schneider)와 엔스테(Enste)가 2000년에 발표한 세계 주요 국가의 지하경제 규모를 GDP 대비 비율(%)로 나타낸 것이다. 편의상 조사대상국을 개도국 및 신흥공업국과 체제전환국 그리고 OECD 회원국으로 분리 제시하였다. 그룹별로 조사자, 조사방법, 조사시기가 약간씩 상이하기 때문이다. 이러한 상이점을 일단 무시한 채 지하경제 규모의 경제비율을 비교해 보면 다음과 같은 특징들을 발견할 수 있다.

① 관료주의와 부패가 심한 개발도상국에서는 지하경제 규모가 상대적으로 크다. 조사대상국 중 최고를 기록한 나이지리아(76%)를 필두로 타이(71%)와 이집트(68%) 등이 높은 지하경제 규모를 보여 주고 있다. 한국(38%)은 아시아의 신흥공업국인 홍콩(13%)이나 싱가포르(13%)보다 높은 지하경제 규모를 갖고 있는 것으로 나타났는데, 이는 1960년대 이후 정부가 경제개발계획을 주도적으로 추구하여 온 중앙집권적 관리경제체제로 인한 정경유착 및 공직부패(예전보다 많이 개선되기는 하였지만)에 기인하는 바가 크다 할 수 있다. 한국의 지하경제 규모는 전 소련 소속 국가의 평균(35.3%)과 거의 비슷한 수준에 해당된다.

② 미국과 일본 그리고 유럽 주요국들의 지하경제 규모는 현저히 낮은 수준을 보여 주고 있으며, 조사대상국 중 스위스가 7.8%로 최하수준을 기록하였고, 오스트리아와 미국이 각각 8.6%와 8.8%를 기록하며 2, 3위를 차지하였다.

지하경제 규모는 국민경제의 발전단계나 건전성을 나타낼 수 있는 지표로 자주 활용되고 있는 바, 이런 관점에서 볼 때 한국 경제는 국민소득수준에 비해 아직 상대적으로 후진적 요소를 가지고 있다고 볼 수 있다.

표 18-1 세계 주요국의 지하경제 규모

국 가			GDP 대비 지하경제 규모(%)
개도국 및 신흥공업국 (1989~1990 기준)	아프리카	이집트	68.0
		나이지리아	76.0
	중남미	브라질	29.0
		멕시코	49.0
	아시아	한국	38.0
		홍콩	13.0
		싱가포르	13.0
		말레이시아	39.0
		필리핀	50.0
		타이	71.0
체제전환국 및 지역 (1994~1995 기준)	러시아		41.0
	전 소련 소속 국가		35.3
	동구권 국가		20.9
OECD국 (1996~1997 기준)	오스트리아		8.6
	독일		14.8
	이탈리아		27.2
	스페인		23.0
	스위스		7.8
	일본		11.3
	미국		8.8

자료: Friedrich Schneider and Dominik H. Enste, "Shadow Economics: Size, Causes and Consequences," *Journal of Economic Literature*, Vol. 38, No. 1, Mar. 2000, pp. 77~114.

부탄의 국민총행복지수

〈표 18-2〉는 머니투데이 2007년 3월 24일자 기사에 나온 「세계에서 가장 행복한 국가는?」에서 발췌한 내용이다.

히말라야 산자락 인구 65만 명의 작은 나라 부탄의 1인당 연간 소득은 1,200달러에 불과하지만, 작년 영국 레스터대학의 행복도 조사에서 세계에서 8번째로 행복한 국민으로 나타났다. 1, 2위는 덴마크와 스위스이고, 미국은 23위, 한국은 102위였다. 부탄 사람들은 진짜 행복한 것일까? 그렇다면 그 비결은 뭘까?

다음은 2007년 3월 28일(수요일) 조선일보 특파원 이인열 기자가 작성한 특파원르포 「연봉 10만 달러? 식구들 놔두고 왜 떠나」라는 기사를 거의 원문대로 전재한 것이다.

킹가(Kinga · 33)는 부탄 수도 팀부의 주택가에 있는 한 건물의 5평 남짓한 방에서 노트북 컴퓨터에 매달려 끙끙대고 있었다. 부수 1만 부에 기자도 10명뿐인 '부탄 옵서버'란 신문의 편집국장인 그의 연봉은 8,000달러에 불과한데, 이는 그가 작년 초 일본에서 거절한 '제의'와는 엄청난 금액차이가 난다.

일본 교토대 정치학박사 출신인 그는 일본의 한 대학에서 연봉 10만 달러의 교수직을 제의받았지만 귀국하였던 것이다. 왜 돌아왔을까? 킹가는 "내가 소중히 여기는 가족 · 친지들과 함께 살 수 있는 곳은 여기뿐"이라며, "나는 부탄에 있을 때 가장 행복하다"고 말하였다.

데마(26 · 여)는 팀부에서 1시간 30분 떨어진 해발 2,400m의 작은 도시 팔로의 최고급 호텔에서 매니저로 일한다. 미 콜로라도 알모사에서 커뮤니케이션을 전공하였다. "더 큰 미국 호텔시장에서 승부하고픈 욕심이 없느냐?"고 묻자, 그는 "글로벌 무대에서 일자리를 구한다고 더 행복해지는 것은 아니다"라고 하였다. 공무원 체린(27)은 작년에 초기 혈액암이란 진단을 받았다. 그의 월급은 고작 40만 원. 하지만 인도 콜카타 병원에서 석 달 동안 치료를 받고 완치되었다.

의료비 1,000만 원은 모두 정부 부담이었다. 해외치료까지 무료인 의료정책에, 해외유학 · 창업 지원에 이르는 교육도 무료다. 수도 팀부의 '13개 전통 공예 전수학교'의 놀부(Norbu · 18)는 수줍은 까까머리 청년이다. 그는 3년째 이 곳에서 목공예를 공부한다. 1년 뒤 정부로부터 20만 눌트럼(420만 원)을 융자받아 가게를 열 계획이다. 그는 "꿈을 이룰 수 있는 부탄을 사랑한다"고 말하였다.

이 무한대 복지의 돈줄은 어디서 나올까. '과도한 세금폭탄'은 물론 아니다. 이 나라 부가세 등은 겨우 10% 안팎. 인도 등에 비해 오히려 낮다. 부탄은 국토의 해발편차(240~7,500m)가 심해 수력발전으로 생산한 전기를 수출해 상당한 재원을 확보한

표 18-2 세계에서 가장 행복한 국가

순위	국가	인구(만)	기대수명(년)	1인당 GDP($)
1	덴마크	550	77.8	34,600
2	스위스	720	80.5	32,300
3	오스트리아	820	79	32,700
4	아이슬란드	30	80	35,600
5	바하마	30	65.6	20,200
6	핀란드	520	78.5	30,900
7	스웨덴	900	80.5	29,800
8	부탄*	65	55	1,200
9	브루나이	38	75	23,600
10	캐나다	3,300	80	34,000
11	아일랜드	400	77.7	41,000
12	룩셈부르크	47	79	55,600

주: * 원래 2007년 3월 24일자에 거제된 부탄 관련 자료와는 다소 상이함.

다. 또 히말라야 만년설이 어디서든 보이는 절경 덕분에 해마다 관광객이 급증한다. 경제는 지난 1985년 이후 매년 6~7%의 성장률을 보인다. 전직 공무원 카르마 왕추크(Wangchuk · 47) 박사는 "세금보다 더 많은 서비스를 받으니, 사람들이 행복한 것"이라고 말하였다.

부탄 사람들의 행복감에는 종교적인 이유도 작용한다. 부탄 국립도서관 용텐 다르게(Yonten Dargye · 39) 수석연구원은 "웬만한 가정에는 모두 불상을 모시고 있다"며 "종교적인 삶이 강한데다 성품이 워낙 천성적으로 순박한 것이 행복의 비결"이라고 말하였다. 나라 전체에 정신과 의사가 두 명뿐이다.

하지만, 부탄 사람들의 행복엔 반론(反論)도 많다. '통제'가 쉬운 작은 나라일 뿐 아니라, 외부와도 고립되었다는 것이다. 1998년에야 TV 방영이 시작되었다. 민간신문사도 두 곳뿐이다. 그래서 지금의 행복은 '무균(無菌)상태의 행복일 뿐'이란 평가도 나온다.

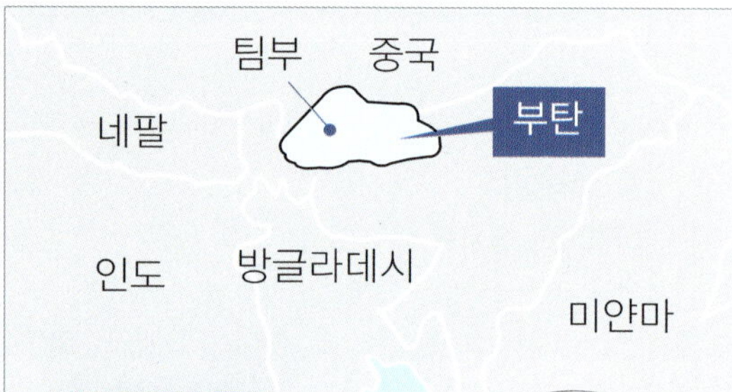

부탄 개요

- 인구 65만명
- 면적 4만 7000㎢
- 1인당 국민소득 1,200달러
- 평균수명 66세(*54세)
- 1,000명당 유아사망률 61명(*98.4명)
- 1998년 TV 방영, 2003년 휴대폰 사용 시작

〈출처: 부탄 통계청, *는 미 CIA 팩트북〉

부탄은 여러모로 독특하다. 나라 전역에서 담배판매가 금지되었고, 기계보다 사람이 효율적이라는 이유로 교통신호등이 하나도 없다. 그러나 무엇보다 부탄을 유명하게 한 것은 1998년 지그메 싱기에 왕추크(Sigme Singye Wangchuck · 52) 왕이 도입한 GNH(Gross National Happiness, 국민총행복) 개념이다. 물질주의가 해결하지 못하는 정신적 행복을 추구한다는 이 GNH는 ▲지속가능한 경제발전 ▲철저한 자연보호 ▲전통과 문화에 대한 자긍심 증진 ▲좋은 국가통치란 '행복의 4가지 기둥'으로 평가된다.

02 고용의 중심지표: 실업률

경제발전 또는 경제여건 개선의 평가에 있어 경제성장률과 더불어 중시되는 지표로 고용률 또는 **실업률**을 들 수 있다. 고용이란 국민의 기본 생존권을 보장하고 나아가서는 국민복지 증진의 기초를 마련하는 자본주의 시장경제의 필수불가결한 경제행위이다.[3] 또한 고용이란 현대사회의 건전한 질서유지 차원에서는 물론 거시경제정책적 차원에서의 경기대책에 매우 중요한 경제지표로 인식되고 있다. 이러한 이유로 완전고용의 달성은 경제성장, 물가안정 그리고 정부재정과 국제수지 균형 등과 더불어 국가경제의 주요 정책목표가 되고 있다.

❸ 자본주의가 성립된 이후 노동자들은 봉건적 예속에서 벗어난 자유인으로 자신들이 소유한 가장 원천적인 노동이란 생산요소를 자유롭게 제공하여 소득을 얻을 수 있게 된 것이라 볼 수 있다. 따라서 근대 시민사회의 주인인 일반근로자들의 기본권은 바로 이들의 본원적 생산요소인 노동력이 시장에서 원만하게 고용될 수 있도록 노력하는 것이 근대국가의 가장 큰 사명 중 하나가 될 것이다.

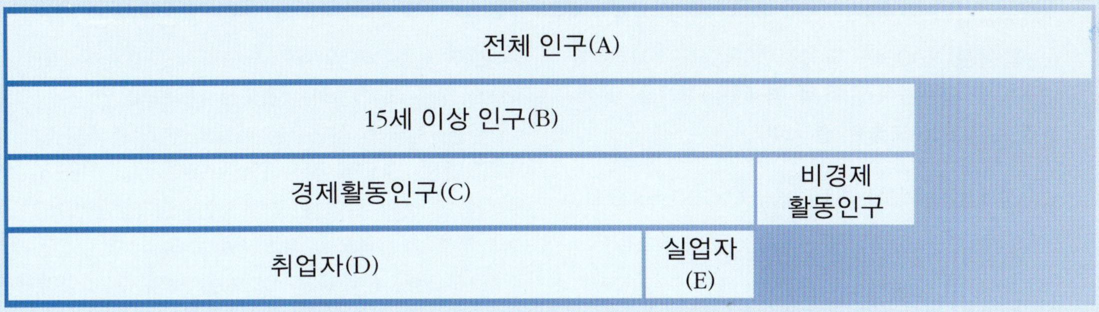

그림 18-5 경제활동인구와 실업률
실업자란 15세 이상 경제활동인구 중 비자발적으로 미취업상태에 있는 자의 비율을 의미한다.

경제발전 또는 경제여건 개선의 또 다른 주요 평가지표로 실업률을 들 수 있다. 실업률이란 15세 이상 인구 중 비경제활동인구를 뺀 경제활동인구 중 실업자비율로 정의된다.

우리나라에서는 통계청이 매월 편제하는 경제활동인구 조사를 통해 전체 인구, 15세 이상 인구, 경제활동인구, 취업자 및 실업자 현황 등을 조사한 다음 이에 근거하여 경제활동참가율, 실업률 등을 파악하여 제공한다.

[그림 18-5]는 우리나라에서 정의하고 있는 고용관련 지표의 내용을 도시하여 주고 있다. **경제활동참가율**과 **취업률**, 그리고 **실업률**은 각각 다음과 같이 정의된다.[4]

$$\text{경제활동참가율} = \frac{C}{B} \times 100 \tag{18-5}$$

$$\text{취업률} = \frac{D}{C} \times 100 \tag{18-6}$$

$$\text{실업률} = \frac{E}{C} \times 100 \tag{18-7}$$

❹ 한편, **비경제활동인구**란 만 15세 이상 인구 중 취업자도 실업자도 아닌 사람, 즉 일할 능력은 있어도 일할 의사가 없거나 아예 일할 능력이 없는 사람을 말한다. 이를테면 집안에서 가사에 종사하는 가정주부, 학생, 연로자와 불구자, 자발적으로 자선사업이나 종교단체에 관여하고 있는 사람들이 포함된다.

한국의 인구구성 내용

다음은 2006년 통계청의 KOSIS 자료(〈표 18-3〉)를 이용하여 한국의 경제활동참가율 및 취업률, 실업률을 도출한 결과이다.

$$\text{경제활동참가율}\left(\frac{C}{B}\right)=\frac{23{,}978}{38{,}762}\times100=61.9\%$$

$$\text{취업률}\left(\frac{D}{C}\right)=\frac{23{,}151}{23{,}978}\times100=96.6\%$$

$$\text{실업률}\left(\frac{E}{C}\right)=\frac{827}{23{,}978}\times100=3.4\%$$

한국의 실업률은 선진국에 비해 상대적으로 낮게 추계되는데, 이는 아직 한국이 농림어업부문 취업자(이들은 100% 고용된 것으로 파악) 비중이 상대적으로 높고 자영업자와 무급가족 종사자가 상대적으로 많은 데 기인하는 것으로 분석되고 있다.

한편, 한국의 인구구성 내용의 변화 추세를 알아보기 위해 그림을 작성하여 보았다. [그림 18-6]에 나타난 바와 같이 한국의 총인구증가율은 1970년대 이후 지속적으로 감소하여 왔고, 현재는 선진국보다도 낮은 증가율(약 0.2%)을 보여 주고 있다. 이는 여성의 사회참여 증가에 따른 출산율 저하(2006년 현재 1.08명[5])에 주로 기인하는 것으로 알려져 있다.

반면에 실업률은 1990년대 중반까지는 3%를 유지할 만큼 낮은 수준에 머물러 있었지만 1997년 외

표 18-3 한국의 인구구성 (단위: 천 명)

구분	인원
전체 인구(A)	48,297
15세 이상 인구(B)	38,762
경제활동인구(C)	23,978
취업자(D)	23,151
실업자(E)	827

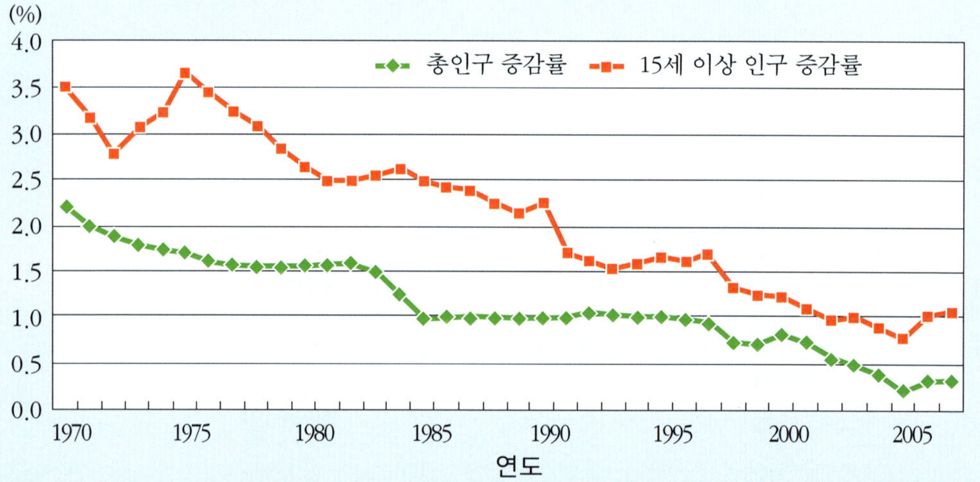

그림 18-6 총인구 및 15세 이상 인구 증감률
한국의 총인구증가율은 점차 감소 추세를 보이고 있으며 15세 이상 인구증가율은 더욱 빠른 속도로 감소하고 있다.

[5] 우리나라 여성 한 명이 가임기간 중 낳는 평균자녀수를 나타낸다.

환위기시에는 7% 이상까지 치솟았고, 2000년 이후에는 일단 안정기조를 되찾아 가고 있는 것으로 나타났다([그림 18-7] 참조). 그러나 실업률은 아직 외환위기 이전 수준보다는 높은 수준에 머물러 있을 뿐만 아니라 비정규직 취업자의 대폭적 증가와 청년실업자의 급증, 그리고 조기퇴직에 따른 장년층 실업자의 급증 등 질적인 측면에서 많은 문제를 안고 있다.

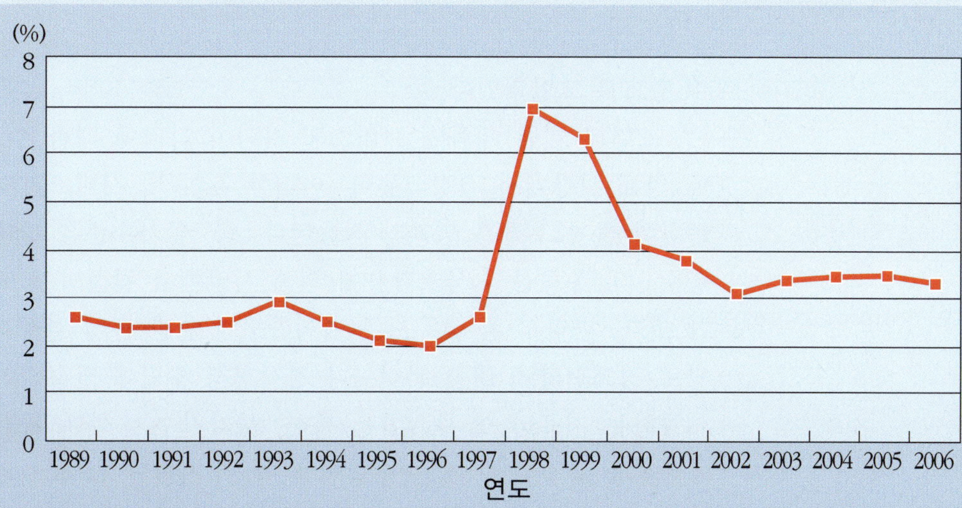

그림 18-7 실업률
외형상 한국의 실업률은 외환위기 전후 시기를 제외하고는 대체로 3% 안팎의 수준에 안정되어 있다. 그러나 보다 구체적인 측면에서는 다양한 문제점을 갖고 있다.

03 경제안정의 중심지표: 물가

세 번째 경제여건의 주요 평가지표로는 물가수준을 들 수 있다. 물가는 활용상의 편의를 위해 기준시점 대비 지수로 표시한다.

경제안정이란 각종 재화와 서비스의 수급이 원활하고 고용이 완전고용에 가까우며, 경제적 배분 또한 원만하게 이루어지는 상황을 총괄적으로 지칭하기도 한다. 그러나 좁은 의미로는 물가의 안정을 뜻한다.

물가란 시장에서 거래되는 모든 재화 및 서비스가격을 일정한 기준에 따라 (가중)평균한 종합적인 가격수준을 의미한다. 그리고 이러한 물가는 활용상의 편의를 위하여 보통은 기준시점을 100으로 하고 비교시점의 상대적 크기를 지수로 표시하는 방식으로 추계함으로써 현재의 물가수준은 물론 물가의 변동내용을 쉽게 파악할

표 18-4 2005년 산업연관표에 의한 물가파급효과의 계측결과

구분	생산자물가	소비자물가
임금이 10% 상승할 경우	2.9% 상승	3.2% 상승
수입물가가 10% 상승할 경우	0.69% 상승	0.42% 상승
공공요금이 10% 상승할 경우	1.9% 상승	2.2% 상승

주: 한국은행, 보도자료.

수 있도록 고안되었다.

그런데 개별 재화나 서비스의 가격이 각각에 대한 수요·공급에 의해 시장에서 결정되듯이, 이러한 재화 및 서비스가격을 모두 종합한 물가도 같은 원리가 적용된다. 즉, 물가수준은 경제 전체의 총수요와 총공급의 상호작용에 의해 시장에서 결정되고 또 변동하게 된다. 따라서 물가란 모든 경제활동의 연관 속에 결정되는 것이므로 경제현황에 대한 분석이나 경제정책 수립에 필수적인 정보를 제공하는 지표라 할 수 있다. 특히, 물가지수는 화폐의 가치 또는 구매력을 측정할 수 있는 수단이 되며, 경기판단지표로서의 역할도 할 수 있기 때문이다.

여하튼 물가는 총수요와 총공급요인에 의해 변동한다. 수요 측면의 요인으로는 통화량, 소득, 소비성향, 정부지출 규모 등을 들 수 있다. 그리고 공급 측면에서는 주로 비용요인이 물가에 영향을 미치는데, 원자재가격, 임금, 금융비용, 부동산임대료, 수입물가, 공공요금 등을 들 수 있다.

한국은행에 따르면 2000년도 산업연관표에 근거한 물가파급효과를 계측한 결과 〈표 18-4〉와 같은 결과가 도출되었다. 임금상승이 수입물가 상승 및 공공요금 인상보다는 물가에 미치는 영향이 큰 것으로 나타났다. 그런데 흥미로운 것은 임금이나 공공요금 인상은 생산자물가보다는 소비자물가에 미치는 영향이 큰 반면, 수입물가의 상승은 오히려 생산자물가에 미치는 영향이 상대적으로 크게 나타났다. 아마도 이는 임금이나 공공요금 인상은 여과 없이 소비자에게 전가되지만 수입물가 상승은 수입품에 대한 수요탄력성을 감안하여 생산자가 상당 부분을 흡수하는 데 연유하는 것으로 판단된다.

(1) 주요 물가지수

현재 우리나라에서 작성되고 있는 물가지수 가운데 주요한 것으로는 **생산자물가지수**(producer price index: *PPI*)와 **소비자물가지수**(consumer price index: *CPI*) 그리고 **수출 및 수입물가지수**(export price index: *EPI*; import price index: *IPI*) 등이 있다.

대표적인 물가지표로는 생산자물가지수(*PPI*)와 소비자물가지수(*CPI*), 그리고 수출 및 수입물가지수(*EPI*, *IPI*) 등이 있다.

[그림 18-8]은 1980년부터 2006년까지의 수출물가지수와 수입물가지수의 변화 추이를 나타낸 것이다. 1997년 외환위기 이후 한국의 수출물가지수는 하락세를 보이고 있는데, 이는 현재 한국이 겪고 있는 경쟁력 저하현상에 기인하는 바가 크다고 할 수 있다. 반면, 수입물가지수는 지속적으로 증가 추세를 보이며 수출물가지수와의 격차를 확대시켜 나가고 있는데, 이는 원유 및 자연자원 등 원자재가격 상승 등에 주로 연유하는 것으로 분석할 수 있다.

한편, [그림 18-10]에서처럼 생산자물가지수와 소비자물가지수는 다소간 차이를 보이고 있다. 이는 조사하는 품목과 조사하는

*PPI*와 *CPI*는 조사품목, 조사단계 및 적용하는 가중치가 서로 달라 변동내용이 상이하다.

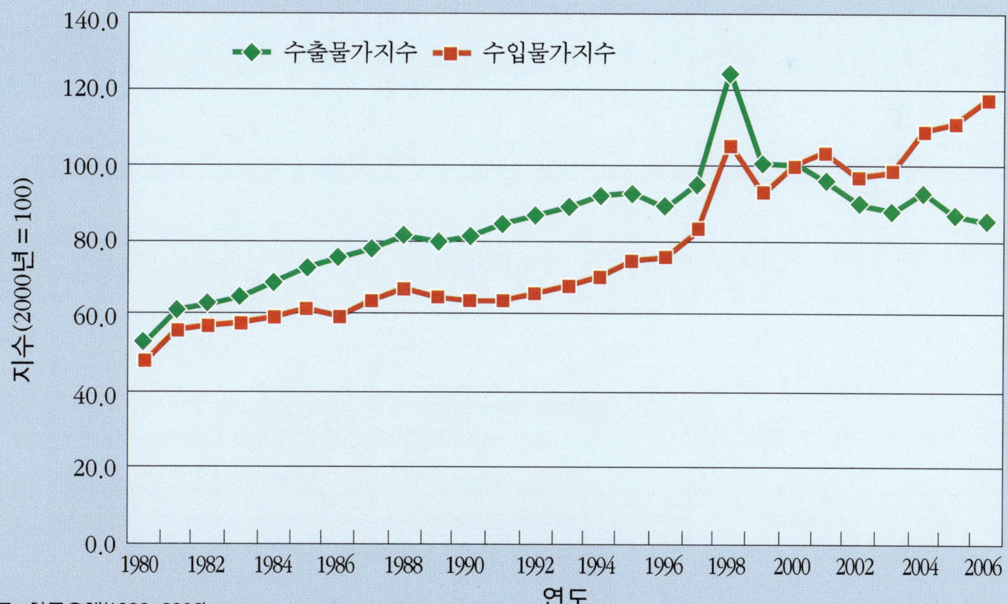

자료 : 한국은행(1980~2006).

그림 18-8 수출물가지수 및 수입물가지수

전통적으로 한국의 수출물가지수는 수입물가지수를 상회해 왔으나 외환위기 이후 역전된 현상을 보이고 있다. 이는 수입물가지수는 지속적으로 상승하고 있으나 수출물가지수는 오히려 하락 추세를 나타내고 있는 데 기인한다고 볼 수 있다.

소비자물가지수와 생산자물가지수

소비자물가지수는 소비자가 일상소비생활을 영위하기 위해 구입하는 재화가격과 개인서비스 요금의 변동을 조사하여 도시가계의 평균적인 생계비 또는 구매력의 변동을 측정하기 위한 지수로서 한 나라의 대표적인 인플레이션 지표로도 이용되고 있다. 조사대상 지역은 2000년 기준지수 경우 서울을 비롯한 36개 주요 도시이며, 가계소비지출 중 차지하는 비중이 1/10,000 이상인 516개 품목을 대상으로 하고 있는데, 그 중 357개는 상품, 그리고 159개는 서비스관련 품목으로 구성되어 있다. 한국의 2000년 기준 소비자물가지수의 경우 가중치는 다음 표와 같다.

이와 같은 한국의 소비자물가지수 가중치는 주택소유보다는 임대가 주류를 이루고 있는 미국의 경우 주거가 42%, 교통이 17%, 그리고 식료품 및 유료가 15%를 차지하는 것과는 좋은 대조를 이루고 있다.

한편, 생산자물가지수는 국내에서 생산하여 국내시장에 출하되는 재화와 서비스를 조사대상으로 하며 여타 물가지수에 비해 포괄범위가 넓어 전반적인 상품수급동향을 반영한 일반적인 물가지수적 성격을 갖고 있다.

2000년도 기준지수는 국내시장에서 거래되는 상품거래 총액의 1/1,000 이상 되는 품목(단, 서비스의 경우는 전체 거래액의 1/2,000 이상인 품목) 중 상품 간의 가격변동을 대표할 수 있고 가격시계열의 유지가 가능한 923개(상품 846개, 서비스 77개) 품목을 조사대상으로 하고 있다. 품목별 가중치는 상품과 서비스가 각각 70.6%와 29.4%를 차지하고 있다. 그리고 상품 중에는 공산품이 61.3%로 가장 큰 비중을 차지하고 있는 반면, 서비스는 부동산이 9.1%로 가장 큰 비중을 차지하고 있다. 이를 가공단계별로 살펴보면 원재료가 8.9%, 중간재가 54%, 그리고 최종재가 37%를 차지하고 있는 것으로 나타나고 있다.

식료품	27.1%	피복 및 신발	5.7%
교통 · 통신	15.9%	교양 · 오락	5.4%
주거비	15.6%	보건 · 의료	4.4%
교육	11.5%	가구집기 · 가사용품	3.7%
광열 · 수도	5.8%	기타 잡비	4.9%

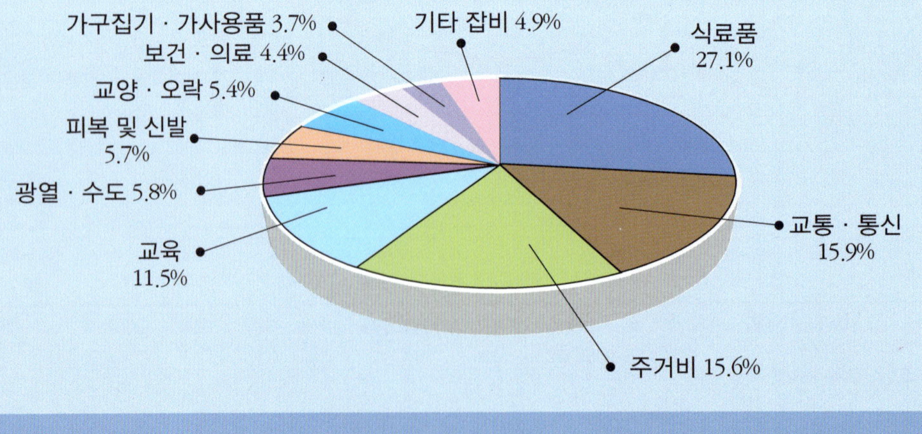

그림 18-9 소비자물가지수 가중치
한국의 소비자물가지수 중 식료품의 비중이 가장 높고, 그 다음으로는 교통 · 통신비와 주거비가 뒤를 잇고 있다.

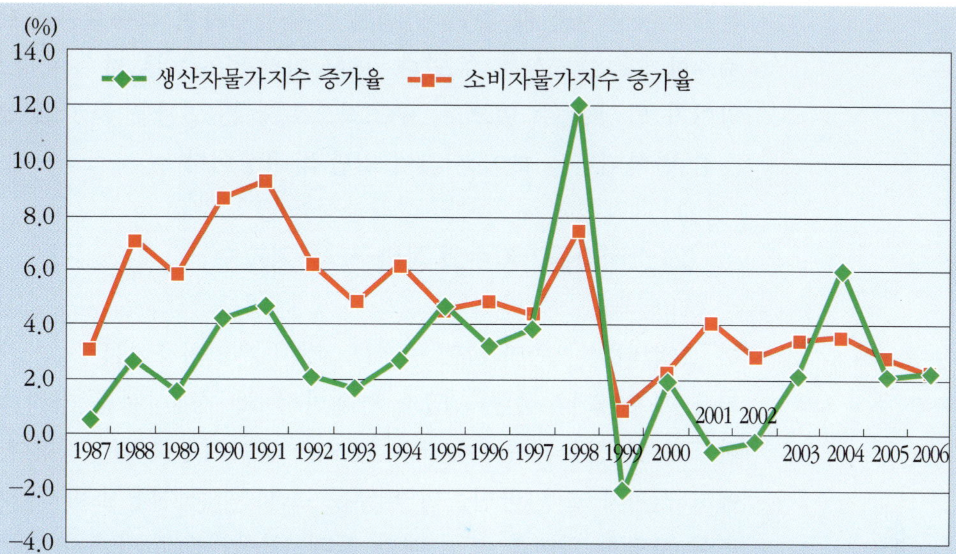

그림 18-10 소비자물가지수 및 생산자물가지수의 증가율

일반적으로 *CPI*는 *PPI*보다 낮은 상승률을 보이는 추세를 갖는다. 그러나 환율의 급격한 상승(1998년), 하락(1999년), 그리고 주요 원자재 수입가격의 변동 등에 따라 *PPI*와 *CPI*와의 상승률이 역전되거나 연관도가 떨어질 수도 있다.

단계, 그리고 적용하는 가중치가 서로 다르기 때문이다.

예컨대, *PPI*는 생산자가 국내시장에 공급하는 모든 재화와 서비스의 평균적 가격변동을 나타내므로 *CPI*와는 달리 소비재 이외에 원재료, 중간재, 자본재 등이 조사대상이 된다. 반면, *CPI*는 *PPI*에서 제외되는 외식비, 집세, 교육비 등 개인서비스 요금이 조사대상이 된다.

한편, *PPI*는 생산자 판매단계의 공장도가격을 조사하는 반면 *CPI*는 소비자 구입단계의 소매가격을 조사하게 되므로, *PPI*에 포함이 안 된 유통마진과 부가가치세 등이 포함된다. 또한 *PPI*의 품목별 가중치는 매출액을 기준으로 산정되지만, *CPI*는 도시가계 소비지출액을 기준으로 산출되므로 두 물가지수의 변동내용이 서로 다르게 나타날 수밖에 없는 것이다.

일반적으로 [그림 18-10]에서처럼 *CPI*는 *PPI*보다는 높은 상승률을 보이는 특성이 있다. 물론 1960년대와 1970년대에 정부가 인위적으로 소비자물가를 통제하였던 시기에는 소비자물가 상승률이 생산자물가 상승률보다 낮게 유지된 적도 있었다. 그러나 이제

그러나 일반적으로 *CPI*가 *PPI*보다는 높은 상승률을 보인다.

는 더 이상 예전과 같은 인위적인 물가왜곡현상은 존재하지 않는 수준에 와 있다고 볼 수 있다. 또한 기본적으로 두 지수는 다소간의 차이가 발생할 수 있으나, 구조적으로 높은 연관을 가지고 있어 비슷한 변화패턴을 보이는 것이 일반적 현상이다.

(2) 소비자물가지수와 장바구니물가지수

그리고 *CPI*는 *PPI*에 비해 우리가 실제로 느끼는 물가변화에 상대적으로 가까운 물가지수라 할 수 있다.

그렇다면 *PPI*와 *CPI* 중 어느 것이 우리가 느끼는 실제 물가와 더욱 가까울까? 물론 *CPI*가 가계의 주요 구매상품들 가격을 대변하므로 일반인의 인식에 더욱 가까운 물가지수라 할 수 있다. 그럼에도 불구하고 일반인들이 피부로 느끼는 물가와 소비자물가지수 또한 상당한 차이를 보일 때가 많다. 일반적으로 가계가 피부로 느끼는 이른바 **장바구니물가**는 **소비자물가**보다는 훨씬 높은 것으로 인식된다. 물론 가계마다 소비하는 주요 품목이 다른 데 기인하는 측면도 있지만 기본적으로는 소비자의 자기중심적 심리로 인해 장바구니물가지수가 언제나 큰 폭으로 오르는 것처럼 착각하는 데 기인하는 측면이 강하다. 각 상품에 대하여 국민경제 전체 입장에서 중요도에 따라 부여된 가중치와 개별 소비자가 실제 구매한 품목에 대해 주관적으로 부여하는 심리적 가중치가 다르기 때문이다.

그러나 *CPI*도 가계가 피부로 느끼는 이른바 장바구니물가와는 차이가 있을 수 있다.

(3) 물가안정목표제의 운용

물가안정은 장기적 성장에 필수요건이라 할 수 있어 중앙은행이 물가안정목표제 등을 운용하여 대처하고 있다.

여하튼 물가상승이란 실질소득을 감소시키는 결과를 초래할 뿐만 아니라 국제(가격)경쟁력을 저하시켜 국제수지에 악영향을 미치기도 하며, 물가상승에 취약한 계층들의 상대적 소득귀속에도 악영향을 끼치게 된다. 결국 경제의 안정, 즉 물가의 안정이란 한 나라 경제가 건전하고 안정된 장기적 성장을 이룩하는 데 기초가 된다는 사실에 유념할 필요가 있다.

이러한 물가안정의 중요성으로 인해 많은 나라들이 이른바 **물가안정목표제**(inflation targeting)를 운용하고 있다. 이 제도는 명시적으로 인플레이션 목표를 사전에 설정한 후 이를 통화신용정책을 통하여 달성해 나가는 정책운용방식으로 우리나라는 1997년 말 이후 도입되어 활용하고 있다.

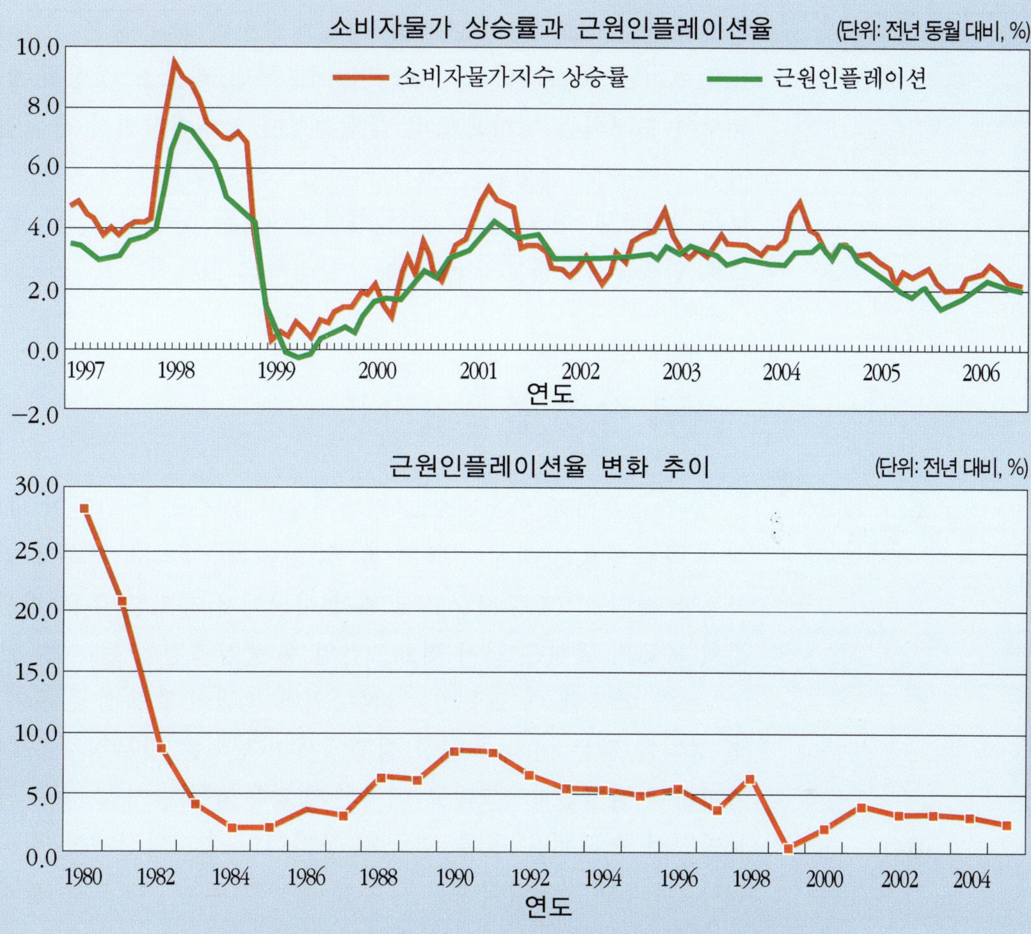

그림 18-11 소비자물가 상승률 및 근원인플레이션율
근원인플레이션율은 소비자물가 상승률에 비해 변화의 폭이 작고 또 장기적으로 안정적인 추세를 보인다.

그런데 이와 관련하여 어떤 물가 개념을 이용하여 목표인플레이션율을 설정할 것인가 하는 문제가 발생한다. 이러한 용도를 위해 활용되고 있는 개념이 바로 1975년 고든(Robert Gordon)에 의해 고안된 **근원인플레이션**(core inflation)이다. 일반적으로 일시적 공급충격(식료품 또는 곡물 이외의 농수산물가격이나 에너지가격의 급변 등)을 제외시킨 소비자물가 변동률을 근원인플레이션이라 정의하고 있는데, [그림 18-11]에서 볼 수 있듯이 소비자물가에 비해 안정적인 변동 추이를 보여 주고 있다. 그리고 변동률 자체 또한 하향안정 추

2000년부터 2006년 이전까지 한국에서는 물가안정목표를 이른바 근원인플레이션 기준으로 연평균상승률 3.0±0.5%에 설정하여 운영한 바 있다.

세를 보여 주고 있다. 한편, 성장제일주의로 인해 물가안정을 도외시하였던 1960~1970년대의 경제개발전략 후유증은 1980년과 1981년까지 지속되었고, 1982년 이후부터 비로소 성장과 안정을 동시에 도모하는 방향으로의 궤도수정이 이루어지면서 근원인플레이션 변동률도 안정되는 계기가 마련되었음을 확인할 수 있다. 여하튼 2007년 이후 중기(3년)물가안정목표는 근원인플레이션 기준으로 연평균상승률 3.0±0.5%에 설정하고 있다.[6]

04 각종 불균형지표

경제성장과 안정 이외에 국민경제의 부문 간 불균형을 시정하는 일이 또 하나의 주요 정책목표로 인식되고 있다.

완전고용하에 안정적으로 경제성장이 유지될 수 있다면 과연 경제가 바람직한 상태에 있다고 볼 수 있을까, 그리고 지속적 발전이 가능할 것인가? 결론적으로 말해서 이상에서 제시한 주요 거시경제정책 목표의 달성은 단지 필요조건일 뿐 충분조건이 될 수는 없다.

누차 반복한 바 있듯이, 자본주의의 본질이 효율성 위주의 논리적 성격을 갖는 이상 효율성 경쟁에서 파생되는 빈부격차문제가 불가피하게 발생한다. 그리고 이러한 형평문제를 방치할 경우 사회적 불안정이 초래됨은 물론 결국은 장기적인 경제발전에도 걸림돌이 된다. 따라서 정책당국자들은 항상 소득의 배분상태 또는 불평등도를 파악하여 적절히 대처할 필요가 있다.

뿐만 아니라 단기적 성장목표에 집착한 나머지 과도하게 정부지출을 증대시키거나 무리하게 대외의존도를 높임으로써 정부재정적자 또는 국제수지 적자를 유발시킬 수도 있다. 정부재정이나 국제수지가 오랫동안 균형에서 이탈될 경우 또한 지속적 경제발전이 어려워질 수밖에 없다. 따라서 정부는 정부 및 해외부문에서의 균형유지에도 지속적 관심과 대응을 해 나가야 할 것이다. 이하에서는 이상과 같이 경제발전을 저해할 주요 불균형지표들에 대하여 살펴보기로 한다.

[6] 단, 1988년과 1999년 그리고 2006년 이후는 실제 소비자물가지수 상승률을 기준으로 운영하고 있다.

(1) 분배의 중심지표: 지니계수

전술한 바 있듯이, 국민소득이 저수준에 머물러 있을 때에는 상대적으로 소득불평등도가 낮은 경향을 띤다. 그리고 경제성장이 적극적으로 추진되는 초기 경제발전 과정에서는 소득분배상태가 일반적으로 악화된다. 그러나 소득수준이 점차 높아지고 의식수준 또한 높아짐에 따라 소득의 공정한 분배를 통한 삶의 질 개선욕구는 증대될 것이다. 따라서 경제개발 초기에는 국민소득 증가에도 불구하고 분배상태는 악화되지만 소득이 일정 수준을 넘어서면 분배가 개선되는 경향이 있다는 **쿠즈네츠(Kuznets)의 U자가설**이 제기되기도 하였다.[7]

첫 번째 불균형 시정목표는 소득분배상태의 개선이라 할 수 있다.

국민소득의 분배상태를 측정하는 방법으로는 여러 가지가 있으나 **로렌츠곡선**과 **지니계수**가 가장 널리 사용되고 있다. 로렌츠곡선이란 미국의 통계학자 **로렌츠**(M. O. Lorenz)가 한 나라 국민들의 분배상태를 파악하기 위해 인구의 누적비율과 소득의 누적점유율 간의 상관관계를 도표형식으로 표현한 곡선을 의미한다.

분배상태 계측에는 로렌츠곡선에 근거하여 작성되는 지니계수가 가장 널리 사용되고 있다. 지니계수값이 커질수록 분배가 악화되는 것으로 풀이된다.

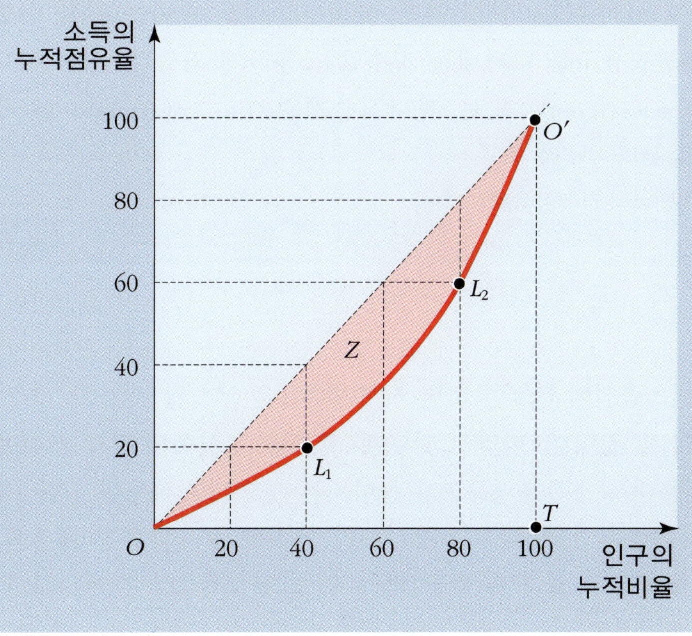

그림 18-12 로렌츠곡선
그림에서 대각선 OO'은 논리적으로 소득이 완전히 평등한 경우에 성립되는 선이고, 반대로 OTO'은 최고소득자에게만 소득이 발생하는 완전불평등선을 나타낸다.
현실적인 선은 이 두 극단 가운데 존재하는 OL_1L_2O'과 같으며 선 OO'과 이루게 되는 면적의 상대적 크기(분홍색의 Z부분)로 소득배분의 불평등도를 가늠하게 되는데 선 OL_1L_2O'을 로렌츠곡선이라 한다.

[7] 제17장 참조.

예컨대, 모든 사람의 소득이 동일하다는 극단적인 상황이 발생할 경우 인구누적비율과 소득누적점유율은 똑같아지며, 이러한 상황은 [그림 18-12]의 선 OO'으로 표현된다. 이러한 선 OO'을 소득의 완전평등선이라 한다. 물론 이러한 상황은 지극히 비현실적이다. 그렇다면 하위소득계층의 40%가 소득의 20%밖에 점유하지 못하는 반면(점 L_1) 상위소득계층의 20%가 소득의 40%를 점유한다면(점 L_2), 이때 소득의 분배상태는 곡선 OL_1L_2O'으로 표현될 수 있다. 이를 바로 로렌츠곡선이라 칭하는 것이다. 그리고 이러한 로렌츠곡선이 점점 볼록해지며 점 T에 가까워질수록 소득의 불평등도는 악화된다고 볼 수 있다. 논리적으로는 완전평등선(선 OO')과 정면으로 대립되는 또다른 극단상황으로 로렌츠곡선이 OTO'이 되어버리는 경우를 들 수 있는데, 이를 완전소득 불평등선이라 한다. 결국 현실적인 로렌츠곡선은 완전평등선인 OO'과 완전불평등(곡)선인 OTO' 사이에 존재하며 OTO'에 가까워질수록 불평등도가 높아지는 것으로 이해할 수 있다.

한편, 로렌츠곡선 OL_1L_2O'이 OTO'에 접근함에 따라 선 OO'과 이루는 면적, $OO'L_2L_1$(분홍색 부분, 즉 Z)이 점차 커진다는 점에 착안하여 면적 Z를 직각삼각형 OTO' 면적으로 나눈 값을 산출하여 소득불평등도를 나타내는 지수로 사용하게 되었다. 이를 **지니계수**(Gini coefficient) 또는 **지니집중계수**(Gini coefficient of concentration)라 한다.

$$\text{지니계수} = \frac{Z}{\triangle OTO'} \tag{18-8}$$

로렌츠곡선이 OO'이 되면 지니계수값은 0이 될 것이고, OTO'이 되면 1이 될 것이다. 따라서 지니계수는 0과 1 사이의 값을 가지며, 1에 가까울수록 소득불평등도가 높아지는 것으로 이해하면 된다. 그런데 지니계수는 단지 소득불평등도만 계측해 줄 뿐 특정 계층의 소득분포상태를 나타내 줄 수는 없다.

지니계수 변화 추이로 볼 때 한국의 소득불평등도는 1997년 외환위기를 거친 후 악화된 것으로 분석된다.

한편, [그림 18-13]은 1988년부터 2007년까지 기간을 대상으로 통계청이 계측한 한국 지니계수의 장기추세선이다. 그림에서 우리는 1986년부터 1997년까지는 지니계수가 점진적으로 하향 추세

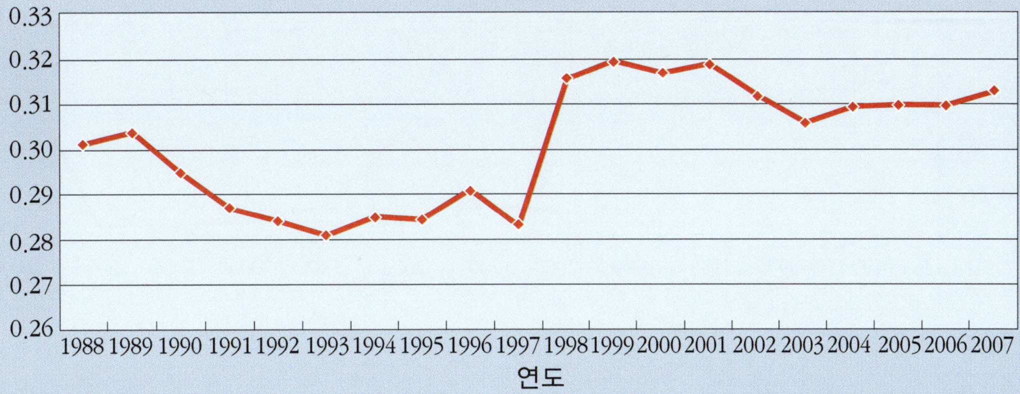

그림 18-13 한국의 지니계수 변화 추이
지니계수로 본 한국의 소득불평등도는 외환위기 발생시까지는 감소 추세를 보였으나 그 이후 크게 증가하는 모습을 보이고 있어 소득분배가 악화되었음을 시사하고 있다.

를 보이고 있어 이 기간중 소득불평등도는 완화되고 있음을 알 수 있다. 그러나 1997년 외환위기 이후 급격한 구조조정 과정을 거치며 실업률이 증가함에 따라 상당수의 중산층이 저소득층화되는 현상이 나타나면서 지니계수는 상승하고 소득불평등도가 높아지는 추세가 나타났다.

(2) 정부재정수지 불균형

정부는 가계와 기업으로부터 각종 세금 · 수수료 및 벌금 등을 부과하여 정부수입을 구성한다. 한편, 정부는 공공행정이나 국방 · 치안 등의 공공서비스와 보건 · 교육복지 등의 개인서비스를 제공할 뿐 아니라 경제 · 사회개발 등을 통해 국가를 유지 내지 발전시키기 위한 지출을 한다.

국민이 세금을 납부하는 가장 근본적인 이유는 국가의 주인인 국민이 국가가 국민들을 위해 공공재화 및 서비스를 제공하는 데 소요되는 자금을 제공해야 한다는 것이 근대 시민사회의 기본 이념이다. 그런데 세금을 어디에 어떻게 쓰는가에 따라 국민경제에 미치는 영향이 크게 달라질 것이므로 대부분의 국가는 조세의 설정

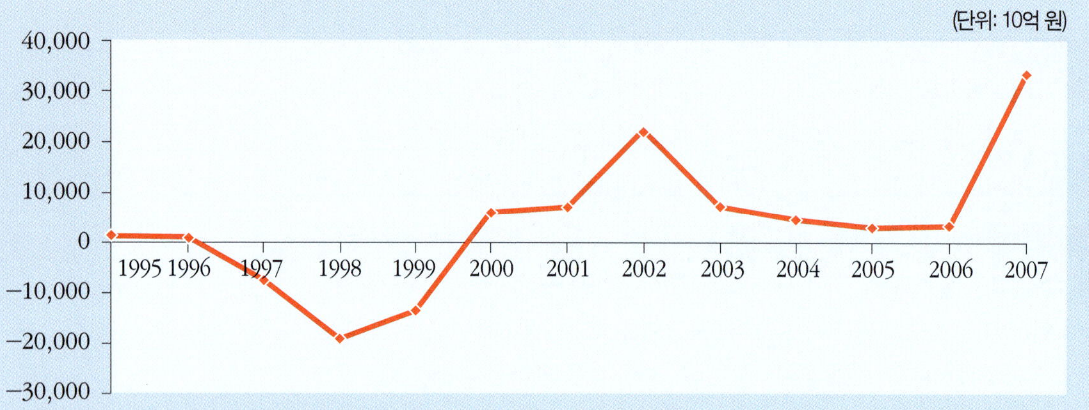

자료: KOSIS.

그림 18-14 한국의 통합재정수지 추이

한국의 통합재정수지는 2000년대 들어서서 경기회복의 영향으로 흑자기조를 유지하였고, 2003~2006년 기간에는 공적자금 조달을 위해 발행했던 국채원리금을 상환함에 따라 흑자규모가 다소 감소하였으나, 2007년에는 국채원리금 상환완료와 증시활황에 따른 증권거래세 증대 등에 힘입어 큰 폭의 흑자기록을 보여 주고 있다.

및 조달방법 그리고 조달규모에 이르기까지 국민의 대표기관인 국회의 동의를 얻어 집행하도록 하고 있다. 이를 **조세법률주의**라고 한다는 사실은 전술한 바 있다. 물론 세금수입을 지출하는 용도와 규모 등에 관한 예산 또한 국회의 승인을 받아야 하며, 주어진 기간이 경과한 후 이를 국회에 보고하도록 하는 등 엄격한 통제와 감독을 하고 있다.

두 번째 불균형 시정의 목표는 정부재정이라 할 수 있다.

물론 정부가 국민의 안녕과 복지를 위해 세금을 쓰게 되므로 정부지출 규모가 커질수록 그로 인한 국민의 혜택도 증가할 수 있다. 그러나 지출규모가 지나쳐서 국민의 세금부담을 증대시키는 것은 바람직하다고 보기 어렵다. 더구나 국민담세능력의 한계라 볼 수 있는 조세수입보다 큰 규모의 정부지출을 지속적으로 자행하여 정부재정의 적자를 누적시킬 경우 결국 국민경제에 바람직하지 못한 영향을 많이 미칠 수밖에 없다. 따라서 기본적으로 정부재정은 균형을 이루는 것이 바람직하다고 평가되고 있다.

한국의 재정수지 적자는 외환위기를 전후한 시기를 제외하고는 외국에 비해 상대적으로 낮은 수준에 머물러 왔고, 2000년대 들어서는 흑자를 기록하기도 하였다. 그러나 흑자규모는 2007년의 특이현상을 제외하고는 점차 감소하고 있는 반면, 국가채무와 국민부담륨 또한 증가하는 추세를 보이고 있다는 점에 유의할 필요가 있다([그림 18-14] 참조). 한편, 전통적으로 한국의 재정수지 적자는 낮은 수준에 머물러 왔다는 사실에 근거하여 한국의 재정이 건전하다는 평가가 자주 나오고 있으나, 이러한 평가는 논의해 볼 여지가 있다(제12장 참조).

(3) 국제수지 불균형

세 번째 불균형 시정의 대상은 국제수지 또는 경상수지이다.

국제수지(balance of payments)는 일정 기간 동안 자기 나라와 외국 사이에 발생한 경제적 거래와 그에 따른 수입 및 지출을 종합적으로 기록한 통계표이다. 국제 간의 경제적 거래는 재화와 서비스를 사고파는 경상거래와 자본을 빌리거나 빌려 주는 자본거래로 구분될 수 있는데, 전자를 경상수지, 후자를 자본수지라 한다. 그리고 경상수지는 상품의 수출과 수입 간의 차이를 나타내는 상품수지, 외국과의 서비스거래를 기록한 서비스수지, 외국에서 벌어들인 근로소득과 해외투자를 통해 얻은 배당 및 이자 등을 기록한 소득수지, 그리고 아무런 대가 없이 이루어지는 무상거래의 성격을 띠는 (경상)이전수지 등으로 구분된다는 사실은 전술한 바 있다.

- 국제수지 = 경상수지 + 자본수지
- 경상수지 = 상품수지 + 서비스수지 + 소득수지 +(경상)이전수지

그런데 우리가 특히 관심을 갖는 것은 경상수지 중 상품수지라 할 수 있다. 상품수출로부터 벌어들인 돈이 상품수입에 지출한 돈보다 클 때 경상수지가 흑자가 될 가능성이 높기 때문이다.

경상수지가 만성적 적자를 기록하게 되면 그만큼 해외차입이 이루어져야 하고 또 외환보유고가 줄어들면서 대외신인도가 나빠지는 등의 파급효과가 나타난다.

경상수지가 흑자가 될 경우 국민소득이 증대됨은 물론 국제거래에 필수적인 외환보유고가 증대될 수 있게 된다. 반면에 수입이 수출보다 커지면 경상수지가 적자로 전환되고, 적자분만큼 국민소득도 감소하게 되며, 적자분을 메우기 위해 외국으로부터 돈을 빌리거나 아니면 보유하여 두었던 외환으로 지급해야 한다.

따라서 대다수의 국가, 특히 개발도상국들의 경우 국민소득 증대 및 고용안정, 그리고 경제발전을 위해 적정 수준의 경상수지 흑

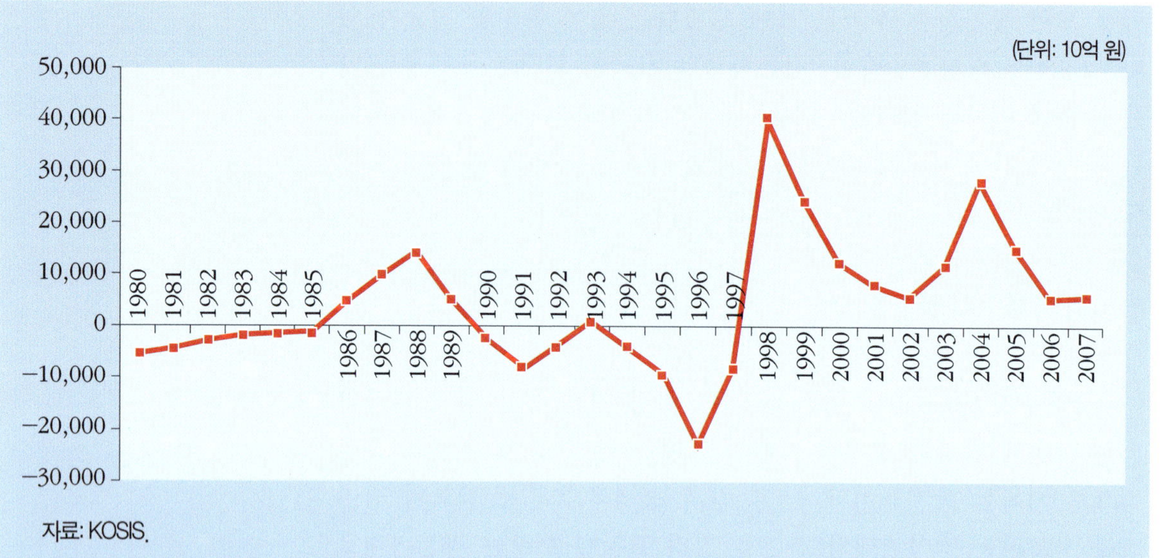

그림 18-15 한국의 경상수지 추이
한국의 경상수지는 1980년대 후반을 제외하고는 전통적으로 적자가 시현되었다. 외환위기 이후 급격한 환율조정 및 구조조정에 힘입어 흑자를 기록하고는 있으나 그 폭이 점차 감소하고 있는 추세를 보이고 있다.

자를 유지하는 것이 바람직한 것으로 인식되고 있다. 경상수지 적자가 누적되어 계속 외국으로부터 돈을 빌려야 하거나 보유하고 있던 외화를 소진해 버릴 경우, 국가위험도는 높아지고 국제신인도는 낮아져서 경제위기를 촉발할 가능성이 증가할 것이기 때문이다.

그렇다고 지속적으로 과도한 경상수지 흑자를 시현하면 대내적으로는 물가인상압력 그리고 대외적으로는 교역대상국으로부터의 통상압력을 받게 된다.

그러나 지속적으로 과도한 경상수지 흑자를 시현하는 것이 반드시 바람직하다고는 볼 수 없다. 우리나라의 경우 외화를 시중에서 직접 통용하는 것을 금지하고 국내화폐로 교환하여 사용하도록 되어 있어 경상수지 흑자분만큼 국내통화량이 증가하는 결과가 초래되고, 나아가서는 그만큼 인플레이션 압력을 받을 것이기 때문이다. 또한 경상수지 흑자를 선호하는 대다수 교역대상국들로부터 무역보복을 받을 가능성이 높아질 것이기 때문이다.

그런데 현실적으로 국제수지표 작성시 수입과 지출내역의 합은 보통 일치하지 못한다는 사실을 지적해 두고 싶다. 이는 순수한 통계상의 오차 및 누락에 기인하기도 하지만, 일부는 자본도피로 인해 발생할 수도 있어 세밀한 검토가 필요하다. 예컨대, 수출입가격을 조작한다거나 서비스지급액을 과다하게 책정함으로써 또는 수출대금의 해외유용이나 허위수입대금 해외유출 등 불법행위를 통하여 거래대금 일부를 해외로 빼돌릴 수도 있기 때문이다.

[그림 18-15]는 1980년 이후 한국의 경상수지 추이를 나타내는 도표이다. 한국은 1960년대 이후 경제개발 초기 과정의 대부분 기간 중 만성적인 경상수지 적자를 경험한 바 있다. 이러한 전통은 1980년대 후반에 이르러 이른바 3저현상(유가하락과 국제금리 인하 및 달러화 약세현상)에 힘입어 사상 최초로 무역수지(경상수지는 1970년대 중반 중동에서의 특수로 인해 단기적으로 흑자를 시현한 적이 있음)가 큰 폭의 흑자를 기록하게 되었다. 그러나 이러한 시기에 절실하였던 구조조정이나 체질개선을 제대로 추진하지 못한 채 1990년대 후반에 이르러 큰 폭의 경상수지 적자에 따른 외환부족현상으로 외환위기를 겪게 되었다. 위기 이후 급격한 환율조정 및 개혁정책에 힘입어 경상수지가 크게 개선되었으나 점차 그 폭이 감소해 가고 있으며, 2008년 4/4분기부터는 국제금융위기의 여파로 다시 적자로 돌아서기도 하였다.

05 복리후생지표

한 국가의 복리후생수준을 가늠할 수 있는 정형화된 기준은 없다. 복리후생이란 삶의 질적 수준 개선 또는 사람들의 생활을 윤택하게 하는 일 등을 포괄하는 개념이어서 한두 가지 지표로 전체 복지수준을 대변하기는 곤란하기 때문이다. 여하튼 통상적으로는 소득수준이나 형평성과 관련된 사항을 일단 제외한 지표들 중 대표성이 가장 강한 몇몇을 동시에 활용하는 것이 관행이 되고 있다. 예컨대, 공공부문 및 **복지관련 비용의 대GDP 비율**, **평균수명**, **영아사망률**, **의무교육연한**, **사회안전망제도** 정착 여부 등을 들 수 있다.

마지막 경제발전의 평가지표로는 각종 복리후생지표를 들 수 있다.

GDP 대비 복지비용 비율, 평균수명, 영아사망률, 의무교육연한, 사회안전망제도의 정착 여부 등이 이에 해당한다.

(1) 공공부문 사회보장 및 복지비의 대GDP 비율

〈표 18-5〉는 OECD 주요 국가들의 공공건강분야의 GDP 대 사회보장비 비율을 일정 기간을 두고 집계한 자료이다. 표에 나타난 바와 같이 독일, 프랑스 등 이른바 선진적 복지국가의 사회복지 비중이 가장 높게 나타나고 있고, 한국의 비중은 조사대상국 중 멕

표 18-5 공공건강분야에 대한 사회적 비용지출

국가 \ 연도	1980	1985	1990	1995	2000	2001	2002	2003
호주	4.263	5.117	5.06	5.331	6.03	6.023	6.169	6.204
오스트리아	5.137	4.91	5.119	5.897	5.126	4.963	5.066	5.078
벨기에	5.22	5.703	6.437	6.448	6.482	6.614	6.678	7.197
캐나다	5.191	6.14	6.696	6.491	6.233	6.507	6.633	6.802
체코	–	–	4.579	6.362	6.029	6.267	6.525	6.778
덴마크	5.543	5.083	4.675	4.565	5.091	5.33	5.461	5.560
핀란드	4.997	5.592	6.29	5.62	4.996	5.229	5.482	5.681
프랑스	5.64	6.217	6.433	7.185	6.96	7.067	7.264	7.595
독일	6.818	6.998	6.473	8.22	7.69	7.78	7.916	7.975
그리스	3.664	5.096	3.973	5.008	5.22	5.492	5.002	5.048
헝가리	–	–	–	6.228	5.007	5.033	5.395	6.030
아이슬란드	–	–	5.93	5.978	6.351	6.432	6.845	7.198
아일랜드	6.755	5.684	4.325	4.817	4.593	5.136	5.413	5.584
이탈리아	5.514	5.315	6.11	5.124	5.819	6.009	6.174	6.169
일본	4.547	4.673	4.531	5.631	5.836	6.067	6.008	6.087
한국	–	–	1.675	1.612	2.353	2.873	2.801	2.911
룩셈부르크	5.523	5.272	5.697	5.88	5.4	5.736	6.455	6.186
멕시코	–	0.961	1.952	2.379	2.589	2.694	2.705	2.800
네덜란드	5.008	5.006	5.155	5.73	5.001	5.211	5.54	5.839
뉴질랜드	5.148	4.454	5.685	5.525	6.024	5.97	6.357	6.277
노르웨이	4.884	4.517	4.361	4.368	4.986	5.295	6.218	6.486
폴란드	–	–	4.522	5.084	3.976	4.318	4.668	4.515
포르투갈	3.58	3.298	4.052	5.118	6.373	6.605	6.59	6.694
슬로바키아	–	–	–	5.766	4.942	4.968	5.06	5.234
스페인	4.237	4.349	5.143	5.374	5.165	5.16	5.171	5.215
스웨덴	8.327	7.765	7.478	6.321	6.386	6.672	7.018	7.130
스위스	3.579	3.941	3.954	4.687	5.221	5.615	5.808	6.039
터키	0.915	1.105	2.216	2.37	–	–	–	–
영국	4.924	4.948	4.967	5.756	5.806	6.149	6.323	6.681
미국	3.674	4.053	4.768	6.075	5.886	6.245	6.621	6.745
OECD 평균	4.669	4.758	4.939	5.284	5.413	5.625	5.816	5.943

자료: OECD statistics, social expenditure.

시코 다음으로 낮은 수준을 기록하고 있음을 알 수 있다. 물론 한국이 OECD에 가입한 것은 최근이고 절대소득수준 또한 아직 많이 낮은 수준이므로 한국을 이들 국가와 직접 비교 · 평가하는 것은 부적절한 측면이 있다. 그러나 한국이 진정한 선진국으로 진입하기 위해서는 사회복지수준의 개선이 많이 필요하다는 사실만은 확실하다. 그렇다고 해서 사회복지 지출규모만 확대되어서는 곤란할 것이다. 전술한 바 있듯이, 사회복지비는 일단 정착되면 폐지하기가 거의 불가능하고 규모를 줄이기도 매우 어렵기 때문이다. 정치적 이유로 복지비가 남발되어 낭비되는 것은 국가경제를 위기로 몰고 가는 지름길이 될 것이다.

(2) 평균수명

[그림 18-16]에서 볼 수 있듯이, 1950~1960년대의 한국 **평균수명**은 비교대상국 중 중국 다음으로 낮은 수준에 머물렀지만, 현재는 미국 수준을 넘어선 단계에 있으며, 세계 최장수국 중 하나인 일본에 육박해 가고 있음을 알 수 있다. 그런데 이는 **출산율 저하**로 인해 고령층의 비중이 급증한 데 일부 기인하는 측면도 있다. 여하튼 한국은 현재 고령화 사회(65세 이상의 인구가 전체 인구의 7% 이상인 사회)를 넘어 고령사회(65세 이상 인구가 전체 인구의 14% 이상일 때)에 진입하기 일보 직전에 와 있다. 평균수명이 증가함으로써 사회복지 수준 지표가 개선되는 결과가 나타났으나, **고령화**의 진전으로 인한 제반 문제(노동력 축소와 국제경쟁력 저하, 그리고 잠재생산성 저하 등)가 아울러 발생하고 있다는 사실에 유념할 필요가 있다.

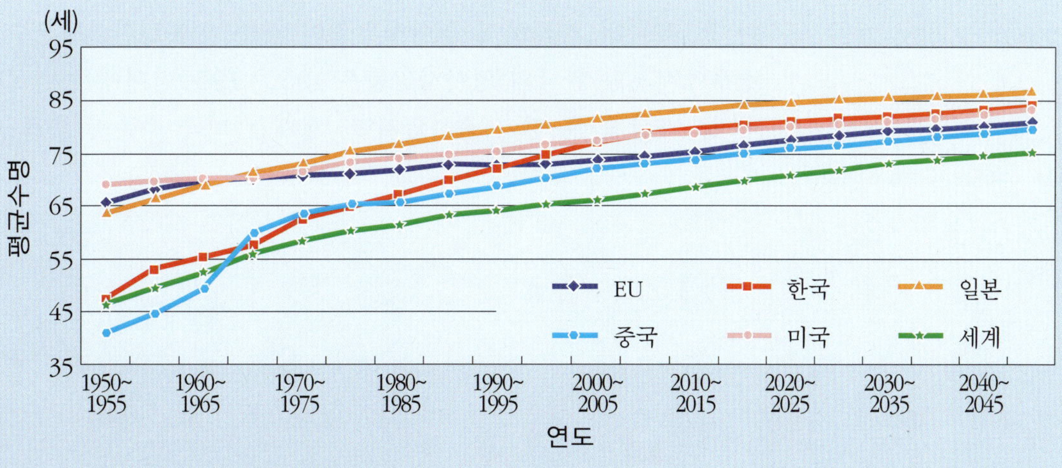

자료: UN, World population prospects 2006.

그림 18-16 OECD 주요국의 평균수명
한국의 평균수명은 1950~1960년대에는 비교대상국 중 최하수준에 머물렀으나 현재는 최장수국인 일본에 육박할 만큼 증가하였다.

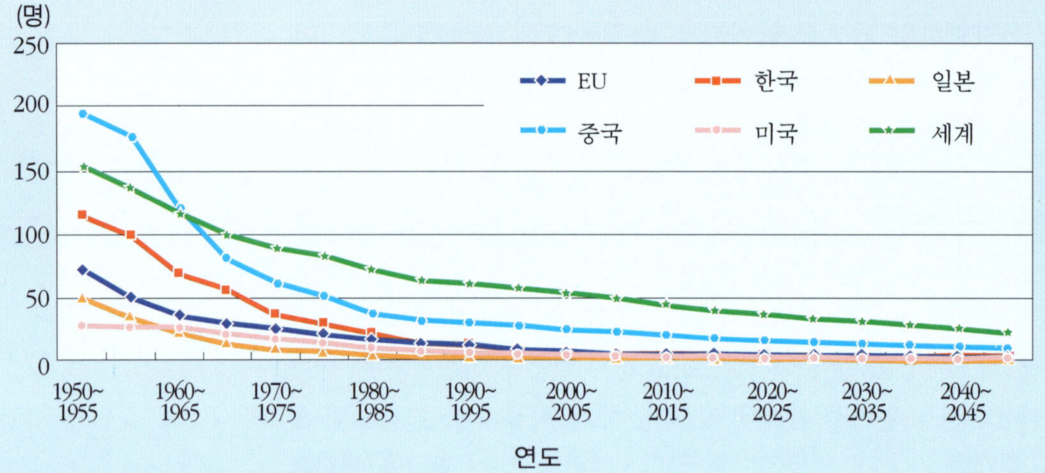

자료: UN, World population prospects 2006.

그림 18-17 OECD 주요국의 영아사망률
출생 천 명당 유아사망자수는 1950~1960년대에는 비교대상국 중 매우 높은 편이었으나, 현재는 미국 수준에 비견할 만큼 낮아져 1,000명당 4.1명에 그치고 있다.

(3) 영아사망률

노동부문의 질적 향상도 또는 의료보건수준의 향상도를 가늠하는 또 하나의 지표로서 영아사망률이 자주 인용된다. 평균수명의 경우에서처럼 한국의 **영아사망률**은 1950~1960년대에는 비교대상국 중 가장 높은 편에 속하였지만, 현재는 미국 수준에 이를 만큼

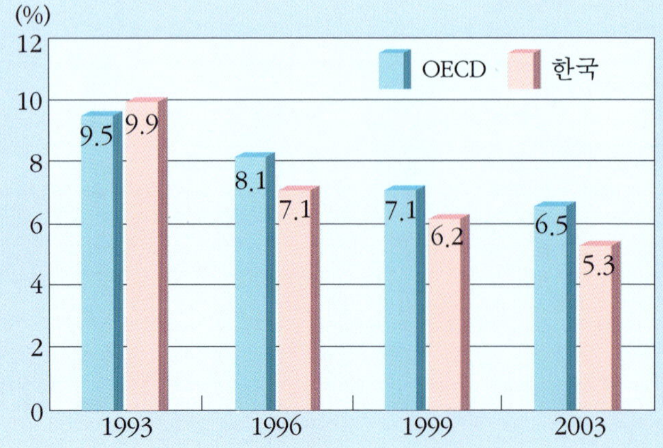

그림 18-18 OECD 평균 대비 한국의 영아사망률
한국의 영아사망률은 1990년 중반 이후로는 OECD 평균보다 낮은 수준에 머무르고 있다.

낮아져 근래에는 1,000명당 영아사망자수가 4.1명에 그치고 있다. 이는 [그림 18-18]에 나타난 바와 같이 OECD 국가의 평균보다도 낮은 수준에 해당되는 수준이다.

(4) 의무교육연한

교육의 질을 직접 비교하기는 매우 어려울 것이어서 통상적으로는 교육의 수혜내용을 주로 비교지표로 삼게 되는데, 예컨대 **의무교육연한**이 바로 그것이다.

[그림 18-19]에서 볼 수 있듯이 한국은 일본과 더불어 OECD 비교대상국 중 최하수준을 기록하고 있다. 즉, 한국은 의무교육연한이 9년으로 되어 있어 정부가 초등학교와 중학교 교육까지만을 무상교육의 혜택을 주고 있다. 자연자원은 빈약하나 양질의 노동력이 풍부한 것이 한국 경제를 발전시킬 수 있었던 원동력 중의 하나였다는 주장이 자주 거론되어 왔다는 측면에서 볼 때, 현재 한국의 공공교육 수혜내용은 매우 빈약한 수준에 머물러 있다고 볼 수 있다. 더구나 지식 · 정보화 시대에 인적 자본 위주의 발전을 도모해야 할 한국의 미래 위상에 커다란 저해요인이 될 것이다.

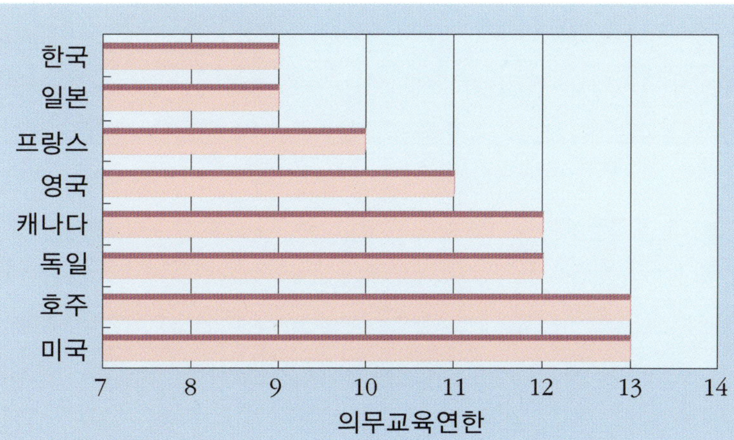

그림 18-19
OECD 주요국의 의무교육연한
한국의 의무교육연한은 9년으로 주요 선진국에 비해 매우 낮은 수준에 머물러 있다.

제 9 편 안정적 성장과 균형 그리고 복지

본편에서는 거시경제의 기본 목표인 경제발전의 구체적 내용을 일단 경제성장, 물가안정, 경기변동과 경기안정화 정책, 양극화와 이중성의 완화 및 해소, 그리고 분배 및 복지의 개선으로 구분하여 논의하고자 한다.

제19장 경제성장

본장에서는 경제발전의 가장 핵심적인 내용을 구성하는 경제성장문제를 다루게 된다. 우선 경제성장이란 국민소득수준의 향상이라 정의한 다음, 세계 주요 국가군의 국민소득수준을 비교해 보고, 이어서 경제성장의 핵심 요인이 되는 6가지 경로를 순차적으로 살펴보게 될 것이다.

01 경제성장과 경제발전

제반 경제여건 또는 물질적 살림살이의 개선을 **경제발전**이라 하는데, 이러한 경제발전 내용 중 가장 중심적인 것이 **경제성장**이다. 경제성장은 국민소득수준이 장기적으로 증가하는 추세변화를 일컫는다. 혹자는 경제발전은 질적인 측면에서의 개선까지를 포함하는 광의의 개념인 반면, 경제성장은 단지 (1인당)국민소득수준의 증가라는 양적인 측면을 강조한 협의의 개념이라 이해하고 있다. 그러나 전술한 바 있듯이, 1인당 국민소득수준의 증가는 결국 경제발전의 구체적 성과의 대표 지표로 이해할 수 있으므로 두 개념을 지나치게 구분할 필요는 없다. 특히, 이미 근대 시민국가로 성숙된 경제체제를 갖고 있는 선진국들 경우에는 1인당 국민소득의 증가라는 경제성장 자체가 물질적 생활수준 자체의 향상은 물론 평균수명의 연장, 문화수준의 향상, 정치적 자유의 신장 등 삶의 질까지 향상시키는 효과를 가져오므로 두 개념 간의 구분 자체에 별 관심을 두지 않는 경향이 있다. 고소득 자체가 고복지로 이어지고 있기 때문이다. 단지 제반 경제제도 및 여건이 미성숙한 후진국들의 경우에는 단순한 생산증대 자체보다는 생산증대를 지속적으로 큰 폭으로 달성시킬 수 있기 위한 제반 기반의 조성문제에 더욱 관심을 갖게 되며, 이러한 후진국의

본장에서는 거시경제정책의 궁극적 목표인 경제발전의 가장 핵심적인 내용을 구성하는 경제성장문제를 살펴보게 된다.

경제성장이란 (1인당)국민소득수준의 증대라는 양적인 측면을 강조한 개념이지만 질적 향상을 포괄하는 경제발전의 대표적인 그리고 구체적인 성과지표로 이해할 수도 있다.

경제여건 개선문제는 통상 경제발전이라 부르며 경제발전을 위한 경제개발계획을 정부가 주도하는 방식이 주류를 이루어 왔다고 볼 수 있다.

(1) 세계경제 주도국의 경제성장률 변화 추이

일반적으로 국민소득수준의 향상을 **경제성장**(economic growth)이라고 정의한다. 즉, GDP나 GNP 또는 GNI의 증가를 경제성장으로 본다. 그런데 이러한 국민소득은 일반적으로 상승 추세를 갖는다. 즉, 한 국가의 전체 국민소득 크기는 지속적으로 상승하는 경향이 있다. 그러나 이와 같은 국민소득의 상승이 반드시 경제성장을 의미한다고 볼 수는 없다. 한 국가의 GDP는 단지 인구가 증가함으로 인해 상승할 수도 있기 때문이다. 따라서 경제성장은 1인당 국민소득수준의 향상으로 정의되는 것이 적절할 것이다. 이러한 이유로 인해 경제성장률은 전년(또는 전분기) 대비 1인당 국민소득의 증가율로 정의된다.

역사적으로 네덜란드가 주도권을 행사하던 18세기 중엽까지(중상주의시대)는 1인당 경제성장률은 답보 상태에 머물렀으나(연평균 −0.07% 성장) 18세기 후반 이후 약 1세기간 산업자본주의를 정립시키며 산업혁명을 이룩하였던 영국이 주도적 역할을 담당한 시기에는 연평균 1% 수준의 경제성장률을 달성하였다. 그리고 19세기 말 이후 약 1세기간 미국이 주도권을 행사해 온 시기에는 연평균 2.3%의 경제성장률을 기록하였다.

그런데 인류가 자신들의 경제적 여건의 개선이나 경제력의 신장에 보다 능동적으로 대응하기 시작한 것은 근대 시민국가가 정립되고 자본주의가 정립되기 시작한 18세기 말부터였다. 매디슨(A. Maddison)에 따르면(물론 추정방법과 절차 그리고 결과에 대하여 이론의 여지는 있지만) 1700년대 경제적 주도국이었던 네덜란드의 경우 연평균 1인당 국민소득 성장률이 −0.07% 정도로 추정되었다(1720~1785년). 그러나 18세기 말 자본주의를 주도적으로 정착시킨 영국이 세계경제의 주도권을 장악하게 된 1795~1820년 기간중에 이룩한 1인당 경제성장률은 0.5%, 그리고 1820~1890년 기간중에는 1.4%를 각각 기록한 것으로 추계되고 있다.[1] 한편, 1890~1979년 기간중 세계경제의 주도권을 장악한 미국은 같은 기간중 연평균 경제성장률은 2.3%에 달하고 있다.

이러한 추정결과로부터 다음과 같은 사실을 추리할 수 있다.

첫째, 네덜란드가 비록 18세기 중엽까지 국제 간의 무역을 선도하기는 하였으나 경제성장률은 마이너스를 기록하는 수준에 머물렀다. 이는 당시 상업을 통한 국부증대를 최우선시하였던 **중상주의**가

[1] Angus Maddison, *Phases of Capitalist Development*, Oxford University, 1989, p. 31.

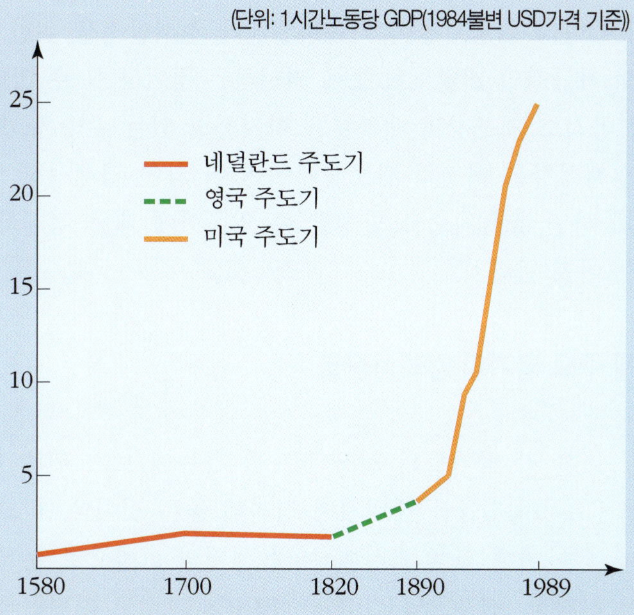

그림 19-1
생산성 향상 주도국의 생산성 궤도
매디슨의 추정에 따르면 1인당 경제성장률은 네덜란드가 주도하던 18세기 초반까지는 답보상태에 머물렀으나 18세기 후반 이후 약 100년간 영국이 주도적이었던 자본주의 성립 및 발전기에는 성장률 자체가 증가하는 추세를 보였다.

이러한 추세는 19세기 말 이후 미국이 주도권을 장악한 이후에도 지속 내지 강화되는 경향을 보였다.

갖는 한계를 여실히 드러내고 있다고 볼 수 있다.

둘째, 18세기 후반부터 약 1세기 동안 세계경제의 중심국이었던 영국의 경제성장률은 현재 기준으로는 실망스러운 수준이지만 점차 성장률 자체가 증가하는 추세를 보여 주었다. 산업혁명이라는 용어의 어휘가 주는 어감에서처럼 18세기 말경에는 마치 엄청난 경제성장이 시현되었으리라는 예상과는 물론 다르지만, 매디슨[2]이 추계한 생산성 향상 추계도표([그림 19-1])에서 볼 수 있듯이 자본주의의 성립은 인류역사상 가장 괄목할 만한 경제성장을 이룩할 수 있는 계기를 마련해 준 것임에 틀림이 없다.

셋째, 19세기 말 이후 세계경제의 주도권을 장악한 미국에 이르러 경제성장률은 더욱 높아졌다. 각종 제도나 경제적 여건이 함께 개선되고 기술발전이 가속화된 데 기인한다 볼 수 있다.

넷째, 그러나 최근 1세기 동안 미국의 경제성장률이 그 이전 시기의 영국보다는 높다고 하나 여전히 현대의 주도적 개발도상국들의 경제성장률보다는 훨씬 밑도는 수준에 머물고 있다. 예컨대, 아시아의 네 마리 용으로 불리는 한국, 대만, 싱가포르와 홍콩으로 구성되

한편, 20세기 후반에는 신흥공업국들의 경제성장이 두드러지게 나타났고, 최근에는 BRICs가 성장을 주도해 나가고 있다.

[2] Angus Maddison, *Dynamic Forces in Capitalist Development*, Oxford University, 1991, ch. 2.

는 NICs의 성공적인 경제발전 경험은 국제 간의 교역이 급속도로 신장되고, 이에 따라 기술확산이 가속화된데다 경제발전을 위한 후진국 정부들의 적극적인 개발노력 등에 기인하는 것이라 볼 수 있다.

그러나 아직도 지구상의 대부분을 차지하고 있는 수많은 개발도상국들의 경제성장은 여전히 답보상태에 있어 과연 경제성장 및 발전이 어떻게 하면 효율적으로 달성할 수 있을까에 대한 경제학자들의 관심이 모아져 왔다.

(2) 세계 주요 국가의 경제성장률

〈표 19-1〉은 각 국가들의 성장 정도를 가늠해 보기 위해 1인당 GDP(불변가격 표시)성장률을 대비시켜 정리해 놓은 것이다. 비교 · 분석상 의미부여를 위해 전체 조사대상국을 4개의 그룹으로 분류하여 보았다. 즉, 선진국, **신흥공업국**(NICs), BRICs 그리고 최빈곤국으로 분류한 다음 분류별로 대표적인 국가를 3~4개씩 선정하여 대비시켜 본 것이다.[3]

표 19-1 세계 주요국의 GDP수준 및 경제성장률

분류	국가	2006년 1인당 GDP(USD)	연도별 GDP성장률			
			2003	2004	2005	2006
선진국	미국	44,190.49	2.5	3.9	3.2	3.3
	일본	34,188.04	1.5	2.7	1.9	2.2
	독일	35,203.87	−0.2	1.2	0.9	2.7
NICs	한국	18,391.68	3.1	4.7	4.2	5.0
	대만	15,482.16	3.4	6.1	4.0	4.6
	홍콩	27,466.42	3.2	8.6	7.5	6.8
	싱가포르	29,917.20	3.1	8.8	6.6	7.9
BRICs	브라질	5,716.67	1.1	5.7	2.9	3.7
	러시아	6,856.08	7.3	7.2	6.4	6.7
	인도	796.828	7.3	7.8	9.2	9.2
	중국	2,001.46	10.0	10.1	10.4	10.7
최빈곤국	우간다	316.298	4.4	5.7	6.7	5.4
	캄보디아	503.266	8.6	10.0	13.4	9.5
	방글라데시	451.489	5.8	6.1	6.3	6.7

자료: IMF, World Economic Outlook Database, April 2007.

[3] BRICs란 자원과 인구(및) 영토가 매우 큰 신흥개발국인 브라질(Brazil), 러시아(Russia), 인도(India) 그리고 중국(China)을 통칭하는 용어이다.

조사대상 15개국 중 2006년 말 기준 1인당 GDP수준은 미국이 4만 4,190USD로 가장 높고, 우간다가 316USD로 가장 낮은 것으로 나타났다.[4] 한편, BRICs 국가들의 국민소득수준은 NICs 국가에 비해 낮은 수준에 머물러 있지만, 이들 국가의 평균성장률은 NICs 국가들의 평균성장률을 넘어서고 있어 주목을 받고 있다. 최빈국의 경우 캄보디아가 최근 높은 성장률을 보이고 있으나 변동폭이 커서 불안정한 추세를 보이고 있다.

이상과 같은 네 부류의 국가들이 갖는 경제성장의 배경 및 특징을 정리해 보면 다음과 같다.

선진국가들은 20세기 중반에 선진국 대열에 합류하거나 입지를 굳힌 나라들로서 안정을 중시함으로써 2~3% 내의 저성장을 기록하고 있다. 물론 일본과 독일은 선진국들 중에서는 성장률이 비교적 높았던 국가들이었지만 일본은 잃어버린 10년이라 불리는 1990년대의 장기불황, 그리고 독일은 1990년도의 통일에 따른 후유증으로 성장세가 한동안 둔화되었다가 최근 들어 완만한 회복세를 보이고 있다 ([그림 19-2] 참조). 여하튼 이들 국가는 양질의 교육을 바탕으로 성장은 물론 복지에도 많은 관심을 쏟고 있으며, 미래지향적인 질적 성장을 도모한다는 공통점을 갖고 있다. 또한 이들 국가에서는 기업활동에 대한 긍정적 인식을 바탕으로 내수시장이 활성화되어 시장경제체제가 공고히 정착되어 있을 뿐만 아니라 시장경제원리에 충실한 민주적 정치체제가 안정적으로 자리잡고 있으며, 대체적으로 정부의 간섭을 최소화시키기 위한 작은 정부를 지향하고 있다는 특징을 공유하고 있다.

한때 네 마리의 용이라 불리었던 신흥공업국(NICs)들은 20세기 후반에 수출주도적 공업화를 통해 고도성장을 이룩한 소규모 국가들로서 모범적인 경제발전 사례로 자주 거론되었던 나라들이다. 이들 국가는 일단 수출주도적 공업화에는 성공하였으나 높은 해외의존도 및 지나친 정부주도적 경제운용 등으로 비효율성이 증폭되면서 1997년 외환위기 발발시 큰 충격을 받았고, 그 이후에는 성장세가 점차 둔화되는 추세를 보여 주고 있다.

한편, 2000년을 전후로 고도성장을 이룩하기 시작한 BRICs 국

[4] USD란 미국의 화폐단위인 US doller의 약자이다.

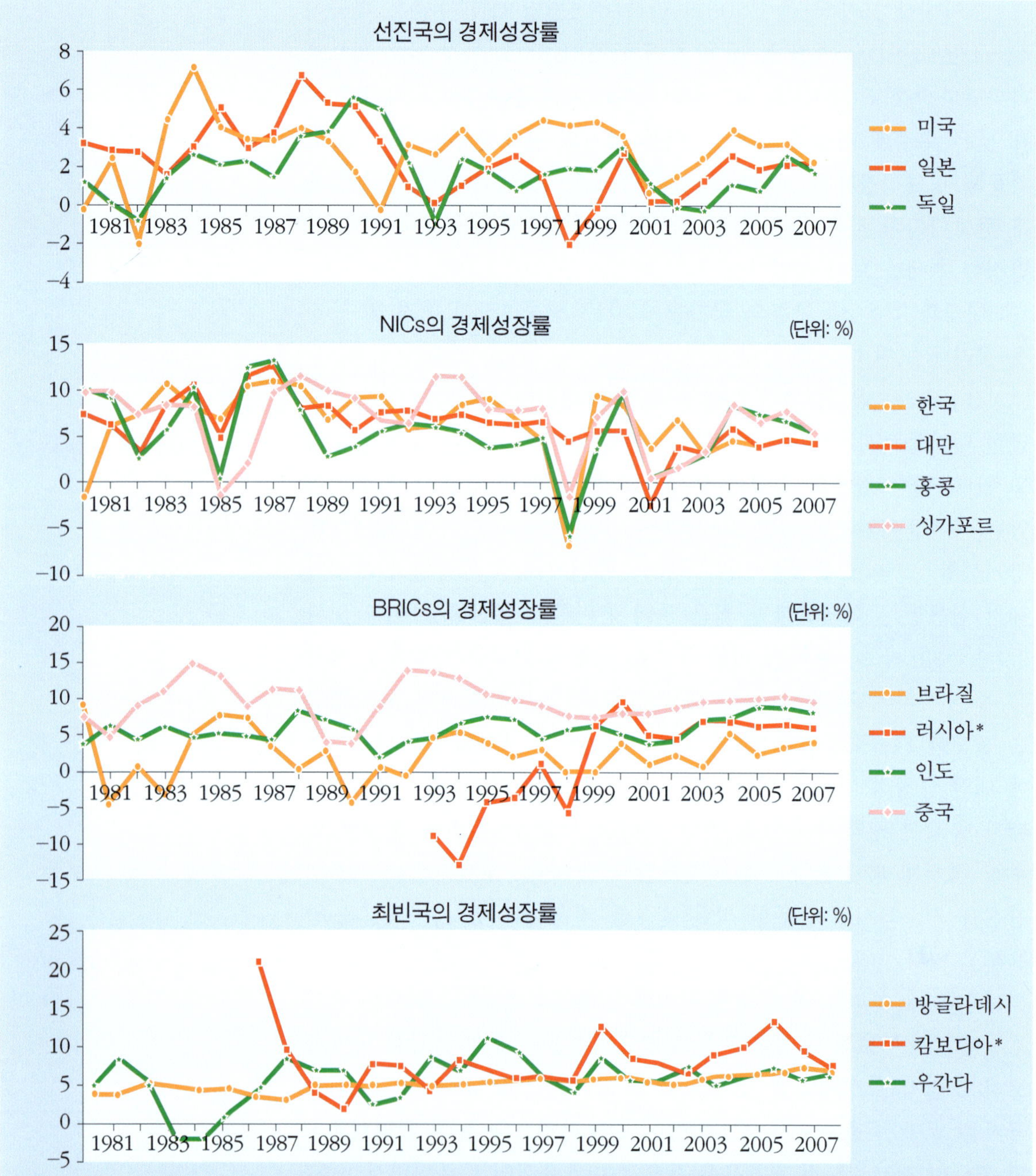

그림 19-2 세계 주요국의 경제성장률 추이

이 그림은 선진국, NICs, BRICs 그리고 최빈국 중 대표적 국가들 3~4개국을 중심으로 살펴본 연도별 GDP성장률 추이이다. 조사대상국 중 미국이 최고, 그리고 우간다가 최저로 나타났고, BRICs의 국민소득수준은 NICs에 비해 낮은 수준에 머물러 있지만 평균성장률은 NICs를 추월하고 있어 주목을 끌고 있다. 최빈국 중 캄보디아가 최근 높은 성장률을 보이고 있으나 변동폭이 크고 불안정한 추세를 보이고 있다.

* 러시아의 경우는 1991년까지, 그리고 캄보디아의 경우는 1985년까지 자료가 없어 동 기간중 경제성장률은 산출되지 않았다.

가들은 앞으로도 성장가능성이 가장 높은 국가들로 주목을 받고 있다. 이들 4개국은 모두 인구와 영토면에서 세계 7위 이내인 거대국가들로서 풍부한 지하자원을 보유하고 있고, 농산물생산 또한 세계 최대규모를 기록하고 있으며, 개혁 및 경제구조 개편 등으로 외국인 투자를 유도함으로써 높은 성장을 이룩하고 있다. 특히, 중국의 경제성장률은 실로 놀라울 정도이고(물론 이는 다소 자료상 과대평가된 것이라는 의견도 있지만), 최근에는 인도가 중국을 추격하고 있는 양상을 보이고 있다. 1990년대 이후 체제전환으로 인해 어려움을 겪었던 러시아도 최근에는 고도성장 궤도에 진입하고 있는 형국을 보여 주고 있다.

UN이 설정한 기준에 따라 1인당 GDP가 750달러 미만이고 문맹률이 높은 국가군인 최빈국들은 아직도 사회간접자본 및 기간산업이 빈약하고 제반 여건이 갖추어지지 못하여 빈곤의 악순환이 지속되고 있는 국가들로서 국제적인 원조나 관심이 절실한 상태에 있다. 바로 이러한 국가들의 경제발전이 어떻게 하면 가능할지에 대한 경제학자들의 관심이 보다 절실하게 요청되고 있다.

(3) 국민소득과 복지수준

경제성장은 1인당 국민소득의 증가로 정의되며, 보통 고소득국가가 보다 높은 수준의 복지를 향유하는 것으로 이해될 수도 있다. 그리고 소득수준과 복지수준 간의 상관관계는 선진국일수록 높다고 볼 수 있다. 반면, 후진국의 경우 고소득이 반드시 고복지수준을 보장하거나 지속적인 경제발전으로 이어진다고 단정할 수는 없다.

그런데 국민소득수준 향상이 복지수준의 향상을 보장하는 것은 아니며, 국민소득수준의 차이만큼 복지수준에 차이가 발생하는 것도 아니다.

한편, 한 나라 국민소득이 다른 나라 국민소득의 10배라고 해서 반드시 10배만큼 높은 복지수준을 향유한다고 볼 수는 없는데, 그 이유는 다음과 같다.

첫째, 국민소득은 한 나라에서 생산된 재화와 서비스의 해당국 시장가치로 추계한 것이다. 따라서 동일한 재화라도 국가에 따라 가격이 다르고 소득수준도 달리 추계될 것이다. 일반적으로 선진국 물가가 비싸므로 선진국의 국민소득은 후진국에 비해 과대평가되는 경향이 있다.

이는 예컨대 국민소득은 한 나라에서 생산된 재화와 서비스를 해당국의 시장가치로 추계한 것이어서 일반적으로 물가가 비싼 선진국의 국민소득수준이 과대평가되는 등의 문제가 있기 때문이다.

둘째, 경제성장률은 통상 1인당 실질국민소득 증가율로 산출되며, 재화 및 서비스의 질적 변화는 고려되지 않는다. 따라서 동질의 재화 또는 서비스가 생산되었다는 가정하에 물가상승률을 차감한 실질국민소득을 산출하게 되는데, 이는 실질적으로 생산된 높은 품질의 재화 및 서비스의 가치를 과소평가하는 측면이 있다.

셋째, 임금이나 국왕들이 존재하던 19세기 말이나 20세기 초부터 현재에 이르기까지 국민소득이 매우 낮은 수준에 머물러 있거나 경제성장률 증가가 매우 저조한 국가라 하더라도 현대 도시서민들까지 현대문명의 이기, 즉 전화, TV, 인터넷, 냉장고, 현대식 주택, 상수도, 교통수단 등을 대다수가 향유하고 있다. 그러나 예전에는 한 나라의 국왕마저 이러한 현대적 생활편의시설을 활용할 수 없었다는 사실을 고려할 때, 단지 현재 국민소득수준이 예전에 비해 크게 향상되지 않았다고 해서 복지수준 또한 별로 개선되지 못한 것으로 볼 수만은 없다.

02 경제성장요인

여하튼 경제성장은 생산요소의 추가고용, 기술진보 그리고 제반 제도 및 여건의 개선 외에 인적 자본의 축적, 국제무역의 확대 그리고 정부의 능동적 역할 등에 의해 이룩될 수 있다.

경제성장 또는 생산수준의 증대현상은 크게 보아 세 가지 요인에 의해 실현된다는 사실을 이미 언급한 바 있다. 즉, ① 생산요소의 생산과정에로의 추가투입과, ② 기술진보, 그리고 ③ 제반 제도 및 여건의 개선에 의해 생산수준의 향상이 도모될 수 있는 것이다. 그러나 보다 면밀히 검토해 볼 때, 경제성장은 위의 세 가지 요인 외에도 ④ 인적 자본의 축적, ⑤ 국제무역의 확대, 그리고 ⑥ 정부의 역할에 의해서도 증대될 수 있다. 이하에서는 이와 같은 요인들에 관하여 살펴보고자 한다.

(1) 물적 자본(physical capital)

생산요소 중 추가고용이 가장 쉬운 것은 물적 자본이며, 물적 자본의 추가투입 위주의 성장방식을 자본심화(capital deepening)적 성장이라고도 한다.

생산요소 중 추가적 투입이 가장 용이한 것은 자본이며, 이런 이유로 대부분의 경제성장전략은 자본의 축적 및 활용을 통한 경제성장에 주력하여 왔다. 생산과정에 주로 자본을 추가적으로 투입하여 경제성장을 도모하는 과정을 **'자본심화'**(capital deepening)라 하기도 하고 **'자본 위주 성장방식'**(capital fundamentalism)이라 부르기도 하는데, 지금까지 한국을 포함한 거의 대부분의 개발도상국들(후발선진국 경우도 마찬가지)이 사용해 온 성장방식은 여기에 속한다. 지금까지 개발된 경제성장이론 모형 중 대다수가 바로 이러한 성장방식을 암묵적으로 가정하여 정립되었고, 대표적인 개발도상국 경제개발방식 또한 이 논리를 지속적으로 견지해 왔던 것이다. 이러한 논리로 인해 인적 자원의 축적이나 질적 개선방안은 상대적으로 경시되어 왔는데, 이는 한국에서도 마찬가지였다. 노동 또는 인적 자본에 대한 투자의 중요성이 강조되고 또 인식되기 시작한 것은 비교적 최근에 이르러서이다.

대다수 개도국은 바로 이러한 방식에 의해 경제개발을 추구해 왔으며, 한국도 예외는 아니다.

여하튼 자본의 형성이 경제성장의 가장 중요한 요인 중 하나임에는 틀림이 없다. 그런데 이러한 자본의 형성은 과연 어떻게 그리고 어떤 경로를 통해 이루어질 수 있을까?

자본형성은 기본적으로 투자를 통하여 이루어진다.[5] 그런데 기업의 생산활동을 위해 생산시설을 확충하기 위해서는 스스로 자금여력이 있거나, 아니면 차입(또는 주식발행)을 통해 소요자금을 조달할 수 있어야 한다. 그리고 이와 같은 자금은 가계나 정부는 물론 외국(인)과 같은 경제주체들에 의해 공급된다. 그런데 이들이 자금을 공급할 수 있기 위해서는 자금의 여유, 즉 저축(가계나 외국인 경우) 또는 수입(정부의 재정수입 경우)이 뒷받침되어야 한다. 그리고 이러한 여유자금의 공급과 소요자금의 확보과정은 금융시장을 통해 이루어진다. 이러한 과정에 관한 구체적 논의는 제21장으로 미루고 여기에서는 단지 자본형성의 주 원천인 투자는 저축이 있어야만 가능하다는 사실만을 강조해 두고자 한다.

특히, 저소득으로 인해 저축할 여유가 없어 투자재원을 마련할 수 없는 후진국의 경우, 결국은 원조나 차관 또는 외국인 투자에 의해 필요재원을 마련할 수밖에 없는 것이다.

그러나 자본이 원천적으로 부족한 개도국들은, 특히 개발 초기 단계에서는 외국원조나 차관에 의해 필요 재원을 확보할 수밖에 없었다.

그리고 후진국에서 성장에 필요한 자본의 형성을 보다 적극적으로 추진하기 위한 방안의 하나로 기업의 투자는 물론 가계의 저축을 독려하기 위해 각종 세제혜택을 제공하거나 특혜금리(기업에게는 차별적 저금리, 그리고 가계에게는 특정 유형의 저축에 한하여 차별적 고금리혜택 부여)를 적용하는 방안을 쓰기도 한다. 물론 이러한 정책은 공금리와

물론 가계저축과 기업투자에 대한 각종 세제혜택을 부여함으로써 국내시장에서의 자본형성 노력을 기울이기도 하였다.

[5] 자본주의 성립 초기에는 봉건적 예속에서 벗어난 농민층이 사유화를 통해 획득한 농지로부터 얻은 잉여를 축적함으로써 자본을 형성해 나간 것으로 분석되고 있다. 이를 보통 원시적 축적이라 한다.

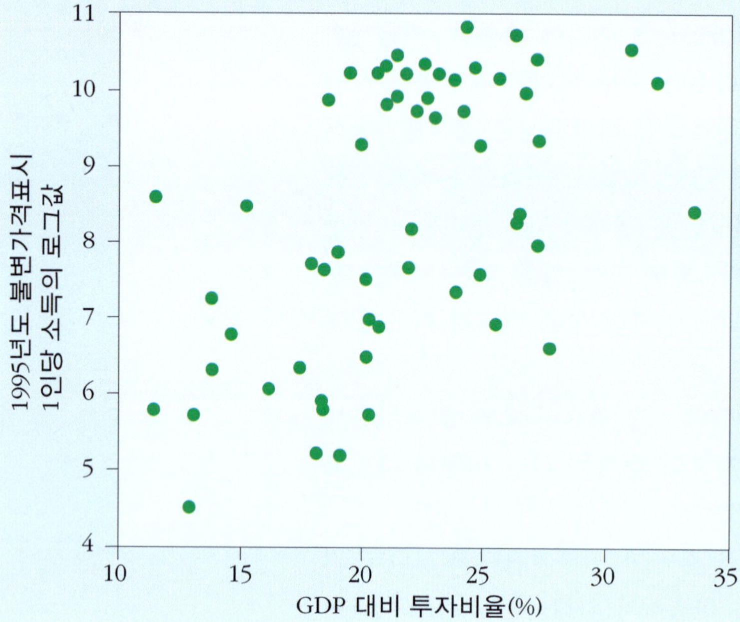

그림 19-3
세계 주요 58개국의 투자와 소득 간의 관계 (1960~1995 기간중 평균)
1960~1995년 기간중 세계 58개국의 투자율과 소득수준은 강한 양(+)의 관계를 보이고 있다.

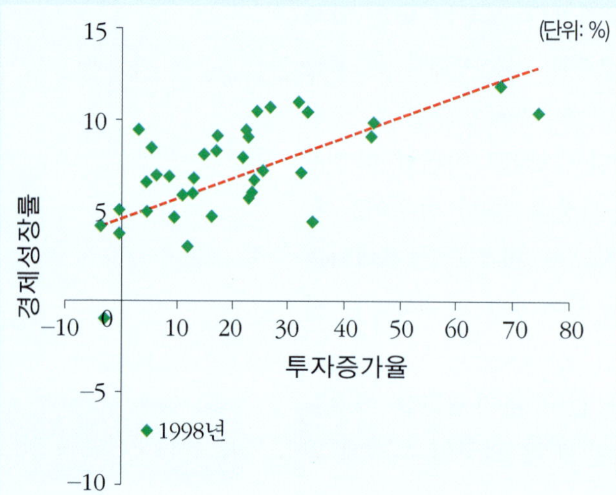

자료: KOSIS.

그림 19-4
한국의 경제성장률과 투자증가율
1971~2007년 기간중 한국의 경제성장률과 투자증가율은 뚜렷하게 양(+)의 관계를 보여 주고 있다.

투자율과 소득수준 간에는 일반적으로 양(+)의 상관관계가 존재한다는 사실은 실증적으로 입증될 수 있다([그림 19-3], [그림 19-4] 참조).

시장의 균형이자율 간의 괴리가 큰 체제를 초래하게 되는데, 통상적으로 이러한 체제를 오랫동안 유지할 경우 심각한 문제가 유발될 가능성이 높다.

[그림 19-3]은 세계 58개국의 GDP 대비 투자율(%)과 1인당 소득의 로그값[6](1995년도 불변가격표시)의 1960~1995년 기간중 평균값

들의 실현치를 산포도 형식으로 작성한 것이다. 시각적으로 쉽게 판독이 가능할 만큼 투자비중과 1인당 소득 간에는 강한 양(+)의 관계가 있음을 확인할 수 있다.

[그림 19-4]는 한국의 1971년 이후 경제성장률과 투자증가율을 상호연관시켜 본 산포도이다. 그림에서 도출된 장기적 추세선의 기울기에서처럼 두 변수 간에는 역시 양(+)의 관계가 성립됨을 알 수 있다. 기울기의 절대치가 [그림 19-3]의 경우보다 훨씬 낮아 보이는 것은, [그림 19-3]은 같은 기간중 이질적인 58개국을 비교해 본 횡단면자료가 활용된 반면 [그림 19-4]는 동일한(따라서 동질성을 가짐) 국가의 서로 다른 시기에 관측된 시계열자료가 사용된 데 기인한다 볼 수 있다.

(2) 노동력

자본과 더불어 노동력의 증가는 경제성장의 가장 핵심적인 요인 중 하나가 되어 왔다. 한 국가의 경제력이나 힘은 우선 해당국의 인구수와도 연관도가 높다. 그러나 경제성장이란 보다 구체적 측면에서 보면 인구보다는 그들 중 시장성 있는 노동력을 제공할 수 있는 인력의 규모가 보다 중요한 의미를 갖는다. 예컨대, **경제활동인구**를 15세 이상으로 규정할 경우(이를 통상 **노동력** 또는 labor force라고 함) 인구성장률이나 출생률, 유아사망률 그리고 평균수명 등에 따라서 노동력의 크기 자체는 물론 노동력이 인구에서 차지하는 비중이 변화되기 때문이다.

생산요소의 두 번째 주요 항목은 노동력이라 할 수 있다.

인구증가율은 대체로 선진국일수록 낮은 편이고, 후진국일수록 높은 경향을 띠어 왔다. 또한 같은 나라 내에서도 저소득층의 출산율이 일반적으로 고소득층의 경우보다 높은 성향을 보여 왔다. 따라서 저소득국가(저소득층)일수록 인구와 노동력은 풍부한 반면 취업기회는 상대적으로 낮은 경향을 보이고 있다. 따라서 한 나라가, 특히 후진국의 경우 경제성장은 바로 이처럼 상대적으로 풍부한 인력을 집중적으로 생산과정에 투입시키는 방식으로 추진하는 것이 현실적으로 효율적이라 볼 수 있다. 한국 또한 1960~1970년대에 무한대

일반적으로 후진국일수록 노동력이 풍부하므로 이들을 주로 생산과정에 투입하는 방식의 성장전략을 추진해 왔다.

❻ 경제성장률은 통상적으로 1인당 소득의 증가율로 산출되지만, 비교의 목적을 위해서는 단지 1인당 소득수준에 로그값을 취한 값을 대신 활용하기도 한다.

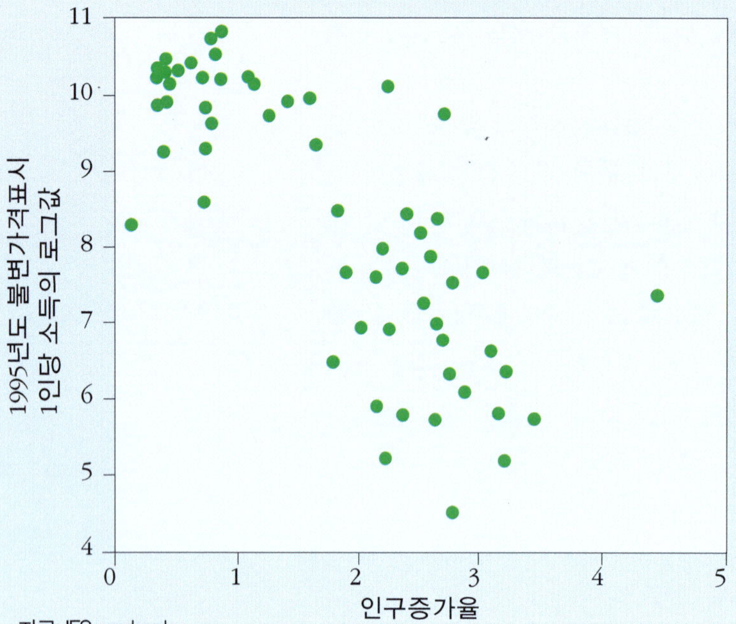

자료: IFS yearbook.

그림 19-5
세계 주요 58개국의 인구증가율과 소득 간의 관계 (1960~1995 기간중 평균)
1960~1995년 기간중 세계 58개국의 인구증가율과 소득수준은 강한 음(-)의 관계를 보이고 있다.

에 가까웠던 양질 · 저임의 노동력을 생산에 투입함으로써 경제성장을 선도한 역사적 경험을 갖고 있다. 물론 이러한 방식의 경제성장이 성공하기 위해서는 축적된 자본으로 일자리를 창출할 수 있어야 함은 당연지사라 할 수 있다. 즉, 우선적으로 생산활동을 확대시킬 수 있는 자본축적이 선행되어야 유휴노동력에 일자리를 창출할 수 있게 된다는 사실이다. 바로 이러한 이유로 해서 대다수 후진국들이 경제성장을 도모하기 위하여 자본형성에 심혈을 기울였던 것이다.

그러나 한국은 경제가 성숙기에 진입하면서 특히 여성들의 경제활동률이 증대되었고, 이는 결혼연령의 증가, 자녀출산율 저하 등으로 이어졌다. 이러한 추세는 특히 대가족제도의 소멸과 핵가족제도의 등장, 사회보장제도 등 복지제도의 개선 등과 맞물리면서, **인구증가율**의 감소와 **노령화**(즉, 경제활동인구 비중감소)를 초래함으로써 국가의 잠재성장률 자체를 저하시키는 결과를 초래하였다. 정부는 이를 위해 육아시설의 확대, 출산휴가제 확충, 3자녀 이상 가구에 대한 각종 세제 및 공공주택 분양가점제 혜택 확대 등의 대책을 마련하고 있으나 여성에 대한 혜택은 그만큼 기업에게 부담을 증가시키는 것이어서 쉽게 정착되기 어려운 측면이 있다. 따라서 근본적인 처방, 특

그러나 노동력의 한계생산 체감의 법칙으로 인해 노동투입만에 의한 성장방식이 장기적으로 성공하기는 어렵다. 일반적으로 장기에 있어 인구증가율과 경제성장은 음(-)의 상관관계를 갖게 되기 때문이다([그림 19-5] 참조).

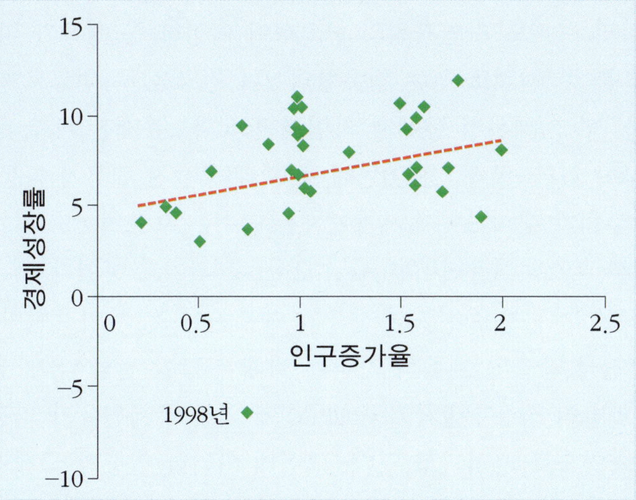

자료: KOSIS.

그림 19-6
한국의 경제성장률과 인구증가율
1971년 이후 한국에서는 경제성장률과 인구증가율 사이에 유의할 만한 정도는 아니지만 양(+)에 가까운 추세선이 관측되었다.

히 자녀양육에 대한 국가 차원의 대응이 필요한 것으로 보인다.

[그림 19-5]는 세계 58개국의 인구증가율(%)과 1인당 소득(로그값)의 1960~1995년 기간중 평균값들 간의 관계를 산포도 형식으로 작성한 것이다. 시각적으로 쉽사리 판독이 가능할 만큼 두 변수 간에는 강한 음(-)의 관계가 성립됨을 알 수 있다. 이는 노동의 한계생산력이 체감한다는 논리(예컨대, 맬서스의 인구론에서처럼)를 간접적으로 입증하는 결과로 이해할 수도 있다.

그러나 [그림 19-6]에서처럼 한국의 경우에는 경제성장률과 인구증가율 간에 미세하나마 오히려 양(+)의 관계가 있는 것 같은 산포도가 작성되었다. 이는 관측 초기 단계에서는 여전히 저임·양질의 노동력이 풍부하였고, 성장은 이러한 노동력을 생산에 투입시킴으로써 성취될 수 있었던 측면이 강하였던 사실에 기인하는 바 크다 할 수 있다. 또한 같은 기간중 인적 자본에 대한 투자(예컨대, 교육 및 훈련의 확대)가 활발히 이루어져 노동생산성을 향상시킬 수 있었던 사실에 연유하는 측면도 있다.

물론 인적 자본에 대한 투자가 동시에 이루어질 경우 한국에서처럼 인구증가율과 경제성장률이 완만하지만 양(+)의 관계를 가질 수도 있다([그림 19-6] 참조).

(3) 자연자원

산업화가 본격화되기 이전 사회에서는 농업이 주도적 산업이었고, 따라서 특히 토지가 가장 중심적인 생산요소로서 기능하였다. 그

생산요소 중 세 번째 주요 항목으로 자연자원을 들 수 있으며, 예컨대 원유와 같은 자연자원의 확보는 현재도 여전히 중요한 과제이다. 특히, 1970년대에 두 차례에 걸쳐 발생한 이른바 원유파동과 2008년 초 발생한 원유와 곡물 그리고 자연자원가격의 폭등현상은 이러한 사실을 잘 입증해 주고 있다.

러나 산업자본주의 성립 후 선도적 역할은 자본으로 이양되었다. 하지만 유형에 따라 아직도 자연자원의 중요성이 여전히 큰 경우가 많다. 예컨대, 원유를 주 원료로 하는 정유산업이나 철강을 주 원료로 하는 자동차 · 조선 및 기계산업 등에서 자연자원의 확보문제는 매우 중요한 문제로 남아 있다. 특히, 1970년대 두 차례에 걸친 원유가 파동 이후 자원국수주의가 팽배하면서 세계경제는 물가는 오르면서도 경기가 후퇴하는 이른바 스태그플레이션(stagflation)을 겪기도 하였다.

대체적으로 자원보유국은 후진국이 대부분이고, 자연자원의 국제가격이 선진국 제조업 제품의 가격에 비해 부당할 만큼 낮게 유지된 데 대한 반발이 **석유수출국기구**(OPEC)에 의한 국제원유가 파동을 낳게 한 주 요인으로 지적되고 있다. 그런데 이러한 일종의 국제카르텔이 상당 기간 성공할 수 있었던 것은 이들 자원의 부존량과 공급가능량이 유한하다는 데 있다.

한때는 이와 같은 자연자원의 유한한 부존성 또는 회복 불가능성으로 인해 장차 세계경제(특히, 후진국)의 성장가능성은 크게 제약을 받을 수밖에 없다는 비관론이 팽배하기도 하였다. 그러나 이러한 우려는 기우로 끝났다. 유한한 자연자원이 고갈되어 갈수록 가격이 오르고, 이에 따라 해당 자원의 수요가 줄어들 것이며, 또한 유사한 역할을 담당할 수 있는 대체자원의 활용이 가능해질 뿐만 아니라 기술발전에 따라 새로운 대체자원이 지속적으로 개발될 수도 있고 기존의 자원을 절약할 수 있는 방안도 강구될 것이기 때문이다. 국제유가 상승시 석탄, 태양열, 풍력발전, 원자력발전 등 대체에너지 개발이 활성화되었던 사실이 이를 입증하고 있다.

(4) 인적 자본

이상에서 열거한 생산요소 투입량의 증대 대신 투입할 생산요소의 질적 개선으로 이해할 수도 있는 인적 자본의 형성, 또는 인적 자본에 대한 투자가 최근 들어 미래지향적 성장전략으로서 주목을 받고 있다.

인적 자본(human capital)이란 1964년 베커(G. S. Becker) 교수가 교육이 노동생산력에 미치는 영향을 강조하는 차원에서 사용된 이후 주목을 받아 온 용어로 **물적 자본**(physical capital)에 대응된 개념이라 할 수 있다.[7] 물적 자본과 더불어 생산의 양대 요소를 구성하고 있는 노동력의 규모와는 별도로 노동자들이 갖는 질적 측면, 즉 생산

[7] 이 용어는 이보다 앞서 1960년 12월 미국경제학회에서 학회장으로 취임한 당시 시카고대학의 슐츠(Theodore W. Schultz) 교수의 취임식에서 인용된 바 있다. 당시 취임사의 제목은 "인적 자본에 대한 투자"(The Investment in Human Capital)였다.

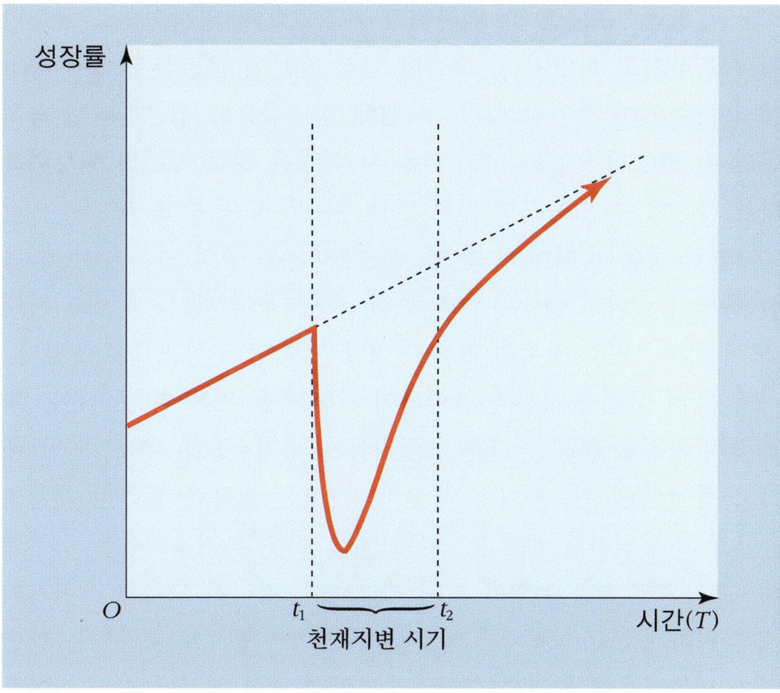

그림 19-7
인적 자본의 원상회복능력
인적 자본이 성숙된 국가일수록 천재지변에 해당되는 충격을 겪게 되더라도 장기적인 성장 추세를 신속하게 회복해 나가는 특성이 있다.

성 증대요인을 분리하여 새로운 생산요소로 취급하였던 것이다.

인적 자본을 보다 공식적으로 정의하자면 노동자들이 교육이나 훈련을 통해 얻는 지식과 기술이라고 할 수 있다. 교육이란 의무교육을 비롯한 정규학교교육과 평생교육을 총괄하는 개념이며, 훈련이란 각종 연수 및 현장직업훈련을 포괄하는 개념이다. 동일한 수의 노동력이라도 이러한 인적 자본이 보다 많이 축적된 사람일수록 생산능력이 증대될 것인데, 이는 노동자가 활용할 수 있는 물적 자본량(이를 노동의 자본장비율이라 함)이 증대될수록 생산성이 향상된다는 논리와 유사한 측면이 있어 인적 자본이라 부르게 되었다.

물론 인적 자본은 눈에 보이지도, 만져서 느껴 볼 수도 없는 무형요소이므로, 이를 정확히 계측하기 어렵다는 측면이 있다. 반면에 보이지 않기 때문에 쉽사리 파괴되거나 소멸되지도 않는다는 장점이 있다. 따라서 전쟁이나 자연재해로 인해 많은 생산시설이나 장비는 쉽게 파손 또는 망실될 수 있지만 인적 자본은 노동자가 생존하는 한 존속하게 된다.

특히, 인적 자본은 물적 자본과는 달리 쉽사리 파괴되지 않는 특성을 갖고 있어 천재지변과 같은 충격을 겪게 되더라도 장기적 성장 추세를 조기에 회복시키는 데 중심적 역할을 담당할 수 있다.

제2차 세계대전에서의 패전에도 불구하고 일본과 독일이 급속한 경제회복 내지 재건을 달성할 수 있었다는 사실은 이를 반증하고 있다. 한국 또한 1997년 말 외환위기를 겪었으며 일시적으로 극심한 불황에 처하기도 하였지만, 축적된 인적 자본에 근거한 성숙된 성장 잠재력에 힘입어 장기적 성장추세선에 점근적으로 접근하여 신속히 회복할 수 있었다.[8] [그림 19-7]은 이와 같은 인적 자본의 **원상회복 능력**을 가늠할 수 있는 성장률의 변동 추이를 보여 주고 있다.

이상과 같은 측면에서 볼 때, 인적 자본은 물적 자본에 비해 유리한 측면이 있다고 볼 수 있다. 특히, 최근 들어 지식 · 정보화 시대가 도래하면서 인적 자본의 기능과 역할은 보다 더 중요해지고 있다.

또한 인적 자본에 대한 투자는 성장의 효과가 주로 노동자에게 귀속되므로 경제적 형평의 개선에도 기여할 수 있다.

또 한 가지 인적 자본과 관련하여 지적해 둘 것은 인적 자본은 교육과 훈련과정을 통해 대다수 노동자에게 축적되므로, 이로 인한 대가가 노동자에게 귀속된다는 사실이다. 또한 교육과 훈련이 개인의 비용으로 취득되기도 하지만 의무교육을 비롯한 기초교육은 정부에 의해, 그리고 훈련은 기업에 의해 제공된다. 따라서 교육과 훈련기회가 광범위하게 노동자들에게 정부 및 기업의 비용으로 제공되는 반면 혜택은 노동자들에게 귀속되므로 경제적 형평의 개선에 크게 기여할 수 있다.

이러한 이유 등으로 인해 미래는 인적 자본 중심의 성장이 주도하는 인본자본주의시대가 될 것이라 전망하고 있다.

결국 인적 자본의 축적은 생산성 향상이라는 경제적 효율성 제고는 물론 형평성을 개선하는 일거양득의 효과를 가져다 줄 뿐 아니라 지식 · 정보화 시대를 선도할 수 있는 주도적 생산요소로 기능한다는 사실이다. 이처럼 인적 자본을 중시하는 **인본자본주의시대**는 단지 교육 · 훈련을 통한 인적 자본의 축적에 머물지 않고, 각종 의료, 건강, 보험 및 연금제도 확충을 통한 복지의 개선과 연계되어 추구될 경우 더욱 가속화될 수 있을 것이다.

(5) 기술진보

생산요소의 추가투입 다음으로 경제성장의 핵심 요인이 되는 사항은 바로 기술진보라 할 수 있다.

기술이란 재화와 서비스를 생산하는 방법에 대한 지식이라 할 수 있으며, **기술진보**란 생산성 향상에 기여할 수 있는 모든 변화를 포괄하는 개념으로 인식할 수 있다. 따라서 기술진보란 주어진(또한 한정된) 생산요소를 가지고 이전에 비해 더 많은 생산을 달성할 수 있는 능력 또는 동일한 생산량을 전보다 적은 양의 생산요소만으로 (따라서

[8] 이종원, 『한국경제론』, 해남, 2004, 제13장 참조.

보다 낮은 생산비를 들여서)생산할 수 있는 생산방법을 의미한다고 볼 수 있다.

그런데 혹자는 기술진보를 새로운 상품을 만들어 내거나 새로운 기술을 개발하는 것(invention)으로만 이해하기도 한다. 그러나 앞서 지적한 바 있듯이 생산성을 향상시킬 수 있는 제반 변화를 기술진보라고 보면, 즉 보다 광의의 해석을 따르면 결국 다음과 같은 세 가지 유형을 포괄하는 개념으로 이해하는 것이 적절하다.

① 새로운 상품이나 새로운 기술의 개발과 같은 **창조적 기술**(inventive technology).
② 기존의 기술을 효율적으로 활용하여 획기적으로 생산량을 증대시키거나 생산비를 절감할 수 있는 이른바 **적응적 기술**(adaptive technology).
③ 생산성 증대에 기여할 수 있는 제반 제도 및 생산방법의 개선으로, 예컨대 **현장직업훈련**(on the job training: OJT)에 따른 숙련도 향상이나 인사 및 생산 · 조직관리제도의 개선 등을 통한 생산성 향상.

기술의 진보란 창조적 기술이나 적응적 기술은 물론 제반 제도 및 생산방법의 개선에 따른 생산성 향상이나 비용절감을 가능하게 하는 과정이라 할 수 있다.

이러한 기술진보 중 미국과 같은 선진국은 제1의 유형인 창조적 기술의 창출에 중심적인 역할을 하고 있어 세계경제를 주도해 나갈 수 있는 경쟁력을 보유하고 있다. 반면, 일본과 같은 나라는 특히 적응적 기술을 통한 생산성 향상에 선도적 역할을 담당해 온 대표적 나라에 속한다. 그러나 대다수 국가들은 특히 경제개발 초기 단계에서는 세 번째 유형의 기술진보를 통해 경제성장을 달성한 것으로 이해할 수 있다. 한국 또한 개발 초기 연대에는 주로 제3유형의 기술진보를 통해 생산성을 증대시켰으나 현재는 이른바 적응적 기술진보를 주축으로 성장을 구가하고 있으며, 일부나마(예컨대, IT산업) 창조적 기술진보를 통해 생산성 향상을 이룰 수 있는 단계에 이르렀다.

기술은 인적 자본과 더불어 지식 · 정보화 시대를 주도하는 가장 중요한 경제성장요인이 되고 있다. 또한 기술의 개발이나 발전은 인적 자본의 축적과 밀접한 관계가 있다. 그런데 인적 자본이 주로 교육과 훈련 등에 의해 창출되며, 이는 정부와 기업은 물론 가계 자신들의 능동적 참여를 통해 이루어지는 반면, 기술진보는 주로 연구개발을 통해 이루어지며 개별 기업에 의해 주도된다.

자본주의는 수확체감현상을 상쇄하고도 남을 만한 기술진보를 지속적으로 실현시킴으로써 발전해 왔다고 볼 수도 있다.

여기서 또 한 가지 지적해 둘 사항은 마르크스(K. Marx)가 주장하는 바대로 자본주의 성숙과정에서 자본심화에 의한 경제성장은 이윤율 저하현상(자본심화→수확체감현상 가속→이윤저하)을 필연적으로 유발할 것이란 예언이 실패로 돌아갔다는 점이다. 그리고 자본심화→자본가 위주의 불평등 분배구조 확대→노동자계층의 분배악화 및 유효수요 감소→과잉생산현상 초래→공황→자본주의 체제 몰락으로 이어지는 이행과정도 발생하지 않았다. 이러한 현상은 자본주의 발전과정에서 수확체감현상을 상쇄하고도 남을 만한 기술진보가 지속적으로 실현될 수 있는 여건이 조성되어 왔다는 사실에 연유한다고 볼 수 있다.

(6) 국제무역

경제성장의 견인차가 될 수 있는 또 다른 항목으로 국제무역을 들 수 있다. 교역을 통해 거래당사자 모두가 이익을 볼 수 있다는 사실은 자본주의 작동의 기본 원리 중 하나임은 수 차례 언급한 바 있다(제4장 참조).

또 한 가지 경제성장의 견인차가 될 수 있는 요인으로 국제 간의 (자유)무역을 들 수 있다. 국제 간의 교역이 거래국 쌍방에 모두 이익이 될 수 있다는 사실은 제4장과 제14장에서 언급된 바 있을 뿐 아니라, 자본주의 시장경제가 작동하는 가장 근본적인 원리 중 하나가 바로 경제주체 간의 상품 및 서비스 교환(국제 간의 교역 포함)이라는 사실을 누차 밝힌 바 있다.

물론 국제무역이 항상 생산력 증대나 생산성 향상을 자동적으로 유발하는 것은 아니다. 그러나 거래쌍방에 이익이 되는 국제무역이라면 이는 필연적으로 거래당사국의 경제성장에 크게 기여할 것이다. [그림 19-8]에서 PE_0P'은 한 나라의 **생산가능곡선**(production possibility curve: *PPC*)이다. 그리고 I_0와 I_1은 **사회적 무차별곡선**(social indifference curve: *SIC*)이며, 물론 I_1은 I_0보다 높은 수준의 사회적 효용을 나타낸다.

만일 국제무역이 없다면 이 나라는 OX_0만큼의 X재화와 OY_0만큼의 Y재화를 생산하는 것이 사회적 효용을 극대화할 수 있는 생산점(E_0)이 될 것이다. 이때 두 재화 간의 교환비율, 즉 가격비는 점 E_0에서의 접선($Y'E_0X'$)의 기울기(OY'/OX')와 같아진다.

한편, 국제 간의 교역이 발생할 때 이 나라는 Y재화 생산에 특화하여 Y재를 OY_1만큼 생산하되 E_1E'만큼을 외국에 수출하고 그 대가

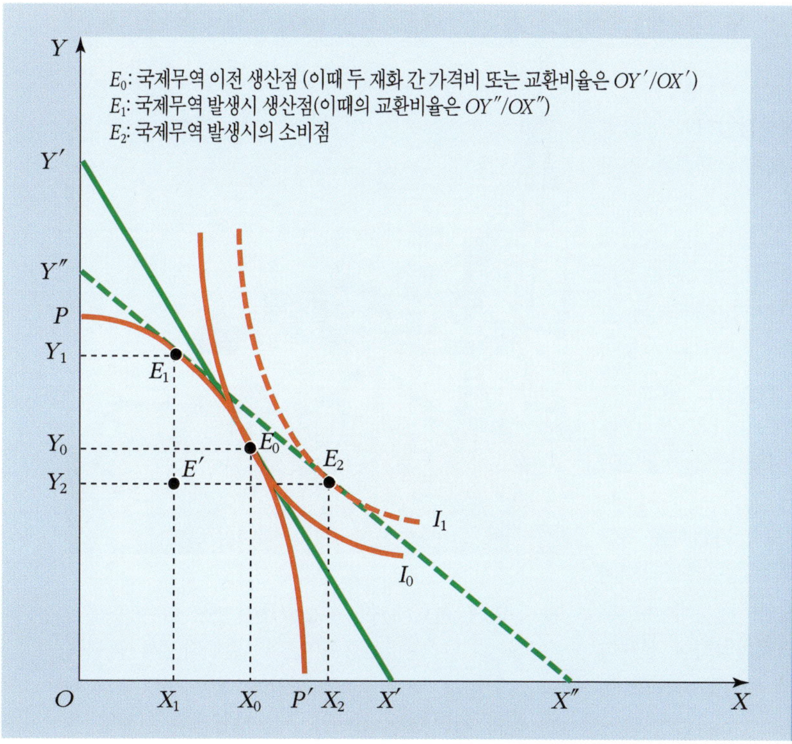

그림 19-8
국제무역과 경제성장

국제무역은 교역 이전의 생산 및 소비점인 E_0에 비해 보다 높은 사회적 효용을 달성시킬 수 있는 ($I_1 > I_0$), 예컨대 점 E_2와 같은 소비점을 가능하게 하는 경제성장을 이루어 준다.

교역이 개시될 경우 이 국가의 생산점은 E_1이 되고, 따라서 E_1E'만큼의 Y재를 수출하는 대가로 $E'E_2$만큼의 X재를 수입함으로써 결국 X_2만큼의 X재와 Y_2만큼의 Y재를 소비할 수 있게 되기 때문이다.

로 $E'E_2$만큼의 X재를 수입하였다 하자. 이때 두 재화 간의 교환비는 $E_1E'/E'E_2$(또는 OY''/OX'')가 되며, 이 나라는 점 E_1에서 Y_1만큼의 Y재와 X_1만큼의 X재를 생산한 다음 외국과 E_1E'만큼의 Y재를 $E'E_2$만큼의 X재와 교환하게 된다. 결과적으로 이 나라는 Y_2만큼의 Y재와 X_2만큼의 X재를 소비하게 되며, 이로부터 얻는 사회적 효용은 I_1이 된다. I_1은 I_0보다 높은 사회적 효용을 가져다 주는 무차별곡선이므로 국제무역은 무역 이전보다 높은 효용을 창출해 줌을 알 수 있다.

한편, 점 E_2가 교역 이전의 생산가능곡선 PE_0P' 밖에 존재하므로 결국 국제무역으로 한 나라의 지출국민소득이 증가하는 경제성장이 발생하는 것으로 이해할 수도 있다.

흔히 후진국과 선진국 간의 교역에 있어 후진국은 1차산업 상품(농수산물이나 자연자원)을 주로 수출하고 선진국으로부터 2차산업 상품(각종 고부가가치 제조업 제품)을 수입하게 된다. 그리고 이때 1차상품 가격이 상대적으로 싸질 수밖에 없어 교역조건은 점차 후진국에 불리하게 된다. 이러한 교역패턴은 선진국이 후진국들을 식민지화하여 운영할 때부터 고착되어 왔으며, 바로 이러한 불평등한 교역조

물론 1차산업 상품에 비교우위를 갖고 있는 후진국들이 이를 특화하여 선진국의 제조업 상품과 교역을 할 경우 장기적으로 교역조건이 악화되는 문제가 발생할 수 있다.

수출주도형 공업화와 수입대체형 공업화

개발도상국이 적극적 경제발전 의지를 가지고 경제개발계획을 추진하되 **불균형성장방식**의 전략을 선정한다면 과연 어떠한 부문에 집중투자하는 것이 바람직한 것인가? 경제발전 또는 근대화란 일반적으로 산업화를 추구하는 것인바, 농업보다는 공업에 중점을 둘 것은 자명하다 할 것이다. 그러나 공업화를, 예컨대 대기업 중심으로 추구할 것인지 또는 중소기업 중심으로 추진할 것인지에 관해서는 선택의 여지가 있다. 그보다 더 중요한 관심사는 수출주도형 공업화를 통한 경제성장을 추구할 것인가, 아니면 수입대체형 공업화로 경제성장을 선도할 것인가 하는 문제라 할 수 있다.

물론 한국은 이들 중 **수출주도형 공업화**를 추구하였고 또 가장 성공적인 모범사례로 인용이 되어 왔다. 한국의 이러한 선택은 제2차 세계대전 이후 대부분의 개발도상국들이 **수입대체산업화**를 선택하였던 역사적 사실로 볼 때 다소의 위험을 내포한 전략이었음을 일단 지적해 두고 싶다.

여하튼 20세기 중반에 대다수 개발도상국이 수입대체형 산업화를 추구하였던 것은 대체로 다음과 같은 사유에 근거하는 것으로 분석되고 있다.

첫째, 19세기부터 20세기 초반에 이르는 기간 동안 이른바 후발국들(당시의 개발도상국)의 산업화는 수입대체적 공업화 성향이 강하였다.

둘째, 1930년대 대공황을 겪으면서 원료수출에 특화하였던 후진국들이 극심한 타격을 받았고, 따라서 중남미를 중심으로 하는 개발도상국들이 수입대체산업화를 시도하게 되었다.

셋째, 제2차 세계대전 후 개발도상국의 경우에는 한두 개 상품에 특화해 온 식민지적 분업에서 벗어나 산업 간 균형을 이룰 수 있는 다변화된 국민경제 건설을 희망하게 되었고, 이는 결국 자연스럽게 수입대체산업화 전략의 선택으로 이어졌다.

넷째, 이와는 별도로 1930년대 가장 성공적 산업화를 성취한 소련의 전략 또한 수입대체적 산업화라 할 수 있다. 소련에서의 성공사례는 이후 주로 1차산업에 특화해 온 후진국들이 종속적 국제분업체계를 거부하는 신종속이론과 결부되면서 중핵국과의 단절과 특히 중화학공업에 대한 집중적 투자를 통한 **자급자족(autarky)적 자립경제** 건설을 촉발시키기도 하였다.

그러나 이러한 역사적 경험에도 불구하고 제2차 세계대전 이후 수입대체산업화로 경제발전에 성공한 개발도상국은 거의 없었다. 그렇다면 왜 19세기에 유럽 등지에서 성공할 수 있었던 발전전략이 20세기 후반 개도국에서는 실패하고 말았을까? 이에 대해 케이브스(R. E. Caves)와 존스(R. W. Jones), 허쉬맨(A. O. Hirschman)은 다음과 같은 이유를 들고 있다.[9]

첫째, 19세기 유럽에서는 진입해 들어갈 새로운 산업이 상대적으로 광범위하게 존재하였고, 19세기 유럽의 후발국(상대적 후진국)들은 이미 근대산업화 이전에 존재한 수공업 기반이 튼튼하였기 때문에 당시 주도산업 및 기술수준에 근접되어 있었다. 따라서 수입대체산업화에 대한 집중투자가 전후방 연쇄효과를 유발할 수 있었으나 20세기 후반 개도국들은 전통적 수공업 기반이 결여되어 있거나 기술수준이 낮은 수준에 머물러 있어서 전후방 연쇄작용이 어려웠다.

[9] Richard E. Caves and Ronald W. Jones, *World Trade and Payment*, 3rd ed., 1973; A. Hirschman, *The Strategy of Economic Development*, Yale University Press, 1968.

둘째, 기술수준이 낮은 단계에서의 수입대체전략은 표준화된 소비재산업이나 조립단계적 생산에 머물 수밖에 없어 일정 단계 이후는 산업화가 지속되기 어렵다.

셋째, 이처럼 낮은 수준에 머물 수밖에 없는 산업제품은 국제경쟁력을 확보하기 어렵고 결국 국제수지 적자를 유발하게 된다. 이를 억제하기 위한 정부의 선택은 국제경쟁으로부터의 보호뿐이다. 그러나 비좁은 국내시장만으로는 규모의 경제나 생산성 향상의 실천가능성이 작은 반면, 창의적 생산을 저해할 수밖에 없는 정부개입은 결국 지대추구행위 등 부패를 유발시켜 경제적 효율과 형평을 모두 해치게 되었다.

이상과 같은 역사적 실험을 목격하면서, 특히 허쉬맨이 제시한 발전전략 논리 등에 영향을 받아 한국 등 이른바 신흥공업국가들(NICs)은 수출지향적 산업화를 선택하게 되었고, 이는 이후 동아시아 개발도상국 발전전략에 큰 영향을 미치게 되었다.

수출지향적 산업화가 바람직하다는 논리적 배경과 또 이러한 전략이 성공을 거둘 수 있었던 사유로 제기되었던 내용 중 주요한 것을 정리해 보면 다음과 같다.

첫째, 수출지향적 산업화는 국내수요보다는 해외수요를 겨냥해야 하고, 따라서 주도산업의 선정 및 육성은 비교우위를 바탕으로 이루어지게 된다. 따라서 경쟁력 확보 및 유지를 위해 효율적 생산에 전념하게 되므로 정착된 산업의 생산성이나 효율성은 수입대체산업의 경우보다 월등하게 된다. 그리고 장래에 국제경쟁력을 얻을 수 있는 산업에 집중투자하되 점차 고도화된 산업으로 주도산업을 변화시켜 나감으로써 후진국의 고질적인 국제수지 적자 및 외환부족을 메워 나갈 수 있다.

둘째, 1950년 이후 세계경제는 전례 없는 고도성장 및 무역확대를 경험하게 되고, 따라서 선진 제국들이 후진국들에게 특혜적 교역조건(GATT체제하의 차별관세 허용, 덤핑과 수출보조금 허용 등)을 허용하였는데, 특히 1990년 전후로 냉전이 종식되는 시기까지 제3세계 국가들의 입장이 나름대로 고려된 바 있다.

여하튼 한국이 1960년대 이후 수출지향적 산업화를 선택한 것은 이상과 같은 논리 외에도 당시 군사정권의 등장으로 인해 미국으로부터의 원조가 거의 중단되는 여건변화에도 기인하는 바 크다. 산업화에 필요한 외화를 수출확대로 획득하는 일이 필수적이었기 때문이다. 그리고 그간의 수출주도형 산업의 육성이 성공할 수 있었던 것은 일제식민지시대와 해방 초기의 혼란을 겪으면서도 연연히 맥을 이어온 성장잠재력과 성장의욕에 힘입은 바 크다 하겠다.

그러나 한국의 경우 수출지향적 산업의 육성은 원료 및 시설재 등의 수입을 유발하는 것이어서 만성적인 국제수지 적자를 경험할 수밖에 없었고, 해외의존도 심화로 인한 경기변동의 불안정성과 국제경쟁력 상실가능성이 상존하는 문제점이 노출되어 왔다. 또한 수출지상주의적 경제운용은 수출보조금 지급 및 수입억제 등을 통한 **보호주의**를 낳았고, 외화획득 우선주의는 **덤핑**에 의한 수출관행을 일반화시키는가 하면 경쟁력이 상실된 제품의 수출로 인한 손실을 국내에서 보전해 줌으로써 국내판매가가 국제가격보다도 낮아지는 등 경제적 왜곡이 심화되는 과정을 겪기도 하였다.

최근 들어 **WTO**가 성립되면서 이러한 관행이 어려워지고 선진국들로부터의 견제로 기술이전마저 어려워지는 반면, 후발신흥공업국 및 중국 등의 추격으로 지금까지의 한국의 수출지향형 산업화 전략은 본질적으로 재고될 단계에 이르렀다.

건으로 인해 후진국들이 착취되어 왔다는 주장이 제기되기도 하였다. 바로 이러한 인식하에 선진국과의 불평등한 교역을 시정하기 위해서는 선진국들과의 교역을 단절하고 자급자족하는 길밖에 없다는 주장이 제기되기도 하였다. 이러한 사조를 **종속이론**이라 부르기도 하는데, 이는 신마르크스적 좌파이론이라 볼 수 있다. 그러나 불평

선·후진국 간 불공정무역을 해소하기 위해 선진국과의 교역을 단절하고 수입대체산업화 등을 추구하여 자급자족을 도모하는 것이 바람직하다는 종속이론이 제기되기도 하였다.

등한 교역을 단절하려던 이들의 노력은 이들 국가의 경제성장률 하락으로 이어지는 실패를 초래하고 말았다.

그러나 이러한 노력은 실패하였다. 이는 교역으로부터 얻을 수 있는 이익의 포기, 외국업체와의 경쟁이 불필요해진 수입대체산업의 생산성 향상노력 부족, 협소한 국내시장 규모로 인한 규모의 경제 실현가능성 저하 등에 기인한다.

이들의 실패는 크게 보아 두 가지 측면에서 찾아볼 수 있다. 첫째로 이들의 **자급자족원칙**은 기본적으로 국제무역으로부터 오는 경제성장, 그리고 사회적 효용증대를 포기한 것이다. 둘째로는 이들이 선택한 자급자족경제는 결국 수입 대신 **수입대체산업**을 추구하게 되었고, 따라서 외국업체와 하등의 경쟁을 거칠 필요도 없어져 결국 생산성 향상 노력이 저해되는 결과를 초래하고 말았다. 개방경제체제를 통해 수출주도적 정책을 폈던 한국과 같은 나라들은 세계시장에서 경쟁력을 유지하기 위해 부단한 생산성 향상 노력을 기울였고, 이것이 기술발전과 연계되면서 지속적 고도성장을 견인하는 촉매제로 작용하였던 것이다. 또한 대다수 후진국들은 경제규모가 작고 따라서 국내시장이 협소하므로 이처럼 작은 시장만을 대상으로 생산을 할 경우 규모의 경제를 통한 비용절감효과를 누릴 수도 없다는 사실에 유념할 필요가 있다.

(7) 각종 제도 및 여건의 개선

한편, 특히 후진국들은 일반적으로 자본주의 시장경제제도가 제대로 정착되거나 성숙되지 못한 상태에 있으므로 단순히 여건을 개선하거나 근대적 제도를 정착시키는 것만으로도 경제성장이 가능하다는 점에 유념할 필요가 있다.

이상에서 살펴본 본원적 성장요인 외에도 경제성장에 큰 영향을 미치는 요인 중 하나로 제도적 요인을 들 수 있다. 전술한 바 있듯이, 특히 후진국의 경우, 즉 각종 제도나 관행이 근대 시민사회 내지 자본주의 시장경제제도가 제대로 정착되거나 성숙되지 못한 경우에는 단지 이러한 여건을 개선하거나 근대 시민사회적 제도를 정착시키는 것만으로도 경제발전에 큰 성과를 얻을 수 있기 때문이다. 예컨대, 공정거래질서 확립, 소비자보호, 근로자 권익보호, 각종 불필요한 정부규제의 철폐, 정치적 안정, 그리고 각종 부패요인의 척결 등을 들 수 있다.

이상과 같은 요인들에 관한 논리는 아직 정교하게 정립되지 못하고 있다. 아마도 거의 모든 경제이론이 선진국에서 개발되었고, 이들 국가에서는 이미 근대 시민사회가 잘 정립되어 있기 때문에 이러한 요인에 관한 논리개발의 필요성이 적었기 때문일 것이다. 그러나 후진국에서는 그 어떤 선진국적 성장논리(자본의 형성이나 기술개발 등)보다도 우선적으로 고려되어야 할 중요한 성장요인이라 할 수 있다.

경제계획과 자유방임

일찍이 자본주의 체제가 영국에서 정립되던 초창기부터 **스미스(A. Smith)**가 주창한 **'자유방임'**이란 원칙은 가장 효율적인 경제운용원칙으로 간주되어 왔다. 그러나 자본주의가 자생적으로 정립되지 못한 채 식민지화와 더불어 이식되었던 경제적 후진 제국들에게(더구나 이미 독점자본주의 내지 제국주의 단계를 넘어선 선진 제국들과의 교역이 불가피한 제약으로 작용하는 시기에) 자유방임이 최상의 개발전략원칙이라고 권고하기는 어려울 것이다. 특히, 자본주의를 이식시켜 준 주체들이 이미 **혼합적 자본주의** 단계에 와 있었기 때문에 배우고 익혀야 할 모범 자체가 '자유방임'과는 거리가 있는 체제였음을 기억할 필요가 있다. 자연분만이 아닌, 말하자면 제왕절개로 태어난 미숙아격인 신생 후진 제국들이 자급자족할 수 있는 단계에 이르기까지는 어떤 형태든 간에 인위적 도움이 필요한 것은 명백한 사실이다.

대부분 제2차 세계대전 이후 독립한 제3세계 후진국들은 결국 한시바삐 선진 제국을 따라잡기 위해 고도성장을 목표로 하는 개발계획을 수행하게 되었다. 말하자면, 개발계획은 개발도상국들의 당연한 경제운용방식으로 인식되었던 것이다. 한국 또한 이러한 역사적 조류에 발맞추어 고도경제성장을 위한 포괄적인 개발계획을 작성·이행해 왔다. **경제개발계획**은 근대화 전략에 있어 결정적 도구로 간주되었고, 경제계획당국은 합리적이고 일관성 있는 정책목표를 설정하고 투자우선순위를 결정하는 등 국가적 야심을 도모하는 유형이 정착된 것이다.

물론 이러한 국제적 추세 속에 한국이 선택한 경제개발계획의 성격은 선진 제국에서 시행되는 경제계획 유형이나 공산권 국가들의 **전체주의 경제(collectivist economics)**에서 볼 수 있는 **통제적 계획경제** 유형과는 다른, 말하자면 혼합경제적 경제계획의 특성을 갖는 것이다. 그러면 여기서 잠시 경제계획의 주요 유형에 대해 간략히 비교·검토해 보자.

우선 일본이나 프랑스와 같은 선진국에서도 경제계획은 중요한 역할을 해 왔는데, 계획내용은 경제성장과 시장제도의 발달과 더불어 그 성격이 크게 변모해 왔다. 최근에는 목표가 크게 구속력을 갖지 않는 일종의 **유도적 경제계획(indicative planning)** 유형이 주류를 이루고 있는데, 경제문제 해결은 기본적으로 시장제도에 의존하되 경제계획을 보완적으로 활용하는 입장을 견지하게 된 것이다. 예컨대, 프랑스의 유도계획은 경제 전체와 이를 구성하는 각 산업 및 지역관계자들의 상호협력을 통해서 성장의 방향이나 규모 그리고 내용 등에 관한 의견을 수렴하여 합의를 이룬 후 합의된 방향으로 경제가 성장할 수 있도록 협조하는 정도의 근본취지를 두고 있어 구속력이 매우 미약한 경제계획의 성격을 갖고 있다.

한편, 자유시장경제가 철저한 국가들에서도 비단 구체적 계획이 작성되지는 않지만 정부가 재정·금융정책을 통한 고성장, 고고용, 저물가 등을 달성하기 위한 의도적 노력을 경주하는 것이 어느 정도 일반화되어 있다. 즉, 무한적 시장경쟁 메커니즘이 극심한 경기변동을 초래하거나 민간부문의 시장실패가 시정의 필요성이 있을 때 정부는 총체적인 경제계획을 구체적으로 작성하지는 않지만 재정·금융 및 국제관계에 관한 정책수단을 통해 국민경제 안정에 주력하고 있다. 이상과 같은 선진국에서의 관행은 크게 보아 선진 자본주의형 경제계획이라 일컬을 수 있다.

반면, 구소련권 국가나 북한, 쿠바 등에서는 중앙통제기구가 수립한 국가계획이 주도적 역할을

하는 이른바 국가통제계획에 의해 경제가 운용되었다. 즉, 이들 국가에서는 정부가 목표설정부터 실천계획에 이르기까지 중앙집권적 의사결정 과정을 통해 경제에 적극적이고 직접적인 통제를 가하는 방식이 채택된다. 이러한 경제계획 과정에서는 물질과 금융자원들이 시장의 수급과 가격과는 상관없이 단순히 총체적 경제계획상 소요될 것으로 예상되는 물질자본 및 노동량의 크기에 따라 배분된다.

이러한 전체주의 경제의 경제계획방식은 기본적으로 생산수단의 국유화에 근거한 운용원칙이라 볼 수 있으며, 이러한 방식이 갖는 경제적 비효율성으로 인해 1990년대 이후 대부분 국가에서 이러한 원칙이 포기되기에 이르렀다. 이는 본서에서 제시한 경제발전의 역사적 흐름에 정면으로 역행하는 제도의 역사적 실험이 실패하였음을 아울러 시사해 주고 있는 것이다.

그런데 일반적으로 볼 때, 후진국 경제는 생산요소가 민간 및 공공부문 모두에 의해 소유되고 있는 혼합경제적 성격이 강하다. 이들 후진국 경제는 전통적 부문에 머무는 소규모 사업 및 중규모 기업, 그리고 외국시장을 주로 겨냥하는 대기업으로 구성되어 있고, 자본은 주로 해외에서 조달할 수밖에 없으며, 아울러 많은 부분이 해외에 의존될 수밖에 없다. 이러한 여건하에서의 개발계획은 대체로 두 가지 원칙에 근거하여 제도적 장치를 도모한다. 즉, 첫째 정부의 국내저축과 외국자본을 공공투자사업 수행에 집중적으로 활용하되 장기적 경제발전 실현에 가장 크게 기여할 수 있는 부문에(예컨대, 철도 · 항만 · 전력 · 교육기관 등의 기간산업) 집중적으로 투여한다. 둘째, 정부는 경제계획과 민간부문과의 조화로운 관계유지를 위해 민간부문 경제를 활성화하는 데 주력하지만, 정부의 적극적인 지도내용은 물론 통제적 규칙을 강요하기도 한다. 이상과 같은 특성을 갖는 후진국의 경제개발계획은 ① 잘 조직된 시장의 부재, ② 신속한 제도개선의 필요성, ③ 제한된 자원을 가장 생산적인 부문에 할당해야 할 필요성, ④ 국가적 목표에 관한 계획이 주는 심리적 효과 등이 강조되면서 논리적 정당성이 주장되어 왔다.

물론 한국의 경제개발계획도 혼합경제하의 경제계획이란 성격을 갖고 추진되었다. 시장제도가 충분히 성숙되지 못한 상태에서 또는 시장제도의 결함을 보완하기 위해서 경제개발계획이 도입되고 수행될 필요는 있었던 것이다. 그러나 이러한 개발계획방식은 일정 기간 동안 잠정적으로 활용하는 것이 바람직하다. 그리고 경제계획에 의해서가 아니라 무수한 경제주체들의 활력과 창의성이 최대한 발휘되는 가운데, 점차 이들의 분업과 전문화를 토대로 자원의 효율적 동원과 배분이 가능해지는 시장경제체제의 정착을 추구해 나가는 방향으로 신정책기조가 전환되어야 할 것이었다.

이러한 사유로 인해 한국은 1980년대 이후 경제개발계획의 성격을 점차 민간의 자율과 창의를 존중하는 유도계획의 성격이 강한 유형으로 전환하게 되었다. 개발계획을 장기적으로 유지 · 활용하는 과정에서 창의성이 무시되고 자발적 참여가 저해되는 반면, 많은 인력과 자원이 소요될 뿐만 아니라 계획목표의 달성이 자원의 최적배분을 보장해 줄 수도 없고 또 계획에서 소외된 부문과의 불균형이 확대되는 등의 문제가 지속적으로 발생하였기 때문이다.

(8) 정부의 역할

그리고 근대산업의 구축을 통한 경제발전을 도모하려는 후진국들의 경우 정부의 적극적 역할이 경제발전에 긍정적 효과를 가져올 수도 있다는 논리가 제시되기도 하였다.

자본주의 성립기부터 20세기 초반까지는 대체로 자유방임, 즉 정부는 국방이나 치안과 같은 전통적인 공공서비스를 제공하는 데 그치고 민간경제부문에는 하등의 개입도 않는 것이 최선이라는 사조가 주류를 이루었으나, 20세기 초 세계대공황을 거치며 이를 타개하기 위한 방안의 하나로 적극적인 정부의 역할이 강조되는 이른바 케인지언 경제학이 정착되었다는 사실은 누차 언급한 바 있다.

그런데 정작 강력한 시장개입이 강조된 것은 제2차 세계대전 이후 경제성장을 열망하는 개발도상국의 경제개발 노력에서였고, 한국도 이 점에서 예외가 아니었다. 이러한 측면에서 볼 때, 정부의 적극적 역할은 가장 중요한 경제성장요인의 하나로 기능하였음을 알 수 있다.

한국이 지속적으로 고도성장을 성공적으로 이룩할 수 있었던 요인으로 지적된 것 중 중요한 것을 정리해 보면 다음과 같다.

① 경제개발 초기에 존재하였던 무한대에 가까웠던 양질 · 저임의 노동력
② 우수한 관료와 정부의 지도력
③ 수출주도적 공업화
④ 외자도입 등에 의한 성공적 자본형성
⑤ 높은 교육열과 인적 자본에 대한 투자
⑥ 기술진보
⑦ 왕성한 기업가정신과 기업의 성장의지
⑧ 잘 살아보겠다는 정신과 의지
⑨ 종교적 · 문화적 · 지리적 요인
⑩ 국제환경 및 관계 등의 환경적 요인

이들 중 적어도 ②, ③, ④, ⑤, ⑥번은 정부의 적극적이고 선도적인 역할로 수립되고 운영된 경제개발계획 내용과 연관도가 높다. 뿐만 아니라 부족한 투자재원 마련을 위해 외자도입은 물론 내자동원에도 심혈을 기울임으로써 국내저축 증대에 힘썼으며, 교육을 통한 인적 자원의 개발, 사유재산권 확대를 통한 시장기능의 활성화, 연구 · 개발을 통한 기술진보, 국제무역의 확대 등에 정부가 적극 관여하였던 것이다.

03 경제성장이론의 발전과정

이상에서 살펴본 경제성장의 핵심 요인들이 과연 어떻게 경제성장에 기여할 수 있는지에 대한 논리적 근거를 제시하는 이른바 경제성장이론들이 개발되고 활용된 바 있다.

이상에서 우리는 경제발전의 핵심을 구성하고 있는 경제성장이

란 국민소득수준이 장기적으로 증가하는 추세변화라 인식하고, 이러한 경제성장이 이루어질 수 있는 핵심 요인들을 유형별로 살펴보았다. 결국 경제성장은 물적 자본과 노동력 및 인적 자본 그리고 자연자원과 같은 생산요소를 생산과정에 추가하여 투입하거나 기술진보의 실현에 의해, 또는 국제무역의 확대나 각종 제도 및 여건의 개선을 통해 이루어질 수 있음을 확인한 바 있다.

이러한 이론들은 크게 보면 농업이 주도산업이었던, 그리고 수확체감의 법칙이 강조되었던 맬서스모형과 자본이 주도하던 시기의 경제성장이론인 솔로우모형, 그리고 기술진보를 내생적으로 고려한 내생적 성장모형으로 구분할 수 있다.

그런데 이와 같이 경제성장요인들 중 어떤 것을 핵심적 요인으로 볼 수 있는지, 그리고 이들이 구체적으로 경제성장에 어떤 영향을 미치는지의 인과관계적 특성에 관한 논리가 다양하게 개발되고 활용되어 온 바 있다. 이러한 논리들을 **경제성장이론**(economic growth theory)이라고 부른다. 경제성장이론은 역사적 발전과정에 따라 크게 세 가지 정도의 유형으로 구분할 수 있다.

(1) 농업이 주도적 산업이었던 시기의 경제성장이론: 맬서스 모형

농업이 가장 중요한 농본사회에서의 생산이란 그 양이 일정하게 주어진 토지에 노동력을 투입하는 행위로 이해할 수 있다. 물론 노동력을 추가투입할수록 (식량)생산은 증대될 수 있을 것이다. 그러나 추가적인 노동투입으로 증대시킬 수 있는 식량산출의 증가분은 점차 감소한다고 분석되었는데, 이를 **수확체감의 법칙**(law of diminishing returns)이라 불렀다.

이러한 논리적 상황과 관련하여 주목을 받아 온 것이 바로 **맬서스**(T. Malthus)의 『**인구론**(*An Essay on the Principles of Population*)』이다. 그는 인구는 매 25년마다 두 배씩 불어날 만큼 급격한 증가세를 보이는 반면, 이들이 달성할 수 있는 식량생산의 증대속도는 매우 더디어서 인간은 빈곤한 상태를 벗어나기 어렵다고 보았고, 따라서 질병이나 전쟁이 아니라면 기아로 인해 많은 사람이 죽어 갈 수밖에 없다는 결론을 내었던 것이다.

물론 이러한 논리가 경제성장이론으로서 제기되고 활용된 것은 아니지만 노동만을 유일한(또는 핵심적인) 생산요소로 보고 수확체감의 법칙으로 인해 성장이 점차 둔화될 수 있는 시대적 상황을 배경으로 하는 초창기적 경제성장모형으로 인식되면서 자주 인용되고 있다.

물론 근대사회로 이행함에 따라 토지보다 자본의 역할이 보다 중요해지면서 핵심적 생산요소가 노동과 자본으로 이원화되자 맬서스적 성장모형이 제시한 우울한 전망은 빗나가면서 이를 대체할 새로운 성장이론의 정립이 필요해졌다.

(2) 자본이 주도적 역할을 하는 시기의 경제성장이론: 솔로우 모형

노동 외에 자본이 생산과정에 투입되는 경우 **맬서스모형**이 제시한 (노동의)수확체감현상은 완화되거나 상쇄될 수 있다. 자본의 투입으로 노동의 자본장비율이 제고되면 노동생산성이 증가할 수 있기 때문이다. 이러한 시대적 상황을 배경으로 전개된 논리를 **솔로우**(R. solow)**의 경제성장이론**이라 부른다. 이 이론의 등장으로 맬서스의 우울한 전망이 빗나갔던 사실을 비로소 설명할 수 있게 되었다. 그런데 자본의 추가투입은 과연 지속적으로 노동생산성을 향상시킬 수 있을까? 이에 대한 대답은 자본 또한 궁극적으로는 수확체감의 현상을 거스를 수 없다는 것이다. 자본도 한계생산력이 체감할 수밖에 없기 때문이다. 결국 자본축적이 지속되어 어느 수준에 이르게 되면 1인당 국민소득은 더 이상 커지기 힘든 단계(이를 **균제상태**, steady state라 일컬음)에 도달한다고 본 것이다. 결국 이상에서처럼 자본의 주도적 역할을 강조한 경제성장이론은 맬서스모형에 비해 한층 발전된 논리임에는 틀림이 없으나, 성숙단계에 들어선 선진국들이 현재도 꾸준히 성장을 시현하고 있는 현대적 상황을 설명하기에는 역시 한계가 있다. 따라서 이러한 논리적 한계를 극복하기 위한 노력의 일환으로 솔로우는 그의 경제성장모형에서 기술진보를 경제성장의 필수요인이라는 논리를 제시한 바 있다. 그러나 솔로우모형은 이와 같은 기술진보가 외생적으로 주어졌다고 가정하는 수준에 머물고 말았다는 한계점을 가지고 있다.

(3) 기술진보를 내생적으로 고려한 경제성장이론: 내생적 성장모형

인구증가와 자본축적에 의한 경제성장이 일정 단계에 다달으면 한계를 보이게 되는 현상을 극복할 수 있는 주 요인으로서 기술진보를 주목하는 경제성장이론이 등장하기에 이르렀다. 전술한 바 있듯이, 기술진보란 생산성 향상에 기여하는 일체의 변화를 포괄하는 개념으로 창조적 기술개발이나 혁신은 물론 적응적 기술의 응용, 그리고 직업 내 훈련이나 숙련도 증가를 아우르는 개념이다.

이러한 기술의 진보는 R&D나 교육 및 훈련에 의해 주로 이루어지며, 노동력이나 생산시설과는 달리 쉽사리 파괴되지 않고 한 번 사용으로 소모되지도 않을 뿐 아니라 여타 부문으로의 파급효과가 상승적으로 발생하는 특성을 가지고 있다. 따라서 기술진보야말로 지속적 경제성장을 가능하게 하는 핵심 요인으로 인식되기에 이르렀다.

그런데 경제성장에 있어 기술진보의 필수적 역할을 강조하였으나 기술진보라는 요인을 구체적으로 분석모형 내에서 고려하지 못한 채 외생적으로 주어진 요인으로만 가정하였던 **솔로우모형**(이를 **외생적 경제성장이론**이라고도 부름)과는 달리, 위에서 살펴본 바와 같이 지속적 경제성장이 창출될 수 있는 요인을 성장모형 내부에서 찾으려는 논리가 제시되고 정립되기에 이르렀는데 이를 **내생적 성장모형**(endogenous growth model)이라 부른다. 지속적 성장을 주도하는 요인으로는 연구개발(R&D), 인적 자본(human capital), 국제무역과 해외직접투자 등이 강조되고 있다. 이러한 논리를 이용한 내생적 성장이론을 주창한 대표적 학자로는 로머(P. Romer), 애기온(P. Aghion) 그리고 호윗(P. Howitt) 등을 들 수 있다.

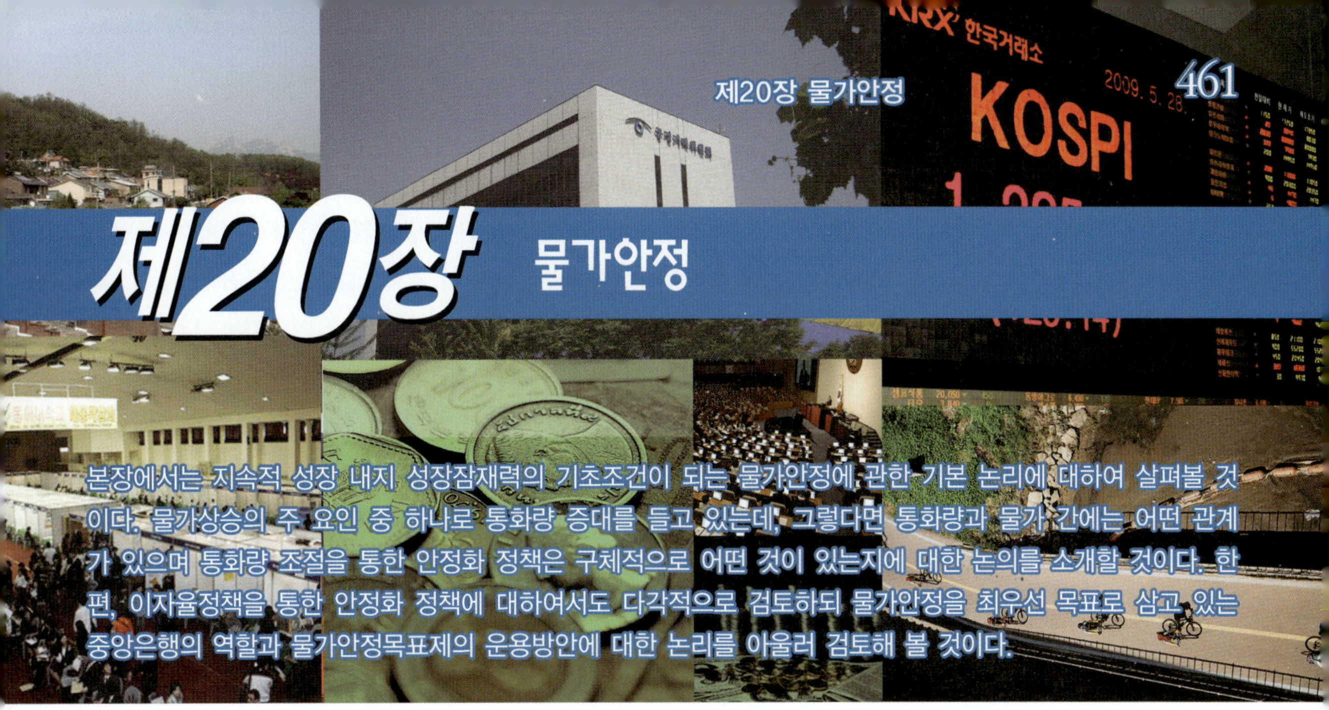

제20장 물가안정

본장에서는 지속적 성장 내지 성장잠재력의 기초조건이 되는 물가안정에 관한 기본 논리에 대하여 살펴볼 것이다. 물가상승의 주 요인 중 하나로 통화량 증대를 들고 있는데, 그렇다면 통화량과 물가 간에는 어떤 관계가 있으며 통화량 조절을 통한 안정화 정책은 구체적으로 어떤 것이 있는지에 대한 논의를 소개할 것이다. 한편, 이자율정책을 통한 안정화 정책에 대하여서도 다각적으로 검토하되 물가안정을 최우선 목표로 삼고 있는 중앙은행의 역할과 물가안정목표제의 운용방안에 대한 논리를 아울러 검토해 볼 것이다.

본장에서는 경제발전의 두 번째 주요 항목인 물가안정에 관한 기본 논리를 제공할 것이며, 물가안정을 위한 중앙은행의 기능 및 역할 그리고 정책방안들을 아울러 살펴볼 것이다.

01 초인플레이션과 경제불안의 역사적 경험

우선 극단적인 인플레이션이 발생한 역사적 사례를 들어 보자.

한국의 경우 경제개발 초기 연대에는 고도성장을 지속적으로 유지할 수 있다면 다소의 물가인상은 참아야 한다거나, 기업가 측면에서 보면 오히려 바람직하다는 견해가 제시된 적도 있다.[1] 그러나 1970년 말에 이르러 물가인상(특히, 부동산가격 폭등)폭이 급등하면서 경제안정이 얼마나 중요한 것인가를 깨닫게 되었다. 중화학공업 중심의 과도한 투자(1978년에는 신규 투자의 약 78%에 달함)를 도모하는 과정에서 심지어는 사회주의 국가에서나 있을 법한 치약과 비누 같은 생필품 부족현상까지 나타나는 반면, 투자재원 마련을 위한 과도한 외자유입과 이자율 인상정책 그리고 고삐 풀린 부동산정책 등으로 인해 1979년 1년 동안 정부의 공식 CPI가 무려 18.32%나 상승하는 결과를 초래하였다. 결국 이러한 경제적 난국은 정치적 불안정과 맞물리면서 급기야는 제3공화국의 유신체제를 붕괴시키는 박정희 대통령의 암살사건을 촉발시키는 한 원인이 되었다. 경제안정이 얼마나 사회안정에 중요한 것인지를 단적으로 보여 준 좋은 예라 할 수 있다.

❶ 얼핏 듣기에는 그럴 듯해 보이지만 인플레이션이란 기업이 생산한 상품값만을 인상시키는 것이 아니라 생산요소가격, 즉 임금·이자 등은 물론 각종 원자재와 중간재 가격도 오를 것이므로 인플레이션이 기업에게는 득이 된다는 논리는 수용되기 어려운 오해에 불과하다.

한국의 경우 해방 이후 1년간 생산자물가가 530.7% 폭등한 적이 있고, 한국전쟁 기간중에도 연평균 160% 정도 상승한 적이 있다.

한편, 해방 이듬해인 1946년에는 생산자물가지수(PPI)가 1년간 530.7%나 증가하였고, 특히 생산재의 경우에는 1,177.8%가 증가하면서 극도로 국가경제 · 사회가 혼란스러웠던 적이 있다. 당시의 물가상승은 제2차 세계대전을 수행하면서 한국을 병참기지화한 일본이 패퇴하자 군수산업 위주였던 한국의 공업은 몰락할 수밖에 없었고, 특히 일본인 철수와 더불어 일본 자본과 기술자들이 함께 떠나버림으로써 생산기반이 붕괴상태에 이르렀기 때문이었다. 생산력 또는 공급능력이란 단시일 내에 회복될 수 없는 성격의 것이어서 이러한 물가불안은 상당 기간 지속되었다. 당시의 물가상승률은 감히 살인적이었으며, 심지어는 한국전쟁(1950~1953년) 기간중의 평균물가상승률 160%를 훨씬 넘어서는 수준이었다.

그러나 이러한 수준의 한국 인플레이션 경험으로는 상상조차 하기 어려운 이른바 **초인플레이션**(hyperinflation)을 경험한 나라들도 있었는데, 그 주요 사례를 보면 다음과 같다.

그러나 한국의 경우는 인류역사상 최악의 경우로 인용되는 제1차 세계대전을 전후한(1918. 11~1923. 10) 독일의 경우와는 비교가 되지 않는다. 동 기간중 독일에서 현금유통액이 5,875만 배나 증가한 바 있다. 구체적인 기록은 없으나 1949년 장개석의 국민당정부 당시의 초인플레이션도 독일의 경우에 비견될 수준이었다고 전해진다.

우선 인류역사상 최악의 경우로 기록된 독일의 경우를 보면 제1차 세계대전을 전후한 1918년 11월부터 1923년 10월 사이의 5년 기간중 현금유통액이 무려 5,875만 2,500배만큼 증가하였다.[2]

정확한 기록은 없지만 국민당의 장개석 군대가 장악하였던 상해에 1949년 모택동에 의해 패퇴하기 직전에 발생한 초인플레이션도 독일의 경험에 준할 정도로 극심한 것으로 알려졌다. 물건을 사기 위해서는 돈을 수레로 실어 와야 하였고, 실어 오는 동안에도 물가가 올랐다는 시사만평이 나타날 정도였다. 결국 이러한 경제불안으로 장개석 군대는 패퇴하여 대만으로 쫓겨 가고 말았다. 이러한 뼈아픈 경험을 거쳐 성립된 대만 정부는 경제정책의 최우선 목표 중 하나로 물가안정을 설정하였던 것이다. 한편, 전시를 전후한 독일이나 중국에서처럼 극단적인 물가등귀에 이르지는 않았지만, 페루의 경우 평상시에도 1985년 상반기에 연율로 무려 38,000%의 물가가 상승하였고 1984년과 1985년 정부 공식집계상으로도 연간 인플레이션율이 각각 2,000%와 8,000%로 공시되기도 하였다. 또한 1989년경 아르헨티나도 연 1,100%의 물가상승을 경험한 바 있으며, 최근 짐바브웨에서는 연간 4,350%에 달하는 물가상승이 진행되고 있다.

한편, 전시가 아닌 시기에도 1985년 상반기에 페루에서는 물가가 380배 올랐고, 2008년 짐바브웨에서도 연간 43배 물가상승이 진행되고 있다.

[2] 김경환 · 김종석 옮김, 『맨큐의 경제학』, 교보문고, 2007, 제30장 참조.

지금 짐바브웨에선…… 골프 18홀 도는 새 음료수값 상승

인구 1,100만 명의 아프리카 빈국 짐바브웨가 '인플레이션 지옥'에서 허덕이고 있다. 주요 외신들이 전하는 물가상승률은 상상을 초월한다. 24일 AP통신에 따르면 2007년 5월 짐바브웨의 소비자물가는 전달에 비해 55% 뛰었다. 연간으로 계산하면 전년 대비 4,350%에 달한다. 6월 들어서는 상황이 더 악화되어 전년 동기 대비 소비자물가 상승률이 7,000%를 넘어섰다.

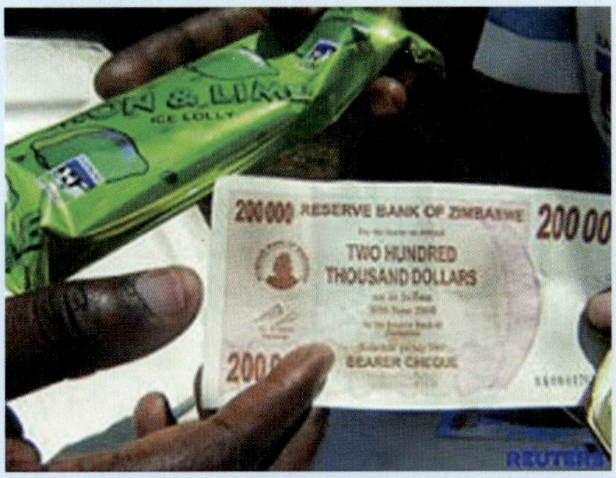

아이스크림 1개 20만 짐바브웨달러. 짐바브웨 수도 하라레에서 한 시민이 20만 짐바브웨달러를 주고 아이스크림을 사고 있다.

이것도 경제정책의 과오를 숨기려는 정부가 시중은행들에 배포한 공식통계가 그렇다는 이야기다. 기록적인 물가상승으로 만화 같은 진풍경도 벌어진다.

파이낸셜타임스 등 주요 외신들은 짐바브웨 골프장에서는 음료수를 사 먹고 그 자리에서 돈을 지불하려는 고객들과 나중에 받으려는 골프장 사이에 승강이가 벌어지기 일쑤라고 전하였다. 18홀을 다 돌고 나면 음료수값이 얼마나 더 오를지 알 수 없기 때문이다. 어떤 사람들은 연금회사에서 더 이상 공지문을 보낼 수 없다는 통보를 받았다. 그의 계좌에 남아 있는 돈이 우표값에도 못 미친다는 이유에서다.

물가가 미친 듯이 오르다 보니 짐바브웨 공식 화폐인 짐바브웨달러는 거의 휴지조각이 되었다. 짐바브웨 정부는 미화 1달러당 250짐바브웨달러로 환율을 고정시켜 놓았지만 암시장에서는 1달러가 수십만 짐바브웨달러의 가치를 지닌다.

한편, 짐바브웨 증시는 '세계 최고의 상승률'이라는 기현상을 나타내고 있다. 작년 초 2만 포인트 언저리에 있던 짐바브웨 종합주가지수는 올 2월 말 100만 포인트를 넘어선 뒤 6월에는 5,000만

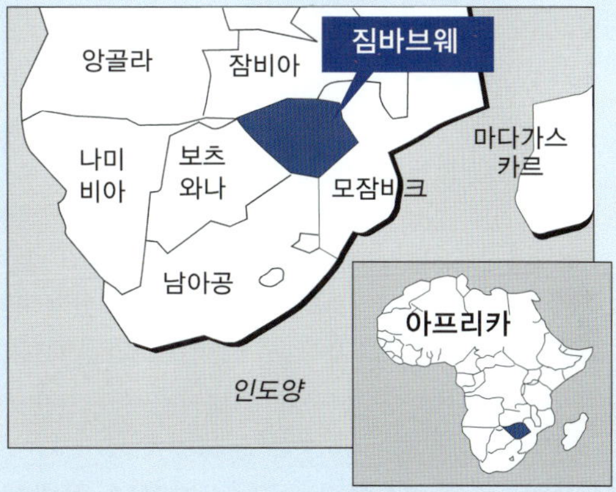

포인트를 돌파하였다.

1년 반 만에 2,500배가량 주가가 급등한 것이다. 최근 '조정'을 거치긴 하였지만 여전히 3,200만 포인트를 넘나들고 있다. 짐바브웨 증시가 이처럼 얼토당토 않은 상승률을 기록하게 된 원인은 물가상승으로 화폐가치가 급락한데다 휴지와 다름없는 화폐를 조금이라도 유용하게 활용해 보려는 투자자들이 모두 증시로 몰렸기 때문이다.

살인적 고물가는 로버트 무가베(83)라는 세계 최고령 독재자로부터 비롯되었다. 무가베 대통령은 원래 로디지아(짐바브웨의 옛 이름)의 독립을 위해 노력하던 게릴라 지도자였다. 1980년 영국으로부터 독립을 쟁취한 이후 그는 초대 총리를 거쳐 1987년 개헌을 통해 초대 대통령에 당선되었다. 집권 초기에는 나라가 그런대로 굴러 갔다. 그러나 2000년대 들어 가난의 원인을 외국자본에 돌리는 무책임한 포퓰리즘(대중선동정치)을 전면에 내세우면서 국가경제가 시들기 시작하였다. 2000년 5월 백인 소유의 토지를 정부가 특별한 보상 없이 몰수한 '토지개혁'이 대표적인 케이스다. 명분은 가난한 서민들에게 땅을 나누어 준다는 것이었지만 결과적으로는 무가베 정권을 지탱하는 군인과 경찰, 고위

관리들의 배만 불렸다. 이로 인해 짐바브웨 최대 산업인 농업이 빠르게 붕괴되기 시작하였다. 2004년에는 외국인 소유의 민간농장 2,000여 곳을 국유재산으로 돌리는 조치도 취하였다. 화들짝 놀란 외국인 투자자들이 앞다투어 짐바브웨를 떠났고, 멀쩡하던 제조업 공장들도 문을 닫았다.

생활필수품이 품귀현상을 빚게 된 것은 당연한 수순. 무가베 정권은 국민들의 불만을 잠재우려는 목적으로 바닥난 외환보유액에도 아랑곳하지 않고 생필품 수입을 늘리기 위해 무작정 돈을 찍어 냈다. 인플레이션을 자초한 셈이다.

최근엔 짐바브웨 증시에 상장되어 있는 외국인 소유 회사들의 지분 가운데 50%를 짐바브웨 국민들에게 강제매각하라는 법안도 제정하였다. 인플레이션이 극심해지자 지난 6월에는 모든 물건값을 50% 이상 떨어뜨리라는 비상식적인 법을 선포하고, 이를 어긴 사업가 4만여 명을 잡아들였다. 서민들은 처음에는 값싸게 물건을 사게 되었다며 환호하였지만 현실은 이를 싸늘하게 외면하였다. 쓸 만한 물건은 상점 문이 열리기도 전에 경찰과 공무원 등 힘있는 계층이 싹쓸이해 갔다.

나라의 경제는 무너졌는데도 무가베 정권은 여전히 내년 3월의 대선에만 신경을 쓰고 있다. 승리하면 무가베 대통령은 88세가 되는 2013년까지 집권하게 된다.

『이코노미스트』는 최근호에서 "짐바브웨의 실정으로 국민들이 최악의 기아에 허덕이고 있다"며 "조만간 대규모 난민이 발생할 수 있다"고 경고하였다.

한국경제신문, 2007년 8월 25일.

그런데 이러한 극단적 물가상승의 가장 중요한 그리고 공통적인 원인은 정부에 의한 화폐남발이었다. 이러한 이유로 인해 독일 등에서는 중앙은행의 (정부로부터의) 독립성을 가장 높이 유지·보장하게 되었다.

그러면 현대에 사는 우리로서는 가히 짐작조차 하기 힘든 초인플레이션이 실제로 발생하게 된 이유는 무엇일까? 독일의 경우를 중심으로 살펴보자. 우선은 전쟁과 같은 천재지변을 겪었다는 시대적 특성을 들 수 있다. 제1차 세계대전 후인 1920년대 초(1921~1924년) 이웃 국가인 오스트리아와 헝가리가 약 1,000배, 그리고 폴란드는 10만 배에 가까운 물가폭등을 기록한 바 있다. 더구나 독일은 패전국으로서 전승국으로부터 전쟁피해 보상요구를 받고 있었다. 이러한 상황에서 독일이 선택한 것은 지폐를 금으로 바꿀 수 있는 권한을 정지시키는 한편, 단지 정부채권이나 상업어음을 담보로 화폐발행을 허용하는 제도를 도입하는 것이었다. 결국 엄청난 속도로 신규 화폐를 발행하여 당면한 지출수요를 충당하였던 것이다. 이러한 역사적으로 뼈아픈 경험을 한 독일이기에 현재 지구상의 모든 국가 중 중앙은행(독일은 Bundesbank라 함)의 독립성을 가장 높이 유지·보장함으로써 물가안정에 관한 한 절대로 정치인의 영향력이 미치지 못하도록 하는 제도를 정착·운용하게 되었다.[3]

이상과 같은 독일의 경험과 관련하여 정부가 재정지출자금을 용

[3] 그러나 최근 유럽연합(Europian Union: EU)이 결성되고 역할이 강화되면서, 회원국가의 독자적인 금융정책(이자율이나 통화량 조절) 재량권에 제약이 가해져 Bundesbank의 위상이 전과 같지는 못한 것으로 인식되고 있다. 반면 Bundesbank의 전통과 위상은 프랑크푸르트(Frankfurt)에 있는 유럽중앙은행(European Central Bank: ECB)에 의해 어느 정도 계승되고 있다고 보는 견해도 있다.

이하게 조달하기 위해 돈을 찍어 내는 행위를 **인플레이션조세**(inflation tax)라 부른다. 즉, 정부가 통화증발을 통해 세입을 증가시키는 행위는 정부가 실제로 세금고지서를 발부하지는 않았지만 결국 통화증발이 물가상승을 유발하여 화폐를 보유하고 있는 모든 사람들의 실질소득을 감소시키므로, 이는 마치 세금을 부과하였을 때처럼 실질소득이 감소하게 되는 사실에 연유하여 붙여진 용어이다. 1770년대 독립전쟁을 겪었던 미국 또한 국방비 조달을 위해 통화증발이라는 인플레이션 조세정책에 의존하였었다. 이로써 불과 몇 년 사이에 물가가 100배 이상 상승하는 고통을 겪어야 하였다.

이상에서 살펴본 세계 여러 나라들의 초인플레이션은 결국 과도한 통화발행이 직접적인 원인을 제공한 것으로 평가할 수 있다. 1976년도 노벨경제학상 수상자인 **프리드먼**(Milton Friedman)이 "인플레이션은 항상 그리고 어디서나 화폐적 현상이다"(Inflation is always and everywhere a monetary phenomenon)라고 언급한 사실은 시사하는 바 크다 하겠다.

02 인플레이션에 함축된 의미

이상에서 살펴본 극단적인 상황은 아니지만 사실 현재 거의 모든 국가에서 **인플레이션**이 필연적으로 발생하고 있다. 단지 물가상승률 폭이 현저히 낮을 뿐이다. 그렇다면 다음과 같은 의문이 제기될 수 있다.

반면, 극단적은 아니지만 현재 대부분 국가에서 인플레이션은 필연적인 현상이 되어 버렸다.

① 과연 물가상승은 불가피하며 결코 물가하락현상은 나타날 수 없을까?

② 물가상승의 주 요인이 화폐증발이라면 이를 제어할 수 있는 방안은 없는가?

③ 물가상승으로 실질구매력이 감소한다고 하는데, 명목소득이 물가상승률만큼 함께 오르면 실질소득은 일정해질 수 있지 않을까?

④ 인플레이션이 초래하는 문제점은 구체적으로 어떤 것들이 있을까?

(1) 과연 인플레이션은 불가피한가

과연 그렇다면 인플레이션은 불가피한 것인가?

1929년을 전후한 세계대공황 시기를 제외하고는 물가가 지속적으로 하락하는 사례를 기억하기는 어렵다. 그런데 19세기 후반(1880~1886년) 미국의 물가는 약 23% 하락한 것으로 기록되고 있다.[4] 당시 미국의 화폐는 금본위제도하에 있었고 금보유량에 따라 통화량이 결정되었는데, 이 시기에는 금의 공급이 상대적으로 부족한 상태에 있었기 때문이다. 따라서 당시에 금의 생산이나 외국으로부터의 유입이 원활하였다면 물가하락이 억제되었을 수도 있었다. 이러한 이유로 해서 당시 민주당 대통령후보였던 브라이언(William Jennings Bryan)은 은도 금처럼 화폐로 통용하도록 하자는 정책을 내세우기도 하였었다. 은화주조가 허용되면 통화량이 증가하고 물가하락도 억제될 것이라 믿었기 때문이다. 브라이언이 대선에 실패함으로써 은화주조는 허용되지 못하고 말았지만, 당시의 논쟁에서 물가는 기본적으로 통화량에 의존한다는 논리가 설득력을 갖고 있었음을 알 수 있다. 결국 당시의 물가는 화폐와 재화의 교환비율로 이해할 수 있으며, 일반재화량의 공급증가율에 비해 금의 공급, 따라서 금본위제하의 화폐공급이 상대적으로 작았다고 볼 수 있다.

물론 19세기 후반까지도 물가가 하락한 사례가 보고된 바 있다. 그러나 화폐가 금본위제를 포기하고 정부의 자의적 결정에 따라 발행되면서부터 물가상승은 일반화되는 경향을 띠게 되었다.

한편, 앞서 살펴본 제1차 세계대전 후 독일에서처럼 정부에 의해 신규 화폐공급이 급증하면 화폐와 일반재화의 교환비율이 급상승하는 인플레이션이 발생할 수밖에 없다. 따라서 결국 화폐가 금과 같은 원시적 **상품화폐**단계에서 벗어나 정부의 자의적 정책결정에 따라 발행할 수 있는 일종의 **법화**(legal money) 또는 법정 **불태환지폐**(fiat money)제도를 도입한 이후 세계경제는 물가상승이 일반화되는 경향을 띠게 된 것이라 할 수 있다. 일면에서 볼 때, 인플레이션이란 현대적 통화제도의 산물이라 볼 수 있다. 국민들로부터 선거에 의해 선출되는 정치인들은 일반적으로 국민들에게 자신의 임기 도중 인상에 남을 만한 업적을 내기 위해 정부지출을 증대시키려 할 것이고, 이러한 욕구는 화폐발행 증가로 이어지는 것이 일반적 관행이기 때문이다.

[4] 김경환 · 김종석 옮김, 『맨큐의 경제학』, 교보문고, 2007, 제30장 참조.

(2) 물가상승의 주 요인이 화폐증발이라면 이를 제어할 수 있는 방안은 없는가

기본적으로 통화증발 욕구가 강한 정치인들로부터의 영향력을 어떻게 제도적으로 회피할 수 있을까 하는 점이 집중적으로 연구되어야 비로소 화폐증발에 따른 물가상승을 억제할 수 있을 것이다. 앞서 살펴본 독일의 사례에서처럼 정부에 의한 통화남발을 막을 제도적 장치가 없을 경우 인플레이션 발발은 불가피할 것이다.

그렇다면 물가상승의 핵심 요인인 화폐증발을 효율적으로 제어할 수는 없을까?

바로 이러한 이유로 해서 각국은 **중앙은행**(한국은 **한국은행**이 중앙은행임)에게 통화관리에 관한 상당한 권한을 배타적으로 행사할 수 있는 제도를 정착·운용하고 있다. 독일의 중앙은행(Bundesbank)은 독립성이 가장 높아 모든 국가의 중앙은행 위상정립의 표본이 되어 왔다. 심지어는 권력이 정부, 국회, 법원 및 중앙은행에 분립되어 있다는 이른바 4권분립체제라고 불릴 만큼 중앙은행의 독립성이 강하였었다. 미국 또한 중앙은행(Federal Reserve Board, **연방준비위원회**라 부름)의 독립성이 강한 대표적인 국가 중 하나다. 연방준비위원회 위원장(한국은행의 총재에 해당됨)의 임기는 7년이지만 재임되면 14년이 보장되며, 통화정책에 관한 최초 임명권자인 정부나 대통령의 영향력으로부터 완전히 독립성을 보장받고 있다. 전임 위원장이었던 **그린스펀**(Alan Greenspan, 1987~2005)과 현 위원장인 **버냉키**(Ben Shalom Bernanke, 2005.6~)의 말 한 마디에 미국은 물론 세계경제에 엄청난 영향력을 미쳐 온 사실은 바로 미국 중앙은행의 위상이 어떠한지를 잘 보여 주고 있다.

우선적으로 생각할 수 있는 것은 정부의 영향력으로부터 자유로울 수 있도록 중앙은행의 독립성을 보장하는 방안이 있다. 독일과 미국 등에서 이러한 원칙이 상대적으로 잘 준수되고 있고, 따라서 인플레이션율도 상대적으로 낮게 유지되고 있다.

반면, 영국이나 일본 같은 경우의 중앙은행은 상대적으로 많이 정부(기획원이나 재경부 등)와 상호협력하는 체제로 운용되고 있다. 그러나 정부에 대한 의존도는 형식적인 데 그치고 있으며, 중앙은행의 자율적인 정책운용이 저해되는 사례는 거의 없다.

그러나 한국을 비롯한 많은 개발도상국 및 중진국들에서는 정부가 경제개발과 관련한 제반 정책을 적극적으로 주도하는 것이 관행으로 되어 있어 중앙은행의 독립성은 지켜지기 어려웠다. 이와 관련한 보다 상세한 논의는 본장 후반에 소개하고자 한다.

그러나 한국을 비롯한 많은 개도국(및 중진국)에서는 성공적 경제개발을 위한 정부의 주도적 역할이 강조되면서 중앙은행의 독립성은 관심 밖의 일이 되어 왔다.

여하튼 한 나라의 중앙은행이 어느 정도 독립성을 유지할 수 있던 간에 현재까지 물가인상은 거의 일반적인 현상이었으며, 이는 중

표 20-1 세계 115개국 중앙은행의 독립성 순위표

순위	국가	순위	국가	순위	국가
1	스웨덴	40	포르투갈	79	토고
2	덴마크	41	코스타리카	80	코트디보아르
3	네덜란드	42	크로아티아	81	케냐
4	도미니카연방	43	그리스	82	조지아
5	에스토니아	44	헝가리	83	태국
6	프랑스	45	몰타	84	가봉
7	체코	46	파나마	85	튀니지
8	벨기에	47	베네수엘라	86	파키스탄
9	오스트리아	48	불가리아	87	네팔
10	수리남	49	보츠와나	88	과테말라
11	영국	50	에콰도르	89	터키
12	이스라엘	51	앤티가 바부다	90	스리랑카
13	폴란드	52	대한민국	91	말레이시아
14	캐나다	53	필리핀	92	가나
15	독일	54	우크라이나	93	아이티
16	뉴질랜드	55	말라위	94	키르기스스탄
17	노르웨이	56	모리셔스	95	모리타니
18	슬로바키아	57	온두라스	96	알제리
19	라트비아	58	루마니아	97	짐바브웨
20	리투아니아	59	감비아	98	탄자니아
21	호주	60	레소토	99	러시아
22	남아프리카 공화국	61	세네갈	100	알바니아
23	이탈리아	62	브룬디	101	레바논
24	핀란드	63	콜롬비아	102	벨로루시
25	아이슬란드	64	니제르	103	파라과이
26	미국	65	베냉	104	아제르바이잔
27	아일랜드	66	아르메니아	105	이란
28	몰도바	67	잠비아	106	우간다
29	스위스	68	칠레	107	싱가포르
30	스페인	69	인도	108	차드
31	마케도니아	70	엘살바도르	109	기니
32	솔로베니아	71	멕시코	110	카자흐스탄
33	자메이카	72	부르키나파소	111	볼리비아
34	가이아나	73	모로코	112	페루
35	일본	74	마다가스카르	113	아르헨티나
36	그레나다	75	카메룬	114	브라질
37	몽골	76	나이지리아	115	니카라과
38	우루과이	77	말리		
39	룩셈부르크	78	도미니카공화국		

자료: Sami Alpanda and Adam Honig, "Political Monetary Cycles and a New de facto Ranking of Central Bank Independence," unpublished working paper, 2007.

앙은행이 물가를 안정시킬 수 있는 통상적인 정책대안(역시 본장 후반에서 상세히 논할 것임)만으로는 물가상승을 억제하기 매우 어렵다는 사실을 입증해 주는 셈이다.

〈표 20-1〉은 중앙은행의 독립성에 관한 최근 연구 중 하나로 주목을 받고 있는 알판다(Sami Alpanda)와 호니그(Adam Honig)의 세계 115개국 중앙은행의 독립성 순위표이다. 이들의 연구결과에 따르면 스웨덴, 덴마크, 네덜란드 등 북유럽 국가의 중앙은행 독립성이 가장 높은 것으로 평가되었고, 한국 중앙은행의 독립성 순위는 52위에 머물고 있는 것으로 나타났다.

(3) 물가상승률만큼 명목소득도 증가된다면 실질소득과 구매력은 일정할 수 있는가

일반적으로 물가가 상승하면 화폐가치가 떨어지고 실질소득도 감소한다고 생각한다. 그러나 인플레이션으로 인해 화폐가치가 떨어지더라도 물가상승률만큼 **명목소득**도 증가된다면 최소한 **실질소득**은 일정할 수도 있을 것이다.

바로 이러한 이유에 근거하여 노사 간에 임금협상시 전년 대비 물가상승률만큼은 임금인상분에 최소한 반영시켜야 한다는 논리가 설득력 있게 전달되곤 한다. 물론 물가상승률만큼 임금이 인상되더라도 과세기준표가 조정되지 않는 한 과세대상 임금총액의 증가는 결국 세액증가로 이어지므로 세후 가처분소득은 감소할 수도 있다. 그리고 일반적으로 임금인상은 전년도 물가상승률을 참고하여 사후적으로 인상되므로 1년만큼 시차를 두고 실질임금이 보전되는 것으로 볼 수 있다. 여하튼 퇴직 후 일정액의 연금을 수령하는 제도에 가입할 경우에도 대부분 국가에서 물가상승률만큼 연금수령액도 증액시켜 주는 정책을 채택하는 것은 인플레이션으로 인한 실질소득 감소를 억제하기 위한 조치의 하나로 이해할 수 있는데, 이를 **물가연동제**(indexing)라 부른다.[5]

여하튼 인플레이션이 이처럼 일반적 현상이 됨에 따라 실질소득수준 감소를 막기 위해 명목소득을 물가상승률만큼 증가시키려는 움직임이 경주되어 왔다. 이를 물가연동제(indexing)라 한다.

한편, 인플레이션은 고정금리를 받아 생활을 하는 사람들에게 큰

❺ 물가연동제란 indexing 또는 indexation이라고 표현되며, 임금 · 금리 등을 정할 때 일정한 방식에 따라 물가에 연동시키는 정책이다. 인플레이션으로 인해 발생하는 명목가치와 실질가치 간의 차이를 메우고 인플레이션이 실제경제에 미치는 악영향을 중화시키기 위한 이른바 인플레이션 중립정책의 구체적인 예라 할 수 있다.

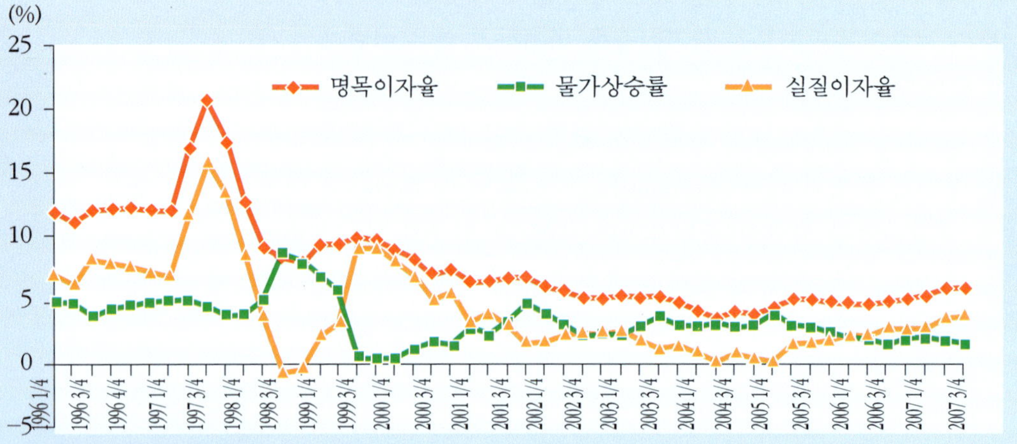

명목이자율: 3년만기 회사채(−AA)금리
물가상승률: 소비자물가지수의 전년 동분기 대비 증가율
실질이자율: 명목이자율−물가상승률

그림 20-1 한국의 명목이자율, 물가상승률 및 실질이자율 추이
외환위기로 인한 외부충격이 어느 정도 해소되기 시작한 2000년 이후에는 대체로 물가가 안정세를 유지하게 되었고, 따라서 명목이자율과 실질이자율 간의 동조화 현상도 안정적 관계를 유지하고 있다.

불이익을 가져다 준다고 볼 수 있다. 예컨대, 명목예금금리가 5%인데 물가가 4%→5%→6%로 상승한다면 명목금리에서 인플레이션을 차감한 예금자의 실질금리는 1% 또는 0%, 심지어 −1%가 될 것이기 때문이다. 이러한 불이익을 감안하여 예금자를 보호하고 나아가서는 지속적으로 예금고객을 유지하려면, 명목이자율도 최소한 인플레이션율보다는 높게 상향조정할 필요가 생긴다.

이러한 움직임으로 인해 물가상승 시 명목이자율이 거의 같은 폭으로 상승하는 경향이 발생하게 되는데 이를 피셔효과라 부른다.

이러한 사유 등으로 인해 물가가 상승할 때 명목이자율이 (거의) 같은 폭으로 변하는 경향이 있다는 주장이 제기되었는데, 이를 **피셔효과**(Fisher effect)라 한다. 물론 현실적으로 명목이자율이 정확히 물가상승폭만큼 조정되지는 않는다. 단지 두 변수 간의 상관관계가 높을 뿐 아니라 동조화 현상이 강하다고 보는 것이 좋을 것이다.

[그림 20-1]에서 우리는 외환위기에 따른 충격에서 벗어나기 시작한 2000년도 후반부터는 물가상승률이 대체로 안정세를 유지하고 있음을 확인할 수 있다. 따라서 명목이자율과 실질이자율 간의 동조화 현상도 대체적으로 안정적 관계를 유지하고 있음을 알 수 있다.

그러나 비록 실질소득이 보전될 수 있다 하더라도 인플레이션은 환율이나 주식가격 등에 영향을 미치는 등 다양한 파급효과를 가져오므로 물가상승으로 인한 충격을 완전히 해소하기는 현실적으로 불가능하다.

여하튼 **명목임금**이나 **명목이자율**이 물가상승률을 반영함으로써

피셔효과

피셔효과(Fisher effect)는 엄밀히 정의한다면 명목이자율이 기대물가상승률과 거의 같은 비율로 변하는 경향이 있다는 주장을 일컫는 것이다. 그리고 피셔효과란 일반적으로 단기보다는 장기에서 성립되는 원칙으로 이해될 필요가 있다. 이러한 측면에서 볼 때 [그림 20-1]에서 분석한 기간은 장기라고 보기에는 다소 짧다고 볼 수도 있다. 또한 [그림 20-1] 작성시 원칙적으로는 기대물가상승률이 고려되어야 할 것이지만 계측성 문제로 인해 불가피하게 실제물가상승률이 사용되었다는 점도 지적해 둔다.

따라서 이번에는 피셔효과의 현실성 여부를 확인하기 위해 명목이자율과 물가상승률 간의 관계를 아래와 같은 형식으로 작성하여 보았다. 예상한 대로 두 변수가 강한 양(+)의 상관관계를 나타내고 있음을 알 수 있다.

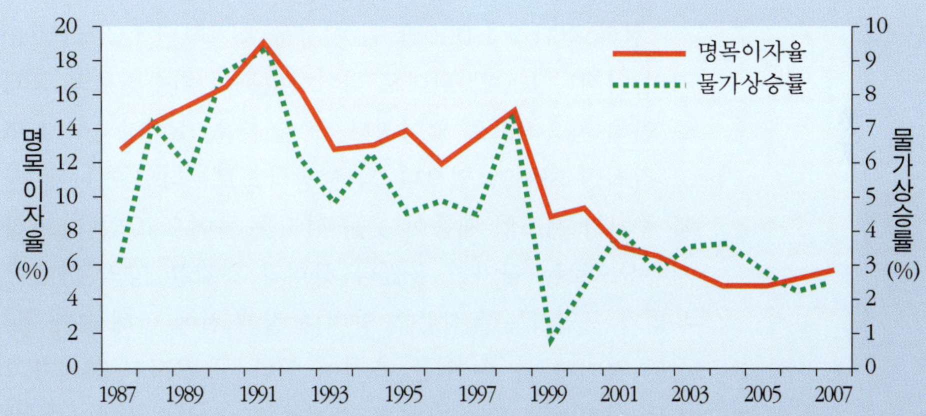

그림 20-2 한국의 명목이자율과 물가상승률 추이

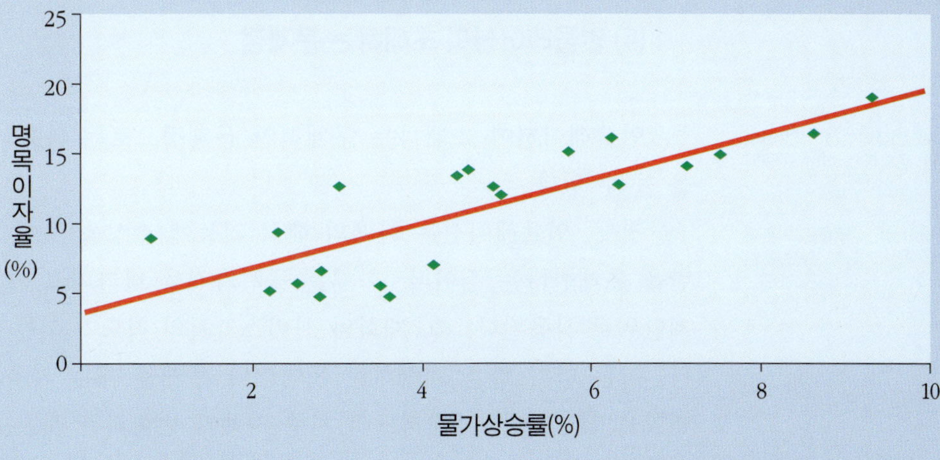

그림 20-3 한국의 명목이자율과 물가상승률의 상관관계

실질임금이나 **실질이자율**을 일정하게 유지시켜준다 하더라도 인플레이션은 환율이나 증권 및 채권가격에 영향을 미치는 등 다양한 경로의 파급효과를 주므로 물가상승률을 충격 없이 완화시킨다는 것은 현실적으로 불가능하다.

이번에는 보는 관점을 다소 달리하여 인플레이션을 재음미하여 보자. 역설적이기는 하지만, 만일 실제로 물가가 상승하였더라도 실질소득이나 구매력 또는 화폐가치가 상승하는 효과가 나타날 수는 없을까? 황당한 질문일지도 모른다. 그러나 최근 우리가 겪고 있는 일부 품목의 가격저하현상을 보자.

얼마 전까지 1,000만 원 이상을 호가하던 LCD TV(40인치)의 가격이 이제는 100만 원대로 하락하였듯이 기술진보와 국제경쟁 격화로 인해 지속적으로 떨어졌다. 또한 다소 소비자의 선호도가 떨어지고 질적인 차이가 있으나 최근 중국으로부터 엄청나게 싼 농수산물과 중저가 제조업 제품이 봇물 터지듯 들어오고 있다. 따라서 총물가지수상으로는 물가가 올랐다 하더라도 같은 양의 화폐단위로 실제 우리가 구입가능한 상품의 양이나 질은 전에 비해 크게 증가 또는 개선된 것이라 볼 수 있는 측면이 있다. 실질적인 화폐가치나 구매력 또는 실질소득, 나아가서는 경제적 후생이 인플레이션 발생에도 불구하고 증가할 수 있음에 유의할 필요가 있다. 그럼에도 불구하고 왜 각국은 인플레이션 가능성에 우려하며 물가안정을 도모하려 하는가?

(4) 인플레이션이 초래하는 문제점

그러면 이제 인플레이션이 초래하는 구체적인 문제점은 어떤 것들일까?

인플레이션이 초래하는 구체적인 문제점으로는 다음과 같은 점을 들 수 있다.

첫째, 인플레이션은 가치척도기준이 되는 화폐의 핵심 기능에 손상을 입히게 된다.

첫째, 인플레이션은 화폐의 핵심 기능에 손상을 주어 상당한 혼란을 초래한다는 점이다. 화폐는 물건가격을 나타내고 기록하는 회계단위로 사용된다. 즉, 재화와 서비스가치의 척도가 되는 기능을 한다. 이는 마치 쌀을 계량하는 됫박이나 무게를 재는 저울과 흡사한 역할을 담당한다. 가치척도의 기준 자체가 변한다는 것은 됫박의 크기나 저울의 무게기준이 달라지는 것과 다소 다르기는 하지만 혼란스러운 일임에 틀림없다.

둘째, 인플레이션이 우려할 만큼 지속될 경우 재화구입을 증대시키고 현금보유를 줄이는 데 많은 시간과 노력을 기울이게 만드는 이른바 구두창비용을 증가시킨다.

둘째, 이른바 구두창비용(shoe-leather costs)을 증가시킨다. 고율의 인플레이션이 매우 심각할 정도로 지속된다면 소비자나 가계는 소득이 발생할 때마다 즉시 소비할 재화를 미리 사들임으로써 실질소득이 감소하는 영향을 줄여 나가려 할 것이다. 일정 기간 현금형태로 보유할 경우 현금자산의 실질가치가 계속 저하될 것이기 때문이다. 인플레이션 진행속도가 빨라질수록 가계는 즉시 소비를 위해 바삐 움직여야 할 것이다. 이처럼 높은 인플레이션에 처한 경제주체들이 현금보유를 줄이기 위해 낭비하는 시간과 노력 등을 **구두창비용**이라 한다. 화폐가치 하락을 방어하기 위해 분주히 시간 나는 대로 재화구입을 함으로써 현금보유를 줄이는 과정에서 구두창이 닳아 없어진다는 비유에서 나온 용어이다.

셋째, 메뉴비용(menu costs)을 발생시킨다. 주화로 작동하는 자판기 판매용 상품들의 가격이 계속 올라가면 그때마다 기계의 작동기준을 바꾸어야 할 것이다. 그리고 각종 교통수단의 티켓도 다시 인쇄해야 하며, 식당도 음식값이 오를 때마다 새 가격으로 메뉴판을 만들어야 한다. 이러한 부류의 비용을 **메뉴비용**이라고 한다.

셋째, 물가상승은 자판기 작동기준이나 각종 교통수단의 티켓, 그리고 식당의 메뉴판을 개편해야 하는 이른바 메뉴비용을 발생시킨다.

넷째, 인플레이션은 자원배분의 왜곡을 가져온다. 이상에서 열거한 사유들은 다소의 비용과 불편함을 초래하는 정도인 데 반해 아래와 같은 측면에서 볼 때는 사뭇 심각한 문제를 유발한다고 볼 수 있다. 예컨대, 인플레이션은 평균적인 물가수준의 상승을 의미한다. 그러나 실제 내용상으로는 가격이 오른 재화가 있는 반면, 가격이 오히려 떨어진 경우도 있을 수 있다. 결국 인플레이션에서 상대적으로 이익을 보는 사람과 손실을 보는 사람들 간의 부의 재분배가 일어나게 된다. 그리고 대체로 인플레이션 과정에서 상대적 피해자는 저소득층인 정액봉급자 등이 되므로, 빈부격차가 자칫 심화될 가능성이 높다. 한편, 차입을 통해 마련한 자금으로 제품을 생산 · 판매하는 기업의 경우에는 실질이자부담은 낮아지는 반면, 판매가격 상승에 따라 수입이 증가할 것이므로 인플레이션으로부터 오히려 상대적으로 혜택을 볼 수 있기 때문이다.

넷째, 이상과 같이 다소의 비용이나 불편함을 초래하는 경우와는 달리 인플레이션은 보다 심각한 문제를 유발시키기도 한다. 인플레이션으로 인한 상대가격 변화는 자원이 비생산적 부문에 집중되는 등 자원배분의 왜곡을 촉발할 수 있고, 나아가서는 가처분소득의 감소와 생산위축을 유발할 수도 있다.

또한 인플레이션 과정에서의 상대가격 변화는 자원배분 또한 왜곡시키게 되므로 시장이 자원을 최선의 용도로 배분시키지 못할 수도 있다. 예컨대, 인플레이션으로 부동산가격이 상승할 경우 많은 사람들이 부동산을 구입하는 데 열을 올릴 것이다. 이는 국가 전체적으로는 여유자금이 생산적인 부문 대신 부동산투기와 같은 비생산적이고 경제불안정을 유발하는 부문에 집중되는 부작용의 한 예이다. 뿐만 아니라 전술한 바 있듯이 인플레이션을 보상할 수 있을 만큼 명목임금이 인상되더라도 과세표준이 높아짐에 따라 실제로는 조세가 증가하고 소비자의 세후소득이 감소할 수 있다. 세후의 가처분소득이 줄면 결국 국가 전체의 소비수요가 줄고 나아가서는 생산위축을 유발할 수 있는 등 심각한 후유증을 낳게 된다.

다섯째, 뿐만 아니라 물가상승은 국제경쟁력을 악화시켜 국민소득 자체를 감소시키게 된다. 따라서 물가안정 없이는 지속적 성장은 보장되기 어렵게 된다.

다섯째, 인플레이션은 국가마다 다른 비율로 발생할 것이며, 보다 높은 물가상승을 겪는 나라는 결국 가격 측면에서 국제경쟁력을 상대적으로 잃게 된다. 따라서 인플레이션은 단순히 국내실질소득의 감소로 끝나는 것이 아니라 국제경쟁력 감소에 따른 수출위축, 나아가서는 국민소득 자체의 하락을 초래한다는 매우 심각한 결과를 초래할 수 있다.

바로 이러한 이유 등으로 인해 각국은 물가안정에 최선을 다하는 것이며, 안정이 유지되지 못하면 지속적 (고도)성장은 결코 보장될 수 없다.

03 그렇다면 과연 화폐란 무엇인가

여하튼 일단 화폐증발이 인플레이션의 핵심 요인이 된다고 보더라도 문제는 과연 화폐란 어떻게 정의될 수 있을까 하는 점이다.

지금까지 우리는 물가상승은 일반적으로 화폐가치의 하락과 실질소득의 감소, 소득재분배 및 국제경쟁력 하락 등을 초래한다고 보았다. 그렇다면 여기서 말하는 화폐란 과연 무엇일까?

모든 근로자들은 노동을 제공한 대가로 임금을 받는데, 현금(지폐와 동전)이나 수표로 받는다. 물론 현대에 이르러서는 임금에 해당되는 금액만큼을 근로자의 거래은행 통장으로 직접 이체시키는 형태로 이루어진다. 근로자들은 임금으로 받은 화폐로 식료품이나 생활용품을 구입할 때 지불한다. 또는 등록금이나 각종 공과금 그리고 여가 및 문화활동에 지출하기도 한다. 이처럼 화폐는 재화(또는 서비스)를 취득할 때 지불수단으로 활용되며, 아무런 제약이나 조건 없이 유통된다. 현금(이나 수표)은 장래에 재화나 서비스를 취득할 수 있는 권한을 부여받고 있기 때문이다.

물론 화폐가 없던 옛날에도 거래는 이루어질 수 있었다. 필요한 물건끼리 맞교환하는 물물거래의 형태였다. 그러나 이는 운송과 교환은 물론 분할의 어려움이 있었다. 그리고 거래당사자가 서로 원하는 재화와 서비스를 보유하고 있어야 하며, 교환비율에 관한 견해의 일치를 볼 수 있어야 하였다.

반면 현재 우리가 당연시하고 하등의 의심도 없이 사용하고 있는 화폐는 시장경제에서의 온갖 거래에 널리 통용되는 지불수단이며, 보관 · 운송 · 분할 등이 매우 편리한 도구의 성격을 갖고 있다.

(1) 화폐란 어떤 기능을 하는 것인가

우선 화폐란 교환의 매개수단 및 측정기준, 그리고 가치의 저장수단 등의 기능을 갖는 것이라 할 수 있다.

현대에 있어 화폐란 최소한 다음과 같은 세 가지 기능을 수행할 수 있어야 한다. 화폐 이외의 금융자산(예컨대, 주식이나 채권) 또는 부동산도 이 세 가지 기능 중 일부는 가지고 있으나 모두 갖고 있지는 못하다는 점에서 화폐와 차별된다.

첫째, **교환의 매개수단**(medium of exchange)이란 기능을 갖고 있다. 즉, 화폐란 재화나 서비스를 구입하는 사람이 판매하는 사람에게 그 대가로 지불할 수 있는 수단이다. 여타 자산도 제한적으로는 교환의 매개수단이 될 수 있다. 그러나 누가 어디서 그리고 어떤 거래에서나 아무런 제한 없이 활용될 수 있는 매개체는 화폐뿐이다.

둘째, 거래할 재화 또는 서비스의 가격을 정하거나 경제주체들의 채권 · 채무 등을 기록할 때 **측정기준**(unit of account)으로 사용되는 기능을 갖고 있다. 예컨대, 노동을 제공하여 대가를 받는 임금은 화폐단위로 표시된다. 옛날처럼 쌀 몇 가마, 콩 몇 되라는 식의 수량으로 임금을 표시하지는 않는다. 예전에 자녀를 대학에 보내려면 1년에 소 한 마리씩은 팔아야 한다는 말이 있었다. 그러나 대학등록금을 '소 한 마리'라는 식으로 표시하지는 않는 것과 마찬가지이다.

셋째, **가치를 저장하는 수단**(store of value)으로서의 기능을 한다. 즉, 화폐는 스스로가 갖는 구매력을 유지 · 저장하였다가 미래에 사용할 수 있는 수단으로도 기능하는 것이다. 물론 화폐가 유일한 가치의 저장수단은 아니다. 예컨대, 주식 · 채권 · 부동산과 같은 자산도 가치의 저장수단이 될 수 있다. 가치의 저장수단이 되는 화폐나 금융자산 또는 부동산 등을 통틀어 재산이라고도 한다. 오히려 금융자산이나 부동산은 스스로의 가치가 증식(물론 하락도 가능하지만)될 수도 있어서 가치저장기능에 관한 한 화폐보다 선호될 수 있는 특징을 가지고 있다. 더구나 인플레이션이 극심해질 경우 화폐의 가치저장 기능은 상대적으로 떨어진다. 그러나 여타 자산들은 교환의 일반적 매개수단이 될 수는 없다. 물론 주식이나 채권은 적은 비용으로 쉽게 현금화할 수 있어 **유동성**(liquidity)이 높은 자산이지만, 가치의 하락이나 손실 등을 감수해야 하는 위험이 따른다. 한편, 부동산과 같은 자산은 현금화의 비용도 크고 시일도 많이 소요되므로 유동성이 매우 낮다는 특성을 갖는다.

(2) 화폐는 어떤 종류들이 있나

이러한 기능을 하는 화폐는 초창기에는 물품화폐 형식으로 등장하였다가 운송이나 보관 또는 분할이 용이한 금속화폐 형태로 변천되었다.

화폐 또는 화폐적 기능을 담당하는 재화가 없을 때도 있었다. 따라서 당시에는 필요로 하는 물건끼리 서로 맞교환하는 물물교환이 이루어졌다. 그러나 점차 모든 사람에게 꼭 필요한 물품이 교환의 매개수단으로 활용되기 시작하였다. 예컨대, 한국의 경우에는 미곡이나 마포 또는 소금, 그리고 남아메리카의 코코아, 아프리카의 유리구슬이나 팔찌 등의 장신구가 그러한 용도로 활용되었다. 이들은 회계단위로서의 기능은 물론 그 자체로서의 가치를 지니고 있어 가치저장의 기능도 아울러 가지고 있었다. 이러한 유형의 물품들을 **물품화폐**(commodity money)라 일컫는다.

그런데 후기에 이르러 물품화폐 중 운송이나 보관 또는 분할이 용이한 물품이 점차 유통의 대부분을 차지하기 시작하였다. 예컨대, 금 · 은 · 동과 같은 **금속화폐**를 들 수 있다. 성격은 다소 다르지만 사실 현대사회에서 통용되고 있는 동전은 그 기원을 금속화폐에서 찾을 수도 있다. 동전은 이미 기원전 7세기경부터 주조된 바 있는 것으로 알려졌고, 로마제국에 이르러 '데나리온'이라는 은화의 사용이 일반화되었다는 기록이 있다.

동양의 경우에는 금속화폐의 출현이 기원전 중국 수나라 때 금 · 은 · 동의 금속화폐에서 비롯하는 것으로 알려져 있다. 그러나 금속이 화폐상품으로 되었던 최초에는 금괴를 일일이 저울질하는 이른바 **칭량화폐**로서의 형태였으며, 그것이 칭량화폐로부터 완전히 벗어나 단순히 개수의 계산만으로 주고받게 되는 **주조화폐**로 된 것은 17세기 중엽 이후이다. 금속화폐에는 본위화폐와 보조화폐가 있으며, 금 · 은 이외에 구리 · 알루미늄 · 니켈 · 납 · 철 등도 보조화폐로 사용

한국 화폐의 역사

선사시대의 유물 중 화폐형태를 갖춘 것이 발견되지 않은 것으로 보아 당시에는 물물교환이 지배적이었고 무기(화살촉 등), 생산도구, 곡물 등이 물품화폐로서 소규모로 사용되었으리라 짐작된다.

고조선 및 삼국시대에 이르러서는 생산력의 증대로 상업이 크게 번창하고, 수도권에서는 시장이 개설되어 여러 가지 물품들이 거래되었다. 그러나 교환의 매개수단으로는 주조된 화폐보다는 곡물과 직물이 화폐기능을 수행하였다고 보여진다.

고려시대에 이르러서야 비로소 여러 종류의 금속화폐들이 주조되었으나, 널리 통용되지는 못하였다. 예컨대, 996년 성종 15년 최초로 방공원형의 철전이 주조(우리나라 최초의 주화)되었으나, 사용상의 불편으로 인해 유통계에서 점차적으로 소멸되었다. 그 이후 1101년 숙종 6년에는 은병이 최초로 발행되었고, 1102년에는 해동통보가 발행 · 사용되었지만 상류층에서만 쓰일 정도였다. 결국 고려시대에도 은병 · 해동통보와 같은 금속화폐가 주조되기는 하였으나 전국적으로 유통되지 못함에 따라, 종전처럼 곡물이나 직물이 주요 교환매개수단으로 사용되었다.

조선시대에 이르러서는 곡물과 직물을 주축으로 하는 물품화폐제도를 개선하기 위해 명목화폐제도를 채택함에 따라 저화(일종의 불환지폐)와 동전의 통용이 시도되었고, 임진왜란 중에는 칭량은화의 유통이 다시 허용되기도 하였다.

그런데 1364년경에 문익점이 원나라에서 목화를 들여왔다. 이후 조선 조정의 장려로 재배가 계속 확대되어, 1436년경에는 면포가 옷감으로 널리 사용되면서 포화에서 중심적인 위치를 차지하고 있었다.

한편, 1402년에 저화제를 실시하면서 저화만을 법화로 인정하는 제도가 시도되었다. 그러나 저화의 가치가 크게 하락하자 결국 저화와 포화를 병용하게 되었다. 즉, 1415년 저화 전용령을 포기하고 포화의 유통을 공식적으로 인정하게 되었다. 그 이후 성종(재위 1470~1494년) 때까지 조정의 적극적인 노력으로 저화가 어느 정도 유통되었지만 중종 때부터는 유통되지 못하게 되었다.

그런데 저화유통이 제대로 정착되지 못한 이유 중 하나는 저화의 액면가치가 너무 커서 소액거래에 불편하다는 점이었다. 이러한 저화의 결함을 보완하기 위해 동전제의 도입이 시도되었다(조선통보 주조). 즉, 1424년(세종 6) 주전소를 설치하고 감독관을 파견하여 동전주조사업을 적극 추진하였으나, 동전의 소재인 동이 부족하여 동전의 주조실적은 그다지 많지 않았다. 게다가 조선통보의 가치가 계속 하락하자 일반국민은 조선통보보다는 포화나 미화를 선호하였다.

그러던 중 조선 후기에 이르러서는 금속화폐 주조가 원활해지면서 동전이 본격적으로 유통되기 시작하였다. 1678년(숙종 4)에 상평통보가 주조되어 유통된 것을 계기로 동전의 유통지역이 전국으로 확대되었다. 당시에 동전을 법화로 유통 · 보급시키기 위한 정책을 적극 추진한 이유 중 하나는 대동법이 확대시행됨에 따라 명목화폐인 동전의 통용 필요성이 커졌던 데 기인한다.

한편, 1594년(선조 27)에는 징납 등을 은으로 납부할 수 있게 하면서 칭량은화가 널리 유통 · 보급되었고, 그 뒤 은화가 화폐기능을 수행하고 17세기에 절정을 이루었으나, 18세기에 점차 위축되다가 마침내 두절되고 말았다.

조선 후기에 이르러 왕권강화를 위한 경복궁 중건에 소요되는 막대한 경비를 조달하기 위해 당백전이 발행되었다. 그러나 화폐가치의 하락에 따른 물가폭등으로 백성들의 경제생활에 심각한 타격을 초래하자 1867년(고종 4) 당백전 주조를 중단하였다. 대신 당백전의 유통금지조치로 인한 재정적 손실을 보전하기 위해, 청나라에서 만든 청전의 유통

을 합법화하였다. 이로 인해 청전의 유통량이 급증하면서(상평통보 유통량의 41%를 차지함) 화폐가치가 더욱 하락하고 물가는 급등하여 백성들의 경제생활이 극도로 궁핍해지자 결국 1874년 청전의 유통이 금지되었다.

조선 말기인 1876년에 일본의 은화가 도입되어 통용되자 조선은 1882년(고종 19)에 대동은전을 발행하게 되었다. 이는 주변국들의 은본위제를 모방한 것이었다. 그러나 은화의 외양이 매우 아름다운 모습으로 주조되어 금새 사장되고 말았다. 결국 1883년(고종 20)에 경성전환국을 설치하고 태극장 도안의 시주화를 대신 제조하게 되었다(궁핍한 재정, 근대적 화폐생산을 위한 노력, 근대식 조폐기기 수입). 한편, 1891년에는 은본위제, 그리고 1901년에는 금본위제 화폐를 발행하고 유통을 시도하였으나, 일본의 강력한 반발로 공포되지는 못하였다.

이상에서 우리는 선사시대부터 조선에 이르기까지 교환의 매개물로서 보관과 운송 및 분할이 용이한 그리고 화폐적 기능을 담당할 수 있는 다양한 형식(물품화폐, 주조화폐, 저화 또는 법화)의 지불수단을 끊임없이 모색해 왔다는 사실과, 조선 말까지도 근대적 화폐제도가 제대로 정착되지는 못하였다는 사실을 확인할 수 있었다.

한편, 대한민국 정부수립 이후 한국은행이 1950년 6월 설립되자 한국전쟁중임에도 불구하고 동년에 최초로 한국은행권을 발행하여, 일제하 및 대한민국 건국 초기에 발행된 기존 조선은행권과 함께 통용시켰다. 이는 전쟁중 북한군이 조선은행권을 불법으로 발행하여 유통함으로써 안정을 저해하자 한국은행이 1953년 1월 16일까지 5차례 동안 많은 조선은행권을 회수, 한국은행권으로 바꾸려 노력한 데 기인하는 것이다.

1952년 10월 10일에는 새 500원권과 1,000권을 발행하였다. 휴전 후에는 전쟁으로 인한 경제위기 타개를 위해 화폐단위를 원에서 환으로 변경하였다. 그러나 1962년 '경제개발 5개년계획'을 추진하는 과정에서 퇴장되어 왔던 자금을 산업자금으로 동원하기 위해 1962년 6월 10일 긴급통화조치를 단행하였는데, 조치의 일환으로 '환'표시 화폐를 '원'표시로 다시 변경(10환→1원)하게 되었다.

여하튼 우리나라 화폐가 현재의 액면체계를 갖추게 된 시기는 1970년대라 할 수 있는데, 한국은행은 1970년 11월 30일에 100원화, 그리고 1972년 12월 1일에는 50원화를 발행함으로써 은행권을 주화로 대체하였고, 경제성장으로 국민소득이 증가하고 거래단위가 높아져 고액권 발행의 필요성이 크게 높아짐에 따라 1972년 7월 1일에는 5,000원권, 1973년 6월 12일에는 1만원권, 그리고 1975년 8월 14일에는 1,000원권을 발행하게 되었다.

1980년대에 이르러서는 500원화, 100원화, 50원화, 10원화, 5원화 및 1원화를 발행하여 현용주화를 완성시켰으며, 이후 큰 틀은 크게 변하지 않았다.

한편, 우리나라의 늘어나는 고액권 수요에 맞추어서 5만원권, 10만원권도 발행할 계획을 추진해오던 중 2009년 6월에 조선시대의 여류문인 · 서화가인 신사임당을 모델로 한 5만원권을 발행하게 되었다.

1만원권이 발행되었던 1973년에 비해 현재 물가는 약 12배 상승하였고, 국민소득 또한 150배 이상 증가하여 현재의 최고권액인 1만원권보다 더 높은 가치를 지닌 지폐단위가 필요하게 되었다. 또한 고액권이 발행될 경우 수표의 발행을 줄여 수표발행비용을 절감할 수 있게 되고, 익명성의 증가로 거래를 용이하게 할 것으로 기대된다. 이는 고액권이 어느 정도 소비를 진작시킬 수 있는 효과까지 기대해 볼 수 있게 하는 점이다.

한편, 현재에 와서는 가벼운 지폐형태, 직불카드, 전자화폐 등이 쓰이고 있는데, 점차 전자화폐 등의 사용이 증가하고 있는 추세이다.

되어 왔다.

한국 또한 고려 숙종 때 이르러 금속화폐가 주조된 바 있으나 통용이 일반화되기까지는 상당한 시일이 소요되었다. 우리가 흔히 엽전이라고 불렀던 금속화폐는 조선 말기의 **상평통보**를 일컫는다. 여하튼 금속화폐의 출현은 이들이 ① 효용 및 가치를 가지며, ② 운반·분할·식별이 용이하고, ③ 품질이 일정하며, ④ 훼손이 적고, ⑤ 소재가치의 변동이 적다는 점 등에서 화폐에 적합하다는 특성 때문이라 할 수 있다.

그러나 경제규모나 거래량이 점차 확대됨에 따라 금속화폐를 화폐로 사용하는 데 불편함이 커졌다. 예컨대, 아파트를 구입하거나 비행기를 타기 위해 과연 얼마나 많은 양의 금속화폐가 필요할 것이며, 또 이를 어떻게 소지하고 다닐 수 있을 것인가를 짐작해 보면 금속화폐로서는 현대의 경제적 거래를 원활히 수행하는 데 어려움을 잘 알 수 있다. 또한 금화를 흔들어 대거나 조금씩 긁어 내어 이득을 취하는 사건이 등장하면서 훼손되지 않은 주화는 자신들이 보유하고 조악한 주화만을 유통시키는 현상이 나타났다. 이러한 현상을 **그레셤의 법칙**(Gresham's law)이라 하는데, "악화가 양화를 구축한다"라는 말로 대변되고 있다.

그러나 경제규모나 거래량이 확대됨에 따라 금속화폐 사용도 점차 불편하게 되었고

결국 이러한 이유로 인해 금(이나 은)과 교환될 수 있는 지폐가 창안되기에 이르렀다. 일정량(이나 가치)의 금과 교환을 보장하는 지폐를 사용하는 것을 **금본위제도**(gold standard)라 한다. 상당수 서구 선진국들의 경우 금(또는 은)본위제도를 한동안 운용하였다. 그러나 금(과 은)의 생산 및 공급이 실물경제의 확장속도를 쫓아갈 수 없게 되었다. 그리고 전쟁수행 등으로 인해 화폐에 대한 수요는 확장일로에 있었다. 따라서 점차 금(과 은)과의 교환을 금지하는 제도상의 변화가 뒤따랐다. 즉, 그 자체로서의 가치도 없고 금과 교환될 수도 없는 지폐시대가 도래한 것이다. 이를 불태환지폐라 한다. 요구가 있으면 즉각 미리 예치된 금과 은으로 바꾸어 주던 **태환성**(convertibility)이 정지된 화폐인 것이다. 이 단계에서의 화폐는 법정 **불태환지폐**(fiat money)에 해당된다. 법화란 정부가 법적으로 그 가치를 보증함으로써 통용될 수 있는 화폐로, 사람들이 정부가 보증한 가치가 보장될 수 있다고 믿게 할 수 있었기에 통용될 수 있는 화폐이다. 말하자면, 법화는 사회적 약속의 산물이라 할 수 있다.

결국 일정량의 금과 교환을 보장한다는 조건하에 지폐를 발행하는 금본위제도가 정착되었다. 그러다가 금의 생산 및 공급이 실물경제 확장속도를 쫓아갈 수 없게 되면서 금태환 대신 정부가 가치를 보장하는 불태환지폐가 탄생하였으며, 최근에는 수표나 직불카드 그리고 전자화폐 등 화폐적 기능을 갖는 다양한 매개체가 급증하기에 이르렀다.

최근 들어 금융제도가 발전함에 따라 **수표**나 **직불카드**가 교환의 매개물 또는 지불수단으로 그 사용이 일반화되고 있다. 또한 **전자화폐**(electronic money)의 등장으로 인해 컴퓨터나 휴대폰이 지불의 매개체로 사용되는 등 범위가 확대되어 가고 있다. 심지어 혹자는 전자화폐가 현금화폐를 점차 구축해 버릴 것이라는 주장을 하기도 한다. 그러나 전자화폐에는 현금화폐가 갖는 단순성과 익명성을 대체할 수 있는 힘이 결코 없다.

04 화폐와 통화량지표

이상에서 우리는 화폐가 갖는 세 가지 기능과 유형 그리고 발전과정에 대하여 살펴보았다. 그렇다면 실제 시중에 유통되는 화폐의 양은 얼마나 될까? 답변은 쉽지 않다. 어떤 유형까지를 화폐로 인정하는가에 따라 달라지기 때문이다.

그렇다면 이러한 기능을 갖는 화폐의 양은 얼마나 될까? 이는 결국 어떤 유형까지를 화폐로 인정할 것인가에 따라 달라질 것이다. 지금까지 대안으로 제시되고 활용된 바 있는 통화량지표 중 대표적인 것으로는 현금통화, 협의의 통화(M1), 광의의 통화(M2), 총유동성(M3), 그리고 최광의의 유동성지표(L) 등이 있다.

일반적으로 현실경제에서 유통되는 화폐의 양을 통화량(money stock)이라 부르는데, 통화량의 크기는 국가경제의 안정과 직결되는 매우 중요한 개념이다. 그런데 어떤 것까지를 화폐로 볼 것인가 하는 문제와 관련하여서는 여러 가지 대답이 제시될 수 있다. 이때 제시되는 여러 유형의 통화량 개념을 통화지표라 부른다. 가장 기본적인 통화량지표만을 정리하여 소개하면 다음과 같다.

(1) 현금통화

경제주체들이 가지고 있는 지폐와 동전을 합쳐 **현금통화**(currency)라 하는데, 화폐 개념에 포함될 수 있는 가장 확실한 자산이다. 현실경제에서 가장 널리 통용되는 교환의 매개수단이기 때문이다.[6]

[6] 우리가 흔히 수표라고 하는 은행이 발행한 자기앞수표도 현금통화에 포함된다. 간혹 위조수표가 나오기도 하지만 수표로 지불하려는 사람은 이면에 이름(과 전화번호 또는 주소) 등을 기입만 하면 현금과 거의 마찬가지로 통용될 수 있기 때문이다. 특히, 10만 원, 100만 원 등 정액 수표는 거의 고액 현금화폐와 진배 없이 사용된다. 한편, 우리가 해외여행시 사용하는 여행자수표(traveler's check)도 M1 개념에 포함된다.

(2) 협의의 통화(M1)

현금통화 다음으로 유동성이 큰 금융자산으로 **요구불예금**을 들 수 있다. 언제나 필요에 따라 수시로 입출금이 가능한 예금으로 보통예금이나 당좌예금이 이에 속한다. 이자가 매우 낮거나 오히려 저축자가 일정 비용을 부담(당좌예금에 근거하여 당좌수표 발행시)하기도 한다. 여하튼 이와 같은 유형의 예금은 즉시 현금화가 가능하므로 가장 현금에 가까운 금융자산이라 할 수 있다. 바로 이러한 요구불예금과 현금을 합한 것을 **협의의 통화**(M1이라 표기함)라 한다. 그런데 최근에는 거의 보통예금에 준할 만큼 입출금이 자유로운 은행의 저축예금과 MMDA(money market demand account), 그리고 투신사의 MMF(money market mutual fund)까지 포함시킨 새로운 M1 개념이 활용되고 있다. 이러한 결제성 예금은 비록 현금은 아니지만 수표발행을 통해 지급결제수단으로 사용되거나 즉시 현금과 교환될 수 있기 때문에 유동성이 매우 커서 포함된 것이다. 따라서 이상과 같이 정의되는 협의의 통화는 유동성이 매우 높은 결제성 단기금융상품으로 구성되어 있어 단기금융시장의 유동성 수준을 파악하는 데 적합한 지표라 할 수 있다.

(3) 광의의 통화(M2)

협의의 통화(M1)에 속하는 금융상품보다는 다소 유동성이 떨어지지만 약간의 비용(소정 이자율의 포기)만 들이면 언제든지 현금화가 가능한 **저축성 예금**까지를 포함하여 통화에 포함시킨 개념으로 **광의의 통화**(M2)를 들 수 있다. 예컨대, 정기예금이나 정기적금 같은 은행의 저축성 예금, 양도성 예금증서(CD)나 환매채(RP) 같은 시장형 금융상품, 수익증권과 금전신탁 같은 실적배당형 금융상품, 그리고 금융채, 발행어음, 신탁형 증권저축 등이 포함된다. 다만 유동성이 낮은 만기 2년 이상의 장기금융상품은 제외한다.

이와 같이 정의되는 광의의 통화(M2)는 거래적 수단보다는 자산증식이나 미래지출에 대비한 일정 기간 동안의 저축수단에 해당하지만, 소정의 이자소득만 포기하면 언제든 인출이 가능하므로 결제성 예금과 유동성 측면에서도 큰 차이가 없다. 협의의 통화에 비해 중장기 금융시장의 유동성 수준을 파악하는 데 유용한 통화지표이다.

(4) 총유동성(M3)

광의의 통화(M2)보다는 유동성이 크게 떨어지는 금융자산까지 포함시킨 통화량 개념으로 **총유동성**(M3)이 있다. 이는 은행뿐만 아니라 비은행금융기관까지 포함하는 전 금융기관의 유동성을 파악할 목적으로 개발된 지표이다. 광의의 통화에 ① 예금취급기관의 2년 이상 정기예금과 정기적금, 그리고 만기 2년 이상 장기금전신탁 등, ② 생명보험회사 · 증권금융사 등의 보험계약 준비금, 환매조건부 채권 매도, 장단기 금융채, 고객예탁금 등을 포함한다.

(5) 최광의의 유동성(L)

최근에는 정부 · 기업 등 비금융기관이 발행한 국공채 · 회사채 · 기업어음 등의 유동성시장 금융상품 중 민간보유분까지를 포함시키는 가장 넓은 의미의 통화량 개념으로 **최광의의 유동성지표**(liquidity aggregates)를 개발하여 활용하고 있다. 이는 IMF가 통화금융 통계 메뉴얼(2000)에서 예시한 통화지표의 하나로서 한 나라의 경제가 보유하고 있는 모든 유동성의 전체 크기를 측정하기 위해 개발된 지표이다.

(6) 통화지표의 선택

그런데 역사적으로 통화지표는 지속적으로 확대개편되어 왔으며, 이는 새로운 금융상품의 지속적 출현과 금융시장구조 자체의 급변에 따라 보다 포괄적인 통화지표를 필요로 하게 된 데 기인한다.

전항에서 우리는 다양한 유형의 통화지표에 대하여 살펴보았다. 그렇다면 경제안정을 위해 당국은 과연 어떠한 지표를 중심으로 정책을 펴나가는 것이 바람직할까? 예컨대, 작년도 실질경제성장률이 5%이지만 물가가 5% 올랐다고 하면 명목경제성장률은 10% 정도가 될 것이며, 따라서 통화량도 10% 수준의 증가가 적절하다는 논리가 제시되었다고 하자. 이때 10% 증가를 목표치로 삼을 통화량 개념은 어떤 것이 적절한지를 판단해야 한다.

한국의 경우 1979년까지는 주로 M1을 통화지표로 삼아 왔다. 그러나 경제규모가 확대되고 다양한 금융기관과 금융상품이 출현하면서 더 이상 M1이 실물경제의 동향을 제대로 반영할 수 없는 시기에

주요 통화지표의 변동 추이

통화지표란 한 나라 안에서 유통되고 있는 통화의 양적 수준을 나타내는 기준으로, 통화정책의 수행에 있어 효과적으로 조절가능한 통화 총량의 척도로서 또는 정책지표로서 기능하게 된다. 그런데 경제규모의 확대 및 금융시장 발전도에 따라 금융자산의 내용이 지속적으로 변화하여 왔고, 특히 은행과 비은행 금융자산 간 대체성이 높아지면서, 이를 반영하기 위한 새로운 통화지표들을 개발하여 온 것이다.

[그림 20-4]는 통화 및 유동성지표별 구성내역을 표시한 것으로, 1996년 1월부터 2007년 12월까지의 주요 지표별 증가율 추이는 [그림 20-5]와 같다.

[그림 20-5]에서 우리는 M1과 M2의 변동률이 상대적으로 큰 반면, L의 변동률이 가장 작은 것을 확인할 수 있다.

(단위: 10억 원)

			L(광의유동성) (2,015,946)
		M3(금융기관 유동성) (1,665,094)	국채, 지방채, 회사채 기업어음 등
	M2(광의통화) (1,244,218)	예금은행 및 비은행 금융기관 기타 예수금 등	(좌동)
M1(협의통화) (304,054)	준결제성 예금 (저축성 예금)	(좌동)	(좌동)
결제성 예금 (요구불예금)	(좌동)	(좌동)	(좌동)
현금통화	(좌동)	(좌동)	(좌동)

그림 20-4 통화 및 유동성지표별 구성내역(2007년 12월)

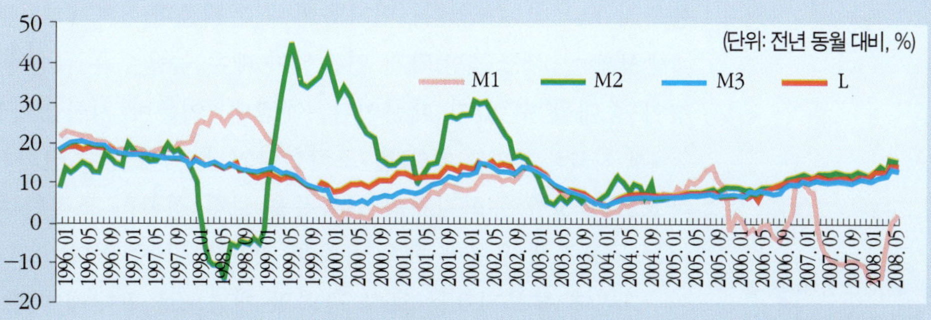

그림 20-5 주요 통화지표의 증가율 추이

이르렀다. 결국 1979년 이후 M1 대신 M2를 통화관리의 중심지표로 삼게 되었다. 그리고 최근 들어 금융자율화, 자본자유화 등의 진전으로 실로 다양한 금융상품이 봇물 터지듯 쏟아져 나오게 됨은 물론 금융시장구조 자체가 급변하게 됨에 따라 M2보다도 더 포괄적인 통화지표를 필요로 하게 되었다. 이러한 추세는 지속되어 현재는 M3와 L이라는 지표까지 개발하여 참고하기에 이르렀다. 결국 경제규모의 확대와 금융시장 발전도에 따라 통화적 기능을 하는 금융자산의 내용이 지속적으로 변천해 왔고, 이를 반영하여 새로운 통화지표들을 개발해 왔다고 볼 수 있다.

여하튼 실제 정책지표로 어떤 통화지표를 선택할 것인가 하는 것은 실물경제와의 연관도, 수요의 안정성 그리고 통제가능성과 같은 평가기준에 따르게 되었다.

그런데 새로운 금융시장 여건을 반영한 중심통화지표를 개발·활용하는 과정에서 대체로 다음과 같은 세 가지 사항이 평가기준으로 고려된다.

첫째, 통화지표는 국민소득과 같은 실물경제지표와 밀접하게 연관되어 있을수록 유용한 정책지표가 될 수 있다. 두 지표 간의 상관관계, 또는 변화의 동행성이 안정적으로 매우 높은 수준에 머물고 있다면 통화량을 변화시킴으로써 실물경제의 변화를 조절해 나가기 용이하기 때문이다.

둘째, 안정적인 수요를 유지할 수 있는 통화지표일수록 바람직하다. 예컨대, 화폐수요가 국민소득수준뿐 아니라 이자율 또는 물가상승률 등의 변화와 안정적인 연관관계를 유지하고 있을수록 정책수행상 수월성이 제고될 수 있기 때문이다.

셋째, 마지막으로 그리고 아마도 가장 중요한 기준으로는 **통제가능성**(controllability)을 들 수 있으며, 이것이 높은 것일수록 유용한 통화지표라 할 수 있다. 이자율이나 본원통화(이에 대해서는 본장 후반에서 상세히 설명할 것임)와의 연관성이 매우 높을수록 금융정책의 효율성이 증대될 수 있기 때문이다. 예컨대, 이른바 지불준비율(본장 제6절에서 자세히 설명할 것임)을 조작한다거나 이자율을 변화시킴으로써 목표로 설정한 통화지표의 변화폭을 보다 정확히 조절할 수 있다면, 이는 금융정책 운용에 매우 유용한 지표가 될 수 있다.

그런데 보다 광의의 통화지표를 활용할 경우 실질지표와의 연관도나 정책적 통제가능성은 저하될 수밖에 없는 문제가 있어 최근에는 특정 지표 하나만을 배타적으로 사용하는 대신 중심지표와 보조지표 등으로 구분된 여러 지표를 동시에 활용하는 관행이 정착되었다.

그런데 통화지표를 보다 광의의 개념으로 확대해 나갈수록 실물지표와의 연관도나 정책적 통제가능성의 정밀도는 점차 떨어질 수밖에 없다. 더구나 광의의 통화지표에 포함된 금융자산 중 상당 부분은 금융정책당국인 한국은행의 직·간접적인 지시·감독권 밖에 있어 한국은행의 금융정책수단만으로는 이를 효율적으로 통제할 수조차 없다.

따라서 최근에는 어느 특정 지표 하나만을 배타적으로 설정하여 활용하는 대신 중심지표와 보조지표 등으로 구분하여 여러 지표를 함께 활용하고 있다. 자세한 내용은 제6절에서 다루기로 한다.

05 통화량과 인플레이션

우리가 다양한 통화량 개념을 창출하여 활용하는 궁극적 이유는 바로 경제안정에 통화량의 크기가 결정적인 영향을 미친다는 데 있다. 그리고 이러한 통화량의 크기를 어떻게 효율적으로 조절할 수 있을까 하는 문제가 금융정책의 주 관심사가 되기 때문이다.

여하튼 어떤 통화지표를 활용하든 우리의 관심은 물가에 결정적인 영향을 미치는 통화량을 어떻게 조절할 수 있는가에 맞추어지게 된다.

전항에서 우리는 역사적으로 물가가 하락한 적도 있고 또 대공황과 같은 천재지변시 심각한 수준의 **디플레이션**(deflation)이 발생하기도 하였지만, 특수한 경우를 제외한다면 적어도 **법화**(legal money)라는 지폐의 사용이 일반화되고 법화발행에 정부의 영향력이 불가피하게 행사될 수밖에 없는 현대국가에서는 **인플레이션**(inflation)은 거의 일상적인 일이 되고 있다. 단지 물가인상률의 수준이 무시할 만한 정도인지, 아니면 우려할 만한 것인지가 오히려 주 고려대상이 되고 있다.

(1) 화폐수량설

인플레이션의 가장 핵심적인 원인을 제공할 뿐만 아니라 그 정도를 결정하는 요인으로 통화량이 최우선적으로 지적되어 왔다. 이러한 견해 또는 논리를 흔히 **화폐수량설**(quantity theory of money)이라 부른다. 통화량이 많이 공급되면 통화가치(화폐의 시장가격에 해당하는 개념)가 하락하게 되고, 결과적으로 일반물가는 상승하게 된다는 논리이다. 이러한 논리는 18세기에 **흄**(David Hume)에 의해 최초로 주장되었고 근래에 이르러서는 **프리드먼**(Milton Friedman)에 의해 제창되었는데, 이들의 주장은 한 나라 경제에 유통되는 화폐의 양이 화폐가치와 물가수준을 결정하며 통화량의 증가율이 인플레이션율을 결

이는 통화량의 크기가 인플레이션의 수준을 결정한다는 이른바 화폐수량설에 근거한 정책적 관점에 따른 것이다.

정한다는 내용으로 요약될 수 있다.

(2) 통화량과 화폐의 중립성: 고전학파의 견해

한편, 고전학파 이론은 통화량 공급의 증가는 명목국민소득 증대를 가져올 수는 있으나, 물가상승으로 인해 결국 실질국민소득은 변화되지 못한다고 보고 있다. 이를 화폐의 중립성이라고도 한다.

그렇다면 통화량이 증가하여 화폐가치가 떨어지고 물가가 상승한다면 실물경제에는 어떠한 영향을 미칠까?

우선 이에 대한 대답을 최종적으로 마련해 보기 전에 **고전학파** 학자들이 가졌던 생각부터 고려해 본다. 흄과 같은 시대를 살았던 학자들은 화폐량의 증가에 따라 물가가 상승하므로, 이때 가치가 저하된 화폐단위로 측정된 재화의 명목가치도 상승한다고 보았다. 그러나 실제 생산된 재화의 양 자체는 화폐량과는 무관하다고 주장하였다. 예컨대, 화폐단위로 계측된 명목국민총생산은 인플레이션으로 인해 상승할 수 있지만, 실물산출량 크기로 계측된 실질국민총생산은 변화하지 않을 수 있다고 본 것이다. 즉, 변화된 화폐가치로 계측된 명목변수(nominal variables)값은 변해도 실물단위로 계측된 실질변수(real variables)값은 재화가격에 영향을 받지 않는다는 것이다. 이를 **고전학파의 이분법**(classical dichotomy)이라 부른다.

만일 명목임금이 10% 인상되었지만 물가가 10% 오르면 실질임금은 불변이라 볼 수 있고, 명목이자율이 1%p 인상되었다 하더라도 물가가 같은 기간 중 1%p만큼 올랐다면 실질이자율은 전과 같은 수준이 된다는 인식이 이들의 견해와 맥을 같이한다고 볼 수 있다.

결국 이들은 화폐공급량의 변화는 명목변수에는 영향을 미치지만 실질변수에는 아무런 영향도 미칠 수 없다는 이른바 **화폐의 중립성**(monetary neutrality)을 주장하였던 것이다. 따라서 이들은 중앙은행이 통화량을 2배로 증가시키면 물가수준이 2배로 상승하고, 이어서 명목임금 및 여타 명목변수들도 각각 2배 상승할 수 있으나 생산, 고용, 실질임금이나 실질이자율 등의 실질변수값들은 변화하지 않는다고 본 것이다.

(3) 통화량과 화폐유통속도 그리고 화폐수량설

그런데 통화량 크기가 인플레이션 수준을 결정한다는 화폐수량설은 암묵적으로 화폐의 유통속도가 일정하다는 가정하에 정립된 것이다.

앞서의 고전학파의 견해와 관련하여 우선 이러한 질문을 할 수 있다. 통화량은 동일하더라도 **화폐의 유통속도**(velocity of money)는 달라지지 않을까 하는 의문이다.

화폐의 유통속도는 다음과 같이 정의될 수 있다.

20-1

$$V=\frac{P \cdot Y}{M}$$

즉, 화폐의 유통속도는 1년간 생산된 재화와 서비스(Y)에 가격(P)을 곱한 생산물의 명목가치(즉, 명목GDP)를 통화량(M)으로 나눈 값으로 정의된다. 1년간 새로 생산된 재화와 서비스의 거래를 결제하기 위해 화폐(M)는 V번만큼 회전되었을 것이기 때문이다.

이제 식 (20-1)을 다음과 같이 고쳐 써 본다.

20-2

$$M \cdot V=P \cdot Y$$

이 식은 화폐량(M)에 화폐유통속도(V)를 곱한 값은 생산물(Y)에

통화량과 인플레이션

식 (20-2)의 화폐수량방정식이 가지는 가장 중요한 의미 중 하나는 장기에서 생산량은 공급 측면에 의해 결정되고, 따라서 화폐유통속도가 일정하다면 통화량증가율의 변화는 바로 물가상승으로 이어진다는 사실이다.

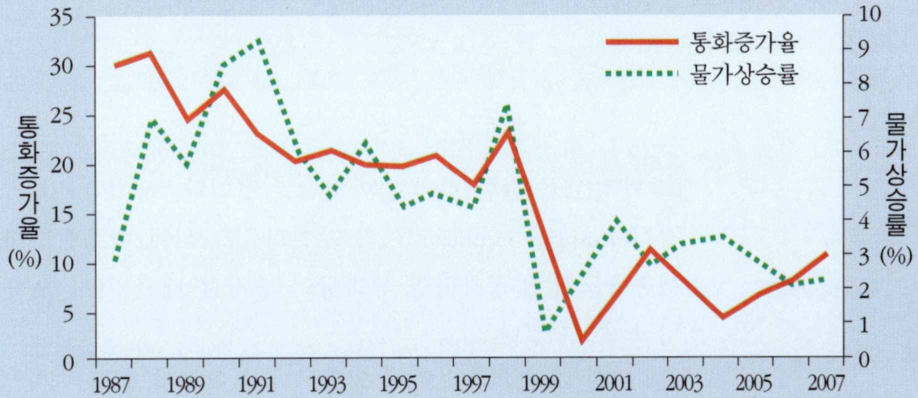

그림 20-6 한국의 총통화(M2)증가율과 물가상승률 추이

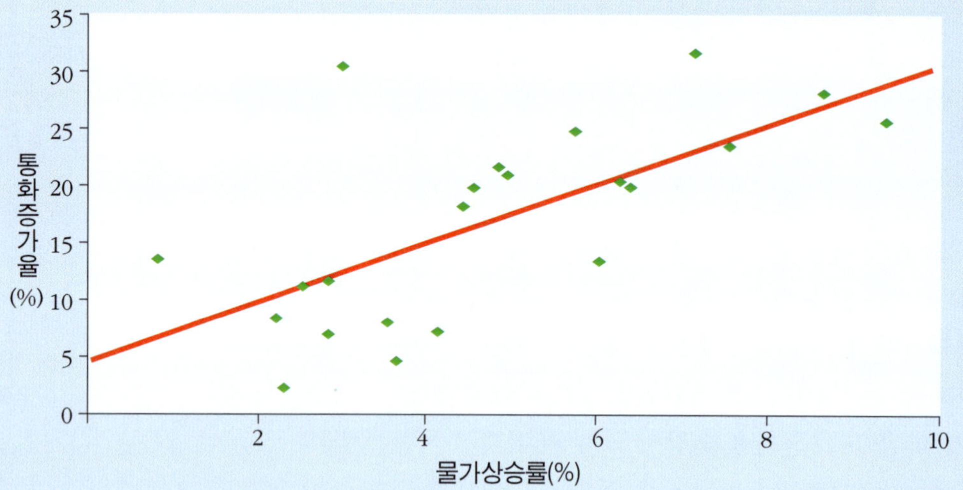

그림 20-7 한국의 총통화(M2)증가율과 물가상승률의 상관관계

[그림 20-6]은 1987~2007년 기간중 총통화(M2)증가율(실선, 좌축기준)과 물가상승률(점선, 우축기준) 간의 관계를 작성해 본 것으로 [그림 20-7]에서 나타난 것처럼 장기적으로 통화증가와 물가상승은 화폐수량설이 주장하는 바와 같이 양(+)의 상관관계가 있음을 알 수 있다.

여기서 잠시 통화량 증가가 명목이자율에는 장·단기적으로 어떻게 영향을 미치는지에 대하여 살펴보기로 한다. 또한 제2절에서 소개한 피셔효과를 본절에서 전개한 화폐수량설, 즉 통화량 증가의 이자율에 대한 장기적 효과와 결부시켜 보자.

화폐수량설에 의하면 장기에 생산량과 화폐유통속도가 일정하다고 가정하면 통화공급량의 증가는 물가상승을 초래하고, 이는 실질이자율이 일정하다는 전제하에 피셔효과가 발생, 즉 명목이자율의 상승으로 이어지게 된다($M\uparrow \rightarrow P\uparrow \rightarrow i\uparrow$). 물론 이러한 결과는 물가수준이 자유롭게 변동된다는 가정하에, 즉 장기에 성립될 수 있는 현상에 해당된다. 하지만 물가수준이 고정되어 있거나 점진적으로 변하는 단기에서는 후술할 [그림 20-10]에서처럼 통화량 증가는 균형이자율의 하락으로 나타날 것이다.

그 가격(P)을 곱한 값과 같아진다는 것이다. 식 (20-2)를 **화폐수량방정식**(quantity equation)이라 부른다. 이 식에 따르면 생산량과 화폐유통속도가 일정하다면 통화량이 증가할 때 물가가 오를 수밖에 없다고 볼 수 있다.

또한 화폐유통속도가 일정하다면 통화량과 물가가 같은 비율로 상승할 경우 실질생산량은 불변이 될 수 있다는 고전학파적 이분법이 여전히 성립됨을 입증할 수 있는 방정식이기도 하다.

따라서 화폐유통속도가 변하면 통화량과 물가상승률 간의 연관성은 낮아지게 되고 고전학파적 논리도 설득력이 낮아지게 된다.

그러나 당초 제기하였던 의문대로 화폐유통속도가 변하면 통화량과 물가상승률 간의 연관성도 떨어지게 되고, 따라서 고전학파적 견해도 설득력이 낮아질 것이다.

통화의 유통속도는 일정 기간 동안 한 단위의 화폐가 각종 거래 수단으로 사용된 횟수로 명목GDP를 통화량으로 나눈 값으로 정의된다. 따라서 인플레이션을 수반하지 않는 적정성장을 달성하기 위해서는 적정통화공급이 필수적인데, 그 규모를 결정하기 위해서는 화폐의 유통속도를 아울러 고려하여야 한다.

이러한 의문과 관련하여 신화폐수량설이 제시되었는데, 화폐유통속도가 변하기는 하지만 상대적으로 안정적이어서 예측이 가능하다고 보았으며, 따라서 장기적으로는 화폐수량설에 근거하는 고전학파 견해는 여전히 유효하다는 주장이 제기된 것이다.

그런데 초기 화폐수량설에서는 화폐의 유통속도를 일정한 것으로 가정하였으나 후기 **신화폐수량설**에서는 화폐의 유통속도가 변화는 하되 상대적으로 안정적이며 예측가능한 것으로 해석하였다. 따라서 장기적으로는 고전학파적 견해를 견지하는 데 별 어려움이 없다는 입장을 취하였다.

결국 화폐수량설에 근거하는 고전학파적 견해는 일단 다음과 같이 요약될 수 있다.

① 화폐의 유통속도는 비교적 안정적이다.
② 따라서 통화량이 증가되면 생산물의 명목가치($P \cdot M$)는 비례적으로 증가한다.
③ 또한 화폐의 중립성이 성립하므로 통화량은 생산량에 영향을 미치지 못한다.
④ 결국 금융정책당국이 통화공급을 증가시킬 경우 물가만 상승시킨다.

이러한 주장은 결국 생산량은 기본적으로 노동 · 물적 자본 · 인적 자본 · 자연자원 등 생산요소의 투입량과 생산기술 그리고 각종 제도 및 여건의 개선을 통해 증대될 성격의 것이며, 통화량의 증가로 이루어질 성격의 것이 아니라는 시사점을 보여 준 것이라 할 수 있다.

따라서 결국 생산량은 생산요소 투입량과 생산기술 변화 등에 의존할 성격의 것이며, 통화량 증대로 실현될 성격의 것은 아니라는 견해를 견지한 것이다.

그러나 통화유통속도는 특히 단기적으로는 제도적 변화요인에 의해 급격한 변동을 보일 수 있다. 물론 이는 어느 통화지표를 기준으로 하는가에 따라 달라질 수도 있다. 즉, M1이나 M2의 유통속도 변동성은 상대적으로 큰 반면, 광의지표인 M3나 L은 자금이동효과가 상쇄되는 이유 등으로 인해 유통속도가 상대적으로 안정적 성향을 갖는다. 그렇지만 어느 지표를 중심으로 보든 통화유통속도는 장

그러나 이러한 주장과는 달리 실제 통화유통속도는 단기적으로는 제도적 변화에 따라 급변할 수 있으며, 장기적으로도 하락하는 추세를 보여 주고 있다.

기적으로 하락 추세를 보여 주고 있다.

그렇다면 화폐수량설은 어떻게 평가되어야 할까? 이에 대한 대답을 구하기 위해서는 우선 화폐의 수요·공급행위에 대해 살펴볼 필요가 있다.

그렇다면 결국 고전학파적 화폐수량설은 어떻게 평가되어야 할까? 이에 대한 대답을 구하기 위해서는 화폐의 공급경로와 수요행위를 아울러 검토할 필요가 있다.

(4) 화폐의 수요와 공급, 그리고 화폐시장의 균형

1) 화폐수요의 기본 동기

화폐란 더 이상 그 자체가 가치를 갖는 현물화폐는 아니지만 정부가 지급을 보장하고 유통시킨 법화이고 지불수단이며, 가치의 척도이자 가치의 저장수단이 되는 가장 유동성이 높은 금융자산이다.

물론 사람들은 화폐자산 외에도 주식이나 채권 그리고 저축 등의 금융자산이나 부동산의 형태로 자산을 보유하게 된다. 이처럼 자산을 다양한 형태로 선택하여 보유하는 것을 자산구성의 선택(portfolio choice)문제라 한다. 문제는 화폐 이외의 자산들은 유동성은 다소 떨어지지만 자산증식 가능성이 높음에도 불구하고 아무런 독자적 가치증식 가능성이 없는 화폐를 왜 보유하게 될까? 거기에는 다음과 같은 세 가지 기본 동기가 있다.

사람들이 주식이나 부동산과 같은 자산 대신 화폐를 보유하게 되는 이유로는 거래상의 필요, 예비적 동기 그리고 투기적 동기 등을 들 수 있다.

첫째, 우리는 일상생활을 영위하며 필요한 재화와 서비스를 구입하기 위해 일정 규모의 화폐를 보유하여야 한다. 이와 같은 이유 때문에 화폐를 보유하게 되는 경우를 **거래적 동기**(transectionary motive)라 한다. 그런데 이 동기에 의한 화폐수요는 신용카드 사용의 확대, 현금자동인출기 설치 확대, 핸드폰 결제의 확대, 전자거래 확대 등에 따라 점차 감소하는 추세를 보이고 있다.

둘째, 예기치 못한 일이 일어날 경우에 대비하기 위해 화폐를 보유할 필요가 있다. 이를 **예비적 동기**(precautionary motive)에 의한 화폐수요라 한다.

셋째, 화폐보유가 자산의 보유형태로서 오히려 유리하다는 관점에서 화폐를 보유할 수도 있다. 예컨대, 채권이나 주식 또는 부동산 등은 수익발생 가능성은 높으나 장래에 대한 전망이 좋지 않아 손실 가능성이 높게 예상될 경우에는 이들을 팔아 당분간 현금으로 보유하는 것이 이로울 수도 있기 때문이다. 이러한 이유로 화폐를 수요하는 경우를 **투기적 동기**(speculative motive)라 한다. 대체적으로 금융자산들의 수익률은 이자율과 밀접한 관련을 갖고 있으며, 따라서 투기적 동기에 의한 화폐수요는 이자율 변동에 민감하게 반응한다.

2) 화폐수요함수

화폐를 이상에서 살펴본 동기에 의해 보유한다면, 과연 이러한 동기들은 또 어떤 요인에 의해 주로 영향을 받을 것인가? 아마도 이 세 가지 기본 동기에 가장 큰 영향을 미치는 변수로는 국민소득의 크기, 물가수준, 이자율, 그리고 물가상승률 등을 들 수 있을 것이다. 국민소득이나 물가수준이 높아질수록 거래적 동기나 예비적 동기에 따른 화폐수요가 증가할 것이고, 이자율이 높으면 저축 등에 의한 수익증대 가능성이 커지기 때문에 화폐보유의 기회비용이 커져 결과적으로 화폐수요량이 감소할 것이다. 반면, 물가상승률이 높아질수록 화폐가치가 하락하므로, 가치저장수단의 기능이 저하된 화폐의 수요량을 줄이게 될 것이라 볼 수 있다.

이러한 동기에 의해 화폐수요가 발생한다면 수요의 크기는 결국 소득수준, 이자율수준, 물가수준 및 물가상승률 등에 의존할 것이다.

이상과 같은 사항을 고려하여 궁극적으로 화폐수요에 영향을 미치는 여러 요인들과 화폐수요량 사이의 관계를 함수형태로 표현한 것을 **화폐수요함수**(money demand function)라 한다.

20-3

$$M^D = f(Y, P, r, \dot{P})$$

여기서, M^D: 화폐수요량
Y: 국민소득수준
P: 물가수준
r : 이자율수준
$\dot{P}$: 물가상승률

즉, 식 (20-3)과 같은 함수식을 수요함수라 부른다. 그런데 여기서 Y, P, $\dot{P}$ 등의 요인들은 일정하다고 가정한 다음 r(이자율)과 M^D(화폐수요량)의 관계를 도표로 나타낸 것을 통상 **화폐수요곡선**(money demand curve)이라 한다.

[그림 20-8]에서처럼 화폐수요곡선은 우하향하며, 따라서 화폐수요량은 이자율과 역함수관계를 갖는다. 그리고 이 곡선의 기울기가 완만할수록 이자율에 대한 화폐수요탄력성이 높게 된다. 약간의 이자율 변화에도 불구하고 화폐수요량이 큰 폭으로 변화할 것이기

그리고 여타 조건이 일정할 경우 화폐수요와 이자율은 역함수관계를 갖게 된다. 따라서 [그림 20-8]에서처럼 화폐수요곡선은 우하향하게 된다.

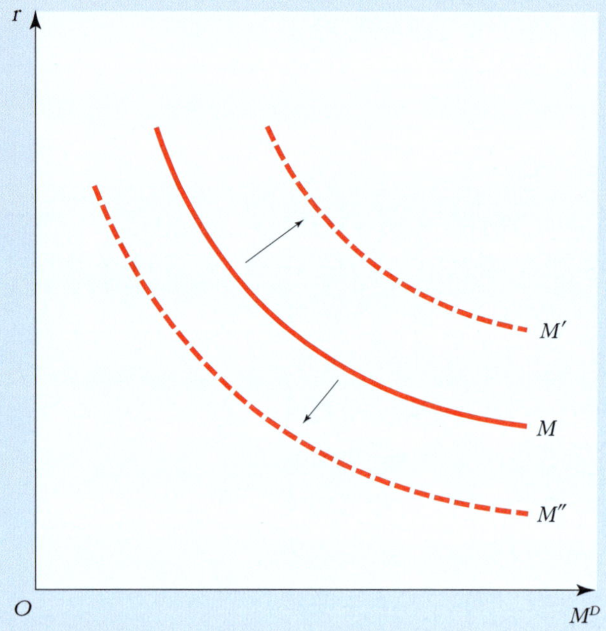

그림 20-8 화폐수요곡선
화폐수요량은 일반적으로 여타 조건이 일정할 때 이자율수준과 역함수관계를 갖는다. 따라서 화폐수요함수는 우하향하는 모습을 하게 된다. 물론 국민소득수준이나 물가상승률 등이 변할 경우 화폐수요함수는 위 · 아래로 이동하게 된다.

때문이다.

물론 여타 요인변수(예컨대, 소득수준)의 변화는 화폐수요곡선 자체의 이동을 유발할 것이다.

다음으로는 보다 현실적인 상황을 고려해 보자. 즉, 일정하다고 가정하였던 국민소득이나 물가수준 그리고 물가상승률도 변화하는 경우를 검토할 필요가 있다. 원래의 화폐수요곡선이 M이었다면 국민소득이나 물가수준이 높아질수록 화폐수요 또한 증가할 것이므로, 화폐수요곡선은 M'과 같은 위치로 이동할 것이다. 반면, 물가상승률이 증가할 경우에 화폐수요는 감소하게 되어, 화폐수요곡선은 M''과 같은 위치로 이동할 것이다.

3) 화폐의 공급(곡선)

한편, 통상적으로 화폐공급은 정책당국에 의해 결정되는 정책변수 또는 외생변수로 취급된다. 따라서 화폐공급곡선은 [그림 20-9]의 (A)에서처럼 수직선으로 표현된다.

화폐공급은 주로 중앙은행에 의해 결정된다. 그리고 그 공급량은 경제안정(개발경제단계에서는 성장에 필요한 성장통화 공급)을 위해 조절하게 된다. 이러한 이유로 통화량을 **정책변수**(policy variable)라 한다. 그 크기가 시장외적 요인인 정책당국에 의해 외생적으로 결정된다고 해서 **외생변수**(exogenous variable)라고도 한다. 따라서 화폐공급량은 이자율의 크기와는 관계없이 정책당국에 의해 결정된다고 보고 대다수 경제학 교재들은 화폐공급함수를 [그림 20-9]의 (A)와 같이 수직

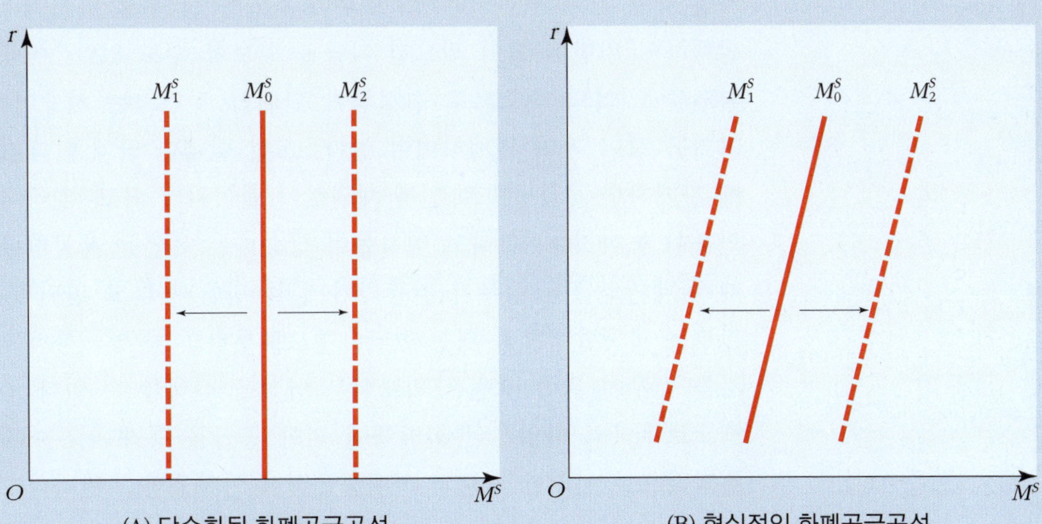

그림 20-9 화폐공급곡선
전통적 경제이론에서는 화폐의 공급이란 정책적으로 결정되는 외생적 변수라는 점을 강조하여 그림 (A)에서처럼 이자율수준과는 무관하게 수직선 형태의 화폐공급곡선을 가정하여 왔다. 그러나 화폐의 구성내용이 다양해진 최근에 이르러 화폐공급은 다분히 내생적 요인에 의해 변동되고 있어 그림 (B)에서와 같이 가파르지만 직선이 아닌 기울기를 갖는 화폐공급곡선을 암묵적으로 가정하기도 한다.

선으로 표시한다. 그리고 정책적 고려에 의해 공급량을 증감(M_1^S, M_2^S 등으로)시킨다고 본다.

그러나 일반적으로 통화공급은 세 가지 경로, 즉 민간부문, 정부부문 그리고 해외부문을 통해 이루어지며, 따라서 총공급량이 정책당국에 의해 완벽하게 조절되기는 현실적으로 불가능하다. 우선 민간부문의 경우 실제로 화폐를 협의의 통화(M1) 개념 차원에서 정의할 경우에도 M1=현금+요구불예금 등과 같아지며, 이 중에 요구불예금의 크기는 중앙은행이 마음대로(더구나 이자율과 무관하게) 조절하기는 어려운 것이어서 결국 M1 자체도 정책당국이 완벽하게 공급량을 조절할 수는 없기 때문이다.[7]

그러나 엄밀하게 말해 화폐공급도 정책당국에 의해 완전히 조정되기는 어렵다. 어떤 통화지표를 근거로 삼든지 통화공급은 민간부문(예컨대, 요구불예금)은 물론 정부부문(예컨대, 재정적자를 메우기 위한 국채발행)과 해외부문(예컨대, 외화유출입)을 통해 수시로 변동하게 되며 이는 이자율과 무관할 수 없는 것이어서 결국 화폐공급은 [그림 20-9]의 (B)처럼 가파르지만 우상향하는 모습을 하게 된다.

또한 정부부문의 측면에서 볼 때, 화폐는 예컨대 정부가 재정적

❼ 요구불예금의 크기는 결국 시중은행의 예금 대비 지준비율(deposit-reserve ratio)과 가계의 현금과 저축비율(currency-deposit ratio)에 관한 의사결정에 의해서도 영향을 받을 수 있기 때문이다.

자를 메우기 위해 한국은행으로부터 차입을 할 수도 있지만 국채를 발행하여 일반에 팔아 필요한 자금을 확보할 수도 있다. 이때 국채할인율을 어느 수준으로 설정하여 판매할 것인지는 시중이자율의 크기를 보아 가며 결정하여야 한다. 또한 발행한 국채를 대거 시중에 판매하면 공급증가로 인해 채권값이 떨어지게 되고, 결국 국채할인율이 높아지는, 그리고 이자율이 상승하는 유인을 제공한다.[8] 이때 국채할인율이 정부가 감당하기 힘들 만큼 높다고 판단될 경우, 정부는 국채발행방식 대신 한국은행으로부터의 차입을 통해 재정적자를 메우기 위한 재원을 확보하는 방식을 선택할 수 있다. 한국은행으로부터의 차입은 통화발행에 의한 공급을 통해 이루어지므로, 결과적으로 이러한 경로의 화폐공급량이 이자율과 무관하다고 보기

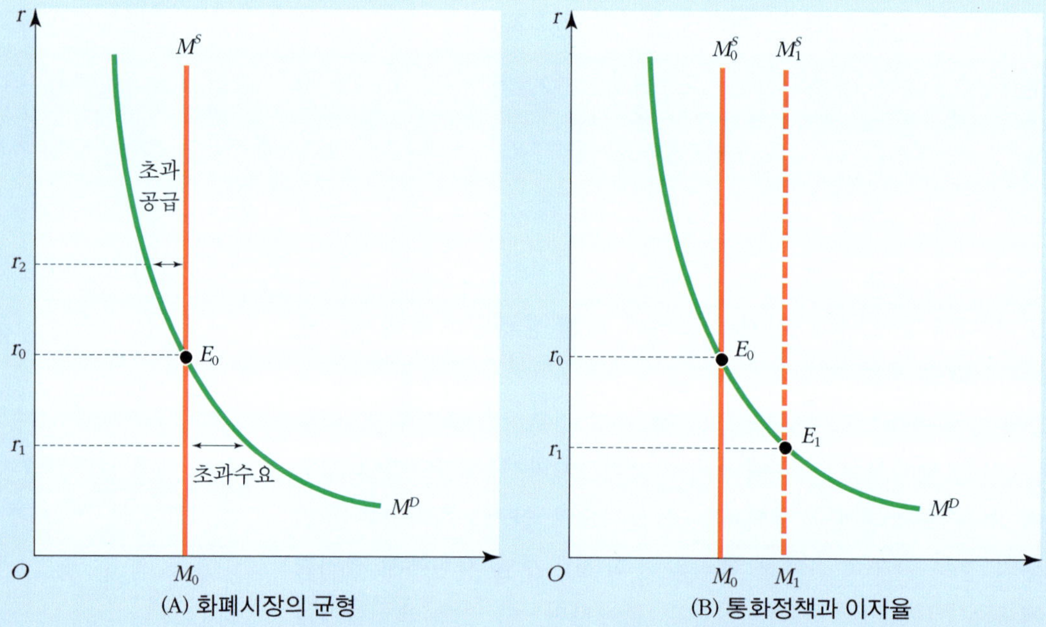

그림 20-10 화폐시장의 균형

화폐시장에서는 우하향하는 화폐수요곡선과 수직선을 이루는 화폐공급곡선이 교차하는 점에서 균형이자율(r_0)이 형성된다(그림 (A)). 물론 정책당국에 의해 화폐공급이 증가하면 균형이자율이 낮아지게 된다(그림 (B)).

[8] 국채는 일정 기간 경과 후 액면에 기재된 금액을 정부가 상환해 준다는 조건하에 민간부문에 판매하게 된다. 일반적으로 액면금액에서 일정 수준의 할인액을 차감한 값으로 판매하는 방식으로 국채가 공급된다. 이때 할인된 금액의 대액면가 비율을 국채할인율이라 부르는데, 이는 이자를 먼저 지급하는 경우의 선지급 이자율 개념과 흡사한 특성을 갖는다.

는 어렵다.

뿐만 아니라 국제부문의 경우에도 국제수지 흑자로 인해 외화유입이 증가하고, 이를 한국 화폐로 교환해 주는 과정에서 화폐공급량이 증가할 수 있다. 또한 국내이자율이 외국에 비해 많이 높을 경우 외국투자가들의 국내투자가 증가하면서 역시 통화공급량 증가를 초래할 수도 있다. 따라서 이 경우에도 통화공급량은 이자율과 밀접한 관계가 있다고 볼 수 있다.

이상과 같은 경우들을 고려할 때 화폐공급은 [그림 20-10]의 (B)처럼 기울기가 가파르지만 우상향하는 형태로 나타날 수 있다. 단, 정부부문이나 해외부문으로부터의 통화공급이 일정하다고 가정할 수 있는 여건에서는 상대적으로 기울기가 매우 가파르므로 그림 (A)에 가까워질 수도 있다. 그렇다 하더라도 요구불예금의 존재 때문에 완전한 수직선이 되기는 어렵다. 이처럼 화폐공급량이 각종 경제 여건과의 연계성이나 여건의 변화로 인해 통화정책당국에 의해 전적으로 통제되지 못하는 현상을 화폐공급의 **내생성**(endogeneity)이라 부른다. 이는 통화공급량이 완전히 중앙은행에 의해 통제될 수 있다는 **외생성**(exogeneity) 가정을 보다 현실화한 논리적 설정이다.

이처럼 화폐공급이 통화정책당국에 의해 전적으로 통제되지 못하고 이자율 등에 의존하는 현상을 화폐공급의 내생성이라 부른다.

4) 화폐시장의 균형

이제 이상에서 도출한 화폐의 수요 및 공급곡선으로부터 화폐시장의 균형을 찾아 낼 수 있다. 분석의 단순화를 위해 화폐공급곡선은 수직선으로 표시하였다.

이상에서 살펴본 화폐의 수요곡선 및 공급곡선을 동시에 고려할 경우 두 곡선이 교차하는 점에서 화폐시장의 균형이 형성되고, 결과적으로 균형이자율과 통화량의 크기가 동시에 결정된다.

[그림 20-10]의 (A)에서처럼 화폐수요곡선과 화폐공급곡선이 교차하는 점 E_0에서 화폐시장의 균형이 이루어지고, 이때 시장에서 균형이자율은 r_0, 그리고 통화량은 M_0와 같아진다.

만약 이자율이 보다 높은 수준에 형성되어 있다면(그림 (A)의 r_2), 화폐의 초과공급이 발생하여 이자율을 하락시키는 압력이 발생할 것이다. 반면에 이자율이 균형이자율수준보다 낮게 형성된다면(그림 (A)의 r_1), 화폐에 대한 초과수요가 발생하여 이자율을 상승시키는 압력이 발생할 것이다. 결국 화폐수요와 공급이 일치하는 수준(E_0)에 이르러서야 이자율은 더 이상 움직일 만한 동인이 사라지고 균형을 이루게 된다.

그리고 통화당국이 통화공급을 증대시킬 경우 통화량은 증가할 것이지만 [그림 20-10]의 (B)에서처럼 균형이자율은 낮아지게 될 것이다.

반면에 통화정책당국이 통화공급을 M_0^S에서 M_1^S으로 증대시킨다면, [그림 20-10]의 (B)에서처럼 균형이자율은 r_0에서 r_1으로 하락하고 통화량은 M_0에서 M_1으로 늘어나는 결과가 초래될 것이다.

한편, 유동성이 가장 높은(그러나 수익성이 상대적으로 낮은) 화폐에 대한 수요현상을 통상 유동성 수요현상이라 하는데, 이와 같은 화폐에 대한 수요행위가 이자율 결정에 핵심적인 역할을 담당한다는 사실에 근거하여 화폐시장의 균형을 설명하는 이론을 **유동성 선호이론**(liquidity preference theory)이라 한다. 화폐의 수요와 공급에 의해 화폐시장의 균형과 균형이자율이 결정되는 과정에 관한 이론이라 할 수 있다.

5) 화폐수량설의 재음미

이상에서 살펴본 화폐시장 균형은 일단 국민소득수준이나 물가수준 그리고 인플레이션율과 같이 화폐수요에 영향을 미칠 수 있는 요인들은 일정한 수준에 머물러 있다는 가정하에 전개된 것이다.

그러나 통화의 수요 · 공급에 영향을 미칠 수 있는 여타 변수(예컨대, 국민소득수준이나 물가수준 등)가 동시에 고려될 경우 화폐공급 증가가 오히려 이자율을 증대시킬 수도 있다.

그런데 현실적으로는 화폐공급량 증가는 이자율을 하락시킬 수도 있고, 물가를 올릴 수도 있다. 그리고 이자율 하락은 투자와 소비지출을 증가시켜 국민소득을 변화시킬 수도 있으며, 국민소득의 변화나 물가상승은 다시 화폐수요에 영향을 미치게 된다(이 경우 화폐수요곡선의 이동으로 이자율은 다시 상승할 수도 있음). 따라서 국민소득과 물가(상승률) 등이 고정되었다는 가정하에 전개된 지금까지의 분석결과는 조정될 필요가 있다. 즉, 실물경제부문과의 연관성을 고려하여 분석해야 보다 현실적인 분석결과를 얻을 수 있기 때문이다. 이에 관한 자세한 내용은 제21장으로 미룬다.

따라서 화폐적 현상만으로 화폐시장의 균형을 논하는 것은 현실적으로 한계가 있다.

여하튼 이상에서 전개한 화폐시장의 균형관계에 관한 논리까지를 고려하여 앞서 전개한 바 있는 화폐수량설을 재음미해 보기로 한다. 우선 누차 지적한 바 있듯이, 국민소득수준 또는 총생산량수준은 노동이나 인적 자본, 기술수준, 그리고 각종 경제여건이나 제도의 개선에도 크게 의존하는 것이므로, 실질국민소득이 일정하다는 가정하에 그리고 그것도 화폐의 유통속도가 일정하다는 또는 안정적이라는 가정하에 물가가 통화량에 비례적으로 변화한다는 논리에 근거하는 화폐수량설은 현실적 적용에 있어 다소의 한계점을 가지고 있다는 사실을 다시 한 번 지적해 두고자 한다. 물론 실질국민소득의 변화를 줄 수 있는 공급측 요인들이 단기에는 쉽게 변할 수 없다는 측면은 있다.

뿐만 아니라, 이상에서와 같은 공급측 요인 및 화폐유통속도에 영향을 미치는 제도적 요인을 제외하더라도 화폐적 현상만으로 화폐시장의 균형을 분석하는 것은 여전히 한계가 있다는 점을 아울러 지적할 필요가 있다. 즉, 실물부문의 변화와의 연계성을 고려하지 못한 화폐시장 균형이론은 일정한 한계를 가질 수밖에 없기 때문이다. 따라서 이러한 한계를 지니고 있는 화폐시장의 균형이론에 근거하여 전개된 **화폐수량설**의 기본 논리, 즉 통화량과 물가의 비율적 변화라는 주장 또한 현실적 한계를 가질 수밖에 없다고 보아야 할 것이며, 아울러 **고전학파적 견해** 또한 논리적 한계성을 가질 수밖에 없다고 평가되어야 할 것이다.

06 통화정책을 통한 안정화 정책

이상에서 우리는 물가란 일단 통화량의 크기와 밀접한 관계가 있음을 확인하였다. 또한 정확히 두 변수가 일정 비율을 유지하는 것은 아니라는 사실도 배웠다. 실물부문으로부터의 영향력이나 실물부문 자체의 변동성 때문인 것으로 확인하였다. 그리고 실물부문과의 연관성은 특히 이자율 변동으로 인한 영향에 주로 연유한다는 사실도 화폐시장의 균형을 분석하는 과정에서 확인한 바 있다. 이상과 같은 분석결과 우리는 결국 물가에 가장 큰 영향을 미치는 두 가지 핵심 변수는 통화량과 이자율임을 알 수 있다. 따라서 한 나라의 금융정책당국은 물가를 안정시키기 위해 이 두 변수를 조절하려 할 것이다. 이러한 이유로 해서 통화량과 이자율변수를 통상 금융부문의 정책변수라 부른다. 본절에서는 과연 중앙은행이 어떻게 이 두 변수들을 조절하여 소기의 목표를 달성할 수 있는지 검토해 보기로 한다.

그런데 통화량의 크기만으로는 화폐시장 균형이나 실물부문에 대한 영향을 파악하기는 어려울 것이지만, 일단 통화량 크기가 물가수준에 가장 큰 결정요인이 된다는 사실은 분명하다. 물론 실물부문에 대한 영향은 통화량 증감 자체는 물론 이로 인한 이자율 변동을 통해 전달되므로, 결국 통화정책당국은 통화량과 이자율이라는 두 변수를 정책변수로 활용하고 있다.

(1) 중앙은행의 성립과 기능

중앙은행은 1694년 설립된 **영란은행**(Bank of England)에서 유래되었다. 영란은행은 당초 정부에 자금을 빌려 준 대가로 정부가 지불을 보장하는 **은행권**(bank note)을 발행하였고, 또 정부로부터 특혜적 지원을 받는 일종의 정부의 은행이었지만 여전히 민간소유 은행이었

통화정책의 주체는 중앙은행으로, 일반적으로 독점적 발권력을 가지고 있을 뿐 아니라 상업은행에 대한 최종대부자 역할을 하고 있기 때문에 통화량의 크기를 조절할 수 있는 힘을 갖고 있다.

다. 그런데 은행권이 광범위하게 유통되면서 은행권의 발행, 즉 발권상의 독점적 지위를 차지하게 되었고, 반면 경쟁에서 밀려난 중소규모 은행들은 자신의 은행권 발행을 포기한 채 영란은행의 은행권을 지급준비금으로 사용하게 되었다. 결국 영란은행은 독점적 발권자로서 정부의 은행이란 기능 외에 지급준비금의 집중적 보유자로서 은행의 은행이란 기능을 아울러 갖게 되었다.

한편, 중소규모 은행들이 지급준비금 부족으로 파산위기에 빠질 때마다 영란은행은 특별대부를 수행함으로써 **최종대부자**(lender of last resort)로서의 기능도 갖게 되었다. 또한 자신의 대부자금에 대한 안정적 관리를 위해 은행들의 자산운영에 대하여 감독하거나 규제하는 일을 수행하게 되었다. 이처럼 영란은행이 금융시장 안정에 중추적인 역할을 담당하게 되자 1946년에 이를 국유화하여 국가기관으로 삼았다. 그리고 제2차 세계대전 이후에는 화폐가치의 안정이라는 거시경제적 정책기능까지 담당하기에 이르렀다.

이러한 영란은행의 발전과정에서 자연스럽게 성립된 국가금융정책에 대한 중추적 기능의 필요성이 여타 국가에도 절실하게 인식되면서 오늘날 거의 대다수 국가가 영란은행의 기능을 두루 행사할 수 있는 중앙은행을 설립 · 운영하게 되었다. 이하에서는 이상과 같은 중앙은행(들)이 물가안정과 관련하여 어떤 기능과 역할을 수행하는지 살펴보고자 한다.

(2) 통화량의 관리방식

우선 물가안정에 가장 중요한 통화량을 어떻게 중앙은행이 효율적으로 조절할 수 있는지부터 고려해 보자. 논의의 편의상 통화량은 협의의 통화량(M1=$CC+DD$: 현금화폐+요구불예금)으로 정의하여 논의하고자 한다.

현금화폐 발행은 경제의 규모, 경제성장률, 물가상승률, 화폐유통속도 등을 고려하여 정책당국인 한국은행이 결정한다. 그리고 요구불예금 형태의 통화 또한 중앙은행이 이를 적절히 조절할 수 있는 정책수단을 갖고 있다. 이는 중앙은행이 (일반)은행의 은행으로서 이들이 창조해 내는 요구불예금의 규모에 결정적인 영향력을 미칠 수 있는 제도적 장치가 마련되어 있기 때문이다.

1) 은행과 법정지급준비율 그리고 신용한도

은행을 흔히 금융중개기관이라 한다. 돈의 여유가 있는 사람들로부터 자금을 수탁받아 필요로 하는 사람에게 대출해 주는 기능을 담당하기 때문이다. 만일 이러한 금융중개기관이 없다면 자금의 수요자와 공급자는 각자가 원하는 금융거래를 하는 데 많은 시간과 노력을 기울여야 할 것이다. 바로 이러한 불편함을 해소해 주는 기능을 은행이 대신 해 주고 있는 것이다.

예컨대, 은행은 예금자가 모두 한꺼번에 예금을 인출해 갈 가능성이 매우 낮아 일정 비율만 남겨 두고 모두 대출을 해 주게 된다. 이때 남겨두게 되는 예금의 일정 비중을 지급준비율(reserve requirement rate: *rr*)이라 하는데, 그 크기를 법으로 정하고 중앙은행이 조정하는 권한을 갖는다. 결국 중앙은행은 이러한 법정지급준비율을 조정하여 통화량의 크기를 조절할 수 있게 된다.

그런데 은행은 예금을 한 사람들이 한꺼번에 이를 인출해 갈(이를 bank-run이라 하며, 극단적 금융불안정시 발생하는 현상) 가능성이 매우 낮으므로 일정 비율의 지급준비금만 남겨 두고 자금이 필요한 사람에게 대출해 줄 수 있다.[9]

예컨대, 어느 은행(A은행이라 하자)에 100억 원이 예탁되었는데, 이 중 10%만 지급준비를 위해 보관해 두고, 나머지 90억 원을 대출하는 경우를 들 수 있다. 그리고 대출받은 사람이 이를 한꺼번에 소비할 것이 아니어서 일단 B은행의 자기 계정에 넣고 점진적으로 쓴다고 하자. 이때 B은행에는 90억 원의 새로운 예금이 창출된다. 그리고 90억 원의 10%인 9억 원만 지급준비금으로 보관하고, 또 81억 원은 대출을 할 수 있다. 이러한 과정이 계속 진행되면서 금융시장에는 상당량의 요구불예금, 즉 예금화폐가 발행된다.

한편, 은행에서 대출되는 돈 전부가 다시 요구불예금(demand deposits: *DD*) 형태로 일단 예치되는 과정이 반복될 경우 창출되는 요구불예금의 총액은 (최초예수금/지급준비율)과 같아지는데 이때 (1/지급준비율)을 통화승수라 한다.

20-4

$$100억\times[(1-0.1)+(1-0.1)^2+\cdots\cdots]=100억\times\frac{1}{1-(1-0.1)}$$
$$=100억\times\frac{1}{0.1}=1{,}000억$$

즉, 위의 계산식처럼 이러한 과정이 지속될 때 최대가능한 요구불예금의 총창출규모는 원금$\times\frac{1}{지급준비율}$과 같아짐을 알 수 있다.

이를 은행의 요구불예금 또는 **신용창조**(credit creation)기능이라 한다. 그리고 요구불예금의 일정 비율을 지급준비(이를 법정지급준비율이라 함)로 보관하게 하는 제도를 **부분준비제도**(fractional reserve banking)라 한다. 결국 지급준비율이 낮을수록 신용창조 규모는 커지

[9] 물론 금융기관이 예금을 안전하게 보관하는 대가로 수수료를 받아 수익을 남길 수 있다면 무리해서 위험을 감수하며 대출할 필요가 없다. 그러나 대출에 대한 대가가 상당히 높다면 예금에 대해 소정의 이자를 지급할 수도 있고, 이에 따른 비용을 줄이거나 총체적 이익을 증대하기 위해 꼭 필요한 정도의 지급준비금만 보관하고 모두 대출함으로써 보다 큰 수익을 도모할 것이다.

게 되는데, 바로 이러한 지급준비율을 중앙은행이 법으로 정함으로써 요구불예금, 화폐발행 규모 그리고 나아가서는 협의의 통화량($M1=CC+DD$)의 크기를 조정할 수 있게 된다.

여기서 예금자의 인출요구에 대비하여 은행이 준비해 둔 자금을 지급준비금이라 한다. 이는 은행 스스로가 지급불능으로 인해 공신력을 잃지 않기 위해 최소한 예금의 일정 비율을 만일의 지불요구에 응하기 위해 준비해 두는 자금이다. 그런데 특수한 상황에서 지급준비금이 충분치 못한 상황이 발생할 가능성은 상존한다. 그런데 이러한 위험은 최종대부자인 중앙은행으로부터의 구제금융으로 회피할 수 있다. 대신 중앙은행은 일정 비율의 지급준비금(법정지준금)을 반드시 중앙은행에 맡겨 놓도록 법으로 규정하는 권한을 갖는다. 중앙은행은 바로 이러한 권한을 이용하여, 예컨대 통화량이 과다하다고 판단될 경우 지급준비율을 높여 이를 줄여 나갈 수 있게 된 것이다.

예금창조 과정을 다음과 같이 정리할 수 있다. **법정지준율**을 rr(reserve requirement rate)이라 하면 창조된 예금의 총량은 다음과 같다.

20-5

$$\text{창조된 예금통화 총액(총요구불예금액)} = \text{최초예금} \times \frac{1}{rr} = \text{최초예금} \times mm$$

이때 $mm = \frac{1}{rr}$을 **통화승수**(money multiplier)라 한다.[10]

물론 법정지준율은 중앙은행의 주도하에 결정된다. 또 그러한 의사결정권을 통해 통화량을 조절하게 된다. 즉, 법정지준율의 조정을 통해 예금화폐(DD: 요구불예금)의 크기를 조절할 수 있기 때문이다.

여하튼 이러한 중앙은행의 통화량 조절기능과 관련하여 통화정책의 핵심 지표로 현금화폐(CC)와 법정지급금(R)을 합한 본원통화(MB)라는 개념을 활용하고 있다.

여하튼 이러한 중앙은행의 통화량 조절기능과 관련하여 통화정책의 핵심 지표로 고안된 개념으로 **본원통화**(monetary base: MB) 또는 **고성능화폐**(high-powered money)가 있다.

20-6

$$MB = CC + R$$

[10] 물론 이처럼 산출된 통화승수는 과대평가된 것이다. 대출을 받은 사람이 일단 이를 모두 요구불예금 형태로 예치한 다음 점진적으로 인출하여 쓴다는 가정은 비현실적이기 때문이다. 또한 일반적으로 은행은 법정지준율 이상으로 지준금을 보유하고 있어 현실적 통화승수는 상기 식에서 보다 더 작아질 가능성이 높다.

여기서 CC는 한국은행이 발행하여 민간이 보유하고 있는 **현금**(cash currency), 그리고 R은 법정준비금을 의미한다. 물론 법정준비금의 크기는 법정지준율의 크기에 의존한다. 결국 중앙은행은 법정준비율을 조정하여 요구불예금의 크기를 조절할 수도 있다는 사실에 근거하여 현금화폐 발행고와 법정지준금의 합으로 정의되는 **본원통화**량을 조정하여 협의의 통화($M1=CC+DD$)를 조절할 수도 있다. 따라서 협의의 통화 M1은

즉, 본원통화(MB) 크기를 조절하여 (협의의)통화량($M1=CC+DD$)의 크기를 조정하게 되는데, $M1=CM\cdot(MB)$와 같은 관계가 성립되기 때문이다. 이때 CM을 신용승수(credit multiplier)라 한다.

$$M1=cm\cdot(MB) \quad (20\text{-}7)$$

와 같은 관계식으로 표현할 수도 있는데, 여기서 cm의 크기를 **신용승수**(credit expansion multiplier)라 부르기도 한다. 물론 중앙은행이 통화량 조절에 정책수단으로 활용한 현금화폐 발행고와 법정지준금의 합이 통화량의 크기와 안정적인 관계에 있을수록 중앙은행의 통화조정능력은 높아질 것이다.

(3) 기타 간접통화량 조절방안

이상에서 우리는 중앙은행이 가장 원천적으로 통화량을 조절할 수 있는 정책수단인 법정지준금제도에 대하여 살펴보았다. 이는 법정지준율을 조정하여 간접적으로 통화량 크기를 조절하는 간접규제방식이라 할 수 있다. 중앙은행은 이와는 별도로 통화량을 간접적으로 조절할 수 있는 두 가지 주요 정책수단을 추가로 가지고 있다. 공개시장조작과 재할인율정책이다.

중앙은행은 통화량을 조절할 수 있는 두 번째 정책수단으로 공개시장조작 기능을 가지고 있다.

1) 공개시장조작

공개시장조작(open market operation)이란 중앙은행이 공개시장에서 국공채(나 유가증권)를 사고파는 행위를 말한다. 이는 법정지준율 대신에 본원통화를 조절할 수 있는 또 하나의 정책수단으로서 금융시장이 발달한 선진국에서 자주 활용된다.

예컨대, 중앙은행이 국공채를 은행이나 민간으로부터 사들이는 경우를 생각해 보자. 우선 은행으로부터 채권을 사들일 경우 그 대금을 현금으로 지급하거나 중앙은행에 예치된 지급준비금계정에 넣어

예컨대, 중앙은행이 국공채를 은행이나 민간으로부터 사들이거나 판매함으로써 그 대금을 현금으로 지급하거나 현금화폐를 수취함으로써 시중의 현금화폐 크기를 조정할 수 있게 된다.

줄 수 있다. 결과적으로 현금화폐 발행이나 지준금 증가를 초래하므로 본원통화가 증가할 것이고, 나아가서는 통화량이 증가하게 된다. 즉, 일반(가계 및 기업)으로부터 채권을 사들일 경우에는 일단 현금으로 지급되어, 결과적으로 같은 양만큼의 현금화폐가 발행되는 효과를 갖는다. 이때 같은 양만큼의 본원통화($MB=CC+R$)가 증가하고 일정 배수만큼의 통화량이 증가하게 될 것이다.

일반적으로 국공채의 판매는 국공채가격을 떨어뜨리게 되므로 결과적으로 국공채 수익률이 오르게 되어 이자율 상승압력을 발생시키는 2차적인 영향을 미친다. 반대로 국공채 매입은 이자율 하락압력을 유발하게 된다.

반대로 중앙은행이 국공채를 파는 경우에는 그만큼 본원통화가 환수되면서 통화량이 줄어드는 결과를 가져올 것이다. 그런데 공개시장조작은 법정지급준비금제도처럼 본원통화량을 조절할 수 있는 기능 외에도 부차적인 기능을 가지고 있다. 중앙은행이 공개시장에서 국공채를 대량으로 사들이면 수요증대에 따라 국공채가격이 오르게 된다. 당초 중앙은행이 만기도래시 지불할 것으로 약속된 액면가격보다 일정 수준만큼 할인된 값으로(즉, 채권수익률만큼 낮은 값으로) 시중에 팔았던(예컨대, 액면 100만 원짜리 1년만기 국채를 95만 원에 팔았던) 국채가격이 오르게 되는 것이다. 이때 95만 원보다 높은 값이 형성되더라도 중앙은행이 이를 대량으로 사들이면 결국 채권수익률은 이전 수준인 5% 수준보다 떨어지게 된다. 95만 원보다 높은 값으로 사들여 100만 원밖에 상환받지 못하기 때문이다. 반대로 중앙은행이 채권을 팔게 되면 채권값은 내리고 채권수익률은 높아질 것이다. 여기서 채권수익률이란 일종의 이자율의 성격을 지니고 있다. 따라서 공개시장조작은 1차적으로 본원통화량에 영향을 미치지만 동시에 이자율을 변화시킴으로써 실물부문에 2차적인 영향을 미치게 된다.

2) 재할인율정책

중앙은행이 통화량을 조절할 수 있는 세 번째 정책수단이 재할인율이다. 중앙은행이 상황에 따라 시중은행에 자금을 빌려 주며 적용하는 이자율을 재할인율이라 하는데, 이를 올리거나 내려서 시중은행의 자금수요를 조절할 뿐 아니라 시중 이자율의 동반 상승이나 하락을 유도함으로써 통화수요를 조절하게 된다.

은행의 은행이라는 기능을 갖고 있는 중앙은행은 상황에 따라 시중은행들에게 자금을 빌려 준다. 이때 적용되는 이자율을 **재할인율**(discount rate)이라 한다.

만약 중앙은행이 통화량을 늘릴 필요가 있다고 판단될 경우에는 재할인율을 낮추어 시중은행들이 보다 많이 중앙은행으로부터 차입하고 싶은 유인을 제공한다. 한편, 물가인상 압력 등이 강하여 통화량 감축이 필요하다고 판단될 경우에는 반대로 재할인율을 높여 시중은행들의 중앙은행 차입을 억제하도록 유도할 수 있다.

이상과 같은 재할인율정책은 지준율제도와 공개시장정책 외에 중앙은행이 통화량을 조절할 수 있는 또 하나의 대표적인 간접규제 정책 수단이다. 그런데 중앙은행의 재할인율 조정은 즉시 시중금리에 직접적인 영향을 미치게 되며, 따라서 이러한 점에서는 공개시장조작정책과 흡사한 측면이 있다.

실제로 중앙은행의 금융정책 의사결정 최고기구인 **금융통화위원회**(Monetary Board)가 수시로 결정하는 재할인율의 변경내용은 금융시장에 즉시적이고 직접적인 영향을 미치게 된다. 아울러 중앙은행의 재할인율정책은 이른바 **공표효과**(announcement effect)라는 심리적 효과를 미친다. 예컨대, 중앙은행이 재할인율을 인상한다고 발표하면 그것은 경기과열을 억제하기 위한 정책의 신호탄으로 볼 수 있어 기업의 투자지출 의욕을 저하시키는 결과를 초래할 것이기 때문이다.[11]

(4) 직접규제방식

이상에서 살펴본 세 가지 통화관리방식은 중앙은행이 시중은행에 직접적으로 제약을 가하지는 않는 정책수단이다. 이러한 이유로 이들을 **간접규제방식**이라 부르기도 한다.

지금까지 소개한 세 가지 통화량 조절방식은 시중은행에 직접 제약을 가하지 않는 간접적 규제정책이다. 이와는 별도로 중앙은행이 은행별 또는 산업이나 기업별로 여신한도를 책정하거나 용도까지를 지정하는 직접규제방식이 있다.

한편, 중앙은행은 은행별로 또는 산업(이나 기업)별로 여신한도를 정하거나 은행이 제공하는 대출규모, 나아가서는 그 용도까지를 직접 규제하기도 한다. 이처럼 통화량 조절을 위해 중앙은행이 시중은행의 행동에 직접 제약을 가하는 정책은 직접규제방식이라 한다.

직접규제방식은 금융시장의 자율적 기능(금리 및 본원통화에 의해 통화량 조절)과 이에 따른 금융자원의 효율적 배분기능을 저해할 것이므로 불가피한 경우라도 단기간에 그쳐야 할 성격의 통화정책이다.

이러한 직접규제방식은 금융시장의 자율적 기능과 자금의 효율적 배분기능을 저해할 것이므로 불가피하더라도 단기에 고쳐야 할 성격의 정책이다.

그러나 성장우선주의에 탐닉하기 쉬운 개발 초기 단계의 후진국에서는 즉각적이고 확실한 조정이 가능한 **직접규제방식**이 자주 쓰여 왔다. 더구나 금융시장의 기본 인프라 여건이 성숙하지 못하여 공개시장조작 등의 정책수단이 실제 운용되기 불가능한 상황하의 후진국에서는 더욱 그러하다.

개발연대의 한국 또한 예외는 아니었다. 1950~1953년간의 한국전쟁시에는 세대당 예금인출한도 제한, 대출한도제, 융자사전승인제

[11] 실제로는 중앙은행이 재할인율보다는 그 파급효과가 보다 광범위하다고 볼 수 있는 단기콜금리(최근에는 RP, 즉 환매조건부 채권금리)를 정기적으로 조정하여 그 유동성 규모를 조절하고 있다.

등이 도입·실시된 바 있다. 전시가 아닌 경우에도 1960년대 이후 한국은 경제개발정책의 중심에 서 온 정부가 수출주도적 산업화 추구과정에서 금융정책당국을 허수아비화해 가며 각종 특혜금융제도를 그것도 매우 오랜 기간 동안 도입·운용한 바 있다. 이러한 정부주도적 직접규제금융을 관치금융체제라 한다. 1990년대에 들어서면서 어느 정도 금융자율화가 이루어졌으나 1997년 외환위기 발발 이후 또다시 금융정책에 정부가 직접적으로 깊이 관여하는 결과를 낳기도 하였다. 특히, 1998년에 한국은행으로부터 은행감독원을 분리시켜 증권감독원 및 보험감독원과 통합시킨 금융감독원체제를 정부조직으로 설립하면서 직접규제 성격이 강한 다양한 정책수단이 모색되었고, 결과적으로 정부의 금융에 대한 영향력은 더욱 커진 것으로 평가되고 있다. 이명박 정부가 들어서서 금융감독위원회와 기획재정부의 금융정책국을 합친 금융위원회가 발족되자 금융정책에 대한 정부의 입김은 더욱 강해졌다.

07 이자율정책을 통한 안정화 정책

중앙은행이 물가안정을 위해 활용할 수 있는 두 번째 정책수단이 이자율정책이다.

중앙은행이 물가안정을 달성하기 위하여 활용할 수 있는 두 번째 중요한 정책수단은 이자율정책이라 할 수 있다.

시중자금시장에 형성되는 균형이자율로는 보통 3년만기 회사채 수익률을 대표적인 지표로 활용하고 있다. 물론 한국은행이 직접 이 수익률에 영향을 미치기는 불가능하다. 자금시장의 수요·공급 여건에 따라 자생적으로 결정될 성격의 것이기 때문이다. 그러나 한국은행은 재할인율정책을 통해 시중이자율체계에 결정적인 영향력을 미칠 수 있다. **재할인율**이란 시중은행들이 한국은행으로부터 차입할 경우 적용되는 이자율의 성격을 띠고 있다. 따라서 재할인율의 변동은 한은 차입금으로 대출을 하려는 시중은행들의 대출금리는 물론 은행대출 대신 회사채 발행을 통한 자금확보를 시도할 기업들의 회사채 할인율에 제약을 가하게 되기 때문이다.

중앙은행이 경기가 과열되고 물가인상 압력이 상존할 경우에는 시중에 유동성이 과잉상태에 있다고 판단하여 재할인율을 올릴 수 있다. 반면에 경기가 위축되어 있고, 물가인상 압력 또한 거의 없을 경우에는 통화가치 안정목표보다는 경기활성화를 도모하기 위해 재할인율을 내릴 수 있는 것이다. 중앙은행은 동시에 재할인율보다 즉각적이고 광범위한 영향을 미치는 기준금리(실제로는 환매조건부 채권(RP)금리)를 정기적으로 조정하여 같은 목표로 추구하고 있다. 이러한 중앙은행의 각종 이자율정책은 위에서 살펴본 바와 같이 물가안정만을 목표로 하는 것은 아니고 경기진작을 위해서도 활용되는 정책이다. 따라서 이자율정책을 통한 물가안정 추구방안에 대한 논의는 사뭇 복잡해진다. 실물부문과의 연관성이 아울러 고려되어야 하기 때문이다. 이에 대한 자세한 논의는 제21장으로 미룬다.

그런데 사실 우리나라에서 한국은행이 이자율을 주요 정책수단으로 활용하기 시작한 것은 1990년대 후반에서였다. 1970년대까지는 한국에서의 공금리, 즉 공적 이자율은 일정 기간 동안 전혀 변화하지 않는 상수에 불과하였다. 1980년 이후 점진적으로 금융자유화 및 이자율의 자율조정방안이 추구되었지만 1990년대 중반까지 큰 변화는 없었던 것이다. 따라서 그 이전까지 중앙은행의 통화정책은 오로지 통화공급량의 조정에 한정되어 있었다고 볼 수 있다. 통화공급량이 물가안정을 도모하는 데 보다 직접적이고 편리한 지표라는 점 때문인 것도 있었겠지만, 보다 근본적인 원인은 경제개발계획 이행과정에서 공적 금리를 정부가 직접 규제하는 이른바 관치금융 관행에 기인하는 바가 컸다고 할 수 있다.

한국의 경우 1990년대 중반까지는 통화량을 중심으로 금융정책을 펴오다가 1997년 외환위기 이후 이자율이 시장에서 자율적으로 조정될 수 있는 여건이 조성됨에 따라 통화량정책 대신 이자율정책을 주도적인 정책수단으로 활용하게 되었다. 물론 이러한 정책변환은 중앙은행이 조정할 수 없는 새로운 유동성 상품이 대거 탄생하게 되면서 더 이상 전통적 통화정책으로는 통화량을 조절하기 불가능해진 데 기인하는 바 크다 하겠다.

08 물가안정목표제

이상에서 우리는 물가안정이란 최종목표를 효과적으로 달성하기 위해 통화량이나 이자율 같은 중간목표를 설정하여 통화정책을 운영하여 왔다는 사실을 확인하였다. 그리고 전통적으로는 통화량지표를 중심적 정책변수로 삼아 왔다는 사실, 그러나 1990년대 후반부터는 오히려 이자율변수를 중심정책수단으로 운용해 왔다는 점, 그리고 이자율을 이용한 물가안정 추구는 실물부문과의 연관성 때문에 직접적인 조정력이 상대적으로 떨어진다는 점도 배웠다.

한편, 근래에 들어 실질적으로 화폐적 기능을 담당하는 금융자산이 점차 확대되어 감에 따라 통화량지표도 M1에서 M2, M3 그리고

L로 확대개편하게 되었다는 사실도 언급한 바 있다. 그런데 문제는 이처럼 통화량 개념이 확대개편되면서 비은행금융권 금융자산이 다수 통화량 개념에 포함되기에 이르렀으나 중앙은행은 이들에 대한 통제력이 없다는 점이다. 더구나 은행감독원이 한국은행에서 분리되어 금융감독원으로 이관되면서 한국은행의 현실적 통화량 조절기능은 급격히 저하되었다. 더구나 국제화 · 개방화 추세와 더불어 국제간 자본이동, 즉 외자의 유출입이 완전자유화되면서 실질적 통화량을 한국은행이 조절할 수 있는 길은 요원해지고 말았다.

예컨대, 외국자본이 갑자기 국내자본시장에 대거 유입되어 국내 국공채 및 주식을 매입하거나 국내부동산을 사들일 경우, 이때 유입된 만큼의 외국자본은 한국 화폐로 일단 교환되며, 따라서 같은 크기만큼 통화발행고가 증가하게 되는데, 이러한 현상과 관련하여 중앙은행의 통화량 조절능력은 매우 미약한 것이 현실이기 때문이다. 또 이러한 외국자본의 유출입은 환율과 이자율의 변동 등에 크게 의존하기도 하므로 통화량 조절을 통해 정확히 바라는 방향으로의 물가안정목표를 달성하는 일은 요원해졌다. 아마도 이러한 금융시장 여건변화는 통화량 대신 이자율을 중심정책지표로 삼게 된 이유도 일부는 여기에 연유한다고 볼 수 있다.

여하튼 중앙은행은 정책변수인 이자율과 통화량을 조정하여 물가안정을 도모하게 되는데, 그 대표적인 제도가 물가안정목표제(inflation targeting)이다.

그러나 이런저런 이유 등(즉, 이자율정책의 물가조정력 미흡, 또는 중앙은행의 통화량 조절능력 미흡 등)으로 인해 정책변수들을 활용하는 물가안정목표 달성이 어려움을 겪게 되자 중간목표(통화량과 이자율)를 생략하고 물가상승 억제만을 통화정책의 최우선적 목표로 삼는 제도가 도입되기에 이르렀다.

물가안정목표제(inflation targeting)가 바로 그것이다. 1990년 3월 뉴질랜드에서 최초로 도입된 이후 영국, 스웨덴 등 많은 나라에 급속히 확산되어 가고 있는 이 제도를 한국도 1998년 4월부터 도입하여 실시중에 있다.

그런데 실제로 물가란 경제성장, 고용, 국제수지 등과 밀접한 연관 속에 움직이는 변수인데, 이러한 변수들은 본질적으로 정부 내지 정치의 영향을 많이 받을 수밖에 없다는 문제가 있다. 결국 중앙은행이 물가안정목표를 성공적으로 달성시킬 수 있기 위해서는 중앙은행의 독립성 보장은 선결조건일 수밖에 없다는 사실을 지적해 둘 필요가 있다.

지금 한국에서의 물가안정목표제는 중기적 물가상승률 목표를 3% 수준에 설정하고, 이를 중심으로 ±0.5%를 허용하는 원칙을 설정한 다음 이른바 **근원인플레이션**(core or underlying inflation)(1998년에는 실제 CPI인플레이션을 기준으로 하였으나 2000년부터는 근원인플레이션을 기준으로 함)이 이 범위를 벗어날 때 다양한 금융정책수단(주로 이자율과 통화량)을 통해 이를 시정하는 방식을 쓰고 있다. 근원인플레이션이란 **실제소비자물가지수**(이를 headline CPI라 함)에 근거하되 농산물 작황, 국제원자재가격의 변동, 간접세율 변동 등과 같은 일시적이고 단기적인 공급 측면의 충격으로 인한 물가변동분을 제거하여 계산한다.

현재 한국은 중장기 물가상승률 목표를 3% 수준에 설정하고, 이를 중심으로 ±0.5%를 넘어설 경우 금융정책수단을 동원하여 이를 시정한다는 원칙을 세워놓고 있다.

따라서 이들 공급측 물가상승요인으로 실제물가가 많이 올랐는데도 근원인플레이션은 별 변화가 없기 때문에 정책적으로 대응하지 않을 경우 장바구니 물가에 민감한 가계들로부터 정책에 대한 불신을 낳을 수도 있다. 이러한 현상은 특히 외부요인에 취약한 소규모 개방경제에 해당되는 한국과 같은 나라에서 발생할 가능성이 높다. 물가안정목표제의 기본 취지가 물가상승에 대한 민간부문의 기대심리를 조절하려는 수단이라는 점에서 볼 때, 공급측 요인을 경시한 물가안정목표제는 자칫 실패할 가능성이 상존하고 있다. 따라서 2006년 이후 한국은행은 근원인플레이션 대신 1998년부터 2년간 사용한 바 있는 실제소비자물가지수를 다시 목표함수로 삼아 물가안정을 도모하는 노력을 아울러 기울이고 있다. 이런 이유 등으로 인해 물가안정목표제는 지속적으로 보완되어 나가야 할 것이다.

[그림 20-11]은 물가안정목표제를 도입하여 운용하고 있는 국가들의 물가상승률 추이를 나타낸 것이다. 그림 중 음영된 부분은 물가안정목표제의 채택 이전 시기를 나타내는데, 거의 모든 국가에서 동 제도를 채택한 이후 물가상승률이 상당히 낮아진 것으로 나타났다. 물론 이러한 현상은 세계화의 진전과 중국 및 인도와 같은 신생 개발도상국들로부터의 저가재화 및 서비스의 공급에 힘입어 1990년대부터 전 세계적으로 물가안정 추세가 도래한 데 기인하는 측면도 있을 것이다. 그러나 동시에 물가안정목표제의 도입이 물가안정에 기여하였다는 주장을 뒷받침할 수 있는 현상으로 이해할 수 있다는 주장이 제기되기도 하였다.

[그림 20-11]에서처럼 물가안정목표제를 도입하여 운용하고 있는 국가들의 경우 동 제도 도입 이후 물가상승률이 낮아진 것으로 나타났다(반드시 이 제도의 도입 때문이 아닐 수도 있지만).

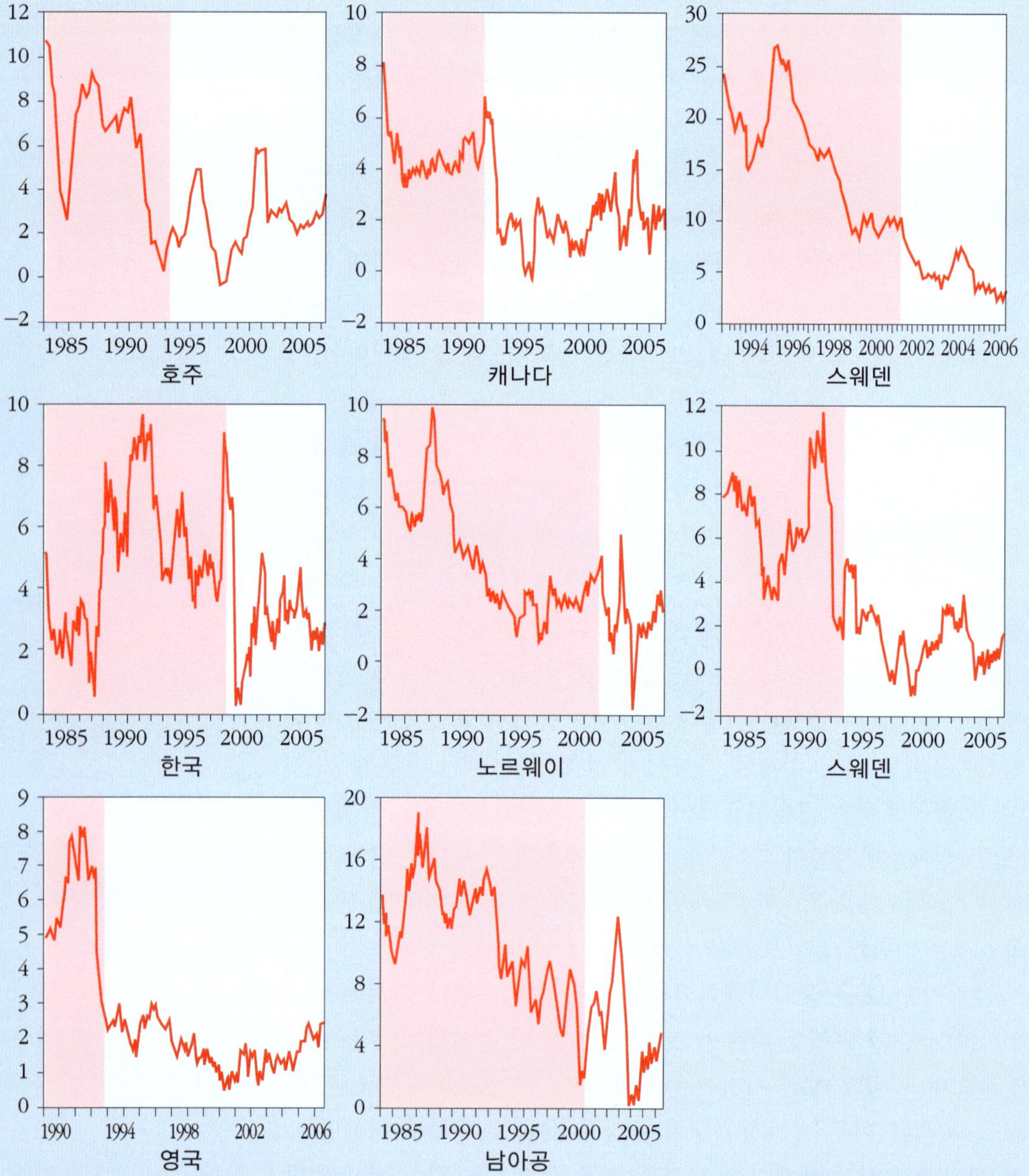

그림 20-11 물가안정목표제도를 채택한 주요 국가들의 물가상승률

이 그림은 물가안정목표제를 도입 · 운영하고 있는 국가들의 동 제도의 도입 이전과 이후 시기의 물가상승률을 도시한 것이다. 분석 대상 모든 국가에서 동 제도 도입 이후 물가상승률이 도입 이전의 물가상승률(분홍색 부분)에 비해 유의할 만큼 축소된 것으로 나타났다.

09 중앙은행의 위상과 안정문제

이상에서 우리는 물가안정목표를 성공적으로 달성하기 위해서라도 중앙은행은 정부로부터 독립적으로 정책을 운용할 수 있어야 한다는 사실을 확인한 바 있다. 이하에서는 이와 관련하여 중앙은행의 기능과 역할을 중심으로 그 위상의 변화과정을 살펴보기로 한다.

이상에서 살펴본 금융정책수단을 중앙은행이 적절히 활용하여 물가안정을 달성하기 위해 가장 중요한 것은 중앙은행이 정부 또는 정치적 영향으로부터 독립성을 유지할 수 있어야 한다는 점이다.

1948년 정부수립 후 설립법안이 마련되고 1949년 초청된 뉴욕연방준비은행 소속의 **블룸필드**(A. I. Bloomfield) 박사와 **젠센**(J. P. Jensen)의 자문을 거쳐 작성된 한국은행 설립법안이 1950년 5월 23일 공포됨으로써 1950년 6월 12일 한국은행이 창립되어 업무가 개시되었다. 설립 당시 만연한 인플레와 낙후된 금융제도 그리고 과도기적 정치 · 사회의 불안정 등으로 통화가치 안정이 시급히 요청되던 당시의 여건을 감안하여 통화가치 안정 및 금융의 중립성 등을 주요 취지로 삼는 한국은행법이 마련된 것이다. 따라서 재할인정책, 지급준비율정책, 공개시장조작 등 전통적인 중앙은행의 통화신용 조절수단을 수행할 권한이 부여되었다. 최초 금융통화위원회는 한국은행 총재와 재무장관 외에 경제 각 부문에서 선출한 5인의 임명직 위원으로 구성되었고, 금융의 자주성과 중립성 보장이 강조되었다. 또한 금융기관에 대한 감독 및 검사권한도 한국은행에 주어 한국은행은 은행권 발행, 은행의 은행, 정부의 은행, 신용통제 등의 기능 외에 은행감독기능과 외국환 관리기능을 담당하는 명실상부한 국제수준의 위상을 가진 중앙은행으로 발족되었던 것이다.

한국은행은 1950년 설립 당시에는 명실상부한 국제수준의 위상을 가진 중앙은행으로 발족되었다.

당시 중앙은행제도는 의결기구로서의 금융통화위원회, 집행기구로서의 한국은행, 그리고 감독 · 규제기구로서의 은행감독부로 구성되었는데, 후일 금융통화위원회와 은행감독부의 한국은행과의 연계성 여부를 가지고 한국은행과 재경부가 대립하는 결과를 초래하기도 하였다.[12]

그러나 1962년 5월 군사정권에 의해 한은법이 개정되면서 한국

⑫ 1950년 제정된 법조항에는 이에 관한 논지가 불분명한 측면이 있다. 즉, 한은법 제7조 ①항에 보면 "한국은행에 금융통화위원회를 둔다"라는 조항이 있는데, 이것이 금융통화위원회의 장소를 말하는 것인지(따라서 금융통화위원회는 중앙은행의 외부기관이라 봄) 한국은행의 내부기관으로 볼 수 있는 것인지 분명하지 않다는 것이다. 한편, 한은법 제28조 이하에 규정된 은행감독기구는 금융감독기능을 정부소관으로 보아 별개 기구로 독립시킬 것인지 중앙은행 기능의 일부로 잔존시킬 것인지 대립하게 하는 빌미를 주었다.

그러나 애당초 한은법에 두 기구에 관한 법률조항이 내재되어 있었다는 사실은 세 기구가 통합된 형태로서 중앙은행을 구성한 것으로 보는 것이 타당할 것이다. 물론 경제발전 및 여건에 따라 기구의 분할이 더 바람직할 수 있는 경우도 있겠으나 단지 법조문 해석에 대한 논리로서 세 기구의 연계성을 평가하려는 시도는 지극히 비상식적이라 할 수 있다.

그러나 1962년 군사정권 등장 이후 중앙은행의 위상은 크게 저하되었고, 이에 대응하여 한국은행의 독립성 회복노력이 수 차례 추진되었으나 오히려 1997년 외환위기 이후에는 은행감독원이 한국은행으로부터 분리되어 금융감독원으로 통합됨에 따라 중앙은행의 기능과 조직은 위축되었다.

은행의 위상은 철저히 유린되고 말았다. 우선 금융통화위원회의 주요 기능 중 금융정책 의사결정권은 정부로 이관되고, 금융정책의 운용과정에 관한 업무만을 담당하게 하는 금융통화운영위원회로 개편되었다. 그나마 금융통화운영위원회의 실제 운영권마저 정부가 장악함으로써 한국은행은 성장통화의 공급창구로 전락하고 말았다.

시중은행의 소유 및 관리권 장악, 그리고 각종 특수은행 설립을 통한 정책자금의 조달 및 배분권을 장악한 정부가 이른바 관치금융, 즉 관주도적 규제금융을 주도해 나가면서 한국은행의 중앙은행으로서의 기능은 극단적으로 제한되고 말았던 것이다.

관치금융이 절정을 이루던 1970년대 말 정부는 중앙은행법을 개정(1977. 12. 29)하고 은행감독원을 한국은행으로부터 분리시킴으로써 정부의 금융장악력을 극대화하려는 시도를 하였다. 이러한 당시의 분리방침은 실패하였으나 일단 은행감독원의 일부 기능은 강화되었다. 이러한 정부의 의도가 무산된 후 1980년대 들어서서 안정적 성장이 강조되는 여론에 동승하여 1982년 12월 31일에 한국은행의 독립성 회복을 위한 노력이 시도되었다. 그리고 1991년 12월 31일에 또다시 이러한 노력이 시도된 바 있었지만 결국 성공하지 못하였고, 정부와 한국은행의 대립은 1997년에 이르러 본격화되면서 금융개혁 입법의 주요 쟁점으로 등장하였다. 그러나 1997년 말 금융위기를 맞자 금융감독의 중요성이 강조되면서 은행감독원은 증권감독원 및 보험감독원과 통합되어 금융감독원으로 개편되기에 이르렀다. 이로써 한국은행의 위상과 기능은 크게 위축되는 국면을 맞았다.

중앙은행의 독립성 논쟁은 중앙은행이 정치적 영향력으로부터 자유로워야 효율적이고 신뢰도가 높은 정책수행이 가능하다는 논리에 근거한 것이다.

통화정책의 수행과 관련하여 중앙은행의 독립성이 보장되어야 한다는 주장은 대체로 다음과 같은 논거에 기초하고 있다. 우선 통화정책이 유효하고 효율적으로 수행되기 위해서는 일반대중의 중앙은행 통화정책에 대한 신뢰가 조성되어야 하는데, 일반적으로 중앙은행에 독립성을 부여하면, 즉 중앙은행이 정치권의 영향력으로부터 자유로워질 수 있을 때 대중의 통화정책에 대한 신뢰도가 높아진다는 것이다.[13]

이상과 같은 논리와 연계하여서 중앙은행의 독립성이 강한 나라일수록 인플레이션이 안정적이라는 주장을 뒷받침할 수 있는 많은

⑬ 보다 상세한 논의는 "Central Bank Independence: Issues and Experience," IMF Working Paper, June 1991을 참조하기 바란다.

실증결과들이 제시되기도 하였다.[14]

반면, 중앙은행의 독립이 반드시 바람직한 것만은 아니라는 주장도 있는데, 이는 대체로 다음과 같은 관점에 근거하는 것이다.

물론 이러한 논리에 대한 반론이 다양하게 제기되기도 하였다.

먼저, 선거에 의해 선출되지 않은 중앙은행 인사가 주요 경제정책을 독립적으로 결정하도록 하는 것은 민주적인 원리에 어긋난다는 점과, 독립적인 중앙은행이 수행하는 통화정책과 여타 경제정책(특히, 재정정책) 간의 상충가능성이 있다는 점, 그리고 통화정책의 신뢰성은 통화정책 그 자체만에 의해 결정될 성격의 것이 아니라 정부의 전체적인 거시경제정책의 틀 가운데서 결정될 것이라는 논리이다. 그러나 이러한 주장은 독립적인 통화정책이 정부로 하여금 건전한 정책을 집행하도록 하는 견제기능을 수행할 수 있다는 사실을 간과하고 있다. 또한 정부는 언제든지 중앙은행 독립의 근거가 되는 법률을 변경할 수 있는 힘을 가지고 있으며, 일상적인 중앙은행 업무에 대하여도 다양한 경로를 통하여 영향력을 행사할 수 있다는 점도 간과하고 있다.

두 번째로, 독립성이 강한 중앙은행이 반드시 우월한 통화정책을 수행하리라는 보장이 없다는 주장이 제기되기도 하였는데, 자신의 지위에 영향력을 행사할 수 있는 집단과의 충돌을 가급적 피해 가면서 자신에게 부여된 자율성과 정책운용상의 재량권만을 계속 유지하려는 속성에 빠지게 되기 때문에 결국 중앙은행의 행동이 초지일관 유지될 수 없을 것이라는 논리이다.

즉, 중앙은행은 공식적으로 독립성을 부여받았음에도 자신에게 가해지는 현실적인 제약을 감안하여, 통화정책을 가급적 비명시적(nontransparent)이고 애매모호한 방식으로 운용하려는 동기를 가지게 될 것이라는 것이다. 만일 비판론자의 주장대로 중앙은행이 독립성을 공식적으로 보유하고 있음에도 불구하고 은밀히 정치지도세력의 영향력 행사에 순응한다면, 그 결과 중앙은행은 정치지도세력으로 하여금 통화정책에 대한 책임을 회피하도록 도와 주는 결과가 될 뿐만 아니라 통화정책도 정치적 필요성에 따라 좌우되는 결과를 초래할 가능성이 높다. 그러나 이러한 현상은 상대적으로 독립성이 강

[14] 물론 이러한 결과들을 해석하는 데에는 중앙은행 독립성 정도의 수준에 대한 측정문제와 정책효과의 인과성 문제 등 분석방법론상의 어려움이 제기되기도 하였다. 자세한 논의는 위의 논문을 참조하기 바란다.

한 중앙은행보다는 그 위상이 상대적으로 낮은 중앙은행에서 나타날 가능성이 높다고 보는 것이 타당할 것이다. 또한 극단적인 논리 측면에서 보면 정치권에 완전히 예속된 중앙은행보다는 어느 정도 독립성이 있는 중앙은행이 정부의 독주를 그나마 견제할 가능성이 높다고 보아야 할 것이다.

이상과 같은 논의를 감안하여 볼 때, 중앙은행에게 독립성을 보장해 주어야 하는가는 다음의 두 가지 문제를 어떻게 해결해야 하는지와 밀접히 연관되어 있다 하겠다.

첫째, 공식적으로 어느 정도의 독립성(또는 권한위임 범위)을 중앙은행에 부여해야만 사회 전체적인 관점에서 바람직하고 또 정치적으로도 용납될 수 있는가 하는 문제이다. 이는 각국이 갖는 정치 · 사회적 여건이나 특성, 그리고 금융시장의 발전 정도 등에 따라 상이하게 해결되어야 할 성격의 것이다.

둘째, 공식적으로 중앙은행의 독립성이 명문상으로 규정되어 있더라도 실제 정책수행상에서 여러 제약에 속박될 수 있으므로, 확보된 독립성을 어떻게 실질적으로 보장해 줄 수 있는지, 즉 어떠한 구체적 장치를 강구해야 하는가 하는 문제가 면밀히 검토되어야 할 것이다. 아울러 이러한 문제에는 정부와 중앙은행 간의 역할분담체제를 어떻게 해야 하는지, 그리고 양자 간의 의견이 상충할 때 어떠한 과정을 통하여 조정할 것인지 하는 등의 문제가 구체적으로 검토되어야 할 것이다.

중앙은행 독립의 필요성에 관한 이론적 토대는 종전보다 강화되고 있으나 아직까지 이에 대한 실증적 뒷받침은 취약한 편이다.[15] 따라서 실제로 중앙은행 독립성이 잘 보장된 국가의 경우에도 안정적으로 통화정책을 운용하고 물가의 안정기조를 유지할 수 있었던 실제 원인이, 예컨대 중앙은행의 독립성에 있다기보다 상당 부분 일반 대중이 물가안정을 강력히 선호하는 성향을 지녔기 때문일 수도 있다는 주장이 대두되기도 하였다.

그러나 이러한 논란에도 불구하고, 중앙은행의 독립성이 안정적인 통화정책을 수행하도록 버팀목 역할을 해 줄 수 있다는 점은 의문

⑮ 이례적인 예로서, 일본 · 프랑스의 경우 중앙은행의 독립성이 약함에도 불구하고 과거 인플레이션율이 매우 낮았다. 이는 실제 통화정책 수행에 있어 법상에 규정된 권한보다 더 많은 자율성을 누리고 있거나(일본은행의 경우), 유럽통화제도(EMS)가 통화정책의 안정적 수행을 유도하는 안전판 역할로서 작용하였기 때문이다.

1997년 외환위기 이후 중앙은행제도 관련법 개정내용

이상에서 살펴본 중앙은행 독립성에 관한 중요성에도 불구하고 한국의 경우에는 1982년 12월과 1991년 12월 두 차례에 걸친 중앙은행의 독립성 회복노력은 수포로 돌아갔고, 1997년 초에 금융개혁 입법의 주요 쟁점으로 등장하기에 이르렀으나 외환위기를 맞으면서 중앙은행의 기구 및 조직이 축소되고 기능 및 위상이 오히려 저하되는 방향으로 관련법이 개정되고 말았다. 1997년 12월 24일에 국회 재경위 법안심사 소위에서 합의된 중앙은행제도 관련 주요 관련법 개정사항은 다음과 같다.

우선 한국은행법 관련사항 중 주요한 것은, 첫째로 금융통화위원회 의장이 한국은행 총재를 겸임하도록 되어 있던 명문조항을 한국은행 총재가 금융통화위원회 의장이 되도록 변경한 것을 들 수 있다. 이는 일단 외형상으로 한국은행 총재의 위상이 제고된 것으로 이해할 수도 있으나 한국은행 총재의 임명추천권이 여전히 기획재정부에 있는 한 실질적인 중앙은행 위상의 제고로 보기는 어렵다. 반면, 이러한 형식적인 위상제고에 대한 대가로 정부는 금융감독기능을 한국은행으로부터 분리시켰던 것이다. 다만, 특융관련 금융기관에 대해서만은 한국은행의 조사·확인 권한을 부여하였다. 또한 비은행금융기관에 대한 자금지원 근거를 마련하고 비은행금융기관에 대한 자금지원과 연계하여 한국은행과 당좌예금거래 약정을 체결한 금융기관에 대한 자료제출 요구권을 부여하는 정도의 기능은 남겨두었다.

한편, 정부는 한국은행에서 분리시킨 은행감독원에다 증권감독원과 보험감독원을 통합시킨 금융감독원을 별도로 설립하여 금융감독위원회 산하에 설치하기 위하여 필요한 제반 법규를 제정하기에 이르렀다.

당시 제정된 금융감독체계 관련법의 핵심 내용은 다음과 같다. 첫째, 금융기관 설립 인·허가 및 인가취소와 법령 제·개정권은 재경원(현재의 기획재정부)에 부여하며, 이러한 업무관장을 위해 재경원 소속 합의제 행정기구로서의 금감위를 설치하되 사무국은 두지 않기로 하였다. 이렇게 설립된 금감위는 1998년 4월 1일부터 은행·증권·보험 등 개별 감독기구에 대해 법상 명시된 감독권한을 행사할 수 있도록 입법조치하면서 은행감독원은 한국은행에서 분리하여 금감위 산하에 설치하되(1998년 4월 1일 시행), 은행·증권·보험감독원 등 개별 감독기구는 현행대로 존치시키다가 1999년 중 금융감독원(무자본 특수법인)으로 통합한다는 것이었다.

이상과 같은 내용의 중앙은행 관련법안 개정은 여러 측면에서 엄청난 변화를 초래하였는데, 특히 중앙은행의 독립성 측면과 통화신용정책의 유효성 측면에서 볼 때 중앙은행의 위상 및 역할은 오히려 악화되는 국면을 맞게 되었다. 한편, 이 과정에서 탄생한 금감원 또한 금융감독기구의 자율성 측면에서 볼 때 최초 설립 당시부터 많은 문제점을 배태하는 불행한 결과가 초래되었다. 우선 한국은행의 독립성 측면에서의 문제점부터 살펴보기로 한다.

첫째, 개정 법안에서는 한국은행의 경비예산을 기획재정부 장관이 승인하도록 규정하고 있어 한국은행은 독립적·중립적 기능수행이 불가능하게 되었다.

둘째, 금융통화위원회원 추천사무 담당기관을 대통령령으로 정하도록 규정하고 있는데, 이는 결국 금융통화위원회원 추천사무를 대통령령에 의해 기획재정부 장관이 계속 관장할 것임을 의미하는 것으로, 과거의 경험에서 보듯이 금융통화위원회원 임명과정에서 기획재정부가 결정적인 영향력을 행사할 가능성이 크다 하겠다.

셋째, 금융통화위원회 회의운영에 관하여 필요한 사항을 대통령령으로 정하도록 규정함으로써, 대통령령의 제·개정 담당부처인 기획재정부가 금융통화위원회의 회의운영에 간섭할 여지를 남겨 놓고 있다. 기획재정부 장관의 경비예산 승인규정의 삭제 없이, 금융통화위원회원 추천사무의 한국은행으로의 귀속 없이, 그리고 금융통화위원회 운영에 관한 자율성의 보장 없이 한국은행의 독립성은 결코 보장될 수 없을 것이다.

다음에는 통화신용정책의 유효성 측면에서 한은법 개정안의 문제점을 살펴보자. 개정법안은 은행 유사업무를 영위하는 비은행금융기관에 대한 한국은행의 직접적인 유동성 조절기능을 배제하고 있을 뿐만 아니라 한국은행의 임점검사기능을 특융관련 금융기관에만 한정하고 있다. 이는 비은행금융기관은 신용창조기능이 없으므로 통화관리대상에 포함할 필요가 없다는 재경원 주장에 근거한 것인데, 은행과 비은행금융기관의 업무구분이 사실상 없어진 상황이고, 비은행금융기관의 금융시장에서 차지하는 비중이 매우 커져 있기 때문에 한국은행의 통화신용정책 대상을 은행만으로 한정하는 경우 시중 유동성을 제대로 관리하기가 곤란하다는 엄연한 사실이 경시되고 있다.

1997년 위기 도래시 종금사들이 경험한 자금부족사태는 지급결제제도 자체의 안정성을 위협하여 한국은행의 지원이 불가피하게 만들었던 사실은 한국은행의 제2금융권 유동성 조절 필요성을 여실히 입증해 준 사실이었다. 금후 은행유사업무를 영위하는 종금사·상호신용금고 등 비은행금융기관에 대한 지준부과 근거를 마련할 필요가 있다는 것이 중론이다. 한편, 한국은행이 최종대부자로서 금융시장 안정유지기능을 제대로 수행하기 위해서는 은행경영의 건전성을 지도·감독할 수 있는 기능을 충분히 보유해야 하며, 그러하지 못할 경우 개별 은행의 부실이나 금융위기의 발생가능성을 사전에 감지·예방할 수 없어 그 기능수행능력이 크게 제약될 수밖에 없다.

금감원의 통상적인 감독업무 외에도 한국은행이 필요하다고 판단하는 경우 은행 및 비은행금융기관을 검사할 수 있도록 해야 할 것이다.

한편, 한국은행을 격하시켜 가며 그 조직과 기능의 일부를 떼어 내어 설치한 금융감독원은 과연 자율성 및 권한 측면에서 아무 문제가 없는 것일까? 금융감독원은 재경원 소속 합의제 행정기구인 금감위 산하에 무자본 특수법인 형태로 설치되었다. 따라서 애초부터 금감원은 감독기능에 대한 기획재정부의 간섭을 피할 길 없어 오히려 관치금융이 강화되는 계기를 제공하였다. 한국은행 내부의 최고의사결정기구로서 금융통화위원회가 있듯이 금감위를 정부기구가 아닌 금감원 내부의 최고의사결정기구로 설치하는 방안이 검토될 필요가 있었다.

뿐만 아니라 금융기관의 설립 인·허가 및 인가취소권을 기획재정부에 부여하여 설립인가·건전성 규제·검사·제재 등의 금융감독기능을 재경부와 감독기구가 분장하도록 함으로써 감독기능의 효율성이 저해되고 감독책임의 소재마저 모호해지는 문제를 초래하였다. 당연히 금융기관 설립 인·허가 및 인가취소권은 금감위에 부여할 성격의 것이었다.

결국 금감원의 설립 및 운영은 금감원과 금감위 그리고 기획재정부라는 세 기관의 중층구조에 기초하게 되었고, 결과적으로 금감원은 자율성이 훨씬 결여된 관치금융의 특징적 기관으로 전락되었다는 견해가 설득력을 갖게 되었다. 정부는 외환위기라는 특수상황에서 철저한 금융감독의 필요성을 강조하면서 졸지에 그토록 희망해 왔던 기획재정부 주도의 관치금융체제를 고착시켰다는 비판을 피하기 어렵게 된 것이다. 그러나 언젠가는 이로 인해 문제점이 증폭되면서 이번에는 금감원의 위상재정립문제가 거론될 것임에 틀림이 없다.

이러한 인식의 연장선상에서 볼 때 2008년도에 금감위와 기획재정부의 금융정책국을 통합하여 금융위원회로 기구를 개편한 것은 중층구조라는 문제점의 일부를 해소시켰다는 측면도 있으나 금감원의 위상은 오히려 저하된 것으로 볼 수 있다. 금감위의 권한이 더욱 강화된 반면 금감원과의 조직상 연계성은 오히려 낮아졌기 때문이다. 금감위 위원장이 금감원 원장을 겸임하던 방식에서 금융위 위원장과 금감원 원장이 별도 임명되기에 이르렀던 것이다.

한국은행의 통화정책상 애로점

중앙은행은 정부의 재정대리인(fiscal agent)으로서 법화발행 및 정부부채를 주도적으로 관리함과 동시에 재할인과 금리조절 등으로 총수요를 관리함으로써 통화안정(monetary stability)과 금융안정(financial stability)을 도모하는 기관이다. 따라서 본원통화를 발행하고 최종대부자기능을 갖는 유일한 기관으로서 지급결제기능을 수행하면서 금융시스템을 안정적으로 관리할 책임을 가진다.

그런데 엄격한 신용공급 조정이 가능하였던 금본위제가 폐지되고 고정환율제로 신용을 관리하였던 브레튼우즈체제(Bretton Woods System)마저 무너지게 되자 각국 중앙은행은 통화량목표제로 금융안정을 도모하여 왔다. 그러나 금융상품이 다양화되고 국제 간 자금이동이 급팽창하면서 중앙은행은 더 이상 통화량이라는 정책수단을 효율적으로 조정할 능력을 상실하고 말았다. 따라서 현재는 단기금리 운용을 주요 정책수단으로 삼게 되었다.

단기금리를 운용목표로 하는 금리중시 통화정책이 자리잡게 되면서 전통적인 통화관리정책, 예컨대 지급준비율정책 등은 거의 사장되다시피 되었다.

그리고 중앙은행의 정책목표도 물가안정목표제에 초점이 맞추어지게 되었다. 물가는 물론 실업감축과 안정적 경제성장, 그리고 금융시장 안정 및 국제수지 균형 등을 포괄하던 통화정책목표로부터는 훨씬 위축된 목표에 주안점이 두어진 것이다.

그런데 물가는 주가, 부동산가격, 임금, 환율 등 중앙은행이 통제할 수 없는 많은 요인에 의존하므로 중앙은행의 물가안정목표는 쉽게 달성되기 어려운 시기에 와 있다고 볼 수 있다.

이러한 여건변화 과정에서 결국 중앙은행은 물가안정목표제를 최우선목표로 삼고 단기금리 운용 중심의 금리정책을 주무기로 삼아 대처하는 단계에 서 있게 되었다.

그러나 과연 이자율만으로 물가를 안정시킬 수 있을까? 현실적으로 동의하기 어렵다. 더구나 물가안정목표 달성을 위해 설정된 중기적 소비자물가상승률 밴드를 3±0.5%로 설정하고 있어 실제 CPI가 이 영역을 벗어나지 않는 한 이자율을 변동시킬 논리적 근거를 잃게 되는 문제까지 발생하였다.

예컨대, 2000년대 중반에 불어 닥친 부동산가격 버블이 신용의 과도한 확장에 의한 것인데도 불구하고 여전히 물가가 안정되어 있었다. 따라서 물가안정목표제의 목표치가 유지되고 있는 상황에서 이자율 변경정책을 쓸 수 없었다. 한편, 은행감독원이 한국은행에서 분리되어 금융감독원으로 귀속된 후 신용의 과도한 팽창을 제어할 마땅한 제도적 장치가 더 이상 한국은행에 남아 있지 못하게 되었다. 따라서 물가가 오르지도 않은데다 경기마저 위축되어 있는 한 비록 신용이 과다하게 팽창하였더라도 물가안정을 최우선으로 운용하는 금리정책의 기조상 이자율을 쉽사리 올릴 수 없게 되었던 것이다.

이러한 어려움 때문에 한국은행(금융통화위원회)은 2006년 12월 23일 지급준비율을 5%에서 7%로 올려 신용팽창을 다소 억제하고자 하였다. 이자율 인상정책을 쓸 수 없었기에 오랫동안 사장되었던 지급준비율정책을 사용하게 되었던 것이다.

이상과 같은 어려움은 한국뿐 아니라 다른 나라들도 공통적으로 겪고 있는 문제들이다. 따라서 미국도 이제는 더 이상 전통적인 재할인율정책은 잘 쓰지 않는다. 재할인을 통해 연방은행으로 대출을 받게 되면 시장으로부터 그 은행은 자금여력이 없는가 보다 하는 의심을 받게 되므로 쉽사리 재할인을 통한 중앙은행으로부터의 대출에 나서지 않게 되었기 때문이다. 재할인을 받게 되면 일종의 낙인(stigma)이 찍히는 결과가 초래된다고까지 인식되고 있는 실정이다. 따라서 미국은 재할인율 대신 단기금리를 조정하는 정책을 운용하여 왔다. 한국 또한 재할인율정책을 간헐적으로 운용하는 대신 금융통화위원회가 1일물 초단기금리만을 정기적으로 조정하는 정책을 써 왔으며, 최근에는 기준금리를 조정하는 체제로 전환하였다.

다행히 최근 기술진보와 중국으로부터의 저가상품 유입으로 물가가 안정되어 있다. 그러나 과도한 신용팽창에 따라 부동산거품이 발생하는 문제가 나타났다. 이는 아울러 자산가격의 거품이 꺼질 때 예상되는 민간부채 누적과 금융의 동반부실이란 문제점이 나타날 가능성을 잉태하고 있다. 이러한 상황과 관련하여 과연 이자율정책만으로 물가안정에

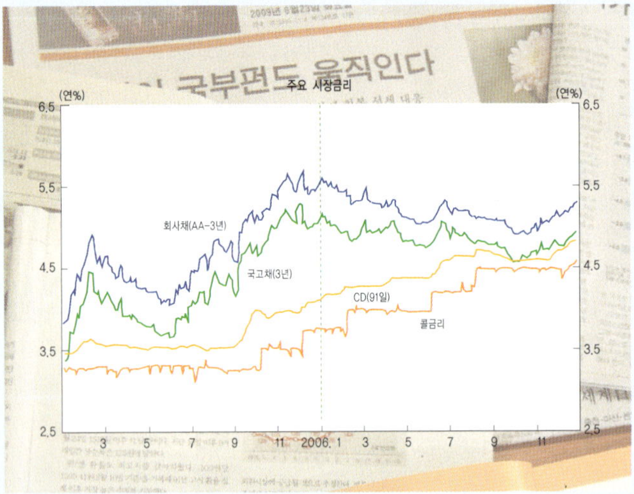

전념하는 현재의 한국은행 정책관행만으로 경기과열이나 경기침체 또는 부채 디플레이션을 막아 낼 수 있을까 의문시된다.

이러한 이유 때문에 2006~2007년간의 부동산대책은 한국은행의 이자율정책이 아닌 금감원의 여신규제를 통해 마련되었다. 신용거래 보증금률(margin requirement), 주택담보 인정비율, 대손충당금 적립요건, BIS위험 가중치 산정기준, 가계대출 총액한도제 등 미시적 · 제도적 규제감독수단은 주로 정부와 금융감독원이 갖고 있다. 따라서 중앙은행은 이들과의 협력체제를 보다 공고히 그리고 공식화할 필요가 있다.

물론 이들로부터의 협조나 지원만으로 부동산버블문제를 대처할 수 밖에 없다면 한국은행의 위상과 기능은 더욱 위축될 것이고, 금융안정의 길 또한 더욱 요원해질 것이다. 따라서 주어진 제도와 여건하에서나마 중앙은행이 금융안정을 선도할 수 있는 다각적인 노력을 기울여야 할 것이다.

그러나 이러한 반론에도 불구하고 중앙은행의 독립성 통화정책의 효율적 수행에 필수적이라는 사실은 의문의 여지가 없다.

의 여지가 없다. 여기서 가장 중요한 점은 중앙은행의 독립이란 공식적이고 법률적인 차원에서의 형식적인 독립성 규정이 아니라 중앙은행이 실질적으로 독립된 입장에서 정책을 수행할 수 있는 여건을 확실하게 조성해 주어야 한다는 점이다. 그러나 물론 공식적인 제도상의 제반 규정이 갖는 구속력이 절대 경시되어서는 안 될 것이다. 예컨대, 우리나라의 경우만 보더라도 심지어 비공식적인 각종 관행이나 정치제도 등이 현실적으로 중앙은행 독립성에 지대한 영향을 미쳤음은 주지의 사실이다. 따라서 제도상의 제반 규정 마련에 있어 이러한 비공식적 세부사항까지도 가급적 명시적으로 중앙은행법 체계 안으로 흡수함이 바람직하다. 이는 특히 금융제도 및 산업의 발전단계가 아직도 개선의 여지가 많고, 통화정책이 방만하게 운용될 가능성이 높은 국가들에 있어 긴요한 고려사항이라 하겠다.

이상과 같은 논리를 종합검토할 경우 중앙은행 독립성 보장을 위한 제도적 장치 마련시에는 다음과 같은 점이 고려되어야 할 필요가 있을 것이다.

첫째, 통화정책의 최종 책임은 정치지도자들이 담당하되 정부는 통화정책의 수립 및 집행권한을 중앙은행에게 위임하는 원칙을 준수해야 한다. 이때 권한의 위임범위는 각국의 정치 · 사회적 여건 및 특성 등을 감안하여 결정되어야 할 것이다.

둘째, 중앙은행에 대해 자율성 및 권한을 보장하되 그에 상응하는 의무 및 책임을 부과하여야 한다. 권한위임 정도에 따라 중앙은행은 행정부 또는 의회에 대해 책임을 지며, 경우에 따라서는 국민에 대해 직접 책임을 지도록 하는 방안을 생각할 수 있다.

셋째, 중앙은행과 정부의 관계 및 역할이 명백하고 투명하게 규정되어야 한다.[16] 이는 중앙은행의 독립성이 공식적으로 또는 법률적으로 잘 보장되어 있는 경우에도 정부가 중앙은행에 대해 막후에서 영향력을 행사할 수 있는 여지가 클 경우에는 효율적인 통화정책의 수행이 기대되기 어렵기 때문이다.

넷째, 이와 관련하여 특히 정부와 중앙은행 간의 이견조정제도를 공개적으로 운용할 필요가 있다.

⑯ 예컨대, 중앙은행 이사회의 역할과 구성, 중앙은행 임원에 대한 임면제도, 중앙은행 대정부 신용공여제도 등도 정부와 중앙은행 간의 관계정립에 중요한 요소가 될 것이다.

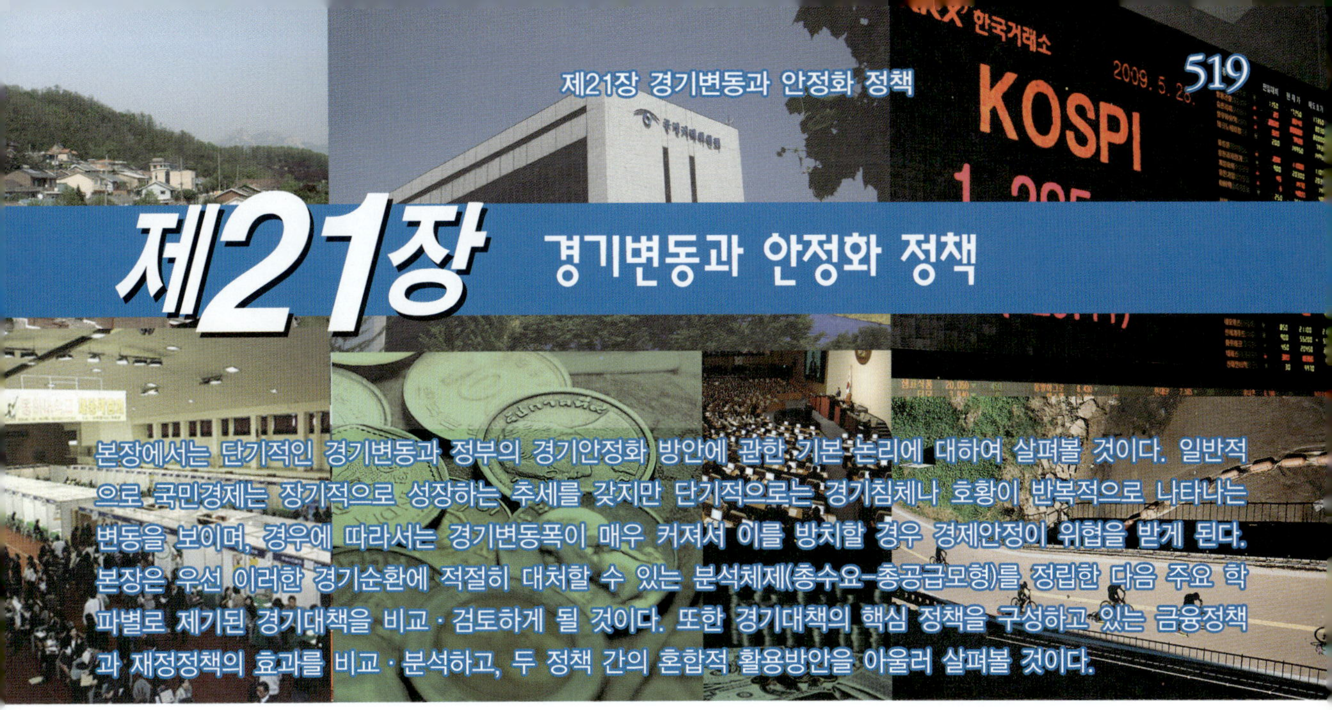

제21장 경기변동과 안정화 정책

본장에서는 단기적인 경기변동과 정부의 경기안정화 방안에 관한 기본 논리에 대하여 살펴볼 것이다. 일반적으로 국민경제는 장기적으로 성장하는 추세를 갖지만 단기적으로는 경기침체나 호황이 반복적으로 나타나는 변동을 보이며, 경우에 따라서는 경기변동폭이 매우 커져서 이를 방치할 경우 경제안정이 위협을 받게 된다. 본장은 우선 이러한 경기순환에 적절히 대처할 수 있는 분석체제(총수요-총공급모형)를 정립한 다음 주요 학파별로 제기된 경기대책을 비교 · 검토하게 될 것이다. 또한 경기대책의 핵심 정책을 구성하고 있는 금융정책과 재정정책의 효과를 비교 · 분석하고, 두 정책 간의 혼합적 활용방안을 아울러 살펴볼 것이다.

각국은 (장기적)경제성장과 물가안정을 최우선적으로 목표삼아 경제발전을 도모할 것이다. 그런데 경제성장의 잠재력이 강하든 또는 약하든 간에 정도의 차이는 있으나 대부분의 국가는 일반적으로 경제가 성장하는 **장기적 추세**(secular trend)를 갖는다. 시간이 갈수록 경제활동인구가 증가하고 축적된 자본도 증대될 것이며, 기술도 발전하여 생산력이 향상될 것이기 때문이다.

본장에서는 경기변동에 적절히 대처할 수 있는 논리의 개발과 대처방안에 대하여 살펴볼 것이다.

그러나 이러한 장기적 성장 추세에도 불구하고, 단기적으로는 경기가 하강하며 실업률이 높아지는 **경기침체**(recession)현상이 나타나거나, 경기가 상승하여 공장가동률이 높아지고 생산이 확대되는 경기회복기가 나타날 수도 있다. 또 경우에 따라서는 극심한 경기침체 현상인 **불황**(depression)이나 과열된 경기에 따른 **호황**(prosperity)이 초래되기도 한다. 이처럼 장기적 추세로부터 단기적으로 이탈되는 현상을 경기변동 또는 **경기순환**(business cycle)이라 부른다. 즉, 경기는 장기적 관점에서 보면 장기적 성장 추세를 중심으로 끊임없이 상승과 하강을 반복하며 변동하게 된다. 예컨대, 경제활동이 활발하여 경기가 상승하면 마침내 **정점**(peak)에 이르게 되고, 이후 경제활동이 둔화되어 경기가 하강하다가 **저점**(trough)에 이르면 다시 상승으로 반전된다. 이는 마치 파도가 높은 봉우리와 낮은 계곡을 이루며 반복적으로 파급되어 나가는 모양을 하게 되는데, 이를 바로 경기순환이

정도의 차이는 있으나 대부분의 국가경제는 장기적으로 성장하는 추세(secular trend)를 갖는다. 반면, 이러한 장기적 추세로부터 단기적으로 이탈하는 현상이 발생하는데, 이를 경기순환(business cycle)이라 부른다([그림 21-1] 참조).

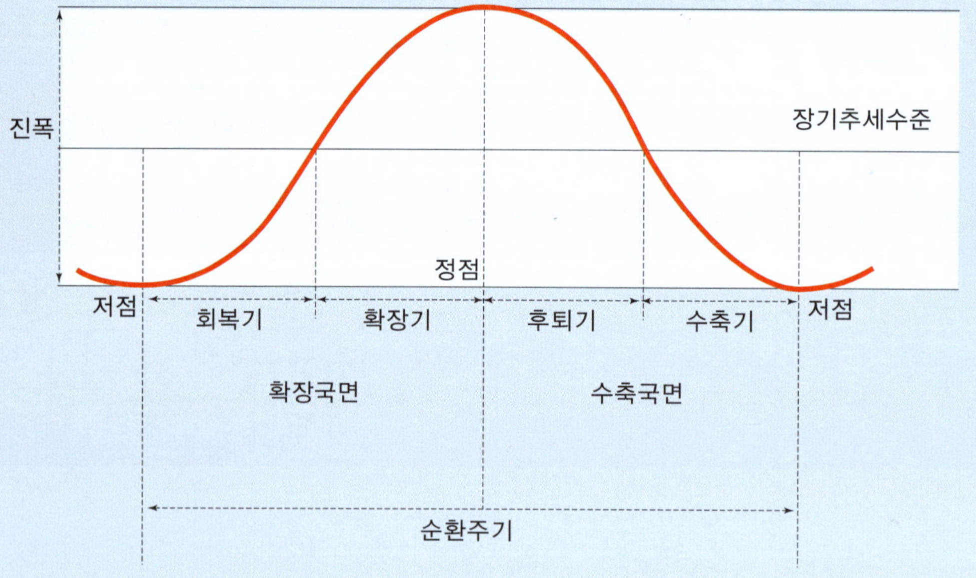

주: 일반적으로 장기추세선은 우상향하지만 여기서는 경기순환적 특징을 부각시키기 위해 수평선으로 처리하였음.

그림 21-1 경기순환도표
경기순환이란 장기적 추세선으로부터 이탈되는 호황과 불황이 반복되는 과정을 일컫는 것으로 경기저점(또는 정점)에서 다음 저점(정점)까지를 순환주기라 정의한다.

라 일컫고 있는 것이다.

[그림 21-1]에서처럼 경기의 **주기**(cycle)란 저점에서 다음 저점 또는 정점에서 다음 정점까지의 기간으로 정의된다. 그리고 저점에서 정점까지의 높이를 경기의 **진폭**(amplitude)이라 부른다. 이때 한 개의 순환주기가 진행되는 과정을 단순히 확장국면과 수축국면으로 나누기도 하고, 회복기→확장기→후퇴기→수축기의 4국면으로 구분하기도 한다.

경기순환은 주기의 크기에 따라 소순환 또는 키친파동(약 40개월), 주순환 또는 쥬글러파동(약 9년), 그리고 대순환 또는 콘드라티예프파동(약 50~60년) 등으로 부르기도 한다.

이상과 같은 경기변동은 전혀 규칙적이지 않고 예측할 수도 없으며, 단기적 추세이탈이라 보기에는 주기가 매우 긴 경기순환현상이 나타나기도 한다. 이른바 **키친파동**(kitchin cycle: minor cycle, **소순환**이라고도 함)의 주기는 40개월, **쥬글러파동**(Juglar cycle: major cycle, **주순환** 또는 **중순환**이라고도 함)의 주기는 9년, 그리고 **콘드라티예프파동**(Kondratiev cycle, **대순환**이라고도 함)의 주기는 무려 50~60년에 달한다. 단, 우리가 흔히 경기변동이라 규정하는 것은 키친파동이나 쥬글

한국의 경기순환

한국의 경기순환을 현실적으로 분석하기 위해서는 우선 경기의 정점과 저점이 정해져야 하는데, 이러한 경기의 정점이나 저점이 구체적으로 발생한 시점을 기준순환일이라 한다.

한국 경제의 경기순환을 경제개발계획이 착수되기 시작한 1960년을 전후한 시기부터 외환위기 발생시까지로 놓고 보면 약 9차례의 경기변동을 경험한 것으로 나타나고 있다. 정치적 격변기였던 1980년과 외환위기에 따른 혼란기였던 1998년을 제외하고는 불황기에서도 마이너스 경제성장을 기록한 경우는 없을 정도로 한국 경제의 경기변동은 일단 성장적 순환(growth cycle)이란 특성을 갖고 있다.

한편, 20세기 후반 전체에 걸쳐 한국은 수출주도적 공업화를 정부가 주도하는 이른바 중앙집권적 관리경제체제를 유지해 옴에 따라 경제정책의 변화가 경기변동에 중요한 원인으로 작용해 왔음을 지적할 수 있다. 또한 수출주도적 성장전략을 견지함에 따라 석유파동 등 해외경제 여건의 변화와 주요 교역대상국인 미국과 일본의 경기변동 등에 의해 큰 영향을 받아 온 것으로 평가되고 있다.

시대별로 경기순환변동의 주요 요인을 살펴보면 제3순환(1964. 2~1972. 3)의 경우에는 월남전 특수에 힘입어 최장기간의 경기호황을 기록하였으나, 1973년과 1979년의 원유가 폭등은 경기침체를 유발시켜 경기수축국면이 길어지는 결과를 초래하였다.

특히, 석유파동으로 인한 충격은 사뭇 크고 또 지속적인 것이어서 제4순환(1972. 3~1975. 6) 초기의 사채동결 및 산업합리화 정책(1972년 8 · 3조치)에 따른 일시적 회복현상과 1970년대 중반의 중동특수에 따른 경기호황현상을 잠재우고 깊은 경기침체와 높은 인플레가 동시에 나타나는 스태그플레이션현상을 만연시켰다. 결국 1979년 4월의 물가안정을 위한 종합안정화 시책이 도입되었지만 별다른 성과 없이 제2차 석유파동과 더불어 국내경기는 급랭하였고 급기야는 10 · 26사태를 겪는 등 정치적 대변혁을 유발시키고 말았다.

한편, 1980년대 후반에는 이른바 3저현상(저환율, 저유가, 저금리)이란 국제여건 변화에 힘입어 제7순환(1985. 9~1989. 7) 기간중에는 국제경상수지가 연속적으로 3년간이나 흑자를 유지할 정도의 호황을 맞기도 하였다. 그리고 제9순환기 말기인 1997년의 동남아 외환위기는 한국 경제를 치욕적인 금융위기로 내몰고 말았다. 또한 수축국면이 점차 길어지며 성장 추세가 답보상태에 빠지는 침체기를 맞게 되었다

이와 같이 1960년 이후 40여 년간의 경기순환 과정을 보다 체계적으로 면밀히 살펴보면 다음과 같은 특성을 발견할 수 있다.

표 21-1 한국의 경기순환

	저점 (년 : 월)	정점 (년 : 월)	저점 (년 : 월)	전순환기간 (저점→저점)	확장국면 (저점→정점)	수축국면 (정점→저점)
제1순환	58 : 8	59 : 10	61 : 9	37	14	23
제2순환	61 : 9	63 : 2	64 : 2	29	17	12
제3순환	64 : 2	71 : 4	72 : 3	97	86	11
제4순환	72 : 3	74 : 2	75 : 6	39	23	16
제5순환	75 : 6	79 : 2	80 : 9	63	44	19
제6순환	80 : 9	84 : 2	85 : 9	60	41	17
제7순환	85 : 9	88 : 1	89 : 7	46	28	18
제8순환	89 : 7	91 : 1	93 : 1	42	18	24
제9순환	93 : 1	96 : 3	98 : 8	67	38	29
제10순환	98 : 8	00 : 8	–	–	24	–
평균 표준편차	–	–	–	53.3 19.7	34.3 21.0 (제10순환 제외)	18.8 5.4

첫째, 총 9회에 걸친 경기순환의 평균순환기간(저점→저점)은 약 53.3개월로 나타났으며, 이를 확장국면(저점→정점)과 수축국면(정점→저점)으로 분리해 보면 각 국면의 평균주기는 각각 34.3개월 및 18.8개월로 나타나고 있다. 이는 여타 국가에서처럼 한국 경제의 경기변동 과정에서도 경기순환상의 비대칭성(asymmetry)이 존재함을 시사하는 것이라 할 수 있다. 즉, 경기확장은 상대적으로 장기간에 걸쳐 완만하게 진행되는 반면, 경기수축은 비교적 단기간에 급속하게 진행된다는 경기변동의 일반적 특성이 한국에서도 관측된 것이라 할 수 있다.

둘째, 상승기간이 길어질수록 하강기간도 길어지는 경향을 보여 주고 있다.

셋째, 확장국면과 수축국면의 변동성을 비교해 보기 위해 국면별 표준편차를 산출해 본즉, 전자의 경우는 21개월로 나타났고 후자의 경우는 5.4개월로 나타났다. 이는 확장국면이 평균적으로 그 주기가 길 뿐만 아니라 주기의 변동폭도 상대적으로 크다는 의미를 보여 주고 있는 것이다.

넷째, 1970년대 중반 이후 경기상승기간은 짧아지고 하강기간은 길어지고 있다.

단기적이지만 경기변동은 경기침체로 인한 실업이나 경기과열로 인한 물가인상을 유발시킨다.

러파동에 해당되며, 따라서 추세적 변동에 비해 상대적으로 단기적 현상으로 보는 데 어려움은 없을 것이다. 여하튼 이러한 경기순환은 경기침체로 인한 실업이나 경기과열로 인한 물가인상 등 지속적이고 안정적인 성장에 해로운 현상을 발생시키고, 또 그것이 자생적으로 소멸되기 어렵다는 특성을 갖는다. 따라서 정부는 이러한 경기변동에 적절히 대응할 필요가 있다.

이러한 경기변동에 대한 적절한 대응방안을 마련하는 데에는 총수요-총공급 분석모형이 유용하다.

이상에서 논의한 경기순환에 따른 불균형현상에 대한 적절한 대책을 마련하기 위해서는 특정한 분석틀이 필요하다. 접근방법이나 이들을 설명하는 논리는 다양하게 제시될 수 있다. 여기서는 본서의 수준을 감안하여 최소한의 이론적 배경을 소개하되 가능한 한 직관적으로 이해할 수 있는 수준에서 설명하고자 한다. 소개할 기본 분석모형은 **총수요-총공급모형**(*AD*-*AS* model)이다.

01 경기변동 분석을 위한 총수요-총공급모형

경기변동의 핵심 지표는 국민소득수준(또는 경제성장률)과 물가수준이며, 이는 총수요와 총공급에 의해 설명될 수 있기 때문이다.

경기변동의 핵심 또는 관심지표는 물론 국민소득수준 또는 경제성장률이며, 두 번째로 관심을 갖게 될 지표로는 물가수준을 들 수 있다. 그런데 국민소득수준 또는 국민총생산수준과 물가수준의 결정과정은 국가경제 전체에서의 **총수요**(aggregate demand)와 **총공급**(aggregate supply)에 의해 설명될 수 있다.

[그림 21-2]에서 총수요곡선(*AD*)은 주어진 물가수준에서 경제주체(가계 · 기업 · 정부)가 구입할 의사가 있는 재화와 서비스의 총량을 나타내는 곡선이다. 반면, 총공급곡선(*AS*)은 주어진 물가수준에서 기업들이 생산하여 공급할 의사가 있는 재화와 서비스의 총량을 나타내는 곡선이다. 그리고 *AD*곡선은 우하향하지만 *AS*곡선은 우상향하는 특성을 갖는다. 결과적으로 *AD*와 *AS*가 만나는 점 *E*에 대응하는 균형물가수준, P_0에서 Y_0 크기의 균형산출량 및 거래량이 결정된다고 볼 수 있다.

총수요곡선과 총공급곡선은 서로 다른 기울기를 갖고 있으며, 두 곡선이 교차하는 점에서 균형국민소득수준과 물가수준이 결정된다([그림 21-2] 참조).

이상과 같은 총수요-총공급모형은 제5장에서 도출 · 활용한 개별 상품에 대한 시장수요 및 공급모형과 매우 흡사하다. 즉, 제2부 미시경제편에서 우리는 개별 상품의 경우 가격이 오르면 가계의 수요는 줄어드는 반면 기업의 공급은 늘어나게 되므로, 개별 상품의 수요곡선은 우하향하고 공급곡선은 우상향한다는 논리에 따라 시장균형가격 및 거래량이 결정되는 과정을 분석하였었다. 그러나 본장에서의 총수요곡선과 총공급곡선이 우하향 또는 우상향하는 이유는 다소 상이하다. 이제 그 이유를 확인해 보기로 한다.

이는 미시경제부문(제5장)에서 소개한 개별 상품에 대한 시장의 수요와 공급 그리고 균형의 형성과정과 흡사하다.

(1) 총수요곡선

총수요곡선은 복잡한 분석틀을 이용하여 도출될 수 있는 성격의 것이어서, 여기서는 단지 그러한 분석과정상의 특성을 감안하여 다

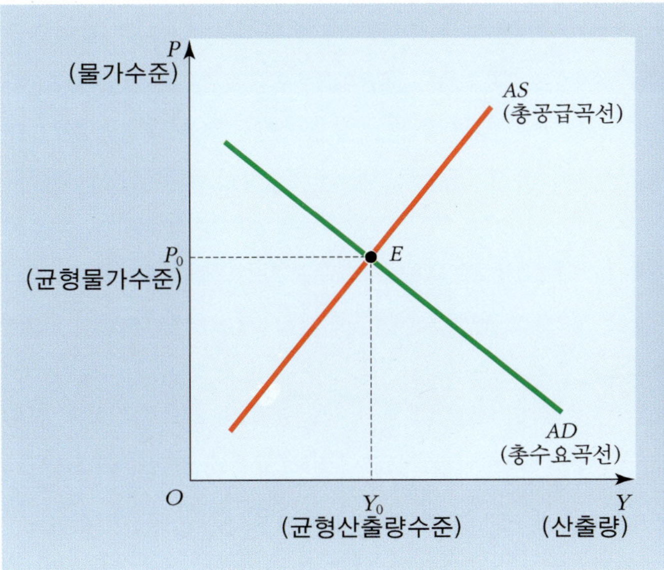

그림 21-2 총수요와 총공급
국가 전체의 총공급곡선과 총수요곡선은 서로 상반된 기울기를 갖게 되고 두 곡선이 교차하는 점 *E*에서 균형을 이루게 되는데, 이에 대응하는 점 P_0와 Y_0수준이 균형물가수준과 균형산출량수준이 된다.

총수요곡선은 총소득수준과 물가변동에 따라 이동하는 총지출곡선을 연계시켜 도출되며, 따라서 결과적으로 도출되는 총수요곡선은 우하향하게 된다([그림 21-3] 참조). 이와 관련한 핵심 논리는 Box 처리한 '총지출곡선의 특성'을 참조하기 바란다.

소 직관적인 설명을 통해 도출해 보고자 한다.

[그림 21-3]의 (A)는 총소득수준에 대응하는 총지출곡선을 나타낸다. 일반물가수준이 P_1일 때의 총지출곡선이 AE_1이라 하면, 점 E_1에서 총소득 Y_1과 같아짐을 보여 주고 있다. 이때 물가가 내리거나($P_1 \rightarrow P_2$) 오르게 되면($P_1 \rightarrow P_3$) 총지출곡선은 위 또는 아래로 이동한다. 이 경우 총지출곡선의 기울기는 결국 소비함수의 기울기인 **한계소비성향**(marginal propensity to consume: *MPC*)과 같아지고 따라서 그 값은 1보다 작아지므로 [그림 21-3]에서처럼 45° 선보다 완만한 기울기를 갖게 된다. 그런데 이와 같은 총수요곡선의 도출과정에서 총지출곡선의 기울기가 1보다 크게 된다면 45° 곡선과 총지출곡선의 교차점으로 결정되는 균형총소득은 안정적이지 않게 되므로 이상에서와 같은 가정이 필요하게 된다.

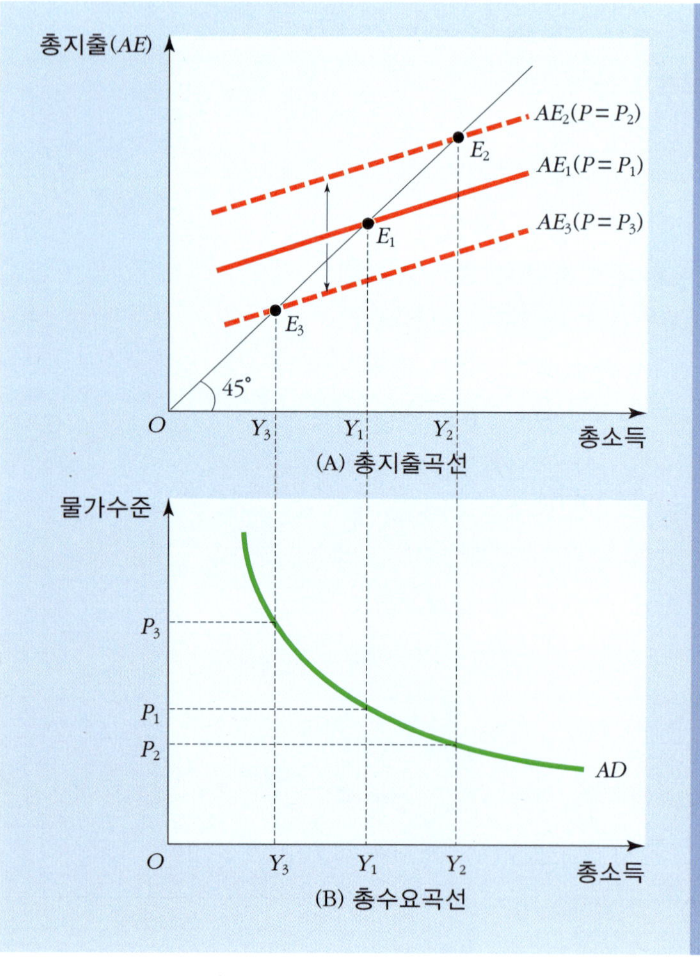

그림 21-3 총수요곡선의 도출

총수요곡선은 물가변동에 따라 총지출곡선이 이동하면서 총소득과 균형을 이루게 되는 점들(E_1, E_2, E_3)에 대응하는 물가수준과 총소득수준을 추적함으로써 도출될 수 있으며, 그림 (B)에서처럼 우하향하는 모습을 띠게 된다.

한편, 균형총소득의 안정성 여부는 다음과 같이 설명할 수도 있다. [그림 21-3]에서 총지출곡선이 AE_1이고 일시적인 총생산량이 Y_1 대신 Y_2가 된다면 총생산량이 총지출곡선에 의해 결정되는 총지출량보다 크게 되고, 이는 재고증가로 이어져 기업들의 생산감소를 유발함으로써 총생산량(총소득)이 줄어들게 되므로 경제는 다시 균형총생산량인 Y_1으로 수렴하게 된다. 역으로 경제가 일시적으로 Y_3에 있는 경우도 위와 유사한 논리를 적용하여 보면 45° 곡선과 총지출곡

총지출곡선의 특성

제5장에서 우리는 [그림 5-1] 국민경제의 순환을 통해 국내에서 생산된 총재화의 공급이 가계 · 기업 · 정부 그리고 해외부문에서 어떻게 수요되는지를 살펴보았으며, 제18장의 식 (18-1)을 이용해 국내총생산(Y)이 총지출량(AE)과 같아지는 것 ($Y=C+I+G+NX$)을 확인한 바 있다. 먼저 총지출량을 $AE=C+I+G+NX$라 정의하고 분석의 편의를 위해 총생산량 또는 총소득의 변화에 따라 양(+)의 관계에 있다고 가정한다.

이는 일반적으로 총지출의 구성항목인 소비(C)가 주로 현재의 소득수준(Y)에 의해 결정된다는 케인즈의 절대소비함수에 근거한 것이다. 그리고 여타 다른 구성항목인 투자(I), 정부지출(G) 그리고 순수출(NX)은 소득수준에 대체적으로 안정적이라는 가정에 근거한 것이다.

물론 이러한 가정이 실제 경제행위를 정확히 대변하는 것은 아니며, 따라서 이러한 가정을 이용한 경제모형의 예측이 실제 경제환경과 차이를 나타내기도 한다.

그러므로 경우에 따라서는 보다 현실설명력을 높일 수 있거나 분석대상에서 반드시 필요한 변수를 추가적으로 고려하는 총지출함수가 요구되기도 한다. 예를 들어, 총지출량의 주요 항목 중 하나인 가계의 소비결정은 현재의 소득수준뿐만 아니라 향후 기대되는 소득이라든지 물가수준, 이자율, 그리고 현재의 자산보유액 등에 의해 결정된다고 볼 수 있으며, 기업의 투자지출량 또한 이자율 이외에도 총생산량의 변화로 대변되는 경기변동에 민감하게 반응한다고 보는 견해도 있다. 이에 관한 보다 상세한 내용은 본장의 보론을 참조하기 바란다.

여하튼 [그림 21-3]과 같이 현재의 물가수준에서 총지출량이 총소득수준에 따라 어떻게 변화하는지를 그림으로 나타낸 것을 총지출곡선이라 한다. 위에서 소비는 소득의 함수이며 다른 총지출의 구성항목들은 소득수준과 상관없이 결정된다고 가정하였으므로, 총지출량은 소득과 양(+)의 관계를 가지게 되며 기울기는 결국 소비함수의 기울기인 한계소비성향(marginal propensity to consume: $MPC=\Delta C/\Delta Y$)과 같아지게 된다. 그런데 한계소비성향은 일반적으로 $0<MPC<1$이므로 총지출곡선의 기울기는 1보다 작게 되며 [그림 21-3]에서처럼 45°선(기울기=1)보다 완만한 기울기를 갖게 된다.

45°선의 주요 특징 중 하나는 45°선상의 모든 점은 종축과 횡축의 값이 같아진다는 점이며, 따라서 총지출곡선과 45°선이 교차하는 곳에서 총소득이 총지출량과 같아지는데 이때의 총소득을 균형총소득이라 한다. 여기서 한 가지 강조해 둘 점은 총소득의 변화는 총지출곡선상의 변화(movement along the total expenditure curve)를 나타내는 반면, 여타 변수의 변화는 총지출곡선 자체의 이동(change (shift) in total expenditure curve)을 나타내므로 결국 균형총소득의 변화를 초래한다는 점이다.

예를 들어, 정부지출의 증가는 총지출곡선을 상향이동시켜 균형총소득을 증가시키는 반면, 이자율의 증가는 기업의 투자의욕을 감소시켜 총지출곡선을 하향이동시키며 따라서 균형총소득이 감소하게 된다고 볼 수 있다.

선의 교차점으로 결정되는 균형총생산량(Y_1)은 안정적임을 알 수 있다.

이와는 별도로 총지출곡선의 특성(박스기사 참조)과 관련하여 우리는 총소득의 변화는 총지출량의 변화를, 그리고 총소득 이외의 총지출량의 변화를 초래하는 변수들은 총지출곡선 자체의 변화를 초래한다는 점을 확인할 수 있다.

이제 이상과 같은 사실에 근거하여 이하에서는 총지출곡선으로부터 총수요곡선을 어떻게 도출할 수 있는지에 대해 논의해 보기로 한다. 총수요곡선은 일반물가수준과 총수요량(또는 총지출량)의 관계라 정의할 수 있으므로, 물가수준의 변화가 총지출곡선을 어떻게 변화시키는지, 그리고 결과적으로 균형총소득을 어떻게 변화시키는지 살펴봄으로써 도출할 수 있다.

또한 총지출에 영향을 미치는 물가 이외의 변수(소비, 투자, 순수출 등) 값들이 변화할 경우에는 총지출곡선 자체가 이동(shift)하게 되는데, 이러한 과정은 자산효과(wealth effect), 이자율 효과(interest rate effect), 국제무역효과(international trade effect) 등을 통해 진행된다.

[그림 21-3]의 (A)는 주어진 물가수준(P)하에서의 총지출곡선을 나타내고 있다. 즉, 물가수준이 P_1인 경우 총지출곡선은 AE_1이고 균형총소득은 Y_1이 된다. 따라서 이와 같은 물가수준과 균형총소득의 한 조합은 [그림 21-3]의 (B)와 같은 총수요곡선상의 한 점으로 표시될 수 있다. 다음으로 물가수준이 하락하는 경우 균형총소득이 어떻게 변화하는지에 대해 다음과 같이 직관적으로 살펴보도록 하자. 일단 총지출이란 민간소비지출(C), 기업투자지출(I), 정부지출(G) 그리고 순수출(NX)의 합으로 정의된다는 사실을 염두에 둘 경우 물가수준의 하락은 일반적으로 다음과 같은 세 가지 주요한 총소득에 대한 효과를 예상할 수 있다.

① **자산효과**(wealth effect): 물가가 하락하는 경우 현재 보유하고 있는 자산의 실질가치가 상승하므로 가계는 보다 많은 재화를 구입할 의사를 갖게 된다. 이는 소비의 증가에 따라 총지출의 증가를 가져오게 된다. 물가의 하락은 현재 보유하고 있는 실질현금잔고의 증가도 초래하므로 실질잔고효과(real balance effect)라고도 한다.

② **이자율효과**(interest rate effect): 물가수준 하락은 제20장의 [그림 20-1]에서 살펴본 바와 같은 **피셔효과**(Fisher effect)로 인해 이자율의 하락으로 이어진다(물론 이러한 현상은 장기적 효과라는 측면이 강하지만). 이를 보다 직관적으로 설명해 보면, 예

를 들어 물가수준이 하락하는 시기에는 가계들은 그 전에 비해 현금을 포함한 유동성 보유를 줄이고 대신 저축을 늘리게 되며, 이는 화폐시장에서 이자율의 하락을 초래하게 된다. 또한 이와 같이 이자율이 하락하는 경우 기업은 투자지출을 증가시키는 경향이 있어 결과적으로 총지출이 증가하게 된다.

③ **국제무역효과**(international trade effect): 물가수준의 하락은 다음과 같이 직 · 간접적으로 순수출을 증가시킨다. 먼저 국내화폐가격으로 표시되는 해외물가수준이 일정하다는 가정하에 국내물가의 하락은 국내에서 생산되는 재화의 가격이 타국에 비해 상대적으로 싸지게 되므로, 수출의 증가를 유발하는 한편 이전보다 상대적으로 비싸진 수입품에 대해서는 수요의 감소로 이어져 순수출의 증가를 가져오게 된다. 또한 물가수준의 하락시 감소되는 국내이자율은 국내에 있던 해외금융자본이 보다 높은 수익을 위해 유출되는 현상을 초래하여 원화의 대미환율이 오르게 되며, 결과적으로 이는 국내화폐의 상대가치가 하락하게 된다. 그리고 이와 같은 국내이자율 인하로 인한 환율상승은 한 차례 더 수출가격의 인하와 수입가격의 증가를 유발시킴으로써 순수출과 총지출의 증가를 촉

투자와 투기

부동산이나 주식의 매매는 단지 소유자만 바뀔 뿐이며, 국가경제 전체적으로 생산설비가 증가되는 현상은 아니므로 거시경제학에서 일컫는 투자, 즉 일정 기간 동안 생산설비를 증가시키거나 유지하는 데 투여된 지출이라 볼 수는 없다는 사실은 전술한 바 있다. 그러나 개인 차원에서 볼 때에는 부동산이나 주식의 매매를 통한 차익실현은 자산의 증식에 해당되는 현상이라 할 수 있다. 이런 이유로 해서 (개인 차원의)투자행위로 곧잘 일컬어지곤 한다.

그런데 이러한 개인의 투자행위를 두고 투기행각이라 폄하하기도 한다. 이러한 인식에 대하여 "자신이 이익을 보면 투자라 하고, 남이 이익을 보면 투기라 한다"며 반발하기도 한다. 마치 "자기가 (혼외)정사를 하면 로맨스이고, 남이 하면 불륜"이라 보는 것과 일면 유사한 측면이 있는 인식상의 차이라 할 수 있다. 또한 "사촌이 땅을 사면 배가 아프다"는 옛말에서처럼 남들이 부동산이나 주식으로 큰 돈을 벌게 되면 막연한 피해의식에 사로잡혀 이러한 행위 자체를 부정적으로 보는 경향도 있다. 특히, 부동산으로 많은 돈을 버는 일은 거의 죄악시하는 것이 한국의 풍토이다. 아마도 이는 주위 사람들이 주식으로 돈을 벌면 상대적 빈곤감으로 인해 배가 아픈 것으로 끝날 수 있지만, 부동산으로 돈을 벌거나 벌려고 하면 부동산값이 오르게 되고 결과적으로 무주택자 등 서민들에게 주택마련의 꿈을 요원하게 만드는 직접적 피해를 유발하기 때문이라 생각된다.

한편, 주식투자의 경우에는 본인이 직접 매매를 통해 이익을 올릴 수 없는 사람들은 각종 펀드가입 등을 통한 간접투자로 전환할 수 있다. 주식매매 자

체가 불확실성하에 이루어지는 투기적 성격이 강한 것이지만 자신들이 직접 또는 간접적으로 참여가 가능한 것이어서 타인들의 주식거래를 통한 차익실현에 대해서는 상대적으로 저항감이 적은 측면도 있다. 반면 직·간접 주식투자와는 달리 많은 돈이 있어야만 하고 또 수익실현까지는 상대적으로 긴 시간이 소요되는 부동산거래는 오직 여유 있는 사람들만이 가능한 것이어서 일반인들의 광범위한 참여가 쉽지 않다는 측면이 부동산투기에 대해 부정적 시각을 증폭시키는 측면도 있다.

여하튼 주식이나 부동산거래를 개인 차원에서의 투자로 보든 투기로 보든, 과연 이들은 국민경제에 부정적인 것이라고만 볼 수 있을까?

주식을 직접투자하는 사람이나 위탁받은 돈으로 고수익을 올리려는 펀드매니저는 여러 정황을 참작하여 장래성이 큰 산업이나 기업에 투자하게 된다. 반면, 각 산업이나 기업은 자신들에 대한 평가가 개선될 수 있도록 최선을 다하여 자산가치를 늘리려 하게 된다. 이와 같은 기업에 대한 시장에서의 평가과정은 궁극적으로 기업의 경영개선과 생산성 향상을 유발시키는 순기능이 있다고 볼 수도 있다. 또한 자금이 상대적으로 효율적인 기업과 산업으로 집중될 수 있도록 함으로써 국민경제의 효율성 제고에 기여하는 측면도 있다.

부동산에 대한 투자가 또는 투기꾼들도 일면 주식시장의 펀드매니저와 유사한 기능을 하게 된다. 특정 지역 아파트에 대한 수요증가가 예상될 경우, 투기꾼들이 이를 사들이려고 몰려들어 값이 오르게 된다. 아무런 규제가 없다면 이러한 수요증가에 대응하여 건설업자들은 비싸진 지역에 아파트를 더 지어 공급하려 들 것이며, 이는 결과적으로 지속적 부동산가격 상승을 억제시키는 효과를 가져오게 된다. 따라서 아무런 제약이 없다면 결국

투기는 수요·공급 불안정시 이를 시장메커니즘을 통해 안정화시키는 순기능을 가지고 있는 것이다. 물론 현실적으로는 많은 규제가 존재하며, 공급의 확대 또한 용이하지 못하다는 등의 제약이 있어 투기의 순기능이 제대로 발휘되기는 어렵다.

조금 다른 경우이지만 금융자본들은 국경을 넘나들며 고수익 창출을 도모하게 되는데, 상황에 따라서는 외화에 대한 투기도 마다하지 않는다. 그리고 이러한 국제자본의 투기행위에 대하여 대부분은 곱지 않은 시선을 보낸다. 그러나 엄밀히 말하면 시장왜곡이나 규제 또는 정부개입에 의해 특정국이 실질가치에 비해 부당하게 낮은 대미환율로 자국의 화폐가치를 높게 유지하려 든다면(예컨대, 1960년과 1970년대 영국은 파운드화를 지나치게 고평가시키는 낮은 대미환율을 고집한 바 있음), 결국 언젠가는 화폐가치가 낮아질 수밖에 없으리라는 예상하에 환투기꾼들이 해당국 화폐를 공격적으로 투매함으로써 빠른 시일 내에 적정환율이 초래되도록 영향을 미치는 순기능이 있다.

최근 중국이 높은 대미환율을 유지해 가며 위안화를 저평가상태에 묶어 둠으로써 지속적 수출확대를 통한 국제수지 흑자를 시현해 나갔다. 그러자 미국을 중심으로 하는 주요 교역대상국들이 이를 시정하도록 강력히 권고한바, 일정 시차를 두고 중국은 약간씩 평가절상을 하게 되었다. 정상적 환율형성을 지나치게 억제시킬 경우 국제환투기꾼들에 의한 공격적 위안화 매집이 예상되기 때문이다. 결국 이 경우에도 환투기꾼들의 행위는 시장질서를 회복하고 정상가격(환율)이 정착되도록 압력을 가하는 순기능을 할 수 있는 것이다.

물론 부동산투기의 경우는 주식이나 외환거래와는 달리 거래 자체가 많은 시간이 소요되고 거래금액 자체가 매우 커서 시장기능을 회복시키는 순기능을 발휘하기는 매우 어려운 측면이 있다. 그러나 아주 장기적으로 보면 결국 부동산투기도 정상적 시장가격에 의한 수요와 공급조정을 유발하는 방향으로 작용할 것이며, 이러한 순기능이 제대로 발휘되려면 우선 각종 규제 등이 대폭 축소되는 작업이 선행되어야 할 것이라는 점을 강조해 두고자 한다.

발하게 된다. 이상에서와 같은 물가변동에 의한 순수출의 변화를 **환율효과**(exchange rate effect)라 하기도 한다.

이제 이상에서 살펴본 세 가지 효과를 종합해 보면 물가수준의 하락은($P_1 \rightarrow P_2$) 총지출을 확대(그림 (A)의 $AE_1 \rightarrow AE_2$)시키게 되므로 결과적으로 균형총소득은 Y_2수준으로 상승하게 된다.

이러한 효과들을 동시에 고려하며 물가가 하락할 경우 초래되는 결과를 살펴보면 균형소득의 상승으로 나타난다.

반면, 물가상승시에는 물가하락시와 반대되는 결과가 초래되어, 결국 총지출곡선이 AE_3로 이동하고 균형국민소득은 Y_3수준으로 하락하게 된다. 이상에서와 같은 가격변화에 따른 총소득변화 내용을 함께 표현한 것이 [그림 21-3]의 (B)이다. 여기서 도출된 곡선이 바로 총수요곡선(AD curve)이라 할 수 있다. 그리고 아울러 이러한 과정을 통하여 총수요곡선이 왜 우하향하는지를 확인할 수 있다.

물론 이상에서처럼 도출될 수 있는 우하향하는 총수요곡선은 물가수준 변화에 따른 총수요량의 변화를 나타낸다(총수요곡선상에서의 이동). 그리고 물가 이외에 총수요에 영향을 미치는 변수들이 변화할 경우에는 총수요곡선 자체가 이동하는 결과가 초래될 것이란 사실은 전술한 바 있다. 이를 보다 자세히 살펴보면 통화공급량의 증가 등에 따른 이자율의 하락이나 세율의 감소, 그리고 정부지출의 증가 등은 모두 총지출곡선을 상향이동시키게 되며, 따라서 이는 현 물가수준 하에서의 균형총소득을 상승시키는 효과를 가진다. 결국 총수요곡선이 우측으로 이동하게 된다. 마찬가지의 논리로 물가 이외에 총지출곡선을 하향이동시키는 변화는(예컨대, 이자율의 상승, 세율의 증가, 정부지출 규모의 축소 등) 총수요곡선을 좌측으로 이동시키게 된다.

반면, 물가상승시에는 균형소득의 감소가 초래된다. 따라서 결과적으로 [그림 21-3]의 (B)에서처럼 물가와 균형소득은 서로 반대 방향으로 변화하게 되므로 이 경우에도 총수요곡선은 우하향하게 된다.

(2) 총공급곡선

1) 총공급곡선의 도출

총산출 및 공급량은 기본적으로 생산요소 투입량에 의존하므로 총공급을 식 (21-1)과 같은 생산함수 형태로 표현할 수 있다.

한편, 총공급곡선은 일반적으로 총생산함수를 활용하여 도출될 수 있다.

그런데 생산에 투입될 노동량, 즉 고용량은 노동시장에서 가계의 노동공급행위와 기업의 노동수요행위의 서로 대립되는 이해조정 과정을 통해 쌍방이 동의할 수 있는 실질임금(명목임금/물가수준: W/P)수준에서 결정될 것이다.

총생산은 노동과 자본투입량에 의존하는데, 자본이 일정한 단기에서는 주로 노동투입량에 의존한다. 그런데 물가상승은 실질임금의 하락을 가져오고 결과적으로 노동고용량의 증가, 그리고 산출량의 증대를 초래하게 된다([그림 21-4] 참조). 따라서 물가와 산출량은 같은 방향으로 변화하게 되고 총공급곡선은 우상향하게 된다.

$$Y^s = f(L, K) \quad (21\text{-}1)$$

여기서, Y^s: 총공급량
L : 노동투입량
K: 자본투입량

노동에 대한 수요함수와 공급함수는 [그림 21-4]의 (A)와 같은 모양을 한다는 것은 이미 제10장에서 설명한 바 있어 이 곳에서는 생략한다. 이제 물가가 상승하여($P_0 \rightarrow P_1$) 실질임금이 하락한다면 단기적

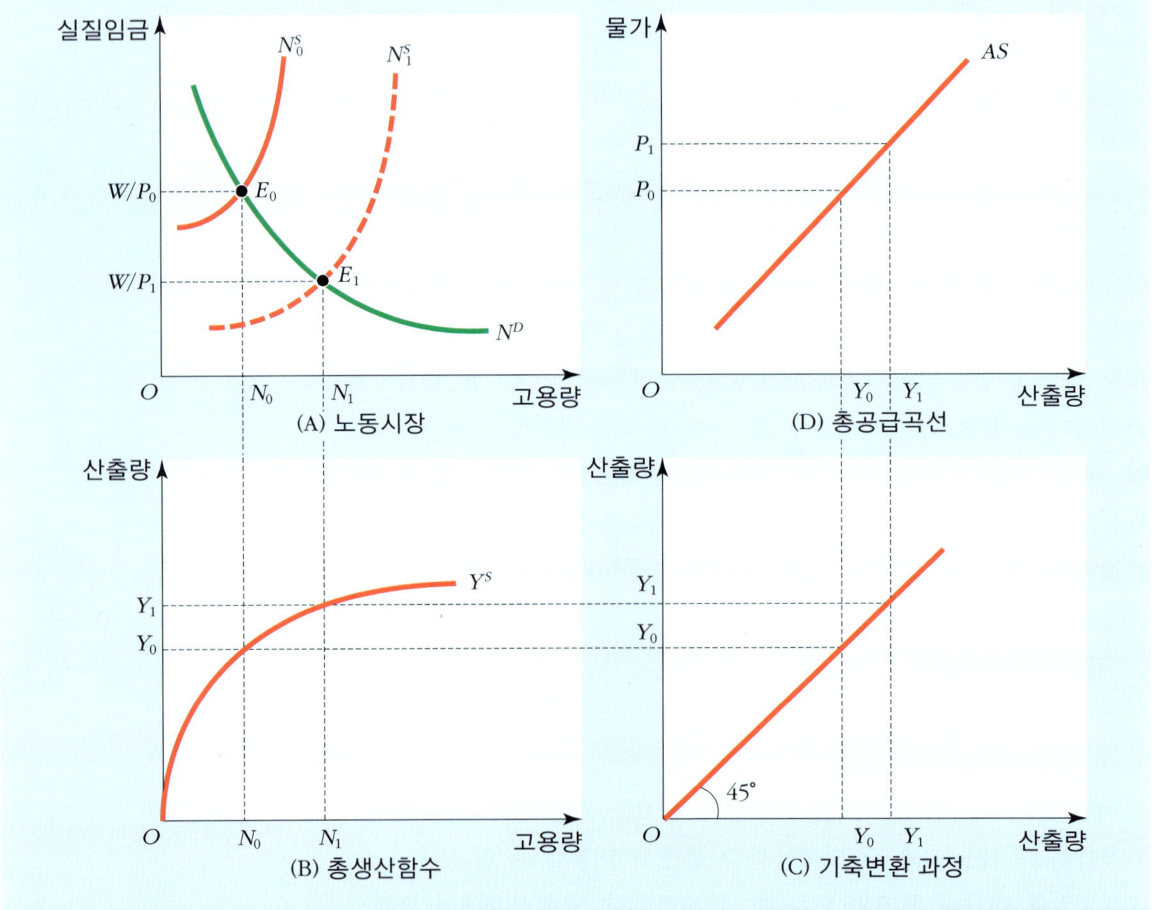

그림 21-4 총공급곡선의 도출

이 그림은 물가변화($P_0 \rightarrow P_1$)가 (A) 노동시장에서 고용을 확대시키고, 이것은 다시 총생산을 증대(그림 (B))시키는 과정에 의거하여 총공급이 물가와 양(+)의 관계를 갖게 된다는 논리적 근거를 도시한 것이다.

으로는 노동의 수요량이 증대하는 결과가 초래된다. 그런데 일반적으로 임금은 장기노동계약에 의해 명목임금(W)이 설정되며, 다음 기의 임금조정시까지 물가변화분은 반영되지 못하거나 물가변화 내용을 자세히 숙지하지 못하는 것이 일반적이다. 이러한 이유 때문에 단기적으로 실질임금이 하락할 수 있으며, 또 이로 인해 노동에 대한 수요량이 증가하여 결과적으로 고용이 증대하게 된다($N_0 \rightarrow N_1$).❶ 한편, 노동고용량의 증가는 총산출량을 증가($Y_0 \rightarrow Y_1$)시킬 것이나 증가율 자체는 감소(수확체감의 법칙 때문임)하게 되므로 총산출량곡선은 [그림 21-4]의 (B)와 같은 모양을 하게 된다. 이때 총공급량은 그림 (C)와 같은 기축변환 과정을 통해 그림 (D)의 횡축으로 옮겨질 수 있다. 당초 원인을 제공한 물가수준의 변화($P_0 \rightarrow P_1$)는 결국 총산출 또는 총공급을 Y_0에서 Y_1으로 증가시키는 결과를 초래하게 된다. 따라서 AS곡선은 그림 (D)에서처럼 우상향하게 된다.❷

물론 [그림 21-4]의 (D)와 같은 **총공급곡선**은 노동투입량만 변화한다는 가정하에 도출된 것이므로 자본투입량이나 자연자원 투입량이 증가하거나 기술진보가 이루어질 경우에는 총공급곡선 자체가 이동(shift)하는 것으로 이해할 필요가 있다.

2) 극단적인 경우의 총공급곡선: 고전학파적 영역과 케인즈학파적 영역

만일 고전학파적 논리(본장 제2절에서 상세히 설명할 것임)대로 물가상승($P_0 \rightarrow P_1$)이 통화팽창으로 인해 발생하더라도 임금이 같은 비율로 인상(단, $\frac{P_1}{P_0} = \frac{W_1}{W_0}$이 되도록 임금이 W_0에서 W_1으로 인상)되면 어떤 일이 벌어질까?

고전학파이론에 근거할 경우 임금과 물가가 충분히 신축적이어서 물가상승시 임금이 물가상승을 상쇄할 만큼 오르게 되므로 실질임금은 일정하게 된다. 따라서 고용수준이나 총생산량도 변화하지 않게 되므로 총공급곡선은 물가변화에 영향을 받지 않는 수직선 형태가 된다고 한다.

이때에는 $\frac{P_1}{P_0} = \frac{W_1}{W_0}$이 되므로, 즉 실질임금수준에 변화가 발생하지 않으므로 [그림 21-5]의 (A)에서처럼 고용량도 전과 같은 수준인 N_0에 머물게 되고, 따라서 총생산도 그림 (B)에서처럼 전과 같은 Y_0 수준에 머물게 된다. 이러한 결과를 그림 (C)와 같은 기축변환 과정

❶ 그런데 사실 새로운 실질임금 W/P_1수준에서 N_1만큼이 고용되려면 실제로는 노동공급곡선이 N_0^S에서 N_1^S으로 이동하는 변화가 발생해야 하는데, 이에 관해서는 논리전개의 편의상 그리고 본서의 수준을 감안하여 생략하였다.

❷ 엄밀히 말하자면 총공급곡선이 우상향하는 이유에 관해서는 아직도 합의가 이루어진 일관된 견해 대신 다양한 논리들이 제시되어 왔다고 보아야 할 것이다. 본서에서 소개한 논리는 이른바 점진적 임금조정모형(sticky-wage model)에 근거한 것이며, 이 밖에도 점진적 물가조정모형(sticky-price model), 점진적 정보조정모형(sticky-imperfect-information model) 등에 의해 총공급곡선이 우상향하는 이유를 설명할 수도 있다.

을 통해 그림 (D)와 같이 총공급곡선을 도출하면, 이때 AS곡선은 수직선의 형태를 취하게 된다(그림 (D)의 AS_C부분). 물가가 P_0에서 P_1으로 올라도 (실질)총생산에는 아무런 영향을 미치지 못하는 결과가 초래되었기 때문이다. 이것이 바로 화폐적 현상은 실물부문에(적어도 장기적으로는) 하등의 영향을 미치지 못한다는 고전학파적 논리의 핵심이며, 이를 화폐와 실물부문 간의 **이분성**(dichotomy)이라 함은 전술한 바 있다. 그리고 그림 (D)의 AS_C처럼 수직이 되는 영역을 **고전학파적 영역**이라 부르기도 하는데, 통상 이에 대응하는 국민소득수준

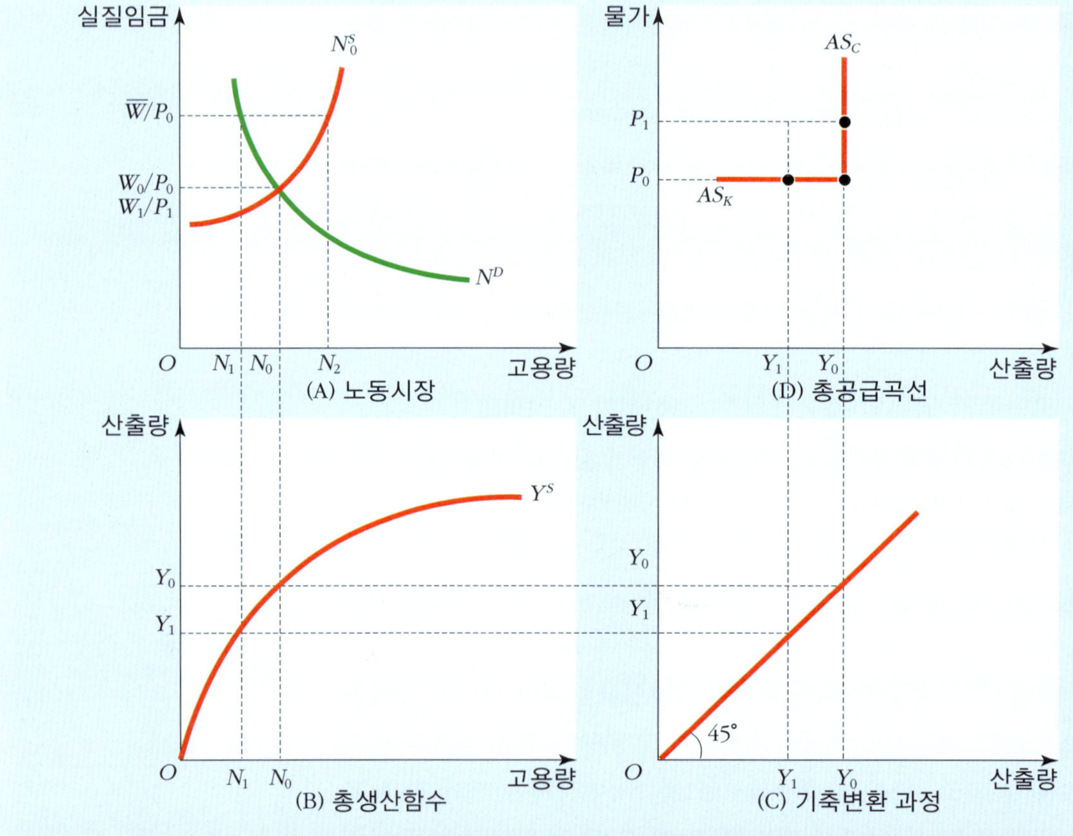

그림 21-5 극단적인 경우의 총공급곡선 도출

임금(W)과 물가(P)가 충분히 신축적이어서 실질임금이 일정 수준($W_0/P_0 = W_1/P_1$)에 머물러 있을 수 있는 경우 고용수준은 항상 N_0가 되고 생산량은 Y_0수준으로 회귀하는 특성을 갖는다. 따라서 이처럼 신축적 임금과 물가를 가정하는 고전학파의 이론에 근거할 경우 한 국민경제의 총공급곡선(AS_C)은 완전고용(N_0)하에서 달성되는 생산량(Y_0)수준에서 수직선이 되는 결과가 초래된다.

반면, 임금의 경직성(예컨대, $W = W > W_0$)을 가정하는 케인즈학파의 경우 물가가 오르지 않아도 실질임금이 균형수준보다 높아지고 결과적으로 고용(N_1)과 생산(P_1)이 감소할 수도 있게 되므로 결국 총공급곡선이 수평선으로 나타날 수도 있다.

은 완전고용하의 생산수준을 나타낸다. 즉, 고전학파에서는 장기적으로는 더 이상의 추가고용이 발생할 수 없는 상황에서의 통화팽창은 물가상승만 초래할 뿐 실질생산량은 더 이상 증대될 수 없다고 본다. 물가인상률만큼 명목임금도 증가한다고 본 것이기 때문이다.

한편, 케인즈학파에서는 비록 물가가 하락하는 경우라 하더라도 임금은 (적어도 단기적으로는)하락하지 않는 특성이 있다고 보고 있으며, 이를 임금의 **하방경직성**(downward rigidity)이라고 한다. 특히, 노조의 힘이 강할수록 경직성도 강해진다고 보았다. 물론 현재 임금수준이 최저임금선에 해당할 경우에도 임금수준은 [그림 21-5] (A)의 $\overline{W}$수준 이하로 떨어질 수 없게 된다. 따라서 명목임금이 $\overline{W}$수준에서 하방경직적인 경우 그림 (A)에서처럼 노동의 초과공급현상이 생긴다. 즉, $\overline{W}/P_0$수준에서 N_1만큼만 고용되고 (N_2-N_1)만큼의 비자발적 실업이 발생하게 된다. 그 결과 총생산은 Y_0에서 Y_1으로 감소하게 되는데, 이를 그림 (C)의 기축변환 과정을 이용하여 그림 (D)에 총공급곡선 도출과정으로 연결시킬 경우 결국 AS곡선은 P_0물가수준에서 수평을 이루는 AS_K모양을 하게 된다. 이러한 총공급곡선을 **케인즈적 영역**의 AS곡선이라 하며, 이는 실업의 존재가 오히려 일반적 현상이라고 본 케인즈적 견해를 대변하는 부분이라 할 수 있다.

한편, 케인즈학파의 경우에는 물가가 오르지 않아도 노조의 영향력 등으로 인해 임금의 일정 수준 이하(예컨대, 최저임금선)로는 하방경직적이므로 실질임금이 균형수준보다 높아져 결국 고용수준과 총생산이 감소될 수 있다고 보고 있다. 따라서 동일물가수준에서도 총생산량이 변화할 수 있게 되므로 결국 총공급곡선은 수평선의 모양을 하게 된다고 한다.

결국 AS_K와 AS_C의 차이는 두 학파가 가격이나 임금의 신축성을 어떻게 가정하고 있는지에 본질적으로 기인한다 볼 수 있다. 즉, 케인즈학파는 많은 가격이나 임금들이 미리 결정되거나(predetermined) 가격조정이 점진적(sticky)인 반면, 고전학파는 심지어 단기에서도 가격과 임금이 신축적으로 조정된다고 보고 있다. 각기 다른 기울기의 총공급곡선 형태를 제시하게 된 것이다. 그런데 실제로는 어떤 가격들은 고정적인 반면, 또 어떤 가격들은 수시변동적이어서 결국 현실적인 총공급곡선은 두 극단적 형태 사이에서 우상향하는 모양으로 나타날 것이라 볼 수 있다.

결국 두 학파 간의 차이는 가격이나 임금의 신축성을 어떻게 가정하는가에 달려 있다고 볼 수 있다.

3) 생산성 향상과 총공급곡선

미시경제분석에서와 마찬가지로 [그림 21-4]는 총생산량에 영향을 미칠 수 있는 요인 중 가격수준만이 변화하고 여타 요인들은 변화하지 않았다는 가정하에 가격수준의 변화가 노동투입량의 변화를 통해 총공급에 미치는 영향을 우상향하는 총공급곡선 형태로 파악한 것이다(moving along the *AS* curve).

그러나 여타 요인들, 예컨대 가격수준 변화에 기인하지 않는 인구의 변화, 자연재해, 외국인 노동자의 유입, 노동생산성 변화에 따른 노동수요 변화 등과 그리고 자본투입량, 자연자원 투입량, 기술수준 또한 현실적으로는 동시에 변화할 수 있는 것들이며, 따라서 이들 변화의 영향을 아울러 분석할 필요가 있다.

그런데 우리는 미시경제편에서 가격만이 변화할 경우 수요나 공급의 변화내용을 도표로 표현한 수요곡선이나 공급곡선이 수요나 공급에 영향을 미치는 여타 요인들(예컨대, 소득이나 생산요소비용 등)이 변

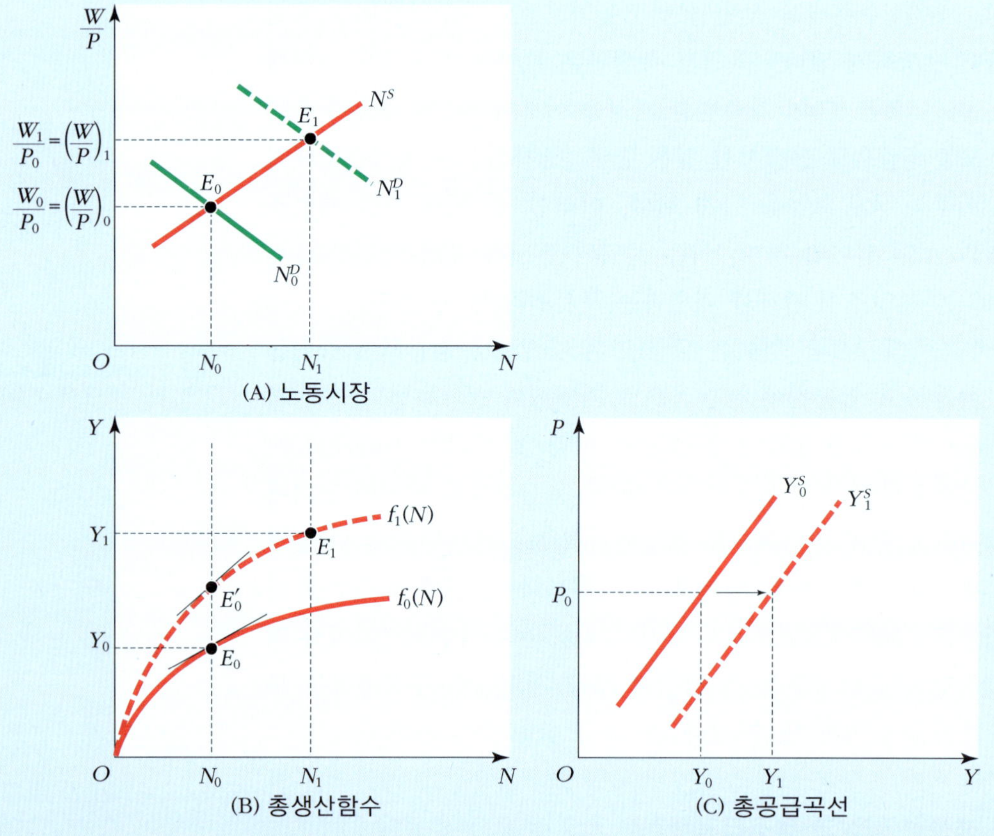

그림 21-6 기술진보의 효과
기술발전으로 노동생산성이 향상되면 노동의 수요곡선이 우측으로 이동하게 되므로 더 많은 사람($N_1 > N_0$)이 고용되고 더 많은 생산($Y_1 > Y_0$)이 이루어질 수 있는데, 이는 결국 총공급곡선 자체를 우측으로 이동시키는 결과를 초래한다. 전과 같은 물가수준에서도 총공급이 증가하게 되기 때문이다.

화할 경우 우하향하는 수요곡선이나 우상향하는 공급곡선 자체가 이동(shift)하는 결과를 초래한다는 사실을 배운 바 있다. 같은 논리가 거시경제모형상의 총공급곡선에도 그대로 적용될 수 있다.

[그림 21-6]은 기술진보가 발생하는 경우의 변화내용을 도시한 것이다. 기술진보란 동일한 고용량으로 더 많은 생산량을 만들어 내는 것이라 할 수 있다. 기술진보에 따른 생산성 향상은 우선 노동의 한계생산성이 증가하여 그림 (B)에서처럼 총생산함수를 $f_0(N)$에서 $f_1(N)$으로 상방이동시키게 된다. 이때 고용수준(N_0)은 동일함에도 불구하고 생산이 증대되는 결과가 초래되는 것이다. 이는 점 E_0와 점 E_0'에 접하는 접선의 기울기(노동의 한계생산성을 나타냄)가 점 E_0'에서 더 가파르게 되는 현상과 맥락을 같이한다. 이러한 노동의 한계생산의 증가는 그림 (A)에서 노동수요곡선을 오른쪽으로 이동시킨다($N_0^D \rightarrow N_1^D$). 그리고 새로운 균형이 E_1에서 형성됨에 따라 고용은 N_0에서 N_1으로 증가하고(단, 이때 물가수준은 불변이지만 명목임금(W)이 상승함), 동시에 총생산도 Y_0에서 Y_1(그림 (B) 참조)으로 증대된다. 결국 동일한 물가수준(P_0)에도 불구하고 산출량이 증가하는 결과가 초래되었는바, 이는 그림 (C)에서처럼 총공급곡선이 오른쪽으로 이동하는 결과를 가져오게 될 것이다. 물론 여타 요인들의 영향도 유사한 과정에 의해 분석될 수 있다.

(3) 균형국민소득과 물가의 결정

일반물가와 총수요 간의 관계를 나타내는 총수요(AD)곡선, 그리고 일반물가와 총공급 간의 관계를 나타내는 총공급(AS)곡선이 도출되었으므로, 이 두 곡선을 함께 고려함으로써 총체적 국민경제의 균형을 논할 수 있게 되었다.

여하튼 총수요곡선과 총공급곡선이 교차하는 점에서 균형이 이루어지고, 이에 대응하는 균형국민소득과 물가수준이 결정된다는 사실에는 이의가 제기될 수 없다.

즉, [그림 21-7]에서처럼 물가-소득($P-Y$) 평면에 AD곡선과 AS곡선을 함께 표시하면 두 곡선이 만나는 점 E가 발생할 것이다. 이 점에서 총수요는 총공급과 같아지는 균형을 이루게 된다. 또한 이 점에 대응하는 물가와 국민소득수준 P_0와 Y_0가 도출되는데, 이들이 바로 균형물가수준과 균형국민소득수준을 각각 나타내는 것이다.

만약 어떤 외부적인 요인에 의해 물가수준이 P_1 또는 P_2로 하락하거나 상승하면 초과수요 또는 초과공급과 같은 불균형이 발생하

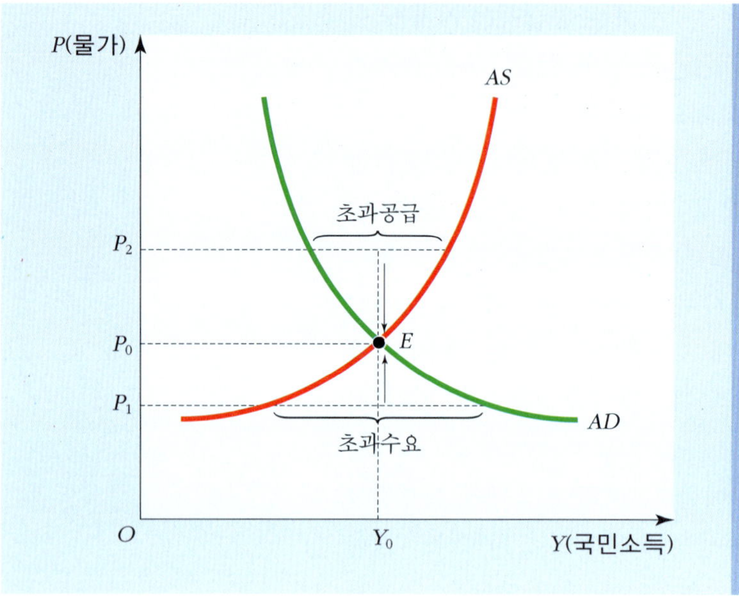

그림 21-7 균형국민소득과 물가
총수요와 총공급이 일치하는 점 E에서 균형이 이루어지고 이때 균형물가 P_0수준에서 Y_0수준의 국민소득이 형성될 것이다. 만일 물가수준이 P_1이나 P_2로 하락 또는 상승하면 초과수요나 초과공급이 발생하여 물가상승 또는 하락요인이 발생하게 되는데, 이러한 압력은 점 E에 이르러 종결될 것이다.

고, 이는 다시 물가상승 또는 물가하락 압력으로 표출될 것이다. 즉, 그림에서처럼 물가가 화살표 방향으로 이동할 압력이 발생하며, 점 E에 도달할 경우 비로소 변화압력이 사라지며 안정적 균형을 유지하게 되는 것은 일반재화에 대한 시장에서의 균형가격 및 거래량이 결정되는 과정과 같다. 즉, 초과공급으로 재고가 쌓일 경우 기업은 가격을 낮추어서라도 이를 처분하려 할 것이고, 반면 초과수요가 발생하여 가격이 오르기 시작하면 생산량을 증대시킬 것이기 때문이다.

단, 상기 균형은 총수요나 총공급에 영향을 미칠 수 있는 요인 중 물가 이외의 요인은 일정하다는 가정하에 도출된 것이며, 따라서 단기균형의 성격을 갖는다.

(4) 인플레이션 갭과 디플레이션 갭

이번에는 균형국민소득수준(Y_0)이 (현실적인)완전고용하의 국민소득(Y_f)과 괴리가 있다고 보고, 이때 어떤 현상이 발생하는지를 고려해 본다.

[그림 21-7]은 물가수준이 가상적으로 균형수준에서 벗어난 경우 균형점으로 회귀하는 시장조절 메커니즘을 보여 준 것이었다. 반면, [그림 21-8]은 이처럼 형성된 균형국민소득수준이 현실적인 완

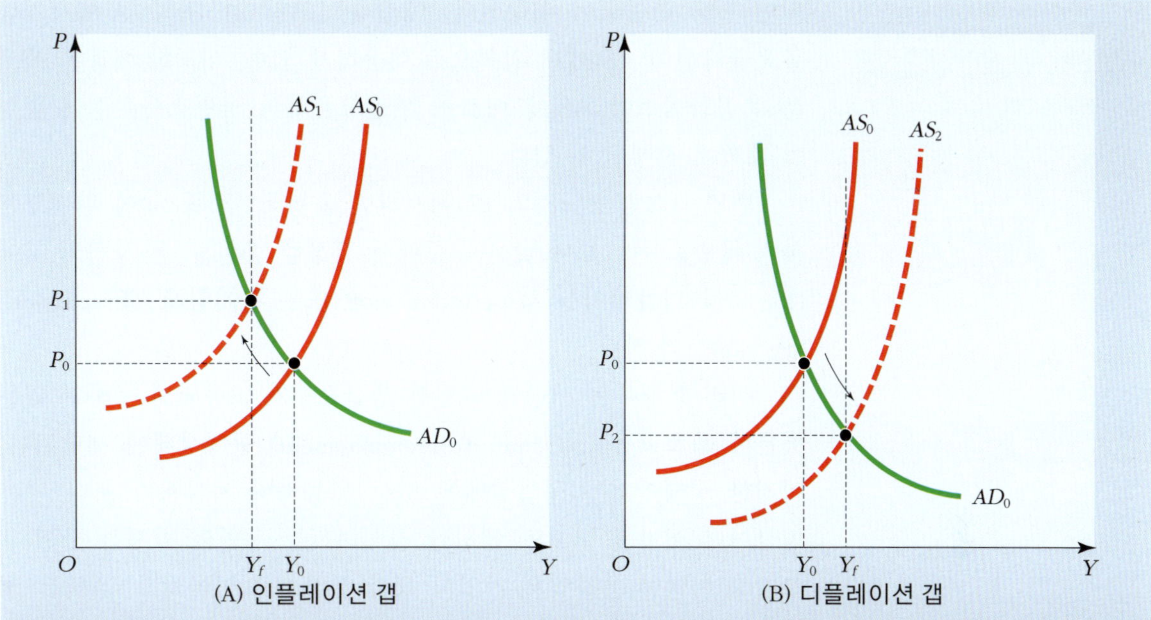

그림 21-8 인플레이션 갭과 디플레이션 갭

그림 (A)에서처럼 균형국민소득(Y_0)이 완전고용하의 국민소득수준(Y_f)보다 높게 형성될 경우 투입될 생산요소 값이 인상될 요인이 발생하여 결국은 총공급이 위축되고(AS_0에서 AS_1으로 이동) 물가가 P_0에서 P_1으로 상승하는 결과가 초래되는데, 이때 이러한 결과를 초래한 Y_0와 Y_f 간의 차이를 인플레이션 갭이라 한다.

한편, 그림 (B)에서처럼 균형국민소득(Y_0)이 완전균형하의 소득수준(Y_f)에 미치지 못할 경우 생산요소 제공자들이 보수를 낮춰서라도 취업기회를 찾아 나서게 될 것인바, 결국 총공급이 AS_0에서 AS_2로 이동하게 되고 물가는 P_0에서 P_2로 하락하는 결과가 초래될 것인데, 이때 이러한 결과를 초래한 Y_0와 Y_f 간의 차이를 디플레이션 갭이라 한다.

전고용(예컨대, 자연실업률수준하의 고용)하에서 달성가능한 국민소득수준(national income under full-employment: Y_f)보다 높은 경우(A)와 낮은 경우(B)에 예상되는 조정경로를 나타내기 위한 분석장치이다.

한편, 균형국민소득수준이 현실적인 완전고용하에서 달성가능한 국민소득수준보다 높게(또는 낮게) 형성될 경우에는 이른바 인플레이션 갭(inflation gap)(또는 디플레이션 갭: deflation gap)이 발생한다([그림 21-8] 참조).

[그림 21-8]의 (A)에서처럼 균형국민소득(Y_0)이 완전고용하의 국민소득(Y_f)보다도 높은 수준에서 형성될 경우, 이 둘 사이의 차이(Y_0-Y_f)를 **인플레이션 갭**(inflation gap) 또는 **경기과열 갭**이라 한다. 이러한 경우에는 투입된 생산요소(노동 · 자본 등)에 대한 대가, 즉 임금, 이자 등이 오르게 된다. 실질적 완전고용하에서는 더 이상 고용할 노동자가 없으므로 달성가능한 생산수준보다도 높은 생산량을 달성하기 위해서는 시간외 또는 휴일근무 등이 필요해지고, 이는 결국 임금인상으로 이어질 것이기 때문이다.

한편, 이처럼 임금 등 생산요소가격이 상승하여 생산비가 증대인플레이션(또는 디플레이션) 갭은 물가를 인상(또는 인하)시켜 실질적 완전고용수준이 회복될 때까지 총공급곡선을 왼편(또는 오른편)으로 이동시킨다.

되면 결국 총공급이 위축된다. 예컨대, [그림 21-8]의 (A)에서처럼 총공급곡선이 AS_0에서 왼쪽으로 이동하게 되며, 이러한 이동은 새로운 총공급곡선이 AS_1에 이르러 완전고용하의 국민소득수준이 형성될 때까지 진행될 수 있다.

반면, [그림 21-8]의 (B)에서처럼 균형국민소득(Y_0)이 완전고용하의 국민소득(Y_f)보다 낮은 수준에서 결정될 경우 이 둘 사이의 차이($Y_f - Y_0$)를 **디플레이션 갭**(deflation gap) 또는 **경기침체 갭**(recessionary gap)이라 한다.

이러한 경우는 시장에서 일부 생산요소가 고용되지 못하고 있는 이른바 **과소고용**(less-than-full-employment) **균형상태**에 해당된다. 이러한 상황에서는 실업상태에 있는 노동자나 자본가가 보다 낮은 임금이나 이자를 받고도 생산에 참여하려는 동인이 발생하게 된다. 그리고 이러한 움직임은 기업의 생산비 감소로 이어지고, 결국은 생산을 증대시키는 방향으로 나타날 것이다. 결과적으로 총공급곡선은 오른쪽으로 이동하게 되는데, 이러한 현상은 총공급곡선이 AS_2에 이를 때까지 진행될 것이다.

이상에서 우리는 균형국민소득과 완전고용하의 국민소득과의 괴리로 인해 인플레이션 갭이나 디플레이션 갭이 발생할 경우 총공급곡선이 이동하여 완전고용하의 국민소득수준으로 회귀하려는 특성이 있음을 확인하였다.[3]

그러나 당초 인플레이션 갭이 존재하였던 경우에는 새로 형성될 균형에서 국민소득수준은 전보다 낮아지고 물가는 상승하게 되는 반면, 디플레이션 갭이 존재하였던 경우에는 새로운 균형하의 국민소득수준은 전보다 높아지고 물가는 하락하는 결과가 초래되는 차이가 발생한다. 바로 이러한 이유 때문에 전자를 인플레이션 갭, 후자를 디플레이션 갭이라 부른다.

그렇다면 과연 총공급곡선의 이동이 자동적으로 이루어질 수 있을까?

이 시점에서 우리가 갖게 되는 의문점은 과연 그렇다면 총공급의 이동이 자동적으로(마치 물가변동에 대한 공급조정 과정처럼) 이루어질 수 있는가 하는 점이다. 즉, 균형상태가 완전고용으로 회귀하는 조정과정이 자율적으로 성취될 수 있는가 하는 의문이다.

❸ 단, 상기의 예문은 갭이 공급 측면에서의 충격 등에 따라 발생할 경우 총공급곡선 이동에 의해 새로운 균형이 형성되는 과정에 관한 것이며, 따라서 총수요 변화에 따른 갭 발생이 조정되는 과정은 별도로 설명되어야 할 것이다. 그러나 총수요 변화시에는 물가변화 등이 수반되는 등 복잡한 측면이 있어 본서에서는 생략하였다.

이러한 의문에 대하여 고전파 학자들은 임금 등 생산요소가격 등이 **자동조정기능**(self-correcting mechanism)을 통해 조정됨으로써 완전고용상태로 회귀한다고 보았고, 따라서 완전고용균형이 장기적으로는 항상 성립된다고 보았다. 이러한 견해는 임금 등이 항상 신축적으로 조정된다는 가정에 근거한 것이다. 최근의 신고전파 학자들은 심지어 이러한 자동조정 과정은 신속히 이루어질 수 있으므로 경기변동이 생기더라도 정부가 개입하지 말고 경제가 자동적 조정기능을 통해 자율적으로 안정적 균형상태를 회복할 수 있도록 내버려 두어야 한다는 견해를 견지하고 있다.

고전학파 견해로는 임금 등 생산요소가격 등이 자동적으로 그리고 신축적으로 조정되고, 그에 따라 총공급곡선이 자동적으로 이동하게 되어 장기적으로는 완전고용 균형이 항상 성립된다고 보고 있다.

그러나 이른바 **케인즈학파 경제학자**(Keynesian)들은 임금 등이 매우 비신축적이며, 특히 노조의 영향으로 쉽사리 임금이 하락할 수 없다는 이른바 **하방경직성**(downward rigidity) 때문에 경제의 자동조정기능은 매우 불완전하다고 보았다. 또한 그 조정과정도 상당한 시간이 소요되므로 비록 경제가 상당 수준만큼 회복될 수 있다 하더라도 그 기간중 발생하는 제반 경제적 비용이 너무 커서 정부가 경기안정을 위해 개입하는 일은 불가피한 것이라는 견해를 견지하였다.

반면, 케인즈학파 견해로는 임금 등이 비신축적이거나 하방경직적이므로 완전고용이 자동으로 실현되지 못하는 이른바 과소균형상태가 일반적 현상이라 보고 있다. 따라서 정부의 개입 없이는 완전고용에 이를 수 없다고 보고 있는 것이다.

두 집단 간의 견해차이는 독자들로서는 매우 혼란스러운 일이 될 것이다. 그런데 (신)고전파 학자들은 현실적 상황이 완전고용에 가까운 장기균형에 가깝다고 본 반면, 케인지언들은 오히려 완전고용이 실현되지 못한 과소균형상태가 일반적인 현상이라 파악하고 있다는 점에 유념할 필요가 있다. 결국 현실에 대한 인식차이가 서로 다른 논리를 탄생시킨 것이다.

이상에서와 같이 균형국민소득수준이 완전고용하의 국민소득수준과 괴리가 있을 때 그와 같은 갭을 어떻게 줄일 수 있는지에 대한 고전학파와 케인즈학파 간의 견해차이를 확인할 수 있었다. 그런데 이는 근본적으로 두 학파 간의 가격신축성에 대한 견해차이에 기인하는 것이다.

즉, (신)고전학파의 경제학자들에 의해 발전된 **실질경기변동론**(Real-Business-Cycle(RBC) theory)은 가격이 단기에서조차도 완전신축적이라는 가정에 근거하여 총공급곡선은 이전에 소개한 바와 같이 고전학파 영역에서 수직선의 형태를 취하게 된다고 보고 있다. 결국 이들은 경기변동의 주 원인이 생산성의 변화, 노동이나 자본과 같은 생산요소량의 변화, 기술진보, 그리고 여타의 공급충격 등과 같이 총공급 측면에만 있다고 보고 있으며, 따라서 경제의 수요 측면에서 충격이 발생하는 경우(예를 들어, 소비나 투자행태의 변화 등) 총수요곡선의 이동은 균형국민소득수준에는 아무런 변화를 초래하지 못한 채 물가수준의 변동만을 가져오게 된다는 것이다. 이는 결과적으로 경기변동폭을 둔화시키려는 정부의 경제안정화 정책이 무력하게 된다는 결론을 가져오게 된다.

예를 들어, 경기진작을 위해 정부가 통화량을 증가시키는 경우 총수요곡선은 우측으로 이동하게 되며, 따라서 실질경기변동론에서 주장하는 바와 같이 총공급곡선이 수직선인 경우 통화의 증가는 단기에서 물가의 상승만을 가져오고 어떠한 실질변수도 변화시키지 못하게 되는 이른바 **금융정책 중립성**(monetary neutrality)을 초래하게 된다.

반면, 가격수준이 비신축적인 경우, 극단적인 예로서 단기에 임금이나 가격이 고정되어 있다고 가정하면 총공급곡선이 케인즈적 영역과 같이 수평선의 형태를 취하게 된다. 이 경우에는 총수요 측면에서의 변동은 균형국민소득수준에 매우 큰 영향을 미치게 된다. 이와 같은 견해는 실제로 총공급 측면의 변화가 총수요 측면에 비해 상대적으로 빈번히 발생하지 않으며, 기술진보와 같은 공급충격은 대체로 점진적으로 이루어지므로 총공급 측면의 변화를 이용해 단기의 경기변동을 설명하는 데는 한계가 있다는 주장이다. 따라서 총수요 측면이 단기의 경기변동을 유발하는 근본적인 원인이 되며 정부가 적극적으로 개입하여 총수요를 변화시키는 정책을 해야 한다는 입장이다.

예를 들어, 경제가 경기침체에 돌입하는 경우 만일 정부가 즉각적으로 총수요의 감소를 상쇄시킬 수 있도록 통화를 증가시킨다면 이는 총수요곡선의 우측으로의 이동을 초래하고 단기에는 아무런 물가의 변동 없이 균형국민소득수준의 증가를 달성하는 이른바 **금융정책 비중립성**(monetary non-neutrality)이 나타나게 된다. 결론적으로 임금이나 가격의 비신축성이 경기의 변동을 이해하는 데 유용하다는 입장이다.[4]

[4] 이에 **새케인즈 경제학자**(New Keynesian)들은 단기에서 가격이나 임금의 비신축성 또는 경직성이 어떻게 기업의 합리적인 행태와 일관되게 설명될 수 있는지를 미시경제학을 이용하여 설명하려 하였다. 대표적인 이론으로서 가격조정에 따른 추가적인 비용발생으

02 경기변동과 대책: 학파별 비교 · 검토

이제 그러면 경기침체로 실업이 발생할 경우의 경기대책을 학파별로 비교 · 검토해 보자.

전술한 바 있듯이, 경기순환이란 경기호황과 불황이 일정 주기를 가지고 반복되는 현상이라 할 수 있다. 그리고 경기호황의 경우에는 일반적으로 물가가 상승하므로 물가안정을 위한 대책이 마련되어야 하고, 경기불황의 경우에는 일반적으로 실업이 발생하므로 실업구제방안이 마련되어야 한다.

(1) 수요관리정책

이러한 경기변동에 대한 대책마련과 관련하여서는 서로 견해를 달리하는 주장이 제시되어 왔고, 이들의 주장이 갖는 특징에 따라 상이한 학파명칭이 붙여지기도 하였다. 이하에서는 이들의 견해를 유형별 · 시대별로 비교 · 설명해 보고자 한다.

1) 신고전파, 케인즈학파 그리고 신고전파종합

엄밀하게 말하자면 **고전파 경제학**(classical economics)이란 **스미스**(A. Smith), **리카도**(D. Ricardo) 그리고 **밀**(J. S. Mill)로 이어지는 초창기 자본주의 시장경제 이론체계를 일컫는 것이다.

일반적으로 초창기 자본주의 경제학의 기조를 계승한 19세기 말 한계효용학파 학자들로부터 20세기 초 마셜에 이르는 학자들의 이론체계를 신고전학파라 한다. 흔히 고전학파 이론이라 부르는 것은 바로 이 신고전파 경제학을 지칭하는 것이다.

한편, 이른바 **신고전파 경제학**(neoclassical economics)이란 19세기 말 한계효용 개념에 근거하여 시장가격이 결정되는 과정을 설명한 **한계효용학파** 학자들(C. Menger, L. Walras, S. Jevons 등)로부터 20세기 초 **마셜**(A. Marshall)로 이어지는 학자들의 이론체계를 지칭한다고 보아야 할 것이다. 그리고 우리가 흔히 케인즈경제학과 대비시켜 분석하는 고전파 이론이란 실제로는 **신고전파 경제학**을 말하는 것으로 보아야 할 것이다. 단, 신고전파 경제학이 이념상 고전파 경제학의 기조를 계승하고 있어 간혹 혼용되고 있다.

이들은 임금과 물가의 신축적 조정 기능으로 인해 장기적으로 완전고용하에 균형이 이루어지며, 따라서 정부의 어떤 개입도 불필요하다고 보고 있다.

신고전학파 이론에 따르면 임금과 물가는 신축적 조정을 통하여 총공급과 총수요 간의 불균형을 자동적으로 해소시켜 주며, 따라서

로 인해 가격조정이 신속하게 이루어지지 않는다는 **메뉴비용**(menu cost)이론, 현실적으로 다른 생산자들이 가격을 변동시키지 않을 것이라는 기대하에 생산자가 가격을 조정하지 않는 **가격조정실패**(coordination failure)이론, 그리고 개별 가격이나 개별 임금은 신축적이지만 모든 가격조정이 동시에 일어나지 않음으로 인해 물가수준이나 평균임금수준은 비신축적일 수 있다는 **엇갈린 가격조정**(staggering of wages and prices)이론 등을 들 수 있으나 본서의 수준상 자세한 내용은 생략하기로 한다.

만성적이고 장기적인 경기침체나 경기과열은 일어날 수 없다고 보았다. 그리고 균형은 완전고용상태에서 안정적으로 유지된다고 분석하였다. 따라서 경기변동과 관련하여 정부는 어떤 대응을 할 필요도 없다고 보았다. 경제가 일시적으로는 불황에 빠져도 머지않아 자율적 시장기능에 따라 자동적으로 해소될 것이라 믿었기 때문이다.

그러나 1929년을 전후한 대공황 사례에서처럼 대공황은 오래 지속되었고, 또 자생적으로 치유되지 않아 신고전파 이론을 대신하여 케인즈 경제학이 등장하였다.

그러나 역사적 경험에서처럼 1929년을 전후한 시기의 이른바 대공황은 오래 지속되었을 뿐 아니라 자생적으로 치유될 가능성이 전혀 보이지 않았다. 결국 신고전파 경제이론은 설 땅을 잃었고 **케인즈 경제학**(Keynesian economics)이 대신 등장하게 되었다.

케인즈는 불황(또는 인플레이션)은 자동해소될 성격의 것이 아니므로 정부가 경기정책을 통해 완화시켜야 한다고 보았다. 케인즈가 제시한 경기정책은 기본적으로 수요 측면을 강조한 것이어서 수요관리경제학이라 부르기도 한다.

케인즈는 만성적인 불황은 자동해소될 성격의 것이 아니므로 정부가 적절한 통화정책이나 재정정책을 통해 능동적으로 대처할 것을 주문하였다. 예컨대, 경기가 침체되었을 경우 정부지출이나 화폐공급을 늘려 총수요를 증가시켜 경기를 회복시킬 수 있으며, 반면 경기가 과열된 경우에는 정부지출이나 화폐공급을 줄여 총수요를 감소시켜 과열된 경기를 완화시킬 수 있다고 본 것이다.

결국 그는 정부지출이나 화폐공급을 증감시키는 방향과 강도를 조절하여 소기의 성과를 올릴 수 있다고 주장한 것이다. 이러한 케인즈주의 경기정책은 수요 측면을 강조하여 제시된 것이어서 **수요관리 경제학**(demand-side economics)이라 불리기도 한다.

[그림 21-9]의 (B)에서처럼 재정 또는 금융정책을 통해 총수요를 확대시킬 경우 소득수준이 증가될 수 있다는 것이다.

여하튼 경기침체시 정부가 통화정책이나 재정정책을 통하여 총수요를 팽창시킬 경우, [그림 21-9]의 (B)에서처럼 국민소득은 Y_0에서 Y_1으로 증가한다는 견해가 케인즈학파 이론의 핵심이다. 단, 이때 물가가 P_0에서 P_1으로 상승한다는 문제가 발생하는 것으로 보았다.

반면, 신고전학파 학자들은 총수요 확대는 임금과 물가를 상승시켜 총공급을 위축시키게 되므로, [그림 21-9]의 (A)에서처럼 당초 총수요 확대로 인해 증가하였던 소득수준은 다시 원래 수준으로 돌아가 버리고 물가만 추가적으로 상승한다고 주장하면서 정부의 경기대책 무용론을 폈던 것이다.

반면, 신고전파 학자들은 총수요 확대에 따라 물가가 오르면 임금 등 생산요소가격이 (같은 비율로)상승하게 되고, 따라서 총공급곡선이 왼쪽으로 이동하게 되므로 국민소득수준은 원래의 수준(신고전파는 이것을 완전고용수준으로 가정하고 논리를 전개함)으로 돌아가 버리되 물가는 한 차례 더 올라서 $P_0 \rightarrow P_1 \rightarrow P_2$로 상승한다고 보았다. 결국 경기대책은 장기적으로는 경기를 회복시키지는 못한 채 물가만을 올리는 부작용을 낳는다고 본 것이며, 따라서 정부의 경기대책 무용론을 폈던 것이다.

그러나 임금과 가격 등의 하방경직성이 존재하여 과소고용균형이 이루어지는 것이 일반적 현상이라 본 케인즈이론의 현실적 당위성

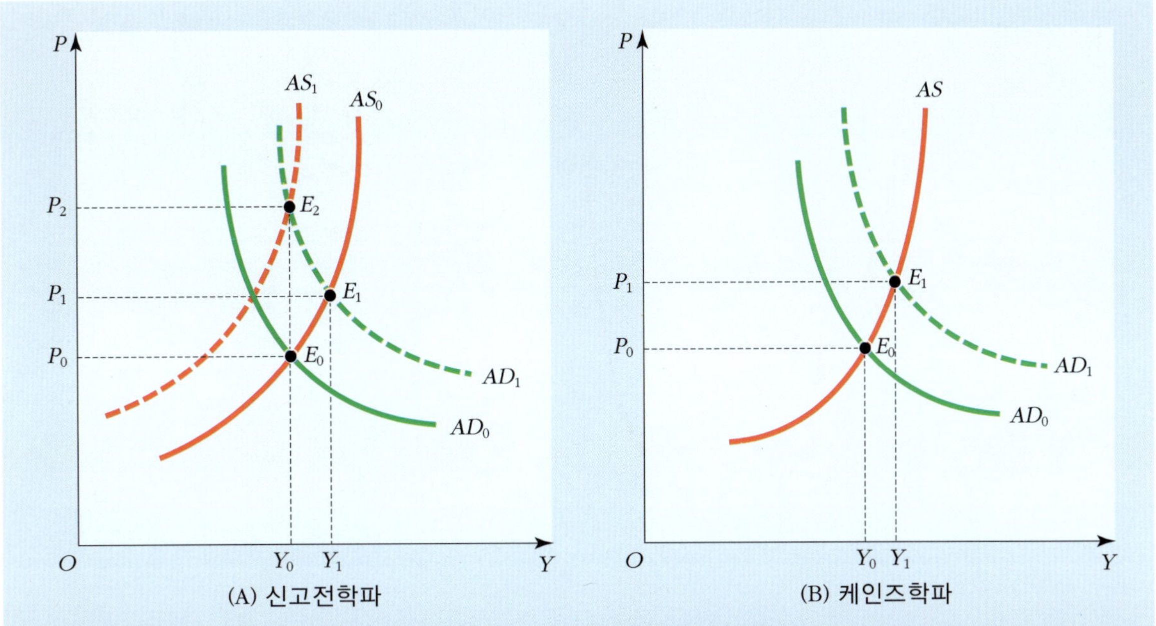

그림 21-9 신고전학파와 케인즈학파

정부가 경기확장정책을 실시할 경우 총수요는 AD_0에서 AD_1으로 이동하게 되므로 국민소득이 Y_0에서 Y_1으로 증가할 수 있다는 케인즈학파 견해를 나타내고 있다.

그러나 이때 물가가 P_0에서 P_1으로 증가하는 문제가 발생한다(그림 (B)). 그런데 이처럼 물가가 오르면 임금 등 생산요소가격이 상승하여 총공급을 AS_0에서 AS_1으로 위축시키게 되므로 결국 국민소득수준은 Y_0수준으로 환원되어 버리고 물가만 한 차례 더(P_1에서 P_2) 올라버리는 결과가 초래된다는 것이 신고전파의 견해라 할 수 있다(그림 (A)).

을 거역할 수는 없었다. 따라서 단기적으로는 케인즈이론이 설득력을 갖는 반면, 신고전파 이론은 경제의 장기적 균형을 설명하는 데 적합하다는 식의 논리적 절충이 **사무엘슨**(Paul A. Samuelson)에 의해 시도되었는데, 이를 후세 학자들이 **신고전파종합**(neoclassical synthesis)이라 부르고 있다. 사실 우리가 간혹 **신고전파 경제학**이라 지칭하는 논리체계는 바로 이 신고전파종합을 일컫는 경우가 많으며, 바로 이 이론체계가 현대경제학의 주류를 이루고 있다고 볼 수 있다.

그러나 단기적으로 임금과 가격 등의 하방경직성을 가정한 케인즈이론의 정당성을 거역할 수 없어 이를 수용하되 단지 장기적 균형을 설명하는 데에는 신고전학파 이론을 적용하는 절충적 논리가 사무엘슨에 의해 시도되었는데, 이를 신고전학파종합이라 한다. 신고전학파 이론이란 보통 이를 지칭하는 경우가 많다.

2) 장 · 단기 필립스곡선과 통화주의

앞서 케인즈이론에 근거한 경기대책에서 살펴본 바에 따르면 경기침체시 수요확장정책을 통해 국민소득수준은 증대되고 실업은 감소될 수 있으나 물가가 오른다는 문제가 있음을 확인한 바 있다. 이처럼 실업률과 물가상승률 사이에 음의 상관관계가 존재한다는 논리

한편, 케인즈이론에 따르면 수요확대로 국민소득수준은 증대되고 실업은 감소될 수 있으나 물가가 오르는 문제가 발생한다. 이렇게 실업률과 물가상승률 간에 음의 상관관계가 존재한다는 논리를 필립스곡선 이론이라 한다([그림 21-11] 참조).

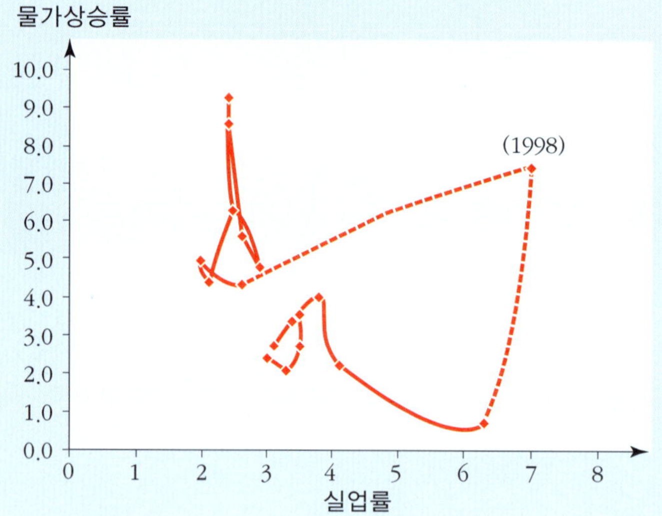

그림 21-10
한국의 필립스곡선
이 그림은 1989~2006년 기간중 한국의 실업률과 연간 물가상승률 간의 산포도를 작성한 것이다.
외환위기 시기의 극단적 상황점(1998년)을 제외한다면 전반적으로 두 변수 간에 역함수관계가 성립하는, 따라서 우하향하는 필립스곡선이 성립되고 있는 것으로 판단된다.

를 **필립스곡선**(Phillips curve)이론이라 한다.[5] 영국의 경제학자 **필립스**(W. Phillips)가 19세기 중반부터 20세기 중반(1861~1957년)에 이르는 기간 동안 영국의 실업률과 물가상승률 사이에 안정적인 음의 상관관계가 존재하였다는 사실을 발견한 데 연유하여 붙여진 용어이다. 다른 나라들에서도 비슷한 관계가 관측됨으로써 두 변수 간의 음의 상관관계가 보편적 현상인 것으로 인식되었기 때문이다.

[그림 21-10]은 1989년부터 2006년까지 한국의 실업률과 연간 물가상승률 자료를 이용하여 필립스곡선을 그려 본 것으로 외환위기의 영향을 받은 1998년도의 극단적 관측치를 제외한다면 대체로 물가상승률과 실업률은 음의 상관관계를 가지고 있는 것으로 나타났다. 물가상승률은 소비자물가지수의 전년 대비 상승률로 계산하였다.

이러한 현상을 총수요-총공급모형 차원에서 이해한다면 결국 분석대상 기간중 경기변동이 주로 수요 측면에 기인하여 발생한 것으로 볼 수 있다.

[그림 21-11]의 (A)는 수요 측면에서의 경기변동요인이 (자생적으로든 정책시행에 의해서든)발생함으로써 국민소득은 Y_1에서 Y_2, Y_3로 증대되는 반면, 물가수준은 P_1에서 P_2, P_3로 상승한 결과를 나타내 주

❺ 원래 필립스는 임금상승률과 실업률이 역의 상관관계에 있다는 사실을 공표하였지만, 최근에는 물가상승률과 실업률 간의 관계로 논의하는 것이 일반적 관행이 되고 있다.

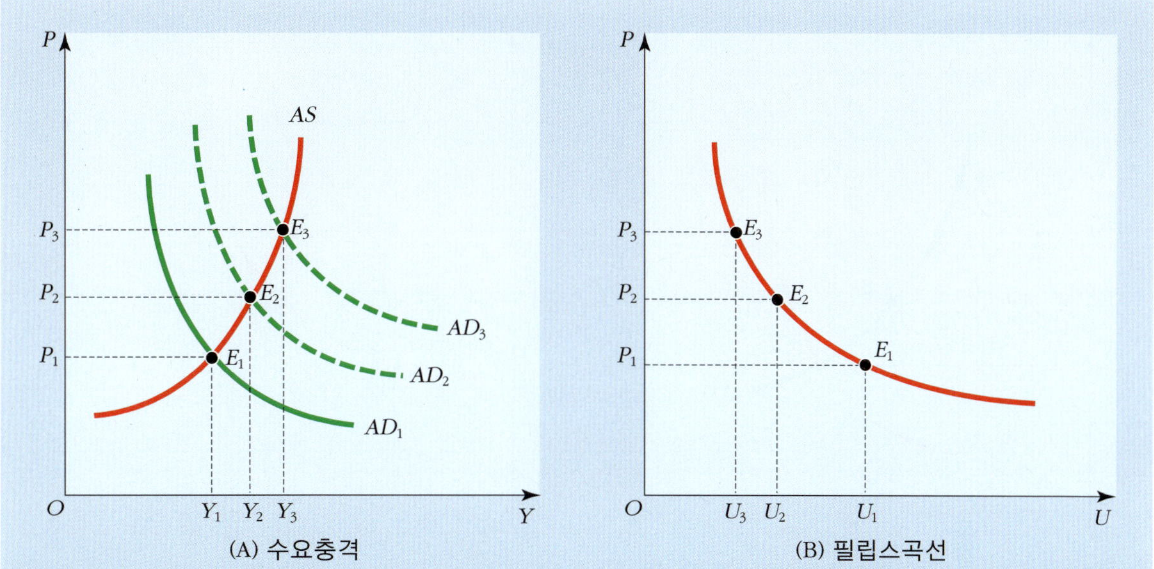

그림 21-11 수요충격과 필립스곡선
우하향하는 필립스곡선(그림 (B))은 결국 총수요확장(예컨대, $AD_1 \to AD_2 \to AD_3$)을 통한 국민소득 증대($Y_1 \to Y_2 \to Y_3$) 및 실업감축은 결국 어느 정도의 물가상승($P_1 \to P_2 \to P_3$)을 감수해야 된다는 시사점을 주고 있는데 이를 상충관계(trade-off)라 한다.

고 있다.[6]

국민소득의 증대는 고용증대에 의해, 즉 실업률의 감소에 의해 실현될 성격의 것이어서 결국 국민소득이 증대함에 따라 물가가 오르는 동안 실업률은 감소할 것이다. 이러한 물가와 실업률 간에 형성된 함수관계를 바로 필립스곡선이라 부르는 것이다.

[그림 21-11]의 (B)에서처럼 두 변량 간에는 역함수관계가 성립되고 따라서 우하향하는 모양을 하게 된다.

필립스곡선이론은 결국 실업률을 일정 수준 낮추기 위해서는 어느 정도의 물가상승을 감수해야 한다는 정책적 시사점을 주고 있는데, 이러한 관계를 **상충관계**(trade-off)라 부른다. 역으로 물가상승률을 하향조정하기 위해서는 일정 수준의 실업증가 내지 경제성장률의 하락을 감수해야 한다는 논리가 정립되어 있다. 이때 물가를 1%p 내리기 위해 감당해야 할 국민소득 감소비율을 **희생률**(sacrifice ratio)

❻ 이하에서 전개한 예문에서는 설명상의 편의를 위해 종축의 변수를 물가상승률 대신 물가수준을 이용하였다. 따라서 엄밀한 의미에서의 필립스곡선과는 차이가 있을 수 있다. 그러나 개념적으로는 별문제가 없을 것이다.

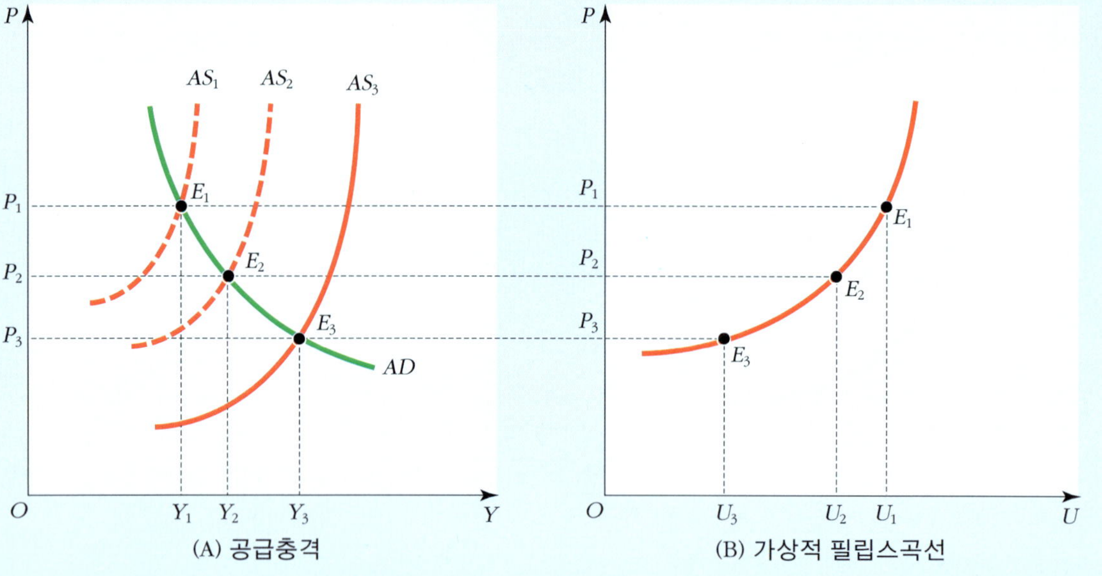

그림 21-12 공급충격과 가상적 필립스곡선
그림 (A)와 같이 공급 측면에서의 충격(기술진보나 생산요소가격 변화 등)으로 총공급곡선이 AS_1에서 AS_2 또는 AS_3로 이동할 경우 국민소득이 증대하고 물가도 낮아질 수 있는 경우가 있다.
이때에는 그림 (B)와 같이 우상향하는 가상적인 필립스곡선이 형성될 수도 있다는 것이 공급중시 경제의 논리 중 하나이다.

이라 부르기도 한다.

그런데 이러한 논리는 케인즈경제학이 수요 측면만을 강조한 논리적 체계라는 한계성으로 인해 도출된 것이다.

그런데 사실 이 이론은 결국 경기변동이 수요 측면에 주로 기인하거나 정책당국이 수요관리정책을 통해 경기촉진을 시도하였을 경우를 설명하는 데 합당한 모형이다. 바로 이러한 특성 때문에 케인즈경제학을 수요 측면의 정책만을 강조한 **수요관리 경제학**(demand-side economics)이라 부르기도 하는데, 또한 이것이 케인즈경제학의 한계성 중 하나이기도 하다.

예컨대, [그림 21-12]에서처럼 총공급의 확대가 물가의 하락을 초래할 수도 있어, 이러한 경우 물가와 실업률의 변화방향은 정함수관계를 가질 수도 있다.

[그림 21-12]의 (A)에서는 기술진보, 노사분규 건수, 원자재 및 생산요소가격(임금 · 이자 등) 변화 등에 따라 총공급곡선이 AS_1에서 AS_2와 AS_3로 이동하는 상황을 보여 주고 있다. 결과적으로 국민소득이 Y_1에서 Y_2와 Y_3로 증대되는데, 이때 물가는 P_1에서 P_2와 P_3로 하락하고 있다. 국민소득의 증가는 실업의 감소를 동반할 것이므로, 결국 이번에는 물가와 실업률의 변화방향이 정함수관계를 갖게 된다. 즉, 양의 상관관계가 성립되므로 이번에는 필립스곡선이 우상향

이러한 논리에 근거한 이론을 공급중시 경제학이라 부르기도 한다.

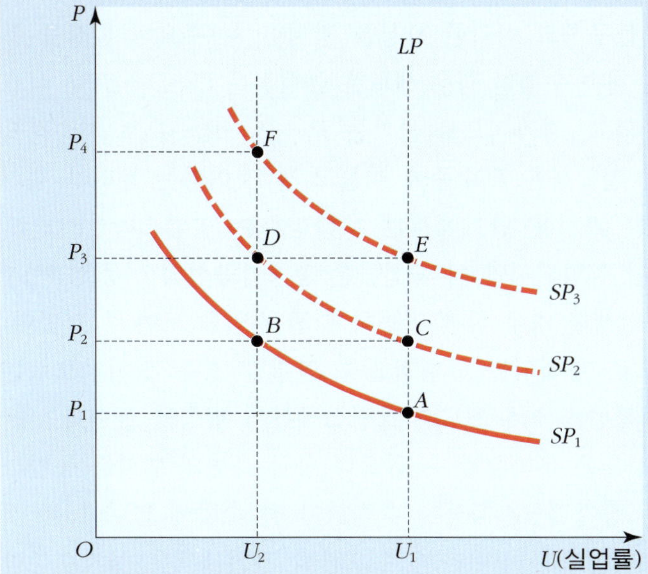

그림 21-13 장기적 필립스곡선

SP_1은 단기에서 성립되는 전형적인 필립스곡선이다. 당초의 균형점 A에서 경기부양을 통한 실업감축을 시도할 경우 실업률은 U_1에서 U_2로 감소할 수 있지만 물가는 P_1에서 P_2로 상승한다는 시사점을 주고 있는 것이다.

그러나 물가상승은 임금인상을 유발하여 총공급곡선을 (후방으로)이동시키게 될 것인바, 경기는 위축되고(점 B→점 C) 다시 원래 수준의 실업률로 환원(U_2→U_1)될 수도 있다.

이때 다시 경기대책이 시행되는 등 일련의 과정이 반복되면 균형점은 C→D→E→F식으로 진행되는데 이는 결국 단기필립스곡선의 이동(SP_1→SP_2→SP_3)현상에 따라 수직선 형태의 장기적 필립스곡선(LP)이 형성될 수 있음을 그림에서 확인할 수 있다.

할 수도 있음을 [그림 21-12]의 (B)가 보여 주고 있다.

결국 케인즈경제학은 이러한 가능성을 경시함으로써 물가와 실업률 간에 상충관계가 성립된다는 논리를 펴고 만 것이다. 이러한 사실은 경기대책은 수요측 관리방안보다는 공급 측면에서의 대안을 통해 마련될 경우 물가와 실업을 동시에 잡을 수 있는 말하자면 윈-윈(win-win)전략이 될 수 있음을 시사하고 있다. 이러한 논리에 근거하여 제시된 이론이 바로 **공급중시 경제학**(supply-side economics)이다. 자세한 내용은 후술하기로 한다.

한편, 공급중시 경제학과는 별도의 시각에 근거하여 필립스곡선이 우하향한다는 논리를 반박하는 새로운 견해가 제기되었다.

이와는 별도로 수요확대에 따라 실업이 감소하는 반면 물가가 오르게 되고, 그로 인해 임금도 같은 수준만큼 인상될 것이므로 결국 생산이 위축되고 실업이 다시 증가할 수 있으므로 이러한 과정이 반복될 경우 [그림 21-13]에서처럼 장기적으로는 필립스곡선이 수직선이 될 것이란 주장이 제기되었다.

[그림 21-13]에서 국민경제의 초기 상태가 A라 하면, 이때 실업률은 U_1, 물가수준은 P_1이 될 것임을 보여 주고 있다. 그런데 U_1이란 실업률이 너무 높아(경기침체기) 정부가 총수요확대정책을 쓴다면, 실업률은 U_2수준으로 낮아질 것이지만 물가수준은 P_1에서 P_2수준으로 높아질 것(이때 균형점은 A에서 B로 이동)이라는 것이 바로 필립스곡선이론이다. 그러나 시간이 경과함에 따라 근로자들이 물가상승률만큼 임금인상을 요구하여 쟁취하게 되면, 실질임금이 상승하면서 생산이 위축되어 결국 다시 실업률을 높일 것이다. 이로써 새로운 균형은 B에

서 C로 바뀌고 실업률은 원래 수준인 U_1으로 복귀할 것이다.

그럼에도 불구하고 이러한 사실을 경시한 채 수요의 확장을 통한 경기대책을 계속 수행할 경우 새로운 균형점은 $C \to D \to E \to F$ 식으로 옮겨 가게 되고, 결과적으로 물가는 $P_1 \to P_2 \to P_3 \to P_4$로 지속적으로 상승하지만 실업률은 U_1수준에 머물고 말 것이라는 논리가 제기되었다. 이러한 과정은 단기에서는 우하향하는 필립스곡선(예컨대, SP_1, SP_2, SP_3)이 성립되지만 이 곡선들은 총공급곡선의 이동(임금인상 등으로 인해)이 발생할 경우 함께 이동하게 될 것임을 보여 주고 있다. 결국 결과적으로 형성되는 균형점들을 연결할 경우 장기적으로는 LP와 같이 수직선을 이루는 장기필립스곡선이 형성될 것이다. 즉, 단기필립스곡선들은 우하향할 수 있으나 공급 측면의 변화를 동반하는 장기에서는 장기필립스곡선이 수직선이 될 수밖에 없다고 본 것이다. 이러한 현상이 사실이라면 수요관리 경기대책은 물가수준만 올릴 뿐 경기진작이나 실업감소에는 하등 효과가 없을 것이라는 정책적 시사점을 던져 주고 있다.

이러한 논리는 신고전파 이론의 전통을 이어받은 이른바 통화주의자들에 의해 주창된 것이며, 이때 형성되는 실업률을 자연실업률이라 부르고 있다.

이러한 논리는 **프리드먼**(Milton Friedman)을 중심으로 하는 이른바 **통화주의자**(monetarists)들에 의해 주창되었다. 이들은 케인즈경제학이 제시한 정부의 개입이 아무런 성과 없이 오히려 문제점만 증폭시킨다고 주장하였다. 이들은 [그림 21-13]에서처럼 수직을 이루는 장기필립스곡선에 대응하는 실업률을 **자연실업률**(natural rate of unemployment)이라 칭하였다. 이처럼 **장기필립스곡선**이 수직선이 되므로 경기대책이 장기적으로는 실업률을 일정 수준 이하로 낮추는 데 아무런 도움도 제공할 수 없다는 논리를 자연실업률가설이라 한다.

이러한 통화주의자들의 견해는 기본적으로 (신)화폐수량설에 근거하고 있는 것이다.

이러한 통화주의론자들의 주장은 일면 화폐수량설에 근거하고 있다. 앞서 언급한 바 있듯이, 통화량과 명목국민소득 간에는 명백한 함수관계가 있다는 주장이 제기된 바 있었다. 즉, 통화의 유통속도가 일정할 경우(화폐수량방정식 $MV=PY$에서 V가 고정) 통화량(M)과 명목국민소득(PY)은 정함수관계를 갖는다는 것이었다. 물론 (신)고전파의 기본 가정에서처럼 국민소득이 완전고용하에 이루어진 것이라면 완전고용하의 실질국민소득(Y_f)도 일정해질 것인바, 결국 통화량과 물가 사이에 1:1의 정비례적 함수관계가 성립된다고 볼 수도 있다.

바로 이러한 논리는 통화정책(총통화증가)은 장기적으로는 실질국민소득에는 아무런 영향도 미치지 못한 채 물가만 상승시킨다는 통화론자들의 입장을 옹호하는 데 활용될 수 있었다.

물론 화폐의 유통속도가 일정하다는 가정은 비현실적이라 할 수 있다. 이러한 측면을 고려하여, 프리드먼 등은 화폐의 유통속도가 일정하지 않더라도 그 변화를 예측할 수 있는 한, 통화량과 물가가 정확히 비례적으로 함수관계를 갖지는 못하더라도 여전히 정함수관계를 유지할 것이라는 이른바 **신화폐수량설**(new quantity theory of money)을 주창하게 되었다.

여하튼 현실적으로는 특히 최근에 다양한 금융상품이나 서비스, 예컨대 신용카드 사용의 일반화 등으로 인해 화폐의 유통속도는 급변하게 되었고 또 불안정한 양상을 보이고 있어 (신)화폐수량설의 논리는 다소 빛을 잃고 말았다.

물론 전술한 바와 같이 (신)화폐수량설은 논리적 한계성은 있다. 그러나 일단 이에 근거한 경기대책이란 단기적으로는 실물경제에 영향을 미칠 수 있으나 장기적으로는 그 효과가 소멸된다는 논리 정도로 이해할 필요가 있다.

결국 통화론자들의 주장은 경기대책이 단기에서는 실물경제에 영향을 미칠 수 있으나 장기적으로는 그 효과가 소멸되는 경향이 있다는 장기적 회귀성향을 강조한 것으로 이해하는 것이 적절하다 볼 수 있다.

3) 합리적 기대이론과 새고전파 경제학

여하튼 (신)고전파 경제학과 케인즈경제학 간의 주요 쟁점은 과연 임금과 물가가 신축적 조정을 통해 시장을 항상 균형상태로 유지할 수 있는지에 관한 견해차이라고 할 수 있다.

그런데 임금과 물가가 신축적으로 조정이 되는 사유를 이른바 **합리적 기대이론**(rational expectations hypothesis)에 의해 설명이 시도되면서 이러한 논쟁은 다시 한 번 주목을 받게 되었다.

한편, 임금과 물가의 신축적 조정과정을 합리적 기대이론과 결부시킨 설명이 시도되면서 고전파적 전통이 다시 부각되기에 이르렀는데, 이를 새고전학파 경제학이라 부른다.

1970년대에 들어서 **루카스**(R. Lucas) 등의 학자들은 **거시경제이론의 미시경제학적 기초**(micro-foundations for macroeconomics)를 찾는 과정에서 시장은 임금과 물가의 신축적 조정을 통해 항상 균형을 이루게 된다는 주장을 폄으로써 고전파적 견해의 전통을 이어받게 되었으며, 이로 인해 **새고전파 경제학**(new classical economics)이론이라 불리게 되었다.

물론 이들의 견해가 출현하기 전에도 경제주체들은 현재와 과거의 정보에 근거하여 미래에 대한 기대를 형성함으로써 합리적 의사결정을 수행하게 된다는 논리가 제기된 바 있다. 이를 **적응적 기대**

(adaptive expectation)라 불렀다. 그러나 루카스 등은 경제주체들이 단순히 과거의 정보만으로 미래에 대한 기대를 형성하는 것이 아니라 사용가능한 모든 정보를 적절히 활용하여 미래에 대한 기대를 형성한다고 보았는데, 이러한 논리를 **합리적 기대**(rational expectation)라고 부른다. 이는 경제주체들이 미래에 대하여 완전한 예견능력을 갖는다는 의미는 아니다. 단지 합리적 기대가 예측이 빗나갈 수 있을지라도 점차 그러한 실수는 시정되어 갈 것이므로 점차 합리적 기대의 예측력이 크게 신장될 것이라는 의미로 이해할 수 있다.

이상과 같은 논리에 근거하여 이들은 결국 임금과 물가는 신축적으로 조정되는 특성을 가지게 되고, 따라서 총수요 팽창정책은 경기회복에 아무런 실효를 거둘 수 없다고 보았다. 이들은 합리적 기대가 형성된다면 심지어 단기에서도 실업은 해소되지 못한 채 물가만 오르는 결과를 초래한다고 보았다. 따라서 현실적으로 단기적인 효과가 나타날 수 있는 것은 단지 합리적 기대가 형성되기에는 부적절한 불확실성이나 정책의 비일관성에 기인한다고 주장하였고, 또 그로 인한 폐해는 매우 크다고 보았다.

4) 새케인즈경제학

이러한 논리에 대응하여 이른바 새케인즈학파 이론이 제기되었는데, 이 논리에 따르면 적어도 경기정책이 단기적으로는 유효할 수밖에 없으며 이것은 합리적 기대가 형성되지 못한 데 연유한다기보다는 임금과 물가의 비신축성에 기인하는 바가 크다는 것이다.

합리적 기대이론의 등장으로 신고전파적 견해는 큰 원군을 얻은 셈이다. 그러나 여전히 현실적으로는 경기정책이 무력하다는 증거가 발견되기 어려웠다. 그런데 그 이유는 합리적 기대가 형성되지 못한 데 연유한다기보다는 임금과 물가가 비신축적이라는 사실에 기인하는 것이라는 주장이 대두되었다. 즉, 임금과 물가의 경직성이 있는 한 합리적 기대가 형성되더라도 결국 경제정책이 무력하다는 증거가 나타날 수 없다는 논리가 제시된 것이다. 이러한 논리체계를 **새케인즈경제학**(new Keynesian economics)이라 한다.

장기적으로는 합리적 기대에 의해 임금과 물가가 신축적으로 조정될 수 있다는 논리는 수용하되 그 조정과정이 신속하고 안전하게 이루어질 수 없어 여전히 정부의 시장개입이 불가피하다는 것이 바로 새케인즈학파의 기본 논리라 할 수 있다.

결국 이 논리는 합리적 기대이론을 수용하되 임금과 물가의 경직성에 대한 미시경제학적 이론적 근거를 제공함으로써 전통적인 케인즈이론을 한층 더 발전시킨 논리체계로 이해할 수 있다. 또한 이들은 장기적으로 임금과 물가가 신축적으로 조정될 것이라는 논리를 부정하지는 않았다는 점에서 이전의 논리와 차별화되고 있다. 단지 시장의 불안정성으로 인해 그 조정과정이 신속하고 완전하게 이루어질 수 없으며, 따라서 여전히 정부의 시장개입은 불가피하다는 견해를 견지하고 있는 것이다.

5) 공급중시 경제학

이상에서 살펴본 경기대책에 대한 상반되는 견해들은 크게 보아 고전파적 전통을 고수하는 사조와 케인즈적 전통을 중시하는 사조로 대분될 수 있다. 그리고 두 사조 간의 기본적 시각차이는 임금과 물가가 신축적 조정능력을 가지고 있는지, 따라서 적어도 단기적인 경기정책이 실효가 있는지에 대한 견해차이로 집약될 수 있다.

결국 두 학파 간 견해차이는 임금과 물가의 신축적 조정능력 여부에 달려 있으며, 적어도 단기에 경기정책의 실효성이 있는지에 대한 차이 여부로 귀결된다.

그런데 이 시점에서 한 가지 짚고 넘어가야 할 점이 있다. 케인즈적 전통에 근거한 경기대책이 적어도 단기에는 효과가 있다 하더라도 필립스곡선모형에서처럼 경기회복은 인플레이션을 동반한다는 문제를 갖고 있다고 분석되었다. 즉, 경기회복과 물가안정은 동시에 추구될 수 없는 **상충관계**에 있다는 것이었다.

그런데 케인즈학파적 견해대로라면 경기정책이 단기에 있어 효과가 있다 하더라도 이는 물가상승을 유발한다는 문제가 발생한다.

그러나 엄밀하게 말하자면 케인즈경제학이란 수요 측면만을 강조한 이론이라는 한계성을 가지고 있고, 따라서 필립스곡선모형에서와 같은 상충관계가 성립된다는 논리를 파생시킨 것이라 볼 수 있다. 예컨대, 케인즈적 전통에 근거한 거시이론의 면면을 보면 총수요를 구성하는 소비 · 투자 · 정부지출 · 순수출 등에 관해서는 다양한 논리가 개발되어 왔다. 반면, 총공급 측면에 관한 이론은 단지 생산함수 및 노동함수 정도 이외에는 이렇다 할 이론들이 없다. 또한 경기에 대한 대책 또한 수요 측면에서의 충격(예컨대, 대단위 정부지출이나 통화량 팽창)을 통한 경기회복에 맞추어졌을 뿐 공급 측면에서의 기술진보나 비용절감 또는 제도개선과 같은 요인에 관한 논리는 거의 개발된 바 없다.

이러한 논리는 사실 수요 측면만을 강조한 케인즈이론이 갖는 한계성에 기인한다고 볼 수 있는 측면이 강하다.

따라서 [그림 21-14]에서처럼 당초 균형이 P_0물가수준과, Y_0국민소득수준에서 이루어졌을 때 정부가 수요 측면에서의 경기확장정책을 펴서 총수요곡선을 AD_0에서 AD_1으로 이동시킬 경우 새로운 균형은 E_1에서 형성되어 국민소득은 증가($Y_0 \rightarrow Y_1$)하지만, 물가가 오르는($P_0 \rightarrow P_1$) 문제가 발생한다고 본 것이다. 이것은 바로 필립스곡선모형에서의 논리적 결론과 같은 의미를 갖는 것이다.

그러나 공급곡선을 우측으로 이동시킬 수 있는 대책이 동시에 마련된다면 최종적 균형(점 E_2)에서는 국민소득은 한 차례 더 증가($Y_0 \rightarrow Y_1 \rightarrow Y_2$)함에도 불구하고 물가는 다시 하락($P_0 \rightarrow P_1 \rightarrow P_0$)하는 성과

그러나 [그림 21-14]에서처럼 공급 측면의 경기대책이 마련될 경우 경기회복과 물가안정이 동시에 실현될 수도 있다는 논리가 정립될 수 있는데, 이를 공급중시 경제학이라 한다. 예상된 정책효과가 나타나지는 않았으나 미국의 레이건 대통령이 감세정책을 통한 총생산 증대노력 시도는 바로 이러한 논리에 근거한 것이었다.

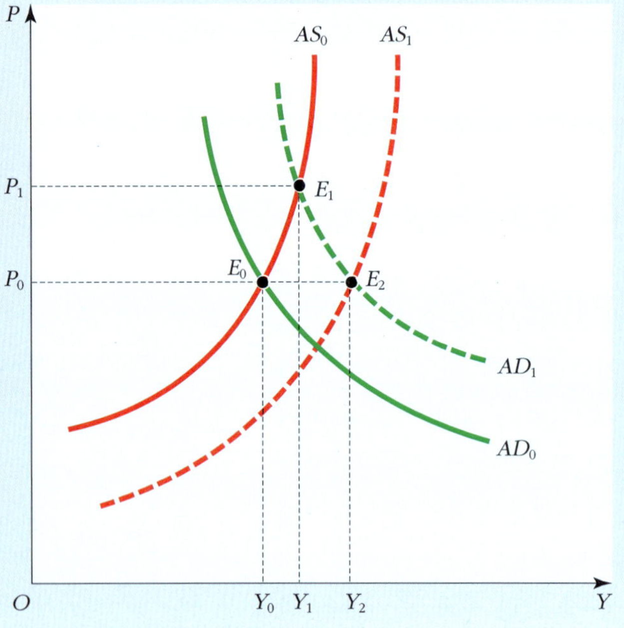

그림 21-14
공급중시 경제학적 경기대책

수요관리경제학적 전통을 갖는 케인즈 학파의 견해에 따르면 총수요확장정책을 수행할 경우(이때 총수요곡선은 AD_0에서 AD_1으로 이동) 국민소득은 Y_0에서 Y_1으로 증대될 수 있으나 물가가 P_0에서 P_1으로 상승한다는 문제가 발생한다고 한다.

그러나 기술진보와 비용절감 또는 제도개선과 같은 공급 측면에서의 경기대책이 추진될 경우 총공급곡선은 AS_0에서 AS_1으로 이동하게 되고 결과적으로 국민소득은 한 차례 더 증가($Y_1 \to Y_2$)하지만 물가는 역으로 하락($P_1 \to P_0$)할 수 있다는 것이 공급관리 경제학파의 주장이다.

를 누릴 수 있게 된다. 이와 같이 공급 측면에서의 경기대책을 제시한 논리체계를 **공급중시 경제학**(supply-side economics: *SSE*)이라 부른다.

바로 이러한 논리에 근거하여 미국의 **레이건**(Ronald Reagan) 대통령이 이른바 **래퍼곡선**(Laffer curve)모형을 이용하여 소득세와 법인세를 내리는 감세정책을 폄으로써 총공급곡선을 우측으로 이동시키려고 시도한 바 있다.[7] 조세가 감소하면 개인은 세후소득이 증가할 것인바 더욱 열심히 일을 할 동인이 발생할 것이고(따라서 노동공급 증가), 기업 또한 생산을 확대할 동인이 생길 것이므로 결국 총생산이 증가하게 된다는 논리, 그리고 총생산의 증가는 결과적으로 더 많은 조세수입을 발생시킬 수도 있다는 논리가 제시되었던 것이다.

그러나 불행하게도 예상하였던 대로 노동공급과 산업생산이 증가하여 조세수입이 증가하는 효과가 나타나지 못함으로써 정부재정적자만 확대시키는 실패를 맛보았다. 노동공급은 단기에서는 매우 비탄력적인 특성이 있고, 투자증가를 통한 자본축적 및 생산확대도

❼ 제2장 참조.

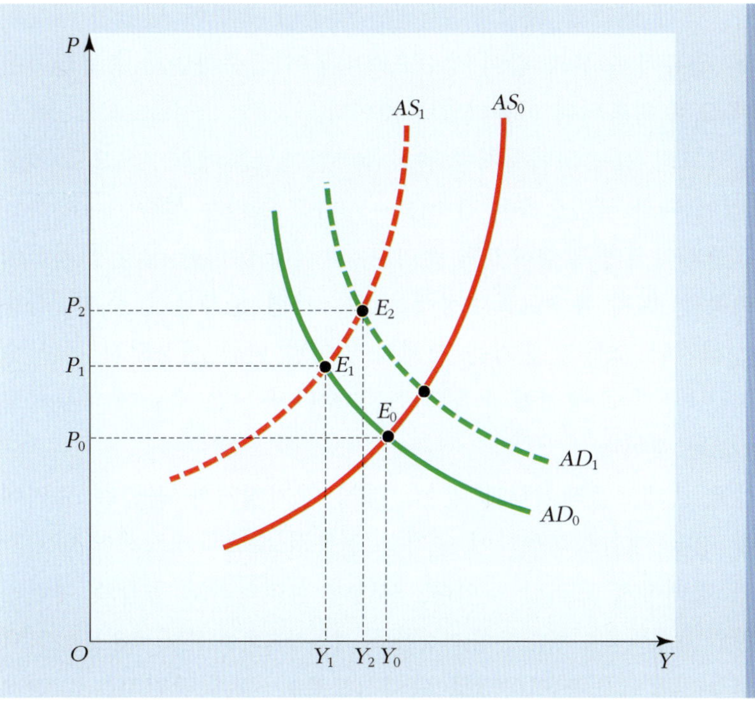

그림 21-15
원유파동과 스태그플레이션
원유파동과 같은 공급 측면에서의 충격은 총공급곡선을 AS_0에서 AS_1으로 위축시켜 경기침체(국민소득이 Y_0에서 Y_1으로 감소)와 물가상승($P_0 \rightarrow P_1$)을 동반하는 스태그플레이션을 초래할 수 있다.

이처럼 문제의 근원이 공급 측면에 있음에도 불구하고 단지 수요만을 진작($AD_0 \rightarrow AD_1$)시켜 경기침체를 탈피하고자 할 경우 국민소득은 약간 상승($Y_1 \rightarrow Y_2$)할 수 있으나 물가는 더욱더 상승($P_1 \rightarrow P_2$)할 수 있다는 사실에 유념할 필요가 있다.

오랜 시일이 소요된다는 점을 경시하였던 것이다.

그럼에도 불구하고 공급중시 경제학 사조는 수요 측면만을 강조한 케인지언 경제학을 보완할 수 있는 시각을 제공해 주었다는 데에서 매우 큰 의의가 있다. 1929년경 대공황 발생시 타개책으로 제시되었던 케인즈의 수요관리정책(공공정책 등에 의한 유효수요 확대정책)과 슘페터의 장기적 공급관리정책 중 전자가 갖는 정책수행상의 편의성 및 단기간에 성과가 나타날 수 있는 신속성으로 인해 결국 케인즈의 정책이 받아들여졌고, 그 결과 케인즈경제학이라는 거시경제학체계가 정착 · 발전되어 온 것이다. 그리고 이러한 케인즈경제학이 갖는 태생적 한계성(수요 측면만을 고려함)으로 인해 필립스곡선모형에서처럼 상충관계가 성립된다는 잘못된 정책적 함의가 도출되었던 것이다.

주지하는 바와 같이, 1970년대 두 차례에 걸쳐 원유파동이 발생하면서 상충관계에 근거한 케인즈경제학에서는 생각조차 못해 본 이른바 **스태그플레이션**(stagflation)현상이 전 세계에 만연하게 되었다. 스태그플레이션이란 경기침체(stagnation)와 인플레이션(inflation)이 동시에 발생하는 것으로 필립스곡선모형에서는 설명될 수 없는 현상

1970년대에 두 차례에 걸친 원유파동으로 초래된 범세계적 스태그플레이션(경기침체와 인플레이션이 동시에 발생하는)현상 또한 필립스곡선에 근거하는 케인즈이론으로는 설명할 수 없으나 공급중시 경제이론으로는 쉽게 설명될 수 있는 현상이라 할 수 있다.

이었다. 당시 이러한 현상의 주 원인은 공급 측면에 있었기 때문이다. 즉, 원유가 인상과 같이 생산요소비용이 급증하면서 총공급곡선이 왼쪽으로 위축되며 이동하였던 것이다.

즉, [그림 21-15]에서처럼 총공급곡선이 AS_0에서 AS_1으로 이동하게 됨에 따라 국민소득은 감소($Y_0 \rightarrow Y_1$)하고 물가는 상승($P_0 \rightarrow P_1$)하는 스태그플레이션이 발생하였던 것이다. 그런데 이러한 상황에 처하여 경기회복을 위해 총수요확대정책을 펴나가면 물가는 한층 더 상승($P_1 \rightarrow P_2$)하지만 소득의 증가는 침체를 벗어날 만큼 신장되지 못할 수도 있다. 즉, 새로 형성될 소득 Y_2는 Y_0보다도 낮은 수준에 머무르고 말 수 있는 것이다.

특히, 경기침체가 공급측 요인에 있을 경우 케인즈학파적 수요확대정책은 한계가 있음을 알 수 있다.

결국 스태그플레이션과 같이, 특히 경기침체가 공급측 요인에 연유할 경우 케인즈경제학에 근거한 전통적 수요확대정책에 한계가 있음이 명백하게 드러난 것이다. 시간이 걸리더라도 공급측 여건의 개선방안(대체에너지 개발 등의 기술진보, 경영합리화에 따른 비용절감, 기타 제도 및 여건의 개선 등)이야말로 단기적으로는 물론 장기적으로 경제력 신장의 첩경이 될 수 있다는 사실을 공급중시 경제학사조가 일깨워 준 것이다. 만일 신고전학파적 논리에서처럼 수요관리정책이 적어도 장기적으로 실효성이 없다면 결국 궁극적인 국민소득의 향상은 공급 측면에서의 접근만으로 실현될 수 있다는 정책적 함의가 발견된 것이기 때문이다. 그러나 아직도 거시경제이론은 그것이 케인즈적 전통이건 고전학파적 전통이건 간에 수요 측면과 연관된 논리개발에만 집중되어 왔을 뿐 정작 공급 측면에 관한 논리개발에는 매우 소홀하였다는 사실은 경제학자들이 풀어야 할 과제로 남아 있다.

03 금융정책과 재정정책

지금까지 우리는 그것이 경직성 때문이든 합리적 기대의 미형성 때문이든 단기적으로는 경기대책이 필요하지만, 잘못된 처방은 상황을 악화시킬 수도 있음을 확인하였다. 이상과 같은 점을 염두에 두고 효율적인 경기대책을 마련해야 할 것이다.

제2절에서 살펴본 바에 따르면, 그것이 임금과 가격의 경직성 때문이든, 아니면 시장의 불완전성 및 불확실성에 따른 합리적 기대의 미형성 때문이든 적어도 단기적으로는 정부에 의한 경기대책(그리고 통화당국(한국은행)에 의한 물가안정책)의 필요성이 현실적으로 인정되고 있음을 알 수 있다. 물론 이러한 정책이 모두 (단기적 효과를 겨냥하는) 수요 측면의 관리방안이며, 따라서 상황인식을 잘못할 경우 잘못된

처방으로 오히려 상황을 악화시킬 수 있다는 점(예컨대, 스태그플레이션)도 확인한 바 있다. 또한 비록 장기적으로는 자율적 조정을 통한 시장균형이 달성될 수 있다 하더라도 시간이 많이 소요되며, 그 기간 중 많은 폐해가 발생하므로 정부가 수수방관할 수 없다는 점, 그리고 끝으로 궁극적인 경기대책은 공급 측면을 동시에 고려할 때 비로소 완성될 수 있다는 점을 배웠다. 본절에서는 이와 같은 한계성을 충분히 인식하며 단기에 있어 시행될 수 있는 금융 및 재정정책방안과 그 효과에 관한 논리를 정리해 보고자 한다.

(1) 경기변동

기본적으로 (단기에 있어서의)**경기변동**은 물가 이외의 요인에 의해 총수요나 총공급이 영향을 받아 총수요곡선(*AD* curve)이나 총공급곡선(*AS* curve)이 이동하는 형태로 발생한다.

기본적으로 경기변동은 물가 이외의 요인변화에 따라 총수요나 총공급곡선이 이동함으로써 발생한다.

총수요곡선의 이동은 총지출을 구성하는 가계소비, 기업투자, 정부지출 그리고 순수출부문에서의 변화에서 그 유인을 찾을 수 있다. 예컨대, ① 세금인하나 인상, 그리고 주식시장의 호황이나 불황 등에 따른 소비지출 변동, ② 통화량 증감이나 미래에 대한 전망의 변화에 따른 기업투자 변화, ③ 정부지출의 증감, 그리고 ④ 해외경기 호황이나 불황, 그리고 자국화폐의 평가절하나 절상에 따른 순수출의 변동 등이 바로 그 주요한 동인이 될 수 있다.

총수요곡선은 세율조정, 통화량 증감, 정부지출 증감, 해외시장 여건이나 환율변동 등에 따라 이동한다.

반면 총공급곡선은 ① 노동인구의 변동, 그리고 물적 자본이나 인적 자본 변동 등의 생산요소 투입량의 변동, ② 가용자연자원 양의 변화, ③ 기술의 변화, 그리고 ④ 예상물가수준의 변동 등의 요인에 따라 이동하게 된다.

반면, 총공급곡선은 인구나 물적 자본 투입량, 그리고 기술변화 등에 따라 이동한다.

물론 실제로는 이들 중 어느 요인이 먼저 주도적으로 경기변동을 유발하였는지 확실치 않을 수도 있다. 예컨대, 1929년을 전후한 시기의 미국 경제의 불황을 두고는 서로 다른 두 요인에서 원인을 찾기도 하고 있다.[8]

물론 실제로는 이들 중 어느 요인이 먼저 주도적으로 경기변동을 유발하였는지를 확실히 알아내기는 어렵다.

혹자는 어려운 시기에 오히려 정책당국이 통화량을 줄여(1929~

[8] 당시 공황발생의 근본적 원인은 각종 신기술 발명 및 개발과 관련된 과잉투자와 투기에 따른 과잉생산이라 볼 수 있으며, 이로 인해 형성되었던 거품이 붕괴되는 과정에서 정부가 제대로 대응하지 못한 데에서 찾고 있다. 그런데 문제는 어떻게 이것이 그토록 극심한 공황으로 발전하게 되었는가 하는 점이다.

1929년을 전후한 미국의 대공황이 각종 신기술 개발에 따라 형성된 거품이 붕괴되는 과정에서 발생한 것이라 하지만, 막상 그것이 그토록 극심하게 전개된 사유와 관련하여서는 잘못된 금융정책에 따른 유동성 경색 요인설과, 거품붕괴시 총수요(예컨대, 긴축적 재정지출) 위축설이 제기된 바 있다.

1933년 기간중 28% 감소) 버리는 결과를 초래하였기 때문이라고 주장하고 있다.⑨ 즉, 가계소득 감소→예금인출 증가→은행들의 지급보증금 증가→통화량 감소(역의 통화승수적 감소)→연방준비위원회의 적절한 대응부재→경기침체 악화와 같은 경로로 대공황이 발발한 것으로 분석하고 있다.

한편, 주식가격 하락(90%)→가계자산 감소→소비위축이라는 요인과 금융경색→자금확보 곤란→투자지출의 감소로 이어지는 거품붕괴에 따른 공급측 요인으로 총수요가 감소한 데 연유한다는 견해도 있다.⑩

여하튼 대공황으로 인해 신고전학파의 논리는 설득력을 잃게 되었고 케인즈경제학이 정립되는 계기가 마련되었다.

여하튼 이러한 위기를 맞아 자생적인 조정기능만을 신봉하는 신고전파의 논리는 설득력을 잃게 되었고, 결국 적극적인 수요관리정책을 통해 정부가 적극 개입하는 것이 바람직하다는 케인즈경제학에 근거하여 공황타개책이 마련되었고 또 성과도 있었다는 사실은 수차 언급한 바 있다. 그리고 같은 시기에 정책대안으로 제시되었던 슘페터의 공급관리정책은 정책효과의 신속성 문제 및 정책입안의 용이성 등의 문제에서, 즉 단기에 있어서의 가시적 성과가 나타나기 어렵다는 측면에서 수요관리정책 대안보다 호소력이 떨어져 채택되지 못하였던 사실도 언급한 바 있었다.

반면 1939~1944년간의 제2차 세계대전 기간중 미국은 전쟁수행에 필요한 물자의 정부수요가 급증하면서 총수요가 증가하게 되자 실업이 급감하고 국민소득이 증가하였던 경험을 한 적도 있었다. 물론 같은 기간중 물가도 20% 정도 상승하는 결과가 초래되었다.⑪ 그러나 1960년대부터 1970년대 초에 걸쳐 월남전 기간중에는 이러한 경기호황현상은 나타나지 않았다.

(2) 침체기 (단기)경기정책

본항에서는 경기정책의 핵심인 경기침체기 대응방안과 예상되는 경제적 효과에 관한 논리를 정리해 보기로 한다. 경기대책의 핵심은 경기침체시 총수요나 총공급을 자극시켜 불황을 타개하는 방안

⑨ 그런데 당시 미국은 금본위제하에 있었기 때문에 화폐발행이 기술적으로 어려운 측면이 있었고, 은행저축에 대한 정부의 지급보증제도가 정착되지 않아 예금인출사태를 제어할 수 없었던 측면도 있었다.
⑩ 더구나 당시 정부는 과도한 긴축정책을 펴 공황을 심화시켰다는 견해도 있다.
⑪ 김경환 · 김종석 공역, 『맨큐의 경제학』, 교보문고, 2007, 제33장.

뉴딜정책(New Deal Policy)과 페어딜정책(Fair Deal Policy)

뉴딜이란 트럼프의 카드를 새로 나누어 준다는 뜻으로, 1933년대 불황시 루스벨트가 미국 정부의 경제정책을 일신할 의도로 사용한 정책으로 국내 경제문제를 최우선적으로 고려하되 경제활동에의 정부개입의 강화, 자유경쟁주의의 수정 등 3원칙을 내세웠으나, 사태진전에 따라 경제정책은 많은 유연성을 가지고 조정되어 갔다. 정부의 정책은 점차 지출정책을 주축으로 하는 방향으로 전환하여 갔는데, 테네시 하역 개발법이 그 대표적인 예이다. 1938년 이후에는 특히 독점폐해 방지를 위해 정부개입이 강화되기도 하였는데, 오늘날 뉴딜정책이라 함은 1933년에서 1939년경까지의 7년간 루스벨트 대통령이 공황극복을 위해 실시한 일련의 경제정책을 총칭한다.

1929년 뉴욕 주식시장의 주가 대폭락(70~90%)을 발단으로 시작된 대공황은 GNP의 급격한 하락(1929~1933년 기간중 30% 감소), 1,300만의 실업자 양산(실업률이 1929년 3.2%에서 1933년에는 25%에 육박), 심각한 은행위기 등을 초래하였고 (당시에는 예금자보호가 없어 대규모 예금인출사태 발생), 이로 말미암아 미국 자본주의는 그 근저에서부터 흔들리고 말았다. 이와 같은 상황에서 대통령에 취임한 루스벨트는 국내 재건을 최우선 과제로 하여 정책을 입안하고, 1930년대 말 전시체제(戰時體制)로 이행할 때까지 경제 각 부문에 적극적인 공황대책을 강구하였다. 이러한 정책은 자본주의 체제의 구제(救濟)를 의도하고 있었지만, 그것을 달성하기 위해서 루스벨트는 경제과정에 대한 국가의 간섭이라는 수단을 활용하게 되었다. 뉴딜 경제정책의 체계가 국가와 사기업의 협동체제라고 불리는 사실에서 뉴딜이 가지는 국가독점자본주의적 색채를 엿볼 수 있으며, 결과적으로 그 이후 자본주의는 이른바 국가개입이 일상화되는 수정자본주의로 진입되는 계기가 마련되었다.

한편, 1949년 미국 대통령 트루먼이 그의 제2 시정기(施政期)에 시행한 정책을 **페어딜정책**이라 하는데, 이는 뉴딜의 사회복지정책을 계승 확대한 것이다. 페어딜은 공정한 정책이란 뜻으로 형평과 복지증진을 강조하는 정책기조를 견지함과 동시에 뉴딜정책 때보다 더 연방정부가 사회적 · 경제적 복지에 주안점을 두었다. 최저임금의 인상, 공영아파트의 확충, 빈민굴의 정화, 농업건조물의 개선과 농민생활의 안정, 유럽 피난민의 입국 허가 및 보호, 반(反)트러스트의 정비 등과 같은 성과를 올렸으며, 특히 사회보장법의 확충에 많은 성과가 있었다.

을 강구하는 데 있다. 즉, 전술한 바 있는 제반 요인을 변화시켜 총수요곡선이나 총공급곡선을 이동시킴으로써 경기침체를 탈출시키는 것이다.

총수요곡선을 이동시킬 수 있는 요인은 많지만, 이들 중 단기적으로 정책당국에 의해 활용될 수 있는 정책대안은 크게 보아 **금융정책**(monetary policy)과 **재정정책**(fiscal policy)이 있다. 금융정책으로 불황을 타개하는 방안은 기본적으로 통화공급량을 확대하는 일이라 할 수 있다. 반면 재정정책의 핵심은 정부지출을 증대시키거나 조세감면 확대를 통해 소비 및 투자를 증진시키는 방안이라 할 수 있다.

1) 금융정책

금융정책의 경우, 예컨대 공개시장조작을 통해 국채를 인수함으로써 통화공급을 확대시킬 수 있는데, 이때 총수요가 증대됨으로써 균형국민소득을 증대시킬 수 있게 된다([그림 21-16] 참조).

[그림 21-16]은 정책당국이 **공개시장조작**(open market operation)을 통해 시장에서 국채를 사들임으로써 민간에 통화량이 증대되도록 하는 금융정책을 사용한 경우를 보여 주고 있다. 당초의 균형국민소득 Y_0가 경기침체기의 수준이었고, 당시 물가수준은 P_0수준에 머물렀다고 하자. 이제 금융정책에 의해 통화량이 증가하면서 총수요가 확대되면 총수요곡선이 AD_0에서 AD_1으로 이동하게 된다. 결과적으로 국민소득수준은 Y_0에서 Y_1으로 높아진다. 물론 이때 물가수준도 P_0에서 P_1으로 상승하게 된다.

그런데 사실 이와 같이 공개시장조작에 의해 국채가 대거 매입되면 국채가격은 올라가고 국채의 할인율과 이자율은 떨어지게 되어 한 차례 더 총수요(소비와 투자 등)를 진작시킨다는 사실에 유념할 필요가 있다. 물론 경기과열시에는 역으로 국채를 매도하여 이자율을 높이면서 통화를 환수함으로써 총수요를 감소시킬 것이다.

그러나 이러한 금융정책의 실시시기나 강도를 결정하는 데에는 세심한 주의를 기울일 필요가 있다. 예컨대, 미국의 경우 2001년도에 주식시장에서 거품이 빠지면서 주가가 2000년 8월~2001년 8월 기간중 25% 하락하였고, 2001년 9월 11일에는 대규모 테러가 자행되었으며, 2001년과 2002년에 **엔론**(Enron)과 **월드컴**(WorldCom) 등 주요 기업의 **회계부정사건**이 연이어 터지면서 경기침체가 밀어닥쳤다. 그러나 미국의 연방은행은 즉시 확대적 금융정책을 통해 통화공급량을 증가시켰고, 연방기금 목표금리(은행 간 단기자금거래 금리로 **연방준비위원회**(Federal Reserve Board: FRB)가 단기정책목표로 사용)를 2000년 12월~2003년 6월 기간중 6.5%에서 1.0%로 하락시켰다. 그리고 2001년 중 세금을 아울러 인하하는 정책을 단행하였다. 단기적으로 미국은 경기불황에 신속하게 대처함으로써 불경기를 벗어날 수 있었다. 그리고 이후에는 예상되는 인플레이션 압력을 완화하고자 그 동안 확장되어 온 유동성을 조속히 흡수하기 위해 연방준비위원회는 연방기금 금리를 1.0%에서 5%대까지 단계적으로 상향조정하였다. 이로 인해 저금리기조 형성과정에서 무리하게 확대되었던 부동산대출이 금리의 급속한 인상정책으로 대거 부실화되는 결과를

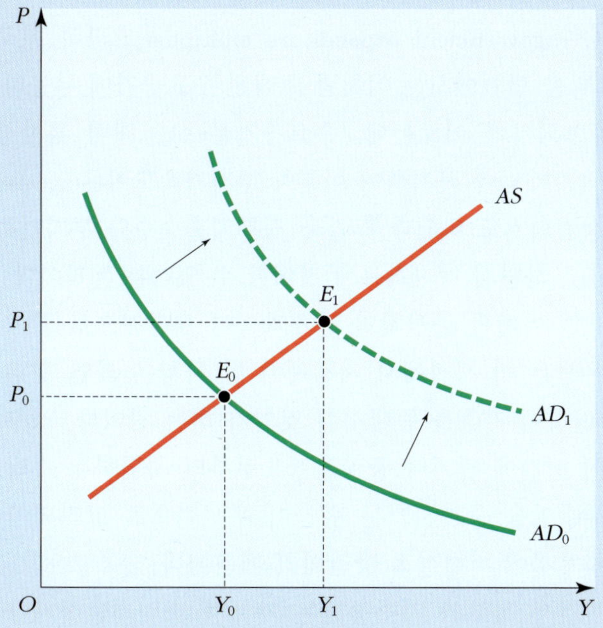

그림 21-16 경기침체시기의 재정 및 금융정책
경기침체기에 재정 또는 금융확장정책으로 경기진작을 시도할 경우(이때 총수요곡선은 AD_0에서 AD_1으로 이동) 경기는 회복(이때 국민소득이 Y_0에서 Y_1으로 증가)되지만 물가가 상승($P_0 \rightarrow P_1$)하게 됨을 알 수 있다.

초래하였다. 결국 2007년도에는 이른바 **서브프라임 부동산담보대출**(subprime mortgage) **부실화**에 따른 금융위기와 세계적 경기침체가 초래된 것이다. 이러한 결과가 초래된 근본적인 분석은 차후 연구해 보아야 할 과제이지만, 적어도 경기정책의 미숙이 불러올 수 있는 재앙이 어떤 것인지를 깨닫는 계기를 마련해 준 것으로 보여진다.

그런데 이러한 정책의 실시는 세심한 주의를 요하는 것으로, 예컨대 미국의 서브프라임 부실화에 따른 금융위기는 경기정책의 미숙이 불러올 수 있는 재앙이 어떤 것인지를 잘 보여 주고 있다.

2) 재정정책

그러면 이번에는 정부지출을 증가시키거나 조세감면을 확대함으로써 총수요를 확충하는 경기대책의 성과를 검토해 본다.

한편, 경기침체는 감세나 정부지출 확대와 같은 재정정책에 의한 총수요 확대정책으로 대처할 수도 있다.

[그림 21-16]은 정부가 재정정책에 의해 총수요를 증대시킨 경우 총수요곡선이 AD_0에서 AD_1으로 이동하고, 그에 따라 국민소득수준이 증대될 수 있음($Y_0 \rightarrow Y_1$)을 보여 주고 있다.

그런데 정부가 대규모 공공사업을 통해 정부지출을 증대시키면, 우선 이 곳에서 일을 한 근로자들이 소득을 올릴 수 있게 됨으로써 구매력이 증대된다. 그리고 재화와 용역에 대한 수요증대는 곧 기업생산의 증가로 이어지면서 더 한층 총수요를 증대시키게 된다. 이러한 과정에서 정부지출 증가분(ΔG) 대비 총소득증가분(ΔY), 즉 $\Delta Y/\Delta G$를 **정부지출의 승수**(government expenditure multiplier)효과라 부르기도 한다. 그리고 다음 단계에서는 이처럼 초래된 수요증가에 부응하기 위해 투자가 확충되기에 이르는데, 수요증가분(ΔY) 대비 투자증가분(ΔI), 즉 $\Delta I/\Delta Y$ 개념에 근거하여 이른바 **투자가속도이론**(acceleration principle)이 정립되기도 하였다.⑫ 결국 정부지출승수와 투자가속도원리는 상승작용을 하면서 경기회복에 기여할 수 있다는 논리이다.

문제는 이에 따르는 소요자원을 어떻게 확보하는가 하는 것이다. 결국 정부지출 증대는 그에 따른 민간지출 감소를 초래하며, 이로 인한 구축효과(crowding-out effect)를 상쇄하고도 남을 만큼 확장효과가 효율적으로 나타나야 성과가 있다는 한계점이 있다.

그러면 과연 이처럼 긍정적인 전개과정이 현실적으로 잘 시현될 수 있을까? 우선은 이 시점에서 지적해야 할 사항은 과연 정부는 어디서 돈을 마련하여 지출을 증대시킬 것인가 하는 점이다. 정부는 국채를 발행하여 민간에 팔거나 중앙은행으로부터 차입하는 수밖에 없다. 원래 조세수입을 증가시키는 방안이 우선적으로 고려되어야 할 것이나 경기침체시에 비현실적 방안이기 때문이다.

그런데 여기서 정부의 지출증가는 가계가 소비지출하거나 기업이 투자할 수 있었던 자금을 대신 가져다 쓰게 되는 것이라는 측면이 있다. 정부지출 증가는 총수요를 증대시킬 수 있을 것이나 이는 민간소비지출이나 기업투자의 감축에 의해 가능하다는 사실이다. 따라서 정부지출 증대는 민간지출을 상쇄시킬 수밖에 없는데, 이를 상쇄효과, 밀어내기효과 또는 **구축효과**(crowding-out effect) 등으로 부른다. 결국 정부지출 증대에 따른 총수요 확장효과가 매우 효율적이어서 민간소비 감소분을 상쇄하고도 남을 만큼 클 때에만 비로소 성과가 난다는 것이다. 그렇다면 이처럼 효율적인 정부지출이 과연 보장될 수 있을까? 많은 학자들, 특히 신고전파 학자들은 부정적인 견해를 갖고 있다.

물론 감세를 통한 민간지출 확대방안이 있지만, 이 또한 정부지출 감소를 수반하는 것이어서 순확장효과는 여전히 확신할 수 없다는 문제가 있다. 이러한 이유로 인해 신고전파 학자들은 경기대책이 불가피하다면 재정정책보다는 금융정책이 상대적으로 효율적이라는 견해를 제시하기도 하였다.

그렇다면 정부가 직접 지출을 증대하는 대신 오히려 정부지출을 줄여서라도 민간소비를 증대시키는 방안은 없을까? 가장 손쉬운 방안은 조세감면을 확대하여 정부지출을 줄이는 반면 소득세 감축에 따른 소비지출 증대, 그리고 **투자세액공제**(investment tax credit), 즉 투자액만큼 법인세 감면폭을 늘려 주는 정책을 통해 민간소비 및 투자를 확대시킬 수 있다. 문제는 이 경우 예상되는 재정수입 감소 내지 적자문제를 어떻게 해결하는가 하는 것이다. 또한 정부는 조세감면폭

⑫ 본장의 보론 참조.

만큼 정부의 소비지출을 줄여야 하지만, 가계는 조세감면에 따라 수입이 증가하더라도 이를 전부 소비지출하지 않고 일부는 저축할 것이므로 국민총지출이 오히려 감소할 가능성도 있음에 유념할 필요가 있다. 바로 이상과 같은 이유 등을 들어 신고전파 학자들은 재정정책보다는 금융정책이 더 효율적이라는 견해를 피력하기도 하였다.

이상에서의 논의와 관련하여 최근 일본이 경험한 경기침체와 이에 대한 일본의 재정정책의 내용 및 성과에 대하여 잠시 살펴보자.

주지하는 바와 같이, 일본은 1990년대에 약 10년간에 걸친 장기불황을 겪었다. 이를 두고 항간에서는 **'잃어버린 10년'**(the lost ten years in the 1990's)이라 부르기도 한다. 일본의 불황은 경기후퇴에 따른 부동산(주로 상업용)의 거품이 꺼지면서 자산가격이 급락하며 시작되었다. 자산가격 급락은 '-'의 부의 효과(wealth effect)에 따른 소비심리 위축과 기업재무구조 악화에 따른 기업의 도산에 따라 고용이 불안해지면서 다시 한 번 더 소비를 위축시키게 되었다. 더구나 이 시기에 일본은 고령화의 급속한 진전으로 저축성향이 증대되면서 그렇지 않아도 소비가 축소되고 있었다.

결국 복합적인 요인에 따른 가계소비 둔화는 경기불황을 낳았다. 소득은 감소하고 고용불안은 심화되었으며 정부재정 또한 악화되었다. 이러한 악순환은 소비위축을 더욱 심화시켰다.

그런데 당시 일본 정부가 행한 정부지출 증가나 감세정책은 규모나 내용 측면에서 볼 때 정책효과가 별무한 것으로 나타났고, 대응시기마저 적절치 못한 것으로 평가되고 있다. 결국 자발적인 기업의 지속적 구조조정에 따라 경쟁력을 회복하면서 수출이 호조를 보이자 비로소 설비투자가 증대되는 견고한 회복세를 찾게 되었다.

일본의 경험에서 우리는 비효율적 정부지출과 시기를 잃은 감세정책에 따라 막대한 재정적자가 누적되면서 재정정책이 무력화되었던 사실을 눈여겨볼 필요가 있다. 또한 일본은 금리를 더 이상 내릴 수 없을 만큼(명목상 0%에 다다랐지만 실질금리는 '-'에 이름) 낮추는 금융정책을 실시하였으나 별다른 성과를 보지 못함으로써 무력화되었다는 사실에 주목할 필요가 있다. 바로 이처럼 이자율을 낮추어도 투자가 늘어나지 않는 현상을 **유동성함정**(liquidity trap)이라 부른다. 사실은 이러한 현상 때문에 케인즈 자신은 금융정책보다는 재정정책이 보다 효율적이라 보고 **유수정책**(pump priming policy)을 통한 유효수

1990년대 일본이 이른바 잃어버린 10년을 경험하면서 비효율적 정부지출과 적절한 시기를 잃은 감세정책으로 경기진작에 실패하였던 사실은 시사하는 바가 매우 크다.

요 확대정책을 제안하였던 것이다.⑬

이상의 예에서 우리는 경기부양을 위한 확대재정정책에 신중할 필요가 있다는 점, 특히 이자율조정만으로 투자나 소비심리가 개선될 수 없는 상황에서 전통적인 총수요정책은 경기대책으로서 한계를 가질 수 있다는 점에 유념할 필요가 있다. 특히, 각종 거품붕괴와 같은 요인으로 경기침체가 발생하는 경우 쉽사리 이를 해소하기 어려우므로 부동산거품 등에 사전적으로 잘 대처하는 슬기가 필요하다.

3) 금융정책과 재정정책의 조합

이상에서 우리는 정책당국이 금융정책이나 재정정책을 각각 별도로 운용하여 경기침체에 대응하는 정책방안들을 검토한 바 있다. 그 결과 금융정책은 단기적으로 총수요 확대에 성공할 수 있으나 통화량 증가나 이자율 하락은 물가상승을 아울러 초래한다는 문제가 있는 것으로 확인되었다. 그리고 이자율정책의 경우에는 이른바 유동성함정문제 때문에 그 효과가 의심스럽다는 문제가 케인즈학파에 의해 제기되었다.

반면 재정정책과 관련하여 케인즈학파는 재정지출승수효과와 가속도원리 이론들에 근거하여 매우 강력한 수요진작이 가능하다고 본 반면, 신고전파 학자들은 상쇄효과 때문에 재정정책이 금융정책만큼 효율적이지 못하다는 주장을 제시한 바 있었다. 한편, 조세감면을 통한 경기대책은 상쇄효과는 없을 것이지만 예상되는 정부재정 적자를 보전할 방안이 아울러 강구되어야 함을 확인한 바 있다.

이상과 같은 논리를 감안하여 현실적으로는 재정정책과 금융정책을 조화롭게 결합 사용하곤 한다.

여하튼 현실사회에서는 특정 학파를 두둔하거나 특정 논리를 선호하여 금융정책이나 재정정책 중 하나만을 선택하여 실행하지는 않는다. 오히려 각 정책이 갖는 논리적 장단점을 고려하여 이를 적절히 배합하여 함께 실행하게 된다. 이를 금융정책과 재정정책의 조화로운 **결합**(policy mix)이라 부르기도 한다. 예컨대, 단지 정부가 재정적자를 해소하기 위한 방안의 하나로, 또는 조세감면에 따른 조세수입 감소를 해소하기 위해 정부지출을 줄여 나가는 경우, 총수요가 감소

⑬ 유수정책이란 케인즈의 『일반이론』에서 제시된 공공투자정책에서 유래된 것으로 펌프를 작동할 때 물을 조금 먼저 부어야 펌프질이 가능하다는 사실에 비유하여 붙여진 이름이다. 즉, 정부가 불황을 극복하기 위해 일단 어느 정도의 공공투자를 주도적으로 실시하면 곧 경제 전체가 제대로 기능할 만큼 활력을 찾을 수 있다는 논리이다. 1930년대 미국에서 대공황 타개책의 일환으로 뉴딜정책이라는 대단위 공공사업을 추진한 바 있는데, 이것이 유수정책의 대표적인 사례라 할 수 있다.

하게 되고 결국 생산과 고용이 줄어들 것이다. 예컨대, 이 경우 중앙은행은 통화량을 증가시키거나 이자율을 하락시켜 소비와 투자를 진작시킬 수도 있다. 이처럼 두 정책이 조화롭게 활용될 경우 당초 의도한 목표는 달성하되 문제점은 완화 내지 해소할 수 있는 것이다.

예컨대, 조세감면을 통한 수요확장을 시도할 때 정부지출이 동시에 줄어들어 수요가 위축될 수도 있으므로 중앙은행이 통화량 증대를 통해 이를 완화시키기도 한다.

마찬가지로 정부가 감세나 재정지출 증대를 통해 총수요를 확대하는 경우 물가가 상승할 수도 있지만, 이때 중앙은행이 긴축적 금융정책으로 이를 일부 완화할 수도 있다. 그리고 금융당국이 통화량 증가나 이자율 저하로 경기를 진작하는 과정에서 물가인상이 예상될 경우 정부는 증세나 정부지출 감소로 이를 완화할 수도 있을 것이다.

또한 정부재정지출 확대로 물가상승 압력이 발생할 경우 긴축적 금융정책을 동시에 활용하여 이를 완화할 수도 있다.

물론 이처럼 정책조합이 문제점을 일부 완화시킬 수 있는 반면 당초 의도하였던 정책목표 및 효과는 다소 낮아질 가능성을 갖고 있다. 예컨대, 정부가 경기진작을 위해 확장적 재정정책을 실시하였지만 정부와 정책목표가 상이한 중앙은행이 물가안정을 위해 독립적으로 긴축적 금융정책을 수행할 경우 당초 기대한 소기의 목적을 달성하기 어려워질 수도 있다. 따라서 이러한 정책조합이 실제로 얼마나 효율적으로 집행될 수 있는지는 일률적으로 이야기할 수 없다. 그러나 단지 두 정책이 일면 보완적 기능을 가지고 있다는 사실만은 분명하다.

물론 이러한 정책조합은 문제점을 완화시킬 수는 있으나 당초 의도하였던 정책효과는 낮아진다는 문제가 있다.

4) 경기대책의 추가적 고려사항

이상에서 우리는 재정정책과 금융정책의 주요 정책수단과 상대적 효율성, 신고전파와 케인즈학파의 정책별 효율성에 대한 상이한 견해, 그리고 두 정책을 상호보완적으로 운용하여 소기의 효과를 낼 수 있는 방안 등을 검토하였다.

검토결과, 재정정책과 금융정책을 구분하여 그 효과를 분석할 경우에도 여전히 두 학파 간의 견해차이는 좁혀지지 않았다. 신고전파의 기본 입장은 여전히 경기침체가 발생하였을 때 정부가 아무런 조치를 취하지 않아도 장기적으로는 시장의 자율조정으로 해소될 수 있다고 보고 있고, 케인즈학파는 시장의 불완전성으로 인해 자율조정이 어려우므로 적어도 단기적 경기대책은 필요하고 또 유효하다는 것이다.

그런데 이러한 논의는, 특히 개발도상국에서는 별도로 면밀히 검토할 필요가 있다. 신고전학파가 주장하는 장기적인 자동조정기능은 아마도 후진국에서는 기대하기 어려울 것으로 예상된다. 각종 제도와 여건이 미비하여 시장제도가 완전히 성숙하지 못한 개도국의 경우에는 자율조정기능이 훨씬 떨어질 것이기 때문이다.

예컨대, 재정정책이 갖는 이른바 **자동안정화 장치**(automatic stabilizers)를 살펴보자. 우선 경기침체는 조세수입을 감소시킬 것이지만, 감소된 세금수입만큼 가계나 기업의 세후소득은 늘어나는 성향이 있다고 한다. 또한 경기침체시에는 각종 **공적부조급여**(welfare benefits)와 **실업보험금** 지급 등이 총수요 증대효과를 가져온다고 한다. 그러나 이러한 효과는 후진국에서는 기대하기 힘든 자동안정화 장치라 할 수 있기 때문이다.

그리고 가장 중요한 것은 어떤 경기대책이 성과가 있더라도 그 효과는 단기적이라는 점이다. 결국 장기적인 그리고 핵심적인 경제성장 동인은 공급 측면에서 찾아야 할 것이라는 사실에 유념할 필요가 있다.

마지막으로 언급할 필요가 있는 사항은 결국 정도의 차이는 있으나 경기대책은 재정 및 금융정책이 효과가 있다 하더라도 이는 주로 단기적인 것에 국한된다는 점을 우선 들 수 있다. 그리고 전통적인 경기대책은 예상하지 못한 결과(예컨대, 미국의 서브프라임 부동산대출 부실화에 따른 금융위기)를 초래하거나 일본의 경우에서처럼 정책성과가 별무할 수도 있다는 사실에 유념할 필요가 있다. 또한 고전파 학자들이 주장하는 자동조정효과가 장기적으로는 매우 크다 하더라도 결국 경제성장의 궁극적이고 핵심적인 동인은 공급측에서 찾아야 한다는 점을 강조할 필요가 있다. 결국 장기적인 성장은 공급 측면에서, 그리고 단기적인 안정은 수요 측면에서 효율적으로 접근할 수 있다고 볼 수 있다.

보론 미시경제학 기반의 거시경제이론: 소비함수와 투자함수를 중심으로

(1) 소비함수논쟁

소비함수논쟁의 핵심은 이른바 **소비의 수수께끼**(consumption puzzle)라고 인용되는 **쿠즈네츠**(Simon Kuznets)의 소비함수 실증분석에 기인한다. 가계의 소득/소비자료를 이용한 횡단면자료(cross-sectional data)나 단기시계열자료(time-series data)를 이용한 대부분의 실증연구들은 가계의 소비행위가 케인즈의 절대소득가설에 의해 잘 설명되는 측면이 있었다. 즉, 단기에서는 평균소비성향이 소득증가에 따라 그 값이 점차 감소하는 것으로 나타났다. 그런데 쿠즈네츠가 수십 년간의 장기시계열자료를 이용해 소비행위를 분석한 결과 소득과 소비는 상당히 안정적이어서 평균소비성향이 장기에서는 거의 일정한 값을 가지는 것을 발견하였다. 이는 이후 소비함수논쟁으로 알려지며 어떻게 단기소비함수와 장기소비함수의 차이를 설명할 수 있는지에 대한 다음과 같은 여러 가지 가설이 제시된다.

여하튼 개별 소비자는 물론 한 국가 전체의 소비행태와 관련하여 케인즈(J. M. Keynes)가 이른바 절대소득가설을 제창한 후 다양한 견해가 제시된 바 있는데, 이 과정에서 표출된 견해차이를 소비함수논쟁이라 부르기도 한다. 그러나 이들 견해는 상호 대립적이라기보다는 보완적인 성격이 강하며, 결국 어떤 측면을 상대적으로 더 부각시키는 것이 소비행태를 잘 설명할 수 있는지에 대한 견해차이가 있는 정도로 이해하는 것이 적절할 것이다. 논쟁의 주축이 되어 온 주장 또는 가설 중 몇 가지를 살펴보면 다음과 같다.

1) 절대소득가설

케인즈는 경제주체들의 소비가 당기실질소득의 절대적 수준에 따라 결정된다는 논리를 주창하였는데, 이를 후세 학자들이 **절대소득가설**(absolute income hypothesis)이라 불렀다.

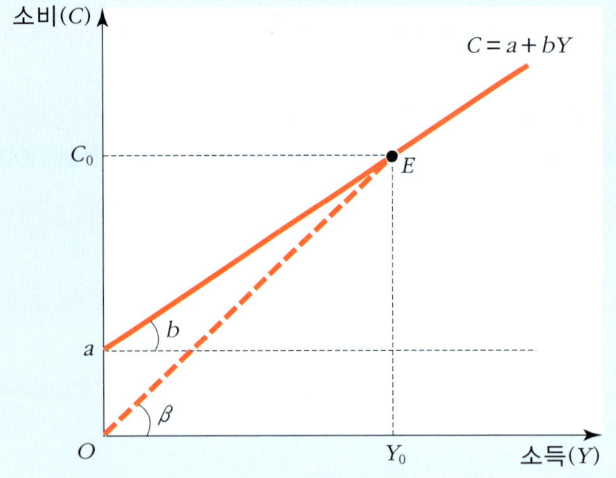

그림 A-1 절대소득가설
그림은 소비가 소득수준과 1차함수관계에 있다는 케인즈의 이른바 절대소득가설을 도시한 것이다. 그림에서 b는 한계소비성향을 나타내고 a는 소득이 전무할 경우에도 생존 차원에서 필요한 절대소비수준(a)을 의미한다. 일반적으로 $a>0$이므로 한계소비성향(b)은 평균소비성향(β)보다 작은 값을 갖는다.

[그림 A-1]에서처럼 소비(C)는 절대소득수준(Y)에 의존하게 되는데, 이는 $C=a+bY$와 같이 표현될 수도 있다. 여기서 a는 절대소비수준으로 소득(Y)이 전혀 없어도($Y=0$일 때 C의 값), 예컨대 생존을 위해 소비하게 되는 소비수준을 나타낸다. 그리고 b는 소득 한 단위 증가시 소비가 증가된 비율로 이를 한계소비성향(marginal propensity to consume: MPC)이라 부르며 $MPC=b=\Delta C/\Delta Y$와 같이 정의된다.

그런데 케인즈는 소득이 증가하면 소비도 증가하지만 증가된 소득 가운데 일부만 소비되고 나머지는 저축된다고 보았다. 따라서 한계소비성향은 1보다 작게 되는데, 이는 장래의 불확실성하에서 살아야 하는 인간의 속성에서 유래하는 기본적 심리법칙이라고 규정하였다. 그림에서 한계소비성향은 'b'로 표현되었는데, $b<1$이라는 특성을 갖게 되며 또한 $a>0$이므로 평균소비성향(그림에서 $\beta=OC_0/OY_0$)보다는 항상 작은 값을 갖는다. 단, 평균소비성향 β는 소득증가에 따라 그 값이 점차 감소하게 되는 특성을 갖는다.

이러한 케인즈 주장의 또 다른 특성은 여타 주장과 비교하는 과정에서 다음과 같은 두 가지가 추가되었다. 즉, 독립성과 가역성이라는 특징이다. 독립성이란 한 사람의 소비는 다른 사람의 소득수준과는 관계없이 오직 자신의 소득수준에만 의존한다는 것이다. 그리고 가역성이란 소득이 증가하면 소비가 증가하고, 반대로 소득이 감소하면 다시 소비는 원래 수준으로 복귀한다는 의미를 갖는다는 것이다.

2) 항상소득가설

프리드먼(Milton Friedman)은 매기의 소비는 항상소득, 즉 소비자가 평생 축적할 수 있는 부(wealth)로부터 매기 발생하리라고 예상하는 평균수입에 의존하며, 따라서 변동적으로 발생하는 잠정적 임시소득에 의해서는 영향을 받지 않는다는 주장을 제기한 바 있는데, 이를 **항상소득가설**(permanent income hypothesis)이라 부르며 케인즈의 절대소득가설과 대비시켰다.

항상소득은 결국 장기적인 평균소득에 의존하는 평균소비성향이 한계소비성향과 같아지는 성향을 갖게 된다. 즉, 한계소비성향 b와 평균소비성향 β는 같아진다. 따라서 소비함수는 $C=bY_P$(단, Y_P는 항상소득)와 같이 표현될 수 있으며, 원점에서 시작되는 1차함수식의 형태가 될 것이다.

이와 같은 항상소득가설의 핵심적인 내용은 소비자가 현재의 소비 또는 저축을 결정할 때 현재의 소득수준뿐 아니라 미래에 기대되는 소득수준도 동시에 고려해서 최적소비수준을 결정한다는 것이다. 따라서 소비자가 어떻게 미래소득을 예측하는지가 현재 소비결정에 매우 중요한 요소가 된다.

그런데 홀(Robert Hall)은 항상소득가설을 기반으로 만일 소비자가 합리적 기대를 한다면 소비의 변화는 예측할 수 없게 된다는 주장을 하였다. 이를 **무작위보행가설**(random walk hypothesis)이라고 부른다. 이 가설에 의하면, 소비자는 주어진 모든 정보를 효율적으로 이용하여 미래의 소득을 예측하여 매기마다 최적소비계획을 가지고 있으며, 따라서 예측하지 못한 소득의 변화가 있을 경우에만 소비가 변화한다는 주장을 제시하였다.

3) 상대소득가설

소비는 소득의 절대적 수준에만 의존하는 것이 아니라 사회적인 상대성과 역사적인 상대성에도 의존한다는 주장이 **듀젠베리**(James S. Dusenberry) 등에 의해 제시된 바 있는데, 이를 **상대소득가설**이라 한다. 이 주장은 결국 절대소득가설이 전제하고 있는 독립성과 가역성을 부정한 것이라 볼 수 있다. 즉, 개인의 소비는 타인(특히, 주위 사

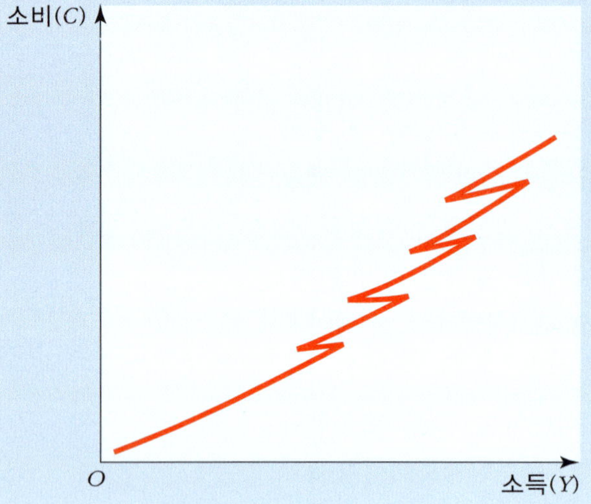

그림 A-2 상대소득가설
그림은 소비가 소득상승시에는 쉽게 증가하지만 소득하락시에는 쉽사리 감소하지 않아 소득변화에 따른 소비함수형태가 톱니모양과 같아진다는 상대소득가설을 도시한 것이다.

람이나 동료집단)의 소비행동에 의해 영향을 받아 지출되기도 하는데, 이러한 현상을 **전시효과**(demonstration effect)라 하며 절대소득가설의 독립성 가정을 비판하였다.

한편, 소득상승시에는 소비가 쉽게 증가하지만 소득이 하락할 경우에는 소비가 쉽사리 줄어들지 못하는 성향이 있다는 이른바 **톱니효과**(ratchet effect)를 주장하며 절대소득가설의 가역성을 비판하였다. "부자 망해도 3년은 간다"라는 속담이 시사하듯이 고소득시 소비패턴은 소득이 감소해도 쉽사리 바꿀 수 없는 현상을 일컬은 것인데, 이를 그림으로 표현할 경우 마치 톱니모양이 형성된다는 데 기인한 것이다([그림 A-2 참조]).

4) 생애주기가설

절대소득가설에 따르면 같은 소득수준을 가진 사람은 같은 소비 또는 소비성향을 가지게 된다. 그러나 같은 소득수준이라 하더라도 소비자의 나이에 따라 소비수준이 달라진다는 주장이 **모딜리아니**(Franco Modigliani)에 의해 제기되었는데, 이를 **생애주기가설**(life-cycle hypothesis)이라 한다.

합리적 소비자는 일생에 걸친 소득을 감안하여 소비를 하게 되는데, 소득은 청소년기에는 상대적으로 낮은 수준에 머물게 되고 중장년기로 가면서 보다 높은 소득수준을 유지하게 되지만 은퇴 후 노년

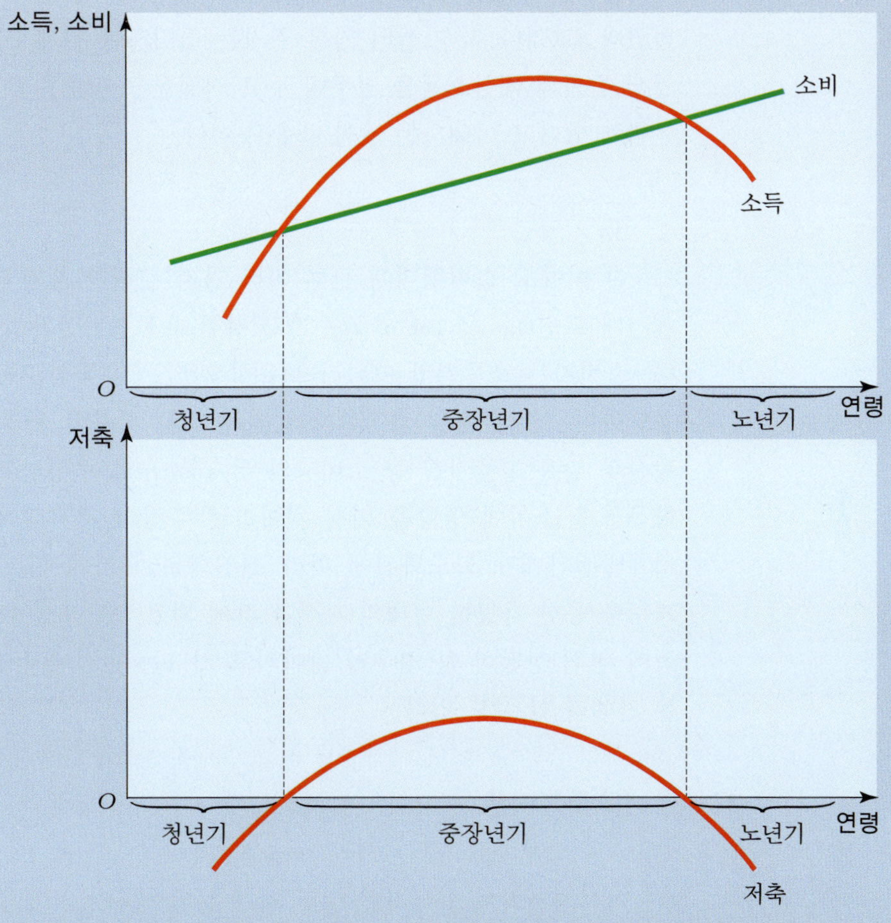

그림 A-3 생애주기가설
그림은 청년기에는 소득이 소비수준에 못 미치나 중장년기에는 저축할 여력이 생길 만큼 소득이 상승하였다가 은퇴 후 노년기에는 다시 소득이 소비보다 작아지는 현상에 근거하여 소비행태를 설명한 생애주기가설을 도시한 것이다.

기에는 다시 낮아지는 추세를 갖는 반면, 소비는 일생에 걸쳐 상대적으로 일정한 수준을 유지한다는 견해가 제기된 것이다.

[그림 A-3]에서처럼 청년기에는 미래의 소득이 증대될 것을 예상하여 소득보다 높은 소비수준을 유지하지만, 중장년기에는 은퇴 후를 대비하여 저축을 하게 되며, 은퇴 후에는 중장년기에 저축해 둔 돈으로 안정적 소비를 하게 된다는 것이다.

이 가설은 중장년기에도 저축할 여력이 없거나 청년기에 부의 저축을 가능하게 하는 제도가 정착이 안 된 나라에서는 설득력이 다소 결여된 논리라 할 수 있으며, 또한 노년기 지출은 일반적으로 중장년기에 비해 낮아질 것이라 보는 것이 타당하다는 반론이 제기되기도 하였다. 그러나 이 가설의 기본 취지는 소비자는 현재소득이 아니라 일생 동안의 예상소득을 염두에 두고 적절한 소비수준을 결정한다는 논리에 있다고 이해하는 것이 옳을 것이다.

5) 기타

이 밖에도 소비행태에 관해 여러 가지 견해가 제기되어 있는데, 예컨대 **토빈**(James Tobin) 교수가 제창한 **유동성자산가설**을 들 수 있다. 소비자는 소득뿐만 아니라 보유하고 있는 유동성 자산의 크기를 감안하여 소비수준을 결정한다는 견해이다. 비슷한 논리에 따라 부동산과 같은 실물자산 등 소비자의 부(wealth)를 구성하고 있는 주요 항목들도 소비에 영향을 미칠 것이라는 주장이 제기되기도 하였다. 경제발전단계가 고도화됨에 따라 선진화된 국가에서는 소비자들이 저축을 통한 다양한 형태의 자산을 갖게 되고, 또 그것이 고정근로소득에 비해 상당히 큰 경우가 많아지고 있다는 관점에서 설득력이 있는 견해라 할 수도 있다.

(2) 투자이론

거시경제학에서 투자란 일정 기간 동안 생산설비(또는 자본재라 부름)를 증가시키거나 유지하는 데 투여된 지출을 일컫는 것이다.[14]

따라서 부동산이나 주식 등을 구매하는 등 일반인들이 투자라고 하는 것과는 다르다. 부동산이나 주식의 매매는 단지 소유자가 바뀔 뿐 국가경제 전체적으로 생산설비가 증가되지는 않기 때문이다.

그런데 가계소비지출이나 정부지출이 상당히 안정적 변동 추세를 보이는 데 반해 투자는 경기변동 등에 따라 매우 민감하게 반응하며 급격한 변화를 보이는 특성이 있다. 투자란 미래의 생산활동을 위한 자본재의 증가나 유지행위로서 미래에 예상되는 수익흐름에 크게 의존하기 때문이다.

한편, 투자란 생산활동과 직결되므로 소득의 창출 및 고용에 중요한 영향을 미칠 뿐 아니라 자본의 축적을 통하여 생산능력의 확대

⑭ 엄밀히 말하자면 투자에는 재고품의 순증가를 초래하는 과정에서 발생한 기업의 지출증가분도 포함된다.

는 물론 장기적 성장에 결정적인 역할을 한다는 점에서 거시경제학적 관점에서 매우 중요한 경제행위라 할 수 있다. 이러한 투자에 영향을 미치는 주요 요인으로는 다음과 같은 것들을 들 수 있다.

첫째, 소득의 증가(그리고 소비성향의 상승)는 기업들의 장래이익에 대한 낙관적 기대를 커지게 하므로 유발투자를 증대시킨다.

둘째, 기업은 투자지출에 소요되는 자금을 사내유보이윤(또는 기업저축)이나 채권발행 또는 주식발행을 통한 차입으로 조달한다. 따라서 이때 발생하는 조달비용, 즉 차입에 대한 이자율(또는 내부자금에 대한 기회비용 등)이 낮아질수록 투자할 유인이 커지게 된다.

셋째, 기술변화나 신제품의 발명 등은 해당 기업의 생산비용 절감 및 경쟁력 향상을 보장할 것이므로, 이를 보유한 기업이나 보유하고자 하는 기업의 투자지출이 증가하게 된다.

이러한 요인들에 주로 의존하는 기업의 경우 과연 어떤 기준에 의해 투자를 결정할 것인가 하는 문제를 다룬 것을 투자이론이라 하는데, 중요한 것으로 다음과 같은 것이 있다.

1) 고전학파적 견해

투자로 인해 발생할 것으로 예상되는 기대수익을 이자율로 할인한 현재가치(present value: PV)와 자본재 구입가격 또는 투자비용(investment cost: IC)을 비교하여 투자 여부를 결정한다는 견해이다.

즉, $PV>IC$이면 투자를 증대시키고, $PV<IC$이면 투자를 감소시킨다는 것이다. 결과적으로 투자는 이자율의 역함수가 된다는 논리가 정립될 수 있다. 그러나 이 이론은 현실적으로 자본비용을 정확하게 측정하기 어렵다는 점과 자본제약 또는 자본조달의 용이성 여부가 간과되고 있다는 점 등의 한계를 갖고 있다.

$$PV=\sum_{t=1}^{T}\frac{R_t}{(1+r)^t}$$

여기서, PV: 현재가치
R_t: 미래의 기대수익
r: 이자율
t: 기대수익 발생시점

2) 케인즈적 견해

케인즈는 현재가치라는 개념 대신 투자의 한계효율(marginal efficiency of investment: *MEI*) 개념을 이용하여 투자이론을 정립한 바 있다. 즉, 케인즈는 새로 투자된 자본의 추가적인 단위로부터 기대되는 순수익을 자본비용과 일치시키는 할인율과 (자본비용의)이자율을 비교하여 투자 여부를 결정한다고 보았는데, 이를 식으로 나타내면 다음과 같다.

$$C_t = \frac{R_{t+1}}{1+m} + \frac{R_{t+2}}{1+m^2} + \cdots\cdots + \frac{R_{t+n}}{1+m^n}$$

여기서, m: 투자의 한계효율
R : 예상수익
C_t: 자본비용

이때 투자의 한계효율 *MEI*가 이자율 r보다 크면 투자를 증대시킨다고 할 수 있으므로, 이 경우에도 투자는 이자율과 역함수관계에 있다는 결론이 도출될 수 있다.

이 논리도 현실적으로 한계생산이 체감한다는 사실을 제대로 반영하지 못하는 등의 한계를 가지고 있다.

3) 가속도원리

앞서 두 논리와는 달리 **가속도원리**(acceleration principle)는 투자의 수요 측면이 강조된 이론이다. 즉, 실제 자본량보다 계획된 자본량이 클 경우 투자가 발생한다고 본 것이다. 한편, 계획된 자본량이란 기대소득이나 예상산출고 등에 의존하므로, 결국 투자규모는 예상소득 또는 산출고 변동량에 따라 결정된다는 논리로 정리될 수 있다. 따라서 앞서 두 논리에서 투자를 이자율의 역함수로 인식한 것과는 대조적으로 가속도원리는 투자를 소득수준의 정함수관계로 파악한 것으로 이해할 수 있다.

이 논리는 생산시설의 완전가동을 전제하고 가속도계수가 일정하다고 가정한 점, 그리고 이자율 내지 자본재의 가격을 도외시한 점 등의 한계성을 지니고 있다.

4) 토빈의 q이론

주식시장에서 평가된 기업의 시장가치를 기업 실물자본의 대체비용으로 나눈 값을 q라고 정의한 다음, q가 1보다 크면 투자가 증가하고, 1보다 작으면 투자가 감소하며, q=1이 될 경우에는 (대체투자만 실행되므로)투자는 불변이라고 본 견해를 **토빈의 q이론**(Tobin's q-theory)이라 한다.

이 이론은 주식시장의 국민경제에서의 역할까지도 염두에 둔 논리이지만 실증분석시 q를 측정하기 어렵고 수시로 변하는 주식시장의 변동성을 적절히 고려하기 어렵다는 점 등의 한계성을 가지고 있다. 그럼에도 불구하고, 예컨대 q가 2를 넘을 정도라면 주식시장이 과열되어 있어 결국 거품이 커질 수밖에 없다는 등의 주장이 이 이론에 근거하여 자주 제기되기도 하였다.

제22장 불균형 시정 I : 이중성과 양극화

일반적으로 후진 제국들이 근대화 내지 산업화의 조기달성을 위해 경제성장에 정책상의 우선순위를 두고 있다. 그러나 이로 인해 성장과정에서 이중성이 증폭되며 양극화가 발생하기도 한다. 본장에서는 이러한 현상이 미치는 경제적 영향을 분석하고 또 그에 대한 대처방안에 대해서도 동시에 검토해 볼 것이다.

01 경제발전과 경제성장방식

한 나라 국민경제, 특히 후진국 경제는 경제성장을 지상과제로 삼고 있다. 그리고 많은 경우에 후진국에서의 경제성장은 물가상승이 동반된다. 그러나 물가안정의 중요성이 체감적으로 인식되는 시기에 이르러서부터는 성장제일주의에서 벗어나 안정적 성장을 도모하기도 한다.

일반적으로 지속적인 경제성장에도 불구하고 불균형과 이중성이 발생할 수 있다. 본장에서는 이로 인한 영향과 대처방안에 대하여 살펴보고자 한다.

한국 또한 1960~1970년대에 수행된 **성장제일주의**가 1970년대 말에 이르러 위기에 봉착하게 되고 심지어 정권이 몰락하는 결과를 초래하게 되자, 1980년대 이후는 성장과 안정을 동시에 추구하는 방향으로 정책목표를 수행하였던 것은 좋은 사례로 볼 수 있다.

한국 또한 개발 초기 단계에서 수행된 성장제일주의로 인해 불균형과 이중성이 증폭되어 왔고, 최근에는 산업구조 조정과정에서 중산층이 줄어드는 양극화 현상이 나타나기도 하였다.

그러나 1980년 이후에도 여전히 성장우선주의 기조는 견지되었고, 따라서 이러한 과정에서 파생된 **불균형**과 **이중성**은 제대로 시정되지 못하였다. 즉, 수출산업과 내수산업, 대기업과 중소기업, 공업과 농업, 그리고 중화학공업과 경공업 부문 간에 이중성이 확대되고, 나아가서는 부문 간 불균형이 심화되었다.

그렇다면 왜 애초부터 이러한 문제점이 발생하지 않도록 정책을 입안하거나, 또는 일단 문제점의 심각성이 인식되었을 때 이를 적극 시정하지 않았을까?

일반적으로 제2차 세계대전 이후 독립한 후진국들의 경제는 자본주의를 자생적으로 발전시키지 못한 채 식민지화를 통해 시장경제

이러한 결과는 후진 제국들이 자생적인 자본주의의 정립이 이룩되지 못한 여건하에서 빈곤의 악순환 고리를 끊고 근대 산업화를 이룩하기 위해 정부가 주도하는 불균형성장방식의 경제개발을 추구해 온 데 주로 기인하는 것이다.

에 편입됨으로써 자본주의가 이식되는 역사적 경험을 하였다는 사실은 전술한 바 있다. 따라서 이들 나라는 독립이 된 이후에도 자본주의 체제가 제대로 성숙되지 못하였고, 저소득→저저축→저투자→저생산→저소득으로 이어지는 이른바 **빈곤의 악순환**(vicious circle of poverty)이라는 고통을 겪었다. 이러한 빈곤의 악순환 고리를 끊어내기 위해 후진국들은 정부주도적 경제개발계획을 추진하게 되었다. 또한 이러한 과정에서 추진된 발전전략들은 이른바 **불균형성장방식**이었던 것이어서 부문 간 불균형은 불가피한 것이 되었던 것이다.

02 경제발전전략과 불균형

한국이 채택한 경제개발계획 또한 불균형성장방식이라 할 수 있다. 그러면 과연 왜 한국은 이러한 성장방식을 선택하였을까? 이에 대한 논의를 위해 제17장에서 소개한 바 있는 균형성장론과 불균형성장론 간의 논쟁을 당시의 한국적 여건과 결부시켜 다시 한 번 간략히 검토해 보기로 한다.

대다수 후진국은 자생적 발전이 난망시되는 여건하에서나마 산업화를 통한 경제발전이라는 목표를 설정하고 이를 효율적으로 성취하기 위한 경제개발을 도모하게 되었다. 그런데 이러한 개발노력은 투자재원의 제약으로 인해 부문 간의 배분문제를 유발하게 되었다. 이러한 상황에서 각 부문의 균형적 배분을 강조하는 균형성장론과 특정 부문으로의 주도적 배분을 강조하는 불균형성장론이 제시되어 왔다.

물론 경제발전전략에는 불균형성장론만 있는 것은 아니다. 예컨대, 균형성장론이 주창되기도 하였는데, 이는 모든 산업에 투자재원을 골고루 투입할 것을 권고하고 있다. 그런데 이는 자본공급은 무한대로 탄력적이란 가정하에 설정된 논리이다. 따라서 자본공급상의 애로가 일반적인 후진국에 적용하기는 부적절하다.

균형성장론이란 **넉시**(R. Nurkse)에 의해 주창되었는데, 그는 빈곤의 악순환과정을 해소하는 구체적 방안으로 모든 산업에 투자재원을 동시에 골고루 투입할 것을 제안하였다. 그는 모든 산업에 대한 동시적 투자를 통해 국내시장을 전반적으로 그리고 균형감 있게 발전시키는 것이 바람직하다고 본 것이다. 그런데 이러한 논리는 자본은 필요한 만큼 언제나 무한대로 공급이 가능하다는 전제하에 설정된 논리적 성격을 갖는 것으로, 결국 자본수요 측면에서의 문제점만을 중점적으로 고려한 대안이라 할 수 있다.

따라서 이러한 논리는 자본의 공급 측면의 문제가 오히려 더 심각한 문제로 부각되고 있는 후진 제국에 적용하기 곤란하다는 비판을 피할 수 없다. 또한 이 주장은 실제로는 각 산업의 제품마다 소득탄력성이 상이하므로 동일한 투자배분정책이더라도 모든 산업이 동일한 비율로 성장하기는 어렵다는 사실을 간과한 것이라 할 수 있다.

또한 동일한 투자배분에도 불구하고 모든 산업이 동일 비율로 성장하기는 어렵다는 한계성이 있다.

이상에서 지적한 논리적 한계성으로 인해 이와 정면으로 대립되는 이른바 불균형성장률이 제시된 바 있다. 대표적인 **불균형성장론**의 주창자인 **허쉬만**(A. O. Hirschman)은 시장의 부문 간 불균형이 오히려 경제성장의 촉진제가 될 수 있다고 보고 이들 간의 불균형을 인위적으로라도 조성하는 것이 바람직하다고 주장하였다. 그는 특히 전 · 후방 연관효과에 근거하는 산업 간 투자유발을 강조하는 불균형성장론을 제시하면서 후진국의 특징적인 빈곤의 악순환 고리를 끊는 방안으로 공급 측면에서의 애로타개방식을 선정할 것을 제안하였는데, 이는 전 · 후방 연관효과가 큰 주도부문에 대한 집중투자방식을 강조한 것이라 볼 수 있다.

바로 이상과 같은 이유로 인해 불균형성장론이 제기된 것이다. 이 논리의 핵심은 빈곤의 악순환 고리를 끊을 수 있는 공급 측면에서의 애로타개방식을 선정하되 특히 전 · 후방 연관효과가 큰 주도부문에 대한 집중투자를 강조하였다.

여기서 **후방연관효과**란 해당 산업이 필요로 하는 원자재 및 중간재 생산 산업의 성장 및 투자를 유발하는 효과를 말하는 것이며, **전방연관효과**란 해당 산업 제품을 원료로 삼는 산업의 성장 및 투자유발효과를 말하는 것이다. 예컨대, 제철산업의 후방연관효과가 나타날 수 있는 산업이 철광업이라면 전방연관효과가 나타날 수 있는 산업으로는 자동차산업을 들 수 있다. 일반적으로 제조업 제품이 농업 등 1차산업보다 후방연관효과가 크고 중간재가 최종재보다 전방효과가 큰 것으로 볼 수 있다. 이러한 논리에 근거하여 허쉬만은 주도부문의 선정은 연관효과가 큰 산업으로 하는 것이 바람직하며, 특히 후진국의 경우에는 후방연관효과가 큰 산업부문을 선정하도록 권고하였다. 따라서 농업보다는 공업을 우선적으로 집중 육성하는 불균형상태를 유발시킴으로써 여타 연관산업의 성장을 이끌어 내는 것이 바람직하다는 의견을 제시하였다.

이상과 같은 대립적 논리 중 한국이 선택한 성장방식은 불균형성장방식이며, 이는 논리 자체상의 이유는 물론 후진국으로서의 일반적 특징과 한국적 특수성 등을 감안할 때 지극히 자연스러운 선택이었다고 볼 수 있다. 그러나 이러한 방식에 의한 경제개발은 역시 초창기에 한해 단기적으로 활용할 성격의 개발논리일 뿐 경제가 어느 정도 단계에 접근할 때에는 가차없이 지양해야 할 원칙이었다. 바로 이러한 점이 경시됨으로 인해 선진국 진입을 지향하고 있는 한국 경

한국 또한 이러한 불균형성장방식을 선택하였고, 그 결과 이중성과 불균형 그리고 불평등이 심화되었다.

제가 아직도 농 · 공 간 및 대기업 · 중소기업 간 불균형과 이로 인한 전통부문과 근대부문 간의 이중성 및 불평등 심화 등의 문제를 해소하지 못하고 있다는 비판을 받고 있다.

03 경제환경 변화와 양극화

불균형성장방식이 채택될 경우 국민경제는 이중성이 확대 또는 고착되는 결과가 초래되고 이러한 이중성은 결국 소득불균형을 심화시켜 소득분배구조를 왜곡 내지 악화시키는 효과를 갖는다고 볼 수 있다.

그런데 불균형성장방식 이외에도 제반 여건의 변화로 각종 불균형이 발생하기도 하는데, 이것이 심화된 상태를 흔히 경제의 양극화라 부르기도 한다.

그런데 불균형성장방식이라는 경제발전전략의 선택요인 외에도 한 국민경제가 발전과정에서 당면하게 되는 제반 여건의 변화로 인해 각종 불균형이 발생하기도 한다. 이것이 심화된 상태를 흔히 **경제의 양극화**(polarization) 현상이라고도 한다.

이 용어는 경제적으로 그 개념이 잘 정립된 학술용어는 아니지만 **이중성**(dualism)이나 소득분배문제 등과 관련하여 자주 사용되는 용어이다. 원래 양극화란 최고와 최저계층의 비중이 확대되어 중간계층의 비중이 현저히 축소됨으로써, 예컨대 계층별 비중이 마치 아령 모양처럼 양극계층을 중심으로 재편되는 현상이라는 의미를 갖는다. 그러나 일반적으로 경제주체들이 가지고 있는 이질적 속성이 가속화됨에 따라 경제적 성과가 양 극단 위주로 분화되어 나가는 현상을 의미하고 있다. 이러한 관점에서 볼 때 불균형성장방식은 경제의 이중성 또는 이질성을 고착시키고, 또 나아가서는 양극화 현상을 초래시키는 데 큰 원인을 제공한 것으로 이해할 수도 있다.

예컨대, 한 나라 경제가 성숙단계에 진입하여 구조조정 과정을 겪게 되는데, 경제주체들의 적응능력 차이로 인해 경제적 성과에 격차가 발생할 수도 있다.

한편, 전술한 바 있듯이 한 나라의 경제는 성숙단계에 진입하면서 필연적으로 구조조정 과정을 겪게 되며, 이러한 과정에서 일반적으로 경제주체들이 갖는 적응능력 등의 차이로 인해 경제적 성과에 격차가 발생할 수도 있다. 예컨대, 세계화의 급속한 진전 및 기술진보의 가속화, 그리고 제반 제도의 변화 등 경제환경 변화에 따라 세계는 이른바 무한경쟁시대에 진입하게 되었는데, 이 과정에서 초래되는 경쟁심화는 적자생존법칙에 따라 승자와 패자를 지속적으로 양산하게 된다. 결국 새로운 경제환경 변화에 성공적으로 적응할 수 있는 경제주체와 그렇지 못한 주체들 사이에 경제성과상 큰 차이가 발생할 수밖에 없게 되고, 경제적 양극화 현상이 필연적으로 도래된다고 볼 수 있다.

이상과 같은 관점을 요약해 보면, 한 나라 경제가 성숙단계에 진입하게 되는 시점에서 세계화의 진전에 따른 경쟁심화 그리고 기술진보의 가속화 및 대내외 경제환경 변화로 인해 산업구조 개편이 초래되며, 이러한 과정에서 개인 및 기업 등 경제주체들이 갖는 적응력 격차로 인해 경제적 성과가 양 극단으로 분화되는 양극화 현상이 발생한다고 볼 수 있다.

물론 이러한 상황에서도 경제구조가 탄력적으로 조정될 수 있다면 양극화 현상을 완화 내지 억제할 수 있다. 예컨대, 수출산업이나 대기업 등 선도부문의 경제적 성과가 확대되면서 이들 성과가 낙후부문에게도 혜택이 돌아가는 이른바 **트리클다운효과**(trickle down effect, 넘쳐흐르는 물이 바닥을 적시는 것과 같은 효과)가 발생한다면 심각한 경제양극화 현상은 나타나지 않을 수도 있다.

그러나 산업연관관계가 미약할 뿐만 아니라 중소기업 성장기반이 취약한 경제구조가 고착되어 있는 경우 트리클다운효과는 나타나기 어렵다. 불균형성장방식을 오랫동안 고수해 온 한국과 같은 나라의 경우에는 바로 이로 인한 구조적 결함 등으로 인해 경제의 양극화 현상을 피하기 어려웠다. 따라서 IT산업 중심으로 산업구조가 개편되고 수출이 급신장되었지만 이는 수출과 내수산업 간, 선도기업과 낙후기업 간 양극화 현상이 크게 부각되는 결과로 귀착되고 말았다.

04 양극화의 경제적 영향

대내외 경제환경 변화나 경제의 성숙과정은 어느 나라나 겪을 수 있는 것이다. 이중성이 고착된 경제구조를 갖고 있는 나라가 아니라면 여건변화에 따른 산업구조 개편은 일면 한 국민경제를 발전시킬 수 있는 좋은 계기가 될 수도 있다. 미국 경제가 경쟁력을 상실한 제조업의 비중을 대폭 축소하고 지식 · 정보 및 서비스산업 등의 비중을 확대시켜 나가는 구조조정을 성공적으로 이룩함으로써 세계경제의 리더십을 계속 유지할 수 있었던 사실은 바로 성공적인 구조조정의 좋은 예가 될 것이다. 제조업부문이 쇠퇴하여 이른바 **제조업 공동**

한국의 경제양극화 현상

한국에서의 경제양극화 현상은 외환위기 이후 악화되었고, 그 결과 소득양극화의 심화 및 중산층 붕괴조짐이 커지는 것으로 나타났다. 아래의 표와 그림은 수출과 내수산업 간, 대기업과 중소기업 간, 그리고 중공업과 경공업 간에 나타난 경제적 성과의 격차현상, 즉 경제의 부문별 양극화 현상을 잘 나타내 주고 있다.

우선 수출과 내수산업 간 양극화 현상이 두드러지게 나타나고 있다. 〈표 22-1〉에서 볼 수 있듯이 수출은 여전히 높은 증가세를 보이고 있으나 민간소비와 설비투자는 상대적으로 답보상태에 있다.

다음으로는 중화학공업과 경공업 간의 격차확대를 들 수 있는데, 〈표 22-2〉와 [그림 22-1]에서 확인할 수 있듯이 1980년대 중반 중화학공업의 비중이 경공업의 비중을 추월한 이후 그 격차가 확대일로에 있음을 알 수 있다.

표 22-1 GDP와 부문별 성장률

구분	2003	2004	2005	2006	2007				2008
					1/4	2/4	3/4	4/4	1/4
GDP	5.9	7.5	4.0	5.6	5.0	6.5	6.2	7.2	6.8
민간소비	2.1	3.2	6.3	6.6	6.4	6.9	7.2	7.9	8.0
설비투자	−2.7	3.6	1.4	4.3	6.8	9.7	0.7	6.2	3.7
수출	14.0	24.7	−0.1	6.5	10.9	12.3	8.6	18.5	22.0

표 22-2 경공업 · 중화학공업 생산의 비중 추이

	1970	1980	1990	2000	2003	2006
경공업	70.3	57.9	39.5	22.4	18.7	14.6
중화학공업	29.7	42.1	60.5	77.6	81.3	85.4
제조업	100.0	100.0	100.0	100.0	100.0	100.0

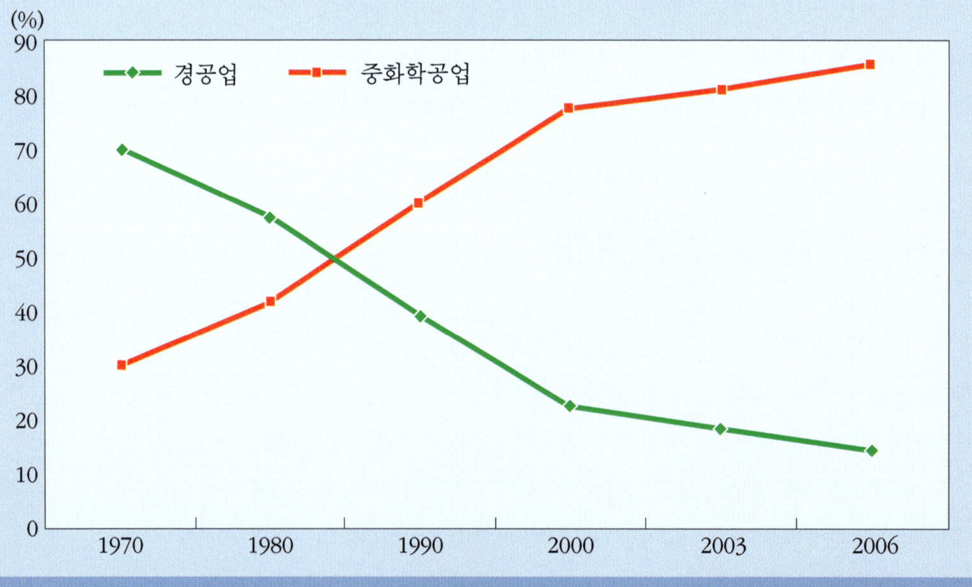

그림 22-1 경공업 · 중화학공업 생산의 비중 추이

수출에서도 중화학공업 제품, 특히 반도체 · 무선통신기기 · 자동차 · 컴퓨터 · 선박 등에 대한 의존도가 지속적으로 높은 수준을 유지하고 있다([그림 22-2] 참조).

또한 IT산업과 비IT산업의 신장세는 현격한 차이를 보여 왔고(〈표 22-3〉, [그림 22-3] 참조), 2001년 이후 제조업과 서비스업 간의 비중이나 신장세에도 격차가 확대되어 왔다.

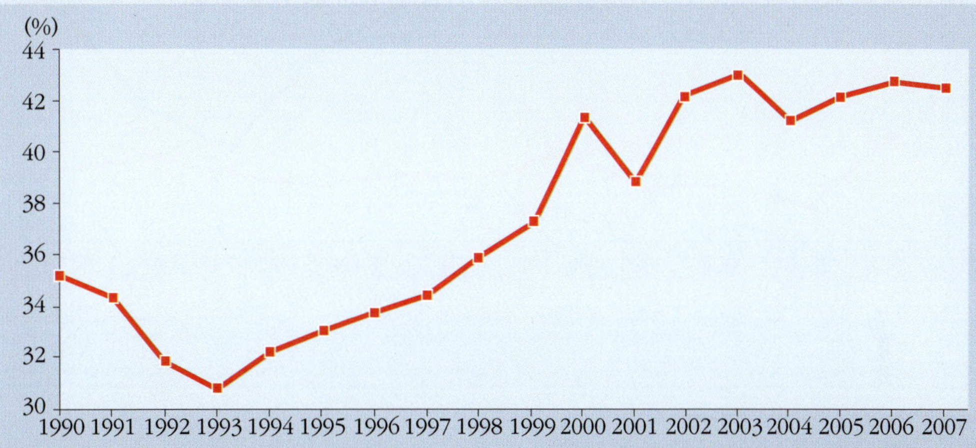

자료: 한국무역협회, MIT별 3단위 기준.

그림 22-2 5대 품목의 수출비중 추이

표 22-3 연도별 5대 대표 수출품 품목

1990~1991	1992	1993	1994	1995~1996	1997~1998	1999~2000	2001	2002~2003	2004~2007
반도체 선박 신발 영상기기 의류	반도체 선박 영상기기 의류 섬유	반도체 선박 영상기기 의류 자동차	반도체 선박 섬유 의류 자동차	반도체 선박 영상기기 자동차 컴퓨터	반도체 선박 금은 및 백금 자동차 컴퓨터	반도체 자동차 석유제품 컴퓨터 선박	반도체 무선통신기기 컴퓨터 자동차 선박	무선통신기기 반도체 선박 자동차 컴퓨터	무선통신기기 반도체 석유제품 자동차 선박

〈표 22-4〉와 [그림 22-3]은 IT산업과 비IT산업의 생산증가율을 나타낸 것으로 IT산업의 일시적 불경기였던 2007년 1/4분기를 제외하고는 그 격차가 매우 컸음을 알 수 있다. 이러한 추세는 수출증가율을 중심으로 비교할 경우에도 마찬가지로 나타났다(단, IT산업의 국제적 경쟁심화로 인해 최근 들어 IT산업의 수출증가율이 다소 하향세를 보이고 있음).

표 22-4 IT와 비IT산업의 생산증가율

(단위: 전년 동기 대비, %)

	2002	2003	2004	2005	2006				2007		
					1/4	2/4	3/4	4/4	1/4	2/4	3/4
IT산업	17.5	14.0	18.0	13.3	15.5	16.0	12.6	10.1	5.2	7.4	12.6
비IT산업	5.9	1.9	3.2	2.9	4.9	3.5	3.7	3.0	3.8	4.6	3.9

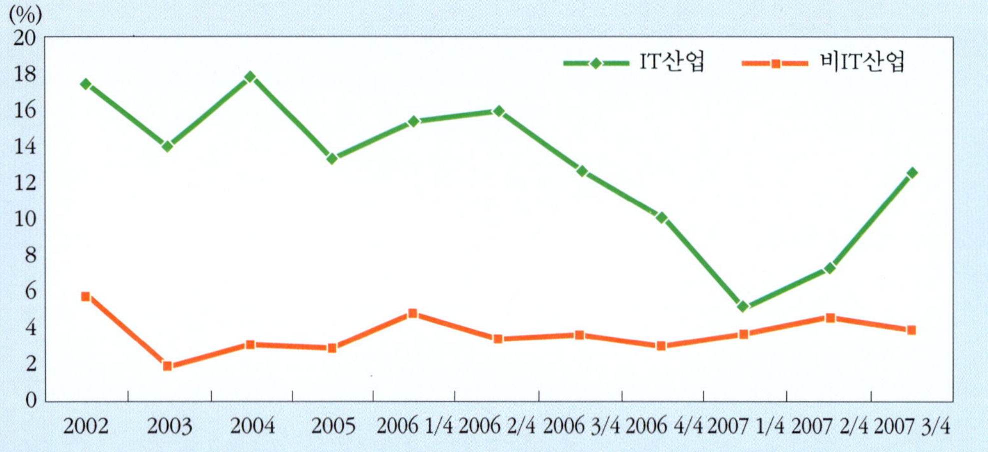

그림 22-3 IT와 비IT산업의 생산증가율

표 22-5 IT와 비IT산업의 수출증가율

	2002	2003	2004	2005	2006				2007		
					1/4	2/4	3/4	4/4	1/4	2/4	3/4
IT산업	35.8	27.5	29.4	16.1	11	15.3	13.5	12.3	17.4	15.1	14.4
비IT산업	3.6	−0.8	0.1	1.1	5	2.1	2.2	1.5	−0.2	1.8	2

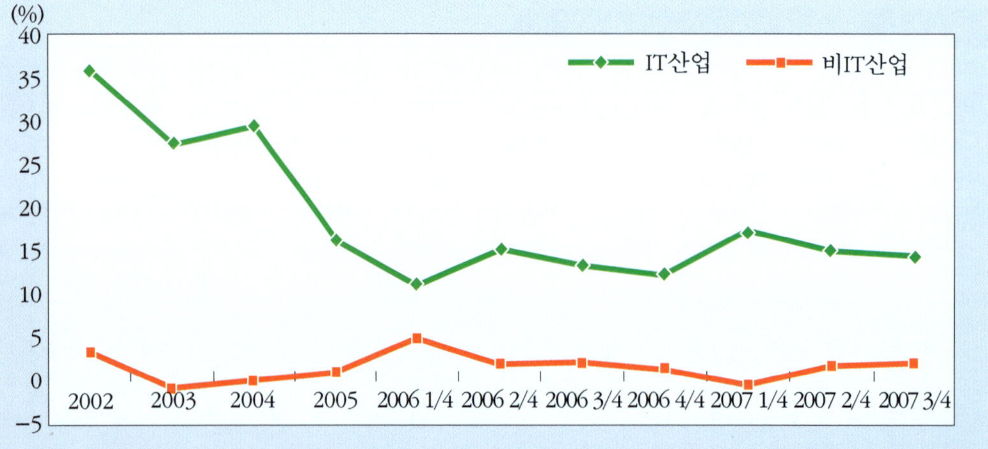

그림 22-4 IT와 비IT산업의 수출증가율

한편, 기업규모 측면에서도 대기업과 중소기업 간의 수익성, 재무구조, 성장성, 자금조달의 용이성, 투자여건 등에 있어 격차가 확대되어 왔다.

우선 [그림 22-5]와 [그림 22-6]에서처럼 대기업과 중소기업 간의 경상이익률과 이자보상비율을 대비시켜 본 결과 2002년 이후 중소기업에 비해 대기업의 경영성과가 훨씬 우수하였음을 알 수 있다(단, 1999년부터 2001년까지는 외환위기에 따

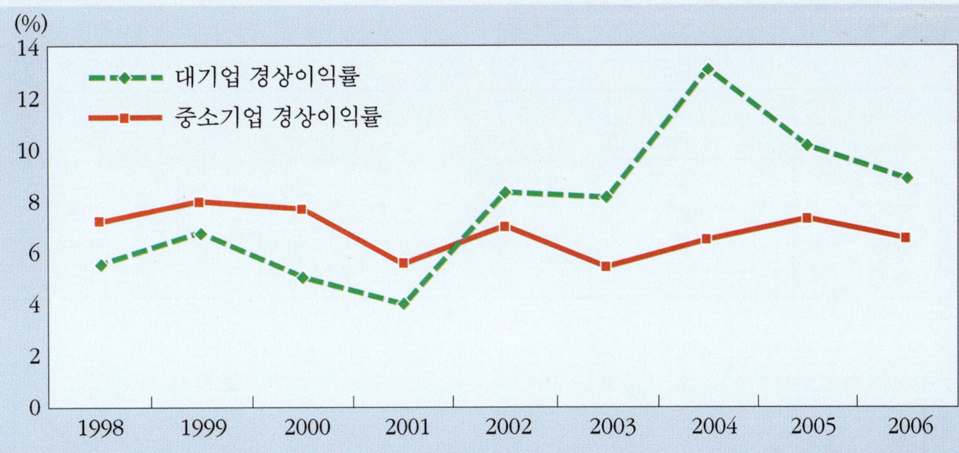

그림 22-5 대기업과 중소기업의 경상이익률

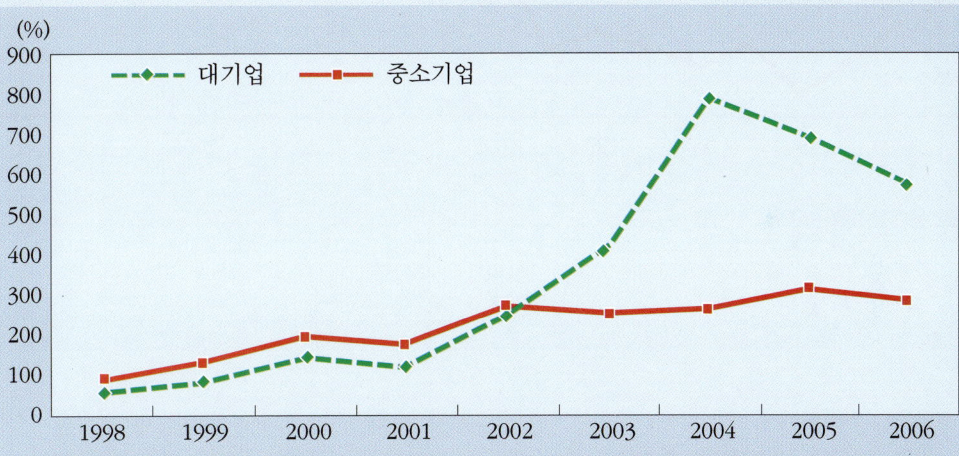

주: 이자보상비율(interest coverage ratio: ICR)이란 손익계산서상의 영업이익을 이자비용으로 나눈 값으로 채무상환능력을 나타내는 지표로 활용되고 있음. 일반적으로 100% 또는 1 이상이면 해당 기업의 수익성은 안정적으로 판단됨.

그림 22-6 대기업과 중소기업의 이자보상비율

른 구조조정이 대기업을 중심으로 이루어짐에 따라 대기업의 여건이 상대적으로 어려웠음).

한편, 대기업과 중소기업에 적용되는 대출금리를 비교해 보면 분석대상 기간중 2001년의 0.11에서 2006년의 0.66으로 점차 그 격차가 확대되어 왔음을 알 수 있다.

이상과 같은 양극화 현상은 결국 수출기업과 내수기업, 대기업과 중소기업, 그리고 정규직과 비정규직 근로자 간의 임금격차 확대로 이어지면서 소득의 양극화 및 빈곤층의 확대를 초래하게 되었다.

결과적으로 [그림 22-7]에서 볼 수 있듯이 한국의 지니계수는 외환위기 이후 급상승함으로써 소

표 22-6 대기업과 중소기업의 대출금리

연도	기업대출	대기업대출(A)	중소기업대출(B)	격차(B–A)
2001	7.71	7.62	7.73	0.11
2002	7.13	7.03	7.15	0.12
2003	6.73	6.56	6.76	0.20
2004	6.37	6.01	6.43	0.42
2005	6.40	5.80	6.49	0.69
2006	6.66	6.07	6.73	0.66

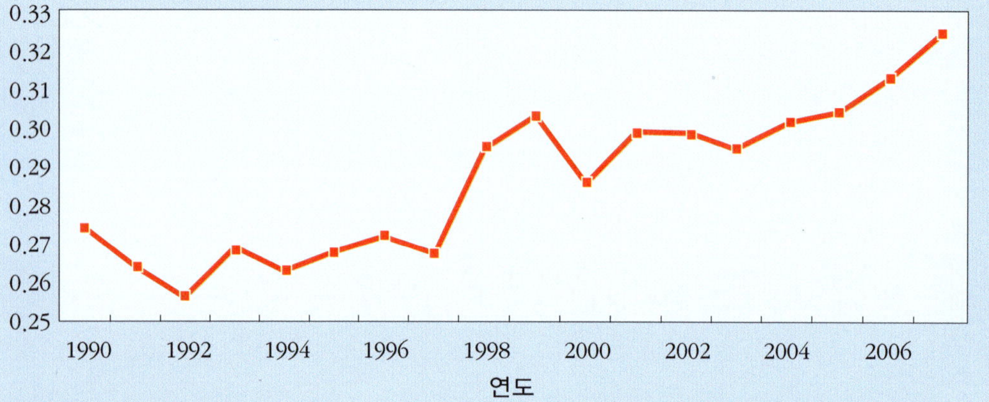

자료: 통계청(1986~2007).

그림 22-7 한국의 지니계수 변화 추이

득불평등도가 악화되어 왔음을 알 수 있다.

이상과 같은 양극화 현상은 세계화와 중국 시장의 부상에 따른 국제경쟁의 강화와 기술진보의 가속화, 그리고 경제발전의 성숙단계로의 진입에 즈음하여 이러한 환경변화에 대한 적응성이 높은 기업이나 근로자와 그렇지 못한 기업이나 근로자 사이에 경제적 성과면에서 격차가 발생하는 데 기인하는 측면이 크다.

특히, 한국의 경우 산업 간 연관관계가 미약하고, 중소기업의 기반이 취약한데다 외환위기 이후 고용구조가 악화되고 내수가 부진해지면서 신규 투자가 저조해지는 악순환과 맞물려 양극화 현상을 가속화시켰다. 이러한 경제양극화는 특정 부문 의존성 증대에 따른 경기변동성 증대, 경기회복의 지연, 그리고 장기적 성장잠재력을 훼손시키는 결과를 초래할 것으로 예상된다.

단기적으로는 민간소비와 설비투자를 진작시키는 한편, 선도부문과 낙후부문 간의 연관관계를 강화시키고 지속적인 혁신 및 구조조정 과정에서 낙오하는 기업과 근로자가 최소화될 수 있도록 노력하며 불가피한 경우 및 근로자를 위한 사회안전망의 확충에 힘써야 할 것이다.

소득을 기준으로 본 양극화 지수

소득양극화(income polarization)는 중산층, 즉 중간소득계층의 비중이 줄어듦에 따라 소득분포가 양 극단에 밀집되는 현상이라 볼 수 있다. 이 경우 문제는 과연 중간소득계층을 어떻게 규정하는가 하는 점이 된다.

현재로서는 Wolfson(1994)이나 Esteban과 Ray(2004)들이 제시한 Wolfson지수나 ER지수가 양극화 정도를 측정하는 데 주로 활용되고 있다. 그런데 OECD는 단지 소득의 중앙치(median)를 산출한 뒤 중앙치의 50%와 150% 사이에 해당하는 소득계층을 중간소득계층으로 정의하여 활용하고 있다. [그림 22-8]은 삼성경제연구소(2006. 4. 5)가 발간한 *CEO Information* 제547호에서 작성된 1980년대 중반 이후 시기의 Wolfson지수와 ER지수로 본 양극화 지수 추세선이다.

이 그림에서처럼 1980년 중반 이후 외환위기 이전까지 10여 년간 양극화 수준이 다소 완화되는 경향이 나타났으나, 외환위기 이후에는 양극화 지수가 증가하여 양극화 수준이 악화되는 현상을 보여주고 있다.

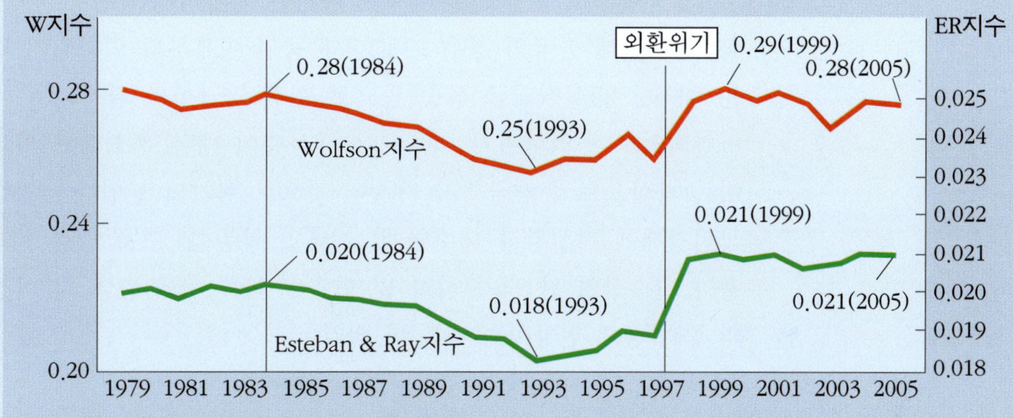

주: 소득은 소득10분위별 도시근로자 소득을 기준.

그림 22-8 한국의 양극화 지수 변화 추이

화(hollowing-out of manufacturing) 또는 **탈공업화**(deindustrialization)를 겪게 된 미국의 경제는 곧 쇠락하게 될 것이라는 항간의 주장은 논리의 지나친 비약이라 할 수 있다.

반면, 한국과 같이 불균형성장방식의 고착화로 경제구조가 왜곡되어 있는 경제는 대내외 경제여건의 변화와 경제발전단계(성숙단계)의 진전과정에서 심각한 양극화 현상을 겪지 않을 수 없었다. 그리고 이러한 현상은 한국이 경제구조를 획기적으로 개선하지 않는 한 차후로도 지속될 것이고, 심지어는 장기적 성장잠재력이나 미래전망을 어둡게 할 수도 있다.

그런데 이로 인한 양극화는 소득불평등을 심화시킬 뿐 아니라 사회적 불안정을 증폭시키고 성장잠재력을 약화시키게 된다.

예컨대, 수출산업과 내수산업 간 양극화, 중화학공업과 경공업, 대기업과 중소기업 간 양극화가 방치될 경우, 국민경제는 특정 부문 의존성이 증대되고 따라서 대내외 충격에 취약한 경제체질을 갖게 될 것이다. 또한 사양산업이나 낙후기업의 양산은 고용감소와 민간소비 부진을 초래하여 경기회복을 지연시키게 될 것이다. 뿐만 아니라 이러한 양극화 현상은 내수 또는 사양산업의 물적 자본 축적을 저해함은 물론 고용 및 소득양극화를 초래할 뿐만 아니라 경제 · 사회적 불안정성을 증대시키고 비정규직을 양산하는 등 인적 자본 축적까지 저해함으로써 성장잠재력을 약화시키게 될 것임에 틀림이 없다.

양극화의 수준을 정확히 측정하기는 어렵지만 중산층 비중을 중심으로 볼 때 한국의 경우 1980년대 중반 이후부터 외환위기 전까지는 (고성장 및)실질임금 상승 등으로 인해 양극화가 완화되는 계기가 마련되었으나 외환위기 이후에는 중산층이 대폭 축소되고 하위계층이 증가함으로써 양극화가 가속된 것으로 평가되고 있다. 이로 인해 국민경제에 저성장과 내수침체, 제조업 공동화, 고용 없는 성장, 수출과 내수산업 간 격차 심화 및 연관도 약화, 실업증대 및 비정규직의 증가 등의 현상이 초래된 바 있다.

05 요 약

이상에서 살펴본 바에 따르면, 결국 경제양극화는 다음과 같은 요인들에 근거하는 것으로 이해할 수 있다. 우선 ① 대내적으로는 경제성숙기에 접어들면서 노동집약적 부문이 쇠퇴하게 되었고, ② 외환위기 이후 초래된 구조조정 과정에서 경쟁력이 취약한 부문들이 타격을 받게 된 사실 등을 들 수 있다.

한편, 대외적으로는 세계화가 급속하게 진행되고 중국 등 신흥개도국이 급부상하는 과정에서 국제 간 경쟁력이 심화되었고, 동시에 기술혁신이 선도부문을 중심으로 차별적으로 진행되면서 부문 간 격차가 확대되었다는 사실을 들 수 있다.

그리고 마지막으로는 한국의 경우 이러한 대내외 환경변화에 따라 요청되는 구조조정에 유연하게 대처할 수 있기에는 부적절한 구조적 결함을 갖고 있다는 사실, 즉 1960년대 이후 도모해 온 불균형 성장방식의 후유증으로 부문 간 이중성이 고착되었다는 사실에 연유하는 것이라 볼 수 있다.

결국 경제양극화 현상은 한국 경제가 경제성장 제일주의를 너무 오랫동안 고수하여 오는 과정에서 고착된 구조적 특성에 연유하는 바가 크다는 사실과, 따라서 쉽사리 이를 시정하기 어렵다는 사실을 확인한 바 있다. 바로 이러한 사실에 입각하여 볼 때 한 국가의 거시경제 운용이 단순히 경제성장 또는 안정적 성장만으로는 불충분하다는 사실과, 이상에서 살펴본 바와 같은 불균형문제를 경시할 경우 국가경쟁력은 물론 궁극적으로 장기적 성장잠재력이 저해될 수밖에 없다는 사실에 유념할 필요가 있다.

여하튼 경제양극화는 수출산업과 내수산업 간, 대기업과 중소기업 간, 그리고 중공업과 경공업 간의 격차현상을 완화시키고, 나아가서는 소득의 양극화를 완화할 수 있는 중산층 육성방안을 통해 시정되어야 할 성격의 현상이라 할 수 있다. 또한 부문 간 격차해소의 첩경은 부문 간 연관관계를 강화시켜 선순환구조를 정착시키되 낙후부문은 혁신 및 능동적 구조조정이 성공적으로 정착될 수 있도록 정부가 적극 지원하는 데 있다고 볼 수 있다. 물론 이러한 과정에서 인적자본의 특성은 무엇보다 중요하다 하겠다.

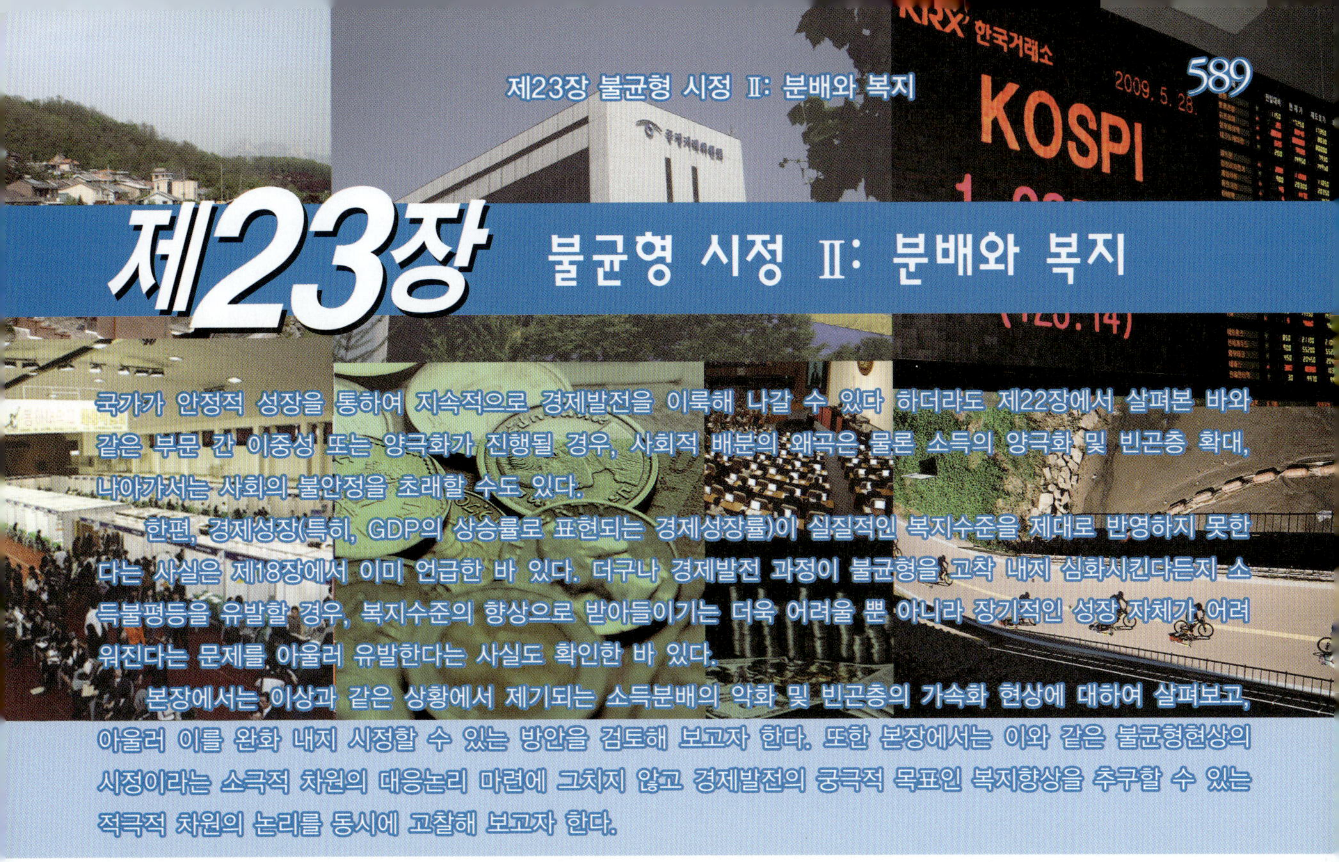

제23장 불균형 시장 II: 분배와 복지

국가가 안정적 성장을 통하여 지속적으로 경제발전을 이룩해 나갈 수 있다 하더라도 제22장에서 살펴본 바와 같은 부문 간 이중성 또는 양극화가 진행될 경우, 사회적 배분의 왜곡은 물론 소득의 양극화 및 빈곤층 확대, 나아가서는 사회의 불안정을 초래할 수도 있다.

한편, 경제성장(특히, GDP의 상승률로 표현되는 경제성장률)이 실질적인 복지수준을 제대로 반영하지 못한다는 사실은 제18장에서 이미 언급한 바 있다. 더구나 경제발전 과정이 불균형을 고착 내지 심화시킨다든지 소득불평등을 유발할 경우, 복지수준의 향상으로 받아들이기는 더욱 어려울 뿐 아니라 장기적인 성장 자체가 어려워진다는 문제를 아울러 유발한다는 사실도 확인한 바 있다.

본장에서는 이상과 같은 상황에서 제기되는 소득분배의 악화 및 빈곤층의 가속화 현상에 대하여 살펴보고, 아울러 이를 완화 내지 시정할 수 있는 방안을 검토해 보고자 한다. 또한 본장에서는 이와 같은 불균형현상의 시정이라는 소극적 차원의 대응논리 마련에 그치지 않고 경제발전의 궁극적 목표인 복지향상을 추구할 수 있는 적극적 차원의 논리를 동시에 고찰해 보고자 한다.

01 소득분배

> 불균형과 양극화로 인한 빈곤층 확대는 소득불평등은 물론 성장잠재력 악화를 초래하는바, 본장에서는 이를 시정함과 동시에 복지를 증진시킬 수 있는 방안에 대하여 살펴보기로 한다.

(1) 소득과 부

> 불평등은 부(wealth) 또는 소득(income)을 기준으로 분석되는데, '부'란 결국 다양한 소득에서 파생되어 축적되는 것인바 여기서는 소득을 중심으로 불평등문제를 고찰할 것이다.

흔히 우리는 소득불평등과 부의 불평등을 혼용해 쓰기도 한다. 그러나 **소득**(income)이란 일정 기간 동안 벌어들인 돈의 크기를 계측한 **유량**(flow)의 개념이고, **부**(wealth)란 일정 시점에서 경제주체가 축적한 자산가치의 합을 계측한 **저량**(stock)의 개념에 해당한다. 그리고 우리가 주로 관심을 갖는 것은 소득의 분배상태가 된다.

일반적으로 가계는 지속적으로 소득을 얻게 되는데(그 크기는 주, 월, 년 등 일정 기간별로 계측되므로 이를 유량변수라 함은 전술한 바 있음), 벌어들인 소득 중 쓰고 남은 부분을 저축하게 된다. 저축은 금융상품(예금, 주식 및 채권에 대한 직접투자 또는 간접투자 등)의 형태나 부동산형태로 축적되며, 이것이 경제주체들의 부를 구성한다. 부가 소득에서부터 창출되므로 고소득자가 일반적으로 큰 부를 향유하게 된다. 물론

부는 부모 등으로부터 증여나 상속을 통해 축적될 수도 있어 대물림 현상이 나타나기도 한다. 따라서 부란 경제주체들의 절약성향, 실물 및 금융자산에 대한 투자로부터의 수익률, 상속 및 증여의 크기와 적용세율의 수준 등에 따라 달라지게 된다. 그러나 결국 '부'란 다양한 형태의 소득으로부터 파생되는 성격의 것이어서 본장에서의 논의는 소득의 분배에 맞추어 진행하고자 한다.

(2) 소득분배의 두 가지 유형

소득분배의 불균형문제는 이미 자본주의 성립 초기로부터 심각하게 인식되었다. 자본주의란 자유경쟁을 통한 생산성 향상 및 효율성 제고를 기본 작동원리로 삼고 있어서 어쩌면 소득불평등이란 자본주의의 태생적 문제점이라 볼 수도 있다. 그러나 능력과 노력의 차이에 따라 차별화된 혜택이 보장되지 않는다면 적극적 근로의욕이나 기술개발유인이 크게 저해되고 국민경제 발전이 답보상태에 빠질 것인바, 소득격차는 경제발전의 기본 유인으로도 작용한다는 사실을 직시할 필요가 있다.

물론 자본주의 성립 초기에 전통적인 봉건지배계층들의 경제력은 상대적으로 저하되고 신흥 산업자본가들의 경제력이 크게 신장되면서, 이들이 새로운 시대를 주도해 나감에 따라 이들을 중심으로 하는 부의 재분배가 발생하였다. 한편, 산업자본가들 또한 지속적 경쟁과정에서 승자만 남고 대다수 패자들은 임금노동자로 전락하게 되면서 소득과 부는 성공한 산업자본가 위주로 귀속될 수밖에 없어 소득불평등문제가 커다란 사회문제로 대두되기도 하였다.

소득분배에는 두 가지 유형이 있다. 요소별(또는 기능적) 분배와 계층별(또는 인적) 분배이다.

이러한 현상은 이미 **리카도**(David Ricardo)시대에 심각하게 인식되어 **구빈법**(Poor Law)이 제정되기에 이르렀다. 또한 이와 같은 자본주의의 태생적인 부의 불평등문제는 결국 형평을 강조하는 사회주의라는 대립적 이데올로기를 낳게 되었다. 이러한 시대적 상황의 특성 때문에 당시의 분배문제는 주로 생산요소(토지 · 노동 · 자본) 소유자 간의 분배에 초점이 맞추어졌다. 이를 요소별 소득분배 또는 기능적 분배라 부른다.

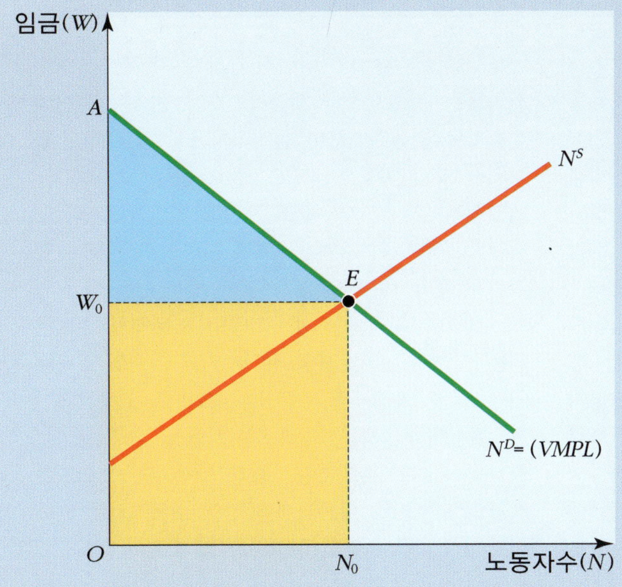

그림 23-1 노동과 자본 간의 소득배분
그림에서 점 E는 노동수요곡선과 노동공급곡선이 교차하는 점으로 W_0수준의 임금하에 N_0명이 고용이 되는 균형을 이루게 된다.

따라서 이때 노동자에게는 총 OW_0EN_0만큼이 지급되지만 노동자들이 창출한 가치의 합은 $OAEN_0$와 같으므로 W_0AE만큼이 자본가에 대한 이윤 등으로 귀속된다.

1) 소득의 기능적 분배

기능적 분배란 생산요소 소유자집단(노동자, 자본가) 간의 소득배분을 의미한다.

소득분배란 여러 집단이나 계층 간에 배분되는 총소득의 상대적 비율을 말한다. 이러한 소득분배는 집단별 구분방식에 따라 **기능적 분배**와 **규모적 분배**로 구분된다. 기능적 분배란 생산요소 소유자집단(토지소유자, 노동자, 자본가) 간의 소득배분을 뜻하기도 하였으나 토지소유자의 역할이 자본가로 흡수될 수도 있어 최근에는 단지 노동자와 자본가 사이의 소득배분을 주로 의미하게 되었다. 따라서 소득의 기능적 분배는 지대·임금·이윤의 형태로 구분하여 접근하는 대신 노동자의 임금과 (광의의)자본가 이윤으로 구분하여 분석하고 있다.

[그림 23-1]은 노동자와 자본가 사이의 소득배분을 분석하기 위해 고안된 분석도구로서 N^S는 노동의 공급곡선, N^D는 노동의 수요곡선을 나타낸다. 주지하는 바와 같이, 노동의 수요는 노동의 한계생산물가치(value of marginal product of labor: $VMPL$)를 나타내며, 노동자를 추가고용함에 따라 점차 감소하는 특징을 갖는다(노동의 한계생산력이 체감하기 때문). 결국 노동시장의 균형은 점 E에서 이루어지고, 이때 W_0임금수준에서 N_0만큼의 인원이 고용될 것이다. 그리고 고용된 노동자(N_0)에게는 OW_0EN_0 크기만큼의 임금소득이 귀속될 것이다. 반면 N_0명의 노동자가 창출한 가치는 $OAEN_0$와 같으므로

가계와 기업 간 소득격차 확대현상

최근 한국의 경우 수 년간 가계의 소득은 거의 늘고 있지 않은 데 반해 기업소득은 높은 증가율을 기록하는 등 소득의 기능적 분배가 악화되는 현상이 나타났다. 이는 기업부문의 호황이 투자활성화로 이어지지 않고 가계소득 증가에 기여하지 못하고 있음을 보여 주는 것이며, 작금의 소비부진과 체감경기 악화의 원인이 되고 있는 것으로 분석되었다.

이처럼 가계와 기업부문의 소득격차가 확대되는 현상이 심화되는 것은 기업들이 국내보다는 해외투자에 치중함에 따라 경제는 성장해도 고용이 증가되지 못한 데 주로 기인한다 볼 수 있다. 그런데 이러한 현상은 사양단계에 있는 노동집약적 생산시설의 해외이전으로 인해 발생되기도 하지만 설비자동화의 진전, 정보기술(IT)산업의 고성장 등으로 인해 고용유발효과가 낮아진 데에도 기인한다. 또한 기업들은 수출호조와 저금리기조에 편승한 생산비 절감으로 경상이익률이 높아졌음에도 불구하고, 불투명한 국내경기 전망으로 인해 신규 투자보다는 해외직접투자 및 재무구조 개선에 치중함으로써 늘어난 기업이익이 가계부문으로 환류되지 못하는 결과가 초래되기도 하였다.

그러나 이러한 가계·기업의 소득격차 확대문제는 기업의 설비투자를 촉진시키고 가계의 소득원인 고용을 증대시킬 수 있는, 그리고 고용효과가 큰, 예컨대 지식기반 서비스산업 등을 적극 육성함으로써 시정될 수도 있는 성격의 것이다. 그러므로 작금의 자본가와 노동자계층 간의 소득격차는 영속적으로 확대될 성격의 현상이라 볼 필요는 없다.

여기서 임금소득(OW_0EN_0)만큼을 차감한 나머지 부분(W_0AE)만큼은 자본가에 대한 이윤 및 기타 재산소득으로 귀속된다고 볼 수 있다. 따라서 이렇게 도출된 두 집단 간 소득의 크기를 비교하여 기능적 소득배분상태를 분석할 수 있다.

일견해 볼 때, 자본소득을 나타내는 삼각형의 면적은 노동수요곡선의 기울기가 낮아질수록 상대적 비중이 낮아질 것임을 알 수 있다. 반면, 노동조합이 임금인상을 도모할 경우에는 실업자를 증가시킬 수 있어 노동조합의 힘만으로 기능적 배분을 노동자계층에게 유리하게 전환하기는 어렵다.

후진국들이 개발 초기 단계에서 자본의 추가투입에 주로 의존하는 성장방식을 도모함으로써 성장의 성과가 자본가 위주로 배분되는 결과가 초래되기도 하였다.

한편, 경제개발 초기 과정에서의 후진국들은 일반적으로 자본이 매우 부족하여 외자도입을 불사해 가며 경제성장을 도모하였다. 즉, 경제성장을 가능하게 하는 생산요소의 추가투입(노동 및 자본), 기술진보, 국제무역 확대 등의 방안 중 가장 손쉬운 방법인 자본을 생산에 추가투입하는 방식에 의해 경제발전을 추구하였다. 제19장에서 살펴본 바 있듯이, 이와 같이 자본의 추가투입에 주로 의존하는 성장방식(이를 capital fundamentalism이라고도 부름)은 결국 성장에 따른 소득증가분이 자본가에게 더 많이 귀속되는 결과를 초래하게 된다. 그리고 이러한 현상은 소득배분이 자본가에게 유리하게 될 수밖에 없어 기능적 소득분배를 악화시킬 가능성이 높다. 한국 또한 예외는 아니었고, 특히 1960~1970년대 기간중 성장주도부문을 담당한 기업들에 대한 각종 금융 및 세제혜택까지 부여하여 불균형을 심화시키기도 하였다. 그러나 1980년대부터 서서히 경제개발전략이 수정되면서 이러한 불균형이 완화되기 시작하였다.

그러나 경제가 성숙단계에 이르면서 이로 인한 불균형은 완화되기 시작하였고, 최근에 이르러서는 노동자계층(또는 단체나 기관)의 실물 및 금융자산 소유규모가 대폭 증가하였고, 노동자들의 주식소유가 일반화되면서 자본가와의 구분 자체가 점차 퇴색하는 국면을 맞고 있다.

여하튼 이상과 같은 기능적 소득분배는 최근 들어 별다른 주목을 받지 못하게 되었다. 20세기 초 이후 빈부격차나 소득불평등과 같은 시장실패문제를 시정하기 위해 정부가 적극 개입하는 정책이 어느 정도 성과를 볼 수 있었기 때문이다. 뿐만 아니라 경제발전단계가 성숙기에 이르면서 노동자계층의 실물 및 금융자산이 증가하게 되었고, 더구나 많은 노동자들이 주식을 소유함으로써 자본가와의 구분 자체가 점차 퇴색하는 국면을 맞았기 때문이다.

2) 소득의 계층별 분배: 인적 분배

소득의 기능적 분배에 대한 관심이 낮아진 반면 사회구성원이나 가계들 사이의 소득배분이 어떻게 되었는지에 보다 큰 관심이 쏠리게 되면서 **소득계층별 분배** 또는 **소득의 규모적 분배문제**가 주목을 받게 되었다. 인적 분배라고도 불리는 이 개념은 특히 소득분배의 불평등도를 분석하는 데 긴요한 분석도구가 되고 있다.

두 번째 유형의 분배인 계층별 분배는 인적 분배라고도 하며 10분위지수나 지니계수 등으로 평가된다.

소득의 불균등문제를 분석할 때 근본적인 고려사항은 과연 불평등도를 어떻게 측정하는가 하는 점이다. 지금까지 개발된 지표 중 대표적인 것으로는 10분위지수, 로렌츠곡선 그리고 지니계수를 들 수 있다. 이들 개념 중 일부는 이미 미시경제편에서 소개된 바 있으므로 이 곳에서는 한국에서의 실증사례 위주로 살펴보고자 한다.

① 10분위지수

소득계층별 소득분배상태를 가장 간편하게 나타내 줄 수 있는 지표로서 **10분위지수**(decile distribution ratio)를 들 수 있다. 이는 **10분위분배율**이라 불리기도 하는데, 이 지표는 가장 가난한 계층부터 각각 10%씩을 차지하는 사람들의 소득이 전체 소득에서 차지하는 소득점유율을 산출하여 작성된다.

10분위지수 작성을 위해 우선 소득 10분위별 소득점유율을 산출하게 되는데, 최저소득계층부터 각각 10%씩을 차지하는 계층들의 소득이 전체 소득에서 차지하는 비율을 산출하여 작성한다.

〈표 23-1〉은 2006년도 한국의 소득10분위(income decile)별 소득분포를 소득점유율 기준으로 작성한 것이다. 따라서 제1분위는 가

표 23-1 우리나라의 소득10분위별 소득분포(2006년) (단위: 원, %)

소득10분위	평균소득	누적소득	소득점유율	누적점유율
1분위	551,740	551,740	1.75	1.75
2분위	1,242,558	1,794,298	3.95	5.70
3분위	1,714,197	3,508,495	5.44	11.14
4분위	2,121,759	5,630,254	6.74	17.88
5분위	2,527,185	8,157,439	8.02	25.90
6분위	2,953,296	11,110,735	9.38	35.28
7분위	3,436,566	14,547,301	10.91	46.19
8분위	4,036,600	18,583,901	12.82	59.01
9분위	4,946,696	23,530,597	15.71	74.72
10분위	7,961,303	31,491,900	25.28	100.00
합계	31,491,900	–	–	–

자료: 통계청, 소득10분위별 가계수지.

장 가난한 10% 소득계층을 대변하는 것으로, 이들의 소득합이 전체 소득에서 차지하는 비율이 1.75%가 된다는 것을 보여 주고 있다. 마찬가지로 제2, 3분위는 각각 3.95%와 5.44%, 그리고 최상위인 10분위 소득계층은 총소득의 약 25.28%를 차지하고 있음을 알 수 있다. 이와 같은 소득10분위별 소득분포표의 작성으로 우리는 쉽게 계층별 소득분배에 대하여 조감적인 특징을 파악할 수 있다.

그리고 가장 소득이 낮은 40% 소득계층의 소득점유비율을 가장 소득이 높은 20% 소득계층의 소득점유비율로 나눈 다음 이를 10분위지수(decile ratio)라 정의한다. 이 값이 클수록 소득불평등도가 낮아지는 것으로 이해할 수 있다.

한편, 이러한 소득분포표를 이용하여 가장 소득이 낮은 40% 소득계층들의 소득점유비율을 가장 소득이 높은 20% 소득계층들의 소득점유비율로 나누어 이를 10분위지수라 정의하고 있으며, 이는 저소득층의 상대적 소득점유율의 의미를 갖는다. 따라서 이렇게 도출된 10분위지수는 그 값이 작을수록 소득불평등도가 크고, 그 값이 클수록 소득불평등도가 낮아지는 것으로 이해할 수 있어 계층별 소득분포 내용을 평가하는 가장 간편한 분석도구로 활용되고 있다. 2006년 한국의 10분위지수는 〈표 23-1〉에 근거하여 산출할 경우 17.88%/40.99%=0.44로 나타난다.

그런데 세계은행은 최고 10% 소득계층 소득점유비율을 최저 10% 소득계층 소득점유비율로 나눈 지수값을 사용하기도 하는데, 이는 통상적인 10분위지수와는 역의 기준을 설정한 것이다. 따라서 이들의 지수값이 클수록 소득불평등도가 높아지는 것으로 평가된다.

〈표 23-2〉는 10분위지수 개념과는 다소 상이한 기준에 따라 세계은행(World Bank)이 조사하여 *World Development Report*에 발표한 소득(불)평등도지수이다. 즉, 이 곳에서는 최고 10% 소득계층의 소득점유비율을 최저 10% 소득계층의 소득점유비율로 나눈 값을 기준으로 하여 세계 주요 국가들의 지수값을 산출하였다. 따라서 이 경우에는 지수값이 클수록 소득불평등도가 높아지는 것으로 이해할 수

표 23-2 주요국 소득불평등도

국가명	조사연도	지니계수	90th/10th 비중지수
오스트레일리아	1994	0.32	4.88
오스트리아	1997	0.28	3.58
벨기에	2000	0.26	3.22
브라질	2001	0.59	16.25
칠레	2000	0.51	10.72
독일	2000	0.28	3.58
가나	1999	0.41	7.30
아이티	2001	0.68	45.43
한국	1998	0.32	9.41
멕시코	2002	0.49	11.87
네덜란드	1999	0.29	3.87
노르웨이	2000	0.27	2.95
페루	2000	0.48	14.60
러시아	2002	0.32	4.67
남아프리카공화국	2000	0.58	16.91
스페인	2000	0.35	4.74
스웨덴	2000	0.25	3.18
대만	2000	0.24	2.86
터키	2002	0.37	5.73
영국	1999	0.34	5.00
미국	2000	0.38	6.30
베트남	2002	0.35	4.73

자료: *World Development Report*, 2006.

있다. 이 기준만으로 보면 한국은 노르웨이 · 스웨덴 · 독일 · 대만 등에 비해서는 계층별 소득평등도가 떨어지나, 멕시코 · 페루 · 칠레 · 브라질 · 남아프리카공화국 등 중남미 국가들이나 아프리카 국가들에 비해서는 불평등도가 낮은 것으로 집계되었다. 그리고 러시아나 베트남처럼 형평 위주의 경제이념을 오랫동안 중시하고 실천해 온 국가들은 아직까지는 상대적으로 낮은 불평등도를 보여 주고 있다. 물론 이들 국가에서는 급격한 체제전환으로 인한 양극화 현상이 가속화되고 있어 머지 않아 소득불평등도가 높아질 것으로 예상된다. 한편, 조사대상국 중 최악의 경우는 아이티공화국으로 나타난 점이 이채롭다.

② 로렌츠곡선

소득계층별 소득분배상태를 나타내 줄 수 있는 또 하나의 지표로 이미 제18장에서 소개한 바 있는 **로렌츠곡선**(Lorenz curve)을 들 수

한편, 일정 소득을 받고 있는 사회구성원수의 누적비율과 이들의 소득누적비율을 대비시켜 놓은 로렌츠곡선(Lorenz curve)을 이용하여 소득불평등도를 평가하기도 한다.

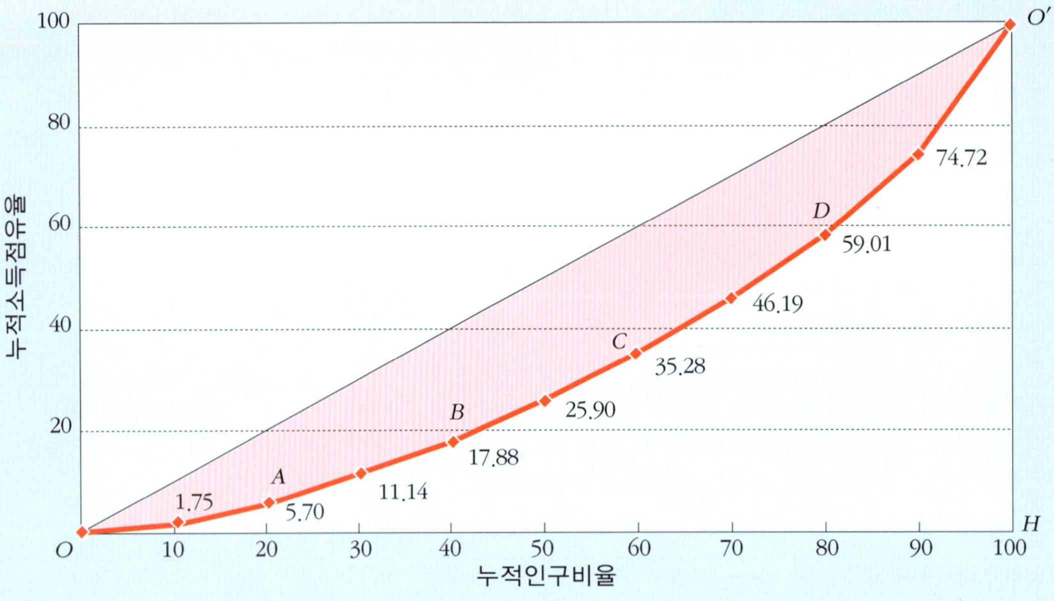

그림 23-2 2006년 한국의 로렌츠곡선

이 그림은 2006년도 한국의 로렌츠곡선을 작성한 것으로 최저소득층 20%는 사회총소득의 5.70%를 차지하는 데 그친 반면, 최고소득층 20%는 사회총소득의 40.99%(=100−59.01%)를 차지하고 있음을 보여 주고 있다.

있다. 로렌츠곡선은 일정 소득을 받고 있는 사회구성원수의 누적비율(%)과 이들이 받고 있는 소득의 누적비율(%)의 크기를 대비시켜 놓은 도표이다.

[그림 23-2]는 한국의 2006년도를 기준으로 작성한 로렌츠곡선이다. 그림에서 우리는 총가계구성원 중 최저소득층 20%가 사회총소득의 5.70%를 차지하고 있고, 최저소득층 40%와 60% 그리고 80%는 사회총소득의 각각 17.88%, 35.28% 그리고 59.01%를 차지하고 있음을 알 수 있다. 이때 형성된 최저소득계층별 상대소득 배분점을 연결한 것이 바로 로렌츠곡선이다.

로렌츠곡선이 완전평등상태를 나타내는 대각선으로부터 점차 멀어질수록 불평등도가 높아지는 것으로 이해할 수 있다.

만일 소득배분점들이 모두 대각선($\overline{OO'}$)상에 나타난다면 이는 각 소득계층 간 소득이 완전평등하게 배분되었음을 의미하게 된다. 이러한 이유로 인해 $\overline{OO'}$를 소득의 완전평등선이라 부른다. 반면에 소득배분점들이 횡축과 오른편의 종축으로 나타날 경우 소득배분은 완전불평등상태에 있다고 볼 수 있다. 물론 현실적인 상황은 로렌츠곡선이 완전평등선과 직각선 사이에 존재하는 경우로서 대각선에 가까울수록 평등도가 높은 것으로 이해할 수 있다.

③ 지니계수

그런데 로렌츠곡선은 소득불평등도를 시각적으로 표현해 준다는 장점이 있으나 여러 유형의 로렌츠곡선을 상호비교하기 불편하다는 문제가 있다. 이를 시정하기 위하여 완전평등선($\overline{OO'}$)과 로렌츠곡선으로 이루어지는 면적($OABCDO'$, 그림 중 음영부분)이 $\triangle OHO'$에서 차지하는 비율을 산출하여 이를 소득불평등도를 나타내는 일종의 지수로 삼아 활용하게 되었는데, 이를 **지니계수**(Gini coefficient)라 함은 전술한 바 있다(제18장 참조). 이처럼 정의된 지니계수값이 0이 되면 소득이 완전히 평등하게 분배된 것을 의미하며, 1에 가까워질수록 불평등도가 커지는 것으로 이해할 수 있다.

그런데 로렌츠곡선의 형태만으로는 소득불평등도를 상호비교하기 어려워 로렌츠곡선상의 불평등면적의 상대적 비율을 산출하여 지수화한 이른바 지니계수(Gini coefficient)가 가장 보편적 평가지표로 활용되고 있다.

[그림 18-13](제18장 참조)에 나타난 바에 따르면, 관측기간중 1988년부터 1997년까지는 지니계수값이 완만하나마 점차 감소하여 불평등도가 완화되어 온 것으로 이해할 수 있다. 그러나 1997년 외환위기 이후, 중산층이 붕괴되는 양극화 현상 등이 나타나면서 지니계수값은 다시 상승하고 불평등도는 심화되는 결과가 초래된 것으로 관측된 바 있다.

02 경제발전은 소득분배를 개선하는가

고도성장 그리고 안정적 성장은 과연 소득의 분배상태를 개선시켜 줄 것인가? 이러한 의문과 관련하여 제시된 논리 중 주목을 받아 온 것으로 이미 제17장에서 소개한 바 있는 **쿠즈네츠의 U가설**(Kuznets' U-hypothesis)을 들 수 있다. 가설의 핵심은 경제발전은 초기에는 오히려 소득불평등을 증대시키지만 일정 시점 이후부터는 소득불평등이 감소한다는 논리로 대변될 수 있다.

그런데 경제발전은 소득분배를 개선하는 결과를 가져다 줄까? 이러한 의문에 관한 논리 중 주목을 받아 온 것으로 쿠즈네츠의 U가설이 있다. 논리의 핵심은 경제발전 초기 단계에서는 오히려 소득불평등이 증대되지만 일정 시점 이후부터는 감소한다는 것이다.

제17장에서도 언급한 바 있듯이, 쿠즈네츠는 절대빈곤상태의 저개발국에서는 모든 사람의 소득이 아주 낮은 상태이므로 균등한 상태를 보일 것이지만, 산업화를 통한 경제성장이 본격화되면 이른바 근대화 부문과 전통적 부문 또는 주도부문과 여타 부문 간의 이중성

이 논리의 명칭은 횡축에 소득수준, 그리고 종축에 분배의 균등도를 나타내도록 그림을 그릴 경우 경제발전(소득증대)에 따라 분배균등도가 낮아지다 상승하며 U자 모양을 갖게 된다는 데에서 유래된 것이다([그림 23-3] 참조).

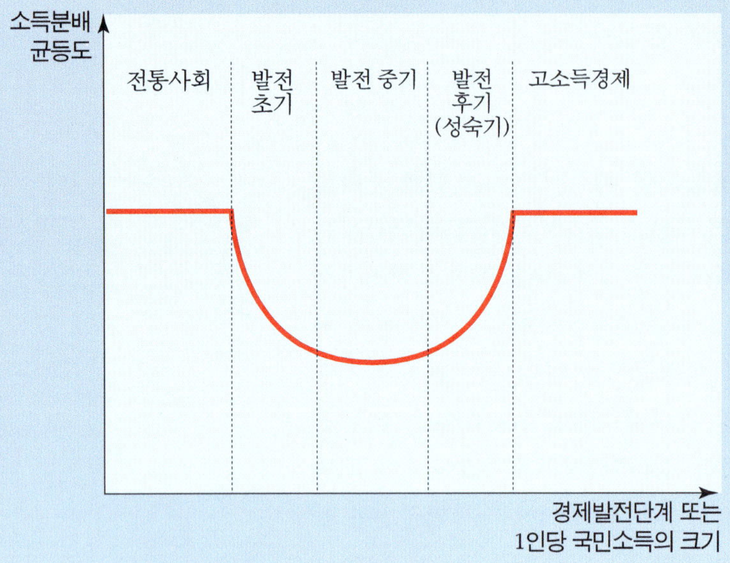

그림 23-3 쿠즈네츠의 U자형 경제발전가설

이 그림은 경제발전단계에 따라 소득분배는 개발 초기에 악화되지만 개발 후기에 이르러 개선되는 특징이 있음을 보여 주는 것으로, 분배 균등도를 나타내는 곡선이 U자형을 하고 있어 이를 최초 주창자 이름을 따서 쿠즈네츠의 U자가설이라 부른다(제17장 [그림 17-7]을 다시 옮겨 온 것임).

이 부각되면서 도시와 농촌 간의 소득격차, 대기업과 중소기업 간의 불균형 등이 발생하며 결과적으로 소득불평등이 심화된다고 보았다. 그러나 소득수준이 일정 수준에 이르면 중산층이 확대되면서 불평등 개선에 대한 욕구가 표출되며, 분배개선을 통한 사회안정화 노력이 뒤따르게 됨에 따라 점차 분배가 개선되는 경향이 있다고 주장하였다. 따라서 횡축에 소득수준을, 그리고 종축에 분배의 균등도를 나타내도록 그림을 그릴 경우 그 모양이 U자처럼 보인다는 데에서 이 주장을 'U자가설'이라 부르고 있다. 그러나 대만과 같은 나라는 경제성장과 더불어 분배가 지속적으로 개선되어 온 사실을 볼 때 이 가설의 한계는 쉽게 지적될 수 있다.

한국의 경우에는 문자 그대로 **선성장 · 후분배원칙**(grow first, distribute later principle)에 근거한 철저한 성장제일주의를 구가하여 왔다. 특히, 경제개발 초기 단계에서는 절대빈곤 타파만이 지상의 과제로 인식되었고, 이에 대한 국민적 저항감은 존재하지도 않았으므로 이러한 정책은 순조롭게 추구될 수 있었다. 더구나 한국은 애당초부터 이른바 불균형성장방식을 추구하면서 주도부문 위주의 집중투자를 추진하였으며, 이를 위해 지속적인 자본확충을 도모해 왔는바, 부문 간 불균형 심화는 물론 자본가 위주의 분배왜곡현상은 필연적인 결과였다. 결국 1970년대 들면서 서서히 도시와 농촌 간의 그리고 대기업과 중소기업 간의 소득격차가 확대되면서 빈부격차 확대에 대한 저항이 거세게 대두되기 시작하였고, 1980년대 후반에는 근로조건 및 임금수준과 관련하여 극단적인 노동쟁의가 발생하게 되었다. 그러나 정부는 파이(pie)를 공정하게 분배하는 일은 나중으로 미루고, 우선은 모두의 미래를 위해 파이 자체를 키워 나가는 데 주력할 것을 독려하였다. 말하자면, 주어진 파이를 어떻게 분배하는가 하는 문제는 일종의 **영합**(零合)**게임**(zero-sum game)일 뿐이므로 파이의 크기 자체를 키울 수 있는 **정합**(正合)**게임**(positive-sum game)을 추구해야 한다는 것이었다. 결국 보다 강도 높은 성장을 위해 정부는 중화학공업화를 통한 성장을 추구하게 되었고, 이를 성사시키기 위해 주도부문 위주의 차별적 정책금융을 강화해 나갔다. 결과적으로 산업구조가 고도화되고 부가가치가 증대되는 성과가 있었으나 성장의 주요 수혜자는 자본가가 될 수밖에 없었고, 따라서 분배는 왜곡되고 악화되는 결과가 초래되었다. 물론 이와 더불어 분배개선을 위한, 특히 노조의 저항은 1980년대 들면서 더욱 거세어졌고 결국 1987년 6 · 29 민주화 선언 이후 노조활동이 자유화되는 계기를 맞기도 하였다. 결과적으로 근로자 임금이 크게 상승하는 계기가 마련되었으며, 쿠즈네츠(S. Kuznets)가 주장한 바처럼 U자형의 성장 · 분배관계가 성립되었다는 주장이 제기되기도 하였다.

한편, 한국 경제의 성장과정에서 분배정책에 비판이 제기되기도 하는데, 그 주요 원인으로 대기업 우대정책, 노조탄압, 인플레유발형 금융정책, 역진적 조세정책 등을 들고 있다.

그런데 분배상태를 평가하기 위해 이른바 지니계수나 10분위지수 등을 산출하여 활용하게 되지만, 한국의 경우 자료가 갖는 한계성이 있다는 사실(취득가능한 자료는 국세청 자료에 근거한 봉급생활자 임금이 주류를 이루고 있고, 자영업자나 자유업 종사자 소득, 사업소득이나 자산소득 등에 관한 자료는 아주 미비함)을 감안할 때, 과연 지니계수나 10분위계수에 근거한 평가를 정당한 것이라고 단언할 수는 없다. 또한 한국의 성장 · 분배관계가 U자 또는 역J자 유형 중 어느 한 가지로 판명이 되더라도 이를 근거로 한국의 발전전략이 과연 바람직한 것이었던가에 대해서도 의문의 여지가 남게 된다. 한국이 성장에 주력하되 교육 · 인적 자본의 확충이나 안정적 성장추구, 그리고 노조활동의 자

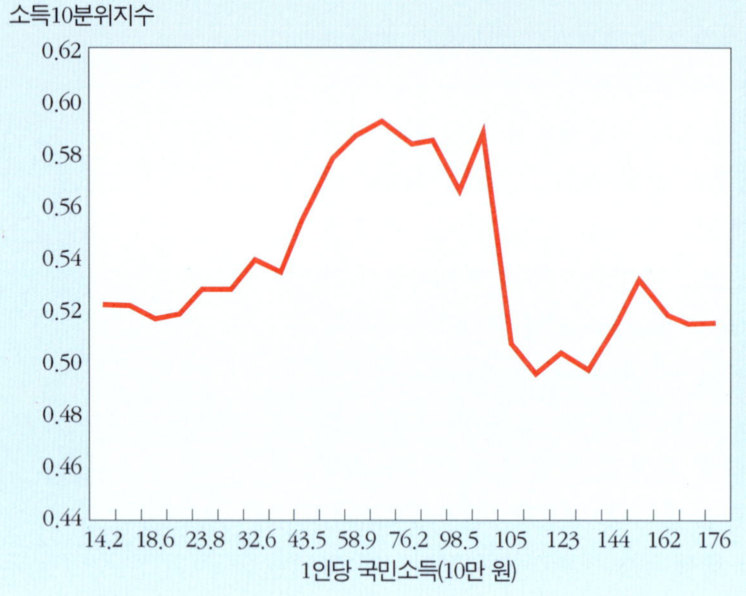

그림 23-4
한국의 경제성장과 소득분배

이 그림은 1982~2006년 기간중 소득평등도를 나타내는 10분위계수의 변화 추이를 작성한 것인데, 쿠즈네츠가설이 시사한 U자형 변화 추이를 찾아보기는 어려웠다.

물론 개발 초기인 1960~1970년대가 누락된 점, 그리고 1990년대 후반에 나타나는 외환위기로 인한 충격을 제대로 고려하지 못하였다는 한계성은 있다.

유화와 누진적 조세정책 등을 더불어 추구하였다면 오히려 성장 자체가 더욱 가속화될 수도 있었기 때문이다.

[그림 23-4]는 횡축에 경제발전수준을 대변하는 1인당 국민소득 수준, 그리고 종축에는 소득분배 평등도를 나타내는 소득10분위지수를 나타내도록 하되 1982년부터 2006년까지 실제자료를 대입시켜 과연 쿠즈네츠의 U자가설이 성립되는지를 확인하고자 작성된 것이다.[1] 그런데 통계청에서 작성한 10분위지수 관련자료는 1982년부터 제공되고 있어 개발 초기 단계(1960년대 및 1970년대)의 소득불평등 심화 추세를 보여 줄 수는 없었다. 단지 1980년 후반부터 1997년까지는 소득불평등도가 미세하나마 개선이 되며 U자 형태의 후반부 특징인 상승궤도를 보이고 있는 것으로 나타났다. 그러나 외환위기 이후에는 경제성장은 지속되었으나 소득분배상태는 다시 악화되고 있음을 볼 수 있다. 외환위기 이후 겪게 된 본격적인 구조조정 과정에서 상대적으로 경쟁력이 열악하였던 많은 기업들이 도산하고 동시에 실업이 급증함으로써 소득분배가 저해될 수밖에 없었기 때문이다. 여하튼 이러한 사례에서 볼 수 있듯이 한국에서는 쿠즈네츠가설이 실

❶ 이 곳에서의 10분위지수 자료는 통계청이 발표한 가구당 월평균 가계소득(근로자가구 대상: 사업자 · 무직자 제외)을 이용하여 산출된 것이다.

증적 차원에서 볼 때 상당한 한계를 가지고 있음을 알 수 있다.

소득10분위지수 대신 대표적인 소득불평등도를 나타내는 지니계수를 이용하여 쿠즈네츠가설을 검증해 볼 수도 있다. 그러나 이때 종축에 놓게 될 지니계수가 소득분배 평등도가 아닌 불평등도를 나타내므로 쿠즈네츠가설은 역U자 형태로 나타날 것이다.

여하튼 이번에도 앞서와 같은 기간중 자료를 이용하여 소득불평등도표를 작성하여 보면 제22장의 [그림 22-7]과 같아진다. 여기서 개발 후기 연대인 1980년대부터 1990년대 후반에 이르는 시기까지는 쿠즈네츠가설이 성립되는 듯 보이다가 이후 시기부터는 외환위기 발생여파로 인해 역행하는 결과가 초래됨을 확인할 수 있다.

여하튼 그렇다면 경제성장과 분배 중 어느 것에 경제정책의 비중을 두어야 할까? 지나친 형평을 강조하는 사회주의 경제체제와는 달리 자본주의는 태생적으로 효율성에 중점을 둔 패러다임이라 할 수 있다.

그런데 경제성장과 분배 중 또는 효율과 형평 중 어느 쪽에 비중을 두는가 하는 문제가 경제발전전략상의 주요 선택사항으로 제기될 수 있다. 그러나 사실 자본주의 자체가 효율성 위주의 경제체제이고, 경제발전의 중심적 과제가 경제성장이므로 경제발전전략, 특히 후진국들의 경제개발 목표는 주로 성장에 초점을 맞추어 왔다. 경제체제 내지 이념상 자본주의 체제와 극단적인 대조를 이루어 왔던 사회주의 체제가 지나친 평등(equality)사회를 지향하다 효율성을 상실한 채 몰락해 버린 역사적 사실로 보아서도❷ 자본주의 시장경제체제하의 국가들은 선·후진국을 막론하고 일단 경제정책의 우선순위를 효율성 위주의 성장쪽에 맞추어 왔고, 또 상대적으로 성공적인 성과를 거두었다고 볼 수 있다. 이러한 사실 때문에 경제발전목표 중 효율성과 형평성 중 어느 쪽에 주력하는 것이 바람직한지에 대한 논의는 실제로 큰 논쟁을 불러일으킬 만큼 주목을 끌지 못하였다. 단지 대다수 후진국들이, 특히 경제성장이 성숙되는 과정에서 형평이 오히려 악화되는 상황이 전개되면서 형평 내지 분배의 개선문제가 자주 거론되어 왔던 것이다.

그렇다고 자본주의가 분배문제를 도외시하지는 않는다. 또한 최근 들어 인본자본주의적 패러다임이 정착되면서 효율성과 형평성이 동시에 추구될 수도 있는 논리가 제시되고 있어 더 이상 성장과 분배가 상충되지만은 않게 되었다.

그런데 사실 성장과 분배 중 어느 하나를 중시하고 다른 하나를 소홀히 한다는 것은 마치 두 가지를 동시에 얻을 수 없는 일종의 **상충**(trade-off)**현상**이 존재한다는 논리에 근거하는 것이라 볼 수 있다. 그러나 경제발전전략과 관련하여 최근 공공재, 특히 공공교육의 확

❷ 공헌 및 기여도에 따르는 배분원칙과 필요에 부응하는 배분원칙 중 자본주의는 전자, 사회주의는 후자에 주안점을 두어 왔다. 그런데 사회주의는 후자의 원칙을 지나치게 강조하여, 예컨대 "사람은 능력에 따라 일하고 필요에 따라 받는다"는 공산주의적 이상에 집착함에 따라 효율성은 물론 궁극적인 형평성마저 보장할 수 없는 '빈곤의 평등'만을 초래하고 말았다.

대나 각종 사회보장정책 등의 확충을 통한 생산적 복지향상이 추구되면서 효율성과 형평성을 동시에 신장시킬 수 있는 논리가 확산되고 있어, 효율과 형평은 대체관계가 아니라 보완관계로 유지할 수 있는 방향의 정책이 다각적으로 모색되고 있음을 확인할 수 있다. 예컨대, 21세기를 주도할 지식정보화 사회는 분명 그 어느 때보다도 인적 자본이 중시되고, 또 결과적으로 인적 자본에 대한 분배가 개선되는 가운데 성장이 가속될 성격의 사회이며, 따라서 효율과 형평을 상승적으로 보완시킬 수 있는 새로운 패러다임으로 정착될 수 있을 것이다.

03 소득분배 개선은 경제발전에 기여하는가

반면에 소득분배가 개선되는 것이 경제발전에 기여할 수 있을까라는 의문이 제기될 수 있다. 소득평등도가 높으면서도 성장률이 높은 동아시아 국가들의 경우로 볼 때 긍정적인 답을 얻을 수도 있다.

이번에는 반대로 소득분배가 개선되면 경제발전에 득이 될 것인가 하는 문제를 고려해 보기로 한다. 한때는 소득불평등이 오히려 부유층의 저축과 투자를 증대시키고 경제성장을 촉진시킨다는 견해가 각광을 받은 적이 있었다. 저축이 성장의 엔진이라는 관점하에 저축의 중요성이 강조되던 시기의 견해이다.

그런데 상대적으로 소득평등도가 높으면서도(특히, 대만 · 싱가포르 · 홍콩 등) 매우 높은 경제성장을 이룩한 동아시아 국가들의 발전단계를 보면서 이러한 견해에 의문이 제기되기 시작하였다. 또한 대다수 개발도상국에서 소득불평등도와 토지소유 불평등도는 1인당 경제성장률과 역함수관계에 있다는 분석결과가 제시되기도 하였다. 결국 이러한 실증분석 결과 등으로 인해 소득불평등은 오히려 경제성장을 저해한다는 논리가 설득력을 갖게 되었다.

소득불평등은 정치 · 사회적 불안정을 초래하고, 이는 투자를 위축시킬 수 있을 것이기 때문이다.

그렇다면 왜 소득불평등이 어떤 경로를 통해 경제발전을 저해하게 되는가 하는 의문이 제기될 수 있다. 이러한 의문과 관련하여 많은 연구가 이루어졌는데, 신뢰할 만한 실증분석 결과 중 대표적인 요인으로 파악된 것이 바로 정치적 불안정성이다. 소득분배 악화는 정치 · 사회적 불안정성을 증대시키고, 이는 곧 투자를 위축시키게 된다는 것이다. 비록 상당 규모의 저축자원이 있다 하더라도 사회불안정으로 인해 투자가 저해되는 한 지속적 경제성장을 이룩하기는 매우 어려워진다는 것이다. 투자율과 정치적 불안정성 간에 역의 상관

표 23-3 한국의 최저생계비 (단위: 원)

연도	1인가구	2인가구	3인가구	4인가구	5인가구	6인가구
2001	333,731	552,712	760,218	956,250	1,087,256	1,226,868
2002	345,412	572,058	786,827	989,719	1,125,311	1,269,809
2003	355,774	589,219	810,431	1,019,411	1,159,070	1,307,904
2004	368,226	609,842	838,797	1,055,090	1,199,637	1,353,680
2005	401,466	668,504	907,929	1,136,332	1,302,918	1,477,800
2006	418,309	700,849	939,849	1,170,422	1,353,242	1,542,382
2007	435,921	734,412	972,866	1,205,535	1,405,412	1,609,630

자료: 보건복지부, 보도자료.

관계 또한 많은 연구에서 실증적으로 입증된 바 있다.

04 소득분배와 빈곤문제

(1) 빈곤이란

소득분배가 악화되어 소득불평등도가 심화될 경우 빈곤층이 증대될 수 있다. 특히, 최근 한국의 경우처럼 중산층이 점점 줄어들고 소득분배가 양극화 현상을 가속화시킬 경우 빈곤층의 확대는 불가피해진다.

소득불평등 심화현상은 빈곤층의 확대로 시현된다.

빈곤이란 어떤 사회구성원의 실질소득이 일정 수준, 예컨대 최저생계비나 절대빈곤수준에 미달하여 구호를 필요로 하는 상태라 할 수 있다. 여기서 문제는 과연 최저생계비를 어떤 기준에 의해 산출하는가 하는 점이다. 일반적으로는 가구의 구성원수, 평균연령 등에 근거하여 한 가구가 필요로 하는 최소한의 영양분을 산출한 다음, 이를 공급할 수 있는 식품구입에 필요한 최소비용을 추정하는 방법이 광범위하게 쓰이고 있다. 또는 최저음식비를 엥겔계수로 나누어 최저생계비를 역으로 추정하는 방법이 편의상 사용되기도 한다. 한국의 경우 보건복지부가 매년 발표하는 최저생계비는 4인가족 기준으로 볼 때 〈표 23-3〉과 같으며, 이러한 근거로 산출된 빈곤율은 외환위기 이후 점차 증대하여 온 것으로 알려져 있다.[3]

[3] 참고로 삼성경제연구소의 *CEO Information* 제547호(2006년 4월 5일)에 소개된 분석내용에 따르면, 빈곤층의 비율이 1997년에 13.4%였던 것이 2000년에는 14.9%, 2004년에는 17.1%로 증가한 것으로 나타났다.

한국 양극화 OECD 세 번째로 커…… 사회보장지출은 꼴찌

아래 자료는 2007년 6월 21일 한겨레신문 김외현 기자와 최우성 기자가 작성한 기사의 주요 내용이다.

소득격차에 따른 한국의 양극화가 세계적으로 매우 심각한 수준인 것으로 나타났다. 경제협력개발기구(OECD)가 발표한 『2007년 고용전망 보고서』를 보면, 조사대상 회원국(20개국) 가운데 한국은 소득격차가 세 번째로 큰 나라로 드러났다.

이 기구는 상용직 임금생활자의 하위 10% 계층에 견주어 상위 10%의 평균소득이 얼마나 많은지를 나타내는 소득10분위배율을 통해 격차 정도를 평가하였다.❹

이 조사에서 한국은 2005년 소득10분위배율이 4.51로, 헝가리(5.63)와 미국(4.86) 다음으로 높았다. 한국은 또 1995년부터 10년 동안 소득격차가 많이 벌어진 대표적인 나라로 꼽혔다. 이 기간에 한국의 소득10분위배율은 3.64에서 0.87이나 늘었다. 한국은 헝가리(1.67)와 폴란드(0.91)에 이어 세 번째로 격차가 심해졌다.

노르웨이(2.21), 스웨덴(2.33), 핀란드(2.42) 등 북구쪽은 소득격차가 가장 덜한 나라로 조사되었다. 조사대상국 가운데 아일랜드(3.57)와 스페인(3.53)만 지난 10년 동안 소득격차가 줄어들었다.

또한 이 보고서는 한국이 멕시코·터키와 더불어 "사회안전망이 충분히 성숙하지 못한 나라"라고 지적하였다. 특히, 한국은 2003년 일반세의 사회보장부문 사용비율이 3%로 나타났다. 조사대상국 가운데 꼴찌이며, 평균 43%에 크게 못 미쳤다. 국내총생산(GDP) 대비 사회적 비용의 규모가 10% 미만인 나라는 한국과 멕시코뿐이었다.

경제협력개발기구는 또 20일 발표한 『한국경제 보고서』에서 최근 들어 한국의 상대빈곤율(가처분소득이 중간계층 소득의 50% 미만)이 크게 늘고 있는데도 사회복지지출이 낮은 수준에 머물고 있는

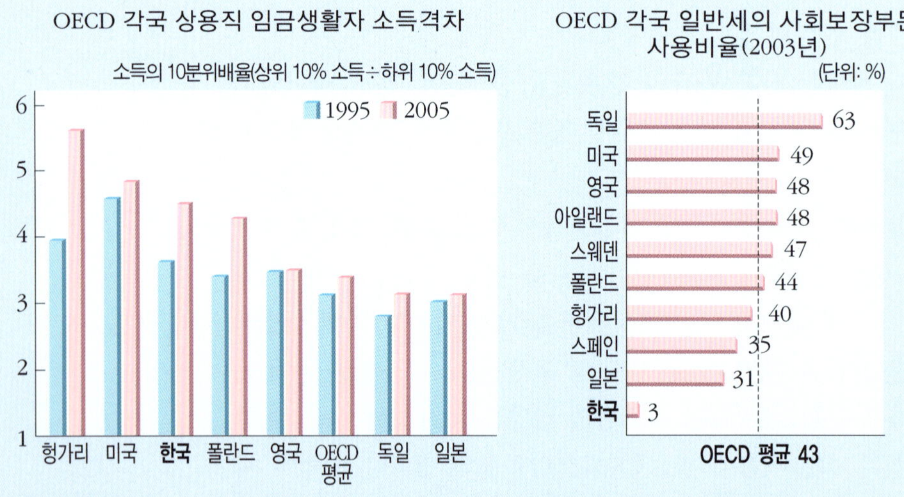

자료: OECD.

그림 23-5 OECD 각국 상용직 임금생활자 소득격차와 일반세의 사회보장부문

❹ 이는 앞서 소개한 통상적인 10분위지수(상위 20% 계층 대비 하위 40%의 평균소득비율)와는 달리 상위 10% 계층 평균소득을 하위 10%의 평균소득비율로 나눈 값으로 정의된 값으로 최근 이해의 편의상 국제기구에서 자주 활용되고 있는 지수이다.

점을 우려하였다. 보고서는 1990년대 중반 9%이던 한국의 상대빈곤율이 2000년대 들어 급속하게 높아져 이 기구의 평균치(10%대 초반)를 훨씬 넘어서고 있다며, 공적 부조 수혜대상을 더 확대해 최저생계비수준의 소득을 확보하도록 돕는 게 시급하다고 권고하였다.

한편, 이상과 같은 인식하에 한국은 특히 2002년 이후 참여정부 출범과 더불어 사회복지분야를 중심으로 복지재정지출을 급속히 증가시켜 왔다. 심지어 정부·민간 합동작업단이 마련한 『함께 가는 희망한국, vision 2030』(2006. 8)에 의하면 향후 복지재정지출을 지속적으로 그리고 빠르게 증가시켜 2030년에는 전체 재정에서 차지하는 비중을 40%에 이르도록 할 것을 제안하기도 하였다. 이와 같은 추세로 인해 2002년 이후 통합재정지출의 GDP 대비 비율이 증가하고 재정수지 흑자폭이 감소하고 있으며, 이에 따라 조세부담률에 사회보장부담률(의료보험, 고용보험, 산재보험, 국민연금, 공무원연금보험료 등 사회보장기여금이 GDP에서 차지하는 비중)을 합한 국민부담률과 국가채무는 점차 증가하는 모습을 나타내고 있음을 유념할 필요가 있다.

(2) 절대적 빈곤과 상대적 빈곤

한편, 절대적 소득수준을 기준으로 정의되는 빈곤, 즉 **절대적 빈곤**(absolute poverty)수준과는 별도로 **상대적 빈곤**(relative poverty)수준을 산출한 것을 상대적 빈곤율이라 부르는데, 이를 기준으로 빈곤층을 정의하기도 한다.

빈곤층은 절대적 빈곤수준 또는 상대적 빈곤수준을 기준으로 정의된다.

이처럼 정의되는 상대적 빈곤율은 소득분배와 긴밀하게 연관되어 있다. 물론 빈곤이란 소득불평등 개념과는 별개의 문제이다. 예컨대, 대다수 사회구성원이 최소생계비수준 이상의 소득을 얻고 있다해도 이것이 소득분배가 평등한 상태로 간주될 수는 없기 때문이다. 반면 북한의 경우에서처럼 사회구성원의 소득이 매우 평등하더라도 이들의 대다수 소득이 빈곤수준에 해당될 수도 있기 때문이다.

여하튼 상대적 빈곤을 추계하기 위해서는 역시 어떤 기준에 근거할 것인가 하는 문제가 우선 결정되어야 한다. 가장 먼저 생각할 수 있는 방법으로 소득순으로 하위 일정 비율을 빈곤층이라 보는 경우를 들 수 있다. 이를 **순수상대빈곤계수**(purely relative measure of poverty)라 하는데, 통상 최하위 20% 또는 40%까지를 빈곤층으로 간주하곤 한다. 그러나 이 방법은 평균소득수준이나 소득분포를 고려하지 못하고 있다는 단점이 있다. 이러한 이유로 인해 **유사상대빈곤계수**(quasi measure of poverty)가 자주 사용되고 있다. 이는 빈곤선을 전체 평균소득(또는 소비)의 일정 비율로 정의하는 방법을 선택하고 있다. 미국 등 선진국에서는 평균소득의 1/2수준으로 빈곤선을

상대적 빈곤계수로는 순수상대빈곤계수와 유사상대빈곤계수 등이 사용되고 있다.

표 23-4 한국의 상대적 빈곤율

소득별	분배지표별	2001	2002	2003	2004	2005	2006	2007
시장소득	지니계수	0.299	0.298	0.304	0.31	0.313	0.338	0.344
	5분위배율	4.92	4.92	5.45	5.59	5.84	7.01	7.28
	상대적 빈곤율	11.8	11.4	14.1	14.5	15.2	17.5	17.5
가처분 소득	지니계수	0.286	0.284	0.288	0.291	0.293	0.312	0.316
	5분위배율	4.51	4.5	4.8	4.86	4.97	5.6	5.73
	상대적 빈곤율	10.6	10.3	12.1	12.8	13.2	14.6	14.8

주: 1) 2001~2002년은 도시가구(1인 및 농가 제외), 2003~2005년은 전국 가구(1인 및 농가 제외), 2006~2007년은 전국 전 가구
2) 시장소득 = 근로소득+사업소득+재산소득+사적 이전소득
가처분소득 = 시장소득+공적 이전소득−공적 비소비지출
상대적 빈곤율: 소득이 중위소득의 50% 미만인 계층이 차지하는 비율

추산하고 있으나, 한국과 개도국들은 1/3수준으로 정의하고 있다. 이와는 별도로 중앙치(medium)의 40% 수준을 빈곤선으로 보고 상대적 빈곤계수를 산정하기도 한다. 〈표 23-4〉는 중위소득의 50% 미만이 차지하는 비율을 상대적 빈곤율로 정의한 다음 2001~2007 기간중 산출된 한국의 상대적 빈곤율을 지니계수와 5분위배율을 대비시켜 정리한 것이다. 조사대상 기간중 상대적 빈곤율은 지속적으로 증가하여 상대적 분배상태가 악화된 것으로 나타났는데, 같은 기간 중 지니계수나 5분위배율 값이 동시에 증가한 점으로 보아 소득분배 상태가 나빠졌다는 공통된 결론을 도출할 수 있을 것이다.

(3) 빈곤의 원인

빈곤이 발생하는 원인으로는 개인적 속성이나 사회적 속성 그리고 경제발전전략의 유형 등을 들 수 있다.

빈곤이 발생하는 요인은 실로 다양하겠지만 대체로 다음과 같은 유형으로 분류될 수 있다.

1) 개인적 속성에 기인하는 원인

우선 기능의 적응력이 떨어지는 경우를 들 수 있는데, 질병 · 노화 · 불구 등이 이에 속한다. 이들 요인은 다분히 개인적으로 어쩔 수 없는 비자발적 요인의 성격을 갖는다. 반면, 동기부족, 낮은 성취욕, 무절제, 나태 그리고 의타심 등의 요인을 들 수 있는데, 이들은 자발적 요인으로 이해할 수 있다.

2) 사회적 속성에 기인하는 원인

한편, 사회의 갈등주의적 관점에서 빈곤의 원인을 찾기도 하는데, 불평등한 재산 · 권력 · 지식 · 자원 · 기회 등의 배분상태를 들 수 있다. 이 밖에도 도시 · 농촌 간, 인종 간, 종교 간 그리고 성별 간의 차별요인, 부존자원의 편재현상이나 기술 및 학력수준 간의 차이 등을 들 수 있다.

3) 경제발전전략에 기인하는 요인

이상에서 살펴본 빈곤요인들은 다분히 외생성이 강하여 쉽사리 시정되기는 어려운 요인들이라 할 수 있다. 반면, 한 나라가 경제발전을 적극적으로 도모하는 과정에서 선택한 성장전략에 따라 빈곤화가 가속될 수도 있으며, 이는 상대적으로 내생성이 강한 요인으로 이해될 수도 있다. 한국이 오랫동안 지속하여 온 형평보다는 성장을 중시해 온 **성장제일주의**(growth-first, distribution-later principle)가 경제의 이중성을 고착시키고, 이는 경제침체기(외환위기 이후 시기)와 맞물리면서 양극화 현상을 확대시켜 빈곤층의 확산을 가져온 사실은 좋은 예가 될 수 있다.

(4) 빈곤의 대책

그리고 빈곤에 대한 대책으로는 빈곤층 소득보조, 음의 소득세, 현물보조방식 등이 있다.

빈곤층의 확대는 사회적 불안의 증대만으로 끝날 문제가 아니다. 빈곤은 질병과 더불어 생존의 가장 큰 위해요인이며, 생명을 부지한다 하더라도 빈곤층이 겪는 물질적 어려움과 정신적 고충을 방치할 경우 진정한 의미의 경제발전이나 복지증진이란 절대로 기대할 수 없기 때문이다.

빈곤의 대책은 앞서 살펴본 요인들을 검토할 경우 지극히 자명하다 할 수 있다. 우선은 일자리를 지속적으로 창출하여 근로능력과 의사가 있는 사람들은 다양한 대책을 통해 경제활동 참가기회를 부여함과 동시에 근로능력이 결여된, 예컨대 기초생활대상자들에게는 최저생계비를 제공하여 탈빈곤화를 도모하는 일을 들 수 있다. 특히, 후자와 관련하여 활용되고 있는 제도 중 중요한 것을 보면 다음과 같다.

- **빈곤층 소득보조**: 미혼모나 소년소녀 가장 등 빈곤층에게 일정 액수의 소득을 보조해 주는 방안이다. 그러나 이 제도는 근로 의욕을 저하시켜 오히려 빈곤층을 확대시킬 수도 있다는 문제점이 있다.
- **음(陰)의 소득세**(negative income tax): 일종의 현금급여제도로 소득이 어느 시점 이하에 머무를 경우 보조금을 지급하는 제도이다. 절대빈곤상태를 일일이 확인하지 않고도 재정보조를 할 수 있다는 편의성이 있는 제도이다. 그러나 자산보유상태나 미신고 내지 위장축소신고 소득으로 인해 빈곤층으로 파악되어 부당한 혜택을 받는 사람들이 발생할 수 있다는 문제가 있다.
- **현물보조**: 상기 두 가지 제도는 우리나라에서 이미 시행하고 있는 제도들이다. 이 둘이 갖는 단점을 시정하는 방안의 하나로 빈민층으로 파악된 사람들에게 최저생활에 필요한 수준의 재화 및 서비스를 정부가 현물형태를 지원하는 방안이 활용되기도 한다. 현금으로 지급된 보조금이 다른 용도로 전용되는 것을 막을 수 있다는 장점이 있다고 보아 미국에서는 식료품교환권(food stamp)을 배급하는 방식을 쓰기도 한다.

그러나 이러한 소극적 대책보다는 일자리 창출이나 실업자의 재훈련 및 직업알선 등의 보다 적극적 차원에서의 대책이 동시에 고려될 필요가 있다.

그러나 이상에서 살펴본 제도들은 빈곤층에 대한 일방적인 보조에 그치는 소극적 빈곤대책이라 할 수 있다. 일자리 창출이나 실업자의 재훈련을 통한 직업알선 등과 같은 보다 적극적 차원에서의 빈곤대책이 아울러 고려될 필요가 있다.

한편, 다시 반복되는 이야기이지만 빈곤층의 확대는 다분히 후진국들의 경제성장전략에 기인하는 바 크며, 예컨대 성장주도부문과의 격차확대에 따라 소득불평등도가 악화되고 나아가서는 이른바 양극화 현상 등이 나타나게 된 데 기인하는 바 크다. 물론 이와는 별도로 경제발전이 성숙기에 이르고 있는 시점에서 세계화의 진전 등과 같은 대내외 환경이 변화하고 있는 것도 소득분배의 악화를 가속화시켰다는 사실 또한 주시할 필요가 있다. 예컨대, 저임금국가(중국 등)로부터의 저숙련 노동집약적 상품수입 증가에 따라 한국 및 선진국들의 노동집약적 산업이 몰락하고 결과적으로 이들 부문으로부터 실업이 급증하는 현상을 들 수 있다. 또한 경제구조 고도화와 국제경쟁 확대에 따라 학력 및 기술력 그리고 적응력이 우수한 집단과 기타 집단 간의 임금격차가 커지는 현상을 들 수도 있다. 또한 이러한 현상이 가속화되어 경제 전체가 침체기로 진입하여 다시 한 번 실업을 양산할 경우 소득분배 악화는 물론 빈곤층의 확대가 불가피해질 것이다.

이상과 같은 여건을 감안하여 제시될 수 있는 정책대안으로는 정부가 사전적으로 소득결정 과정에 개입하여 분배를 개선하는 최저임금제도나 정부가 사후적으로 재정지출을 통해 분배를 개선하는 방안을 생각할 수 있다. 또한 누진소득세, 상속 및 증여세 강화 등을 통한 분배개선 및 빈곤층에 대한 최소소득 보전책들을 들 수 있다. 그리고 의무교육, 의료서비스, 공공주택 공급 등의 확대를 도모하거나 각종 사회보장제도를 개선하는 방안도 있다.

그러나 보다 중요한 것은 인적 자본에 대한 투자확대(교육 및 훈련 그리고 재훈련 확대), 직업안정정책 등을 통한 고용확충을 기반으로 하여 고용차별 · 직종차별 · 임금차별 등 각종 차별을 금지 또는 완화시켜 나가는 정책의 수행이 필수적인 고려사항이 되어야 한다는 점이다. 이와 더불어 각종 **사회안전망**(social safety net)의 확충이 긴요하다. 외환위기 이후 급증하는 실업자문제를 해결하는 과정에서 정부가 저소득 및 취약계층은 물론 일할 능력이 있는 사람들에게 적극적 노동시장정책을 통해서 일자리를 제공하여 자활 · 자립할 수 있는 대응책을 마련한 바 있다. 이는 특히 고용보험의 확대, 국민기초생활보장법 실시와 더불어 추진됨으로써 이른바 생산적 복지정책의 근간이 마련된 바 있다.

결국 궁극적으로는 인적 자본에 대한 투자(교육 및 훈련)와 직업안정정책을 통한 고용확충을 기반으로 각종 사회안전망을 확충하는 것이 긴요하다.

그러나 반복되는 논의이지만 각종 복지제도의 도입이나 지출이 단기적으로는 형평을 개선하는 효과를 가져올 수는 있으나, 장기적으로는 효율성이 저해될 수도 있는 위험성을 항상 안고 있다는 점에 유의할 필요가 있다. 또한 자칫 잘못하면 이른바 'Dutch disease'라고 하는 일종의 **복지병**(welfare disease)을 초래할 수도 있음은 주지의 사실이다. 즉, 방만한 사회보장제는 오히려 근로의욕을 저하시킴으로써 높은 재정비용 지출에도 불구하고 실업률이 상승할 수 있기 때문이다.

한 가지 강조해 두어야 할 사실은 각종 복지제도의 도입이나 지출만으로 빈곤문제를 해결하려는 정책은 단기적으로는 형평의 개선을 가져올 수 있으나 장기적으로는 오히려 효율성을 저해할 위험성을 안고 있다는 점이다. 이른바 Dutch disease라는 복지병을 경계해야 할 것이다.

05 복지의 확충방안

분배를 개선하고 형평을 제고함과 동시에 복지를 향상시키는 일은 소극적으로는 자본주의가 가지고 있는 태생적 한계성, 즉 소득불평등을 완화시키기 위해서, 그리고 적극적인 관점에서는 효율과 형평이 동시에 추구될 수 있는 복지국가를 건설하기 위해서 필수적인 과제가 되고 있다.

흔히 복지국가란 국민들의 행복을 가로막는 사회적 위험을 해결하기 위하여 사회보장정책 등을 통해 국민복지를 극대화하는 국가라 부른다. 이러한 복지국가는 국민들의 경제적 안정을 도모하고 소득불평등 및 빈곤문제 등을 퇴치하기 위한 여러 가지 대책을 마련하여 활용하고 있다. 물론 궁극적으로 지향하고자 하는 복지국가 유형은 사회복지 서비스와 소득보장제도가 잘 발달된 스웨덴 · 노르웨이 · 핀란드 등에서 시행되고 있는 사회민주주의형 복지국가가 될 수도 있다. 이 경우 경제주체들은 고율의 세금부담을 감내할 합의된 의사가 있어야 한다. 그러나 대다수 국가들은 개별 경제주체들의 책임과 의무를 동시에 강조하는 미국형 자유주의 복지국가를 목표로 하고 있으며, 한국도 바로 이러한 범주에 속한다고 볼 수 있다. **사회보장제도**는 **사회복지제도** 또는 **사회안전망**이란 용어로 불리기도 한다. 그리고 이는 노령 · 질병 · 실업 · 산업재해 그리고 빈곤 등 국민들이 처할 수 있는 사회적 위험으로부터 국민을 보호하기 위한 사회보장제도라 할 수 있다.

사회보장제도란 사회복지제도 또는 사회안정망이라 부르기도 하는데

이러한 사회보장제도의 근원은 1601년 제정된 영국의 구민법까지 거슬러 올라갈 수도 있으나 20세기 초 대공황 이후 도입된 미국의 사회보장법이 근대적 사회보장제도의 시초라 보는 것이 무방할 것이다.

사회보험, 공공부조, 사회복지 서비스 등을 포함하는 개념이다.

여하튼 일반적으로 사회보장제도는 **사회보험**, **공공부조**, **사회복지 서비스**로 구분된다. 사회보험이란 정부에 의해 강제되는 보험제도로서 대표적인 것으로 노후보장을 위한 **국민연금제도**, 질병치료를 위한 **의료보험제도**를 들 수 있다. 물론 이밖에도 **산업재해보상보험제도**와 **고용보험제도**도 현대적 복지국가의 필수적 사회보장제도로 정착되고 있다. 한편, 경제적 능력이 없는 빈곤계층의 국민들에게 최저생활을 보장함과 동시에 자립을 지원하는 제도로서의 **공공부조**가

현대적 사회보장제도의 또 하나의 근간을 이루고 있다. 그리고 마지막으로는 노인과 장애인 그리고 아동 및 여성 등의 복지향상을 위한 제반 상담, 직업소개, 복지시설 제공 등을 정부지출로 감당하는 **사회복지 서비스제도**를 들 수 있다.

이상과 같은 제도들은 기본적 생활의 보장과 빈민층의 경제적 불안해소 그리고 소득의 재분배 등을 통하여 안정적 생활을 영위할 수 있도록 하는 것으로 조세기능을 통한 소득분배 개선, 낙오한 계층의 기본 생계보장, 노령 및 질병, 그리고 실업과 산업재해로 인한 어려움을 완화시키는 사회적 장치이다. 그러나 국민복지 증진은 이러한 전통적 사회복지제도의 정착 외에도 근로능력과 의사가 있는 사람들에게 일할 기회를 만들어 주고, 동시에 국민들의 근로능력 향상을 위한 인력개발투자를 확대하는 보다 적극적인 정책을 추구함으로써 비로소 건전한 복지국가를 건설할 수 있다는 사실을 다시 한 번 강조해 둔다.

제 10 편 개방거시경제

제24장 외환과 국민경제

제1편 제4장에서 우리는 시장경제가 작동하는 기본 원리 중 하나로 경제주체는 교환을 통해 상호이익을 얻을 수 있다는 사실을 확인한 바 있다. 그리고 이는 비단 가계와 기업 그리고 정부 간에는 물론 국가 간의 거래, 즉 국제무역의 경우도 마찬가지라는 사실도 언급한 바 있다.

한편, 제9편 제19장에서 우리는 경제성장의 주요 요인 중 하나로 국제 간의 교역을 살펴보았고, 아울러 근래에 들어 세계 각국은 무역확대에 따라 급속하게 경제발전을 이룩할 수 있었던 사실도 확인한 바 있다. 특히, 이러한 국제 간의 교역확대는 지속적 다자 간 협정의 체결을 통해 성립된 WTO체제가 성립되면서, 그리고 교통수단과 통신의 발달 및 기술의 진보와 확산에 따라 더욱 가속화되었다고 볼 수 있다.

본편에서는 이러한 국제 간 상품 및 서비스교역은 물론 국제 간 자본이동의 확대에 따라 국가 간 상호의존성이 더욱 긴밀해지고 있는 시점에서 발생하는 핵심적인 거시경제학적 현상에 대해 살펴보고자 한다.

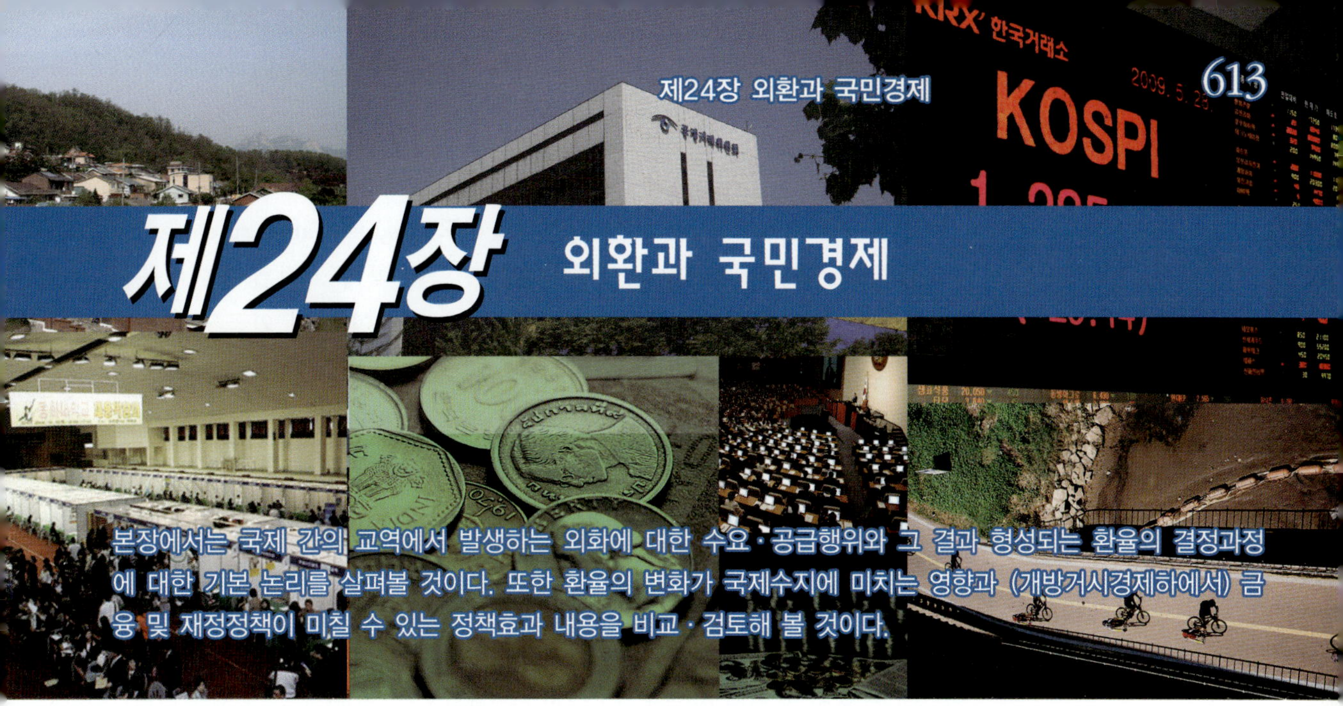

제24장 외환과 국민경제

본장에서는 국제 간의 교역에서 발생하는 외화에 대한 수요·공급행위와 그 결과 형성되는 환율의 결정과정에 대한 기본 논리를 살펴볼 것이다. 또한 환율의 변화가 국제수지에 미치는 영향과 (개방거시경제하에서) 금융 및 재정정책이 미칠 수 있는 정책효과 내용을 비교·검토해 볼 것이다.

01 국제무역과 환율

국내에서 경제주체 간의 교환행위는 내국화폐를 통해 거래된다. 그러나 국제 간의 무역은 국제 간의 지불수단으로 널리 인정되고 있는 외국화폐(예컨대, 미국의 달러)로 지불해야 하는 문제가 생기며, 따라서 국내화폐를 주고 외국화폐를 사야 하는 문제가 발생한다. 이때 교환비율을 **환율**(exchange rate)이라 한다.

국제무역은 기축통화를 주요 지불수단으로 한다. 따라서 국제무역을 위해서는 이러한 외국화폐를 국내화폐와 교환을 통해 확보해야 하는데, 이때의 교환비율을 환율이라 한다.

교환비율은 어느 나라 화폐를 기준으로 표시하는가에 따라 두 가지 방식으로 표현할 수 있다. 예컨대, 1달러당 1,000원이라 표현할 수도 있고, 1원당 1/1,000달러라고 표현할 수도 있다. 그러나 국제적 관행은 세계 어디서나 통용될 수 있는 이른바 **기축통화**(vehicle or key currency)인 미국의 달러(U.S. dollar: USD)를 자국화폐 얼마로 교환할 수 있는가 하는 식으로 환율을 표현하고 있다. 따라서 우리나라는 원화의 대미 달러환율은 1,000:1이다라고 표현한다.

이때 환율이란 결국 외국화폐라는 일종의 상품을 살 때 지불해야 하는 자국화폐량 또는 단순히 '자국화폐로 표현한 외국화폐의 가격'이란 의미를 갖는다. 예컨대, 미국돈 1달러를 사기 위해 1,000원을 지불해야 한다면, 이는 한국돈으로 표현한 외국돈의 가격의 의미가 된다. 즉, 대미 환율은 '1,000원/달러'와 같이 표현한다.

그런데 환율이란 결국 자국화폐로 표현한 외국화폐의 가격이라 할 수 있다. 예컨대, 대미 환율은 1,000원/달러와 같다라는 식으로 표현된다.

그런데 예전에는 국제 간의 환율을 일정 기간 일정하게 유지하는 국제 간 환율을 일정 기간 일정하게 유지하는 제도를 고정환율제도라 한다. 그러나 제반 여건이 유의할 만큼 변화한 경우 환율을 조정한다. 환율을 올려 자국화폐의 상대적 가치를 낮추는 것을 평가절하, 그 반대를 평가절상이라 부른다.

것을 원칙으로 하는 이른바 **고정환율제도**(fixed exchange rate system)가 주로 쓰인 적이 있다. 그러나 여건변화에 따라 고정된 교환비율을 그대로 유지하는 것이 매우 부적절하다고 판단이 되면 외국돈 가격에 해당하는 환율을 올리거나 내리려고 하였다. 전자의 경우에는 자국화폐의 가치가 하락하는 것과 같은 결과가 초래되며, 후자의 경우에는 자국화폐의 가치가 상대적으로 상승하는 결과가 초래되는 것이라 볼 수 있다. 따라서 전자를 **평가절하**(devaluation), 그리고 후자를 **평가절상**(revaluation)이라 부른다. 예컨대, 미국 화폐가치가 올라 1달러당 1,000원에서 1,100원이 되면 상대적으로 가치가 떨어진 한국 화폐가 평가절하된 것으로 이해할 수 있으며, 이러한 경우 일반적으로는 '대미 환율이 올랐다'(예컨대, 1,000원/달러에서 1,100원/달러)라고 표현한다.

그러나 현재 대다수 주요 선진국에서는 변동환율제도를 채택하고 있으며, 따라서 환율은 수시로 오르내린다.

그런데 최근에는 대다수 주요 선진국들이 **변동환율제도**(floating exchange rate system)를 채택하고 있어 평가절하 또는 절상이란 용어는 더 이상 잘 사용되지 않고 있다. 단지 내국화폐로 표현한 외국화폐의 가치가 변화한 내용에 따라 원화의 대미 환율이 올랐다(또는 내렸다)라고 표현하거나, 단지 환율이 올랐다(또는 내렸다)라고 표현하고 있다.

여기서 잠시 고정환율제도가 점차 소멸된 또 다른 한 측면을 살펴보자. 고정환율제도는 환율변화와 관련한 불확실성이 없어 국제거래가 촉진될 수 있을 뿐만 아니라 단기적 투기가 억제될 수 있는 장점이 있다고 주장되기도 하였다. 그러나 변동환율제 채택 후 국제교역이 위축되거나 환율불안정이 증폭되었다는 경우는 별로 없다.

고정환율제는 중앙은행이 외환을 지속적으로 매매할 수 있어야 유지 가능하며, 이때 파생되는 통화량 증감이 물가를 변화시켜 외환수급 불균형을 시정할 수 있어야 가능하지만 현실적으로 실현가능성이 낮다.

반면, 고정환율제도를 적절히 유지하기 위해서는 중앙은행이 외환을 지속적으로 사고 팔아서 초과공급이나 초과수요를 흡수할 수 있어야 한다. 그런데 이러한 외환매매 과정에서 국내의 화폐공급량이 증가 또는 감소하는 문제가 발생한다. 결과적으로 자율적인 통화금융정책 수행이 그만큼 어려워진다는 문제가 발생한다. 물론 해당 국가가 과연 초과공급이나 초과수요를 흡수할 만한 능력이 있는가 하는 문제는 별개의 문제이다.

물론 이때 통화량의 증감은 물가변화를 촉발시키고, 나아가서는 외환수급 불균형을 시정하는 자동조정기능을 발휘할 수도 있으나,[1]

[1] 예컨대, 달러화가 초과공급됨으로써 환율인하 압력이 커질 경우 정부는 초과공급된 달러화를 사들여 이를 해소시키고자 할 것이다. 이때 달러화 구매를 위해 원화발행 및 공급이 증대되면 원화가치가 하락하여 환율인상 압력이 발생하게 됨으로써 자동조절기능이 발휘될 수도 있다.

환율제도의 변천

화폐의 가치를 금의 분량이나 무게와 일정한 비율을 유지하도록 만들어 놓았던 **금본위제도**(gold standard)하에서는 금을 매개로 자동적으로 (금본위제도를 채택한)국가 간 환율이 결정 또는 고정되는 효과가 있었다. 따라서 국가별 금값의 변화로 환율이 변동할 요인은 안고 있지만 적어도 단기적으로는 안정적으로 유지될 수 있었으므로, 금본위제도하의 환율제도를 **고정환율제도**로 보는 데 별 문제가 없을 것이다.

그런데 금생산 및 공급의 부족 그리고 국가별 편재현상으로 인해 금본위제도를 유지하기가 점점 어려워지자 결국 많은 나라들이 이를 포기하고 말았다. 이러한 시기에 세계경제를 주도할 수 있었던, 그리고 금본위제도를 유지할 수 있었던 미국의 화폐를 (금을 대신한)기축통화로 삼아 각국 화폐와의 교환비율을 환율로 채택하는 변형된 고정환율제도가 도입되기도 하였다. 즉, 제2차 세계대전이 끝날 무렵인 1944년경 연합국 대표들은 미국의 브레튼우즈에 모여 전후 세계경제질서 재편을 위한 협정을 체결하게 되었는데, 이를 **브레튼우즈협정**(Bretten Woods Agreements)이라고 한다. 그리고 이 협정에 근거하여 국제교역 확대를 위한 **국제통화기금**(International Monetary Fund: IMF)과 후진국 경제개발을 돕기 위한 **국제은행**(International Bank for Reconstruction and Development: IBRD 또는 World Bank)을 모태로 하는 **브레튼우즈체제**(Bretteon Woods system)가 정립된 바 있었다.

이 제도하에서는 미국 화폐만을 금 1온스당 35달러 수준에 고정시킨 다음 다른 나라 화폐들은 그 가치를 미국 화폐와의 교환비율을 통해 고정시킴으로써 새로운 형태의 고정환율제도가 채택·운영되었던 것이다.

그러나 1950년대에는 금의 공급량이 충분하지 못한데다, 미국 또한 (인플레이션 압력의 증가 등)자국경제의 여건을 고려하여 통화량을 결정하는 원칙을 채택함에 따라 세계적으로 달러화 공급의 부족현상이 발생하였다. 한편, 1960년대 이후에는 일본과 유럽 여러 국가경제의 부상으로 미국 경제의 상대적 위상이 떨어지면서 미국은 지속적 무역적자를 겪게 되었고, 이를 해결하기 위해 달러화 공급을 늘릴 수밖에 없었으며, 기축통화로서의 달러화에 대한 신뢰에 금이 가기 시작하였다.

결국 미국은 1971년 8월 **금태환**(gold convertibility)을 정지함과 동시에 평가절하를 단행함으로써 브레튼우즈체제는 종말을 고하고 말았다. 그리고 1973년 제1차 오일쇼크가 발발하면서 더 이상 고정환율제도로의 회귀가 어려워지자 이후 미국 등 선진국을 필두로 하여 **변동환율제도**로 옮겨 가게 되었다.

한편, 한국의 경우에는 1960년대 초까지는 공식환율과 (암)시장환율로 이원화된 이른바 **복수환율제도**(multiple exchange rate system)가 운영되었다. 그리고 1964년 5월에 이르러 비로소 대폭적인 평가절하와 더불어 **단일변동환율제도**를 도입함으로써 환율의 실세화를 시도하였다. 그러나 1970년대까지는 일종의 **서행성 고정환율제**(crawling pegged exchange rate system) 성격을 띠었다. 따라서 일정 기간 동안 환율이 고정되어 있다가 대내외 여건상 더 이상 버티기 어렵다고 판단되면 특정 시기부터 새로운 환율을 적용하는 방식으로 운용되었다.

그러나 1980년 2월부터는 이른바 **복수통화바스켓**에 의한 변동환율제가 실시되었는데, 이는 주요 교역대상국별 교역량 및 물가변동률 등을 고려한 가중치를 적용함으로써 주요 통화들과의 환율을 안정화시키기 위해 도입되었던 것이다.

그리고 1990년 2월부터는 (외환의 수요 · 공급에 따라 환율이 결정되도록 하는) 이른바 **시장평균환율제**가 도입되었는데, 초기에는 시장매매율 변동폭을 기존 환율 중심으로 상하 0.4%로 제한하다가 점차 변동폭을 확대 운용하였다. 그러다 1997년 12월 외환위기 이후에는 **자유변동환율제도**로 전환됨으로써 정책당국이 더 이상 환율을 조절할 수 없는 시대로 진입하게 되었다.

이는 물가가 매우 신축적이고 즉시 조정될 수 있어야만 가능할 뿐 실제로는 물가변화를 통한 외환시장 불균형 해소의 성사가능성은 희박하다. 또한 큰 폭의 통화량 증감이 현실적으로 어려운 이유 등으로 외환시장의 불균형이 쉽사리 조정되지 못할 경우 평가절하 또는 절상과 같은 대폭적 환율조정이 불가피하게 되는 등 오히려 외환시장의 불안정성이 증폭될 여지도 있다.

02 환율의 결정

그렇다면 변동환율제하에서 환율은 어떻게 결정될까? 외국화폐라는 상품을 국내화폐로 표현한 가격이라 할 수 있는 환율은 결국 외국화폐, 즉 외환에 대한 수요 · 공급에 의존하여 결정된다고 볼 수 있다.

한 나라가 고정환율제를 채택하든 변동환율제를 채택하든 결국 환율은 장기적으로는 변동할 수밖에 없다. 물론 자유변동환율제를 채택할 경우(현재 대다수 주요 선진국들은 모두 자율변동환율제 채택) 환율은 하루에도 수백 번씩 시시각각으로 시장의 수요 · 공급에 따라 변동한다. 과연 그렇다면 환율은 어떻게 결정될까? 이에 대한 답을 얻기 위해서는 우선 외환을 누가 왜 어떤 이유로 수요하게 되고, 또 누가 어떤 경로로 공급하게 되는가를 확인할 필요가 있다.

(1) 외환의 수요와 공급

전술한 바 있듯이, 환율은 자국화폐로 표시한 외국의 화폐, 즉 **외환**(foreign exchange)의 가격이라 할 수 있다. 따라서 외환의 가격, 즉 환율은 외환에 대한 수요와 공급에 의해 결정된다고 볼 수 있다.

1) 외환의 수요

외환의 수요는 수입대금의 지불시, 또는 해외직접투자나 외국의 유가증권 매입시, 그리고 외국의 부동산 구입시 발생한다.

우리가 외국에서 생산된 재화와 서비스를 구매하고자 할 때 일반적으로 우리나라 화폐로는 결제할 수 없다. 따라서 우리나라 화폐를 주고 구매한 외국의 화폐, 즉 외환으로 수입대금을 지불하게 된다. 따라서 기본적으로 외환의 수요는 수입으로 인해 발생한다고 볼 수 있다.

한편, 우리나라 사람들이 (기업 포함)외국에 직접투자를 하든가, 외국의 유가증권 등을 구입하는 간접투자를 시도할 때, 또는 외국의 부동산을 구입하는 경우에도 외환이 필요하게 된다. 따라서 외환을 수요하게 되는 두 번째 핵심 요인으로 우리는 해외 직 · 간접투자를 들 수 있다.

그런데 수입은 환율이 떨어져 원화표시 수입품가격이 하락하거나 우리나라의 소득수준이 향상될수록, 그리고 외국재화 및 서비스의 가격 자체가 낮아질수록 증가하게 된다. 물론 외국제품에 대한 선호도가 높아지거나 운임 및 보험료 등 부대비용이 감소할 때 그리고 각종 무역규제가 완화될 경우에도 수입은 증가한다.

일반적으로 수입은 환율하락시, 국내소득수준 향상시, 외국재화가격 하락시, 외제에 대한 선호도 향상시, 운임 및 보험료 하락시, 그리고 각종 무역규제 완화시 증가된다.

24-1

$$\overset{(-)}{IM=f(ER},\ \overset{(+)}{Y_d},\ \overset{(-)}{P_f},\ \overset{(+)}{Taste_d},\ \overset{(-)}{C\&I},\ \overset{(-)}{TP_d},\ \cdots\cdots)$$

여기서, IM: 수입량
ER: 환율
Y_d: 국내소득수준
P_f: 외국재화 및 용역의 가격
$Taste_d$: 국내소비자의 외국재화 및 서비스 선호도
$C\&I$: 운임 및 보험료
TP_d: 내국의 무역(규제)정책

한편, 해외 직 · 간접투자를 위한 외환수요는 주로 자본수익률에 해당하는 이자율에 의존한다. 즉, 해외이자율(r_f)에 비해 국내이자율(r_d)이 낮아질수록 자본은 보다 높은 수익창출을 위해 해외투자처를 찾아 나갈 것이며, 그 과정에서 외환의 수요가 발생하는 것이다.

한편, 해외 직 · 간접투자를 위한 외환수요는 해외이자율이 국내이자율에 비해 높아질수록 증가한다.

24-2

$$CO=f\Big(\overset{(-)}{\frac{r_d}{r_f}}\Big)$$

여기서, CO: 자본유출
r_f: 해외이자율
r_d: 국내이자율

2) 외환의 공급

반면, 외환의 공급은 수출대금을 국내화폐로 환전시, 또는 외국인의 직접투자나 국내유가증권 매입시, 그리고 국내부동산 구입시 발생한다.

한편, 우리나라에서 생산된 재화와 서비스를 외국으로 수출할 경우 우리는 외국화폐, 즉 외환으로 그 대금을 받게 된다. 그리고 이렇게 취득한 외환을 국내외환시장에서 팔아 자국화폐로 환전을 한다. 바로 이러한 과정을 통해 외환이 국내에 공급되는 것이다. 따라서 외환이 공급되는 가장 큰 요인은 바로 수출이라 할 수 있다.

한편, 외국인들이 국내에 직접투자를 하든가 유가증권 등을 사들이는 간접투자를 할 때, 또는 국내의 부동산을 구입하는 경우, 우리나라 돈이 필요해져 외국화폐를 우리나라 화폐로 환전하게 된다. 이것이 외환이 공급되는 두 번째 큰 요인이 되는 것이다.

일반적으로 수출은 환율상승시, 외국소득수준 상승시, 국내재화가격 하락시, 국내제품에 대한 외국인 선호도 향상시, 운임 및 보험료 하락시, 그리고 외국의 각종 무역규제 완화시 증가된다.

그런데 수출은 환율이 올라 달러화표시 수출가격이 하락하거나 외국의 소득수준이 향상될수록, 그리고 국내의 재화 및 서비스가격 자체가 낮을수록 증가하게 된다. 물론 한국 제품에 대한 외국소비자의 선호도가 높아질수록, 그리고 외국의 각종 무역규제가 완화될 경우에도 우리나라의 수출은 증가할 수 있다.

24-3

$$\overset{(+)}{}\ \overset{(+)}{}\ \overset{(-)}{}\ \ \overset{(+)}{}\ \ \overset{(-)}{}\ \ \overset{(-)}{}$$
$$EX=f(\overset{(+)}{ER},\ \overset{(+)}{Y_f},\ \overset{(-)}{P_d},\ \overset{(+)}{Taste_f},\ \overset{(-)}{C\&I},\ \overset{(-)}{TP_f},\ \cdots\cdots)$$

여기서, EX: 수출량
ER: 환율
Y_f: 외국소득수준
P_d: 국내재화 및 용역의 가격
$Taste_f$: 외국인의 한국산 재화 및 서비스 선호도
$C\&I$: 운임 및 보험료
TP_f: 외국의 무역(규제)정책

한편, 자본유입은 국내이자율이 해외이자율에 비해 높아질수록 증가한다.

한편, 외국인의 한국 내 직·간접투자는 한국 내 투자수익률, 즉 한국의 이자율(r_d)이 외국의 이자율(r_f)보다 높아질수록 증가하게 되며, 그 과정에서 한국 화폐를 필요로 한다. 결국 외국인 투자는 한국 화폐로의 환전과정을 통해 국내외환시장에 외환을 공급하게 된다.

24-4

$$CI=f\left(\overset{(+)}{\frac{r_d}{r_f}}\right)$$

여기서, CI: 자본유입
r_d: 국내이자율
r_f: 해외이자율

3) 국제무역수지와 자본수지

통상 재화와 서비스의 수출에서 수입을 차감한 것을 **무역수지**(balance of trade account: *BOT*)라 한다.

따라서 수출에서 수입을 차감한 무역수지는 환율, 국내소득수준과 외국소득수준 비율, 국내가격과 외국가격 비율, 국산 및 외제에 대한 선호도, 운임 및 보험료, 무역규제 정도 등에 의존한다.

24-5

$$BOT = EX - IM$$

여기서, *BOT*: 무역수지
EX: 수출
IM: 수입

따라서 국제무역수지는 다음과 같은 함수관계로 표현될 수 있다.

24-6

$$BOT = f(ER,\ Y_d/Y_f,\ P_d/P_f,\ Taste,\ C\&I,\ TP,\ \cdots\cdots)$$

한편, 자본의 해외유출에서 유입을 차감한 것을 순해외자본유출(또는 자본수지)이라 한다.

한편, 자본의 해외유출에서 국내유입을 차감한 순해외자본 유출 또는 자본수지는 국내이자율과 해외이자율수준의 비율에 의존한다.

24-7

$$NCO(\text{net capital outflow}) = f(r_d/r_f)$$

이제 국제무역수지와 자본수지를 통합할 경우 외환의 총수요와 총공급은 다음과 같이 표현될 수 있다.❷

그리고 이상과 같은 무역수지와 자본수지를 통합할 경우 외환의 총수요와 총공급을 구성할 수 있으며, 그로부터 외환의 균형가격, 즉 환율이 결정된다.

24-8

$$\text{외환의 총수요}(FE^D) = f(IM,\ CO)$$
$$= f(ER,\ Y_d,\ P_d/P_f,\ r_d/r_f,\ \cdots\cdots)$$
$$\text{외환의 총공급}(FE^S) = f(EX,\ CI)$$
$$= f(ER,\ Y_f,\ P_d/P_f,\ r_d/r_f,\ \cdots\cdots)$$

그리고 이러한 외환의 수요 · 공급함수로부터 외환의 균형가격, 즉 환율이 결정된다.

❷ 또는 이를

$$FE^S = f(NX) = f(EX - IM),$$
$$FE^D = f(NCO) = f(CO - CI)$$

와 같이 표현할 수도 있다. 즉, 외환의 공급은 순수출, 그리고 수요는 순자본유출 규모에 의존하는 것으로 파악할 수 있다.

$$ER = f(Y_d/Y_f,\ P_d/P_f,\ r_d/r_f,\ \cdots\cdots) \qquad \text{24-9}$$

[그림 24-1]에서처럼 환율은 우하향하는 총수요곡선과 우상향하는 총공급곡선이 교차하는 점에서 결정된다.

즉, [그림 24-1]에서처럼 외환에 대한 수요 및 공급곡선이 작성될 수 있고 그 결과 외국의 화폐, 다시 말해 외환에 대한 균형거래가격인 환율이 결정될 수 있다. 외국화폐를 편의상 미국달러($ 또는 USD)로 표현할 경우 원화(₩ 또는 KRW)로 표현한 미국달러의 가격(₩/$ 또는 KRW/USD)이 바로 환율(*ER*)이 된다.

[그림 24-1]은 외환의 수요량이나 공급량과 외환가격인 환율 간의 관계만을 도표형식으로 표현한 것이다. 그리고 외환의 수요량은 환율(외화가격)이 하락할수록 늘어날 것이므로 수요함수는 우하향하는 형태를, 그리고 외환의 공급량은 환율(외환가격)이 상승할수록 증가할 것이므로 공급함수는 우상향하는 모습을 보여 주게 된다. 물론 이처럼 상반되는 힘이 균형을 이루는 점 *E*에서 균형시장환율이 결정되는 것이다.

물론 환율 이외에 외환의 수요 및 공급에 영향을 미치는 요인이 변화할 경우 외환의 수요 또는 공급곡선이 이동하며, 이로 인해 초과수요나 초과공급이 유발되는데, 결과적으로 환율이 상승 또는 하락하게 된다([그림 24-2] 참조).

물론 일반적인 수요 · 공급곡선의 경우처럼 가장 핵심적인 결정요인인 외환가격(즉, 환율) 이외의 여타 요인들이 외환의 수요 및 공급에 미치는 영향력은 수요나 공급곡선을 이동(shift)시키는 방식으로

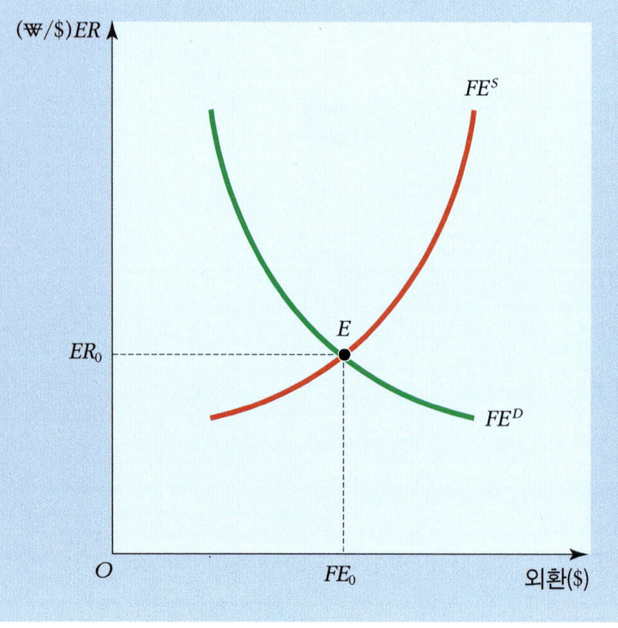

그림 24-1 외환의 수요와 공급 및 균형
한국 화폐의 대미 환율, 즉 한국 화폐로 살 수 있는 미국 화폐의 값은 미국 화폐에 대한 수요와 공급이 일치하는 점 *E*에서 결정되며, 이때 ER_0의 환율하에 FE_0만큼의 외환이 거래된다.

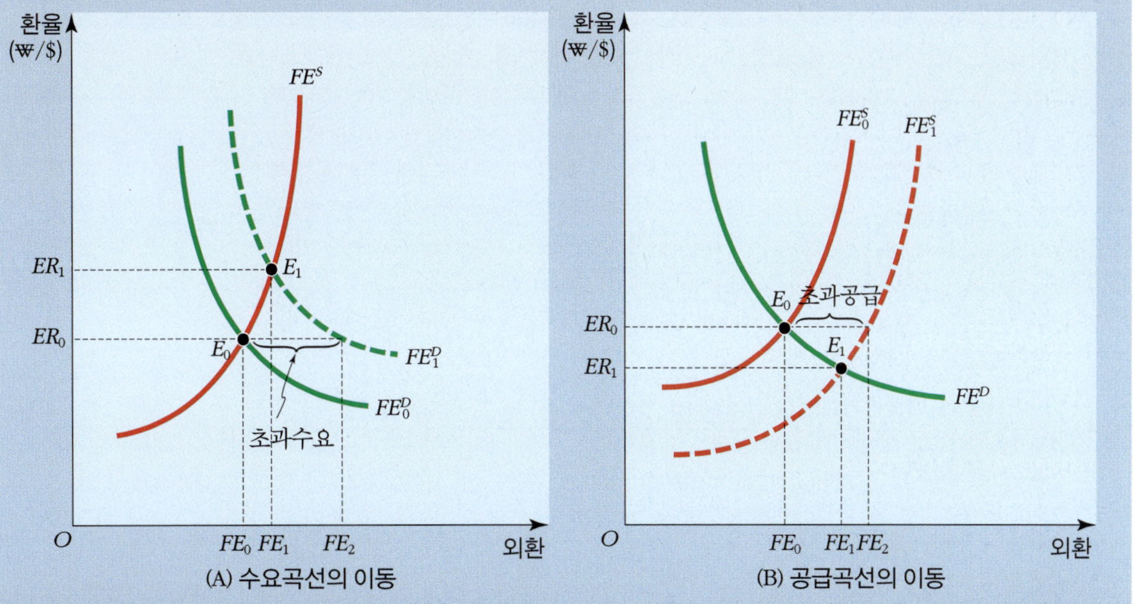

그림 24-2 외환수요 및 공급곡선의 이동
외환에 대한 수요나 공급곡선이 이동하면 초과수요(그림 (A)) 또는 초과공급(그림 (B))이 발생하게 되므로 환율이 상승 또는 하락하게 된다.

반영할 수 있다.

예컨대, 국내소득수준이 향상되면 수입이 증대할 것이며, 이러한 현상은 [그림 24-2]의 (A)에서처럼 외환수요곡선을 우측으로 이동시키게 된다. 물론 이러한 현상은 외국에서의 자본수익률, 즉 해외이자율이 상대적으로 상승할 경우에도 마찬가지로 나타난다. 결과적으로 환율은 ER_0에서 ER_1으로 상승하게 된다. 외환에 대한 수요가 증대하여 초과수요(FE_2-FE_0)가 발생함으로써 외화가격이 상승($ER_0 \rightarrow ER_1$)하는 효과가 발생하기 때문이다.

반면, [그림 24-2]의 (B)에서처럼 오히려 외환의 공급곡선이 우측으로 이동하는 경우도 있다. 예컨대, 외국의 소득수준이 높아져서 국내재화에 대한 수요(즉, 수출수요)가 증대할 수도 있고, 한국 내 이자율이 상대적으로 높아져서 국내로의 자본유입이 증가할 수도 있기 때문이다. 이 경우에는 환율이 하락($ER_0 \rightarrow ER_1$)하게 된다. 외화의 공급증가로 초과공급(FE_2-FE_0)이 발생하므로 외화가격이 떨어질($ER_0 \rightarrow ER_1$) 수밖에 없기 때문이다.

환율결정에 관한 제 가설

환율이 결정되는 과정에 관한 보다 직관적인 견해가 제기되기도 하였다. 이들 중 특기할 만한 가설 몇 가지를 검토해 본다.

1. 구매력평가설

한 나라 화폐는 모든 나라에서 동일한 수량의 재화를 구입할 수 있어야 한다는 논리가 제기된 바 있다. 즉, 모든 나라 화폐의 한 단위가 어느 나라에서나 동일한 실질가치를 가져야 한다는 논리이다. 이 가설을 **구매력평가설**(purchasing power parity)이라고도 하는데, 이러한 논리는 기본적으로 **일물일가(一物一價)의 법칙**(law of one price)에 입각한 것으로 볼 수 있다. 어떤 물건이든 그 가격은 어디에서든 같아져야 한다는 논리이기 때문이다.[3]

만일 동일한 재화가격이 국가별로 차이가 (많이)나면 재화가격이 싼 나라에서 구입하여 비싼 나라에서 팔아 차익을 얻으려는 이른바 **차익거래**(arbitrage, **재정거래**라고도 함)가 발생하기 때문에, 결국 이러한 차익거래 실현과정을 통해 환율이 결정된다는 이론이라 할 수 있다.

이는 국제 간 자본이동을 제외한 국제교역만을 고려한 직관적인 가설로서, 결국 명목환율은 두 국가 간의 가격의 비율과 같아진다는 의미를 내포하고 있다.

$$ER=(P_d/P_f)$$

여기서, ER: 환율
P_d: 국내물가
P_f: 해외물가

그러나 모든 재화가 교역재가 될 수 없는 이상 그리고 모든 교역재가 동질적이 아닌 이상 현실적으로 일물일가원칙이 성립되거나 일물일가를 달성시키는 환율이 결정될 수는 없다. 또한 이 가설은 단지 환율의 적절성을 평가할 수 있는 기준의 하나로는 활용할 수 있으나, 특히 자본거래 등을 도외시한 채 경상거래만을 고려한 논리란 한계성을 피할 길이 없다. 각국별로 맥도널드 햄버거의 가격을 비교하여 산정한 이른바 햄버거가격기준 환율과 실제 환율이 일치하지 못하는 것도 이러한 이유에 연유한다고 볼 수 있다.

2. 이자율평가설

환율은 단기적으로는 경상거래보다는 오히려 국제 간 자본이동에 더 많이 영향을 받는다고 볼 수 있다. 따라서 국제 간에 자본이동이 완전히 자유롭다면 국제 간의 이자율은 같아지는 성향을 갖는다는 논리가 제시된 바 있는데, 이를 **이자율평가설**(interest rate parity)이라 한다. 결국 이자율이 국가 간에 같아질 때까지 자본이 이동함으로써 외환의 수요·공급을 변동시켜 균형환율이 결정된다는 논리이다. 이러한 주장을 처음 제기한 학자들의 이름을 따서 **먼델-플레밍**(R. Mundell and M. Fleming)**모형**이라고도 부른다.

결국 이 가설은 이자율이 국가별로 차이가 날 경우 차익실현을 위한 자본이동이 일어나고 이러한 **재정거래**의 결과 균형환율이 결정된다는 논리라 볼 수 있는데, 이 또한 지나치게 단순화된 논리라는 한계성을 벗어날 수 없다.

국제자본이동은 이자율의 크기에 의존하는 수익성뿐만 아니라 국제 간 투자로부터 예상되는 위험성(예컨대, 환리스크, 즉 환율변화에 따른 위험)을 아울러 고려해야 한다는 현실적 상황 등을 제대로 반영하지 못하고 있기 때문이다. 따라서 경우에 따라서는 이러한 현실적 상황까지를 고려한 **커버된 금리재정거래**(covered interest arbitrage)에 근거한 이자율평가설을 대안으로 제시함으로써 **환**

[3] 물론 엄밀하게 본다면 일물일가의 법칙은 특정 재화를 대상으로 정립된 논리라 할 수 있으며, 구매력평가설은 재화바스켓을 대상으로 전개된 논리라 할 수 있다. 그러므로 일물일가의 법칙이 재화바스켓을 구성하고 있는 모든 재화에 성립이 된다면 구매력평가설이 성립될 것이지만, 역으로 구매력평가설이 성립된다고 해서 반드시 일물일가의 법칙이 자동적으로 성립된다고 볼 수는 없다.

리스크가 커버 안 된 금리재정거래(**uncovered interest arbitrage**)에 근거한 논리의 한계성을 보완하기도 하고 있다.

그러나 이 가설 또한 현실적 환율이 적절한지를 평가할 수 있는 기준의 하나로 활용될 수 있는 가설로 인식하는 것이 적절할 것이다. 예컨대, 국가 간의 이자율 차이가 상존함에도 불구하고 한 나라가 여러 경로를 통해 자본이동을 일부 제한함으로써 부당하게 자국화폐를 고평가한 환율을 고수할 경우 결국 언젠가는 환율의 조정이 불가피할 것을 예상하는 외환투기자들이 해당 화폐를 투매할 가능성이 높아진다고 평가하는 기준이 될 수 있는 것이다.

환투기에 의한 공세를 회피하기 위해서는 이자율을 조정하거나, 아니면 환율을 시장실세에 접근시키는 노력이 마련되어야 한다. 1967년에 영국이 자국의 화폐가치를 지나치게 고평가한 환율을 유지하다가 국제투기자들로부터 공격을 받아 결국 대폭적인 평가절하를 단행하였던 사실은 이를 잘 반증해 주고 있다.

3. 기타

이 밖에도 시장심리모형 등 다양한 환율결정모형들이 제시된 바 있고, 심지어는 **불규칙보행가설**(**random walk hypothesis**)과 같이 주요 결정 요인과의 연관성 자체를 배제하는 논리가 제기되기도 하였다. 그러나 이상의 모든 논리들이 시장 속에서 동시에 작동한다는 가정하에 이를 종합적으로 총괄한 분석모형이 결국 외환의 수요·공급모형으로 보는 것이 합당할 것이다.

명목환율과 실질환율

우리가 흔히 사용하는 환율은 실제로는 명목환율(nominal exchange rate: NER)로서 외환시장에서 매일 고시되는 국제통화 간 환율을 일컫는 것이다. 그런데 명목환율은 비교국가 간의 물가변동을 반영하지 못한다는 문제점이 있어 실제구매력까지 반영할 수 있는 환율로 조정한 실질환율(real exchange rate: RER) 개념을 대신 사용하기도 한다. 실질환율은 명목환율에다 비교국가 간 물가수준 비율을 곱한 값(예컨대, $e_r = e_n \cdot (P_f / P_d)$. 단, e_r은 실질환율, e_n은 명목환율, P_f는 외국물가수준, P_d는 국내물가수준)으로 정의되며 환율변동시 한 나라 상품의 국제가격경쟁력을 측정하는 데 널리 이용된다. 일반적으로 환율변화에 비해 양국의 물가수준은 상대적으로 잘 변하지 않거나 천천히 변하는 특성이 있어 환율변화가 수출 및 수입에 미치는 영향분석과 관련하여 자주 활용되는 개념이다.

이와는 별도로 실효환율(effective exchange rate: EER)이란 개념이 활용되기도 하는데, 이는 자국통화와 모든 교역상대국 통화 간의 종합적인 관계를 나타내는 환율로서 주요 교역상대국의 명목환율을 교역량 등으로 가중평균하여 산출한다.

한편, 실효환율 개념도 명목 개념과 실질 개념으로 구분되기도 하는데, 실질실효환율이란 교역국 간의 물가변동까지를 반영한 개념으로서 교역상대국과의 상대물가지수를 이용하여 산출한다. 즉, 물가변동에 따른 실질구매력의 변동을 실효환율에 반영하기 위해 명목환율을 교역상대국의 상대적인 물가지수로 나누어 실질실효환율을 산출하게 된다.

이 개념은 각국 상품의 국가경쟁력이 중장기적으로는 각국 내의 상대적인 물가상승률에 의해 좌우된다는 점에 착안, 현재의 명목환율 또는 통화가치가 국제경쟁력을 감안할 경우 어느 수준에 있는가를 평가하기 위해 개발된 것이다.

예컨대, 우리는 종종 우리나라의 물가상승률이 일본보다 훨씬 높기 때문에 현재의 환율수준에서는 원화가치가 엔화에 대해 고평가되어 있다는 주장이 수출업체에 의해 가끔 제기되는 것은 바로 이런 맥락에서이다. 따라서 실질실효환율을 기준으로 국제수지가 균형을 이룰 수 있도록 원화가치를 현재보다 훨씬 빨리 절하시켜야 한다는 주장도 제기되기도 하였다.

[그림 24-3]은 1970년부터 2008년까지의 대미 명목환율과 실질환율을 나타낸 것이다(단, 양국의 물가수준은 각국의 소비자물가지수를 사용함).

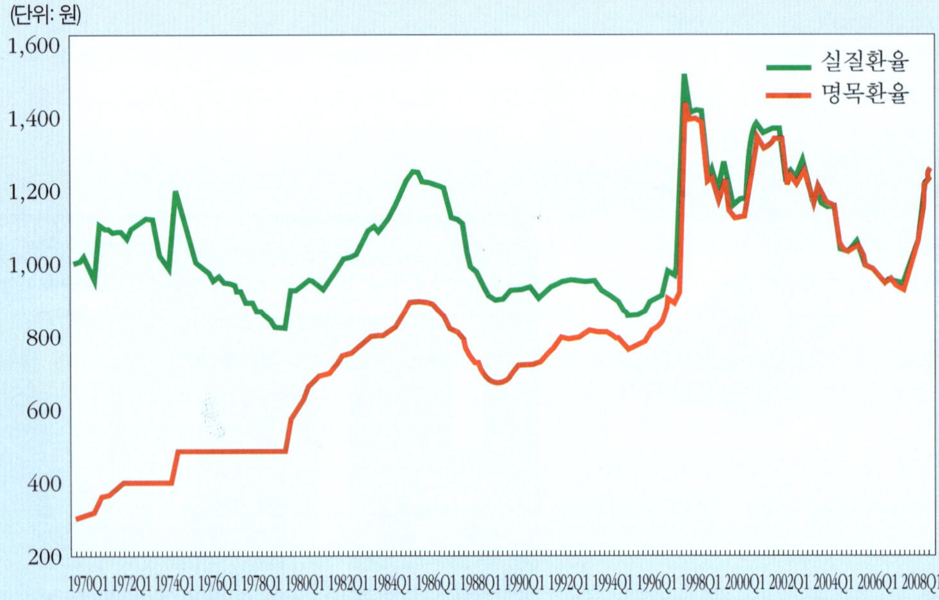

그림 24-3 한국의 명목환율과 실질환율(1970~2008)

특이한 사항은 두 환율자료가 1997년 외환위기 이후부터 비로소 동조성이 유지될 수 있었고, 실질환율은 관측대상기간 중 비교적 안정적이었다는 점을 우선 들 수 있다. 그리고 과거로 갈수록 두 자료 간 차이가 크게 나타났다는 점을 지적할 수 있는데, 이는 과거 한국의 명목환율은 평가절상된 수준으로 설정되어 왔다는 주장을 일면 입증해 주는 것이라 할 수 있다.

03 환율과 경상수지 그리고 국제수지

이상에서 우리는 국제교역에 따라 외환에 대한 수요·공급이 발생하고 외국화폐가격인 환율이 결정된다는 사실을 확인한 바 있다. 그리고 이러한 환율을 일정 기간 고정시키는 방식이 운용되기도 하였으나 근래에 이르러 대다수 선진국들은 변동환율제를 채택하고 있다는 사실도 확인한 바 있다.

그런데 이처럼 결정되는 환율이 이번에는 역으로 수출입(그리고 자본이동 등)에 가장 큰 영향을 미치게 된다는 사실에 주목할 필요가 있다. 예컨대, 환율이 올라가면(자국화폐가치 하락) 수출이 증가하고 수입이 감소하여 순수출이 증가할 것으로 예상된다. 그렇다면 이러한 인과관계는 항상 성립될 수 있을까? 이와 관련한 대답을 구하는 과정에서 정립된 두 가지 흥미 있는 논리들을 살펴보면 다음과 같다.

(1) 마셜-러너조건

환율이 오를 경우 수출이 증가할 것이지만 과연 얼마나 많이 증가할 것인가? 이는 한 마디로 말해서 우리 수출품에 대한 외국수요의 가격탄력성에 달려 있다고 할 수 있다. 가격탄력성이 클수록 환율상승에 우리 수출품가격 인하효과가 커질 것이기 때문이다.

반면, 환율상승으로 수입품가격이 오르는 결과가 초래되어 수입은 감소할 것이다. 이때의 감소폭은 수입품에 대한 우리나라의 수입수요 가격탄력성에 달려 있다. 가격탄력성이 클수록 수입감소폭이 커질 것이다.

일반적으로 환율이 오르면 수출은 증가하고 수입이 감소하여 경상수지가 개선된다고 한다. 그러나 이는 수출이나 수입의 가격탄력성이 충분히 클 경우(예컨대, 두 탄력성의 절대치 합이 1이 넘을 만큼)에 실현 가능한 것이며, 이처럼 환율상승시 경상수지가 개선될 수 있는 조건을 마셜-러너조건이라 한다.

그런데 이상과 같은 가격탄력성들의 크기가 작은 경우 환율상승으로 수출물량은 증가하지만 증가폭이 작아 수출수입은 오히려 감소할 수도 있다. 마찬가지로 환율상승으로 수입물량은 감소하지만 감소폭이 작아 수입대금은 오히려 증가할 수도 있다. 이러한 상황을 종합적으로 고려하여 환율상승이 경상수지를 개선할 수 있는, 즉 순수출금액이 증가할 수 있는 조건이 도출된 바 있다. 즉, 외국의 한국 수출품에 대한 가격탄력성과 수입품에 대한 우리나라의 수입수요 가격탄력성의 합이 1보다 커야 한다는 조건이다. 이 논리를 최초로 정립한 사람들의 이름을 따서 **'마셜-러너조건'**(Marshall-Lerner condition)이라 부른다.

마셜-러너조건

환율상승이 순수출의 증가를 초래하기 위해서는 다음 조건이 충족되어야 한다.

$$|e_x|+|e_m|>1$$

여기서, e_x: 수출수요 가격탄력성
e_m: 수입수요 가격탄력성

(2) J곡선효과

한편, 마셜-러너조건이 충족될 수 있는 상황이라 하더라도 환율상승 직후에는 무역수지는 오히려 악화되었다가 일정 기간 경과 후에야 개선될 수 있다는 논리가 제기되었는데 이를 J커브효과라 한다. 순수출이 감소하였다가 증가하는 모습이 영문자 J와 비슷한 궤적을 그린다는 점에 착안하여 만들어진 용어이다.

한편, 그렇다면 환율이 오른 경우 수출은 즉시 증가하고 수입은 즉시 감소할 것인가 하는 의문이 제기될 수 있다. 일반적으로 수출이나 수입은 일정 기간을 요하는 과정을 거쳐 이루어진다. 따라서 환율상승에 따라 수출을 증가시킬 수 있는 기초여건이 조성되더라도 수출이 실제로 증가되기까지는 상당 기간이 소요된다. 수입의 경우도 마찬가지이다.

반면, 환율상승 이전에 비해 단기적으로는 환율상승의 여파로 수출로부터 얻는 수출수입은 감소하고 수입비용은 증가하는 현상이 벌어질 수 있다. 수출과 수입의 변화는 시간을 요하지만 수출수입과 수입비용은 환율변화에 따라 즉시 변화하기 때문이다. 결과적으로 환율상승에 따른 수출증가 및 수입감소효과, 즉 순수출 증가효과는 일정 기간이 소요된 후에 시현되는 반면, 단기적으로는 환율상승 직후 수출액은 감소하고 수입액은 증가하여 순수출이 감소할 수 있게 된다. 이러한 현상을 그림으로 표현한 것이 [그림 24-4]이다.

그림에서 t_0는 환율이 상승한 시기를 나타낸다. 그림에서처럼 순수출은 t_1시기까지는 감소하고 이후부터 증가하며, t_2시기에 이르러 비로소 환율상승 이전 시기의 순수출수준을 회복하게 되고, t_2시기

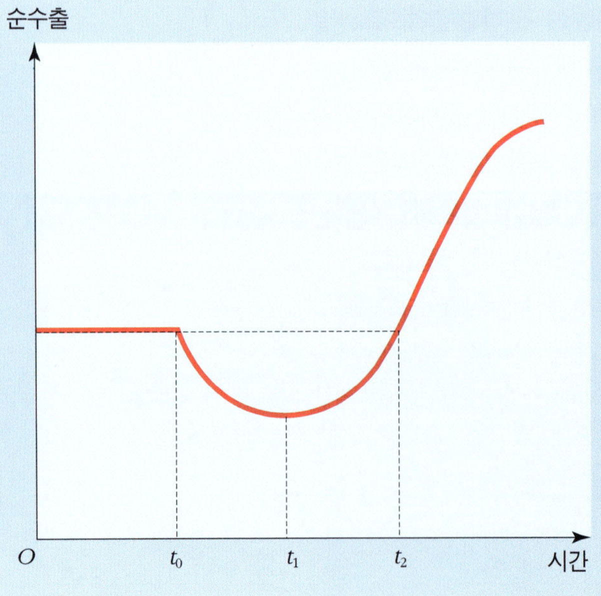

그림 24-4 J곡선효과

환율이 상승할 때 수출이 증가하고 수입은 감소한다고 한다. 그러나 이러한 효과는 일정 시차를 두고 나타나며, 오히려 초기에는 무역수지가 악화될 수도 있다는 논리가 제기되었는데, 이를 J곡선효과라 한다.

그림에서 t_1시기까지는 순수출이 하락하다가 이후에는 증가하나 t_2시기 이후가 되어야 비로소 환율상승 이전보다 무역수지가 개선될 수 있음을 보여 주고 있다. J곡선효과란 이때 형성되는 곡선의 모양이 알파벳 J와 비슷한 데서 연유한 용어이다.

이후에야 실질적인 순수출이 증가하게 됨을 알 수 있다. 이때 이루어지는 순수출수준 곡선의 모양이 마치 영문자 J와 비슷하다 하여 이러한 현상을 **J곡선효과**(J-curve effect)라 부르기도 한다.

이러한 현상이 나타나는 이유로는 앞서 지적한 바와 같이 국제무역이 환율변화에 반응하는 데 상당 시간이 소요된다는 점 외에, 특히 수입품의 경우 매출의 급격한 감소를 피하기 위해 환율절상분을 그대로 국내가격에 전가시키지 않으려 하기 때문에 수입감소효과가 미미하게 될 현실적 가능성이 높다는 의견이 아울러 제시되고 있다.

물론 동일한 관점에서 볼 때 외국시장에서도 환율변화분을 그대로 해외가격에 전가시키지 않으려 할 것이므로 국내의 수출증대효과 또한 미미할 수 있으며, 결과적으로 J곡선효과도 미약할 수 있다.

이상과 같은 현상을 달리 표현하면 일정 기간 동안(그림에서 t_0부터 t_2시기까지)에 마셜-러너조건이 충족되지 못하는 현상이 나타나는 것을 J곡선효과라 할 수도 있다.

(3) 자율거래와 보정거래

그런데 우리가 일상생활에서 흔히 국제수지라 일컫고 있는 말은 대부분의 경우 경상수지를 의미한다. 앞서 소개한 무역수지와 자본수지 개념까지를 연관시켜 이들 개념 간의 차이를 다시 한 번 정리해 보면 다음과 같다.

국제수지란 [그림 24-5]에서처럼 크게 경상수지와 자본수지로 이루어지며, **경상수지**는 **상품수지**와 **서비스수지**를 합한 **무역수지**와 **소득수지** 및 **경상이전수지**를 합한 **무역외수지**로 구성된다([그림 24-5] 참조).

국제수지는 경상수지와 자본수지의 합으로 정의되며, 일반적으로 경상수지와 일부 자본수지(투자수지)는 자율거래의 성격을 가진다. 그런데 이러한 자율거래의 결과 외환의 과부족이 생길 경우 이는 어떤 형태(예컨대, 차입)로든 메워져야 국제수지가 균형을 이루게 되는데, 이와 같이 과부족을 보전하는 거래를 보정거래라 한다.

한편, 국제 간의 자본이동 내용을 집계하는 **자본수지**는 국제 간의 **직접투자** 및 **간접투자**(증권투자)에 주로 의존하게 된다. 한편, 이상에서처럼 발생한 경상수지와 일부 자본수지(투자수지)는 시장상황에 따른 **자율거래**의 결과 외환의 유입과 유출규모 간의 차이가 나타나게 되는데, 예컨대 경상수지 적자(또는 일부 자본수지까지의 종합적 적자)가 발생할 수 있다. 이때 이러한 외환의 부족분은 어떤 형태(예컨대, 차입 등)로든 메꾸어져 사후적으로는 국제수지가 균형을 이루게 된다. 이와 같이 경상수지 등의 적자(또는 흑자)를 보전 또는 조정하기 위해

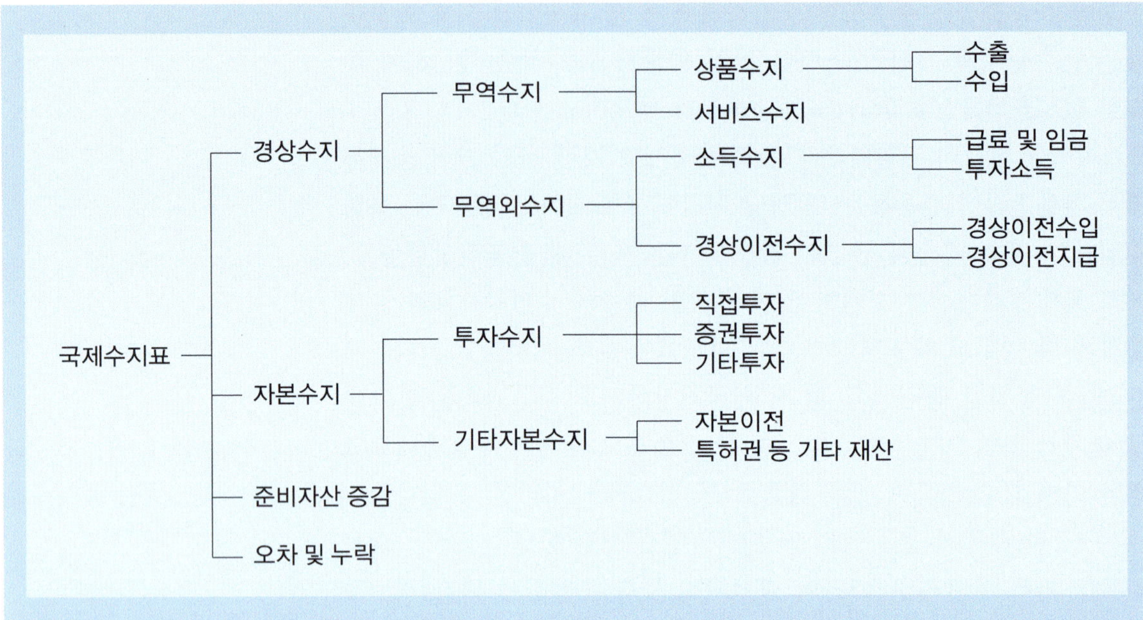

그림 24-5 국제수지의 구성

발생하는 거래를 **보정거래**라 한다.

04 개방경제하에서의 거시경제정책 효과 분석

그렇다면 개방경제하에서 거시경제정책은 어떤 효과를 가져올까? 일단 변동환율제를 가정하고 금융정책과 재정정책의 효과를 분석해 보자.

지금까지 우리는 외국과의 교역에 따라 어떻게 환율이 결정되는지에 관해, 그리고 환율이 변화하였을 때 교역에 어떤 영향을 미치는가에 대한 논리에 대하여 살펴보았다. 결국 국제 간의 교역과 환율의 관계는 어느 일방이 상대방에 일방적으로 영향을 미치는 것이 아니라 쌍방으로 영향을 미치는 관계를 갖는 것으로 이해할 수 있다. 따라서 그만큼 제반 여건변화에 따른 경제적 효과를 판단하는 일이 복잡하게 될 수밖에 없다는 문제가 있다. 본절에서는 이러한 특수성을 감안하여 경제정책이 개방거시경제에 미치는 영향을 4단계로 구분하여 단순화시켜 분석해 보고자 한다. 즉, 첫 번째로는 금융정책이나 재정정책이 총수요(또는 총공급)에 1차적으로 미치는 영향과 금융시장에 미치는 영향을, 두 번째로는 금융시장에서의 영향이 외환시장에

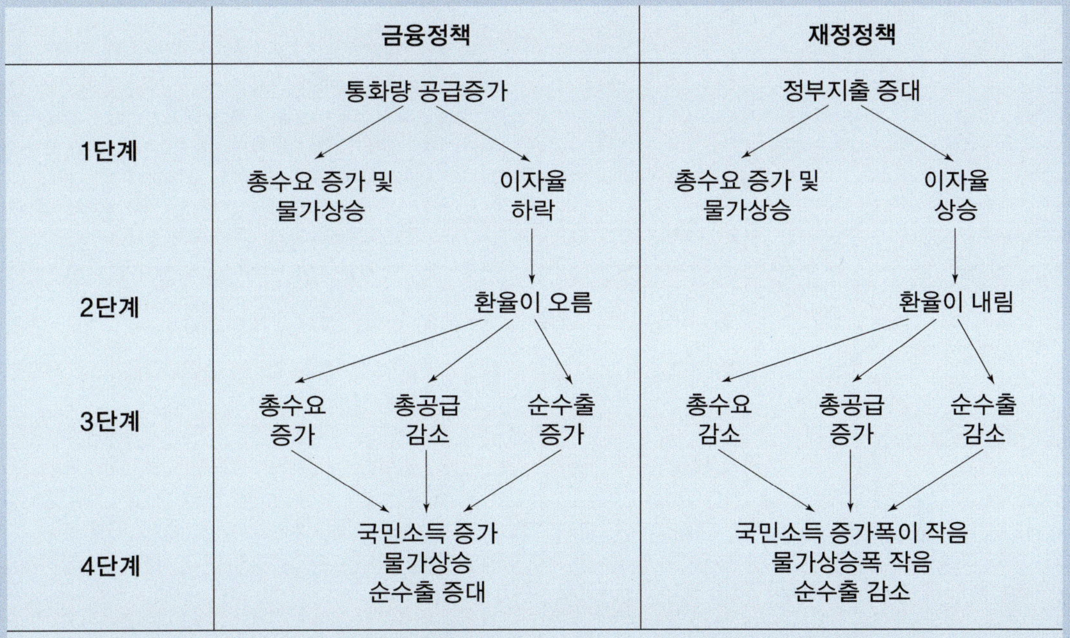

주: 단, 고정환율제하에서는 이와는 상이한 결과가 나타날 수 있으나 현실적 적용사례가 희소하므로 이 곳에서는 생략하였음.

그림 24-6 개방경제에서의 경제정책의 거시경제적 효과 분석과정

미치는 영향을, 세 번째로는 외환시장 변화가 총수요와 총공급(그리고 순수출)에 미치는 영향을 파악하고, 그리고 마지막 단계에서는 국민소득수준과 물가수준(그리고 순수출)에 어떤 결과가 최종적으로 나타났는지를 비교 · 분석하게 된다.

논의의 편의상 변동환율제도를 가정한다. 현실적으로 광범위하게 실행되고 있는 제도이기 때문이다. 또한 통화량 증감은 결국 이자율의 변화로 이어질 것이므로, 이 곳에서는 통화공급량 조정만을 금융정책의 내용으로 고려하였다. 그리고 재정정책의 경우에는 정부지출 증감만을 고려(세율이나 세액조정의 경우 또한 효과면에서 큰 차이가 없으므로 제외함)하였다. 보다 구체적인 정책고려사항은 통화량 증가라는 금융정책과 정부지출 증가라는 재정정책으로 설정하였다.

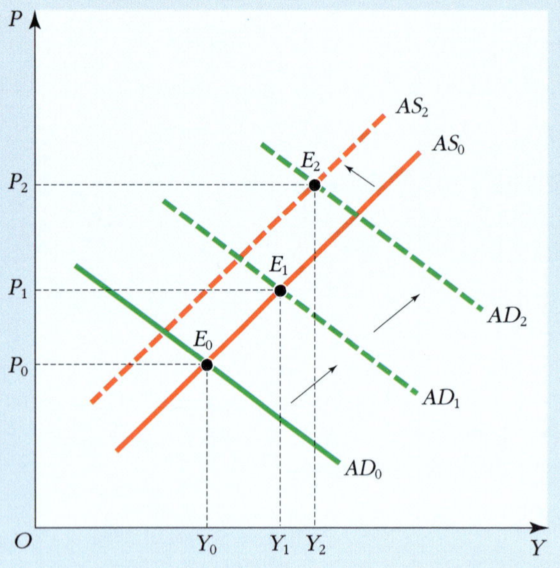

그림 24-7 통화정책의 경제적 효과
최초의 균형이 E_0에서 형성되었을 때, 정책당국이 통화공급량을 증가시켜 총수요곡선이 AD_0에서 AD_1으로 이동할 경우, 새로운 균형은 점 E_1에서 형성되며 국민소득과 물가수준이 각각 증가 또는 상승($Y_0 \rightarrow Y_1$, $P_0 \rightarrow P_1$)한다.
한편, 통화공급량 증대는 이자율을 하락시켜 자본유출이 촉발되고 환율이 상승하게 된다. 그리고 환율상승은 순수출을 증가시켜 총수요곡선이 AD_1에서 AD_2로 상방이동하게 된다.
반면, 환율상승은 수입단가의 상승 등 생산비 증가를 유발할 것인바, 총공급곡선이 AS_0에서 AS_2로 후방이동하는 결과가 발생할 수 있다.
결국 최종적인 균형은 점 E_2에서 결정되는데, 이때 성립될 국민소득수준(Y_2)은 AD_2와 AS_2 중 어느 것이 더 많이 이동하는가에 달려 있다. 일반적으로는 AD_2의 이동폭이 큰 것으로 분석된다.

(1) 금융정책: 통화량 증가의 경우

[그림 24-7]에서 총수요곡선 AD_0와 총공급곡선 AS_0는 금융정책이 시행되기 전의 상황을 나타내는 것으로 점 E_0에서 총수요와 총공급이 일치함으로써 국민소득수준은 Y_0, 그리고 일반물가수준은 P_0에서 최초 균형이 이루어짐을 보여 주고 있다.

우선 화폐공급을 증가시키는 금융정책이 추진될 경우 일단 총수요곡선이 우측으로 이동할 것이다. 동시에 통화량 증가로 인해 이자율이 하락할 것이다.

- 1단계 분석: 이때 정책당국이 화폐공급량을 증가시킨다면 총공급곡선과 총수요곡선 중 총수요곡선만을 AD_0에서 AD_1으로 이동시키는 결과가 초래될 것이다(물론 이때 총공급은 이동하지 않음). 따라서 새로운 균형은 AD_1과 AS_0가 만나는 점 E_1에서 형성될 것이며, 최초균형점 E_0에 비해 국민소득은 증가($Y_0 \rightarrow Y_1$)하지만, 대신 물가가 오르게 될 것이다($P_0 \rightarrow P_1$). 한편, 통화공급량의 증가는 유동성을 확대시켜 이자율을 하락시키는 결과를 초래하게 된다.

이자율의 하락은 순자본유출을 증가시키고 환율을 상승시킬 것이다.

- 2단계 분석: 이자율의 하락은 (외국의 이자율이 불변이라고 가정하면)외국으로부터의 자본유입이 줄어들거나 국내자본이 외국으로 유출될 가능성이 높아지므로, 외환시장에서는 외환의 수요

가 증가하게 된다. 그리고 이는 결국 외환가격의 상승, 즉 환율의 상승을 초래할 것이다.

- 3단계 분석: 일단 환율이 상승하면 (순)수출이 증가하게 되어 총수요를 증대시킬 것인바, 총수요곡선이 AD_1에서 AD_2로 이동할 수 있다. 한편, 환율의 상승은 각종 수입원자재의 가격을 상승시키고, 결국 기업의 생산비 증가로 이어질 것인바, 총공급곡선은 예컨대 AS_0에서 AS_2로 후방이동하게 된다. 그리고 새로운 균형점은 E_2에서 형성되고, 이때 국민소득수준은 Y_2, 그리고 물가수준은 P_2가 된다.

그리고 환율상승은 순수출의 증대를 통해 총수요곡선을 한 차례 더 우측으로 이동시키는 반면, 수입단가 상승을 촉발시켜 총공급곡선을 좌측으로 이동시키게 된다.

- 4단계 분석: 문제는 새로운 균형점 E_2에서의 국민소득수준과 물가수준은 환율상승효과를 고려하기 이전의 균형점 E_1에 비해 어떻게 될 것인가 하는 점이다. 일반적 논리로는 총공급곡선 이동폭($AS_0 \rightarrow AS_2$)보다 총수요곡선 이동폭($AD_1 \rightarrow AD_2$)이 클수록 새로운 균형점(E_2)에서의 국민소득수준은 이전 균형점(E_1)에서보다 높게 형성될 것이라 할 수 있다. 반면, 일반물가상승폭은 상대적으로 좁아질 것이다. 그런데 대다수 국가의 경험에서 밝혀진 바로는 환율상승이 총공급감소효과보다 총수요확대효과가 크게 나타나므로 환율상승이 적어도 단기적으로는 국민소득 증가라는 긍정적인 성과를 가져온다고 볼 수 있다.

일반적으로 총수요곡선 이동폭이 총공급곡선 이동폭보다 커서 국민소득수준이 향상되는 것으로 분석된다. 단, 물가수준은 일단 상승하게 될 것이다.

(2) 재정정책: 정부지출 증대의 경우

[그림 24-8]에서 총수요곡선 AD_0와 총공급곡선 AS_0는 재정정책이 시행되기 전의 상황인데, E_0에서 최초의 균형이 형성되어 P_0의 물가수준하에서 Y_0의 국민소득수준이 달성되고 있음을 보여 준다.

- 1단계 분석: 이때 정부가 정부지출 규모를 증대시킨다면 이는 총수요곡선만을 이동($AD_0 \rightarrow AD_1$)시키는 결과가 초래될 것이다. 따라서 새로운 균형은 AD_1과 AS_0가 만나는 점 E_1에서 형성될 것이며, 최초균형점 E_0에 비해 국민소득은 증가($Y_0 \rightarrow Y_1$)하지만, 물가도 오르게 될 것이다($P_0 \rightarrow P_1$).

  한편, 정부지출 증가가 국 · 공채 판매를 통해 이루어진다면 이자율을 상승시키는 결과를 낳게 된다. 국 · 공채 판매증가

한편, 정부지출 규모를 증대시키는 재정정책이 추진될 경우 일단 이번에도 총수요곡선이 우측으로 이동하며 국민소득수준 증대와 물가상승을 유발할 것인데, 정부지출 증대가 국공채 판매에 의해 이루어질 경우에는 국공채가격 하락 또는 이자율 상승을 유발시킬 것이다.

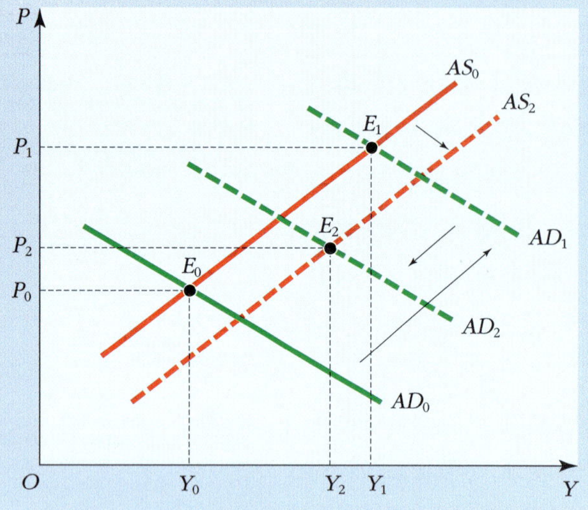

그림 24-8 재정정책의 경제적 효과
최초의 균형이 E_0에서 형성되었을 때, 정부가 지출규모를 증대시켜 총수요곡선이 AD_0에서 AD_1으로 이동할 경우 국민소득과 물가수준이 증가 또는 상승($Y_0 \to Y_1$; $P_0 \to P_1$)한다. 그런데 정부지출 증가와 국공채 발행 및 판매를 통해 이루어질 것이므로 결과적으로 이자율이 상승하게 될 것이다.

그리고 이자율 상승은 외자유입 증가와 환율하락을 유발하며 순수출 감소를 초래할 것인바, 이는 결국 총수요곡선의 하방이동($AD_1 \to AD_2$)을 유발할 것이다.

반면, 환율하락은 수입단가 하락을 통해 생산비 절감효과를 가져다 주므로 총공급곡선이 AS_2로 우측이동하는 영향을 미치게 된다.

결국 최종적인 균형은 점 E_2에서 형성될 것인데, 이때 국민소득의 크기는 총수요곡선과 총공급곡선의 상대적 이동폭 차이에 영향을 받게 된다.

는 국공채가격 하락을 초래하고 국공채가격 하락은 국공채판매 할인율(일종의 이자율)을 상승시키기 때문이다.

이자율 상승은 순자본유입을 유발하여 환율이 떨어지게 된다.

- 2단계 분석: 이자율의 상승은 (외국의 이자율이 불변이라고 가정하면) 외국으로부터의 자본유입은 증가하고 외국으로의 자본유출은 감소하게 된다. 따라서 외환시장에서는 외환공급이 증가하고 그 결과 외환가격, 즉 환율은 떨어진다.

그리고 환율하락은 순수출감소를 통해 총수요곡선을 좌측으로 이동시키게 되는 반면, 수입원자재가격 하락을 통한 생산비 절감을 유발함으로써 총공급곡선을 우측으로 이동시키게 된다.

- 3단계 분석: 일단 환율이 하락하면 (순)수출이 감소하게 되어 총수요를 위축시킨다. 즉, 총수요곡선은 AD_1에서 AD_2로 이동하게 된다. 반면, 환율하락은 각종 수입원자재가격 하락을 초래하여 기업의 생산비 절감효과를 가져올 수 있으므로, 이는 결국 총공급을 증가시키고 총공급곡선이 AS_0에서 AS_2로 이동시키는 효과를 갖는다.

결국 최종적인 결과는 총수요곡선과 총공급곡선의 이동폭에 달려 있다. 일반적으로 전자가 후자보다 이동폭이 커서 1단계에서 증대된 국민소득수준이 다소 위축될 것이지만 동시에 물가도 1단계 인상폭보다 줄어들게 된다.

- 4단계 분석: 이때에도 새로운 균형점 E_2와 이전 단계의 균형점 E_1을 비교함에 있어 국민소득이 과연 증가할 것인가 하는 점은 전적으로 총수요곡선과 총공급곡선 중 어느 쪽이 더 큰 폭으로 이동하는가에 달려 있다. 일반적 논리대로 총수요곡선의 이동폭이 [그림 24-8]에서처럼 총공급곡선에 비해 크다면 점 E_2에서의 국민소득수준은 어떻게 될 것인가 하는 점이다. 일반적 논리로는 총공급곡선의 이동폭($AS_0 \to AS_2$)보다 총수요곡선의 이

동폭($AD_0 \rightarrow AD_2$)이 클수록 새로운 균형점(E_2)에서의 국민소득수준(Y_2)은 점 E_1에서의 국민소득수준(Y_1)보다 낮아지게 된다. 단, 물가수준은 어느 경우든($P_1 \rightarrow P_2$) 하락하게 된다. 물론 물가하락폭은 총공급곡선의 이동폭이 클수록 더욱 커질 것이다.

환율전쟁의 허실

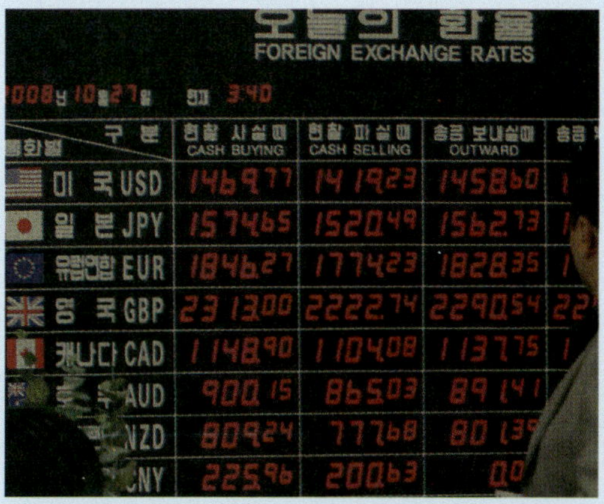

경제이론이 시사하는 바에 따르면 환율의 상승(또는 고정환율제하에서의 평가절하)은 순수출을 증대시키고 국민소득의 증가를 가져오는 반면(물론 이때 물가상승이 동반되지만), 환율의 하락(또는 고정환율제하에서의 평가절상)은 순수출을 감소시키는 것으로 분석되고 있다. 따라서 각국은 환율의 안정이 가장 바람직할 것이지만 변동이 불가피하다면 환율의 하락보다는 상승을 선호하는 경향이 있다. 특히, 만성적 국제수지 적자에 따른 외환부족에 시달리는 개발도상국의 경우에는 자생적인 환율상승(또는 평가절하)을 바라거나 심지어는 의도하는 경우가 많았다. 환율의 상승으로 자국의 수출상품가격이 상대적으로 하락함으로써 국제경쟁력이 강화될 수 있다는 계산에서였다.

마찬가지 맥락에서 많은 나라들이 환율하락(또는 평가절상)이 불가피하더라도 가능한 한 하락폭을 줄이려고 노력하고 있다. 2007년을 전후하여 한때 한국의 대미 환율이 1달러당 900원선에 접근하자 수출채산성이 급격하게 악화되며 수출의 감소는 물론 경기침체 및 실업증가의 가능성이 커진다는 인식하에 한국은행이 환율방어를 위해 시장에 개입하였던 일은 바로 이러한 이유에서였다.[4]

또한 엄청난 소득증가와 국제수지 흑자를 시현하고 있는 중국에게 미국 등 주요 교역당사국들이 환율을 인하하도록 압력을 가하고 있으나, 중국은 가능한 한 이를 지연시킴과 동시에 인하폭을 요구된 수준보다 낮게 시현하고 있는 사실도 마찬가지 논리에 근거한 전략적 정책이라 볼 수 있다.

이상과 같은 인식으로 인해 국제수지 흑자국들은 환율인하를 지연하거나 인하폭을 축소해 가며 큰 폭의 국제수지 흑자를 지속적으로 시현하고 있으며, 그 결과 엄청난 규모의 외환을 보유하게 되었다. 그 중에서도 중국, 일본 등은 최대 외환보유국으로 부상되고 있다. 물론 이들에게도 항변의 여지는 있다. 최근의 동아시아 외환위기와 같은 어려움을 예방하려면 상당 규모의 외환을 쌓아 둘 필요가 있다는 것이다.

그러나 일부 국가가 외환을 집중 보유하고 있다는 사실은 여타 국가에서 외환부족을 겪을 수밖에 없다는 것을 의미하고, 특히 외환보유 대국들이 이를 적절하게 유통시키지 않고 퇴장시켜 둘 경우 세계는 유동성 부족으로 어려움을 겪을 수밖에 없어 외환부족이 상대적으로 심한 지역에서 제2, 제3의 외환위기를 유발시킬 가능성이 높아지게 된다

❹ 사실 이러한 시장개입행위는 문제의 본질적 해결과는 거리가 멀다. 환율하락을 막기 위해 정책당국이 외환을 매입하려면 매입할 자금이 있어야 하는데, 통상적으로는 외국환 평형채권을 판매하여 마련한 외환평형기금을 이용한다. 문제는 채권의 발행 및 인수에 따라 적정이자를 지불해야 한다는 문제가 생긴다는 점이다. 또한 정책당국의 이러한 노력에도 불구하고 환율이 점차 하락할 경우 환율차익으로 인한 손실까지 감당해야 하는 부담이 발생한다는 것이다.

는 사실에 유념할 필요가 있다.

물론 외환보유 과다국 또한 여러 가지 불이익을 감수하고 있음을 인정할 수 있다. 외환보유고가 증가하는 만큼 이를 자국통화로 교환해 주는 과정을 통해 통화량이 급증하게 되고 인플레이션의 압력이 높아지는 문제를 감당해야 하기 때문이다. 또한 장차 환율의 추가적인 하락이 시현될 경우 그만큼 보유외환의 가치가 하락하는 환율차액 손실을 겪게 되기 때문이다.

물론 이러한 문제점을 가능한 한 줄이기 위해서는 보유외환 중 일부를 해외에 투자할 수도 있을 것이다. 그 결과 국제 간의 자본이동은 국제시장 개방화와 더불어 급격히 증가하는 추세를 보이고 있다. 이러한 거래는 국제유동성의 증대와 세계경제 활성화에 기여하는 측면이 있다. 그러나 국제 간 자본이동의 증가는 외국자본에 의한 소유권 확대에 따른 갈등을 증폭시킬 뿐 아니라, 세계 어느 한 지역에서의 충격이 발생하면 모든 나라에 그 여파가 즉시적으로 미치게 되는 동조화 현상이 강화되는 결과를 초래하기도 한다. 최근 미국에서의 비우량 주택담보대출(sub-prime)의 부실화가 전 세계에 미친 영향은 이러한 사실을 잘 보여 주고 있다.

이상과 같은 상황하에서는 금융정책이 재정정책보다 국민소득 향상 기여도가 크다고 볼 수 있다. 그러나 물가상승 속도도 빨라져 실질국민소득에 대한 효과는 단정하기 어렵다.

이상에서 살펴본 두 가지 경제정책의 효과를 비교해 보면 우선 재정정책보다는 금융정책의 국민소득 향상 기여도가 크다는 점을 지적할 수 있다. 또한 통화량증가정책은 순수출의 증가를 초래할 수 있으나, 정부지출 증가는 순수출의 감소를 초래할 수 있다. 더구나 경기진작을 위한 정부지출 증가가 정부예산 적자의 확대를 통해 이루어진다면 이는 정부예산 적자와 경상수지 적자라는 쌍둥이적자를 유발할 수도 있다는 의미가 된다. 실제 최근 미국 경제가 경험하고 있는 이른바 쌍둥이적자현상이 바로 이러한 경우에 해당된다고 볼 수 있다.

05 개방화에 따른 정책상의 애로점

한국 경제는 1997년 외환위기를 전후하여 개방화가 완결단계에 진입하였다.

한국의 금융시장 개방은 1980년대부터 추진은 되었으나 소극적이거나 형식적인 수준에 머물러 왔다고 볼 수 있다. 그러나 1990년대 초 김영삼 정부가 들어서면서 명실상부한 개방이 그것도 적극적으로 추진되기에 이르렀다. 투자신탁 및 투자자문 그리고 보험업 또한 점진적으로 개방이 확대되었고, 외국인의 국내증권투자도 1997년을 정점으로 1998년 5월경까지는 거의 자유화됨으로써 한국은 그야말로 OECD 회원국에 걸맞는 금융개방을 아주 빠른 시간 내에 이록하였다.

금융개방은 그 동안 한국 경제의 주요 걸림돌이 되어 왔던 금융 부문의 발전을 위해 바람직한 정책방향이라는 데에는 별 이의가 없을 것이다. 그러나 1993년 이후 빠르게 진행된 금융자유화가 외환위기를 재촉하였다는 분석결과가 제시되기도 하였다. 특히, 1994~1996년 기간중 금융구조가 단기금융시장 위주로 전환되면서 외환자유화 과정은 결국 단기외화부채를 급증시켰고, 이것이 외환위기를 초래하는 데 크게 기여하였다는 것이다. 더욱이 이러한 과정이 충분한 사전준비나 여건개선 없이 단기간 내 졸속으로 처리하였다는 점이 자주 지적되어 왔다.

그 결과 국제 간 자본이동이 크게 확대되며 자본유출입에 따라 환율·금리·물가·주가 등에 대한 영향이 매우 커져서 외국인에 의한 금융지배 우려가 발생하기도 하였다.

여하튼 외환위기 이후 주식·채권 및 단기금융시장 등이 더욱 대폭적으로 개방됨에 따라 자본유출입의 규모 또한 크게 확대되었고, 결과적으로 자본유출입의 변동에 따른 충격은 환율·통화·금리·물

가변예치의무제와 토빈세

과도한 단기자본 유출입을 규제하기 위한 제도적 장치 가운데 대표적인 것으로 가변예치의무제와 토빈세를 들 수 있다. 가변예치의무제(variable deposit requirement: VDR)란 해외자금조달 중 일부를 중앙은행에 무이자 또는 저리로 예치하게 하여 외자유입을 조절·억제하는 제도를 말한다. 이 제도는 특히 국내외 금리차에 따라 예치율을 신축적으로 조정하여 외자유입에 신축적으로 대처할 수 있는 장점이 있지만 차입기업에는 예치율과 예치기간에 따라 부담을 주게 된다는 문제도 있다. 따라서 VDR은 갑작스러운 외자유입 증가로 국내 외환·금융시장의 안정성이 위협받는 상황에서 예외적으로 사용하는 정도에 그치는 것이 바람직하다.

그런데 현재 한국은 가변예치의무제 대신 외환집중제를 채택하고 있는데, 이 제도는 국내거주자의 외화보유를 금지하고 모든 외화는 중앙은행이나 외국환은행에서 국내화폐로 바꾸도록 하는 제도이다.

한편, 단기국제자본이동(특히, 투기자본인 핫머니의 유출입)을 억제하기 위한 장치 중 하나로 등장한 토빈세(Tobin's tax)는 외환거래 때마다 일정 세액을 부과하는 세금으로, 노벨경제학상 수상자인 토빈 교수에 의해 주장되었다 해서 토빈세로 불린다. 국경을 넘나드는 자본이동에는 반드시 외환거래가 수반되기 때문에 토빈세와 같은 외환거래세가 부과될 경우 핫머니의 이동을 어느 정도 억제할 수 있을 것으로 예상되지만, 토빈세와 같은 직접적인 이동통제방안이 과연 장기적으로 효과를 나타낼 수 있는지에 대해서는 의문의 여지가 적지 않다.

또한 이 제도는 모든 국가에서 동시에 실시되지 않을 경우 외환거래세가 부과되지 않는 국가로 외환거래가 집중될 가능성이 커서 당초 기대한 효과를 얻지 못할 가능성이 높다는 지적도 있다. 또한 외환위기와 같은 상황에서는 큰 폭으로 통화가치가 떨어지기 때문에 이 제도로 급속한 자본유출을 억제하는 효과를 도출하기는 어렵다는 지적이 제기되기도 하였다.

독약처방과 황금낙하산

금융시장 개방 이후 투기적인 단기자본이동이 국제 간 자본이동의 대종을 이루는 추세와 더불어 심지어는 M&A를 통한 국내기간산업의 인수 및 합병까지 시도되고 있어 많은 우려를 자아내고 있다.

2007년을 전후한 시기에는 국내에 상장된 총 주식의 시장가를 기준으로 볼 경우 외국인 투자가 40% 안팎을 차지하였을 뿐만 아니라 한국의 상징적인 그리고 대표적 기업인 삼성전자나 현대자동차는 물론 포항제철 및 주요 금융기관 등의 대주주로 등장하기에 이른 것이다.

2005년을 전후하여 외국인 주주들이 한국담배인삼공사(KT&G)로 하여금 수익성이 낮은 산하단체기관과 사업부문의 매도를 요구함과 동시에 자신들의 배당수익을 높여 달라고 요구하였던 사실은 시사하는 바가 크다 하겠다.

결국 외국인에 의한 실질적 지배가능성을 두려워한 국내 굴지의 기업들은 증자에 의한 자금조달 및 투자를 포기한 채 심지어는 자사주를 매입하여 소각해 가면서까지 소유 및 경영권 지분유지를 하는 데 심혈을 기울이는 현상이 초래되기도 하였다(물론 자사주의 매입 및 소각은 부당한 주가하락을 방어하기 위한 목적도 있지만). 2007년 한 해 동안 M&A 방어를 위해 자사주를 사들인 금액은 약 7조 2,000억 원에 달하는 것으로 추정된다.

문제는 이러한 현상을 방치할 경우 국내기업의 신규 투자가 저해되고 경기침체를 유발할 가능성이 높아질 수도 있다. 따라서 업계 일각에서는 자신들만의 단기적 이익추구에 전념하는 외국인 투자가들로부터 국내기업들의 소유 및 경영권을 방어할 수 있는 대안을 마련해 줄 것을 요청하기도 하였다.

물론 이러한 정책은 외국인 투자를 다소 위축시킬 가능성이 있으나 세계 주요 선진국인 미국, 프랑스, 일본 등에서도 허용하고 있는 이른바 **독약처방제도**나 **황금낙하산제도** 또는 **차등의결권 주식제도**의 도입이 필요한 시기라는 점이다.

독약처방(poison pill)이란 **적대적 M&A** 시도가 있을 때 이사회 의결만으로 M&A를 시도하는 세력 이외의 모든 주주들에게 시가의 절반 이하 가격에 인수권을 부여함으로써 M&A를 저지하는 장치이다. 그리고 **황금낙하산**(golden parachute)이란 아주 비싼 낙하산을 이용하여 적대적 M&A로부터의 공격에서 살아남는 월가의 방식을 이르는 용어이다. 최고경영자에게 거대한 퇴직금 및 **스톡옵션** 등의 혜택을 제공하는 고용계약을 체결함으로써 기업사냥꾼들로부터의 공격에 적극 대응할 수 있도록 독려하는 한편, 만약의 경우 인수·합병될 경우라 하더라도 인수자로 하여금 엄청난 비용을 감수하도록 하여 인수의지를 억제시키려는 제도이다.

한편, 미국, 영국, 프랑스 등이 모두 허용하고 있는 제도 중 복수의결권 또는 차등의결권을 부여하는 방법이 있다. 이것은 주식의 종류별로 의결권 수에 차등을 두는 제도로서, 예컨대 주식에 따라 1주에 2개 이상의 의결권을 주는 제도이며, 적은 자본으로 경영권을 방어하는 효과를 높일 수 있다.

물론 이러한 제도의 활용이 남발될 경우 기업경영에 수익저하(특히, 독약처방의 경우) 또는 비용인상(특히, 황금낙하산의 경우)요인이 발생하며, 경영책임자나 대주주의 **도덕적 해이**가 발생할 수도 있다.

가 등 국내금융지표에 커다란 영향을 미치는 주요 요인이 되었다. 결국 정부는 더 이상 독자적으로 통화정책이나 환율정책을 효율적으로 운용할 수 없는 단계에 이르렀고, 외국인에 의한 금융지배 우려가 현실화되기에 이르렀다.

특히, 투기적인 자본유출입에 의한 영향은 매우 파괴적이어서 국민경제에 미치는 효과가 매우 크다. 따라서 가변예치의무제도(VDR)나 토빈세(Tobin's tax)의 부과, 금융감독의 강화 등이 요청되고 있다.

외환위기에 대한 직접적인 원인제공 여부는 일단 차치하더라도 자본유출입 확대가 통화 및 환율정책에 미치는 영향은 차후로도 점

국제금융위기와 환율 및 주가

2008년부터 현실화된 미국발 국제금융위기로 인해 거의 세계경제는 총체적인 난국에 빠져들었다. 과잉유동성으로 인해 잉태되어 온 거품이 일시에 터지면서 파산위기에 몰린 금융사들이 해외에 투자하였던 자금을 무차별적으로 회수해 가기 시작하자 각국은 외환보유고가 급감하고 주가가 폭락하는 위기를 맞게 되었다. 심지어 세계 금융허브로서의 모범적 성공사례국으로 칭송받았던 아이슬란드는 국가부도사태를 맞이하여 IMF로부터 구제금융을 받기에 이르렀다.

2,600억 달러를 상회하는 외환보유고를 보유하고 있었던 한국도 외자가 급속히 유출됨에 따라 환율은 2008년 1월의 1달러당 900원대에서 2008년 11월에는 1달러당 1,400원대를 넘어설 정도로 급등한 반면, 2008년 6월 1,800선을 넘어섰던 종합주가지수는 2008년 11월에는 1,000선까지(일별로는 900대까지) 폭락하는 사태가 벌어졌다. 뿐만 아니라 2008년 4/4분기에 들어서는 제2의 국가부도사태 가능성마저 거론되며 위기감이 극대화되기도 하였다.

그런데 〈표 24-1〉과 [그림 24-9]에서 볼 수 있듯이 관측대상 기간중 외환보유고와 주가가 급감하는 추세를 보이고 있는 반면 환율은 급증하는 모습을 보여 주고 있다. 외환이론이 시사한 바대로 급속한 외화유출에 따라 외환에 대한 수요가 급증할 경우 환율이 급등하게 될 수밖에 없다는 사실을 확인할 수 있는 자료라 할 수 있다.

또한 한국과 같이 해외부문의 규모가 상대적으로 커서 해외의존도가 높은 경제이면서 대외개방정도가 매우 높을 경우 해외로부터의 충격에 더욱 취약할 수밖에 없는 체질적 한계를 갖고 있다는 점과 이와 같은 극단적 상황이 도래하는 경우 자국이 재정정책이나 금융정책만으로는 결코 효율적으로 대처할 수 없게 된다는 사실에 주목할 필요가 있다.

표 24-1 한국의 외환보유고와 환율 및 종합주가지수

	2008. 1	2	3	4	5	6	7	8	9	10	11	12	2009. 1
외환보유고(억 달러)	2,618	2,623	2,642	2,604	2,581	2,580	2,475	2,432	2,396	2,122	2,005	2,012	2,017
환율(1달러 대비)	942.7	944.4	982.5	987.2	1,038.2	1,031.1	1,018	1,047.1	1,137	1,327	1,401	1,369	1,355
주가(포인트)	1,732.3	1,689.5	1,651.2	1,776.6	1,846.8	1,758.2	1,570	1,537.5	1,447	1,202	1,074	1,115	1,156

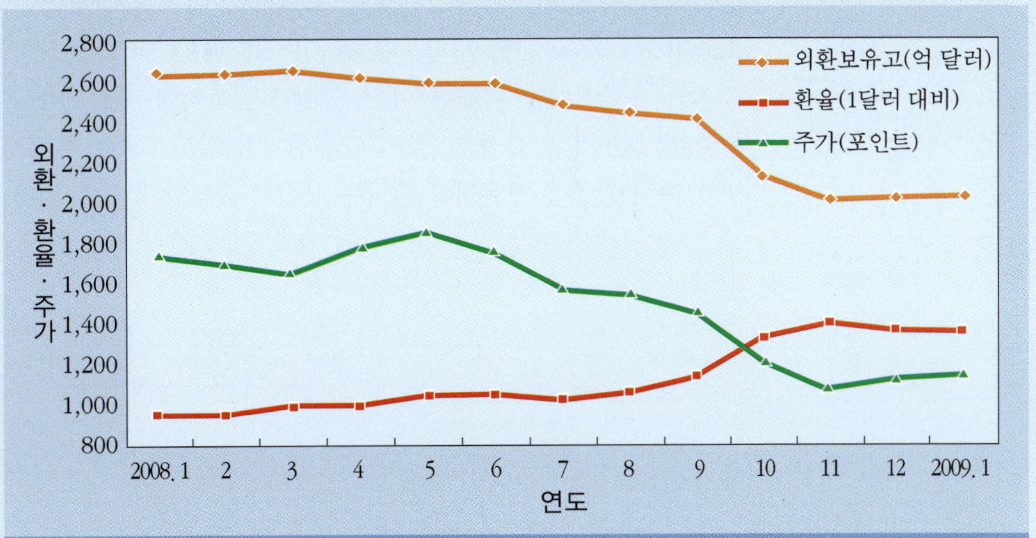

그림 24-9 한국의 외환보유고와 환율 및 종합주가지수(2008. 1~2009. 1)

차 증대될 것이므로 적절한 대응이 요구된다. 따라서 통화정책의 설정 및 운용에 있어 자본유출입 및 환율전망 등을 구체적으로 감안할 필요가 있으며, 특히 투기적인 단기 자본유출입에 대처할 수 있는, 예컨대 **가변예치의무제도**(VDR)나 **토빈세**(Tobin's tax)의 부과, 그리고 투기자금에 대한 모니터링 등의 방안이 마련될 필요가 있다.

또한 개방화는 통화량정책의 독립적 운영을 유명무실화시켜 현재는 물가안정목표제를 중심으로 금융정책을 펴고 있다. 그러나 최근 미국의 금융위기에서처럼 유동성 통제를 제대로 수행하지 못할 경우 어떠한 결과가 초래될 수 있는지를 극명하게 보여 주고 있다는 점에 유의할 필요가 있다.

이와 더불어 특히 금융기관의 제반 외환 및 자본거래에 대한 감독강화를 통한 투명성 제고, 그리고 주요 교역대상국들과의 공조체제 구축 등이 긴요하다 보여진다. 이와는 별도로 차후 금융 · 통화 및 환율정책은 전통적인 정책지표, 즉 중간목표변수 위주의 통화정책만으로는 불가능하므로 통화량은 물론 환율, 장 · 단기 금리뿐만 아니라 신용 및 부채지표, 주요 원자재가격, 해외 주요 금리와 주요 교역국의 경제여건 등을 종합적으로 검토할 수 있는 새로운 정책운용방안을 마련해 나가야 할 것이다.

사실 차후로도 금융혁신과 금융산업 발전은 지속될 것이어서 통화량의 의미와 범위가 불분명해질 것은 불문가지이며, 따라서 실물경제와 통화량 간의 관계가 불안정해질 것인바, 전통적인 단순한 통화지표 운용방식은 더 이상 유효하기 어려울 것이다. 이러한 이유로 인해 이미 대다수 금융 선진 각국에서는 종래의 중간목표방식에 근거한 경제안정화 추가방식을 지양하고 다양한 통화신용정책 수단을 총괄적으로 활용하여 물가안정을 도모하는 이른바 **물가안정목표제**(inflation targeting)를 도입 · 운용하고 있으며, 한국도 최근 들어 전통적인 통화정책과 더불어 이 제도를 도입하기에 이르렀다. 그러나 2008년을 정점으로 한 미국의 금융위기가 일면으로는 유동성에 관한 느슨한 감독에 연유하고 있다는 사실에 유념할 필요가 있다.

제4부 한국 경제, 북한 경제

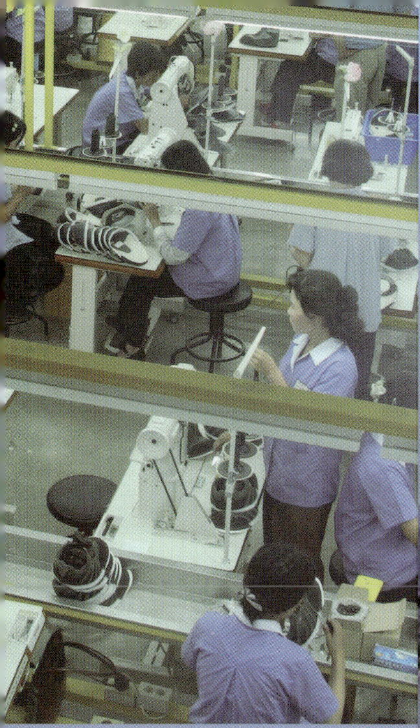

제4부에서 소개할 내용은 기초경제이론과는 다소 거리가 있는 내용이라 할 수 있다. 즉, 제4부에서는 독자들에게 한국과 북한에서의 경제발전 과정과 경제여건 변화에 관한 주요 내용을 정리 · 제공함으로써 제1부부터 제3부에 걸쳐 소개한 기초경제이론에 관한 학습이 어느 정도 완결단계에 이른 독자들로 하여금 우리나라 경제문제에 대한 본질적인 문제에 대하여 직접 고민해 볼 수 있는 기회를 제공하기 위해 작성된 것이다.

제11편에서는 지금까지의 한국 경제 발전과정이 갖는 특징과 당면과제, 그리고 장차 추구해야 할 새로운 발전방향의 모색과정을 검토해 보고자 한다. 그리고 제12편에서는 해방 이후 북한 경제가 변천되어 온 내용과 최근 남북 간 경제교류 내용, 그리고 통일에 대비한 남북한 경제협력방안 및 통일 실현시 핵심 정책과제 등에 대하여 살펴보게 될 것이다.

제 11 편　한국 경제

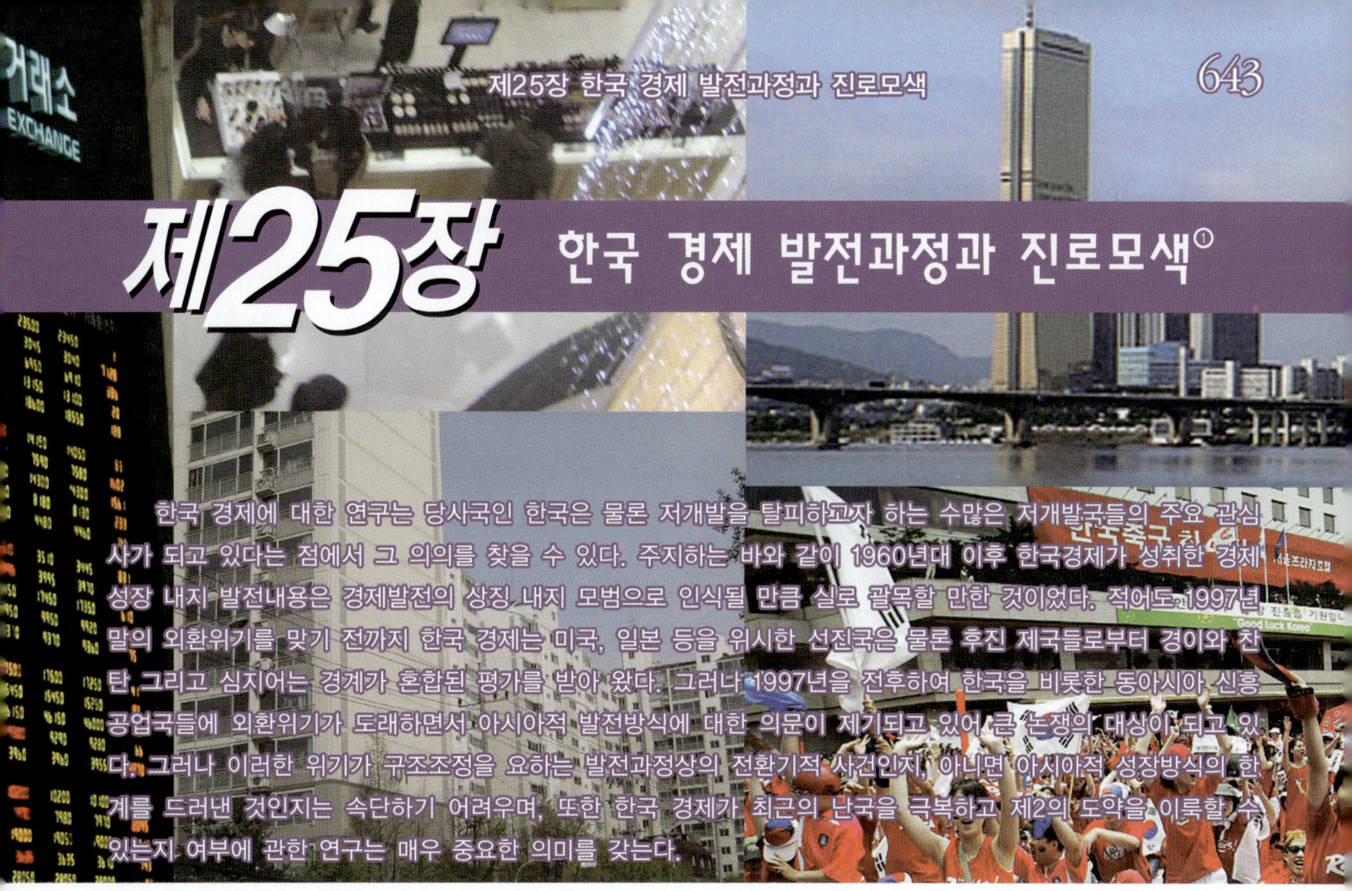

제25장 한국 경제 발전과정과 진로모색[1]

한국 경제에 대한 연구는 당사국인 한국은 물론 저개발을 탈피하고자 하는 수많은 저개발국들의 주요 관심사가 되고 있다는 점에서 그 의의를 찾을 수 있다. 주지하는 바와 같이 1960년대 이후 한국경제가 성취한 경제성장 내지 발전내용은 경제발전의 상징 내지 모범으로 인식될 만큼 실로 괄목할 만한 것이었다. 적어도 1997년 말의 외환위기를 맞기 전까지 한국 경제는 미국, 일본 등을 위시한 선진국은 물론 후진 제국들로부터 경이와 찬탄 그리고 심지어는 경계가 혼합된 평가를 받아 왔다. 그러나 1997년을 전후하여 한국을 비롯한 동아시아 신흥공업국들에 외환위기가 도래하면서 아시아적 발전방식에 대한 의문이 제기되고 있어 큰 논쟁의 대상이 되고 있다. 그러나 이러한 위기가 구조조정을 요하는 발전과정상의 전환기적 사건인지, 아니면 아시아적 성장방식의 한계를 드러낸 것인지는 속단하기 어려우며, 또한 한국 경제가 최근의 난국을 극복하고 제2의 도약을 이룩할 수 있는지 여부에 관한 연구는 매우 중요한 의미를 갖는다.

01 한국 경제의 개관

20세기 후반부는 한국 경제가 역사상 가장 주목할 만한 경제적 성공을 이룩한 기간이었다. 그러나 돌이켜보면 1950년대에 이르기까지의 한국 경제는 일제하의 수탈, 급작스럽게 맞이한 해방, 남북분단과 잇따른 한국전쟁 등으로 해외로부터의 원조 없이는 자생적으로 경제를 꾸려 갈 수 없는 여건에 처해 있었다.

이러한 혼란기를 거쳐 1960년대에 이르면서 한국은 오랜 기간 지속되어 온 빈곤의 악순환에서 탈피하고 산업화의 초석을 마련하기 위해 야심에 찬 경제발전계획을 수립 · 시행하기 시작하였다. 한국은 제일 먼저 공급애로문제를 해소하기 위하여 사회간접자본의 확충 및 기간산업의 구축에 우선순위를 두며 경제개발을 추진하였다. 뿐만

---

❶ 본장은 저자의 『한국경제론』(제2판), 해남, 2004 내용을 근거로 발췌 편집한 것임.

아니라 수출지향적 산업화 전략을 채택하는 한편, 극심한 국내자본의 결핍현상을 감안하여 해외로부터의 자본유치에 총력을 기울였다. 나아가 한국은 한정된 자원을 가능한 한 효율적으로 활용하기 위하여 관주도의 경제운영을 통한 불균형성장전략을 추구하였다.

1960년대를 통해 예상보다 높은 고성장을 이룩하게 되자, 한국은 지속적인 수출주도형 경제성장을 정착시키기 위하여, 산업구조를 경공업에서 중화학공업 위주로 재편하였다. 그리고 이른바 정책금융을 통하여 중화학공업부문 전반에 걸쳐 파격적인 금융상의 혜택을 제공하였다. 한편, 1970년대 후반에 들어서면서 한국은 자원배분에 관한 과도하고 광범위한 정부의 개입정책이 경제적 효율성을 저하시킴으로써 경제성장에 역행하는 악영향을 미친다는 점을 인식하기 시작하였다. 이에 따라 1980년대에는 반인플레이션적 경제안정화, 경제자유화 그리고 분권화 등에 정책상의 우선순위를 두게 되었다. 이로 인해 산업에 대한 유인체제가 개편되고, 금융부문에 대한 규제완화가 이루어졌다. 뿐만 아니라 각종 규제의 완화, 국제교역 자유화 등을 통한 경쟁적 시장의 구축이 시도되었다.

한편, 1980년대 들어서면서 한국 경제는 새로운 도전에 직면하게 되었다. 급속한 경제성장 과정에서 분배의 형평성은 악화되고 국민의 기본적 욕구는 제대로 충족되지 못하였다는 인식이 확산되었다. 뿐만 아니라 지속적인 경제성장에 필요한 사회간접자본에 대한 적정 수준의 투자가 이루어지지 못함에 따라 생산비용, 특히 물류비용이 급등하였다. 더구나 임금수준의 급속한 상승, 원화의 평가절상 등으로 인해 수출산업의 국제경쟁력이 심각할 정도로 저하됨에 따라 산업구조의 재편문제가 현안으로 부상하기도 하였다.

1990년대에 들어 정보통신기술산업의 급속한 발전과 WTO체제의 정착에 따라, 전 세계적으로 무한경쟁이 초래되고 세계경제의 통합현상이 심화되었다. 이와 같은 새로운 국제경제환경하에서 한국경제가 어려움을 극복하고 나아가 지속적인 성장을 달성하기 위해서, 한국은 산업구조의 재편을 가속화하고, 국내경제제도를 국제규범 및 규정에 부합되도록 신속히 정비함과 동시에, 국제경쟁력을 촉진하기 위한 규제완화 노력 및 독자적인 세계화 노력에 박차를 가하여야만 하였다. 그러나 이러한 여건변화에 대응하는 경제구조의 개혁노력이 강도 있게 추진되지 못한 채 지체되는 과정에서 외환위기를 맞는 불행이 초래되기도 하였다. 2000년을 전후하여 외환위기로 인한 충격은 어느 정도 해소되었으나 이후 경제성장은 상대적으로 저수준에 머무르는 데 그쳤다. 그리고 2008년 불어닥친 국제금융 위기로 인해 제2의 위기국면에 빠져들게 되었다.

02 한국 경제의 발전과정

(1) 자본주의 성립기 이전

서구 학자들에 따르면 한국을 비롯한 대다수 동양권 국가는 서구 열강에 의해 식민지화되기 이전까지 별다른 변화가 없는 동양적 전제국가 단계에 머물렀다고 분석되고 있다. 그러나 이는 이해부족에 따른 부적절한 인식이라 할 수 있다.

한국의 고대 및 삼국시대는 총체적 노예제라 할 수 있다. 그런데 이 제도하에서의 노예란 어느 한 개인의 재산으로 예속되어 매매나 상속이 되었던 서양의 고대 노예제와는 달리 단지 지배부족에 집단으로 귀속되는 피지배계층으로서의 일반양민을 일컫는 명칭일 뿐이다. 따라서 총체적 노예제는 오히려 서양의 개인적 노예제보다는 인권과 복지수준이 개선된 상태로 볼 수도 있다.

한편, 통일신라시기를 전후하여 독서출신과와 화랑제도의 도입을 통한 왕권강화, 그리고 정전제(丁田制)의 도입을 통한 생산성 향상 등으로 일반백성들의 자율성이 신장되고 복지가 한층 더 향상되는 전기를 맞게 되는데, 이러한 시기를 동양적 봉건시대 또는 국가적 농노시대라 칭하기도 한다.

(2) 근세 자본주의 성립기

국가적 농노시대라고 불릴 수 있던 한국적 봉건시대는 조선 후기에 들며 큰 변화를 겪게 된다. 이후의 전개과정을 시대적 특성상 조선 후기와 일제하로 구분하여 살펴보기로 한다.

1) 조선 후기: 한국에 자생적 자본주의의 맹아가 있었는가

관료계층의 영향력은 특히 임진왜란 이후의 조선 후기에 이르러서는 크게 신장되기에 이르렀고, 따라서 관료적 지주화를 근간으로 하는 소작제가 정립되기에 이른다(병작제의 정착).

한편, 이러한 추세가 점차 가속화되어 가는 과정에서 궁정수공업 등이 쇠퇴하는 반면 대외교역과 독립 자영수공업이 크게 신장되고, 심지어는 임금사공(賃金私工)이 출현하고 분업노동과 공장조합(工匠組合)이 결성되는 예까지 발생하였다. 특히, 도자기, 유기 및 제조업의 경우에는 선대제적(先貸制的) 공업형태의 제조업단계에까지 이르렀다고 기록되어 있다. 그리고 금속화폐 통용이 점차 일반화되었고, 난전권(亂廛權)을 가진 육의전(六矣廛)과, 보부상 · 좌상 및 객주의 활동으로 대표되는 향시(鄉市)가 크게 발달되었으며, 특히 객주는 여인숙과 음식점을 위주로 물품의 보관 · 운송 그리고 위탁판매와 금융업에 이르는 종합적 서비스업을 담당하는 전기적 자본의 대표적 주체로 등장하였다.

이러한 변화는 결국 농민적 지주의 등장을 가능하게 하였고 관료적 지주와 더불어 소작제를 정착시켰는데, 하급권에 한정된 것이기는 하나 부분적인 토지의 사유화 현상이 만연하게 된다. 그리고 점차 전통적 신분제도는 와해되기 시작하여 심지어는 몰락한 양반이 농민지주로부터 소작을 부치는 일까지 속출하게 되었다.

급기야는 1894년에 근대적 시민혁명의 성격을 갖는 동학농민전쟁이 발생하기에 이르렀다. 이와 같은 조선 후기의 경제특성을 규명하는 데에는 일치된 견해가 정립되지는 못하였으나, 현재까지의 연구결과 및 사료로는 위에서 거론한 자본주의적 맹아현상이 국민경제의 중심적 역할을 감당할 만큼 성숙되었던 것으로 보기는 어렵다는 것이 중론이다.

물론 동학농민전쟁이 외세의 개입으로 실패하지 않고 전개될 수 있었다면 이후 상황은 실제와 사뭇 달랐을 것이다. 여하튼 당시의 동학농민전쟁은 서양문물의 유입으로 기존 사회구성체에 대한 변화의 필요성이 날로 크게 인식되고 있던 시기에 서학과는 달리 전통적인 종교 및 사상에 근거하여 추진된 개혁운동의 성격을 갖고 있다. 따라서 이들이 기존의 동양적 봉건체제 유지를 기도하였던 것은 아니었다는 점에 일단 주목할 필요가 있다.

이상에서 살펴본 바에 의하면, 한국 경제의 이행과정은 원시시대→총체적 국가노예제→국가적 농노제→지주 · 소작제 유형으로 전개되어 온 것으로 이해할 수 있으며, 단계별 이행과정에서 일반국민의 복지가 향상되는 발전을 이룩한 것으로 평가할 수 있다. 물론 근세에 이르기까지도 명실상부한 토지의 사유화를 중심으로 하는 생산요소의 사유화 현상은 찾아볼 수 없었으나 시대변천에 따라 일반자영농민층의 독립적 경영도나 신분적 위상이 계속 신장되어 왔으며, 특히 조선 후기에 등장한 지주제하에서는 하급권에 한정된 것이나마 토지의 매매 · 상속 · 임대 등이 가능한 시대가 등장하였음을 알 수 있다.

여하튼 넓게는 동양적 봉건제 또는 국가적 농노제시대로 구분되는 시기에 포함되기도 하지만 그 이전 시기(통일신라, 고려, 조선 전기)와는 달리 그 성격이 변질되는 시기가 바로 조선 후기라 할 수 있으며, 또 이러한 이유로 해서 이 시기를 한국의 자본주의 맹아기로 규정하기도 한다.

조선 후기에 이르러서도 봉건국가의 토지국유제 원칙은 계속 유지되었으나 중앙정부 및 왕권의 상대적 저하에 따라 토지의 하급권이 지주계층(관료적 지주가 대종을 이루었지만 농민적 지주도 점증하는 추세에 있었음)에 상당히 이양되는 결과가 초래된 것으로 볼 수 있다. 이러한 여건의 변화는 결국 농민들의 토지에 대한 예속성을 상대적으로 저하시키고 신분적 자유 또한 개선시키는 계기를 마련해 주었다. 그러나 대다수 경영농의 주체가 지주인 이상 농민지주나 일반농민들의 원시축적은 불가능하였고, 봉건적 질서에 안주한 상공인 또한 자본축적에 실패하고 말았다. 따라서 생산성 향상과 계층 간의 분배구조 개선효과는 일정 한계를 벗어나지 못한 시기라 할 수 있다.

이러한 변화는 급기야 1876년 개항과 더불어 서구 제국과의 교역이 시작되며 급속한 개화기를 맞게 된다. 수구파와 개화파의 첨예한 대립을 거쳐 결국은 수구파에 의한 개혁이 추진되는데 '동도서기'(東道西器), 즉 봉건적 질서를 유지하며 서양문물과 기술을 수용한다는 원칙이 제시되었다. 그러나 이러한 정부의 개혁정책은 재정난과 열강의 내정간섭 및 국제정세 불안으로 큰 성과를 거두지 못하였다. 한편, 외국자본에 대항하던 상인들의 노력으로 자리잡던 민족자본과 회사는 러일전쟁 이후 거의 몰락하고, 이후 일본에 의한 화폐개혁 및 금융지배로 한국의 민족자본 형성이나 자생적 발전의 길은 단절되고 말았다.

한편, 개항 이후 서구문물이 급속히 유입되면서 국정은 극도로 문란해졌고, 성숙한 국민들의 비판의식은 결국 동학농민전쟁으로 이어지면서 근대국가로의 전환을 위한 몸부림을 쳤다. 그러나 이 역시 외세에 의해 진압되는 비운을 맞이하면서 자생적인 근대 시민혁명의 기회는 영원히 사라지고 말았다.

2) 일제하: 일제하의 공업화는 한국 자본주의 발전을 촉진하였는가

갑오년의 동학농민전쟁은 자생적인 근대화로 연결되지 못한 채 독점자본주의의 단계에 진입한 일제에 의해 진압되었고, 결국은 조선의 몰락을 가져옴으로써 오랜 세월에 걸쳐 존립해 온 봉건적 전제국가체제는 종말을 고하게 되었다. 일제는 근대적 화폐제도 및 금융제도를 도입하고 철도·항만 등의 사회간접자본과 전력 등의 기간산업을 확충하면서 외형적으로나마 근대 자본주의적 제도를 이식하여 정착시켰다. 아울러 일제는 토지조사사업을 통하여 토지국유제에 기초한 봉건적 기초를 무너뜨리고 근대적 소유 개념을 정착시켰다. 이상과 같은 조치로 일단 한국은 이른바 식민지적 자본주의로 진입되었다. 따라서 한국 경제는 통상적으로 **이식형 식민자본주의**가 갖는 기본적 특징, 즉 근대화가 곧 식민지화 과정에 의해 이루어지며, 식민지 종속을 통한 상품경제로 편입되는 특성을 갖게 되었다.

그런데 우리나라는 단순히 제국주의의 원료공급처 및 제국주의 제조업 상품의 판매시장으로서 기능하는 통상적인 종속형 식민지경제와는 그 성격이 사뭇 달랐다. 예컨대, 도로·항만·철도·전신·전화 등은 바로 중국 침략을 수행하기 위한 군사시설물 건설의 일환으로, 철광 및 석탄 등의 1차산업은 전쟁수행을 위한 물자조달이란 차원에서 개발되었고, 토지조사사업과 산미증산계획을 토대로 생산된 미곡은 1931년 만주사변 이후 공출미(供出米)의 형식으로 일제에 의해 대부분 수탈되는 일종의 병참기지형 경제의 특성을 갖게 되었다.

우선 합방 초기의 상황을 보다 세밀히 관찰해 보면 다음과 같은 일제(日帝)의 정책목표와 수행내용을 확인할 수 있다. 즉, 1910년대는 제1차 세계대전기에 해당하며 교전국들의 해외시장이 무주공산(無主空山)으로 일본에 열려짐에 따라 비약적인 성장을 이룩할 수 있던 시기였다. 일본은 산업생산에 주력하며 이에 소요되는 원료와 식량을 주로 한국에서 조달하려는 정책을 수립하였다. 따라서 일본은 한국 내의 근대 공업발달은 억제하면서 공업원료만의 공급처로 활용하기 위한 '조선회사령'을 공표하였고, 동시에 식량의 효율적 확보를 위해 토지조사령의 발표 및 토지조사사업을 수행하였다. 그리고 이러한 사업의 원활한 수행을 위하여 구지배계층이었던 지주들에게 토지에 대한 배타적 소유권을 수여하는 토지개혁을 감행하였던 것이다. 여기서 유의할 점은 외형상 근대적 토지소유제가 도입된 듯 보이지만 실상으로는 지주와 농민의 봉건적 예속관계가 온존된 봉건적 소작제도와 현물소작료제도를 오히려 강화시키는 효과를 갖게 되었다는 점이다. 결국 합방 초기에는 민족자본에 의한 근대 공업건설이란 존재할 수 없었다.

이상과 같은 일제의 토지를 포함한 각종 생산도구 및 시설의 독점과 봉건적 예속을 강요하는 경영 및 지배방식은, 조선 후기에 자생

일제하 한국 경제의 성격

일제하 한국 경제의 성격은 적어도, 첫째 한국 내의 자생적 자본주의 이행과정이 일제하를 거치며 촉진되었는지 아니면 저해되었는지, 둘째 노동력의 상품화와 신분해방을 기조로 하는 임노동관계가 일반화된 가운데 (민족)산업자본이 형성되고 재생산과정을 통해 가치증식이 가능한 체제가 정착되었는지 여부를 고려하여 규명되어야 할 것이다.

조선 후기에 발생하였던 다양한 자본주의적 맹아현상이 조선회사령에 의해 철저히 차단되었던 점, 한일합방 당시 전체 인구의 90% 정도였던 농업인구가 일제 종료 당시에도 전체 인구의 80% 정도를 차지할 정도로 산업화가 미진하였던 점, 그리고 그나마 존재하였던 각종 공업시설의 운영주체 및 기술자 그리고 소유지분이 일본인 중심이었다는 사실 등으로 미루어 볼 때, 일제가 한국 경제의 산업화를 오히려 가속시켰다는 논리를 수용하기 어렵다.

혹자는 1930년대 중반부터 제조업 생산물가치가 농산물가치를 추월하기 시작하였다는 사실을 들어 긍정적 평가를 내리기도 하고, 일제하에서도 소득증가가 꾸준히 이루어져 왔다고 주장하기도 하지만, 제조업 생산물의 주요 내용이 전쟁수행을 위한 군수물자였다는 점, 그리고 비록 소득증가가 발생하였다 하더라도 그 효과가 주로 일본인에 귀속될 수밖에 없었다는 측면에서 볼 때, 적어도 GDP가 아닌 GNP 개념상 한국인 소득이 일제를 거치며 지속적으로 개선되어 왔다는 주장은 결코 용납될 수 없는 것이다.

더구나 1928년을 기준으로 볼 때에도 한국 내 기업 총자본의 90.8%가 일본 소유였다는 점, 1인당 미곡소비량이 지속적으로 감소하고 임금지수가 하락한 사례 등을 보면 자본의 소유와 경영은 물론 소득배분에 이르기까지 한국인의 경제적 여건이 개선된 흔적은 찾아보기 힘들다는 사실을 강조해 두고자 한다.

하던 근대화 흐름에 역행하는 것일 뿐 아니라 궁극적으로는 지속적인 통치의 안정기조 자체를 불가능하게 만드는 결과를 초래할 수밖에 없었다. 결국 3.1 독립만세운동으로 합방 초기의 통치방식은 종말을 고하고 말았다.

내부적으로 3.1운동에 의해 타격을 받아 식민지정책의 변화를 추구해야 되는 상황에 처해 있던 일제는 1920년대에 이르러 외부적으로는 제1차 세계대전이 종료됨에 따라 전쟁특수라는 호재가 사라지면서 일본 내의 공업은 가동률이 급격히 떨어지는 불황에 처하는 시기를 맞게 되었다. 이러한 난국을 해소하기 위해 일제는 일본 내의 유휴자본을 조선에 진출시키게 되었고, 이를 위해 1920년 4월 1일 한국 내 공업건설의 억제를 목적으로 설치된 조선회사령을 철폐하게 된다. 동시에 조선의 자원과 노동력 이외에 기능노동인력 확보를 위해 조선인에 대한 초등교육 및 실업교육을 실시하기에 이른다. 일제는 이를 문화정치라 일컬으며 3.1운동으로 격앙된 민심을 수습하는 일거양득의 계책을 마련하였던 것이다.

물론 이러한 일본의 계략은 단지 일본의 목표달성 효과만을 초래한 것으로 볼 수는 없다. 이러한 일제의 변신은 3.1운동을 통한 많은 사람들의 희생적 투쟁의 산물이기도 하기 때문이다. 결국 이 시기를 맞아 암흑기를 벗어난 민족자본들이 근대기업으로 진출하는 기회를 맞게 되었다. 이 당시 근대산업으로 진출한 민족자본은 미곡의 대일 수출에서 부를 축적한 대지주와 거상들(이들은 농업회사, 수산회사, 염직공업 등을 설립)과 전통적 상공업분야에 종사하며 연명해 온 영세상공업자들(기능공으로서의 경험을 바탕으로 중소기업분야 개척)이 주류를 이루었다. 이렇게 시작된 민족기업은 물산장려운동 등의 경제적 민족주의와 독립운동의 후원을 받으며 성장하였고, 농민과 근로자들의 의식 또한 성숙하여 노동운동은 물론 반제 · 반봉건운동도 활발히 전개되었다.

그러나 이러한 민족자본을 중심으로 하는 자생적 변화는 1931년 만주침략을 시작으로 일본이 침략전쟁을 수행하면서부터 또다시 수난을 겪게 된다. 결국 전쟁수행을 위해 전 국토를 병참기지화하는 한편, 식량 등을 수탈하기 위한 공출제 실시, 그리고 노동력 강제동원령 및 징병제 실시를 통한 인권탄압을 감행하였다. 심지어는 이러한 정책에 반항하는 세력을 근절하기 위한 노력의 일환으로 조선어사용금지 및 창씨개명(創氏改名) 등에 이르는 전대미문의 야만적 만행을 자행하기에 이르렀다. 결국 이러한 일제하를 거치며 한국의 경제는 봉건적 잔재가 오히려 강화되는 식민지적 유산을 갖게 되었다. 이러한 일제 말기의 민족자본은 전쟁수행을 위해 대거 한국에 진입한 일본 독점자본에 예속될 수밖에 없었고, 일제에 영합하며 명맥을 유지하려 발버둥쳤으나 활용가치가 큰 대기업과 일부 중소자본만이 존속할 수 있었을 뿐 많은 중소자본이 몰락하는 위기를 맞게 되었다.

그러나 일제에 의한 탄압이 심할수록 이미 뿌리를 내린 한국인의 저항운동은 보다 대규모적이고 조직적인 형태로 전환되었다. 예컨대, 구시대 봉건적 지도자들에 의해 주도된 초기의 항일운동(일면에서는 3.1운동도 이 범주에 속한다고 볼 수 있음)과는 달리 6.10만세운동이나 광주학생운동 등에서는 뚜렷한 지도계층의 역할 없이 대규모의 민중(노동자, 농민 그리고 학생)이 주도하는 대중적 항일운동의 특성을 갖게 된다. 물론 일제 말기에는 국내에서 상설조직을 통한 항시적 투쟁활동을 벌이기는 거의 불가능하여 대부분 만주 등으로 옮겨 활동하였으며, 중일전쟁에 이르러서는 상해임시정부를 중심으로 일제에 항거하였다. 이들의 힘이 독자적으로 독립을 쟁취하기에는 역부족이었으나 이들의 영향력과 기여도를 무시해서는 안 될 것이다.

(3) 근대 자본주의 구축기

일제로부터 해방된 이후 한국 자본주의가 정립되는 과정은 크게 보아 미군정기(1945~1948년) 및 건국 초기(1948~1950년)와 한국전쟁 수행기 및 회복기(1950~1960년) 등으로 구분하여 접근할 수도 있겠으나, 여기에서는 이 기간중 시행된 주요 경제정책 내용을 중심으로 1940년대와 1950년대로 구분하여 접근해 보고자 한다.

1) 1940년대: 적산처리와 농지개혁은 성공적이었는가

그토록 갈망하였던 독립은 불행하게도 자력에 의해 이루어지지 못하고 제2차 세계대전 종결의 부산물로서 탄생하게 되었다. 따라서 건국 초기에 일제하에 독립운동을 주도해 온 지도자들이나 민족자본가들의 영향력은 제한된 수준에 머물 수밖에 없거나 오히려 견제당할 수밖에 없었다. 결과적으로 국토는 열강에 의해 남북으로 분단되

미군정의 적산불하정책

미군정은 3.1제라는 소작료 상한제와 적산농지의 소유권 배분을 통한 농지개혁을 주도함과 동시에 적산공업시설 불하작업을 단행하였다. 즉, 1945년 9월 25일 군정법령 제2호에 의거 「귀속재산 동결 및 이전 제한령」을 공표하고, 이어서 동년 12월 5일에는 군정법령 제33호에 의거 귀속재산권의 귀속에 관한 법령을 제정함으로써 적산공업시설 및 재산의 관리를 실시하였다.

이 과정에서 한때 일본 정부로부터 이의가 제기되기도 하였는데, 즉 1945년 11월 20일에 일본정부는 사유(私有)라면 적산(敵産)이라도 존중되어야 한다는 국제법 준수의무를 들어 미군정청에 '한국 내 일본인의 생명 및 재산보호'를 요청한 바 있다. 이를 미군정청이 수용할 기미를 보이자 한국인들의 반발이 거세지고 사회적 대혼란이 초래되자 결국 군정법령 제33호에 의거 이전에 있었던 매매 및 양도를 무효화함으로써 일본인 재산보호조치를 취하하게 되었던 것이다.

이처럼 우여곡절을 거쳐 관리하게 된 적산은 1948년 7월 12일에 불하되기 시작하였는데, 불하방법은 기본적으로 연고주의 원칙을 견지하였다. 이는 현상유지를 위한 잠정적 조치의 성격이 강하며 대(對)소련 견제심리와 연계된 방침으로 이해할 수도 있다. 시가보다 낮게 그것도 장기 연부로 혈연 및 지연에 근거하는 불하방식은 일족지배적 독점체제를 공고히 하는 결과를 초래한 것으로 평가된다. 당시 미군정은 토지의 경우에는 민주화가 반공체제 구축에 도움이 되지만 공업시설의 경우에는 반공체제 구축을 위한 자본주의 담당자의 신속한 정착이 보다 중요하다고 판단을 내렸던 것이다.

한편, 미군정이 일본에서 실시한 공업시설 불하정책은 전혀 상이하였음에 주목할 필요가 있다. 이들이 채택한 정책의 핵심은 일종의 재벌해체 정책으로서 경제의 민주화라는 특성을 갖고 있다. 즉, 재벌 본사를 해체하고 보유주식을 공개하되 주주를 최대한 분산시켰고, 특히 재벌지도자 및 그 일족 그리고 고위관리자들의 경영을 금지하고 소유주식을 대중주주들에게 이관시키는 대개혁을 단행한 것이다. 뿐만 아니라 독과점기업을 분할하여 경제력집중 또한 배제시킴으로써 우리나라가 현재 홍역을 치르고 있는 재벌개혁을 미군정이 철저히 대신 수행해 주었던 것이다.

전쟁주도세력의 경제적 근거를 원천적으로 분쇄한다는 미군정의 의도는 일면에서 보면 일본 스스로는 해결하기 어려운 난제를 대신 척결해 주어 오늘날과 같은 경제대국으로 성장하는 기틀을 마련해 준 셈이 된 것은 역사적인 아이러니가 아닐 수 없다.

었고, 자연자원과 시장 그리고 식민경제가 남겨 놓은 공업시설마저 분할되는 형국을 맞게 되었다.

그러나 이러한 어려움과 혼란기를 거치면서도, 분단된 상태에서조차도 독립적 민족경제를 구축하기 위한 노력은 간단 없이 지속되었는바, 과거 역사에서 누적되어 온 봉건적 잔재와 식민지적 유산을 청산하고 그 바탕 위에 국민을 위한 경제를 건설하기 위해 국민경제

한 · 중 · 일 농지개혁 비교

한국의 농지개혁은 일제유제(불안정한 소작권과 고율 소작료)의 청산과 소유권의 개편을 위해 미군정에 의해 제안되었다. 즉, 미군정은 국민소득의 재분배 및 불균형 시정은 물론 건전 · 온건한 민주주의 수립, 그리고 과격한 좌익사상과 대항하기 위해 1945년 10월 5일에 미군정 법령 제9호로 '3.1제'에 의한 소작료 상한선을 설정하고, 1946년 2월에는 「일인적산(日人敵産)농지 처분안」을 중심으로 하는 농지개혁안을 제시하였다.

그러나 지주 출신 위원을 중심으로 하는 입법위원의 반대(이처럼 중요한 문제는 정부수립 후 자주적으로 처리하자는 논리표방)로 지연되자 결국 귀속농지에 한정한 부분적인 농지개혁을 1차적으로 실시하게 되었다(1948년 3월 22일 남조선 과도정부 법령 제173호). 당초 전체 농지의 13.4%를 대상으로 잡았으나 실제는 11.6%만을 대상으로 실행되었다. 농지가격은 1년 생산물의 3배로 하고 지불은 연간 생산물의 20%씩 15년간 현물로 상환하는 내용이었다. 이는 입법위원들의 끈질긴 저지활동으로 인해 해방 후 3년 만에야 실시될 수밖에 없었던 부분적 개혁이며 자발적이 아닌 외세주도하에 실시된 개혁이란 특성을 갖는다.

정부수립 후 농지개혁은 우여곡절 끝에 1950년 3월 10일에 농지개혁법이 공표되었으나 1950년 6월 25일 한국전쟁 발발로 제대로 수행될 수가 없었다. 1966년 12월 말 농지개혁이 공식적으로 완료된 시점에서 보면(개혁대상지 선정기준 시점에서 3정보 이상 되는 농지), 1949년 6월 21일 대상지의 66.1%(일반농지의 44.6%, 귀속농지의 86.8%)에 불과한 농지에 한정된 철저하지 못한 개혁이 되고 만 것이다.

이와 같은 결과는 지주계층의 반발과 한국전쟁 등으로 인해 일면 불가피한 측면이 있다. 그러나 여기서 한 가지 짚고 넘어가야 할 점은, 최종적으로 채택된 개혁안에서 지주에 대한 보상은 생산물의 150%에 해당되는 금액을 5년간 균분하여 통화로 지급하고 분배농지 상환은 생산물의 125%를 5년간 균분하여 현물로 납입하게 하였다는 점이다. 이는 결국 개혁기간중 발생한 초고속 인플레이션으로 인해 지주에게는 큰 손실을, 그리고 분배농지 상환자에게는 큰 부담을 안겨 주었던 것이다.

한편, 미군정은 제2차 세계대전 종료 후 점령한 국가 중 한 · 중 · 일에 한해 농지개혁을 실시하였으며, 일본과 대만에서의 농지개혁 사례는 한국에서의 농지개혁 성과에 대한 비교의 좌표가 될 수 있을 것이다.

일본의 경우에는 맥아더 사령관의 「농민해방지령」을 참고하여 1945년 11월 22일에 농지개혁법 개정법률안이 작성되고 1945년 11월 28일에는 제1차 농지개혁안이 통과되었으나, 맥아더 사령부가 개혁내용이 철저하지 못하다는 이유로 거부하자 이를 감안하여 1946년 5월 개정 초안이 마련되어, 동년 11월에 국회를 통과하였다. 결국 무조건 항복선언 후 약 1년 만에 농지개혁법을 완결지었는데, 여기서 중요한 것은 일본 정부 자신이 개혁을 자율적으로 착수하였고 미군정의 요구가 추가되었으나 개혁의 주도권을 일본 정부가 가졌다는 점이다.

물론 이러한 자율적 개혁은 농지개혁을 반대할 지주세력이 이미 약화되어 있었다는 데 힘입은 바 크다(1931년 만주침략 개시 이후 중화학공업이 신장되면서 지주세력이 약화되었음). 또 한 가지 일본의 농지개혁에서 특기할 사항은 분배농지 상환을 30년에 걸쳐 공채로 납입하게 하여 분배농지 상환능력이 극히 낮았던 농민들의 실질적 부담을 덜어 주었다는 점이다.

한편, 대만의 경우에는 민심안정과 대륙반공(反攻)이란 기치하에 1949년 4월 14일에는 감조조례(減租條例), 1951년에는 공유지(公有地) 불하, 그리고 1953년에는 경자유기전조례(耕者有其田條例)를 입법하면서 토지개혁을 단행하였다. 이 또한 미군정이 아닌 대만 정부가 개혁의 주체로서 농지개혁을 자주적으로 수행해 나갔으며, 1953년 12월에 완료된 농지개혁은 상대적으로 철저하고 신속한 성과를 거둘 수 있었다.

건설의 기초이념을 정립하고, 이러한 기본 방향에 입각하여 농가경제의 자주권을 부여하기 위한 소작제도의 철폐, 경자유전원칙에 따른 농지개혁의 단행, 그리고 개인의 창의와 경제활동의 자유를 보장하는 제도개혁을 추진하였다. 따라서 이 시기를 기본적으로는 자유주의 기업원리에 입각하여 시장경제를 구축하기 위해 노력한 시기로 볼 수도 있다.

그런데 주지하는 바와 같이, 농지개혁은 구시대적 지배계층의 저항이나 외세의 영향력 그리고 한국전쟁 등으로 인해 철저하지 못하게 이행될 수밖에 없었다. 일제 말기를 거치며 몰락해 버린 민족자본, 그나마 황폐해진 국토 및 산업시설의 분단으로 인하여 새로운 시대를 주도해 나갈 근대적 소유관계나 생산관계가 제대로 정착되지 못한 상태에 있었던바, 생산력은 극히 미약한 상태에 머무를 수밖에 없었으며 자생적 발전기틀이 제대로 마련될 수 없었던 것이다. 따라서 자본부족으로 인한 과소생산문제를 국가가 개입하여 해결할 수밖에 없어 결국 중앙집권적 재정집행의 성격을 띠는 상부구조가 이미 이때부터 형성될 수밖에 없었던 점을 일단 주시할 필요가 있다.

이상과 같은 요인으로 인해 남한에서의 농지개혁은 철저하지 못하게 이행될 수밖에 없었으나 일단 역사적인 사실로 다음과 같은 의미를 부여할 수 있다. 첫째, 토지에 근거한 구시대적 지배체제의 교체 내지는 전환 시도, 둘째 고율 소작 및 신분적 보장이 없었던 체제의 붕괴를 통한 안정적인 소농적 차지농(小農的 借地農)의 창설, 셋째 '경자유전(耕者有田)' 원칙에 따른 자작농 창설로 근대 시민사회 및 자본주의 사회건설의 기초를 세웠고, 토지사유화를 일반화시킴으로써 생산의욕 제고와 생산성 향상효과를 도모하였다.

이상과 같은 근대화를 위한 각종 제도 및 정책이 해방 초기에는 제반 여건의 미성숙으로 인해 특히 자생적인 발전의 원동력이 될 산업자본가계층의 부족 등으로 인해 큰 성과를 거두기는 어려웠고, 따라서 이 시기에 미국에 의해 제공된 원조가 우리 경제에 미친 영향은 그 규모나 성격면에서 상대적으로 지대할 수밖에 없었다.

2) 1950년대: 남북분단 고착과 원조의 경제적 영향은

1950년 한국전쟁은 건국 초기의 혼란을 채 수습도 하지 못한 상태에서 들이닥친 천재지변적 충격을 주고 말았다. 따라서 당시의 국

잉여농산물 원조의 경제적 효과

미국의 잉여농산물 원조가 한국 경제에 미친 효과는 특히 PL480호와 연관하여 부정적인 면이 강조되어 왔다. 그러나 같은 성격의 원조를 받았던 대만의 경우에는 잉여농산물 원조의 효과를 오히려 긍정적으로 평가하고 있다. 대만에서는 원조받은 잉여농산물을 저가로 국내에 배분하여 소비하게 하는 대신 국내에서 생산된 미곡을 고가로 수출하였던 것이다. 이는 한국이 경험한 잉여농산물 원조→국내 농산물가격 하락→농촌소득 저하 등으로 이어지는 부정적 파급효과와는 사뭇 다른 것이다. 결국, 대만은 미국의 잉여농산물 원조를 농업분야에 효율적으로 이용함으로써 농업의 발전을 유도해 냈고 나아가서는 공업화 추진에 일익을 담당하게 하였던 것이다. 즉, 쌀, 설탕 등의 자국농산물 수출로 외화를 획득하여 자본재 도입자금을 확보하는 데 기여함과 동시에 수출에 따른 농가소득 증대로 유효수요가 확충되면서 공업화를 가속시켜 나갔던 것이다.

한편, 이러한 대만의 건국 초기 농업발전은 1949년부터 시작된 농지개혁을 통한 토지자본 형성 및 토지자본의 산업자본화에 힘입은 바 크다고 볼 수 있다. 이러한 역사적 사실에 근거해 볼 때 한국에서 잉여농산물 원조가 부정적 효과를 초래한 것은, 미국의 정책적 의도에 기인한 결과라기보다는 오히려 한국 정부 자체의 정책미숙에 기인한 바 크다고 보여진다(물론, 한국전쟁 수행과정에서 정책수행상 애로사항이 많았던 것도 사실이지만). 미국이 잉여농산물 원조를 통해 한국 농업의 기반을 무너뜨림으로써 경제적 예속을 강화시켜 나갔다는 논리는 설득력이 별로 없다.

민경제는 전시체제의 유지를 위한 물적 자원확보에 급급한 정도였고, 전쟁종료 후 경제 또한 전후복구에 중점을 두었으나 외국원조에 크게 의존할 수밖에 없는 상황이었다.

예컨대, 1953~1961년간 해외원조 규모는 연평균 총투자율의 약 64%를 차지할 정도에 이르렀다(동기간 중 총투자율은 연평균 12.4%였는데 국내저축률은 4%를 약간 상회할 정도에 머물렀는바, 원조형태로 유입된 해외저축률이 연평균 8.0%에 달하였었다). 그리고 미국의 원조가 국내경제에 미친 주요한 기여내용 중 하나로 지적할 수 있는 것은 1946~1953년간 연평균 약 120%에 달하는 고율의 인플레를 1954~1961년간에는 연평균 20% 이내로 안정시켰고, 따라서 전기의 GNP성장률 3.5%를 훨씬 상회하는 4.7%의 성장률을 실현할 수 있었다는 점이다.

물론 소비재 위주의 원조가 갖는 한계성, 그리고 양곡도입에 따른 국내농업의 피해(농산물가 하락, 생산의욕 저하, 농가의 상대적 빈곤화) 등의 문제는 자주 지적되어 온 사실이다. 그리고 해방 초기에 실시된 연고자중심(친일 봉건세력을 중심으로 한 기득권계층)의 적산(敵産)공업시설의 불하정책과 더불어, 미국 원조물을 주 원료로 하는 삼백(三白)산업에 대한 특혜제공으로 부당하고 불공정한 부의 재편성 및 편재현상이 초래되었다는 비판이 있다.

그러나 이러한 과정을 통해서나마 흔히 이야기되는 원시적 자본축적이 이루어져 왔음은 부인할 수 없는 측면이 있어 실로 역설적이라 하지 않을 수 없다. 단, 적산공업시설을 불하받은 사람들과 또 미국의 원조로부터 특혜를 주로 받게 된 기업들이 과연 구시대의 지배계층 내지 친일적 매판자본가들에 한정되었는지에 관해서는 차후 보다 정확히 연구할 필요가 있을 것이다. 일제 말기를 슬기롭게 연명해 온 민족자본가들의 역할이 재조명될 필요가 있기 때문이다. 그리고 원조에 의한 원자재를 원료로 하는 산업들이 당시 한국 경제에서 차지하였던 비중 또한 객관적으로 평가함으로써 이 시대를 단순히 미국 원조의 의존적 산업시대로 폄하해 온 견해를 재검토해 볼 필요가 있다. 이는 건국 초기의 극심한 혼란과 전쟁으로 인한 파괴에도 불구하고 꾸준한 성장을 유지할 수 있었던 독자적 경제력 및 자생적 원동력에 대한 철저한 연구가 선행되어야 할 것이기 때문이다.

여하튼 이상과 같은 분석에 근거하여 볼 때, 우리는 일단 8.15해방을 계기로 일제의 유산과 구래의 반봉건성을 탈피하기 위한 노력은 미비하나마 자유시장경제의 토대를 마련해 주었던 것으로 평가할 수 있다. 그러나 농지개혁이나 적산불하 그리고 미국의 원조 등은 이른바 빈곤의 악순환을 탈피할 수 있을 만한 경제기반을 조성하거나 충분한 산업자본을 형성시키기에는 역부족이었다. 결국 근대적 시민사회와 자본주의 경제건설 과정에 있어 반봉건적 요소를 완전히 제거하는 데 한계를 가질 수밖에 없었던 해방 초기의 개혁과정은 4.19혁명을 계기로 종말을 고하게 되었다.

(4) 중앙집권적 관리경제기(1960~1990년대)

중앙집권적 관리자본주의 경제시대는 1960년대 이후의 20세기 후반부 시대를 일컫는 것으로 본항에서는 이 시대를 그 변천과정상

중앙집권적 관리경제

중앙집권적 관리경제란 식민지반봉건사회론이나 주변부자본주의론 또는 국가독점자본주의론에 의거한 한국 경제의 특성을 규명하는 방식이 갖는 한계성을 보완하고자 본서에서 제시된 용어로서, 1960년대 이후 경제개발계획을 수행해 오는 과정에서 정권보유자에 의해 형성된 관료집단이 주도적 역할을 담당하는 경제체제를 일컫는 말이다. 이러한 용어를 창출한 것은 마르크스론자들이 중시하는 이른바 생산수단의 소유 자체만으로 야기되는 불평등보다는 재산에 대한(형식적 소유가 아닌) 통제권의 행사방식이 오히려 근대 한국 자본주의에서의 주요 불평등요인이 되어 왔다는 사실을 부각시키기 위해서였음을 강조하기 위한 것이다.

또한 이 용어는 토지 및 자본 등 주요 생산요소의 소유는 근대화되었지만(즉, 국왕이나 봉건적 관료 및 지주의 소유에서 일반국민들의 소유가 일반화되는 체제가 정착됨), 과거제로부터 유래된 봉건적 관료체제의 특성이 아직도 지속되고 있는 한국적 현실을 강조하기 위해 창출된 것이기도 하다. 즉, 절대왕권이나 토지국유제가 사라진 지 오래지만 당시 구축된 중앙집권적 관리독점체제 및 관행은 계속 유지되어 온 측면이 강하기 때문이다.

의 특성에 따라 다시 중앙집권적 관리경제 성립 및 발전기, 문제점 노출 및 전환기(또는 구조조정기), 그리고 쇠퇴기 등으로 구분하여 분석하고자 한다.

1) 중앙집권적 관리경제의 성립 및 발전기: 1960년대 및 1970년대

4.19혁명 이후 시도된 경제개발노력은 불행하게도 5.16군사쿠데타에 의해 퇴장되고 말았지만, 경제개발의 필요성이나 방향설정에 관한 취지는 1962년부터 시작된 경제개발계획을 통해 계승 · 실현되는 계기를 맞았다.

절대빈곤 및 빈곤의 악순환 타파와 자립경제 달성을 위한 기반구축에 기본 목표를 둔 제1, 2차 계획의 특성은 다음과 같다.

① 전력 · 석탄 등의 에너지원 확보, 철도 · 항만 · 도로 등의 사회간접자본 확충, 시멘트 · 비료 · 정유 등의 기간산업 건설 등에 역점을 두어 성장애로분야를 타개하는 이른바 불균형성장방식을 채택

② 공업화 위주(농업의 경시)의 성장을 추구
③ 수입대체 내지 수출주도산업 위주로 발전
④ 이를 위해 소요되는 자금은 주로 외자도입에 의존
⑤ 이상과 같은 성장전략은 정부가 주관하는 이른바 관주도형 경제정책을 표방

물론 내자동원 또한 극대화시키기 위해 정부주도형 규제금융제도를 도입하여 정착시켰으며, 결국 이 시기에 이르러 강력한 중앙집권적 정부체제가 굳건히 뿌리를 내리고 중앙집권적 관리경제가 정착되는 계기가 마련되었음은 전술한 바와 같다.

제1차 계획기간중 연평균 7.8%의 높은 경제성장률을 달성함으로써 자신감을 가진 정부는 보세가공단계에 머물렀던 경공업을 탈피하는 산업구조의 근대화 및 자립경제 확립의 지속적 추진에 기본 목표를 설정하고, 수출주도형 공업화 전략을 계속 답습하여 제2차 계획기간중의 연평균성장률은 9.6%에 달하는 성과를 낳았다. 그러나 무한대에 가까웠던 저임·양질의 노동력을 단순히 생산과정으로 흡수함으로써 성장을 이룩하고 수출을 촉진할 수 있는 시기가 1960년대 후반에는 사라지게 되어, 1969년에는 85개 차관기업이 은행관리로 넘어가고 123개 차관기업이 경영부실상태에 빠지게 되었다.

1960년대 성장은 한 마디로 말하자면 노동력을 동원하고 도입된 외자를 투입하는, 즉 유휴상태의 생산요소를 추가적으로 동원하는 **외연적 성장**(**外延的 成長**, extensive growth)의 성격을 가졌다. 그러나 제2차 계획시기부터 이미 유휴노동력은 고갈되고 생산성 향상을 통한 **내연적 성장**(**內延的 成長**, intensive growth)이 필요하게 되었다. 뿐만 아니라 수출주도형 공업화 위주의 성장정책으로 농·공 간의 격차가 극심해졌다. 따라서 제3차 계획은 농어촌개발을 포함한 균형발전을 도모(새마을운동 시작)하기도 하였으나, 결국 생산성 향상을 위한 투자를 멀리하고 단순히 주도산업을 경공업에서 중화학공업으로 전환하는 데 그치게 되었다. 이를 위해 빈사상태에 있던 부실기업을 1972년에 8.3조치를 통해 사채를 동결하고 특혜금융을 강화하여 기사회생시키게 되었다. 이는 오로지 유신헌법에 의해 탄생한 제4공화국의 초법적 강제력에 의한 정책이라 할 수 있다. 이러한 무리 속에 시작된 제3차 계획은 1973~1974년의 제1차 원유파동으로 큰 위기

를 맞았으나 뜻하지 않았던 중동 붐(boom) 덕으로 제3차 계획기간중 9.7%라는 성장을 달성하게 된다.

유신정권은 이에 힘을 얻어 제4차 계획기간중에는 중화학공업 건설에 박차를 가하였다. 1978년에는 총투자의 약 79%가 중화학부문에 할애되어 치약이나 심지어 소주 같은 생필품 부족현상까지 초래하였다. 그런데 중화학공업이란 투자회임기간이 길 뿐만 아니라 판로확보가 용이하지 못한 측면이 있다(특히, 군수품의 경우). 중화학공업 투자에 소요되는 투자규모가 엄청난 반면 당시 전 세계는 이른바 스태그플레이션(stagflation)현상이 만연되어 세계유동성이 극히 부족한 상태였는바, 결국 정부는 악성단기외채도 마다 않고 들여오게 되었다. 따라서 1978~1979년간의 제2차 원유파동을 견디지 못하고 제4공화국은 1979년 10.26사건을 계기로 몰락하게 되었으며 경제는 파탄에 빠졌다. 결국 제4차 계획기간중의 연평균성장률은 5.8%로 내려앉고 말았다.

1960년대를 중앙집권적 관리경제가 나름대로 정착되어 큰 성과를 거둔 시기라 한다면, 1970년대는 이러한 관리체계가 합리적이고 효율적인 궤도수정을 선도하지 못한 채 더욱 비탄력체제를 공고히 함으로써 산업구조 자체는 고도화가 시도되었으나, 사회적 불안정과 경제적 불균형이 유발됨으로써 계층 간의 갈등이 극도로 증폭되는 위기를 초래한 시기라 할 수 있다.

2) 중앙집권적 관리경제의 구조조정기: 1980년대

유신체제의 몰락 속에서 탄생한 제5공화국에 이르러 비로소 경제개발계획은 늦게나마 기술집약형 산업의 구축에 관심을 쏟게 되었다. 한편, 1970년대 후반에 경험한 높은 물가상승률과 부동산 과열투기 등이 초래한 병폐를 실감한 국민들의 안정추구 심리와 이른바 3저현상 등에 힘입어 세계 4위까지 기록하였던 외채의 누적 등 암담한 여건을 탈피하고 점차 경제가 회복되는 계기를 맞았다. 아이러니컬하게도 이 시기 경제회복에 가장 크게 기여한 부문은 제4공화국 몰락의 주범이 되었던 중화학공업부문이었는데, 이는 당초의 투자효과가 1980년대에 들어서면서 서서히 나타나기 시작한 것으로 분석된다.

그러나 제5차 계획 또한 수출주도산업을 중화학공업에서 기술집약형으로 전환하였을 뿐 기본적인 성장전략에는 큰 변화가 없었다. 더구나 1981년 말부터 시작된 부실기업 처리가 역시 특혜금융을 통해 이루어졌고, 이 과정에서 파생된 금융사고로 인해 1982년에는 은행민영화와 실명제(은행예금부문)가 실시되기에 이른다. 성장은 지속되었으나(제5차 계획기간중 연평균성장률 7.5%) 경제 · 사회의 부패와 비리는 증폭되어 빈부격차가 심해지고 사회적 불안정이 심화되었으며, 결국은 민주화의 열기 속에 제5공화국이 막을 내렸다.

제5공화국은 중앙집권적 관리경제체제가 견지될 수밖에 없었던 속성을 가지고 있었으나 이러한 관리방식이 갖는 한계성이 대형 금융사고들을 통해 지속적으로 노출되는가 하면, 경제적 불균형과 불평등이 증폭되면서 사회가 극도로 불안정해지는 결과가 초래되었던 시기라 할 수 있다. 중앙집권적 관리경제가 갖는 한계성으로 폐해가 극심하게 나타나고, 이에 대응하는 국민들의 태도와 인식전환으로 중앙집권적 관리경제의 전환이 시도되는 계기가 마련되는 시기라 할 수 있으며, 이러한 국민들의 성숙된 의식은 6.29선언을 촉발시키는 원동력이 된 것이다.

결국 제6공화국 출범과 더불어 시작된 제6차 5개년 경제개발계획(1987~1991년)에서는 분배상의 형평문제가 크게 대두되었고, 이에 따라 토지 및 주택문제의 원천적 문제해결, 정부정책의 분권화와 민간주도형 체제로의 이행, 지방자치제 실시, 그리고 자유로운 노조활동 등의 요구가 큰 비중을 차지하게 되었으며, 이때에 이르러서야 해방 이후 일관해 온 중앙집권적(정부주도형) 경제정책원칙의 전환이 추진되기 시작하는 계기를 맞았다. 이 기간중 경제성장은 괄목할 만큼 신장되어 국제수지가 4년간(1986~1989년)에 걸쳐 흑자를 기록하는 호황을 맞았다. 그러나 3당통합 이후 경제 · 사회는 심한 혼란기를 맞았고, 부정부패와 비리 그리고 사회기강과 윤리의 타락 등이 일반화되고 경제적으로도 총체적 난국으로 표현되는 어려운 상황에 빠졌다. 이러한 현상은 실로 오랜 기간에 걸쳐 고수해 온 경제운영방식, 즉 중앙집권적 정부주도형 경제성장정책의 한계와 모순이 드러나 이를 시정해 나가는 과정에서 나타난 현상의 성격이 강하다.

3) 중앙집권적 관리경제 쇠퇴기: 1990년대[2]

1992년 3월 제7차 경제 · 사회발전 5개년계획(1992~1996년)이 발표되었지만 이는 1992년 12월 대통령선거에서 김영삼 대통령이 당선됨으로써 1993년 '**신경제 5개년계획**'으로 대체되어 집행되었다. 물론 신경제계획의 상당 부분이 제7차 계획과 중복되는 것은 사실이지만 제7차 계획과 신경제계획은 그 출발에서부터 다르다. 제7차 계획이 제6차 계획의 연장선상에서 수립된 반면, 신경제계획은 제6차 계획까지의 성과를 비판적으로 평가하여 민간의 참여와 창의를 유발하는 새로운 경제를 건설하기 위해 그때까지의 관행과 제도 중 적합하지 않은 것을 혁파하고자 하였다는 점에서 계획의 수립의도에 차이가 있다. 다시 말해, 그때까지의 계획이 시장보완적 계획으로서 경제성장을 위한 프로그램의 종합이라면 신경제계획은 기존의 계획이 왜곡시킨 시장경제 질서를 바로잡기 위한 개혁프로그램의 집결이라는 의미를 지닌다. 이는 이 시기에 이르러 지금까지의 중앙집권적 관리경제의 경제운영방식이 더 이상 한국 경제의 발전에 도움이 되지 못할 뿐만 아니라, 오히려 걸림돌이 된다는 인식이 공감대를 얻고 있었음을 의미하는 것이다. 따라서 경제정책의 기본 노선 또한 분권화 · 자율화 · 개방화 · 세계화를 표방하면서 적어도 추진방향에서는 중앙집권적 관리경제를 지양하고자 한 시기로 규정하는 데 큰 무리가 없을 것이다.

여하튼 이러한 특성을 갖는 신경제 5개년계획은 일단 계획기간 중에 국내경제를 선진 경제권으로 끌어올린다는 목표하에 성장잠재력의 확충, 국제시장기반의 확충, 그리고 국민생활 여건의 개선에 중점을 두었으며, 1994년에는 '세계화 정책'으로 다시 한 번 변화를 시도하였으나 근본골격에서는 큰 차이가 없었다. 이 또한 기본적으로는 경제제도의 전반적 개혁을 통해 급변하는 국내외 환경변화에 적응하면서 국내경제의 선진화를 추구하고자 하는 것이었기 때문이다.

문민정부의 의욕적인 계획에도 불구하고 신경제정책은 계획목표 중 어느 것 하나 달성하지 못하였다. 계획기간 동안 성장률은 지속적으로 하락하였으며, 물가는 상승하였고, 국제수지 적자는 확대일로의 길을 걸었다. 이에 따라 총외채가 급속히 늘어나 1992년 총외채

[2] 2000년대 이후는 본장 제6절 참조.

는 428억 달러로 국민총생산 대비 14%였으나, 1997년에는 1,544억 달러로 증대하여 국민총생산 대비 35%로 급증하였다. 급기야 문민정부의 개혁정책은 1997년 11월 IMF체제가 들어섬으로 해서 처참한 실패로 귀결되고 말았다.

이상에서 우리는 일단 김영삼정부의 제도개혁은 중앙집권적 관리경제의 틀을 벗고 시장기능을 활성화시키는 한편, 경제의 효율성 향상과 함께 형평성 제고를 목적으로 한다는 측면에서 매우 이상적인 시도였다고 인정되지만 정부의 당초 개혁의지에도 불구하고 제도개혁은 제대로 실현되지 못하였으며, 지양하고자 하였던 중앙집권적 관리경제의 속성에서 벗어나지 못하였던 것으로 평가할 수 있다.

(5) 한국 경제 발전과정의 특성

한국 경제 변천과정에서 나타난 시대적 특성을 조명하는 동시에 한국 경제가 안고 있는 여러 가지 문제점을 지적하고 또 그 원인을 찾아 내는 작업은 결국 한국 경제가 전개되어 온 과정에 대한 평가 내지 성격규명 작업으로 귀결된다.

완만한 것이기는 하나 한국 경제 또한 끊임없이 발전해 왔고, 근세에 이르러서는 자본주의적 맹아현상이 발생하기에 이르렀다. 그러나 이러한 현상이 봉건적 요소를 탈피할 만큼 성숙되지 못한 단계에서 제국주의가 세계질서를 재편하는 과정 속에 휩쓸리면서 자생적인 발전이 저해된 채 식민지로 전락하고 말았다. 결과적으로 한국은 자신의 의지에 역행하는 일제지배와 한국전쟁이라는 비극을 겪게 되었고, 이 시기에 한국 경제는 정상적인 발전이 억압당한 채 경제구조가 왜곡되고 국민복지가 극심하게 침해되는 시련을 체험하게 되었다. 그리고 1945년에 비록 독립은 되었으나 일제의 유산과 전쟁으로 인한 파괴로 인해 당초 의도한 독립적이고 자주적인 국민경제 건설에 큰 차질을 빚을 수밖에 없었다.

한편, 1945년부터 1960년대 말까지의 시기는 외세와 구지배계층 및 기득권계층들의 개입으로 근대화가 철저하지 못하게 이행될 수밖에 없었고, 따라서 소유 및 생산관계에서 구시대적 봉건성을 완전히 탈피할 수는 없었다. 그러나 이 시기에 이르러 농지개혁과 적산불하 및 외국의 원조를 통하여 일단 근대 시민국가 및 자본주의 시장

경제의 기틀이 마련되는 계기를 맞았다.

이상과 같은 과정을 거치면서도 연연히 그 맥을 이어온 자생적인 발전잠재력은 해방 초기의 시련을 슬기롭게 극복하고 1962년 이후 실시된 경제개발계획을 통하여 급속한 경제성장을 성취가능하게 하였다. 그런데 이 시기의 경제성장은 수출주도형 산업을 주도로 하는 공업화를 추구하되, 이에 필요한 자본은 외자를 통해 조달하며 이 모든 과정을 정부가 주도하는 이른바 **중앙집권적 관리경제**(**中央集權的管理經濟**)의 특징을 갖는다. 이러한 방식의 정책은 높은 교육수준을 바탕으로 하는 풍부한 노동력의 공급과 외국으로부터 조달한 방대한 자본을 주도산업에 집중적으로 투입하는 이른바 불균형성장방식의 형태로 시현되었고, 고도성장과 더불어 산업 간 불균형, 정경유착 및 빈부격차 확대에 따른 사회불안을 아울러 초래하였다. 따라서 10.26 사태와 6.29선언을 거치며 1980년대 후반에 이르러서는 중앙집권적 관리경제체제가 크게 도전을 받아 변모하기 시작하였다. 그러나 1990년대에 이르러서도 이러한 시대적 요청에 부응하는 경제개혁에 실패함으로써 수치스런 IMF 관리경제시대를 맞게 되었다.

여기서 잠시 근대 한국 경제의 특성으로 규정되는 중앙집권적 관리경제의 특성 및 전개과정을 보다 조직적으로 살펴보기 위해 보다 세부적인 시대구분을 통해 정리해 보면 다음과 같다.

중앙집권적 관리자본주의의 첫 번째 단계는 제1차부터 제4차 경제개발 5개년계획기라 할 수 있다. 이 단계는 중앙집권적 관리자본주의가 성립하고 심화되어 나가는 단계라 할 수 있다. 두 번째 단계는 제5차부터 제6차 계획까지의 기간이다. 이 시기는 성립·발전기에 이룩된 경제적 성과를 바탕으로 중앙집권적 관리자본주의 운영체제의 특성이 변화되면서 발전전략 역시 수정되어 가는 전환기로 특징지을 수 있다. 세 번째 단계는 신경제계획기이다. 이 시기는 중앙집권적 관리경제체제의 한계와 문제점이 심화되어 이의 본질적 변화가 시도되는 중앙집권적 관리경제의 쇠퇴기라 할 수 있다. 이와 같은 세 단계를 보다 세분하면 다섯 단계로 구분할 수 있다. 먼저 성립·발전기는 제1차와 제2차 개발계획기에 해당하는 중앙집권적 관리자본주의의 성립기와, 제3차와 제4차 경제개발계획의 발전기로 세분하는 것이다. 그리고 전환기는 경제계획상에 명기된 경제운영체제의 변화양상에 따라 제5차 계획기의 민간자율화 추구기, 제6차 계획기

표 25-1 중앙집권적 관리자본주의 경제의 발전단계 구분

		1차 계획 (1962~1966)	2차 계획 (1967~1971)	3차 계획 (1972~1976)	4차 계획 (1977~1981)	5차 계획 (1982~1986)	6차 계획 (1987~1991)	신경제 계획 (1993~1997)
효율성	성장률	8.5(7.1)	9.7(7.0)	10.1(8.6)	5.5(9.2)	9.8(7.6)	9.4(8.2)	6.9(7.0)
	물가	18.1	8.3	21.1	22.0	0.1	3.3	3.1
	경상수지	−3.2	−26.5	−49.0	−151.9	−19.0	181.6	−469.5
형평성	지니계수1	0.3439(65)	0.3322(70)	0.3908(76)	−	0.3368(86)	0.3226(90)	−
	지니계수2	0.2719	0.2876	0.3458	0.3502(79)	0.3771	0.4017	0.3883(92)
	지니계수3	0.289	0.266	0.326	0.312(81)	0.313	0.302	0.282(95)
대통령		박정희			최	전두환	노태우	김영삼
정치·사회변화					10.26		6.29	
경제체제 변화		중앙집권적 관리자본주의 성립·발전기				전환기		쇠퇴기
		성립기		발전기		민간자율화 추구기	대외개방 확대기	분권화 시도기
경제정책 변화	금융재정	금융기관 장악 (개발재정수요 확보)		정책금융정책 (개발재정기능 확대)		금융자율화 (긴축재정)	금융개방화 (조세형평 추구)	금융개혁 (재정규모 확대)
	산업기술	대외지향적 수출공업화 (산업기반 조성)		중화학공업 육성 (산업구조 고도화)		산업합리와 첨단산업 육성 경쟁력 강화(기술기반 강화)		
중심생산요소 (중추 산업)		노동집약적(노동+자본) (경공업: 섬유, 신발)		자본집약적(자본+노동) (중공업: 조선, 철강)		기술집약적(기술+자본) (첨단산업: 자동차, 반도체)		
성장의 특성		외연적 성장				내포적 성장		

주: 1) 성장률은 GNP의 기간중 연평균성장률(%)이고, 물가는 생산자물가의 기간중 연평균상승률(%), 경상수지는 기간중 누적치(억 달러)를 의미함. 성장률 중 ( )내는 계획치임.
2) 지니계수 1은 통계청 발표, 지니계수 2는 안국신(1995) 발표, 지니계수 3은 윤기중(1997) 발표임. 지니계수 중 ( )는 연도표시이며, 특별한 표시가 없는 경우 지니계수 1과 동일함.
3) 대통령 중 최는 최규하 대통령을 의미함.

자료: 경제기획원 편(1994), pp. 358~365; 한국은행, 『국민계정』, 1990; 통계청, 『통계로 본 한국의 발자취』, 1995. 8; 통계청, 『한국의 사회지표』, 각 호; 안국신, 「한국의 경제발전과 소득분배」, 『경제발전연구』, 창간호, 1995; 윤기중, 『한국경제의 불평등 분석』, 박영사, 1997.

의 대외개방 확대기로 구분할 수 있으며, 쇠퇴기인 신경제계획기는 분권화 시도기로 명명할 수 있다.

이와 같이 구분된 시기에 나타난 경제적 성과와 이에 의한 경제 운영체제의 변화과정의 특징을 개략적으로 살펴보면 다음과 같다.

우선 1962년부터 1971년까지의 중앙집권적 관리자본주의 체제의 성립기에는 효율성 측면에서 그 이전에 볼 수 없었던 고율의 성장이 실현되었다. 이러한 경제적 성과는 1972년부터 1981년까지의 발전기에도 이어진다. 특히, 제3차 개발계획기까지 효율성 측면에서 당초 계획치를 초과하는 매우 뛰어난 성과가 나타난다. 그러나 성립·발전기 동안 형평성 측면에서는 경제력집중과 같은 지속적인 악화현상이 나타났다. 이는 이 시기에 적용된 선별적 산업지원정책과 신성장 · 후분배전략에 근본원인이 있는 것이라 할 수 있다. 하지만 결과적으로 이 시기는 당초 계획하였던 경제성장 목표를 달성하였다는 측면에서 체제의 존립기반은 크게 위협을 받지 않았다고 볼 수 있다.

그러나 제4차 계획기에 돌입하면서부터 지속적인 형평성의 악화로 이 체제는 크나큰 변화의 압력에 직면하였다. 이러한 변화의 압력은 10.26을 기점으로 정치 · 경제 민주화 욕구를 크게 분출하는 계기를 마련하였다. 이에 따라 1982년부터 수립되는 경제개발계획부터는 정부의 역할변화를 강조하는 중앙집권적 관리자본주의 체제의 변화기로 접어들었다. 이의 첫 단계가 1982년부터 1986년까지의 기간이다. 이 시기에는 민간자율 중심의 경제운영이 표방되는 가운데 국내외 경제여건이 호전되어 경제성장률이 회복되어 나갔다. 그러나 이 시기에도 중앙집권적 관리경제의 속성은 그대로 유지되는 한편 형평성은 크게 개선되지 않음으로써 경제체제의 변화에 대한 욕구가 경제 · 사회 내에 더욱 팽배해 갔다.

이러한 상황 속에서 1987년부터 1991년 사이를 기간으로 하는 제6차 계획기간 동안에는 경제의 대외개방화가 크게 진전되어 정부의 관리자적 역할이 약화되는 계기가 마련된다. 이 기간 동안에는 3저효과와 올림픽특수가 겹쳐 고율의 경제성장률이 지속되고 큰 폭의 임금인상 등이 실현되었으나 부동산가격 급등과 물가상승과 같은 원인에 의해 형평성의 개선 정도는 미약하였다.

마지막 단계는 형평성의 개선이 부족한 가운데 효율성마저도 크게 약화되어 중앙집권적 관리자본주의 운영체제를 근본적으로 바꾸려는 시도가 이루어진 1992~1997년 기간의 분권화 시도기이다. 이 시기에 들어서 정부는 중앙집권적 관리체제의 부정적 요소를 과감히 해소하면서 시장 중심의 새로운 경제체제를 성립해야 할 당위성을 절실히 인식하고 이를 추진하려 하였다. 그러나 근본적으로 이 시기의 경제운영체제 역시 과거 정부관리 중심체제의 기본적 속성을 떨쳐버리지 못함으로써 한국 자본주의는 'IMF 관리체제'하에 놓이게 되었고 결국 한국 경제는 자립적 운영이 불가능한 상태로 전락하게 되었다.

이상에서 살펴본 한국 경제 전개과정의 특성으로 미루어 볼 때 한국에서는 앞으로 상당 기간 관리경제체제적 성격이 지속될 것으로 보인다(물론, 차후 추구하게 될 경제체제의 기조는 중앙집권적 관행을 배제하는 분권적 성향이 점차 강해질 것이지만).

03 한국 자본주의 경제위기 도래와 그 원인

한국 자본주의 경제는 1960년대 이래 40년 가까이 세계 최고의 성장세를 구가하였다. 그러나 1997년 말 '외환위기' 상황을 기점으로 한순간에 한국 경제는 돌이키기 힘든 장기불황 경제로 전락하고 말았다. 그 동안 경제성장 신화를 실현해 오던 한국 경제가 급격히 쇠락한 원인은 과연 어디에 있는가? 이에 대해서는 많은 이론들이 제기되고 있다. 하지만 보다 근본적인 원인은 한국 자본주의의 기본 특성에 내재되어 있는 원초적 한계와 문제점에 있는 것이라 할 수 있다. 즉, 중앙집권적 관리자본주의라는 한국 자본주의의 특징은 20세기 후반 한국 경제의 지속적인 성장을 이루게 한 기본 배경인 한편, 1997년 경제위기의 본질적 원인이 된 것이다.

(1) 경제위기의 원인

대다수 한국인들은 예상하지 못하였던 외환 · 금융위기가 도래하면서 이에 대한 원인규명 과정 또한 많은 혼란을 겪었다. 크게 보아 당시 위기를 한국 경제의 기초적 여건의 악화에 기인한다고 보는 견해와 시장의 기본 요건과는 상관없이 시장참가자들의 기대변화와 이에 대한 정부의 행동에 의해 초래된 것이라 보는 견해로 구분될 수 있었다.

IMF나 세계은행은 물론 세계 주요 경제평가기관들 대부분이 한국의 건실한 경제적 기초여건 등을 근거로 장밋빛 미래를 예측해 왔고, 한국 정부나 국민들 자신도 부실한 국민경제나 체험하는 외환위기 따위는 한국과는 거리가 멀다고 인식하였기 때문에 위기발발 초기에는 후자의 견해가 보다 큰 설득력을 갖기도 하였다. 즉, 당시의 불행은 금융관리상의 부실이나 구조조정의 미흡 등에 따른 일시적 현상이고, 따라서 곧 해소될 수 있으리라는 막연한 기대를 낳기도 하

였다.

그러나 주지하는 바와 같이, 이는 금을 모아 해외에 파는 등의 감상적 노력이나 기대로 해결될 성격의 사건이 아니었음이 곧 제대로 인식되었다. 놀랍게도 당시 삭스(Jeffery Sachs) 하버드대학 교수나 스티글리츠(Joseph Stiglitz) 세계은행 부총재 같은 학자들은, 한국의 위기상황을 주로 외생적 요인에 의해 발생한 일종의 사고로서 경제구조상의 문제가 심각하지 않음에도 불구하고 자본시장에서의 갑작스런 심리적 패닉현상이 발발하면서 걷잡을 수 없이 확산된 데 기인한다고 보았다. 이러한 부류의 인식과 논리를 **자기충족적 기대모형**(self-fulfilling expectations model) 또는 **외생적 충격론** 그리고 혹자는 **날벼락가설**이라 부르기도 하였다.

이러한 논리의 연장선상에서 제기된 견해들 중 핵심적인 주장의 내용을 보면 외부적 충격에 대해, 특히 초기에 정부가 적절히 대응하지 못하여 사태를 심각한 시대로 몰아갔다는 의견이 주류를 이루고 있다. 즉, 위기의 징조가 보이는 시점에서도 성급하게 단기자본시장을 개방하였고, 환율 또한 지나치게 경직적으로 운용하였을 뿐만 아니라, 심지어는 사기업 및 금융기관 채무를 정부가 명시적 내지 최소한 암묵적으로 보증하는 우를 범하였다는 주장이다. 결국 정부는 위기도래 가능성을 제대로 인식도 못하였고 또 제대로 대응하지도 못하여 단순한 사고로 끝날 수도 있었던 사태를 위기상황으로 몰고 갔다는 것이다. 따라서 이러한 견해들을 **불량피뢰침가설** 또는 **정부정책 실패론**이라 부르기도 한다.

이와는 직접 연계된 논리는 아니지만 역시 한국 등 동아시아 국가에서의 외환 · 금융위기는, 이들 국가의 경제적 기초의 부실에서보다는 소로스(George Soros)와 같은 유태계 국제투기자본가의 투기나 미국 정부 이익과 입장을 대변해 온 IMF 등 국제기구와 금융기관들의 음모로 발생하였다는 이른바 **음모설** 내지 **방조설**이 나돌기도 하였다. 또한 중남미 지역에서의 경제위기 발발시 마땅한 투자대상을 찾지 못해 방황하던 국제자본들이 당시까지 승승장구하던 동아시아 국들을 부추겨 과잉투자를 유발시켰다가 스스로 제어할 수 없을 만큼 투자위험이 예견되자 자신들의 투자를 보호하기 위한 방어 차원에서 외환환수를 일시에 감행한 것이 위기발생의 주 요인이라는 주장이 있다.

중앙집권적 관리경제체제의 공과

한 마디로 말해서 한국 경제의 성공의 주역이자 위기초래의 근본원인을 제공한 것은 바로 한국 경제 성장방식상의 특징을 부여하여 온 정부주도형 중앙집권적 관리경제체제(government-led centralized management economic system: CMES)라 할 수 있다. 한국은 개발 초기 단계에서 빈곤의 악순환 고리를 끊고 공급애로요인 제거를 위하여 사회간접자본(SOC) 투자 및 기반산업(key industries)을 구축하려고 강력한 정부주도형 경제운영체제를 정립하였고, 이에 근거하여 자본형성 및 축적을 통한 경제발전을 도모해 나갔다.

일반적으로 경제발전이란 주도적 생산요소(예컨대, 자본주의 국가에서는 자본이란 생산요소)를 누가 소유하는가에 따라 어떤 생산방식이 주류를 이루게 되는지에 달려 있다고 볼 수 있다. 그런데 한국의 경우 자본의 소유권은 실제소유자가 누구였던 간에 일단 정부 내지 관료집단의 영향을 받을 수밖에 없다는 특성을 갖는다. 정부가 자본형성 및 축적의 주요 기여자가 되어 왔기 때문이다.

실제로 관료집단 및 체제가 자본의 법적 소유자보다 더 강력한 영향력을 행사하고 보다 중요한 역할을 담당해 온 사유가 바로 여기에 있는 것이다. 비록 개인의 소유라 하지만 정부의 적극적인 개입 없이 누구도 그토록 짧은 기간 내에 성공적으로 자본의 원시축적 및 확장을 성취할 수는 없었던 것이다. 한국 경제 발전과정의 특성을 단순히 강력한 정부주도형으로 표현하지 않고 중앙집권적 관리경제체제로 규명하는 이유도 바로 여기에 있는 것이다. 정부가 관여하되 극단적인 중앙집권적 경제운용방식에 근거하였고 자본의 소유 및 축적에 보다 주도적 역할을 담당함으로써 사적 그리고 형식적 소유권을 능가하는 영향력을 행사할 수 있었기 때문이다.

한국은 정부주도적 경제개발계획의 효율적 추구를 위해 강력한 관료체제를 정착시켰는바, 예컨대 1961년에 설립된 경제기획원은 경제기획과 예산의 책정 및 집행 그리고 자금지원에 이르는 경제개발계획과 연관된 모든 업무에 중추적인 역할을 담당하였고 그 장관을 부총리로 삼았다.

한편, 강력한 관리체제를 더욱 공고히 하기 위해 정부는 금융개혁을 통해 금융조직 전체를 관장할 수 있는 여건을 조성함으로써 경제개발에 필요한 자본의 형성은 물론 주요 산업에 대한 금융지원을 주도해 나갔다. 결과적으로 정부는 자본의 소유 및 관리상 가장 핵심적이고 유일한 운영주체가 되었던 것이다. 정부는 이러한 체제의 정착을 위해 중앙은행의 위상을 격하시켜 정부의 예속하에 두었고, 시중은행의 국영화는 물론 정부가 100% 소유하는 특수은행의 설립 등을 추진하였으며, 이른바 정책금융체제라 일컫는 일종의 정부지시형 신용배분체제를 구축하였던 것이다. 사실 이와 같은 정부의 역할은 실물부문에서도 강력히 도모되었는바, 예컨대 주요 상품의 가격과 임금 등이 정부의 통제하에 놓이기도 하였다.

이상과 같은 상황전개에 따라 비록 기업들이 개인소유라 하지만 실제로는 그 소유주뿐 아니라 동시에 정부에 의해서 관리될 수밖에 없었다. 더 정확히 말한다면 정부가 사적 소유권자의 자본축적 과정에 가장 주요한 자금공급 및 금융지원을 제공하는 역할을 담당함으로써 경우에 따라 사적 소유권자보다도 우월한 지위를 차지하기도 하였다. 바로 이러한 점이 본서에서 누차 강조한 바 있는 정부주도형 중앙집권적 관리경제체제의 특성이라 할 수 있다.

이러한 CMES체제의 특징적 전략은 1960년대 및 1970년대 경제개발 5개년계획의 입안 및 실천과정에서 구체적으로 시현되었고 또 괄목할 만한 성과를 거두기도 하였던 것이다. 예컨대, CMES체제는 시장경제체제 구축, 자본의 급속한 축적, 그리고 주도부문 중심의 특혜금융을 통한 불균형성장체제 등을 통하여 1967~1971년 기간중 연평균 9.6%의 실질소득 증가를 시현시켰던 것이다.

그러나 이러한 체제가 갖는 장점은 점차 소멸되어 가는 반면 문제점이 증폭되면서 경제운용기조의 전환이 요청되기 시작하였다. 이에 따라 CMES 체제는 변화의 조짐이 생겼는데, 1980년대 후반에 풍미하였던 이른바 '경제의 민주화' 요구가 그것이었다. 이러한 변화는 1990년대 들어서면서 '분권화 · 자율화 · 세계화'라는 구호하에 경제구조 및 체질개선 노력으로 이어졌다. 그러나 전술한 바 있듯이 이러한 구조조정 내지 체질개선 노력이 큰 성과를 이루지 못한 단계에서 해외여건이 악화되는 시기와 맞물리면서 외환위기를 맞고 말았던 것이다.

이러한 주장이 심정적으로는 어느 정도 일리가 있어 보이기는 하나, 국제자본의 생리나 행태만으로 위기가 도래하였다고 볼 수 있는 증거는 매우 미약하다. 분명한 것은 이러한 음모가 있었다면 이를 예상하고 또 이에 대처할 능력을 스스로 쌓아 나갔어야 하며, 특히 이러한 가상적 음모가 발생할 여지나 구실을 제공하지 말아야 한다는 점이다. 일단 위기가 표면화될 때, 자본공급자 입장에서는 자신의 투자를 보호하기 위해 최선을 다할 것이고, 그 과정에서 본국 정부나(예컨대, 미국) 국제금융기구 및 기관에 영향력을 행사할 것임은 쉽게 예상된 일이다.

그런데 이상에서 살펴본 견해들은 일단 위기의 빌미를 제공한 보다 원천적인 요인 자체에는 비중을 크게 두지 않고 불운하였던 여건변화나 정책대응의 미숙 또는 심지어 일부 국가 및 집단의 음모 등이 근본적인 원인을 제공한 것으로 보고 있어 논리적으로 설득력이 약하다. 지금까지 제시된 요인들은 당해 국가의 국민경제 자체가 어떤 측면에서든 심각한 문제점이 있지 않으면 이들 자체만으로 위기를 촉발할 수 없는 성격의 것이기 때문이다. 결국 경제위기 발발원인은 국민경제구조 자체의 모순에서 찾아 나가야 할 것이다. 이러한 견해를 **구조적 모순론** 또는 **화산폭발가설**이라 부르기도 한다.

그런데 이 시점에서 주목할 것은 고전적 경제위기모형이 강조하는 이른바 기초경제여건들, 즉 여러 경제지표들로 대변되는 시장의 기본 요인들만으로서는 한국 경제의 위기도래를 설명하기 쉽지 않다는 것이다. 예컨대, 주요 거시경제지표인 경제성장률, 물가상승률, 재정수지, 통화량증가율과 실업률 등이 안정적이었는바, 인플레이션율은 5% 이내로 억제되었고, 정부예산 또한 수 년간 균형을 유지해왔는가 하면, 높은 수준의 저축 및 투자율이 견지되어 왔다. 다만, 경상수지 적자가 지속적으로 발생하는 과정에서 교역조건 등이 악화되는 추세가 완연해지고 있었다. 그러나 경상수지 적자규모는 1996년 말까지 약 10년간 GDP의 5% 이상을 넘지는 않았고 더구나 1996년에 OECD 회원국이 되면서 세계 11대 교역국으로 그 위상이 제고되는 시점에 있었는바, 거시지표만 가지고 갑작스러운 대규모 위기를 예측하기는 힘들었다. 바로 이러한 이유 때문에 앞서 살펴본 위기발생 원인에 대한 다양한 견해가 제시된 측면이 있다. 그러나 결국 한국 경제의 위기는 보다 본질적이고 내재적인 구조적 취약성에 있었기 때문에 쉽게 간파할 수 없었던 것이라 보아야 할 것이다.

결론적으로, 한국 자본주의 경제가 하루아침에 IMF 관리경제체제로 전락하게 된 근본원인은 무엇보다 중앙집권적 관리자본주의 체제에 내재해 있었던 폐해에 있다고 할 수 있다. 주지하는 바와 같이 경제개발 초기 중앙집권적 관리자본주의 체제는 자본주의 경제발전에 필요한 거대자본을 축적하고 이를 효율적으로 활용하는 데 유용성을 지니고 있었다. 하지만 경제체제는 시대여건과 경제환경 변화에 따라 수정 · 진화해 나가야만 체제 내의 경제활력을 유지할 수 있게 된다. 중앙집권적 관리자본주의 체제 역시 1980년대부터 이의 변화 필요성이 대두되었지만 실제적인 변화는 이루어지지 못하였다. 이것이 결국 한국 경제의 활력을 크게 위축시키는 요인으로 작용한 것이다.

중앙집권적 관리자본주의 체제에 의한 경제운영은 규제 위주의 행정, 독점적 인 · 허가권 남용, 인적 자본 및 기술에 대한 투자미흡 등의 결과를 초래하였다. 이와 같은 경제운영은 우선 경제 · 사회 내에 정경유착, 사회기강 해이, 부패 창궐과 같은 부작용 속에서 재벌 위주의 경제운영을 이루게 하였고, 이것이 기업들 간의 경쟁적 과잉 중복투자와 과다차입을 유발하여 대기업들의 연쇄부도와 도산을 초래하였다. 또한 정부의 금융기관 장악은 금융부문의 자율적 기능을 마비시켰고, 정부 중심의 경제운영은 경제관료들의 안일무사한 낙관주의적 관리행태를 만연하게 하였다. 특히, 관리들의 무사안일식 경제운영은 때때로 법과 제도의 원칙을 벗어나 경제문제 해결을 더욱 어렵게 하는 경우도 발생시켰다.

이러한 병폐들은 결국 우리 경제를 고비용 · 저효율로 인해 경쟁력이 급격하게 저하된 상태로 전락시키게 되었다. 이에 따라 국내의 경상수지 적자가 크게 누적되고, 이를 해외단기차입으로 메우는 과정에서 동남아 외환위기가 촉발되었을 때, 이러한 대내외 경제여건 변화에 정부는 제대로 적응하지 못하였고, 결과적으로 우리 경제의 대외신인도가 급속히 하락함으로써 우리 경제는 외환위기에 봉착하

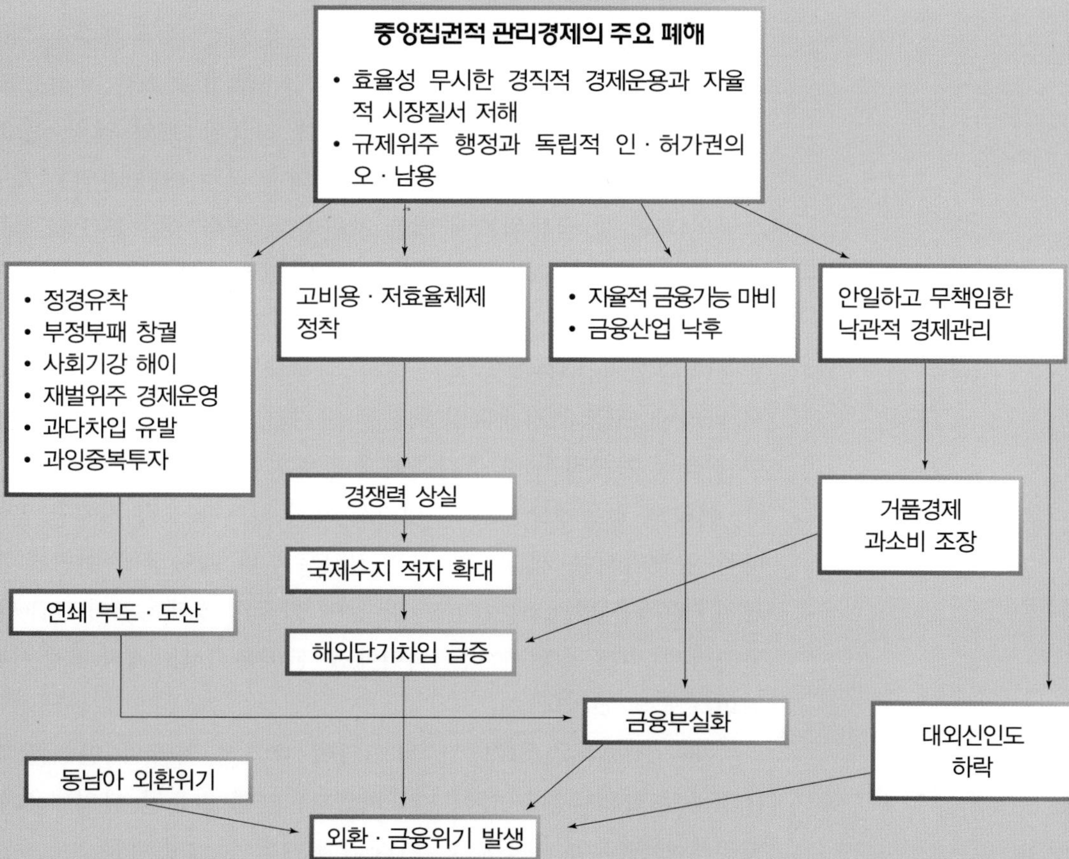

그림 25-1 한국 경제위기의 원인

고 말았던 것이다.

04 IMF 경제체제의 내용과 의의

(1) IMF 구제금융의 내용

정부와 국제통화기금(IMF)은 1997년 12월 3일에 IMF(210억 달러)와 세계은행(IBRD, 100억 달러), 아시아개발은행(ADB, 40억 달러)과 같은 국제기구, 그리고 미국·일본 등의 주변국 협조융자(약 230억 달러)를 포함하여 총 580억 달러 수준의 긴급자금지원에 합의하였다. IMF의 대기성 차관은 원래 수요국의 일정 기간 내 국제수지 개선을 기본 목적으로 하는 것이나, 최근에는 금융위기 해소를 목적으로 공여되고 있다. 특히, 1997년 8월 태국에 지급된 39억 달러, 1997년 10월 인도네시아에 공여된 101억 달러와 한국에 대한 지원은 개발도상국의 외환 및 금융위기에 대한 지원이다. 이와 같은 IMF의 특별신용은 IMF와의 협상을 통한 경제정상화 프로그램의 제시 및 이행을 공여조건으로 한다. 이 프로그램의 추진실적 및 이행 여부에 따라 지원금이 분할지급되는 것이다. 멕시코, 태국, 인도네시아 등의 사례에서 나타난 IMF 조정계획의 핵심은 단기간 내의 국제수지 개선을 위한 긴축적 거시정책 및 즉각적이고 광범위한 금융산업 구조조정이었다. 한국의 경우에도 IMF의 대기성 차관 및 구조조정 지원금 공여에 따른 양해각서를 제출하여 향후 IMF로부터 경제정책 전반에 걸친 감시 · 감독을 받게 되었다. 이와 같이 한국의 경제운영이 IMF의 권고조항에 의해 실현된다는 의미에서 한국은 'IMF 경제체제'시대에 직면하게 된 것이다.

한국 정부는 1997년 12월 5일에 대기성 자금의 인수를 위한 IMF와의 합의내용을 공식 발표하였다. 이때 발표된 합의내용은 거시정책, 금융부문 구조조정, 기타 구조개혁 등 3개 부문으로 구성되어 있다. 거시정책부문은 거시경제목표, 통화 및 환율정책, 재정정책 등 3개 분야로, 금융부문은 금융개혁법안과 금융기관 구조조정 및 개혁조치, 그리고 기타 구조개혁부문은 무역자유화, 자본자유화, 기업지배구조 및 기업구조조정, 노동시장 개혁, 정보공개 등으로 각각 구성되었다. IMF가 권고하고 한국 정부가 양해한 경제정책 프로그램의 목표는 크게 세 가지이다.

첫째, 외환보유고를 높이고 긴축통화와 재정긴축을 통해 물가상승 압력을 막으면서 경상수지를 적절히 조정할 수 있는 강력한 거시경제틀을 만드는 것이다.

IMF의 대기성(STAND-BY) 차관

이는 단기적인 국제수지 악화를 겪고 있는 회원국이 IMF와 협약을 하고 이 협약의 준수조건으로 자금을 융자해 주는 것으로, IMF와 대상 회원국과의 협약을 IMF와의 스탠바이협약이라 한다.

둘째, 금융분야의 구조조정과 자본확충을 꾀하고 금융분야를 보다 투명하고 시장 중심적이며 감독이 잘 될 수 있도록 하는 포괄적인 전략을 수립하는 것이다.

셋째, 기업들이 금융기관들의 단기채무에 과도하게 의존하는 비율을 줄여 경제의 위험을 더욱 분산할 수 있는 조치를 취하는 것이다. 이와 관련된 향후 경제정책 프로그램은 12월 10일에 공개된 IMF 극비문서에 양해각서, 의향서, 한국 경제 극비보고서 등에서 보다 구체적으로 제시되었다.

합의서에 내포되어 있는 IMF가 한국 정부에 요구하는 경제운영상의 과제를 살펴보자.

첫째, 저성장기조 유지이다. 경제성장은 국민총생산의 증대를 의미하므로 성장률이 낮아지면 총가용자원이 적어지고 후생증대도 둔화된다. 그럼에도 불구하고 IMF가 경제성장률을 하향조정하도록 강력하게 권고하는 이유는 경제성장률이 낮아지면 수입증가율도 둔화되기 때문이다. 따라서 성장률이 낮아지면 단기적으로는 경상수지가 개선되어 지원받은 금융에 대한 상환능력은 경제성장률이 높을 때보다 커지는 것이다.

둘째, 재정지출의 억제 및 세수증대이다. IMF는 우리나라가 1998년도 예산을 긴축기조하에 편성하였음에도 불구하고 세출규모의 10% 추가 삭감과 증세조치, 그리고 공기업 민영화를 요구하였다. 정부부문의 지출이 국민총생산의 주요 항목 중 하나이므로 재정규모의 축소운용은 경제성장률을 낮출 수 있기 때문이다. 세율인상 등을 통한 세수확대는 정부의 지불능력 제고와 함께 가처분소득의 감소를 통해 민간소비를 위축시켜 성장률을 낮추는 이중의 효과를 가진다.

셋째, 긴축금융의 운용이다. IMF는 우리나라가 15~20% 수준에서 유지해 오던 통화증가율을 1998년에는 13% 이내에서 억제하도록 요구하였다. 금융긴축은 총수요억제와 물가안정에 기여하여 수출을 증대시키는 반면 수입을 억제하는 효과를 가지며 이자율의 상승으로 귀결되어 투자가 위축되는 효과로 나타나게 된다.

넷째, 금융시장 개방의 가속화 및 투명성 제고이다. IMF는 부실금융기관의 정리 등 금융시장 구조개편과 금융관행의 개선, 그리고 외국인 주식투자 한도의 대폭 확대 및 단기채권시장의 개방도 요구하였다. 금융시장의 개방폭이 확대되고 투명성이 확보되면 외국자본의 유입이 용이해져 자본수지가 급격히 개선될 수 있는 것이다.

IMF가 구제금융을 제공하면서 국내경제정책에 대해 개입하는 이유는 채권자로서의 권리를 확보하자는 것이라 할 수 있다. 즉, 선진국의 금융관행처럼 채권자로서 제공한 지원금을 조기에 회수할 수 있도록 관리하는 것이 절대적으로 필요하다는 논리이다.[3] 더욱이 IMF는 회원국들의 출자로 형성된 자금을 운영하는 기관이기 때문에 여타 회원국들의 지원요구에 신속하게 대응하기 위해 대출금의 조기 상환을 적극적으로 추구하고 있다. 따라서 정책개입은 국제수지의 개선을 통한 대외지불능력의 제고에 중점을 두게 된다. 국제수지의 개선은 실물경제부문에서의 경상수지 적자폭의 축소와 금융시장 개방 및 금융개혁을 통한 장·단기 자본유입의 확대로 구분해 볼 수 있다. 따라서 IMF는 구제금융 지원조건으로 1998년 우리나라의 경상수지 적자를 GDP의 1%, 즉 50억 달러 이내로 축소하도록 요구한 것이다. 그리고 실물경제부문에서는 확대균형을 통한 지불능력의 확보보다는 목표달성이 상대적으로 용이한 축소균형을 지향하고 있는 것이다.

(2) IMF체제의 평가와 의의

한국 경제의 구조개혁에 대한 당위성은 이미 IMF체제 이전부터 인식되어 온 것이다. 국내산업의 대부분이 개도국의 추격과 고비용·저효율로 이미 한계상황에 봉착해 있었다. 또한 21세기를 앞두고 무한경쟁시대에서 살아 남는 방법은 경제구조 개혁을 통한 국가경쟁력 강화뿐이라고 경제 내부에 공감대가 형성되고 있었던 것이다. 그러나 각 경제주체들이 개혁에 따르는 고통감수를 회피함으로써 그 추진은 매우 미흡하였다. 우선 각 경제주체들이 스스로 개혁대

❸ 그러나 IMF가 구제금융 공여대가의 일환으로 5대 시중은행 중 하나는 미국계에, 그리고 또 다른 하나는 유럽계 금융기관에 매각할 것을 조건으로 삼은 것은 단순한 채권자로서의 권리확보 이상의 무리한 요구였다. 더구나 제일은행을 인수한 New Bridge Capital은 금융기관이라기보다는 국제투기자본에 불과하고 인수가격 또한 16조 원에 달하는 공적 자금 투여를 통해 실질적 부실을 벗어난 은행을 단 5,000억 원(1주당 5,000원씩 1억 주)에 낙찰시킴으로써(그것도 인수 전 대출이 부실해지면 정부가 대신 손실을 부담하는 풋백옵션까지 제공함), 위기에 빠진 약소국의 금융자산을 헐값으로 강탈하였다는 비난을 받기도 하였다(인수 2년 후 주식시장에서의 시장가치는 최소한 2배 이상으로 평가됨).

한편, 유럽계 금융기관에 인수시킬 예정이던 서울은행의 경우에는 HSBC가 우선 협상대상자로 지정되어 인수작업이 진행되었으나, New Bridge Capital의 제일은행 인수조건에 준하는 제반 요구사항이 관철되지 않자 인수를 포기해 버렸고, 결국 2003년에 하나은행에 의해 인수되었다.

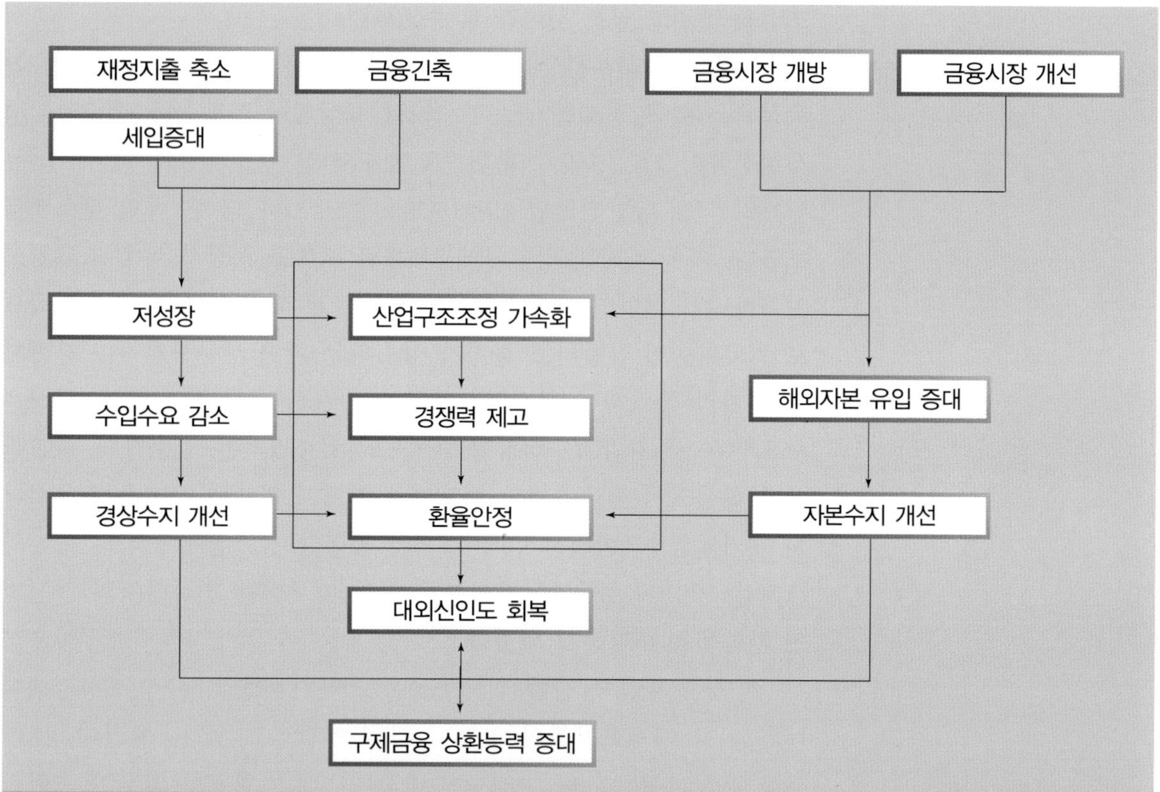

그림 25-2 IMF의 정책목표와 수단

상이 되는 것을 회피하였으며, 정부의 경제구조조정에 대한 의지와 전략도 불분명하였다. 이러한 상황하에서 추진하게 된 IMF 구조개혁은 외부의 강요에 의한 것이긴 하지만 한국 경제의 개혁을 위해 불가피한 것이라 할 수 있다.

IMF와의 합의서는 경제상황의 변화에 따라 여섯 차례에 걸쳐 거시경제목표와 정책방향에 대한 보완작업을 하고 있지만 기본적으로 긴축재정 · 금융정책 채택, 자유변동환율정책 채택, 전반적인 금융구조조정과 개혁, 산업구조와 기업지배구조 개혁, 전면적인 자본자유화, 그리고 수입선 다변화 정책의 폐지 등의 정책처방을 포함하고 있다. 그러나 이러한 IMF체제하의 구조개혁은 한국 경제 전반의 구조적 문제점을 종합적 · 체계적 · 근본적으로 해소하는 것이 아니라 부분적 개혁성격을 지니고 있는 것이며, 어디까지나 외환위기의 단기적 극복과 외환시장의 안정 그리고 외채의 원활한 상환 등에 정책의 초점을 맞추고 있는 것이라 할 수 있다.

그런데 '부실부문 제거와 수익성 확보'를 위해 권고된 급속한 긴축정책은 한국 경제를 급속한 경기침체상태에 빠뜨렸다. 1998년 경제성장률이 -6.7%를 기록함으로써 극심한 정치혼란과 제2차 석유위기로 인해 유발되었던 1980년의 -2.1%보다 더 큰 폭의 감소세를 보였다. 이에 따라 실업률이 6.8%대로 고용통계 작성 이후 최고치를 기록하면서 실업인구가 150만 명에 이르게 되었다. 또한 외환부족으로 원화환율이 급등하고 물가가 상승하는 한편 부동산가격이 하락하고 주가가 폭락하여 국내자산가치가 폭락하였다. 이와 같은 현상은 수요부족→투자감소→성장률 저하→실업증가라는 악순환의 연관관계가 형성되어 국내경제의 성장기반 자체가 와해될 것이라는 우려마저 제기되었다. 이러한 한국 경제의 극심한 경기침체에 따라 정부와 IMF는 1998년 2월의 4차의향서 협의 때부터는 긴축정책의 점진적인 완화책을 추진하게 되었다.

한국 경제의 극심한 침체현상을 초래한 IMF의 구조조정정책에 대한 외국 경제학자들의 평가는 서로 엇갈리고 있다. 예컨대, IMF 부총재인 피셔(Stanley Fisher), 미국 연방준비위원회 의장인 그린스펀(Alan Greenspan)과 같은 학자들은 IMF 프로그램은 단기적으로 한국의 외환위기를 극복하는 데 도움을 줄 뿐만 아니라 한국 경제의 구조개혁을 위해서도 필요한 것으로 보고 있다. 그러나 삭스(Jeffrey Sachs), 펠드슈타인(Martin Feldstein)과 같은 학자들은 IMF 정책이 각국의 특수성을 무시하고 긴축일변도의 정책을 추구함으로써 각국의 경제문제를 더욱 악화시키고 있다는 부정적 입장을 지니고 있다. 이들 학자 외에도 IMF 내지 선진국의 역할과 관련하여 비판적 견해

BIS 자기자본비율

BIS(Bank for International Settlement)는 스위스 바젤에 있는 국제결제은행을 말한다. BIS 자기자본비율이란 BIS가 설정한 은행의 자기자본을 위험가중자산으로 나눈 비율을 말한다. 위험가중자산이란 은행자산을 거래 상대방의 신용위험도에 따라 0~100%의 위험가중치를 차등 부여하여 산출한 것이다. 이 비율이 높다는 것은 해당 은행의 자본충실도 및 자산건전성이 우수함을 의미한다. BIS는 이 비율을 회원국에 대하여 1992년 말부터는 8%를 유지하도록 하고 있다. 우리나라의 경우에 이 비율을 준수할 의무는 없으나 국제금융시장에서의 신인도 제고, 경영위험의 효율적 관리, 은행감독면에서의 국제협력 강화 등을 위하여 1992년 7월에 처음 도입하였고, 1995년 말부터는 국제적 기준인 8% 이상을 유지하도록 하고 있다.

가 제기되기도 하였는데, 그 중 일부를 살펴보면 다음과 같다.

1) 토빈(예일대 교수)

지난 1970년대 단기자본의 국제적 이동에 대한 규제를 주장하였던 미국의 토빈 교수는 아시아 금융위기에 대처하기 위해 국제통화기금(IMF)이 취한 조치들은 "경기침체를 통해 경제에 대한 신뢰를 회복시키려는 상호모순된 것"이라고 비판하였다. 1981년 노벨경제학상 수상자인 그는 '토빈세'에 대한 회의론을 반박하며 우선 20개국이 이를 도입한 후 2단계 조치로 IMF나 기타 국제금융기구의 가입조건으로 '토빈세' 도입을 내세울 경우 아무런 문제가 없을 것이라고 주장하였다.

그는 현재 IMF가 위싱턴 전문가들의 의견에 따라 시행중인 금융위기 타개책들은 위기의 희생자들에게 금리인상 등 엄격한 금융정책의 시행을 요구함으로써 "경기의 침체를 통한 경제의 신뢰도 회복"을 겨냥하고 있으며, 이는 고정환율제보다 더 나쁜 '재앙적인' 처방이라고 비판하였다. 토빈 교수는 IMF 등 국제금융기구들이 아시아 국가들에게 위기타개책으로 개방확대를 권고하고 있는 데 대해 "지나친 개방 때문에 위기가 발생한 상황에서 추가적인 개방요구는 도저히 납득하기 힘들다"고 말하였다.

2) 다보스 포럼(스위스 다보스, 1999)

세계경제포럼(WEF) 연차회의에서 주요 발언자들은 미국식 자본주의를 앞세운 세계화와 IMF의 잘못된 위기관리정책 등에 대해 격렬한 비판을 제기하였다. 여기에서 "세계화는 각국의 경제발전단계에 맞추어 다양한 방법으로 추진되어야 한다"고 전제하며, 개발도상국들에게 강요되고 있는 미국식 '신자유주의'는 경제의 사회적 역할이 강조되는 '책임 있는 시장경제'로 전환되어야 한다는 주장들이다. 미국 MIT대학의 돈부시 교수는 "IMF는 경제위기를 해결하기는커녕 잘못된 신자유주의식 처방으로 상태를 오히려 악화시켰다"고 비난하였다. 브라운 영국 재무장관과 칸 독일 재무장관 역시 "미국 금융자본의 논리가 아무런 제한 없이 개도국들에 일방적으로 강요되고 있다"고 비난하고, "기업과 사회의 관계가 재정립되고 경쟁원리와 사회적 이상이 조화를 이루어야 한다"고 주장하였다. 리콴유 싱가포르

선임장관은 "아시아 경제위기에도 불구하고 공동선을 중시하는 아시아적 가치는 존중되어야 한다"며 미국식 시장경제 논리를 정면으로 비판하였다.

3) 스티글리츠(외환위기 당시 세계은행 수석부총재)

스티글리츠 부총재는 그 동안 선진국들은 외자유입 촉진과 금융산업 효율성을 내세워 개발도상국에 끊임없이 자본시장 개방을 요구해 왔지만, 정작 자본시장을 활짝 열어 젖힌 개발도상국들은 선진국의 경제쇼크는 물론 미세한 정책변화에도 국내금융시장이 이리저리 요동치는 어려움을 겪었다는 점을 지적하였다. 특히, 동아시아의 금융위기는 시장개방 과정에서 눈덩이처럼 불어난 단기부채의 위험성을 새삼 일깨워 준 사례이며, 과도한 단기부채는 결국 금융위기를 불렀고 경기침체를 심화시켰다고 주장하였다. 또한 그는 개도국의 단기부채 급증은 리스크 관리의식이 없었던 탓도 있었지만 이를 방치한 선진국의 잘못도 없지 않다는 점을 부각시켰다.

한편, 스티글리츠 부총재는 국제결제은행(BIS)의 자산건전도 산정방식은 오히려 개도국이 단기차입 비중을 늘리도록 유도하였으며, 선진국 금융기관들이 무디스, S&P 등 국제신용평가기관에 지나치게 의존하는 평가방식도 개도국의 금융위기를 증폭시켰음을 지적하였다. 신용평가기관이 개도국의 국가신용등급을 떨어뜨릴 때마다 연기금펀드를 비롯한 선진 금융기관들이 일제히 금융자산을 처분, 위기를 가중시켰기 때문이다. 자본시장 개방은 금융시장의 불안정성을 높이고 금융기관을 시장리스크에 그대로 노출시킴에도 불구하고 선진국들은 그 동안 끊임없이 개도국에 자본시장 자유화를 촉구하면서도 정작 그 부작용에 대해서는 거의 경고하지 않았다는 사실을 아울러 환기시켰다. 특히, 개도국 금융기관들은 돈을 꾸어 간 기업에 대한 정보가 빈약하고 리스크 관리능력마저 뒤떨어져 부실화될 가능성이 높은데다 자본시장 개방에 앞서 효율적인 금융감독 시스템을 정비할 만큼 시간적인 여유조차 갖지 못하였던 사실들은 재음미될 필요가 있을 것이다.

이상과 같은 비판을 근거로 하여 스티글리츠는, 특히 세계경제의 통합 추세가 가속화되고 있는 현실을 감안할 때 개도국의 자본시장 자유화는 철저한 사전준비 속에서 이루어져야 한다는 점과, 개도국에서는 금융체제 감독수단으로 선진국의 자본적정성 기준을 일률적으로 적용할 것이 아니라 각국의 금융환경에 맞는 정책을 적절히 시행해야 한다는 점을 강조하였다.

4) 크루그먼(프린스턴대 교수)

크루그먼(P. Krugman) 교수는 미국과 국제통화기금(IMF)의 아시아위기 대응정책을 강하게 비판하였는데, 그는 주간 『뉴 리퍼블릭』지(1998년 10월 5일)에 실린 기고문 「**신뢰게임**」(confidence game)을 통해 아시아 경제위기에 대처하는 워싱턴의 오류를 조목조목 지적하였다. 그는 미국과 IMF의 아시아 처방이 정통경제이론을 내팽개친 채 투자자들과 벌이는 신뢰게임에 지나지 않는다고 분석하였다. 또 지금의 정책기조는 아시아 경제를 회생시키기는커녕 막다른 길로 더욱 몰아붙이는 결과만 낳을 것이라고 주장하였다.

그의 주장은 자본시장이 잘 발전되어 있지 않고 방어능력이 갖추어지지 못한 개도국에 자본시장을 개방하라고 하는 선진국의 요구는 잘못된 것이며, IMF와 미국의 정책담당자가 걱정하는 것은 아시아의 위기가 아니라 바로 '투기자들의 불안'(fear of speculators)이라는 것이다. 즉, 펀더멘탈 측면에서 유효한 정책이 시장신뢰를 확보하는데 충분한 것이 아니라는 점이다. 지난 4년 동안 멕시코, 아르헨티나, 태국, 한국, 인도네시아, 말레이시아, 홍콩 등 7개국은 1930년대 미국보다 심각한 경기후퇴를 겪고 있는데, 이는 신뢰게임을 하는 동안 거시경제정책이 경기침체를 회복하기보다는 약화시키는 쪽으로 쓰여져 왔기 때문이라고 보았다. 그는 1995년에 IMF와 미국 재무부는 멕시코와 아르헨티나를 대신해서 신뢰게임을 벌여 승리하였으나 이번 아시아에서는 승리하지 못하는 것 같다고 비판하였다.

05 경제위기 극복을 위한 구조개혁의 내용과 성과

IMF 구제금융 이후 김대중정부가 추진한 경제위기 극복방안은 초기의 외환위기 상황을 극복하기 위한 초단기적 대응방안과 이후 전개한 4대 부문 경제개혁정책(금융 · 기업 · 노동 · 공공)으로 요약될 수

표 25-2 4대 경제구조 개혁의 주요 내용

금융구조 개혁	기업구조 개혁	노동시장 개혁	공공부문 개혁
· 부실금융기관 및 부실채권 정리를 통한 금융시스템의 안정 회복 · 자산건정성 기준 강화(BIS비율 준수)와 업무의 효율성 제고	· 지배주주 책임경영 강화 · 재무구조 개선(부채비율 200%) · 계열사 간 상호지급보증 해소 · 기업경영 투명성 제고 · 핵심 사업설정 및 대규모 사업교환과 워크아웃 촉진	· 고용조정제와 파견근로제 도입 등을 통한 노동시장 유연성 제고 · 노사정위원회 출범 및 노사정위원회법 제정 · 대량실업문제 완화	· 정부조직 개편 및 행정조직 간소화, 그리고 경영혁신 · 공기업의 민영화 추진 · 규제완화

있는데 그 주요 내용은 다음과 같다.

4대 구조개혁의 핵심 정책목표는 부실제거와 경쟁력 제고로서 〈표 25-2〉에서 보듯이 단기적으로 시급한 부실요인을 제거하는 한편, 시장기능을 통해 지속적으로 구조조정이 이루어질 수 있는 법과 제도적 장치를 마련하고, 중장기적으로 경제의 투명성 · 효율성 · 공정성 제고로 자율적 시장기능에 의한 경쟁력 강화를 목표로 한 것이라 볼 수 있다. 구조개혁의 주요 내용을 부문별로 보면 다음과 같다.

(1) 금융구조조정

1차적으로 부실금융기관 및 부실채권의 정리를 통한 금융시장의 안정과 건전성 강화를 목표로 수행되었는데, 2001년 8월 말 현재 정리된 금융기관 구조현황은 〈표 25-3〉과 같으며, 퇴출 · 합병된 금융기관은 485개에 달하는데, 특히 부실이 가장 심각하였던 종금사의 경우에는 30개 중 70%에 해당되는 21개가 정리되기도 하였다.

정부는 금융부실을 해결하기 위하여 공적 자금의 투입과 함께 퇴출 · 합병, 외자유치 등을 통해 부실금융기관을 정리하였는데, 회생이 불가능하거나 회생비용이 과다한 부실금융기관에 대해서는 합병 또는 자산 · 부채이전(P&A), 청산 등으로 정리하고, 회생가능한 금융기관에 대해서는 공적 자금을 지원하는 등 조속한 경영정상화를 도모하였다.

정부의 부실금융기관 정리는 당시로서는 불가피한 선택이었다고 볼 수 있는 조치로서 대외신인도 제고에는 기여하였으나 막대한 공

표 25-3 금융기관 구조조정 현황(2001년 8월 말 현재)

금융기관 유형별	총기관수(A) (1997년 말)	정리(B)	정리비율 (B/A)×100	정리내용
은행	33	11	33.3	인가취소 5, 합병 5, 외자유치 1
종금	30	21	70.0	인가취소 18, 합병 3(영업정지 3)
증권	36	6	16.7	인가취소 6
투신	31	7	22.6	인가취소 6, 합병 1
보험	50	13	26.0	계약이전 5, 합병 1, 매각 5, 영업양수도 및 자진철수 2
리스	25	9	36.0	퇴출 9
신용금고	231	78	33.8	인가취소 43, 합병 19, 제3자매각 16
신협	1,666	340	20.4	인가취소 2, 합병 101, 해산 97, 파산 140
총계	2,102	485	23.1	

자료: 금융감독위원회와 유용주 외, 『IMF체제 3년간의 한국경제 변화』, 경제2000-43-0884, 삼성경제연구소, 2000, p. 173에서 재인용.

적 자금이 투입되었음에도 불구하고 2000년 현재까지 부실이 완전히 제거되지도 못하였을 뿐만 아니라, 투입된 공적 자금의 회수가 저조하여 결국 국민의 세부담을 가중시키는 결과를 초래하기도 하였다.

(2) 기업구조조정

1998년 2월 정부는 재계와 합의하에 아래와 같은 '기업구조조정 5대 과제'를 정부주도로 추진하는 기업구조 개혁을 단행하였다.

① 기업경영의 투명성 제고
② 상호지급보증 해소
③ 재무구조의 획기적 개선
④ 핵심 부문 설정
⑤ 지배주주 및 경영진의 책임 강화

그리고 1999년 8.15 경축사에서 기존 5대 과제 외에 그룹경영 형태를 시정하기 위해 3대 보완과제를 추가하였는데, 이들은 ① 대기업의 금융지배 억제, ② 계열사 간 순환출자와 부당내부거래 방지, ③ 대주주의 변칙상속 및 증여 차단 등이다.

(3) 노동구조조정

정부는 IMF 정책권고에 편승하여 1990년대 초반 이후 논의되어 오던 노동시장의 유연화를 본격화시켰다. 즉, 고용조정제도의 조속한 실시 및 근로자파견제 도입 등을 통해 노동시장의 유연성을 제고하기 위한 제도를 정비하였고, 기업도산 등 경제위기상황의 불가피한 결과로 발생하는 대량실업에 대처하기 위해 사회안전망 구축을 아울러 시도하였다. 구조조정 여파로 늘어난 실업에 따라 1998년과 1999년에는 범정부 차원에서 실업대책 수립, 공공근로사업과 실직자 생활안정자금 대부 등을 통해 단기충격을 흡수하는 한편, 고용보험의 확대로 실업기간의 장기화에 대비하기도 하였다.

외환위기 이후 1998년 2월 노사정위원회가 고용조정제와 근로자파견제 도입에 합의하고, 노동법을 개정하고, 급변하는 경영환경에 신속히 적응할 수 있도록 정리해고제를 도입하는 등의 정책을 수립하면서 고용의 경직성이 상당 부분 완화되는 결과가 초래되었다. 따라서 기업은 고용조정을 통해 경영상의 리스크를 회피할 수 있는 수단을 확보하였고, 정부는 근로자파견제도의 법제화 및 직업알선 및 중개관련 제도의 규제완화 등을 통해 고용형태의 다양화를 촉진하고 노동수급기능의 개선을 도모할 수 있는 계기가 마련되었다.

이와 같이 전반적으로 노동시장의 유연성은 높아졌으나 감원, 임금삭감, 체불임금 등으로 인한 갈등이 증폭되면서 노사분규 발생건수가 급증하였다. 또한 비정규직 근로자의 증가와 성과주의 인사제도 확산에 따라 고용구조의 변화가 일어나면서, 예컨대 임금소득의 불평등이 확대되고 중산층의 저변이 위축되는 결과가 초래되었다.[4]

특히, 급증하는 실업자문제를 해결하기 위해 정부는 생산적 복지정책을 통한 사회통합이라는 구호하에 저소득 및 취약계층에 대한 적극적 노동시장정책을 통해 일할 능력이 있는 사람들에게 일자리를 제공하여 자활 · 자립할 수 있는 대응책을 마련하기에 이르렀는바, 고용보험이 확대되고 국민기초생활보장법이 실시되는 성과가 있었다.

❹ 지니계수나 소득5분위별 소득점유율 등은 1998년에 급상승한 후 2000년까지 상승세를 지속하여 소득분배구조가 악화됨을 입증해 주고 있다. 즉, 1997년 지니계수는 0.283이었는데, 2000년 중반에는 0.317로 증가하였고, 상위 20%의 소득점유율도 1997년 4.49에서 2000년 중반에는 5.28로 증가하였다. 그러나 이후 경제가 안정세로 돌아서면서 불평등도는 다소 완화되기 시작하였다.

(4) 공공부문 구조조정

정부는 세 차례에 걸쳐 정부조직 개편(1차: 1998년 2월, 2차: 1999년 5월, 3차: 2000년 5월)을 시도하였으나, 부처 간 이견으로 조직개편의 범위가 당초보다 축소되었고, 그것도 하부기구 위주로 수행되고 말았으며 중앙행정기관수는 오히려 증가하였다.[5] 즉, 김영삼정부시 47개였던 중앙행정기구는 김대중정부에서 54개로 늘어났다. 결국 조직간소화, 기능효율화, 정책프로세스의 효과성 제고 등 정부조직 개편원칙이 일관되게 적용되지 못하였다. 한편, 정부구조 개편과 더불어 재정운용 효율화를 위한 개혁조치가 동시에 시도되었다. 각종 유사기금의 통폐합 내지 축소 및 특별회계 정비를 추진하는 한편, 예산회계법 개정(1999년 2월 5일)을 통한 자율성, 책임성 및 탄력성 제고를 도모하였고, 성과주의 예산제도를 시범도입하기도 하였다(1999년 5월 15일). 그러나 재정운영의 투명성과 안정성 확보노력은 인센티브 부족 등으로 인해 미흡하였다.

한편, 포항제철, 한국전력, 한국통신 등 주요 공기업의 민영화를 추진하는 동시에 전반적인 공기업 민영화의 구체적 일정을 제시함으로써 일부 공기업 매각이 성사되는 등 어느 정도 성과를 이룩하였으나, 민영화 과정은 도덕적 해이 등에 따른 매각지연으로 인해 전반적으로 부진한 편이었다.

(5) IMF 지원과 정책권고 및 한국 정부의 구조개혁 성과

1) IMF체제하 4년의 성과

한국은 2001년 8월 23일 IMF 지원자금을 완전 상환함으로써 공식적으로 IMF체제에서 탈피하였다. IMF로부터 지원받은 195억 달러의 자금을 계획보다 3년 조기상환하였으며, 당초 210억 달러를 지원받기로 하였으나 외환사정 호조로 규모를 축소시킬 수 있었다. 한편, 주요 경제지표들도 IMF체제 이전 수준을 회복 또는 상회하였는바, 경제성장률은 1997년 5.0% 수준에서 1998년에는 -6.7%로

[5] 2000년 8월 말까지 중앙정부에서 감축된 인력은 1만 9,000명이고 지방자치단체에서는 4만 9,000명인데, 이는 1997년 말 인원의 각각 12%와 16%를 차지할 만큼 큰 비중이다. 그러나 이는 당초 계획치인 16%와 19%에는 못 미치는 성과이다. 한편, 하부구조 중 16실 74국(관) 136과가 감축되었으나 중앙조직구조는 기획예산처, 국정홍보처 등이 신설되었고, 대통령 직속기구 3개와 국무총리 직속기구 4개가 증가하였다.

표 25-4 주요 경제지표 추이(1997~2001)

연도	1997	1998	1999	2000	2001
경제성장률(%)	5.0	−6.7	10.7	8.7	2.8*
실업률(%)	2.6	6.8	6.3	4.1	3.7
실업자수(만 명)	55	146	135	90	71*
물가상승률(%)	4.5	7.5	0.8	2.3	4.1
경상수지(억 달러)	−81.5	403.7	244.8	110.4	95.0
주가(p, 기말)	376.3	562.5	1,028.1	504.6	693.7
환율(원/달러, 기말)	1,415.2	1,207.8	1,145.4	1,259.7	1,326.1

주: *는 재정경제부 추정치.
자료: 재정경제부, 『2002년 경제운용』, 2001. 12.

급락하였으나 1999년부터 2001년 기간중에는 연평균 6.5% 수준으로 회복되고, 주가·금리·환율 등 금융지표도 상당 수준 회복되었으며, 외환보유고는 세계 5위 수준에 이를 정도로 확충되었다(〈표 25-4〉 참조). 이러한 실적은 외환위기를 경험한 여타 동남아 국가들과 비교해 볼 때 분명히 차별화될 수 있는 내용이라 할 수 있다. 그러나 2000년 말 이후 경기침체가 지속되고 있고 부실처리가 지연되고 있으며, 공적 자금상환 등 불안요인이 상존하고 있다.

이상에서처럼 IMF 프로그램 및 정부의 대책은 외환확충, 구조조정 등의 성과를 내었으나 과도한 개혁속도, 국내현실과의 부적합성, 성장잠재력 약화 등 악영향도 유발하였다. 즉, IMF는 초기에 긴축과 시스템 개혁을 강하게 요구하였으나 과도한 기업도산(over-kill) 등 부작용이 두드러지자 경기부양으로 방향을 선회하였다. 또한 초고금리정책으로 경제가 극심한 침체를 보이자 IMF는 제4차 협의(1998년 5월)시 금리인하를 용인하였다. 그리고 재정정책도 초기에는 적자를 불허하는 입장이었으나, 1998년 2월부터 경기부양의 불가피성을 인정하면서 적자확대를 용인하기도 하였다.

한편, 한국 정부의 이른바 4대 부문 구조개혁은 전반적으로 외형적 성과를 거두었으나, 자율적 구조조정이나 질적 개선이 미흡한 것으로 평가된다. 특히, 공공부문에서의 구조개혁이 미흡하였고, 여타 부문에서의 개혁 또한 정부주도하에 이루어질 수밖에 없어 이른바 신관치경제시대라는 비판을 받기도 하였다. 결과적으로 경제위기의 근원적 요인인 중앙집권적 관리경제체제(CMES)의 실질적 완화문제는 아직도 요원해 보인다. 결국 구조개혁은 정부주도에서 시장주도로 넘어가는 과정이 순조롭게 정착되지 못한 가운데 일부가 무리하게 추진됨으로써 후유증이 발생하고 말았다.

결국 외환위기 충격이 저금리, 노동시장 유연화 등 새로운 흐름을 만들었고 경제·사회 곳곳에 누적되어 있던 부실과 비효율이 제거되고 시스템이 선진화되는 등 성과가 있었으나, 고도성장을 지탱해 온 기존 시스템이 일방적으로 부정되면서 갈등이 증폭되었고, 잠재되어 있던 각종 모순들이 표출되기도 한 것이다. 일면, 이는 궁극적으로 중앙집권적 관리경제체제를 극복하고 이를 대체 또는 보완할 새로운 경제체제의 정착을 위해 불가피한 과정이라 볼 수도 있다.

2) 공적 자금 부담문제의 부상

여기서 최근 주요 과제로 부상하고 있는 공적 자금 투입문제에 대해 살펴보자. 대규모 공적 자금의 투입은 일단 부실정리에는 상당부분 기여한 것으로 볼 수 있다. 공적 자금이 투입되지 않았을 경우 금융시스템의 불안이 가중되고 부실이 증폭될 수밖에 없었을 것이다. 그러나 공적 자금이 투여된 기업 및 금융기관에 대한 사후관리가 미흡하고 공적 자금 투입금융기관에 대한 부실방지책 마련이나 여신관리능력 제고 등이 제대로 이루어지지 않아 추가부실이 발생하고, 이는 다시 공적 자금의 추가투입을 불가피하게 하는 문제를 야기하였다. 특히, 워크아웃 기업에 대한 자금지원의 경우 강력한 구조조정이 이루어지지 못한 채 경영진 등에 의한 자금전용이나 퇴직금 과다지출 등의 도덕적 해이가 빈번하게 발생하였다.

06 외환위기 이후 10년과 국제금융위기의 도래

노태우정부가 세웠던 제7차 5개년계획 대신 신경제계획으로 대체시키면서 자율화, 분권화, 그리고 세계화(개방화)를 주창하였던 김영삼정부는 이전의 거시목표 위주 경제개발방식을 지양하고 여건개선지표 위주의 경제계획을 추진하는 변화를 시도하였다. 그리고 금융실명제와 토지실명제의 도입, 지방자치제 확대, 금융자율화 확대 및 대외개방 확대 등의 성과를 거두기도 하였지만 경제운용의 미숙으로 고비용 · 저효율체제를 초래함으로써 결국 1997년에 이르러 외환위기를 초래하고 말았음은 전술한 바 있다.

외환위기 발발시 들어선 김대중정부는 IMF로부터 구제금융을 받는 대신 의무이행조치 사항을 준수해야 하는 부담을 갖고 출범하였다. 물론 한국은 부과된 의무이행이란 수동적 대응에 그치지 않고 이른바 4대 구조개혁, 즉 기업 · 금융 · 노동 및 정부부문에의 강력한 구조조정을 단행하여 일단 2000년 말경에는 위기상황으로부터 탈출하는 성과를 거두기도 하였다. 한편, 2001~2002년에는 생산적 복지 개념에 근거하여 형평과 효율성을 동시에 추구하려는 노력을 시도하였으나 큰 성과는 없었다.

2003년 들어선 노무현정부는 균형과 참여 그리고 복지라는 정책기조를 천명함으로써 김대중정부에서 시작된 형평과 복지를 강조하는 노선을 계승하였다. 결과적으로 민생안정과 복지구현 목표실현에 상대적으로 많은 노력이 경주되었고, 균형발전을 위한 분권화와 신행정수도 건설 등이 추진되기도 하였다. 그러나 노사 간은 물론 다양한 이익단체집단 간의 대립 및 과도한 시민단체 출현에 따른 계층 간의 갈등이 증폭되면서 경제는 참여정부 내내 침체 속에 빠지고 말았으며, 양극화 현상이 심화되고 형평마저 개악이 되는 결과가 초래되었다.

이와 같은 경기침체의 장기화는 국외적으로 WTO의 등장에 따른 세계화의 확대와 무한경쟁으로 국제경제질서가 선진국 위주로 개편된 점, 중국 경제의 급부상에 따른 경쟁격화, 그리고 지속적인 고유가 추세 등에 연유하는 바 크다. 그러나 그보다는 노사 간 갈등심화와 고임금현상에 따른 고실업현상, 만혼 및 출산기피현상에 따른 노동력 감소 추세, 그리고 부동산가격의 불안정 등으로 인한 국내 공급측 요인으로 성장잠재력이 크게 저하된 데 연유하는 바 크다 할 수 있다. 엎친 데 덮친 격으로 투자수익률 저하 및 주가하락으로 인해 투자 및 소비가 위축되면서 경기침체가 장기화되는 결과가 초래되었다.

물론 경제가 성숙기에 이르면 출산기피현상이나 투자수익률 하락 추세, 그리고 고임금체제의 도래나 사회복지지출 증대 등으로 성장률이 둔화되는 것이 일반적 추세라 할 수도 있다.

그러나 이는 연구개발투자의 확대, 교육개혁, 규제완화 및 기업구조조정 촉진 등을 통한 기술혁신 및 기업경쟁력 강화를 통해, 또는 탁아 및 보육서비스 그리고 출산휴직 보장 등을 통한 출산환경 개선 정책 등으로 완화시킬 수도 있는 것이라 할 수 있다. 물론 노사관계 안정 및 실업구제에 대한 적절한 정책의 도입과 소득불평등을 완화할 수 있는 제도의 개선 등도 주요 정책 고려사항이 될 것이다.

이토록 어려운 여건하에서 10년간 진보세력에서 보수세력으로의 회귀를 표방한 이명박정부가 2008년에 들어섰다. 이명박정부는 이념과 규제보다는 시장을 중시하겠다는 원칙하에 작고 일 잘하는 정부, 그리고 말보다 실천 또는 이념보다는 실용을 강조하는 경험적 실천주의를 천명하였다. 그러나 구시대적 경제개발논리에 가까운 7·4·7정책이나 대운하계획 등에 지나치게 집착하면서 추진동력을 상실하게 되었다. 더구나 국제금융위기가 도래하는 과정에서도 환율의 인위적 상승을 통한 수출증대를 시도하는 등 시대에 뒤떨어진 정책 패러다임에 연연하는 과오를 범함으로써 시장의 신뢰를 상실하였고, 결과적으로 여타국에 비해 혹독한 시련을 겪게 되었다.

주지하는 바와 같이 이명박정부가 들어선 시기를 전후하여 한국은 수출과 내수산업 간, 산업 간(예컨대, 중화학과 경공업, IT와 비IT, 제조업과 서비스업), 그리고 기업 간(예컨대, 대기업과 중소기업, 우량기업과 비우량기업, 수출기업과 내수기업) 양극화 현상이 극심해졌고, 결과적으로 고용 및 소득의 양극화가 심화되는 여건에 처해 있었다. 이러한 시기에 엎친 데 덮친 격으로 밀어닥친 미국발 국제금융위기는 한국경제를 다시 한 번 난국에 빠뜨리게 되었다. 결국 1997년 외환위기 이후 처음으로 2009년 1/4분기 들어 마이너스 성장을 기록하고 말았다.

이러한 위기상황은 물론 국제적 금융위기로 인해 촉발된 것이기는 하지만 자체적 문제가 어려움을 가중시키는 구실을 제공한 것으로 분석되고 있다. 방만한 유동성 관리와 은행 재무구조의 건정성 악화, 그리고 중소규모 조선 및 건설분야의 과도한 투자 등이 맞물려 있었던 것이다. 그러나 이에 대한 대응은 사후적이라기보다는 선제적 성격을 띠고 있어 일사분란하게 추진되기 어려웠고, 1997년 외환위기 때와는 달리 독자적 노력만으로는 탈피하기 불가능하다는 애로가 있었다. 결국 자국의 금융산업 붕괴를 막기 위해 국내에 들어와 있던 외자가 대규모로 그리고 지속적으로 빠져나가면서 환율이 폭등하고 주식 및 부동산가격이 폭락하는 결과를 초래하게 되었다.

정부는 금융기관 부실화와 금융경색을 막기 위해 국제유동성 확보와 국내유동성 공급의 확대 및 금융기관 체질개선, 그리고 실물부문의 구조조정에 착수하게 되었고, 실물부문으로 전이된 경기침체를 완화하기 위해 이자율 하락 등과 같은 금융정책과 감세 및 정부지출 증대, 그리고 신규 일자리 창출 및 사회안정망 확충 등과 같은 재정정책을 마련하였다.

그러나 이상과 같은 대응책들은 기본적으로 대증요법적 특성을 가진 것으로 증상을 해소 내지 완화시키기 위한 단기적 처방에 불과하다. 따라서 작금의 위기를 극복할 수 있는 보다 장기적인 대응방안이 마련될 필요가 있다. 예컨대, 금융규제 및 감독제도의 보완, 그리고 구조조정을 통한 체질개선과 금융기관 건전화는 물론 녹색성장과 신성장동력 산업의 육성, 성장잠재력 확충을 위한 여건개선 및 투자의 확대, 그리고 양극화 해소 및 사회안정망의 확충 등을 들 수 있다.

07 한국 자본주의의 새로운 발전전략

(1) 전통적 개발국가모형과 중앙집권적 관리경제체제의 한계

20세기 후반기에 한국 경제는 그야말로 획기적인 경제발전을 이룩하였다. 고도성장을 제1의 목표로 삼고, 이의 달성을 위해 정부가 경제발전에 관한 계획 및 실행을 직접 주관하는 이른바 중앙집권적 관리경제체제(CMES)를 구축하게 되었던 것이다. 그런데 이러한 체제는 일사불란한 경제운용을 통해 인류역사상 전무후무할 만한 양적 성장을 가져다 준 동시에, 그 과정에서 배태된 구조적 모순이 증폭되면서 20세기를 마감하는 시기에 외환·금융위기를 겪게 되었다. 결국 전통적인 정부주도형 경제발전방식의 한계가 명명백백하게 노출되면서 가장 효율적인 것으로 평가되던 한국의 경제운용방식은 결국 저효율과 고비용만을 초래하는 지극히 비효율적인 운용체계로 전락하고 말았다.

예컨대, 국가의 과도한 경제개입은 시장경제의 고유한 창의력과 순발력을 저하시키는 역기능을 내재하고 있었다. 신규 투자, 기술개발과 같은 주요한 기업 차원의 의사결정조차 국가의 정책적 조정과 지원에 타율적으로 의존하게 된 결과 기업체질의 약화가 초래되었으며, 각 경제주체들 역시 경제문제들을 자율적 경제행위에 의해 해결하기보다는 국가에 전적으로 위탁하는 타율성을 보이게 되었던 것이다. 더구나 이와 같은 과도한 국가에 대한 의존성은 정경유착에 의한 특혜와 부정부패를 유발하여 사회 전체의 효율성을 저하시킬 위험성을 항상 내포하고 있었던 것이다.

국가주도형 산업화는 경제규모가 일정 수준을 넘어선 경우에는 그 효율성이 저하될 수밖에 없다. 경제규모에 대한 국가의 경제통제능력에는 일정한 한계가 있기 마련이며, 이를 초과할 경우에는 국가에 의한 자원배분효과가 시장기구에 의한 자원배분보다 비효율적인 것이 될 수밖에 없다. 그리고 한정된 자원을 정부주도로 배분하는 과정 역시 비효율성과 불공평성을 초래할 개연성을 항상 갖고 있는 것이어서 결국 경제외적 요인에 근거하여 선택된 몇몇 기업들만 특혜를 향유하게 되었던 것이다.

특히, 중앙집권적 관리자본주의하에서 정부는 이러한 정책목표들을 관치금융을 통하여 추진하였는데, 이는 고도성장이란 한국 경제의 긍정적 성과의 주 동력임과 동시에 대내적 불균형이라는 한국 경제의 구조적 문제점을 낳은 주 요인으로 작용하였다. 또한 원리금 상환의 지불이 국민의 조세부담으로 전가되기도 하였고, 특혜를 입은 소수의 대기업집단에게로 경제력이 집중되는 부의 편재현상을 낳기도 하였다. 이러한 관치금융은 금융기관 자체의 수익성 분석에 기초한 대출기능을 키우지 못함으로써 금융기관의 부실화뿐만 아니라 자원배분의 비효율성을 초래하는 기본 요인으로 작용하는 것이었다. 또한 합리적 투자원칙에 기초하는 것이 아니라 정부의 특혜성 지원에 의한 무리한 기업확장은 결국 기업의 수익성을 악화시키고 파산의 길로 내몰았다.

결국 '외환위기'를 기화로 초래된 한국 자본주의의 위기는 생산력 기반의 붕괴보다는 이러한 경제운영 주체들의 '제도실패'에 근본 원인이 있는 것으로 평가할 수 있다. 이를 보다 구체적으로 살펴보면, 첫째 '정부실패'를 들 수 있다. 경제규모가 확대되고 구조가 다양화됨에도 불구하고 규제를 통한 개입과 지시 위주의 정부주도 경제운영이 지속되어 경제운영의 효율성이 크게 저하된 것이다. 특히, 정부주도 경제운영의 지속으로 관료주의가 고착되어 정책당국의 전문성이 저하되고 선별기능과 합리적 조정기능이 취약해진 점도 정부실패의 원인이라 할 수 있다.[6] 이러한 정책운영능력의 취약성이 결국 외환관리의 실패로 귀결된 것이라 할 수 있다.

둘째는 '금융실패'이다. 관치금융이 금융기관의 기업성을 상실하게 한 것이다. 담보 위주의 대출관행과 심사기법의 낙후로 기업의 무리한 투자경영에 대한 견제가 이루어지지 못한 것이다. 또한 정부의 규제와 보호하에서 책임경영이 이루어지지 않아 경영합리화보다 외형증대에 주력하여 금융기관의 건전성과 수익성이 선진국의 절반 수준 이하에 머물게 되었다. 이에 따라 금융기관의 부실화가 장기간 지속되었으며, 이것이 기업도산과 맞물려 금융기관의 도산으로 연결되는 연쇄효과가 발생하였다.

셋째는 '기업실패'이다. 기업들은 이전의 선별적 자금지원에 의한 차입경영 관행에 익숙하여 외형 위주의 경영형태를 유지해 온 것이다. 외형 위주의 경영은 비효율적인 자본투자와 높은 금융비용 부담을 초래하여 기업의 경쟁력을 약화시키는 근본요인으로 작용하게 되었다. 또한 과다한 차입경영은 기업과 금융기관의 대외차입 증가요인으로 작용하여 외환관리의 어려움을 가중시키는 것이 되었다. 이처럼 한국 자본주의 경제의 어려움은 근본적으로 경제운영체제의 근본적 변화가 미흡한 데서 비롯되는 것이라 할 수 있다.

더욱이 한국의 자본주의 체제는 세계경제체제가 하나의 시장으로 변하는 세계화 현상에 의해 더욱 무력화되고 있다. 국경을 초월한 생산요소의 이동을 바탕으로 완전한 시장경제원리에 의해 작동되는 세계화 시대에 전통적인 정부주도의 경제정책이란 그 효과를 얻기 힘들기 때문이다. 21세기 미래 자본주의 사회가 지식사회로 변화해 가는 것 역시 정부주도의 경제운영방식에 대전환을 요청하고 있다. 외환위기라는 중병을 앓고 난 한국 경제가 나아가야 할 새로운 좌표의 모색이 시급한 때이다.

그러나 이러한 좌표의 모색과 이에 근거한 새로운 발전전략의 추진이 지리멸렬해지면서 결국 2008년 국제금융위기 발발시 경쟁상대

[6] IMD보고서에 의하면 한국 정부의 경쟁력은 1993년부터 매년 하락하기 시작하여 1997년 현재 조사대상국 46개국 중 32위, 그리고 1999년에는 41위까지 떨어졌다. 그러나 구조개혁정책의 성과가 가시화되면서 2001년에는 조사대상국 49개국 중 28위로 순위가 상승하였다.

국에 비해 혹독한 시련을 겪게 되었다

(2) 새로운 국제환경과 미래지향적 발전전략의 모색

한국 경제가 IMF 관리체제하의 경제로 전락한 사실은 커다란 충격과 시련임에 틀림이 없다. 그러나 이로 인해 추진될 수 있었던 구조개혁 과정을 고려할 때 이는 오히려 새로운 도약의 계기를 만들어 줄 수 있는 좋은 기회가 될 수 있다고 본다. 1980년대 이후 줄기차게 중앙집권적 관리경제가 갖는 구조적 모순을 조속히 타파하고 새로운 시대에 걸맞는 방향으로 구조조정이 필요하다는 견해의 피력이나 요구가 줄기차게 제기되었음에도 불구하고, 재벌기업과 관료 그리고 심지어는 1980년대 이후 힘을 갖게 된 노조집단들 간의 이해대립으로 인해 경제구조 개혁은 지지부진한 상태에 머물고 말았던 것이다. 결국 외환·금융위기를 맞고서야 이른바 4대 구조개혁이 일정 수준 진행될 수 있었고, 그에 따라 경제도 회생되는 기미를 보이게 되었다. 그러나 2008년 이후 겪고 있는 국제금융위기에 직면하면서는 이렇다 할 대안의 마련과 추진이 제대로 이루어지지 못하고 있다. 차후 한국 경제의 과제는 작금의 위기를 기회로 삼을 수 있는 구조개혁을 보다 철저히 수행함과 동시에 국내외 여건변화를 고려하면서 미래를 선도해 나갈 새로운 발전전략을 모색해 나가는 것이라 할 수 있다.

1) 대내외 여건의 변화

20세기는 한 마디로 말해서 미국 중심의 이른바 팩스 아메리카나(Pax Americana)시대라 할 수 있다. 그러나 대립적인 정치·경제 이념과 체제와의 냉전구도로 점철된 시기이기도 하다. 미국 경제의 호황과 체제 간의 대립은 후진국에 대한 호의적인 경제지원과 혜택을 제공할 수 있게 하였다. 그러나 20세기 후반에 들면서 미국 경제의 상대적 위상이 저하되자 교역대상국에 대한 통상마찰이 격화되었고, 이는 곧 미국 중심의 신보호주의의 대두와 새로운 다자 간 협상의 요구로 이어졌다. 1990년을 전후하여 소비에트연방 및 동구권 경제의 몰락과 체제전환이 진행되며 우루과이라운드(UR)를 통한 미국측 요구는 더욱 강렬해졌는데, 결국 1994년 UR가 타결되면서 GATT를 대체하는 WTO체제가 성립되기에 이르렀다. 이에 따라 세계는 농산물과 서비스시장 개방은 물론 지적재산권 보호에 이르는 새로운 국제경제규범을 제정하게 되었다. 결국 세계는 관세 및 비관세장벽을 최소화하면서 전통적인 국경의 개념이 쇠퇴하였고, 이에 따른 세계화는 이른바 무한경쟁이라는 극단적 경쟁시대를 열어 나갔다.❼

뿐만 아니라 자본이동의 자유화 등 생산요소 자체의 이동이 보다 수월해지면서 기업들 또한 초국적화되기에 이르렀다. 세계 전체를 대상으로 하는 무한경쟁시대를 맞아 각국의 기업들은 생존을 위한 자체적 노력은 물론 M&A 등을 통한 경쟁력 제고를 도모해 가고 있다. 또한 상대적으로 국가경쟁력 저하를 해소하기 위한 노력의 일환으로 금융산업 위주의 구조조정을 주도하였던 미국이 결국 과잉유동성과 느슨한 규제로 인한 거품이 비우량부동산 담보대출(sub-prime mortgage)의 부실화가 기폭제가 되면서 붕괴하게 되었고, 이후 세계는 1929년 대공황 이후 처음으로 범세계적 경기침체에 빠져들게 되었다.

한편, 선진국과 후진국으로 양분되던 시기는 신흥공업국(NICs)과 후발신흥공업국(New NICs) 등의 등장, 그리고 체제전환기의 동구권 경제와 중국 경제의 등장 등으로 다원화된 시기로 전환되었다. 당연히 선발개도국으로서 중진국권에 진입한 한국은 선진국으로부터의 통상압력과 후진국으로부터의 추격이라는 어려운 상황에 처하게 되었다. 선진국 위주의 시장경제질서하의 무한경쟁과 더불어 급변하는 국제정세에 대응하여 국제경쟁력 향상 노력은 물론 독자적인 그리고 이웃지역과의 연대 또는 개도국집단과의 공조 속에 슬기롭게 대처해 나가는 일이 필연적 과제가 되었다.

대내적으로 볼 때에도 획일적 성장 위주의 논리는 더 이상 환영받지 못하게 되었고, 다양성과 개성이 중시되고 삶의 질이 주요 관심사로 등장하는 변화가 생겼다. 한편, 현재의 노동시장 및 저축률 등을 볼 때 노동이나 자본을 생산에 추가로 투입시켜 성장을 도모하는 일은 어렵게 되었다. 따라서 생산요소 자체의 양적 증대보다는 질적

❼ 세계화 · 개방화의 확대는 결국 국가 간의 격차를 확대시켜 불평등을 심화시킬 것인바, 세계정세의 불안요인이 상존할 것으로 보인다. 이에 대처하는 세계적 기구 차원에서 안정화 장치나 제도의 도입과 더불어 국가 간 불평등을 완화할 수 있는 재배분장치의 마련이 시급해 보인다. 그러나 이러한 국제적 차원에서의 노력이 쉽사리 정착되기도 어렵고 어차피 선진국 이해 중심의 질서정착이 불가피할 것인바, 특히 개발도상국들은 스스로의 국민경제 안정장치를 정착시켜야 할 것이며, 이러한 차원에서도 국가의 역할은 중요하다.

향상을 통해, 그리고 기술진보를 통해 성장을 도모해 나가야 할 때가 도래한 것이다. 이른바 지식 · 정보화 시대를 맞아 인적 자원과 기술의 개발이 무엇보다 중요한 시대에 이른 것이다.

경제위기를 거치며 한국의 노동시장은 비로소 유연화가 정착되는 계기를 맞아 기업 측면에서는 순기능이 창출된 반면, 평생고용 관행이 깨지면서 경쟁에서 밀려나거나 구조조정 과정에서 실직하는 사례가 일상화됨에 따라 재교육 및 직업전환훈련 등의 필요성이 보다 커졌다. 또한 전반적으로 교육 및 훈련기회 확대 등 인적 자원 개발의 필요성이 계속 증대되고 있으며, 따라서 정부가 이에 대한 투자에 심혈을 기울여야 할 시기가 도래한 것이다.

그러나 무엇보다 중요한 것은 산업기술의 발달과 시장수요의 다변화, 그리고 정보화의 진전으로 중앙집권적 관리경제체제에 근거한 경제운용은 더 이상 효율적일 수 없다는 사실이다. 현대 한국 경제는 더 이상 정부가 주도하는 기획이나 규제 또는 간섭을 통해 효율적으로 운용될 수 없고 또 바람직하지도 않다는 것이다. 정부는 본연의 기업의사결정은 민간부문의 자율적 경영에 넘겨 주는 대신 이제까지 등한시하여 왔던 각종 제도의 정비와 사회간접자본 확충, 분배 및 복지개선 그리고 인적 자본 확충 및 기술진보 등에 눈을 돌려야 할 것이다.

이상과 같은 국내외 여건변화와 한국 경제구조가 갖고 있는 제반 문제점과 특성을 감안하여 차후 한국 경제가 지향해야 할 경제발전 전략을 모색하기 위해 이하에서는, ① 기본적 논리제공 차원에서는 새로운 경제발전 분석모형의 재음미, ② 그에 의한 한국 자본주의 발전과정의 특성 재검토와 지향해야 할 방향의 모색, 즉 중앙집권적 관리경제 정립 및 발전 그리고 전환과정에 대한 재검토와 지식 · 정보화 시대 도래에 따른 인본자본주의 추구, ③ 중앙집권적 관리경제의 공과와 개발국가모형의 내용과 한계 그리고 신고전학파적 대안의 내용과 한계, ④ 새로운 발전모형의 제시와 새로운 모형에서의 정부의 역할 및 동양적 가치 등의 문제를 검토해 보기로 한다.

2) 기본 방향 설정을 위한 논리적 기초: 새로운 경제발전 분석모형의 내용요약

저자는 별도의 저서에서 기존 발전단계론들은 경제발전의 동인을 지나치게 단순 · 도식화하였으며, 단선적인 단계별 이행만을 강조할 뿐 단계별 이행에 대한 인과관계적 논리를 제공하지 못하고 있다는 사실을 지적한 바 있다. 한편, 생산요소의 추가투입이나 기술진보에 의한 경제성장을 강조한 신고전학파 모형은 시장실패가 만연되어 있는 후진국의 경제발전에 적용하기에는 부적절한 측면이 있는 것으로 평가된다. 이러한 한계성은 이른바 구조적 접근방법에 의해 보완될 수는 있으나, 이 또한 인류역사 전반에 걸친 발전과정을 설명하거나 발전의 동인을 제시하는 데에는 실패하였다. 이러한 한계점을 근대화 이론이나 후발효과이론 등으로 대표되는 후진국 경제발전모형도 마찬가지로 지니고 있다. 대안적 방법으로 제기된 신마르크시즘 모형은 여전히 논리적 한계나 실증적 검증을 결여한 수준에 머무르고 있다.

따라서 이상과 같은 기존의 분석모형만으로는 한국 경제라는 국민경제의 발전과정은 물론 다양한 배경을 가진 후진국들의 경제개발 문제에 대한 적절한 분석을 도모하기 어렵다는 판단하에, 저자는 별도의 저서에서 이러한 문제를 완화할 수 있는 별도의 국민경제 분석방법론을 정립 · 제시한 바 있다. 이 모형은 인류복지라는 기준을 통해서 역사발전 내용을 파악하되, 경제발전의 기본 동인을 중심적 생산요소의 소유방식과 이에 따른 생산방식의 변화에서 찾았다. 동 분석모형에서 한국 경제의 발전과정을 재조명해 본 결과 우리는 그 특성을 중앙집권적 관리경제라고 규정할 수 있었다.

3) 한국 경제 발전과정에 대한 재해석

자본주의의 맹아기가 있었으나 여건이 충분히 성숙되지 못한 시기에 일본에 의한 식민지화를 통해 자본주의가 비자발적으로 이식된 사실, 일제치하를 거치며 자생적인 근대화나 공업화마저 위축되고 왜곡되어 온 사실, 또한 해방은 되었으나 남북한 분단 및 한국전쟁으로 인해 순조로운 자본주의 시장체제가 정착되지 못한 채 외국원조에 주로 의존해야 하였던 취약한 경제구조, 그리고 그로부터 초래된 각종 왜곡과 파행을 종식시키고자 1960년대 이후 일종의 개발국가 모형(developmental state model) 형식의 경제발전방식을 채택하였던 사실과 정부주도적 경제개발계획을 추구한 사실을 엮어, 본서에서는 한국 경제 발전과정의 특성을 중앙집권적 관리경제체제라 칭한 바 있다.

이 체제는 자생적인 자본주의 시장경제의 조기정착이 어려웠던 현실을 직시하고 인위적으로나마 정부가 주도하여 자본의 원시적 축적 및 확충을 도모한 다음, 이를 전략적인 부문에 집중적으로 투여하여(예컨대, 수출주도형 공업화 및 중화학공업화 전략 등) 고도성장을 이끌어 낸다는 불균형성장을 채택하는 전략을 활용하였다. 이 과정에서 시장경제의 기초가 되는 생산요소 등 주요 자산의 사적 소유권을 정착시켜 자본주의 정착 및 발전의 기틀을 제공하였으나 이들 기초자산 및 자본축적 확장을 정부가 주도해 나감으로써 정부의 영향력과 장악력이 사적 소유권을 초월하는 관리권의 정착으로 이어졌다. 바로 이러한 특성을 고려하여 본서에서는 중앙집권적 관리경제체제(CMES)라는 용어를 설정하였던 것이다.[8]

이러한 체제는 각종 공급애로를 해소하고 절대빈곤을 타파함은 물론 전대미문의 고도성장이란 성과를 거둘 수 있게 해 주었다. 그러나 이 과정에서 대기업 중심의 독과점이 심화되는 등 각종 불균형과 비효율성 그리고 비형평성 문제가 제기되었다. 그리고 이는 선진국에서 경제적 효율성에 근거하여 자연적 독점이 형성되고 자본소유의 집적 및 대규모화가 이루어진 것과는 달리 정부로부터의 보호와 특혜에 의해 인위적 독점력이 형성되었다는 문제를 야기하였다. 따라서 최근의 경제발전 과제는 이로 인한 제반 문제의 시정을 통해 효율성 및 형평성을 제고하는 방안을 모색하는 데 모아졌다. 물론 이러한 구조조정이 적시에 충분히 달성되지 못함으로 인해 외환위기까지 겪기는 하였으나 이후의 구조개혁 과정을 거치며 많은 제도적 개선이 이루어졌다. 또한 주도적 물적 자본의 소유가 소자본 중심의 소유자 형식으로 대량 창출되고 지식·정보화 시대를 열어 가는 변화가 정착되어 가고 있다.[9]

❽ 단순히 자본의 사적 소유가 허용되는 것은 그 자체만으로도 큰 의미가 있고 궁극적으로도 자생적인 시장경제의 발달과 자본주의 발전으로 이어진다고는 하나 자본주의 제도가 정착되기에는 제반 여건이 미성숙하였던 단계에서 식민지화 과정을 통해 비자발적으로 자본주의가 이식된 한국의 경우, 제반 경제적 여건은 자생적인 시장경제의 정착을 기대하기 어려운 상황이었다. 이처럼 열악한 초기 여건을 능동적으로 그리고 조속히 개선하는 일은 후진국 발전에 필수적인 과정이라 할 수 있다. 중앙집권적 관리경제체제(CMES)는 바로 이러한 목표의 달성을 위해 한국이 채택한 제도로서, ① 공급애로의 타개 및 시장실패요인 제거, ② 전략적 경제개발계획의 수행(특히, 수출주도형 공업화와 불균형성장방식 및 선선장·후분배원칙 등을 통한) 등을 정부가 주도해 나가는 제도라 할 수 있다. 또한 이 제도는 특히 정부가 자본의 형성 및 확대 그리고 활용에 관한 효율적 관리를 주도해 나갔다는 특성을 갖는다.

❾ 보다 많은 사람에 의해 주요 생산요소가 소유되는 추세에 따라서 인류의 복지가 개선되어 왔다는 기본 명제를 받아들인다면, 자본주

결국 한국의 경제발전 과정은 선진국의 발전경험과 개발사례 분석에 근거하여 개발국가모형을 통한 고도성장전략을 추구함으로써 단시간 내 자본주의 공업화를 정착시키는 과정이었다고 평가할 수 있다. 이러한 과정에서 중앙집권적 관리경제체제에 근거한 개발방식이 개발 후기에 들면서 많은 문제점을 노출시켰으나 압축성장을 통한 선진경제에 대한 추격은 물론 장기적인 경제발전 추세, 즉 보다 많은 사람에 의해 중심적 생산요소가 소유되는 경향과 물적 자본보다 인적 자본이 중시되는 시대의 정착 등을 성공적으로 이끌어 냈다고 볼 수 있다.⑩

4) 개발국가모형과 신고전학파적 대안

중앙집권적 관리경제체제라는 개발국가모형의 공과에 대해서는 앞서 언급한 바 있으므로 여기서는 생략하고자 한다. 단지, 이후의 논리전개상 필요한 정도의 내용만을 요약한다면 다음과 같다. 한국의 경제성장방식은 정부가 주도적으로 개발계획을 추진하고 시장에 적극 개입하는 중앙집권적 관리경제에 근거하여 수출주도적 공업화라는 불균형성장전략을 통해 고도성장을 달성한다는 선성장·후분배 방식이라 할 수 있다. 이러한 한국식 성장전략의 성공은 초기 개발단계에서의 조직적이고 체계적인 경제운용, 집중적인 자본형성 및 관리를 통한 주도부문 집중 육성, 그리고 무엇보다도 교육투자를 강조해 온 인적 자본 확충노력 등에 기인한다 할 수 있다. 특히, 이러한 과정의 초기 단계에서 정부가 공급애로의 해소, SOC 및 기간산업 확충에 주도적 역할을 담당한 점, 그리고 발전단계에 따라 주도부문을 바꾸어 가며 자원의 집중적 지원을 통해 성장을 선도해 나간 점 등이 많은 학자들에 의해 긍정적 요인으로 지적되어 왔다. 물론 수차 언급된 바 있듯이 이러한 정부의 역할이 불평등과 불균형 그리고 해외의존도를 심화시켰고, 궁극적으로는 효율성마저 저해하는 결과를 초래하는 부정적 측면도 자주 지적되었다.

의 성립 이후의 발전과정에서도 자본의 소유권자가 확대되고 소유규모도 상대적으로 줄어드는 추세를 보였다는 점에서 경제적 효율성과 형평성이 제고되어 온 것으로 이해할 수 있다. 즉, 자본주의는 초기 원시자본 축적단계에서 시작하여 소수 독과점자에 의한 대자본소유 중심 체제를 거쳐 소유와 경영의 분리로 특징지어지는 주식회사제도 중심의 중규모 자본소유시대를 지나고 있으며, 즉 지식·정보화 시대를 맞고 있다. 이 시대에 이르러 자본은 다수의 소자본가에 의해 분산·소유되는 계기가 마련되고 있다.

⑩ 그러나 북한의 경우에는 생산요소 및 수단의 국유화를 통한 사회주의 경제체제를 정립·운용하여 옴으로써 경제발전원칙에 역행하는 역사적 실험에 참여하였고, 그 결과 동구권에서 나타난 체제몰락의 가능성이 점증하고 있다.

한편, 1990년대 후반 동남아와 한국에서의 외환위기가 발발하면서 그 동안 성공사례의 대표적 성장방식이었던 개발국가모형에 대한 비판이 크게 부각되기 시작하였다. 또한 아시아 국가와 경제위기 극복 및 개발방식의 궁극적 대안으로서 많은 학자들에 의해 신고전학파적 모형이 제시되었다. 이들은 어느 정도의 민주주의가 유보되더라도 강력한 정부의 역할이 경제성장에 필수적이었다는 주장에 정면으로 반박하면서 경쟁과 개방을 통한 자율적 시장경제질서의 정착만이 지속적 성장을 보장할 수 있는 길이라고 주장하였다. 즉, 정부는 시장개입을 중단하고 민간부문이 주도하는 경제체제를 정착시킬 것과 간섭과 보호를 철폐하고 개방을 확대시킬 것을 주장하였던 것이다.

그러나 과연 아시아 경제위기가 개발국가모형에 근거한 성장전략 때문인지, 아니면 신고전학파적 대안을 강요한 선진국들의 권고에 기인하는 바가 큰지는 분석해 보아야 할 일이다. 정부역할의 감축과 규제완화, 그리고 자본시장 개방이 특히 단기자본의 투기적 이동을 통해 아시아 국가 경제의 불안정을 증폭시켰다는 비판을 피하기 어렵다. 이른바 '워싱턴합의'(Washington concensus)라는 선진국 이해 중심의 국제질서 개편적 성격을 대변하는 신고전학파적 논리는 결단코 개발도상국 경제발전의 궁극적 대안이 될 수는 없다. 특히, 최근의 미국발 국제금융위기는 신고전학파적 패러다임이 더 이상 미국에서도 적절하지 못하다는 사실을 웅변적으로 입증해 주었다.

한편, 아시아 위기도래와 함께 주목을 받았던 관심사의 하나가 이른바 아시아적 가치(Asian value)에 대한 논쟁이라 할 수 있다. 아시아적 문화가치는 정실적 관행과 비합리적 가치관, 효율성보다는 형평성을 강조하는 비경제적 윤리, 그리고 동양 특유의 중앙집권적 관료제도의 병폐 등으로 인해 경제발전의 저해적 요인이 된다는 주장이 제기된 것이다. 그러나 이들은 동양적 가치가 공동이익을 우선하는 협동정신, 가치 중심의 윤리관, 교육 및 인격완성을 중시하는 인적 자본 중시 정신 등 현재까지의 성장은 물론 미래 경제발전에 크게 기여할 수 있는 요인을 아울러 찾고 있음을 경시하고 있다.

5) 새로운 발전모형의 제시: '선진국 개발모형'

이상에서 살펴본 분석결과에 근거하여 차후 한국 자본주의가 지향해야 할 새로운 패러다임으로서 본서에서는 가칭 '선진국 개발모형'(advanced state development model)에 근거하는 발전의 기본 이념과 목표 그리고 전략을 제시하고자 한다. 이 개념은 20세기를 주도해 온 경제발전유형인 **'개발국가 성장모형'(developmental state growth model)**을 계승할 새로운 발전전략모형으로서 제시하는 것이다.

본서에서의 중심적인 결론 중의 하나는 자본주의란 그 기본 속성상 약육강식 또는 적자생존원칙에 준하는 효율성 지상주의 체제적 특성을 갖고 있다는 점이다. 따라서 성립 초기부터 형평의 문제가 크게 부각되면서 사회주의라는 경쟁적인 경제이데올로기가 탄생되었던 것이다. 현재의 자본주의는 정부가 제3의 경제주체로서 능동적 역할을 담당하는 것이 당연시되는 수정된 혼합자본주의 체제이다. 결국 정부의 적절한 개입기능 없이는 안정성이 보장되기 어려운 측면이 있으며, 따라서 시대와 장소에 따라서 정부의 역할과 기능이 적절히 부여될 필요가 있다. 특히, 자본주의 체제를 자생적으로 성립시킬 수 없을 만큼 제반 경제여건이 열악하였던 개도국이 공업화를 통한 자본주의식 경제발전을 이루기 위해서는 정부의 주도적 역할은 거의 필연적이었다. 20세기를 풍미해 온 개발국가모형에 의거한 성장방식은 바로 이러한 절실한 요구에 부응한 성장전략이라 할 수 있다. 이러한 성장방식의 채택으로 일부 개도국은 괄목할 만한 공업화와 경제발전을 이룩하였고, 중진국 단계를 거쳐 선진국화를 도모하고 있다. 이들 국가 중 대다수가 동아시아 지역 국가이고, 따라서 이들 국가의 성공적인 발전경험 사례가 주목을 받아 왔다. 그러던 중 동아시아 경제위기 이후가 도래하면서 이 지역의 성장전략과 미래 발전가능성에 대해 다양한 견해가 제시되고 있고, 그 중의 하나가 신고전학파적 성장전략임은 전술한 바와 같다.

본서에서의 기본 입장이나 결론의 핵심은 결코 현재 동아시아 국가의 발전이 이 시점에서 중단되지도 않을 것인 반면, GNP 등 거시지표상의 발전단계보다는 이 지역 국가들의 경제구조나 제도는 여전히 취약점이 많아 개선될 여지가 많다는 점, 그리고 지속적 발전이나 선진국화의 조속한 실현을 위해서 보다 높은 경제성장률을 달성(압축성장)하고 발전기간을 단축시키기 위해서도 한국을 비롯한 NICs에서 정부의 역할은 결코 경시되어서는 안 될 것이라는 점이다. 선진화에 이르기까지 보다 조직적이고 체계적인 경제운용전략은 더욱 절실해졌고, 이는 주로 정부를 중심으로 선도되어야 할 성격의 것이기 때문이다. 정부의 역할과 개입방식은 변화되어야 할 것이나 포기되어서는 곤란하고 또 바람직하지도 않을 것이다.

이상과 같은 기본 입장에서 지금까지 활용되어 온 개발전략은 어떻게 전환되어야 하며, 또 이러한 전략의 성공적 수행을 위해 정부의 역할은 어떻게 변화되어야 하는지를 [그림 25-3]과 같이 정리해 보았다. 주요 사안별로 논점을 정리해 보면 다음과 같다.

첫째, 기존의 개발국가모형이 개발 초기의 양적 성장 위주의 전략 위주 논리라면 이를 대신할 새로운 발전모형은 선진국으로 도약하기 위한 질적 발전 위주의 전략으로 정의된다.

둘째, 정부부문 운영체계의 개선, 즉 중앙집권적 관리경제체제 대신 분권화를 통한 민주화, 민영화를 통한 자율화를 조장하는 분권적 자율경제체제를 정착시켜 효율성과 형평성을 제고하는 제도개선을 도모한다.⑪

셋째, 금융 및 기업부문의 구조개선 차원에서 관치금융을 종식시키고 금융자율화를 실현하는 반면 사업구조, 재무구조 그리고 지배구조상의 기업구조 개선과 경영투명성 제고를 도모한다.

넷째, 성장제일주의를 지양하고 형평과 복지가 중시되는 원칙을 준수하고, 개발과정에서 파생된 각종 폐해와 불균형의 시정을 도모한다.

다섯째, 산업구조 고도화 및 미래를 선도할 산업구조의 정착을 위한 지식 · 정보화 사회의 조기구축과 이를 위한 인적 자본의 확충을 도모하여 효율성과 형평성이 동시에 제고되는 이른바 인적 자본주의를 선도해 나간다.

여섯째, 이상과 같은 발전전략의 성공적 수행을 위해 단순히 공급애로요인을 제거하는 초기적 기능을 넘어 생산성 향상을 위한 제반 시설 확충 및 제도의 개선, 시장실패요인의 적극적 시정노력, 그리고 복지사회 구현을 위한 노력에 중점적으로 기능하는 역할을 정부에 부여하여야 할 것이다.

⑪ 단, 국가기간산업의 민영화는 공공이익의 침해나 개방에 따른 외국인의 소유와 투기에 따른 국민경제 불안정요인을 제거할 수 있는 제도적 장치가 선결되어야 한다.

	개발국 성장모형 (개발 초기 연대)	선진국 발전모형 (개발 후기 및 선진단계 도약기)
대내외 여건	• 자유무역 추구 • 후진국 지원에 호의적	• 세계화와 무한경쟁시대 도래 • 선진국 이해 위주의 질서정착
발전전략	• 정부주도적 경제개발계획 • 중앙집권적 관리경제체제 • 물적 자본축적 중심의 양적 성장 • 성장제일주의 • 수출주도형 공업화를 통한 불균형성장	• 분권화 • 민영화 • 분권적 자율경제체제 • 인적 자본 향상 중심의 질적 성장 • 성장과 형평성 그리고 복지증진 • 산업구조 고도화 및 산업불균형 시정
정부의 역할	• 공급애로요인 제거 • 시장실패 시정노력 별무 • 형평제고 및 후생증대 경시	• 사회간접자본 확충 및 생산성 향상 기반 확충 • 시장실패(독과점, 외부효과 등)요인 시정노력 • 형평성 제고와 후생복지 구현 노력
기타(공통)	• 자본주의는 원래 효율성 위주 경제체제로서 정부의 적절한 개입가능 없이는 안정성이 보장되기 어려운 체제인바, 발전단계에 따라 적절한 기능과 역할이 정부에 부여될 필요가 있음. • 특히, 경제발전이 지상목표인 개도국의 경우에는 정부의 능동적인 역할 없이는 선진국과의 격차를 좁힐 수 없음.	

그림 25-3 경제발전 패러다임의 전환

끝으로 다시 한 번 강조하라면 후진국의 경제발전과 궁극적인 선진경제로의 진입은, ① 후발효과(late comer's effect)를 최대한 활용하여 압축성장을 도모하되, ② 이를 위해 산업구조 고도화를 통한 발전과정의 신속하고도 인위적인 이행을 주도해 나갈 필요가 있으며, ③ 이러한 목적의 효율적 수행을 위한 정부의 능동적 역할부여는 필연적이라는 점이다. ④ 단, 정부역할의 발전단계와 국내외 경제여건에 따라 적절히 전환되어야 할 것인바, 현시점에서 볼 경우 궁극적인 선진국 진입을 목표로 할 수 있는 국가(예컨대, 한국 등 NICs)들은 미래를 선도할 지식 · 정보화 시대의 조기정착을 위해 인적 자본의 확충과 그에 따른 경제적 효율성 및 형평성을 제고하고 인본자본주의를 선도해 나갈 필요가 있다는 점을 강조해 두고 싶다. ⑤ 마지막으로

지식 · 정보화 시대의 도래와 인본자본주의

지식 · 정보화 시대의 도래는 보다 근본적인 차원에서의 변화를 유발하고 있다는 점에 유념할 필요가 있다. 지식 · 정보화 시대는 지식소유 노동자의 지위가 상대적으로 향상됨은 물론 자본소유의 분산이 심화됨에 따라 보다 많은 사람들에 의해 자본이 소유되는 성향이 강해지는 시대라 할 수 있다. 따라서 과거처럼 거대자본이 소요되지 않는다는 측면에서 자본가의 위상이 상대적으로 낮아지는 반면, 지식근로자들의 위상은 높아짐으로써 종래와 같은 노사 간의 지배와 종속관계 또는 극단적인 대립은 지속될 수 없게 된다. 즉, 인적 자본이 제고되는 시기에 이르러서는 노사 간의 협력이 보다 효율적인 생산으로 이어질 수 있을 뿐만 아니라 노조의 역할 자체가 변모할 수 있는 추세가 대세를 이룰 것이다. 따라서 노사관계가 힘과 세력에 의한 상호대치적 균형보다는 상호보완적 협력의 특성이 강해지는 이른바 정합(正合)게임(positive sum game) 사회로의 진입이 예상된다.

또한 지식 · 정보화 시대의 핵심이 되는 인적 자본의 개발은 결국 교육 및 훈련 그리고 기술개발 수준에 따라 좌우될 것이다. 그런데 이 과정에서 특히 공적 교육의 확대 및 개선은 노동자계층에 대한 혜택을 상대적으로 증가시킴으로써 노동자계층의 위상제고는 물론 노사 간의 협력증진 그리고 경제적 형평의 제고에도 기여할 것이다. 결국 지식 · 정보화 시대의 도래는 지식소유자 또는 노동자의 상대적 위상제고에 따라 효율성과 형평성이 아울러 제고될 수 있는 상생사회(win-win society)의 성격을 갖는다고 볼 수 있는데, 이러한 사회의 조기정착이야말로 중진국 단계에 있는 한국 경제의 미래를 약속할 수 있는 발전목표가 될 것이라 믿는다. 또는 이러한 사회의 건설은 여전히 동양적 협동심과 선도적 정부역할을 통해 더욱 조속하게 이루어질 수 있을 것이다.

본서가 제시하고 근거로 삼아 온 국민경제 분석방법론은 일종의 수정된 경제발전단계론에 해당되는 것으로 그 논리의 핵심은 새 시대를 주도해 나갈 경제체제는 주도적인 생산요소의 소유방식과 이에 근거한 생산방식이 갖는 효율성에 따라 정착된다는 것이었다. 지식 · 정보화 시대의 도래 또한 이러한 관점에서 분석될 수 있다.

우선 자본주의의 성립은 농업 중심 사회에서 중심적인 역할을 담당하였던 토지 대신 자본을 주도적인 생산요소로 등장시켰다. 그리고 초기자본주의 단계에서의 산업자본의 성립은 원시적 축적과 자본소유의 집중으로 특징지어졌고, 빈부문제와 노사 간의 대립이란 어려움을 거치며 자본과 경영이 분리되는 중기자본주의 시대로 이어졌다. 이러한 흐름의 연장선상에서 볼 때 지식 · 정보화 시대란 자본소유의 민주화가 이루어지는 **후기자본주의 시대**라 할 수 있다. 자본의 규모가 대규모에서 중규모 그리고 소규모로 변화하면서 효율성은 물론 형평성이 제고되는, 즉 인류의 경제적 복지가 개선되는 방향으로 발전되는 추세를 보여 왔다는 점이다.

따라서 지식 · 정보화 시대의 도래는 인류역사 발전에 기여하고 미래를 선도해 나갈 경제적 이데올로기임에 틀림이 없는바, 한국이 추후 이러한 흐름에 보다 적극적이고 능동적으로 대처하는 일이 무엇보다 중요하다 하겠다. 또한 이러한 발전전략은 물론 전과는 다른 내용이 될 것이지만 여전히 정부의 능동적인 역할을 필요로 할 것이다. 이러한 관점을 정리하여 결론을 지어 보면 차후 한국이 지향해야 할 발전모형은 '인본(人本)자본주의'라 칭할 수 있으리라 믿는다.

비단 동양적 윤리와 종교가 갖는 성장저해적인 요인이 있다 하더라도 이를 최소화시키며 형평성과 공동이익을 우선하는 원리, 협동심을 강조하는 사회원리, 그리고 인격의 완성과 교육을 중시하는 사조 등이 갖는 긍정적 요소의 영향을 극대화시킬 수 있는 제도의 정착을 도모할 필요가 있음을 환기시켜 주고 싶다.

제 12 편 북한 경제

제26장 북한 경제 변천과정과 남북한 경제협력방안

그 동안 북한 경제에 접근하는 방안은 대체적으로 단순히 남북한 경제체제 간의 이질성을 강조하거나 남한 경제의 체제적 우수성을 부각하려는 노력의 일환으로, 또는 단순히 남북한 경제의 성과 및 실적 그리고 현황을 비교하는 차원에서 이루어졌다. 따라서 북한 경제는 한국의 일부가 아닌 다른 국가경제에 속할 뿐 아니라 상호 대립관계에 있는 경제라는 인식이 주류를 이루었다. 이는 외세에 의해 비자발적으로 분단된 한민족이 국제적 냉전환경 속에서 서로 반목하고 대립하도록 유도되고 조정되어 오는 과정에서 정착된 정서적 측면이 강하다. 그러나 차후 남북한 간의 경제문제는 쌍방이 한민족공동체의 구성원이라는 인식하에 조속히 그 동질성을 회복할 수 있는 방안을 협력적으로 조성해 나가되 모든 과정을 쌍방이 자율적으로 추진해 나가는 자세와 인식이 필요하다.

물론 북한이 비록 짧은 기간이나마 이질적인 경제체제를 정착시키고 운영해 온 역사적 사실이 있으나, 기나긴 한민족 경제의 발전과정에서 보면 이는 찰나에 불과한 잠시적 이탈일 뿐 곧 한민족 경제발전의 본류로 귀속될 성격의 것이기 때문이라 볼 필요가 있으며 북한이 경험해 온 사회주의적 경제체제 또한 경제발전이론에 근거하여 그 전말이 설명될 수 있는 시대적 현상이라 볼 수 있다.

본장에서는 우선 이상과 같은 인식을 바탕으로 해방 직후 분단된 북한지역에서 경제가 어떠한 변천과정을 겪어 왔는지를 시대적 특징에 따라 분석해 보고, 그 결과 어떠한 경제상황이 초래되었는지를 살펴보고자 한다. 그런 연후에 차후 남북한이 민족공동체적 동질성을 회복하고 진정한 통일을 실현시킬 수 있기 위해, 남북한은 어떻게 협력해야 하는지, 그리고 어떤 이유로든 일단 체제통합 또는 통일이 실현될 경우 예상되는 주요 문제는 어떤 것이며, 또 이에 대비할 수 있는 기본 경제정책의 핵심 내용이 어떤 것인지를 분석해 본다.[1]

01 북한 경제 전개과정

북한 경제의 발전 또는 전개과정을 적절히 분석 · 평가하기 위해서는 해방 이전 일제시대의 경제체제를 어떻게 인식할 것인가 하는 문제에 관하여 별도로 접근해야 할 필요가 있으나, 본서에서는 일단 일제시대를 **식민지 자본주의 사회**로 규정하여 논의를 진행하고자 한다.

[1] 본장은 저자의 또 다른 저서 『한국경제론』(제2판), 해남, 2004, 제25장 내용을 확대 · 개편한 것임.

물론 북한에서도 초기에는 이러한 견해와 이른바 **식민지 반봉건 사회론**(식반론)에 근거하는 입장 간에 활발한 논의가 있었고 전자가 보다 설득력 있는 논리로 자리잡은 적이 있었다. 그러나 김일성의 교시로 이러한 논쟁은 중지되고 식반론이 정설로 자리잡게 되었는데, 이러한 입장의 견지는 중국의 경우와 궤를 같이하고 있다.

이는 제국주의에 의한 식민지화는 진정한 자본주의로의 진입 및 정착에 실패한 채 종래의 봉건적 경제체제(예컨대, 소작제 관행 등)를 답습한 반면, 이에 대항하는 민족운동은 부농의 출현 및 활동을 통해 식민주체인 제국주의적 외세를 물리치게 되며, 결국은 프롤레타리아혁명을 통한 사회주의로의 이행을 정착시킨다는 논리에 근거한 것이다.

그러나 일제하 한국의 경제체제 및 민족자본의 역할 등에 관한 분석결과 이러한 논리는 적어도 한반도 내에서는 전혀 설득력이 없다(특히, 남한의 경우). 북한이 결과적으로 사회주의가 정착되기는 하였으나, 이것이 중국의 경우처럼 자율적인 민족운동의 결과가 아니라 국제정치적 대립과정에서 외세개입에 의한 경제외적 강제를 통해 이루어진 것이기 때문이다.

이하에서는 이러한 인식하에 북한 경제의 변천과정을 여섯 단계로 구분하여 살펴보고자 한다.

(1) 사회주의 체제 기반조성기(생산자원 국유화기): 1945~1950

해방과 더불어 분단된 북한 경제는 소련식 중앙집권적 명령경제하에 대내지향적인 이른바 **스탈린식 산업화**(Stalinistic industrialization)를 추구하였다.

분단 당시 남북한 경제구조는 남농북공(南農北工)의 구조로, 주요 지하자원과 공업시설(특히, 금속 및 화학)은 북한에, 그리고 농수산 및 약간의 경공업(섬유, 기계, 가공식품, 인쇄, 출판 등)시설은 남한에 편재되어 있었다. 특히, 경제발전의 초기 조건상 주요한 토대가 되는 전력은 북한이 연간 발전량의 92%를 차지하였고, 화학비료 또한 거의 전량이 북한에서 생산되었다. 그러나 북한 역시 남북분단에 따른 남한 경제로부터의 단절로 인해 원료 및 반제품시장을 상실하였고, 식량 및 소비재공급에 어려움을 겪게 되었다. 더구나 공업시설이 북한지역에 편재되어 있었지만, 퇴각하는 일본군이 소련군의 한반도 진출에 앞서 주요 산업시설을 파괴하여 버렸고 일본 자본 및 기술인력마저 철수해 버려 경제는 도탄에 빠질 수밖에 없었다.[2]

이러한 상황에서 북한 정권은 사회주의 경제체제의 확립과 이를 기초로 한 경제의 복구 및 발전 도모에 주력하게 되었다. 이를 위해 북한은 토지개혁, 산업국유화 등을 실시하여 사회주의 경제체제와 기본 틀을 도입하여 산업시설 복구에 나섰던 것이다.

1) 토지개혁과 산업국유화

농지에 한해 '유상몰수 유상분배'원칙에 따라 사유화를 시도한 남한과는 달리 북한에서는 1946년 토지 전반에 걸친 개혁을 시도하여 '훗날 실시될 집단화'(1954~1958년) 과정과 더불어 사회주의적 농업을 정착시키게 된다. 이는 1946년 3월 5일 토지개혁법령이 공포된 후 불과 20여 일 만에 완료될 정도로 전격적이고 전면적으로 실시된 개혁이었다.

그런데 당시 토지개혁은 일본인과 민족반역자 소유토지, 지속적으로 소작을 준 토지 및 5정보 이상 소유한 한국인 지주 및 종교단체가 소유한 토지를 몰수하여 고용농이나 소농 또는 토지가 없는 농민들에게 무상으로 분배한다는 이른바 '무상몰수 무상분배'원칙에 의거하여 실시되었다. 그러나 분배된 토지는 매매, 저당 또는 임대차가 금지되었고, 그 권한의 행사는 공산당에 귀속시킴으로써 실제로는 무상몰수에 의한 국유화 성격을 띠었다. 이러한 북한 정권의 의도는 후에 집단소유 및 영농제도의 도입으로 완결된다. 따라서 형식상 고용농이나 빈농들이 자영농으로 전환되고 토지소유의 불균형이 해소됨으로써 공산정권의 입지는 공고해졌으나 이것이 실질적인 농업생산성 향상으로 연결되지는 못한 것으로 밝혀졌다.

한편, 남한의 경우 적산기업을 불하하여 사유화에 의한 시장경제의 기초를 닦았던 사실과는 달리 북한에서는 주요 산업을 모두 국유화하여 사회주의 경제체제를 확립해 나갔다. 즉, 북한에서는 일본인

[2] 예컨대, 탄광은 64개가 완전침수되었고, 174개가 부분침수되었으며, 수풍발전소 등 6개 공장은 완전파괴, 그리고 47개 공장은 부분파괴된 바 있었다.

북한의 토지개혁

해방 초기에 북한에서는 일제 유산의 청산과 사회주의 건설을 위한 제도개혁을 단시일 내에 실시하였는바, 그 대표적 정책내용으로 토지개혁을 들 수 있다.

북한에서의 토지개혁은 1945년 가을의 소작료 3·7제 운동에서부터 시작하여 신속하고 철저하게 수행되었는데, 본격적인 개혁은 1946년 3월 5일 공표된 「북조선 토지개혁에 대한 법령」에 의거 적산과 내국인 소작지를 대상으로 동시에 실시되었다. 동 법령 제5조에서는 "몰수한 토지 전부를 농민에게 무상으로 영원한 소유로 양여한다"고 선언하였다. 그러나 '무상몰수 무상분배'라는 구호하에 진행된 북한의 토지개혁은 무상분배작업을 "인민위원회 처리에 위임한다"는 제6조 규정과 "분여된 토지는 매매하지 못하며 소작 주지 못하며 저당하지 못한다"는 제10조 규정에 의해 실제로는 재산권을 행사할 수 없는 선언적인 무상분배임을 교묘하게 위장하였다. 그리고 동 법령 제13조와 제14조에 의거 모든 삼림과 관개시설 전부를 역시 북조선 임시인민위원회의 처리에 위임하도록 함으로써 결국은 인민위원회로 표방된 북한의 새로운 정권이 모든 토지를 소유하고 권한을 행사할 수 있도록 조치하였다. 동 법령 제17조에 의해 토지개혁 실행은 다음해인 1947년 3월 말까지 마치도록 하여 1년 안에 토지개혁을 마감할 것을 목표로 하였으나 실제로는 단 20일 만에 완결되었다고 보고된 바 있다.

토지개혁에 의해 몰수된 토지면적은 총경지면적의 53%, 해방 전 소작지면적의 90%에 달하였고, 토지를 분여받은 농민은 전 농가의 70%를 넘었다고 기록되고 있다.

〈표 26-1〉에서 보듯이 남북한에서의 토지개혁 내용은 우선 토지에 근거한 구시대적 지배체제의 교체를 시도하였다는 데에서 의의를 공유하고 있으나, 남한이 경자유전원칙에 따른 자작농 창설(그러나 소농적 차지농의 성격 강함)과 토지사유화에 의한 생산성 향상 및 생산의욕 고취에 주안점을 둔 반면, 북한은 무상분배로 위장한 국유화로 결국 장기적으로는 생산의욕의 저하와 생산성 저하를 초래하고 말았다는 기본적인 차이점이 있다. 한편, 남한의 토지개혁이 철저하지 못하게 이행된 데 반하여

표 26-1 남북한 농지개혁 내용 및 성과 비교

	남	북
잠정조치: 최고 소작률 설정	3.1제(1945. 10. 15)	7·3제(1945년 가을)
실시시기와 대상	• 적산농지대상 1차 토지개혁은 미군정하(1948. 3. 22)에 전 농지의 13%를 대상으로 실시 • 2차 토지개혁 실시(3정보 이상 경지대상)(1950. 3. 10)	• 1946. 3~1947. 3 • 적산 포함한 전 경작지의 약 90%를 대상
특 징	• 유상몰수 유상분배원칙 • 전쟁 등으로 비철저(전 대상자의 38.1%에 불과)	• 당초목표는 1년 이내 완결이었으나 단 20일 만에 완결 • 비자발적이었지만 자주적 개혁이었고 일제 잔재가 상대적으로 철저히 청산됨.
의 의	• 토지에 근거한 구시대적 지배체제 교체 • 경자유전원칙에 따른 자작농 창설(그러나 소작농 차지농 성격 강함) • 사유토지(생산의욕 증진, 생산성 향상)	• 토지에 근거한 구시대적 지배체제 교체 • 무상분배로 위장한 국유화로 결국 장기적으로는 생산의욕의 저하와 생산성 저하 초래

북한의 토지개혁은 단시일 내에 아주 철저하게 그리고 비자발적이었지만 자주적으로 이루어져 일제 유산의 청산에 관한 한 남한에 비해 큰 성과를 거두었다.

과 일본인에 협력한 한국인 자본가의 모든 재산을 압수하며, 일단은 1945년 10월 창설된 소련군정의 통제하에 두었다가 1946년 8월 10일에 산업, 교통, 운수, 체신, 은행 등의 국유화에 관한 법령의 공포 · 시행을 계기로 북조선인민위원회에 이관시켰다.[3]

2) 경제계획과 산업복구

토지개혁과 주요 산업의 국유화로 사회주의 경제체제의 기초를 마련한 후 북한은 일제의 지배와 해방에 따른 분단, 그리고 공산화에 따른 혼란극복 등을 위해 소련식 사회주의 경제계획을 실시함으로써 산업시설의 복구 및 자립경제 기초건설을 도모하였다.

이러한 산업복구 노력은 특히 소련으로부터의 원조 및 기술지원을 통해 소기의 성과를 거둘 수 있었는데, 1944년에 비해 71.1%나 감소하였던 1946년 공업생산은 3년 후 1949년에는 1946년 수준의 3.37배로 증대되어 1944년 생산수준을 회복하기에 이르렀다. 이 기간 동안 북한은 두 차례에 걸친 1개년 경제계획(1947년과 1948년)과 한 차례에 걸친 2개년 경제계획(1949~1950년)을 추진하였는데, 지극히 혼란스러웠던 경제 · 사회 여건하에서도 그 성과가 이처럼 빨리 그리고 괄목할 만큼 나타날 수 있었던 것은 소련의 원조 및 기술지도 그리고 풍부한 전력 및 비료공급 등에 연유한다고 볼 수 있다.

1946년 1월부터 1949년 말까지 약 4년간 소련이 북한에 제공한 **무상원조** 및 차관은 5억 4,699만 달러에 달하는 것으로 추정되고 있다. 또한 산업별로 상당수의 소련인 기술고문을 상주시켜 일제가 퇴각시 파괴한 탄광과 제철, 비료 및 발전소는 물론 철도의 복원에 크게 기여한 것으로 분석되고 있다.

이러한 방식의 원조 및 기술지원 내용은 생필품 위주의 구호품 지원방식의 남한 내 미군정 원조내용과는 대조를 이루는 것으로, 그

[3] 이러한 조치에 따라 1946년 말 현재 공업생산에서 사회주의 경제형태가 차지하는 비중은 생산능력의 90%, 생산량의 72.4%에 달하게 되었다.

북한에서의 외국원조

북한에서의 원조는 소련과 중국에 주로 의존하였고 해방 이후 1950년대 말까지 집중적으로 이루어졌다. 공산권에서의 경제원조는 재정원조와 건설지원으로 구분된다. 재정원조는 유·무상의 금융지원을 말하며, 건설지원은 공장 및 기타 산업시설의 복구 또는 건설과 확장에 대한 원조를 말한다.

북한이 공산국가들로부터 받은 재정원조(건설지원 제외)는 총 30억 달러에 달하고 있으며, 이는 한국의 원조수입 총액인 약 44억 달러와 비교해 볼 때 상당히 큰 금액임을 알 수 있다. 재정원조 중 약 67%는 무상원조였고, 무상원조의 대부분(약 80%)은 북한의 전후복구시기(1950~1960년)에 제공되었다.

북한에 원조를 제공한 국가 중 소련은 총원조액의 52%를, 중국은 약 31%를 차지하고 있어 재정원조의 대부분을 차지하고 있다. 그리고 동독과 체코 등 동구권 국가들이 전체의 약 17%를 차지할 만큼의 규모로 북한에 재정원조를 제공한 바 있어 미국에 전적으로 의존하였던 한국의 경우와 대조를 이루고 있다.

이상과 같은 북한에 대한 원조는 몇 가지 점에서 남한과 상이한 특성을 갖고 있다.

첫째, 재정원조에 한정되지 않고 전쟁복구 및 산업기반 확충을 위한 건설지원 원조가 동시에 이루어진 점이다.

둘째, 소련과 중국 위주로 원조가 이루어졌으나 기타 동구권 국가 전부가 한 나라도 빠짐 없이 상당한 규모의 원조를 제공하여 공산권 국가 간의 정치적 결속이 강조되었다는 점이다.

셋째, 북한은 일방적인 원조를 받는 것으로 끝나지 않고 비록 그 규모가 작지만 대외원조를 부단히 수행하여 왔던 점이다.

이상과 같은 특징을 갖는 북한에서의 외국원조는 우선 규모면에서도 남한에 비해 절대 뒤지지 않고(건설지원 원조부분의 정확한 평가가 어려워 직접 비교는 어렵지만), 성격면에서는 오히려 시설재 원조비중이 훨씬 큰 바람직한 단면이 지적될 수 있다.

그러나 이러한 시설재 중심의 원조는 남한에 비해 오히려 국내산업의 해외의존도를 훨씬 심화시키는 결과를 초래하였고, 이것이 1960년대 이후 북한의 독자적인 경제개발계획 추진에 차질을 빚는 원인 중 하나가 되기도 하였다.

결과 해방 초기 산업 및 경제발전면에서 북한이 남한을 크게 앞지르는 계기가 마련되었다. 특히, 북한에 대한 소련의 원조는 주요 산업시설 복구를 위한 시설재 공급 및 이의 활용방안 전수를 위한 기술지도에 큰 비중을 두었었다는 점에 유념할 필요가 있다.

그런데 이것이 분명 남한에 비해 산업복구 및 경제자립기반 구축에 조속하고도 긍정적인 효과를 준 것은 사실이지만, 이러한 소련의 원조는 냉전시대하의 공산권 세력확대 노력의 일환으로 동구권 국가들과의 연대 속에(그리고 궁극적으로는 상호 교차원조 형식으로) 이루어졌다는 사실과, 궁극적으로는 세 차례에 걸친 경제계획이 결국은 한국전쟁 수행을 위한 준비작업의 성격을 띠고 말았다는 사실에 주목할 필요가 있다.

(2) 전쟁피해 복구 및 사회주의 공업화 정착기: 1950~1960

3년간에 걸친 한국전쟁은 북한에도 막대한 경제적 손실을 입혔다. 북한은 8,700개의 공장이나 기업소, 60만 호의 주택, 5,000여 개의 학교와 37만ha의 논밭이 피해를 입는 등 총 4,200억 원 규모의 피해를 본 것으로 추산되는데, 이는 1953년 GNP의 약 4배에 달하는 규모이다. 그 결과 전쟁이 종료된 1953년 GNP는 1949년의 70% 수준으로 떨어졌다. 이와 같은 전쟁으로 인한 피해를 복구하고 사회주의 체제를 정착시키기 위해 북한은 국민경제 복구발전 3개년 경제계획(1954~1956년)과 제1차 5개년계획(1957~1961년)을 실시하게 된다. 전자는 전쟁 이전의 1949년도 산업생산수준의 회복과 자립경

북한에서의 경제계획

북한에서의 경제계획은 주민들의 물질적 생활수준 향상과 사회주의 혁명을 완수하는 물질적 생산기반 구축을 바탕으로 현대적 공업화를 통해 사회주의적 경제·사회를 완성한다는 목표 아래 전면적인 중앙집권적 계획경제체제를 견지해 왔는데, 이러한 북한에서의 경제계획은 남한보다 앞서 시작되었고 초창기에는 그 성과도 컸으나 개발 후기에 들어 개발방식의 모순과 한계성으로 인해 지극히 어려운 상황에 처하게 되었다.

그리고 1945년부터 1950년대 말까지는 일제의 잔재(식민지적 파행성과 후진성)를 청산하고 국민경제를 건설하는 동시에 사회주의 경제체제를 확립한 시기로 볼 수 있다. 즉, 정부수립 이전부터 이미 북한은 토지개혁과 적산처리 과정을 통해 주요 생산수단과 기간산업 및 사회간접자본을 실질적으로 장악하는 국유화를 단행하였는데, 그 주요 과정은 다음과 같다.

① 1946년 3월: 토지개혁 실시(무상몰수, 무상분배 표방)

② 1946년 8월 10일: 산업의 국유화(적산소유자산의 약 90%)

③ 1947년 2월: 제1차 1개년계획(연간 생산예정표 작성수준에 불과)

④ 1948년: 제2차 1개년계획(이것 또한 실질적으로는 연간 생산예정표를 작성하는 계획에 불과함)

⑤ 1949~1950년: 2개년 인민경제계획
사회주의 경제체제의 기초건설을 위한 최초의 본격적인 경제계획으로 1947~1950년간의 공업총생산이 1946년의 3.4배로 성장하는 성과를 얻었다. 그러나 실제적으로는 전쟁준비에 주력함.

⑥ 1951~1953년: 제1차 3개년계획(한국전쟁으로 중단됨)
첫 단계에서는 군수품 생산에 치중하였으나 후반에는 전쟁피해 복구에 주력함(북한의 전쟁피해액은 약 17억 달러로 추산됨).

⑦ 1954~1956년: 제2차 3개년계획
전쟁피해를 복구하고 중공업 발전을 통한 사회주의 경제체제를 건설하는 것을 목표로 하였고, 소련과 중공 등의 원조에 힘입어 공업부문에서는 목표를 초과달성하였으나 농수산업부문에서는 목표에 미달함.

⑧ 1957~1961년: 제1차 5개년계획(4년 만에 종결)
3개년계획의 성과를 기초로 사회주의 경제강화를 위해 중화학공업 우선 발전정책을 수행하였는데, 목표를 조기에 초과달성함에 따라 4년 만에 완성됨.

제 토대의 강화를 목표로, 그리고 후자는 사회주의 공업화의 토대구축 및 사회주의 경제의 확립 그리고 인민의 의식주문제 해결을 기본과제로 삼았다. 이렇게 시작된 경제계획의 주요 내용 및 핵심 성과는 다음과 같다.

첫째, **스탈린식 산업화**(Stalinistic industrialization)에 의한 사회주의 건설을 위해 중공업 우선정책 및 대내지향적 자력경제 건설을 목표로 하였다. 농업과 경공업의 동시적 발전은 구호에만 그치고 말았는바, 예컨대 공업투자 중 중공업분야 투자비중이 1954~1956년 기간중 81%를 상회하였고, 1957~1960년 기간중에는 82.6%에 달하였던 사실은 이를 잘 입증해 주고 있다.[4]

둘째, 농업과 개인상공업에 협동화를 통한 사회주의적 개조를 강제하였다. 1954년에 시작된 집단화 및 협동화는 1958년 8월경에 완성되었는데, 이는 모든 기본적인 생산수단을 통합한 다음 그 성과는 노동량에 따라 분배하는 완전한 사회주의 형태의 소유 및 경영방식이라 할 수 있다. 또한 중요한 것은 이와 같은 북한의 협동조합화 과정에서는 소련 및 동구권 국가들이 시행하였던 출자금제도 대신 토지 및 기타 생산수단을 완전한 협동조합 소유로 전환하는 통합방식을 선택하였다는 점이다. 이처럼 강력하고 일사불란한 협동화 과정이 짧은 기간 동안에 성사될 수 있었던 것은 일본인 지주의 철수, 부농 등의 남한으로의 이주, 그리고 전쟁으로 인한 농촌경제 황폐화 등에 기인한다 볼 수 있다.

이때 집단화된 협동농장들은 말단행정단위인 '리(里)' 단위로 통합됨으로써 평균규모가 확대되었고, 경제활동 외에 교육, 문화, 보건 및 후생사업도 담당하게 되었다.

한편, 이러한 협동화 내지 집단화 과정은 이른바 '사회주의 노력경쟁운동'에 의해 인민을 사회주의 인간으로 개조시키고 작업능률을 향상시키기 위한 집단적 노력경쟁운동에 의해 보완되고 강화되었다. 1954~1956년 기간중 추진된 '돌격운동'은 1958년 9월에는 '천리마운동'으로 통일되었는데, 이는 중국의 '대약진운동'을 모방한 것이다.

셋째, 이상과 같은 경제계획 및 사회운동을 통하여 북한은 전쟁으로 인한 피해복구는 물론 사회주의 체제의 정착 그리고 괄목할 만

[4] 이러한 중공업 우선정책과 관련하여 북한에서도 비판세력이 등장하기도 하였으나 김일성에 의해 정치적으로 제거되고 말았다.

한 경제발전까지 이룩하기에 이르렀다. 당초 설정하였던 5개년계획의 목표가 1년이나 일찍 달성되어 4년 만에 종결되었던 사실은 이를 잘 입증해 주고 있다.

북한 당국의 발표자료에 따르면 농업총생산은 1956년에 이르러 1949년 수준을 상회하였고, 1960년에는 2.4배에 달한 것으로 나타났다. 공업생산의 경우는 1954~1960년 기간중 연평균증가율이 38%를 상회하여 1960년 생산수준은 1949년 수준의 6.2배에 달하였으며, 그 결과 GNP는 같은 기간중 약 25%씩 증가하여 1960년도 GNP가 1949년 수준의 3.3배에 이른 것으로 발표되었다.

이상과 같은 발표자료는 과장된 것이라는 비판이 제기되어 왔고 이러한 비판이 나름대로 타당성도 인정되는 것은 사실이지만, 분명한 것은 이 기간중 북한의 공업이 빠른 속도로 발전하고 산업구조도 고도화되었으며, 그 수준 또한 급신장되어 1959년 기준으로 볼 때 북한의 1인당 국민소득은 1940년 수준과 비슷한 121달러 수준으로 추정되고 있다는 사실이다. 이는 같은 시기의 남한의 1인당 국민소득 수준인 75달러를 크게 상회하는 수준이다.

넷째, 이상과 같은 성과는 소련 등 사회주의권 국가들로부터 받은 막대한 원조 및 기술지원, 그리고 경제발전 초기에 생산자원을 핵심 분야에 집중시키는 데 유리한 사회주의식 경제계획 등에 기인한다.[5]

(3) 사회주의 공업화 문제점 노출기: 1961~1970

1960년에 들어서면서 북한은 소련의 후르시초프정권의 등장, 그리고 중국의 문화혁명 진행 등으로 핵심 사회주의 국가들과의 국제정치관계에 시련을 겪게 되었고, 동시에 이들 국가로부터의 원조가 크게 감소됨으로써 자력갱생의 노력을 더욱 강화할 수밖에 없었다. 자립적 민족경제 건설 및 독자적 국방력 확대를 위해 북한은 '주체사상'이라는 새로운 이데올로기를 제창하였고, '국방 · 경제의 병진건설'을 주도노선으로 삼기에 이르렀다. 이에 따라 1960년대 후반부터 군사비 지출이 크게 증가하여 1966년까지 국가예산의 10% 수준을

❺ 1953~1960년 기간중 경제원조 총액은 무상원조 9억 7,700만 달러, 공공차관 4억 5,650만 달러, 합계 14억 3,350만 달러에 달하며, 이는 동 기간중 북한 정부 예산의 37%, GNP의 20%에 해당하는 규모로서 경제성장표에 연평균 8%p 기여한 것으로 평가되고 있다.

밑돌던 군사비 지출이 1967~1971년 기간 동안에는 30%를 상회하게 되었다. 남한에서 1970년대에 들어선 유신정권이 미국과의 정치적 갈등을 빚으며 중화학공업을 통한 자주국방을 천명하였던 사실과 1960년대 북한의 정책노선 변화는 일면 유사한 측면이 있었다.

이상과 같은 정책노선하에 북한은 1950년대 말에 도입된 협동화 내지 집단화 작업의 효율성 제고를 위해 경제관리방식에 변화를 시도하였다. 즉, 물질적 유인체계를 가미한 이른바 **'청산리방법'**이 도입되었는데, 이는 '작업분우대제', '작업반독립채산제', '분조관리제' 등을 통해 기존의 군중노선에 기업적 관리방식을 가미한 것이다. 이와 더불어 북한은 특히 농업생산성 정체를 타개하기 위해 제1차 7개년 계획 기간중 농업현물세 폐지(1966년)와 농산물 수매가격 인상, 농기계작업료와 관개사용료 인하 등의 조치를 취하였다.

이상과 같은 정책노선의 효율적 추진을 위해 북한은 제1차 7개년 경제계획(1961~1970년)을 작성하여 수행하였다. 그러나 계획기간중 실적이 저조하자 1966년 10월에는 계획기간을 3년 연장하기에 이르렀다. 그러나 군비산업 및 군사력 강화에 따른 자원낭비만 심화되고, 의도하였던 농업생산성 증대나 경공업 확장은 이루어지지 못하였다. 결국 생산재부문과 소비재부문의 불균형이 심화되고 생필품 생산부진으로 인민의 소비생활수준이 저하되고 말았다. 다각적인 유인제공방식의 도입에도 불구하고 지나친 군비지출과 중공업 중심 공업체제 고수, 그리고 극단적 집단주의로 인해 경제적 효율성 제고는 물론 균형적 공업발전이나 식량증산 또는 인민의 삶 개선 등 제반 목표에 크게 차질이 초래되고 말았다.

(4) 사회주의 체제 모순심화 및 수정기(폐쇄경제 이탈기): 1970년대

1960년대 중반 이후부터 악화되기 시작한 북한 경제는 1970년대 들어 더욱 악화되었고, 1970년대 말부터는 식량수급마저 크게 차질을 빚는 단계에 이르렀다. 이에 따라 북한의 공식 통계발표는 점차 사라져 버려 여타 지표를 통해 추측할 수밖에 없을 만큼 북한 경제상황은 악화일로에 있었다. 소련과 중국으로부터의 경제원조가 급감함에도 불구하고 군비지출 확대나 비효율적인 극단적 사회주의 관리방식을 오히려 강화해 나갔기 때문이었다. 결국 북한에서도 변화가 불가피한 시점이 도래한 것이다.

1970년대는 냉전이 점차 완화되어 미 · 소 및 미 · 중 간 동서관계가 해빙기를 맞게 되면서 동구권 국가들이 서방으로부터 자본을 도입하여 경제활력을 되찾는 현상이 벌어졌다. 이러한 국제정치관계의 변화에 발맞추어 북한도 결국 어려워진 경제난국 타개를 위해 그동안 철벽같이 고수해 오던 자력갱생 및 자립경제원칙을 포기하고 서방권 자본을 도입하여 공업화에 필요한 자본설비를 수입하기 시작하였다. 1971~1980년간에 북한이 일본, 프랑스, 서독 및 영국 등 서방 국가들로부터 도입한 경제협력 규모는 12억 9,200만 달러로 같은 기간중 중국과 소련으로부터의 경제협력 규모 9억 8,200만 달러를 크게 상회하기에 이르렀다.[6] 결과적으로 동 기간중 도입된 외자의 국가별 공급원을 비교해 보면 OECD 국가의 비중이 56.8%에 달하여 소련과 중국의 비중(각각 30%와 13.2%)을 앞지르고 있었다. 그 결과 연 8.4% 증가에 그쳤던 무역규모는 1970년대에는 16.6% 증가를 기록하게 되었고, 교역대상국도 1960년대 80%를 차지하던 공산권 비중이 1970년대에는 62.6%로 감소하고 서방권의 비중은 20% 수준에서 35.3%로 증가하는 결과가 초래되었다.

이렇듯 제반 여건이 개선되는 듯 보이던 경제상황은 제1차 석유파동기를 거치면서 난관에 봉착하게 된다. 북한의 주요 수출품목인 연 · 아연 등 비철금속재 가격이 하락한 반면, 원유 및 생산설비 등 주요 수입품목의 가격이 상승함으로써 결국 1977년에는 일본에 대한 이자지급을 중지하고 1978년 2월에는 부채상환 연기요청을 하기에 이르렀다. 그 결과 국제적 신용이 크게 실추되고 서방과의 교역도 감소하게 되었다.

그런데 과연 북한 경제의 침체는 대외경제여건의 변화에만 기인하는 것일까? 물론 보다 근본적인 요인은 역시 중앙집권적 명령경제체제 및 대내지향적 중공업 우선정책이 갖는 비효율성이라 할 수 있다. 도입된 외자로 수입한 생산설비로 만들어 낸 제품의 대부분이 경쟁력 확보를 도외시한 국내소비용 중공업제품이어서 국제적 수출로 연결되지 못함에 따라 대외채무는 자연자원의 수출대금만으로 충당

[6] 1960년대 북한의 사회주의권으로부터의 경제협력 규모가 8억 7,400만 달러에 불과하였던 것을 감안하면 당시 서방으로부터의 경제협력 규모의 크기를 쉽게 가늠할 수 있다.

해야 하였던 것이다. 북한의 공식 발표상으로는 1970년대 초부터 군사비를 대폭 축소한 것으로 나타나고 있으나, 1970년대 초 40만 명 규모에 불과하였던 병력이 1986년에는 120만 명까지 늘어난 점과 재래식 병기는 물론 잠수함과 스커드미사일 등을 자체 개발하였던 사실로 미루어 볼 때 북한의 군사비는 오히려 지속적으로 증대된 것으로 평가된다.

한편, 제1차 7개년계획의 목표가 미달성됨에 따라 이관된 사업을 완수하고자 추진된 제1차 6개년계획은 주체사상 자립경제와 자력갱생을 중심으로 해 온 폐쇄경제체제를 이탈하는 실험을 시도하면서 계획 초반기에 긍정적 성과를 거두기도 하였으나 결국은 외채상환 불능사태를 유발하는 난국을 초래하고 말았다. 더구나 1970년대 말경에 이르러서는 식량부족사태가 돌출될 만큼 경제여건이 악화되어 그 동안 남한에 비해 우위를 차지하였던 경제력의 주도권을 남한에 넘겨 주게 되었다.[7]

(5) 사회주의 체제 한계성 증폭 및 부분적 개방 · 개혁기: 1980 ~1990년대

1970년대 외채상환 불능사태로 더 이상 차관도입이 어려워지자 북한은 상환부담이 없는 외국과의 합작투자로 돌파구를 마련하고자 하였다. 즉, 북한은 1984년 9월에 합작투자(joint venture) 형식의 외자도입 유치를 위해 이른바 '합영법'을 제정 · 공포하였다. 주체사상과 자력갱생 그리고 경제자립을 기본 정강으로 삼아 온 북한이 자본주의 국가기업과의 합작을 허용한 엄청난 변화가 도래하였던 것이다.

한편, 중국의 개혁 · 개방정책 및 경제특구전략의 영향을 받아 대외개방 확대와 무역제일주의 그리고 농업제일주의 및 경공업제일주의 등을 표방하면서, 1991년 12월에는 UNDP의 두만강유역 개발계획과 관련하여 나진 · 선봉 자유경제무역지대를 공표하였다. 뿐만 아니라 제한된 지역에서나마 시장가격의 도입, 국영기업의 소유와 경영의 분리, 국가계획경제부문 축소, 금융 · 조세 · 무역 및 환율개혁

[7] 통일부 추정자료에 따르면 1973년까지 북한의 1인당 GNP는 남한보다 높았으나 1974년부터 역전된 것으로 나타났다. 1974년 북한의 1인당 GNP 추정치는 461달러로 남한의 535달러보다 낮았고, 이후 격차는 빠른 속도로 확대되었다.

등 제반 제도의 개혁조치를 취하였다. 이 밖에도 효율적 관리 및 전문성 증대를 위한 연합기업소제도의 도입, 협동농장의 기업화, 이중적 독립채산제 등이 실시되어 경제개혁 의지를 표명하기도 하였다.

이상과 같은 북한의 개혁정책은 외형상으로 큰 변화의 도래를 나타낸 것이기는 하지만 여전히 경제계획의 기본 성격은 기존의 틀 안에서 경제활동화를 도모하려는 부분적 변화에 그친 것이어서 소련이나 중국에서와 같은 본격적인 개혁이나 개방과는 성격이 사뭇 달랐다. 따라서 북한의 개혁정책은 어디까지나 구조적 침체를 타개하기 위한 일시적 방편의 성격을 띠고 있는 것으로 이해하여야 할 것인바, 이는 북한이 급속한 개방에 따른 체제붕괴 가능성에 대한 우려에 기인하는 바 크다 하겠다.

북한 개혁정책의 이러한 특성은 '자립적 민족경제 건설'노선과 명령경제체제의 기본 틀하의 '우리식 합영'을 계속 고집해 온 북한의 태도에서 여실히 드러나고 있다. 결국 외채상환 불가능에 따른 국제신인도 하락에 우리식 사회주의 경제체제의 고수로 인해 외국인 투자유치는 실패하고 말았다. 도로 · 항만 · 철도 등 인프라 미비, 에너지공급 불안정, 소요원자재 및 중간재공급 불안정, 통신 · 금융제도의 미비 등은 물론 합영사업관련 법규마저 제대로 정비되지 못하였기 때문이다. 결국 북한의 합영사업은 재일조선인 집단인 조총련과의 합작 정도로 막을 내리게 되었다.[8]

한편, 개혁 · 개방에 박차를 가해 온 소련이 1991년부터 대북무역에 있어 경화를 요구하기 시작하였고, 중국의 대북 원유판매가격 적용에 특혜가 배제되면서 북한의 경제는 더욱 악화될 수밖에 없었다. 1978～1984년간에 실시된 제2차 7개년계획이나 1987～1993년간에 실시된 제3차 7개년계획 등이 모두 소기의 목표달성에 실패하고 말았다. 엎친 데 덮친 격으로 1990년대 초반 대홍수와 흉년 등이 겹치며 북한 경제는 1990년 이후 연 9년 동안 마이너스 성장이 초래되는 난국에 봉착하고 말았다.

이러한 경제적 위기가 도래함에 따라 북한의 보다 적극적인 개혁노력이 간헐적이나마 지속적으로 이루어졌다. 그 대표적인 예로서 1992년 10월부터 자유경제무역지대를 중심으로 서방 선진국 자본의

⑧ 조총련에 의한 대북투자건수는 총 67건으로 1985~1990년 기간중 북한 합영산업 유치건수(79건)의 대다수를 차지하고 있다.

유치를 위한 제반 후속조치를 취하였는데, 예컨대「외국인투자법」,「자유경제무역지대법」,「토지임대법」등 외자관련 법률의 신규 제정 내지 개정을 통해 외국인 투자관련 법제를 대폭 정비하고 관련 정부 조직까지 개편하기에 이르렀다. 그 결과 100% 외국인 단독투자가 허용되고 50년 범위 내의 토지매매, 임대상속 및 증여 그리고 저당을 허용하는가 하면 각종 조세감면혜택을 구체화하였던 것이다. 그러나 여전히 북한의 기본 입장 및 기본 정책노선에는 큰 변화가 없었고, 따라서 경제여건은 지속적으로 악화일로에 있었다. 결국 2000년에 이르러서는 이러한 경제위기 타개를 위한 노력의 일환으로 남북정상회담에 응하며 경제개혁 및 개방에 보다 적극성을 보이게 되었다. 그러나 차후 북한의 개혁 · 개방이 과연 가까운 장래에 본격적으로 시도될 것이라고 기대하기는 어렵다.

북한 경제가 이토록 난국에 봉착한 것은 그 동안에 국제경제환경이 급변함에 따라, 즉 공산권의 체제변혁이 도래함에 따라 전통적인 대외경제협력 기반이 붕괴하였다는 사실에 기인하는 바 크다. 그러나 동일한 여건에 처해 있던 대다수 동구권 국가나 중국이 재빨리 시장경제로의 전환을 통해 위기를 기회로 삼아 나간 데 반해, 북한은 사회주의 경제체제의 개혁에서 오는 위험부담을 회피하면서 단지 소극적 · 부분적인 개혁 · 개방정책만으로 경제를 회생시키려 함으로써 소기의 성과를 거두지 못하고 만 것이다.

경제면에서만 보더라도 북한은 개혁을 지속적으로 천명하면서도 중공업의 중점적 육성원칙을 고수하였는데, 중공업의 상당 부분이 군수산업과 연계되어 있어 이른바 공업발전과 군비확장을 동시에 목표로 하였던 '병진건설' 기조가 지속되었음을 알 수 있다. 그러나 규모의 경제가 중요한 중공업을 북한이 감당하기는 어려운 것이고, 그나마 무기수출 외에는 내수용으로 육성함으로써 자원낭비만 초래한 채 판로확보에 실패하였다. 북한의 대다수 중화학공업이 1992년 기준으로 볼 때 생산능력에 대한 생산량 비중이 30% 안팎에 머물렀던 사실은 이를 잘 입증해 주고 있다. 게다가 북한 수출의 대종을 차지하였던 군수품이 냉전체제 소멸로 1984년 35.9% 수준에서 1990년에는 7.8% 수준으로 감소함에 따라 북한 경제에 심대한 타격을 주었던 것이다. 경공업은 물론 도로 · 항만 등의 기간산업들을 희생시켜가며 전념하였던 중공업의 실패는 북한 경제에 돌이킬 수 없는 패배

감을 안겨 주고 만 것이다.

이상에서 살펴본 북한 경제의 변천과정에 나타난 경제위기의 도래는 이미 소련을 비롯한 동구권 및 기타 공산권에서도 겪었던 현상으로, 이로 인해 소련과 동구권에서는 공산주의가 몰락하고 말았던 것이다. 공산주의를 포기한 소련과 동구권 국가의 개혁 · 개방화 정책은 북한과의 전통적 협력 및 우호관계를 변질시켰고, 더구나 남한이 이들 나라와는 물론 중국과도 국교를 수립하기에 이르러 북한은 더 이상 고립적인 외교관계를 유지하기 어려워졌고, 결국 장기적으로는 개방이 불가피한 것으로 분석되고 있다. 1990년대까지 북한 체제가 당면해 온 문제점 및 요인은 다음과 같이 요약될 수 있다.

① 지나친 중앙집권적 경제계획으로 인한 폐해
- 극심한 관료체제에 따른 비효율성과 경제침체
- 생산재 생산부문, 즉 중공업부문의 편중지원(스탈린식 산업화 이념)으로 소비재부문과의 심한 불균형 및 국민생활수준 저하를 초래
- 정치적 통제에 따른 경직성

② 지나친 정치적(사회주의 혁명) 목표 추구로 인한 폐해
- 주체사상을 표방하고 기술 및 자본도입을 경시하여 기술이 낙후하고 기존 시설은 노후화됨.
- 국제교역 경시로 동력과 원자재(석유, 가스, 코크스용 석탄)부문 등이 열악해졌고, 전력 · 항만 · 도로 등 사회간접자본 투자가 지극히 낮아짐.
- 수출경시로 국제수지 적자와 외화부족 및 외채누적을 초래하였고, 따라서 필요한 외자 및 원자재 그리고 기술도입이 어려워짐.
- 공산권으로부터의 원조 및 협력중단(소련과 중국도 1991년 이후에는 세계시장가격에 근거한 태환성 경화로 결재하는 교역을 요구)

결국 자력갱생과 자력민족경제 건설을 표방한 사회주의 공업화 정책의 대내지향성으로 선진기술 흡수 및 노후시설 교체에 실패하였고, 중공업 우선정책으로 소비재, 경공업, 에너지 및 운송부문 산업이 낙후됨에 따라 무역과 대외협력을 통한 개방에 의해 자본과 기술

을 도입해야 하는 진퇴양난 상태에 빠진 것이다.

이러한 문제는 이미 1960년대 말부터 인식되기 시작하여 그간 경공업 중심의 지방공업 육성, 소비재부문의 능력별 임금제 실시(1989년) 및 독립채산제 실시 그리고 합영법 제정(1984년) 및 외국인투자법 제정(1992년) 등에 의해 일단 자기완결적 자급자족 경제체제 원칙을 포기하였다.

그러나 이러한 노력은 우선 수입면에서 보면 외화부족으로 원자재 등의 수입이 어렵고, 낙후된 시설과 기술 때문에 수입된 원자재를 효율적으로 활용할 만한 흡수능력(absorption capacity)이 미약하며, 수출유발효과가 떨어질 수밖에 없는 악순환을 겪고 있다. 특히, 이러한 악순환을 탈피하기 위한 대외교역 확대 촉진방안(합영법 및 합작투자법안 등)으로 외국인 투자와 기술 및 자본을 유치해 왔으나 체제유지가 어렵다는 인식 때문에 상당히 소극적인 태도로 일관하고 있다.

그런데 북한이 이러한 경제적 난국을 맞게 된 근본적 원인은 결국 두 가지로 귀속될 수 있다.

첫 번째는 바로 토지를 비롯한 생산도구 및 기타 재산의 사유화를 금지함으로써 노동의욕 및 생산성 증대가능성을 소멸시켰다는 데 근거하는 것이다.

두 번째는 공산당에 의한 독재에 기초하여 철저한 명령경제체제를 유지함에 따라 경제원칙은 전적으로 무시되었고, 따라서 다양하고 창조적인 생산이나 경쟁을 바탕으로 하는 효율성은 전혀 기대할 수 없었던 점을 들 수 있다.

(6) 제한적 시장경제 도입 및 개방 확대기: 2000년 이후

1) 4대 경제정책 기본 노선

이상에서 살펴본 북한 경제정책의 기본 노선은 다음과 같은 4가지로 압축할 수 있다.

① 자립적 민족경제 건설노선
② 군사 · 경제 병진노선
③ 선군시대 경제건설노선
④ 실리사회주의노선

북한의 자립적 민족경제노선은 대내지향적이고 수입대체적 발전전략을 채택하였던 1960년대 제3세계 국가들보다도 대외경제관계를 최소화함은 물론 북한 경제를 국제분업질서로부터 단절시키는 폐쇄경제형으로 만들었다. 결과적으로 국제비교우위원칙을 무시한 산업구조를 고착시켜 국제환경 변화에 적절히 대응할 수 없는 경제체질이 배태되었다.

물론 이로 인한 문제점이 증폭되자 1970년대에는 자립적 민족경제노선을 일부 완화하고 서방 자본주의 국가로부터의 차관 및 기술도입, 그리고 1980년대에는 합영법 제정을 통한 외자유치 추진을 도모하였다. 또한 이런 노력은 1990년을 전후하여 사회주의 경제권이 붕괴되면서 보다 적극적으로 시도되었다. 1991년에 설치된 나진 · 선봉 경제특구와 외국자본과의 합작 및 직접투자 유치가 좋은 예이다.

1990년대 중반에 이르러서는 제한적이지만 심지어 남한 자본의 투자도 허용하였다. 그리고 2000년대에 들어서서는 국제분업질서를 인정하는 개방형 자력갱생을 모방하여 2002년 7월 1일에는 경제관리 개선조치(7.1조치)를 단행하기에 이르렀다. 이어 2002년 9월에는 신의주 행정특구, 10월에는 개성공업지구, 그리고 11월에는 금강산관광특구 등을 지정하며 대외개방을 확대해 나갔다.

그러나 7.1조치 이후에도 제국주의 세력과의 결전을 위해 국방공업의 역량 집중을 강조함으로써 군사 · 경제 병진노선을 고수하고 있다. 이러한 원칙은 군사를 주시하는 선군(先軍)노선에 근거하여 국방공업과 중공업, 경공업 및 농업의 관계를 재설정한다는 원칙으로 이어졌다(선군시대 경제건설노선).

한편, 최대 생산보다는 최대 수익을 강조하는 실리주의를 천명하면서도 사회주의 원칙을 고수하려는 이른바 실리사회주의 노선이 견지되었다.

2) 7.1조치의 내용과 특성

2002년 7월 1일 7.1 경제관리 개선조치는 한마디로 말해서 계획경제 틀 안에서 시장경제기능을 일부 도입한 북한식 경제개혁 · 개방조치라 할 수 있으며, 경제의 분권화 · 화폐화 · 시장화를 제한적으로 허용한 정책이라 할 수 있다. 따라서 이는 체제유지와 계획경제 모순의 해결, 경제회복의 동시적 달성이라는 선군정치하의 개혁 · 개방노선이라 할 수 있다. 그러나 제한적이나마 7.1조치는 이전까지의 어떤 조치보다는 획기적인 것이었고 북한 경제에 미친 영향 또한 지대하다 할 수 있다.

우선 경제단위의 분권화와 자율성 확대 그리고 독립채산제를 강화한 점을 들 수 있다. 즉, 7.1조치 국영기업소와 협동농장을 독점적으로 달리해 오던 중앙계획당국의 권한을 경제단위들에게 부분적으로 이양하고 이윤은 자율사용권을 부여하되 경영에 대해서는 책임을 지게 하는 독립채산제를 일부 도입한 것이다. 그리고 7.1조치는 노무관리방식에도 제한적 자율권을 부여하고 유일임금체계를 완화시키는 물질적 인센티브제도를 도입하기도 하였다.

뿐만 아니라 계획가격제를 완화함으로써 가격체계를 현실화하기에 이르렀으며, 2003년 3월 공식적으로 종합시장을 허용하였다. 물론 공급애로가 타개되지 않은 채 시장가격수준의 가격현실화 조치를 취함으로써 인플레이션이 발발하기도 하였다. 예컨대, 쌀값은 7.1조치 후 무려 550배나 폭등하였다. 물론 전력요금이나 지하철요금 등 공공요금과 생산노동자 임금의 인상폭은 10~20배 수준으로 낮게 책정 · 유지되었다. 한편, 대미 환율은 2.12 대 1에서 153 대 1로 약 72배 상승하였다.

한편, 현실적 시장가격의 정착을 위해 결국 시장기능의 도입 및 상업활동을 허용하게 되었다. 동시에 시장이용료라는 명목의 임대료와 수익금의 일부를 국가납부금이라는 명목으로 납부받게 되었다.

뿐만 아니라 보조금제도를 폐지하는 등 재정 · 금융부문의 개혁을 단행하였다, 동시에 교육 · 의료 등 사회보장부문에 대한 무상지원과 배급제를 제외하고는 대부분의 '배급제'가 '구입제'로 전환되었다. 단, 상업은행법을 제정하였으나 아직 상업금융제도가 본격화되지는 못하였다.

또한 7.1조치 신경제특구정책을 추진하게 되었는데, 이에 근거하여 신의주 · 개성 · 금강산 등의 특구가 추가 설치되는 계기가 마련되기도 하였다. 이는 1970년대 서구 자본의 차관도입, 1980년대의 합영법에 기초한 대외개방, 1990년대의 나진 · 선봉 경제특구 등으로 이어진 대외개방정책이 한층 진전된 것으로 이해할 수 있다.

3) 7.1조치의 효과 및 과제

7.1조치는 공식 경제부문의 활성화와 노동 및 산업생산성 제고를 가져와 9년여에 걸친 마이너스 성장시대를 마감하고 1999년부터 플러스 성장 추세를 유도하는 데 기여한 것으로 평가되고 있다.

그러나 7.1조치는 어디까지나 계획경제 기본 틀 안에서 일부 시장경제요소를 허용하는 제한적 조치였으며, 따라서 예컨대 공급부문의 애로를 타개하는 정도의 역할을 담당할 수는 없었다. 더구나 '선군시대 경제건설노선'을 견지함에 따라 애초부터 7.1조치의 효과는 한계를 가질 수밖에 없었다. 결국 2006년부터는 다시 마이너스 성장으로 되돌아가고 말았다.

한편, 7.1조치에 따른 현실적 시장가격 도입 이후 3년간 종합시장물가가 200~300% 이상 오르는 결과를 초래시키는 등 인플레이션 경제가 구조화되고 있는 추세가 나타났다. 뿐만 아니라 7.1조치로 인해 혜택을 받는 부문과 기타 부문과의 이중성, 대외의존구조의 심화, 거시경제적 불안정요인 확대, 양극화 현상의 심화 등의 문제를 유발하였다.

이러한 부작용이 발생하자 2007년부터는 시장에 대한 통제가 강화되기에 이르렀다. 물론 이러한 조치에도 불구하고 북한은 결코 과거로 회귀하기는 어려울 것으로 예상된다. 국민생활 자체가 이미 국가의존형에서 벗어나 시장의존형으로 정착되어 가고 있기 때문이다.

앞으로 북한의 경제개혁이 의미 있는 성과를 이룩하기 위해서는 선군경제건설노선을 탈피하고 보다 시장지향적 제도 및 조치들을 도입해 나가되 대규모 외자가 유입될 수 있는 환경조성을 통해 공급애로를 타파할 수 있는 기반을 기축함으로써 인플레이션이나 거시적 불안정에 대처해 나가야 할 것으로 분석된다.

02 남북경제력 비교

(1) 주요 경제지표 대비

1) GDP관련 지표

우선 생산성 및 효율성 비교를 함에 있어 대표적 지표의 하나로

표 26-2 2007년 남북한 주요 경제지표

	단 위	북한(A)	남한(B)	B/A(배)
1. 인구	천 명	23,200	48,456	2.1
2. 경제성장률	%	−2.3	5.0	−
3. 명목GNI	조 원	24.8	902.5	36.4
4. 1인당 GNI	만 원	107	1,863	17.4
5. 대외경제				
무역총액	억 달러	29.4	7,283.3	247.7
(수출)	억 달러	9.2	3,714.9	403.8
(수입)	억 달러	20.2	3,568.5	176.7
대미 환율	원(북・남한)/달러	135	929.2	−
6. 예산규모	억 달러	32.2	1,684	52.3
7. 에너지산업				
석탄생산량	만ton	2,410	291	0.1
발전용량	만kW	705	6,827	9.7
발전량	억kWh	237.1	4,031	17.0
원유도입량	만bbl	28.3	87,348	228.1
8. 농수산물 생산량				
곡물	만ton	400.5	502.6	1.3
(쌀)	만ton	152.7	440.8	2.9
수산물	만ton	93.0	327.5	3.5
9. 광산물생산량				
철광석	만ton	512.6	29.1	0.1
비철금속	만ton	9.2	199.5	21.7
10. 주요 공산품생산량				
자동차	만 대	0.5	408.6	888.3
강철	만ton	122.9	5,151.7	41.9
시멘트	만ton	612.9	5,218.2	8.5
비료	만ton	40.5	343.3	8.5
화섬	만ton	3.0	144.1	48.0
11. 사회간접자본				
철도총연장	km	5,242	3,399	0.6
도로총연장	km	25,621	103,019	4.0
항만하역능력	만ton	3,700	67,287	18.2
선박보유	만ton	80	1,393	17.4

볼 수 있는 GNI 개념은 산출방식의 차이, 가격 및 환율적용상의 어려움 등으로 인해 다양한 접근방법이 모색되어 왔는데, 여기에서는 편의상 가장 최근 실시된 한국은행 추정자료를 중심으로 대비하고자 한다.

〈표 26-2〉에 의하면 북한 인구는 남한의 약 1/2이고, 1인당 GNI는 1/17.4, 따라서 북한은 남한의 1/36에도 못 미치는 경제력을

보유하고 있는 것으로 나타났다. 그리고 북한의 대외교역은 남한의 1/247 수준에도 못 미치고 있는데, 이는 북한이 자기완결적 자립경제 시현을 목표로 하여 온 점과 COMECON 붕괴로 인해 옛 사회주의 국가와의 교류가 급감한 데 연유한다. 한편, 지속적인 무역역조에 따른 외화부족과 외채상환 부담으로 원유를 비롯한 주요 원자재수입이 크게 위축됨에 따라 전반적인 경기가 침체되었다. 특히, 최근 채탄여건이 악화되어 석탄생산이 감소함에 따라 에너지공급이 크게 축소되었고, 따라서 1990년부터 1998년까지 연 9년에 걸쳐 마이너스 성장을 경험할 정도로 전반적인 산업활동이 위축되었다. 결과적으로 1990년 대비 1998년 GNI는 45.4% 하락한 수준에 머물게 되었다(동 기간중 GNI는 연평균 -3.8%씩 감소함).

그러나 1999년도 이후 7년간 플러스 성장을 기록하였는데, 이는 1998년 이후 추진된 경제회복정책과 2002년 단행된 7.1조치, 외부로부터의 무상지원 증대, 남북경협(금강산관광과 개성공단사업) 확대, 중국과의 경제교류 및 경제관계 확대 등에 연유한다고 볼 수 있다.

그런데 이러한 요인들은 7.1조치를 제외하고는 대부분 외부여건 변화에 기인하는 것들이어서 결국 원천적인 산업생산력 강화를 정착시키는 데는 미흡하였다고 볼 수 있다. 결국 2006년 이후 다시 마이너스 성장이 초래되고 말았다. 더구나 2008년 이명박정부 출범 이후 남북 간 경제교류가 급감하면서 북한 경제는 어려운 국면을 맞게 되었다.

한편, 1994년 기준으로 볼 때 북한의 정부예산규모는 대GDP 비율이 아직도 약 90%에 달하고 있고(남한은 14.3%에 불과), 2000년에도 재정부담률이 57%에 머무르고 있어 비대화된 정부조직의 비효율성을 잘 대변하고 있다. 군사비의 대정부예산 비율 또한 1994년에는 26.7% 수준에 달하고 있었으며(남한의 경우, 3.4%), 2000년과 2001년에도 14.3% 수준에 머무르고 있어 국민경제의 어려움을 가중시키고 있음을 잘 알 수 있다.[9]

[9] 통일부 자료에 따르면 2000년과 2001년 북한의 군사비는 약 13.7억 달러와 14.1억 달러로서 세출예산 95.7억 달러 및 98.1억 달러의 14.3%를 차지하고 있는 것으로 추정되고 있다(대미 환율은 1달러당 2.19원 기준). 그러나 2002년 7월 경제조치 이후 북한은 더 이상 예산 및 결산자료를 공표하지 않고 있고, 더구나 가격 및 환율의 현실화 조치에 따라 의미 있는 시계열자료 작성이 매우 어려워졌다. 그렇지만 전년 대비 예산증가율과 집행결산기준 증가율을 이용하여 간접적으로 환산해 본 북한 군사비의 정부지출 비중은 2002년에는 14.9%, 그리고 2003년에는 15.7%로 증가세를 보이고 있다.

표 26-3 북한의 산업구조

(단위: %)

분류	북한			남한		
	2000	2005	2007	2000	2005	2007
농림어업	30.4	25.0	21.2	4.9	3.4	3.0
광공업	25.4	28.9	31.3	29.8	28.7	28.3
전기가스수도업	4.8	4.3	4.6	2.6	2.3	2.3
건설업	6.9	9.6	8.8	8.4	9.2	8.9
서비스업	32.5	32.2	34.1	54.4	56.3	57.6
국내총생산	100.0	100.0	100.0	100.0	100.0	100.0

자료: 한국은행.

사회주의 국가에서 재정은 계획경제 운영에 대한 자원배분기능, 경제주체들에 대한 통제기능, 소득재분배기능 등을 담당하고 있어 GDP에서 차지하는 비중이 일반적으로 높다. 그러나 북한의 경우 그 비중은 월등히 높았다. 1994년에 GDP 비중이 91%에 달하였던 정부 예산규모 추세로 인해 마이너스 성장이 지속되었던 1995~1998년 기간중에는 재정활동 자체가 마비되기에 이르렀고, 따라서 재정규모 자체가 발표되지도 않았다. 바로 이러한 이유 등으로 인해 2002년 7.1조치에서 재정개혁이 단행된 것이다.

2) 산업구조

북한의 산업구조는 중공업을 우선하되 국방과 경제를 동시에 중시하는 정책기조를 견지해 옴에 따라 남한에 비해 광업 및 중공업 비중이 상대적으로 높았었지만(1970년대까지), 그나마 남한의 중화학공업화 진전에 따라 우열이 바뀌었다. 그리고 농림어업 등의 비중이 감소 추세를 보이고는 있으나 아직도 20%를 상회할 만큼 산업구조 고도화가 지체된 상태에서(〈표 26-3〉 참조) 국민생활 관련분야인 경공업과 건설업 그리고 서비스산업의 비중이 현저히 낮은 수준에 머물고 있다. 이러한 기형적 산업정책을 너무 오래 지속해 옴에 따라 산업 간의 유기적 연관성은 무시되었고, 궁극적으로 최근과 같은 경제적 난국을 초래하는 주 요인의 하나가 되고 있다.

더구나 북한의 중공업은 경공업에 비해 상대적 비중이 높을 뿐 자동차와 같은 주요 공산품의 생산수준은 남한의 1/888 수준에도 못 미치는 열악한 상태임을 지적할 수 있다(〈표 26-2〉 참조).

03 남북한 경제교류 실적

이상과 같은 제반 여건의 변화는 결국 북한이 남한과의 교류를 희망할 수밖에 없는 요인이 되었다. 한편, 남한에서는 1990년대 후반 들어 민주화가 본격적으로 진행되면서 정부가 북한 문제를 정치적으로만 이용해 온 악습을 깨고 북한은 물론 공산권과의 교류를 적극적으로 추진하는 북방정책이 정착되었다. 그 결과 1988년에는 대북 경제교류를 허용하는 방침을 발표하였고, 궁극적으로는 통일을 지향하는 북방정책의 대원칙이 수립되었다. 남북 간의 경제교류를 위한 경제회담은 1984년 11월 15일부터 시작되어 합의서 명칭, 물자교류 및 경제협력원칙, 교류대상 품목, 교역량, 가격, 거래방식, 결제통화, 관세 및 조세감면 수송방식 등에 이르는 사항에 대하여 지속적으로 토의해 왔고, 부총리급의 상호방문과 합작투자에 이르는 구체적 협력방안이 토의되기도 하였다.

토의된 사항 중 주 관심대상이 되어 온 교역대상 품목의 경우 예상하였던 대로 남한은 경제성 위주로 교역희망 품목을 제시한 반면, 북한의 경우에는 남한 제품이 식별가능한 유형은 대부분 제외시킨 바 있다. 이렇게 진행되던 남북교류는 김대중정부가 들어서면서 더욱 가속화되어 금강산관광이 실현되는가 하면 2000년 6월 15일에는 꿈에도 생각 못하였던 남북정상회담이 평양에서 열리는 실로 역사적인 관계개선이 이루어졌다.

이어서 경제교류의 확대를 위해 2000년 11월 11일에는 남북경협 4개 부문 합의서가 가서명되기에 이르렀다. 여기서 남북한이 투자보장, 이중과세 방지, 청산결제, 상사분쟁 해결절차 등 남북경협 4개 부문 합의서에 가서명한 것은 앞으로 북한에 진출하는 기업들이 제도적으로 보호받을 수 있는 길이 열렸음을 뜻하는 것으로, 북한이 외국기업들을 보호하기 위해 운영해 온 외국인투자법이나 합영법, 합작법 등을 남한 기업에 적용하게 됨을 의미하는 것이다. 특히, 투자보장과 관련하여 북한에 진출한 남한 기업들의 자산을 북한이 임의로 수용하지 못하도록 한 점은, 남한 기업인들의 불안감을 상당 부분 덜어 주어서 북한 진출을 가속화시킬 수 있는 계기가 마련되었다고 볼 수 있다. 그러나 2007년 10월 4일 발표된 제2차 남북정상회담 및 선언에도 불구하고 2008년 일방적 후원이나 양보 대신 상생의 경제

표 26-4 남북 간 물자교류실적 (단위: 백만 달러)

연도	반입	반출	계
2000	152	273	425
2001	176	227	403
2002	272	370	642
2003	289	435	724
2004	258	439	697
2005	340	715	1,055
2006	520	830	1,350
2007	765	1,032	1,797

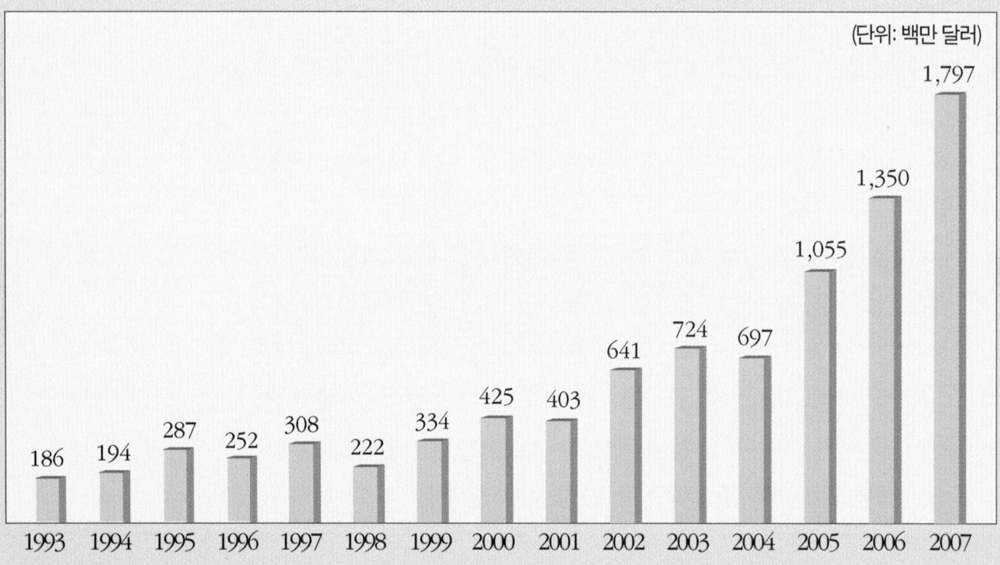

그림 26-1 남북 교역액 현황

협력 및 선핵폐기 이행을 강조하는 이명박정부가 들어선 이후 남북 교류는 크게 위축되기에 이르렀다.

한편, 지금까지 직·간접적으로 남북 간에 이루어진 교류실적은 대략 〈표 26-4〉와 같은데, 아직까지도 구호만 요란하였을 뿐 실제 교류실적은 지극히 저조한 상태에 머물렀다. 이는 앞서도 지적한 바 있듯이 북한이 경제적 필요성에 근거한 전면적 개방 내지 교류보다는 경제구조 개편에 필요한 것만을 그것도 남한 제품의 유입이 북한 내에 미치는 영향이 극소하다고 판정된 품목만을 허용한 데 근거한

개성공단

개성공단은 2000년 8월 현대아산과 북한 간에 채택된 공업지구 개발에 관한 합의서에 근거하여 2000년 11월에 북한이 「개성공업지구법」을 제정함으로써(한국은 2007년 5월에 개성공업지구 지원에 관한 별률 제정) 2003년 6월 착공되었고, 현재 100만 평 규모의 제1단계 사업이 완료되고 150만 평 규모의 제2단계 사업이 진행중이다. 그런데 제1단계 사업은 봉제, 신발, 가방, 의류 등 중소기업들의 활로개척을 목표로 진행된 일종의 남북경협 기반구축 사업이었다.

한편, 제2단계 사업은 가계, 전기, 전자 등 기술집약적 산업 위주의 기업을 중심으로 하는 세계적 수출기지 육성을 목표로 세우게 되었다. 개성공단 사업이 계획대로 추진될 경우 제3단계에는 약 350만 평 규모의 IT 및 BT 등 첨단산업분야 산업단지를 건설하여 동북아 거점지역으로 육성될 것이다.

또한 황해북도 개성시 일원의 총 2,000만 평 규모(공장지역 800만 평 생활 · 관광 · 상업구역 등 1,200만 평)의 개성공업지구 개발이 완성될 경우 약 30만 명에 달하는 인력을 요하게 될 것인데, 이는 개성 이외로부터 상당 규모의 인구유입이 이루어져야 가능할 정도의 획기적인 사업이 될 것이다.

현재는 판문점을 통과하는 육로(기차 및 자동차)를 이용하여 개성공단 제품이 남한으로 수송되고 있으나, 이러한 운송수단 및 운송망으로는 급증하는 수요를 감당할 수 없게 된다. 개성공단에서 개풍군, 강화도 그리고 영종도로 이어지는 교량 및 운송로를 건설할 계획이 마련되고 있다. 이는 불원간 개성공단과 인천 경제자유지역이 일체화가 되고 남북경제 간의 동질성이 회복되는데 지대한 기여를 할 수 있는 계기를 마련해 줄 것으로 기대되며, 궁극적으로는 남북 간 통일을 촉진시키는 기폭제로 작용할 수도 있을 것이라 예상된다.

이러한 측면에서 볼 때 개성공단 제품의 반입 · 반출을 내국 간 거래를 인정함으로써 외국과의 교역시 개성공단 제품을 한국산으로 인정받을 수 있도록 하는 양자 간 내지 다자 간 협상(예컨대, 한 · 미 간 FTA협상)은 매우 중요한 의미를 갖는다.

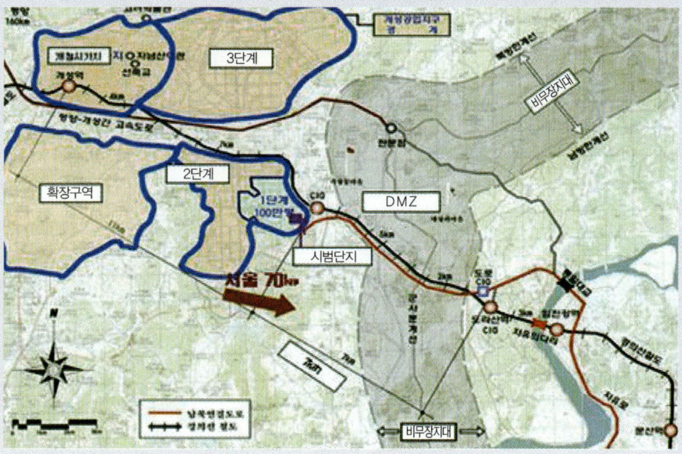

다. 그나마도 2007년을 기준으로 남북한 간 **반입 · 반출** 중 위탁가공이 차지하는 비중은 각각 84.3%와 50.4%, 그리고 평균적으로는 64.8%에 달하고 있다.[10] 뿐만 아니라 남한에서 북한에 완제품을 가공하기 위해 원 · 부자재를 반출할 경우보다, 남한에서 북한에 원 · 부자재, 인건비, 가공료를 주고 가공한 완제품을 반입한 비중이 훨씬 높음을 보여 준 것으로 집계되고 있다.

⑩ 남북한 간의 교류는 수입 · 수출이라는 용어 대신 반입 · 반출이라는 용어를 사용하는데, 이는 양측이 서로 독립된 국가라기보다는 가까운 장래에 통일될 한 국가의 서로 다른 두 지역 간의 교역으로 인식하고자 하는 의도에 연유하는 것이다.

표 26-5 금강산 관광객 현황

(단위: 천 명)

구분	1998	1999	2000	2001	2002	2003	2004	2005	2006	2007	2008. 3	계
해로	106	148	216	58	85	40	0.449	–	–	–	–	555
육로	–	–	–	–	–	34	268	298	234	345	62	1,243
합계	106	148	216	58	85	74	268	298	234	345	62	1,798

표 26-6 평양 및 개성 관광 현황

(단위: 명)

구분	2003	2004	2005	2006	2007	2008. 3	계
개성관광	–	–	1,484(3회)	–	7,427	28,989	37,900
평양관광	1,019(9회)	–	1,280(9회)	–	–	–	2,299

여하튼 남한의 입장에서는 교역관계 정보의 부재, 안정적 거래선 확보 곤란, 품질 및 납기에 대한 불안, 그리고 소규모 교역에 따른 적은 이윤획득으로 인한 교역동기 저하 등의 경제적 요인과 상이한 사회 · 경제체제로 인해 발생하는 제반 장해요인, 미묘한 정치기류 변화에 따른 영향 등으로 아직까지 활발한 교류를 시현할 수 없었다.

그러나 그간의 어려운 정치적 여건에도 불구하고 단순한 남북 간의 교역 차원을 넘어서는 위탁가공무역이 급증하여 온 점, 그리고 김일성 사후 정치판도가 안정적으로 정착되고 남북정상회담 및 기본합의서 작성 및 경제협력협정 등이 체결된 점, 그리고 주요 기업들을 중심으로 북한이 두만강유역 개발사업과 관련하여 설치한 선봉 · 나진 자유경제무역지구에로의 직접투자 및 다국 간 국제협력을 통해 진출하려는 투자계획을 구체화해 온 점, 그리고 금강산관광 개시 및 개성공단의 설치 · 운영이 실현되는 등의 사실을 미루어 볼 때, 상황에 따라서는 남북 간의 경제교류는 급증할 가능성이 매우 높다.

그간의 남북교류 및 협력에 관한 내용 중 주요한 것을 정리해 보면 다음과 같다. 우선 1998년부터 시작된 금강산 관광객은 2007년에는 연간 34만 5,000명에 이르렀고 개성관광객도 점증하는 추세를 보여 왔다(〈표 26-5〉와 〈표 26-6〉 참조).

한편, 2005년 11개로 시작된 개성공단의 가동기업수는 2007년 65개로 확대되었고, 근로자도 2005년 8,111명에서 2008년에는 3만 9,986명에 달하게 되었다(〈표 26-7〉과 〈표 26-8〉 참조).

반면, 1999년 이후 실현된 대북지원 규모는 외환위기를 전후한 시기를 제외하고는 1997년까지 꾸준히 증가하는 추세를 보여 주었

표 26-7 개성공단 가동기업수 및 생산액 현황 (단위: 개, 만 달러)

구분	2005	2006	2007	계
가동기업수	11	30	65	
생산액	1,491	7,373	18,478	27,342
(수출액)	−86.6	−1,983	−3,967	−6,036

표 26-8 개성공단 근로자 현황 (단위: 명)

구분	2005	2006	2007	2008
북측 근로자	7,621	11,189	22,538	38,931
남측 근로자	490	791	785	1,055
합계	8,111	11,951	23,323	39,986

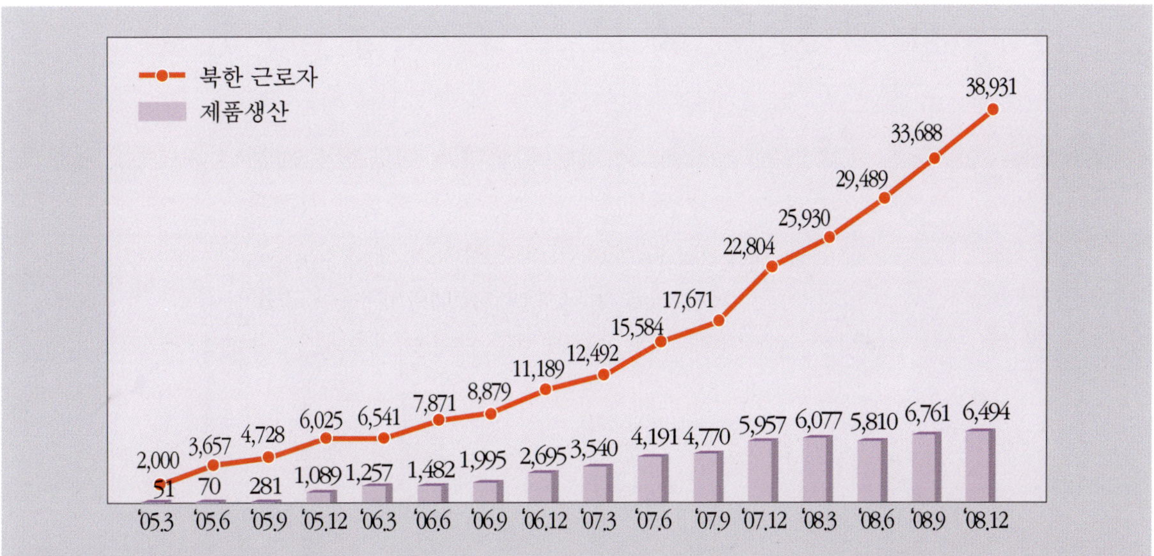

그림 26-2 개성공단 생산액 및 북한 근로자 현황

표 26-9 대북 지원현황 (단위: 억 원)

구분	1995	1996	1997	1998	1999	2000	2001	2002	2003	2004	2005	2006	2007	계
정부 차원 (무상지원)	1,854	24	240	154	339	978	975	1,140	1,097	1,313	1,360	2,269	2,159	13,929
정부 차원 (식량지원)	−	−	−	−	−	1,057	−	1,510	1,510	1,359	1,787	−	1,649	8,872
정부 차원 (계)	1,854	24	240	154	339	2,035	975	2,650	2,607	2,672	3,147	2,296	3,808	22,801
민간 차원 (무상)	2	12	182	275	223	978	782	576	766	1,558	779	709	920	7,171
총액	1,856	36	422	429	562	2,422	1,757	3,226	3,373	4,230	3,926	3,005	4,728	29,972

그림 26-3 인도적 대북 지원(민간지원 포함)

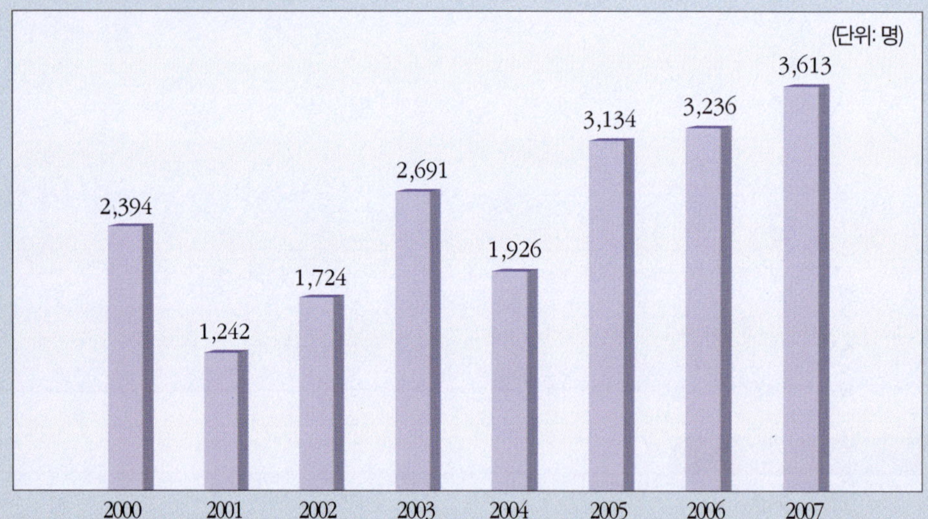

그림 26-4 당국 차원의 이산가족 상봉

다. 그러나 같은 기간중 당국 차원의 이산가족 상봉은 답보상태에 놓였다(〈표 26-9〉와 [그림 26-3], [그림 26-4] 참조).

04 통일에 대비한 남북한 경제협력방안

(1) 기본 목표

우리가 추구하는 궁극적 목표는 물론 통일이다. 통일로 인한 문제가 아무리 심각하더라도 이를 회피하려는 사람은 아마 극히 적을 것이다. 대한제국 멸망 후 민족적 수난과 분단 이후의 동족상잔과 대결로 인해 겪어야 하였던 왜곡된 정치 · 경제 · 사회적 제도와 깨져버린 민족적 동질성의 회복은 대다수 국민의 지상염원이라 생각된다. 그런데 이러한 통일의 보다 순조로운 달성을 위해 민족공동체를 회복하는 데 1차적 목표를 두어야 할 것이란 논리는 지극히 합리적이다. 물론 현존하는 경제체제 및 제도상의 이질성과 왜곡된 경제구조 때문에 단기적으로 큰 효과를 기대하기는 극히 어렵다. 그렇다고 북한이 지금까지의 사회주의 노선을 성공적으로 유지하며 경제적 난국을 해소해 나갈 수 있을 것이라 기대하기도 어렵다. 따라서 민족공동체적 경제통합을 위한 대응방안은 장 · 단기적 전략을 동시에 추구해야 할 것이며, 이와 동시에 일단 통일이 실현되는 시기에 필요한 대책을 별도로 강구할 필요가 있다.

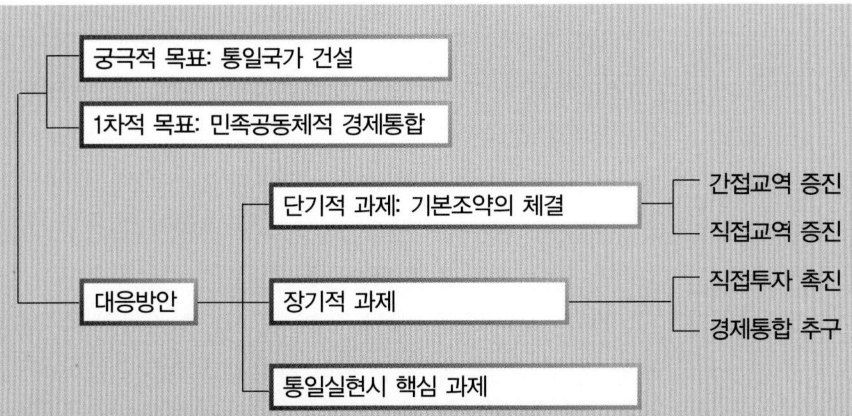

그림 26-5 통일의 기본 목표

(2) 단기적 과제

1988년 7월 7일 「민족자존과 통일 · 번영에 관한 대통령 특별선언」에 뒤이어 동년 10월 UN총회에서의 기본 입장 천명과 대북한 제의(DMZ지역에 평화시 건설 등)와 때를 같이 하여 10월 7일에는 경제기획원 장관에 의해 남북교류 허용을 발표하였고, 그 후 경제교류협정 체결을 위한 노력이 다각적으로 경주되어 왔다. 또한 2000년 6월 15일 남북정상회담에 이어 11월 11일에는 남북경협 4개 부문 합의서가 가서명되었으며, 2007년 10월 4일에는 2차 남북정상회담이 성사되기도 하였다. 그러나 아직도 인적 · 물적 교류확대에 관한 본격적이고 포괄적인 기본조약이 체결되지 못하고 있다. 본격적인 경제교류가 시현되기 위해서는 바로 기본조약 체결이 가장 시급하다 하겠다.

1) 기본조약 체결

남북 간의 교류는 내국 간의 교류라는 기본 입장 아래 남북 간 경제교류에 관한 협정을 중심으로 비상업적 이전거래, 그리고 우편 · 전신 · 전화 · 교통 · 여행에 관한 협정과 문화예술 및 과학기술 그리고 종교 및 스포츠교류에 관한 협정, 환경보호 협력, 언론 및 방송교류, 기후 및 보건위생에 관한 정보교환협정 등이 기본조약에 포함되어야 할 것이다. 쌍방의 잠재력과 산업구조적 특성에 근거하여 이익이 될 수 있는 상호보완적 구조조정을 원칙으로 하는(쌍방의 수용이 용이한 영역부터) 조약을 체결하는 것이 쌍방의 신뢰를 구축하고 또 이해를 증진시킬 수 있는 첩경이라 하겠다.

2) 각종 직 · 간접 교류증진방안

첫째, 북한이 우려하는 개방효과를 최소화할 수 있는 길은 삼각무역 내지 중개무역 등을 통한 간접교류 증대방안이라 할 수 있으며, 실제로도 초기 교류단계에서 이러한 방안이 활용된 바 있다. 차후로도 상황에 따라서는 이와 유사한 교류가 지속될 수 있으며, 이러한 교류의 원활화를 위해 정부는 필요한 정보를 수집 · 제공하여 교역상의 위험회피를 도와 주고 안정적이고 원활한 교류에 필요한 각종 지원책, 예컨대 대북 무역보증 및 각종 세제혜택 등을 강구할 필요가 있다.

둘째, 북한의 개발효과를 보다 크게 할 수 있는 직접교류의 확대를 위해서는 다음과 같은 대응책이 유용할 것이다.

① 기본경제협력협정을 통한 상용통신문 소통, 상설교역 협의창구 지정 및 공동연락사무소 설치 등을 명시
② 교역대금 회수를 보장할 수 있는 결재방법이 모색되어야 할 것이다. 그러나 북한이 초기에 제시한 유 · 무상통원칙은 쌍방이 교역을 희망하는 품목을 제시한 후 구상무역을 실시하자는 것이며, 이것은 교역의 범위와 규모를 제한하는 효과가 있는바, 국제비교우위에 입각한 교류원칙이 자리잡아야 할 것이다. 다음으로는 국제가격을 기준으로 제3국 지정화폐(미국의 달러화 또는 남북한 교환용 신종통화)로 지불하되 쌍방의 중앙은행을 통해 일정 기간 경과 후 교역차액만을 결재하는 쌍무적 청산지불협정을 체결할 수도 있다. 그러나 청산협정 또한 무역거래를 위축시키는 효과가 있으므로 상호 금융협정 체결을 통해 일정 한도 이내에서는 자동대출을 인정하고 무이자를 적용하는 대월제도를 운영하는 것이 보다 효과적임을 독일의 경우에서 확인한 바 있으며, 우리도 이를 참고할 필요가 있다(독일은 swing이란 신용공여제를 도입하여 일정 기간(1986~1989년) 일정 한도 내에 이를 적용한 바 있다).
③ 무역박람회 정기교환 개최
④ 민간통상사절단을 정기적으로 교환 · 방문시켜 시장조사 및 상담을 통한 물자교류와 경제협력을 촉진
⑤ 본격적 교역기반 확대를 위해 금융지원제도를 정립하고 소요자금 확보를 위한 기금을 조성함(예컨대, 전대자금 지원, 수출보험 지원, 연불수출 지원 및 남북협력기금 운영 등).

셋째, **내국 간 교역**이란 점을 깊이 인식하여 흔히 국가 간에 자유무역(free trade area)과 관세동맹(customs union)에 의해 추구되는 역내관세 철폐와 역외공동관세를 적용하는 방안을 강구할 필요가 있다. 이를 위해 북한이 WTO를 위시한 UN 산하 경제기구에 가입하도록 권고 내지 유도 또는 협조해야 한다. 내국 간 교류가 일본 및 대만

등 주변국과의 불필요한 경쟁을 유발하는 요인을 제거할 필요가 있다.

(3) 장기적 과제

반드시 많은 시간이 소요되기보다는 경제통합 과정상 앞서 제시한 바 있는 기본조약 체결과 직 · 간접교류가 성공적으로 원활하게 수행된 연후에 정착될 수 있는 성격을 띠는 방안들을 장기적 과제라 지칭하여 다음과 같이 정리해 보았다.

첫째, 공동시장(common market)이 추구하는 이른바 상품시장의 완전개방과 생산요소의 자유로운 이동을 실천하기 위한 방안을 다각적으로 모색한다.

둘째, 공동시장의 달성이란 실제로는 많은 조정기간을 요하는 것이므로 우선은 부분적이나마 시장이 개방되거나 생산요소가 이동하는 사업부터 시작할 필요가 있다. 북한이 1984년 발표하였던 합영법을 1992년 10월 20일 외국인투자법으로 대체함으로써 남북 간 합작투자의 길이 열린 것은 반가운 사실이라 하겠다. 북한은 이 법에서 100% 외국인 투자를 허용하였고, 조세상의 우대조치(소득세율을 합영법의 25%에서 14%로 하향조정하였고, 소득세 유예기간도 최초 3년에서 이윤이 나는 해부터 3년으로 연장함과 동시에 이후 2년간도 소득세를 50% 감면하는 것으로 조정)와 더불어 50년간의 토지사용권(임대 · 양도 · 상속 포함)을 허용하고 있다. 그리고 재일 및 해외동포만을 대상으로 하였던 합영법과는 달리 북한 영토 외의 모든 조선동포들로 확대하여 남한 기업과 개인의 합작투자 길을 터 놓았다.

그러나 아직도 근로자 직업채용권이 제한되어 있고(노동기관과의 계약만으로 고용: 체제붕괴 위협 극소화 노력의 일환), 원가계산 필요경비 인정, 재고자산 평가, 감가상각, 외환 환차손 손익평가 등에 관한 회계처리원칙이 명시되어 있지 않으며, 합영회사의 경영에 있어 이사회의 만장일치를 요구하고 있어 운영의 신축성이 어려운 점 등의 문제가 남아 있음에 유념할 필요가 있다. 최근 개성공단이 설립 · 운영되면서 남북 간 협의를 통해 점진적 개선이 이루어지고 있는 것은 긍정적이라 할 수 있다.

셋째, 직 · 간접투자는 북한의 입장을 고려하여 우선은 개방파급효과가 작은 사업, 예컨대 관광이나 공동어로사업 등부터 시작하되 점차 개방효과가 큰 부문으로 유도해 나간다. 2008년 관광객 피살사건 처리방안을 놓고 남북 간 이견이 표출되면서 잠정적으로나마 실질적 중단상태에 빠지기는 하였으나 금강산 관광사업 등은 좋은 예가 될 것이다.

넷째, 일단 여건이 성숙되면 합작 및 직접투자를 본격적으로 수행하되 다음과 같은 사항이 고려되어야 한다.

① 상호보완성을 중심으로 하여 남북 간 분업체계 조정효과를 최대한 도모하고, 따라서 중복투자 등이 발생하지 않도록 투자관리가 이루어져야 함.

② 투자관리 및 조정 그리고 원활화를 위해 정부는 각종 세제지원 및 협력기금 제공을 선별적으로 적용하는 원칙을 세울 필요 있음.

③ 공동이익 추구가 가능한 무연탄, 철광석, 아연광, 공동어로 등의 사업이 우선 실시가 가능함.

④ 저임금노동력의 활용이 가능한 경공업(신발, 섬유, 수산가공업)에 투자를 집중하여 북한의 애로사항 해소에 협조하는 동시에 남한 기업의 국제경쟁력을 신장함(개성공단의 제1단계 사업이 바로 이에 해당함).

⑤ 북한의 역점사업인 시멘트, 비철금속, 농산물 가공 및 첨단과학기술산업, 철강, 운수 및 에너지사업(1980년대 10대 역점사업 및 제3차 7개년 계획사업) 등에 우선적으로 투자함.

⑥ 남포 공동시범공간(추후 가능하면 DMZ 내의 평화시 등도 고려)이나 신의주특별행정지구 등에 일본, 소련, 중국 등과 공동투자 진출하여 투자위험도 분산하고 북한의 경계심을 완화할 수 있는 방안을 강구함(대형사업인 운송수단(자동차, 철도 등), 조선사업 등이 적절함).

⑦ 두만강유역 사업 등과 유사한 계획에 남북한이 공동참여 진출하는 방안을 적극 검토하고, 이를 위해 남한은 북한이 IMF, IBRD, ADB 등에 가입하도록 하고 이들 기구를 통해 간접적으로 재정지원 및 건설지원을 할 수 있는 방안을 모색함. 특히, 재정지원은 북한이 겪고 있는 외채부담의 경감 및 대외채

무능력 개선에도 도움이 될 수 있다는 점에 유의함.

⑧ 제1단계 사업이 완료되고 제2차 사업이 진행중인 개성공단지구 개발사업을 성공적으로 성사시켜 남북 간 경제협력을 증대시킴은 물론 경제통합 및 동질성 회복에 기여할 수 있는 계기를 마련함.

다섯째, 점차 자본과 기술 및 인력까지 이동이 활발해지면 경제동맹(economic union)단계에 해당하는 통합방안을 강구한다. 즉, 경제정책의 협력체제를 근간으로 남북한 경제구조 및 제도를 재조정하고 균형 있는 사회간접자본 및 기간산업 확충을 도모하며 궁극적인 정책의 일관성 달성 차원에서 통화동맹을 맺는다.

여섯째, 경제통합단계로 완전한 민족경제공동체를 달성한다.

일곱째, 최종단계로서의 남북한 통일을 완성한다.

05 통일실현시 핵심적 정책과제[11]

이제까지 제시한 각종 대응방안은 통일의 성취가능성을 높이는 동시에 통일로 인한 충격을 최소화하기 위한 대책의 성격을 갖는다. 이들은 통일이 이루어지기까지는 상당 기일이 걸릴 것이라는 암묵적 가정하에 구상해 본 방안들이지만 사실 이러한 대응방안이 궁극적으로는 통일을 보다 빨리 달성할 수 있게 하는 주 동인이 될 것이라 믿는다.

여하튼 초두에 피력한 바 있듯이, 통일은 우리가 원하는 시기에 원하는 방식으로 이루어질 성격의 것은 아니다. 그리고 상당 기간 후에야 통일이 실현되더라도 앞서 제시한 방안들이 여러 가지 요인으로 인해 제대로 추진되지 못하면 효과적으로는 결국 갑작스런(준비가 부족하고 방비책이 마련되지 않은 상태) 통일의 성격을 띨 수밖에 없다. 이러한 측면에서 보면 독일의 통일도 예외는 아니고 단지 준비가 상대적으로 견실하였을 뿐이다.

일단 통일이 어떤 형태로든 실현되면 우리가 예상할 수 있는 대

⑪ 본절과 관련한 보다 자세한 논의는 이종원, 『한국경제론』(제2판), 해남, 2004, 제25장을 참고하기 바람.

표적 현상으로는 북한 기업의 부실화와 신용경색, 북한 주민의 대량 실업 및 그에 따른 남한으로의 대량이주 등을 들 수 있으며, 이와 관련한 대책을 강구함에 있어 특히 사유화정책의 효율적 입안 및 수행이 무엇보다 중요하다 할 수 있다.

한편, 독일에서 관측된 통일후유증은 잘못된 경제정책 운용에 기인하는 바가 크다는 점을 강조하고 싶다. 즉, 독일 통일의 후유증은 급속히 진전된 통일과정에서 적절한 대응을 제대로 수행하지 못한 데 주로 기인하는 것이다. 즉, 조속한 통일의 실현을 위해 남발한 무책임한 선거공약으로 인해 동·서독 간 임금균등화라는 정책기조를 결과적으로 채택함에 따라 고임금가치가 발휘될 수 있는 첨단분야 사업을 동독 지역에 정착시키는 방식을 선택하였던 것이다. 또한 경제체제 전환시 가장 중요한 사유화정책에 있어서도 여타 동구권 국가와는 달리 재사유화를 허용하는 등의 우를 범하였다. 결국 독일은 상당 기간에 걸쳐 이러한 정책의 성공적 수행을 위해 엄청난 투자를 해야 하였으며, 그 과정에서 발생하는 인플레와 실업문제 그리고 재정적자를 메우기 위한 조세부담 증가를 감수해야 하였다. 물론 이러한 독일의 실패사례가 우리나라에서 반복되지 않도록 철저한 대비책을 강구해야 할 것이다.

그런데 최근 한국에서 이루어지고 있는 연구 중 많은 부분이 한국이 통일 후 독일과 같이 잘못된 정책을 수행해 나갈 것이라는 암묵적 가정하에, 이로 인해 발생하는 어려움을 수습해 나가는 데 필요한 이른바 통일소요 비용을 산출하는 데 주로 집중되고 있는 점은 납득하기 힘들다. 또 한 가지 지적할 점은 독일의 임금균등화 시책은 서독사람들이 동독사람들의 유입을 억제하고자 하는 서양인 특유의 개인주의적 사고방식과도 상관관계가 있다. 그러나 전통적 동양국가인 한국에서, 그것도 1,000만 명에 달하는 이산가족을 가진 한국에서 인구이동을 억제한다는 것은 무모한 발상에 불과하다. 일단 인구가 이동하여 남북한 인구가 뒤섞이면 지역 간 소득격차문제는 완화될 수 있으며, 또 현재 도산단계에 있는 수많은 남한의 한계기업들이 저임노동력의 확보로 적어도 일정 기간에 걸쳐 경쟁력을 회복할 수 있는 길이 열릴 수도 있다. 노동의 기여도에 적합한 임금지불만이 궁극적인 자력갱생과 안정의 길이 된다는 점을 강조해 두고 싶다. 물론 북한 주민들을 산업사회로 순조롭게 적응시키기 위한 적절한 교육

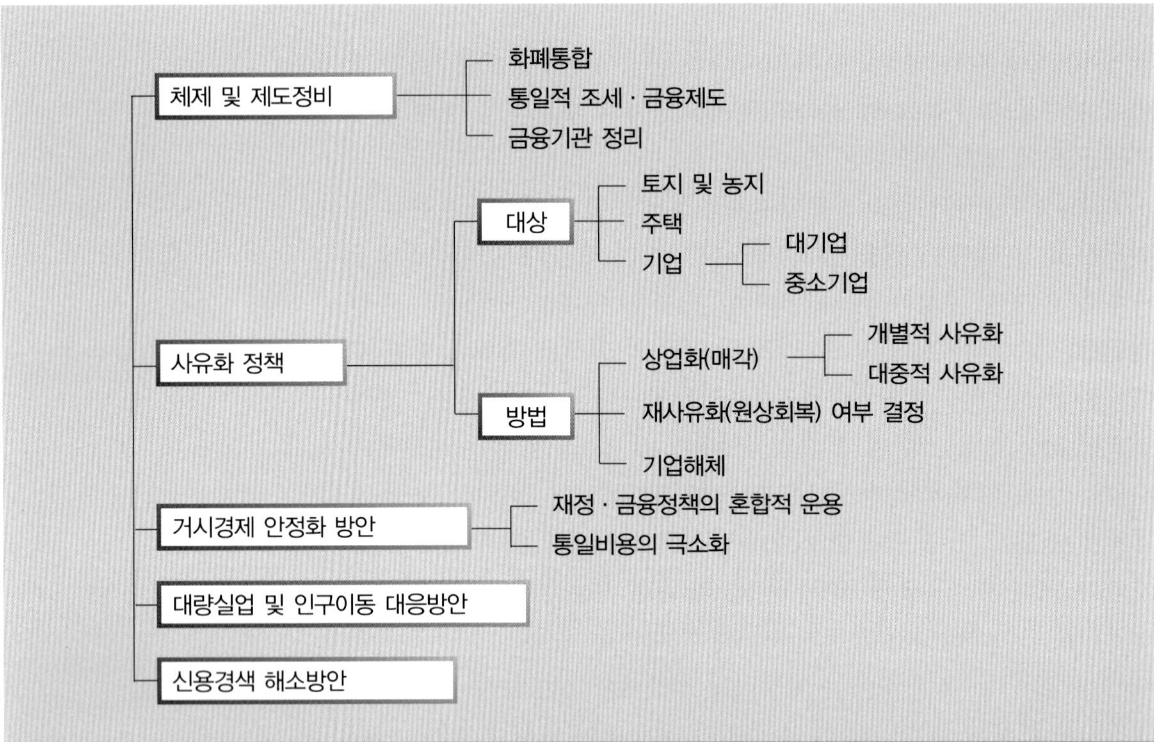

그림 26-6 통일실현시 주요 정책과제

및 훈련기회를 정부의 신속하고도 적극적인 노력으로 선도해 나가야 할 것은 물론이다.

06 북한 경제 접근방식에 대한 기본 시각과 전망

본장에서 우리는 비록 북한 경제가 남한 경제와는 철저히 격리된 채 지극히 이질적인 경제체제하에서 운용되어 왔지만, 구소련 및 동구권 경제가 몰락하였듯이, 결국 북한 경제도 조만간 시장경제체제로 전환될 수밖에 없는 것이 경제발전법칙에 순응하는 길이라 판단된다. 토지 및 주요 생산수단의 국유화에 근거하는 사회주의적 경제 운용은 실패할 수밖에 없었던 역사적 실험이었다는 점에서, 차후 북한지역에서의 경제발전도 보다 많은 사람에 의해 각종 생산요소(토지, 주택 및 기업시설 등)가 소유되는 사유화 과정을 통하여 시장경제로 전환되어야 할 것으로 예상되기 때문이다.

물론 이러한 체제전환이 단시일 내에 이루어지거나 또는 북한당국이 체제전환을 능동적으로 추진해 나갈 가능성이 현재로서는 희박해 보인다. 그러나 공산권이 붕괴된 지금, 북한으로서는 더 이상 선택의 여지가 없을 뿐만 아니라 북한 경제의 여건 또한 악화일로에 있다는 점에서, 경제체제의 전환은 불가피한 것으로 보여진다. 2002년 7.1조치는 바로 이러한 변화의 단초를 제공한 것이라 할 수 있다. 이 시점에서 한국은 남북한 경제의 통합과 동질성 회복을 궁극적 목표로 하여, 통일 이전에는 상호 교류 · 협력의 확대를 통해 남북한 간의 이질성과 경제력 격차를 해소시켜 나가는 한편, 미래의 통일에 대비하여 면밀한 대책을 마련해야 할 때이다. 예컨대, 통일실현시 예상되는 북한 내의 기업도산과 실업 및 물가인상 등과, 그에 따른 대량인구이동 등의 문제에 대하여 철저한 대비책을 마련해야 하고, 이를 해소할 수 있는 각종 제도(조세 · 금융제도 및 소유권제도)의 개편을 모색하며, 이와 관련하여 예상되는 이른바 **통일비용**을 극소화시킴과 동시에 신용경색 등의 문제에 적절히 대응할 수 있는 재정 · 금융정책을 마련하는 것이 시급하다 하겠다.

통일이 어느 시기에 이루어지든 간에 사전대비가 충실하지 못할 경우, 한국 경제에 큰 충격과 부담이 될 것이란 점과 남한 또한 통일에 대비하여 민족경제 동질화가 순조롭게 이루어질 수 있는 스스로의 여건 및 제도를 정비해 나가야 할 것이라는 점, 그리고 남북 경제의 통합은 결국 국민경제의 미래를 한 단계 격상시킬 수 있는 기틀을 마련할 수 있는 사안으로 인식하여 경제적 효율성과 형평성이 아울러 개선될 수 있는 방안을 마련해 나가는 것이 첩경임을 강조해 두고자 한다.

찾아보기

ㄱ

ㄴ

ㄷ

ㄹ

ㅇ

ㅈ

ㅊ

ㅋ

ㅌ

ㅍ

ㅎ

◆ 저자약력 ◆

성균관대학교 경제학학사
미국 Kent State University 경제학석사
미국 Indiana University 경제학박사
미국 George Washington University 객원교수(Fulbright Researcher)
미국 Stanford University 객원교수
미국 Yale University 초빙교수(Fulbright Senior Lecturer)
한국경제학회 회장
현재 성균관대학교 경제학과 교수

■ 저서

한국경제의 거시계량분석(공저), 성대출판부, 1991
국제경제와 한국경제(공편저), 박영사, 1992
경제경영통계학, 박영사, 1986(1994, 2004)
계량경제학, 박영사, 1994(2007)
SAS를 이용한 통계분석(공저), 박영사, 1995(1996, 1999, 2003)
RATS를 이용한 계량경제분석(공저), 박영사, 1995(1999, 2004)
통일경제론(공편저), 해남, 1997
한국경제의 발전과 미래(공저), 해남, 1998
부패의 경제(공저), 해남, 2000
한국제조업의 고용조정 분석(공저), 집문당, 2001
한국경제론: 한국자본주의 발전의 명암과 미래전망, 율곡, 2002
한국경제의 산업조직(공저), 해남, 2003
통일실현시 경제안정화를 위한 주요정책과제, 한국노동연구원, 2003
북한인력에 관한 법제 · 실태와 활용방안(공저), 한국노동연구원, 2004
THE KOREAN ECONOMY AND ITS PROSPECTS, East West Reserch Institute, 2004
한국경제론(제2판),해남, 2004
경제예측론, 해남, 2006
국제금융위기와 한국경제: 위기를 기회로, 대한상공회의소, 2010

경제학

2009년 8월 10일 초판 제1쇄 발행
2011년 2월 7일 초판 제2쇄 인쇄
2011년 2월 15일 초판 제2쇄 발행

저 자 이 종 원
발행인 노 현 철
발행처 도서출판 해남
서울특별시 서대문구 충정로 3가 227-1 우리타워 6F
전화 739-4822 팩스 720-4823
e-mail haenam30@dreamwiz.com
homepage www.hpub.co.kr
등록 1995. 5. 10 제 1-1885호

저자와 협의하에 인지 생략

정 가 33,000원

ISBN 978-89-6238-015-6 93320